벤저민 프랭클린

벤저민 프랭클린

GREAT
HARMONY
010

미국 독립을 선도한 세기의 현자

헨리 윌리엄 브랜즈 지음
조용빈, 최재은 옮김

BENJAMIN FRANKLIN

21세기북스

차례

서문

1774년 1월 29일

보통 사람이라면 굴욕감을 느꼈을 것이다. 굴욕감을 주는 것이 이 재판의 목적이었으니 당연했다. 공식적인 청중이었던 추밀원 의원들, 재판정을 가득 채우고도 모자라 발코니 난간에 기대어 있던 하원의원들과 런던의 상류층 인사들, 스캔들을 통해 생계를 유지하며 이 스캔들이 어떻게 전개될지 지켜보기 위해 밖에서 서성거리던 런던의 언론인들, 그리고 신문을 사보며 스캔들을 음미하는—자신들의 영웅을 위해서는 폭동을 일으키지만 악당들은 반대하며, 대영제국의 수도에서 정치를 때로는 예측 불가능하고, 평판을 나쁘게 만들면서도, 동시에 항상 흥미진진하게 하는— 군중들이 모여 간절히 굴욕을 기대하고 있었다. 오늘 재판의 결과는 분명 안 좋은 흑역사로 남겠지만 대중들에게는 흥미진진한 구경거리가 될 것이다.

참으로 적절하게도 그 장소는 콕핏*으로 불렸다. 유혈이 낭자한 경기

---

*   the Cockpit, 투계장이라는 의미가 있다.

를 좋아했던 헨리 8세가 통치하던 시절, 이 건물은 실제로 닭싸움 경기장으로 사용되었다. 헨리 8세와 그의 친구들은 이곳에 자신들의 자랑스러운 닭을 데려와 어느 쪽이 상대방을 갈기갈기 찢어놓을지 내기를 걸었다. 지금 건물은 닭싸움 경기장을 허물고 새로 지은 건물이지만, 이 방은 옛 이름과 분위기를 그대로 간직하고 있었다. 오늘 패배자는 명성이 산산조각 나고, 재산은 몰수될 가능성이 있었으며, 생명마저 위태로워질 수도 있었다.

그게 전부가 아니었다. 이틀 전 보스턴에서 출발한 12월 우편선이 매사추세츠의 왕실 총독 토머스 허친슨으로부터 충격적인 보고서를 가지고 도착한 것이다. 그 보고서에는 동인도회사의 차를 싣고 가던 영국 선박 세 척에 대한 조직적인 공격이 상세히 묘사되어 있었다. 어설프게 인디언으로 변장한 마을 주민들은 배에 올라 수백 개의 차 통을 갑판으로 끌어올려 깨부수고 내용물을 바다로 쏟아부었다. 45톤에 달하는 차는 해변을 수 킬로미터에 걸쳐 뒤덮을 정도로 많았고 회사의 이익을 몇 년간 저하시킬 정도로 심각했다. 이 난동은 왕권과 의회의 권위에 도전하는 일련의 폭력시위 중 가장 최근에 일어난 사건이었다. 재판정에 모인 사람들뿐 아니라 런던 전역의 청중들은 왕실과 의회가 이를 어떻게 처리할 것인지 알고 싶어 했다.

알렉산더 웨더번이 그들에게 답을 해줄 참이었다. 법무차관인 그는 뛰어난 말솜씨와 커다란 야망을 지니고 있었다. 전자는 그를 영국에서 가장 무시무시한 변호사로 만들었고, 후자는 야당의 동맹을 버리고 노스 경의 내각에 합류하면서 그를 현재의 직책으로 끌어올렸다. 웨더번은 보스턴차 사건을 반역죄라고 생각했고, 만약 법원이 그의 해석을 받아들이면 폭동의 배후에 있는 자들은 사형을 포함한 가장 가혹한 처벌을 받게 될 것이었다. 사람들은 웨더번이 오늘 재판정에 서 있는 사람을 보스턴 폭동의 주요 주동자로 몰아세울 거라고 예상하고 잔뜩 기대하고 있었다.

그들은 모두 그곳에 있는 그 남자를 알고 있었다. 사실, 온 세상이 벤저민 프랭클린을 알고 있었다. 여러 미주 식민지를 대표하는 정치인으로 활동한 덕분에 그는 영국에서도 인정을 받았지만, 그의 명성은 정치인 이상이었다. 간단히 말해 그는 지구상에서 가장 뛰어난 과학자이자 사상가 중 한 명이었다. 그는 여러 전기 실험을 한 것으로 유명한데 특히 번개를 포획한 것으로 특히 유명했으며, 덕분에 사람들은 그를 현대의 프로메테우스라고 칭송했다. 그의 멕시코만류Guilf Stream 지도는 수많은 선원의 시간과 생명을 구했으며, 그의 기발한 벽난로는 연료를 절약하고 대서양 양쪽의 집들을 따뜻하게 했다. 경제학, 기상학, 음악, 심리학에 대한 그의 기여는 인류 지식의 범위와 인간 권력의 통제력을 확장시켰다. 그의 업적으로 영국왕립학회는 그에게 최고상을 수여했고, 해외 학회들도 마찬가지였다. 대학들은 그에게 학위를 수여하기 위해 줄을 섰으며 당시 가장 유명한 사람들도 크고 작은 문제에 대해 그와 상의했다. 왕들과 황제들은 그를 궁정으로 불러 그의 탁월함에 감탄하고 그와 함께 국사를 논하는 것을 영광으로 생각했다.

천재성은 질투를 낳기 쉽다. 그러나 그에게는 그를 질투하려는 사람들의 경계심을 풀게 하는 비범한 능력이 있어서 원래 받았어야 할 질투보다 훨씬 적은 질투를 받았다. 젊은 시절 그는 자신이 만나는 거의 모든 사람보다 자신이 두뇌 회전이 빠르고 글솜씨가 뛰어나다는 것을 깨달았다. 또한 비록 재능이 뛰어나더라도 미천한 출신의 소년이 자신의 영민함을 드러내면 스스로 앞길을 막게 된다는 것도 알고 있었다. 그는 자신의 가장 중요한 발명품 중 일부를 다른 사람의 공으로 돌릴 줄 알았다. 그는 또한 가능한 한 논쟁을 피했다. 다른 사람들이 자신의 오류를 인정하도록 설득해야 할 때는, 가명을 사용해서 자신을 드러내지 않고 논쟁하거나, 혹은 그리스 철학자의 온화한 질문 방식을 사용해 소크라테스식으로 논쟁했다. 그는 과학만큼이나 유머 감각으로도 유명해서 그의 반대자들은 웃으며 그의 말에 설득되었다.

자신을 내세우지 않는 프랭클린의 처신은 놀라울 정도로 성공적이었다. 68세에 그는 거의 개인적인 적이 없었으며, 공인치고는 정치적 반대자도 거의 없었다. 그러나 그 얼마 안되는 적 속에 강력한 인물들이 포함되어 있었다. 미국의 모든 문제를 발생시킨 세금 법안인 인지세법Stamp Act을 주도했던 총리 조지 그렌빌도 그중 한 명이었다. 그는 하원에서 열린 회의에서 프랭클린이 혼자서 그 법안의 근거를 무너뜨렸던 일을 결코 용서하지 않았다. 그렌빌과 그의 동맹들은 프랭클린에게 복수하기 위해 기다렸지만 프랭클린은 결코 빈틈을 보이지 않았다.

적어도 지금까지는 그랬다. 익명의 인물이 허친슨 총독과 매사추세츠의 다른 왕실 관리들이 런던의 차관보에게 보낸 기밀 편지들을 프랭클린의 손에 넘겼다. 이 편지들은 수년간 매사추세츠 의회의 골칫거리였던 허친슨 총독의 성실성에 심각한 의문을 제기했다. 매사추세츠 의회의 대리인으로서 프랭클린은 이 편지들을 보스턴의 친구들에게 전달했고 그곳에 있는 허친슨의 적들은 그 편지들을 입수해 출판했다.

편지가 출판되자마자 엄청난 반응이 일어났다. 미국에서는 이 편지들이 식민지 노예화를 위한 영국의 음모로 받아들여져 분노를 불러일으킨 끝에 결국 보스턴차사건을 부추겼다. 영국에서는 개인 서신을 훔쳐 출판할 만큼 부도덕한 자가 누구인지에 대한 비난과 반박이 발생했다. 칼싸움으로 한쪽은 부상을 입었고 양쪽 모두 추가적인 보복을 다짐했다. 오직 이 시점이 되고 나서야—더 이상의 유혈 사태를 막기 위해— 프랭클린은 자신이 편지를 전달했다고 밝혔다.

그의 적들은 그를 파멸시킬 기회를 잡은 것이었다. 8년 전 하원에서 열린 그 회기 이후로 그는 영국 의회에 대한 미국의 저항을 상징하고 대변하는 인물이 되었다. 이제 권위 있는 영국 의회는 인지세법 이후 미주 식민지들의 저항에 대해 쌓인 모든 분노와 원한을 프랭클린에게 터뜨릴 준비가 되어 있었다. 알렉산더 웨더번은 만반의 준비를 하고 그를 죽이기 위해 움직였다.

1774년 1월 29일 거기 참석했던 사람들에게 그날의 청문회는 정말 대단한 것으로 기억되었다. 법무차관은 자기 역량을 뛰어넘는 활약을 펼쳤다. 그는 한 시간 동안 프랭클린에게 욕설을 퍼부으며 그를 거짓말쟁이, 도둑, 매사추세츠 반란의 선동자, 모든 정직한 사람들의 무리에서 추방된 자라고 불렀고 총독 자리를 차지하기 위해 허친슨을 공격한 배은망덕한 자라고 낙인찍었다. 웨더번의 공격은 명예를 심하게 훼손하는 내용을 담고 있어서 런던의 어떤 신문도 그것을 보도하기 꺼릴 정도였다. 그러나 청중은 그의 모든 재치 있는 공격과 독설에 환호하고 박수갈채를 보냈다. 심지어 추밀원 의원들도 웨더번의 놀라운 공격에 대해 그들의 만족감을 숨기려 하지 않았다. 그날 거의 모든 남녀 관중은 프랭클린의 명성이 다시는 회복되지 않을 것이라고 결론 내렸다. 감옥에 가는 것은 피할지 모르지만, 평생 치욕을 안고 살아갈 거라고 생각했다.

프랭클린은 비난을 듣는 내내 침묵을 지켰다. 그는 나이가 많았음에도 불구하고 대부분의 사람이 생각했던 것보다 키가 큰 거구였다. 인쇄공의 일상이었던 무거운 납활자 세트를 더 이상 들어 올리지 않은 지 수십 년이 지났고, 운동으로 했던 수영을 관둔 지는 더 오래되었기에 그의 어깨는 젊었을 때만큼 넓지는 않았지만, 여전히 강인한 인상을 풍겼다. 나이를 먹으면서 몸집은 더욱 중후해졌고, 무릎까지 오는 갈색 맨체스터 벨벳 코트는 위엄을 풍겼다. 그날 참석한 거의 모든 사람과 달리 그는 가발을 쓰지 않았다. 대신 가느다란 회색 머리칼을 귀 뒤로 넘겨 어깨까지 늘어트렸다. 평소에도 표정이 없었지만 그날은 마치 가면을 쓴 것처럼 감정을 드러내지 않았다. 그에게 쏟아지는 비난에도 불구하고 아주 미세한 찡그림이나 찌푸린 표정도 없었다. 질문에 답하라는 지시를 받았을 때 그는 침묵하며 거부했다. 이러한 행동은 그의 굴욕적인 상황을 더욱 악화시키는 것처럼 보였다.

그러나 그는 굴욕감을 느낀 것이 아니라 격분했다. 그의 가면은 굴욕감이 아니라 분노를 숨기고 있었다. 이 사람들—이 매수된 변호사, 이 거만한 귀족들, 이 모든 절차를 가능하게 한 부패한 대신들—은 대체 자기들이 누구라고 생각하는가? 그리고 그들은 그가 누구라고 생각하는가?

그것은 당시에 가장 중요한 질문이었다. 더 나아가, 그것은 대영제국의 운명이 걸린 질문이었다. 이 미국인은 누구인가? 영국인들에게 그들은 영국인이었지만, 다소 시끄러운 타입의 영국인이었다. 미국인은 바다 건너에 살지라도, 그들이 거주하는 식민지는 영국이 개척했고 영국이 지켜낸 땅이다. 그러므로 미국인은 다른 영국인과 마찬가지로 영국 정부, 특히 영국 의회에 복종해야만 했다. 미국인에게 이 질문은 더 복잡했다. 거의 모든 미국인은 자신들을 영국인으로 여기기는 했지만, 런던이나 미들랜즈 또는 스코틀랜드에 사는 영국인과는 또 다르다고 생각했다. 자신들의 의회를 가지고 있었던 미국인들은 자신들이 영국 왕에게는 충성해야 하지만 영국 의회에는 충성할 필요가 없다고 생각했다. 본질적으로 미주 식민지와 영국 정부 간의 다툼은 미국인의 정체성을 어떻게 보느냐에 관한 상충되는 의견 간의 다툼이었다. 간단히 말해서, 미국인은 진정한 영국인인가, 아니면 다른 어떤 존재인가라는 문제였다.

프랭클린이 청문회에 올 때는 수십 년의 경험을 배경으로 깔고 있었다. 그는 평생을 자신이 누구인지, 또는 무엇인지 스스로에게 물었다. 어렸을 때 그는 보스턴 사람이었다. 그러나 보스턴 청교도들의 엄격한 정통주의는 그가 더는 견딜 수 없을 정도로 심해졌고, 권위적인 형 밑에서 도제 생활을 하던 그는 법과 혈연으로 엮인 관계를 끊고 그곳을 떠날 수밖에 없었다. 결국 도제 계약을 파기하고 법과 가족의 규율을 어기면서까지 그는 보스턴을 떠났다.

그는 자신과 같은 자유주의 사상가들에게 상대적으로 편안한 안식처였던 필라델피아에 도착했다. 그 뒤로 40년 동안 그는 《펜실베이니아 가제트》의 발행인, 《가난한 리처드의 연감》의 저자, 그리고 자신이 선택한 고향에서 수많은 공공 개선 사업의 창시자로서 명예로운 이름과 상당한 부를 얻었다. 그는 누가 봐도 모범적인 필라델피아 사람이었다.

그러나 필라델피아도 보스턴처럼 점차 그를 괴롭히기 시작했다. 찰스 2세가 윌리엄 펜과 그의 후손들에게 부여한 권한에 의해 펜실베이니아 설립 당시에는 효과적으로 작용했던 정치적 프레임이 지역의 발전을 방해했기 때문이다. 필라델피아에서의 첫 20년 동안 프랭클린은 정치에 거의 관심을 두지 않았다. 그러나 18세기 식민지에 발생한 전쟁들로 인해 정치적 현실에 눈을 뜰 수밖에 없었다. 그리고 그로 인해 윌리엄 펜 가문에 의한 통치는 시대에 맞지 않는다는 것을 깨달았다. 처음에는 필라델피아에서 펜 가문과 싸웠지만. 그것이 실패하자 그는 펜실베이니아 의회의 대리인으로서 영국으로 건너가 싸움을 계속했다.

그러나 정치적 갈등만이 그가 영국으로 떠난 이유는 아니었다. 보스턴처럼 필라델피아도 그에게는 너무 작게 느껴졌다. 보스턴에 살던 청년의 천재성은 필라델피아의 관대한 분위기에서 꽃을 피웠지만, 필라델피아, 그리고 결국에는 전미 대륙조차 그의 재능을 품기에는 충분하지 못했다. 미국에는 그와 유사한 수준의 과학적 정신을 가진 사람들이 거의 없었고, 비슷한 지적 재능을 가진 사람들은 더욱 없었다.

처음에 영국은 프랭클린이 바라던 모든 것이었다. 멀리서 그를 존경해온 과학자들은 그를 직접 만나자 그를 더욱 존경했다. 그를 숭배하던 사람들은 친구가 되었고, 그의 친구들은 후원자가 되어 전국에 걸쳐 영향력 있는 인물들에게 그를 소개했다. 영국과 스코틀랜드 전역을 여행하는 그의 여정은 개선 행렬로 바뀌었다. 그는 영국의 유력 가문들로부터 환영받았고, 수많은 도시와 마을에서 명예시민으로 추대되었다. 왕립학회는 그를 회원으로 인정하고 영국과 유럽의 가장 박식하고 천재적인 사람들, 즉 스코틀랜드의 흄, 아일랜드의 버크, 독일의 칸트, 이탈리아의 베카리아, 프랑스의 콩도르세와 소통할 수 있는 기회를 제공했다. 런던은 곧 그의 정신적인 고향이 되었다. 만약 그가 아내 데버라를 설득해 필라델피아를 떠났다면 런던은 그의 실제적이고 영구적인 고향이 되었을 것이다. 결국 아내의 거부에도 불구하고 그는 런던 크레이븐스트리트에 반영구적인 거주지를 마련했다.

프랭클린은 자랑스럽게 자신을 영국인이라고 불렀지만 그렇다고 해서 자신이 미국에서 출생했다는 사실을 부정하지 않았다. 왜냐하면 그는 미국인을 잉글랜드인, 스코틀랜드인, 웨일스인과 동일하게 완전한 영국인으로 여겼기 때문이다. 그는 미국인의 에너지와 영국 본국의 자치 전통을 결합하면 대영제국이 북미에서 엄청나게 성공적인 미래를 맞이할 것이라고 생각했고, 이 비전을 적극적으로 사람들에게 알렸다. 대영제국 내에서 미국의 미래에 대한 믿음이 워낙 강했기 때문에 프랭클린은 아들 윌리엄이 뉴저지 왕실 총독으로 임명되는 데 자신의 영향력을 사용하기도 했다.

하지만 그때부터 일이 잘못되기 시작했다. 어리석은 영국 정부는 미국의 자치 전통을 무시하고 미국인들을 조지 왕의 신민이 아니라 의회의 신민으로 대하기 시작했다. 인지세법은 이 새로운 해석을 실행에 옮기려 했던 법으로서 미국에서 첫 번째 폭동을 촉발시켰다. 프랭클린은 의회에 철회를 요구해 혼란을 진정시키려 했다. 이것이 1766년 그가 하원에 출두한 목적이었다. 그러나 그렌빌주의자들이 물러나야 했음에도 불구하고, 그의 요구는 결코 받아들여지지 않았고 식민지와 모국 간의 불신은 더욱 커지기만 했다.

그럼에도 불구하고, 몇 년 동안은 미국과 영국이 영국헌법에 대해 가진 견해 차이를 놓고 상대를 존중하는 방식으로 토론을 하는 것이 여전히 가능했다. 가장 예의 바른 사람이었던 프랭클린은 이러한 논의의 장을 더 마련하기 위해 최선을 다했다. 하지만 이 과정에서 그는 미국의 강경파들에게 '영국 정부의 수중에서 놀아나는 자'라는 비난을 받고 그의 정치적 명성이 위태로워지기도 했다.

하지만 그런 노력으로 그가 얻은 것은 무엇인가? 그 답은 콕핏에서 벌어진 청문회에서 얻을 수 있다. 오만하고 악의적인 무리로부터 되돌아온 것은 욕설과 비난뿐이었다. 웨더번과 영국 정부는 영국과 미국 사이의 중요한 쟁점, 즉 제국을 하나로 묶거나 산산조각 낼 수 있는 중대한 헌법적 문제를 도외시하고 오로지 개인적 허영심을 채우고 부패한 야망을 충족시키는 데만 집중했다. 제국의 운명이 걸린 중요한 순간에 영국 정부는 자신들에게 가장 충성스럽고, 미국인 중 최고의 친구였던 프랭클린의 명예를 짓밟았다. 프랭클린은 한때 영국이 고향이 될 수 있다고 생각했지만 이제 자신의 유일한 고향은 미국이라는 것을 깨달았다. 콕핏에서 웨더번은 프랭클린을 모욕했지만 동시에 영국도 미국을 조롱했다.

프랭클린은 분노에 치를 떨며 콕핏을 떠났지만, 동시에 깨달음을 얻었다. 웨더번은 프랭클린이 평생 물어왔고, 동료 미국인들이 최근 들어 줄곧 물어왔던 질문에 답을 해준 것이다. 우리는 누구인가? 영국인이 아니므로 미국인이 될 수밖에 없었다.

혁명은 하루아침에 일어나지 않고, 제국도 하루아침에 무너지지 않는다. 하지만 영국은 그 두 시간 동안 현장에 있던 누구도 상상하지 못할 만큼 엄청난 피해를 스스로에게 입혔다. 프랭클린을 등 돌리게 함으로써 영국 정부는 두 가지 점에서 매우 무능했음을 보여주었다. 하나는 친구를 적으로 만들었고, 두 번째는 살아 있는 미국인 중 가장 유능하고 존경받는 인물을 적으로 만들었기 때문이다. 미국이 독립이라는 꿈조차 거의 꾸지 않던 시기에, 프랭클린은 미국이 반드시 독립해야 한다는 생각을 품게 되었다.

그는 분노와 혐오감에 휩싸인 채 자신의 진정한 고향인 미국으로 돌아갔고, 곧바로 영국 통치 반대운동의 선두에 섰다. 한때 가장 충성스러운 영국인이었던 그는 이제 가장 급진적인 미국인이 되어 독립을 요구하고 단순한 반란을 진정한 혁명으로 이끌었다. 그는 미국독립선언서 초안 작성에도 기여했다. 미국인의 정체성을 대변하는 이 선언서가 대륙회의의 승인을 얻자, 그는 새로운 공화국 정부를 조직하는 데 도움을 주었다. 그는 미국의 외교 활동을 지휘하고 비밀 요원들을 유럽으로 보냈다. 직접 파리로 가서 영국의 숙적 프랑스와 성공적으로 조약을 체결했으며, 이 조약이야말로 미국 독립혁명에 최초로 진정한 성공의 희망을 안겨주었다. 파리에서 그는 미국의 해외 전쟁을 지휘하고, 미국 병사들이 전쟁을 지속할 수 있도록 필요한 물자와 재정지원을 확보했으며, 궁극적으로 미국의 독립을 가져온 동맹관계를 성공적으로 관리했다. 대부분의 유럽 국가는 프랭클린을 곧 미국으로 보았고, 프랭클린에게 쏟아진 엄청난 존경은 곧 미국 독립이라는 명분에 대한 지지로 이어졌다.

미국 독립을 가능하게 했던 애국자들 중 프랭클린보다 더 중요했던 인물은 없었으며, 그와 필적할 사람은 워싱턴밖에 없었다. 워싱턴은 요크타운 전투에서 승리했지만, 워싱턴의 승리를 가능하게 한 유럽의 지원을 얻어낸 것은 프랭클린이었다.

전쟁이 끝날 무렵, 프랭클린은 능숙하게 평화 협상을 이끌어 미국의 영토를 두 배로 늘리고 미국의 번영이 유럽 강대국들의 이익에 도움이 된다는 인식을 심는 데 성공했다. 그는 의기양양하게 필라델피아로 돌아와 펜실베이니아 주지사로 선출되었고, 그 자격으로 1787년 제헌회의를 주최했다. 그는 회의 내내 현명한 조언을 아끼지 않아 참석자들의 주의가 흐트러질 때마다 그들이 본연의 임무에 집중하도록 했고, 필수적인 타협안들을 제시해서 최종적인 합의를 가능케 했다. 자신의 삶이 저물어갈 때, 그는 새로운 미국이라는 나라의 삶에 해가 떠오르는 것을 지켜보고 비할 데 없는 기쁨을 느꼈다.

프랭클린의 이야기는 매우 재능 있고 매력적인 한 남자의 이야기다. 그의 이야기는 또한 미국—그가 자신 안에서 그 본질을 발견하고, 세상에 태어나게 만든—의 탄생에 대한 이야기이기도 하다.

1장 보스턴의 서막

1706~1723

코튼 매더는 뉴잉글랜드 청교도인들의 큰 자랑이었다. 어린 시절부터 호기심이 많아 궁금한 건 못 참는 성격이었던 매더는 의사가 되기 위해 학문에 매진했다. 그러나 청교도 사상의 주요 지도자였던 존 코튼과 리처드 매더의 손자이자, 그에 못지않은 영향력을 지닌 회중교회주의의 거목이었던 인크리스 매더의 아들이었기에, 종교에 강렬하게 끌린 것은 너무나 당연했다. 1685년 목사 안수를 받은 직후, 코튼 매더는 아버지가 목사로 있는 보스턴 제2교회에서 목회 일을 맡았으며, 청교도주의를 알리기 위해 왕성한 저술 활동을 펼쳐 생전에 약 450권의 책과 팸플릿을 쏟아냈다. 대부분 종교적인 주제였지만, 자연사나 음악처럼 세속적인 주제에 대해서 지속적인 관심을 드러낸 저술도 많았다.

하지만 코튼 매더에게는 이 세상 모든 일이 신의 섭리로 보였다. 한번은 교회에 다니지 않던 이웃이 지붕에서 떨어져 몇 주 동안 혼수상태에 빠진 일이 있었다. 매더는 그 남자에게 교회를 다니지 않으면 하나님이 그를 낮추실 것이라고 경고했던 자신의 말이 떠올랐다. 매더는 일기에 이렇게 적었다. "정신이 돌아오자마자, 그가 맨 처음 떠올린 것은 내가 했던 말이었고, 그 의미를 깨달은 그는 곧바로 교회에 나가기 시작했다." 하지만 무슨 의도가 있었는지 그 남자가 선택한 교회는 매더가 목사로 있는 교회가 아닌 사우스교회였다. 그다음에는 훨씬 더 사소한 일 때문에 신의 질서 속에서 인간이 차지하는 의미에 대해 깊이 생각하게 만드는 일이 발생했다. "한번은 내가 벽에 오줌을 누고 있었는데 개 한 마리가 오더니 내가 보는 앞에서 똑같이 오줌을 쌌다. 나는 생각했다. 어차피 죽을 건데 인간은 얼마나 비천하고 더러운 존재인가! 인간의 자연스러운 생리적 욕구가 우리를 얼마나 격하시키고, 어떤 면에서는 바로 그 개와 똑같은 수준으로 우리를 격하시키는가!" 이어지는 성찰을 통해 그는 인간의 육체가 벗어나지 못하는 그 하수구 같은 상태를 초월하겠다는 결심을 하기에 이르렀다. "내 생각은 계속되었다. 나는 더 고귀한 존재가 될 것이며, 나의 자연스러운 욕구가 나를 짐승의 상태로 격하시키는 바로 그 순간에, 나의 영혼은(그렇다, 바로 그때다!) 일어나 솟아올라 천사의 사역을 향해 날아갈 것이다." 매더는 앞으로 화장실에 갈 때마다 의도적으로 하나님이나 영적인 것에 대한 '성스럽고 고귀한 생각'을 마음속으로 떠올리겠다고 굳게 다짐했다. 나중에 이 사건을 되돌아보며 그는 이렇게 말했다. "그래서 나는 이 결심대로 실천했다!"

그 당시 다른 청교도인과 마찬가지로, 매더는 이 세상이 선과 악의 싸움터라고 생각했다. 하나님은 선의 군대를 이끌었고, 그 군대는 하나님의 은혜로 성경적으로 깨달은 이성으로 무장한 인간들로 구성되어 있었다. 사탄은 악의 군단을 지휘했으며, 그 군단의 주요 무기는 억제되지 않은 정욕과 극복되지 않는 무지였다. 매더와 그의 동료 청교도들에게 하나님은 어디에나 있으며 거의 만져질 듯한 존재였고, 사탄도 마찬가지였다. "악마가 존재한다는 사실은 악마의 영향 아래 있는 자들을 제외하고는 아무도 의심하지 않는다"라고 매더는 선언했다. 사탄은 실재할 뿐만 아니라, 사람들의 삶에 적극적으로 관여했다. "악마가 자신의 분노를 인간에게 표출하고 실행하는 과정에서 때때로 사람들의 삶에 직접적으로 침투할 기회를 얻는다." 그리고 이것이 뉴잉글랜드만큼 사실인 곳도 없었다. 최근까지 악마는 자신과 그의 붉은 자녀들, 즉 황갈색인들Tawnies이 그곳을 독차지했는데, 기독교 복음이 도래하면서 끔찍한 분노에 휩싸였다. "나는 우리 가엾은 뉴잉글랜드만큼 악마의 분노에 시달린 불쌍한 식민지는 결코 없었다고 믿는다."

매더는 좀처럼 쓸데없는 글을 쓰지 않았다(그의 450권이나 되는 책을 읽느라 지친 독자들은 가끔 그렇지 않다고 생각했을지 모르겠지만). 그가 이 글을 적을 당시, 매사추세츠는 사탄의 최신 공격으로 보이는 것에 몸부림치고 있었다. 1692년 세일럼 마녀재판은 그 어떤 사건보다 식민지에 엄청난 충격을 주었다. 영향력 있는 남자나 여자치고 마녀의 존재를 의심하는 사람은 없었다. 당시 사람들은 사탄이 자신과 악마적인 계약을 맺은 개인들을 통해 자주 활동한다고 믿었다. 유일한 질문은 마녀재판에서 처형된 열아홉 명의 사람들이, 주로 불안정한 감정 표현을 보였던 십대 소녀들인 고발자들이 주장한 대로, 과연 실제 악마의 하수인이었느냐는 것이었다.

코튼 매더가 마녀재판에서 피고인과 그들의 혐의에 대해 보인 태도는 그 자신에게나, 그가 살던 시대와 장소에 매우 전형적인 것이었다. "악마는 보통 작고 검은 남자 모습으로 나타나, 교만하고 거만하고 무지하고 질투심 많고 사악한 무리를 꾀어내어, 그가 내미는 책에 이름을 적게 함으로써 자신의 끔찍한 봉사에 참여시켰다. 이 마녀들 중 스무 명 이상이 자신들의 행위를 고백했으며, 일부는 그 고백 때문에 악마들에게 고통받기도 했다. 또한 이들은 주님의 세례와 성찬을 모방한 악마적 의식을 가졌다고 말하기도 했다." 마녀들은 무고한 남녀를 붙잡아 밖으로 데려가서는 나무와 언덕을 넘어 몇 마일이고 공중으로 끌고 다녔다. 그들은 시골의 불쌍한 사람들을 다양한 방식의 잔혹한 고문으로 괴롭혔고 그렇게 초자연적인 고문으로 인해 죽은 사람들도 있었다. 고통받은 사람들은 비참하게 긁히고 물린 자국이 너무나 뚜렷해서 온 세상 사람들이 볼 수 있었지만, 그 원인은 전혀 보이지 않았다. 그리고 마찬가지로 보이지 않는 악마들은 고통받는 사람들의 몸에 날카로운 핀을 찌르거나 뜨거운 물을 붓는 고통을 주고, 모든 사지를 끔찍하게 뒤틀고 뼈를 탈구시키기도 했다. 이 외에도 어떤 자연적인 질병으로는 설명할 수 없는 수천 종류의 고통을 주었다.

이처럼 엄청난 악이 이 땅에 널리 퍼져 있는 상황에서, 매더는 마녀들에게 사형을 선고한 세일럼 법원의 조치를 지지할 수밖에 없었다. 실제로 그는 한 교수형 집행 과정에 매우 깊이 개입하기도 했다. 사형수는 무죄를 주장하며 강렬하고 감동적인 목소리로 주기도문을 외우기 시작했다. 모인 군중 사이에서는 연민의 물결이 일었다. 그들은 사형수가 정말 악마의 종이라면 악마가 지옥 문턱에서 자신의 종이 주기도문을 외우며 하나님을 찾는 것을 허락하지 않을 것이라고 생각했다. 그러나 매더는 이러한 흐름에 맞서 악마는 의로운 모습으로 나타날 때가 가장 위험하다고 군중에게 상기시켰다. 연민의 분위기는 사라졌고, 밧줄은 팽팽하게 당겨졌다.

그러나 매더조차도 법원에서 받아들여진 일부 증거의 본질에 대해 걱정하기 시작했다. 소위 '유령 증거'*는 피고인의 악마적인 '유령'이 악마의 행위를 하는 것을 보았다는 진술로 구성되어 있었다. 매더는 그러한 진술의 진실성을 의심하지 않았고, 분명히 악마가 자신의 대리인들에게 그러한 행위를 하도록 부추긴다고 믿었다. 그러나 악마의 파괴 목록에는 부주의하고 약해진 마음에 거짓 증거를 심어, 이로 인해 무고한 사람들, 즉 매더 자신과 같이 선하고 정직한 사람들에게 유죄판결을 내리도록 조작하는 행위도 포함될 수 있지 않을까? 매더는 자신의 이름이 사탄의 표적 명단에 높이 올라 있다고 믿었으며 자기 삶의 불행이 악마의 개입 때문이라고 생각했다.

---

*   spectral evidence, 마녀의 영혼이나 유령이 피고인에게 영향을 미치는 것을 꿈이나 환상
속에서 보았다고 주장하는 진술

특히 강력한 주장을 담은 설교 원고가 발표 전날 사라진 일이 있었는데, 매더는 그것을 악마가 훔쳤다고 단정했다. 하지만 나중에 그것이 다시 나타났을 때는 악마가 자신을 조롱하기 위해 다시 나타나게 했다고 해석했다.

매더는 악마가 지금처럼 매사추세츠에 내려와 활발하게 활동하는 상황에서는 자신과 같은 강력한 적을 넘어뜨리기 위해 자신을 악마의 하수인으로 지목하는 유령 증거를 만들어낼 수도 있다고 생각했다. 그는 사탄과 그의 타락한 천사 동료들이 '선한 사람들의 모습을 취할' 힘을 얻었다고 주장했으며 "많은 무고한 사람들, 심지어 일부 덕 있는 사람들조차도 이 문제에서 악마에게 속아 넘어갔다"라고 거듭 강조했다.

매더와 다른 지역의 성직자 및 치안판사들이 가졌던 이러한 두려움은 결국 마녀사냥을 중단시켰다. 유령 증거를 받아들이는 것은 악마의 도구가 될 수 있는 사람에게, 즉 악마 자신에게 엄청난 힘을 넘겨주는 것이었다. 심각한 우려와 고민 끝에 법원은 입증되지 않은 유령 증거를 기각했고, 유령이 법정에서 제외되자 다른 증거들도 사라졌다. 히스테리는 가라앉았고, 시간이 지나면서 재판의 중심에 있던 사람 중 일부는 자신들의 행동을 후회했다. 사건 발생 5년 후, 새뮤얼 슈얼 판사는 1697년 1월 보스턴 사우스교회의 신도들 앞에 서서 마녀재판에서 자신의 역할에 대한 '책임과 잘못'을 인정했다. 그는 신도들에게 자신의 죄에 대한 용서를 구하고, 자신에게 하나님의 자비가 베풀어지도록 기도해달라고 요청했다. 코튼 매더는 공개적으로 자신을 입장을 철회하지는 않았지만, 나중에는 자신이 개입해 사형이 집행되었던 사람에 대해 이야기하며 그 사람 '이름의 첫 글자'조차 생각하고 싶지 않다고 말했다.

조사이아 프랭클린은 1697년 그 1월의 어느 날 새뮤얼 슈얼의 고백을 거의 확실히 들었을 것이다. 그는 사우스교회(보스턴에 설립된 세 번째 교회라는 의미에서 제3교회라고도 불렀다)의 신도이자 슈얼의 친구였다. 그 둘의 우정과 신도 자격 모두 특별히 오래되지는 않았는데 그건 조사이아 프랭클린이 비교적 늦게 뉴잉글랜드로 옮겨온 사람이었기 때문이다. 프랭클린 가문은 최소 300년 동안 영국 노샘프턴셔의 엑턴에 살았다(그곳은 조지 워싱턴의 선조가 살았던 곳이기도 해서 어쩌면 두 가문은 서로를 알았을 수도 있다). 프랭클린 가족은 12만 제곱미터의 농장을 소유했으며, 대대로 장남들이 물려받아 운영하는 대장간도 가지고 있었다. 토머스 프랭클린의 넷째 아들이었던 조사이아 프랭클린은 농장도, 대장간도 물려받지 못했고, 나이 든 아버지가 은퇴해 조사이아의 형(토머스의 둘째 아들) 존이 사는 옥스퍼드셔의 밴버리로 이사할 때 조사이아도 그를 따라갔다. 장남 승계의 전통 때문에 농장이나 대장간을 물려받을 수 없었던 둘째 존은 염색업으로 자리를 잡았고, 아버지는 넷째 아들 조사이아를 그에게 도제로 보냈다. 조사이아는 염색공으로 잘 적응했기 때문에, 만약 찰스 2세가 영국성공회를 가톨릭화하려 하지 않았다면, 평생을 염색공이자 미들랜즈의 영국인으로 살았을지 모른다. 조사이아는 저항하는 성격이 아니었고, 아내 앤과 세 자녀를 얻으면서 가족에 대한 책임감을 느꼈다. 그러나 그는 영국이 가족이 살기에 안전하지 않다고 결론 내리고, 결국 그보다 앞서 아메리카 대륙으로 떠났던 수천 명의 비국교도를 따라갔다.

1683년 보스턴에 도착했는데 예상대로 새로운 고향의 종교적 분위기가 마음에 들었고, 이리저리 물어보고 설교를 몇 번 들어본 후 사우스교회에 가입을 신청했다. 완전한 신도 자격을 얻는 데는 보통 몇 년이 걸렸지만, 구원이 걸린 문제였기에 그는 서두르지 않았다.

이주로 인해 겪어야 할 경제적인 상황은 예상보다 훨씬 더 힘들었다. 보스턴은 작은 마을이었지만 이미 엄청난 수의 염색공이 있었다. 따라서 조사이아는 새로운 직업을 찾아야 했다. 추가적으로 더 알아본 끝에 그는 양초와 비누를 만드는 챈들러 사업으로 전업했다. 이 일은 항상 힘들었고, 뜨거운 환경에서(겨울에는 단점이 아니었지만) 일해야 했으며, 고약한 냄새를 견뎌야 했다(양초와 비누의 주원료는 동물 사체에서 얻은 수지였다). 그러나 이 일은 고생을 견딜 의지가 있는 사람에게는 꾸준한 수입을 제공했고, 노동집약적이어서 일찍부터 자식들에게 일자리를 제공할 수 있었다. 그는 또한 새로운 고향에서 다양한 계층의 주민들과 접촉할 수 있었다. 가장 지저분한 사람들을 제외하고는 모두 비누가 필요했고, 가장 가난한 사람들만이 양초 없이 지냈다. 얼마 지나지 않아 조사이아는 마을 야간 순찰대에 양초를 공급하는 계약을 따냈고 이를 통해 짭짤한 수익을 얻을 수 있었으며 동시에 지역사회 지도자들과도 유대를 넓힐 수 있었다.

여러 정황으로 미루어볼 때, 조사이아는 매우 굳건한 인품과 뛰어난 지능, 그리고 타고난 훌륭한 판단력을 지닌 사람이었다. 사업이 워낙 바빠서 공직에 나아갈 수는 없었지만, 이웃들은 종종 공동체의 현안이나 개인적인 문제를 두고 그의 조언을 구했다. 벤저민 프랭클린은 나중에 이렇게 회고했다. "지역사회의 지도자들이 자주 아버지를 방문해 마을이나 교회의 문제에 대해 의견을 묻고 그의 판단과 조언에 상당한 존경을 표했던 것을 기억한다. 또한 일반 사람들도 어려움이 생겼을 때 그에게 많은 조언을 구했고, 분쟁이 생기면 중재해달라는 부탁도 많이 받았다."

그에게는 다른 재능도 있었다. 조사이아는 비록 키는 크지 않았지만 체격이 좋고 건강했다. 그는 고된 일이 잘 맞았고, 87세로 사망할 때까지 아파서 쉰 날이 거의 없었다. 그는 자신감 있는 필치로 글을 썼고, 벤저민 프랭클린의 말에 따르면 "그림도 꽤 잘 그렸다". 또한 정식으로 음악교육을 받지는 않았지만, 스스로 타고난 음악적 재능을 연마했다고 한다. "하루 일과가 끝난 저녁에 아버지가 가끔 바이올린으로 찬송가 선율을 연주하며 동시에 노래를 부르면 매우 듣기 좋았다."

아마도 그 목소리가 사우스교회에서 조사이아와 앤으로부터 몇 줄 떨어진 곳에 앉아 있던 어바이어 폴저의 주목을 끌었을 것이다. 그녀는 피터 폴저의 딸이었는데, 피터 폴저는 1635년 찰스 1세와 로드 주교의 박해를 피해 매사추세츠로 이주한 청교도 난민 1세대였으며 존 윈스럽 총독의 아들과 같은 배를 타고 왔다. 18세에 아메리카에 도착한 피터 폴저는 새로운 땅에서 성장했지만, 그 과정이 다소 순탄치 않았다. 그는 보스턴을 떠나 바로 데덤으로 강을 거슬러 올라갔다. 25세에는 마서스비니어드에 새로운 정착지를 설립하기 위한 원정대에 합류하기도 했다. 그는 이어서 낸터킷섬으로 이주했는데, 그 이유 중 하나는 보스턴의 엄격한 청교도주의가 찰스 1세와 로드 주교의 성공회만큼이나 그에게 불편하게 느껴졌기 때문이었다. 그러나 그는 낸터킷에 와서도 그 섬에 대한 관할권을 주장하던 뉴욕 식민지의 에드먼드 앤드로스 총독 측 대표들과 잘 지내지 못했다. 섬 정착민들 사이의 분쟁을 심리하는 법원 서기였던 폴저는 총독의 편을 들어줄 만한 내용이 담겨 있을 것으로 보이는 기록의 공개를 거부했고 그 때문에 체포되어 투옥되었다. 그는 앤드로스 총독에게 보낸 청원서에서 "영국인이 한 번도 갇힌 적이 없는 곳이자 바로 전날 밤 이웃집의 돼지들이 누워 있던 곳, 그리고 뼈가 시리도록 추운 날씨와 엄청난 눈 속"에 갇혔다고 불평했다. 폴저는 결국 풀려나기는 했지만, 이 경험은 권위에 대한 그의 경멸을 더욱 확고히 했다. 그는 비교적 덜 엄격한 침례교로 전향했고, 영국인의 침범에 맞서 지역 인디언의 편을 들었다. 인디언이 무력으로 저항하는 사이에, 그는 시로 쓴 신랄한 비난문으로 식민지 관리들을 혹독하게 비판했고, 심지어 그 소책자를 적진의 심장부인 보스턴에서 판매할 정도로 대담했다.

구금되지 않았을 때도 폴저는 집안일로 바빴다. 그와 아내 메리는 아홉 명의 자녀를 두었으며, 어바이어 폴저는 막내였다. 아버지는 기득권을 혐오했지만, 그녀는 성인이 되자 기득권의 심장인 보스턴으로 이주했다. 그곳에서 그녀는 조사이아와 앤 프랭클린 부부를 만났고, 그들은 그녀를 자신들의 교회로 기쁘게 받아들였다. 앤이 1689년 조사이아의 일곱 번째 아이를 낳다가 사망하자, 조사이아는 당시의 실용적이지만 비낭만적인 방식대로 오랜 시간 앤을 애도하지 않았다. 그는 아내가 사망한 지 6개월 만에 어바이어 폴저와 결혼했다. 당시 그는 32세였고 어바이어는 열 살 어렸다.

조사이아와 어바이어는 열 명의 자녀를 두었는데 이 중 아홉 명은 살아남았지만 에베니저는 16개월 때 실수로 비눗물 세탁통에 빠진 후 너무 늦게 발견되어 소생시키지 못했다.

아버지의 바로 위 형이자 가장 좋아했던 삼촌 벤저민의 이름을 딴 벤저민 프랭클린은 어머니에게는 여덟 번째 자녀였고 아버지에게는 열다섯 번째 자녀였다. 그는 당시 사용되던 달력에 따르면 1705년 1월 6일에 태어났지만, 중간에 바뀐 달력에 의하면 1706년 1월 17일생이다. 그의 출생지는 사우스교회 바로 길 건너편 밀크스트리트에 부모가 빌려 살고 있던 작은 집이었다. 위치가 가깝기도 했고, 마침 예배가 있던 일요일 오전이라 아버지는 갓 태어난 아기를 1월의 바람에서 보호하기 위해 두꺼운 담요로 싸서 태어난 지 몇 시간 만에 길 건너 교회로 데려가 세례를 받게 했다.

아버지는 세례 직후 아기를 즉시 데덤밀크스트리트 집으로 데려왔고, 벤저민은 아버지가 유니온스트리트와 하노버스트리트 모퉁이에 더 큰 집을 살 때까지 그곳에서 6년을 더 살았다. 하지만 그 더 큰 집조차도 아이들로 북적거리기는 마찬가지였다. 거주하는 아이들의 수는 나이 많은 형제자매들이 독립해서 나갔다가 다시 들어왔다가 하면서 변했지만, 그의 기억에 의하면, 한번은 저녁 식탁에 앉아 열두 명의 형제자매들과 함께 식사했다고 한다. 벤저민 삼촌을 포함한 다른 친척들도 기간은 달랐지만 그 집에서 함께 살았다.

가장 어린 축에 속했던 벤저민은 필연적으로 다른 사람들과 어울리는 법을 배워야 했다. 형제자매들에게 수적으로나 힘으로나 상대가 안 되었기 때문에 그는 힘이 통하지 않을 때는 기지를 발휘해서 문제를 해결했다. 하지만 그도 나중에 깨닫는 경우가 있었다. 성인이 되고 나서 그는 당시를 이렇게 회상했다. "내가 일곱 살 때 어느 휴일 날 친척들이 내 작은 주머니에 반 페니 동전을 가득 채워준 적이 있었다. 나는 곧장 장난감을 파는 가게로 갔는데, 도중에 다른 소년이 들고 있는 호루라기 소리에 매료되어, 내가 먼저 나서서 가진 돈 전부를 주고 그것을 샀다. 집에 온 나는 매우 만족해서 호루라기를 불며 온 집안을 돌아다녔는데, 가족들은 시끄럽다고 싫어했다. 형제자매들과 사촌들은 내가 지불한 가격을 듣더니 정가보다 네 배나 많은 돈을 지불했다고 말했고, 그 돈이면 이런저런 것들을 살 수 있다고 놀리며 내 어리석음을 비웃었다. 나는 너무나 화가 나서 울었지만 어쩔 도리가 없었다. 호루라기 자체에서 얻은 즐거움보다 그 호루라기를 너무 비싸게 샀다는 분노가 더 크게 느껴졌다." 경륜에서 오는 지혜를 바탕으로 그는 이렇게 덧붙였다. "나이 먹고 사회에 나와 사람들의 행동을 관찰해보니, 호루라기에 너무 큰 돈을 지불하는 사람이 많다는 걸 알았다."

벤저민의 글쓰기 재능은 일찍부터 드러났다. 그는 나중에 "언제부터 글을 읽기 시작했는지 기억나지 않는다"라고 말했는데, 다른 사람이 이렇게 말했다면 기억력이 좋지 않다는 의미일 수 있지만, 그의 경우에는 매우 조숙했다는 의미였다. 이런 능력 때문에 아버지는 그를 성직자로 키우려고 했는데 이는 벤저민이 아들 중 열 번째, 즉 '십일조'에 해당하는 아들이었다는 점도 한몫했다. 여덟 살에 벤저민은 마을의 문법학교(나중에 보스턴 라틴스쿨이 됨)에 입학했다. 그는 금세 반에서 1등을 차지하고 학기 중반에 한 학년 월반했다. 그러나 얼마 안 가 그의 학교생활은 끝났다. 조사이아가 대가족을 먹이고 입히고 재우고 교육하는 데 이미 엄청난 비용이 들어가는 상황에서, 설사 돈을 들여 벤저민을 성직자로 키운다고 해도 그 미미한 수입을 계산해본 결과, 하나님은 부유한 자들의 아들들만 성직자로 받으셔야 할 것 같다고 생각했기 때문이다. 조사이아는 잠시 벤저민을 조지 브라우넬이라는 사람이 운영하는 학교에 등록시켰는데, 그곳은 산수와 글쓰기를 전문으로 하는 곳이었다. 그의 글재주는 계속해서 그를 돋보이게 했지만, 이상하게도 수리 능력은 없다는 것이 증명되어 이 시도는 취소되었다. 열 살부터 벤저민은 양초 제작업에 뛰어들어 촛불 심지를 자르고, 틀에 왁스를 채우고, 손님을 응대하고, 마을을 돌아다니며 잔심부름을 했다.

보스턴은 소년이 뛰어놀기에는 매혹적인 도시였다. 원래 비국교도들의 피난처로 시작했지만, 18세기 초가 되자 북대서양 양안에 흩어져 있는 수많은 상업 항구도시 중 하나처럼 보였다. 이곳은 당시 영국령 아메리카에서 단연코 가장 번화한 항구였다. 1000척이 넘는 배들이 보스턴 항만청에 등록되어 있었으며, 이 외에도 등록은 다른 항구에 되어 있지만 신세계와 구세계 간의 무역로를 타고 보스턴을 정기적으로 경유하는 배들은 더 많았다. 이 상선대는 동양에서 비단과 향신료를, 서아프리카에서 노예를, 서인도 제도에서 럼주와 당밀을, 영국에서 공산품을, 그리고 북미 대륙의 다른 지역에서는 식료품 및 원재료 또는 반가공 재료들을 실어 날랐다. 동파가 닥쳐 항구가 얼어붙지 않는 한 교역은 계속되었다. 수십 개의 부두가 도시 동쪽 가장자리의 해안가를 따라 늘어서 있었는데, 그중 가장 웅장한 것은 이름도 걸맞는 롱워프였다. 이 부두는 킹스트리트에서 시작해 항구 안으로 약 400미터 가까이 뻗어있었다. 이 놀라운 구조물은 폭 9미터의 나무 도로와 물 위에 말뚝으로 고정된 수상 창고로 구성되어 있었다.

보스턴은 단순히 배를 수리하는 수준을 넘어, 직접 건조하기도 했다. 수십 개의 조선소에는 수백 명의 숙련된 장인과 미숙련 노동자들이 고용되어 있었다. 이들은 전 세계 모든 대양의 폭풍우를 견뎌야 하는 용골과 늑골을 만들기 위해 참나무를 톱질하느라 로프처럼 두꺼운 팔을 가지게 된 건장한 사내들이었다. 또한 로프를 엮고 폭풍을 추진력과 수익으로 바꾸는 돛을 꿰매는 능숙한 사내들도 있었고, 인도 무역선, 연안 무역선, 랍스터잡이 배 등 다양한 요구에 맞게 선박을 개조하는 솜씨 좋은 사내들도 있었다. 매주 한 번꼴로 새로운 선체가 삐걱거리며 선대를 타고 내려와 엄청난 물보라와 함께 진수되었다. 그 순간 이 배들은 과연 물에 뜰지 아니면 바닥으로 가라앉을지 알 수 없는 불안감 속에서 보스턴 선단에 또 하나의 선박으로 추가되곤 했다.

벤저민 프랭클린 세대의 모든 보스턴 소년들은 바다를 동경했다. 소금 냄새는 도시 전체에 스며들었고, 물가에서 한 블록 떨어진 유니언스트리트의 집도 예외는 아니었다. 문 앞에 서면 벤저민은 롱워프에 정박한 대형 상선의 돛대들을 볼 수 있었다. 아직 일어나기도 전인 새벽에 썰물에 맞춰 출항 준비를 하는 항구의 배 닻줄이 쇠붙이처럼 삐걱거리는 소리를 들을 수 있었다. 그는 그 배들이 2년, 3년, 또는 10년 동안 항해하며 지구상에서 가장 이국적인 곳들을 방문하고 돌아온다는 것을 알고 있었다. 그리고 그 이국적인 장소에 사는 낯설고 경이로운 사람들을 상상할 수 있었다.

벤저민 프랭클린의 맏형인 조사이아 프랭클린*에게 바다의 부름은 너무나 강렬했다. 벤저민 프랭클린이 태어나기 2년 전, 어린 조사이아는 아버지 조사이아 프랭클린이 일궈놓은 육상 세계, 즉 양초 가게와 밀크스트리트의 집, 사우스교회 그리고 청교도 장로들의 시선을 등지고 서인도제도로 향하는 상선에 승선했다. 하지만 그는 돌아오지 않았다. 몇 년 동안 아버지는 그가 결국 잠시 들르는 한이 있더라도 보스턴으로 돌아올 것이라고 믿었다. 그러나 벤저민이 아홉 살이던 1715년에 조사이아가 탄 배가 바다에서 실종되었다는 비극적인 소식이 전해졌다.

아버지는 이제 막내아들이 바다를 동경하는 것을 걱정과 두려움으로 지켜보았다. 벤저민은 훗날 자신이 '바다에 대한 강한 끌림'이 있었다고 말했는데, 그는 아버지의 반대에도 불구하고 어린 소년으로서 할 수 있는 모든 것을 다해 그 끌림에 빠져들었다. "바다와 가까운 곳에 살면서 나는 물속이나 물 주변에서 많은 시간을 보냈고, 일찍부터 수영을 잘하게 되었으며, 보트 다루는 법을 배웠다. 다른 소년들과 보트나 카누를 탈 때면, 특히 어려운 상황에서 배를 조종하는 임무를 맡는 경우가 많았다."

바다에 대한 동경은 솟아나는 기계에 대한 호기심 및 발명 능력과 결

---

*   아버지와 이름이 같다.

합해 어린 시절의 몇몇 실험으로 이어졌다. 어느 바람 부는 날, 그는 밀폰드의 둑에서 연을 날리고 있었는데, 이곳은 밀물을 가두어 제분소의 물길로 방류하도록 건설된 인공 저수지였다. 바람이 불기는 했지만 물에 들어가고 싶은 생각이 들 만큼 날씨가 좋았다. 벤저민은 연을 땅에 박힌 말뚝에 묶은 다음 옷을 벗고 물속으로 뛰어들었다. 물은 기분 좋게 시원해서 더 있고 싶었지만, 동시에 연도 더 날리고 싶었다. 이럴까 저럴까 고민하다가 그는 한 가지 즐거움을 위해 다른 즐거움을 포기할 필요가 없다는 생각이 들었다. 그래서 연못에서 기어 나와 말뚝에서 연을 풀어 자신의 몸에 묶고 다시 물로 돌아갔다. 부력 때문에 발이 물속에 뜨자, 그는 연이 자신을 앞으로 잡아당기는 것을 느꼈다. 그는 바람의 힘에 몸을 맡기고 등을 대고 누워 연이 자신을 연못을 가로질러 끌고 가도록 놔두었다. 프랭클린은 수십 년이 지나 프랑스에서 당시를 회상하는 글을 썼다. "그건 조금도 피로하지 않았고 그 어떤 것보다 재미있었다. 이런 식으로 도버에서 칼레까지 건너는 것이 불가능하다고 생각하지 않는다." 한번은 수영 동작의 추진력을 증가시키기 위해 손으로 젓는 노와 나무 오리발을 실험했다. 하지만 이 두 가지 발명품 모두 연을 돛으로 이용했던 방식만큼 성공적이지 못했다. 노는 그의 손목을 지나치게 피로하게 했고, 오리발은 뻣뻣해서 물고기 꼬리를 제대로 흉내 낼 수 없었다.

하지만 그가 밀폰드에서 벌인 모험 중에는 좋지 않게 끝난 것도 있었다. 연못 옆에 소금 습지가 있었는데, 벤저민과 아이들은 그곳에서 작은 물고기를 사냥하는 것을 좋아했다. 그러나 물고기를 잡으려고 진흙을 휘저으면 물이 흐려져 제대로 점심 찬거리를 잡을 수 없었다. 흙탕물이 이는 것을 줄이기 위해 벤저민은 습지까지 둑을 만들자고 했다. 유일하게 바로 구할 수 있는 자재가 최근 근처 건축 현장에 배달된 돌들이었다. 벤저민은 현장의 석공들이 저녁에 퇴근할 때까지 기다렸다가 돌을 가져와 어업 개선이라는 목적에 사용하자고 제안했다. 아이들은 기다렸고, 남자들은 떠났고, 건설이 시작되었다. 몇 시간 동안 낑낑대며 노력한 끝에 둑이 완성되었고 아이들은 만족감과 자부심을 느꼈다. 다음 날 아침에 건축 책임자가 출근해 보니 기가 막혔다. 대충 조사를 한 결과 없어진 돌들의 행방이 드러났고, 책임자는 돌을 가져간 사람들의 신원을 추적할 수 있었다. 그는 부모에게 통보하고 아이들을 잘 훈육시킬 것을 요구했다. 벤저민은 그 건축물이 마을에 유용하다고 주장했지만, 아버지는 정직이 무엇보다 중요하다고 가르쳤다.

벤저민은 이 정도는 도시의 다른 아이들이 일상적으로 저지르는 일에 비하면 아무것도 아니라고 생각했을 것이다. 보스턴의 소년들은 원래 기질이 거칠었는데, 특히 1605년 영국 의회에 대한 폭발 음모가 실패한 것을 기념하는 11월 가이 포크스 데이Guy Fawkes Day에는 더욱 거칠어졌다. 도시 남부의 젊은이 무리는 프랭클린의 집(남부와 북부 지역의 경계선인 밀크리크에서 멀지 않은 곳에 위치했다)을 지나 떼거리로 시빗거리를 찾아 북부로 몰려갔고 실제 소란이 발생하기도 했다. 만일 북부에서 시빗거리를 찾지 못하면 북부인들이 방문을 되갚으러 올 때 자신들의 동네에서 싸움을 일으키기도 했다. 시간이 지남에 따라 싸움은 더 자주 일어났다. 18세기 말에 에드워드 레이놀즈—프랭클린 가족이 밀크스트리트에 살았던 집주인의 고손자였던—는 "남부 주민과 북부 주민 사이의 오래된 불화"를 "도시 자체만큼이나 오래된 전통"이라고 설명하며 "매주 목요일과 토요일 오후에 정기적으로 싸움이 벌어지곤 했다"라고 말했다. 레이놀즈는 "그 충돌로 심각한 부상을 입는 사람도 있었다"라고 덧붙였다. 이들의 싸움은 나중에 조지 3세 국왕의 대리인들, 그리고 결국에는 군인들과 맞서는 데 필요한 기술을 연마하는 훈련 역할을 했다.

벤저민이 가게에서 일을 시작했을 때 아버지 조사이아 프랭클린은 58세였다. 그는 양초 일이 자신과 가족에게 제공하는 예측 가능성과 안정성에 만족하고 있었다. 그러나 양초 가게는 소년 벤저민에게 별로 매력이 없었고, 계속해서 왁스를 붓고 다듬고 자르고 포장하는 일이 도시 곳곳에서 일어나는 훨씬 더 흥미로운 활동들에 비해 절망적으로 지루하다고 생각했다. 그의 불만은 점점 커져 실제 절망에 가까워졌다. 그의 형 존 프랭클린이 가족을 떠나 로드아일랜드에서 독립적으로 사업을 시작하자 아버지는 형 대신 벤저민에게 견습생이자 미래의 동업자로서 가업을 물려주려고 했다.

12세 소년이 할 수 있는 반항은 미약했다. 그러나 아버지한테는 늘 배 타러 나가겠다는 협박을 할 수 있었다. 무역선은 늘 어린 소년들을 필요로 했기 때문에 벤저민처럼 어린아이라도 이 말은 실제 협박이 될 수 있었다. 조사이아는 큰아들을 이런 식으로 잃었는데 막내아들마저 똑같이 잃는다는 것은 생각하기조차 싫었다. 결과적으로, 이상하게도 벤저민은 이 초기 싸움에서 아버지보다 우위를 점했다. 아버지는 아들을 양초 상인으로 만들려는 생각을 포기하고 그를 도시 주변으로 데리고 다니며 다른 장인들이 일하는 것을 구경시켰다. 그는 뱃일보다 덜 위험한 정직한 직업이 아들의 흥미를 끌고 새로움을 바라는 취향을 만족시키기를 바랐다.

어떤 것도 특별히 최고라고 할 만한 것은 없었지만 그중에서 칼 제조업은 그나마 유망해 보였다. 벤저민은 손과 도구를 쓰는 일에 어느 정도 재주를 보였으니, 칼을 만들고 수리하는 일이 적성에 맞을 것 같았다. 게다가 그의 사촌 새뮤얼(벤저민 삼촌의 아들)이 런던에서 칼 제조업을 하다가 최근에 보스턴으로 이주했다. 그러니 벤저민이 그 밑에서 견습 생활을 하면 좋을 것 같았다. 그래서 새뮤얼 밑에서 배우라고 일단 벤저민을 보냈다. 하지만 새뮤얼은 조사이아가 볼 때 과도하다고 생각되는 숙식비를 요구했는데, 특히 조사이아가 수년 동안 새뮤얼의 아버지를 아무 대가 없이 먹여주고 재워줬기 때문에 더욱 서운했다. 결국 칼 제조업 견습은 무산되었다.

일이 그렇게 되자 조사이아는 다른 아들을 생각해보았다. 마침 벤저민보다 아홉 살 많은 형인 제임스 프랭클린이 최근 런던에서 인쇄 기술을 배우고 돌아온 참이었다. 그는 조사이아의 집에서 불과 세 블록 떨어진 퀸스트리트에 가게를 차렸고, 그곳에서 도시의 다른 네 명의 인쇄업자들 사이에서 어떻게든 자리를 잡으려 노력하고 있었다. 제임스의 인쇄 사업은 더디게 진행되었지만, 당시는 필사를 제외하고 어떤 규모로든 복제할 수 있는 수단은 인쇄술이 유일했고, 성경 연구에 전념해서 성인 남녀 모두 상당 수준의 문해력을 요구하는 공동체에서 제임스 프랭클린은 성공할 가능성이 매우 높았다. 그는 설교와 브로드사이드(정치부터 완두콩 가격에 이르기까지 모든 정보를 전달하는 다목적 포스터) 인쇄부터 시작해 책과 다른 더 수익성 있는 출판물까지 확대할 수 있다고 믿었다. 그는 벤저민이 도우미로서 도와주면 좋겠다고 생각했다.

실제로 벤저민은 일을 아주 잘했다. 인쇄술은 그의 독특한 손재주와 지적 민첩성의 조합에 완벽하게 적합하다는 것이 드러났다. 인쇄하는 과정은 손이 많이 가기는 했지만, 원리는 간단했다. 인쇄업자는 손으로 쓴 텍스트를 활자로 조판하는데 이는 금속활자(당시 영국에서 수입했다)를 줄에 맞추어 배열하는 과정이다. 그리고 이 활자들을 직사각형 틀에 고정시켰다. 일반적으로 한 장의 인쇄판에서 네 페이지 분량의 활자가 조판되어 틀에 고정되었다. 그러고는 글자에 잉크를 묻히고, 그 위에 종이를 깐 다음 압착기를 눌러 인쇄했다. 그렇게 나온 인쇄물은 걸어두거나 따로 놓아 말렸다. 인쇄는 고객이 주문한 부수만큼만 진행된다. 마지막 인쇄가 완료되고 다 마르면, 개별 페이지로 자르고 정렬해서 제본했다.

인쇄 기술의 정신적 측면도 물리적 측면 못지않게 중요했다. 인쇄업자들은 편집자로도 활동하며, 고객이 쓴 글(물론 자신이 조판한 활자의 배열도 포함해)을 교정하고 문체의 개선을 제안하기도 했다. 어떤 경우에는 공동 저자나 대필 작가로도 활동하며 의뢰인의 상상력이나 지식의 부족한 부분을 채워주기도 했다. 또한, 인쇄업은 다른 업종의 사업체들과 마찬가지로 회계, 마케팅, 재고관리, 고객 대응 등의 기본적인 사업 운영 활동들이 필요했다.

처음부터 벤저민은 인쇄업의 물리적, 정신적 측면 모두에서 능숙함을 보였다. 그의 손가락은 빠르게 움직이며 활자 선반에서 필요한 글자를 집어서 인쇄 틀의 제자리에 놓았다. 그는 아버지로부터 좋은 어깨를 물려받았고, 성장하면서 틈만 나면 수영을 계속했기 때문에, 무거운 납활자 세트를 둘러메고 수동 인쇄기를 몇 시간 동안 작동시킬 만큼 강해졌다. 그의 언어 능력은 편집 및 교정작업을 쉽게 했고, 어릴 때부터 시작해 점점 더 폭넓게 발전해온 독서 습관 덕분에 그는 적절한 표현을 바로 알아들을 수 있었고, 정확한 철자를 한눈에 구별할 수 있었다. 벤저민의 산수 실력 부족은 알고 보니 그 자신보다는 브라우넬 선생님의 가르치는 방법에 문제가 있었음이 드러났다. 이후 독학으로 공부한 결과, 어떤 상인에게도 지지 않을 만큼의 뛰어난 산수 실력을 빠르게 습득할 수 있었다.

제임스는 벤저민이 자신의 인쇄 사업의 성공에 크게 기여할 수 있다는 것을 금방 깨달았다. 그는 곧 벤저민을 견습생으로 들이겠다는 계약을 아버지와 맺었다. 9년이라는 견습 기간은 다른 분야의 견습 기간보다 길었는데, 이는 인쇄업이 다른 직업들보다 더 뛰어난 기술과 더 긴 훈련 기간을 필요로 했기 때문이었다. 그것 말고는 이 견습 계약이 당시의 관습에 어긋나는 점은 없었다. 아래의 도제 계약서에 그 내용이 요약되어 있다.

상기 견습생은 그의 스승을 충실히 섬길 것이며, 그의 비밀을 지키고, 그의 합법적인 명령을 어디에서든 기꺼이 따를 것이다. (…) 스승의 비품을 낭비하지 않을 것이며, 그의 허락 없이 누구에게도 주거나 빌려주지 않는다. 스승에게 해를 끼치거나, 해를 끼치도록 유도하거나, 해를 끼치도록 조장하지 않을 것이다. (…) 술집, 여인숙, 또는 선술집에 드나들지 않을 것이며 카드, 주사위, 테이블 게임 또는 기타 모든 사행성 게임을 하지 않는다. 결혼을 하지 않을 것이며, 그의 주인을 위해 봉사하는 데 낮이든 밤이든 자리를 비우지 않을 것이다. 해당 기간 동안 모든 면에서 정직하고 충실한 견습생으로서 그의 스승과 모든 이들에게 올바르게 처신하고 행동해야 한다.

이 상투적인 문구 외에도, 제임스는 벤저민에게 도제 기간의 마지막 해에는 숙련된 인쇄공의 임금을 지불하기로 합의했다.

벤저민은 인쇄업이 칼 제조업보다, 그리고 확실히 양초 제조업보다는 낫다고 여겼고, 또한 인쇄업이 자신이 잘할 수 있는 일이라는 것을 알았지만, 견습 생활에 대한 회의감을 가지고 있었다. 아홉 살짜리에게 9년은 영원처럼 보였기 때문이다. 나중에 그는 "여전히 바다에 대한 갈망이 있었다"라고 회상하기도 했다. 그러나 아들의 이러한 갈망을 본 아버지는 오히려 도제 계약을 확정하겠다는 결심을 굳히게 되었고, 설득과 위협을 뒤섞어— 법적으로 아버지는 아들의 동의 없이도 도제 계약을 맺을 수 있었다— 벤저민이 도제 계약서에 서명하도록 했다.

얼마 지나지 않아 벤저민은 새로운 직업의 이점을 깨닫기 시작했다. 책을 읽을수록 독서에 대한 그의 열망은 점점 커졌다. 최근에 그는 번연의 『천로역정』과 기타 작품들, 버튼의 『역사 컬렉션』, 플루타르코스의 『영웅전』, 디포의 『프로젝트에 대한 에세이』, 그리고 코튼 매더의 다양한 설교서들을 탐독했다. 이제 그는 글을 아는 사람이 매우 많은 사회의 가장 지적인 계층의 사람들과 정기적으로 교류하게 되면서, 훨씬 더 다양한 종류의 문학작품들이 자신에게 열려 있음을 알게 되었다. 견습 인쇄공으로서 그는 매일 마을의 다른 서점 견습생들과 교류했다. 특히 한 명과 친해졌는데, 그 친구는 주인 서재에서 책을 빌려 프랭클린이 밤늦게까지 책을 읽을 수 있도록 해주었다. "저녁에 책을 빌리면, 아침 일찍 돌려줘야 했기에 혹시라도 책을 분실하거나 주인이 찾을까 봐 걱정하면서 밤늦게까지 내 방에 앉아

책을 읽었다." 제임스의 고객 중 한 명인 매슈 애덤스라는 사람은 이 호기심 많은 소년을 보고 자신의 개인 서재—인상적이면서도 특이한 책들이 많은—에 드나들 수 있도록 해주었다.

제임스는 동생의 자기 계발 노력에 반대하지 않았다. 그것이 인쇄실에서 작업하는 데 지장을 주지 않는 한 괜찮다고 생각했고, 실제로도 그런 일은 발생하지 않았다. 그는 훗날 "얼마 지나지 않아 나는 이 일에 숙달하게 되었고 형에게 유용한 조수가 되었다"라고 말했는데 실제로도 그랬던 것 같다. 제임스는 곧 동생의 문학적 재능을 활용할 방법을 찾았다. 당시 흔한 오락거리는 중요하거나 주목할 만한 사건을 주제로 삼아 즉석에서 쓴 시를 읽는 것이었다. 벤저민은 애덤스의 서재에서 그런 시들을 읽었고, 그 장르에 도전해보기로 결심했다. 최초의 작품은 마을의 등대지기와 그 아내와 딸, 친구 그리고 노예가 물에 빠져 죽은 사건을 주제로 했다. 사랑하는 사람의 때 이른 죽음, 특히 귀엽고 순진한 어린 소녀의 죽음이라는 인간의 보편적 슬픔을 넘어, 이 비극은 바다에 의존해 살아왔고 그 결과 너무나 자주 바다에서 목숨을 잃었던 사회에 특별한 울림을 주었다. 그 사건의 모든 면을 이해했는지 모르겠지만 벤저민은 「등대의 비극」이라는 작품을 썼고, 그들은 빠르게 시를 인쇄했다. 나중에 훨씬 더 나이를 먹고 노숙해진 후에 프랭클린은 그것을 "그러브스트리트의 싸구려 발라드 스타일의 비참한 작품"이라고 폄하했지만 "놀라울 정도로 잘 팔렸다"라는 점은 인정했다. 그리고 솔직히 이렇게 털어놓았다. "이것이 나의 허영심을 부추겼다."

칭찬과 수익에 고무된 벤저민은 이번에는 흔히 검은 수염이라고 불리는 악명 높은 해적 에드워드 티치가 최근에 살해된 사건을 주제로 발라드를 썼다.

바다에서 최근에 벌어진
피비린내 나는 전투에 대해 듣고 싶은가?

그것은 당신의 귀를 찢어놓을 것이고,
당신의 경외심을 사라지게 할 것이다.
바다의 방랑자 티치에 대해 들어보았나?
그가 바다에서 벌이는 사악한 일과
그가 얼마나 황금을 사랑했는지,
그가 빼앗은 재물을 얼마나 사랑했는지.

몇 개의 연이 더 있는데 선미 갑판 장면에서 절정에 달한다.

티치와 메이너드가 선미 갑판에서,
용감하게 싸웠다네.
메이너드의 검이 그의 목을 잘랐고,
머리를 잃고 그는 거기서 죽었네.

아마도 이 시는 낭만적이고 비극적인 요소가 부족했기 때문에 첫 작품
보다 덜 팔렸을 것이다(첫 작품이 남아 있지 않기 때문에 자세한 비교는 불가능
하다). 아버지는 아들의 문학적 노력을 못마땅해하며 비웃고, 시를 쓰는 사
람은 대개 가난하게 산다고 경고했지만, 「등대의 비극」이 그 경고가 틀렸다
는 것을 증명하자 벤저민은 아버지의 비판을 무시했다. 그러나 이제 그런
비웃음이 더 날카롭게 느껴지고 경고가 더 크게 들리자, 소년은 발라드 작
가를 포기하고 좀 더 인정받는 산문의 영역으로 전환했다.
    운이 좋기도 했고, 특별히 배운 게 없으면서도 자연스럽게 뛰어난 취향
을 갖고 있었던 덕분에, 그가 그 분야에서 길잡이로 삼았던 이들은 알고 보
면 당대 최고의 산문 작가들이었다. 하지만 전에는 비슷한 책벌레 친구와
논쟁 기술을 갈고닦았다. 한번은 친구인 존 콜린스가 소녀들에게 기본적인
읽고 쓰는 능력을 넘어 더 높은 수준의 교육을 시키는 것이 현명하고 적절

한지에 대해 논쟁한 적이 있었다. 찬성하는 입장을 취한 벤저민은 논리적인 면에서는 자신이 우월하다고 믿었지만, 콜린스가 더 설득력이 있다는 점을 인정했다. 벤저민은 말하는 것에서 글 쓰는 것으로 방식을 바꾸어 유리한 고지를 차지하려 했지만, 거기서도 자신의 주장이 상대방보다 웅변과 힘에서 부족하다는 것을 다시 한번 깨달았다. 우연히 벤저민의 글을 보게 된 아버지도 그의 생각에 동의하며, 특히 문체와 접근 방식에서의 문제점들을 지적했다.

좌절감을 느끼고 어쩔 줄 몰라 당황했던 벤저민은 부족한 글쓰기 실력을 개선하기로 결심했다. 벤저민은 최근 조지프 애디슨과 리처드 스틸의 에세이로 유명한 런던의 주간지《스펙테이터》의 초기 호를 우연히 접할 기회가 있었다. 그리고 그 잡지를 몇 번이고 반복해서 읽었다. 작가들의 쉬운 설명 방식에 매료된 그는《스펙테이터》의 스타일을 자신의 모델로 삼고 에세이 문장들의 밑바탕에 있는 원칙들을 습득하기 위해 정교한 방식의 연습을 고안해냈다. 그는 문장을 읽은 다음 그 내용을 기억해서 자신만의 방식으로 재구성하는 연습을 했다. 시가 운율과 각운의 제약 때문에 산문보다더 다양한 어휘를 필요로 한다는 생각에 따라,《스펙테이터》의 에세이들을 먼저 시의 형태로 바꾼 다음 다시 산문으로 되돌리는 연습을 했다. 그는 에세이에 대한 노트를 작성한 다음, 의도적으로 노트를 뒤섞어서 원래 글의 논리적인 순서를 다시 배열해보려고 노력했다. 그는 잠을 줄이고, 인쇄소의 폐지 더미에서 구한 종이 뭉치 위에 깃펜으로 밤늦게까지 연습하다가, 제임스가 출근하기 전에 가게에 나와 몇 가지 연습을 더 하기도 했다. 그는 형이 자신의 신앙생활에 대해 상대적으로 무관심한 것을 이용해 일요일에 사우스교회에 가지 않고 대신 인쇄소로 가서 세속적인 책들을 훔쳐보았다. 예배 시간에 막내아들이 없는 것을 눈치챈 조사이아는 마음에 안 들었지만 주인과 견습생 사이에 개입하지 않았다. 아마도 그는 이미 인간의 말에 대한 벤저민의 열정이 하나님의 말씀에 대한 열정을 영원히 능가할 것이라는 점을 알았던 것 같다. 그에게는 부족한 글쓰기 실력을 향상시키려는 강력한 동기가 있었다. 작가가 되기 위한 그의 노력을 언급하며 벤저민은 나중에 "나는 말도 못하게 야망이 컸다"라고 인정했다.

형 제임스가 1721년에《뉴잉글랜드 쿠런트》를 발행하기 시작한 후, 벤저민은 그의 야망을 충족시키고 자신의 문학적 발전을 시험해볼 기회를 얻었다. 지난 2년간 제임스는《보스턴 가제트》라는 신문의 인쇄업자였지만 발행인은 아니었다. 당시 다른 신문들과 마찬가지로 이 신문은 보스턴 우체국장이라는 지위에 딸린 부속물이자 특혜와 같았다. 우체국장은 외부 세계에서(주로 우편으로) 들어오는 대부분의 소식을 가장 먼저 접했으며, 이 소식을 자신의 신문에 재활용할 수 있었다. 더욱이 우체국장은 발송 우편에 대한 통제력을 이용해 경쟁사의 발행물보다 자신의 신문을 우선적으로 배포할 수 있었다.

하지만 우체국장이라는 직책이 공직이었기 때문에 우체국장의 신문들(《보스턴 가제트》포함)은 정부와 관련된 문제를 조심스럽게 다루는 경향이 있었다.《보스턴 가제트》는 '당국의 허가를 받아' 발행된다고 자랑했지만, 사람들은 당국에서 발행하는 것으로 받아들였다. 제임스 프랭클린은 보스턴에 더 좋은 신문이 발행되어야 한다고 생각해서《보스턴 가제트》와의 인쇄 계약이 끝난 후 자신만의 신문을 시작하기로 결심했다. 그는 생동감 있고, 뚜렷한 주관을 가지고 있으며, 기존의 권위나 기득권층에 과감히 맞서는 새로운 형태의 신문을 만들 생각이었다.

당시에는 코튼 매더만큼 기득권층을 대표하는 인물도 없었는데 제임스의 새 신문,《뉴잉글랜드 쿠런트》는 매더에 대한 신랄한 공격으로 탄생을 알렸다. 그를 공격하게 된 계기는 거의 20년 만에 발생한 천연두 유행 때문이었다. 이번 발병의 주요 원인은 천연두가 발생하지 않았던 기간 동안 이에 노출되지 않은 세대가 질병에 대한 저항력이 거의 없어졌기 때문이었다. 매더는 초자연적인 현상에 깊이 빠져 있었지만 자연현상에 대해 가졌던 젊은 시절의 관심을 유지했고 그 결과 전염병을 퇴치하기 위한 새로운 기술인 접종을 옹호했다.

제임스 프랭클린은 천연두의 원인에 대해 거의 아는 바가 없었지만, 이 저명한 목사의 독선과 그가 가진 보스턴 사회에 대한 지나친 영향력을 혐오했다. 만약 매더가 접종을 해야 한다고 주장한다면 쿠런트는 이에 반대해야만 했고, 실제로 반대했다. 하지만 접종 반대 캠페인은 효과가 없었고, 그 결과 보스턴 인구의 10퍼센트에 가까운 사람들이 목숨을 잃은 다음에야 이 질병은 사라졌다. 제임스를 옹호하는 입장에서 말하면, 사실 당시 대부분의 의사는 접종이 효과가 없다고 보았으며, 심지어 유럽 최고의 대학에서 교육받은 의사인 윌리엄 더글러스도 이 반대 캠페인에 동참했다. 하지만 공중보건에 미친 영향이 어떠했든, 접종 반대 캠페인은 기득권에게 충격을 주려는 제임스의 목적을 달성했다.

기득권도 가만히 있지 않았다. 인크리스 매더는 공개적으로 《쿠런트》를 사악하다고 비난하며 "과거 같았으면 정부가 이런 엉터리 중상모략을 담은 신문을 가만두지 않고 확실히 탄압했을 것"이라고 말했다. 코튼 매더의 아들이자 접종의 명백한 수혜자인 새뮤얼 매더는 《보스턴 가제트》에 반익명으로(오래지 않아 정체가 드러났다) 기고한 글에서 《뉴잉글랜드 쿠런트》가 우리가 가진 최고의 사람들을 비방하고 모욕하려 한다"라고 주장했다. 그리고 "만약 이 사악함이 멈추지 않는다면, 우리 중 많은 이들이 용기를 내어 우리 나름의 방식으로 그것을 막기 위해 무엇을 할 수 있는지 알아볼 것이다"라고 경고했다. 또한 그는 《보스턴 뉴스레터》에도 익명으로 기고문을 보냈는데 사람들은 바로 코튼 매더가 쓴 것임을 쉽게 알 수 있었다. 이 기고문에서 그는 "악명 높고 추잡스러운 《쿠런트》라는 신문"을 비난하고 그 신문이 "헛소리, 비열함, 조롱, 불경함, 비도덕성, 오만, 비방, 거짓, 모순, 그리고 싸움과 분열을 조장하고 뉴잉글랜드 사람들의 마음과 품행을 타락시키려는 온갖 것들"을 퍼뜨린다고 주장했다. 정확히 그 단어들이 코튼 매더의 것이었든 아니었든, 그 감정은 분명히 그의 것이었다. 그의 일기에서 코튼 매더는 이렇게 적었다. "사악한 인쇄업자와 그의 공범자들을 겨냥하며, 그들이 매주 목사들의 권위를 깎아내리고 명예를 훼손해 그들의 종교적 사역을 무력하게 만들려 한다."

전투가 시작되자 제임스 프랭클린은 동맹을 찾았다. 이 초기 단계에서 《뉴잉글랜드 쿠런트》에 기고하는 사람들은 제임스와 비슷하게 기득권을 비판하는 의견을 가진 사람들이 전부였다. 하지만 마치 많은 사람이 참여하는 것처럼 보이기 위해 발행인 겸 편집자와 그의 친구들은 언론에서 일반적으로 사용하는 전략인 가명을 사용했다. '애비게일 애프터윗, 티머시 턴스톤, 해리 민웰, 패니 모언풀' 등등. 이 가상의 인물들은 그 시대의 문제들에 대한 날카로운 논평으로 《쿠런트》를 빛냈고, 당연히 신문의 사설을 지지하는 의견을 냈다.

따라서 어느 날 아침 인쇄소 문 아래에서 진짜 외부인의 기고를 발견한 제임스는 매우 기뻐했다. 하지만 이 기고자는 전혀 외부인이 아니고 바로 동생 벤저민 프랭클린이었다. 벤저민은 《쿠런트》의 탄생과 이 신문이 매더 및 매사추세츠 기득권에 도전하는 것을 알았지만, 이 작업에 참여하도록 공식적으로 요청받지는 못했다. 그런 이유에 더해, 만일 형이 알면 별로 달가워하지 않을 것 같아 벤저민은 조심스럽게 자신의 필체를 위장하고 '사일런스 두굿'이라고 서명했다. 제임스는 기쁜 마음으로 글을 읽어나갔다. 특히 기고자의 이름 자체가 코튼 매더를 비꼬아 만들어졌다는 것을 깨닫고 기쁨은 더욱 커졌다. 코튼 매더가 전작 『보니파키우스, 또는 선행을 위한 에세이Bonifacius, or Essays to Do Good』에 이어 최근 출판한 책의 제목이 『사일렌타리우스Silentarius』였기 때문이다. 제임스가 두굿의 편지를 동료들과 공유하자 그들 역시 긍정적으로 반응했다. 그는 이 편지를 1722년 4월 2일 자 《쿠런트》에 실었다.

두굿 부인은 자신을 소개하면서 현대인들이 어떤 글을 읽을 때 "글을 쓴 사람이 누구인지, 가난한지 부유한지, 늙었는지 젊은지, 학자인지 아니면 가죽 앞치마를 두른 사람인지와 같은 배경 정보를 먼저 확인하고 그에 따라 글의 좋고 나쁨을 평가하는 경향이 있다"라고 비꼬았다. 그녀(즉 벤저민 프랭클린)는 더 나아가 자신의 배경을 환상적으로 꾸며내 이런 소심함을 조롱했다. 그녀의 말에 의하면, 자신은 구대륙에서 뉴잉글랜드로 향하는 배 위에서 태어났다고 했다. 하지만 거대한 파도가 배의 갑판을 휩쓸고 탄생을 축하하던 그녀의 아버지를 물속으로 데려가면서 기쁨은 곧바로 슬픔으로 바뀌었다. 두굿 부인은 그 사건을 두고 "그때는 알 수 없었지만, 결코 잊을 수 없는 불행"이라고 말했다.

아버지의 죽음으로 어머니는 가난해졌고, 그 결과 갓난아기는 보스턴 외곽의 위탁가정에 맡겨져 어린 시절을 "허영과 나태 속에서" 보냈다. 그러다 시골의 한 목사에게 다시 맡겨졌는데 그는 경건하고 착한 젊은 독신 남성이었다. 신앙심이 깊은 이 목사는 소녀에게 바느질, 글쓰기, 산수 등 여성에게 필요한 모든 것을 가르쳤다(만약 벤저민이 이전에 소녀들을 위한 교육을 옹호했다는 것을 알았다면, 이 시점에서 제임스는 사일런스 두굿의 정체를 짐작했을 수도 있었다). 그녀가 책에 대한 재능을 보이자 목사는 그녀에게 자신의 서재를 마음껏 이용하게 해주었다. "규모는 작았지만 소장된 책들의 질이 매우 뛰어나 이해력을 높이고, 위대하고 고귀한 사상을 심어주는데 최적이었다." 하지만 이 전원생활의 평화는 불쌍한 어머니가 돌아가셨다는 소식에 잠시 중단되었다. "세상에 아는 친척이 한 명도 없는 나를 혼자 남겨두고 가셨습니다." 하지만 곧 다시 평화가 찾아왔다. "저는 책 속에서 배우는 즐거움과 교훈에 파묻혀 보냈습니다. 상상 속에서 만들어낸 고통 외에는 아무런 고통도 없었습니다. 우리 여성들은 아무것도 슬퍼할 것이 없어도 괜히 슬퍼하는 경향이 있으니까요."

《쿠런트》의 독자 중 세상을 비꼬듯 아는 척하는 이 목소리가 16세 소년의 것임을 짐작한 사람은 거의 없었다. 이는 제임스도 마찬가지여서 심지어 그는 사일런스 두굿의 첫 번째 편지를 싣고 나서 더 많은 글을 요청하는 공고를 싣기까지 했다. 추가적인 편지는 인쇄소나 아버지 조사이아 프랭클린의 양초 가게로 보내면 되며 "배달인에게는 아무것도 묻지 않을 것입니다"라고 익명성을 보장하기도 했다.

벤저민은 첫 번째 언론 활동이 불러일으킨 찬사에 '엄청난 기쁨'을 느꼈다고 나중에 말했다. 그는 제임스와 다른 사람들이 익명의 저자가 누구일지 추측하는 것을 듣고 특히 즐거워했다. "그들이 저자라고 짐작하는 사람은 모두 학식과 재능을 갖추고, 존경받는 사람들이었다." 그 뒤 6개월 동안 벤저민은 계속해서 편지를 써서 총 열다섯 통의 기고문을 보냈다.

글의 주제는 사랑부터 배움, 그리고 사랑하는 사람들의 죽음에 대한 한탄까지 다양했다. 첫 편지와 마찬가지로 통찰력과 아이러니가 균형을 이루었다. 사일런스는 그녀의 후원자인 젊은 목사가 갑자기 그녀에게 구애를 시작했다는 것에 놀라움을 표했다. "남자의 인생에서 구애를 처음 시작할 때보다 더 어리석고 우스꽝스럽게 보이는 때는 거의 없을 것이다(벤저민이 아직 경제적 독립은 못했지만 연애에 관심을 가질 나이였으므로, 사일런스 두굿의 정체를 아는 독자는 그가 연애의 어려움을 어렴풋이 깨닫기 시작했음을 알 수 있다)." 그러나 감사의 마음 때문에 남자의 청혼을 받아들였고, 이는 결혼으로 이어져 부부의 사랑과 서로에 대한 애정이 극에 달했으며, 두 명의 영리한 딸과 한 명의 아들도 얻게 되었다. 하지만 슬프게도 남편은, 아버지가 바다에 휩쓸려간 것처럼, 거의 갑작스럽게 병으로 세상을 떠났고, 그녀는 혼자서 자신과 자녀들의 생계를 책임져야 했다. 그렇지만 두굿 부인은 독자들, 특히 남성 독자들에게 이렇게 확신시켰다. "나는 재혼할 마음이 있습니다. (…) 나는 상냥하고 붙임성 있으며, 성격도 좋은 편입니다(먼저 건드리지 않는 한). 그리고 외모도 준수하고, 때로는 재치도 있습니다."

그녀는 보스턴의 고등교육을 풍자하며, 코튼 매더를 비롯한 기득권층의 모교인 하버드대학교를 속물들의 상아탑이라고 비웃었다. 그녀는 그곳에서는 학생들이 그럴듯하게 행동하고 우아한 척 방에 입장하는 법만 배울 뿐(이런 건 댄스 교습소에서도 배울 수 있다) 엄청난 수고와 비용을 들이지만 졸업해서도 여전히 똑같이 멍청하고, 더 거만하며 잘난 체한다고 비하했다. 두굿은 남성들이 여성을 보고 게으르고 어리석다고 비난했지만, 사실 남성들 또한 어리석다고 꾸짖었다. "우리 여자들을 게으름 속에 머무르게 한 남자들의 어리석음은 비난받아 마땅하지 않은가?" 그녀는 남자들의 어리석음과 마찬가지로 여자들의 어리석음도 비웃었다. 기괴하게 거꾸로 뒤집힌 박격포 모양의 후프 페티코트*를 어떻게 설명할 수 있겠는가? 그것들은 미인의 장식이라기보다는 '전쟁 기계'처럼 보인다. 그녀는 가족들의 잇따른 죽음을 겪으면서, 고인에 대한 추모 시 사람들의 눈물을 가장 효과적으로 유발하는 방법을 터득했는데 그것은 바로 고인의 죽음이 얼마나 갑작스럽고 비극적이었는지를 강조하는 것이었다. "고인이 살해당하거나, 익사하거나, 동사로 갑자기 죽는 게 가장 좋을 것이다." 그런 경우의 추도사는 '끔찍한, 치명적인, 잔인하고 차가운 죽음, 불행한 운명, 눈물이 샘솟는'과 같은 우울한 표현들을 나열해야 한다. 숙련된 연설가라면 청중으로부터 최대한의 눈물을 짜낼 수 있지만, 필요하면 누구나 기본적인 슬픔의 표현은 할 수 있다. "젊은 하버드 학생의 빈 두개골에 그런 표현을 넣어라(만약 주변에 아무것도 없다면, 자신의 두개골을 사용해도 좋다)." 힘power, 꽃flower, 떨림quiver, 전율shiver, 우리를 슬프게 하고grive us, 우리를 떠나고leave us, 이런 식으로 하면 라임도 잘 맞는다. 정말 뛰어난 장지 추도사의 특징 중 하나는 마지막을 화려하게 장식하는 것이다. "이를 위해 라틴어 한 단어라도 덧붙이면 금상첨화라 할 수 있다."

성숙한 작가의 펜에서 나왔다면, 두굿의 서신들은 사회풍자의 유쾌한 예로 간주될 만했다. 그러나 겨우 나이 어린 청년의 펜에서 나왔다는 점에

---

*   hoop petticoat, 치마를 풍성하고 넓게 부풀리기 위해 뼈대를 넣은 속치마

서, 그가 천재라는 점이 증명되었다. 벤저민이 쓴 글 중 일부는 간접적으로 경험했을 수도 있고, 일부는 책에서 추론했을 수도 있으며, 많은 부분은 단순히 상상했을 것이다. 그러나 어조만큼은 일관적이고 자신만만하게 그가 창조한 캐릭터와 일치했다. 사일런스 두굿은 건방지고 자만심이 넘치지만, 대부분의 독자—권력을 가진 오만한 자들을 제외하고는—를 그녀의 공감 영역으로 끌어들인다. 그녀가 웃을 때 그들도 웃고, 그녀가 비웃으면 같이 비웃는다. 그녀는 미국 문학에서 가장 기억에 남는 조연 중 한 명이며, 열여섯 살 소년의 창조물이라는 점에서 더욱 기억에 남는다.

사일런스 두굿의 초기 작품들은 당시 보스턴을 혼란스럽게 했던 여러 논란으로부터 잠시나마 벗어나는 즐거움을 주었다. 보스턴을 방문했던 한 방문객은 주변 환경과 주민들을 다음과 같이 묘사했다. "일부 지역의 주택들은 런던처럼 다닥다닥 붙어 있다. 건물들은 그들의 여성들처럼 깔끔하고 아름답다. 그리고 거리는 이 지역 남성의 마음처럼 단단한 자갈로 포장되어 있다."

그 자갈로 포장된 마음들 중 많은 이들이 제임스 프랭클린과 마찬가지로 매더 부자와 그들 교회의 동맹자들의 공개적인 경건주의pietism가 더 이상 참을 수 없는 지경에 이르렀다는 데 동의했다. 성직자들을 반대하는 어떤 과격한 인물은 마녀재판에 앙심을 품고 코튼 매더의 집에 폭탄을 던지기까지 했다. 폭발물은 터지지 않았고, 매더는 "오늘 밤 하나님의 천사가 나를 지켜주었다. 나는 전적으로 하나님의 것이며, 하나님을 섬긴다"라고 읊조렸다. 폭탄이 터지지 않은 덕분에 매더는 첨부된 메시지를 읽을 수 있었다. "코튼 매더, 이 개자식아, 지옥에나 가라. 이 염병할 것으로 너를 전염시켜주마."

하지만 제임스 프랭클린은 인쇄된 형태의 폭탄을 선호했다. 이상하게도, 그의 사소한 불꽃 중 하나가 매우 강력한 반응을 불러일으킨 적이 있었다. 1722년 6월, 제임스는 다른 사람이 투고한 것처럼 위장해 신문에 의견을 실었는데, 그 글에서 기고자(즉, 제임스 자신)는 당시 뉴잉글랜드 해안에서 활동하던 해적들에 무능한 정부당국이 소극적으로 대처하고 있다고 비판했다. 해적 소탕 대장으로 지명된 선장에 대해《뉴잉글랜드 쿠런트》는 비꼬듯이 이렇게 말했다. "바람과 날씨가 허락한다면 이번 달 언젠가는 출항할 것으로 생각된다."

이에 대해 매사추세츠 총회Massachusetts General Court는 제임스를 불경죄로 투옥하라고 명령했다. 하지만 사람들은 죄에 비해 정부의 반응이 너무 과하다고 생각했다. 진짜 이유는 천연두 논쟁 이후 법원이 시끄러운 인쇄업자를 침묵시킬 구실을 찾고 있었는데, 마침 이런 기회가 생긴 것이었다. 형의 체포와 관련해 벤저민도 잠시 구금되어 심문을 받았지만 견습생으로서 법적으로 주인의 명령을 따라야 한다는 것이 인정되어, 치안판사들은 그를 풀어주었다.

제임스의 투옥으로 인해 벤저민은《쿠런트》의 대리 발행인 겸 편집장 역할을 맡게 되었다. 아버지조차 벤저민이 양초 가게를 떠나고 싶어 할 때 그의 강한 고집을 꺾지 못하고 인정해주었듯이, 형인 제임스 역시 동생을 견습생으로 둔 4년 동안 그의 독립심을 일부 경험했다. 최근 사일런스 두굿이라는 익명으로 성공을 거두며 벤저민의 자신감과 자존감이 더욱 커진 데다가 이제는 인쇄 및 출판 운영 전체를 책임지게 되었다. 이는 열여섯 살짜리 소년의 자만심을 부풀리기에 충분했다.

그는 나중에 "감히 나는 우리의 통치자들에게 대드는 행동을 했다"라고 자랑스러워했다. 모든 자유사상가들을 대표해—감옥에서 신음하고 있는 제임스는 말할 것도 없고— 사일런스 두굿은 침묵이라는 자신의 기독교 이름과 대치되는 행동을 펼쳤다. "사상의 자유가 없다면 지혜는 있을 수 없다"라고 그녀는 영국 신문의 글을 인용했다. "그리고 모든 사람의 권리인 언론의 자유가 없다면 공공의 자유도 있을 수 없다. (…) 국가의 자유를 전복하려는 자는 언론의 자유를 억압하는 것으로 시작해야 한다. 언론의 자유는 공공의 반역자들에게는 끔찍한 일이기 때문이다." 반역자까지 언급하는 것은 매우 강경한 내용이었지만 사일런스는 거기서 멈추지 않았다. "나는 공화국이 위선적인 종교인들 때문에 더 해를 입는지, 아니면 노골적으로 불경한 사람들 때문에 더 해를 입는지에 대해 오랫동안 고민해왔다. 하지만 깊은 고심 끝에 겉으로만 신앙심을 가장하는 위선적인 인물들이 노골적으로 불경한 사람들보다 사회에 더 큰 해악을 끼칠 수 있는 위험한 존재라고 판단하게 되었다. 특히 그가 정부 요직을 맡고 있다면 더욱 그렇다." 대놓고 불경한 자는 누구도 속이지 않으므로 그가 초래할 수 있는 피해가 제한적이다. 그러나 신앙심이 깊은 척하는 위선자는 무지한 다수를 자신의 해로운 목적을 달성하는 데 동원한다. "사람들은 그를 성인으로 여기고 떠받들지만, 자신들이 사회에 해를 끼치는 도구가 되어 결과적으로는 하나님을 위한다는 명목하에 조국을 파멸시키고 있다는 사실을 전혀 깨닫지 못한다."

제임스는 공개적으로 사과하고 감금이 건강에 해롭다는 의사의 보고서에 힘입어 한 달 만에 감옥에서 풀려났다. 그러나 그는 건강을 되찾자마자 언제 사과했냐는 듯 1723년 초부터는 다시 자신의 신문 《쿠런트》를 통해 마치 사일런스 두굿이 했을 법한 거침없고 비판적인 언어로 당국을 맹렬히 비난하기 시작했다. 1월 14일 자 신문에서는 "종교적 위선과 헛소리로 가득 찬 사람을 발견할 때마다, 나는 즉시 그가 악당이 아닐까 하고 의심한다. 종교는 물론 가장 중요한 것이지만, 너무 많은 것은 전혀 없는 것보다 나쁘다. 세상은 악당들로 가득하지만, 모든 악당 중에서 종교적인 악당이 가장 나쁘다. 그리고 종교의 가면을 쓰고 행해지는 악행은 가장 혐오스럽다"라고 논평했다.

다시 한번 당국의 철퇴가 떨어졌다. 매사추세츠 총회는 신문의 논조가 "종교를 조롱하고 경멸하게 만든다"라고 선언하며, "인쇄인 겸 발행인 제임스 프랭클린은 이 법원의 명령에 의거해 검열관에게 사전 승인을 득하지 않는 한 《뉴잉글랜드 쿠런트》를 인쇄하거나 발행하는 것이 엄격히 금지된다"라고 명령했다.

제임스 프랭클린은 그 명령에 불복해 추가적으로 도발적인 글들을 계속 발행했지만, 보안관이 또 다른 체포영장을 가지고 오자, 자신의 가게를 떠나 다른 곳으로 도주했다. 하지만 그는 당국의 감시를 피해서 《뉴잉글랜드 쿠런트》를 계속 발행했다. 사실 어디 깊숙한 곳에 숨은 것도 아니었지만 보안관이 그리 열심히 찾지 않았기 때문에 가능했다. 법원의 명령은 제임스 프랭클린에게 적용되었을 뿐, 벤저민 프랭클린에 대해서는 아무것도 언급하지 않았다. 제임스는 벤저민에게 발행인을 벤저민으로 돌려 계속 신문을 발행하라고 지시했다. 법원이 제임스의 도제인 벤저민에게 불리한 조치를 취하는 것을 막기 위해서 제임스는 도제 계약서 뒷면에 서명해 동생을 모든 의무에서 해방시켜주었다. 벤저민은 자신의 해방된 신분을 보안관이나 기타 다른 사람에게 증명하기 위해 계약 해지를 증명하는 서류를 항상 휴대하고 다녀야 했다.

그러나 사실 벤저민은 완전히 자유로운 신분은 **아니었다**. 제임스는 원래 계약을 파기하는 대가로, 새로운 비밀계약을 벤저민에게 강요했고, 이 계약을 통해 벤저민은 도제 기간이 끝날 때까지 여전히 제임스에게 예속된 상태로 남게 된 것이다. 공개적으로 벤저민은 자유로웠지만, 사적으로는 여전히 묶여 있었다.

그러나 벤저민이 책임자였다는 사실은 중요했다. 1723년 2월 11일 자 《쿠런트》는 제임스 프랭클린이 '사업을 완전히 포기했다'고 발표했다. 이는 정확한 사실은 아니었지만, 매주 사실에 가까워졌다. 각 호가 발행될수록 신문은 제임스의 특성을 조금씩 잃고 벤저민의 특성을 더 많이 띠게 되었다. 제임스가 넓은 칼날을 휘두르듯 펜을 썼다면, 벤저민은 가늘고 뾰족한 검처럼 펜을 사용했다. 그의 풍자는 항상 가벼웠고 결코 심각하지 않았으며, 객관적인 사람들의 입가에 미소를 띠게 했고 때로는 그 엄격하다는 코튼 매더의 입꼬리까지도 올라가게 할 만큼 재치가 있었다. 이제 자신의 이름으로 신문이 발행되기 시작하자, 벤저민은 미국의 저명인사들을 위선자라고 부르지 않았다. 대신 그는 그들의 직함에 대한 집착을 비웃었다. "아담은 결코 아담 선생님이라고 불리지 않았고, 우리는 성경에서 노아 경, 기사 겸 준남작 롯, 메소포타미아 자작 겸 카란 남작 아브라함 각하에 대해 결코 들어본 적이 없다. (…) 우리는 또한 모세 목사님, 또는 하나님의 은총으로 이스라엘의 대주교를 겸하는, 지극히 존경하는 하나님의 종 아론이라는 말도 들어본 적이 없다." 그는 제임스보다 덜 극적이지만 더 효과적으로 자신의 주장을 전달했다.

벤저민이 보인 우회적인 방식은 어느 정도 그가 독서에서 얻은 수사적 기법을 반영한 것이었다. 그는 크세노폰과 다른 철학자들의 책을 읽으며 소크라테스식 문답법을 접했다. 그리고 이 접근법이 존 콜린스 같은 사람들에게 사용하던 대립적인 접근 방식보다 더 효과적이라는 것을 금세 알아차렸다. 그는 이 간접적인 대화 방식에 대해 "나는 이 대화 방식에 매료되었다. 그래서 반박이나 단정적인 주장을 버리고 겸손한 질문자와 의심자의 태도를 취했다"라고 말했다. 철학적, 신학적, 정치적 질문들에 적용된 이 새로운 접근 방식은 그가 기대했던 것 이상으로 효과가 있었다. "나는 그것에 재미와 만족을 느껴 계속해서 토론할 때 사용했다. 심지어 나보다 똑똑한 사람들로부터 원하지 않는 양보를 이끌고, 그들을 논리적으로 궁지에 몰아넣어 매우 능숙하게 내가 원하는 결론을—항상 정당한 것은 아니었지만— 얻어 낼 수 있었다."

그러나 벤저민이 《뉴잉글랜드 쿠런트》의 정부 비판 수위를 조절한 이유는 단순히 언론 정책 때문이 아니라 형 제임스와의 미묘한 관계 속에서 자신의 입지를 고려한 영리한 전략이었다. 그는 열두 살 때 마지못해 형 제임스와의 도제 계약 조건을 받아들였다. 기술도 자본도 없는 소년이 혼자 세상에서 살아갈 수는 없었을 것이다. 그러나 열일곱 살이 되자 상황은 확연히 달라졌다. 엄밀히 말하면 정식 기능인도 아니었지만, 그는 숙련된 장인들만큼이나 인쇄술에 능숙했다. 또한 적어도 제임스만큼이나 영리하고 글을 잘 쓰는 작가였다. 이는 제임스가 사일런스 두굿 부인의 글을 칭찬할 때 이미 증명된 것이었다. 물론 부인이 누구인지 나중에 밝혀진 다음에는 다시는 그런 일이 없기는 했다. 그러나 벤저민이 두굿 부인의 정체를 드러낸 뒤에도 제임스의 동료들은 벤저민을 계속 칭찬했고, 이는 제임스를 더욱 짜증 나게 했다. "그는 아마도 그 칭찬이 나를 너무 자만하게 만든다고 생각했던 것 같다." 두 형제가 아버지에게 의견 차이를 이야기하자, 아버지는 어린 아들 편을 들었다. "대체로 내가 옳거나, 아니면 더 논리적으로 주장을 폈기 때문이었다." 이것이 제임스를 더욱 화나게 만들었다. 그는 화가 나서 벤저민을 자주 때렸고, 벤저민은 이런 신체적인 모욕을 '매우 기분 나쁘게' 받아들였다(그는 1770년대 초 영국 식민 통치에 대한 미국의 도전이 한창일 때 지나가듯 이렇게 말한 적이 있다. "그의 폭압적인 대우가 내게 독재 권력이라면 질색하는 마음을 심어주었고, 그 반감이 평생 내 가치관과 행동에 영향을 미쳤다고 생각한다").

벤저민은 이제 혼자서도 충분히 잘 지낼 수 있다고 확신했다. 그는 생활비가 얼마나 드는지 다른 견습공보다 더 잘 알고 있었다. 형은 미혼이었기 때문에 직접 살림을 꾸리지 않고 다른 집에서 하숙을 했다. 그는 하숙집에 식비를 지불했고, 벤저민을 견습공으로 들였을 때 벤저민의 하숙비도 지불했다. 벤저민이 채식주의의 미덕을 칭송하는 책을 우연히 접한 후, 채식을 실천하기로 결심했는데 이로 인해 하숙집 주인과의 관계가 약간 불편해졌고 형으로부터 싫은 소리를 들어야 했다. 그러자 벤저민은 소고기와 돼지고기 비용을 감자와 쌀 비용과 비교해 계산한 후, 제임스가 하숙집에 지불하는 금액의 절반이면 스스로 식비를 해결할 수 있다고 형에게 제안했고 제임스는 동의했다. 벤저민은 심지어 형한테 받은 식비의 절반이면 충분히 먹고살 수 있다는 것을 깨달았고 남는 돈은 책을 사는 데 썼다.

"그렇게 하니 또 다른 좋은 점이 있었다"라고 벤저민은 그의 새로운 식단에 대해 언급했다. "형과 다른 사람들이 인쇄소를 나와 식사하러 간 사이에 나는 그곳에 혼자 남아 재빨리 가벼운 식사(종종 비스킷이나 빵 한 조각, 건포도 한 줌 또는 페이스트리 가게에서 산 타르트, 그리고 물 한 잔에 불과했다)를 마쳤고, 그들이 돌아올 때까지 남은 시간을 공부에 사용할 수 있었다. 절제된 식사와 음주는 보통 머리를 더 맑게 하고 이해력을 더 빠르게 해 공부에 더 큰 진전을 이루게 했다."

제임스와 계속해서 갈등(형은 내가 참 특이하다며 꾸중했다)이 있었다고 나중에 말한 것으로 미루어볼 때, 아마도 벤저민이 채식주의를 시작하면서 자신이 도덕적으로 더 우월하다고 느꼈고 이를 숨기지 않았던 것으로 보인다. 사일런스 두굿의 승리와 채식주의에 대한 우월감 때문에 그는 형에게 견딜 수 없는 존재로 보였을 것이다. 그는 나중에 직접 그렇게 인정했다. "아마 그때 내가 너무 건방지고 도발적이었을 것이다."

잘못이 누구한테 있든 벤저민은 제임스와의 관계가 참을 수 없는 수준에 이르렀다고 판단했다. 이런 결론과 다른 이유들 때문에 그는 보스턴의 성직자와 행정 권력의 심기를 거스리지 않으려 최대한 조심했다. 열일곱 번째 생일이 지난 몇 달 후, 그는 제임스와의 도제 계약을 파기하기로 결심했다. 이건 불법이었다. 제임스와의 두 번째 계약은 3년 더 그를 묶어두고 있었기 때문이다. 하지만 이 계약이 둘만의 비밀이었기 때문에 벤저민은 제임스가 강제하기 어려울 거라고 생각했다. 벤저민은 그저 그런 계약이 없다고 말하면 되었다. 제임스가 법정에서 비밀계약의 존재를 인정한다면, 그는 총회의 중지 명령을 회피하기 위해 속임수를 썼다는 것이 드러나 법정 모독죄에 처해질 것이기 때문이었다. 그때쯤 제임스는 법원에 앞으로는 말썽을 일으키지 않겠다는 일종의 보증금을 내고 도피 생활을 끝낸 상태였다. 벤저민은 그 보증금이 제임스가 도제 계약 문제에 대해 침묵할 것이라는 확실한 담보물이라고 생각했다.

그럴듯한 계획 같았지만, 벤저민은 절대 마음을 놓을 수 없었다. 제임스에게는 매더 일파의 검열하는 듯한 방식을 그만큼이나 싫어하는 친구들이 있었고, 이미 한 대배심은 그를 법정 모독죄로 기소하는 것을 거부했기 때문이다. 여론의 수레바퀴가 돌아서면 제임스가 언론 자유의 영웅으로 환영받을 수도 있었다. 그런 상황이 제임스를 대담하게 만들어 벤저민에게 도제 계약을 지키라고 강력하게 요구할 수도 있었다. 벤저민의 입장에서는 불필요한 적을 만들지 않는 것이 가장 안전한 방법으로 보였다.

제임스는 동생이 무슨 생각을 하는지 감을 잡고 벤저민이 다른 인쇄일을 알아보기도 전에 동료 인쇄업자들에게 그를 고용하지 말아달라고 부탁했다. 그는 아버지도 설득했고, 그래서 아버지는 도제 계약의 사소한 부분에서는 막내아들을 동정했지만, 도제 계약이라는 전체적인 틀을 존중해야 하는 도덕적, 시민적 필요성에서는 형 제임스의 편을 들었다.

결과적으로 벤저민은 도망 외에는 다른 방법이 없다고 보았는데, 다른 이유로도 도망이 합리적이었다. 호기심 많은 소년에게 보스턴은 흥미진진한 곳이었지만, 이제 독립적인 젊은이에게는 숨이 막히기 시작했기 때문이다. 매더 일당은 벤저민에게 제임스에게 했던 것만큼 위협적인 말을 하지는 않았지만, 그와 그 지지자들은 젊은 프랭클린에게도 의구심을 가지고 있음이 분명했고 기성 체제에 회의적인 그의 탐구적인 마음에 대한 소문이 돌고 있었다. "종교에 대한 나의 무분별한 논쟁 때문에 선량한 사람들은 나를 이교도나 무신론자로 생각하고 두려워했다." 또한 자신이 "기득권층에게 불쾌한 존재"가 되었다고 덧붙였다. 성직자들과 판사들이 제임스를 뒤쫓았듯, 자신을 뒤쫓기 시작하기 전에 떠나는 것이 좋다고 생각했다. "머물러 있다간 곧 곤경에 처할 가능성이 높았다."

그래서 그는 도망을 계획했다. 뉴욕으로 가는 뱃삯을 마련하기 위해 책 몇 권을 팔고, 친구 존 콜린스를 시켜 선장에게 자기가 여자를 임신시켜 결혼 압박을 받고 있으니 몰래 배에 타야 한다고 말했다. 세상 물정을 잘 아는 선장은 그게 무슨 말인지 알았다. 그는 주머니에 돈을 챙긴 다음 벤저민이 몰래 배에 오르는 사이에 배의 반대쪽 난간에서 다른 것을 살펴보는 척했다. 썰물과 쾌청한 9월의 바람에 몸을 싣고 벤저민 프랭클린은 태어나고 자란 마을을 떠났다. 그가 가진 것이라고는 주머니에 몇 실링과 열여덟 살이 되어가는 청년의 자신감밖에 없었다.

2장 친구와 이방인

1723~1724

나중에 나이가 들고 어느 정도 여유가 생긴 뒤에야 프랭클린은 코튼 매더의 성격이나 사고방식에 칭찬할 만한 면모가 있었다는 것을 깨달았다. 이제 보스턴을 떠난 벤저민은 매더와 동시대의 어떤 인물이 세운 도시에 도착했다. 그러나 성직자와 행정관의 적절한 관계에 대한 그 동시대 인물의 견해는 매더의 견해와는 너무도 달랐고, 이는 그때부터 여생 동안 프랭클린에게 훨씬 더 잘 맞았다.

윌리엄 펜은 프랭클린과 거의 같은 나이에 종교 당국과 처음 문제를 일으켰다(그때 아버지 조사이아 프랭클린은 아직 영국에 있었다). 옥스퍼드대학교에 다니던 펜은 퀘이커 교도인 토머스 로의 영향을 받았고, 찰스 2세가 영국성공회의 엄격한 교리를 강요하자 펜은 저항했다. 그가 옥스퍼드에서 쫓겨났는지, 아니면 그가 "지옥 같은 무지와 타락의 소굴"같다고 한 옥스퍼드를 스스로 떠났는지는 명확하지 않다. 어쨌든 그는 떠났다. 그의 아버지이자 무시무시한 해군 제독이었던 윌리엄 펜 경은 아들의 이상한 믿음을 아들의 가정교사들보다 훨씬 더 불쾌하게 느꼈다. 그는 아들을 때리고 집에서 쫓아내며 의절하겠다고 위협했다(아버지로서의 불만은 그렇다고 쳐도, 그는 원래 함께 지내기 어려운 사람이었을 수도 있다. 그의 이웃이자 해군 동료인 새뮤얼 피프스는 직업적인 이유로 그를 참아야 했지만, 일기에는 "나는 그가 몹시 싫다"라고 썼다. 어쩌면 피프스가 까다로운 사람이었을 수도 있다. 그는 제독의 저녁 식사 초대를 마다하지 않았지만, 펜 부인의 요리에서 "악마 같은 냄새가 났다"라고 속으로 불평했다).

아버지로부터 의절하겠다는 위협을 받자 펜은 일시적으로 퀘이커로서의 자각을 버리고 아버지와 화해하지 않을 수 없었다. 그리고 루이 14세 궁정에서 휴가를 보내기 위해 대륙으로 떠났다. 그는 오래 머물지 않았고 1667년에는 다시 영국 퀘이커 신도들의 품으로 돌아왔다. 그러고는 양심의 자유를 주장하는 일련의 소책자를 출판했고, 크고 작은 군중 앞에서 같은 교리를 설교했다. 1670년 그는 무질서한 군중집회에서 불법 연설을 한 혐의로 체포되었다. 재판에서 그는 사람의 마음과 영혼은 행정관의 손이 닿지 않는 곳에 있어야 한다고 주장했고, 배심원단은 이를 받아들여 무죄를 평결했다. 그러자 판사는 배심원단을 체포하라고 명령했다(이들에 대한 체포는 나중에 뒤집혔고, 이는 영국 보통법의 발전에 있어 하나의 획기적인 사건이 되었다).

이 무렵 펜의 아버지 윌리엄 펜 제독이 사망했다. 그는 아들의 신념은 받아들이지 못했지만, 아들의 진정성은 인정해 상당한 유산을 남겼다. 여기에는 매년 연금 1500파운드와 재정 상태가 안 좋았던 찰스 2세에게 빌려주었던 대여금에 대한 미수채권이 포함되어 있었는데 이 채권이야말로 훗날 영국과 미국 역사에 엄청난 영향을 미친다. 젊은 펜은 법정에서 모자 벗기를 거부하거나, 추가로 허가받지 않은 설교를 하고, 왕실에 대한 충성 맹세를 거부했다는 이유 등으로 감옥을 들락날락했다. 감옥에 있지 않을 때는 유럽에서 퀘이커 사상과 가치를 전파하며 오랜 시간을 보냈다. 법정이든, 감옥이든, 그리고 유럽 대륙이든 그는 종교적 관용에 대한 자신의 주장을 설득력 있게 발전시켰다. 후에 뉴저지주가 된 토지에 관심을 가지고 있던 퀘이커 친구가 재정문제에 부딪혀 도움이 필요했을 때, 펜은 이를 기회로 '양보와 합의concessions and agreements'라는 문서의 초안을 작성해서 정착민들에게 대영제국 어디에서나 적용되는 가장 광범위한 종교적 자유를 보장했다. 하지만 안타깝게도 뉴저지 정착민들에게 양심의 자유를 보장하기 위해 초안을 작성했던 '양보와 합의' 문서는 상업적인 이유로 식민지 재편성 조치에 파묻혀 발효되지 못했다.

실망했지만 다시 시도하기로 결심하고 윌리엄 펜은 찰스 2세에게 뉴저지 서쪽의 넓은 땅을 자신에게 양도해 빚을 갚으라고 압박했다. 찰스는 동의했고, 약간의 협상 끝에 펜은 군주 이외의 사람이 합법적으로 소유한 가장 큰 단일 부동산의 소유주가 되었다. 펜은 숲이 우거진 이 영토를 '실바니아'라고 부르고 싶었지만, 찰스 2세는 펜 제독을 기리기 위해—아들 펜을 기리려는 게 아니라— '펜'을 접두사로 붙여야 한다고 주장했다. 양 당사자는 이 거래가 왕실의 채무를 정리하는 합리적인 거래로 비춰지길 원했지만, 사실은 그 이상의 의미가 있다는 것을 잘 알고 있었다. 자신과 동료 퀘이커 신도들에 대해 말하며 윌리엄 펜은 "정부는 헐값에 우리에게서 벗어나고자 안달이었다"라고 말했다.

펜실베이니아의 특허 지주*로서 펜은 막강한 권한을 누렸지만 영국의 보통법, 펜실베이니아에 적용되는 항해법과 같은 의회의 법률, 그리고 대영제국의 이익에 반하지 않는다는 정치적 고려 사항만은 뛰어넘지 못했다. 하지만 이것만으로도 그는 영토 내에서 엄청난 재량을 누릴 수 있었다. 그는 즉시 대영제국 내에서 가장 민주주의에 가까운 제도를 만들어 대부분

---

* proprietor, 왕실의 특허를 받아 광대한 땅의 소유권과 통치권을 동시에 가진 지주를 일컫는 용어

의 성인 남성에게 참정권을 부여하고 그들의 대표를 선거로 뽑도록 했다. 그리고 당연한 일이지만 그의 종교적 신념—퀘이커 교도로서의 신념과 법정에서 주장했던 믿음—을 고려할 때, 그는 종교의 자유를 보장했다. 마찬가지로 퀘이커 교도들의 평화주의에 비추어볼 때, 그는 자신의 새로운 소유지를 점유하고 있는 인디언 부족들과 우호적인 관계를 수립했다.

1682년 가을, 조사이아 프랭클린이 영국을 떠나 보스턴으로 향하기 불과 몇 달 전, 펜은 처음으로 미국을 방문했다. 그는 그토록 많이 들었던 숲과 시냇물을 보고 싶어 했다. 또한 그가 델라웨어강 서안에 건설하도록 지시했던 '대규모 정착지'—아직 구상 단계이기는 했지만—의 거리를 걷고 싶어 했다. 형제애brotherly love를 신고전주의적으로 표현한 이름인 필라델피아는 미국 최초의 계획도시였고 세계 최초의 도시 중 하나였다. 그 도시의 계획은 구세계 도시들의 폐해를 줄이려는 펜의 염원이 반영되어 있었다. 1660년대의 대역병과 대화재는 런던 시민들의 기억에 여전히 생생했다. 펜은 필라델피아를 통풍이 잘되고 개방적으로 만들어 '절대 불타지 않고, 항상 건강한 녹색 전원도시'로 만들어 구도시의 지독한 재앙과 맞설 생각이었다. 주요 도로는 런던의 어떤 거리보다도 넓은 폭 30미터이고 작은 도로는 폭 15미터로, 모두 바둑판처럼 반듯한 격자 형태로 배치될 계획이었다. 또 한 필지를 2000제곱미터 혹은 4000제곱미터로 넓게 잡고, 집을 도로 안쪽으로 배치해서 집 주변을 정원과 과수원으로 둘러쌀 수 있도록 공간을 충분히 확보했다. 각각 수천 제곱미터에 달하는 네 개의 광장과 4만 제곱미터에 달하는 중앙 광장은 도시 주민들에게 추가적인 개방 공간을 보장했다. 보스턴, 뉴욕, 그리고 다른 식민지 도시들과는 달리, 필라델피아는 성벽이나 요새가 없었으며, 대신 윌리엄 펜이 원주민과의 평화롭고 공정한 관계를 통해 도시의 안전을 도모할 계획이었다.

하지만 미국 개척지의 현실은 펜의 비전과 곧바로 일치하지 않았다. 초기 거주민들은 델라웨어강의 가파른 강둑을 파서 주거지를 만들었고,

습한 계절에는 진흙 속에서, 건조한 계절에는 먼지 속에서, 번갈아가며 살았다. 돼지, 염소, 닭, 개, 그리고 가끔 소들이 도시의 거리를 자유롭게 돌아다니며, 길거리의 쓰레기를 먹어치우기도 했지만, 동시에 배설물 등으로 도시를 더럽혔다. 그 결과 여름철에는 견딜 수 없을 만큼 악취가 진동하는 등 매우 비위생적이고 지저분한 모습이었다. 프런트스트리트는 고인 오물 투성이었다.

그러나 시간이 흐르면서 점차 질서를 회복했고 18세기 초가 되자 윌리엄 펜이 애초에 구상했던 도시의 모습에 점차 가까워지기 시작했다. 주민 수는 2000명이 조금 넘었는데, 그들은 매우 바쁘게 움직였다. 스웨덴에서 최근에 도착한 한 사람은 이렇게 말했다. "필라델피아를 본 적 없는 사람이 이 도시를 본다면, 20년도 채 안 되어 건설되었다는 사실에 엄청나게 놀랄 것이다. (…) 모든 집은 벽돌로 지어졌는데, 300~400채에 달하며, 모든 집이 상점을 겸하고 있어서 돈만 내면 원하는 것은 무엇이든 언제든지 가질 수 있다."

그러나 문제는 돈이었다. 필라델피아는 보스턴, 뉴욕, 그리고 다른 북아메리카 도시들처럼 식민지 상업의 만성적인 고질병인 돈 부족에 시달렸다. 18세기 초는 영국의 제국주의 사상에서뿐 아니라 실생활에서도 중상주의의 전성기였다. 중상주의자들에 따르면, 제국주의 세력의 척도는 즉시 사용할 수 있는 현금(해군을 건설하고, 사략선을 무장시키고, 용병을 고용하며 기타 비군사적인 목적을 충족시키기 위한)이었다. 식민지의 기능은 무역흑자를 조성해, 현금—가장 유동적인(즉 가장 단단한) 금과 은의 형태로—이 왕립재무부와 본국 주민의 주머니(필요하면 정부가 회수할 수 있는)로 흘러들어가게 하는 것이었다. 17세기에 의회가 통과시킨 항해법(즉, 무역법)에 의해 증강된 영국 경제의 미주 식민지 경제에 대한 상대적 성숙도는, 고가치의 제조품에 대한 지불로서 돈이 쉽게 영국으로 흘러들어가고, 저가치의 원자재에 대한 지불로서 돈이 어렵게 흘러나가도록 보장했다. 그 결과는 식민지 상인들과 그들의 고객들 사이에서 만성적인 현금 부족이었다.

그 결과 식민지 주민들은 어쩔 수 없이 물물교환에 의존해야 했다. 필라델피아의 한 선박 건조업자 제임스 웨스트는 작은 돛배를 만드는 데 39파운드를 고객에게 청구했다고 기록했다. 하지만 그의 고객은 현금이 없었고, 웨스트는 밀가루, 버터, 설탕, 건포도, 맥주로 지불을 받았다. 이런 문제가 반복되자 그는 선술집 운영이라는 부업에 뛰어들었다. 그는 선박 계약에서 얻은 수익을 술집 단골들에게 제공했다. 이렇게 현금의 개념이 확장되자, 웨스트는 자신의 조선공들을 선술집에 숙식하게 했고, 그들에게 맥주로 임금을 지급했다.

경기가 좋을 때는 통화가 부족한 것이 그저 조금 성가신 일에 불과했지만, 나쁜 시기에는 식민지 경제를 질식시킬 위협이 되었다. 그리고 1720년 남해회사 거품South Sea Bubble이 꺼진 이후 상황은 극도로 악화되었다. 남해회사는 1711년에 설립되어 남아메리카와 태평양의 섬들(예전에도, 그리고 여전히 감상적으로 '남해South Sea'라고 불리는 지역)과의 무역에 대한 독점권을 부여받았다. 그 후 몇 년 동안 독점권은 주주들에게 큰 이익을 안겨주었고, 이로 인해 조지 1세 국왕과 궁정의 많은 유력 인사들을 포함한 부유하고 영향력 있는 사람들이 주식을 사들였다. 회사와 왕실의 관계를 더욱 돈독히 하기 위해, 이사회는 1718년에 조지 1세를 회사의 총재로 임명했다. 1년 뒤, 이사회는 국가부채를 민영화하는 계획을 꾸몄다. 즉, 회사가 왕실의 채무를 인수하는 대신 왕실로부터 연간 지급금을 받고, 채권자들에게는 채권을 남해회사의 주식으로 교환해주겠다고 제안했다. 회사의 주가가 빠르게 오르고 있었기에, 설득은 그리 어렵지 않았고, 이는 주가를 더욱 빠르게 끌어올렸다. 1720년 1월에서 7월 사이에 주가는 여덟 배나 뛰었고, 온갖 투기꾼들이 몰려들었으며 수많은 모방 업체가 생겨났다. 8월이 되자 결국 피할 수 없는 일이 벌어져 주가가 폭락했다. 11월에 회사의 주식 가치는 거의 10분의 1로 쪼그라들었고, 이는 영국은행과 같은 공공기관을 뒤흔들었으며, 남해회사의 이사들은(회사 회계와 관련된 각종 부정행위에 연루된 것이 드러나) 망신을 당했고, 수천 명의 투자자가 파산했으며, 대영제국 전체 재정에 엄청난 피해를 입혔다.

필라델피아는 벤저민 프랭클린이 1723년 10월 도착했을 때까지도 여전히 충격에서 벗어나지 못하고 있었다. 상황이 얼마나 심각한지 알았다면, 오지 않았을지도 모른다. 어쨌든 필라델피아는 그의 첫 선택지가 아니었다. 보스턴을 떠날 때 프랭클린의 원래 계획은 허드슨강 어귀의 섬에 위치하고 있고, 도시 설립자들의 네덜란드적 성격과 세속적 성공에 대한 시민들의 야망이 남아 있는, 번영하는 도시 뉴욕에 정착하는 것이었다. 그런 환경에서는 야망 있는 젊은이라면 누구나 일자리를 찾는 데 어려움이 없었고, 보스턴에서의 미완료된 도제 계약 문제 따위에 구애받지 않아도 될 것 같았다.

그러나 보스턴을 떠나자마자 프랭클린은 자신이 통제할 수 없는 힘에 휘말리게 되었다. 이틀 동안 순풍을 타고 남쪽으로 도망친 배는, 내러갠싯만 어귀의 블록아일랜드 부근에서 바람이 멎으며 꼼짝없이 표류하게 되었다. 배를 타면서 산전수전을 다 겪어본 선원들은 200년 넘게 북동부 해안으로 어부들을 끌어들인 대구를 낚으며 시간을 보냈다. 넘치는 물고기에 선원들은 수십 킬로그램씩 끌어올렸다. 작은 것들은 손질해 뼈를 발라낸 뒤 뜨거운 기름에 튀겨냈는데, 곧 황금빛 도는 갈색으로 바삭하게 익었고 고소한 냄새가 모락모락 나는 김이 배 전체에 퍼져서 모두의 식욕을 자극했다.

배에 오를 때만 해도 벤저민 프랭클린은 채식주의를 고수하고 있었다. 이 습관의 한 축은 경제적 이유였고, 다른 하나는 도덕적 이유였다. 후자의 본질은, 인간에게 아무런 해를 끼치지 않은 생명체를 죽여서 먹는 것은 옳지 않으니, 그들도 자연에서 살다가 죽도록 해야 한다는 것이었다. 프랭클린은 대구가 처음 배 위로 끌어올려질 때까지도 이런 생각을 유지했다. 그러나 생선 튀기는 냄새가 갑판을 가득 메우자 그의 신념은 흔들리기 시작했다. 채식주의자가 되기 전, 그 역시 대부분의 보스턴 사람들처럼 생선을 튀기거나, 찌거나, 삶거나, 조려서 먹는 것을 좋아했다. 그 냄새는 과거의 맛있는 식사 기억을 떠올리게 했고, 그는 종간 평화주의interspecies pacifism에 대한 자신의 논리를 다시 생각해보기로 했다. 다행히도 그는 허점을 하나 발견했다. "생선을 갈랐을 때, 그 뱃속에서 더 작은 물고기들이 나오는 걸 봤다. 그러므로 너희가 서로를 먹는다면, 우리도 너희를 못 먹을 이유는 없다." 그래서 그는 다른 승객, 선원들과 함께 '아주 맛있게' 식사를 했다. 이것이 벤저민 프랭클린의 채식주의가 끝나는 순간이었다. 그는 나중에 특유의 풍자로 이렇게 말했다. "**이성적인 존재**가 된다는 것은 참 편리한 일이다. 하고 싶은 일이 생기면 언제든 그럴듯한 이유를 찾거나 만들어낼 수 있으니 말이다."

배가 뉴욕에 도착했을 때, 프랭클린의 기대는 또 한 번 무너졌다. 상업적 활력은 넘쳤지만—어쩌면 그 때문인지 모르지만— 맨해튼의 네덜란드 상인과 장인은 인쇄업자의 서비스에는 별 관심이 없었다. 신문도 없었다. 상인들은 자신들이 사는 세상에 대해 읽을 시간조차 없을 만큼 바빴다. 설교문도 보스턴만큼 팔리지 않았다. 상인들은 미래 세계에 집중할 여유가 없었던 것이다. 뉴욕에는 인쇄소가 하나 있었는데, 윌리엄 브래드퍼드가 운영했고, 이미 충분한 조수들이 있었기에 프랭클린이 들어갈 자리는 없었다.

하지만 브래드퍼드에게는 아들 앤드루가 있었는데 그도 역시 필라델피아에서 인쇄소를 운영하고 있었다. 그는 얼마 전 유망하고 성실한 조수 한 명을 갑자기 잃었고, 대체인력이 필요했다. 윌리엄 브래드퍼드는 프랭클린에게 필라델피아에서 기회를 찾아보라고 권했다. 프랭클린에게는 별다른 선택지가 없었다. 책을 팔아 남은 돈도 며칠 버티기 힘들었고, 그가 가진 유일한 기술은 형 제임스의 인쇄소에서 배운 것뿐이었다. 필라델피아는 보스턴에서 더 멀리 떨어져 있다는 점도 매력적이었다. 제임스가 그를 쫓아 올 것 같지는 않았지만, 도제 계약을 어긴 것에 대한 부담을 덜기 위해서라 도 160킬로미터 정도 더 떨어져 있는 게 나쁠 건 없었다.

그 160킬로미터 중 처음 30킬로미터가 가장 힘들었다. 남은 돈을 아 껴 쓰기 위해 프랭클린은 허드슨강 하구를 건너 퍼스앰보이까지 가는 가 장 저렴한 배를 탔다. 그러나 가을 돌풍이 배를 덮쳐 낡은 돛이 찢어졌고, 배는 스태튼아일랜드 서쪽의 안전한 해협으로 들어가지 못하고 오히려 허 드슨강 입구에서 롱아일랜드 쪽으로 밀려갔다. 작은 배가 심하게 흔들리는 가운데, 술에 취한 네덜란드인 승객 한 명이 바다에 빠졌다. 프랭클린은 배 에서 가장 정신이 또렷하고 민첩한 사람이었기에, 그의 머리채를 잡아끌어 다시 배 위로 올렸다. 그 남자는 죽을 고비를 넘기고도 정신을 차리지 못 하고 다시 선실에서 잠이 들었다.

파도에 밀려 난파된 배가 롱아일랜드 해안 가까이로 접근하자, 프랭클 린과 일행들은 적당한 상륙 지점을 찾으려 애썼다. 하지만 해변은 바위투 성이에 파도도 높았고, 그런 위험을 감수할 만큼 뱃사공은 용감하지 않았 다. 그래서 그들은 닻을 내려 폭풍이 지나가길 기다리기로 했다. 이쯤 되 니, 술에 취한 네덜란드인이 오히려 제일 나은 처지가 되었다. 다들 물보라 로 그 네덜란드인처럼 흠뻑 젖었지만, 적어도 그는 의식을 잃고 있었으니 말이다. 해안에서는 마을 사람 몇몇이 파도 너머로 배가 흔들리는 걸 보고 있었다. 프랭클린과 일행, 그리고 뱃사공은 해변에 작은 배들이 묶여 있는 것을 보고 그걸 타고 와서 자신들을 데려가달라고 소리쳤다. 하지만 마을 사람들은 이방인들을 위해 목숨을 걸고 싶지 않았는지 다시 집으로 들어 가버렸다.

바람이 점차 잦아들었지만, 프랭클린과 일행은 물 위에서 몹시 불편한 밤을 보냈다. 춥고, 물에 젖고, 배고프고, 목말랐다. 원래는 몇 시간 만에 끝났어야 할 항해가 폭풍 때문에 24시간이 훨씬 넘게 길어졌고, 그 긴 시간 동안 그들이 의지할 수 있었던 것은 싸구려 럼주 한 병뿐이었다. 다음 날 아침, 폭풍이 잦아들고 바람이 다시 동쪽으로 불자, 선장은 임시로 돛을 달아 그날 해 질 무렵에는 퍼스앰보이에 도착할 수 있었다.

프랭클린은 며칠간의 피로가 축적되고 추위에 노출된 결과 열이 나서 눈에 보이는 침대에 아무렇게나 쓰러졌다. 하지만 정신을 잃기 직전, 그는 어딘가에서 열이 날 때 물을 많이 마시면 예방에 도움이 된다는 글을 읽은 것이 떠올랐다. 그래서 그는 물을 여러 잔 들이켜고 다시 쓰러졌다. 밤새 뒤척이며 땀을 흘렸지만, 결국 잠이 들었고, 아침에는 건강한 열일곱 살 청년답게 말짱하게 일어났다.

그는 이번에는 아무 사고 없이 래리턴강을 건너, 벌링턴을 향해 걸어가기 시작했다. 거기서 델라웨어강을 따라 필라델피아로 가는 배를 탈 생각이었다. 이틀 전 폭풍은 이제 거센 비로 바뀌었고, 이미 여러 고생을 한 프랭클린은 그 비에 몸도 젖고, 마음도 의기소침해졌다. "나는 완전히 흠뻑 젖었고, 정오쯤엔 많이 지쳤다. 그래서 허름한 여관에 들러 하룻밤을 묵었다. 이제는 집을 떠나지 말았어야 했다는 생각이 들기 시작했다." 게다가 몰골이 초라해진 그는 도망친 하인이나 그런 종류의 사람으로 오해받았다. "여관 주인이 내게 묻는 질문들로 미루어, 나를 도망친 하인쯤으로 의심하고 있는 듯했다." 하지만 그는 조용히 벽난로 옆 어두운 구석을 찾아 일찌감치 잠자리에 들었다.

다음 날 아침, 그는 첫 번째로 출발하는 여행자들과 함께 길을 나섰고, 해 질 무렵에는 벌링턴 근처까지 도착했다. 이번 밤은 전날보다 훨씬 유쾌했다. 주인인 브라운 박사는 자신과 독서 및 관심사가 비슷한 손님을 만난 걸 기뻐했다. 두 사람은 여러 주제를 두고 밤늦게까지 대화를 나누었다(이 인연은 브라운 박사가 세상을 떠날 때까지 이어졌다).

푹 쉬고 기운을 차린 프랭클린은 다음 날 아침, 토요일에 벌링턴까지 남은 몇 킬로미터를 걸었다. 하지만 도착해보니, 필라델피아행 정기선은 막 떠났고, 다음 배는 화요일까지 오지 않는다는 사실에 실망했다. 하지만 마을의 한 노부인이 그를 불쌍히 여겨 소고기 뺨살 요리를 대접하고, 다음 배가 올 때까지 머물라고 했다. 그는 제안을 받아들이고 뉴저지 시골에서 주말을 보내기로 했다. 그러나 그날 저녁 식사 후 델라웨어 강가를 거닐다가, 강을 따라 내려가는 배를 발견했다. 물어보니 필라델피아로 가는 배였고, 마침 한 자리가 남아 있었다. 그는 주인 아주머니에게 인사할 겨를도 없이 잽싸게 배에 올랐다. 강의 이 구간은 거의 물살이 없고 바람도 약해 젊고 힘센 승객들이 번갈아 노를 저어야 했다. 누구보다 젊고 힘이 센 프랭클린은 가장 오래 노를 저었다.

어둠 속을 몇 시간이고 노를 저어가던 중, 누군가가 목적지를 지나친 게 아니냐며 의문을 제기했다. 모두 지친 상태로 확신이 없자, 노 젓기를 그만두었다. 결국 일행은 강가에 배를 대고 어둠 속에서 찾은 낡은 울타리 판자를 모아 불을 피우며 추위를 견뎠다. 날이 밝자, 일행 중 한 명이 자신들의 캠핑지가 필라델피아에서 아주 가까운 곳임을 알았고 모두 다시 지친 몸을 이끌고 배에 올라, 일요일 아침 일찍 마켓스트리트 끝에 있는 부두에 도착했다.

프랭클린이 부두에서 걸어 올라오며 본 것은 남해회사 파산의 상흔이었다. "월넛스트리트 2번가와 프런트스트리트 사이 대부분 집에는 임대 표지가 붙어 있었고, 체스트넛스트리트 등 다른 거리도 마찬가지여서, 도시 사람들이 하나둘씩 떠난다고 생각했다"라고 그는 회상했다.

당시 프랭클린은 빈집과 닫힌 상가들이 생긴 게 런던에서 돈줄이 마른 탓이라고는 미처 생각하지 못했다. 당장 자기 돈줄이 없는 걸 걱정해야 할 처지였기 때문이었다. 그는 뉴욕에서 거스름돈으로 받은 네덜란드 은화 한 닢만 들고 필라델피아에 도착했다. 게다가 나흘 동안 길 위에서 고생하고, 밤새 노를 저으며 추위에 떨었던 탓에 매우 배가 고팠다.

그는 아침거리를 사려다 네덜란드 은화 한 닢이 북쪽보다 필라델피아에서 더 가치가 있다는 사실을 알고 지역마다 돈의 가치가 다르다는 제국 경제의 교훈을 처음 배웠다. 바구니에 빵을 든 소년을 만나자 프랭클린은 어디서 샀는지 물었다. 소년은 세컨드스트리트 방향을 가리켰고, 굶주림으로 감각이 예민해진 프랭클린은 빵집을 찾아갔다. 그는 보스턴에서 선박 무역을 위해 대량으로 생산되던 그런 종류의 비스킷을 달라고 했지만, 빵집 주인은 필라델피아에서는 그런 걸 만들지 않는다고 했다. 3펜스짜리 빵—보스턴에서는 비스킷보다 윗급으로 쳐주는—이라도 달라고 했지만, 그것도 없었다. 결국 그는 무슨 빵이든 여기서 만든 빵 3펜스어치를 달라고 했다. 그러자 빵집 주인은 커다랗고 둥근 빵 세 개를 건넸다. 그 빵 하나가 보스턴에서 늘 사 먹던 3펜스짜리 빵만큼 컸다. 주머니에 들어가지도 않고, 빵을 담을 봉지도 없었다. 당시는 빵집에서 봉지를 제공하지 않았다. 그래서 한 개는 오른팔에, 한 개는 왼팔에 끼고, 나머지 한 개는 먹으면서 빵집을 나섰다.

마켓스트리트를 걸으며 아침을 먹던 그는 점점 더 자신이 눈에 띄게 어색하다고 느꼈다. 며칠째 씻지도 못했고, 옷은 허드슨강 하구의 짠물과 뉴저지의 비에 젖은 옷 그대로였다. 주머니에서는 더러운 양말, 셔츠, 속옷이 삐져나와 있었다. 그는 이 도시에 아는 사람도 없었고, 어디로 가야 할지도 몰랐다. 훗날 그는 자신이 '정말 어색하고 우스꽝스러운 모습'이었다고 회상했다.

그렇게 생각한 사람이 또 있었다. 바로 대로변에 있는 자기 집 앞에 서 있던 프랭클린보다 어린 소녀였다. 그는 소녀의 이름도 몰랐고 소녀 역시 마찬가지였다. 하지만 둘은 서로를 알아보았고, 벤저민은 더욱 어색함을 느꼈다.

그는 다시 강가로 향했다. 그곳에는 함께 내려온 일행이라도 있으니 덜 외로울 거라고 생각했다. 첫 번째 빵으로 허기만 조금 달랬지만 한꺼번에 빵 세 개를 먹으면 자신의 궁핍이 드러날 것 같아 나머지 두 개는 배에 타고 있던 어떤 여자와 그녀의 아이에게 주었다. 빵을 먹으니 목이 말라, 강물을 마시고 얼굴도 씻었다.

이제 마을 사람들도 모두 일어나 움직이고 있었다. 그들은 모두 깨끗하고 옷차림도 단정했는데, 이것은 다시 한번 프랭클린에게 자신은 그렇지 못하다는 사실을 일깨워주었다. 또 그들은 모두 한 방향으로 걸어가고 있는 것처럼 보였다. 프랭클린도 그 흐름에 합류해 퀘이커 예배당으로 따라갔다. 입구에서 아무도 그에게 질문하지 않았고, 그는 사람들의 흐름을 따라 안으로 들어갔다. 그는 이미 보스턴의 사우스교회에 정기적으로 다니지 않은 지 몇 년이 되었기 때문에 그가 성경에 대한 학문적인 설교나, 하나님의 은혜를 거부한 자들에게 닥칠 운명에 대한 영혼을 뒤흔드는 묘사를 기대했는지 그렇지 않았는지는 알 방법이 없다. 그러나 그가 실제로 접한 것은 퀘이커 특유의 훨씬 차분한 분위기였다. 밤새 깨어 있었고, 이제 약간의 음식도 먹어 따뜻해진 그는 곧 졸음이 쏟아져 잠이 들었다. 신도들은 그가 피곤해하는 것을 불쾌하게 생각하지 않고, 내내 놔두었다가 예배 시간이 끝난 뒤에 조심스럽게 그를 깨웠다.

프랭클린은 예배가 끝나자 사람들을 따라 교회 밖으로 나왔고, 특별히 어디로 가야겠다는 생각보다는 그냥 몸이 이끄는 대로, 무심코 걸어서 물가 쪽으로 내려갔다. 그때 검소한 퀘이커 복장을 한 친절해 보이는 젊은 이가 그의 눈에 들어왔다. 프랭클린은 외지인이 묵을 만한 곳이 어디 있는지 물었다. 마침 그들이 서 있던 곳은 '스리마리너스 여인숙'이라는 간판 바로 아래였는데 프랭클린이 "여긴 어떤가요?"라고 묻자, 그 퀘이커 교도는 "이곳에도 외지인이 묵긴 하지만, 점잖은 사람이 식사하거나 잠을 잘 만한 곳은 아닙니다. 저를 따라오시면 더 좋은 곳을 알려드리겠습니다"라고 대답했다. 그는 퀘이커 특유의 대명사인 디thee와 도우thou를 사용했다. 둘은 함께 강 옆의 킹스트리트에 있는 크루키드빌릿 여관까지 짧은 거리를 걸어갔다.

이제 아침에 먹은 빵의 효과가 다 사라지자 프랭클린은 점심을 주문했다. 여관 주인과 그곳에 있던 손님들은 원래 선원이나 외지인이 드나드는 것에 익숙했지만 프랭클린은 유독 그들의 관심을 끌었다. 낡고 해진 옷차림, 턱수염도 없고 더러운 얼굴을 보니, 누가 봐도 도망자 같았다. 하지만 아무도 그를 직접적으로 추궁하지는 않았다. 주인은 단순한 의심만으로 손님을 쫓아내지 않는 노련한 장사꾼이었다. 하지만 "여행 오래 하셨나요?", "어디로 가시나요?" 같은 간접적인 질문들로 그를 떠보았다. 프랭클린은 별다른 정보를 주지 않으면서 최대한 예의 바르게 대답했다. 그는 고개를 접시에 파묻고 최대한 빨리 식사를 끝냈다. 그리고 그가 오후에 쉴 수 있는 방이 있냐고 물었을 때 사람들은 그가 단순히 쉬고 싶어서가 아니라, 숨으려는 것이 아닌가 생각했다. 그러나 아무도 그를 말리지 않았고 그는 지난 이틀 밤 동안 못 잔 잠을 몇 시간 더 보충했다. 주인은 저녁 식사 시간에 그를 깨웠고, 프랭클린은 점심때처럼 조용히 저녁을 먹고 다시 잠자리에 들었다. 그는 밤새 푹 자고, 다음 날 아침에는 보스턴을 떠날 때만큼이나 몸이 개운해졌다.

앤드루 브래드퍼드와의 면접을 준비하며, 프랭클린은 아직 수염이 자라지 않은 것이 다행이라고 생각했다. 적어도 면도는 필요 없었으니 말이다. 하지만 그는 목욕도 하고 싶었고, 깨끗한 옷도 입고 싶었고, 아침 식사도 먹고 싶었다. 그러나 가진 돈이 거의 다 떨어져, 남은 돈을 아끼기로 했다. 그래서 씻지도, 옷을 갈아입지도, 아침도 먹지 않은 채 앤드루 브래드퍼드의 인쇄소로 향했다.

그런데 놀랍게도 그곳에는 앤드루의 아버지 브래드퍼드가 있었다. 원래 윌리엄 브래드퍼드는 필라델피아에서 인쇄업을 하다가 뉴욕으로 이사했는데, 이제 프랭클린이 감당할 수 없는 더 비싸고 믿을 만한 교통수단인 말을 타고 옛 친구들을 만나고 아들을 보기 위해 필라델피아로 돌아온 것이었다. 프랭클린은 뉴욕에서 윌리엄 브래드퍼드를 우연히 만나 우호적으로 인사를 나눈 경험이 있었기에, 윌리엄이 와 있는 것이 자신에게 유리하게 작용하길 바랐다. 실제로 도움이 되기는 했지만, 그가 바란 만큼은 아니었다. 아버지는 프랭클린에게 아들을 소개해주었고, 아들 앤드루는 프랭클린에게 호의적인 태도를 보였다. 그는 프랭클린에게 이것저것 물어보았고, 꼭 함께 아침 식사를 하자고 권했다. 하지만 최근에 갑자기 떠난 조수 대신 다른 인쇄공을 이미 고용했기 때문에, 당장 사람을 더 쓸 형편이 아니라고 말했다. 곧 특별 주문이 들어올 예정이라 더 많은 도움이 필요해지면, 그때는 프랭클린에게 일거리를 줄 수 있다고 했다.

그러면서 이 마을에 다른 인쇄업자가 한 명 더 있는데, 그가 사람을 구할 수도 있으니 찾아가보라고 했다. 일이 잘되면 다행이지만 혹시라도 일이 잘 풀리지 않으면 언제든 다시 와서 자기 집에 머물러도 좋다고 했다.

프랭클린은 아침 식사를 마치고 감사 인사를 전했다. 그리고 다른 인쇄소로 향하려는데, 윌리엄 브래드퍼드가 길을 안내해주겠다며 함께 나섰다. 그곳에 도착하자 브래드퍼드는 자신과 프랭클린을 새뮤얼 카이머에게 소개했다. "카이머 씨, 여기 당신 사업과 관련된 일을 하는 젊은이가 있는데 혹시 일자리가 있을까요?"

카이머는 왜 이 낯선 사람이 또 다른 낯선 사람을 데려와 고용하라고 하는지 의아해했지만, 여기가 형제애의 도시 필라델피아이기 때문에 그런가 보다고 생각했다. 그는 수다스러운 성격으로, 브래드퍼드에게 자신이 펜실베이니아의 인쇄업을 장악하겠다며 계획을 이야기하기 시작했다. 브래드퍼드는 정보가 들려오는 걸 막지 않기 위해 자신의 경력이나 자신이 카이머의 유일한 경쟁자라는 사실을 밝히지 않고 듣기만 했다. 오히려 교묘한 질문과 의아한 표정으로 카이머의 모든 사업계획과 전략을 이끌어냈다. 프랭클린은 이 광경을 흥미롭게, 그리고 꽤 감탄하며 지켜보았다. 프랭클린은 브래드퍼드가 노련한 여우고, 카이머는 그저 애송이라는 사실을 분명히 알아차렸지만, 카이머 자신은 이 점을 전혀 눈치채지 못했다.

이런 이야기를 듣고 난 프랭클린은 과연 그런 초보자 밑에서 일해야 하는지 의구심을 가질 수밖에 없었다. 그리고 브래드퍼드와 카이머가 이야기하는 동안 인쇄소를 둘러보며 본 것은 그 의문을 더욱 키웠다. 그곳의 장비는 그가 형 밑에서 일할 때 썼던 것보다 훨씬 열악해서, 고장 난 인쇄기와 낡은 활자 한 벌이 전부였다. 카이머는 그 사용법조차 잘 모르는 듯했다. 그는 원고 없이 활자를 직접 조판하는 비효율적 방식으로 작업하고 있었는데 이 방식은 다른 사람이 그를 도울 수 없게 만들었다. 그가 진행 중인 작업은 앤드루 브래드퍼드 인쇄소에서 일한 애퀼라 로즈라는 인물을 추모하는 애가였는데, 로즈는 인쇄 일 이상으로 지역사회에 큰 기여를 한 인물이었다. 로즈는 스쿠킬강에서 페리를 운영했고, 식민지 의회의 서기로도 일했으며, 그의 시는 대체적으로 호평을 받았다. 프랭클린은 카이머가 경쟁자의 전 조수를 추모하는 것이 이상하다고 생각했지만 카이머가 괴짜이기 때문에 그런 거라 여겼다.

아무튼 프랭클린은 일이 필요했고, 어떤 일이든 기꺼이 하겠다고 말했다. 카이머는 프랭클린에게 식자판을 건네주며 실력을 보여달라고 했다. 프랭클린의 솜씨에 감명받은 카이머는 곧 일을 주겠지만, 지금 당장은 아니라고 했다. 프랭클린은 인쇄기를 가능한 한 쓸 수 있게 정비해주고, 카이머가 추도시의 조판을 마치면 와서 인쇄하겠다고 했다. 그리고 혼자 속으로 고개를 저으며 나왔다.

프랭클린은 다시 앤드루 브래드퍼드의 집으로 돌아갔고, 숙식하며 머물라는 그의 제안에 응했다. 며칠 동안 브래드퍼드가 프랭클린에게 자잘한 일거리를 주었지만, 카이머가 마침내 로즈의 추도 시 인쇄를 맡기러 왔을 때, 프랭클린은 거절할 이유가 없었다. 그때쯤 카이머는 추가 활자를 구했고, 팸플릿 주문도 들어왔다. 이 덕분에 그는 프랭클린을 정식으로 고용할 수 있었다.

프랭클린은 카이머 밑에서 일하면서 브래드퍼드와 계속 함께 살았다.

이로 인해 프랭클린은 펜실베이니아 인쇄업의 수준을 파악할 수 있었고 곧 그 수준이 자신의 기술 수준보다 떨어진다고 판단했다. 브래드퍼드는 '매우 무식한' 사람이었는데, 이는 글자로 먹고사는 사람에게는 분명한 장애였다. 카이머는 더 많은 책을 읽었고, 실제로 스스로를 학자라고 생각했다. 그러나 사실 그는 '실생활의 경험은 매우 부족'했으며, 인쇄술에도 익숙하지 않았다. 게다가 그는 신비로운 황홀경과 곧 임박할 것 같은 메시아적 시대의 충격적 계시에 집착하는 프랑스 신교의 변형 종교를 믿었다. 프랭클린을 통해 윌리엄 브래드퍼드의 진짜 정체를 너무 늦게 알게 된 카이머는 자신의 가게에 스파이가 있을지도 모른다고 의심하며, 어느 날 프랭클린에게 경쟁자인 브래드퍼드와의 숙소 계약을 취소하거나, 그렇지 않으면 다른 일을 찾아보라고 선언했다. 프랭클린은 다른 일이 있다면 기꺼이 찾았겠지만, 그런 일은 없었다. 그는 카이머가 집을 소유하고 있다는 점을 감안해 카이머와 함께 지낼 수 있는지 물었지만, 카이머는 집은 있었으나 가구가 없었고, 가구를 살 생각도 없다고 했다. 대신 마켓스트리트에 사는 목수 존 리드의 집에 방을 얻으라고 했다.

프랭클린은 리드의 집에 찾아갔고, 그곳에서 자신이 필라델피아에 처음 온 날 아침에, 서로를 알아보고 부끄러워했던 열다섯 살 소녀를 다시 만났다. 마침 뉴욕에서 보낸 그의 트렁크가 도착했고, 깨끗한 옷과 주머니에 최근에 번 돈 몇 푼을 지니고 있어, 훨씬 더 자신 있게 여성의 시선을 받을 수 있었다. "나는 처음 길거리에서 빵을 먹고 있는 모습을 보였을 때보다 훨씬 더 품위 있는 모습으로 리드 양 앞에 섰다."

아마 데버라 리드도 그를 보고 바로 또는 그 직후에 그렇게 느꼈을 것이다. 그리고 그녀만이 그렇게 느낀 것은 아니었다. 1724~1725년 겨울에 프랭클린은 친구, 지인, 그리고 자신을 좋아하는 팬들의 모임을 형성하기 시작했다. 그는 넓은 이마와 단단한 코, 각진 턱을 가진 멋진 청년이었다. 평균보다 키가 크고, 어깨와 가슴이 넓었다. 또한 반짝이는 눈은 생기가 넘치는 지성을 암시했다. 입은 잘생겼고, 집중할 때는 입술을 오므렸지만 자주 미소를 지었고 그 미소를 통해 그의 유머 감각이 매우 뛰어남을 보여주었다. 원래부터 부족하지 않았던 그의 자신감은 필라델피아에 온 이후 더욱 커졌다. 이곳의 인쇄공들과 자신을 비교해보면서, 그는 자신의 기술을 더욱 높이 평가하게 되었다. 무엇보다도 그는 집을 떠나 성공적으로 세상에 나간 모든 젊은이들이 깨닫는 것처럼, 자신이 세상에서 잘 살아갈 수 있다는 사실을 발견했다. 그의 타고난 지성과 상식은 그에게 큰 도움이 되었고, 마찬가지로 떠나온 가족 속에서 배운 사회적 기술도 그에게 유익했다. 그의 지성은 그가 들어가는 거의 모든 집단에서 우위를 얻게 해주었고, 처세술은 질투심 많은 사람만 빼고는 누구에게도 거부감을 불러일으키지 않았다. 미 대륙의 다른 식민지와 마찬가지로, 필라델피아의 인구는 오랫동안 빠르게 증가하고 있었고, 그 결과 프랭클린이 사귈 수 있는 젊은이들의 수가 많았다. 카이머와 일을 하면서 프랭클린은 이 도시의 문학적 성향을 가진 사람들과 접촉할 수 있었다. 그는 책을 읽고, 질문하고, 정신적인 삶을 탐구하는 자신과 비슷한 관심을 가진 동년배들을 만나 기뻤다. 그들은 고전, 문학, 시사, 정치적 주제를 논의했다. 대부분은 수공업이나 전문직 경력을 막 시작한 사람들이어서 책이나 맥주에 쓸 수 있는 돈이 프랭클린보다 많지 않았다. 그래서 그들은 논쟁을 주고받듯 책도 주고받았고, 어느 선술집에서든 대화가 활발하다면, 주인은 그들이 오래 머물러도 신경 쓰지 않았다.

　봉건시대에는 도시의 공기가 사람을 자유롭게 만든다는 말이 생겨났다. 프랭클린은 필라델피아에서 첫 겨울을 보내면서 확실히 그렇게 느꼈다. 물론 필라델피아도 보스턴만큼 커다란 도시는 아니었지만, 그는 보스턴에서 성직자들로부터의 압박과 형제의 질투라는 이중의 짐을 지고 있었다. 윌리엄 펜의 관용 정신은 그가 죽은 지 반세기가 지난 후에도 그의 도시를 보호했고, 프랭클린처럼 의문을 던지고 자유롭게 생각하는 사람에게는, 매더 가문이 강요하는 융통성 없는 신념보다 훨씬 더 편안한 환경이었다.

　프랭클린이 청교도주의를 뒤로할 수 있어서 기쁜 것만큼이나 형 제임스의 영향권에서 벗어난 것도 만족스러웠다. 제임스와 함께할 때 벤저민의 삶은 감정적으로 힘들었고, 때로는 신체적으로 싸우는 일도 많았다. 벤저민은 제임스보다 더 똑똑하며 재능이 있었는데, 제임스와 벤저민 모두 그 사실을 알고 있었다. 제임스는 이를 시기했고, 이 시기 때문에 더욱 주인으로서의 권한—그리고 형으로서의 권한—을 강조했다. 그러나 제임스의 강요는 역효과를 냈다. 동생이었던 벤저민은 자연스럽게 독립을 주장하게 되었고, 제임스가 그 독립을 억누르려 할수록 벤저민은 반항했다. 카이머의 실력은 제임스의 반도 못 따라왔지만, 벤저민과 카이머의 관계는 순수한 업무 관계였기 때문에, 벤저민은 사장의 기이한 습관을 해롭지 않은 개성으로 받아들일 수 있었다. 임금을 위해 성격에 순응하는 것은 형의 명령에 굴복하는 것처럼 자존심에 상처를 주지 않았다.

　결과적으로, 프랭클린이 필라델피아에서 보낸 첫 겨울은 고향 도시에서 최근에 겪은 일에 비하면 훨씬 나아졌다. "나는 매우 즐겁게 지냈고, 보스턴을 가능한 한 잊으려 했으며, 친구 콜린스를 제외하고는 보스턴에 있는 누구도 내가 어디에 사는지 알기를 바라지 않았다. 콜린스는 내 비밀을 알고 있었고, 내가 그에게 편지를 쓸 때도 비밀을 지켰다." 한번은 우연히도 매사추세츠와 델라웨어 지역 사이를 오가는 상선을 운영하는 벤저민의 매형 로버트 홈스가 벤저민이 필라델피아에 있다는 소식을 들었다. 홈스는 프랭클린에게 편지를 써서 가족들이 그의 실종에 대해 얼마나 고통받고 있는지 설명하고, 그가 보스턴으로 돌아오면 모든 것이 해결될 것이라고 안심시켰다. 벤저민은 매형의 선의를 의심하지 않았지만, 자신은 정당한 이유로 보스턴을 떠났고, 필라델피아에서 매우 행복하며, 돌아갈 생각이 전혀 없다고 답장했다.

　하지만 자신만만했던 열일곱 살의 프랭클린은 자신이 생각했던 것만큼 독립적이지 않다는 것을 깨달았다. 로버트 홈스가 델라웨어의 뉴캐슬에서 프랭클린의 편지를 받던 날, 펜실베이니아 총독 윌리엄 키스가 우연히 그 자리에 있었다. 홈스 선장은 처남 프랭클린의 고집에 대해 언급하고 키스 총독에게 편지를 보여준 것 같았다. 키스 총독은 편지를 쓴 사람이 아직 성인이 아니라는 것을 알고 놀라고 감탄했다. 키스 총독은 프랭클린이 필라델피아의 두 인쇄업자에 대해 가지고 있던 의견, 즉 그들이 유망하고 야심 찬 지방에는 안 어울리는 형편없는 인물이라는 의견에 전적으로 동의했다. 키스 총독은 그 자리에서 프랭클린을 필라델피아에 머물게 하고 그의 기술을 장려할 계획을 세웠다.

총독은 필라델피아로 돌아와 카이머의 인쇄소를 방문했다. 카이머와 프랭클린은 상점 창가에서 함께 일하다가 딱 봐도 중요해 보이는 사람과 총독이 길 건너편에서 다가오는 것을 보았다. 카이머는 정부의 공공사업을 따내기를 바라고 있었고, 드디어 기회가 왔다고 생각했다. 그는 문에서 총독과 남자를 맞이하고 안으로 들어오라고 했지만 그들은 그를 거의 아는 척하지 않고 프랭클린만 찾았다. 총독은 늦었지만 프랭클린이 필라델피아에 온 것을 환영하며, 그가 인쇄소에 숨어 살며 총독의 집을 방문하지 않았다고 반농담식으로 나무라고, 그의 기술과 지능을 칭찬했다. 그러고는 같이 온 델라웨어의 존 프렌치 대령과 함께 거리 아래쪽에 있는 선술집으로 훌륭한 마데이라 와인을 한잔 마시러 가자고 초대했다. 프랭클린은 이들이 왜 이렇게 친절한지 의아해했고, 카이머는 깜짝 놀랐다. "카이머는 마치 독에 중독된 돼지처럼 멍하니 우리를 쳐다보았다"라고 프랭클린이 회상했다.

와인을 마시면서 총독은 다시 프랭클린의 재능을 칭찬하고 그에게 독립해서 자신의 인쇄 사업을 시작하는 게 어떻겠냐고 권유했다. 시작만 하면 사업은 성공할 것이며, 주에서 발주하는 공공사업을 확보하는 데 자신의 지원을 받을 것이라고 말했다. 프렌치 대령은 옆에서 총독의 의견에 동의했고, 권위 있는 어조로 자신도 프랭클린이 델라웨어의 공공 인쇄 사업을 말도록 추천할 것이라고 덧붙였다(이때 델라웨어 지역은 1682년 요크 공작이 윌리엄 펜에게 무려 1만 년 동안 임대한 계약에 따라 행정적으로 펜실베이니아에 부속되어 있었다. 펜실베이니아인들은 델라웨어를 '하위 카운티'라고 불렀으며, 자체 입법부와 행정위원회를 가지고 있었지만 총독은 펜실베이니아 총독이 겸했다).

분명 프랭클린도 인쇄소를 차릴 생각을 했다. 아마도 브래드퍼드와 카이머의 수완을 평가하자마자 그랬을 것이다. 그는 필라델피아가 인쇄 및 관련 업종에서 왜 그렇게 수준이 낮은지 스스로에게 물었을 수도 있다. 프랭클린은 아직 필라델피아에 온 지 얼마 되지 않아서, 이곳에 실망한 학자가 몇 년 전 한 말에 동의해야 할지 판단할 수 없었다. 그 학자는 이렇게 말했다. "다른 분야의 장인들은 많은데 이곳에 제본공이 없는 이유는, 이곳에는 학문이 없고, 오직 나무를 자르고, 땅을 파고, 심고, 갈고, 수확하는 일만 중요하게 여기기 때문이다." 프랭클린이 얼핏 봐도 필라델피아에서는 책이나 신문 같은 인쇄물이 별로 중요하게 취급되지 않는다는 걸 알 수 있었다. 하지만 이는 단순히 지역 인쇄업자들의 실력이 부족해서였을 수도 있었다. 진취적이고 재능 있는 젊은이라면, 현재의 상황에 실망하거나 낙담할 필요가 없다는 것이 사정을 잘 아는 키스 총독의 공식적인 의견이었다.

프랭클린은 자신의 재능을 의심하지 않았지만, 자본 부족을 뼈저리게 느꼈다. 인쇄기 및 관련 장비를 구입할 자금이 없으면 아무리 재능 있는 인쇄업자라도 사업을 시작할 수 없었다. 급여를 꾸준히 모으면 몇 년 안에 장비를 구입할 자금을 모을 수 있었지만, 그 전에는 어림도 없는 이야기였다. 평판이 좋고 나이가 지긋한 사람은 돈을 빌릴 수 있지만, 외지에서 막 도착한 소년—게다가 총독이 로버트 홈스에게서 들은 바에 따르면, 보스턴에서 계약 의무를 저버리고 도망쳐 온 소년—에게 누가 돈을 빌려주겠는가?

키스 총독은 자본이 문제라는 것을 인정했다. 그리고 친척이나 아버지에게 도움을 청해보라고 제안했다.

프랭클린은 이런 제안에 부정적이었다. 그는 보스턴으로 돌아가고 싶지 않았고, 특히 돈을 빌리기 위해 돌아가고 싶지는 않았다. 그가 아는 한, 제임스는 질투심 때문에라도 수습 계약을 강요하고도 남을 사람이었다.

하지만 키스 총독은 프랭클린 가족의 갈등 때문에 자신의 계획을 포기하지 않았다. 그는 프랭클린의 아버지에게 사업 계획을 설명하고 자신이 사업을 전격 지원하겠다는 편지를 쓰겠다고 제안했다. 분명 어떤 아버지도 아들에게 그러한 기회가 오는 것을 거부하지 않으리라는 것이 총독의 판단이었다.

총독의 열정은 전염성이 있었다. 그때를 회상하며 프랭클린은 자신에게 이런 행운이 닥친다는 것을 믿을 수 없었다고 말했다. 그가 배를 쫄쫄 굶으며, 누더기만 걸친 채, 거의 무일푼에, 도망친 견습생 신분으로 필라델피아 부두에 상륙한 게 불과 일주일 전이었다. 그런데 지금은 펜실베이니아 총독과 델라웨어를 대변하는 또 다른 사람이 자신의 인쇄소 설립에 모든 지원을 약속하고 있었다. 이런 상황에서 그의 아버지가 어떻게 거절할 수 있을까?

프랭클린은 총독의 요청을 받아들였다. 겨울 날씨로 인해 뉴잉글랜드로 가는 대부분의 선박 운송이 중단되었지만, 봄이 되면 첫 번째 배를 타고 보스턴으로 가기로 했다. 한편, 키스 총독의 제안대로 계획을 비밀로 유지하기로 했다. 그렇지 않으면 프랭클린은 고용주와 문제를 겪을 수도 있었다.

프랭클린은 카이머의 인쇄소로 돌아왔고, 아직도 멍해 있던 사장은 총독과 무슨 이야기를 나눴는지 물었다. 프랭클린은 중요하지 않은 일이며 총독이 단지 인사를 하러 온 것뿐이라고 말했다. 카이머는 프랭클린이 자신에게 모든 이야기를 솔직히 말하지 않는다고 의심했을 가능성이 크다.

그리고 그 뒤로도 프랭클린은 총독에게 여러 번 식사 초대를 받았고, 이에 응했기 때문에 그 의심은 더욱 커졌다. 프랭클린은 키스와 '가장 상냥하고, 친근하고, 다정한 태도로' 대화했으며, 독립적으로 인쇄소를 차리는 것을 키스가 지지한다고 여러 번 강조했다는 사실을 전혀 말하지 않았다. 카이머가 프랭클린을 경쟁자로 생각했더라도, 프랭클린을 계속 고용할 수밖에 없었다. 소년은 뛰어난 인쇄공이었고 그만한 인재를 쉽게 찾기 어려웠기 때문이었다.

1724년 4월에 운항이 개시되자 프랭클린은 보스턴으로 떠날 준비를 했다. 돌아가는 항해는 올 때와 같은 사건 없이 평온했다. 하지만 곧 그가 타고 있던 배가 델라웨어만을 내려가다가 모래톱에 부딪혀 물이 새기 시작했다. 선장은 멈춰서 수리하는 대신 펌프를 가동해서 물을 퍼내기로 하고 승객들을 펌프 작업에 투입했다. 프랭클린은 북대서양의 봄 추위에 몸을 따뜻하게 해주는 그 운동을 마다하지 않았다. 2주 후 그들은 비컨힐 언덕을 보았고, 몇 시간 후 보스턴 해안에 상륙했다.

프랭클린의 가출 기간은 7개월이었고 매형이 필라델피아에서 그의 존재를 발견한 뒤에도 보스턴에 돌아오지 않았기 때문에, 그의 가족이나 친구 중 신중한 콜린스를 제외하고는 아무도 그가 어디에 있는지, 심지어 살아 있는지조차 알지 못했다. 프랭클린의 생사조차 모르고 있다가 그가 건강하게 돌아온 것을 보고 가족들이 너무나 기뻐했기 때문에, 그들의 기쁨과 안도가 프랭클린의 죄책감을 상당 부분 씻어주었다. 그의 부모님은 그를 포옹했고, 그의 형제자매들은 그의 멋진 양복, 시계와 시곗줄, 그리고 그가 아낌없이 나눠주는 은화에 놀라워했다. 그 정도라면 필라델피아는 분명 좋은 곳이라고 생각했다.

다들 그의 귀환을 기뻐했지만 형 제임스만은 예외였다. 벤저민의 재능을 싫어했던 그는 이제 그의 성공을 질투했다. "그는 나를 그다지 환영하지 않았다. 위아래로 나를 훑어보더니 하던 일을 계속했다." 제임스의 직공들은 필라델피아에 대해 매우 궁금해하며 여러 가지를 질문했다. 그들은 필라델피아에 대해, 그곳의 삶이 어떤지, 인쇄업자들이 일자리를 찾을 수 있는지 알고 싶어 했다. 그들이 펜실베이니아 노동자들의 임금을 물어보자 프랭클린은 그들 앞에 은화를 펼쳐 보였다. 그런 경화는 지폐가 일반적이었던 보스턴에서는 보기 드물었다. 그는 자신의 시계를 보여주어 그들을 더욱 감탄하게 한 다음, 자신의 건강을 위해 건배하자며 은화 한 닢을 내놓았다.

방 건너편에 있던 제임스는 모르는 척했다. 하지만 프랭클린에게는 제임스가 '심술 나서 시무룩해' 보였고 나중에 어머니에게 들은 바에 따르면, 그가 직공들 앞에서 그렇게 행동하는 것에 너무 모욕감을 느껴 결코 용서할 수 없었다고 한다.

프랭클린이 아버지에게 자신의 방문 목적을 이야기하면서, 그의 재능과 장래성을 칭찬하고 인쇄 사업의 큰 성공을 예견한 키스 총독의 편지를 보여주자, 아버지는 자랑스러운 감정을 감출 수 없었다. 그렇게 높은 사람이 아들에게 관심을 보이다니! 하지만 오랫동안 힘들게 번 돈이었기 때문에, 아버지는 그 돈을 쉽게 내놓고 싶어 하지 않았다. 그는 의심이 들어 나중에 보스턴에 도착한 사위 로버트 홈스에게 물었다. 어떤 사람이길래—그가 총독인지 여부를 떠나서— 아직 법적 성인이 되려면 3년이나 남은 소년에게 그렇게 큰 믿음을 줄 수 있느냐고 말이다. 홈스는 총독이 왜 그러는지 잘 모르겠지만 프랭클린과 그의 사업 계획에 대해서는 최대한 좋게 말했다. 그러나 아버지는 움직이지 않았다. 그는 키스 총독에게 아들에게 베푸는 후원에 감사하다는 편지를 썼지만, 들어가야 할 돈과 져야 할 책임이 소년 혼자 감당하기에는 너무 크다고 말했다.

하지만 그가 아들 벤저민을 버린 것은 아니었다. 그는 벤저민과 제임스가 화해하기를 바랐지만, 이것이 불가능하다는 것을 깨닫고, 아들의 미래를 위해 필라델피아로 돌아가 독립적인 삶을 시작하라고 격려해주었다.

그는 막내아들에게 부지런히 일하고 반항적인 기질을 억제하라고 명령했다. 만약 벤이 3년 동안 자신의 임무에 충실하고 검소하게 생활한다면, 사업을 시작하는 데 필요한 돈을 웬만큼 모을 수 있을 것이고, 그때 부족하다면 보스턴으로 돌아와서 나머지를 가져가라고 했다. 이것은 프랭클린이 원했던 것보다는 적었지만, 아버지의 성격을 생각하면 기대보다는 더 많이 얻은 것이었다. 이번에는 당당하게, 가족의 축복을 받으며 집을 떠났지만, 여전히 형 제임스는 화가 나 있었다.

그는 또한 코튼 매더로부터도 이별 선물을 받았다. 프랭클린은 놀랍게도 그 목사가 자신을 보고 싶어 한다는 것을 알게 되었다. 프랭클린이 서재에서 그를 만났을 때 매더는 모든 것을 용서했다고 말했다. 하지만 완전히 잊혀진 것은 아니었다. 프랭클린을 옆 통로로 안내하며 그는 갑자기 "몸을 숙이게, 숙이라고!"라고 말했다. 그가 왜 그러는지 어리둥절한 사이에 프랭클린은 그만 들보에 부딪혔다. 설교할 기회를 놓치지 않은 매더는 이렇게 말했다. "자네는 젊고 아직 앞날이 창창하네. **겸손한 자세로** 인생을 살아가면, 불필요한 고통과 역경을 겪지 않을 것이네."

남쪽으로 가는 여정에서도 프랭클린의 인생 실습은 계속되었다. 그가 탄 범선은 뉴욕에 들렀는데, 그곳에는 보스턴 친구 존 콜린스가 그를 기다리고 있었다. 콜린스는 프랭클린이 펜실베이니아에서 성공하는 모습을 보고, 자신도 필라델피아에 가야겠다고 결심했다. 콜린스는 육로로 뉴욕까지 와서 프랭클린과 합류했다.

프랭클린은 콜린스를 근면하고 절제 있는 공붓벌레로 알고 있었으나, 최근 이 친구는 브랜디에 맛을 들이고 말았다. 낯선 환경에서 갑작스럽게 자유를 얻은 많은 젊은이처럼, 콜린스도 자신의 자유를 감당하지 못했고, 늘 술에 빠져 사는 신세가 되었다. 그는 도박장에도 자주 드나들며 문제를 더욱 악화시켰다. 프랭클린이 뉴욕에 도착했을 때, 그는 친구가 술에 취해 있고, 빈털터리이며, 보안관에게 쫓기고 있다는 사실을 알게 되었다. 프랭클린은 콜린스의 빚을 갚아주었고, 필라델피아까지 남은 여정의 비용도 대신 내주기로 했다.

친구가 말썽을 피우기는 했지만 프랭클린의 뉴욕 체류가 헛된 것은 아니었다. 프랭클린이 전년도에 보스턴을 몰래 떠날 때 미처 챙기지 못했던 책들을 이번 여행에서 다시 챙겼고, 그러면서 친구 콜린스의 책도 함께 운반했다. 선장은 학구적인 사람들과 자주 접하지 않았던 듯, 뉴욕 및 뉴저지의 공동 총독인 윌리엄 버넷과의 잡담에서 프랭클린의 학식에 대해 언급했다. 총독 역시 책을 좋아하는 사람이었고, 지적 황무지에서 고립감을 느끼던 차에 프랭클린을 초대했다. 프랭클린은 또 다른 총독의 관심에 기뻐하며 초대를 흔쾌히 받아들였다. 두 사람은 책과 작가에 대해 대화했고, 버넷은 프랭클린에 대해 간접적으로 가지고 있던 좋은 인상을 이번 만남을 통해 직접 확인할 수 있었다.

필라델피아에 도착한 뒤에도 콜린스는 프랭클린에게 계속 부담을 주었다. 알코올중독으로 콜린스가 일을 구하지 못하자, 프랭클린은 그가 형편이 나아질 때까지 숙식비를 대줄 수밖에 없었다. 불행히도 상황은 나아지지 않았다. 콜린스는 펜실베이니아에서 새로운 도박 친구들을 사귀었고, 또다시 빚을 졌다. 그는 프랭클린에게 돈을 빌려달라고 애원했고, 프랭클린은 내키지 않으면서도 돈을 빌려주었다. 프랭클린은 콜린스에게 정신 차리라고 훈계했지만, 콜린스는 그에게 참견 말라고 반박했다. 날 선 말다툼은 결국 여러 번 몸싸움으로 번졌다. 한번은 프랭클린과 콜린스가 다른 젊은이들 몇몇과 함께 델라웨어강에서 배를 타고 있었다. 콜린스는 평소처럼 술에 취해 있었는데 노 저을 차례가 다가오자, 콜린스는 노를 젓기에는 자신의 상태가 안 좋다며 거부했다. 프랭클린은 다른 사람들도 저었으니 그도 노를 저어야 한다고 강하게 주장했지만 콜린스는 절대 안 젓겠다고 했고, 배가 밤새 떠 있어도 상관없다고 했다. 다른 이들은 프랭클린에게 그냥 넘어가서 얼른 집에 가자고 했다. 하지만 프랭클린은 물러서지 않았고, 다른 사람들도 노를 못 젓게 했다. 그러자 콜린스는 공격적으로 나와 프랭클린을 배 밖으로 던지겠다며 그에게 덤벼들었다. 프랭클린은 그를 피한 다음 사타구니를 잡아 들어 올려 강으로 던져버렸다. 덕분에 콜린스는 약간 정신이 들었지만, 배로 헤엄쳐 돌아오면서도 노를 젓겠냐는 질문에 욕설을 하며 절대 안 젓는다고 고집을 부렸다. 그러자 프랭클린은 다시 노를 저어 배를 콜린스의 손이 닿지 않는 곳으로 옮겼다. 그러고는 다시 콜린스에게 노를 젓겠느냐고 물었고 그는 또다시 욕설과 함께 거부했다. 이때마다 프랭클린은 계속 배를 앞으로 저어나갔고 한동안 이 상황이 반복되었다. 결국 콜린스가 익사할 수도 있다는 두려움에 다른 이들이 프랭클린을 설득해 그를 배에 태웠다.

이 사건으로 두 사람의 우정은 완전히 끝났다. 얼마 지나지 않아 콜린스는 바베이도스로 떠났고, 어느 농장주의 아들들을 가르치는 가정교사가 되었다. 아주 드물게 정신이 맑아져서 자신의 잘못을 후회할 때면, 그는 새 직장에서 첫 월급을 받으면 프랭클린에게 그동안 진 빚을 갚겠다고 약속했다. 그러나 그는 끝내 갚지 않았고, 프랭클린은 다시는 그로부터 소식을 듣지 못했다.

윌리엄 키스는 조사이아 프랭클린이 아들을 인쇄업자로 키우기 위해 돈을 대주지 않는다는 소식을 듣고 실망했다. 키스는 그가 너무 조심스럽다고 말했다. 젊다고 해서 꼭 경솔하고 금전적 실수를 하는 것도 아니며, 나이가 많다고 해서 반드시 판단력이 좋은 것도 아니라고 생각했다. 아마도 필라델피아가 이 총명한 젊은이를 잃을까 두려웠거나, 아니면 자신의 비전과 관대함에 스스로 현혹되어서 그랬는지 모르지만, 키스는 보스턴의 조사이아 프랭클린이 자기 아들을 지원하지 않는다면, 필라델피아의 윌리엄 키스가 지원하겠다고 선언했다. 어쨌든 펜실베이니아에는 인쇄업자가 필요했고, 총독은 그들이 인쇄업자를 확보할 수 있도록 도와줄 것이라고 말했다. 그는 프랭클린에게 영국에서 수입해야 하는 장비와 물품 목록을 작성해달라고 요청했고, 그것들은 즉시 주문되었다. 빚이야 프랭클린이 능력이 될 때 갚으면 되는 것이고, 중요한 것은 이 프로젝트를 시작하는 것이었다.

프랭클린은 키스와 버넷의 관심에 이미 기분이 좋았지만, 이번 제안으로 완전히 흥분하게 되었다. 도시와 주에서 가장 영향력 있는 인물이 자기에게 돈을 투자했고 그 사업의 성공 가능성은 오로지 열여덟 살 된 벤저민 프랭클린의 지성과 기술에 달려 있었다. 젊은이의 미래는 보장된 것 같았다. 필라델피아는 멋진 도시였다.

면담을 마치고 집으로 걸어가면서 프랭클린은 사업을 시작하는 데 무엇이 필요한지 계산하기 시작했다. 빠르게 계산해보니 총 100파운드가 필요했다. 프랭클린이 설명하자 키스는 이 목록을 그대로 받아들였다. 키스는 프랭클린이 런던에 가서 활자와 필요한 물품을 직접 고르면 사업에 도움이 될 거라고 생각하고 그에게 갈 생각이 있느냐고 물었다. 게다가 그는 펜실베이니아의 주요 인쇄업자는 런던의 동료들과 인맥을 쌓아야 한다고 암시하기도 했다. 이 프로젝트를 하면 런던에 가서 자연스럽게 인맥을 쌓을 수 있을 것 같았다. 프랭클린은 매년 가을에 출항하는 배를 타고 런던에 갈 수 있었다. 물론 비용은 주 정부가 댔다.

프랭클린은 다시 한번 자신의 경력이 얼마나 놀랍게 발전하고 있는지 놀라지 않을 수 없었다. 총독은 그의 사업적 판단을 인정하며 그의 제안을 받아들였고, 이제는 그를 거의 공식적인 주 인쇄업자로 런던에 보내려 했다. 물론 배는 몇 달 후에야 출항할 예정이었지만, 그때까지 계획을 완벽하게 다듬으면 되었다.

불행하게도 그는 그 계획을 누구와도 공유할 수 없었다. 특히 카이머에게는 더욱 비밀로 해야 했다. 그는 카이머와 함께 일하며 시간을 보내고 있었다. "그는 내가 사업을 시작할 거라고는 전혀 의심하지 않았다"라고 프랭클린은 나중에 말했다. 하지만 정말 카이머가 아무런 의심도 하지 않았을까? 프랭클린은 총독의 저택을 자주 찾아갔다. 프랭클린에게 묻지는 않았지만, 카이머는 도대체 총독과 무슨 이야기를 나누는지 궁금해했을 것이다. 더욱이 프랭클린은 분명히 평생 도제로 남기에는 너무나 재능이 뛰어났다. 프랭클린이 다른 곳으로 이사하지 않는 이상 언젠가는 카이머의 경쟁자로 나설 게 뻔했다.

어쩌면 카이머는 프랭클린이 21세가 될 때까지는 그를 붙잡아둘 수 있을 거라고 생각했을 것이다. 그때가 되면 프랭클린 혼자서 계약을 체결하고 사업을 운영하기 위한 모든 조치를 취할 수 있을 것이다. 그리고 카이머 자신도 그때쯤이면 인쇄업에서 손을 뗄 수 있을 거라고 생각했을 가능성도 있다. 그에게는 다른 열정이 있었다. 가장 큰 것은 자신만의 독특한 성경 해석을 담은 새로운 종교 교단을 창립하려는 꿈이었다. 카이머는 논쟁을 좋아했고, 프랭클린도 그랬기 때문에 두 사람은 활판과 활자를 앞에 두고 많은 시간을 신학과 철학의 세부 쟁점에 대해 논쟁하기도 했다. 프랭클린은 보스턴에서 배운 간접적인 대화 스타일을 사용해 카이머를 지적으로 곤경에 빠뜨렸다. 그러자 카이머는 결국 똑같이 오래된 수사법, 즉 어떤 전제도 받아들이지 않는 전략을 사용했다. 이는 프랭클린이 전제를 교묘하게 이용해 자신을 반박할까 봐 두려웠기 때문이다. 이 경험으로 카이머의 신념이 바뀌었는지 알 방법은 없지만, 덕분에 프랭클린의 뛰어난 논리적 사고와 설득 능력을 높이 평가하는 계기가 되었다. 그는 프랭클린에게 자신의 새로운 교단에서 왕좌 옆자리를 제안했다. 카이머는 교리를 설파하고, 프랭클린은 논쟁을 통해 적을 혼란에 빠뜨리고 교리를 방어하는 역할을 맡으면 좋겠다고 생각한 것이다.

프랭클린은 내색하지 않고 카이머의 망상을 비웃었지만, 이제는 고용주에게 의존하던 시기가 끝나간다는 것을 알았기 때문에 더욱 마음 놓고 비웃을 수 있었다. 카이머에게는 진지한 표정으로, 그런 제안을 받아 영광스럽기는 하지만 혹시 교단의 관행에 대해 의견을 낼 수 있는지 물었다. 예를 들어 채식 식단이 몸과 영혼 모두에 좋으니 도입하자고 한 것이다. 카이머는 회의적이었지만, 프랭클린이 카이머의 안식일(일요일이 아니라 토요일) 준수와 구약의 레위기에 나오는 수염 깎기 금지(프랭클린의 수염이 본격적으로 자라면 문제가 될 수 있지만 아직은 아니었다)에 대한 가르침을 받아들이기로 하자, 카이머는 채식 식단을 시험해보기로 동의했다. 프랭클린은 이웃 여성에게 고기, 생선, 가금류가 들어가지 않은 40가지 요리 목록을 주었고 그녀는 주당 18펜스를 받고 이 목록에 따라 요리를 해주기로 했다.

프랭클린은 채식 식단에 다시 적응하는 데 아무런 어려움도 없었지만, 프랭클린이 예상했던 대로 카이머는 힘들어했다. "그가 대식가라는 걸 알았지만 그를 반쯤 굶기며 그가 고통받는 걸 즐기겠다고 생각했다." 카이머는 3개월간은 버텼지만 낮이나 밤이나 스테이크, 양갈비, 튀긴 햄을 꿈꿨다. 마음속으로는 채식을 계속하려 했지만, 육체는 결국 굴복했다. 그는 구운 새끼 돼지를 주문하고 프랭클린과 여성 친구 둘을 초대해 이 잘못된 실험에서 벗어난 것을 축하하려 했다. 하지만 손님들이 오기 전에 돼지고기가 도착했고, 카이머는 15분을 더 기다릴 수 없어서 혼자서 돼지고기를 다 해치웠다.

프랭클린의 장난의 대상이 된 것은 카이머뿐이 아니었다. 콜린스가 망신을 당하고 떠난 뒤, 프랭클린은 필라델피아 친구들과 더 많은 시간을 보냈다. 특히 찰스 오스본, 조지프 왓슨, 제임스 랠프 세 명이 그의 문학 서클 멤버였다. 이들은 매주 일요일에 만나 주로 산책을 하면서 한 작가를 정해 자유롭게 토론을 했다. 가끔은 누군가가 글을 써서 모임에서 평가를 받기도 했다. 네 명 중 제임스 랠프가 작가로서 가장 큰 야망을 가지고 있었고, 그는 시인이 되고 싶어 했다. 찰스 오스본도 시에 대한 야심이 있었지만, 그에게는 비평가의 면모도 있었다. 특히 랠프의 시와, 시로 생계를 꾸리려는 랠프의 희망에 대해 비판적이었다. 프랭클린은 자신이 시를 썼던 초라한 경험을 떠올리며, 시로 생계를 꾸리는 것은 어리석은 시도라는 오스본의 의견에 동의했다. 다만 랠프가 단지 자기만족을 위해 시를 쓰고 싶다면 그것은 그의 자유라고 말했다. 프랭클린은 또한 시가 아주 뛰어나지 않더라도 산문 실력을 향상시키는 도구가 될 수 있다는 견해를 덧붙였다. 다른 사람들도 이 합리적인 의견에 동의했고, 시편 18편을 운문으로 바꾸는 과제가 정해졌다.

다음 모임 직전, 랠프는 시편 18편을 개작한 시를 들고 프랭클린을 찾아왔다. 프랭클린은 그 시를 읽고 찬사를 보냈다. 그러자 랠프는 그에게 속임수에 동참해달라고 부탁했다. 랠프는 오스본이 자신의 시에 대해 결코 긍정적인 말을 하지 않는다고 불만을 토로했다. 오스본은 랠프가 자신보다 더 우아하게 쓸 수 있다는 사실을 견딜 수 없었다. 랠프는 자신의 시를 프랭클린의 이름으로 발표해줄 수 있을지 물었다. 이런 속임수만이 랠프가 객관적인 평가를 받을 수 있는 길이라고 생각했다.

프랭클린은 그 주에 카이머 밑에서 일하느라 시를 쓸 시간이 없었으므로 랠프의 말에 동의했다. 그는 랠프의 작품을 자신의 필체로 베껴서 모임에서 읽었다. 오스본은 그 시를 지나칠 정도로 칭찬했다. 랠프는 몇 가지 수정을 제안했지만, 오스본은 그에게 시인으로서도, 비평가로서도 재미가 없고, 무슨 말을 하는지도 잘 모른다고 말했다. 모임이 끝난 뒤, 오스본은 랠프와 집으로 걸어가면서 프랭클린의 시라고 생각한 작품에 대해 계속해서 아낌없는 칭찬을 퍼부었다. 대단한 이미지! 엄청난 힘! 그는 랠프에게 모임에서는 그 작품을 제대로 칭찬하지 않았다고 고백했다. 아첨꾼처럼 보이고 싶지 않았기 때문이었다. 오스본은 어떻게 그렇게 무심하게 말하는 사람이 그런 불꽃 같은 열정으로 글을 쓸 수 있는지 궁금해했다.

다음 모임에서 이 혼란이 속임수로 밝혀지자 오스본은 놀림감이 되었다. 하지만 이 일로 오스본과 프랭클린 사이가 멀어진 것은 아니었다. 두 사람은 서로 친구로 남아, 둘 중 누가 먼저 죽든지, 죽은 사람이 저승을 먼저 살펴보고 살아 있는 사람에게 그곳의 풍경을 알려주기로 약속했다. 이 의무는 오스본에게 돌아갔고, 그는 비교적 젊은 나이에 죽었다. "그는 결코 약속을 지키지 않았다"라고 프랭클린이 적었을 때 그의 나이는 65세였다.

그해 여름, 열아홉 살이던 프랭클린은 여가 시간의 대부분을 친구들과 토론을 하거나 미래의 성공을 꿈꾸며 보냈다. 하지만 그게 전부는 아니었다. 사랑 역시 그의 마음을 차지하고 있었다.

그의 애정의 대상은 데버라 리드였으며, 그는 작년 가을 어느 날 아침에 허름한 모습으로 이곳에 도착한 이후로 그녀와 점점 더 친해졌다. 그녀는 프랭클린이 카이머 밑에서 점점 더 발전하는 것을 지켜보았고, 그 결과로 그는 그녀와의 연애 가능성 역시 높아지는 것을 느꼈다. 10개월 전만 해도, 그는 보잘것없는 실업자였기에 어떤 아버지도 그를 딸 근처에 두고 싶어 하지 않았다. 하지만 이제는 자신의 기술 분야에서 자리를 잡았고, 근면하고 존경받는 친구들로 둘러싸여 있었으며, 키스 총독의 관심까지 받고 있었으니, 그는 이제 마을에서 가장 유망한 젊은이 중 하나가 되었다.

프랭클린이 데버라 리드에게서 무엇을 보았는지는 정확히 알기 어렵다. 그 시절 그녀의 초상화는 남아 있지 않고, 나중에 그려진 유일한 초상화는 아주 못 생기지도 않았지만, 그렇다고 매우 매력적이지도 않은 얼굴을 보여준다. 그녀는 프랭클린보다 두 살 어렸고, 그 시대 기준으로 보면 신체적으로도 아직 어린 소녀에 가까웠을 것이다. 그렇지만 그는 그녀에게 꽤 끌렸던 것 같고, 두 사람은 결혼에 대해 이야기했다. 그녀의 부모도 어느 정도 긍정적으로 받아들였다. 그녀의 아버지 존 리드는 최근 재정적 어려움을 겪고 있었기에, 좋은 혼처를 찾는 것이 그들에게는 매우 중요한 일이었다. 9월에 갑자기 존이 세상을 떠나고 그녀의 어머니에게 빚과 딸, 그리고 다른 자녀들만 남게 되자 그럴 필요성은 더욱 커졌다. 이 시점에서 어머니 세라 리드는 프랭클린의 구혼을 긍정적으로 받아들였다.

하지만 그녀는 신중했고, 프랭클린이 아직 젊다는 점을 고려해, 그가 영국에서 돌아올 때까지 기다리라고 말했다. 아마도 그녀는 그의 진심을 확인하고 싶었을 것이다. 혹은 그가 딸과 자신에게만 열정적으로 이야기했던 인쇄소가 실제로 생기는지 지켜보고 싶었을지도 모른다. 남편이 금전적으로 곤경에 빠진 것은 허황된 약속을 하는 사기꾼들에게 너무 쉽게 돈을 빌려줬기 때문이었다. 그러므로 의심하는 눈으로 남은 가족을 지키는 것은 미망인으로서 당연한 태도였다.

프랭클린은 장모의 이런 신중함을 탓할 수 없었다. 그리고 만약 탓하고 싶었다 해도 어쩔 수 없었을 것이다. 세라 리드는 만만한 사람이 아니었다. 사랑은 대서양을 건너 영국에 다녀올 때까지 약 6개월을 기다려야 했다. 그때쯤이면 그는 더 나이가 들고, 인쇄 장비까지 갖추었을 테니 성공은 보장될 터였다. 그때가 되면 세라 리드도, 데버라 리드도 그를 거절하지 못할 것이다.

3장 첫 번째 런던 방문
1724~1726

사람은 여행을 통해 고향에 대해 알게 된다는 말은 진부한 표현이다. 하지만 프랭클린은 젊었고 런던에서 배운 가장 중요한 교훈이 윌리엄 키스가 어떤 사람인지 알게 된 것이라는 사실은 그에게 놀라운 일이었다. 그 교훈은 그가 탄 배가 델라웨어강을 벗어나기도 전에 시작되었다. 총독은 부두까지 나와 프랭클린의 인쇄소 사업에 대한 전폭적인 지원을 약속했다. 그는 프랭클린이 필요한 물품을 구입할 수 있도록 100파운드짜리 신용장뿐 아니라, 사업이 성공적으로 시작될 수 있도록 영향력 있는 친구들에게 보낼 추천서도 써주겠다고 했다.

프랭클린은 여러 번 총독의 집을 찾아가 편지를 받으려 했지만, 그때마다 총독은 공무가 바빠 아직 편지를 쓰지 못했다고 했다. 다음 주에 다시 오면 꼭 준비해두겠다고 했다.

약속한 편지를 받으러 총독을 다시 찾았음에도 여전히 편지는 준비되지 않았다. 또다시 갔지만 마찬가지였다. 당연히 그는 걱정하기 시작했다.

운 좋게도, 정기선 출항이 몇 차례 연기되었다. 이것은 총독에게 약속 이행할 시간을 더 주었지만, 출항이 계속 미뤄진다는 사실 자체가 사업의 성공 여부를 더욱 불투명하게 만들었다.

1724년 11월 5일, 마침내 런던호프호가 닻을 올리고 델라웨어강을 따라 움직이기 시작했다. 하지만 총독이 약속했던 편지들은 여전히 나타나지 않았다. 프랭클린은 총독의 개인 비서가 뉴캐슬에서 편지를 전달하겠다는 명확한 답을 받고서야 막판에 배에 탑승했다. 총독이 그곳으로 편지를 직접 가지고 오겠다고 했다. 뉴캐슬에 정박하자마자 프랭클린은 서둘러 배에서 내려 총독을 찾았다. 재차 총독의 비서가 나타나서는 총독이 매우 바쁘다고 말했다. 하지만 그 편지들을 다른 공식 서류들과 함께 마지막에 배에 실을 것이라고 했다.

이 말은 크게 설득력 있지는 않았지만 그럴듯한 설명처럼 보였고, 실제로 총독의 델라웨어 친구인 프렌치 대령이 직접 공식 서신 꾸러미를 배에 싣고 오자 더욱 그럴듯하게 느껴졌다. 그가 프랭클린과 반갑게 인사하자 이는 키스 총독의 진실성에 대한 프랭클린의 불안감을 해소하고, 그동안 그를 눈여겨보지 않던 다른 승객들의 눈에 젊은 프랭클린의 위상을 높이는 이중 효과를 냈다. 프랭클린이 그 편지들을 볼 수 있었다면 훨씬 더 안심했을 테지만, 선장은 잦은 지연으로 겨울 폭풍이 불 때 대서양 한가운데 있게 될까 걱정했고, 더 이상의 지연을 감수하려 하지 않았다. 그래서 프랭클린은 당장 그 꾸러미를 확인할 수 없었다. 조금만 참으면 런던에 도착하기 훨씬 전에 그 앞으로 온 편지들을 볼 수 있을 것이라고 선장이 말했다. "나는 당장은 만족했고, 우리는 항해를 계속했다."

프랭클린의 첫 대서양 횡단 항해에서는 폭풍우가 몰아쳤다. 겨울 날씨가 말 그대로 그들을 덮쳐 바람, 비, 진눈깨비, 눈이 배를 강타했고 승객들은 대부분 실내에 머물러야 했다. 프랭클린은 폭풍우 치는 바다에서도 뱃멀미를 하지 않는다는 사실을 알게 되어 만족했고, 이것이 평생 그에게 편리하게 작용했다. 그는 좁은 공간을 활용해 프렌치 대령이 자신에게 반갑게 인사하는 걸 본 사람들과 친분을 쌓았다. 실제로 이 사람들은 그를 3등 선실에서 불러내서 자신들의 선실에 잠자리를 제공했고, 음식을 나누며 모두 함께 즐거워했다. "우리는 아주 사교성이 좋아서 상상 이상으로 잘 지냈다"라고 프랭클린은 나중에 회상했다. 배가 영국해협에 들어서자 선장은 약속대로 프랭클린이 펜실베이니아 우편 가방을 뒤지도록 허락했다. 놀랍게도 그의 이름이 적힌 편지는 없었다. 그는 단순한 실수라고 생각하고, 총독의 약속과 자신의 임무에 관련된 것으로 보이는 몇몇 편지를 골랐다. 그중 하나는 왕실 인쇄업자에게, 또 하나는 런던의 문구상에게 보내는 것이었다. 프랭클린은 편지를 열어서 확인할 수는 없었지만, 총독이 이 훌륭한 젊은 이의 임무를 설명하고 정치적, 재정적 지원을 약속했을 것이라고 생각했다.

1724년 크리스마스이브, 런던에 도착한 프랭클린은 그 편지의 수신자들을 찾아갔다. 처음 만난 사람은 문구상이었고, 프랭클린은 그에게 키스 총독이 보낸 것이라며 편지를 전달했다. 문구상은 어리둥절해하며 그런 사람은 모른다고 말했다. 프랭클린도 당황했다. 문구상이 편지를 열어보더니 "아, 이건 리들즈던에게서 온 거군요"라고 외쳤다.

프랭클린은 몰랐지만, 윌리엄 리들즈던은 원래 중죄를 짓고 감옥 대신 메릴랜드로 추방된 전과자였다. 그는 미국에서도 사기 행각을 이어가 존 리드를 속이고 세라와 아이들에게 피해를 주었다. 메릴랜드 의회는 그를 "비할 데 없이 악명 높은 인물"로 공식 선언한 바 있었다.

이 문구상도 그와 같은 생각이었다. "나는 최근에야 그가 정말 나쁜 놈이라는 걸 알게 되었습니다. 더 이상 그와 연결되고 싶지 않고, 그에게서 온 편지도 받고 싶지 않습니다"라며 편지를 프랭클린에게 되돌려주고는 다시 자기 일에 몰두했다.

문구상을 떠나며 프랭클린은 다른 편지들도 유심히 살펴보았다. 이 편지들 역시 총독에게서 온 것이 아니었다. 그는 처음으로 우편 가방 안에 자신을 위한 키스의 편지가 전혀 없을지도 모르며, 애초에 키스가 그런 편지를 쓸 생각조차 없었을지도 모른다는 심각한 의심을 품게 되었다. 그는 같은 선실 승객이자 펜실베이니아의 부유한 상인인 토머스 데넘에게 자문을 구했다. 데넘은 키스를 오래전부터 알았는데, 총독이 약속은 많이 하지만 실제로 주는 것은 거의 없다고 말했다. 프랭클린이 신용장 이야기를 꺼내자 데넘은 크게 웃으며 "키스 경에게는 신용이란 게 없어!"라고 말했다.

인간관계에 대한 이 교훈은 프랭클린에게 충격으로 다가왔다. 그날 아침만 해도 그는 자신의 사업을 운영하는 장인으로서 눈부신 경력을 시작할 꿈에 부풀어 있었다. 하지만 이제 그는 집에서 아주 멀리 떨어진 곳에, 일자리도 없고, 머물 곳도 없으며, 5000킬로미터 이내에 아는 사람도 없는 실업자 신세가 되었다.

사실 그에게 친구가 한 명 있긴 했다. 하지만 그 친구는 곧 어떤 적보다 더 큰 골칫거리가 되었다. 프랭클린과 함께 런던에 온 제임스 랠프는 전에 찰스 오스본을 상대로 프랭클린과 함께 벌인 작은 연극에서 성공한 뒤, 영국 문학의 중심지에서 예술적 명성을 얻겠다고 결심한 상태였다. 랠프는 이런 계획을 아이들과 함께 필라델피아에 남아 있는 아내에게도 말하지 않았다. 대신 "런던에 가서 사업 인맥을 쌓아 돌아오면 장사를 시작할 수 있을 것 같다"라고 말했다. 가족과 친척들은 차라리 이런 계획이 허송세월하며 시를 쓰는 것보다 낫다고 생각하고 그에게 잘 다녀오라고 인사도 했다. 그러나 런던호프호가 런던에 도착하자마자, 랠프는 프랭클린에게 돌아가지 않겠다고 선언했다. 그는 처갓집 식구들이 정말 싫다며 영국에서 자신의 미래를 펼칠 거라고 했다.

하지만 랠프의 미래는 그의 기대와 달리—그리고 프랭클린에게는 안 되었지만— 쉽게 풀리지 않았다. 그는 처음에는 문학에서 연극으로 영역을 넓히려 했다. 지역 극단을 찾아가 배우로 지원했지만, 감독은 잠깐 오디션을 보고 "문학계가 당신의 재능을 잃으면 안 된다"라며 거절했다. 랠프는 다음으로 당시 유명했던 《스펙테이터》 같은 주간지를 발행할 것을 다른 출판사에 제안했지만, 출판사는 그의 재능이 요구하는 조건에 부합하지 않는다고 판단했다. 그는 다시 기대치를 낮추어 런던 템플지구의 문구상과 변호사 사무실에 서기와 필경사로 지원했지만, 일자리가 없다는 답만 들었다.

랠프는 미국에서 런던에 올 때 뱃삯으로 이미 가진 돈을 다 써버려서 빈털터리였다. 일자리를 구하지 못하자 무일푼 생활은 더 길어졌다. 그래서 그는 프랭클린에게 함께 쓰는 방의 방세를 대신 내달라고 했다. 방은 성바오로대성당 북쪽의 리틀브리튼이라는 거리에 있었다. 그들의 이웃 중에는 두 사람 모두가 호감을 가진 젊은 여성이 있었는데, 나이도 많고 세상 물정에 밝은 랠프가 프랭클린보다 먼저 그녀와 가까워졌다. 그녀가 다른 곳으로 이사하자 랠프는 그녀와 살림을 합쳤다. 한동안 랠프는 그녀가 모자 장수를 해서 번 돈으로 살았지만, 그 수입만으로는 랠프와 그녀의 어린 딸을 부양하기에 부족했다. 그래서 랠프는 다시 일자리를 구하기로 결심했다. 그는 자신을 교사라고 광고했고, 실제로 버크셔 시골에 작은 학교를 열었다. 그는 학생 열두 명 정도를 모아 얼마 안되지만 수업료를 받았고, 새로운 이름도 얻었다. 그는 문학적 야망을 버리지 않았고, 교사라는 낮은 직업이 자신의 미래에 불리하게 작용할까 두려워 친구의 이름을 빌렸다. 프랭클린은 랠프로부터 온 편지를 통해 그간의 상황을 알게 되었는데, 편지에서 그는 답장을 보낼 때 랠프가 아니라 '프랭클린 선생님' 앞으로 보내달라고 부탁했다.

프랭클린이라는 성은 흔한 편이어서, 그는 랠프가 자신의 이름을 빌리는 것을 굳이 문제 삼지 않았다. 돈을 빌려준 것에 대해서도 마찬가지였다. 언젠가는 이름을 돌려받을 수 있을 거라 생각했지만, 랠프에게 빌려주었던 돈은 존 콜린스에게 베풀었던 돈처럼 돌려받지 못할 것이라고 체념했다,

하지만 랠프에게도 일종의 담보가 있었다. 그가 버크셔에 가 있는 동안, 그의 연인이었던 모자 장수 여인은 감정적으로나 경제적으로 곤경에 처

했다. 랠프와의 관계로 인해 그녀는 친구와 직장을 잃었다. 그녀는 프랭클린이 불쌍한 사연에 쉽게 넘어간다는 것을 알고, 눈물과 한숨, 그리고 시기적절한 애교로 프랭클린의 지갑을 노렸다.

하지만 프랭클린도 이 점에서는 완전히 순진하지 않았다. 그는 그녀의 돈 부탁을 들어주면서도, 자신도 뭔가를 요구했다. 나중에 그가 표현한 바에 따르면, "그녀가 나를 필요로 한다는 것을 알고서, 성적인 관계를 시도했다".

그러나 그의 시도는 그녀의 환영을 받지 못했다. 그녀는 '적절한 분노로' 그의 접근을 거절했고, 프랭클린은 물러설 수밖에 없었다. 이 실수는 단순히 창피함 그 이상을 초래했다. 여성은 랠프에게 프랭클린이 부적절하게 자신에게 접근했다고 알렸고, 랠프는 프랭클린과의 우정을 끝내고 대신 채무도 모두 없던 일로 하겠다고 선언했다.

프랭클린은 자신의 손해를 문제 삼을 입장이 아니었다. 그는 점점 인생을 철학적으로 받아들이기 시작했다. 어차피 그 돈은 다시 받을 수 없었을 것이고, 희생된 것은 체면뿐이었으며, 그 체면도 평판이 그다지 좋지 않은 여자와, 진정한 친구가 아니었던 친구 앞에서 잃은 것뿐이었다. "랠프와의 우정을 잃고 나니, 오히려 짐을 덜어낸 기분이었다"라고 프랭클린은 결론지었다.

랠프와의 관계를 부담 없이 내려놓았듯 프랭클린은 데버라 리드와의 관계도 포기해버렸다. 아마도 랠프가 필라델피아에 있던 자신의 아내와 아이를 가볍게 버렸던 일이 그의 눈을 뜨게 했을지도 모른다. 혹은 여성 모자 장수의 유혹이 그를 흐트러뜨렸을 수도 있고, 아니면 그저 런던이라는 도시가 고리타분한 필라델피아가 결코 해줄 수 없는 방식으로 그를 끌어들였을 수도 있다. 확실한 것은, 그는 갑작스럽게 다시 가난에 빠진 것에 충격을 받았다는 점이다. 명시적이든 암묵적이든 곧 성공하겠다고 약속을 한 뒤였기에, 그는 데버라 리드는 말할 것도 없고 세라 리드도 만나고 싶지 않았을 것이다. 마지막으로, 그의 성인기 대부분이 보여주듯, 프랭클린은 왕성한 성욕을 지녔고, 다른 여성들이 주변에 있는데 멀리 있는 한 여성에게 충실하기 어려웠다. 데버라는 곧 그의 마음에서 사라졌다. 런던 체류 기간 내내 그는 그녀에게 단 한 번만 편지를 보냈고, 그 내용도 바로 돌아갈 수 없다는 걸 알리는 것이었다.

18세기 초 런던은 젊은이의 마음을 흔들기에 충분했다. 프랭클린의 인생에서 중심적인 역할을 하게 될 이 도시는 1660년대의 두 가지 재앙, 즉 페스트와 대화재로 인한 상처와 기억을 여전히 간직하고 있었다. 영국 본토에 남아 있던 청교도 계열의 사람들(예를 들어 코튼 매더 같은 이들)은 이 재앙이 호국경 올리버 크롬웰이 죽고 스튜어트 왕가가 다시 왕권을 잡자 런던 사람들이 벌인 신을 모독하는 방탕한 축제 때문이라고 생각했다. 페스트는 1665년 봄에 시작되어, 도시 빈민가 사이에서 조용히 퍼져나갔다. 환자가 죽기 전에 그 친구나 가족이 울부짖는 소리만 들릴 뿐, 그 외에는 아무런 소리도 없이 모든 동네로 전염병이 번졌다. 여름이 되자 매주 수천 명의 남녀노소가 죽어나갔다. 도망갈 수 있는 사람들은 보이지 않는 파괴자를 피해 시골로 도망쳤다(아이작 뉴턴도 페스트를 피해 울즈소프에 머무는 동안 사과가 나무에서 떨어지는 모습을 보았고, 이를 바탕으로 만유인력의 법칙을 발견했다). 너무 가난해서 도망가지 못한 사람들은 병을 옮길 수 있는 사람들과의 접촉을 두려워하며 집에 머물렀다. 선술집, 여관, 극장은 당황한 행정당국의 명령으로 문을 닫았고, 통행금지령이 실시되어 사람들 사이의 불필요한 접촉을 최대한 막았다.

10만 명의 영혼이 죽음을 맞았고, 거리에는 풀이 자랄 정도였다. 그러다 1666년 대화재가 일어나면서 페스트가 종식되었다. 이 새로운 재앙을 목격한 사람들은 낙담에서 절망으로 빠져들었다. "아, 이 얼마나 비참하고 불행한 광경인가! 세상이 창조된 이래 그와 같은 것을 본 적이 없고, 세상이 불타오르는 마지막 날까지 그보다 더한 것은 없을 것이다." 한 목격자는 이렇게 기록했다.

온 하늘이 불이 난 것처럼 붉게 물들었고, 그 빛은 며칠 밤 동안 사방 50~60킬로미터에서도 보였다. 하나님께서 내 눈이 다시는 그와 같은 것을 보지 않게 해주시길 바란다. 지금 내 눈앞에는 1만 채가 넘는 집들이 한꺼번에 불타오르고 있다. 불길이 내는 소음과 부서지는 소리, 천둥 같은 굉음, 여자와 아이들의 비명, 사람들의 허둥대는 소리, 탑과 집과 교회가 무너지는 소리는 마치 무시무시한 폭풍과 같았다. 그리고 불길에 주변 공기가 너무 뜨거워져서 마지막엔 아무도 그곳에 접근할 수 없었다. 성바오로대성당의 돌들이 수류탄처럼 날아다녔고, 녹은 납이 거리를 따라 흘러내렸으며, 도로 자체가 불타듯 붉게 빛나고 있었다.

화재는 모든 것을 파괴했지만, 두 가지 긍정적인 결과도 남겼다. 첫째는 도시를 페스트로부터 소독해준 점으로, 이는 의도치 않았고 극단적이지만 효과적으로 쥐를 없애기 위해 집을 태운다는 원칙을 실행한 셈이었다. 둘째는 앞으로의 화재에 대비해 인력과 기계가 보강된 정교한 소방 시스템을 만들었다는 점이다. 프랭클린이 영국에 머물던 시기 대니얼 디포는 『영국 여행기』에서 "런던처럼 화재 시 진압장비가 잘 갖추어진 도시는 세상 그 어디에도 없다"라고 썼다. 훈련된 소방대원들은 특별한 제복과 마크를 달고 분대를 이루어, 템스강과 다른 수로에서 물을 끌어올리는 펌프를 조작해 호스로 불길에 물을 뿌렸다. 밧줄에 매달린 쇠갈고리는 불타는 건물을 무너뜨리는 데 사용되었고, 불길이 잘 잡히지 않는 경우에는 화약을 터뜨려 불이 번질 가능성이 있는 연료를 날려버렸다.

소방대원들의 활약상은 프랭클린에게 깊은 인상을 남겼고, 그는 필라델피아로 돌아온 뒤 비슷한 조직을 만들기 시작했다. 도시 생활의 다른 측면들은 본받을 만큼 좋은 것만은 아니었지만, 그럼에도 불구하고 지방에서 온 젊은이에게는 매우 흥미롭게 느껴졌다. 런던은 끝없는 오락거리를 제공했는데, 그중 일부는 무해했고, 일부는 위험했으며, 또 일부는 당시 삶의 잔인함을 보여주기도 했다. 오락거리 중 신체(때에 따라서는 영혼까지)에 해를 주는 범주에 들어가는 것으로는 매춘이 있었는데 필라델피아(보스턴은 말할 것도 없고)와는 비교도 안 될 만큼 많은 매춘부가 있었다. 당시 한 연대기 작가는 이렇게 썼다.

"우리가 갈지자로 길을 걷고 있을 때, 한 친구가 나보고 어떤 가게를 보라고 했다. 거기엔 서너 명의 아주 도발적인 처녀들이 앉아 있었는데, 그들은 시골 교구의 관 덮개를 만들고도 남을 만큼, 또는 의사의 명절용 코트를 만들 만큼 많은 벨벳을 등에 걸치고 있었다. 그 밑단은 금실로 장식이 되어 있어서 처음엔 목사의 딸들이 아버지의 설교복을 빌려 스카프로 삼아 가게를 방문한 거라고 생각했다. 각자 얼굴에 장식용 점을 얼마나 붙였는지, 표범의 무늬나 스코틀랜드인의 주근깨만큼이나 많았다."

이 연대기 작가가 친구에게 이 여자들이 누구인지 물었더니 "옷차림만 보면 1급 매춘부처럼 보이지만, 1기니면 살 수 있다"라고 대답했다. 작가는 친구에게 그들이 매춘부인지(작가는 '음탕한 여자들'이라는 말을 썼다) 어떻게 알았냐고 물었다. 친구는 "그녀들이 미용실에 앉아 있었기 때문이지. 그런 가게에는 매춘부가 없는 경우가 드물어. 마치 성바오로대성당 마당의 서점에 목사가 없는 경우가 드물듯이 말이야"라고 답했다.

부유한 신사들은 매춘부들의 서비스를 이용한 뒤, 브라이드웰 교화소 법정에 가서, 생계형 범죄로 체포된 사람들, 특히 여성과 소녀들이 채찍질당하는 장면을 구경하며 오락으로 삼았다. 또 인기 있는 관광지는 베들렘('베들레헴'이 변형된 단어로, 발음과 의미 두 가지 모두 왜곡된 명칭) 왕립병원이었다. 방문객들은 미친 사람들의 엽기적인 행동을 보고 웃었다. 정신질환을 관람 스포츠로서 즐기는 것이 너무나 유행해서 병원에 다음과 같은 방문 규정이 나붙었을 정도였다. "병원 입원자에게 독주, 와인, 담배, 증류주를 주지 말 것. 병원 내에서 그런 물건을 판매하는 것도 금한다." 채링크로스에서는 공개적으로 죄인을 기둥에 세워두는 처벌이, 뉴게이트에서는 공개 처형이 늘 인기가 많았다. 만약 처형 장면을 놓쳤다면, 템플바에 가면 처형된 사람들의 잘린 머리가 전시된 것을 볼 수 있었는데, 이 장소는 예수의 십자가 처형지인 골고다에 비유해 '런던의 골고다'라고 불리기도 했다.

동물들끼리 싸우는 잔인한 장면을 보는 걸 더 좋아하는 관객들은 호클리인더홀에 가서 다양한 동물들이 싸우는 모습을 구경할 수 있었다. 한 전단지는 이렇게 광고한다.

> 모든 신사, 도박꾼, 기타 여러분께 알립니다. 오늘 월요일, 뉴게이트 시장 출신 개 한 마리와 허니레인 시장 출신 개 한 마리가 싸웁니다. (⋯) 또한, 한 번도 맹수와 싸운 적 없는 초록 황소가 맹수와 싸우고, 극도로 흥분한 황소가 풀려날 예정입니다. 또 미친 당나귀도 맹수와 격돌하며, 다양한 황소와 곰이 싸우고, 미친개도 등장합니다. 시작 시간은 오후 3시 정각입니다.

런던에서 살면 일부러 그렇게 하려고 하지 않아도, 잔인해질 수 있었다. 여관이나 주점에서는 여러 손님이 한 접시에 담긴 음식을 함께 먹었다. 각자 자신의 칼과 포크를 들고 와서 가장 좋아 보이는 음식 조각을 찔러서 집었는데, 그러다 보니 먼저 온 사람이 가장 좋은 부분을 먼저 잘라가는 일이 빈번했다. 주간지 《그럽스트리트 저널》은 이렇게 보도했다.

"지난 수요일, 한 신사가 구운 닭을 먹는 도중 이상한 사고를 당했다. 닭 날개를 집어 자기 접시로 가져왔는데 다른 신사의 검지손가락 두 마디도 같이 딸려온 것을 발견했다."

손가락이 잘린 그 신사가 큰 소리로 아프다고 소리를 지르지 않은 것은, 런던 사람들이 아침부터 밤까지 술에 빠져 지내던 그 알코올의 마취 효과 덕분이었을지도 모른다. 모든 대도시가 그렇듯 런던 역시 심각한 공중위생 문제를 겪었는데, 다른 문제도 많았지만, 가장 악명이 높은 것은 바로 템스강으로 흘러가는 개방 하수로였던 플리트강이었다. 당국은 인간, 동물, 그리고 식물성 쓰레기를 강에 버리는 대중의 습관을 정기적으로 비난했지만, 그렇게 자주 비난해야 했다는 사실은 그들이 이를 강제하는 데 성공하지 못했음을 보여준다. 이 문제는 1760년대에 이르러서야, 플리트강을 덮고 그 위로 플리트스트리트를 조성하면서 해결되거나 적어도 드러나지 않게 되었다.

부분적으로는 건강을 위한 조치로—오염된 물을 마시지 않기 위해—런던 사람들은 온갖 종류의 알코올음료를 마셨다. 일어나자마자 셰리 한잔으로 잠을 깨고, 아침 식사 때는 맥주를 마셨다. 오전 중에 더 많은 맥주를 마셨고, 때때로 영국의 추위를 이기기 위해 브랜디도 곁들였다. 점심에는 에일을, 오후 차 시간에는 건포도 와인이나 엘더 와인을 마셨다. 이 오후 차 문화는 비교적 새로운 것이었는데, 그 이유는 차를 끓이는 과정에서 오염된 물에 있던 미생물들을 죽일 수 있었기 때문이었다. 저녁에는 포도주, 그리고 그 뒤로 잠자리에 들 때까지 펀치와 각종 리큐어—화이트앤드웜우드, 라타피아, 넥타앤드앰브로시아, 로솔리오—를 마셨다.

당연한 일이지만, 공공장소에서의 만취도 흔했다. 당시 한 일기에는 이렇게 적혀 있었다. "속된 표현으로, 우리는 말처럼 계속 술을 마시고 노래를 불렀다. 그중 많은 이들이 매우 취했고, 그러고 나서 우리는 춤을 추고, 가발, 모자, 캡을 벗기며, 미친 사람처럼 계속 놀았다. 이는 그리스도인이라고 자처하는 이들의 행동과는 거리가 멀었다. 이것이 솔로몬의 지혜로운 말씀인 '포도주는 거만하게 하는 것이요, 독주는 떠들게 하는 것이라. 이에 미혹되는 자마다 지혜가 없느니라'와 모순되는지는 알아서 판단해보라."

종종 이 술꾼들은 극장으로 향했는데, 그곳에서도 행동은 나아지지 않았다. 2층 좌석과 1층 입석까지 꽉 채우고 배우를 조롱했으며, 막간에는 통로를 오가던 과일 장수 여성들에게서 사과와 오렌지를 사서 무대 위로 던지기도 했다. 프랭클린이 런던에 머무르던 시기에 셰익스피어의 작품을 편집하던 시인 알렉산더 포프는 이런 군중의 존재를 한탄했다.

"객석에 모인 머리가 여럿인 괴물,
감각 없고, 가치 없으며, 존경받지 못하는 군중,
자신보다 나은 이들을 방해하는 것을 자랑스럽게 여기며,
열 줄도 말하기 전에 지팡이를 두드리고,
익살극, 곰 싸움, 외설극을 요구한다."

프랭클린도 극장과 런던의 다양한 오락거리를 자주 찾았는데, 처음에는 제임스 랠프와 함께 다녔다. 그의 말에 따르면 "랠프와 함께 연극 및 다른 오락거리에 내 수입의 상당 부분을 썼다"라고 했다. 비단옷을 입은 창녀들은 그의 형편에 맞지 않았지만, 그는 이후 '천한 여자들과의 어리석은 관계'라고 두리뭉실하게 표현한 일을 저질렀다(이 표현조차도 너무 구체적이라고 생각했는지, 자서전 초고에서는 이 부분을 지웠다. 그가 이 '천한 여자들'과의 만남을 두고 "지출 면에서 아무리 봐도 내가 그들보다 손해였다"라고 쓴 삭제된 부분을 볼 때, 이는 매춘부를 지칭한 것으로 보인다). 만약 그가 곰 싸움을 구경하러 갔다면, 아마 구경꾼으로 갔을 뿐, 직접 내기에 참여하지는 않았을 것이다. 그는 한번도 도박 성향을 보인 적이 없었다. 호기심 많은 그는 분명히 기둥에 묶인 죄수나 교수형에 처해지는 범죄자를 구경했을 것이다. 그의 손가락이 모두 무사했던 것을 보면 이는 그가 도박판을 꺼려 했거나 아니면 그쪽으로 재주가 좋았다는 뜻일 것이다.

프랭클린이 거리, 극장, 그리고 특히 일터에서 마주친 것은 영국인들의 알코올 사랑이었다. 키스 총독의 약속이 허망함을 알게 된 프랭클린은 인쇄소에서 일자리를 구했다. 런던에는 미주 식민지 전체보다 인쇄공이 훨

썬 많았기에 일자리가 부족하지 않았고, 그는 곧 바살러뮤클로스에 가게를 둔 팔머라는 사람의 일자리 제안을 받아들였다. 그는 그곳에서 거의 1년을 머물며 고용주에게 강한 인상을 남겼지만, 팔머는 프랭클린에게 충분한 성장 기회를 제공하지 못해, 그는 더 큰 사업을 하는 다른 인쇄소로 옮겼다.

이 두 번째 인쇄소에는 50명 이상의 직원이 있었고, 덕분에 주인 와츠는 곧 시작될 산업혁명의 특징 중 하나인 분업을 도입할 수 있었다. 어떤 이들은 인쇄, 어떤 이들은 조판, 또 어떤 이들은 정렬 및 제본 등으로 역할이 나뉘었다. 프랭클린의 실력은 너무나 뛰어나서 원하는 분야를 고를 수 있었고, 식민지의 덜 분화된 인쇄업에서 익숙했던 육체노동을 하기 위해 처음에는 인쇄실을 택했다.

젊기도 하거니와 어깨와 등근육이 잘 발달했고, 남들이 기피하는 힘든 일을 자청하는 성향 덕분에, 프랭클린은 곧 힘센 인물로 명성을 얻었다. 그는 보통 무거운 활자 세트를 양손에 하나씩 들고, 다른 인쇄공들이 한 번에 하나씩 나르던 계단을 오르내렸다. 영국인들에게 더욱 놀라웠던 것은, 이 젊은 미국인이 다른 이들이 필수로 여긴 맥주의 힘을 빌리지 않고 이 일을 해냈다는 점이었다. 그와 같이 일하는 동료는 아침 전에 맥주 한 파인트, 아침 식사와 함께 한 파인트, 오전 중 또 한 파인트, 점심 먹으며 한 파인트, 오후에 또 한 파인트, 그리고 하루가 끝날 때 한 파인트를 마셨다.

프랭클린은 나중에 이것을 '혐오스러운 관습'이라고 묘사하기도 했다. 당시에도 그렇게 생각했는지는 몰라도, 그는 적어도 비용 문제로 이 습관을 피했다. 그는 힘든 일에 센 맥주가 필요하다는 주장에 말도 안 된다고 했다. 맥주의 영양가는 결국 보리에 있을 뿐이고, 그 영양 성분은 빵을 먹고 물을 마시면 훨씬 저렴한 비용으로 얻을 수 있다고 했다. 그는 자신이 그 증거라고 주장했다.

동료 인쇄공들도 빵과 물이 프랭클린에게 효과가 있다는 것을 부정할 수 없었지만, 따라 했다가 오염된 물로 인해 건강에 문제가 생길까 봐 그 방법을 시도하지 않았다. 그들 중 일부는 아마도 지속적인 반취 상태의 긍정적인 효과를 더 높이 샀을 것이다. 어느 정도는 그들의 저항에 프랭클린이 제대로 알지 못하는 이론보다 더 큰 본능적인 지혜가 담겨 있었다. 보스턴과 필라델피아는 런던보다 훨씬 작았고, 공중위생 문제도 훨씬 적었다. 프랭클린은 런던의 물을 그냥 마시는 것이 얼마나 위험한지 전혀 몰랐다. 그와 달리, 동료 인쇄공들은 비록 교육받지 못하고 관습에 의존했지만, 더 잘 알고 있었다(건강을 중시하는 런던 사람이라면 프랭클린이 필라델피아에서 그랬듯, 템스강에서 물을 마시지 않았을 것이다). 프랭클린이 긴 세월 동안 비교적 감염 없이 살았던 것을 보면, 자연이나 사회가 던지는 거의 모든 것에 맞설 수 있는 면역체계를 타고난 듯하다. 동료 인쇄공들의 경고에도 불구하고 그는 빵과 물로 잘 버텼다. 그들은 그렇지 못했으니, 맥주를 물처럼 마신 것이 그들에게는 오히려 다행이었을 것이다.

프랭클린의 주장이 완전히 효과가 없었던 것은 아니었다. 그의 고용주 와츠는 프랭클린처럼 글을 읽고 쓸 줄 아는 사람이 활자를 옮기고 인쇄기 손잡이를 돌리는 일에만 머무르는 것은 낭비라고 판단해, 프랭클린이 위층 조판실로 올라가야 한다고 결정했다. 프랭클린이 조판실로 올라가자마자, 동료들은 그에게 조판공들이 공동으로 사용하는 맥주 기금으로 5실링을 내야 한다고 처음에는 부탁 조로 말했고, 곧 강한 요구로 바뀌었다. 프랭클린은 자신은 맥주를 마시지 않는 데다 이미 아래층에서 냈기 때문에 낼 수 없다고 거절했다. 그의 새 동료들은 표면적으로는 그의 거절을 받아들였는데, 이는 와츠의 지지가 있었기 때문이기도 했다. 하지만 그들은 프랭클린의 작업에 계속해서 장난을 쳤다. 이미 프랭클린이 교정을 마친 페이지에 일부러 오류를 만들거나, 활자를 엉뚱한 곳에 두는 등 그를 힘들고 비생산적으로 만들었다. 프랭클린이 이에 대해 항의하면, 동료들은 한결같이 아무것도 모른다고 잡아떼며, '채플 유령' 탓으로 돌렸다. 이 유령은 조판공들의 지역 모임에 가입하지 않은 이들을 괴롭히는 신비한 존재라고 했다. 실제로 프랭클린이 돈을 내자, 그 유령은 더 이상 그를 괴롭히지 않았다. 훗날 프랭클린은 "함께 살아야 할 사람들과 사이가 나쁜 채로 지내는 것이 어리석다는 것을 깨달았다"라고 당시를 기억했다.

하지만 프랭클린이 채플의 정식 회원이 되자마자 그는 또다시 이단적인 주장을 펼치기 시작했다. 그는 몇몇 동료들을 설득해(적어도 일하는 동안에는) 맥주를 끊고, 근처 여관에서 끓인 뜨거운 오트밀 죽으로 대신하게 만들었다(이 죽이 끓여서 제공되었다는 점이 프랭클린의 실험이 성공하는 데 중요한 역할을 했을 것이다). 덕분에 동료들은 맥주에 쓰던 돈을 많이 아낄 수 있었고, 일할 때 머리가 맑아졌다(인쇄공보다 조판공에게 더 중요한 문제였다). 맥주로 인한 비용과 그 혼란 때문에 프랭클린의 주장을 거부한 이들은 종종 빚을 지게 되었고, 몇몇은 프랭클린에게 이자를 주기로 하고 맥줏값을 빌리기도 했다. 이로써 자신은 현명하게 돈을 아끼고, 동료들은 어리석게 돈을 낭비하는 상황을 활용해, 토요일 밤이면 자신의 월급 외에 동료들에게 빌려준 돈과 그에 대한 이자까지 받아 경제적으로 큰 이득을 보았다. 그의 신중함과 신뢰성(맥주를 마시는 동료들과 달리 그는 월요병으로 결근하는 일도 없었다), 그리고 능숙한 조판 실력 덕분에 와츠는 그에게 더 중요한 인쇄 작업을 맡겼고, 따라서 임금도 올라갔다. "이제 나는 아주 만족스럽게 지낼 수 있었다"라고 프랭클린은 회상했다.

프랭클린은 인쇄공들에게만 흔적을 남긴 것이 아니었다. 첫 직장인 팔머 인쇄소에서 그는 윌리엄 울러스턴의 『자연종교 서설The Religion of Nature Delineated』 신판의 조판을 맡았다. 계몽주의가 막 시작되던 시절, 뉴턴에 대한 열광이 신의 계시에 대한 경외심을 약화시키고 있던 때 울러스턴은 회의론자들이 사용하는 방법론을 빌려 정통 신앙을 옹호하려 했다. 그는 자연이 기존 종교의 본질적 가르침과 모순되지 않을 뿐 아니라, 오히려 그것을 확인시켜준다고 주장했다. 복음을 접하지 못한 야만인도 자연의 질서에 귀 기울이면, 가장 학식 있는 설교단에서 선포되는 도덕률과 본질적으로 다르지 않은 도덕률에 도달한다는 것이다.

프랭클린이 활자를 조판하며 울러스턴의 논리를 곰곰이 따져본 결과, 몇몇 부분에서 그 논리가 틀렸다고 판단했다. 모든 19세 청년이 이런 형이상학적 논쟁에 뛰어들 생각을 하지는 않았겠지만, 프랭클린은 이미 자신이 평범한 19세가 아니라고 여기고 있었다. 그는 울러스턴의 논리를 반박하는 에세이 『자유와 필연, 쾌락과 고통에 대한 논문A Dissertation on Liberty and Necessity, Pleasure and Pain』을 직접 쓰고 인쇄했다.

프랭클린은 아리스토텔레스 이래 철학자들이 해왔던 방식대로 삼단논법으로 주제를 다루었다. 신은 "전지전능하고, 전적으로 선하며, 전능하다"라고 여겨진다. "만약 신이 전능하다면, 우주에 존재하거나 작용하는 그 어떤 것도 신의 동의 없이 이루어질 수 없다. 그리고 신이 동의하는 것은 선해야 한다. 왜냐하면 신은 선하기 때문이다. 따라서 악은 존재하지 않는다." 프랭클린은 세상에 고통과 고난이 존재함을 부정하지는 않았지만, 그것들을 악으로 해석하기보다는 본질적으로 인간의 상상력이 만들어낸 허상이라고 보았다. 프랭클린은 행복이라는 것이 불행이라는 경험과 떼어놓고 생각할 수 없는 개념이라고, 그간의 독서와 경험을 모두 반영해 이렇게 말했다.

고대 이교도들은 쾌락과 고통의 본질을 제대로 이해하지 못했기 때문에, 고통 없이 오직 행복과 편안함만 있는 이상적인 세계, 즉 엘리시움이라는 허황된 이야기를 믿게 되었다. 그런 것은 자연에서 일절 불가능하다! 봄의 즐거움은 겨울의 불편함이 있기에 가능한 것이 아닌가? 맑은 날씨의 기쁨도 궂은 날씨의 불편함 덕분이 아닌가? 당연히 그렇다. 만약 항상 봄이고, 들판이 늘 푸르고 무성하며, 날씨가 계속해서 맑고 쾌청하다면, 그 즐거움은 금세 싫증 나서 사라질 것이다. 불편함 없이 다가오는 즐거움은 우리에게 더 이상 즐거움이 되지 못한다.

프랭클린은 더욱 놀라운 말을 이어갔다. 즐거움과 고통, 행복과 불행은 서로 떼려야 뗄 수 없이 연결되어 있을 뿐만 아니라, 이들은 인간들에게 똑같이 나누어진다고 했다. "고통은 반드시 그리고 자연스럽게 그만큼의 즐거움을 만들어내기 때문에, 어떤 삶의 상태에 있든 모든 개인은 각각 동등한 양의 즐거움과 고통을 가지게 된다." 그 결과, 누구도 다른 누구보다 더 행복하거나 더 불행하지 않다는 결론이 나온다. "군주도 노예보다 더 행복하지 않고, 거지도 리디아 최후의 왕 크로이소스보다 더 불행하지 않다." 더 놀라운 것은, 즐거움과 고통의 계산법에서 군주와 노예 모두 돌멩이와 동등한 위치에 있다는 점이다. "A, B, C 세 가지 서로 다른 존재를 가정해보자. A와 B는 생명체로 즐거움과 고통을 느낄 수 있고, C는 무생물로 아무것도 느끼지 못한다. A가 10단계의 고통을 받으면, 이는 반드시 10단계의 즐거움으로 이어진다. B가 15단계의 고통을 받으면, 결과적으로 같은 양의 즐거움을 얻는다. 그동안 C는 아무 관심도 없이 가만히 있었고, 앞서 고통을 겪지 않았으므로 뒤따르는 즐거움도 받을 권리가 없다. 이보다 더 평등하고 공정할 수 있겠는가?"

인간 사회를 대충만 봐도 어떤 사람들은 행복하고 다른 사람들은 불행하다는 뻔한 반론에 대해 프랭클린은 그런 겉모습에 속으면 안 된다고 반박했다. "우리는 돈 많고 화려하며 항상 웃는 사람을 보면 그들이 행복할 거라고 생각하지만, 사실은 그렇지 않은 경우가 허다하다. 또한 끊임없이 슬픈 표정을 짓고 불평을 늘어놓는다고 해서 반드시 불행한 것도 아니다."

행복과 불행에 대한 논의를 마치고, 프랭클린은 영혼의 불멸성에 대한 개념을 공격했다. 그는 영혼을 우리가 세상을 보고 듣고 느끼면서 얻는 정보를 생각하고 처리하는 정신활동 그 자체라고 본 것이다. 즉 영혼을 단지 그런 아이디어들을 관찰하고 비교하는 힘 또는 능력이라고 생각했던 것이다. 그리고 의식이 끝나면 영혼도 존재하지 않는다고 주장했다. 어쩌면 영혼이 어떤 식으로든 새로운 몸과 새로운 아이디어로 옮겨갈 수도 있다. "하지만 그것은 지금 살아 있는 우리와는 아무런 관련이 없다. 정체성이 사라지기 때문이다. 더 이상 똑같은 자아가 아니라 새로운 존재가 된다."

만약 현세의 행복이 환상이고, 영원한 행복이 불가능하다면, 왜 우리는 무언가를 얻기 위해 애써야 할까? 그건 단지 고통을 피하기 위해서다. 아기의 영혼은 고통을 느끼기 전까지는 의식이 없고 그건 존재하지 않는 것과 같다.

이런 식으로 바퀴는 굴러간다. 이것이 바로 우리의 삶이다. 인간은 먼저 고통에 의해 움직이고, 그 뒤 이어지는 우리의 삶 전체는 그로부터 벗어나기 위한 일련의 행동일 뿐이다. 우리가 한 가지 고통을 제거하자마자, 또 다른 고통이 나타난다. 고통이 나타나지 않으면 우리의 움직임은 멈춘다. 마치 계속해서 동력이 전달되지 않으면 시계가 멈추는 것과 마찬가지다. 그리고 영혼의 고통으로 들어가는 길이 막히거나 끊기자마자, 우리는 죽고, 더 이상 생각하거나 행동하지 않게 된다.

이처럼 증명할 수 없는 것을 증명하려는 대부분의 시도와 마찬가지로, 프랭클린의 글은 주제보다는 저자에 대해 더 많은 것을 드러냈다. 실제로 그것은 저자가 드러내고 싶어 했던 것보다 더 많은 것을 드러냈다. 프랭클린의 고용주인 팔머는 프랭클린의 논증의 독창성에 감탄했지만, 그의 결론은 매우 비난받을 만하다고 비판했다. 이런 반응을 보고 프랭클린은 다시 생각했다. 자서전에서 그는 자신 인생의 여러 실수를 '오탈자errata'라고 표현했는데, 이 에세이에 대해서도 "내가 이 팸플릿을 인쇄한 것은 또 다른 오탈자였다"라고 표현했다. 그래서 그는 훨씬 전에 친구들에게 배포한 몇 부를 제외하고는 모두 불태워버렸다.

프랭클린이 팸플릿의 **논리**가 아니라 팸플릿을 **인쇄**한 것을 오탈자라고 한 점은 의미심장하다. 그 팸플릿은 논리적으로 매우 뛰어났으며 태동하는 그의 천재성을 보여주는 또 다른 징표였다. 그중 일부 가정은 의문의 여지가 있기는 했지만 이는 이 천재가 독학으로 공부했고 삶의 경험 미비로 인해 판단력이 부족했음을 보여주는 것일 뿐이다. 하지만 그 논리는 프랭클린을 자신보다 훨씬 나이 든 논쟁의 달인들과 동등한 위치에 올려놓았다.

나중에 그는 악의 부재와 행복 추구의 무익함에 대한 자신의 결론을 철회하기는 했다. 그러나 당장 그를 괴롭혔던 것은 그의 에세이가 남긴 나쁜 인상이었다. 세상에 홀로 남아 타인의 호의에 의존하는 젊은이는 아무리 자신의 신념이 사회적 기준과 다르다고 하더라도 그로 인해 사회적으로 이단이라는 낙인이 찍히고는 살 수 없었다. 『자유와 필연, 쾌락과 고통에 대한 논문』을 읽는 독자는 저자가 아직은 무신론자가 아니더라도 곧 그렇게 될 거라고 쉽게 결론 내릴 수 있었다. 이 소책자에서 신은 실제적인 존재라기보다는 수사학적 장치에 가까웠다. 여러모로 1720년대 런던은 필라델피아보다, 그리고 필라델피아는 보스턴보다 더 관용적이었다. 그러나 런던의 관용에도 한계가 있었고, 프랭클린은 그 한계를 밀어붙일 수 있는 입장이 아니었다.

그러나 다른 사람들은 달랐고, 그들은 프랭클린의 글에서 대단한 점을 많이 발견했다. 여가 시간에 철학책을 즐겨 읽던 외과 의사 윌리엄 라이언스는 프랭클린의 에세이를 읽고 즉시 이 명석한 젊은이를 만나겠다고 결심했다. 그를 만난 라이언스는 자신이 좋아하는 선술집으로 프랭클린을 데려가 지식인 친구들에게 소개했다. 그중에는 프랭클린의 말에 따르면 '가장 재치 있고 재미있는 동반자'였던 버나드 맨더빌이 있었다. 그는 『꿀벌의 우화The Fable of the Bees』라는 책을 썼는데, 이 작품은 도덕주의자들을 격분시켰고, 전통적인 양심을 비꼬는 것을 좋아하는 사람들 사이에서 맨더빌을 일종의 영웅으로 만들었다. 그가 프랭클린에게서 싸움을 계속 이어나갈 동지애를 본 것은 당연한 일이었다. 이 모임의 또 다른 구성원은 아이작 뉴턴의 친구인 헨리 펨버턴이었다. 펨버턴은 프랭클린에게 위대한 과학자를 소개해주겠다고 약속해 그를 기쁘게 했지만, 약속을 이행하지 못해 그를 실망시켰다.

철학적 신동으로 명성을 얻으면서도 프랭클린은 다른 재능으로도 친구를 사귀었다. 와츠 인쇄소에서 함께 일하던 젊은이 중에 프랭클린과 마음이 잘 통하고, 지식에 대한 열정이 있으면서, 언어에도 상당히 관심이 있는 와이게이트라는 친구가 있었다. 그러나 그에게는 수영을 포함한 몇몇 실용적인 기술은 부족했다. 그는 프랭클린에게 자신과 다른 친구에게 수영을 가르쳐달라고 부탁했다. 그들은 재능이 있었고 짧은 시간 안에 놀라운 기량을 보였다. 그러자 프랭클린의 뛰어난 교수법과 물에서의 기량에 대한 소문이 퍼져나갔다. 어느 날, 첼시에서 배를 타고 돌아오던 중 몇몇 지인이 프랭클린에게 시범을 보여달라고 했다. 그는 옷을 벗고 물에 뛰어들어 멋진 공연을 펼쳤다. 그는 다양한 영법과 자세를 선보였고, 마치 물에서 태어난 사람처럼 움직였다. 배의 속도에 맞춰 5킬로미터 이상 헤엄친 후에야 인사를 하고 올라왔다.

이런 일이 있은 후 이 재능있는 미국인에 대한 소문은 더욱 멀리 퍼졌다. 윌리엄 윈덤 경은 프랭클린을 불러 곧 긴 여행을 떠날 예정이었던 두 아들에게 수영을 가르쳐달라며 상당한 보수를 제안했다. 프랭클린은 영광스럽게 생각하며 원칙적으로 동의했지만, 다른 일정이 생겨 실제 수업은 이루어지지 않았다. 비록 수영 강습 기회를 놓쳐 실망했지만, 그 경험을 통해 자신이 원한다면 상류층 자제들에게 수상 스포츠를 가르쳐 꽤 괜찮은 돈을 벌 수 있을 것이라고 생각했다.

한편 프랭클린은 이성에게도 호감을 사는 재주를 보였다. 아니, 제임스 랠프의 연인에게 들이댔다가 실패한 것을 보면, 오히려 한때는 아름다웠지만 이제는 덜 아름다운 여성들에게 잘 보이는 그런 재주가 있었다고 보는 것이 맞겠다. 팔머 인쇄소를 떠나 와츠 인쇄소로 옮긴 후 프랭클린은 듀크 스트리트의 더 편리한 거처로 이사했다. 그의 집주인은 나이 많은 과부였는데, 그가 침입자를 막을 수 있는 건장한 젊은이라는 이유로 임대료를 깎아주었다. 그녀는 곧 프랭클린에게 반했고 프랭클린은 그녀와 같이 있으면 즐겁다고 생각했다. 여주인은 "찰스 2세 시대까지 거슬러 올라가는 1000가지 일화"를 알고 있었다고 프랭클린은 말했다. "집주인은 통풍으로 무릎을 절뚝거렸고, 그래서 방에서 거의 나가지 않았기에 때때로 함께할 사람이 필요했다. 그리고 그녀의 이야기가 너무나 재미있었기 때문에, 그녀가 원할 때마다 우리는 저녁 시간을 함께 보내곤 했다." 둘은 저녁 식사로 버터 바른 빵에 멸치 한 마리를 나눠 먹고, 1파인트의 에일을 나눠 마시면서 식사를 마무리했다. 프랭클린은 필라델피아로 돌아갈 시점이 점차 가까워지자 여비를 모으고 싶었다. 그래서 집주인에게 일주일에 2실링만 내면 되는 더 싼 하숙집을 찾았다고 말했다. 그러자 그녀는 그가 떠나는 것을 만류하며, 임대료를 3실링 6펜스에서 1실링 6펜스로 깎아주었다. 그는 계속 그 집에 머물렀다.

같은 집의 다락방에는 70세의 또 다른 노파가 살고 있었는데, 평생 미혼이었다. 로마가톨릭 신자였던 그녀는 수녀가 되기 위해 해외로 나갔다. 헨리 8세 이후 영국에는 수녀원이 없었기 때문이었다. 그러나 그녀는 현지 적응에 실패하고 집으로 돌아와서, 수녀원 없는 수녀로 살기로 결심했다. 그녀는 상속받은 재산을 가난한 사람들에게 기부하고 얼마 안되는 연금으로 생계를 유지하는 법을 배웠다. 그녀의 식단은 죽이었고, 싸늘한 다락방에서 그녀가 허락한 유일한 불은 죽을 끓이는 데 필요한 불이었다. 궁핍함에도 불구하고 그녀는 건강했고 겉보기에는 매우 만족스러워 보였다. 프랭클린은 그녀를 매우 유쾌한 대화 상대로 여겼다. 그는 또한 그 노인을 통해 검소함의 중요성을 몸소 깨달았으며, "그녀는 극도로 적은 수입으로도 삶과 건강을 유지할 수 있는지에 대한 또 다른 예시였다"라고 말했다.

몇 달이 지나면서, 프랭클린의 마음에 검소함의 가치는 그 어느 때보다도 중요해졌다. 처음에는 런던의 화려한 매력에 이끌렸지만, 런던 생활이 계속되면서 그 매력이 사라졌고, 대신 고향인 미국으로 돌아가고 싶은 강한 열망이 생겨났다. "나는 런던에 싫증이 나기 시작했고, 펜실베이니아에서 보낸 행복한 시절이 떠올라서 다시 돌아가고 싶어졌다." 그는 한 푼이라도 절약하기 시작했고, 동시에 귀환을 앞당길 다른 방법들도 적극적으로 모색했다. 런던에서 오는 배에서 알게 된 선원 중 한 명인 퀘이커 상인 토머스 데넘이 프랭클린에게 자신이 곧 물건을 싣고 미국으로 돌아갈 것이라고 설명했다. 데넘은 프랭클린이 머리가 좋고 사업 수완이 있다는 것을 알았기에, 프랭클린에게 점원 일자리를 제안했고, 나아가 잠재적 파트너도 될 수 있다고 약속했다. 처음에는 프랭클린이 장부 관리 일을 하고, 나중에는 직접 판매 활동을 해 수수료를 벌 수도 있다고 했다. 이 전망은 프랭클린에게 미래의 이익과 더 빠른 귀환이라는 두 가지 면에서 매력적이었다. 그는 와츠 인쇄소의 인쇄 일을 그만두고 데넘이 수출할 물품을 준비하는 과정을 도왔다.

그들은 1726년 7월 말, 데넘이 절반의 지분을 가진 선박인 버크셔호를 타고 출항했다. 템스강을 따라 내려가다 그들은 그레이브젠드에 하룻밤 정박했는데, 프랭클린이 그 땅에 상륙해 풍경을 둘러보니 쾌적하고 탁 트인 시골 풍경이 좋았다. 하지만 사람들은 그렇지 않았다. 그는 항해일지에 "이 그레이브젠드는 **지독히도 못된** 곳이다. 사람들의 주된 생계는 낯선 사람을 속여서 이득을 취하는 것이다. 그들에게서 무엇이든 사면, 그들이 요구하는 값을 절반으로 후려치더라도 실제 가치의 두 배를 지불하게 된다. 다행히 내일이면 이곳을 떠난다"라고 기록했다.

그레이브젠드 사람들은 아마 프랭클린의 부정적인 묘사에 이의를 제기했을 것이다. 하지만 중요한 것은 그 묘사의 정확성(또는 부정확성)보다는 어조의 날카로움이었다. 즉 이 항해일지가 프랭클린의 삶을 연구하는 사람들에게 그의 생각이 편집되거나 걸러지지 않은, 있는 그대로의 '목소리'를 들려주는 최초의 기록이라는 것이다. 몇몇 중요하지 않은 메모를 제외하고,

이 일지는 출판용이 아닌 자신을 위해 쓰인 프랭클린의 가장 오래된 현존하는 저작물이다. 프랭클린의 초기 생애에 대해 알려진 대부분은 그의 자서전에서 나오는데, 모든 회고록과 마찬가지로 그의 자서전에는 나이를 더먹으면서 했던 경험이나 성찰, 사고 등의 흔적이 묻어 있을 수밖에 없다. 성숙한 회고록 작가 프랭클린이라면 그레이브즈엔드 사람들의 불친절함에 대해 변명할 이유를 찾았겠지만, 스무 살의 여행자 프랭클린은 그런 시도조차 하지 않았다.

프랭클린의 의견이 모두 그레이브젠드에 대한 견해처럼 가혹하지는 않았다. 템스강을 빠져나온 배는 도버해협을 통해 남쪽으로 향하고 있었다.

지금 내가 갑판에 앉아 이 글을 쓰고 있는데, 내 눈앞에는 세상에서 가장 즐거운 풍경 중 하나가 펼쳐져 있는 것 같다. 화창한 날씨 아래, 배는 순풍을 받으며 부드럽고 쾌적한 산들바람에 실려 앞으로 나아가는 중이다. 약 열다섯 척의 배들이 시야에 들어오는데 마치 우리와 동행하는 느낌을 준다. 왼편에는 멀리 프랑스 해안이 보이고, 오른편으로는 도버 마을과 성, 그리고 푸른 언덕과 흰 석회암 절벽이 보인다. 아쉽지만 이제 작별을 고해야 한다. 잘 있어라, 앨비언!

그러나 앨비언*은 그들을 그리 쉽게 놓아주지 않았다. 거의 2주 동안 서쪽에서 강한 바람이 불어와, 그들은 잉글랜드 남부 해안을 따라 여러 정박지로 피난해야 했다. 덕분에 프랭클린은 포츠머스 항구와 요새를 조사하고 군사 지휘의 본질에 대해 성찰할 기회를 얻었다. 최근 다른 곳으로 부임한 포츠머스 부총독은 군사 규율을 엄격히 집행해 잔혹하다는 평을 들었다. 사소한 경범죄에도 병사들은 토굴에 갇혔는데 병사들은 그 폭군이 든

---

*   Albion, 영국의 옛 이름

지 못하는 곳에서 이를 '조니 깁슨의 구덩이'라고 불렀다. 프랭클린은 20세의 자신감과 책에서 읽은 것을 제외하고는 군대에 대해 전혀 무지한 상태에서, 능력이 부족한 지휘관들에게는 일반적으로 말 안 듣고 수준 낮은 병사들을 다스리기 위해서는 공포심이 필요할지 모른다고 단언했다. "그러나 알렉산드로스와 카이사르처럼 진짜 위대한 장군들은 병사들에게 사랑받고 존경받았기 때문에 훨씬 더 대단한 일을 해낼 수 있었다. 만약 그들이 병사들에게 사랑받고 존경받는 대신 미움과 두려움의 대상이었다면, 결코 그런 업적을 이루어낼 수 없었을 것이다."

또다시 항해가 지연되는 사태가 발생하자 이번에는 와이트섬을 둘러볼 기회가 생겼다. 여기서 프랭클린은 살아 있는 동안 거의 모든 사람에게 성인으로 추앙받았지만, 알고 보니 추악한 악당으로 드러난 지역 행정관의 이야기를 들었다. 프랭클린을 놀라게 한 것은 그 남자의 본 모습이 프랭클린이 만난 '어떤 어리석은 노인'에 의해 간파되었다는 점이었다. 그 노인은 당시 그 섬의 성을 지키는 일을 하고 있었고, 그 일 말고는 세상 물정에 아주 어두운 사람이었다. 여기서 교훈은 무엇일까? 아무리 악마처럼 교활한 사람이라 할지라도, 평생을 악당으로 살았음에도 죽을 때까지 정직한 사람이라는 평판을 유지하는 것은 불가능하다. 언젠가는 어떤 실수나 우연한 사고에 의해 그의 진짜 정체가 드러나게 마련이다. "진실과 진심에는 절대로 똑같이 위조할 수 없는 어떤 독특하고 타고난 광채가 있다. 불이나 불꽃을 그림으로 완벽하게 그릴 수 없듯 진실은 절대 속일 수 없다." 명성에 대해 이야기하던 중, 프랭클린은 한때 와이트섬의 총독이었던 로버트 홈스 경의 동상에 대해 언급했다. 그는 자신의 기념비를 세웠고, 본인이 직접 쓴 듯 지나치게 자찬하는 비문을 새겼다. 이를 보고 프랭클린은 비꼬듯이 말했다. "자신의 선행을 기록하고 후대에 전할 기념비를 그렇게 신경 써서 만든 것을 보면 그는 정말 아무런 결점도 없었거나, 아니면 세상이 자신을 알아주지 않는다고 매우 억울해한 것 같다."

이 외출에서 프랭클린과 두 명의 다른 사람은 내륙으로 걸어갔다가 밤이 되어 해안으로 돌아와보니, 밀물 때문인지 자신들이 개천 건너편에 있다는 것을 알게 되었다. 낮에는 한 소년이 나룻배를 운행했지만, 밤이 되자 잠자리에 들어 프랭클린과 그의 동료들을 데려다줄 수 없었다. 이에 프랭클린은 그 소년의 배를 몰래 타고 '그 게으른 소년'이 직접 했어야 할 일을 대신 하기로 결심했다. 프랭클린은 배를 다루는 데 노련했음에도 불구하고, 그들은 건너려다 사고를 쳐서 노는 부러지고 자신들은 완전히 흠뻑 젖어 추위에 떨었다. 늦게나마 소유주에게 보상하는 의미로, 그들은 부러진 노는 어쩔 수 없다고 치고 배만이라도 떠내려가지 않도록 반대편 해안에 묶어두었다.

런던을 떠난 지 20일째가 되어서야 버크셔호는 영국 최남단 돌출부인 리저드 지역을 벗어나 대서양으로 들어설 수 있었다. 대서양은 버크셔호를 영국해협보다 더 거칠게 다루었다. 8월의 바람은 서쪽에서 좀처럼 방향을 바꾸지 않고 불어와 미 대륙으로 가는 항해를 매우 힘겹게 만들었다. 이 시기 프랭클린은 너무나 바빴고 모든 것에서 개선점을 찾으려 했기에 육상에 있을 때는 시간을 허비하며 여유를 부릴 수가 없었다. 그러나 느리게 움직이는 배에서는 다른 승객들과 함께 어떤 오락이든 참여했다. 그는 체커 게임에 대한 이론을 발전시켜 인간 본성에 대한 그의 생각을 드러냈다. "게임을 잘하려면 경기 **결과**에 너무 연연해서는 안 된다. 그러면 게임의 본질에 온전히 집중하기 어려워진다. (…) 나는 틀림없는 규칙으로 다음을 제시한다. 실력이 비슷한 두 사람이 상당한 금액을 걸고 게임을 한다면, 돈 욕심이 많은 사람이 질 것이다. 게임에 이겨야 한다는 강박관념이 그를 혼란스럽게 하기 때문이다."

한번은 승객 중 한 명이 다른 사람이 카드에서 속임수를 썼다고 비난하는 일이 발생했다. 비난받은 사람은 영국인, 비난한 사람은 네덜란드인이었다. 프랭클린은 이 사기 사건이 부분적으로 국가적 차이 때문에 발생했다고 생각했다. "우리는 우리가 알아들을 수 있게 말하지 못하는 사람을 보면, 그 사람이 이해력 면에서도 마찬가지로 어리석다고 착각하기 쉽다. (…) 이와 비슷한 경우가 이 영국인에게도 해당된다고 생각한다. 그는 네덜란드인이 영어를 이해하지 못하기 때문에 자신이 무엇을 하는지 알 수 없을 거라고 생각하고, 그의 면전에서 대담하게 사기를 쳤다." 임시 재판부가 이 사건을 심리해서 피고는 유죄판결을 받고 두 병의 브랜디를 벌금으로 낸 다음 3시간 동안 돛대 꼭대기에 올라 대중의 조롱을 받는 벌이 내려졌다. 죄수가 처벌을 거부하며 저항하자, 선원들이 배의 높은 곳에서 밧줄을 내려 죄수의 허리에 강제로 묶은 뒤, 그를 공중으로 들어 올렸다. 갑판 위 공중에 매달린 채 남자는 격렬하게 발버둥치며 큰 소리로 욕설을 퍼부었다. 15분이 경과하자 그는 얼굴색이 검게 변하기 시작했고 이러다 죽는다고 외쳤다. 고의는 없더라고 잘못하면 정말 죽을 수도 있다는 생각에 사람들은 마음을 누그러뜨리고 그를 내려주었다. 그러나 그가 벌금을 내기로 동의할 때까지 그를 무리에 끼워주지 않았다. 그는 며칠 동안 버티다가 결국 항복하고 나서야 다시 카드 게임에 참여할 수 있었다.

이 사건으로 프랭클린은 다시 한번 인간의 본성에 대해 깊이 생각하게 되었다.

> 인간은 사교적인 존재이며, 내가 아는 한 사회로부터 배제되는 것은 최악의 벌 중 하나다. 나는 고독에 관한 훌륭한 글들을 많이 읽었고, 현명하다는 소리를 듣고 싶은 사람들이 **혼자 있을 때 가장 외롭지 않다**고 흔히 자랑하는 것을 안다. 나는 고독이 바쁜 마음에 즐거운 휴식이 된다는 것을 인정하지만, 이 사려 깊은 사람들이 항상 혼자 있어야 한다면, 그들은 곧 자신들의 존재 자체를 참을 수 없게 될 것이다.

또한 그는 '숙녀들'이 주로 입에 올리는, 남자는 술에 취해야 진짜 본성이 드러난다는 말에 대해서도 반박했다. "나는 그 반대의 사례를 많이 알고 있으므로, 더 효과적인 방법을 가르쳐주겠다. (…) 숙녀분들은 남자들과 함께 긴 항해를 해보라. 만약 그들에게 조금이라도 악한 기질이 있는데 항해가 끝날 때까지 그것을 숨길 수 있다면, 나는 숙녀분들의 호의를 얻으려는 내 모든 주장을 포기하겠다."

프랭클린의 관찰은 인간종에만 국한되지 않았다. 이번 항해를 통해 자연과학에 대한 관심을 처음으로 갖게 되었고, 이 관심이 훗날 그를 유명한 과학자로 만들었다. 하지만 그의 다른 초기 지적 노력에서와 마찬가지로 아직 경험이 부족해서 그 분석을 뒷받침할 검증이 부족했다. 폭풍으로 해초가 수면으로 올라오자 그는 갈고리를 사용해 표본을 배 위로 끌어올렸다. 그런데 엉킨 줄기 사이에서(어떤 경우에는 줄기에 붙어 있는) 작은 게들을 발견했다. 그 시대에는 게의 생애주기에 대해 아는 사람이 거의 없었기 때문에 프랭클린은 게가 사실 해초의 새끼(일종의 동물성 열매)라고 추측했다. 그는 게가 없는 해초를 가져다가 배 위의 바닷물 양동이에 넣고 새로운 게가 나오는지 지켜보면서 자신의 가설을 시험하려고 했다. 안타깝게도 해초는 죽었고 실험은 중단되었다.

그는 대서양의 지느러미 달린 물고기에 대해서도 수많은 관찰을 했다. 가장 눈에 띄는 것은 날치와 돌고래(포유류가 아닌 아가미가 있는 종류)였다. 날치가 공중으로 날아오르는 이유는 돌고래로부터 도망치기 위함이었다. 돌고래는 날치가 물에 착륙하자마자 삼키려고 그들 아래에서 경주하듯이 움직였다. 프랭클린은 배에 있는 사람들이 먹기 위해—맛있었던— 돌고래를 잡을 때마다 그들의 뱃속에 날치가 있었다는 것을 확인시켜주어 이를 입증했다. 더욱이 돌고래는 날치 외의 어떤 미끼에도 관심을 보이지 않았다.

프랭클린은 하늘도 관찰했다. 보름달이 뜨고 간헐적으로 비가 내리는 밤에 그는 생애 처음으로 달빛 무지개를 보았다. 또한 일식과 월식을 목격했는데, 하나는 거의 개기일식에 가까운(적어도 12분의 10) 일식이었고 다른 하나는 부분 월식이었다. 정밀한 경선의chronometer가 등장해 바다 위에서 정기적으로 정확한 경도 측정이 가능하게 된 것은 프랭클린이 나이를 먹은 다음이었으므로 1726년 당시에는 일식이 배의 동서 위치를 파악할 수 있는 몇 안 되는 방법 중 하나였다. 프랭클린은 일식 시간을 정확히 맞추기 위해 9월 30일 밤을 꼬박 새웠다. 연감에는 런던 시간으로 오전 5시에 달이 최대로 가려질 것이라고 나와 있었지만, 그 자신의 측정 결과 현지 시간 밤 12시 30분에 달이 최대로 가려지는 것으로 나왔다. 이를 통해 그는 배가 런던에서 서쪽으로 4시간 반 차이, 즉 67도 30분 떨어져 있다고 추론했다. 그 차이를 계산해보면 미 대륙은 서쪽으로 100해리 조금 넘게 남아 있었다.

이 소식을 들은 승객들은 해안의 어떤 징후라도 찾기 위해 서쪽 수평선을 살폈다. 프랭클린은 10월 2일에 "배가 소리로 수심을 잴 수 있는 얕은 곳에 들어왔을 때 그렇듯 바다의 빛깔이 조금 변한 것 같다"라고 기록했지만, 곧바로 "하지만 아마 내가 착각했을 것이다. 나 말고는 내 의견에 동의하는 사람이 한 명뿐이고, 우리는 우리가 진실이기를 바라는 것을 믿는 경향이 있기 때문이다"라고 덧붙였다. 닷새가 더 지나도 육지가 보이지 않자 프랭클린은 분위기를 전환하기 위해 역설적인 표현을 사용했다. "우리가 떠난 이후로 설마 아메리카 대륙 전체가 물에 잠기지는 않았겠지?"

마침내 10월 9일, 망루에서 "육지다! 육지!"라는 외침이 들려왔다. "한 시간도 채 되지 않아 갑판에서도 육지가 나무 덤불처럼 보였다. 나는 다른 사람들만큼 빨리 알아보지 못했지만 기쁨으로 살짝 눈물이 맺혀 시야가 흐려졌다." 경도보다 원칙적으로 훨씬 쉬운 위도 계산조차도 너무나 부정확해 선장은 처음에는 배가 해안의 어느 부분에 도달했는지 알 수 없었다. 하지만 곧 누군가 보이는 곳이 델라웨어만 입구의 헨로펜곶이라고 했는데 이는 그들을 맞이하러 나온 도선에 의해 확인되었다. 도선사는 사과 한 자루를 가져왔다. 소금에 절인 고기, 비스킷, 돌고래 고기로 구성된 식단에 지쳐 있던 프랭클린은 "지금까지 맛본 것 중 가장 맛있었다"라고 기록했다.

버크셔호는 델라웨어강을 따라 올라가며 필라델피아로 향했다. 승객 대부분은 런던을 떠난 지 거의 12주가 되었기 때문에 가능한 한 빨리 답답한 생활을 끝내고 싶어 체스터에서 배에서 내려 남은 여정은 육로로 마쳤다. 긴 항해로 인해 몸이 약해졌다고 생각한 프랭클린은 배에 머무르기를 선호했다. 그러나 그조차도 필라델피아에서 불과 10킬로미터 떨어진 레드뱅크에 배가 정박했을 때 마음을 바꾸었다. 도시로 향하는 유람선이 그와 남은 세 명의 승객을 태워다 주겠다고 제안했다. "우리는 그들의 친절한 제안을 받아들였고, 10시경 필라델피아에 상륙해 그렇게 지루하고 위험한 항해를 무사히 마친 것을 서로 진심으로 축하했다. 하나님, 감사합니다!"

4장 자신만의 흔적

1726~1730

필라델피아를 떠날 때, 벤저민 프랭클린은 자기 가게를 갖고 싶어 하는 단순한 인쇄 기술자였지만, 돌아올 때는 연 50파운드의 급여와 함께, 더 많은 성장이 기대되는 전도유망한 사업가가 되어 있었다.

런던 체류도 프랭클린의 야망을 꺾지 못했다. 오히려, 키스 총독과의 경험은 세상에 나서 자기 길을 걷기로 한 젊은이에게는 오직 자신의 노력과 능력밖에는 믿을 게 없다는 사실을 다시 일깨워주었다. 다른 사람의 약속은, 아무리 듣기에 달콤하더라도, 곧이곧대로 믿어서는 안 된다는 것을 깨달았다.

프랭클린은 평소처럼 부지런히 새로운 일을 시작했다. 토머스 데넘은 자신의 가져온 상품 화물로 워터스트리트에 상점을 열었다. 프랭클린은 점원 겸 회계사(이 업무는 그가 빠르게 통달했다), 그리고 판매원으로 일했다. 모든 소매업 분야에서 성공의 열쇠는 판매 기술이었는데 그는 판매 사원의 자질을 갖추고 있었다. 프랭클린은 총명하고 평판이 좋았으며, 인간 행동에 대한 탐구자였고, 성공하려는 의지가 확고했다. 매우 신뢰할 만한 그의 증언—그가 살면서 보여준 설득 능력으로 입증된—에 따르면, 그는 빠르게 '판매 전문가'가 되었다. 데넘 역시 뛰어난 판매원이자 사업에서 성공을 거둔 인물이었으니, 빠르게 파트너로 성장할 유망한 조수를 얻은 것을 내심 자랑스럽게 여겼을 것이다.

프랭클린에 대한 데넘의 계획은 이것이 끝이 아니었다. 마땅히 사업을 승계할 만한 사람이 없던 데넘은 프랭클린을 단순한 후계자가 아니라 거의 아들처럼 여겼다. 프랭클린은 말할 것도 없이 친아버지가 있었지만, 조사이아는 보스턴에 머물렀고, 다른 자녀들도 많았으며, 데넘이 벤에게 제공하는 수준의 사업상 기회는 아무것도 제공할 수 없었다. 미래의 전망은 별개로 하더라도, 데넘은 가장 최근의 과거부터 프랭클린에 대한 지배권을 가지고 있었다. 그것은 바로 프랭클린의 런던에서 필라델피아까지의 뱃삯이었고, 젊은 프랭클린은 상점에서 일하며 그 빚을 갚고 있었다.

프랭클린은 자신의 친아버지에게서 느끼기 어려웠던 방식으로 데넘에게 마음을 열었다. "나는 그를 존경하고 사랑했습니다"라고 프랭클린은 말했다. 그는 조사이아에 대해서도 비슷한 말을 썼을지 모르지만 어쩌면 그건 단지 그래야 한다고 느꼈기 때문일 수도 있다. 하지만 데넘은 세상 물정에 밝은 사람이었고, 재산이 있는 사람이었으며, 프랭클린과 같은 방식으로 성공을 이해하는 사람이었다. 프랭클린이 보스턴을 벗어났듯이, 그는 아버지로부터도 벗어났다. 이것은 특이한 일이 아니었다. 그것은 성장과정에서 당연히 거쳐야 하는 단계다. 하지만 조숙한 프랭클린은 대부분의 아들들보다 더 빨리 성장했음에도 여전히 아버지 같은 존재를 필요로 했고, 토머스 데넘이 그 필요를 채워주었다.

이렇게 감정적, 금전적 동기가 뒤섞여 두 사람은 친밀한 관계를 발전시켰다. 프랭클린은 데넘과 함께 숙식했고, 데넘은 아버지가 아들을 가르치듯 그를 가르쳤다. 상점에서, 저녁 식사 자리에서, 잠자리에 들기 전에 두 사람은 사업을 어떻게 키울지에 대해 논의했다. 예를 들어 프랭클린이 식료품 화물을 서인도제도로 가져가 현금이나 당밀로 교환하거나, 다른 상인들에게서 위탁판매 상품을 받아 판매하는 방식 등이었다. 반면에 직접적인 재정적 성공의 길을 제공하지 않는 인쇄업에 대한 흥미는 점점 약해졌고 프랭클린은 스스로를 상인으로 여기게 되었다.

그러나 운명은 원하는 대로 전개되지 않았다. 1726~1727년의 겨울은 늘 그렇듯 델라웨어 계곡에 기침, 감기, 열병을 유행시켰다. 이상하게 몸이 안 좋았던 프랭클린은 자신이 늑막염이라고 진단한 병에 걸렸다. 늑막염은 폐를 덮고 흉강을 둘러싸는 흉막의 염증을 특징으로 하며, 건성늑막염과 습성늑막염 두 가지 형태로 나타난다. 후자는 폐 바깥쪽의 흉강에 액체(삼출액)가 차서 호흡이 어려워지는데, 일반적으로 결핵과 같은 만성 폐질환을 동반한다. 하지만 프랭클린은 그러한 만성질환이 없었다. 따라서 그의 늑막염은 아마도 건성늑막염이었을 것이며, 이는 보통 세균 감염으로 발병하는 경우가 많았다. 건강한 사람의 경우 늑막염으로 사망하는 경우는 드물었고 이는 항생제가 없던 시절에도 마찬가지였다. 하지만 프랭클린의 경우처럼 상당히 아플 수는 있었다. "꽤 많이 고통받았다"라고 그는 회상했다. 사실, 그는 죽을지도 모른다고 느꼈다. 그 병은 "나를 거의 데려갈 뻔했다"라고 그는 말했다. 그는 "나는 마음속으로 포기한 상태였다. 그래서 회복하고 있다는 것을 알았을 때 오히려 실망했으며, 이제 언젠가 그 모든 불쾌한 일을 다시 겪어야 한다는 것에 유감을 느꼈다"라고 덧붙였다. 자서전의 다른 부분보다 특히 이 대목에서 60대 프랭클린의 관점이 스물한 살 젊은 프랭클린의 감정보다 더 많이 드러난다. 아마도 이전에 심하게 아파본 적이 없는 젊은 프랭클린은 자신의 병을 치명적인 것으로 오해했을지 모른다. 하지만 프랭클린처럼 빠르게 완전히 회복한 젊은이는 일찍이 이 생을 떠날 기회를 놓친 것을 결코 후회하지 않았다.

프랭클린에게 더 중요했던 것은 비슷한 시기에 나타난 토머스 데넘의 병이었다. 데넘의 병이 무엇인지 정확히 알려지지 않았지만, 오랜 시간 데넘을 괴롭히다 결국 그를 사망에 이르게 했다. 데넘이 더 살았다면, 아마 프랭클린에게 사업을 넘겨주었을지도 모른다. 그리고 프랭클린도 그런 예상을 하고 있었을 것이다. 하지만 그는 결국 프랭클린에게 10파운드 3실링 5펜스의 빚을 면제해준다는 구두 진술만을 남겼다. 이 10파운드는 런던에서 온 프랭클린의 뱃삯이었고, 나머지는 임금에 대한 선불금이었다(데넘과 함께할 미래를 워낙 밝게 보고 확신했기 때문에, 프랭클린이 평생을 통틀어 거의 유일하게 자신의 수입을 넘어서는 돈을 썼다는 것을 알 수 있다). 데넘의 유언집행자들과 상속인들은 망자의 유언에 따라 그의 빚을 탕감해주었지만, 이것 외에 그들은 아무리 훌륭할지라도 외부인과 새로운 부를 나누고 싶어 하지 않았다. 프랭클린은 그의 서비스가 더 이상 필요 없다는 통보를 받았고, 그는 다시 한번 스스로의 힘으로 세상을 헤쳐나가야 하는 상황에 놓였다.

잠시 동안 프랭클린은 상인으로서 새로운 직업을 추구하려 했다. 하지만 그가 예상했던 대로 필라델피아가 이미 상인들로 포화상태였고 데넘처럼 자신을 밀어줄 강력한 인맥을 잃었기 때문에, 상인으로서 새로운 길을 찾는 데 실패했다.

마침 친구들과 매형 로버트 홈스가 상업 여행 중 우연히 필라델피아에 들른 적이 있었는데, 그들은 프랭클린이 인쇄업으로 돌아갈 것을 권했다. 이 진로는 분명한 장점이 있었지만, 프랭클린이 상업을 맛보면서 높아졌던 눈높이를 다시 낮춰야 하는 문제가 있었다. 필라델피아는 런던이 아니었으므로, 도시의 두 인쇄업자 새뮤얼 카이머와 앤드루 브래드퍼드 어느 한쪽 밑으로 들어가야 했다. 프랭클린은 카이머의 괴벽과 브래드퍼드의 지적 한계를 잘 알고 있었다. 어쩌면 그는 직접 인쇄소를 차릴 생각을 했을 수도 있다. 하지만 자본이 부족했기 때문에 투자자를 찾아야 했을 것이다. 그의 아버지는 그가 21세가 되면 도와주겠다고 했는데 1727년 1월에 이미 그 나이가 지났다. 그러나 프랭클린의 아버지는 아들이 인쇄업에서 꾸준히 잘한다는 전제하에 도와주려 했지만, 동시에 윌리엄 키스 같은 인물에 대한 경고도 잊지 않았다. 하지만 그 경고가 실제로 옳았음이 밝혀져 아버지의 지원을 받기 어려운 상황이 되어버렸다. 프랭클린은 런던에서의 모험이 아버지가 말하는 '꾸준한 발전' 범주에 들지 않을 것이라고 짐작할 수 있었지만, 어쨌든 아버지에게 옳았다는 만족감을 줄 생각도 없었다.

이때쯤 프랭클린은 가족과의 거의 모든 관계를 단절했다. 그는 매형 로버트 홈스를 주기적으로 만났고, 21세 생일을 맞아 당시 15세였던 가장 어린 여동생 제인에게 편지를 썼는데, 그녀는 미인이라고 알려져 있었고(하지만 프랭클린 자신은 어릴 때 이후로 그녀를 보지 못했기 때문에 알 길이 없었다) 결혼을 약속한 상태였다. 결혼식에 참석할 의향은 비치지 않은 채, 프랭클린은 어떤 선물을 보내야 할지 고민했다. "원래 티 테이블을 주려고 했었다"라고 아마 제인에게는 거만하게 들렸을 어조로 그는 썼다. "하지만 나는 좋은 주부의 인격이 단지 예쁜 숙녀가 되는 것보다 훨씬 더 낫다고 생각해서, 너에게 물레를 보내기로 결정했다." 그는 이어서 허영심에 대한 짧은 훈계를 했다. "기억해라, 겸손은 가장 평범한 처녀조차도 사랑스럽고 매력적으로 만들지만, 겸손의 부재는 가장 완벽한 아름다움조차도 불쾌하고 혐오스럽게 만든다는 것을. 그러나 그 가장 빛나는 여성의 미덕이 신체와 정신의 완벽함과 함께 빛날 때, 그것은 그 여성을 천사보다 더 사랑스럽게 만든다." 이렇게 여동생과 가끔 편지를 주고받는 정도의 관계를 제외하고는 사실상 가족과 소원해진 상태였고, 이로 인해 경제적으로 어려울 때도 아버지나 다른 가족에게 돈을 빌려달라고 할 입장이 아니라고 느꼈다.

따라서 기대하지도 않았는데 카이머가 매력적인 조건으로 일자리를 제안했을 때, 프랭클린은 거절할 입장이 아니었다. 카이머는 분명히 프랭클린의 경력을 추적해왔고, 적어도 그가 데넘 밑에서 사업적 감각을 습득했을 것이라고 생각했다. 그는 이제 프랭클린에게 자신의 인쇄소 운영 관리를 맡아달라고 요청했다. 카이머는 인쇄소 옆에서 부속으로 운영하는 문구점에 자신의 모든 관심을 쏟고 싶다고 말했다. 프랭클린은 견습공들 사이에서 흔한 주급이 아니라 연봉을 받게 될 것이며, 카이머의 직원들을 감독하고 훈련시키는 역할도 맡을 것이라고 했다.

그리하여 프랭클린은 그의 첫 번째 관리직을 맡았다. 그 밑에는 다섯 명이 있었는데, 서른 살로 가장 나이가 많았던 휴 메러디스는 웨일스계로 시골 출신이며, 힘든 일에 강하고 독한 술에 약했지만, 탐구심이 많고, 술에 취하지 않았을 때는, 분별력이 있었다. 스티븐 포츠 역시 시골 출신으로 프랭클린보다 나이가 많았다. 그는 재치와 유머가 있었고, 게으름을 피우는 와중에도 번뜩이는 재능을 보여주었다. 이 두 명의 임금노동자 외에, 프랭클린은 세 명의 계약직 노동자를 감독했다. 데이비드 해리는 아직 풋내기로 견습생이었다. 존이라는 난폭한 아일랜드 소년은 아메리카로 가는 뱃삯 대신 자신의 인생 몇 년을 선장에게 팔았던 계약 하인이었고, 선장은 그 계약을 다시 카이머에게 팔았다. 조지 웨브도 계약직이었지만 조금 특이한 길을 걸어왔다. 영국 글로스터에서 태어난 그는 학창 시절 문학과 연극에 재능을 보였고, 그 결과 옥스퍼드대학교 장학금을 받기도 했다. 그러나 그 유서 깊은 대학은 그에게 맞지 않았다. 그는 무대에서의 명성을 갈망했다. 그는 학자들에게 분기별로 할당되는 장학금 15기니를 가지고 학업을 중단하고, 학위복을 덤불 속에 숨긴 채 런던으로 갔다. 그러나 배우로 일자리를 얻을 수 없었고, 도시의 속임수에 익숙하지 않아 곧 빈털터리가 되어 굶주리게 되었다. 극심한 상황에서 그는 미국 농장으로 가는 배편을 제공받는 대신 그곳에서 4년 동안 일해주겠다는 제안을 받아들였다. 그는 필라델피아로 보내졌고, 카이머는 그 소년이 글과 관련된 업무에 유용할 것이라고 생각해 그의 계약을 샀다. 실제로 문학 관련 일에 능력이 있어서 유용하긴 했지만, 타고난 게으름과 경솔함 때문에 그 유용성이 충분히 발휘되지 못하고 손해를 보았다.

프랭클린은 처음에 카이머가 자신을 고용한 사실에 의아해했다. 이미 적정 인원보다 직원이 더 많았기 때문이었다. 그러나 일자리가 필요했으므로 프랭클린은 의아함을 접어두고 그 일을 받아들였다. 일단 책임자가 되자, 그는 곧 주인의 의도를 짐작했다. 카이머 자신보다 뛰어난 프랭클린을 시켜 이 초보자들을 훈련시키고, 그다음엔 프랭클린을 해고하려는 것이었다. 그래서 카이머와 직접 부딪히기보다 자신도 간접적이고 우회적인 방법으로 상황을 조종하기 시작했다. 그는 즐거운 듯 일을 계속했지만, 동시에 더 나은 미래를 위해 자신을 준비할 수 있는 모든 기회를 부지런히 활용했다. 그는 옛 고객들과 재회했고 새로운 고객에게는 자신을 알렸다. 그는 자기 밑에 있는 각 직원의 업무 수행을 면밀히 살피며 누가 적합한 파트너가 될지 가늠했다. 그는 카이머가 안식일을 철저히 지키는 점을 이용해 주말에 자신의 여유시간을 늘려 문학 및 다른 연구에 시간을 할애했다. 그는 활자를 직접 주조하는 기술을 실험해 더 이상 활자를 영국에서 수입해올 필요가 없게 만들었고 독학으로 조각 기술과 잉크 제조법을 익히기도 했다.

카이머가 프랭클린을 해고하려는 이유가 프랭클린의 숨겨진 의도를 눈치챘기 때문일 수도 있고, 아니면 단순히 프랭클린이 이미 자신의 목적을 다 달성해주었기 때문일 수도 있었다. 어떤 경우든, 몇 달 후 그는 프랭클린을 해고할 핑계를 꾸며냈다. 어느 날, 카이머의 상점으로부터 위쪽 거리, 법원 근처에서 소란이 일자 프랭클린은 창밖을 내다보며 무엇 때문인지 알아보려 했다. 프랭클린이 일을 하지 않는 것을 본 카이머는 그가 업무를 소홀히 한다며 꾸짖었다. 카이머가 프랭클린에게 모욕적인 말을 퍼부었고, 프랭클린은 길거리 전체에 다 들릴 정도로 큰 소리로 모욕을 들었다는 점 때문에 더욱 불쾌하게 받아들였다. 카이머는 안으로 들어와서도 계속 욕설을 퍼부었고, 프랭클린은 그에 맞서 응수했다. 카이머는 싸움을 확대했다. 그는 프랭클린의 고용을 해지하기로 결정할 경우 3개월 전에 통보하겠다고 동의했던 날을 저주한다고 퍼부었다. 카이머의 무례한 대우에 화가 난 프랭클린은 카이머의 다음 수를 예상하고, 사전 통보는 필요 없으며 바로 떠나겠다고 응수했다. 그리고 그는 모자만 챙겨서 떠났다.

분노가 가라앉자 프랭클린은 자신의 선택지를 살펴보았지만 암울해 보였다. 사실 너무나 암울해서 그는 잠시 보스턴으로 돌아갈 생각까지 했다. 그러나 휴 메러디스는 그런 생각에 동의하지 않았다. 그는 프랭클린에게 카이머가 얼마나 형편없는 사업가였는지 상기시켰다. 만성적으로 빚을 지고 다녔으며, 심지어 자기가 받아야 할 돈조차 기록하지 않고 받으려 하지 않았다고 했다. 카이머의 채권자들은 그가 가장 재능 있는 직원을 잃었다는 것을 알게 되자마자 빨리 채무를 갚으라고 강요할 것이 분명했다. 카이머의 사업은 분명 실패할 것이고, 아마도 곧 그렇게 될 것이었다. 그리고 그 실패는 프랭클린이 성공으로 가는 길을 열어줄 것 같았다.

프랭클린이 자기만의 인쇄소를 가져보겠다는 생각을 안 한 것은 아니지만, 그 고민들은 영국으로 떠나기 전부터 그를 괴롭혀온 문제, 즉 자본의 부족이라는 문제에 부딪혔다. 인쇄업은 비교적 자본이 많이 드는 사업이었고, 반드시 장비를 구입해야 했다. 기존 사업(예를 들어 카이머의 인쇄소)을 인수하든, 아니면 새로 시작하든, 그는 장비를 살 자금을 마련해야 했다. 바로 그 자금이 그에게 부족했던 것이다.

메러디스 역시 이 문제를 곰곰이 생각해왔던 것 같았다. 그는 자기 아버지가 프랭클린을 높이 평가하고 있다고 말하고, 그 높은 평가와 아들이 성공하길 바라는 아버지의 마음이 합쳐져 두 사람의 합작을 지원할 의사가 분명히 있다고 했다. 흥미를 느낀 프랭클린은 메러디스의 제안에 따라 그의 아버지를 만났고, 그 아버지는 실제로 두 젊은이가 인쇄업에 뛰어들 수 있도록 기꺼이 투자하겠다고 했다. 그리고 프랭클린을 따로 불러내 사업적 계산 외에 개인적인 감정을 표현했다. 자기 아들이 프랭클린의 영향으로 술을 끊게 되어 매우 고맙다고 했으며, 이런 좋은 영향이 계속되길 진심으로 바란다고도 했다.

이렇게 해서 프랭클린과 휴 메러디스는 동업을 하기로 결정했다. 프랭클린은 전문성을 제공하고, 메러디스는 아버지를 통해 자금을 조달했다. 그러나 몇 달 더 카이머에게 남아 있어야 하는 젊은 메러디스의 계약 때문에, 사업은 1728년 봄이 되어야 시작될 수 있었다. 이는 오히려 좋은 일이었는데, 런던에서 필요한 활자와 프레스를 구입할 시간을 벌 수 있었기 때문이다. 그동안 프랭클린과 메러디스 부자는 계획을 비밀로 해두기로 했다. 그동안 프랭클린은 가능하다면 카이머의 경쟁자인 브래드퍼드로부터 인쇄 일을 맡으려 했다.

그러나 카이머는 프랭클린이나 메러디스가 생각한 것보다 더 영리했다. 그는 프랭클린이 그 지방에서 가장 뛰어난 인쇄공임을 인정했고, 그를 경쟁자에게 빼앗길 생각이 없었다. 그는 평화를 제안했다. 프랭클린에게 '매우 정중한 메시지'를 보내, 오랜 친구끼리 화나서 던진 말 몇 마디 때문에 헤어질 필요는 없다고 했다. 프랭클린이 다시 돌아오면 예전처럼 지내자는 것이었다.

프랭클린은 카이머가 진심으로 마음을 바꾼 것이라고는 믿지 않았다. 조사해보니, 카이머가 뉴저지 지폐 인쇄 계약을 따내려 한다는 것을 발견했다. 그 계약은 카이머가 혼자서는 감당할 수 없는 수준의 품질을 요구했고, 그 품질을 낼 수 있는 사람은 프랭클린뿐이었다. 앤드루 브래드퍼드 역시 뉴저지 계약을 노리고 있었는데, 카이머와 마찬가지로 그 계약을 따낼 수 있는 사람은 프랭클린뿐임을 알고 있었다. 카이머가 사과를 한 것은 브래드퍼드를 제치고 뉴저지 계약을 따내기 위해서였다.

프랭클린은 망설였다. 기다리면 브래드퍼드가 더 좋은 조건을 제시할지도 모른다. 확실히 카이머와 함께 일하는 것은 즐겁지 않았다. 하지만 그는 오래 기다릴 여유가 없었다. 현금 보유고가 사실상 바닥이 났기 때문이다. 결국 문제를 결정지은 것은 휴 메러디스의 조언이었다. 메러디스는 만일 프랭클린이 카이머에게 돌아가도, 자기에게 인쇄 기술을 계속 가르쳐달라고 했고, 그러면 나중에 둘이 독립해서 사업을 시작할 때 더 도움이 될 것이라고 말했다.

어쩔 수 없는 상황을 자신에게 유리하게 만드는 능력을 발휘해, 프랭클린은 카이머의 인쇄소로 돌아갔다. 그는 카이머의 비용으로 메러디스의 실력을 키웠고, 자신도 새로운 기술을 익혔다. 지폐의 가장 큰 문제는, 금이나 은과 달리 지폐는 인쇄기만 있으면 얼마든지 찍어낼 수 있다는 점이었다. 이는 지폐 발행을 담당하는 입법부나 기관들뿐 아니라 위조범들에게도 유혹이었다. 프랭클린은 얼마 안 있어 정부의 지폐 남발 유혹에 대처하는 방법을 고민하겠지만 지금 당장은 위조범을 막는 것이 지상 과제였다. 위조를 막는 주요 방법은 쉽게 복제할 수 없는 고품질의 지폐를 만드는 것이었다. 정부는 이런 고품질 지폐에 대해 높은 대가를 지불할 의사가 있었고, 실제로 뉴저지 정부가 카이머에게 그렇게 지불했다. 그리고 카이머는 자신의 이익을 제외한 나머지 금액을 프랭클린에게 지불했다.

요구되는 품질을 얻기 위해 프랭클린은 미국 최초의 동판 인쇄기를 고안해냈다. 그는 이 방식을 런던에서 본 적이 있는데, 이제 그 방법을 재현한 것이다. 그는 부드러운 동판에 곡선 장식과 여러 무늬를 새겼고, 동시에 지폐의 액면가와 뉴저지 정부가 발행했다는 정보도 함께 새겼다. 그리고 몇 가지 중간 단계를 거친 뒤, 이 동판 도안들은 가장 내구성이 좋은 종이에 인쇄되었다. 그 결과물은 뉴저지 당국을 만족시켰고, 카이머의 계약은 연장되었다.

메러디스와 자신의 실력을 키우는 것 외에도, 프랭클린이 카이머와 계속 일한 덕분에 그는 중요한 인맥을 넓힐 수 있었다. 지폐의 보안을 위해(즉, 발행된 지폐의 수를 철저히 관리하기 위해) 인쇄는 뉴저지의 벌링턴에서 이루어졌다. 프랭클린은 자신의 어깨 너머로 지켜보고 있던 당국자들에게, 카이머가 아니라 자신의 기술 덕분에 고품질의 제품을 만들어냈다는 사실을 숨기려 하지 않았다. 이 점에서 카이머의 개인적 기행이 오히려 프랭클린에게 도움이 되었다. 그의 독특한 종교적 관행은 뉴저지에서 정치적 권력을 가진 기성세력 출신의 사람 중 상당수를 불편하게 했다. 그의 고집과 가장 기본적인 개인위생에도 무관심한 태도(프랭클린의 표현에 의하면 그는 '극도로 더러웠다'), 그리고 전반적인 불신감은, 정반대의 자질을 가진 프랭클린을 더욱 긍정적으로 보이게 만들었다.

가족들이 모여 북적이는 식탁에서 익힌 프랭클린의 사교 능력은 이제 뉴저지의 영향력 있는 인물들과 친해지는 데 도움이 되었다. 그는 폭넓은 독서, 최근의 런던 경험, 그리고 전반적으로 예의 바른 태도 덕분에 같이 저녁 식사를 하자는 사람들이 많았다. 그는 정부 관료들과 그들의 부인들을 매료시켰고, 부인들의 호감은 남편들의 판단에도 영향을 주어 이 젊은이가 머지않아 크게 성공할 것이라고 확신하게 되었다. 뉴저지의 측량 총감이 그를 한쪽으로 불러, 자신도 가장 낮은 신분에서 지금의 부유한 지위에 올랐으며, 곧 카이머가 인쇄업에서 퇴출당하고, 그 과정에서 프랭클린이 큰 부를 쌓게 될 거라고 귀띔해주었다. 프랭클린은 나중에 솔직하게 이렇게 회상했다. "이 친구들은 나중에 내게 큰 도움이 되었고, 나 역시 그들 중 몇몇에게 가끔 도움을 주기도 했다."

뉴저지 지폐 인쇄 일이 끝난 것은 휴 메러디스가 카이머와 맺은 계약이 만료되고, 영국에서 주문한 장비가 도착한 때쯤이었다. 카이머는 얻은 이익에 만족했고, 새로운 경쟁자가 생길 것이라고는 전혀 의심하지 않은 듯 프랭클린과 메러디스와 악수하며 그들을 기분 좋게 배웅했다. 한동안 두 사람은 필라델피아의 부동산을 몰래 살펴봤다. 이제 공개적으로 동업 활동을 할 수 있게 되자, 그들은 세컨드스트리트 바로 아래에 있는 마켓스트리트상의 어떤 집을 임대했다. 임대료는 연간 24파운드로 적당하다고 할 수 있었지만, 두 사람이 감당하기에는 여전히 벅찼다. 부담을 덜기 위해 건물 일부를 유리 장수 토머스 고드프리와 그의 가족에게 임대했다. 대신 고드프리 부인은 두 독신 남성을 위해 식사를 준비해주었다.

인쇄기를 설치하고 활자를 정리하자마자 첫 번째 손님이 왔다. 프랭클린의 평판은 이미 도시 전역에 퍼져 있었고, 어떤 낯선 사람이 거리에서 인쇄업자를 찾는다고 하자 프랭클린의 지인이 그를 새로 문을 연 가게로 안내한 것이었다. 프랭클린은 이렇게 회상했다. "이 시골 사람이 낸 5실링은 우리의 첫 수입이었고, 아주 적절한 시기에 들어온 덕분에 내가 그 이후에 번 어떤 돈보다 더 큰 기쁨을 주었다."

다른 친구들과 지인들도 프랭클린에게 많은 일을 맡겼다. 조지프 브라이트널이라는 퀘이커 상인 겸 필경사(베껴 쓰는 사람)는 발이 넓고 다른 사람들과 대화하는 걸 즐기고 가끔은 시도 썼는데, 이런 그가 프랭클린과 메러디스에게 퀘이커 공식 역사 40장(합치면 총 160페이지)의 인쇄를 맡기기도 했다. 프랭클린은 이 일에 특별히 정성을 쏟았다. 카이머가 책의 나머지 부분 인쇄 계약을 따내서 경쟁심이 생겼기 때문이다. 프랭클린은 하루에 한 장씩 인쇄하기로 마음먹었고, 그 외에도 들어오는 작은 건들을 처리했다. 종종 자정까지 일해야 했고, 한 번은 실수로 두 장을 망쳐 다음 날 아침까지 일하기도 했다.

프랭클린은 일을 예정대로 끝냈다는 이점 외에도, 근면한 퀘이커 교도에게 자신이 좋은 평판을 얻게 된 것에 크게 만족했다. "이웃들이 우리의 근면함을 알아보기 시작하면서 신뢰와 좋은 평판이 생기기 시작했다"라고 그는 기억했다. '에브리나이트클럽Every-Night Club' 상인들은 필라델피아에 이미 두 명의 인쇄업자가 있음에도 불구하고 새로운 사업을 시작한 프랭클린과 메러디스의 대담함에 놀라며, 그들 곁에 모여 정보를 교환하고 상업적 통찰을 나누었다. 프랭클린을 잘 모르는 이들은 새 사업이 분명 실패할 것이라고 했지만, 프랭클린이 일하는 모습을 본 이들은 그렇지 않을 거라고 반박했다. 외과의사 패트릭 베어드는 매일 프랭클린의 가게 앞을 지나며, 프랭클린이 자신이 본 그 어떤 사람보다 더 근면하다고 말했다. 가장 일찍 일어나는 이들은 동이 트기도 전에 프랭클린이 일하는 모습을 봤고, 가장 늦게까지 노는 사람들도 모두가 잠든 뒤까지 그가 일하는 모습을 봤다.

불행히도 프랭클린은 열심히 일하며 사업의 평판과 신뢰를 쌓아가는 동안, 그의 동업자 휴 메러디스는 반대로 신뢰를 깎아먹고 있었다. 아마 프랭클린은 하루에 퀘이커 역사 네 페이지를 맞추느라 바빠 메러디스의 성격을 고칠 시간도 없었을 것이고, 파트너가 되자 메러디스가 프랭클린의 조언을 들으려 하지 않았을 수도 있다. 어쨌든 메러디스는 다시 술을 마시기 시작했고 곧 동업자 프랭클린에게 부담이자 민폐가 되었다. 프랭클린의 친구들은 동업을 철회하라고 조언했지만 프랭클린은 이 제안을 거절했다. 이는 사업을 가능하게 해준 메러디스와 그의 아버지에 대한 책임감 때문이기도 했고, 지분을 사들일 자금이 없었기 때문이기도 했다.

프랭클린은 존 콜린스와 제임스 랠프와의 경험을 떠올리며, 자신이 동업자를 잘 고르지 못한다는 생각을 했을 것이다. 그는 여러 가지 방법을 고민했지만, 그동안 가게에서 두 배로 노력했다. 메러디스가 하지 않는 일을 대신하고, 상인들에게 누가 진짜 일하고 있는지 보여주기 위해서였다.

하지만 사업만이 프랭클린의 전부는 아니었다. 항상 자기 계발에 힘쓰던 그는 1727년 가을, 도덕, 정치, 과학을 탐구하는 모임인 준토junto를 조직했다. 훗날 프랭클린은 새뮤얼 매더(코튼 매더의 아들)에게 이 모임의 모델이 코튼 매더가 쓴 『선행에 관한 에세이Essays to Do Good』였다고 말했다. 하지만 형식은 빌려왔을지 모르지만 내용은 보스턴에 두고 온 듯, 매더의 엄격한 종교적 분위기 대신 비판적이고 세속적인 분위기가 준토를 지배했다. 신규 회원들은 네 가지 질문에 답해야 했다. 기존 회원을 존중하지 않는 마음이 있는가(없다고 해야 한다), 종교나 직업과 상관없이 인류를 사랑하는가(예), 단지 의견이나 종교가 다르다는 이유만으로 누군가를 다치게 하거나, 재산을 빼앗거나, 명예를 훼손시켜도 상관없다고 생각하는가(아니오), 오로지 진리 자체를 위해 진리를 사랑하고 추구하며, 자신이 발견한 진리를 다른 사람과 공정하게 나누려 하는가(예) 등이다. 토론 주제로는 여름에 찬 맥주잔 바깥에 김이 서리는 이유, 하인을 수입하는 행위가 미국의 부에 미치는 영향, 식단 절제의 한계, 인간 행복의 본질 등이 있었다.

이 모임은 금요일 저녁마다 열렸고, 처음에는 선술집에서, 나중에는 모임을 위해 빌린 집에서 모였다. 프랭클린은 토론을 이끌기 위해 질문들을 만들었다. 회원 중 실패한 사업가가 있는지, 그 원인은 무엇인지, 반대로 성공한 이는 누구이고 이유는 무엇인지, 칭찬받을 만한 일을 한 이는 누구인지, 어떻게 따라 할 수 있는지, 피해야 할 큰 실수는 무엇인지, 무절제나 격정 때문에 나쁜 결과를 겪는 사람을 본 적이 있는지, 반대로 절제나 인내 같은 미덕으로 이득을 본 사람은 있는지, 누가 여행을 떠나는지, 그리고 그 사람이 집에 남아 있는 다른 사람을 위해 메시지나 물건을 운반해줄 수 있는지, 새로 온 이방인이 있는지, 그리고 그 사람이 환영받았는지, 준토의 후원으로 격려할 만한 젊은 장인이 있는지, 회원이 소개할 만한 훌륭한 시민이 있는지 등이었다.

이 모임은 문학적 소양도 길렀다. 공동 독서 과제가 있었고, 이를 바탕으로 토론했다. 각자 돌아가며 도덕, 철학, 시민 생활에 관한 이슈를 제기했다. 3개월마다 각자 자신이 쓴 에세이를 읽어야 했고, 다른 회원들은 그 내용과 표현을 비평했다. 건설적인 분위기를 유지하기 위해, 프랭클린이 스스로 세웠던 규칙—즉, 너무 단정적이거나 직접적으로 반박하는 표현을 피하고, 대신 제안이나 가설 또는 정중한 질문의 형태로 말하기 등—이 결국 모임 전체에 적용되었고 이를 어기면 소액의 벌금을 내야 했다.

준토 회원들은 다양한 배경을 가졌지만, 탐구 정신과 자기 계발에 대한 열정으로 뭉친 사람들이었다. 상인이자 필경사였던 조지프 브라이트널은 프랭클린보다 훨씬 나이가 많았고, 시와 자연사를 사랑했다. 토머스 고드프리는 유리 장수 겸 수학자, 발명가로서 당시 쓰이던 사분의를 개량하기도 했다. 니컬라스 스컬과 윌리엄 파슨스는 각각 식민지의 측량 총감이 되었으므로, 두 사람 모두 고드프리의 개량 사분의를 사용했을 수도 있다. 원래 스컬은 서적 애호가였고 파슨스는 구두 수선공 겸 점성술사였다. 윌리엄 모그리지는 가구 제작자, 윌리엄 콜먼은 상점 점원, 로버트 그레이스는 신사로서, 다른 이들과 달리 생계를 위해 일할 필요가 없었다. 휴 메러디스도 회원이었고, 스티븐 포츠와 조지 웨브도 카이머 밑에서 프랭클린이 가르친 옛 제자였다.

준토가 여러 회원의 능력과 흥미를 바탕으로 운영되었지만, 이 모임은 분명 프랭클린의 창조물이었다. 모임을 시작한 것도 그가 주도해서였고, 그 모임에 생기를 불어넣은 것도 그의 정신이었다. 그는 토론에서 자신이 주도권을 지나치게 잡지 않으려고 애썼으며, 지나치게 자기주장을 하면 부과되는 벌금은 다른 회원들뿐 아니라 그 자신에게도 경고가 되었다. 어떤 모임이든 그 구성원 중 한 사람의 철학적 세계관과 사회적 감수성을 이처럼 잘 반영한 경우가 있다면, 준토야말로 프랭클린의 생각과 가치관을 고스란히 담고 있는 모임이었다. 프랭클린은 준토에서 나이가 거의 가장 어리고 특별한 권위도 없었지만, 오직 뛰어난 지성과 도덕성을 바탕으로 그룹을 이끌고 자신의 영향력을 발휘했다는 점에서 매우 놀라웠다. 이는 그의 리더십 역량을 분명히 보여주는 증거였다. 부나 전통적 영향력이 없던 프랭클린은 모범을 보임으로써 리더의 역할을 했다.

준토의 형이상학적 토론은 프랭클린을 자신이 쓴 『자유와 필연에 대한 논문』에서 다뤘던 문제로 다시 이끌었다. 그 당시 고용주인 팔머가 매우 부정적으로 반응했던 일 때문에, 프랭클린은 자신의 결론이 실제로 쓸모가 있는지―진실 여부와는 별개로― 의문을 갖게 되었다. 하지만 생각하면 할수록, 그는 진실과 실용성을 구분하는 것이 점점 더 어렵다는 것을 느꼈다. 프랭클린은 독창적이고 독립적인 사상가였지만, 단순히 남들과 다르다는 것을 과시하거나, 관습적인 의견에 반대하는 데서 오는 쾌감을 위해―형이 그랬던 것처럼― 일부러 기존 질서를 무시하지는 않았다. 젊은 시절 보스턴을 떠나 도망침으로써 이미 자신의 반항 의사를 충분히 드러냈기 때문에, 프랭클린은 같은 반항을 반복할 필요성을 느끼지 않았다.

기질적으로 볼 때, 프랭클린은 반항자라기보다는 회의론자였다. 이 때문에 그는 반항자들을 경계했다. 변화를 추구하는 사람들의 맹목적인 열정 또한 기존 것을 지키려는 사람들의 맹목적인 열정과 다를 바 없다고 보았기 때문이었다. 그의 회의적인 성향은 아마도 타고난 것이었을 것이다. 이런 성격의 핵심적인 특징들은 보통 선천적이기 때문이다. 그는 10대 시절, 독서를 통해 지적 세계를 확장해나가면서 타고난 회의주의적 기질이 발현되었고, 그 결과 성경에 대한 믿음과 신성한 계시에 대해 의구심을 갖게 되었다. 왜 신은 인류 다수를 제외하고 오직 사막의 한 작은 부족에게만 말씀을 전하는가? 그러나 프랭클린은 신을 완전히 부정할 생각은 없었고, 진화론이 등장하기 전이라서 지적으로도 그런 결론에 이를 수 없었기 때문에, 자연스럽게 기계론적 세계관에 입각한 이신론* 쪽으로 기울었다. 화학자 로버트 보일이 이신론을 반박하려 쓴 책조차 오히려 프랭클린이 이신론적 입장을 확신하게 만들었다. "반박에 인용된 이신론자들의 주장이, 내게는 오히려 이신론에 반대하는 논리보다 훨씬 더 설득력 있게 느껴졌다."

프랭클린의 회의적 성향은 본질적으로 종교와는 잘 맞지 않았다. 그는 제1원인**보다 2차 효과***에 더 관심이 있었다. 그리고 이신론의 결과는 그를 불편하게 했다. 자서전에서 그는 이신론이 옛 친구 존 콜린스와 제임스 랠프를 '타락'시켰고, 약혼녀 데버라 리드를 버리고 '질 낮은 여자들과의 어리석은 일탈'로 빠지게 했다고 썼다(이런 부도덕한 행동 때문에 '때때로 큰 괴로움을 느꼈지만' 그 당시에는 아무런 조치를 취하지 않았다고도 덧붙였다). 어쨌든 프랭클린은 이신론에 대해 곰곰이 생각할수록 점점 더 매력을 느끼지 못하게 되었다. "이 교리가 진실일 수는 있어도 별로 쓸모는 없다는 생각이 들

---

*   deism, 신이 세상을 창조했다는 사실은 인정하지만, 그 이후에는 더 이상 인간의 삶이나 자연의 일에 직접 개입하지 않는다고 보는 입장

**   first causes, 신이나 우주의 근원 같은 추상적이고 철학적 문제

***   secondary effects, 어떤 원인으로 인해 발생하는 결과, 영향, 실제적인 파급효과

기 시작했다." 더 생각해보니, 『자유와 필연에 대한 논문』에서 옳고 그름을 너무 쉽게 무시했던 것이 당시에는 아주 영리한 행동처럼 느껴졌지만, 사실은 전혀 영리하지 않다는 것을 깨닫게 되었다. 진리, 성실, 정직, 그리고 다른 미덕들은 분명 존재했고, 그것이 인간의 행복을 가능하게 했다. 그리고 인간이 행복할 수 있다는 것은 자기 궤변에 눈먼 사람이 아니면 누구나 알 수 있는 일이었다. 프랭클린은 회의주의자였기에 코튼 매더 같은 이들이 이해했던 방식의 계시는 받아들일 수 없었지만, 계시가 신에 대해 별로 알려주지 못한다 해도 인간에 대해서는 많은 것을 알려줄 수 있다고 인정했다. "나는 종교에서 금지했기 **때문에** 어떤 행동이 나쁜 것이 아니며, 명령했다고 **해서** 좋은 행동도 아니라는 생각을 하게 되었다. 아마도 신이 금지한 행동은 실제로 인간에게 해롭기 **때문에** 금지된 것이고, 신이 명령한 행동은 실제로 인간에게 이롭기 **때문에** 명령된 것이라고 생각했다.

이렇게 프랭클린은 도덕적 원인과 결과의 관계에 대해 기존의 생각과는 반대되는 깨달음을 얻었고 이를 통해 회의주의와 실용주의를 조화시킬 수 있게 되었다. 성공하려면 행동은 사회의 도덕에 맞춰야 하지만, 신념까지 그 시대의 종교와 맞출 필요는 **없었다**. 거의 300년이 지난 지금도 들릴 듯한 안도의 한숨과 함께, 프랭클린은 1728년 11월 20일, 자신의 새로운 생각을 「신앙의 조항과 종교적 행위Articles of Belief and Acts of Religion」라는 글로 정리했다. 그는 로마의 철학자인 카토의 말을 인용해 이렇게 선언했다. "만약 우리 위에 어떤 '힘'이 있다면(그리고 자연 세계의 모든 현상과 창조물이 신의 존재를 증명하고 있다면), 그분은 미덕을 기뻐하실 것이고, 그분이 기뻐하시는 것은 반드시 행복해질 것이다." 이신론자들이 그랬듯이, 프랭클린은 우주의 광대함과 지구 및 그 거주자들의 보잘것없음을 비교하며 "지극히 완전한 존재가 인간 같은 하찮은 존재를 조금이라도 신경 쓴다고 생각하는 것은 나의 큰 허영심"이라고 결론지었다. 게다가 이 완전한 존재는 인간의 숭배가 전혀 필요 없다. 그는 그런 감정이나 행동을 초월해 있다. 하지만 숭배가 신에게는 아무 의미가 없어도, 인간에게는 필요하다. "나는 **무언가에** 신성한 경의를 표하는 것이 인간으로서 나의 의무라고 생각한다."

인간의 미덕에 관해 말하자면, 지고한 존재는 미덕이 자신에게 유용해서가 아니라—다시 말하지만 인간은 자신보다 훨씬 높은 존재에게 아무것도 해줄 수 없으므로— 미덕이 **인간들**에게 유용하기 때문에 덕을 소중하게 여긴다. "미덕 없이는 인간이 이 세상에서 행복할 수 없으므로, 나는 신이 내가 미덕을 실천하는 것을 기뻐한다고 굳게 믿는다. 왜냐하면 신은 내가 행복한 모습을 보면 기쁘기 때문이다." 이런 실용적 판단 기준이 삶의 모든 영역에 적용되었다. "신이 순전히 인간의 즐거움을 위해 설계된 것처럼 보이는 많은 것들을 창조하셨으므로, 나는 신이 자신의 자녀들이 어떤 방식으로든 즐거운 활동들과 무해한 기쁨들로 자신을 위로하는 것을 보고 불쾌해하지 않을 거라고 믿는다. 그리고 나는 인간에게 해로운 쾌락은 죄악이므로 멀리해야 한다고 생각한다."

이렇게 프랭클린은 어린 시절에는 보스턴에서 배운 경건한 도덕주의 속에서 살았고, 런던 시절에는 불가지론적—거의 무신론적— 무도덕주의에서 방황하다가, 이제는 미덕을 인간의 기준으로 삼는 실용적 도덕주의에 도달했다. 알고 보니 선이란 인간을 행복하게 하는 것이었다. 그의 철학은 관용적이고 실용성을 중시하는 필라델피아라는 도시의 특성과 완벽하게 조화를 이루었다.

철학적인 문제를—사실상 한 번에 영원히— 해결했다고 생각한 프랭클린은, 자신이 내린 결론을 실천에 옮기기 시작했다. 물론 그때 당시에는 그 결론이 앞으로도 변하지 않을 것이라는 사실을 미처 알지 못했다. 런던에서 돌아오는 항해 중에 그는 체커 게임을 하거나, 갑각류의 개체발생을 추론하거나, 천체관측을 하며 시간을 보냈지만, 그 외의 시간은 자신의 인생을 위한 행동계획을 세우는 데 할애했다. 프랭클린은 자신의 경력 내내 삶에 대한 가르침이나 교훈을 전할 때, 시나 소설 등 문학에서 쓰는 비유를 자주 사용했는데, 이런 방식은 젊은 시절부터 이미 싹이 보였다. "시를 쓰는 사람들은 좋은 글을 쓰기 위해 미리 계획과 구상을 해야 한다고 우리를 가르친다. 그렇게 하지 않으면 글의 내용이 서로 맞지 않거나 어색해질 수 있다. 나는 인생도 마찬가지라고 생각한다." 그는 지금까지 자신의 삶이 "혼란스럽고 다양한 서로 다른 장면들"로 이루어져 있었다며 그 불규칙성을 꾸짖었다. 그러면서 이제 인생의 새로운 단계에 들어섰으니 "이제부터는 모든 면에서 이성적인 존재처럼 살아야겠다"라고 생각하며, 몇 가지 결심을 하고 행동계획을 세울 필요가 있다고 느꼈다.

그의 결심들은 직설적이고 지극히 실용적이었다.

1. 내가 빚진 것을 갚을 때까지 한동안 극도로 검소해야 한다.

2. 어떤 경우에도 진실을 말하도록 노력하고, 아무에게도 실현될 가능성이 낮은 기대를 갖도록 하지 말고, 모든 말과 행동에서 성실함을 추구한다. 이런 진실성이야말로 이성적 존재에게 가장 아름다운 미덕이다.

3. 내가 맡은 어떤 일이든 성실하게 임하고, 갑자기 부자가 되겠다는 어리석은 계획으로 마음을 산만하게 하지 않는다. 근면과 인내야말로 풍요로 가는 가장 확실한 수단이기 때문이다.

4. 누구에 대해서도 험담하지 않기로 결심한다. 심지어 사실이라 해도 말하지 않는다. 오히려 다른 사람의 잘못을 변명해주고, 적절한 기회에 모든 사람의 좋은 점을 말한다.

프랭클린은 이 계획을 자랑스러워했고, 나이를 먹으면서 이것을 삶의 행동 기준으로 삼은 것을 더욱더 자랑스러워했다. 거의 반세기 후에 글을 쓰면서, 그는 "내가 그렇게 어렸을 때 세운 계획이라는 점이 놀랍고, 그럼에도 불구하고 노년까지 꽤 충실히 지켜왔다"라고 표현했다.

프랭클린은 공해상에서 자신의 네 가지 계명을 세운 후, 상륙한 뒤 열세 가지 주요 덕목을 체계적으로 정리하는 작업을 계속했다. 그리고 그는 이 덕목들을 매우 질서 있게(세 번째 항목에 질서가 있듯이) 나열하고, 각각의 덕목에 대해 간단한 설명도 붙였다.

1. 절제
몸이 나른해질 때까지 먹지 말고 취할 때까지 마시지 말라.

2. 침묵
다른 사람이나 자신에게 도움이 될 수 있는 것만 말하라. 쓸데없는 대화를 피하라.

3. 질서
모든 물건을 제자리에 정돈하라. 모든 일은 시간을 정해놓고 하라.

4. 결단력
해야 할 일을 하기로 결심하고, 결심한 것은 꼭 이행하라.

5. 검소
다른 사람이나 자신에게 선을 행하는 것 외에는 돈을 쓰지 말고 낭비하지 말라.

6. 근면
시간을 허비하지 말라. 언제나 유용한 일을 하라. 모든 불필요한 행동을 끊어라.

7. 정직
해로운 속임수를 쓰지 말라. 순수하고 정당하게 생각하라. 말과 행동이 일치하게 하라.

8. 정의
남의 권리를 침해하지 않고, 나의 의무를 다한다.

9. 중용

극단을 피하라. 상처를 받아도 지나치게 화를 내거나 원한을 품지 말고, 관용을 베풀라.

10. 청결

몸, 옷, 집에 어떤 불결함도 용납하지 말라.

11. 평온

사소한 일, 보통 있는 일, 피할 수 없는 일로 동요하지 말라.

12. 순결

건강과 자손을 위해서만 부부생활을 하라. 지나친 성행위로 멍해지거나 체력이 약해져서는 안 되며, 자신 또는 타인의 평화나 명성에 흠집을 내서는 안 된다.

프랭클린의 목록은 원래 열두 개였다. 그러나 한 퀘이커 친구가 프랭클린의 이웃 중 일부가 그를 거만하다고 생각한다고 조심스럽게 말해주었다. 프랭클린은 자신이 이미 교만함을 극복했다고 생각했기 때문에 그 말을 듣고 놀랐다. 하지만 친구가 구체적인 예를 들자, 프랭클린은 이 부분에서 더 많은 노력이 필요하다는 것을 인정했다. 그는 13번째 덕목을 추가했다.

13. 겸손

예수와 소크라테스를 본받아라.

물론 다른 젊은이들도—많지는 않겠지만— 이런 목록을 만들 수 있다. 그러나 프랭클린을 진정으로 돋보이게 한 것은 그가 자신의 열세 가지 덕목을 일상생활에 통합하기 위해 시작한 실천 방법이었다. 그 방법은 간단했는데 매주 한 가지씩 덕목을 정해서, 그 덕목을 완전히 익히는 데 집중한 것이다. 그의 접근법에는 순서(즉 세 번째 덕목인 질서)가 있었다. 첫 주에는 절제에 집중하고, 다른 덕목들은 잠시 제쳐두었다. 절제를 정복하면(초기에는 일주일이면 충분하다고 생각했다) 다음은 침묵에 집중했다. 침묵은 절제가 뇌를 맑게 하듯, 마음을 맑게 해주었고, 둘이 합쳐지면 질서를 완성할 수 있었다. 질서는 결단을 쉽게 해주었고, 결단은 또 다른 덕목을 쉽게 해주었다. 이런 식으로 계속 이어졌다.

프랭클린은 자신의 도덕적 성장을 기록하기 위해 비슷한 양식의 페이지들로 이루어진 작은 노트를 만들었다. 각 페이지 세로칸은 일요일부터 토요일까지 일곱 개로 나누어져 있었고 가로칸은 절제부터 겸손까지 열세 가지 덕목으로 구성되어 있었다. 각 페이지는 윗부분만 달랐는데 첫 페이지는 "절제: 몸이 나른해질 때까지 먹지 말고 취할 때까지 마시지 말라"로 시작했고, 두 번째 페이지는 침묵, 세 번째는 질서. (…) 이런 식으로 나갔다.

프랭클린은 매일 하루가 끝날 때마다 자신의 진척 상황―또는 목표 미달 상황―을 평가했다. 미흡하면 해당 위치에 검은 점으로 표시했다. 첫 주에는 절제란에 점 없이 깨끗하게 유지하려 노력했고 두 번째 주에는 침묵란을 그렇게 하려 했다(이때쯤이면 이미 습관이 되어 '절제'란도 깨끗할 것이었다). 13주가 끝나면 모든 덕목을 한 번씩 마스터할 수 있었다. 하지만 한 번으로는 부족하므로 옛 습관으로 돌아가는 걸 막기 위해 프랭클린은 이 과정을 반복해서 일상적인 습관으로 만들었다(이 점에서 13번째 덕목을 추가한 것이 도움이 되었다. 1년 52주면 자기 계발 과정이 정확히 네 번 돌아가기 때문이다).

프랭클린은 매우 실용적인 이상주의자였다. 이 경우 그의 실용성은 그가 선택한 덕목에도 반영되었는데, 이는 그가 이루고자 했던 세속적 성공에 잘 맞는 덕목들이었다. 한편 그의 이상주의는 이러한 덕목들을 습득하는 것이 그렇게 간단히 달성될 수 있다고 믿었다는 점에서 잘 드러난다.

하지만 곧 그는, 이전의 수많은 이가 그랬듯, 덕목을 달성하는 일이 결코 쉽지 **않다**는 것을 깨달았다. 놀랍게도―이미 프로젝트가 상당히 진척된 상태였음에도― 프랭클린은 질서가 가장 달성하기 어려운 덕목임을 알게 되었다. 물론 어느 정도는 그의 일상 환경 탓도 있었다. 그의 직업상 그는 다른 이들의 요구에 상당 부분 맞춰야 했다. 고객이 즉시 일을 요구하면 하루 일정이 모두 엉켜버리기도 했다. 프랭클린이 질서를 유지하려는 노력이 잘 이루어지지 않은 데에는, 남들이 보기엔 미덕이거나 재능일 수도 있는 그의 뛰어난 기억력이 한몫했다. 그는 기억력이 워낙 좋아서, 물건이나 일정을 제자리에 두지 않아도 실제로는 업무에 거의 지장이 없었기 때문이었다.

한동안 그는 질서를 유지하지 못하는 것에 크게 괴로워했다. 그러나 곧 자신의 부족함을 합리화하기 시작했다. 자신에 대해 이런 이야기를 했다. 한 남자가 대장장이에게 도끼를 사려는데 도끼머리 전체가 칼날처럼 빛나면 원하는 금액을 내겠다고 했다. 대신 대장장이도 조건을 내걸었는데 숫돌은 남자가 돌려달라고 했다. 손님이 수락해서 숫돌을 돌리기 시작했다. 어느 정도 시간이 경과 후 남자가 얼마나 진행되었냐고 묻자, 대장장이는 잘되고 있다고 대답했다. 남자가 계속해서 숫돌을 더 돌리다 또 물었지만, 대답은 같았다. 결국 지친 남자는 그 상태대로 도끼를 가져가겠다고 했지만 대장장이는 계속 갈면 곧 도끼머리 전체가 거울처럼 될 것이라고 했다. 그러자 남자는 그것도 좋겠지만 자신은 약간 얼룩이 있는 도끼가 더 좋다고 말했다.

프랭클린은 단순히 자신의 얼룩을 받아들이는 데 그치지 않고, 그것이 윤리적으로 완벽하게 다듬어진 것보다 낫다고 설명했다. "가끔 이성이랍시고 내게 속삭이는 생각이 있다. 그건 내가 자신에게 요구하는 그런 극도의 꼼꼼함이 사실은 도덕적인 허영심일지도 모른다는 것이다. 만약 이런 모습이 알려지면 내가 우스꽝스럽게 보일 수도 있다는 생각도 들고, 완벽한 인격은 오히려 다른 사람들의 시기와 미움을 살 수도 있다는 생각도 들었다. 또한 자비로운 사람이라면 친구들이 기를 펴고 지낼 수 있도록 자기 자신에게도 약간의 결점은 허용해야 한다는 생각도 들었다." 그는 불완전함을 받아들이면서도—13주 과정을 끝내기도 전에 프로젝트를 포기했지만— 그 시도 자체가, 시도하지 않았을 때보다, 자신을 더 낫고. 더 행복한 사람으로 만들었다고 평가했다. "비록 원하는 만큼의 완벽한 필체에 도달하지 못하더라도, 새겨진 필체를 따라 쓰는 사람은 그 노력만으로도 손글씨가 나아진다."

프랭클린의 도덕적 자기 훈련은 진정으로 덕을 추구하는 마음에서 나온 것이었지만, 덕 그 자체가 보상이라고 고집하지는 않았다. 반대로, 덕 있는 자가 내세(프랭클린은 그 존재에 회의적이었다)에서 무슨 보상을 받든 중요하지 않으며, 외려 현실에서 도덕적으로 행동하면 실질적 이익을 얻을 수 있다고 봤다. 물론 이를 위해서는 덕목을 숨겨서는 안 되었다. "내 신용과 평판을 지키기 위해 나는 **실제로도** 근면하고 검소할 뿐만 아니라, **외모로도** 이를 표현했다. 옷은 늘 소박하게 입고 다녔고, 한가하게 노는 오락장에는 가지 않았다. 낚시나 사냥도 하지 않았으며 가끔 책을 보기는 했지만, 그것도 어쩌다 남들이 안 보는 데서 읽어 남들의 비난을 피했다."그는 조수와 견습생이 있음에도 때때로 가장 허드렛일을 직접 했다. "내가 내 일을 하찮게 여기지 않는다는 것을 보여주기 위해, 나는 가게에서 산 종이를 손수 수레에 실어 집으로 옮기기도 했다(이것에는 또 다른 목적도 있었다. 당시 미국에서 종이는 비싸기도 했고, 조수나 견습생이 공급업자에게 속는 것을 프랭클린이 원치 않았기 때문이었다)."

필라델피아 시민들에게 도덕적 신용을 쌓는 것은 프랭클린에게 매우 중요했다. 특히 인쇄소를 연 직후부터 사업을 확장할 생각을 했기 때문에, 이런 평판이 더욱 중요했다. 확장하면서 한편으로는 문구점을 열어 새로운 고객층을 확보했고, 다른 한편으로는 신문을 발행했다. 프랭클린은 인쇄를 하나의 기술이자 생업으로 삼아 열심히 했지만, 남의 글을 활자로 옮기는 일만으로는 자신의 창의적인 욕구가 충족되지 않았다. 그는 처음 두굿 부인의 편지를 쓸 때부터 저자이자 인쇄인이었다. 그리고 기회가 오자 다시 저자가 되고 싶었다.

그러나 프랭클린은 결코 기회가 자신을 찾아오기를 기다리지 않았다. 앤드루 브래드퍼드는 《아메리칸 위클리 머큐리American Weekly Mercury》라는 신문을 발행했는데, 프랭클린은 이 신문을 "하찮고, 운영 상태도 엉망이며, 전혀 재미있지 않다"라고—남의 악담을 하지 않는다는 원칙의 공소시효가 끝났으므로— 말했다. 하지만 중요한 점은, 그런 결함들에도 불구하고 그 신문이 소유주에게 이익을 가져다준다는 점이다. 프랭클린은 품질과 수익성 양면에서 자신이 더 잘할 수 있다고 확신했고, 그렇게 하기로 결심했다.

그러나 프랭클린은 침묵의 덕목을 어겼고, 그 대가를 치렀다. 카이머의 견습생 조지 웨브는 그가 사귀는 여성이 남은 견습 계약기간에서 벗어날 돈을 빌려주겠다고 말하자, 프랭클린에게 자기도 새로 생긴 인쇄소에 합류하고 싶다고 말했다. 프랭클린은 즉시 웨브를 고용할 만큼 일이 많지 않았지만, 웨브의 관심을 끌기 위해 곧 신문을 시작할 계획이라고 흘렸다. 웨브는 실수로든 고의로든 이 정보를 카이머에게 전했고, 그는 즉시 신문을 시작하겠다고 발표했다. 하지만 프랭클린은 당장 신문을 시작할 자본이 부족해서 카이머가 《모든 학문과 예술의 보편적 지침서 겸 펜실베이니아 가제트The Universal Instructor in All Arts and Scinces; and Pennsylvania Gazette》라는 이름의 신문을 발행하는 것을—자신의 아이디어를 훔친 카이머와 그 도둑질의 공범이 된 웨브, 그리고 아이디어를 무방비 상태로 둔 자신을 원망하며—바라볼 수밖에 없었다.

만약 인내가 프랭클린의 열세 가지 주요 덕목 중 하나였다면, 그는 자신의 신문을 시작할 준비가 될 때까지 기다렸다가 품질로 승부했을 것이다. 대신 그는 앤드루 브래드퍼드와 손잡고 《아메리칸 위클리 머큐리》에 카이머의 신문 발행을 조롱하는 조의 글을 썼다. 이 경우 프랭클린은 형식적으로는 악담을 하지 않는다는 자신의 원칙을 지켰지만, 익명이라는 가면 뒤에 숨어 원칙의 근본 정신에는 충실하지 못했다. 그는 처음에 '마사 케어풀'과 '실리아 쇼트페이스'라는 필명을 사용해 자신의 글을 발표했다. 카이머는《보편적 지침서》라는 신문의 제목에 걸맞게 『챔버스 백과사전Chambers Cyclopaedia』을 A부터 재인쇄하려 했다. 프랭클린은, 평소 카이머가 그랬듯, 그가 생각이 짧거나, 아니면 논란을 일으키면 신문 판매에 도움이 된다는 점을 잘 알고 있거나, 둘 중 하나라고 생각했다. 어쨌든 카이머는 '낙태'에 관한 『챔버스 백과사전』의 글을 실었다. 프랭클린은 이런 문제에 지나치게 민감하지 않았지만, 마사 케어풀은 "이 도시의 많은 착하고 점잖은 여성들을 대표해, 만약 그가 그런 대담한 방식으로 우리 여성의 비밀을 더 드러낸다면, 내 동생 몰리와 나는 그를 붙잡아 본보기를 삼겠다"라고 경고했다. 한편 실리아 쇼트페이스는 일부러 그랬는지 모르지만, 카이머 앞으로 쓴 편지를 잘못해서 앤드루 브래드퍼드에게 보냈고 그는 무슨 생각에서인지 이를 신문에 실었다. 쇼트페이스 부인은 "그런 불명예스러운 방식을 계속하면, 곧 네 오른쪽 귀를 가져갈 것이다"라고 하고, 이어서 "《펜실베이니아 가제트》에 더 실을 기사가 없다면, 그냥 신문을 접으라"라고 충고했다.

이후 카이머의 신문에는 프랭클린이 공격할 만한 소재가 줄어들었다. 그래서 프랭클린은 다른 전략을 썼다. 케어풀과 쇼트페이스의 편지가 실린 그다음 주, 브래드퍼드는 또 다른 익명으로 된 프랭클린의 글을 실었다. 이번에는 '참견꾼Busy Body'이라는 필명이었다. 여기서 카이머에 대한 공격은 간접적이었다. "여성 여러분 안심하세요. 나는 항상 여성과 그들의 일을 최대한 예의와 존중으로 대할 것입니다"라고 참견꾼은 썼다. 이는 누구의 신문이 그렇지 않은지를 독자들에게 상기시키는 말이었다. 프랭클린은 곧 경쟁자가 될 브래드퍼드가 너무 좋아 보이지 않게 하려고 했는지, 《아메리칸 위클리 머큐리》의 발행인에 대해서도 비판을 했다. "당신의 《머큐리》가 항상 재미있지 않다는 점을 걱정스럽게 지켜봤습니다. 유럽에서 오기로 되어 있는 배가 지연되고, 새로운 소식이 없으면 신문이 자주 따분해지더군요. 강이 얼면 무역뿐 아니라 뉴스도 마찬가지로 지연되지요." 그러나 참견꾼의 주요 관심사는 언론 비판이 아니라 가십이었다. 그는 모두가 책임지는 일은 그 누구도 책임지지 않는다는 속담을 인용한 뒤, "나는 공익을 위해 모든 이의 일을 내 손에 쥐고, 일종의 도덕 검열관censor morum이 되기로 했다"라고 선언했다. 이것이 모든 사람에게 균일한 즐거움을 주지는 않겠지만, 대체적으로는 즐거움을 줄 것이다. "대부분 사람은 자신이 비판의 대상이 아닐 때 비판을 즐깁니다. 만약 내 글 때문에 자신의 추잡한 사생활이 공개되어 기분 나쁜 사람이 있다면, 곧 그들의 친구와 이웃도 똑같은 상황에 놓이는 것을 보며 만족할 거라고 장담합니다." 참견꾼은 "이 글이 마음에 들면 더 많은 편지를 보내겠습니다"라는 식의 흔한 마무리 대신, "잉크 한 병과 종이 한 묶음을 보내면 더 많은 것을 들려주겠습니다"라고 했다.

참견꾼의 추가적인 편지가 이어졌다. 일부는 카이머를 풍자했고, 다른 일부는 남녀 관계, 배웠다는 사람들의 허세, 기타 독자들의 가벼운 흥미를 끌기 위한 다양한 다른 주제들에 대해 재치 있게 논평했다. 프랭클린은 참견꾼의 편지 중 네 편을 혼자 썼고, 두 편은 친구이자 준토 회원인 조지프 브라이트널과 함께 썼다. 이 편지들은 1729년 초가을, 프랭클린과 메러디스가 자신들의 신문을 발행할 때까지 계속되었다.

그들은 원래 카이머가 시작했지만 수익을 내지 못했던 신문을 인수했다. 프랭클린의 은밀한 방해 공작도 카이머 신문의 실패에 한몫했을 수 있지만, 가장 큰 책임은 카이머 본인에게 있었다. 카이머는 사업에 꾸준히 전념하지 못해, 고객을 확보하지 못했고(프랭클린이 나중에 카이머의 장부를 보니 구독자 수가 90명을 넘은 적이 없었다고 한다), 채권자들을 불안하게 만들었다. 결국 채권자들이 펜실베이니아 당국에 청원해서 카이머는 채무불이행으로 체포되었다. 하지만 그는 별로 개의치 않았는데, 아마도 미국으로 이민 오기 전에 런던에서 채무자 감옥*에 갇혔던 경험 때문일 것이다. 풀려난 뒤 그는 다시 떠나기로 결심하고, 이번에는 바베이도스로 향했다. 부두

---

*   debtors' prison, 빚을 못 갚은 사람을 가두는 감옥

로 가는 길에 그는 신문을 프랭클린과 메러디스에게 넘겼다. 어느 쪽도 판매 가격을 공개하지 않았는데, 프랭클린은 '하찮은 가격'이라고 했다. 그리고 새 주인들이 얻은 것도 하찮기는 마찬가지였다. 단지 몇십 명의 구독자와 신문의 이름뿐이었다.

프랭클린과 메러디스는 신문명에서도 일부만 남겼다. 신문의 부정적인 유산에서 벗어나기 위해 기존의 거추장스러운 이름에서 '펜실베이니아 가제트'만 남기고 나머지는 모두 버렸다. 이 이름으로 프랭클린은 1729년 10월 2일 독자들에게 신문이 "앞으로 새로운 경영진들에 의해 운영될 것"이라고 알렸다. 또한 카이머가 『챔버스 백과사전』의 모든 기사를 인쇄하려던 계획을 포기한다고 발표했다. "그 기사들에는 우리에게 너무 난해하거나 중요하지 않은 내용이 많을 뿐만 아니라, 이런 방식으로 출판하다가는 전체를 다 보려면 50년은 걸릴 것이다." 프랭클린은 독자들이 그렇게 오래 기다릴 생각이 없을 것이라고 생각했고, 물론 자신도 마찬가지였다.

카이머를 처리한 프랭클린은 앤드루 브래드퍼드도 무시하는 태도를 보였다. "오랫동안 펜실베이니아에는 좋은 신문을 보고 싶어 하는 사람들이 많았다." 프랭클린은 그 요구를 만족시키겠다고 제안했지만 쉽지 않았다. "우리는 도움을 구한다. 좋은 신문을 발행하는 것이 많은 사람이 생각하는 것만큼 쉬운 일이 아니라는 것을 충분히 알고 있기 때문이다." 여기서 프랭클린은 브래드퍼드와 카이머 모두를 비판했다. "학자들의 의견에 따르면 신문 발행인은 다양한 언어에 대한 폭넓은 지식을 갖춰야 하고, 글을 쓰고 사안을 깔끔하고 명료하게, 그리고 간결하게 전달하는 데 매우 능숙해야 한다. 그는 육상전과 해상전 모두에 대해 말할 수 있어야 하고, 지리에 정통하며, 당대의 역사, 각 왕자와 국가의 다양한 이해관계, 궁정의 비밀, 그리고 모든 국가의 풍습과 관습에 대해서도 잘 알고 있어야 한다." 프랭클린의 겸손한 척하는 태도를 꿰뚫어 본 사람들은 짐작했겠지만, 그는 자신이야말로 필라델피아에서 신문을 발행할 생각을 하는 다른 누구보다 이 이상적인 기준에 더 가깝다고 생각했다. 겨우 스물세 살이라는 젊은 나이였지만 그의 판단은 맞았을 것이다. 하지만 그는 그런 주장을 하지 않고 대신 독자들에게 도움을 청했다. "이 신문의 작가가 자신에게 부족한 것을 친구들 사이에서 채울 수 있다면 바람직할 것으로 생각한다." 도움이 있든 없든, 독자들은 새로운 《가제트》가 '신문이라는 매체의 본질이 허용하는 범위 내에서 가장 즐겁고 유용한 오락거리'가 될 거라고 믿었다.

프랭클린은 그의 동업자 메러디스에게 《가제트》 편집일을 도와달라고 하지 **않았다**. 시간이 갈수록 메러디스는 자신이 글 쓰는 분야에 적합하지 않다는 것을 깨달았다. 그의 어려움 중 일부는 프랭클린이 세운 높은 기준 때문이었을지도 모른다. 그런 재능을 가진 사람 옆에서 일하는 것은 쉽지 않았을 것이다. 프랭클린이 거의 열 살이나 어렸다는 사실도 상황을 더욱 악화시켰다. 메러디스는 계속 술에서 위안을 찾았는데, 아마 금주하는 프랭클린에 대한 열등감 때문이었을지도 모른다.

그러다가 메러디스의 아버지가 아들의 방탕한 삶에 실망했는지, 프랭클린-메러디스 가게의 초기 비용으로 약속했던 200파운드 중 두 번째 분할금을 보내지 않으면서 문제는 절정에 달했다. 두 젊은이의 채권자들—이들 중 일부는 카이머에게 돈을 잃었을 가능성이 있고, 따라서 절대로 다시 손해를 보려 하지 않았겠지만—이 프랭클린과 메러디스를 고소했다. 카이머와 달리 두 사람은 감옥에 가는 것을 피했지만, 소송은 유망하게 시작된 사업을 망칠 수도 있었다.

프랭클린이 곤경에 처하자, 준토 모임의 친구 두 명이 그를 도왔다. 젊은 신사 로버트 그레이스와 가게 점원 윌리엄 콜먼이 각자 프랭클린에게 채권자들을 납득시키는 데 필요한 돈을 빌려주겠다고 제안했다. 하지만 둘 다 메러디스와의 관계를 끊으라고 강력히 조언했다. 메러디스는 종종 술에 취해 도박하는 모습이 목격되어 동업 관계에 큰 불신을 주었기 때문이다.

이러한 예상치 못한 제안들은 프랭클린에게 두 가지 문제, 즉 채권자

문제와 메러디스 문제라는 두 가지 문제에서 벗어날 길을 열어주었다. 그는 메러디스와 그 아버지가 자신에게 기회를 주었기 때문에 부담감을 느꼈으므로 메러디스를 강제로 내쫓는 것을 망설였다. 하지만 사업이 생존하려면 동업 관계가 해체되어야 하므로 그렇게 하겠다고 결심했다.

오래지 않아 그런 상황이 닥쳤고 프랭클린은 그에 따라 행동했다. 그는 휴 메러디스에게 아버지가 자금을 제공하지 않는 이유가 자신 때문이냐고 물으며 이야기를 시작했다. 만일 아버지가 메러디스에게만 돈을 대주려 한다면, 프랭클린은 이 동업 관계에서 물러나겠다고 했다.

프랭클린이 그런 말을 한 것은 그냥 예의를 차리는 행동이었을 수도 있다. 왜냐하면 그는 메러디스의 아버지가 프랭클린이 동업 관계의 문제라고 생각할 만큼 어리석지 않다는 것을 알고 있었기 때문이다. 만에 하나 메러디스 부자가 프랭클린의 사임을 받아들인다고 해도, 프랭클린으로서는 손해 볼 게 없는 상황이었다. 휴 메러디스에게서 벗어나 준토 회원의 제시한 자금 제공 제안 중 하나 또는 둘을 다 받아들이면 되기 때문이었다. 그는 경쟁자로서 카이머를 처리했고, 필요하다면 동업자인 메러디스도 처리할 수 있었다.

하지만 메러디스는 관두겠다는 프랭클린의 제안을 받아들이지 않았다. 대신 그는 자신이 관두겠다고 했다. 어려움을 겪으며 물정을 알게 된 그는 인쇄업이 자신에게 맞지 않는다는 것을 이제야 알았다고 말했다. 그는 농부로 자랐으니, 농부가 되어야 한다고 했다. 일부 친구들이 땅이 광활하고 저렴한 노스캐롤라이나로 가고 있었고, 그도 그들과 함께 가고 싶어 했다. 만약 프랭클린이 공동 사업체의 빚을 모두 갚고, 그의 아버지가 이미 제공한 100파운드를 상환하며, 메러디스 자신의 얼마 안 되는 소액 채무를 갚아주고, 그에게 30파운드와 새 안장을 준다면, 사업은 온전히 프랭클린의 것이 될 것이라고 했다.

프랭클린은 즉시 받아들였다. 그는 사업을 계속하는 한 어차피 상인들과 메러디스 아버지에게 진 채무를 갚아야 한다고 생각했다. 그렇게 보면 구매 가격은 안장과 30파운드 그리고 약간의 잔돈이었다. 이 정도 금액은 그에게 대출을 제안했던 두 친구에게서 얻었다. 게다가 그들은 채권자들과 메러디스의 아버지에게 돈을 갚고 남을 만큼 돈을 빌려주었다.

동업 관계를 해지하는 문서는 1730년 7월 14일 자로 작성되었다. 서류 상이나 형식적으로는 메러디스의 흔적이 좀 더 남아 있었을지 몰라도, 이 날짜를 기준으로 스물네 살의 프랭클린은 전문적인 독립 경영인이 되었다.

5장 가난한 리처드
1730~1735

두 달 후 프랭클린은 또 다른 종류의 독립을—물론 그 길을 걸어가 본 사람들은 그 반대로 해석하겠지만— 얻게 된다. 1730년 9월 벤저민 프랭클린은 결혼했다. 사랑의 길은 좀처럼 곧지 않다. 프랭클린과 데버라 리드의 경우엔 더욱 삐뚤빼뚤했다. 그는 런던에 있는 동안 부주의와 무관심으로 그녀를 한 번 놓쳤다. 기다림에 지친 그녀는 다른 남자, 도예가인 존 로저스와 결혼했다. 로저스는 유능한 도예가였지만 돈을 지불하겠다는 약속을 잘 지키지 않았고, 결혼 후 떠돌던 소문에 따르면 다른 약속도 마찬가지였다. 누군가 로저스에게는 이미 아내가 있고, 그녀를 영국에 버리고 왔다는 소문을 듣고 데버라에게 전달했다. 말할 필요도 없이, 데버라 리드는 상당한 충격을 받았다. 데버라와 빈틈없는 어머니 세라 모두 그의 신원조회를 하지 않을 만큼 로저스는 매력적인 사람이었음에 틀림없다. 데버라는 그렇게 별로인 사람을 좋아했다는 당혹감과 동시에 분명 마음의 상처도 함께 받았을 것이다. 중혼 문제 외에도 그의 헤픈 씀씀이는 모녀에게 엄청난 빚으로 돌아왔다. 역겨워진 데버라는 그를 떠나 어머니 집으로 돌아갔고, 그곳에서 그녀는 남자는 물론이고 심지어 다른 여자들과도 아무런 교류를 하지 않고 마음의 문을 닫았다.

로저스가 필라델피아를 떠나 서인도제도로 향했다는 소식을 들었을 때 그녀는 복잡한 심경이었다. 그가 언제 돌아올지, 혹은 돌아오기는 할 것인지 알 방법이 없었다. 그는 첫 번째 아내에게 했던 짓을 그녀에게도 하고 있는 것일까(그 다른 여자가 과연 첫 번째였을까)? 그의 채권자들은 그의 행방을 알고 싶어 했지만, 그가 사라지기를 바랐던 데버라는 그렇지 않았다.

그러나 로저스의 소재가 불명확하자 채권자들이 데버라를 독촉했고, 그녀는 그 어느 때보다 위태로운 처지에 놓였다. 만약 로저스가 정말로 영국에 아내가 있었다면, 데버라는 쉽게 결혼을 무효화할 수 있고, 그의 빚에서 벗어나 필요하다면 다른 결혼을 할 수도 있었다. 그러나 그 첫 번째 아내가 어디 사는지 아무도 몰랐고, 데버라 모녀에게는 그녀의 존재를 확인하기 위한 조사를 할 돈이 없었다. 만약 첫 번째 아내가 존재하지 않았다면, 데버라는 로저스로부터 벗어날 수 없었다. 펜실베이니아 법은 단순 배우자 유기로는 이혼을 허용하지 않았기 때문이다. 상황은 카리브해에서 로저스가 사망했다는 확인되지 않은 소식이 도착하면서 더욱 복잡해졌다. 시신이나 사망증서가 없으면, 데버라는 처음부터 불법이었을지도 모르는 결혼에서 법적으로 해방되기 위해 몇 년을 기다려야 했기 때문이다.

프랭클린은 데버라의 불행 중 일부에 책임이 있다고 느꼈다. 적어도 사건 발생 40년 후에 쓰인 그의 자서전에서는 그렇게 말했다. "런던에 있을 때 나의 경솔함과 변덕이 그녀 불행의 큰 원인이었다고 생각했다." 이런 태도는 으레 세계적인 유명인이 취하는 고상한 자세였지만, 다소 자기중심적이기도 했다. 앞에서도 언급했듯, 프랭클린이 당시 데버라에 대해 느꼈다는 죄책감은 시간이 지나면서 천천히 드러났다. 물론 바쁜 일상에 쫓기는 젊은 남자가 즉시 죄책감을 느끼지 못하는 것은 당연하다. 하지만 이는 나이 든 프랭클린이 자서전에서 자신의 과거 모습이라며 그려낸 도덕적인 인물과는 맞지 않는다.

죄책감이 그의 생각에 어떤 역할을 했든, 프랭클린은 데버라와의 교제를 다시 시작하기로 결심했다. 그 주된 이유는 로맨틱한 것과는 거리가 멀었다. 견습 인쇄공은 다른 사람의 의견을 신경 쓰지 않고 방탕하게 살 수 있었고, 그의 고백과 이후의 부인할 수 없는 증거에 따르면 프랭클린은 런던에서 돌아온 후에도 계속 그렇게 살았다. "다스리기 어려운 젊은 시절의 욕정은 나를 종종 눈에 띄는 저속한 여자들과의 관계에 빠뜨렸다." 그러나 사업가라면—특히 필라델피아의 존경할 만한 사람들의 인정을 받고자 하는 사람이라면— 그런 불법적인 관계를 계속할 수 없었다. 게다가, 새로운 사업을 시작하면서 돈이 부족했고 시간은 더 부족했으며, 이러한 관계는 "상당한 비용과 큰 불편—운이 좋아 걸리지는 않았지만 내가 가장 두려워했던 성병에 걸릴 지속적인 위험은 말할 것도 없고—을 동반했다". 더 이상 운을 시험하거나 품위를 더럽히고 싶지 않았던 프랭클린은 결혼하기로 결심했다.

데버라 리드는 그의 첫 번째 선택이 아니었다. 유망한 젊은 남자는 신부에게 지참금을 기대할 수 있었고, 프랭클린은 자신의 유망함이 도시의 누구 못지않게 밝다고 판단해 결혼 시장에 자신을 내놓는 실험을 했다. 준토 회원이면서 그의 집에 같이 살고 있던 토머스 고드프리와 그의 아내가 프랭클린과 고드프리 부인의 친척 딸 사이의 교제를 주선했고 프랭클린은 이를 받아들여 사귀기 시작했다. 둘 사이가 진지해지자 고드프리 부인은 프랭클린에게 지참금으로 얼마를 원하느냐고 물었다. 프랭클린은 자신감에 가득 차서 당시 100파운드 조금 안되는 인쇄소 빚을 갚고 싶다고 말했다. 고드프리 부인이 그 소녀의 부모에게는 그런 돈이 없다고 답하자 그는 집을 저당 잡히면 어떻겠냐고 제안했다.

하지만 소녀의 부모는 이것저것 알아보더니 프랭클린의 제안을 거절했다. 그들은 인쇄 사업이 프랭클린이 생각하는 만큼 수익성이 좋지 않다고 말했다. 아직 능력이 확실하지 않은 인쇄공에게 집을 담보로까지 잡혀가며 딸을 결혼시킬 가치가 없다는 것이다. 대안을 제시하는 대신 그들은 관계를 갑자기 끊고 딸을 집안에 가두고 다시는 프랭클린을 못 만나게 했다.

프랭클린은 충격을 받았다. 합리적이고 정직한 사람이라면 자신과 타협했을 텐데, 이 부모들은 그를 딸과의 관계로 유인한 다음, 그녀에 대한 그의 강한 감정을 이용해 그녀와 도피하도록 유도하는 것 같았다. 그러면 지참금을 전혀 지불할 필요가 없기 때문이었다. 그는 그들과 관계를 단절하기로 결심했다. 얼마 후 부모들이—분명히 자신들의 속임수가 드러났다고 판단하고— 다시 그의 청혼을 받아들일 의향이 있음을 내비치자 그는 자신의 생각이 맞았다고 생각했다. 프랭클린은 자존심을 굽히지 않고, 그 가족과 더 이상 상종하지 않겠다고 분명히 말했다. 프랭클린의 분노는 고드프리 부부와의 관계까지 망가뜨려 그들은 프랭클린의 집을 떠났다. 이후 토머스 고드프리도 준토를 떠났다(프랭클린은 고드프리가 토론 클럽에서 탈퇴한 또 다른 이유를 이렇게 제시했다. "그는 자신의 분야 외에는 아는 것이 거의 없었고, 대화하기 즐거운 상대가 아니었다. 내가 만난 대부분의 소위 위대한 수학자들처럼 그도 모든 말에서 비정상적인 정확성을 기대하거나, 사소한 것에도 시비를 걸고 따지고 들어서 대화 전체를 방해하곤 했다").

그러나 프랭클린의 분노가 어느 정도 식은 다음, 주위 상황을 더 살펴보자, 인쇄업이 유망하지 않은 직업이라는 의견이 고드프리 친척들만의 유별난 생각이 아니라는 것을 발견했다. 물론 매력적이지 않거나 다른 하자가 있는 여자라면 지참금을 받을 수도 있다. 아무리 실용적이라고 해도, 그는 자신이 원하지 않거나 사랑하게 될 거라고 생각하지 않는 여자와 평생을 살 정도로 계산적이지는 않았다.

그래서 그는 데버라 리드를 선택했다. 그녀는 그를 다시 만나게 되어 기뻤는데, 그가 자신이 빠진 곤경에서 벗어날 수 있는 유일한 탈출구처럼 보였기 때문이었다. 어머니 세라 리드도 비슷한 이유로 결혼을 승인했다.

그러나 데버라를 둘러싼 문제들이 너무나 복잡해서 절망적일 정도였다. 존 로저스가 정말로 죽었다면 프랭클린은 아내와 함께 그의 빚까지 상속받을 위험이 있었고, 혹시 살아 있다면 그가 돌아와서 프랭클린과 데버라를 중혼죄로 고발할 수도 있었다. 데버라의 이혼을 어렵게 했던 바로 그 도덕률은 중혼에 대해 훨씬 더 엄격한 견해를 취했다. 유죄판결을 받으면 두 사람 모두 등에 서른아홉 대의 채찍질을 맞고 평생 감옥에서 중노동을 해야 했다.

이러한 위험 때문에 예비 신혼부부는 결혼을 여러 달 미루었다. 그러나 연감이 한 장씩 넘어갈 때마다 로저스의 재등장 가능성은 줄어들었고, 1730년 여름 프랭클린과 데버라는 계획대로 진행하기로 결정했다. 그러나 그때도 그들은 편의를 택했다. 정식 결혼식을 올리는 대신, 그들은 그냥 부부처럼 살림을 차렸다. 이러한 종류의 사실혼 관계는 당시 법적인 복잡성 때문에 정식 결혼이 어려웠던 사람들을 위한 현실적인 대안으로 생겨났고, 장시간 그 관계가 성공적으로 유지되면 정식 부부로 인정받았다. 프랭클린에게는 이런 식의 비정상적인—그렇다고 극도로 이상하지는 않았지만— 결혼 방식에 이의를 제기할 친척이 가까이 없었다. 데버라의 친척들은 그녀의 곤경을 이해했고 이것이 최선이자 어쩌면 유일한 해결책임을 인정했다. 1730년 9월 1일부터 그들은 사실혼 관계에 대체로 호의적인 지역사회에 부부로서 자신들을 소개했다.

결혼은 거의 즉시—보통의 아내라면 못 견딜 방식으로— 시험대에 올랐다. 1730년 말 또는 1731년 초에 벤저민 프랭클린은 데버라 리드 프랭클린이 아닌 다른 여자에게서 아들을 얻었다.

사건이 발생한 시점으로 미루어보건대, 프랭클린은 데버라와 결혼하기로 결정했을 때 이미 아이가 태어날 예정임을 알고 있었다고 추측된다. 그는 곧 발생할 그토록 중요한 사건을 분명히 데버라에게 알렸을 것이다. 아마도 그는 그때 이미 아이의 어머니가 아닌 자신이 아이를 책임져야 한다는 것을 알고 있었을지도 모른다. 물론, 아닐 수도 있다. 그런데 그가 알고 있었다면, 분명 데버라의 동의를 얻었을 것이다. 그녀가 아이의 양어머니가 될 것이고, 당시의 관습과 프랭클린의 많은 업무량을 고려할 때 아이의 주된 양육자가 될 것이었기 때문이었다. 하지만 그가 출생 전에 아이의 양육권을 맡을 것이라는 사실을 몰랐다면, 데버라의 동의는 사후에 얻어졌을 것이고 이는 데버라의 분노와 원한을 불러일으킬 가능성이 있었다.

프랭클린 아들의 생모의 정체는 거의 3세기 동안 미스터리였다. 프랭클린이 아이의 아버지라는 데 아무도 이의를 제기하지 않았으므로, 생모가—적어도 임신 당시에는— 매춘부나 특별히 문란한 여자는 아니었음이 틀림없다. 데버라는 그녀가 누구인지 분명히 알고 있었을 것이다. 프랭클린의 약혼녀이자 아내로서 분명히 물었을 것이며 그러므로 어머니 세라도 알고 있었을 것이다. 의심할 여지 없이 프랭클린이나 데버라와 가까운 다른 사람들도 이 아이가 어디에서 왔는지 궁금해했을 것이다. 그리고 가장 참견하기 좋아하는 사람들은 아마 그 비밀을 캐냈을 것이다. 일부 작가들은 윌리엄이라는 이름의 그 소년이 사실 데버라의 아이였고, 프랭클린과의 결혼 전에 잉태되었다고 주장했다. 이 주장에 따르면, 이 부부가 윌리엄을 친아들이라고 밝히지 않은 것은, 혹시라도 존 로저스가 돌아왔을 때 중혼이나 간통죄로 처벌받을 것을 두려워했기 때문이었다. 아이 자체는 숨기기 어렵더라도 생모의 신분은 숨길 수 있었고, 그렇게 함으로써 관련된 모든 이들이 가장 혹독한 결과로부터 보호받을 수 있었다.

하지만 로저스가 장기간, 그리고 마침내 영구적으로 나타나지 않게 되자 이런 주장도 설득력을 잃게 된다. 심지어 몇 년이 더 지나 로저스가 나타날 가능성이 완전히 사라진 후에도 데버라는 윌리엄을 자신의 아들로 인정하지 않았다. 이는 어떤 어머니에게서도 상상할 수 없는 일이며, 하물며 자신의 아들이 평생 사생아라는 낙인을 받으며 살아가는 것을 가까이서 지켜봐야 하는 어머니에게는 더욱 그렇다. 게다가, 프랭클린의 친구들은 모두 데버라가 생모가 아니라고 추정했다. 비록 윌리엄이 태어난 지 30년 뒤의 일이기는 하지만 조지 로버츠라는 사람은 "여기서는 그가 불륜으로 태어났으며 그의 생모가 좋은 형편이 아니라는 것이 일반적으로 알려져 있다"라고 글을 쓰기도 했다. 분명히 프랭클린은 아이의 생모와 일종의 재정적 합의를 했고, 그녀는 익명으로 남는 것에 만족했던 것 같다. 로버츠는 "나는 프랭클린이 그녀를 위해 약간의 조치를 취한 것으로 이해하고 있다"라고 말했지만, "그녀가 워낙 드러내는 걸 좋아하지 않는 성격이라 특별히 주목을 받지 않았고 윌리엄의 생모라는 것도 인정하지 않았다"라고 덧붙였다(1760년대에 프랭클린의 정치적 라이벌 중 한 명이 익명으로 윌리엄의 생모가 바버라라는 이름의 하녀였으며, 그녀는 사망할 때까지 프랭클린의 집에서 연간 10파운드를 받고 여러 해 동안 일했다고 말했다. 하지만 이 이야기는 믿을 이유가 없으며, 오히려 믿지 않을 이유가 많다. 우선 데버라가 남편의 전 애인을 계속 집에 머물도록 용인했을 것이라고는 상상하기 힘들다. 윌리엄은 내쫓고 싶었겠지만 그럴 수 없었을 것이다. 하지만 바버라는 내쫓을 수 있었고, 분명히 그랬을 것이다).

모든 증거로 볼 때 데버라와의 결혼 생활은 프랭클린을 안정시켰다. 이것은 물론 그의 관점에서 결혼의 주요 목적 중 하나였지만, 데버라는 당연히 그가 정말로 변했는지 궁금해했다. 몇 년 동안 그는 욕정에 사로잡혔고, 어린 윌리엄은 여러 증거 중 가장 명백한 증거일 뿐이었다. 프랭클린이 자신의 욕정을 다스릴 수 있을지는 두고 볼 일이었다. 데버라는 주의 깊게 지켜보았을 것이다.

결혼 2년째에 그녀는 자신이 임신했다는 사실을 발견했고, 의심할 여지 없이 기쁨과 만족을 느꼈으며, 프랭클린 또한 기쁨과 안도를 느꼈을 것이다. 이제 다른 여자의 아이 말고도 자신의 아이가 집에 들어오게 될 것이고 이 새로운 아이는 이 부부를 단단히 결속시킬 것이었다. 1732년 10월 20일, 프랜시스 폴저 프랭클린이 태어났다. 데버라가 아들의 이름 프랜시스를 선택했을 거라고 추측되는데, 그건 프랭클린이 자신의 어머니의 성인 폴저를 아이의 중간 이름으로 선택했기 때문이다. 한편 세라 리드는 사위가 주거지 겸 직장으로 사용하는 마켓스트리트의 집으로 들어와 출산과 육아를 돌봤다. 그녀는 데버라가 프랜시스를 돌보는 동안, 어린 윌리엄도 돌보았음에 틀림없다. 아래층에 있던 프랭클린은 데버라가 윌리엄도 친자식처럼 돌봐주기를 내심 기대했다.

인쇄소를 차린 후에 결혼하고 두 아들이 태어나면서 프랭클린은 필라델피아에 상당히 깊이 뿌리를 내릴 수 있었다. 이때까지 그의 삶 대부분은 자신의 기질과 재능에 맞는 장소를 찾는 과정이었다. 보스턴은 너무 제약이 많았고, 런던은 너무 느슨했다. 결국 필라델피아도 그를 담기에는 너무 작아졌지만—아니 오히려 필라델피아에 비해 그가 너무 커져버렸다, 그의 20대, 30대, 40대에 걸친 30년 동안, 필라델피아는 그에게 친근한 보금자리를 제공해주었다.

물론 이러한 친근함은 단순히 필라델피아의 특성 때문만이 아니라 프랭클린 자신이 노력한 덕분이기도 했다. 그의 준토 클럽 창설이 이 방향으로의 첫 번째 발걸음이었다. 이 클럽을 통해 프랭클린은 자신과 비슷한 지적 관심사를 가진 사람들로 자신을 둘러쌀 수 있었다. 시간이 지나면서 이 그룹의 구성원들이 도시의 지도적 위치를 차지하게 되자, 그 영향력은 공동체 전체에 스며들었다.

두 번째 발걸음은 필라델피아 도서관 조합Library Company of Philadelphia의 조직이었다. 식민지의 부유한 사람들 사이에서 개인 도서관을 가지고 있는 것은 흔한 일로서 프랭클린 자신도 몇몇을 이용해본 적이 있었다. 물론 기관 도서관도 전혀 없던 것은 아니었다. 이들은 보통 교회나 다른 종교 단체에 속해 있었다. 하지만 일반인 대상 유료 회원제 도서관은 새로운 것이었다. 이곳은 회원들이 기금을 모아 모든 사람이 공유하고 모든 사람이 혜택을 받을 수 있는 책들을 구입했다. 프랭클린은 준토에서 이 아이디어를 제안했고, 호의적인 반응을 얻자 입회비 40실링과 연회비 10실링을 명시한 헌장을 작성했다. 헌장은 1731년 7월에 서명되었으며, 50명의 구독자 회원이 모집되면 발효되기로 했다.

프랭클린은 구독자 모집 노력을 주도했다. 처음에는 이 도서관 설립이 자신의 아이디어라고 소개했고, 실제로도 그랬다. 하지만 그는 잠재적 구독자들의 반발에 부딪혔다. 일부 사람들은 이렇게 공개적으로 시민의식을 표방하는 사람이 만든 단체에 가입하면 공연히 프랭클린에게 모든 공로가 돌아갈까 봐 알게 모르게 꺼리는 경향을 분명히 보였다. 사람들은 프랭클린에게 직접 물어보지는 않았지만, 속으로 그가 이렇게까지 공공의 복리를 증진시키려고 애쓰는 데 도대체 무슨 속셈이 있는 건지 궁금했다. 그들의 의심을 누그러뜨리기 위해 프랭클린은 술책을 썼다. "그래서 나는 가능한 한 내 모습을 드러내지 않았고, 이 계획은 **여러 친구**의 아이디어로, 독서를 좋아하는 사람들에게 이 계획을 제안해달라는 요청을 그들에게 받은 것이라고 둘러댔다."

4개월 만에 도서관 조합은 50명의 회원을 모집했다. 처음에 주문할 책 목록을 작성하기 위해 회원들이 좋아하는 책들이 무엇인지 파악하고, 동시에 펜실베이니아에서 가장 학식 있는 인물인 제임스 로건과 상의하는 과정을 거쳤다. 로건은 라틴어, 그리스어, 히브리어, 프랑스어, 이탈리아어에 능통했고, 미국에서 유일하게 뉴턴의 위대한 저서『자연철학의 수학적 원리Principia Mathematica』를 이해할 수 있을 만큼 수학에 정통한 인물이었다. 프랭클린보다 30년 연상이었고 윌리엄 펜의 직계 제자였던 로건은 펜실베이니아의 문학계(그리고 수학계)를 이끄는 주도적 인물이었다. 당연히 프랭클린은 그의 조언과 후원 그리고 사회적 신뢰를 자신의 활동에 적극 활용했다. 제임스 로건은 자존감 있는 사람이라면 누구든 교육받아야 할 여러 필수 항목들을 목록으로 제시했다. 로건이 제시한 도서 목록과 프랭클린 및 다른 도서관 이사들이 직접 고른 책들을 합치니, 초기 구매 도서들은 기하학부터 저널리즘까지, 자연철학에서 형이상학까지, 그리고 시부터 원예에 이르는 광범위한 주제들을 망라했다.

프랭클린의 인쇄소에서 일하는 직공인 루이 티모테를 사서로 고용하고, 장서 보관 장소를 임대했다. 프랭클린과 도서관의 이사들은 티모테에게 수요일 오후 2시부터 3시까지, 그리고 토요일 오전 10시부터 오후 4시까지 도서관을 열어두도록 지시했다. 이 도서관에서는 '교양 있는 신사'라면 누구나 책을 열람할 수 있었지만, 대출은 구독자만이 할 수 있었다(장서 구성에 대한 감사의 표시로 제임스 로건은 예외였다). 한편 대출자는 한 번에 한 권씩만 빌릴 수 있었다. 책을 대출할 때마다 각 대출자는 그 책값에 해당하는 금액의 약속어음에 서명해야 했고 이는 책을 손상 없이 반납하면 무효가 되었다. 그러면 대출자는 또 다른 책을 빌릴 수 있었다. 말하자면 한 번에 벽돌 하나씩 자신의 지식 건물을 쌓아가는 것과 같았다.

도서관 조합이 처음 설립되었을 때 프랭클린은 27세였고, 런던에서 첫 번째로 주문한 책이 도착한 것은 28세였다. 식민지 시대의 삶은 유능하고 야망 있는 젊은이들에게 기회를 제공했다는 점에서 주목할 만했다. 하지만 프랭클린만큼 이러한 기회들을 잘 활용한 사람은 거의 없었다. 이는 적어도 프랭클린보다 더 유능한 사람이 없었고, 그보다 더 야망 있는 사람도 많지 않았기 때문이었다. 도서관 프로젝트에 대해 회의적인 사람들은 프랭클린이 이 프로젝트에서 무엇을 얻으려 하는지 궁금해했는데 이는 당연한 일이었다. 왜냐하면 프랭클린은 자신이 무엇을 하던 거기서 무언가를 얻을 것이라고 기대했기 때문이다. 그러나 프랭클린은 자신의 이득이 곧 공동체의 이득이고, 공동체의 이득이 곧 그의 이득이라고 해석했다.

1731년 2월 프랭클린은 프리메이슨의 일원이 되었다. 곧이어 그는 세례 요한의 이름을 딴 초창기 프리메이슨 한 지부의 내규 초안을 맡아서 작성했다. 내규가 승인되자 그는 총무로 선출되었고 이후 그 지부의 그랜드 마스터가 되었다. 그리고 3년 후에는 펜실베이니아 전체 메이슨의 그랜드

마스터가 되었다. 이는 충분히 예견할 수 있었던 일이었다. 왜냐하면 실제로 회원들이 프리메이슨에 가입하는 주된 목적 중 하나가 서로에게 사업 기회를 제공하는 것이었기 때문이다. 그의 동료 메이슨들은 프랭클린에게 자연스레 사업을 몰아주었다. 1734년에 프랭클린은 『프리메이슨 헌장Constitutions』이라는 책을 인쇄했는데, 이는 미국에서 공식적으로 후원을 받아 발행된 최초의 프리메이슨 서적이었다. 이 외에도 공식 후원은 아니지만 동료 메이슨들로부터 추가적인 일을 얻었다.

프랭클린이 지방정부로부터 일감을 얻는 데 프리메이슨과의 관계가 영향을 미쳤을 수도 있다. 하지만 의회가 식민지의 지폐를 인쇄할 사람으로 그를 선택했을 때, 의원들은 단지 그가 카이머 밑에 있을 때 인쇄했던 뉴저지 지폐의 품질에 근거해 결정을 내렸을 수도 있다. 성공은 성공을 낳았다. 곧 그는 의회의 공식 인쇄업자가 되었다. 이는 인쇄소에 꾸준한 일감과 예측 가능한 수입을 제공했고, 이는 다시 프랭클린이 다른 활동으로 확장할 수 있게 해주었다. 문구점도 확장했다. 데버라와 세라의 감독 아래 새로운 품목들을 주문하고 새로운 사업을 유치했다. 사우스캐롤라이나 의회가 그곳에 들어오는 인쇄업자에게 보조금을 지원한다고 발표하자, 프랭클린은 그의 견습공 중 한 명인 토머스 휘트마시를 사우스캐롤라이나로 보내 그곳에 인쇄소를 열게 했다. 하지만 휘트마시가 1733년 9월 황열병으로 사망한 후, 프랭클린은 루이 티모테를 대신 파견하며 더운 날씨에 침수 지역을 피하라는 주의의 말을 전했다.

한편 《펜실베이니아 가제트》는 지역의 주요 신문으로 성장했다. 신문에는 필라델피아 및 기타 지역의 소식을 실었는데 그 출처는 주로 정부의 공고, 프랭클린이 고위층과 하층민과 나눈 대화 등이었다. 또한 미국 다른 지역신문들과 대서양을 건너온 런던의 신문 및 잡지에서 기사와 공고를 재수록하기도 했다.

이 신문은 또한 의견도 게재했다. 일부 언론인들은 잘못을 바로잡고 기득권에 맞서려는 열정으로 이 직업에 뛰어든다. 이것이 프랭클린의 형 제임스에게 동기를 부여했던 것이고, 제임스를 감옥에 보낸 것이기도 했다. 프랭클린은 분명히 제임스의 경험에서 배웠고 제임스의 신문을 만들면서 자신이 했던 경험에서 배웠다. 프랭클린은 감옥에 갇혀서까지 신문을 발행하고 싶지 않았지만, 그렇다고 해서 감옥이든 어디든 아예 신문을 발행하지 **못**하게 되는 것은 더더욱 원하지 않았다. 그에게 언론은 사명감보다는 사업이었고, 어쩌면 사명감이라는 것도 사업이 잘 돌아갈 때만 의미 있는 것이라고 생각했다. 제임스와 달리, 프랭클린은 당국을 자극해서 신문이나 인쇄소가 폐쇄되는 일을 만들지 않았다. 무엇보다도, 그런 무모한 행동을 하면 정부와의 인쇄 계약을 잃을 수 있기 때문이었다.

다른 사람에게 이런 특징이 나타났다면 기회주의적이거나 심지어 냉소적으로 보였을 수도 있다. 프랭클린은 냉소적이지 않으면서도, 기회를 놓치는 법이 없었다. 그러나 저널리즘에 대한 그의 태도는 그의 성격, 즉 타고난 회의주의를 솔직하게 반영했다. 어떤 주장을 듣더라도 그것에 완전히 설득되어 반대의견을 고려할 여지를 봉쇄해버리는 법은 없었다. 사람들은 불확실한 것을 싫어해서 인생의 크고 작은 문제들에 대해 확실한 답만 찾으려 한다. 하지만 프랭클린은 정반대였는데, 확실성, 더 정확히는 확신을 불편해하는 소수에 속했다. 의심할 여지없이 이는 적어도 부분적으로는 보스턴에서 매더스 가문의 숨 막히는 확신을 느껴본 그의 경험을 반영했다. 또한 이는 그가 다양한 책을 읽으며 여러 사람의 생각과 의견을 접했기 때문이다. 무엇보다도, 이는 타고난 무언가를 반영했을 것이다. 그건 그를 아는 거의 모든 사람이 주목했고 많은 이들이 언급한 평정심equipoise이다. 이 때문에 그는 건방지거나, 깊이가 없는 사람처럼 보이기도 했다. 다른 사람들이 인생의 깊은 문제들로 고뇌하는 동안, 프랭클린은 불완전한 답에 만족하며 열린 마음을 유지하고 삶의 표면 위로 유유자적하며 스케이트를 타는 것처럼 보였다.

요컨대, 프랭클린은 이교도를 설득하기보다는 돈을 벌기를 바라는 마음을 가진 신문 편집자에게 가장 어울리는 기질을 가지고 있었다. 그는 《가제트》의 지면을 온갖 종류의 의견에 개방함으로써 다양한 독자들을 끌어들여 사세를 확장시켰다.

때때로 그의 관대한 마음가짐이 그에게 문제를 가져왔다. 1731년 6월 프랭클린은 자신의 신문《가제트》에 대한 대중의 거센 비판에 대응해, 자신이 신문을 운영하는 방식과 그 뒤에 숨겨진 철학을 해명하기 위해 「인쇄업자들을 위한 변명Apology for Printers」이라는 글을 게재했다. 이 사과문은 본격적으로 사과를 하기 전에 자신의 주장이 잘 다듬어지지 않았다는 점에 대해 미리 양해를 구하는 글로 시작한다. "사실 이 글을 제대로 잘 다듬고 싶었지만, 지금은 그럴 시간이 없어서 핵심이 될 만한 생각들을 그냥 대충 모아서 썼습니다."

프랭클린이 이렇게 말한 것은 진심으로 겸손해서일 수도 있고, 아니면 일부러 겸손한 척한 것일 수도 있다. 사실 한 문장에 그의 주장과 모든 인쇄업자들의 주장을 요약했으며, 독자들이 그에게서 기대하는 특유의 반전도 포함되어 있었다. "우리 인쇄업자들은 어떤 논쟁이든 양쪽 의견을 모두 대중에게 들려줘야 한다고 교육받는다. 왜냐하면 진실과 거짓이 붙으면 결국 진실이 이기기 때문이다. 그래서 우리는 논쟁에서 어느 편인지에 상관없이, 돈을 잘 내주는 고객이라면 기꺼이 그들의 글을 인쇄해준다."

늘 그렇듯, 프랭클린은 이 글에서도 핵심 주장을 전달하기 위해 돈만 내면 인쇄해준다는 반전을 사용했다. 독자들은 인쇄업이 다른 것과 크게 다르지 않은 사업이라는 것을 기억할 필요가 있었다. 대장장이는 철을 다루고, 구두 수선공은 가죽을 다루며, 인쇄업자는 의견을 다룬다. 그러나 이것이 인쇄업자들을 곤경에 빠뜨리는 것이다. "따라서 인쇄업에는 다른 직업에서는 찾아볼 수 없는 특별한 단점이 있다. 인쇄업에 종사하는 사람들은 생계를 위해 일을 하다 보면 거의 어김없이 누군가를 기분 나쁘게 하기 마련이고, 때로는 많은 사람을 불쾌하게 만들 기도 한다. 반면에 대장장이, 구두장이, 목수, 등의 직업을 가진 사람들은 어떤 신념을 가진 사람과도 가리지 않고 일할 수 있고, 그 누구도 기분이 상하지 않는다. 상인 역시 유대인, 터키인, 이단자, 불신자 등 누구와도 자유롭게 사고팔 수 있지만, 가장 독실한 사람조차도 기분 나빠하지 않는다." 만일 고객의 신념을 일일이 알아보고 그것이 판매자의 신념과 일치할 때만 물건을 팔려고 한다면, 상업적인 거래는 거의 이루어지지 않을 것이다. 인쇄업자들도 마찬가지다. "만약 모든 인쇄업자들이 인쇄하는 내용이 아무도 불쾌하게 하지 않을 것이라고 확신할 때만 인쇄를 한다면, 그 어느 것도 인쇄할 수 없을 것이다."

프랭클린은 그에게 많은 의견이 쇄도하지만 그의 신문에 실리지 않는 것도 많다고 말했다. 여기서 그는 준토 클럽이 최근 런던에서 받은, 그다지 중요하지 않은 책에 실린 두 행짜리 시구를 인용했다.

만약 그들이 신중하게 지워낸 것이 무엇인지 알려진다면
시인들은 더 많은 청찬을 들었을 것이다.

그는 나쁜 행동이나 도덕적으로 옳지 않은 행동을 부추길 만한 것은 절대로 받아들이지 않았고 누군가에게 실제로 피해를 줄 수 있는 편지나 기사 역시 거절했다.

때때로 이번 인쇄업자들을 위한 변명을 쓰게 된 사태를 야기한 것 같은 실수를 저지르기도 했다. 한번은 바베이도스로 출항할 예정인 배의 광고를 게재했는데, 공고에는 다음과 같은 주의 사항이 붙어 있었다. "어떤 이유로도 바다 갈매기나 검은 가운은 승선할 수 없음." 언제나처럼 바빴던 프랭클린은 어쨌든 명백히 다른 사람이 의뢰한 원고의 문구에 거의 주의를 기울이지 않았다. "나는 그것을 인쇄했고 돈을 받았으며, 광고는 평소처럼 시내 곳곳에 붙여졌다."

하지만 프랭클린은 곧바로 성직자와 종교에 대한 악의로 맹비난받았다. '검은 가운'은 누가 봐도 영국성공회 사제들을 가리키는 말이었고, 바다 갈매기는 시끄럽고 품위 없는 사람들을 지칭하는 은어였다.

프랭클린은 광고의 그 부분을 인쇄한 것이 잘못이었다고 인정했다. 그는 '검은 가운'이 무엇을 가리키는지 알고 있었지만, '바다 갈매기'는 전에 한 번도 들어본 적이 없다고 말했다. 다시 할 수 있다면, 그는 그 광고를 인쇄하지 않았을 것이라고 했다. "하지만 이미 끝난 일이고, 취소는 불가능했다." 그는 자신을 변호하면서 몇 가지 참작할 만한 사정을 내세웠다. 첫째, 그는 문제의 광고에서 비난당했다고 주장하는 사람들에게 아무런 악의가 없었고, 실제로 성공회 사제 중에는 고객이자 친구도 있다고 말했다. 둘째, 가게를 연 이후로 1000개가 넘는 광고를 인쇄했는데, 이번 광고가 처음으로 이런 불쾌감을 준 경우였다. 셋째, 만약 자신에게 성직자에게 해를 끼치려는 의도가 정말로 있었다면, 이번처럼 반발이 심하게 나오는 방식으로 하지는 않았을 것이라고 말했다. 그리고 "중요한 것은, 나는 이 광고로 5실링을 벌었지만, 화난 사람들 중 누구도 이 광고를 막으려고 내게 그만한 돈을 내주지는 않았을 것이다"라고 덧붙였다.

그는 자신의 곤경을 설명하는 우화를 이야기했다.

어느 마음씨 좋은 아버지와 아들이 시장에 내다 팔려고 당나귀 한 마리를 끌고 가고 있었다. 길이 험해서 아버지는 당나귀를 타고, 아들은 걸어서 뒤를 따라가고 있었다. 그때 처음 만난 행인이 아버지에게 혼자 나귀를 타고 어린 아들은 진흙 길에 걷게 하다니 부끄럽지도 않느냐고 물었다. 이 말을 들은 아버지는 아들도 당나귀에 태워서 같이 갔다. 조금 더 가니 또 다른 사람들이 그들을 보고, 불쌍한 당나귀 등에 둘이나 타다니 참 잔인한 사람들이라고 말했다. 그러자 아버지는 당나귀에서 내리고 아들만 타고 가게 했다. 또 얼마 가지 않아 다른 사람들이 그 모습을 보고, 아버지는 걸어가는데 아들만 당나귀를 타고 간다고 아들을 욕했고 아버지보고는 그걸 그냥 두다니 바보 아니냐고 했다. 그래서 아버지는 아들에게 내려서 같이 걸어가자고 했고, 결국 둘이서 당나귀를 끌고 걸었다. 그러다가 또 다른 사람들을 만났는데, 그들은 이렇게 길이 험한데 왜 당나귀를 안 타고 걸어가느냐고 뭐라고 했다. 결국 아버지는 더는 참지 못하고 아들에게 이렇게 말했다. "얘야, 우리가 이 사람들 모두를 만족시킬 수 없다는 게 정말 속상하구나. 차라리 저 다리에서 당나귀를 던져버리고 더는 신경 쓰지 말자."

프랭클린은 만약 사람들이 이 결심을 실행에 옮기는 것을 보았다면, 모든 사람을 만족시키려 한 아버지를 더욱 바보로 여겼을 것이라고 언급했다. "그래서, 나도 그 사람만큼이나 남의 말에 잘 맞춰주는 성격이긴 하지만, 마지막에는 그를 따라 하지 않으려고 한다. 사람마다 생각과 성격이 제각각이라는 걸 알기에, 모두를 만족시킬 수는 없다는 걸 인정한다. 하지만 그렇다고 해서 인쇄 일을 그만둘 생각은 없다. 앞으로도 내 일을 계속할 것이고, 인쇄기를 불태우거나 활자를 녹여버릴 생각도 없다."

바다 갈매기와 검은 가운 들에 대한 프랭클린의 실수는 그를 더욱 신중하게 만들었지만, 그렇다고 해서 모든 사람으로부터 주문을 받고자 하는 그의 열정은 줄어들지 않았다. 오히려 그는 상상할 수 있는 모든 방향으로 사업을 확장했다. 그는 소수의 웨일스인 독자들을 위해 웨일스어로 된 공지문을 인쇄했고, 펜실베이니아에서 성장하고 있던 더 큰 독일인 공동체를 위해서는 독일어로 된 공지문을 인쇄했다. 독일인 커뮤니티를 위해서는 아예 신문 전체를 독일어로 발행하기까지 했다. 하지만 안타깝게도 독일인 독자층의 규모나 그들의 재정적 지원이 충분하지 못했기 때문에《필라델피쉐 차이퉁Philadelphische Zeiting》은 단 두 호만 발행하고 폐간되었다.

《가제트》는 다양한 상품과 서비스를 광고했다. 마켓스트리트의 시장 근처에서 가게를 운영하던 새뮤얼 추와 토머스 본드는 "런던에서 막 수입된 상당한 양의 신선한 약재를 대량 또는 소량으로 판매함. 또 대부분의 화학 및 천연재료 기반 의약품을 정당하고 정직하게 준비해 매우 합리적인 가격으로 판매"라고 광고했다. 한편 데이비스 가문은 "160만 제곱미터에 달하는 토질이 좋은 땅을 포함한 농장. (…) 약 50만 제곱미터의 개간된 땅과 튼튼한 주택, 큰 헛간, 수확이 좋은 과수원, 이미 만들어진 좋은 목초지가 있으며 필요에 따라 더 만들 수 있음. 이 부지는 세 구역으로 나누어, 각각 독립적인 거주지로 개발할 수 있음"이라고 광고했다. 존 파슨스는 "최근 완공된 벽돌 주택, 전면 약 10미터에 2층 구조로 웅장한 외관을 자랑하며 넉넉한 대형 지하실과 넓은 다락방까지 갖추고 있어 공간 활용이 자유로움. 새로 지은 벽돌 부엌, 마구간, 그리고 넓은 정원까지 완비"라고 광고했다.

구인 거래도 마찬가지로 활발했다. 필라델피아시 빈민 감독관인 토머스 패리와 아이작 윌리엄스는 "4세가량의 소년을 21세까지 고용할 수 있으며, 건장한 젊은 여성도 2~3년간 고용 가능"이라고 광고했으며, 프랭클린도 자신을 위해서든, 혹은 익명의 후원자를 대신해서든 "앞으로 4년간 일할 수 있는 가사와 바느질에 능한 하녀"를 광고 면에 내놓았다.

구인 거래에는 노예 거래도 포함되었다. "현지에서 태어나 농장에서 자란 두 명의 젊고 유망한 흑인 남성으로, 모든 종류의 농장 작업 가능. 팔머 선장이 내놓음." 또 다른 선장인 토머스 제임스는 "약 20세의 젊은 스페인계 인디언 여성으로 (…) 모든 가사에 매우 적합"하다고 광고했다.

말년에 프랭클린은 노예제를 정의, 인도주의, 또는 새로운 공화주의의 가치와 양립할 수 없는 해로운 제도로 보았다. 하지만 1730년대에는 노예제가 영국의 모든 미주 식민지에 존재했고, 가장 급진적인 퀘이커 교도들만이 그것을 예외적인 것으로 여겼으며, 계약노동에는 흑인뿐만 아니라 많은 백인도 포함되어 있던 시대였다(비록 백인들은 평생이 아닌 정해진 기간 만

묶여 있었지만). 이 주제에 대해 프랭클린의 양심은 별로 괴로워하지 않았던 것 같다. 《가제트》가 노예 광고를 실었을 때도 그는 매우 당연하게 노예 거래에 직접 참여했다. "팝니다. 14세가량의 건강하고 유망한 흑인 소녀, 시골에서 자랐으나 도시와 시골 모두에서 일할 수 있음. 인쇄소에 직접 문의 바람"이라든지 "약 19~20세의 유망한 젊은 흑인으로 (…) 플랜테이션 작업에 익숙해 노동에 매우 적합하며 천연두를 앓았음"이라고 광고했다. 또 다른 광고도 있었다. "약 30세의 매우 튼튼한 흑인 여성으로 어린 시절부터 이 도시에서 살았으며 세탁과 다림질을 매우 잘하고, 요리, 바느질, 아마 물레 돌리기, 젖소 젖 짜기 등, 모든 종류의 가사에 능함. 그녀에게는 약 2세의 아들이 있어서 함께 갈 것임. (…) 또한 위에서 말한 여성의 아들로 약 6세인 매우 유망한 소년도 보유. 그는 어머니와 함께, 또는 구매자가 원하면 단독 거래도 가능."

다른 공지들은 더 개인적이었다. "랭커스터카운티의 존 러블의 아내 크리스티아나가 남편으로부터 도망쳐서 다섯 명의 어린 자녀들을 집에 두고 갔으므로, 모든 사람에게 알리기를 상기 크리스티아나에게 어떤 상품에 대해서도 외상거래를 하지 말 것이며, 그녀가 구매하는 어떤 것에 대해서도 그녀의 남편에게 대금 청구할 생각은 하지 말 것." 너새니얼 램플러도 그의 아내 애비게일이 도망갔을 때 비슷한 공지를 냈다. "남편은 그녀가 계약하는 어떤 채무도 갚지 않을 것임."

도망친 하인들에 대한 공지도 정기적으로 올라왔다. 토머스 밀스는 "이름은 존 호머이며, 직업은 구두 수선공이고, 키가 작고 창백한 안색이며, 한 발은 절반이 잘렸고, 다른 발은 세 발가락이 잘렸음. 밝은색 단추가 달린 밝은 더블브레스티드 코트를 입었고, 조그만 진밤색 말을 탐"이라고 광고했고, 찾아주는 사람에게 20실링의 보상금을 걸었다. 크리스티안 흐라스홀트는 "네덜란드인 하인으로, 직업은 재단사이고, 영어를 거의 또는 전혀 하지 못하며, 이름은 한스 볼프 아이스만으로서, 머리카락이 없고, 약

22세이며, 펠트 모자 아래에 흰 모자를 쓰고, 흰 모자 끈, 낡은 올리브그린 코듀로이 코트(한쪽 소매가 약간 찢어짐), 검은 천 조끼와 바지, 흰 편물 스타킹과 어두운 스타킹, 큰 놋쇠 버클이 달린 네모난 발가락 신발, 거친 리넨 셔츠를 입고 있음"이라고 광고하고 앞서와 비슷한 보상금을 약속했다.

때로는 무생물이 사라지기도 했다. "지난 화요일 밤 마커스훅과 체스터 사이의 길에서 30실링의 돈과 몇 장의 어음이 들어 있는 지갑 분실. 발견자는 지갑과 어음을 여기 인쇄업자에게 맡기면 사례함."

신문 지면의 비어 있는 자투리 공간은 유용하거나 단순히 흥미를 끄는 사실들로 채워졌다. "천연두가 드디어 우리 도시를 떠났다. 이 질병으로 인해 사망한 이의 수는 정확히 288명이며, 이 중 64명은 흑인이다. 각 흑인을 30파운드로 산정할 경우, 도시의 손실은 약 2000파운드에 달한다. 한편 지난 8일 화요일에 뉴캐슬 근처 몇 마일 떨어진 집에 번개가 떨어져 개 세 마리가 죽고, 여러 사람의 청력을 손실시켰으며, 한 여성의 코가 이상한 모양으로 갈라졌다고 한다."

프랭클린이 새뮤얼 카이머로부터 《가제트》를 인수했을 때, 그는 정보뿐만 아니라 오락도 제공하겠다고 약속했다. 뉴스가 별로 없는 날에는 프랭클린이 최신 가십을 전했는데, 이때는 정보와 오락을 구분하기가 어려웠다.

요즘 연애사는 금성과 대립하는 어떤 불길하고 삐딱한 행성이 지배하는 모양이다. 지난 화요일, 어떤 경찰관이 이웃 여자와 그날 밤을 **함께하기로** 약속했고, 여자는 그가 들어올 수 있도록 창문을 열어두겠다고 했다. 그런데 그가 어둠 속에서 순찰을 돌다가 불행히도 창문을 착각해 다른 여자의 침대방에 들어갔는데 멀지 않은 소파에 그 남편이 누워 있었다. 눈치 빠른 여자가 자신의 침대에 잠입한 남자의 유난스러운 애정을 곧 알아차리고 남편일 리 없다고 판단해 소리를 질러서 남편이 깜짝 놀라 잠에서 깨어났다. 남편은 누군가 자신의 허락 없이 자기 집에 들어와 있는 것을 발견하고 무자비하게 폭력을 휘두르기 시작했다. 만약 집을 착각한 우리의 불쌍한 바람둥이가 용감하게 도움을 청하지 않았다면(마치 왕의 이름으로 도움을 명령하는 것처럼), 그리고 그로 인해 가족들이 깨어나지 않았다면, 그는 아내와 남편 사이에서 두 엄지손가락 사이에 끼인 이 같은 신세가 되어 목숨을 건질 가망이 전혀 없었을 것이다.

사일런스 두굿과 실리아 쇼트페이스의 정신을 이어받아, 프랭클린은 가짜 독자투고를 만들어냈다. 앤서니 애프터윗이라는 인물은 자신이 기대했던 200파운드 지참금을 장인이 어떻게 교묘하게 가로챘는지, 그리고 아버지를 닮은 아내가 어떻게 자신을 속여서 둘 다 감당할 수 없는 사치스러운 생활을 하다가 빚더미에 앉게 했는지 털어놓았다. 아내가 친척들을 방문하러 간 후에야 그는 정신을 차릴 수 있었다. 그는 하녀를 해고하고, 고급 가구를 팔고, 화려한 시계를 정직한 모래시계로, 빠른 말은 젖소로 바꾸었다. 하지만 그는 아직 아내에게 이러한 변화를 알리지 않았는데, 이것이 그가 《가제트》에 편지를 쓰는 이유였다. "아내가 다음 주 금요일에 집으로 돌아올 예정인데, 그녀가 지금 머무는 집에서도 신문을 구독하고 있으니, 아내가 이 글을 읽고 앞서 언급한 놀라운 변화를 받아들일 마음의 준비를 하기 바랍니다."

앨리스 애더텅은 참견꾼Busy Body의 직계 후손이었다. 그녀 자신의 삶은 조용했다("저는 서른다섯 먹은 젊은 여자이고, 현재 어머니와 함께 살고 있습니다"). 그래서 그녀는 다른 사람들의 어리석은 행동을 관찰하고, 그 이야기를 듣고 싶어 하는 사람에게 이야기를 꼬박꼬박 전해주며 즐거움을 얻었다. "나는 열심히 노력해서 이 지방에서 일어나는 모든 소문과 스캔들의 중심에 서게 되었다. 아주 작은 일이라도 빠지지 않고 내 귀에 들어온다." 가끔 그녀는 누구도 욕하지 않는 사람을 만나곤 했다. 이럴 때마다 그녀는 정보가 부족해서 그런 것이라 여기고, 곧바로 그 상황을 바로잡았다. "만약 그게 여자라면, 나는 누구보다 먼저 그 여자의 지인들에게 마을에서 가장 잘생기거나 멋진 남자 중 한 명이 그녀의 미모, 재치, 덕성, 또는 살림 능력에 대해 칭찬했다는 소문을 퍼트린다." 그러면 틀림없이 사람들은 해당 여성의 결점에 대해 이야기하기 시작한다. "같은 목적으로, 나는 평판 좋은 남자들이 사랑, 사업, 또는 대우라는 영역에서 경쟁자들 앞에서 특별한 능력이나 자질로 칭찬받게 만든다. 그러면 여자와 마찬가지 효과가 생긴다." 특정 직업들은 그녀의 일을 더 쉽게 만들어주었다. 예를 들어, 정치라는 분야는 사람들이 스스로 최악의 모습을 보이지 않더라도, 적어도 남에 대해 최악의 말을 하게 만들었다. 그녀가 충실히 기록해둔 최근의 황금 같은 추문 사건을 회상하며, 그녀는 이렇게 예측했다. "제가 죽은 후 제 글을 읽게 되는 사람은 누구든지, 이 시기 동안 펜실베이니아 사람들이 명예롭고 신뢰할 만한 모든 직책에 가장 악랄하고 어리석고 비열한 자들을 앉혔다고 생각하게 될지도 모른다." 애더팅 양은 《가제트》 편집자에게 추문을 퍼뜨리는 일에 동참해달라고 촉구하면서 만약 편집자가 따라준다면 구독자 수가 두 배로 늘어날 것이라고 예측했다. 편집자가 그 일을 시작할 수 있도록, 그녀는 관련자들의 평판을 확실히 더럽힐 수 있는 가십거리를 무려 열여섯 개나 편지에 적어서 제공했다. 편집자는 그녀의 선의에 감사 인사를 했지만 신문에 인쇄하는 것은 거부했다.

프랭클린의 분신 중 가장 유명한 것은 리처드 손더스였다. 만약 프랭클린이 리처드 손더스가 이토록 오랫동안 성공을 거둘 줄 알았다면, 아마 더 신중하게 이름을 선택했을 것이다. 독자들의 마음속에 생긴 혼란—이것이 벤저민 프랭클린이 하는 말인가, 아니면 리처드 손더스가 하는 말인가?—은 리처드 손더스라는 인물이 실제로 존재해서 더욱 복잡해졌다. 그는 17세기 후반 20년 동안 런던에서 연감을 출간한 의사이자 점성술사였다.

프랭클린은 분명히 손더스에 대해 알고 있었고, 손더스가 남긴 연감 사본들을 읽었을 것이다. 프랭클린이 리처드 손더스의 연감을 직접 보지 못했을 수도 있지만, 손더스의 연감이 얼마나 성공적이었는지, 그리고 연감 사업 전반이 얼마나 수익성이 좋았는지는 잘 알고 있었다.

연감은 수 세기 동안 다양한 형태로 존재해왔다. 이 단어는 '달력'을 뜻하는 스페인-아랍어 알 마나크al-manakh에서 유래되었다고—물론 연감 제작자들을 포함한 많은 상상력 풍부한 학자들은 다른 어원을 주장하지만— 전해진다. 한편 프랭클린과 동시대의 연감 제작자인 새뮤얼 엘즈워스라는 사람은 이 단어의 어원에 대한 미스터리를 한 번에 해결하면서 자신과 같은 직업을 가진 다른 이들의 뛰어나지만 무한하지는 않은 재능을 치켜세웠다.

> 연감을 만드는 데 필요한 능력에 대해 말하자면, 그 단어의 어원만 봐도 고대인들은 그 능력이 매우 비범해야 한다고 생각했다. 연감AL-MANACK은 분명히 ALL MY KNACK(내 모든 재주) 또는 ALL MAN'S KNACK(모든 사람의 재주)의 줄임말로, 가장 표현력 있고 간결한 방식으로 연감이 인간 천재성의 최고봉이며, 이 놀라운 기술이 마음의 모든 힘과 능력을 그토록 사로잡기 때문에 이것에 재주가 있는 사람은 다른 어떤 것에도 재주가 있을 것이라는 점을 분명히 암시한다.

보다 평범한 아랍어 기원이 시사하듯이, 연감의 가장 기본적인 역할은 달력이다. 프랭클린보다 반세기 앞서 펜실베이니아에서 연감을 제작한 새뮤얼 앳킨스는 중부 대서양 지방을 여행하면서 "사람들이 대체로 시간이 어떻게 흘러가는지 거의 알지 못하고, 휴일이나 주일(즉, 안식일, 일요일)이 언제인지도 잘 모른다고 불평하는 것을 발견했다. 그 이유는 우리가 연감이라고 부르는 다이어리나 메모장이 없었기 때문이다"라고 말했다.

달력 관리는 프랭클린 시대에 율리우스력에서 그레고리력으로 전환하면서 발생한 혼란으로 인해 복잡해졌다. 가톨릭 기반의 유럽은 16세기 후반에 교황 그레고리오 13세의 개혁을 받아들였지만, 영국을 포함해 개신교를 받아들인 유럽 국가들은 말 그대로 약 11일 정도 뒤처져 있었다. 연도가 언제 시작되는지에 대한 문제도 혼란을 야기했다. 구력에 따라 3월인가, 아니면 신력에 따른 1월인가? '1705년 1월 6일'과 같은 날짜가 적힌 오래된 신문을 우연히 발견한 사람은 이것이 구력인지 신력인지 알아야 했는데, 그 차이는 거의 1년에 달했기 때문이다(가령 구력 1705년 1월 6일생인 프랭클린이 신력으로는 1706년 1월 17일생이 된다). 양심적인 날짜 기록자들은 '1705/6년 1월 6일' 같은 표기로 이 문제를 해결했다. 영국 정부가 대영제국 내에서 신력으로의 전환을 공식 선포한 것은 1752년이 되어서였다.

단순히 날짜를 나열하는 기능을 넘어, 연감은 고정 휴일과 부활절 같은 이동 축일movable feasts도 기록했다. 연감은 달이 변하는 모습도 도표화했는데, 이는 인공조명이 보급되기 전, 여행자들과 모든 사람에게 필수적인 정보였다. 또한 달과 관련된 조수 시간도 기록했는데, 이는 선원, 어부, 바다 여행자들이 꼭 필요로 하는 정보였다. 농민들은 연감에서 가능한 첫 서리 일과 막서리 일의 예상 시기를 참조했고 법률 관련 업무가 있는 시민들은 법원 개정일을 확인했다.

그 시대나 이후 시대의 그 누구도 태양과 달이 인간 존재에 미치는 영향을 부인할 수 없었다. 이 논란의 여지가 없는 사실로부터 인류는 태양과 달이 아닌 다른 천체들도 지구상의 생명에 영향을 미친다고 자연스럽게 믿게 되었다. 비록 뉴턴이 우주의 원리를 과학적으로 밝혀내고 있었지만, 여전히 사람들은 크고 작은 불행이나 신기하고 평범한 기쁨, 그리고 과학적으로 설명할 수 없었던 여러 현상을 점성술에 기대어 해석했다. 과학이 본격적으로 자리 잡기 전 시대에는 이런 일들에 대해 더 나은 설명을 알지 못했기 때문이다. 연감 제작자들이 행성의 합pletary conjunctions과 통과transits 현상을 중요하게 여겼던 것과 달리, 연감 독자들이 이 현상에 두는 신뢰나 중요성은 제각각 상이했다. 그러나 독자들은 춘분과 일식·월식 같은 천문 현상과 함께 점성술적인 내용이 들어가기를 기대했고, 출판업자들은 그 기대를 저버리지 않았다.

독자들은 다른 전문 정보도 기대했다. 수 세기 동안 점성술사들은 의사 역할도 겸해왔고, 반대로 의사들도 점성술사 역할을 했는데, 실제 리처드 손더스가 가장 최근의 사례였다. 더욱이 마녀의 존재를 쉽게 믿는 시대의 사람들에게 별과 행성 같은 거대 우주와 인간의 간과 창자 같은 미시 우주가 연결되어 있다는 주장은 전혀 거부감 없이 받아들여졌다. 그래서 연감 제작자들은 이 연결 관계가 잘 보이도록 하기 위해 그림을 삽입했다. 황도십이궁의 별자리와 다양한 신체 기관을 연결하는 판화인 '황도 인체도man of signs'(예를 들어 두 팔은 쌍둥이자리, 심장은 사자자리, 창자는 처녀자리 등)는 당시 거의 모든 연감에 빠지지 않는 기본 사양이었다. 더 실용적인 차원에서, 연감에는 찜질약, 구토제, 물약에 대한 제조법 등도 포함되어 있었는데 이것들은 아무런 근거가 없는 것부터 어느 정도 과학적 근거가 있는 것까지 그 성격이 다양했다. 또한 후세에 심리상담이라고 불리는 것도 포함되었다. 연감은 특정 날짜가 어떤 활동에 좋거나 나쁘다고 알려주면서 점성술적 요소와 완벽한 연결고리를 이루었다.

문체는 당연히 중요했다. 실제로 문체가 매우 중요한 이유는 연감에 들어가는 내용의 대부분이 누구나 아는—또는 경우에 따라서는 모두가 잘못 알고 있는— 상식이었기 때문이다. 연감의 바로 그 친숙함 때문에 독자들을 오랜 친구가 되게 만들었기 때문에 형식을 너무 많이 바꾸면 독자들이 실망해 판매량에도 영향을 줄 수 있었다. 결론적으로, 연감들 사이의 차별화는 매우 좁은 범위 안에서만 이루어질 수 있었다. 연감의 내용보다는 그가—경우에 따라서는 그녀가(예를 들어 제임스 프랭클린의 미망인이자 벤저민 프랭클린의 형수인 앤 프랭클린이 1735년 남편의 죽음 후 인쇄업을 이어받은 경우를 포함해)— 말하는 방식이 더 중요했다.

한마디로 연감은 모든 사람에게 모든 것이 되려고 했다. 영국의 어떤 연감 제작자는 그 기술을 이렇게 요약했다.

재치, 학식, 질서, 우아한 어구,
건강, 그리고 우리 날들을 연장하는 장수법,
철학, 의학, 그리고 시,
이 모든 것, 그리고 그 이상을 이 책에서 볼 수 있다.

일부 연감은 엄청나게 성공했다. 판매 수치는 찾기 어렵지만, 남아 있는 자료에 따르면 1660년대 영국에서 총판매량은 연간 평균 약 40만 부였다. 정부가 이 사업의 수익성에 주목해 높은 세금을 부과한 후에도, 한 세기 후 판매량은 45만 부를 넘었다. 미국에서는 17, 18세기 동안 연감의 출판량이 다른 모든 책들을 합친 것보다 많았다. 미국에서 가장 인기 있었던 너새니얼 에임스의 연감은 연간 5만 부에서 6만 부가 팔렸다. 당시에는 연감을 팔아서 부자가 될 수도 있었다.

프랭클린은 바로 그것을 할 작정이었다. 그는 이미 1729년 토머스 고드프리의 《펜실베이니아 연감》(1730년용)을 시작으로 연감 출판 사업에 뛰어들었고, 이듬해에는 존 저먼의 《아메리칸 연감》을 출판했다. 저먼은 까다로운 사람으로서 인쇄업자들을 괴롭히는 걸 좋아했다. 그는 프랭클린과 일하기 전에는 앤드루 브래드퍼드와 함께 일했는데 1732년에는 다시 브래드퍼드와 손잡았다. 고드프리도 그해 프랭클린을 떠나 브래드퍼드에 합류했는데, 경제적인 이유 때문이었을 수도 있고, 아니면 그의 가족과 프랭클린 사이에 전반적으로 사이가 틀어졌기 때문일 수도 있다. 이유가 무엇이든, 프랭클린은 연감의 성수기인 1732년의 마지막 몇 달 동안 고객들에게 제공할 연감이 아무것도 없는 상황에 처하게 되었다.

그래서 그는 직접 자신의 연감을 제작하기로 결정했다. 그는 사망한 점성술사 겸 의사에게서 리처드 손더스라는 이름을 훔치고 형 제임스가 뉴포트에서 출간하고 있던 연감의 제목을 아무 허락 없이 가져다가 각색해서 사용했다. 제임스가 발행하던 연감의 제목은 《가난한 로빈의 연감Poor Robins's Almanack》이었는데 이것도 같은 제목으로 17세기 런던에서 출간되던 연감에서 차용한 것이었다. 형식은 다른 연감의 형식을 그대로 따랐다. 그의 연감에 실린 내용은 공개된 정보였거나, 그 정보들로부터 쉽게 추론할수 있는 것들이었다.

《가난한 리처드의 연감》에서 특히 프랭클린다웠던 점은 그가 연감을 홍보한 적극적인 방식과 '1733년용 연감, 방금 출간!' 같은 저자의 독특한 어조였다. 1732년 12월 28일 《가제트》에는 이런 광고가 실렸다.

《가난한 리처드의 연감》에는 달의 주기, 일식과 월식, 행성의 움직임과 배치, 일기예보, 일출과 일몰 시간, 만조와 간조 시간 등 필수 천문 정보는 물론이고 유쾌하고 재치 넘치는 시와 농담, 명언들이 가득합니다! 저자의 집필 동기, 그의 친구 미스터 타이탄 리즈의 죽음 예언, 달은 바보가 아니다, 총각의 어리석음, 목사의 포도주와 제빵사의 푸딩, 짧은 방문의 미덕, 왕들과 곰들, 새로운 유행들, 키스 게임, 캐서린의 사랑, 서로 다른 감정들, 폭풍의 징조들, 죽음이라는 어부, 부부간의 논쟁, 남자들과 멜론들, 방탕한 H, 침대에서의 아침 식사, 굴 소송 등등.

흥미를 느낀 《가제트》 독자들이 제본판(재판매용으로 열두 개 묶음이 3실링 6펜스)이나 포스터판(열두 개 묶음이 2실링 6펜스)을 사면 학문 애호가 philomath─당시 연감 제작자들에게 흔히 붙던 명예로운 칭호였다─ 리처드 손더스의 자기소개 글을 만날 수 있었다. "존경하는 독자 여러분, 나는 이

자리에서 오로지 공공의 이익을 위해 이 연감을 쓴다고 선언함으로써 당신의 호의를 얻으려 할 수도 있습니다. 하지만 그렇게 하면 진실하지 못할 것이고, 요즘 사람들은 아무리 그럴듯해 보이는 구실이라도 속지 않을 만큼 너무 현명합니다." 특정 고객들에게 불쾌감을 준 광고에 대해 사과하는 인쇄업자 프랭클린이 그랬듯, 손더스는 금전적 동기를 고백했다. "사실을 솔직히 말씀드리자면, 저는 몹시 가난합니다. 제 아내는 좋은 사람이긴 한데, 제가 보기엔 지나치게 자존심이 셉니다. 아내 말로는, 자기는 삼베 속옷 차림으로 물레질을 하며 고생하는데, 저는 별만 멍하니 쳐다보고 있으니 도저히 못 참겠답니다. 그래서 만약 제가 이 책과, 그녀가 '덜그럭거리는 잡동사니'라고 부르는 제 도구들로 가족을 위해 쓸모 있는 돈벌이를 하지 않으면, 전부 불태워버리겠다고 협박까지 했습니다. 마침 인쇄업자가 수익의 상당 부분을 나눠주겠다고 해서, 이렇게 아내의 소원을 들어주기 시작한 겁니다."

25년 전 조너선 스위프트는 아이작 비커스태프라는 필명으로 글을 쓰면서 엄숙하게 자신의 경쟁자 존 파트리지의 죽음을 예언해 자신의 연감에 세간의 이목을 집중시켰다. 점성술적 예언을 진지하게 받아들이는 사람들을 조롱하면서, 스위프트는 존 파트리지가 정확히 1708년 3월 29일 오후 11시에 사망할 거라고 발표했다. 무시무시한 그날이 도래했고, 곧이어 파트리지가 죽었다는 인쇄물들이 누가 봐도 스위프트 특유의 문체로 작성되어 배포되었다. 분노한 파트리지는 자신이 여전히 팔팔하게 살아 있다고 항의했다. 스위프트는 그 항의마저 대중을 속이려는 자들이 꾸민 속임수라고 일축했다.

프랭클린은 스위프트의 책략을 알고 있었고, 미국의 대부분 독자들은 그 책략을 모른다는 것도 알고 있었다. 그래서 그는 자신의 분신인 리처드 손더스를 시켜 지금 연감 출간을 시작하는 유일한 이유는—오랫동안 극도로 가난했고, 아내가 극도로 자존심이 강했기 때문이기도 하지만— 같이 별을 연구하는 동료이자 친구인 타이탄 리즈가 곧 죽을 것이기 때문이라고 발표했다. 실제로 리즈는 매년 자신의 이름으로 연감을 출간했는데, 손더스는 어떤 면에서도 그를 해치려는 의도는 없다고 말했다.

"하지만 이 장애물은(기쁜 마음으로 말하는 것은 결코 아니지만) 곧 제거될 예정입니다. 공정함 같은 건 따지지 않는 무자비한 죽음이 이미 치명적인 화살을 준비했고, 운명의 여신이 이미 파괴의 가위를 펼쳤으니, 그 재능 있는 분은 곧 우리 곁을 떠날 것이기 때문입니다."

프랭클린은 기존의 예언 방식을 그대로 따르지 않고 변형을 주었다. 임박한 파멸의 예언에 경쟁적인 요소를 주입했던 것이다. 점성술을 같이 공부하는 사람으로서, 손더스는 자신과 리즈 둘 다 리즈의 운세를 점쳤다고 말했다. 손더스의 계산으로는 리즈의 죽음이 1733년 10월 17일 오후 3시 29분에 그에게 찾아오기로 되어 있었다. 하지만 리즈의 계산으로는(손더스가 말하기를) 같은 달 26일까지 미뤄질 것이라고 했다. "우리는 지난 9년간 만날 때마다 이 작은 차이에 대해 논쟁해왔습니다. (…) 우리 중 누가 더 정확한지는 조만간 시간이 판단해줄 것입니다."

하지만 리즈에게 남은 날들이 며칠 더 많고 적고를 떠나 손더스의 계산에 따르면 이미 마지막은 정해져 있었다. "그러므로 이 지방에서는 올해 이후로는 더 이상 그의 작품을 볼 수 없을 테고, 저는 자유롭게 이 일을 맡기로 하니 이에 대중의 격려를 부탁드립니다." 이런 격려를 해주는 독자—정확히 말하면 연감 구매자—는 자신의 행위가 "유용한 도구를 사는 것뿐만 아니라, 가난한 친구이자 일꾼인 리처드 손더스에게 자선을 베푸는 것"이라고 생각했을 것이다.

자신만의 인쇄소를 가지고 있어서 누릴 수 있는 최대의 이점은 마지막까지 기다렸다가 자신의 생각을 활자로 옮길 수 있다는 점이다. 프랭클린은 타이탄 리즈가 1734년 자신의 연감에서 응답을 발표할 때까지 기다린 후, 자신의 속임수를 다음 단계로 옮겨갔다. 리즈는 손더스의 '거짓 예언'을 꾸짖으며, 자신의 독자들에게 "나는 하나님의 자비로 1734년 다이어리를 쓸 수 있었고, 이 건방진 저자의 어리석음과 무지를 세상에 알릴 수 있었다"라고 알렸다. 리즈는 스스로 본인의 죽음을 예언했다는 '터무니없는 거짓말'에 대해서 특히 분노했다. "나는 그런 능력을 가진 척하지 않는다. 그런데 그는 전능하신 분의 지식을 가로채서 안다고 했으니, 정말로 바보이자 거짓말쟁이다." 자신이 이 서문을 쓴 시각을 1733년 10월 18일 오후 3시 33분으로 신중하게 날짜와 시간을 기록하며, 손더스가 주장한 운명의 시간을 안전하게 지나서, 리즈는 독자들에게 손더스가 나타나기 훨씬 전부터 수년간 연감을 써왔다는 점을 상기시켰고, "그러니 아마도 그의 연감이 사라진 다음에도 나는 글을 쓰며 살아 있을 것이다"라고 결론지었다.

프랭클린의 도발에 그렇게 대응함으로써, 리즈는 스스로 프랭클린의 손아귀에 들어갔다. 손더스는 1734년판 《가난한 리처드의 연감》 서문에서, 자신의 가족 중 한 명의 병환으로 인해 리즈의 임종 순간에 참석할 수 없었지만—가서 그의 마지막 포옹을 받고, 고인에게 마지막 예를 다하는 친구로서 그의 눈을 감겨주고 싶었지만— 그 슬픈 사건이 실제로 일어났음에 틀림없다고 반박했다.

나의 소중한 친구가 더 이상 살아 있지 않을 가능성이 매우 높습니다. 왜냐하면 내가 확인한 바로는 그의 이름으로 1734년 연감이 발간되었지만, 여기서 나는 매우 조잡하고 무례한 방식으로 취급받았고, '거짓 예언자, 무지한 자, 자만심으로 가득 찬 낙서꾼, 바보, 거짓말쟁이'라고 불렸기 때문입니다. 리즈 씨는 너무나 교양 있는 사람이어서 어떤 사람도 그렇게 무례하고 악의적으로 대하지 않았을 것이고, 더욱이 나에 대한 그의 존경과 애정은 특별했습니다. 그러므로 그 글은 아마도 리즈 씨의 명성과 가치만으로 2~3년 치 연감을 계속 팔기를 바라는 누군가의 계략이 아닌가 두렵기만 합니다.

이 불행한 사건 전개에 대한 고통에도 불구하고, 손더스는 독자들에게 전반적으로 자신의 삶이 전년도보다 훨씬 나아졌다고 설명했다.

지난해 여러분이 친절하고 자비롭게도 내 연감을 그렇게 많이 사주신 덕분에, 내 형편이 세상에서 훨씬 편안해졌고, 이에 대해 진심으로 감사드립니다. 제 아내는 자신만의 냄비를 가질 수 있게 되어, 더 이상 이웃에게서 빌릴 필요가 없으며, 그 이후로 우리는 항상 냄비 안에 넣을 우리만의 것이 있었습니다. 그녀는 또한 신발 한 켤레, 새 속옷 두 벌, 따뜻한 새 페티코트를 얻었습니다. 그리고 저는 중고 코트를 샀는데, 너무 좋아서 이제 마을에 가거나 그곳을 돌아다니는 것이 부끄럽지 않습니다. 이런 것들이 그녀의 성격을 전보다 훨씬 평화롭게 만들어서, 나는 지난 1년 동안 앞의 3년을 합친 것보다 더 많이, 더 조용히 잠들 수 있었습니다. 진심으로 감사드리며, 여러분의 건강과 번영을 마음 모아 기원합니다.

리즈는 프랭클린과의 첫 번째 대결에서 조금밖에 배우지 못했다. 그는 손더스와 그 아내의 행운을 축하했지만, 독자들을 위해 물어보지 않을 수 없었다. "거짓말과 재치가 그렇게 보상받는다면, 그가 공정하고 예술적인 것을 출판할 능력이 생긴다면 무엇을 기대할 수 있을까?" 리즈는 그다음이 성가신 파리를 쫓아내려 했다. "나는 그에 대해 할 말이 더는 없다. 친구로서 충고하자면, 앞으로는 예전보다 더 잘 예언하는 법을 배우기 전에는 함부로 다른 사람의 죽음을 예언하거나 죽음을 운운하지 말라고 하고 싶을 뿐이다."

프랭클린은 쉽게 리즈에게 굴복하지 않았다. "천체의 음악이 아무리 훌륭하고 별들의 조화가 아무리 위대하다 해도, 확실한 건 점성가들 사이에는 전혀 조화가 없다는 것입니다. 그들은 마치 낯선 개들처럼, 혹은 어떤

남자들이 아내에게 그러하듯이 서로에게 끊임없이 이를 드러내고 으르렁
거립니다." 물론, 연감 시장에 진입하려고 시도함으로써 점성가들의 조화
를 깨뜨린 것은 프랭클린이었지만, 손더스라는 장치 덕분에 프랭클린은 거
리낌 없이 상상력을 발휘해서 진실을 왜곡할 수 있었다.

나는 내 편에서 평화를 유지하고 그들 중 누구도 모독하지 않기로 결
심했으며, 그 결심을 고수할 것입니다. 하지만 죽은 타이탄 리즈로부터
많은 모독을 받았기 때문에(살아 있었다면 나를 이렇게 대하지 않았을 것
입니다!) 다시 말해 아직도 살아 있는 척하면서 나와 내 예언들에도 불
구하고 연감을 쓰는 타이탄 리즈의 유령으로부터 많은 모독을 받았기
때문에, 나는 참을성 있게 받아들이고는 있지만, 정말 무례하다고 말
할 수밖에 없습니다.
그리고 그가 무엇을 가장하든, 그가 실제로 사망했다는 것은 의심할
여지없이 사실입니다. 첫째, 현자의 경우를 제외하고는 별들의 예언은
거의 틀리지 않습니다. 그래서 '현자는 별을 지배한다sapiens dominabitur
astris'라는 말이 있습니다. 실제로 별들은 내가 예언한 그때 그의 죽음
을 예고했습니다. 둘째, 그와 그의 아버지가 천직으로 삼았던 점성술이
라는 기예의 명예를 위해, 그가 그 시간에 정확히 죽는 것이 필요했습
니다. 셋째, 그의 마지막 두 연감(1734년과 1735년)을 읽어보면, 예전에 보
였던 **생기**가 느껴지지 않습니다. 재치도 없고, 작은 힌트들도 무기력하
고 밋밋합니다. 그나마 눈에 띄는 건 마지막 달력의 각 달 첫머리에 실
린 허디브라스의 점성술을 비꼬는 시구절뿐인데, **죽은 점성가**가 아니라
면 그런 시를 넣지 않았을 겁니다. 솔직히, **살아 있는** 사람이었다면 나
머지 글들도 저렇게 쓸 수 없었을 겁니다.

프랭클린—아니, 손더스—은 그다음 최후의 일격을 가하기 위해 교묘

하게 리즈의 말을 사용하거나 왜곡했다.

1734년 연감의 서문에서 리즈는 이렇게 말합니다. "손더스는 자신의 연감에 또 다른 **중대한 거짓말**을 덧붙입니다. 즉, 내 자신의 계산으로 내가 1733년 10월의 26일까지 **살아남을** 것이라는 것인데, 이것은 앞의 것만큼이나 **사실이 아닙니다.**" 이제 리즈가 말하는 대로, 그가 1733년 10월 26일까지 살아남았다는 것이 **사실이 아니고 중대한 거짓말**이라면, 그가 그 시간 **전에** 죽었다는 것은 확실한 사실입니다. 그리고 그가 그 시간 전에 죽었다면, 그가 아니라고 무슨 말을 하더라도 지금 죽은 것입니다.

프랭클린은 이 계략을 뻔뻔스럽게 이용했다. 1736년 《가난한 리처드의 연감》 서문에서 그는 한 사람의 죽음을 예측하는 자신의 능력을 시기하는 사람들이 학문 애호가 리처드 손더스가 실존하는 사람이 아니라고 주장해 자신의 명성에 흠집을 내려 한다며 엄청난 분노를 표했다. "내가 가상의 인물이라면, 내가 지난 몇 년 동안 해왔듯이 어떻게 인쇄물을 통해 수백 명의 사람 앞에 공개적으로 나타날 수 있었을까요?"

손더스는 자신의 인쇄업자를 위한 게 아니라면 이런 중상모략에 주목할 가치가 없다고 말했다. "내 적들이 인쇄업자가 내 작품을 썼다고 주장하는데 그 사람도 마치 내가 그 공로를 잃기 싫어하는 것처럼, 자기 작품이 아닌 것을 자기 자식이라 자처하길 꺼리고 있습니다."

타이탄 리즈가 **정말로** 죽었을 때도, 프랭클린은 그를 평화롭게 쉬게 놔두지 않았다. 리즈의 출판업자들에 대해 말하면서, 손더스는 독자들에게 브래드퍼드 일가(윌리엄 브래드퍼드는 앤드루의 필라델피아판 연감을 보완하기 위해 뉴욕판 연감을 인쇄했다)가 몇 년 동안 리즈가 죽었다는 것을 인정하기를 거부했다고 상기시켰다. "마침내 진실이 더 이상 세상으로부터 숨겨질 수 없을 때, 그들은 1739년 연감에서 그의 죽음을 인정하지만, 그들은 리즈가 '지난해'에야 죽었으며, 죽기 전에 앞으로 7년 치 연감을 미리 만들어두었다고 거짓말을 했습니다. 아, 친구들이여, 이것들은 정말 형편없는 속임수이며 얄팍한 변명에 불과합니다." 손더스의 말에 따르면, 공교롭게도 3일 전, 모든 연감 제작자들이 조만간 가게 될 그곳에서 타이탄 리즈 본인이 손더스에게 서면으로 연락을 취해왔다고 한다. 손더스가 독자들이 진실을 알 수 있도록 자신의 서문에 친절하게 포함시킨 이 편지에서, 리즈는 손더스의 원래 예언이 정확했다고 말했다. "단지 5분 53초의 차이만 있었는데, 이런 경우에는 큰 문제가 아니라고 인정해야 합니다."

가장 주의 깊지 않은 독자도 명백하게 알 수 있듯이, 프랭클린은 리처드 손더스라는 가면을 쓰는 것을 철저히 즐겼다. 사업가 프랭클린은 신중하고 남을 불쾌하게 하지 않도록 조심해야 했지만, 연감 제작자 손더스는 터무니없이 도발적으로 행동할 수 있었고, 사실 더 터무니없을수록 좋았다. 실제 인물인 프랭클린은 질투를 사지 않기 위해서 종종 자신의 재능을 숨겨야만 했지만 연감 제작자 손더스는 자신의 재치, 학식, 그리고 전반적인 우수함을 마음껏 뽐낼 수 있었다. 시간이 지나면서 지역사회에서 프랭클린의 입지가 더욱 확고해지자 그는 더 이상 리처드 손더스를 필요로 하지 않게 되었다. 하지만 그때까지는 이 또 다른 자아가 그가 정신적 건강을 유지하는 데 도움을 주었다.

독자들은 프랭클린만큼이나 《가난한 리처드의 연감》을 좋아했다. 연감은 낱개로도 많이 팔리고, 동시에 대량으로도 팔릴 만큼 엄청난 인기를 누렸다. 어느 해에 뉴욕의 존 피터 젱거(최근에 유명했던 명예훼손 재판의 피고인)는 한 번에 열여덟 다스를 가져갔고, 그다음에 열여섯 다스를 더 가져갔다. 사우스캐롤라이나의 루이 티모테(보통 루이 티머서로 불렸다)는 스물다섯 다스를 주문했고, 보스턴의 토머스 플리트도 스물다섯 다스를 가져갔다. 뉴포트에 사는 제임스 프랭클린의 미망인 앤은 1000부를 샀다. 이런 판매 부수도 《가난한 리처드의 연감》을 미국에서 가장 많이 팔리는 연감으로 만들지는 못했다. 이 연감이 연평균 약 1만 부 팔린 반면, 너새니얼 에임스의 『천문 일기Astronomical Diary』는 5~6배나 많이 팔렸다. 하지만 《가난한 리처드의 연감》은 독특한 특성이 있어서 충성스러운 독자층을 개발했다.

처음에는 독자들이 프랭클린이 불러일으킨 논쟁거리 때문에 연감을 샀을지 모르지만, 계속 구매한 것은 그가 제공하는 조언, 그리고 그 조언을 제공하는 방식 때문이었다.

물론 모든 연감은 개인행동과 일상생활 관련 문제들에 대해 귀중한 지혜를 제공했다. 그 지혜가 다른 출처에서 나왔다고 해도 아마도 원주인을 제외하고는 아무도 신경 쓰지 않았다. 어차피 당시에는 적용할 저작권법이 없었으니 그 주인들도 딱히 손쓸 방법이 없었다. 프랭클린 같은 작가들의 비결은 그런 지혜를 잘 닦고 독특하게 세팅하는 것이었다. 이 점에서 그와 견줄 자가 없었다.

나중에 '가난한 리처드의 격언들'이라고 불린 이 조언들은 처음에는 연감의 달력 페이지에 빈 공간을 채우는 용도로 등장했다. 공간의 제약과 프랭클린의 타고난 절약 정신 덕분에, 그는 각 메시지를 최대한 짧고 간결하게 요약하는 방법을 배웠다. '빈 수레가 요란하다Great talkers, little doers' 와 같은 말은 철학적으로 새로운 경지를 개척한 것은 아니었지만, 그 간결함에 있어서는 거의 모든 다른 격언들을 압도했다. '목구멍이 포도청Hunger never saw bad bread.' '곳간에서 인심 난다Light purse, heavy heart.' '땀은 결코 배신하지 않는다Industry need not wish.' 그리고 '돈이면 귀신도 부린다Gifts burst rocks' 같은 격언들도 모두 같은 범주에 속했다.

때로는 간결함이 약간의 짓궂음에 자리를 내주기도 했다. '요새든 처녀막이든 협상을 시작한 후에는 오래 버티지 못한다.' '아들은 당신이 원할 때 결혼시키고, 딸은 당신이 할 수 있을 때 시켜라.' '구두쇠에게 부자라고 말하고, 여자에게 늙었다고 말하면 구두쇠에게서는 돈을, 여자에게서는 친절을 얻지 못할 것이다.' '봐봐, 클로이 양의 경우가 우스꽝스럽지 않아? 그녀는 자신의 꼬리를 빌려주고, 그 대가로 얼굴을 꾸민다고.' '가장 오만한 왕좌에 앉은 가장 위대한 군주라도 결국 자기 엉덩이로 앉을 수밖에 없다.' '법보다 주먹이 앞선다.'

가난한 리처드는 남녀를 거의 동등하게, 그리고 다양한 직업들을 공평하게 풍자했다. '좋은 남편 하나는 좋은 아내 둘의 가치가 있다. 희귀한 것일수록 더 가치 있게 여겨지기 때문이다.' '시인들이 노래했듯, 남녀가 죽을 때 남자는 심장이 가장 마지막까지 움직이고, 여자는 혀가 마지막까지 움직인다.' '자신의 의사를 상속자로 삼는 사람은 바보다.' '치유는 하나님이 하지만 치료비는 의사가 받는다.' '하나님은 때때로 기적을 행하신다/보라! 변호사인데 정직하다!' '두 변호사 사이에 있는 시골 사람은 두 고양이 사이에 있는 물고기와 같다.' '목사의 포도주나 제빵사의 푸딩은 절대 아끼지 말고 다 먹어라.' '사람의 눈과 성직자들은 농담을 받아들이지 않는다.'

《가난한 리처드의 연감》의 성공은 결국 프랭클린이 자신의 어조를 누그러뜨리게 만들었다. 이는 사람들이 프랭클린과 그가 창조한 캐릭터를 점점 더 동일시하면서 대중적으로 그 창작물에 대한 책임까지 지게 되었기 때문이었다. 하지만 그동안에도 리처드 손더스는 '가난한 딕'(데버라 프랭클린이 그렇게 부르기를 좋아했다)으로 남아 있었고, 불경하고 거칠었다. "무지한 사람들은 우리 점성가들이 어떻게 그렇게 정확하게 날씨를 예측하는지 궁금해합니다. 우리가 늙고 검은 악마와 거래한다고 생각하는 거죠"라고 그는 썼다.

아, 그것은 침대에서 오줌 싸는 것만큼 쉽다! 예를 들어 점성가가 긴 망원경을 통해 하늘을 들여다본다. 그는 아마도 황소자리, 즉 큰 황소가 맹렬하게 쫓아가며 집 바닥을 발로 구르고, 꼬리를 휘두르고, 목을 뻗고, 입을 크게 벌리고 있는 것을 본다. 이런 모습을 보고 이 성난 황소가 헐떡이고, 콧김을 불고, 으르렁거리고 있다고 판단하는 것은 자연스럽다. 거리를 고려하고 이 모든 결과가 땅으로 내려오는 시간을 계산하면, 그게 바로 바람과 천둥이다.

그는 또 처녀자리를 발견한다. 그녀는 누군가 자신을 관찰하는지 보려는 듯 머리를 돌린다. 그다음 무릎에 손을 대고 부드럽게 몸을 숙이며, 잠시 동안 바로 앞을 간절히 바라본다. 그는 그녀가 무엇을 하려는지 정확하게 판단한다. 그리고 거리와 그것이 떨어지는 데 걸리는 시간을 계산하면, 다음 봄에는 멋진 4월의 소나기가 내린다는 걸 알게 된다.

6장 시민

1735~1740

비록 프랭클린의 이름으로 할 수 없는 말을 리처드 손더스의 이름으로 쏟아내기는 했지만, 연감의 지속적인 성공은 프랭클린에게 재정적 안정을 제공했다. 그러자 그는 자신의 판단력에 자신감이 생겨 정치적 논란에 적극 뛰어들기로 했다. 그중 하나는 돈, 즉 통화라는 영원한 문제에 대한 것이었다. 필라델피아에 도착한 후 5년 동안 펜실베이니아의 경제는 극적으로 개선되었다. 그가 처음 도착한 아침에 보았던, 폐업으로 막힌 창문들은 다시 열렸고, 새로운 상인들과 기술자들이 사업을 하겠다는 의도를 알렸으며, 고객들은 신속함과 현금으로 응답했다.

이 신속함은 식민지 인구의 급격한 증가를 반영하는 것이었다. 수천 명의 이민자, 그중에는 독일 경건주의자Pietist 집단도 많이 포함되어 있었는데, 이들은 윌리엄 펜이 후손들에게 내려준 자유로운 종교와 값싼 땅이라는 약속을 받아들였다. 내륙지역이 점차 개발되면서 농부들이 필요로 하는 수많은 물품에 대한 수요가 촉진되었고, 도시는 이를 공급했다.

현금의 등장은 프랭클린이 도착한 해에 펜실베이니아 의회가 시작한 유동성 실험의 결과였다. 매사추세츠와 다른 식민지의 선례를 따라 1723년 펜실베이니아 정부는 부동산을 담보로 한 신용어음 형태의 지폐를 4만 5000파운드 한도로 발행하도록 승인했다. 1726년의 유사한 법은 지폐 발행 개념을 확장했고, 상업 계층으로부터 열광적인 반응을 얻었다. 이들은 이 화폐가 상업이라는 기어를 윤활제처럼 움직이게 해줘서 주의 번영을 촉진한다고 평가했다.

그러나 18세기에도 점심은 여전히 공짜가 아니어서, 상인들과 채무자들은 만족했지만, 지주들과 채권자들은 불만을 가졌다. 지주와 채권자 들은 지폐를 발행하는 것이 속임수, 심지어 사기라고 비판했고, 지폐가 너무 많이 발행되면 생기는 인플레이션은 결국 도둑질에 불과하다고 주장했다.

프랭클린은 1729년 이 논쟁에 뛰어들었다. 『지폐의 본질과 필요성에 대한 겸손한 탐구A Modest Enquiry into the Nature and Necessity of a Paper-Currency』라는 논문을 써서 출판했는데 이 논문은 그가 읽은 것과 본 것, 들은 것을 결합한 것이었다. 그가 읽은 것 중 가장 중요한 것은 윌리엄 페티의 글이었는데, 그는 노동가치론labor theory of value의 초기 옹호자로 이 이론은 이후 마르크스주의자 등에게 채택되기도 했다. 페티의 사상은 평생에 걸쳐 프랭클린의 정치경제학적 사고에 영향을 주었다. 한편 그가 본 것에는 사업가로서의 경험과 신문 편집자로서, 그리고 일반적으로 관심 많은 개인으로서 수집한 정보가 포함되었다.

그가 이전에 형이상학에 대해 쓴 에세이와 마찬가지로, 지폐에 관한 그의 주장은 주제 자체보다는 프랭클린 자신에 대해 많은 것을 말해준다. 프랭클린은 독창적인 경제학자는 아니었고, 결코 그렇게 되지도 않았지만, 인구 증가 등 다른 분야에서 그의 관찰은 경제학자들의 연구에 큰 영향을 미쳤다. 불과 23세밖에 안 되었지만 그는 전문 이론가들과 그들의 분야에서 대담하게 논쟁하는 것을 주저하지 않았다. 비록 그의 통찰이 전문가들에게는 별다른 교훈을 주지 못했지만, 그의 진짜 독자이자 점점 늘어나는 청중인 일반인들에게는 그 주제를 잘 전달했다.

그 주장의 요지는, 유통되는 돈이 부족하면 금리가 상승하고, 이로 인해 교역이 위축된다는 것이었다. 즉 재고를 확보하기 위해 상인들은 대출을 받아야 하는데 대출 비용이 높을수록 보유할 수 있는 재고가 줄어든다는 것이다. 또한 높은 금리는 잠재적 구매자들을 시장 밖으로 밀어내면서 토지 매매도 위축시키는데, 이런 현상은 수요와 공급의 법칙이 명확하게 적용된 결과인 동시에 펜실베이니아 경제에서 실제로 관찰된 현상이기도 했다. 마찬가지로 반대 현상도 분명히 관찰 가능했다. "우리는 이미 지폐 발행으로 인한 화폐의 증가가 우리 무역을 얼마나 촉진했는지 경험했다." 선박 건조라는 한 가지 예만 들어도 그 점이 잘 드러난다.

이 자리에서 한 가지 지적해도 좋을 것 같다. 조선에 필요한 기술자와 자재를 모두 자체적으로 보유한 우리 같은 무역 국가에서, 조선업을 최대한 발전시키는 것이 얼마나 큰 이익인지에 대해 말이다. 영국 상인들을 위해 우리 지역에서 선박을 건조하면, 그 선박의 가치만큼 금과 은을 얻을 수 있다. 만약 그렇지 않았다면, 그만큼의 금과 은을 영국으로 보내야 했을 것이다. 또한, 우리 지역에서 건조해서 소유한 선박은 선박의 초기 건조 비용뿐 아니라, 선박이 존재하는 동안 발생하는 모든 운임, 임금, 식량 비용까지도 절약할 수 있다. 이를 위해서는 선박의 결제 항구를 우리 지역으로 지정하고, 항해 내내 필요한 물품을 충분히 준비하면 된다. 이는 어렵지 않게 할 수 있다.

프랭클린은 여러 예시를 들어, 지폐의 필요성을 더욱 구체적으로 설명했다. 충분한 통화가 유통되면, 높은 임금에 끌려서 더 많은 노동자들이 찾아올 것이라고 주장했다. 실제로 대부분의 노동자가 그랬다. 지역 제조업자들이 자신들의 상품을 팔 수 있는 시장을 갖게 되면, 영국에 대한 수입 의존도가 줄어들게 된다. 그 결과, 본국과의 무역 및 자금 흐름에서 만성적으로 발생하던 불균형을 바로잡을 수 있다. 또한 다양한 계층의 사람들이 자신들의 재능과 에너지를 발휘할 수 있는 통로를 찾게 되면 사회가 더 건강해질 것이다.

지폐에 대한 반대는 종종 금과 은에 대한 근거 없는 숭배에서 비롯된다고 프랭클린은 말했다. 금과 은은 단지 어떤 더 본질적인 것—즉, 어떤 상품에 들어간 인간 노동의 양—을 편리하게 측정하는 도구일 뿐이다. "한 사람은 옥수수를 재배하는 데 종사하고, 다른 사람은 은을 캐내고 정제하는 데 종사한다고 가정해보자. 한 해가 끝나거나 또는 어떤 다른 시점에, 옥수수와 은의 전체 생산량이 서로의 자연스러운 가격이 된다. 만약 옥수수는 20부셸, 은은 20온스가 나왔다면, 은 1온스는 옥수수 1부셸을 키우는 데 드는 노동의 가치와 같다는 뜻이다." 이 근본 원칙에는 중요한 결과가 따라온다. "한 나라의 부는 그들이 소유한 금과 은의 양이 아니라 그들이 구매할 수 있는 노동의 양에 의해 평가되어야 한다."

프랭클린은 지폐를 발행할 때, 더 많이 찍어서 돈을 늘리고 싶다는 유혹이 있다는 걸 인정했다. 그런 함정을 피하기 위해 당시 펜실베이니아 정부는 지폐를 발행할 때 토지를 담보로 삼는 것이 관행이었다. 프랭클린은 간결하게 이렇게 설명했다. "금, 은 등 실물화폐를 담보로 발행된 어음이 곧 돈이다. 마찬가지로 토지를 담보로 발행된 어음은 사실상 **주조된 토지**와 같다." 주의 번영과 인구 증가로 인해 펜실베이니아의 토지 가치는 상승하고 있었고, 이것이 가장 확실한 담보였다.

프랭클린은 의회가 또 다른 지폐 발행을 승인하도록 설득할 수 있다면, 분명히 자신이 지폐 인쇄 계약을 따낼 수 있으리라 희망했던 것 같다. 언제나처럼, 그는 펜실베이니아에 좋은 일은 자신에게도 좋은 일이라고 생각했다. 실제로 그의 주장은 같은 생각을 가진 다른 이들의 주장과 합쳐져 승리를 거두었고, 첫 계약은 앤드루 브래드퍼드가 따냈지만, 프랭클린은 두 번째 계약을 따내 4만 파운드의 지폐 인쇄에 대해 100파운드의 수수료를 받기로 했다.

공공의 이익을 생각하는 시민정신과 개인의 이익을 추구하는 마음이 또 다른 분야에서 맞물렸는데, 아주 직접적인 방식은 아니었다. 미국의 어떤 도시도 1666년 런던 대화재와 같은 규모의 화재를 겪은 적이 없었는데, 이는 미국인들이 신중해서라기보다는 미국 도시 생활에 상대적으로 가연성 재료의 밀도가 낮았기 때문이었다. 앞서 언급했듯, 필라델피아는 런던 재해를 교훈으로 삼아 거리의 폭과 건물 간 충분한 간격을 규정했지만, 시간이 흐르고 도시가 커지면서 윌리엄 펜이 약속했던 '녹색 도시'의 빈 공간이 하나둘 채워졌다. 그러자 한 사람의 부주의가 이웃 모두에게 위험이 될 수 있었고, 이것이 사람들의 관심사가 되었다.

프랭클린은 자신이 늘 써오던 효과적인 방법 중 하나를 이용해 이 문제에 대한 경각심을 일깨웠다. 1735년 초에 그는 또 다른 가상의 인물을 내세웠다. 이 A.A.라는 사람은 《펜실베이니아 가제트》의 편집자에게 편지를 썼고, 프랭클린은 기꺼이 이를 발표했다. 그 자신의 설명에 따르면, A.A.는 '늙고 손이 불편해서 동료 시민들의 집에 불이 났을 때 도울 수조차 없는' 사람이었다. 그가 제공할 수 있는 것은 오직 세월의 지혜뿐이었다. 그는 "작은 예방조치가 엄청난 피해를 막을 수 있다"라고 말했는데, 이상하게도 가난한 리처드가 할 법한 말이었다. 예방은 특히 화재 문제에서 중요했다.

시민들은 한 방에서 다른 방으로 뜨거운 숯과 석탄을 운반할 때 주의해야 했다. "불꽃 조각들이 틈새로 떨어져 있다가 자정이 되어서야 나타날 수 있기 때문이다. 계단이 불타면 불에서 도망가기 위해(내가 그랬듯이) 창문 밖으로 뛰어내리다 목이 부러질 수도 있다."

다른 예방법들은 집단적 노력을 요구했다. 현재 도시는 화재 예방을 위한 안전 기준을 정해 빵집과 나무통 제작업체를 관리하고 있지만 A.A.는 이러한 규정에 더해 불꽃이 밖으로 튀지 않도록 충분히 깊은 벽난로만 사용할 것을 강제해야 한다고 주장했다. 또한 벽난로 앞부분을 나무 몰딩으로 마감하는 관행도 금지해야 한다고 했다. 왜냐하면 이런 몰딩은 주로 소나무 심재로 만들어져, 가연성 송진이 스며나와 화재 위험이 크기 때문이다. 현재 관행하에서는 굴뚝에 쌓이는 크레오소트*나 불에 잘 타는 찌꺼기를 제대로 제거할 줄 모르는 사람도 굴뚝 청소부 행세를 할 수 있다. 시민 안전을 위해, 굴뚝 청소부들은 시장명으로 면허를 받아야 하고, 서비스 제공 후 15일 이내에 굴뚝에 불이 나면 벌금을 물려야 한다고 주장했다.

화재 예방이 화재 진압보다 더 효과적이라는 말이 맞기는 하지만 때로는 시민 안전을 위해 더 큰 규모의 예방책을 실시해야 할 때도 있었다. A.A.는 '인근 지역의 한 도시'—그의 독자 중 여행을 많이 한 사람들은 그곳이 보스턴임을 알아챘을 것이다—가 화재와 싸우기 위해 활동적인 남성들로 구성된 단체를 결성했다고 설명했다. 각 단체는 소방차를 보유하고 있어서 구성원들이 정기적으로 훈련을 할 수 있었다. 또한 이 단체에는 도끼와 갈고리를 포함한 장비를 전문적으로 사용하는 사람이 포함되어 있었다. 각각의 소방대에는 지휘관이 있어서 소방대원들의 활동을 지휘하고 조율했으며, 이들은 화재 응급상황 발생 시 시민들에게 명령을 내릴 권한도 가지고 있었다. 이런 소방대 시스템이 확립되기 전에는 큰 화재 피해로 괴로움을 당했지만 이제는 더 이상 큰 화재 피해가 없었다. 필라델피아는 이 사례로부터 배워야 했다. 지금까지 델라웨어 강변에 있는 도시에서 큰 화재가 발생한 적이 없었지만, 가뭄과 바람 그리고 발화 장소가 묘하게 맞아

---

* creosote, 나무나 석탄 등 유기물이 불완전연소될 때 생기는 타르 성분의 기름진 화학물질

떨어지면, 작은 불도 대형 화재로 커질 수 있었다.

프랭클린은 이미 준토에서 이러한 아이디어들을 공유했다. 《가제트》에서 이 내용을 공개한 후, 그는 소방 클럽을 조직하기 위한 다음 단계를 취했다. 보스턴에서 배운 것과 런던에서 본 것을 결합해, 1736년 12월에 유니언 소방회사Union Fire Company를 설립했다.

각 구성원은 물을 나르기 위한 가죽 양동이 두 개와 물건을 실어 나를 때 필요한 천 가방 네 개를 제공하기로 약속했다. 이들 물품은 소방대의 활동에만 사용될 수 있으며, 표면에 그렇게 적혀 있었다. 이 장비를 미리 준비해두지 않으면, 빠진 장비 한 개당 5실링의 벌금을 내야 했다. 하지만 화재 진압 중에 잃어버린 장비는 소방대의 비용으로 새로 사서 보충해주었다. 구성원들은 장비 점검과 정책 검토(그리고 사교)를 위해 매월 만났으며 결석하면 1실링의 벌금을 물어야 했다. 한편 화재 진압 업무에 관해서는 이렇게 정의했다.

우리 모두는 우리 거주지 중 어느 곳에서든 화재가 발생했다는 소식을 들으면, 즉시 모든 양동이와 가방을 가지고 그곳으로 가서, 위험에 처한 사람들의 물건과 재산을 보존하기 위해 최선의 노력을 기울일 것이다. (…) 만약 동시에 여러 회원의 집이 위험에 처할 경우, 우리는 가능한 한 인원을 나누어 각각 균등하게 도움을 제공한다. 그리고 의심스러운 사람들이 불난 집에 들어오거나 물건을 가져가는 것을 방지하기 위해, 모든 물건이 자루에 담겨 안전한 곳으로 옮겨질 때까지 우리 회원 중 두 명이 항상 현관문을 지킨다.

스물다섯 명의 창립 회원에는 프랭클린과 준토 및 도서관 조합의 친구들, 상인들, 시와 지방 공무원들, 그리고 화재로부터 자신의 재산을 보호하고자 하는 다양한 분야의 사람이 포함되었다. 중요한 것은—현실적으로 어쩔 수 없었겠지만— 구성원들은 비회원의 집이 아닌 자신들의 집만을 보호하기로 약속했다. 따라서 그 비회원 중 많은 사람이 자신들만의 소방대를 결성했고, 도시의 거의 모든 지역이 특정 소방대의 보호하에 놓이게 되었다. 프랭클린의 소방대는 벌금으로 모은 돈을 장비 구입에 썼으며, 1743년에는 그가 런던에서 본 것과 같은 소방펌프를 구입했다.

프랭클린은 필라델피아 소방대 창설을 주도한 것을 자신이 한 모든 일 중에서 가장 자랑스러워했다. 인생 후반에, 미국의 거의 모든 도시와 유럽의 여러 도시를 방문한 후 그는 다음과 같이 말했다. "전 세계 어디에 필라델피아만큼 막 시작된 큰불을 신속하게 막을 수단을 잘 갖춘 도시가 있는지 의문이다. 실제로 이런 소방 조직이 생긴 뒤로는, 우리 도시에서 한 번에 한두 채 이상의 집이 불에 타는 일이 없었다." 프랭클린은 번개와 천둥의 정체를 규명하는 등 이미 과학과 정치에서 엄청난 명성을 얻은 인물이었지만, 화재 예방과 같은 소박하고 실용적인 문제를 해결하는 데서 큰 만족을 느꼈다는 것은 그가 일상생활과 서민의 삶에 실질적으로 기여하는 데도 진심이었던 인물임을 말해준다.

공공의 이익에 기여한 또 다른 일도, 사실은 처음엔 자기 이익에서 출발한 것이 많았다. 프랭클린의 《가제트》가 더 생동감 있는 신문이었지만, 브래드퍼드의 《머큐리》는 그가 우체국장이라는 두 번째 직업을 가진 덕분에 유리한 고지를 선점하고 있었다. 그 덕분에 브래드퍼드는 도시 밖에서 오는 소식을 누구보다 먼저 접할 수 있었을뿐 아니라, 우편을 통한 안정적인 배포가 가능했기 때문에 광고주들이 몰렸고 이 광고주들은 그 당시에도 그리고 이후에도 신문 수입의 중요한 부분을 차지했다.

이러한 두 가지 이점만으로도 충분하지 않다는 듯이, 브래드퍼드는 자신의 배달업자들에게 《가제트》의 배달을 금했다. 프랭클린은 이 마지막 조치가 경쟁을 극한으로 몰고 가는 것이라며 분개했고, 따라서 아무런 거리낌 없이 배달업자들에게 뇌물을 주어 브래드퍼드에게 불복종하고 《가제트》를 안장 밑에 숨겨 배달하도록 했다. 한동안 프랭클린과 브래드퍼드는 쥐와 고양이처럼 서로를 비난하며 싸웠다. 그러나 결국 고양이가 자신의 실뭉치에 얽히게 되듯, 브래드퍼드는 우체국의 회계 관리를 절망적으로 뒤엉키게 만들었고 그 결과 상사인 미국 우정청장이 그에게 사임을 요구했다. 우정청장은 그 직책을 프랭클린에게 제안했고, 프랭클린은 기꺼이 받아들였다.

그 직책은 직접적으로 받는 급여는 적었고, 사실상 프랭클린이 고객들의 외상거래에 대해 책임을 져야 했다. 배달이 불확실했던 그 시절에는 편지를 보낸 사람이 아니라 받는 사람이 우편료를 지불했다. 하지만 지불하지 **않는** 경우도 많았다. 따라서 프랭클린은 수백 명의 외상거래 고객을 거느리고 있었지만 이미 발생한 요금에 대해서는 식민지 우정청에 지불해야 했다. 그렇게 많은 사람으로부터 돈을 징수하는 것은 골칫거리였고, 몇 년씩 체납하는 사람도 많았다.

프랭클린은 1737년에 우체국장 자리를 맡으면서, 그 일이 앞으로 미주 식민지와 대영제국의 정치로 자신을 끌어들일 거라고는 전혀 생각하지 못했다. 그가 그때 알고 있던 것은 그 일이 자신의 신문 사업에 도움이 될 것이라는 점뿐이었고, 실제로 곧 그렇게 되었다. "비록 월급은 적었지만, 이 일 덕분에 편지 왕래가 쉬워져서 내 신문의 질이 좋아졌고, 신문 수요도 늘었으며, 광고도 더 많이 실을 수 있게 되어 결국 상당한 수입을 올릴 수 있었다."

우체국장으로 일하면서 프랭클린은 영국에서 대서양을 건너 미국으로 몰려오는 큰 격변의 소식을 남들보다 먼저 들을 수 있었다. 그 격변은 곧 미국 사회 전체를 뒤흔들 일이었다. 그리고 그 격변의 중심에는 프랭클린이 만난 사람 중 가장 카리스마 있는 남자가 있었다. 그 사람은 어쩌면 프랭클린이 살아 있는 동안, 영어를 구사했던 모든 사람을 통틀어 가장 카리스마 있는 인물이었을 것이다. 조지 휫필드는 단지 '메소포타미아'처럼 평범한 단어만 발음해도 청중을 눈물짓게 할 수 있다고 알려져 있었다. 감리교 창시자 찰스 웨슬리는 그들의 첫 만남에 대해 "나는 보았고, 사랑했으며, 그를 내 가슴으로 끌어안았다"라고 표현했다. 한 목격자는 청중이 휫필드의 말을 듣는 순간 '경외감, 침묵, 몰입'에 빠졌다고 묘사했다. "많은 사람이 그가 그 누구에게서도 들어보지 못한 방식으로 말한다고 생각했다. 사람들은 그의 말투에 너무나 매혹되어 가게 문을 닫고, 일상생활을 잊었으며, 이 세상에 대한 계획들을 포기할 정도였다." 또 다른 관찰자는 운율에 감동받아 이렇게 썼다.

> 보라! 보라! 그가 온다, 천상의 소리가
> 그의 매혹적인 혀에서 흘러나온다.
> 반항하던 사람들도 두려움에 사로잡히고,
> 깊은 깨달음에 찔린 듯 마음이 움직인다.

이러한 격찬의 대상은 프랭클린을 만난 1739년에 서른 번째 생일을 몇 주 앞둔 젊은이였다. 그를 알고 있던 한 사람의 의견에 따르면 그는 '우아하고 균형 잡힌' 사람이었다. "키는 중간보다 약간 큰 편이었고 안색은 매우 창백했다. 눈은 짙은 파란색이었고 작았지만 생기가 있었다. 그는 한쪽 눈에 사시가 있었는데, 이는 네 살 무렵 홍역을 앓았을 때 그를 돌본 간호사의 무지와 부주의 때문이었다." 휫필드의 지지자였던 이 관찰자는 그의 얼굴을 의도적으로 '남성적'이라고 묘사했는데 이는 그의 용모가 섬세하며 심지어 여성적이라고 생각하는 사람들에 대한 반작용이었을 수도 있다. 휫필드 자신도 이 점에 대해 민감했다. 자신이 소녀 역할로 캐스팅된 학교 연극을 회상하며, 그는 "생각만 해도 얼굴이 붉어지고, 아마 죽을 때까지도 그럴 것 같다"라고 말했다.

그 자신의 설명에 따르면, 아마도 극적 효과를 위해 과장된 것일 수도 있지만, 횟필드는 방탕한 소년기와 청년기를 보냈다고 한다. 그는 거짓말을 하고, 더러운 말을 하고, 어머니로부터 돈을 훔치고, '혐오스럽고 은밀한 죄'에 빠져 있었다. 그러나 현실적인 종류의 구원이 그에게 손짓했는데, 그 것은 그가 옥스퍼드대학교에 서비터servitor로—즉 일을 해서 학비를 벌어가 며 공부하는 학생으로— 다닐 수 있는 가능성을 알게 되었을 때였다. "조 지야, 옥스퍼드에 갈 생각 있니?" 어머니가 간절히 물었고 그는 가겠다고 했다.

그러나 옥스퍼드는 처음에 그를 타락시키려 했다. 그의 동급생들은 습 관적으로 '극도로 방탕한 생활'에 빠져 살았고 그도 같이 놀자고 부추겼다. 하지만 횟필드는 이미 그런 생활의 악한 본성을 어느 정도 깨달았기 때문 에, 유혹에 저항할 힘을 달라고 기도했다.

하나님은 그를 감리교를 창시한 웨슬리 형제들, 즉 존과 찰스에게 인 도함으로써 그의 기도에 응답하셨다. 이들은 경건함, 기도, 그리고 금욕적 인 생활 '방식method'에 헌신하는 작은 그룹을 만들었다. 이러한 '감리교도 들Methodists'은 대부분의 횟필드 동급생들로부터 조롱의 대상이 되었고, 처 음에 그는 이들과의 관계를 비밀로 유지하려 했다. 그러나 그는 자신이 구 원받을 자격이 없다고 깊이 믿었기 때문에, 곧 웨슬리 형제들보다도 더 철 저하고, 심지어 지나치게 열성적으로—실제는 광적으로— 종교 생활을 하 게 되었다. 그는 한 번에 며칠씩 금식했고 자신에게 기쁨을 주는 모든 것을 자신에게서 박탈했는데, 어떻게든 이러한 육체의 고행이 자신을 구원할 것 이라고 생각했다. 그러나 노력하면 할수록, 그는 자신의 죄성을 더욱 확신 하게 되었다.

어느 날 절망적인 한 여인의 형태로 그에게 계시가 왔다. 횟필드는 한 동안 지역 감옥의 죄수들에게 복음의 메시지를 전하고 있었는데, 이 여인 은 죄수 중 한 명의 아내였다. 남편이 감옥에 있어서 아이들을 먹여 살릴 수 없게 되자, 그녀는 아이들이 배고파서 우는 소리를 더는 견딜 수 없었다. 그래서 그녀가 생각해낸 유일한 방법은 강물에 몸을 던져 스스로 목숨을 끊는 것이었다. 우연히 지나가던 행인이 그녀가 계획을 실행하는 것을 막았고, 이제 그녀는 도움을 줄 수 있을 것이라고 생각하는 유일한 사람, 즉 남편이 감옥에 있을 때 그를 찾아와준 사람에게 도움을 청하게 되었다. 휫필드는 그 자리에서 할 수 있는 한 그녀를 위로해주었고, 그날 오후에 감옥에서 자신을 만나자고 말했다. 감옥에서 휫필드는 그 여인과 그녀의 남편에게 요한복음을 읽어주었고, 그가 나중에 묘사한 바에 따르면 "하나님의 성령이 갑자기 그들에게 임했다". 그 여인은 "위로부터 강렬한 깨달음을 얻었고" 남자는 몸을 떨며 "나는 지옥의 문턱에 와 있다!"라고 외쳤으며 마찬가지로 구원의 강력한 충격을 느꼈다. "이때부터 두 사람 모두 은혜 안에서 성장했다."

이제 다른 사람의 극적인 영적 체험을 목격한 휫필드는 자신도 그러한 경험을 하기를 간절히 바랐다. 그래서 그는 그 어느 때보다 육체를 괴롭혔고, 금식을 늘리고, 손가락이 서리로 검게 될 때까지 추운 아침에 긴 산책을 하곤 했다. 그의 건강은 쇠약해지기 시작했고 몸은 무너지기 시작했다.

하루는 극심한 갈증과 불쾌한 끈적임이 입에서 느껴져서 갈증을 해소하려 애썼지만 소용이 없었습니다. 그때 문득, 예수그리스도께서 "내가 목마르다"라고 외치셨을 때, 그분의 고난이 거의 끝났다는 생각이 떠올랐습니다. 이 말씀에 저는 침대에 쓰러져 "목이 마릅니다! 목이 마릅니다!"라고 울부짖었습니다. 그러자 곧, 저를 그토록 심하게 짓눌렀던 무거운 짐에서 해방되었음을 제 안에서 느끼고 깨달았습니다. 슬픔의 영이 제게서 떠나갔고, 비로소 구원자 되신 하나님 안에서 진정으로 기뻐하는 것이 무엇인지 알게 되었습니다. 바로 그 순간, 하나님의 영이 제 영혼을 사로잡으셨고, 겸손히 바라옵건대, 저를 구원의 날까지 보장하셨습니다.

그는 자신이 직접 '새로운 영적 탄생'을 경험한 후, 이 체험을 다른 사람들과 나누기 시작했다. 1736년에 그는 글로스터에서 목사로 임명되었고, 곧 새로운 탄생의 메시지를 설교하기 시작했다. 비록 경험도 부족하고 나이는 스물한 살밖에 안되었지만, 그는 자신에게 계시된 대로 진리를 전하겠다고 굳게 다짐했다. 첫 설교 전날 밤 그는 친구에게 이렇게 털어놓았다. "어떤 이들에게는 내 설교가 불쾌할 거야. 그들 집단에 반대하는 말을 할 수도 있으니까. 하지만 나는 그들에게 진실을 말해야만 해. 그렇지 않으면 그리스도의 충성된 사역자가 될 수 없을 거야."

'소년 목사'라고 불렸던 그는 처음부터 큰 반향을 일으켰고, 이는 당사자인 횟필드 자신도 인지하고 있었다. 그는 런던에서의 첫 설교를 이렇게 회상했다. "비숍스게이트 교회에서 설교했는데, 그 교회의 크기와 모인 회중의 수에 처음에는 약간 긴장되었다." 하지만 하나님께서 그를 도우셨는지 "내 마음은 곧 차분해졌고, 힘차게 설교할 수 있었다. 그 효과는 즉각적이고 모두가 뚜렷이 볼 수 있었다. 내가 계단을 올라갈 때만 해도 거의 모두가 내 젊음을 보고 비웃는 듯했지만, 곧 모두 진지해지고 매우 집중해서 들었으며, 내가 내려왔을 때는 나를 존경하는 눈빛을 보였고, 내가 지나갈 때 축복해주었으며, 내가 누구인지 크게 궁금해했다".

모든 성직자가 횟필드를 축복한 것은 아니었다. 일부는 그의 뛰어난 웅변에 단순히 질투를 느꼈고, 다른 이들은 그가 내뱉는 메시지의 정통성에 의문을 제기했다. 따라서 그가 미국으로 가서 조지아의 가난하고 죄지은 사람들에게 봉사하려 한다는 소식을 듣고, 평신도 중에서는 아쉬워하는 사람이 많았지만 목회자들은 거의 슬퍼하지 않았다. 웨슬리 형제들은 이미 미국으로 떠났고, 이제 횟필드도 그 뒤를 따른 것이다.

그의 첫 미국 선교는 4개월간 이어졌다. 그는 조지아에서도 본국에서와 마찬가지로 큰 반향을 일으켰다. 서배나에서 그를 본 사람은 "횟필드 목사님의 청중이 날마다 늘고 있다. 예배 장소가 그의 교리를 듣고자 하는 사람들을 수용하기엔 너무 좁다"라고 했다. 그가 전한 교리는 '거듭남new birth'의 교리였다. 횟필드는 청중에게 죄악된 삶을 버리고 하나님을 직접 삶에 받아들이라고 호소했다.

영국으로 돌아온 그는 일반인들 사이에서 더욱 인기가 높아졌지만, 성직자들 사이에서는 반감이 심해져서, 점점 더 많은 교회가 그에게 설교 기회를 주지 않게 되었다. 그러나 사람들은 그의 설교를 듣고자 했고, 그는 야외에서 설교를 시작했다. 브리스틀 근처 언덕에서 처음 야외 설교를 했을 때는 200명의 광부가 들었으나, 몇 주 만에 청중은 2만 명으로 늘어났다. 처음에는 횟필드 자신도 야외 설교를 '미친 짓'이라고 생각했지만, 곧 이 행위가 사역의 중심이 되었다. 브리스틀 설교 후 그는 "이제야 얼음이 깨졌음을 하나님께 찬양드립니다!"라고 말했다. "저는 오늘 이 들판에서 여러분에게 하나님의 말씀을 전할 때, 그 어느 때보다도 제 주님께서 저를 기쁘게 받아주셨음을 믿습니다. 사람들 중에는 저를 비난하는 이들도 있겠지만, 만약 제가 사람을 기쁘게 하려 한다면, 저는 더 이상 그리스도의 참된 종이 아닐 것입니다."

횟필드가 영국에서 산상수훈을 하며 기존 종교와 충돌하는 동안, 프랭클린 역시 필라델피아에서 비슷한 논쟁을 겪고 있었다. 그는 보스턴을 떠난 이후로는 정기적으로 교회에 다니지 않았지만, 종교라는 제도가 시민 사회의 복지에 도움이 된다고 생각했기 때문에, 교회 유지를 위한 기부는 계속했다. 그가 후원한 곳은 필라델피아의 장로교회였다. 이 교회는 영국 성공회와 퀘이커 교도에서 갈라져 나온 여러 분파—즉, 회중교도, 침례교도, 영국 비국교도, 그리고 장로교도까지—가 모인 집합체로, 프랭클린이 그나마 내 교회라고 부를 수 있는 곳이었다. 프랭클린이 필라델피아에 도착하기 전부터 장로교회의 목사는 제더다이어 앤드루스였다. 그는 조직 운영에 유능한 열정적인 전도자였다. 앤드루스는 영국성공회 목사 토머스 클레이턴과 경쟁하며 퀘이커교로 아직 완전히 넘어가지 않은 사람들의 충성심, 아니면 적어도 출석이라도 확보하려 애썼다. 앤드루스는 프랭클린이 도시의 영향력 있는 인물로 떠오르는 것을 보고 그를 자신의 교회로 끌어들이려 했다. 그의 설득력 때문이었는지, 아니면 프랭클린 안에 남아 있던 교회 출석에 대한 의무감 때문이었는지, 앤드루스는 프랭클린에게 5주 연속으로 일요 예배에 참석하겠다는 약속을 받아냈다. 그렇게 하고도 프랭클린이 교회에 들어가고 싶은 생각이 들지 않는다면 더 이상 귀찮게 하지 않겠다는 것이었다.

앤드루스는 설득력은 있었지만, 말솜씨가 좋은 편은 아니었다. "그의 설교는 주로 다른 교파를 반박하는 논쟁이거나, 우리 종파의 독특한 교리들을 해설하는 데 치우쳐 있었다. 내가 볼 때는 그 모든 것이 너무나 건조하고, 흥미를 끌지 못했으며, 교훈을 주지도 못했다. 이는 단 하나의 도덕적 원칙조차 심어주거나 강조하지 않았기 때문이다. 그들의 목적은 선량한 시민을 길러내기보다는, 우리를 단지 장로교인으로 만들려는 것처럼 보였다." 프랭클린은 약속한 기간을 채우고 실망과 약간의 혐오감을 안고 교회를 떠났다.

프랭클린은 새 목사가 올 때까지 교회에 가지 않았다. 식민지 인구가 늘면서 앤드루스의 설교 능력 부족에도 불구하고 신도는 많아졌다. 1733년, 앤드루스는 대서양 건너로 부목사를 요청했고, 부목사는 1734년 말에 도착했다. 필라델피아는 여러모로 편리하고 살기 좋은 도시였지만, 영국에서 온 유망한 젊은 목사들에게 항상 첫 번째 선택지는 아니었다. 그래서 앤드루스와 장로교 총회는 누구든 오겠다는 사람은 받아들일 수밖에 없었다. 새로 온 목사는 아일랜드 출신의 새뮤얼 헴필로, 웅변에는 뛰어났으나, 비평가들에 따르면 교리적으로 의심스러운 인물이었다. 아일랜드에 있을 때부터 그를 아는 한 동료 목사는 그를 '뉴라이트맨new-light man'이라 불렀는

데, 이는 신학적이든 제도적이든, 혹은 둘 다에 걸쳐 불안정한 광교주의*
경향을 가진 사람을 부르는 용어였다. 더 구체적으로는 "비열한 이단자, 교
리보다는 도덕을 설교하는 자"라는 의미였다.

　프랭클린은 장로교 교리의 순수성에는 관심이 없었고, 헴필이 교리보
다 도덕을 설교한다면 들어볼 만하다고 생각했다. 프랭클린은 다시 일요일
예배에 참석했고, '매우 훌륭한 설교'를 들었다. "교리적 내용은 거의 없었
고, 덕행의 실천, 즉 종교적 용어로 말하면 '선행'을 강하게 강조했다." 프랭
클린만이 그에게 열광한 것은 아니었다. 앤드루스에 따르면 "자유사상가,
이신론자, 무신론자들이 소문을 듣고 그에게 몰려들었다".

　이 불경한 무리에게 인기가 있다는 것은 곧 그가 비정상적이었다는 것
을 입증하는 것이었다. 앤드루스의 요구로 장로교 총회는 조사를 실시했
고, 결국 재판이 열렸다. 프랭클린은 이 일이 편협한 종파주의자들의 문제
라며 그냥 내버려둘 수도 있었지만, 헴필이 '선행'을 강조하는 것이 시민 생
활에 유익한 영향을 줄 것이라 믿었기 때문에 그의 긍정적인 영향력을 잃
고 싶지 않았다. 게다가 앤드루스와 총회의 행동은 프랭클린의 타고난 권
위에 대한 반감—그가 보스턴을 떠나게 된 원인이기도 했던—을 건드렸다.
프랭클린은 교조주의자들이 자신의 견해를 표현할 권리는 있지만, 다른 사
람들의 의견을 억압하거나 침묵시켜서는 안 된다고 굳게 믿고 있었다.

　프랭클린은 이 문제에 대해 아무런 자격이 없었음에도 불구하고 논쟁
에 뛰어들었다. 헴필의 재판 일주일 전, 프랭클린은 필라델피아 거리에서
두 장로교인이 나누는 가상의 대화를 출간했다. 한 사람은 장로교 총회의
입장을 옹호하고, 프랭클린을 대변하는 다른 한 사람은 총회의 논리를 반
박한다. 첫 번째 사람이 새로운 목사가 믿음보다는 도덕을 설교한다고 불

---

*　latitudinarianism, 특정 교리나 신조, 의례, 또는 교회 조직에 대해 비교적 넓고 유연한
　태도를 취하는 사상운동

평하자, 두 번째 사람은 "그리스도의 산상수훈이 바로 훌륭한 도덕적 담화 아닌가?"라고 말한다. 첫 번째 사람은 그럼에도 불구하고 장로교인들은 자신들의 강단에서 누가 설교할지 결정할 권리가 있으며, 웨스트민스터 신앙고백*에 동의하지 않는 사람은 배제되어야 한다고 답한다. 그러자 두 번째 사람은 루터가 로마교회의 관행에서 오류를 발견했고, 칼뱅이 루터의 가르침을 수정해야 했던 것처럼, 오늘날의 총회들도 웨스트민스터 신앙고백을 수정할 수 있다고 답한다. "우리가 왜 그런 신앙고백서에 언제까지 묶여 있어야 하는가?" 첫 번째 사람은 대부분의 장로교도들이 웨스트민스터 신앙고백에 완전히 만족하므로, 개혁가에게 강단을 허락하지 않을 권리가 있다고 말한다. 두 번째 사람은 다수도 틀릴 수 있다고 응답한다. 종교개혁 초기에는 개혁자들이 소수였다. 게다가 장로교인들이 자신들의 신앙을 자유롭게 전파할 권리가 있다고 믿는다면, 자신들과 다르다고 여기는 이들에게도 같은 자유와 권리를 인정해야 한다. 그들도 뭔가 배울 것이 있을 것이다. "우리는 교황과 그의 공의회와 총회가 성경을 해석할 때 오류가 없다는 주장을 부인해왔다. 그런데 우리 자신이나 우리 총회가 성경을 해석할 때도 오류가 없다고 감히 주장할 수 있겠는가?" 천국의 이편에서는 아무도 진정한 정통성이 어디에 있는지 알 수 없다. 반면에 "도덕적 삶이 우리의 의무라는 사실은 어떤 신앙의 어떤 가르침보다 더 명확하다. 이 점에서는 모든 교파가 한목소리를 낸다. 도덕적으로 훌륭한 이단자가, 비도덕적인 기독교인보다 먼저 구원받을 것이다".

프랭클린은 자신이 마지막에 한 말이 거의 교황주의자**처럼 들릴 수 있다는 것을 분명히 알았을 것이다. 왜냐하면 종교개혁의 핵심은 선행

---

* Westminster Confession, 17세기 중반 영국에서 작성된 개신교의 대표적인 신앙고백서로 칼뱅주의를 기본으로 한다.

** papist, 종교개혁 시대에 로마가톨릭 교회를 지지하는 사람들을 경멸적으로 부르던 말

이 아닌 믿음이 사람을 구원한다는 루터의 확신을 기반으로 하기 때문이었다. 그의 작은 대화집이 총회 앞에서 헴필을 도울 것이라고 기대했는지는 불분명하다. 어쨌든 총회는 만장일치로 그 목사에게 징계를 내려 직무를 정지시키기로 결정했다. 헴필이 다른 사람의 설교를 표절한 것도 불리하게 작용했다. 헴필은 프랭클린에게 자신이 매우 뛰어난 기억력을 가지고 있어 텍스트를 한 번만 읽으면 암기할 수 있어서 그렇게 된 거라며 표절이 아니라고 변명했다. 프랭클린은 표절을 옹호하는 것처럼 보일까 난감해하면서도 이렇게 그를 옹호했다. "나는 그가 직접 만든 형편없는 설교를 듣는 것보다, 남이 쓴 훌륭한 설교를 우리에게 전해주는 것이 더 낫다고 생각했다."

사실상 이때쯤에는 헴필 목사의 문제가 프랭클린에게 거의 가장 사소한 걱정거리가 되었다. 프랭클린은 총회가 헴필을 해고할 **권리**가 있다는 것에는 거의 이의를 제기할 수 없었지만, 그렇게 결정한 그들의 **현명함**에는 이의를 제기할 수 **있었다**. 프랭클린은 실제로 그렇게 했고, 논쟁이 계속될수록 그의 언어는 점점 더 거칠어졌다. 1735년 7월 프랭클린은 지금까지의 절차를 해부하는 팸플릿을 출간했다. 그는 기소한 측의 혐의와 증거를 조목조목 반박했다. 일부 고발자들에게는 '악의와 시기심'이, 다른 이들에게는 '과열된 광신'이 있다고 주장했으며, 전체 사건을 종교재판에 비유했다. 총회가 자신들의 행동을 변호하며 응수하자, 프랭클린은 또 다른 팸플릿을 출간했는데, 이 두 번째 팸플릿에서는 첫 번째 팸플릿에서 볼 수 있었던 약간의 신중함마저도 완전히 사라져버렸다. 그는 총회 진영을 "편견과 편협에 지배당하는 곳"이라고 불렀고, 그들이 내세우는 증거 역시 "경건함을 가장한 사기"를 보여준다고 했다. 앤드루스가 제시한 증거가 거짓이 아니라고 주장하는 사람들에 대해서는 이렇게 선언했다. "그가 이미 자신의 인격에 씻을 수 없는 오점을 남겼는데, 그것을 변호로 희석시키려는 노력은 소용없다. 그들은 앤드루스의 수렁에서 허우적거리고 뒹굴며, 그 특유의 더러움으로 자신들을 덮는다." 프랭클린은 앤드루스가 헴필에게 제기한 혐의는 '우스꽝스럽고, 거짓이며, 터무니없다'고 했고, 또 다른 혐의에 대해서는 '지독하게 우스꽝스럽고 터무니없으며', 성경과는 '전혀 상관없는 것'이라고 주장했다. 프랭클린은 엔드류스 측의 주장에서 터무니없는 논리적 오류를 발견했고, 이에 대해 비꼬는 투로 이렇게 반응했다. "참으로 훌륭한 추론이다! 이에 대해 나는 다음과 같이 답하고 싶다."

당나귀는 엄숙하고 우둔한 동물이다,
우리 저자들도 엄숙하고 둔한 동물이다.
따라서 우리 저자들은 엄숙하고 둔하다. 아니, 원한다면 '당나귀 목사님'이라고 불러주마.

장로교 성직자들을 '당나귀asses'라고 부르는 것만으로는 분이 안 찬다는 듯 프랭클린은 헴필 기소에 관련된 사람들이 세 범주로 나뉜다고 주장했다. "첫째, 정직하지만 감각이 부족한 사람, 둘째, 감각은 있지만 정직함이 부족한 사람, 마지막으로, 감각도 정직함도 없는 사람." 여기서 헴필 기소의 주동자들은 마지막 부류였다. 그는 '악의, 원한, 편견'이 그들의 행동을 부추겼고, '적개심'과 '거짓 열정'이 '불의, 사기, 억압'을 낳았으며, 헴필을 기소한 측은 이미 '위선, 거짓, 불경이라는 추악한 상황'에 깊이 빠져 있고, 앞으로 더욱더 심해질 것으로 보았다.
벤저민 프랭클린이 성직자 반대 정서anticlericalism를 강하게 표출한 것은 평소 그의 모습과는 달랐다. 더 정확히 말하면, 프랭클린이 대외적으로 보여주기를 원했던 자신의 모습과는 거리가 멀었다. 그는 장로교회 내에서 반대의견이 억압당하는 상황을 목격하고 분노해 평소 그가 유지하던 온화하고 합리적인 이미지를 더 이상 지키지 못했다. 이런 점에서 필라델피아의 장로교도들은 보스턴의 청교도들만큼이나 편협했다. 헴필을 둘러싼 투쟁은 자신이 젊은 시절 비판하고 떠났던 보스턴의 편협한 분위기를 상기시켰다, 하지만 그는 자신의 행동을 자랑스럽게 생각하지 않았고 나중에 자서전에서까지 이를 숨기려 했다.

그러나 다른 많은 일들과 마찬가지로, 이 점에서도 프랭클린은 그 시대의 사람이었다. 미주 식민지 전역에서 종교적 문제들이 사람들의 감정을 극도로 자극하고 있었다. 1730년대 말과 1740년대 초에 이는 거대한 종교 부흥운동으로 이어져 뉴잉글랜드에서 캐롤라이나까지 식민지 미국 전역의 교회 공동체가 심각하게 분열되는 결과를 낳았다. 이러한 '대각성운동 Great Awakening'은 1720년대 뉴저지에서 시어도어 프렐링하이젠이 네덜란드 개혁교회 신도들에게 들려준 경건주의적 설교와, 같은 지역 장로교도들 사이에서 행한 윌리엄 테넌트와 길버트 테넌트 부자의 설교가 그 시초였다. 길버트 테넌트는 특히 매력적인 인물로서 건장하고 소박하며 직설적이었다. 다른 많은 설교자들이 회중의 지성에 호소한 반면, 테넌트는 그들이 익숙하지 않았지만 거부할 수 없는 언어로 그들의 감정에 말했다. 그는 "마치 갑판장이 선원 부리듯 청중들에게 직설적으로 지옥에 갈 것이라며 죄를 경고하는 설교를 했다". 물론 이를 본 사람들이 그런 방식을 다 좋아한 것은 아니었지만, 정작 신도들은 그런 충격적인 설교를 듣고 죄를 깨달아 기꺼이 다시 찾아와 설교를 듣곤 했다.

테넌트와는 설교 방식에서 정반대 스타일이었지만 똑같이 매력적이었던 것은 조너선 에드워즈였다. 프랭클린보다 두 살 연상인 에드워즈는 지적으로 뛰어난 신동이었다. 그는 13세 생일 전에 예일에 입학했고 17세에 졸업했다. 20세에 그는 대학의 수석 교사head tutor가 되어 사실상 총장 역할을 했다. 그의 초기 관심사는 프랭클린—아니 더 적절하게는 코튼 매더— 만큼이나 다양했고, 원자, 무지개, 거미의 삶에 대해 사색하고 탐구했다. 그는 거미들을 결코 잊지 않았지만, 시간이 지나면서 매사추세츠 노샘프턴의 회중교회에서 할아버지 솔로몬 스토더드에게서 물려받은 일, 즉 영혼을 치유하는 일에 몰두하게 되었다.

에드워즈의 소명에 대한 헌신은 곧 전설이 되었다. 그는 여름에는 새벽 4시에, 겨울에는 5시에 일어났으며 마음을 맑고 경건하게 유지하기 위해 적게 먹었다. 하루 24시간 중 절반을 성경과 영적 성장을 도와주는 책들을 연구하는 데 바쳤다. 운동을 위해 나무를 베고 말을 탔지만, 도끼를 내리칠 때마다 아담의 타락을 생각했고, 말이 오르는 언덕마다 하나님이 자신을 들어 올리는 은혜의 힘을 생각했다. 프랭클린과 매더처럼 그도 도덕적 자기 계발을 추구했다. 그는 "언제 죽음을 맞이하더라도 후회하거나 두려워할 만한 행동은 하지 않겠다"라고 맹세했다.

에드워즈가 하나님을 경외하며 살았다고 말하는 것은 온건한 표현일 것이다(여기서 그는 프랭클린과 갈라진다). 그가 대중에게도 같은 두려움을 심어주려 했다고 말하는 것도 마찬가지로 밋밋할 것이다. 길버트 테넌트나 조지 휫필드와 달리, 에드워즈는 몸짓 없이 말했다. 그의 눈은 청중을 쳐다보지 않고 예배당 뒤쪽의 종 줄에 고정되어 있었다. 그는 매우 단조롭고 지루한 목소리로 설교했지만, 그 설교 내용이 너무 무섭고 충격적이어서 청중들이 쉽게 잠들지 못했다.

여러분을 지옥 구덩이 위에 매달고 있는 하나님은, 마치 사람이 거미나 혐오스러운 벌레를 불 위에 매달듯이 여러분을 붙들고 있습니다. 하나님은 여러분을 미워하시고, 지독하게 진노하셨습니다. 그분의 분노는 불길처럼 타오릅니다. 하나님은 여러분이 아무런 가치가 없다고 생각하시어 불구덩이에 던져넣을 수밖에 없습니다. 그분의 눈은 너무나 순결해서, 여러분을 담을 수조차 없습니다. 여러분은 하나님의 눈에, 우리가 가장 혐오하는 독사를 보는 것보다 만 배나 더 가증스러운 존재입니다.

여러분은 완고한 반역자가 임금에게 저지른 것보다 훨씬 더 심하게 하나님을 거역했습니다. 그럼에도 불구하고, 지금 이 순간 불구덩이로 떨어지지 않는 것은 오직 하나님의 손이 여러분을 붙들고 있기 때문입니다. 어젯밤 여러분이 지옥에 떨어지지 않은 것도, 눈을 감고 잠든 후다시 이 세상에서 깨어난 것도, 오직 하나님의 손이 여러분을 붙들고있기 때문입니다. 오늘 아침 잠에서 깨어난 이후로 여러분이 지옥에 떨어지지 않은 것도 전적으로 하나님의 손이 여러분을 붙들고 있기 때문입니다. 지금 이 하나님의 집에서, 그분의 거룩한 예배를 불경스러운 태도로 참석하며 하나님의 순결한 눈을 거스르고 있음에도 불구하고, 아직도 지옥에 떨어지지 않은 이유는 오직 하나님의 손이 여러분을 붙들고 있기 때문입니다. 그렇습니다, 바로 이 순간 여러분이 지옥에 떨어지지 않는 이유는 오직 하나님의 손이 여러분을 붙들고 있기때문입니다.

에드워즈는 침착함을 유지했을지 모르지만, 청중들은 비명을 지르고 신음했으며, 그들이 느낀 공포는 그 고통의 극심함에 비할 만큼 컸다. 청중들이 너무 크게 울부짖어서, 설교자는 자신의 메시지가 그 소란에 묻혀버리지 않도록 때때로 말을 멈춰야 했다. 설교를 듣고 있던 어떤 사람은 너무 감동받아 계속 고통받기보다는 자신의 생명을 끝내는 게 더 낫다고 생각했을 정도였다(이 사람은 에드워즈의 이모인 레베카 스토더드와 결혼한 사람이었다. 레베카 스토더드는 스토더드 집안의 진정한 강인함을 보여준다. 그녀는 음식을 저장하는 공간인 버터리에서 치즈 작업을 하던 중 남편이 목을 그어 자살했다는 소식을 듣고, 일단 치즈 작업을 마친 다음에야 남편에게 가보았다고 한다).

하지만 이렇게 과도한 반응들조차도, 새로운 설교자들이 식민지의 종교적, 사회적 삶에 가져온 강렬한 흥분과 활력에 비하면 아무것도 아니었다. 그리고 원래 식민지 정착민들이 영국에서 도망쳐온 이유였던 종교적 박해는 이제 후손들에게는 먼 옛날의, 별로 관심 없는 이야기일 뿐이었다.

반면에 교묘하게 스며든 합리주의—뉴턴과 계몽주의의 다른 대표적 인물들의 영향으로—는 신앙의 중심을 신자들의 감정에서 이성으로 끌어올렸다. 모든 지역의 예배당에서 회중들은 전해 받은 교리를 듣고 고개를 끄덕였지만, 신을 만나는 경험에서 뭔가 허전하다는 것을 알고 있었다. 그런데 새로운 설교자들, 즉 각성자들이 그 부족한 무언가를 채워주었던 것이다.

그리고 그 새로운 설교자 중 조지 휫필드만큼 큰 영향을 미친 사람은 없었다. 1739년 미국으로 돌아온 휫필드는 식민지를 열광시켰다. 프랭클린은 휫필드의 필라델피아 방문을 이렇게 기록했다. "그의 설교에 참석한 모든 종파와 교단의 군중은 엄청났다. 그 많은 청중 중 한 명으로서, 그의 웅변이 청중들에게 얼마나 엄청난 영향을 미치는지, 그리고 그가 청중을 보고 여러 번, 여러분은 본래 **반은 짐승이고 반은 악마**라고 모욕을 주었음에도 불구하고, 사람들이 그를 얼마나 존경하고 따르는지 관찰하는 것이 내게는 참으로 신기한 일이었다." 《가제트》는 그 효과를 다음과 같이 묘사했다.

이곳에서 종교의 모습이 완전히 달라진 것은 정말 놀라운 일이다. 사람들이 설교를 듣겠다는 의지를 이토록 크게 보인 적도 없고, 설교자들이 자신들의 직분 수행에 이토록 큰 열정과 근면함을 보인 적도 없었다. 대부분 대화의 주제는 종교가 되었고 경건과 헌신에 관한 책들 외에는 찾는 책이 없다. 무의미한 노래와 발라드 대신에 사람들은 어디서나 시편과 찬송가, 그리고 영적인 노래로 자신들을 즐겁게 하고 있다. 이 모든 것은 하나님 아래에서 휫필드 목사의 성공적인 노고 덕분이다.

프랭클린은 자신의 종교관 자체가 그러한 열광과는 맞지 않아 자연스럽게 거리를 두었다. 그는 자신이 짐승도 악마도 아니라는 것을 꽤 확신하고 있었고, 지옥불과 유황에 대한 그의 관점도 순전히 과학적이었다. 사실 횟필드 현상 전체를 바라보는 그의 시각이 모두 그러했다. 영국에서와 같은 이유로—즉, 정규 성직자들의 반대와 그의 청중 규모 때문에— 횟필드는 야외에서 설교했다. 어느 날 저녁 그는 세컨드스트리트 서쪽, 마켓스트리트 한복판에 있는 필라델피아 법원 계단 꼭대기에서 연설했다. 프랭클린은 "나는 그의 목소리가 얼마나 멀리까지 들리는지 알고 싶었다"라고 기록했다. 그는 군중 뒤쪽에 서 있다가 강 방향으로 천천히 뒷걸음질 쳤다. 그는 횟필드의 '크고 또렷한 목소리'를 프런트스트리트까지는 뚜렷하게 들을 수 있었지만, 그곳부터는 거리의 소음 때문에 더 이상 잘 들을 수 없었다. 그는 프런트스트리트에서 세컨드스트리트까지의 거리를 반지름으로 삼아, 머릿속으로 반원을 그리고, 이곳에 가득 찬 청중 한 사람당 약 0.2제곱미터씩 자리를 차지한다고 가정했다. 이런 방식으로 계산해보니, 횟필드의 목소리를 들을 수 있는 사람이 3만 명이 넘을 수 있다는 결론이 나왔다. "이것으로 나는 그가 들판에서 2만 5000명에게 설교했다는 신문 기사와, 고대 장군들이 군대 전체에 연설했다는 기록을 믿을 수 있게 되었다. 예전에는 그런 이야기들을 잘 믿지 않았다."

프랭클린의 사업가적 면모는 횟필드에 대한 열광에서도 기회를 포착했다. 그는 횟필드의 설교집과 일기를 출간하기로 했다. 반응이 너무 좋아서 프랭클린은 일기를 8회에 걸쳐 출판하고, 설교와 다른 저작물도 아홉 번으로 나누어 연이어 출판했다. 그 후 그는 횟필드의 회고록을 출간했는데, 이것도 마찬가지로 인기를 얻었다.

프랭클린에게 이것이 주로 이윤을 위한 사업이었지만, 아무리 합리주의자라고 해도 그의 매력에 완전히 무심할 수는 없었다. 횟필드는 조지아에 고아원을 세우겠다는 생각을 품었는데, 그 이유는 최근 세워진 이 유형지의 고된 삶으로 인해 부모를 잃은 아이들을 돌봐주기 위해서였다. 그는 건설비를 충당할 기금을 모으기로 했다. 프랭클린은 원칙적으로는 고아원을 세우는 데 찬성했지만 비싼 비용을 들여 건설 자재와 일꾼들을 조지아로 보내는 것보다 고아들을 필라델피아로 데려오는 데 기부금을 쓰는 것이 더 좋겠다고 제안했다. 하지만 휫필드는 자신의 계획을 고수했고, 이로 인해 프랭클린은 기부를 거부했다.

그러나 휫필드는 거부하기 어려운 사람이었다고 프랭클린은 회상했다.

나는 얼마 후 그가 한 설교에 참석했는데, 그 과정에서 그가 설교 마무리에 헌금을 받을 계획임을 깨달았고, 속으로 조용히 아무것도 내지 않겠다고 다짐했다. 내 주머니에는 동전 한 줌과 은화 3~4달러, 그리고 금화 다섯 개가 있었다. 그의 설교를 계속 듣고 있자니 마음이 누그러지기 시작했고, 동전을 주기로 마음먹었다. 그가 또 한 번 감동적인 말을 하자 동전만 내려던 것이 부끄러워져 은화를 주기로 결심이 바뀌었다. 그리고 그가 너무나 훌륭하게 설교를 마무리하자 나는 주머니에 있던 금화까지 탈탈 털어 헌금 접시에 넣었다.

프랭클린의 마음이 누그러진 것은 어느 정도는 휫필드의 설득에 감동해서였고, 어느 정도는 그가 추진하는 선한 목적—비록 프랭클린은 고아들을 필라델피아로 데리고 오면 그 목적을 더 잘 달성할 수 있다고 생각했지만—에 공감했기 때문이었다. 하지만 또 다른 요소도 있었다. 프랭클린은 휫필드의 지옥불 설교가 제더다이어 앤드루스 목사의 교파적 궤변만큼이나 선하게 사는 것과는 별로 상관이 없다고 생각했다. 하지만 은혜로운 목소리의 순회 설교자인 휫필드가 지역 종교 지도자들에게 불편함을 주고 긴장감을 불러일으킨 점은 높이 평가했다. 의심할 여지없이 프랭클린에게 불만족스러웠던 헴필 사건의 결과를 회상하며, 그는 도시의 정규 강단에서 환영받지 못하는 설교자들을 위한 새로운 건물(평범하게 그냥 '신건물'이라고 불렸다)을 건설하는 데 도움을 주었다. 프랭클린은 자서전에서 "만약 콘스탄티노플의 지도자 무프티가 무슬림 선교사를 우리에게 보내 마호메트교를 전하려 한다면, 그들에게도 설교할 강단을 내어줄 것"이라고 말했지만 이는 그의 바람이었고 현실은 달랐다(대각성운동으로 개신교 사회가 떠들썩했지만, 그들은 무슬림이나 가톨릭 신자, 유대교도들처럼 자신들이 도저히 구제할 수 없다고 여긴 사람들에 대해서는 여전히 힘을 합쳐 배제했다).

프랭클린이 횟필드의 선행을 지지하고 그가 설교할 권리를 옹호하기는 했지만, 나서서 기독교로 개종하지는 않았다. 횟필드는 프랭클린의 영혼을 위해 노력을 아끼지 않았지만, 프랭클린은 그 모든 것을 거부했다. 그는 기존 정통적 교리를 부정하는 종교라 할지라도, 조직화된 종교에 대해 여전히 회의적이었다. 그리고 부흥운동가들의 열정은, 언제나 그랬듯, 그를 별로 감동시키지 못했다.

그럼에도 불구하고 프랭클린은 횟필드를 친구로 여겼다. 그는 필라델피아의 자기 집에 횟필드를 머물게 했고, 자신의 안락을 위해 헌금함에서 기금을 빼돌렸다는 비난으로부터 그를 변호했다. 이런 점에서 개종하지 않은 프랭클린의 상태가 약간은 횟필드에게 유리하게 작용했다. 대부분의 필라델피아 사람은 횟필드에 대해서 양극단으로 찬반이 갈렸다. 하지만 프랭클린은 '뉴 라이트'와 '올드 라이트' 사이의 논쟁에서 어느 쪽에도 가담하지 않았기 때문에, 객관적인 입장에서 의견을 제시할 수 있었다. "우리의 관계는 단지 공동체적 우정이었고, 양쪽 모두 진심이었으며, 그가 1770년에 세상을 떠날 때까지 이어졌다."

아무리 대각성의 시기가 혼란스럽다고는 하나—역사가 중에는 미국독립혁명의 뿌리를 이로 인한 격변에서 찾는 사람도 많지만— 그 시기의 또 다른 사건은 정말 기괴하기 짝이 없었다. 1737년 초여름, 대니얼 리스라는 순진하고, 어쩌면 정신적으로 문제가 있는 견습공이 필라델피아의 젊은 건달들과 어울리게 되었는데 그중에는 프리메이슨에서 제명된 친구도 한 명 있었다. 리스는 프리메이슨에 대해 거의 아는 바가 없었지만, 막연히 그 조직에 가입하고 싶다고 생각했다. 리스를 데리고 있는 장인匠人을 포함한 건달들은 이를 자신들의 오락거리로 삼기로 하고 정교하게 꾸며진 가짜 '입회' 의식을 거행했는데, 여기에는 사탄에 대한 충성 맹세와 강력한 설사제 투여가 포함되어 있었고, 나중에 리스는 입회자 중 한 명의 엉덩이에 입맞춤해야 했다.

그런데 주동자들은 프랭클린의 지인들이었다. 그들이 이 이야기를 프랭클린에게 전했을 때, 그는 그들의 웃음에 동참했다. "내가 웃은 건 사실이었다(그리고 아마도 내가 늘 그렇듯 박장대소를 했을 것이다)"라고 그는 나중에 인정했다. 그는 심지어 리스가 한 맹세의 사본을 달라고 해서 자기 친구들에게 보여주기도 했다.

어린 리스에 대한 희롱이 거기서 멈췄다면, 그것은 단지 그 시대에 흔히 볼 수 있었던 잔인한 장난으로 남았을 것이다. 하지만 보다 그럴듯하게 리스를 속이고 싶었던 조롱자들은 두 번째 의식을 거행하며, 그를 비밀단체의 더 높은 계급으로 승진시키는 척했다. 6월 13일 밤, 어둡고 음침한 지하실에서 무리는 한 사람을 중심으로 모여들었다. 그는 소가죽을 뒤집어쓰고 머리에 뿔을 달아, 마치 악마가 실제로 나타난 것처럼 꾸미고 있었다. 방은 매우 어두웠고, 브랜디에 불을 붙여 그 불빛만이 방을 밝히고 있었다. 공포심을 고조시키기 위해 리스의 고용주는 그릇을 들어 올리고 소년에게 다가갔다. 다음에 무슨 일이 일어났는지에 대해서는 논란의 여지가 있지만 우연히든 고의로든, 그는 불붙은 술을 소년에게 뿌렸고 이로 인해 소년의 옷에 불이 옮겨붙어 심각한 화상을 입고 이틀 후 사망했다.

"시신에 대한 부검 진행 중"이라고 《가제트》가 6월 16일에 보도했다. 하지만 검시관은 당시 현장에 있던 참석자들의 증언을 바탕으로 이 비극이 우발적이었다고 결론 내렸다. 그러나 며칠 안 가, 일부 참가자들이 진술을 바꾸면서 당국은 추가 조사를 벌였다. 대배심단은 리스의 고용주와 다른 두 명을 살인 혐의로 기소했다.

프랭클린도 재판에 연루되어 증인으로 검찰에 출석해야 했다. 모의 의식에 참석하지 않았지만, 피고인들과 친분이 있었고 그들의 의도를 알고 있었을 것으로 추정되기 때문이었다. 그의 증언은 남아 있지 않지만 검찰 수사에 특별히 도움이 되지 않았을 것이다. 세 명 중 두 명만이 가벼운 혐의인 과실치사죄로 유죄판결을 받았고, 마지막 피고인은 무죄판결을 받았다.

그러나 프랭클린에게는 이것이 끝이 아니었다. 앤드루 브래드퍼드는 프리메이슨을 결코 좋아하지 않았고, 리스가 죽은 다음 이 비극을 이용해 그들을 공격했다. 그—또는 《머큐리》에 기고한 익명의 필자—는 이 더러운 사건에서 프랭클린의 역할을 자세히 설명하고, 프랭클린이 첫 번째 장난을 승인하는 듯한 태도를 보였기 때문에, 비록 그가 직접 살인에 가담하지는 않았지만, 피고인들이 더 심한 범죄를 저지르도록 교사한 것이나 마찬가지라고 주장했다.

프랭클린은 신문지상에서 오가는 논란에 익숙해서 당사자가 어떤 식으로 반응하든 스캔들이 더 길어질 것이라는 점을 잘 알고 있었지만, 자신에 대한 주장이 너무 심각해 답변이 필요하다고 판단했다. 그는 《머큐리》의 주장을 "심각한 거짓말이며 언어도단"이라고 규정했다. 그는 처음에 어린 리스가 당한 곤란한 상황에 대해 웃었다는 점은 인정했다. "하지만 그들이 그에게 강력한 설사약을 먹이고, T의 엉덩이에 키스하게 하고, 그가 했다는 악마의 맹세를 R이 읽어주자, 나는 심각하게 받아들이기 시작했다. 다른 악의가 없다면 아무리 유쾌한 사람이라도 그런 상황에서는 진지해지는 게 당연하다고 생각했다."

하지만 그는 악마의 맹세를 보고 싶다고 요청했다는 점을 인정해 스스로 진술의 신빙성을 떨어뜨렸다. 그는 그것을 "매우 특이한 것"으로 여겨, 친구들에게 보여주고 싶었고, "너무 많은 사람이 그것을 보려고 내 집으로 몰려들어서 귀찮아졌을 때쯤 시장이 그것을(수사의 일환으로) 제출하라고 했고, 나는 그것으로부터 해방될 기회를 얻어 기뻤다"라고 말했다.

프랭클린은 자신이 더 심한 장난이나 괴롭힘을 부추기기는커녕 오히려 그런 일을 막으려 했다고 주장했다. 소년이 사망하기 전에 우연히 술집에 온 적이 있었는데, 마침 그곳에서 그의 입회식에 대한 이야기가 오가고 있었다고 했다. 소년의 고용주는 프랭클린이 프리메이슨이라며 소년에게 입회식에서 배운 비밀 신호를 해보라고 부추겼다. 프랭클린은 "소년이 그 신호를 했는지 안 했는지 나는 알 수 없다"라고 말했다. "왜냐하면 나는 그를 착각에 빠지게 부추기거나, 손을 잡거나, 형제라고 부르며 환영하는 일과는 거리가 멀었기 때문이다. 사람들이 말하는 것과 달리, 나는 그가 가짜 신호를 하는 것을 보지 않으려고 고개를 돌려 창밖 정원을 내다봤다." 프랭클린이 리스가 사망했던 두 번째 의식에 참석하기를 원했다는 주장은 "절대적으로 거짓이며 아무런 근거가 없다"라고 했다. "나는 그 젊은이의 아버지와 아는 사이였고, 그를 존경했다. 그의 아들이 그렇게 희롱당하는 것이 안타까웠고, 그래서 그 소년이 나갈 때 계단을 따라 문까지 따라가서 불러 세워 그 속임수에 대한 힌트를 주려고 했지만, 그는 이미 시야에서 사라졌고 나는 그를 다시는 보지 못했다."

이 사건은 프랭클린에게 있어 자랑스럽거나 떳떳한 일은 아니었고, 프랭클린 자신도 그 점을 잘 알고 있었다. 물론 프랭클린이 리스의 죽음에 직접적으로 책임이 있는 것은 아니었으니, 누군가 그에게 책임이 있다고 암시하는 것에 대해 프랭클린이 화를 내는 것은 당연하고, 또 정당한 일이었다. 하지만 프랭클린은 소년을 두고 용서할 수 없는 장난을 치던 사람들을 말리지 않았다. 그가 "리스에게 경고하려 했지만, 리스가 자리를 떠나버려서 그렇게 하지 못했다"라고 주장한 것 역시 설득력이 부족했다. 또한 "나는 그 사탄의 맹세를 보고 보통 일이 아니구나라고 생각했다"라는 그의 해명 역시, 그의 실제 말과 모순되어 신뢰하기 어려웠다. 지난 몇 년 동안 프랭클린은 다른 사람들과 잘 지내고 그들에게 맞춰주는 태도를 길러왔다.

이런 대인관계는 그와 잘 맞아 사업을 번성시키고 그의 평판을 높이는 데 기여했다. 그러나 어떤 경우에는 잘못된 것을 바로잡거나, 적어도 문제를 제기해야 할 때가 있는 법이다. 이 일이 바로 그런 경우였고, 여기서 프랭클린식 대처는 실패했다.

그가 예상했듯이, 프랭클린의 변명은 이 문제를 잠재우지 못했다. 브래드퍼드의《머큐리》는 반박 기사를 실었고, 얼마 지나지 않아 다른 도시의 신문들도 이를 다루기 시작했다. 프랭클린의 부모인 조사이아 프랭클린과 어바이어 프랭클린도 리스의 죽음과 아들이 증언한 재판에 대해 신문을 보고 알았다. 특히 어머니 어바이어는 오랫동안 이 프리메이슨에 대해 의구심을 품고 있었는데 이번 사태를 통해 그 의심이 확신이 된 것처럼 보였다. 그리고 걱정을 담아 아들에게 편지를 보냈다.

프랭클린은 부모에게 보낸 답장에서 프리메이슨에 대해 "그들은 대체로 아주 해가 없는 사람들이에요. 종교나 예의범절에 어긋나는 원칙이나 행동도 하지 않고요"라고 했다. 어바이어 프랭클린은 이 조직의 비밀이 여성에게는 공개되지 않기 때문에, 아들의 말을 믿을 수밖에 없었다. 이어서 그는 "어머니께서 더 잘 알게 되실 때까지 판단을 미뤄주시고, 그동안은 너그러운 마음으로 봐주시길 부탁드려요"라고 덧붙였다.

프랭클린은 이 편지를 통해, 자신이 정통 신앙에서 벗어난 것에 대해 부모님이 계속 걱정하는 문제를 조금이나마 달래려 했다. "저 때문에 불안해하신다니 죄송해요. 만약 다른 사람을 기쁘게 하기 위해 자신의 신념을 바꿀 수 있다면, 기꺼이 그렇게 해서 부모님을 만족시켜드리고 싶을 정도예요." 하지만 그는 그것이 불가능하다고 덧붙인다. "사람이 자기 **생각**을 바꾸는 것은, 남을 따라 **외모**를 바꾸는 일만큼이나 불가능한 일이니까요."

프랭클린은 자신의 의견 중 일부가 틀릴 수도 있다는 점을 인정했다. "인간의 이해력에는 본래 약점과 한계가 있고, 우리의 사고방식은 어쩔 수 없이 우리의 교육과 관습, 읽은 책, 주변 사람들의 영향을 받을 수밖에 없어요. 이런 점을 생각해보면, 자신이 믿는 교리가 무조건 옳고, 자신이 거부하는 모든 교리는 다 틀렸다고 주장하는 사람은 상당히 자만심이 큰 사람이며, 그렇게 단언하는 사람은 상당히 대담한 사람이라고 생각해요." 이는 교회와 공의회, 종파와 총회에도 마찬가지로 적용된다. 그러나 비록 진리라는 것이 어떤 초월적인 의미에서 평범한 인간이 완전하게 파악하기 어려울지라도, 효용성은 그렇지 않다고 말한다. "저는 믿음이라는 것은 그것이 미치는 영향과 결과로 판단해야 한다고 생각해요. 만약 어떤 사람이 자신을 비도덕적으로 만들거나 더 악하게 만드는 믿음을 하나도 가지고 있지 않다면, 그 사람의 믿음도 위험하지 않다고 결론지어도 좋겠지요. 그리고 저 역시 그런 경우이기를 바라고요."

여기서 프랭클린은 우연히든 고의로든 핵심을 놓쳤다. 그의 부모님처럼 독실한 칼뱅주의자들에게는, 신앙 문제에서 '진리'가 전부였고, '행위'는 거의 중요하지 않았다. 아들이 아무리 선한 일을 많이 하고, 다른 사람들에게도 그렇게 하라고 권한다 해도, 최후의 심판 때는 아무 소용이 없었다. 정말 **믿었는가?** 그게 중요했다. 그래서 프랭클린 자신도 이 편지에서 비록 간접적으로나마 자신이 믿지 않는다는 사실을 인정했다. 그러니 부모님이 걱정하는 것도 당연했다.

프랭클린은 부모님이 어떤 식으로 반대할지 이미 잘 알고 있었다. 이 반대는 그가 오랫동안 맞서 싸워온 것이기도 했다. "저는 언제나, 정통 신앙이 덕보다 더 중시될 때, 진정한 종교는 항상 피해를 입는다고 생각해왔어요. 그리고 성경은 최후의 심판 날에 우리가 그동안 무엇을 **생각했는지**가 아니라, 무엇을 **했는지**가 심사 기준이 될 것임을 저에게 확신시켜줘요. 그날에 우리가 구원받을 근거는 우리가 '**주여, 주여**'라고 외친 사실이 아니라, 우리 이웃에게 행한 선행이 될 거예요. 마태복음 26장에도 그렇게 나와 있고요."

조사이아와 어바이어는 성경을 잘 알고 있었다(프랭클린보다 더 잘 알았다. 그가 인용하려던 장은 마태복음 25장이었다). 그리고 그들은 "행위"에 의존하는 프랭클린의 입장이 사실상 로마가톨릭적인 것임을 알고 있었고, 이에 대한 적절한 개신교식 반박도 알고 있었다. 프랭클린 역시 부모님이 이런 점을 다 알고 있고, 자신의 논리로는 부모님을 설득할 수 없다는 것도 알고 있었다. 그래서 그는 부모님의 사랑과 이해에 기대어 이렇게 말했다. "제가 할 수 있는 것은 마음을 열고 부모님 말씀을 귀담아듣고 진지하게 생각해보는 것뿐이에요. 그런데도 결국 제 신념이 변하지 않는다면, 부모님의 평소 너그러우심으로 저를 비난하기보다는 오히려 불쌍히 여기고 이해해주시기 바라요. 늘 저를 걱정해주시는 부모님께 진심으로 감사드려요."

그는 또한 가족들이 지금까지 건강하게, 오래 살 수 있었던 것에 감사한다고 말했다. 이런 근본적인 축복이 그의 모든 가족에게 주어진 것은 아니었기 때문이다. 프랭클린의 아들 프랜시스는 태어날 때부터 어머니의 사랑을 한 몸에 받았고, 아버지의 기쁨이었다. 그가 기어다니고, 걷기 시작했을 때, 그는 분명 아버지를 따라 2층 침실에서 1층 인쇄소까지 왔다 갔다 했을 것이다. 그는 조판, 잉크 칠, 인쇄, 재단의 신비로움에 확실히 매료되었다. 모든 증거를 보면 프랭클린은 아들을 아끼고, 하고 싶은 대로 하게 내버려두었다. 프랭클린 자신도 어릴 때부터 호기심이 많았던 것을 기억했기 때문에, 아들이 무언가에 깊이 빠져서 궁금해하는 것을 억지로 막거나, 그런 흥미로운 것들에서 아이를 떼어놓을 사람이 아니었다. 게다가, 프랭클린은 아들이 적어도 한 번쯤은 인쇄업을 경험해보길 원했다. 기본적인 기술은 일찍 배울수록 더 좋다고 생각했기 때문이다.

그러나 운명은 전염병의 형태로 이 계획을 방해했다. 1736년 프랜시스는 천연두에 걸렸다. 프랭클린은 한때 형 제임스와 함께, 천연두 예방접종을 홍보하던 매더 가문을 비판하는 입장을 취했지만 시간이 가면서 그는 자신의 견해를 바꿨다. 이제 그는 예방접종이 개인과 공중보건에 유익하다고 주장했다. 하지만 그는 바쁜 사람이었고, 프랜시스는 항상 건강이 좋지는 않았다. 자신의 시간도 내야 했고, 아들 프랜시스가 건강을 회복해 더 튼튼해지기를 기다리다 보니 결국 아들에게 예방접종을 해주지 못했다. 아이가 다섯 살이 되던 해 가을, 질병이 도시를 휩쓸었고, 프랜시스는 그 병으로 세상을 떠났다.

프랭클린은 큰 충격을 받았다. "나는 그에게 예방접종을 맞추지 않은 것을 오랫동안, 그리고 여전히 깊이 후회한다." 그는 반세기 후에 이렇게 기록했다. 그는 사회구성원으로서의 책임감으로, 프랜시스가 예방접종을 맞고 죽은 것이 아니라, 예방접종을 맞지 않아 죽었다는 사실을 《가제트》에 알렸다. 이는 혹시나 예방접종을 지지하는 사람의 아들이 예방주사를 맞고 사망했다고 오해가 생길 경우, 바로잡기 위해서였다.

프랭클린의 신조는 항상 미래를 바라보고, 과거에 머무르지 않는 것이었다. 대부분의 주제에 대해 그는 자신의 이 조언을 따랐다. 하지만 프랜시스에 대해서만은 예외였다. 슬픔에 잠긴 아버지는 일부러라도, 혹은 도저히 참을 수 없어서, 만약 아들이 살아 있었다면 어떤 어른이 되었을지 자주 생각하곤 했다. 평생 다른 소년들을 볼 때마다 그는 프랜시스를 떠올렸다. 1772년, 손자 중 한 명이 훌륭하게 자라고 있다는 소식을 듣고, 그는 "그런 소식을 들을 때마다, 이제 죽은 지 36년이 된 내 아들 프랜시스의 모습이 다시금 떠오른다. 나는 그 아이만큼 모든 면에서 뛰어난 아이를 좀처럼 본 적이 없으며, 지금도 아들을 생각하면 한숨이 나온다"라고 밝혔다.

프랜시스의 죽음이 데버라에게 어떤 영향을 미쳤는지는 정확히 알 수 없고 오직 상상에 맡길 수밖에 없다. 그녀는 일기를 쓰지 않았고, 분명 남편과 슬픔을 나눴겠지만, (여전히 함께 살고 있던) 어머니 세라 리드와 더 많이 나눴을지도 모른다. 그러나 그들 중 누구도 그녀의 감정을 후대에 남기지 않았다.

아이를 잃은 고통은 언제나 극심하지만, 데버라에게는 더더욱 그랬다. 다시는 아이를 가질 수 없을지도 모른다는 현실에 직면했기 때문이다. 프랜시스가 죽었을 때, 그녀와 프랭클린은 결혼한 지 6년이 넘었다. 그들이 더 많은 아이를 가지려고 하지 않을 이유는 없었다. 프랭클린은 열두 명의 형제자매와 두 명의 이복형제가 있었기에, 분명 많은 자녀를 기대했을 것이다(데버라 역시 7남매 중 한 명이었고, 그중 네 명은 성인이 되기 전에 세상을 떠났다). 하지만 6년 동안 두 사람은 단 한 명의 아이만을 얻었고, 이제 그 마저도 잃었다. 1년 남짓만 지나면 데버라는 서른 살이 되는데, 가장 좋은 가임기는 아마 이미 지나갔을 터였다. 그녀는 자신의 아이가 자라는 모습을 다시는 보지 못할 수도 있었고, 손주를 볼 수 없을지도 몰랐다. 암울한 전망이었다.

프랜시스의 죽음이 프랭클린의 또 다른 아들에게 어떤 영향을 미쳤는지는 더더욱 알기 어렵다. 윌리엄은 프랜시스가 세상을 떠날 때 여섯 살이거나 거의 그 또래였다. 그는 자신의 상황이 프랜시스와 다르다는 것, 즉 자신은 프랭클린의 아들이지만 데버라의 아들은 아니라는 사실을 이해하기엔 너무 어렸을지도 모른다. 프랜시스를 잃은 후, 아버지는 윌리엄을 더욱 소중히 여겼을 가능성이 크지만, 데버라가 윌리엄에게 느꼈을 감정은 복잡했을 것이다. **자신의** 아들은 세상을 떠났는데, 다른 여자의 아들은 살아 있다는 사실에 대해 데버라가 어느 정도 원망을 느끼지 않았다면, 오히려 그게 더 비인간적일 것이다. 프랭클린, 데버라, 윌리엄, 세라 리드, 그리고 한두 명의 견습생과 직공, 때로는 데버라의 형제인 존과 프랜시스까지 함께 살던 붐비는 집안에서, 이런 원망은 분명하게 느껴졌을 것이다. 프랭클린은 이를 느끼고 이해했을 것이고, 윌리엄은 느꼈지만 이해하지 못했을 것이다.

집은 이미 가득 찼지만, 곧 더 많은 사람으로 가득 차게 된다. 그러나 데버라의 아이들 때문은 아니었다. 1733년, 프랭클린은 뉴잉글랜드로 여행을 떠나 보스턴의 부모님과 여동생 제인(그리고 그녀의 아들 벤저민), 형 존과 피터(비누 제조업자), 그리고 형 제임스(마침내 보스턴을 떠난)와 뉴포트에

서 만났다. 10년의 세월은 벤저민 프랭클린과 제임스 프랭클린 사이의 적
대감을 누그러뜨렸고, 제임스의 건강도 악화시켰다. 아직 마흔이 되지 않았
지만, 제임스는 자신이 쇠약해지고 있음을 느꼈고, 동생 벤저민에게 애정
을 드러낸 뒤, 자신이 세상을 떠나면 열 살짜리 아들(그의 이름도 제임스)을
돌봐달라고 부탁했다. 특히 그는 아들이 인쇄업을 이어가기를 바랐다. 프
랭클린은 자신이 제임스와의 도제 계약기간이 남은 상태에서 도망친 것을
알고 있었기에, 이 부탁을 거절할 수 없었다.

　그가 필라델피아로 돌아왔을 때, 데버라가 이 결정에 대해 어떻게 생
각했는지는 알 수 없다. 아마도 그녀는 집에 한 명 더 늘어난다고 해도, 그
것이 어린아이인 만큼 별로 티가 나지 않을 거라고 생각했을지도 모른다.
혹은 어쩌면 데버라가 제임스가 학교에 다니도록 결정한 장본인일 수도 있
다. 아버지 제임스가 1735년 세상을 떠난 후, 어린 제임스는 몇 년간 학교
에 다녔고 1740년에야 견습생으로서 집에 들어왔다. 프랭클린은 그에게 인
쇄 기술을 가르쳤고, 제임스의 어머니 앤은 로드아일랜드에서 사업을 이어
갔다. 소년이 적절한 나이와 실력을 갖추자, 프랭클린은 뉴포트 인쇄소를
최신 활자로 업그레이드해주고, 잘 출발할 수 있도록 도왔다. "이렇게 해서
나는 일찌기 형의 인쇄소를 떠날 때 진 빚을 충분히 갚았다."

7장 제국의 궤적

1741~1748

"우리는 매우 건강한 여름을 보냈고, 풍성한 수확을 거두었어요. 나라는 빵으로 가득하지만, 전쟁이 시작된 이후 교역이 쇠퇴하면서 우리 농부들이 그걸 어디에 팔 수 있을지 모르겠어요."

이는 프랭클린이 1744년 9월에 부모에게 쓴 편지인데, 여기서 그가 말하는 전쟁은 유럽 열강이 식민지 쟁탈을 위해 벌인 일련의 전쟁 중 네 번째 전쟁이었다. 이 식민지 전쟁들은 프랭클린이 살던 시대의 대서양 분지* 역사의 중요한 배경이었고, 때로는 역사의 중심 사건이 되기도 했다. 이 전쟁은 유럽에서 새롭게 힘을 키워가던 국가들이 바다 건너 새로 발견된 땅과 그곳의 부를 차지하기 위해 일으킨 싸움에 뿌리를 두고 있었다. 포르투갈과 스페인이 초기 선두 주자였는데, 포르투갈은 남쪽(즉, 아프리카를 돌아가는)

---

*   Atlantic basin, 대서양과 그 주변의 유럽, 아프리카, 북아메리카, 남아메리카 등의 대륙을 포함하는 넓은 지역

무역로를 독점했고, 스페인은 서쪽을 통한 동양 무역로를 찾다가 우연히 발견한 아메리카 대륙에서 많은 이익을 챙겼다. 영국과 프랑스는 이들보다 해외 확장의 기회를 활용하는 데 느렸지만, 16세기 종교개혁을 둘러싼 갈등을 정리한 후—프랑스는 가톨릭 진영에, 영국은 개신교 진영에 남게 되었다— 이들도 자신들의 제국주의적 모험을 시작했다.

1588년 영국이 스페인 무적함대를 격파하면서 이베리아반도 국가들의 쇠퇴가 시작되었고, 이어서 북미에 영국과 프랑스 식민지가 건설되었다.

영국이 아메리카 식민지 건설에서 우위를 점했는데, 주로 북위 30도 중반에서 40도 초반 사이의 대서양 연안의 비교적 비옥한 토양과 온화한 기후에 정착지를 세우기 시작했다. 프랑스는 세인트로렌스강 유역의 빙하가 남긴 바위투성이 황무지에 뿌리를 내리려 했다. 프랑스는 또한 미시시피와 오하이오 지역까지 진입하려 했는데, 이로 인해 유럽에서 영국과 프랑스 사이의 경쟁이 아메리카에서도 격화되어, 결국 프랭클린이 관여하게 된 일련의 식민지 전쟁으로 이어졌다.

미국인들이 영국 왕 윌리엄의 이름을 따서 지은 첫 번째 식민지 전쟁은 8년 동안 이어졌고, 그 과정에서 많은 잔혹한 일이 벌어졌는데, 그중에는 코튼 매더의 표현으로 '반은 인디언화된 프랑스인, 반은 프랑스화된 인디언'으로 구성된 습격대가 뉴햄프셔에서 저지른 대학살도 포함되어 있었다. 윌리엄 왕의 전쟁은 프랭클린이 태어나기 10년 전에 끝났으며, 결과적으로 전쟁 전과 달라진 게 없는 상태로 조약이 맺어져, 왕과 관리들은 다행이라고 생각했지만, 실제로 싸운 병사들은 불만스러워했다.

두 번째 전쟁은 프랭클린이 태어날 때 진행 중이었으며 앤 여왕의 이름을 따서 앤 여왕의 전쟁Queen Anne's War이라고 명명되었다(아무도 프랑스 왕의 이름을 따서 전쟁 이름을 짓는다는 생각은 하지 않았다. 왜냐하면 당시 대부분 사람의 수명보다 더 긴 기간 동안, 구체적으로 1643년부터 1715년까지 프랑스는 한 명의 왕이 통치했기 때문이었다. 만약 전쟁 이름을 프랑스 왕 이름으로 붙였다면, 그 시대의 모든 전쟁이 '루이 14세의 전쟁'이 되어버렸을 것이다). 앤 여왕의 전쟁에서 영국(잉글랜드와 스코틀랜드가 합쳐져서 이제 '영국'이라고 부름)이 프랑스의 동맹국인 스페인에게서 지브롤터를 빼앗았고, 이 전쟁은 프랭클린이 일곱 살 때 끝났다. 전쟁 후 체결된 조약은 영국이 지브롤터를 차지한 것을 공식적으로 인정해 스페인은 큰 굴욕을 당했고, 아카디아와 뉴펀들랜드를 영국에 넘겨 프랑스에게 영구적이지는 않더라도 지속적인 분노를 안겨주었으며, 영국의 진취적인 노예 상인들이 스페인령 아메리카(그리고 영국령 아메리카) 시장에 아프리카 노예를 독점적(합법적)으로 공급할 수 있게 해주었다.

만약 루이 14세가 앤 여왕 전쟁 종료 직후 죽지 않았다면, 세 번째 전쟁은 더 일찍 시작되었을 것이다. 왜냐하면 루이 14세는 스스로를 유럽의 패권국으로 여겼고, 이러한 오만한 생각 때문에 앤 여왕의 전쟁 결과로 체결된 위트레흐트조약Treaty of Utrecht의 내용을 받아들이지 않고 다시 전쟁을 일으키려 했을 것이기 때문이다. 하지만 선왕의 어린 후계자를 대신해 통치했던 섭정들은 루이 14세 같은 과도한 패권 의식이 없었기 때문에, 조약을 받아들여 당분간 평화가 유지될 수 있었다. 한편 프랑스는 미시시피강 유역 개발에 예상보다 훨씬 많은 노력을 쏟으면서, 북동부에서 잃은 영토에 대한 아쉬움을 달랬다. 그 결과, 벤저민 프랭클린 세대 전체는 제국 열강들 사이에서는 평화가 당연한 상태이고, 전쟁이 오히려 예외라는 다소 특이한 생각을 하며 성장했다.

하지만 프랭클린이 30대가 되자 이 생각이 틀렸다는 것이 명백해졌다. 영국의 밀수업자 로버트 젱킨스가 스페인 당국에 붙잡혀 현장에서 귀가 잘리는 벌을 받는 사건이 일어났기 때문이다. 그는 자신의 귀를 찾아 손수건에 싸서 7년 동안 세계를 떠돌며 지녔다. 결국 그는 영국 의회가 있는 웨스트민스터에 도착했는데, 이는 우연이 아니었고, 마침 영국 내에서는 개신교도들의 반스페인 및 반가톨릭 감정이 다시 고조되고 있던 시기였다. 그는 자신의 마르고 가죽처럼 된 귀를 꺼내 보였고, 모든 의원들은 겉으로는 충격을 받은 척했지만, 사실 그들은 런던 거리에서 이보다 훨씬 더 끔찍한 인간의 잔혹함을 매일 보고 있었다. 영국의 유명한 사전 편찬자인 새뮤얼 존슨이 '애국심은 불한당들의 마지막 피난처'라고 정의하기까지는 아직 몇 년이 더 남아 있었지만, 어쩌면 그도 젱킨스에게서 영감을 받았을지 모른다. 젱킨스가 스페인 군인의 칼날이 번쩍이며 내려올 때 "나는 내 영혼을 신에게, 그리고 내 사건을 조국에 맡겼다!"라고 외쳤다고 주장했기 때문이었다.

비록 늦었지만 영국 의회와 국민이 분노해 전쟁이 일어났다. 젱킨스의 귀 전쟁은 영국과 미국 병사들이 스페인의 카리브해 요새인 누에바그라나다의 카르타헤나 성벽 앞에서 어이없이 큰 희생을 당한 것으로 유명하다. 미국 출신의 생존자들은 자신들이 대영제국의 전쟁에서 장기판의 졸처럼 이용당하고 있다는 생각을 갖게 되었다. 그리고 이제 그들은 자신들이 희생양으로 이용당했을 뿐만 아니라, 그것마저도 서툴게 이용당했다는 것을 분명히 알았다(고집스러운 충성심에서인지, 아니면 자신이 겪은 일을 상기시키기 위해서인지, 절뚝거리며 버지니아로 돌아간 로런스 워싱턴이라는 미국인 대위는, 포토맥강 위 언덕배기에 있는 자신의 농장 이름을 카르타헤나의 영국 제독인 에드워드 버넌의 이름으로 명명했다).

프랑스가 스페인 편에 가담해 싸움에 참여하자, 젱킨스의 귀 전쟁은 자연스럽게 조지 왕의 전쟁으로 이어졌다. 이 전쟁이 바로 프랭클린이 부모에게 보낸 편지에서 언급한 전쟁이었다. 적어도 미국인의 관점에서 볼 때 이 전쟁의 절정은 루이스버그 공성전이었는데, 이곳은 케이프브레턴섬에 있는 프랑스 요새로 이들은 세인트로렌스강 입구를 통제하고 그랜드뱅크스에서 조업하는 미국 어선들을 괴롭혔다. 동쪽 끝에 있었던 만큼 루이스버그 주민들은 그 소식이 뉴잉글랜드에 도달하기 전에 공식적인 전쟁 선언 소식을 들었다. 루이스버그에서 출항한 사략선들은 정보상의 이점을 활용해 미국 선박들을 급습했고, 결국 델라웨어강 하구까지 남하해 필라델피아 항구가 거의 보일 정도로 가까운 곳에서 미국 선박들을 나포했다. 한편 루이스버그의 프랑스군 사령관은 노바스코샤 해안의 영국 어촌에 기습 공격을 가했다. 그런데 이 공격 부대의 지휘관은 그곳에서 손쉬운 승리를 거둔 후 한 가지 치명적인 실수를 저질렀다. 즉 항복 조건에서 약속한 대로 포로들을 보스턴으로 직접 이송하지 않고 도중에 루이스버그 요새에 들른 것이다. 포로들은 요새가 제대로 관리되지 않고 병력이 제대로 배치되지 않았다는 것을 똑똑히 관찰할 수 있었다. 그들은 보스턴에 도착하자마자 이 정보를 윌리엄 셜리 총독에게 알렸고, 총독은 이를 활용하기로 결정했다. 그는 프랑스와 그들의 야만적인 인디언 동맹이 평화롭고 신을 두려워하는 뉴잉글랜드 사람들에게 저지르는 약탈을 영원히 끝내기 위해 루이스버그를 공격해야 한다고 주장했다. 만약 이 원정이 그를 영웅으로 만든다면, 그 또한 좋은 일이었다.

셜리 총독이 배와 병력, 자금을 요청하자 많은 사람의 공감과 호응을 불러일으켰다. 안 그래도 벤저민 프랭클린의 고향 해운업자들은 프랑스의 위협을 없애고 싶어 안달이 났던 터였다. 뉴잉글랜드의 모든 가정은 프랑스가 부추기고 지원한 악마 같은 인디언들에게 여성과 아이들이 학살당한 끔찍한 이야기를 기억하고 있었다. 매사추세츠의 디어필드에서 일어난 악명 높은 대학살은 40년 전 일이었지만 여러 사람 사이에서 구전되면서 더욱 끔찍해졌다. 사람들은 프랑스가 캐나다에서 쫓겨날 때까지 인디언의 습격은 결코 멈추지 않을 것이라는 것을 알고 있었다. 매사추세츠 총회—제임스 프랭클린을 선동죄로 질책했던 바로 그 기구—는 셜리에게 3000명의 지원병으로 군대를 모집하도록 지시했다. 그는 인기 있고 시민정신이 투철한 상인 윌리엄 페퍼럴을 설득해 그 부대를 이끌게 했고, 요새를 공격하고 인근 도시를 함락시키는 데 참여하는 모든 사람에게 마음대로 약탈을 해도 된다고 공언했다. 셜리는 지역 목사들을 설득해 끌어들였고, 이 목사들은 평신도 형제들을 배에 태워 데려왔다. 조지 휫필드는 이 원정이 곧 개신교 십자군운동의 성격을 띠게 되자, 그에 어울리는 슬로건을 제시했다. Nil desperandum Christo duce(그리스도가 인도하는 곳에서는 절망하지 않는다. 횟 필드는 자신이 내세운 슬로건이 가톨릭의 언어인 라틴어였다는 사실은 전혀 신경 쓰지 않는 듯했다). 셜리는 다른 지역 식민지에도 이 십자군 원정에 동참해 달라고 요청했다. 로드아일랜드는 배 한 척과 선원, 그리고 병사들을 보내 겠다고 약속했다. 코네티컷은 500명의 병력을 파견하기로 결정했으며 뉴욕 은 프랑스 요새의 성벽을 공격하는 데 꼭 필요한 대포를 지원했다.

펜실베이니아의 반응은 그다지 열정적이지 않았다. 조지 토머스 총독 은 의회에서 공개적으로 이 계획을 지지하며, 뉴잉글랜드 사람들의 주도적 인 행동을 칭찬했다. 그는 "이 원정은 그 사람들에게 훌륭한 시민정신이 있 음을 보여줍니다!"라고 선언했다. "그리고 만약 이 작전이 성공한다면, 그것 은 국왕 폐하의 명예와 북아메리카에 있는 모든 식민지의 이익에 크게 도 움이 될 것입니다." 그러나 사적으로는 유보적 입장을 표명했고 이는 의회 의 회의론자들에게 힘을 실어주었다. 퀘이커 교도들의 교리도 시간이 지나 면서 약해졌고, 미국에 온 3세대 퀘이커들에게는 평화주의가 윌리엄 펜 시 대만큼 정체성의 핵심이 아니게 되었다. 그러나 전쟁과 전쟁 준비에 대한 불안이 남아 있었는데, 특히 그것들이 비용과 위험을 수반할 때 더욱 그랬 다. 의회의 비퀘이커 교도들은—식민지 창립자들을 지지하는 의원들과 한 편이 되어— 비용과 위험을 이유로 반대했고, 뉴잉글랜드 사람들이 루이스 버그 요새 공격 결정을 미리 상의하지 않은 것에 대해 불만을 표했다. 펜 실베이니아 식민지 의회는 "우리는 비용이 많이 들고, 피를 많이 흘릴 수도 있으며, 결과도 매우 불확실한 이런 원정에 참여하는 것은 현명하지 않다고 생각한다"라고 결론지었다.

프랭클린은 펜실베이니아 의회의 서기로서 루이스버그 논쟁을 지켜보 았다. 그가 1736년에 시작한 이 매우 불안정한 일은 인기가 거의 없었고, 보수로 보나 명예로 보나 거의 보상이 없었다. 하지만 프랭클린에게 이 직업의 가장 큰 장점은 의회 회의록 인쇄인으로서 그의 작업을 용이하게 해 약간의 돈을 벌 수 **있었다**는 점이다. 또한 펜실베이니아 정치를 직접 보고 경험할 기회를 제공했다.

그는 루이스버그 원정 논쟁을 보고 실망했다. "토머스 총독이 펜실베이니아 의회에 보낸 공식 메시지와 그가 개인적으로 나와 나눈 대화를 비교해보면, 그의 불성실함에 놀라지 않을 수 없다. 그는 앞에서는 이 원정을 칭찬해서 뉴잉글랜드의 총독과 사람들, 그리고 영국 본국 정부의 박수를 받으려 하면서, 동시에 뒤에서는 그 일을 방해하기 위해 할 수 있는 모든 일을 하고 있다." 의회도 진실하지 못하기는 마찬가지였다. 프랭클린은 스스로 참여하지 않으면서 뉴잉글랜드의 성공을 열렬히 응원하는 몇몇 펜실베이니아 의원들의 모습을 보면서, 이렇게 말했다. "만약 군사행동이 양심에 어긋난다고 생각한다면, 자신들도 하지 않을 것을 남에게 부추겨서는 안 된다." 이 의원들의 면전에서는 더 신랄하게 비판했다. "나는 그들에게 이렇게 말했다. '성경 속 가난한 사람들이 실제로 아무것도 주지 않고 말로만 몸을 따뜻하게 하고 배를 채우라고 하는 사람들에게 느끼는 감정을 뉴잉글랜드 사람들이 당신들에게 느낄 것이오.'" 그리고 속으로 이렇게 생각했다. "나는 그들이 솔직하고 정직하게 이 원정에 반대하는 이유를 말해야 한다고 생각한다. 영국 정부가 먼저 우리와 상의하지 않았다고 불평하는 등 별로 중요하지 않는 핑계를 대며 얼버무려서는 안 된다." 총독과 의회 어느 쪽도 진심으로 행동하지 않았다며 프랭클린은 이렇게 덧붙였다. "총독과 의회는 그저 세상 사람을 즐겁게 하기 위해 연극을 하고 속임수를 썼을 뿐이다."

루이스버그 공세는 펜실베이니아의 도움 없이 진행되었지만, 펜실베이니아의 관심은 여전했다. 원정대가 출항한 지 한 달 후 프랭클린이 보스턴에 있는 형 존에게 "여기 사람들은 케이프브레턴에서 그쪽 사람들이 성공했는지 소식을 듣고 싶어 안달이 났어"라고 썼을 정도였다. 우편물이 올 때마다 인쇄소로 수십 명이 몰려와 소식을 궁금해했다. 이곳에는 평화를 중요하게 여기는 퀘이커 교도들이 많아 군대에 대해 잘 몰라서 요새가 아직 함락되지 않았다고 하면 놀라는 사람이 많았다. 하지만 프랭클린은 전혀 놀라지 않았다. "나는 그들에게 석 달은 지나야 기쁜 소식을 들을 거라고 말해줬어"라고 형 존에게 썼다. "요새화된 도시는 깨기 어려운 견과류이고, 당신들의 이는 그것에 익숙하지 않다. 요새를 점령하려면 특별한 기술이 필요한데, 당신들은 견습 기간도 거치지 않고 그 기술을 배웠다. 군대와 노련한 병사들도 공격할 때는 숙련된 공병이 필요하다. 공격군에 그런 사람이 있는가?" 그러나 아무리 설명해도 멀리서 지켜보는 많은 이가 제대로 이해하지 못했다. "어떤 사람들은 요새를 점령하는 일이 코담배를 흡입하는 일만큼이나 쉽다고 생각하는 것 같다."

프랭클린은 루이스버그 원정을 십자군 원정으로 취급하고 하나님께 성공을 보장해달라고 요청하는 사람들을 보면 비웃지 않을 수 없었다. 그는 형에게 이렇게 썼다. "그곳 사람들은 루이스버그 요새의 성공적 점령을 위해 금식과 기도일을 정했더군. 내 계산으로는 그날 뉴잉글랜드에서 50만 건의 기도가 이루어졌어. 여기에 1월 25일부터 매일 아침저녁으로 각 가족의 기도를 곱하면 4500만 건의 기도가 되지. 이건 루이스버그 요새 안에 있는 소수의 가톨릭 사제들이 성모마리아에게 바치는 기도와 비교할 때 압도적으로 많은 수야." 여기에는 심각한 신학적 문제가 걸려 있다고 프랭클린은 농담조로 말했다. "만약 뉴잉글랜드가 요새 공략에 성공하지 못한다면, 나는 앞으로 평생 이런 경우에 장로교 기도의 효능에 대해 시큰둥한 생각을 가질 것 같아. 강력한 도시를 공격할 때는 **믿음**보다 **행동**에 더 의존해야 해. 왜냐하면 적극적으로 노력해야 천국에 들어갈 수 있듯 이 요새도 힘과 폭력을 쓰지 않으면 점령하기 어렵기 때문이야. 그리고 프랑스군이 지키는 요새에는 그런 종류의 악마들이 있어서, 식량이 떨어져서 스스로 항복하지 않는 한, 기도와 금식만으로는 그들을 쫓아낼 수 없을 거야."

루이스버그 원정이 대중의 경건함에 어떤 영향을 미쳤든, 프랭클린의 뉴스 사업에는 이득이 되었다. 앤드루 브래드퍼드의 《머큐리》가 뒤에서 완강하게 저항했음에도 불구하고, 《가제트》는 창간 이래 해마다 꾸준히 독자를 늘려왔다. 1740년 11월 브래드퍼드는 미주 식민지에서 최초로 잡지를 창간하겠다고 발표했다. 《아메리칸 매거진, 또는 영국 식민지의 정치적 상황에 대한 월간 보고서The American Magazine, or A monthy View of the Political State of the British Colonies》라는 제목의 이 잡지는 독자들에게 공공 문제, 문학, 예술에 대한 폭넓은 의견을 제공할 예정이었으며, 연간 구독료는 펜실베이니아 통화로 12실링이었다. 충분한 구독자를 모집한다는 전제하에 1741년 3월에 발간을 시작할 예정이었다.

그다음 주에 프랭클린의 《가제트》에는 놀랍도록 비슷한 내용의 공고가 실렸다. 《종합잡지 겸 아메리카의 모든 영국 식민지를 위한 역사 연대기The General Magazine, and Historical Chronicle, for All the British Plantations in America》라는 잡지가 발간되어 지역 및 제국의 정치, 미국 및 영국의 문학, 그리고 주목할 만하거나 단순히 흥미 위주의 각종 사건을 다룰 예정이라고 했다. 1월부터 매달 발행될 예정이었고, 구독료는 펜실베이니아 통화로 한 권당 9펜스(또는 영국 스털링으로 6펜스), 즉 연간 9실링이었다.

독자들에게 프랭클린은 뻔뻔한 모방자처럼 보였다. 사실 그는 아이디어를 도용당한 피해자이자 원작자였다. 비록 그의 부주의로 인한 것이었지만, 그로 인해 자기 자신에게 화가 나기도 했다. 그리고 그를 더욱 화나게 한 것은 그의 실수가 10여 년 전 신문 창간을 계획할 때 저지른 실수와 같았다는 점이었다. 잡지 프로젝트에 대한 도움을 구하던 과정에서 프랭클린이 자신의 계획을 어떤 사람에게 밝혔는데, 그 사람은 프랭클린의 조건에 만족하지 못하고 그 아이디어를 프랭클린의 경쟁자에게 넘긴 것이다.

분노한 프랭클린은 공격을 시작했다. 자신의 계획을 누설한 사람은 존 웹이라는 변호사로 가끔 《가제트》에 기고를 했던 사람이었다. 웹이 브래드퍼드가 제안한 잡지 발간에 관여했다고 확신한 프랭클린은—웹의 이름을 구체적으로 언급하지 않고— 신뢰 위반과 아이디어 도용을 주장하는 성명을 발표했다.

그러자 존 웹은—프랭클린이 의도한 대로— 자신이 당사자라고 밝히고 해명에 나섰다. 웹은 자신의 무죄를 주장하며 프랭클린이 잘못된 행동을 했다고 말했다. 그는 프랭클린이 사실이 아닌, 암시적인 비난을 해서 "비난받는 사람이 쉽게 자신을 방어할 수 없도록 만들었고, 이런 방식이야말로 가장 해로운 거짓말"이라고 주장했다. 웹의 불평은 프랭클린이 훗날 자신의 공격적 글쓰기 방식 때문에 여러 번 듣게 될 비판—"간접적으로 거짓말을 하는 사람이 직접적으로 거짓말을 하는 사람보다 더 비열하고 비겁한 구석이 있다"—을 예고하는 것이었다. "**후자**는 강도처럼 대담하고, **전자**는 소매치기처럼 교활하다. 둘 다 당신의 지갑을 털고, 둘 다 교수형을 당할 만하지만, 만약 내가 둘 중 하나를 용서해야 한다면, **비겁한** 악행을 저지른 자보다는 **대담한** 악행을 저지른 자를 더 빨리 용서할 수 있을 것이다."

이 공방은 프랭클린에게 영광을 가져다주지 못했다. 프랭클린의 아이디어가 선점당한 원인은 웹의 배신이 아니라 프랭클린 자신의 부주의였기 때문이었다. 그러나 이 불쾌한 설전은 프랭클린이 예상했듯이 그의 새 잡지에 대한 관심을 끌어모으는 효과가 있었다.

싸움이 시작되면서 두 발행인은 첫 호 발행을 추진했다. 프랭클린은 브래드퍼드보다 3일 늦은 1741년 2월에 창간호를 발간했다. 그러나 한 발 뒤처진 것에는 이점도 있었는데, 프랭클린이 뒤에 브래드퍼드에게 비난을 퍼부을 수 있었기 때문이다. 브래드퍼드는 자신의 잡지를 《머큐리》에 매우 정성스럽고 화려하게 광고했고, 이에 프랭클린은 자신의 신문인 《가제트》에서 브래드퍼드의 잡지를 조롱하는 글로 응수했다. 브래드퍼드를 악명 높은 티그 선장에 비유해 제목을 '티그의 광고'라고 붙인 것만 제외하면 이 풍자문은 프랭클린의 풍자 작품 중에서 그다지 뛰어나거나 영감이 넘치는 글은 아니었다. 그는 아마도 독일인 억양을 흉내 내려고 했겠지만, 그 억양이 실제 독일인 억양처럼 들리지 않아서, 듣는 사람들이 혼란스러워 했다. 글의 재치 또한 리처드 손더스의 최고 수준에 미치지 못했다. 실제로 손더스는 브래드퍼드와 경쟁할 때 더 잘해냈다. 이때쯤 나온 《가난한 리처드의 연감》에는 "적으로부터 비밀을 지키고 싶으면 친구에게도 말하지 말라"라는 문구가 들어 있었다.

결과적으로 모든 비방은 헛수고였다. 아니면 비방이 너무 효과적이었는지 모른다. 브래드퍼드의 잡지는 석 달도 안 되어 사라졌고, 프랭클린의 잡지도 반년밖에 지속하지 못했다. 두 잡지의 경쟁이 독자층을 나누어 서로의 성공을 방해했고, 이로 인해 두 잡지 모두 오래가지 못했을 수 있다. 하지만 더 가능성 높은 원인은, 프랭클린(그리고 그를 따라 한 브래드퍼드)이 시장 자체를 잘못 판단했다는 것이다. 당시는 물론이고 그 뒤로도 오랫동안 미국에는 런던의 성공적인 잡지인 《젠틀맨스 메거진Gentleman's Magazine》을 뒷받침 해주던 문학적 문화가 부족했다. 이 영국 잡지는 프랭클린의 《제너럴 매거진》의 모델이기도 했다. 《젠틀맨스 매거진》은 어느 정도 프랭클린의 경쟁 상대 역할도 했는데, 대서양을 건너와 미국 서점에 배포되었기 때문이다. 아마도 바쁜 미국인들의 집중 시간은 영국인들보다 짧았을 것이다. 미국인들은 신문과 연감은 읽었지만, 잡지는 읽지 않았다.

프랭클린의 또 다른 문제는 점점 너무 많은 일에 손을 대고 있다는 것이었다. 그가 처음에 존 웹에게 접근했던 이유도 바로 잡지 제작에 쏟을 시간이 부족했기 때문이었다. 그의 본업은 그 어느 때보다 잘되고 있었다. 1742년 그는 제임스 파커가 뉴욕에서 시작한 인쇄 사업을 후원했다. 여기에는 일종의 역사적 대칭성이 있었다. 하지만 앤드루 브래드퍼드와 그의 아버지는 이것을 프랭클린의 배은망덕함을 보여주는 또 하나의 증거로 받아들였을지도 모른다. 젊은 파커는 윌리엄 브래드퍼드와의 도제 계약을 깨고 도망쳤는데, 이는 프랭클린이 형 제임스 프랭클린과의 계약을 버리고 떠난 것과 비슷했다. 브래드퍼드의 부친이 고생하던 프랭클린이 일자리를 찾도록 도와줬던 것처럼, 프랭클린도 제임스 파커를 받아들여 직공 일자리를 제공했다. 1742년 2월, 프랭클린은 당시 스물일곱 살이던 파커를 다시 뉴욕으로 보내 윌리엄 브래드퍼드와 경쟁하게 했다. 프랭클린은 인쇄기와 활자, 비용의 3분의 1을 제공하고, 그 대가로 수익의 3분의 1을 받기로 했다. 6년이 지나면 파커는 인쇄기와 활자를 매입하고 파트너십을 종료할 수 있는 선택권을 행사할 수 있었다.

이 계약은 프랭클린이 사우스캐롤라이나에서 토머스 휘트마시(나중에 루이 티모테가 계승)와 맺었던 계약보다 훨씬 성공적이었다. 프랭클린은 80세에 가까운 윌리엄 브래드퍼드가 곧 은퇴할 거라고 예상했을 수도 있다. 아니면 젊은 파커가 조금만 자극을 주면 브래드퍼드가 사업에서 물러날 것이라고 계산했을 수도 있다. 실제로 브래드퍼드는 프랭클린처럼 에너지가 넘치는 경쟁자와 맞서기를 꺼렸는지 결국 인쇄 일을 그만두었고, 뉴욕의 인쇄 시장에서 가장 좋은 부분을 프랭클린-파커 연합에 넘기게 되었다. 파커는 브래드퍼드에 이어 뉴욕 식민지의 공식 인쇄업자가 되었고, 이후 브래드퍼드가 운영하던 유서 깊지만 고전하고 있던 《뉴욕 가제트New York Gazette》의 제호와 적은 독자층을 이어받은 신문을 창간하기도 했다.

프랭클린의 제자들 중 가장 성공한 인물은 데이비드 홀이었다. 에든버러 출신으로 인쇄 기술을 배우러 런던까지 갔던 홀은, 최근 고용주였던 윌리엄 스트레이핸의 강력한 추천을 받고 필라델피아에 왔다. 프랭클린은 그 추천이 정말 옳았다고 생각했다. 1744년 7월 프랭클린은 스트레이핸에게 "짧은 기간이지만 그와 지내보니, 당신이 말씀하신 그대로의 인물임을 확신하게 되었습니다"라고 썼다. 프랭클린은 홀을 화이트마시와 파커처럼, 이번에는 서인도제도에 보내 같은 방식으로 인쇄업을 확장하려고 했다. 그러나 영국에서 오는 배의 비좁은 공간에서 홀이 간염에 걸려 황달이 생기면서 문제가 발생했다. 게다가 홀과 프랭클린은 서인도제도 항해 비용 문제로 의견 충돌을 빚었다. 잠시 파트너십이 시작도 전에 깨질 위기에 처했다. 그러나 스트레이핸은 홀에게 프랭클린의 선의를 믿으라고 안심시켰다. "그의 관대함을 믿어도 된다. (…) 그는 네게 정직하게 대할 것이다." 스트레이핸은 프랭클린을 오직 편지로만 알았지만, "그의 글에서 느껴지는 바로는 그는 매우 좋은 심성을 가진 사람이며, 명예롭고 현명한 사람인 것 같다"라고 덧붙였다.

결국 홀은 동의했고, 프랭클린은 홀의 재능을 매우 높이 평가해 그를 필라델피아에 남기기로 결정했다. 홀은 프랭클린의 공장장이 되어, 프랭클린조차 흠잡을 데 없을 정도로 능숙하고 효율적으로 작업장을 관리했다. 프랭클린은 이제 전보다 훨씬 적은 시간만 들였지만 인쇄 사업은 더욱 큰 수익을 올리며 잘 굴러갔다.

프랭클린이 죽은 후 200년 동안, 그는 어떤 이들에겐 칭찬의 대상으로, 또 어떤 이들에겐 비난의 대상으로, 미국 자본가의 전형으로 자주 언급되었다. 하지만 이런 평가는 오해의 소지가 있다. 만약 프랭클린이 진정한 자본가의 성향을 가졌다면, 인쇄업에서 아낀 시간을 또 다른 돈벌이에 쏟았을 것이다. 하지만 그는 그렇게 하지 않았다. 프랭클린에게 돈을 버는 일은 언제나 목적을 위한 수단이었지, 그 자체가 목적이 아니었다. 자신의 인쇄소를 세우고 안정시키는 데 있어서는 누구보다 열심히 일했지만, 일단 기반이 잡히고 나자 그의 관심과 에너지는 점차 다른 곳으로 옮겨갔다.

프랭클린의 돈에 대한 태도는 그가 '펜실베이니아 벽난로Pennsylvania fireplace'라고 부른 것을 다룬 방식에서 잘 드러난다. 수년간 프랭클린은 벽난로나 난로를 더 효율적으로 만들 수 있을 것이라 확신했고, 인쇄업에서 짬을 내어 배플*과 화실**을 만지작거리며 더 나은 모델을 개발했다. 1740년대 초, 그는 자신의 설계에 만족했고, 준토 클럽의 철공업자 로버트 그레이

---

* baffle, 연소실 상부에 위치하는 판으로 열 보존과 열효율을 증가시키는 역할을 한다.
** firebox, 연료가 연소되는 공간

스와 함께 새 벽난로를 제조·판매하기로 했다.

1744년에 발표한 홍보 팸플릿에 프랭클린은 이렇게 썼다. "이 북부 식민지의 주민들은 보통 1년에 7개월 동안 벽난로에 불을 피운다. 100년 전만해도 흔히 집 앞에서 구할 수 있었던 땔감이, 이제는 어떤 마을에서는 100킬로미터나 떨어진 곳까지 가서 구해야 할 정도가 되었고, 이는 가정의 지출에서 상당히 큰 비중을 차지한다." 따라서 연료 효율을 개선해 땔감을 절약할 수 있는 방법은 개인뿐 아니라 사회 전체에 큰 이익이 될 것이었다. "이새로운 벽난로는 바로 그 목적을 위해 최근에 고안된 것이다(펜실베이니아의여러 가정에서 3년간 사용해본 결과다)."

펜실베이니아의 토머스 총독은 프랭클린의 혁신에 매우 만족해, 이 벽난로를 관할구역 내에서 독점적으로 판매할 수 있는 특허를 주겠다고 제안했다. 프랭클린이 이를 받아들였다면 상당한 돈을 벌었을 것이고, 만약이 특허를 미국의 다른 식민지까지 확장했다면 훨씬 더 큰 돈을 벌었을 것이다. 실제로 이 벽난로는 매우 인기를 끌었고, 기후가 추울수록 더 인기가높았다. 《보스턴 이브닝 포스트》에 기고한 한 독자는 "새로 발명된 필라델피아 벽난로, 또는 정의와 감사의 의미에서 마땅히 프랭클린 씨의 난로라고불려야 할 이 벽난로"에 대해 극찬을 아끼지 않았다. 프랭클린의 발명품은질 좋은 장작 한 단, 많아야 한 단 반이면 평범한 집의 거실을 겨울 내내따뜻하게 할 수 있었다. 그 이점은 너무나 뚜렷했다. "누구나 필수 가정용품 하나에서 얼마나 큰 절약을 할 수 있는지 계산할 수 있을 것입니다. 이벽난로의 편안함과 효용을 경험한 사람이라면 모두, 이 훌륭한 발명의 창시자를 위해 국민들이 동상을 세워줘야 한다고 생각할 것입니다."

실제로 나중에 그의 동상이 세워지기는 했지만, 당시 그는 벽난로 독점 판매권 제안을 거절했다. 그는 특허를 내서 독점하는 성향의 사람이 아니었다. 지식은 발견한 사람의 소유물이라기보다는 모두의 공유 자산이어야 한다고 생각했다. 그는 철학—당시에는 모든 학문을 의미하는 넓은 의미로 쓰였다—을 집단적 노력으로 보았다. 한 사람이 발견한 것은 모두의 것이 되어야 한다는 것이다. 그는 특허에 대해 이렇게 설명했다. "우리는 다른 이들의 발명에서 큰 이익을 누리고 있으니, 우리도 우리가 한 발명으로 다른 이들을 기꺼이—그리고 자유롭고 관대하게— 도와야 한다고 생각한다."

프랭클린의 이런 생각은 그가 벽난로를 설명한 팸플릿에도 잘 드러난다. 이 팸플릿은 단순한 광고가 아니라 연소 이론과 가정 난방의 실용적 적용을 다룬 과학 논문에 가까웠다. 그는 고전적 권위자의 글(라틴어로 된 긴 인용문 제공)과 이국적인 자료(번역한 중국 문헌)까지 인용했다. 열이 전달되는 다양한 방식, 특히 대부분의 벽난로 설계에서 간과되거나 제대로 활용되지 못하는 대류convection에 대해 자세히 설명했다. 그는 증거까지 제시하며 자신의 벽난로 난방한 방이 기존 방식으로 난방한 방보다 더 건강에 좋다고 주장했다. 왜냐하면 이 벽난로는 열이 방 전체에 더 고르게 퍼지기 때문이라는 것이었다. 벽난로의 도면과 설치 방법(이음새를 봉할 때는 시멘트 반죽에 물 탄 럼주를 섞으라는 팁까지 포함)을 상세히 실었다. 프랭클린답게, 마지막에는 리처드 손더스가 자주 썼던 것 같은 시 한 편을 덧붙이며 벽난로를 '두 번째 태양'에 비유했다.

또 하나의 태양!—그렇다— 하지만 같지 않다.
따뜻함과 생명력 있는 불길은 비슷하다고 인정한다.
그러나 이 새로운 태양은 그의 형님보다 훨씬 더 친절하다.
여름에 우리를 그을리지도 않고,
추운 겨울날 북풍이 우리를 떨게 할 때
이 태양은 우리를 두고 남쪽으로 떠나지도 않는다.
긴 겨울밤에도 우리 곁을 떠나
다른 반구의 새로운 친구들을 따뜻하게 하러 가지 않는다.

이 새로운 태양의 불길은 언제나 우리 곁에 남아

우리가 원할 때, 우리가 바라는 만큼 우리를 따뜻하게 해준다.

프랭클린이 벽난로에 관한 팸플릿에서 이론과 응용을 결합한 것은 그의 특징이었다. 그는 현대 자본가의 심장을 가지고 있지 않았고, 또한 현대 시대가 진정한 지식인이라고 부를 만한 인물도 아니었다. 그는 탐구심이 강한 사람이었다. 사실 그의 평생이 증명하듯 그는 끊임없이 탐구했다. 그러나 그는 지식을 위한 지식이라는 공식을 만족스럽게 여기지 않았다. 그가 중요하게 생각한 지식은 삶을 더 쉽고, 생산적이며, 행복하게 만드는 것이었다. 이러한 점에서 그의 과학관은 종교관을 닮았다. 아무리 신앙이 깊어도 선행을 낳지 못하면 무의미하듯, 과학도 아무리 흥미롭더라도 유용한 발명이 없다면 무의미했다.

1743년 5월 프랭클린은 『미국 영국 식민지에서 유용한 지식을 증진하기 위한 제안A Proposal for Promoting Useful Knowledge Among the British Plantations in America』이라는 소책자를 발행했다. 이 아이디어는 이전에 필라델피아의 존 바트럼과 뉴욕의 캐드월러더 콜든 등 다른 사람들도 언급한 적이 있었다. 하지만 그들 둘 다 인쇄업자가 아니었기에, 이 점에서—다른 프로젝트에서도 그랬듯이— 프랭클린은 결정적인 이점을 가지고 있었다. 바트럼과 콜든은 소수의 지인들과 소통할 수 있었지만—실제로도 그랬다— 프랭클린은 그의 인쇄기를 통해 수백 또는 수천 명에게 전달할 수 있었다. 그가 이 소책자를 몇 부나 인쇄했는지는 알 수 없지만, 이전까지 그러한 생각을 들어본 적 없는 보다 광범위한 대중에게 아이디어를 퍼뜨린 것은 분명했다.

프랭클린은 "새로운 식민지를 개척하느라 사람들의 관심이 오로지 생존에 필요한 일들에만 쏠렸던 고된 시기는 이제 거의 지나갔다"라고 주장했다. "이제 각 식민지에는 생활이 안정되어 여유를 갖게 된 사람들이 많아졌고, 이들은 보다 고상한 예술을 기르고 지식의 수준을 높일 수 있는 시간을 가지게 되었다." 이렇게 철학적 성향을 가진 이들은, 그들의 호기심과 통찰을 바탕으로 때때로 새로운 발견을 하게 될 것이며, 이는 "일부 혹은 모든 영국 식민지, 나아가 인류 전체에 이로움을 가져다줄 것이다."

물론, 이런 발견들이 실제로 이루어지려면 적절한 격려와 효과적인 소통이 필요하다. 프랭클린이 이 소책자를 출판한 목적도 바로 이런 상황을 조성하기 위한 것이었다. 그는 "여러 식민지에 거주하는 대가들Virtuosi 또는 독창적인 사람들의 모임을 결성해 미국철학회The American Philosophical Society 라고 부르자"라고 제안했다. 그리고 식민지 중심에 가장 가까운 도시인 필라델피아에 이 학회의 본부를 설치하자고 했다. 필라델피아는 통신과 교통의 중심지며 서인도제도 정착지로 가는 해상 교통로와도 교차하는 곳이었다. 또한 필라델피아는 이미 상당한 장서를 갖추고 계속 성장하는 도서관이 많았다. 이는 학회의 설립과 학자들의 교류 같은 활동에 필수적이었다.

필라델피아에는 의사, 식물학자, 수학자, 화학자, 기계공, 지리학자, 그리고 폭넓은 관심과 전문성을 지닌 자연철학자로 구성된 학회의 핵심 인물들이 모일 것이며 학회의 회장과 회계 및 총무 담당 역시 필라델피아에 기반을 둘 것이다. 이 단체는 최소 한 달에 한 번 만나, 자신들의 최신 연구 결과와 다른 도시 및 식민지의 회원들이 보낸 정보를 논의한다. 필라델피아에 있는 핵심 그룹의 주요 역할은, 공통의 관심사는 있지만 실제로 한자리에 모이기 어려운 회원들 사이에서 정보가 원활하게 오가도록 돕는 것이다. 이를 위해 학회는 가장 주목할 만한 발견이나 가설을 출판해 널리 알릴 것이다.

연구 대상 주제는 인류의 관심사와 생활에 필요한 모든 것을 망라했다. "새롭게 발견된 모든 식물, 허브, 나무, 뿌리 등의 특징과 쓰임새, 효능, 재배 방법 등. 사이다, 와인 등 식물성 즙 생산 및 가공 방법의 개선. 새로운 질병 치료 또는 예방법. 광산, 광물, 채석장 등 다른 나라에서 새로 발견된 모든 화석들. 수학의 여러 분야에서 인류에 도움이 되는 새로운 발견. 증류, 양조, 광석 분석 등 화학 분야에서의 새로운 발견. 방앗간, 마차 등 노동 절약을 위한 새로운 기계의 발명." 그리고 이 밖에도 지리학, 지질학, 축산학, 기타 여러 원예 분야 등 다양한 주제를 포함하며, 마지막으로 "사물의 본질을 밝히고, 인간이 물질을 다스리는 힘을 키우며, 삶의 편리함이나 즐거움을 늘려주는 모든 철학적(자연과학적) 실험"까지 연구 대상으로 삼았다.

프랭클린은 1743년 5월에 이 선언문—그답게 답보다 질문이 주를 이루는—을 세상에 발표했다. 반응은 느렸지만 여러 사람이 관심을 보였다. 뉴욕의 캐드월러더 콜든은 "미국의 실용 기술과 과학을 증진하기 위해 필라델피아에 학회를 설립하려는 당신의 계획이 어떻게 진행되었는지 정말 듣고 싶습니다. 만약 제가 이 유용한 사업을 진전시키는 데 도움이 될 만한 것이 있다면, 그 목적을 위해 당신의 지시를 기꺼이 받을 각오가 되어 있습니다"라고 편지를 보낼 정도였다.

이러한 반응은 프랭클린을 고무시켰다. 특히 콜든처럼 저명한 인물로부터 온 것이었기 때문에 더욱 그랬다. 의학을 전공한 콜든은 뉴욕의 측량 총감이었고, 프랭클린만큼이나 다방면에 관심이 많은 사람이었다. 콜든은 아이작 뉴턴의 엄청난 명성에 기죽지 않고, 뉴턴이 몇몇 중요한 지점에서 오류를 범했다고 확신했다. 그는 성인이 된 후 오랜 세월을 뉴턴의 오류를 바로잡는 데 쏟았다. 그렇다고 해서 그런 노력이 그를 지치게 하지는 않았다. 그는 뉴욕 식민지와 그 주변의 인디언 부족사에 대한 책을 쓰고, 오렌지카운티 자택 근처의 식물 분류학을 정리했으며(이를 라틴어로 작성해 식물학 및 라틴어 명명법의 대가인 스웨덴의 린네에게 보냈고, 린네는 이를 정식으로 출판했다) 도덕철학에 관한 여러 논문, 주요 질병 및 경미한 질병에 대한 의학 보고서, 그리고 키케로의 서한 번역본까지 집필했다.

프랭클린은 콜든의 명성을 익히 알고 있었고 그에게서 소식을 듣게 되어 기뻤다. 그는 즉시 답장을 보냈다. "당신과 같은 분과 편지를 주고받는 것이 저에게 매우 유익하니, 이런 교류에 참여하지 않을 수 없습니다. 앞으로도 당신의 편지를 언제나 큰 기쁨으로 받겠습니다"라고 답했다.

이 편지 교환을 계기로 프랭클린과 콜든은 서신 왕래를 시작해서 서로에게 지식과 기쁨을 가져다주었다. 콜든은 프랭클린에게 각 분야의 대가들을 계속 철학회에 모으라고 격려했다. 콜든은 "당신이 학회를 만드는 데 얼마나 진척이 있는지 매우 궁금합니다"라고 묻기도 하고 "만약 적절한 지원이 부족하거나 다른 이유로 방해를 받는다면, 계획을 완전히 포기하지 말고 다른 방법으로라도 계속 추진해주셨으면 합니다. 만약 이 일이 완전히 중단된다면 정말 안타까울 겁니다."

프랭클린은 진전되고 있다고 했지만 콜든을 만족시키지는 못했다. 창립 회원으로는 식물학자 존 바트럼, 수학자로 사회성이 부족하지만 독창적인 토머스 고드프리, 의사로는 영국과 프랑스에서 교육받은 토머스 본드, 그의 동생 피니어스 본드는 자연철학자로, 지역 정치에 활발했던 대목수 새뮤얼 로즈는 기계 담당으로, 준토의 원년 멤버이자 도서관 조합의 사서였으며 현재 펜실베이니아의 측량 총감인 윌리엄 파슨스가 지리학자로, 휴 메러디스와의 파트너십에서 프랭클린의 탈출을 지원했던 윌리엄 콜먼이 회계 담당으로, 그리고 도서관 조합의 이사이자 전 시의원이었던 토머스 홉킨슨이 회장으로 참여했다. 프랭클린은 총무로 활동했다. 1744년 상반기에 몇 차례 회의가 열렸고, 다른 도시의 회원들이 추가로 가입했다. 그러나 대부분은 프랭클린이 가졌던 만큼의 의욕이 부족해 그를 좌절시키고 짜증 나게 했다. "여기 우리 학회 회원들은 매우 게으른 신사들입니다"라고 그는 콜든에게 불평했다. "그들은 어려운 일은 하려 하지 않습니다."

프랭클린이 철학회 아이디어를 떠올렸을 때 그것이 그의 삶의 전환점이 될 것이라고는 짐작하지 못했다. 프랭클린이 구상한 것은, 단순히 도시 내 사람들이 모이는 기존의 준토보다 더 세련되고, 지리적으로도 훨씬 넓은 토론 모임이었다. 즉, 도시가 아니라 미 대륙 전역에서 탐구심이 강한 사람들로 구성된 토론 그룹을 만드는 것이었다. 그가 실제로 얻게 된 것은, 자신과 비슷한 생각을 가진 사람들로 이루어진 네트워크였고, 이 네트워크는 그가 더 훌륭하고 독창적인 일을 하도록 그의 내재된 능력을 자극했다. 프랭클린의 우주 확장은 계속되었다. 그의 세계는 미국 최고의 지성들을 포함하기에 이르렀다. 그리고 그 지성들은 그의 탁월함을 인정했다.

한편 콜든에게 필라델피아의 동료 철학자들이 게으르다고 한탄하며 보낸 편지에서 프랭클린은 인체 내 유체의 흐름에 대한 자신의 연구 내용을 함께 보냈다. 그는 직접 실험해볼 기회가 부족하기 때문에 자신의 생각에 한계가 있다는 점을 우선 기본으로 깔고 들어갔다. 즉, 책에서 읽은 것과 그로부터 추론할 수 있는 것이 전부였다. 하지만 그는 이 부족함을 해결하고자 했다. 그리고 사람의 피부를 통한 유체 흐름과 직접적인 관련이 있는 유체역학 가설을 시험하기 위해 고안한 장치를 설명했다. 그리고 콜든에게 '실험 결과를 꼭 알려주겠다'고 약속했다.

실제로 그 실험은 뚜렷한 결론을 내리지 못했다. 프랭클린은 실망했지만, 낙담하지는 않았다. 그는 콜든에게 '더 발전된 추가적인 실험을 해볼 생각이며, 그 결과도 꼭 알려주겠다'고 약속했다.

한편, 두 사람은 다른 주제에 대해서도 소통했다. 프랭클린은 콜든이 '유율fluxions'에 대해 남긴 의견을 두고 고민했다. 유율은 뉴턴이 미적분학의 기초로 고안한 무한소(극소량) 개념이며, 이 개념을 바탕으로 여러 물리학 이론이 발전했다. 프랭클린은 자신의 수학 실력이 약하다고 생각했고 이를 보강하겠다고 스스로에게 다짐했다. 프랭클린은 기계역학 분야에서 당시 통념에 대해 콜든이 가진 의구심에 공감했다. 예를 들어, 관성에 대한 어떤 이론은 '아주 작은 힘으로는 아주 큰 물체를 움직일 수 없다'는 결론을 내리게 하는데, 프랭클린 역시 이런 생각에 의문을 품었다. 프랭클린은 이에 대해 다음과 같은 사고실험*을 제시했다. "태양만큼 크고 똑같이 생긴 두 개의 구체가 완벽하게 균형을 이루며 거대한 천칭에 매달려 있다고 가정해 보자. 그리고 저울의 축이나 다른 곳에 마찰은 전혀 없다고 하자. 이때 만약 모기가 한쪽 구체에 앉는다면, 그 작은 무게 때문에 한쪽이 내려가고 다른 쪽이 올라가 두 구체 모두 움직이지 않겠는가?"

한편 프랭클린은 더 실질적이고 시급한 문제 때문에 콜든에게 또 다른 편지를 썼다. 수 세기 동안, 미국에서 영국으로 가는 배편이 영국에서 미국으로 오는 배편보다 시간이 덜 걸린다는 사실은 잘 알려져 있었다. 그 차이는 '탁월풍'** 때문이었지만, 그게 전부는 아니었다. 프랭클린은 그런 현상이 지구의 자전과 관련이 있는지 궁금했다. 적도에 있는 배는 지구의 자전에 의해 동쪽으로 더 빠르게 움직인다(절대적인 속도로 볼 때 그렇다는 의미다. 하지만 경도 기준으로는 똑같다). 그래서 필라델피아 위도에 있는 배는 적도 위도에 있는 배보다 느리고, 런던 위도에 있는 배는 그보다 더 느리게 동쪽으로 움직인다. 그렇다면, 이런 지구 자전 속도의 차이가 동남쪽에서 북서쪽으로 갈 때 항해가 더 빠른 원인 중 하나일 수 있을까? "우편 마감 시간이 다 되어 더 자세히 설명할 시간이 없습니다. 하지만 제 말뜻을 이해하실 만큼은 충분히 말씀드렸다고 생각합니다(이후 프랭클린은 이 현상이 자신이 생각했던 것보다 더 복잡하다는 것을 알게 되지만, 그가 중요한 사실을 발견한 것은 맞았다. 이 효과는 약 100년 뒤 프랑스 수학자 코리올리가 명확하게 설명했고, 그의 이름을 따 코리올리 효과라고 불렸다)."

열렬한 자본주의자도 순수한 지식인도 아닌 프랭클린은 사실 엄격한 과학자도 아니었다. 그는 비과학적이거나 비이성적인 것들도 있는 그대로

---

* thought experiment, 실제 물리적 시험이 아니라, 상상력을 동원해 머릿속으로 진행하는 실험

** prevailing winds, 특정 지역에서 일정한 방향으로 지속적으로 부는 주된 바람

받아들였다. 이런 것들은 인간 본성에서 피할 수 없는 부분이며, 꼭 부끄럽거나 나쁜 것만은 아니라고 생각했다. 그는 인간이 욕망대로 살아서는 안 되는 이유를 잘 알고 있었지만, 그 욕망이 쉽게 억제되지 않는다는 사실에는 전혀 놀라지 않았다. 젊었을 때 그 자신도 비이성적인 욕망을 억제하지 못한 적이 있었고, 그래서 젊은이들뿐 아니라 나이 든 남자들, 그리고 다양한 연령대의 여성들 역시 앞으로도 계속 욕망에 굴복할 것이라고 당연하게 생각했다. 인생이란 원래 그런 것이다. 그러니 그것을 부정하는 사람은 바보일 것이다.

프랭클린은 바보도 아니었고, 속물도 아니었다. 1745년 여름 그는 '나의 친애하는 친구'라는 이름 없는 젊은 남자에게 편지(즉, 편지 형태의 에세이)를 썼다. 이 편지의 내용은 너무나 충격적이어서 이 작품은 거의 두 세기 동안 제대로 발표되지 않았다. 그러나 프랭클린은 마치 다른 어떤 주제처럼 성찰과 탐구에 적합한 주제인 양 담담하게 그것을 다루었다.

이 글의 주제는 미혼 젊은 남성에게 어떤 종류의 정부mistress가 가장 좋은가였다. 프랭클린은 자신의 조언을 시작하면서, 결혼이야말로 남자에게 가장 올바른 상태라고 먼저 밝혔다. 만약 데버라가 이 부분을 읽었다면, 감동받았을 것이다.

가장 자연스러운 인간의 상태는 결혼한 상태이며, 따라서 그 상태에서 진정한 행복을 찾을 가능성이 가장 높다. 남자와 여자가 결합해야 비로소 완전한 인간이 된다. 따로 있을 때, 여자는 남자의 신체적 힘과 이성의 강인함이 부족하고, 남자는 여자의 부드러움, 감수성, 예리한 통찰력이 부족하다. 함께 있을 때 그들은 세상에서 성공할 가능성이 더 높다. 독신 남성은 결혼한 상태에 비해 그 가치가 훨씬 떨어진다. 그는 불완전한 동물이다. 마치 가위의 한쪽 날만 있는 것과 같다. 만약 신중하고 건강한 아내를 얻는다면, 당신의 직업적 근면함과 그녀의 알뜰함이 합쳐져 충분한 재산이 될 것이다.

하지만 프랭클린이 편지를 쓴 상대는 이런 합리적인 논리에 쉽게 설득될 사람이 아니었다. 젊은 남성은 프랭클린이 무슨 말을 하든 결국은 자신의 욕망대로 살 것이다.

이 점을 인정한 프랭클린은 젊은 남성에게 어떤 정부를 선택해야 하는지 조언하며 "어떤 연애를 하든 **젊은 여성보다 나이 든 여성을 선호해야 한다**"라고 말했다. 물론 그는 이것이 본능에 어긋난다는 점을 인정했다. 따라서 아무리 열정이나 욕망이 강하더라도 현실적인 판단을 완전히 무시해서는 안 된다는 전제하에, 그는 성숙한 정부를 선택해야 하는 여덟 가지 이유를 들었다.

1. 나이 든 여성은 세상에 대한 지식이 더 많고, 많은 것을 관찰했기 때문에, 대화가 더 유익하고 오래도록 즐겁다.

2. 여성이 아름다움을 잃으면, 더 좋은 사람이 되려고 노력한다. 남성에 대한 영향력을 유지하기 위해 아름다움의 감소를 유용성의 증가로 보완한다. 그들은 크고 작은 수많은 서비스를 할 줄 알게 되고, 아플 때 가장 다정하고 유용한 친구가 된다. 그래서 그들은 계속해서 사랑스럽다. 그래서 나이 든 여성이 좋은 여성이 아닌 경우는 거의 없다.

3. 아이를 가질 위험이 없다. 뜻하지 않게 생긴 아이는 많은 불편을 초래할 수 있다.

4. 경험이 많기 때문에 그들은 신중하고 조심스럽게 관계를 유지해 다른 사람들의 의심을 피할 수 있다. 따라서 그들과의 관계는 당신의 명예에 더 안전하다. 그리고 만약 불륜이 알려진다 해도, 사려 깊은 사람들은 젊은 남성을 친절하게 돌보고, 좋은 조언으로 그의 품행을 바로잡으며, 돈을 받고 몸을 파는 창녀들로부터 건강과 재산을 망치는 것을

막아주는 나이 든 여성을 오히려 용서할지도 모른다.

5. 직립보행하는 모든 동물에게서, 근육을 채우는 체액은 가장 높은 곳부터 빠지기 시작한다. 먼저 얼굴 살이 빠지고 주름이 생기며, 그다음 목, 가슴, 팔로 내려간다. 하지만 아래쪽은 마지막까지 통통하다. 그러니 위쪽을 모두 바구니로 가리고 허리 아래만 본다면, 누가 나이 든 여자인지 알 수 없다. 그리고 어둠 속에서는 모든 고양이가 회색이듯, 육체적 쾌락은 나이 든 여성이나 젊은 여성이나 다를 바 없고, 오히려 경험으로 인해 나이 든 여자가 더 나을 때도 많다.

6. 처녀를 타락시키는 것은 그녀의 인생을 망칠 수 있고, 평생 불행하게 만들 수 있기 때문에 큰 죄가 될 수 있다.

7. 어린 소녀를 불행하게 만들면 자주 쓰라린 후회를 하게 되지만, 나이 든 여성을 **행복하게** 만들면 전혀 그런 후회가 없다.

8. 마지막으로, 그들은 **정말로 감사해한다!**

프랭클린의 아내 데버라는 이 글을 읽었을지도 모른다. 만약 그랬다면 복잡한 감정을 느꼈을 것이다. 37세의 그녀는 얼굴이 처지기 시작했고, 목과 팔은 탄력을 잃어가고 있었다. 하지만 남편은 중년 여성에 대해 칭찬하고 있었다. 아니면 **다른** 나이 든 여성을 칭찬하고 있었을까? 어떻게 그는 모든 여성이 거들 아래로는 똑같이 생겼다는 것을 알았을까? 마치 설문조사라도 한 것 같았다. 사랑을 나누는 '요령'이 연습을 통해 향상된다고 말하면서 프랭클린은 **데버라**를 칭찬한 것일까? 아니면 다른 누군가를 칭찬한 것일까? 그리고 불륜 관계에 '정말로 **감사해한다**'고 한 것은 도대체 누구를 지칭한 것일까?

프랭클린의 인생에 등장하는 다른 여성들은 국제적인 화제가 되었지만, 이 시기에 그가 바람을 피웠다는 증거는 거의 없다. 오히려 그는 아내 데버라에 대한 애정을 많이 드러냈다. 프랭클린은 거의 대부분의 저녁을 다양한 선술집에서 준토 회원들과 다른 동료들을 만나며 보냈다. 그가 영국에서 드러냈던 술에 대한 혐오감은 사라졌다. 그는 결코 술꾼은 아니었지만, 친구들과 자유롭게 맥주를 마셨다. 술이 들어가면 그들은 종종 노래를 불렀고, 프랭클린은 직접 노래를 부르거나 새로운 노랫말을 지어내며 분위기를 돋웠다. 그의 짧은 노래 중 하나는 '대홍수 이전 사람들은 모두 지극히 멀쩡했다'라는 제목이었다.

대홍수 이전 사람들은 모두 지극히 멀쩡했네,
와인도 없었고, 가을 맥주도 빚지 않았으니
모두 사악하고, 간도 나쁘고, 나쁜 짓만 생각했으니,
좋은 술이 없는 곳에 좋은 삶이 있을 수 없네.
정직한 노아만이 처음 포도나무를 심었고,
그 술을 마심으로써 개과천선했네.
참으로 올바르게도 물 마시는 것을 비난했으니,
그는 모든 인류가 그것을 마심으로써 죽는다는 것을 알았네.
이 역사의 조각에서 우리는 분명히 알 수 있네,
물이 몸에도 마음에도 좋지 않다는 것을,
미덕과 안전은 와인을 마시는 데서 발견되며,
물을 마시는 모든 자들은 익사해야 마땅하네.

합창단원들은 종종 남녀 관계를 다룬 노래를 선택했는데 주로 결혼하지 않은 여성들을 찬양하는 노래였다. 그러자 프랭클린의 친구 중 한 명이 결혼 생활을 매력적으로 보이게 하는 권주가가 부족하다고 말했고 프랭클린은 또 다른 노랫말로 응답했다. 당시 모든 노래가 그랬듯 다들 아는 멜로디에 가사만 새로 쓴 것이었다. 그 노래는 아내 데버라와의 평범하지만 행복한 가정생활을 칭찬하는 내용이었고, 데버라는 노래 속에서 '나의 평범한 시골 아가씨 조안'이라는 이름으로 등장한다.

> 시인들은 그들의 클로에와 필리스에 대해 떠들지만,
> 나는 나의 소박한 시골 아가씨 조안을 노래하네.
> 이제 12년 된 내 아내, 여전히 내 삶의 기쁨,
> 그녀를 내 것으로 만든 걸 축복하네.
> 그녀의 얼굴, 몸매, 눈에 대한 말은 한마디도 없을 것이며,
> 불꽃이나 화살에 대한 이야기도 없을 것이네.
> 아름다움을 흠모하지만, 미덕을 소중히 여기네,
> 그것은 칠십 년이 지나도 시들지 않으니…
> 우리 모두는 약점이 있고, 나의 조안도 그럴 수 있지만,
> 그것들은 아주 작을 뿐이네.
> 이제는 익숙해져서 그게 내 약점인가 헷갈리고
> 거의 보이지도 않네.

1743년부터 프랭클린은 데버라에게 더욱 감사할 일이 많아졌다. 그해 늦여름에 그녀는 딸을 낳았고 외할머니의 이름을 따서 세라라고 이름 붙였다. 첫아들 프랜시스가 태어난 지 11년이 지났고, 그가 죽은 지 7년이 지난 시점에서 데버라는 다시 아이를 낳을 거라는 희망을 포기했었고, 남편의 사생아 윌리엄의 존재로 항상 마음 한구석이 무거웠던 데버라에게 샐리*의 탄생은 커다란 기쁨이었다. 그녀는 아이가 크라이스트교회에서 세례를 받아야 한다고 주장했다. 마켓스트리트를 지나 시장을 거쳐 5번가 모퉁이(어린 프랜시스가 묻힌 묘지 옆)에 있는 교회였다. 그녀는 샐리에게 천연두 예방접종을 해야 한다고 남편에게 이야기할 필요도 없었다. 프랭클린이 이미 마음

---

*   세라의 애칭

속에 깊은 죄책감을 가지고 있었기 때문이다. 그의 둘째 아들 프랜시스가 천연두로 죽자 예방접종을 시키지 않은 것을 평생 후회했으므로, 프랭클린은 딸 샐리가 같은 운명을 겪지 않도록 예방접종을 시켰다. 그는 "샐리가 1746년 4월 18일 금요일 오전 10시에 예방접종을 했다"라고 직접 기록까지 남겼는데, 이것은 자신이 프랜시스에게 해줬어야 하는데 하지 않았던 일을 샐리에게는 꼭 해주었다는 사실을 문서로 남기고 싶었기 때문이다.

역시 피는 못 속였다. "샐리는 제가 아는 어떤 아이보다 책과 학교를 매우 사랑합니다"라고 프랭클린은 샐리의 네 번째 생일이 막 지난 후 어머니에게 이렇게 편지를 썼다. 조숙함은 다음 3년 동안 계속되었다. "샐리는 훌륭한 소녀로 성장하고 있으며, 바느질을 매우 열심히 하고 책 읽기를 즐깁니다"라고 샐리가 7세가 된 후 어머니에게 이렇게 알렸다. "샐리는 정이 많고, 부모님과 모든 사람에게 완벽하게 순종하고 친절합니다. 아마도 내 딸이라 너무 좋게 보는 건지 모르지만, 딸아이가 영리하고, 현명하며, 유능하고, 훌륭한 여성이 될 거라고 생각합니다."

딸 샐리에 대해 그런 기대를 가지고 있던 프랭클린은 농담식으로 딸과 윌리엄 스트레이핸의 결혼을 생각해보기도 했다. 그 남자아이는 프랭클린의 영국인 편지 친구 윌리엄 스트레이핸의 아들이며 아버지와 같은 이름을 가지고 있었다. 이런 생각은 아버지 스트레이핸에게도 매력적이었고, 두 아버지에게 자녀들의 성장에 대한 세부 사항을 공유할 구실을 제공했다. "저는 제 사위에 대한 좋은 소식을 들어 기쁩니다"라고 프랭클린은 스트레이핸의 편지에 답하기도 했다. 그 편지는 어린 윌리엄이 열 살이고 샐리가 일곱 살 때 보낸 것이다. "아들에게 그의 배우자가 잘 자라고 있으며, 아마도 매력적인 사람이 될 것이라고 알려주기 바랍니다. 샐리는 타고난 성격도 아주 좋고, 매일매일 부지런함과 알뜰함의 기미를 보이며 자라고 있습니다. 한마디로, 부모가 장차 사윗감을 위해 길러주고 싶은 모든 여성스러운 미덕을 샐리가 하나씩 갖추어가고 있다는 뜻입니다." 지참금이나 결혼 조건 같은 이야기를 꺼내기에는 아직 일렀지만, 프랭클린은 그 주제를 간접적으로, 즉 정신적인 가치에 대해 이야기했다. "딸이 훌륭하게 자라면 지참금 같은 금전적 **가치**보다 더 큰 '진짜 재산'이 될 것입니다."

샐리의 탄생은 프랭클린의 인생에 새로운 생명을 더해주었지만, 아버지의 죽음은 한 생명을 빼앗아갔다. 아버지 조사이아 프랭클린이 1745년 1월, 87세의 나이로 세상을 떠난 것이다. 그가 세상을 떠났을 때,《보스턴 위클리 뉴스레터》는 "그는 구세주에 대한 온전한 의지와, 평생 가장 엄격한 경건함과 미덕을 실천하는 삶을 통해, 살아 있는 동안에도, 죽음의 순간에도, 기쁨과 평화를 누릴 수 있었다"라고 보도했다. 조사이아가 말년에 그의 막내아들 프랭클린을 어떻게 생각했는지 알 방법은 없다. 아버지는 돈에 인색한 것만큼이나 감정 표현에도 인색했다. 그는 벤저민의 세속적인 업적을 자랑스러워하기는 했지만, 항상 아들에게 경건함—그의 부고 기사에서 칭찬받았던—이 부족하다는 점을 걱정했다. 아버지와 아들은 결코 가깝지 않았고, 마지막에도 가깝지 않았다. 물론 프랭클린이 아버지의 사망 소식을 들었을 때는 보스턴까지 가서 장례식에 참석하기에는 너무 늦었다. 그러나 프랭클린의 현존하는 서신에는 아버지의 죽음에 대한 언급이 없다. 그가 어머니께 조의를 표하는 편지를 쓰기는 했지만, 현존하는 기록 중 그의 감정을 가장 솔직히 드러낸 것은 아버지와 어머니 근처에 살았던 그의 여동생 제인에게 보낸 편지에 나타난다. "사랑하는 제인에게, 아버지가 아플 때 돌봐주어 진심으로 고맙게 생각한다."

필라델피아에서는 북부와 서부 전선에서 전쟁이 벌어지고 있다는 사실을 때때로 잊기도 했다. 열광을 업고 출정한 루이스버그 원정대는 까다로운 공성전에 부딪혔다. 뉴잉글랜드 출신의 여름 군인*들은 이 '신세계의 지브롤터'에 깊은 인상을 받고 경외감마저 느꼈다. 10미터 높이의 돌담에 둘러쌓여 성벽의 포구에서 튀어나온 250문의 대포로 무장하고 있었으며, 마을이 자리한 지협을 가로질러 약 1.2킬로미터에 걸쳐 뻗어 있는 성벽은 한쪽 끝은 항구에 닿아 있고, 다른 한쪽 끝은 바닷속에 묻혀 있었다. 항구를 지키는 포대는 거대한 포크의 갈퀴처럼 솟아난 암초들 사이로 몰래 들어오는 선박에 포격을 퍼부을 준비가 되어 있었고, 자신의 정확한 위치를 모르는 침입자들은 이 암초들 때문에 선체가 사정없이 긁힐 위험에 처할 것이었다. 한편 요새와는 별개로 도시에서 약 1.5킬로미터 떨어진 곳에 위치한 '그랜드배터리'는 항구 전체를 사격권으로 해, 적군에게 치명적인 십자포화를 가할 준비가 되어 있었다.

하지만 설교자들이 약속했던 것처럼 하나님은 공격자들의 편이었다. 적어도 첫 교전의 증거만 봐서는 그런 것 같았다. 프랑스 수비대들은 원정대의 기만 작전에 넘어갔고 상륙부대는 큰 사상자 없이 해변 교두보를 확보할 수 있었다. 이틀 후 운명의 여신이 다시 미소를 지었다. 프랑스군은 자신들이 수적으로 크게 열세임을 깨닫고, 병력을 마을 안에 집결시키기로 결정했다. 그들은 그랜드배터리를 버리고 대포를 사용하지 못하도록 조치하고 나왔지만, 어찌 된 일인지 탄약고와 요새 건물은 폭파하지 않았다. 결국 그들의 포대 무력화 작전도 실패한 것이다. 영리한 뉴잉글랜드인들은 대장장이를 부르고 특수 도구를 가져와 대포의 점화구에서 프랑스인들이 박아 놓은 못을 제거했다. 그들은 이 대포를 돌려 루이스버그 성벽을 겨냥했다.

원정군 사령관인 윌리엄 페퍼럴은 인명을 낭비하는 사람이 아니었고, 원정군을 지원하러 막 도착한 영국 해군의 피터 워런 사령관도 마찬가지였

---

* summer soldier, 좋은 환경이나 유리한 상황에서만 애국심을 보이고, 어려움이 닥치면 의지를 잃거나 물러나는 사람

다. 그들의 말마따나 "기독교인의 피가 흘러내리는 것을 막기 위해" 그들은 프랑스 사령관에게 투항을 권유했다. 항복 권유 문서를 전달하러 간 사자는 마을 입구에서 눈가리개를 쓰고 루이 뒤 샹봉 사령관의 본부로 안내되었다. 총독은 자신을 포위한 이 미숙하고 훈련받지 못한 공격자들을 경멸했다. 동시에, 그는 포위를 풀어줄 프랑스 해군 함대의 도착을 기다리고 있었다. 사신을 돌려보내며 사령관은 이렇게 말했다. "우리의 왕 프랑스 국왕으로부터 이 도시를 방어할 책무를 받았습니다. 버티지 못할 정도의 공격을 받은 뒤가 아니고서는 이런 제안을 고려할 수 없습니다. 이 요구에 대한 우리의 유일한 답변은 대포의 포구에서 나올 것입니다"라고 답했다.

원정군의 엄청난 포격이 개시되었다. 이들은 대포알을 불로 달군 다음 성벽 너머로 쏘아 나무로 지어진 집이 불길에 휩싸였다. 수백 명의 프랑스 및 인디언 병력이 접근한다는 소문이 나도는 와중에 실제 프랑스 군함이 목격되자 그 이야기는 더 신빙성을 얻었고, 페퍼럴 사령관은 포위에서 그치지 않고 요새를 직접 공격하기로 했다. 그는 측면을 확보하기 위해 포대에 대한 공격을 명령했다. 첫 번째 공격은, 공격대원들이 럼주를 지나치게 많이 마신 나머지, 해변에 도착했을 때는 너무 취해 바다를 건너지 못하고 실패했다. 두 번째 상륙은 한밤중에 몰래 시도해 은밀하게 섬에 은밀히 교두보를 확보하는 데 성공했다. 하지만 한 멍청이가 동료들을 이끌고 큰 함성을 질러버리는 바람에, 프랑스 경비병들이 놀라서 경계 태세에 들어갔고, 결국 상륙부대가 거의 전멸당하는 사태로 이어졌다.

그러나 행운은 원정군을 저버리지 않았다. 요새에 대한 지속적인 포격이 예정되어 있고 해상과 육상에서 동시에 공격할 거라는 소문이 퍼지면서 요새 사령관 샹봉은 다시 항복을 고려하지 않을 수 없었다. 그는 루이스버그의 주요 상인과 시민들에게 의견을 물었고, 그들은 재산이 파괴되지 않도록 항복을 권했다. 책임을 혼자 지지 않아도 된다는 확신이 들자, 그는 평화를 청했고 페퍼럴과 워런은 이를 받아들였다.

승전 소식은 빠르게 퍼졌다. 필라델피아에서 프랭클린은 이를 가제트의 주요 기사로 실었다.

지난 수요일, 이 도시 곳곳에서 대포 소리가 뚜렷이 들려왔으나, 그 이유와 발사 장소는 다음 날 저녁이 되어서야 밝혀졌다. 속보가 도착해 루이스버그가 항복했다는 소식이 전해지자, 뉴욕에서는 큰 환호가 터져 나왔다. 속보가 도착한 시각은 밤 9시경이었지만, 소식이 삽시간에 퍼지면서 즉시 시내 곳곳에 스무 개가 넘는 횃불이 밝혀졌다. 다음 날에는 연회가 이어졌고, 셜리 총독, 페퍼럴 장군, 워런 사령관 등에게 건배를 올리며 부두와 강 위의 선박에서 축포가 쏘아졌다. 저녁에는 횃불과 불꽃놀이, 각종 축하 행사가 벌어졌다. 한편 불을 밝히지 않은 집들의 창문을 부수는 소동이 있었으나 곧 진압되어 더 이상의 소란은 없었다.

당연히 미국인들은 자신들의 전쟁 능력에 대해 높은 자부심을 갖게 되었다. 루이스버그 정복에 직접 참여한 이들은 프랑스 항만 책임자의 말을 기억했다. 그는 처음에는 뉴잉글랜드 사람들을 겁쟁이라고 생각했지만, 생각을 바꿨다고 했다. "저들은 곡괭이와 삽만 쥐여주면, 지옥까지 땅을 파고 들어가서라도 공격할 놈들이다." 대서양 건너 영국에서도 이 소식에 찬사가 쏟아져, 미국인들의 자부심은 더욱 커졌고 《젠틀맨스 매거진》은 이런 기사를 실었다.

환호하라, 겉치레가 아닌 행동을 위해 태어난 영웅들이여,
가발과 분가루는 멋 부리는 이들에게나 맡기고,
전쟁의 따분한 규칙은 지루한 학자들에게 줘버려라.
오직 두려움 없는 심장으로 승리를 쟁취할 줄 아는 이들이여!

거친 영국의 미덕이 그대들의 위업을 영원히 빛내고,

구세계 위에 신세계의 이름을 드높이리라.

루이스버그에서 직접 싸운 이들에게 가장 큰 영광이 돌아갔지만, 그 기쁨은 미 전역에 거주하는 사람들의 마음을 따뜻하게 했다. 이는 적어도 국경 방어에 있어서는, 미국이 기대는 것이 아니라 영국이 미국에 의존한다는 믿음을 키웠다. 미국인들은 이제 스스로 설 수 있다고 믿게 되었다.

스스로 **설 수 있다는** 믿음에서 스스로 **서야만** 한다는 결론에 이르기까지는 또다시 한 세대 반의 시간이 필요했지만, 식민지 사람들이 스스로 힘을 합쳐 문제를 해결한 경험 속에서 독립의 씨앗은 이미 싹트고 있었다. 밴저민 프랭클린은 태어나서 줄곧 도시에서 자랐기에 농사에 대해선 거의 몰랐지만, 이 주제에 있어서는 싹이 트도록 토양을 부드럽게 하는 데 일조했다.

그런데 루이스버그의 승리는 전쟁을 끝내지 못했다. 이 사실은 미국인들 중 근시안적인 이들에게는 놀랄만한 일이고, 그나마 통찰력 있는 이들에게는 실망을 안겨주었다. 사실, 이 승리는 그 춥고 황량한 바위섬을 새로 지키게 된 뉴잉글랜드인들의 사기를 꺾는 것 외에는 별다른 효과가 없었다. 이는 전에 이 요새를 지키던 프랑스군도 마찬가지였다. 한편 변경에서는 프랑스군과 인디언들로 구성된 습격대가 외딴 마을들을 끊임없이 공격했다. 특히 1745년 11월에 악명 높은 사건이 있었는데, 프랑스계 캐나다인 300명과 인디언 200명으로 이루어진 무리가 방어 병력이 없던 뉴욕주 새러토가 마을을 급습해서 서른 명을 살해하고, 그 두세 배에 달하는 사람들을 포로로 잡아갔으며, 가져갈 수 없는 것들은 대부분 불태워버린 사건이 있었다.

루이스버그의 명성으로 한창 주가를 올리던 매사추세츠 총독은 다시 한번 움직여 프랑스를 공격하자고 주장했다. 목표는 프랑스를 미국에서 완전히 몰아내는 것이었다. 프랑스가 사라지면, 그들의 인디언 동맹들도 이로

퀴이족처럼 영국과 화해할 수밖에 없을 것이라 생각했다. 조지 2세 국왕이 이 계획에 왕실의 승인을 내리자, 다른 지역의 식민지들도 참여해야 했다. 펜실베이니아는 공식적으로는 마지못해 협력했다. 펜실베이니아 의회는 늘 그렇듯 돈을 내는 데 인색하게 굴었지만, 주민들은 열의를 보였다. 네 개 중대의 자원병이 집결해 올버니로 행군할 준비를 했다.

자원병 중에는 윌리엄 프랭클린도 있었다. 15세의 윌리엄은 아버지가 그 나이에 보였던 반항심을 그대로 가지고 있었다. 소년의 삶은 물질적으로는 아버지보다 훨씬 나았다. 벤저민은 어릴 때 윌리엄에게 말을 사주었고, 가정교사를 붙여 읽기, 쓰기, 산수를 가르쳤으며, 도시 최고의 수학 선생에게도 보냈고, 신사의 자제들이 다니는 학교에도 입학시켰다.

그러나 윌리엄은 곧 싫증을 느꼈고, 아버지처럼 바다에 끌렸다. 델라웨어 강변에 정박한 수많은 배는 아버지의 고향 보스턴에서처럼 전 세계에서 온 것들이었다. 이 배들은 아직 겪어보지 못한 모험, 혹은 적어도 점점 더 무거워지는 삶의 짐에서 도망칠 수 있는 기회를 약속해주는 듯했다. 아버지 프랭클린이 오래전에 꿈꿨던 것처럼—비록 실행하지는 못했지만— 아들 윌리엄은 작은 짐을 싸서 몇 블록을 걸어 부두로 가 어디론가 떠날 수 있는 배를 찾아 나섰다.

마침 전쟁 중이었던 것은 윌리엄에게 행운이었다. 부두에는 정부의 허가를 받은 해적선인 사략선들이 가득했다. 이 배들은 위험한 일을 하며 돈을 벌 수 있는 일손이 필요했다. 어떤 일등항해사가 윌리엄의 인상이 마음에 들어 그를 선원으로 뽑았다. 그러나 배가 출항하기 전, 프랭클린이 아들의 실종을 알아차리고 부두로 달려갔다. 잠시 수소문 끝에 아들을 찾아 집으로 데려왔다. 프랭클린은 자신 때문에 윌리엄이 가출하려 했다고 생각하지 않았다.

그는 여동생 제인에게 이렇게 설명했다. "아무도 그 아이가 집에서 너무 고생하며 지냈기 때문에 그런 일을 벌였다고 생각하지 않아. 나를 아는 사람들은 모두 내가 오히려 너무 관대한 부모라고 생각하지." 자신의 젊은 시절을 떠올리며, 프랭클린은 윌리엄이 방황하며 모험을 꿈꾼 이유를 그 나이대의 특성과, 사략선에서 얻을 수 있는 전리품의 유혹 때문이라고 생각했다. "소년들은 사략선이 전리품을 가져오고, 그 돈이 선원들 사이에 많이 분배되는 걸 보고, 화려하게 사는 모습을 보면, 그런 것들이 머릿속을 가득 채우게 마련이다."

프랭클린은 억지로 그런 생각을 없애려 하지 않았다. 그건 바보짓이라 여겼다. 대신 그는 그 생각을 조금 더 안전한 육지로 돌리려 했다. 윌리엄에게 캐나다 원정 자원병에 지원해도 반대하지 않겠다고 알렸다. 윌리엄은 기꺼이 제안을 받아들였다. 집과 멀어질 수 있다는 사실에 기뻐하면서도, 그렇게 함으로써 자신이 아버지와 영영 멀어지게 되는 길에 들어서고 있다는 것은 미처 알지 못한 채, 윌리엄 프랭클린은 국왕을 위해 올버니를 향해 행군했다.

마흔 살의 프랭클린은 캐나다로 직접 떠날 생각은 없었다. 하지만 식민지 방어의 필요성은 인정했고, 주 의회가 계속해서 방어책을 외면하자, 자신이 익숙한 무기를 들었다. 바로 인쇄기였다. 1747년 가을, 그는 『명백한 진실: 또는 필라델피아시와 펜실베이니아주의 현 상황에 대한 진지한 고찰 Plain Truth: Or, Serious Considerations on the Present State of the City of Philadelphia and Province of Pennsylvania』이라는 팸플릿을 집필해서 출판했다. "지금 이 순간, 전 세계 곳곳에서 전쟁이 맹렬하게 벌어지고 있다. 우리 신문에는 매주, 전쟁이 곳곳에서 일으키는 파괴에 대한 새로운 소식들로 가득하다." 프랭클린은 지금까지 펜실베이니아가 최악의 폭력을 피할 수 있었던 것은 펜실베이니아 사람들이 특별히 잘해서가 아니라, 지리적인 우연 덕분이라고 말했다. 즉, 전쟁의 직접적인 타격을 받는 다른 식민지들로 둘러싸여 있었기 때문이라는 것이다. 그리고 이런 우연한 안전은 오래가지 않을 것이라 경고했다. 필라델피아의 부는 적국의 사략선이나 군함들에게 공격하고 싶게 만드는 강한 유인이 되었다. 그리고 도시가 스스로 방어할 힘이 없다는 사실은 그 유인을 더욱 유혹적으로 만들었다. 도시 외곽의 농촌 지역 역시 프랑스와 동맹을 맺은 인디언들의 공격에 무방비로 노출되어 있었다. 물론, 펜실베이니아의 진보적인 정책 덕분에 주변에서 가장 중요한 인디언 부족들과는 좋은 관계를 맺을 수 있었다. 하지만 프랑스가 그 부족들의 적을 도와주고, 영국이나 펜실베이니아에서는 별다른 지원을 해주지 않는 상황에서는 언제까지 그 부족들의 충성심을 당연하게 여길 수는 없었다.

필라델피아의 지역 방위 체제가 무너진다면, 그 결과는 필라델피아 시민들에게 빠르고 잔혹하게 닥칠 것이다.

첫 번째 경보가 울리면 공포가 온 도시에 퍼질 것이고, 아무도 나를 도와줄 수 없다는 것이 확실하므로 많은 사람이 서둘러 도망쳐 안전을 찾으려 할 것이다. 부자라고 알려진 사람들은 고문을 당해 모든 재산을 빼앗길까 봐 도망칠 것이다. 아내와 자녀가 있는 남자는 그의 가족이 눈물로 매달리며 도시를 떠나 그 참담한 혼란과 파멸의 시기에 자신들이 의지할 수 있도록 해달라고 애원하는 모습을 보게 될 것이다. 모두가 울부짖고 탄식하는 가운데, 도시는 혼란에 빠질 것이다.

만약 미리 경보가 울렸을 때도 이런 혼란이 벌어진다면, 예고 없이 기습적으로 공격이 닥친다면 도대체 어떤 일이 벌어질까?

집에 갇힌 채, 당신은 적의 자비 외에는 아무것도 의지할 수 없을 것이다. 그나마 운이 좋다면, 선원들을 통제할 수 있는 군함의 지휘관 손에 들어가겠지만, **발정 난 사략선**의 손에 떨어진다면 그 비참함은 상상조차할 수 없을 것이다. 누가 엄청난 공포 없이 후자의 비참함을 상상할 수있겠는가! 그때는 여러분의 몸과 재산, 아내와 딸들까지도 **흑인종, 혼혈**

종, 그리고 그 밖의 가장 비열하고 타락한 자들의 무자비하고 통제되지 않는 분노와 강간, 성폭행의 대상이 될 것이니 정말 끔찍한 광경이라 아니 할 수 없다!

이 섬뜩한 예언의 저자는 자신을 '필라델피아의 상인'이라고만 밝혔지만, 사실은 프랭클린이 상인의 입장에서 호소한 글이었다. 종교 집단인 퀘이커 교도나, 부유한 상인과 그 연합을 포함한 부유층 모두 도시 방어를 위해서는 손가락 하나 까딱하지 않았다. 전자의 평화주의적 신념에 따른 '잘못된 종교적 신념'과 후자의 '오만, 시기, 누그러지지 않는 원한' 사이에서 '중간계층 사람들, 즉 이 도시와 시골의 농부, 상점 주인, 상인'의 생명과 재산은 심각한 위험에 처해 있었다. 프랭클린은 중간계층의 사람들에게 자신의 운명을 스스로 개척하고 주도적으로 행동할 것을 촉구했다.

지금 우리는 마치 실로 뽑히기 전의 아마섬유처럼, 서로 연결되어 있지 않아 힘이 없다. 하지만 우리가 연합한다면, 강해지고 심지어 두려운 존재가 될 수 있다. 비록 **위정자들**이 우리를 돕지 않거나, 심지어 자신들의 이기적인 이유로 우리의 연합을 방해한다 해도, 우리가 그것을 결심하고, 하나님께서 우리에게 필요한 분별력과 활력을 주신다면 그것은 이루어질 수**도 있다.**

프랭클린의 경고와 호소는―다른 식민지에서는 다소 덜했지만― 펜실베이니아 주민들 사이에서 즉각적인 호응을 얻었다. 이 소책자 초판 2000부는 빠르게 매진되어 재판이 필요할 정도였다. 곧 펜실베이니아 내륙의 성장하는 독일 이민자 공동체를 위한 독일어 번역판이 나왔고 일부 내용은 미국 주요 도시의 신문에 실리기도 했다.

이러한 반응에 고무된 프랭클린은 지역 방위를 위한 구체적인 권고안을 제시했다. 그는 일반 시민들이 자발적으로 참여할 수 있는 '협회Associa-tion'라는 이름의 민병대를 만들기 위해 운영 규칙을 만들었다. 회원들은 각자 무기를 조달하고, 동네별로 중대 규모의 조직을 편성하고, 병사들의 투표로 장교를 선출하며, 각 중대의 대표들로 구성된 군사평의회를 열었다. 모든 참여자의 행동은 강제나 의무가 아니라 시민의 자발적인 참여를 바탕으로 이루어졌다. 프랭클린은 조지 휫필드와 부흥운동가들을 위해 지어진 공회당에서 이 계획을 발표했다. 프랭클린은 "공회당이 제법 가득 찼다"라고 기억했다. "그들에게 이 주제에 대해 장황하게 연설하고, 준비한 글을 읽은 다음, 복사본을 나눠주었다." 프랭클린은 원래 대중 앞에서 연설을 잘하는 편이 아니었고 평생 나아지지도 않았다. 그래서 그는 며칠 뒤 《가제트》에 자신의 연설 내용을 더 자세히 설명해서 실었다.

여기서 그 계획의 급진적인 성격이 드러났다. 그는 정부가 국민을 실망시켰으므로, 국민이 정부의 필수적인 역할을 스스로 떠맡는 것이 전적으로 정당하다고 말했다. "정부가 국민을 보호하기 위한 적절한 조치를 취한다면, 그러한 절차는 불필요하고 정당화될 수 없다고 여겨졌을 것이다. 그러나 여기서는 완전히 그 반대이다." 지역별로 중대를 조직하자고 고집한 이유는, 사람들이 신분, 계급, 사회적 지위에 따라 따로따로 모이지 못하게 하려는 것이었다. 상인 출신의 프랭클린은 또한 평등주의자였다. "이렇게 하는 목적은, 연합과 상호 격려를 위해 신분이 높은 사람과 낮은 사람을 함께 섞이게 하려는 것이다. 위험과 의무가 모두에게 똑같이 주어진 상황에서는, 신분이나 처지에 따른 구별이 있어서는 안 되고, 모두가 평등해야 한다." 프랭클린은 자신의 제안이 다소 급진적으로 보일 수 있다는 점을 의식해서, "우리가 속한 정부에 대한 충실한 존중"을 일부러 강조했다. 민병대는 오직 전쟁이 있을 때만 운영되는 임시 조직이었으며 그는 "진심으로 바라는 것은, 내년쯤 안전하고 명예로운 평화가 찾아와서 이 협회가 더 이상 필요 없게 되는 것"이라고 말했다.

이 계획은 놀라운 성공을 거두었고 프랭클린은 순식간에 영웅이 되었다. 첫 회의에서 500명이 서약을 했고, 며칠 내에 펜실베이니아에서만 1000명을 넘어섰으며, 결국 식민지 전역에서 약 1만 명이 서명했다. 각 마을에 있는 중대들은 곧 훈련을 시작했고, 많은 미국 남성이(그리고 일부 여성들까지도) 어릴 때부터 익혀온 총기 사용 능력을 바탕으로, 실제 군사적으로 효과적으로 작동하는 조직으로 민병대를 바꾸어나갔다. 여성 지원단도 남성들의 활동을 도와 각 중대가 사용할 깃발을 바느질해서 만들었다. 물론 그 깃발의 색깔과 구호는 프랭클린이 제안한 것이 많았다. 프랭클린 자신은 필라델피아 연대의 대령으로 선출되었지만, 군사 경험이 없다는 이유로 그 영예를 사양했다.

이 계획은 단순히 사람을 모으고 무장시키는 것 이상의 의미가 있었다. 집과 가족을 지키기 위해 사람들을 모집하는 일은 비교적 쉬웠고, 실제로 싸움이 일어나지 않은 상황에서는 더욱 그랬다. 모집된 사람들에게 소총이나 다른 무기를 지급하는 것도 크게 어렵지 않았다. 이미 많은 이들이 그런 무기를 갖고 있었기 때문이다(무기가 없는 사람이나 더 좋은 무기를 갖고 싶은 사람을 위해, 프랭클린은 《가제트》에 이렇게 광고했다. "좋은 머스킷 총 여러 자루를 판매 중입니다. 모두 총검, 벨트, 탄약통, 어깨에 멜 수 있는 가죽끈까지 잘 갖추고 있어서 무장을 하고 말을 타야 하는 분들에게 매우 유용합니다. 판매자: B. 프랭클린").

포병은 또 다른 문제였다. 도시를 해상 공격으로부터 방어하려면 대포가 필요했지만, 대포는 누구나 뒷방에 하나씩 가지고 있는 물건이 아니었다. 그래서 대포는 구입해야 했고, 구하기 힘든 만큼 가격도 비쌌다.

의회가 자금 지원을 거부하자, 프랭클린은 정부를 통하지 않는 지원 계획을 제안했다. 그는 2만 파운드의 복권을 판매하는 방안을 구상했는데, 1만 7000파운드는 상금으로 지급하고 나머지 3000파운드로 대포 등을 구매하는 구조였다. 복권 아이디어는 원래 프랭클린에게서 시작된 것이 아니었다. 이 방식은 이미 영국에서 넘어와 뉴잉글랜드와 뉴욕에서 사용되었다. 그러나 그는 이를 펜실베이니아 상황에 맞게 조정했다. 평화주의 신념으로 무기 구입을 반대하던 사람들 중 상당수가, 이번에는 도박 반대 신념으로 복권을 통한 자금 마련에 반대했다. 이들의 반대를 극복하기 위해, 프랭클린은 도시의 주요 인사들—윌리엄 펜 시절부터 퀘이커 교도로 명망이 높았던 제임스 로건을 포함해—의 지지를 얻었다.

한번은 로건이 프랭클린에게 자기방어의 정당성에 대해 자신과 윌리엄 펜의 의견이 어떻게 다른지 설명한 적이 있었다. 앤 여왕의 전쟁이 한창일 때 펜과 로건은 미국으로 건너갔다. 도중에 그들의 배는 또 다른 선박을 만났고, 조심스러운 선장은 그 배가 적군 프랑스의 배가 아닐까 생각했다. 선장은 모든 선원과 승객들에게 배와 자신을 지킬 준비를 하라고 명령했지만, 펜과 그의 퀘이커 일행에게는 그들의 비폭력 신념을 존중해 특별히 예외를 두었다. 그래서 그들은 갑판 아래로 물러날 수 있었다. 그러나 제임스 로건은 갑판 위에 남아 총을 들고 준비했다. 30분 후, 다가오는 배는 아군으로 밝혀졌고, 로건은 펜과 다른 사람들에게 환영의 소식을 전하기 위해 갑판 아래로 내려갔다. 그런데 놀랍게도 펜은 갑판에 남아 싸울 준비를 한 것에 대해 로건을 질책했다. 그것은 퀘이커 방식이 아니라는 것이었다. 로건은 모두가 보는 앞에서 꾸지람을 들은 것이 불쾌해서, 평소보다 더 많은 말을 했다. 그는 펜에게 지금 와서 불평하기엔 너무 늦은 것 아니냐고 대답했다. 로건은 펜의 부하였으므로, 펜이 원했다면 그에게도 다른 사람들처럼 아래로 내려가 있으라고 명령할 수 있었다. 하지만 펜은 그렇게 하지 않았고, 오히려 로건이 무기를 들고 위험을 감수하도록 내버려두었다. 즉, 무기를 들지 않는 사람들 대신 로건이 위험을 감수하게 한 셈이다.

거의 반세기가 지났지만 로건은 여전히—비폭력이 인류가 지향해야 할 이상이기는 하지만— 평화주의자들이 신념을 지키기 위해 자기 스스로를 희생해야 할 필요는 없다고 믿었다. "3000파운드를 마련하기 위한 복권 계획은 훌륭하다"라고 그는 프랭클린에게 편지를 썼다. "이 계획이 빨리 성사되기를 바라며, 나 역시 기꺼이 참여하겠다." 실제로 그는 첫 복권 발행 때 250파운드를 냈다. 다른 사람들도 그 뒤를 이어 자기방어와 시민적 자부심을 위해(그리고 일부 경우에는 다른 지방에서 재판매하기 위해) 복권을 마구잡이로 구매했다. 한편 소방대도 대량으로 복권을 구입했는데 이를 보고 프랭클린은 동료 소방대원에게 한 가지 계략을 제안했다. 만약 복권 구매 신청이 목표에 못 미치는 것 같으면, 둘이서 소방대에 '소방차를 사자'고 제안하자는 것이었다. "퀘이커 교도들이 무기가 아닌 소방차를 사는 데는 반대하지 못할 거니 우리가 서로를 그 목적의 위원으로 추천하면, 우리는 '소방차'라는 명목으로 대포를 살 수 있을 거야. 어차피 대포도 **소방차**처럼 불 끄는 데 쓸 수 있으니까.'"

하지만 이러한 속임수는 불필요했다. 프랭클린이 복권을 인쇄하자마자 빠르게 사라졌기 때문이었다. 곧 그는 동료 시민들의 이름으로 "뉴잉글랜드와 뉴욕에서는 지난번에 발매된 복권 판매에 몇 **개월**이 걸렸지만, 우리 복권은 몇 **주** 만에 다 팔았다"라고 자랑할 수 있었다.

대포 구입을 위한 돈을 마련한 프랭클린은 이제 대포를 찾아야 했다. 이것은 더 어려운 일이었다. 미국에 대포 주조소가 없었기 때문에 단기적으로(즉, 영국에서 지원군이 도착할 때까지는) 펜실베이니아가 대포를 한 문 더 확보할 때마다, 뉴저지나 뉴욕, 매사추세츠 같은 다른 식민지의 대포가 한 문씩 줄어드는 결과를 낳았기 때문이다. 당시 전반적으로 적에 대한 경계심이 높아진 상태에서, 어떤 총독이나 의회도 자신들의 식민지 방어에 필요할 수 있는 대포를 판매하려 하지 않았다. 그들이 할 수 있는 최대한의 양보는 약간의 군수품을 빌려주는 것이었다.

어렵다는 것을 알았지만, 프랭클린은 '협회' 소속 위원들을 이끌고 북쪽으로 가서 뉴욕 총독 조지 클린턴과 협상했다. 처음에는 클린턴이 어떤 대포도 자신의 관할 지역에서 나가는 걸 생각조차 하지 못하게 했다. 프랭클린은 당시 상황을 이렇게 설명했다. "그곳의 관례대로 마데이라 와인을 곁들인 저녁 식사 자리에서 모두가 술을 많이 마셨다. 클린턴은 점점 마음이 누그러지더니, 우리에게 여섯 문을 빌려주겠다고 했다. 몇 잔을 더 마시고 나서는 열 문으로 늘려주었고, 마침내 아주 기분 좋게 열여덟 문까지 빌려주겠다고 허락했다."

프랭클린은 신이 인간의 다툼에서 어느 한 편을 들지 않는다고 믿었지만, 필요하다고 생각될 때는 공공의 여론을 국방 노력에 결집시키기 위해 신의 섭리Providence에 호소하는 것도 마다하지 않았다. 그의 활동은 펜실베이니아의 조지 토머스 총독과 펜실베이니아 의회의 신뢰를 얻었고, 프랭클린은 이들에게 공공 금식일public fast day을 제안했다. 이 24시간 동안 주민들은 신에게 자신의 죄를 용서해달라고 간청하고, 식민지가 위기에 처한 이 시기에 도움을 달라고 기도하자는 것이었다. 펜실베이니아에서는 그러한 행사가 한 번도 열린 적이 없었지만, 총독과 의회는 그것을 훌륭한 아이디어로 생각했다. 그가 자란 보스턴에서는 매년 그런 행사를 한다고 프랭클린이 덧붙이며 취지에 맞는 선언문을 기꺼이 작성할 수 있다고 말했다. 그는 마치 코튼 매더가 설교에 열정을 쏟았던 만큼이나 진지하게 선언문을 작성했다. 총독과 의회가 발표한 입장문을 통해 프랭클린은 과거와 현재의 위험에 대해 이렇게 선언했다. "우리가 주님 앞에 겸손히 자신을 낮추고, 우리의 행동을 고치지 않는다면, 더 큰 심판을 받을 수도 있습니다." 1748년 1월 7일로 지정된 금식과 기도의 날에, 도시의 모든 목회자들과 시민들은 한마음으로 가장 겸손하고 간절하게 하나님께 기도했다. "전능하신 하나님께서 자비로 개입하셔서 나라들 사이의 전쟁을 잠재워주시고, 기독교인의 피가 더 이상 흘러나오지 않게 막아주시며, 국왕을 보호하고 축복해주시고, 그의 통치를 올바로 이끌어주시며, 적들에 대한 승리를 허락해주시기를 간구합니다."

프랭클린처럼 유능하고 다재다능한 인물에게도, 1747~1748년 겨울 필라델피아를 위해 보여준 그의 활동은 대단히 뛰어나고 인상적인 업적이었다. 필라델피아에서 가장 존경받는 인물이었던 제임스 로건도 분명 그렇게 생각했을 것이다. 그는 윌리엄 펜의 아들이자 식민지의 현 특허 지주인 토머스 펜에게 보낸 편지에서 이렇게 말했다. "1747년에 소책자를 하나 발간하고, 그 외에도 비공식적으로 여러 가지 방책을 마련해서 필라델피아에 거의 100명으로 구성된 중대 열 개를 만든 것도 프랭클린이고, 식민지와 여러 카운티에서 100개가 넘는 중대를 결성한 것도 그다. (…) 그는 포대 진지를 건축하고 대포를 구매하기 위해 두 개의 복권 사업을 시작했으며, 이를 위해 직접 뉴욕으로 갔다. (…) 그리고 이 모든 일은 프랭클린 자신이 직접 앞에 나서지 않고 이루어진 일이었다. 다만 그가 다른 이들과 함께 뉴욕에 간 일만은 예외였는데, 그조차도 사실은 그가 그 일을 주도했기 때문에 함께 간 것이다. 그는 이 모든 일의 핵심 동력이고, 전체의 영혼과도 같은 존재였다."

8장 전기와 명성

1748~1751

토머스 펜은 프랭클린을 제임스 로건과는 전혀 다른 사람으로 알고 있었다. 그는 "프랭클린이 주도한 이 '협회'는 정부를 경멸하는 것이 주목적이며, 결국 무질서와 혼란으로 끝날 수밖에 없다"라고 말하기도 했다. 펜은 최근 사건들의 의미를 다른 사람들과 다르게 해석하고 있었다. 프랭클린은 사람들이 정부에서 독립적으로 행동할 수 있음을 보여주었고, 펜은 "그렇다면 그들이 정부에 대항해 행동할 수도 있지 않겠는가?"라고 물었다. 프랭클린의 발상은 "군사적 공화국"에 다름 아니었고, 그 창설은 "반역에 가까운 행위"였다. 그리고 그 주동자인 프랭클린에 대해서는 "그는 위험한 인물이며, 그가 다른 나라에 살았으면 좋겠다고 생각한다. 나는 그가 매우 불안한 영혼을 가진 사람이라고 믿는다"라고 말했다.

제임스 로건은 프랭클린을 이웃이자 친구, 동료 철학자 그리고 정치적 동지로 알았다. 반면, 토머스 펜은 오로지 평판으로만 그를 알았다. 그러나 어쩌면 더 예리한 직관을 가졌거나, 잃을 것이 많아서였는지, 펜은 로건이 알지 못한 프랭클린의 본질을 이해했다. 프랭클린은 실제로 위험한 인물이 었다. 펜이 상속받아 지키려 했던 특허 지주의 특권에 위험한 존재였다는 말이다. 그리고 프랭클린은 실제로 불안한 영혼을 가진 사람이었다. 그는 현상 유지에 만족하지 못하고, 더 나은 것이 있는지 끊임없이 묻고, 그것을 실현하려는 조급함을 가지고 있었다.

어떤 면에서 펜은 프랭클린 자신보다도 그를 더 잘 알았다. 프랭클린은 권위를 약화시키려는 의도로 행동하지 않았다. 그는 단지 자신이 사는 도시가 더 잘 방어되기를 원했을 뿐이다. 그래서 준토, 도서관 협회, 소방대, 철학 학회 설립에 사용했던 자발적 참여 방식을 선택한 것뿐이었다. 그러나 펜은—프랭클린은 잘 인식하지 못했더라도— 정부와 독립적으로 행동하기 시작하면 결국 정부에 대항하는 방향으로 나갈 수밖에 없다는 것을 잘 알고 있었다. 펜은 제국 체제의 수호자로서 프랭클린의 불안한 지성이 위험하다는 걸 맨 처음 감지한 사람이었다. 물론 그렇게 느낀 사람이 그가 마지막은 아니었다.

만약 프랭클린이 권위에 도전하고자 했다면, 협회의 활동이 그에게 가져다준 호의적인 평가를 충분히 이용할 수 있었을 것이다. 게다가 그는 시간이 부족하지도 않았다. 1748년 초에 그는 인쇄업에서 은퇴했기 때문이다. 데이비드 홀은 인쇄 기술뿐만 아니라 사업 수완도 뛰어나 프랭클린의 기대를 뛰어넘는 공장장이었다. 두 사람을 모두 알았던 동료 인쇄업자 아이제이아 토머스(미국 인쇄 역사에 관한 개괄서를 남긴 사람이다)는 "그가 프랭클린과 같이 일하지 않았다면, 아마 강력한 경쟁자가 되었을 것"이라고 말하기도 했다. 프랭클린 역시 그렇게 생각했고, 홀을 경쟁자로 만들지 않기 위해 그와 동업하기로 결심했다.

게다가 프랭클린은 부부가 꽤 편안하게 살 수 있을 만큼 충분한 돈을 가지고 있었다. 하지만 돈은 여전히 그에게 큰 의미가 없었다. 돈의 목적은 단지 유용하고 흥미로운 것을 추구할 자유를 사는 데 있었다. 그래서 그는

1747년 여름쯤에 인쇄소 운영을 홀에게 넘기기로 결정했고, 1748년 1월 1일에 계약을 체결했다. 두 사람은 둘 다 오래 산다는 전제하에 18년간 유효한 동업 계약을 맺었다. 프랭클린이 자본과 장비 그리고 재고 자산을 제공하면, 홀은 일상 운영에 필요한 재능과 성실함을 제공하는 방식이었다. 두 사람은 비용과 이익을 동등하게 나눴다. 이 계약은 기본적으로 다른 사업을 할 수 없도록 제한하는 성격이 있었지만, 그 제한은 프랭클린보다 홀에게 더 엄격하게 적용되었다. 홀은 계약기간 동안 이 동업 관계 외에는 다른 인쇄업에 종사할 수 없었고, 프랭클린은 홀의 허락 없이는 필라델피아에서 인쇄업을 할 수 없도록 했다(이는 프랭클린이 다른 지역에 세운 인쇄소를 고려한 조치였다). 홀은 '간헐적인 문구 및 서적 판매'는 계속할 수 있었고, 실제로 그렇게 했다. 계약기간이 끝나면, 홀은 감가상각을 감안해 1748년의 가치로 장비를 구입할 수 있는 옵션을 행사할 수 있었다.

동업은 처음부터 매끄럽게 시작해 해가 갈수록 번창했다. "홀은 계속 잘하고 있으며, 완벽하게 나를 만족시키고 있습니다"라고 프랭클린은 2년 후 홀의 옛 고용주 윌리엄 스트레이핸에게 쓴 편지에서 밝혔다. 1750년대 중반까지 프랭클린은 자신의 투자와 홀의 노력 덕분에 연평균 650파운드 이상의 수익을 올렸다. 당시 왕실 총독이 연 1000파운드를 벌었으니, 이 돈이면 미국에서, 심지어 미국에서 가장 부유한 도시인 필라델피아에서 가장 부자까지는 아니어도, 부부가 넉넉히 쓰고도 남았다. 더 중요한 것은, 돈 버는 것보다 항상 더 매혹적이었던 다른 관심사를 추구할 시간을 확보할 수 있었다는 점이다.

프랭클린은 은퇴를 기념해 집을 마켓스트리트에서 더 조용한 사사프라스스트리트로 옮겼다(혼동스럽게도 필라델피아인들은 이 지역을 레이스스트리트라고도 불렀다). 부지런한 장인에게는 시장 근처가 어울렸지만, 이제는 조용한 삶을 원했다. 그는 더 사색적인 삶을 살고 싶어서 조용함을 추구했다.

은퇴 첫해 초가을에 그는 뉴욕의 의사 캐드월러더 콜든에게 자신의 상태를 전달했다. "나는 지금 미결 문제들을 정리하고 있으며, 곧 내 시간 의 완전한 주인이 되어, 더 이상(노래 가사에도 있듯이) **누구든 부르면 달려가 야 하는 신세에서** 벗어나기를 희망합니다." 미래는 오직 가장 즐거운 전망만 을 품고 있었다. "이제 앞으로는 내가 스스로 하고 싶다고 정한 일만 하게 될 것 같고, 내가 큰 행복이라고 여기는 것, 즉 독서하고, 공부하고, 실험하 며, 나에게 우정을 베풀어주거나 인연이 닿은 훌륭하고 재능 있는 사람들 과 마음껏 대화를 나누는 여유를 누릴 수 있을 것 같습니다. 그리고 그런 대화를 통해 인류 전체에 도움이 될 만한 무언가를 만들어낼 수 있다면 더 할 나위 없이 기쁠 것입니다. 이제는 더 이상 자잘한 걱정거리나 힘든 일에 방해받지 않고 이런 삶을 즐길 수 있을 것 같습니다."

한동안 모든 일이 프랭클린의 계획대로 흘러갔다. 그중 가장 중요한 것 은 프랑스 및 스페인과의 전쟁이 1748년에 끝난 것이었다. 만약 프랭클린 이 조직한 협회가 펜실베이니아의 안전에 보다 결정적인 역할을 했다면, 토 머스 펜이 그렇게 심하게 언짢아하지 않았을지도 모른다. 하지만 실제로는 도시 아래쪽에 설치한 포대는 아직 완성도 못 했고, 민병대가 본격적으로 훈련을 시작하기도 전에 대서양 건너에서 평화의 기운이 감돌기 시작했다. 그 기운은 1748년 여름에 구체화되었고, 10월에는 엑스라샤펠조약Treaty of Aix-la-Chapelle이 거의 10년에 걸친 분쟁을 공식적으로 끝냈다.

프랭클린은 나중에 "좋은 전쟁도 없고, 나쁜 평화도 없다"라고 말하곤 했지만, 조지 왕의 전쟁이 끝난 뒤 뉴잉글랜드에서는 이 말에 동의하지 않 는 사람들이 많았을 것이다. 가장 실망스럽고 분노스러웠던 것은 루이스버 그 요새를 프랑스에 반환한 것이었다. 요새를 직접 점령한 미국인들과, 간접 적으로 참여했던 그보다 더 많은 사람은, 영국이 프랑스에 빼앗겼던 인도 의 마드라스를 되찾아오는 대가로 루이스버그 요새가 있던 케이프브레턴섬 을 넘겨줬다는 사실을 이해할 수 없었다. 또한 유럽 내 세력균형의 미묘한 변화도 미국인들에게는 중요하지 않았다. 그들이 보기에는, 자신들이 무장 실력에서 영국 정규군보다 우월함을 증명했지만, 영국 왕실에 의해 바보가 된 셈이었다. 만약 누군가 이 영국의 오만과 미국의 불만이라는 혼합물에 불씨를 던졌다면, 큰 폭발이 일어났을 것이다.

프랭클린은—말로만 그런 게 아니고— 실제로 불씨를 만들고 있었다. 사업에서 은퇴하고 평화가 찾아오자, 프랭클린은 자신의 관심사에 몰두할 수 있게 되었고, 그 관심사 중 그 자신에게나 다른 사람에게 가장 흥미로운 것은 '전기'였다.

프랭클린이 전기에 관심을 갖게 된 것은 행운일 수도 있고 천재성의 결과였을 수도 있다. 행운이라고 할 수 있는 이유는, 그가 우연히 전기라는 주제를 접했기 때문이다. 반면에 천재성이라고 할 수 있는 이유는, 프랭클린이 곧바로 이 분야가 유럽 최고의 연구기관들과 경쟁할 수 있을 만큼, 지방 출신의 아마추어도 충분히 중요한 연구를 할 수 있는 영역임을 빠르게 알아차렸기 때문이다. 18세기 중반, 전기학은 이제 막 태동하는 단계였고, '학문'으로 인정받지도 못했다. 전기현상은 실험실보다는 거실이나 무대에서 더 자주 접할 수 있었다. 떠돌이 '전기술사electrician'들은 이 신비한 힘을 시연하며 관객을 놀라게 했다. 대표적인 묘기는 소년을 여러 개의 비단 끈으로 천장에 매달고, 그의 발을 유리관으로 문지른 뒤, 얼굴과 손에서 '전기 불꽃'이 튀는 걸 보여주는 것이었다. 루이 15세의 궁정 전기술사 아베 놀레는 180명의 근위병을 전기회로에 연결해, 가장 엄격한 훈련병도 흉내 낼 수 없는 동시성과 민첩성으로 그들을 벌떡 일어서게 해 관객을 즐겁게 했다. 프랑스 왕은 놀레가 700명의 수도사를 철사로 연결해 축전기에 연결하자, 그들이 비명을 지르며 하늘로 뛰어오르는 모습을 보고 더욱 크게 웃었다.

그러나 아무도 이런 현상의 원인을 몰랐고, 전기에 대한 이론을 세우는 데 필요한 사실 자체도 혼란스럽고 서로 모순되는 경우가 많았다. 이 분야에는 여러 가지 실마리를 추적하다가 막다른 길에 이르기도 하고, 때로는 새로운 길을 발견하기도 할 만큼 충분한 시간과 호기심이 있는 사람, 실험 장치를 직접 만들거나 구입할 수 있을 정도의 손재주와 경제적 여유가 있는 사람, 다른 연구자들의 최신 연구 동향을 파악할 수 있는 인맥이 있는 사람, 그리고 자신의 연구 결과를 시의적절하게, 설득력 있게 글로 써서 널리 알릴 수 있는 문장력까지 갖춘 사람이 필요했다.

프랭클린이 처음 전기 시연을 보았을 때, 그는 자신이 이 모든 조건을 누구보다 잘 갖추고 있다는 사실을 전혀 몰랐다. 그의 기억에 따르면, 1746년 보스턴에서 '스펜스 박사'라는 이가 전기 쇼를 했고, 프랭클린은 이 전기 쇼가 약간 어설프기는 했지만 매우 흥미롭다고 느꼈다. 사실 스펜스는 스코틀랜드 출신으로 남성 산파도 하고 성공회 성직자도 했던 아치볼드 스펜서라는 사람이었고 그해는 정확히 1743년이었다. 이후 몇 년간 프랭클린은 런던에 있는 도서관 협회의 현지 대표이자, 인맥이 넓고 과학적 관심이 많은 피터 콜린슨에게 이 흥미로운 주제에 대해 문의했다. 콜린슨은 프랭클린의 요청에 응해, 전기술사들이 전기 효과를 만들어내는 데 사용하는 유리관과 당시 전기 연구의 최신 상황에 대한 여러 가지 의견을 함께 보내주었다. "나는 보스턴에서 본 것을 열심히 반복해서 재현했고, 많은 연습을 통해 영국에서 전해진 다른 실험들도 능숙하게 해낼 수 있게 되었으며, 거기에 내가 새로 고안한 실험들도 여럿 추가했다"라고 프랭클린은 회상했다.

곧 전기는 그의 열정이 되었다. 1747년 3월 콜린슨에게 그는 "이것만큼 내 주의력과 시간을 완전히 사로잡고 몰두하게 만든 연구는 없습니다. 혼자 있을 때 나는 실험을 했고, 새로운 것을 보고자 끊임없이 모여드는 친구와 지인에게 시연을 반복하느라 지난 몇 달 동안 다른 일을 할 여지가 거의 없었습니다"라고 말했다. 바로 이 시기에 프랭클린은 데이비드 홀과 인쇄업 운영권을 넘기는 협상을 시작했다. 만약 프랭클린으로 하여금 인쇄공의 앞치마를 벗고 전기술사의 망토를 입게 만든 단 하나의 이유가 있다면, 그것은 전기에 대한 그의 열정 때문이었다.

이때부터 프랭클린은 자신과 친구들이 수행한 실험의 진행 상황을 콜린슨에게 정기적으로 보고했다. 그의 첫 편지 중 하나에서 그는 전기현상을 분석하는 데 표준이 된 새로운 용어를 사용했다. 한쪽은 A, 다른 한쪽은 B로 표시된 물건으로 구성된 특정 장치를 설명하면서 그는 이렇게 표현했다. "우리는 B(및 유사한 상황에 처한 다른 물체들)는 **양전기**를 띠고 있고 A는 **음전기**를 띠고 있다고 말합니다. 아니면 간단하게 **플러스전기**와 **마이너스전기**를 띠고 있다고도 합니다." 그는 또한 실험 장치의 개선 사항을 설명했는데, 전기를 생성하는 데 사용하는 유리병 내부에 물 대신 납 알갱이를 채우면 더 좋다며 이렇게 말했다. "우리는 물보다 납 알갱이로 병을 채우면 더 좋다는 것을 알았습니다. 쉽게 데워지고 습한 공기에서도 병을 따뜻하고 건조하게 유지하기 때문입니다." 그는 전기 거미라는 것도 만들었는데 이는 코르크와 리넨 섬유로 만든 작은 모형으로서 여기에 전기를 흐르게 하면 진짜 살아 있는 거미처럼 펄쩍 뛰어서 처음 보는 사람들은 진짜 거미로 착각할 정도였다. 다른 전기술사들이 두 가지 종류의 전기, 즉 유리 전기vitreous electricity와 수지 전기resinous electricity에 대해 이야기할 때, 프랭클린은 전기는 한 가지 종류밖에 없다며 어떤 물체에 전기가 많이 모이면 '플러스(양전기)'가 되고, 전기가 부족하면 '마이너스(음전기)'가 되며 전기가 딱 맞게 있으면 그 물체는 전기를 띠지 않은 상태가 된다고 설명했다.

프랭클린은 초기에 의욕이 앞서다 보니, 자신이 실제로 증명할 수 없는 것들을 주장하기도 했다. 추가적 실험을 통해 기존에 주장한 내용이 의심스러워지자 그는 자신의 부끄러운 심정을 이렇게 표현했다. "저는 최근에 편지에서 제시한 원리로는 지금 당장 설명할 수 없는 한두 가지 현상을 관찰했습니다. 그래서 내 가설에 대해 약간 자신이 없어졌고, 내가 너무 확신에 차서 표현했던 것이 부끄럽습니다." 이어서 그는 과학적 실험에 대해서도 이렇게 말했다. "이러한 실험을 하면서 우리는 멋진 이론을 많이 만들지만, 곧 그 이론들이 틀렸다는 것을 깨닫고 스스로 그것들을 무너뜨릴 수밖에 없게 됩니다! 만약 전기의 다른 용도가 발견되지 않더라도, 이것만으로도 상당한 가치가 있는 일입니다. 왜냐하면, **허영심 많은 사람을 겸손하게 만들 수 있기 때문입니다.**" 그는 이어서 콜린슨에게 자신의 편지를 다른 사람에게 보여주지 말 것을 요청했고, 만약 보여야 한다면 자신의 이름을 숨겨달라고 했다.

하지만 콜린슨은 프랭클린의 실험 결과를 비밀로 유지할 생각이 없었다. 그는 제비가 시냇물 바닥의 진흙 속에서 겨울잠을 잔다는 일반적인 통념을 반박하는 등 주목할 만한 자연사학자였지만, 사실 그는 다른 사람의 발견을 알리는 전달자로서 과학에 더 큰 기여를 했다. 그는 프랭클린의 식물학자 친구 존 바트럼과 유익한 서신 교환을 했고, 프랭클린을 영국의 전기 전문가들에게 알린 것도 바로 콜린슨이었다. 1748년 4월 그는 프랭클린에게 그의 이전 편지들에 대해 "내가 왕립학회에 전달했는데, 그들이 매우 만족해합니다"라고 답장하기도 했다.

프랭클린은 콜린슨의 반응에 고무되었다. 그는 "제 전기 실험이 학회에서 받아들여졌다니 기쁩니다"라고 응답했다. 프랭클린은 자신이 잘 아는 분야에서는 자신감이 넘쳤지만, 전기 분야에서는 자신이 초보라는 걸 가장 먼저 인정했다. 게다가 프랭클린은 미국 내에서 과학적 소통 네트워크를 구축하려고 노력했던 사람이었기 때문에, 새로운 과학적 발견을 빠르게 알기 위해서 입소문이나 편지가 얼마나 중요한지 잘 알고 있었다. 아무리 필라델피아가 영국의 북아메리카 식민지의 중심지라 할지라도, 유럽의 주류 과학계와는 여전히 대양을 건너 떨어져 있었다. 프랭클린은 자신이 아무리 훌륭한 실험을 해도 이미 유럽에서 누군가 그 실험을 했을 수도 있는데, 그 사실을 알지 못한 채 같은 실험을 반복하는 건 아닐까 하고 불안해했다.

그러나 당시 가장 저명한 과학 단체였던 영국왕립학회(프랑스한림원만이 유일한 경쟁 상대였다)의 승인으로 프랭클린은 자신감을 얻었고, 연구를 계속 이어갈 동기를 갖게 되었다. 1749년 4월 그는 "소위 전기 배터리"를 만들었다고 발표했는데, 이는 납과 유리로 이루어진 장치로, 일단 충전되면 전기를 마음대로 사용할 수 있었다. 또한 "스스로 움직이는 바퀴", 즉 원시적인 형태의 전기모터도 발표했다. 이 편지와 이후 콜린슨에게 보낸 편지에서 (그는 이제 전문가들이 이 편지들을 읽고 있다는 것을 알았다), 프랭클린은 이전 서신들보다 더 격식 있는 어조를 채택해 단락에 번호를 매기고 개인적인 정보는 대부분 생략했다. 그러나 마지막 문장에서 그는 필라델피아의 전기 술사들의 마지막 계획을 참지 못하고 누설해버렸다.

> 우리가 지금까지 인류에게 유용한 것을 발견하지 못해서 약간 언짢았고, 더운 날씨가 다가와 전기 실험이 그리 유쾌하지 않으므로, 이번 시즌에는 좀 유머러스하게 스쿠킬 강변에서 즐거운 파티로 마무리할 것을 제안합니다(강 건너편으로 불꽃을 보내 술에 불을 붙일 예정입니다). 저녁 식사를 위해 칠면조를 전기충격으로 죽이고, 전기병으로 붙인 불 앞에서 전기 꼬챙이로 구울 것이며, 영국, 프랑스, 독일의 모든 유명 전기 술사들의 건강을 기원하며 전기 배터리에서 발사되는 총소리와 함께 전기가 통하는 잔으로 건배할 것입니다(전기가 통하는 잔이란, 물로 가득 채운 얇은 유리잔에 전기를 흐르게 한 것으로, 깔끔하게 면도를 한 사람이 잔에 입을 대고 숨을 쉬지 않으면 입술에 전기충격이 가해진다고 한다.—지은이).

콜린슨은 이 편지를 왕립학회에 정식으로 전달했고, 1749년 말에 발표되었으며, 저명한 회원으로 최근 전기 연구로 학회 코플리 메달을 수상한 윌리엄 왓슨에게 비평을 의뢰했다. 훗날 그 자신도 저명한 과학자가 되고 전기 역사가가 된 조지프 프리스틀리는 왓슨을 "영국에서 전기와 관련된 모든 것에 가장 관심이 많고 적극적인 인물"이라고 정의 내렸다. 왓슨이 학회에 보고했을 때, 그는 프랭클린의 작업을 "새롭고 매우 흥미롭다"라고 묘사했으며, "이 신사분의 추론을 완전히 이해하지는 못했다"라고 인정했다.

그는 프랭클린의 일부 결론에 의문을 제기하고 그러한 질문을 해결할 방법에 대해 몇 가지 권고를 하면서, 특히 프랭클린의 편지에서 계획은 했지만 아직 완료되지 않은 한 가지 실험의 결과를 알고 싶어 했다. 학회 사무국장이 간접적으로 전한 내용에 따르면, "왓슨 씨는 우리의 훌륭한 동료 콜린슨 씨에게, 프랭클린 씨에게 편지를 쓸 때 '전기충격으로 칠면조를 잡는 실험'이 성공했는지 꼭 물어봐달라고 권고했습니다".

프랭클린의 전기 분야에서의 성공은 열한 살 때 아버지 조사이아 프랭클린이 그를 학교에서 빼내 양초 가게에서 일하게 한 후부터, 스스로 배우며 쌓아온 오랜 자기학습의 결과였다. 프랭클린이 이미 이뤄낸 성공과, 그밖에 이룬 성과를 생각해보면, 사람들은 그가 이런 식의 교육 방식—혹은 아예 전통적인 학교교육을 하지 않는 방식—을 옹호하는 사람이라고 생각할 수도 있었을 것이다. 즉, 아이들에게 읽는 법만 가르치고, 도서관 같은 곳을 통해 책에 접근할 수 있게 해준 다음, 그 이후에는 스스로 배우도록 맡기는 방식이다.

하지만 실제로 프랭클린은 스스로 공부한 경험 덕분에 오히려 정규교육의 중요성을 크게 느끼고, 그것을 적극적으로 지지하게 되었다. 많은 독학자들과 마찬가지로 그는 자신의 교육에 부족한 점들이 있다는 사실을 잘 알고 있었다. 그는 자신의 부족한 부분을 대부분 스스로 공부해서 채웠고, 오히려 정규교육보다 더 잘 배우기도 했다. 하지만 그렇게 하려면 필요 이상의 엄청난 노력이 필요했다. 그리고 자기 절제력과 배움에 대한 열정, 그리고 정보를 잘 받아들이는 특별한 능력이 필요했다. 물론 이런 자질은 모든 사람에게 똑같이 주어지는 것이 아니었다. 프랭클린은 일부러 자신의 특별함을 드러내지 않으려 했지만, 자신이 예외적인 사람이라는 사실을 알고 있었다. 그리고 많은 자수성가한 사람들과는 달리, 자신의 경험을 다른 사람에게도 똑같이 적용해야 할 기준으로 삼지는 않았다.

한동안 프랭클린은 필라델피아 청소년들에게 제공되는 교육 기회를 개선하는 방법에 대해 고민했다. 1743년 그는 아카데미 설립을 위한 제안서를 작성해서 당시 마땅한 일자리가 없던 학자이자 성공회 성직자 리처드 피터스에게 맡아달라고 부탁했다. 피터스는 원칙적으로는 동의했지만, 본인은 더 높은 자리(결국 펜 가문을 위한 일)를 원했기 때문에 프랭클린의 제안을 거절했다.

전쟁으로 인한 혼란 속에 아카데미 설립에 대한 논의는 잠시 미뤄졌지만, 1749년 8월 프랭클린은 곧 필라델피아 청년들을 위한 교육 계획을 발표하겠다고 알렸다. 그는 이 계획이 "아이들을 교육시키기 위해 외국에 보내는 데 드는 과도한 비용과 위험 없이" 집에서 양질의 교육을 받을 수 있도록 하려는 것이라고 밝혔다. 자신의 계획에 대한 대중의 관심을 끌기 위해 그는 고향에서 부모님의 따뜻한 관심과 사랑을 받으며 교육받는 것이 얼마나 중요한지 칭송하는 소小 플리니우스*의 편지를 다시 인쇄해 소개했다. 이 편지에서 플리니우스는 아카데미 설립을 위한 기금 모금을 제안했다. 그는 "자녀들에게 이보다 더 큰 이익이 되고, 나라에도 더 유익한 일은 없을 것입니다. 이렇게 하면 아이들은 자신이 태어난 곳에서 교육을 받고, 어릴 때부터 고향에서 살며 고향을 사랑하는 마음을 키우게 될 것입니다"라고 강조했다.

플리니우스의 도움을 받은 프랭클린은 이어서 몇몇 다른 뛰어난 문인들을 영입했다. 10월에 그는 밀턴, 로크, 프랜시스 허친슨, 오바다이아 워커, 그리고 당시 웨일스 왕자의 궁정 목사 등의 글을 인용하며 적절한 청소년 교육이 개인과 사회 모두에 가져오는 이점과 그 교육의 최적 방법에 대한 소책자를 발행했다. 이 소책자에서 프랭클린은, 올바른 교육이 개인은

---

*   the younger Pliny, 고대 로마의 정치가 겸 문필가로 많은 편지와 기록을 남긴 것으로 유명하다.

물론 사회 전체에 얼마나 큰 이익을 주는지, 그리고 어떤 방식의 교육이 가장 바람직한지에 대한 이들의 견해를 소개했다. 프랭클린은 요즘 세대가 예전 세대만 못하다는 불만이 있다는 점을 지적했다. 그는 그 말을 부정하지 않고, 오히려 이렇게 설명했다. "아무리 뛰어난 능력이라도 제대로 계발하지 않으면 소용없습니다. 좋은 땅도 잘 갈고 이로운 씨앗을 뿌리지 않으면 잡초만 무성해지는 것과 같습니다."

프랭클린은 '청소년 교육을 위한 아카데미' 설립을 제안했다. 아카데미는 마을 안이나 가까운 곳에 있는, 학교로 사용할 만한 건물에 설립할 예정이었다("만약 마을 안이 아니라면, 마을에서 멀지 않은 곳이어야 하고, 위치는 높고 건조해야 하며, 가능하다면 강에서도 가까우면 좋다. 그리고 정원, 과수원, 초원, 한두 개의 밭이 있으면 더욱 이상적일 것이다"). "이해력과 도덕성이 뛰어나고, 부지런하며 인내심이 강하고, 여러 언어와 과학에도 해박하며, 영어를 정확하게 말하고 쓸 수 있는 사람이 교장으로서 학생들을 관리할 것"이며 학생들은 매우 다양한 과목을 배우게 될 것이었다. "학생들에게 유용한 **모든 것**과 교양을 쌓는 **모든 것**을 다 가르칠 수 있다면 좋겠지만, 배워야 할 것은 많고 시간은 짧다. 따라서 **가장 유용하고, 가장 교양을 쌓는 데 도움이 되는 것들**을 우선적으로 가르치자는 것이다."

대수학, 기하학, 천문학, 수사학, 문법, 문학, 역사, 그림, 글쓰기, 회계, 지리, 윤리, 논리학, 자연사, 역학, 원예는 적합한 학습 과목이 될 것이었다. 체육도 잊어서는 안 되었다. "건강을 유지하고, 몸을 강화하고 활동적으로 만들기 위해" 젊은 학도들은 "달리기, 뛰기, 레슬링, 수영을 자주 해야 한다(프랭클린은 자신이 좋아하는 수영에 대해 이야기하면서, 로크가 인용한 로마인의 말을 다시 인용했다. Nec literas didicit nec natare. 이 말은, 아무 쓸모없는 사람을 두고 '글도 못 읽고, 수영도 못 한다'라고 비난하는 표현이다. 당시에는 수영을 배운 사람이 의외로 드물었는데, 프랭클린은 수영을 배우면 '배를 타고 강을 건널 때 느끼는 노예 같은 두려움'에서 벗어날 수 있다고 덧붙였다)". 이러한 원칙에 따라,

아카데미의 젊은 학생들은 다 같이 모여 식사하되, '소박하고, 절제하며, 검소하게' 먹어야 했다.

프랭클린의 제안은 대체로 호응을 얻었으며, 그 결과 제안이 발표된 후 두 달 만에 거의 2000파운드에 이르는 기부금이 모였다. 프랭클린과 펜실베이니아의 법무장관 텐치 프랜시스가 나서서 '필라델피아시의 공립 아카데미'를 위한 설립 취지문을 작성했다. 기부자들은 이사회 위원들을 선출했으며, 의장은 프랭클린이 맡았다. 의장으로서 그는 10년 전 조지 휫필드를 위해 지어졌지만, 종교적 열정이 시들해지면서 황폐해진 대강당을 인수하고 개조하는 협상을 주도했다. 건물 개조에는 1년이 걸렸고, 아카데미는 1751년 초에 문을 열었다.

그해 가을 친구에게 보낸 편지에서 프랭클린은 이렇게 말했다. "우리 학원은 기대 이상으로 번성하고 있어서 학생 수가 100명을 넘어갔는데도 계속해서 증가하고 있다네. 우리는 현재 훌륭한 교사들을 보유하고 있으며, 꽤 많은 봉급을 주기 때문에 앞으로도 그런 교사들을 구할 수 있으리라 생각하네."

프랭클린은 아카데미 설립을 계획할 때 처음에는 자기 아들이 그 혜택을 받기를 바랐다. 그러나 설립이 지연되고, 아들 윌리엄이 집을 떠나겠다고 고집을 부리면서 아들의 입학은 불가능해졌다. 하지만 언젠가는 아들도 다시 학업을 이어가야 할 터였다.

프랭클린은 아들이 사략선에 승선하는 것보다는 군인이 되는 게 더 낫다고 여겼다. 한 번쯤 군사 원정에 참여하는 것은 그에게도 좋을 경험일 테니, 이를 통해 아들이 세상을 경험하고 집이라는 울타리를 벗어날 거라고 예상했다. 하지만 직업으로서 군인을 택하면 문제가 많았다. 미주 식민지 출신들은 영국 본토의 상류층 장교들에게 무시당해서 승진도 어렵고, 무엇보다도 전쟁터에서 죽을 위험이 있기 때문이었다. 프랭클린은 이미 한 아들을 잃었기에, 남은 유일한 아들마저 잃고 싶지 않았다.

그래서 프랭클린은 윌리엄이 군 생활에 점점 더 빠져드는 것을 약간의 당혹감과 함께 지켜보았다. 6개월간의 군사훈련은 오히려 그를 군대의 매력에 더 빠지게 했다. "빌리*는 군 생활을 너무 좋아해서 도무지 군을 떠나려 하지 않아"라고 프랭클린은 형 존에게 썼다. 1746~1947년의 겨울은 영웅이 되고 싶었던 많은 사람의 의욕을 꺾을 만큼 힘든 시기였다. 계획했던 캐나다 침공 작전은 관료들의 무능과 혼란 때문에 결국 실행되지 못했고, 군인들은 올버니에 발이 묶인 채로 비참한 숙소에서 혹독한 날씨와 형편없는 식량으로 고생해야 했다. 징발되어 입대한 병사들이 점차 탈영해 집으로 돌아가면서 병력 수는 점점 줄어들었다.

윌리엄 프랭클린도 1747년 5월 집으로 돌아왔지만, 탈영해서 온 것은 아니었다. 오히려 그는 이제 대위가 되어, 필라델피아 곳곳에 숨어 있는 탈영병들을 추적하고 체포하는 임무를 맡았다. 그는 아버지를 놀라게 할 정도로 이 임무를 열정적으로 수행했고, 이로 인해 아버지는 더욱 근심할 수밖에 없었다. 윌리엄이 다시 올버니로 향한다는 소식을 듣고, 프랭클린은 뉴욕의 캐드월러더 콜든에게 편지를 보냈다. "제 아들이 이 편지를 들고 당신을 찾아갈 것입니다. 그는 다시 군대로 돌아가려 합니다. 지난 겨울을 보내며 군에 대한 열정이 좀 식었으리라 기대했지만, 오히려 여전히 뜨겁기만 합니다." 당분간 프랭클린은 아들의 뜻을 받아들이고, 그가 길을 찾을 수 있도록 도왔다. 그는 런던에 군사용으로 쓸 만한 지도를 주문했고, 콜든에게도 만약 군대가 다시 올버니에 주둔한다면 아들을 도와달라고 부탁했다.

전쟁이 끝나면서, 적어도 당분간은 윌리엄의 군사적 야망도 끝이 났다. 프랭클린은 윌리엄 스트레이핸에게 지도 주문을 취소하는 편지를 썼다. "그 지도는 원래 제 아들을 위해 주문한 것입니다. 그때 그는 군에 있었고, 군인으로 살겠다는 뜻이 확고해 보였죠. 하지만 평화가 찾아오면서 전망이 사

---

* 윌리엄의 애칭

라졌으니, 이제 그는 다른 일에 전념하겠지요."

그 다른 일이 무엇인지는 아직 결정되지 않았다. 윌리엄은 오하이오 계곡에 있는 인디언들과 협상하기 위한 탐험대에 합류했다. 그는 여행 중에 기록을 남기면서, 그 지역과 그 비옥한 땅을 차지할 사람들에게 밝은 미래가 있을 것이라고 적기도 했다. 프랭클린이 아버지 직업에 별다른 관심을 보이지 않던 것처럼, 윌리엄도 프랭클린의 인쇄업에 전혀 관심을 보이지 않았다. 이처럼 대대로 이어진 아버지 일에 대한 무관심이 프랭클린이 인쇄소를 데이비드 홀에게 넘기게 된 이유 중 하나였다. 윌리엄은 법률 쪽에 약간 더 관심을 보였다. 프랭클린은 리처드 손더스라는 필명으로 여러 번 법조계를 비꼬았지만, 군대보다는 법조계가 훨씬 더 명예로운 직업이라고 생각했다. 그는 윌리엄이 필라델피아에서 법을 공부하도록 주선했고, 윌리엄 스트레이핸에게 런던의 법학원에서 공부할 수 있도록 아들의 이름을 등록해달라고 부탁했다.

1750년 2월, 윌리엄 왓슨이 칠면조를 죽이는 방법에 대해 물어오자 프랭클린은 이렇게 답했다. "이번 겨울에 가금류를 대상으로 여러 번 실험을 했다고 그에게 전해주기 바랍니다." 프랭클린은 콜린슨에게 전기장치에 전기를 충전하는 방법을 설명하며, 한 번의 충격으로 닭을 바로 죽일 수 있었다고 말했다. "하지만 칠면조는 격렬한 경련을 일으키며 몇 분간 죽은 듯 누워 있다가도 15분이 채 안 되어 다시 살아났습니다." 이에 만족하지 못한 프랭클린은 여러 개의 전기병을 연결해 실험했고, 결국 무게 5킬로그램 정도 되는 칠면조를 죽이는 데 성공했다. "이렇게 죽인 새는 유난히 고기가 연하게 느껴집니다."

새를 감전시키는 과정에서 프랭클린 자신도 거의 감전될 뻔했다. 그 경험은 충격적이면서도 깨달음을 주었다.

나는 사람이 내가 생각했던 것보다 훨씬 더 강한 전기충격을 견딜 수 있다는 사실을 알게 되었다. 의도치 않게 거의 완충된 두 개의 라이덴 병에서 나온 전기충격을 팔과 몸 전체로 받았는데 그 순간 온몸에 머리부터 발끝까지 전기가 통한 듯한 강한 충격이 느껴졌고, 몸통이 빠르게 떨리기 시작했으며, 그 떨림은 몇 초 만에 서서히 사라졌다. 정신을 차리고 무슨 일인지 알기까지는 잠시 시간이 걸렸다. 왜냐하면 나는 내 눈이 주 도체를 보고 있었음에도 불구하고 번쩍임을 보지 못했고, 주변 사람들은 큰 소리가 났다고 했지만 나는 아무 소리도 듣지 못했기 때문이다. 또한 손에 전기가 닿았을 때 특별한 통증도 느끼지 못했지만, 나중에 보니 손등에 조그만 부종이 생겼는데, 크기는 작은 총알 만했다. 그날 저녁 내내 팔과 목뒤가 약간 저린 느낌이 들었고, 일주일 동안은 가슴뼈가 멍든 것처럼 아팠다. 만약 이런 충격이 머리를 통과했다면 어떤 결과가 나올지 짐작하기 어렵다.

그러나 그는 짐작할 수 있었다. 태초부터 인류는 번개가 무엇이고 왜 생기는지 궁금해했다. 번개가 일종의 불, 더 나아가 최초의 불fulmen fulminis 이라는 생각은 적어도 그리스시대부터 명확해 보였다. 그리스인들이 프로메테우스가 하늘에서 불을 훔쳐온 이야기를 노래한 이래로 이러한 생각은 더욱 굳어졌다. 번개가 동반하는 유황 냄새도 이러한 생각을 강화했다. 번개와 천둥의 원인에 대해서는 오랜 세월 초자연적인 현상이라고 생각했다. 신이 화가 나서 서로에게, 혹은 땅에 천둥번개를 내리친다는 것이었다. 번개와 그에 동반되는 천둥의 원인에 대해, 고대인 중 자연적인 설명을 찾으려 했던 몇 안 되는 인물 중 한 명인 플리니우스는 천둥을 '공기의 지진'이라고 불렀다. 하지만 아무도 지진의 원인을 몰랐기 때문에, 이런 설명은 논의를 크게 진전시키지 못했다. 번개의 유황 냄새는 지하 세계의 불꽃과 연관되어 이런 잘못된 믿음을 더욱 강화시켰다.

18세기가 되어서야 번개와 전기현상 사이의 연관성을 제기한 사람이 나타났다. 1716년 뉴턴은 바늘을 비단으로 문지른 호박에 가까이 대는 실험을 설명하며 "이 불꽃은 아주 작은 규모의 번개를 연상시킨다"라고 표현했다. 전기를 연구하던 과학자들이 점점 더 큰 전하와 더 큰 불꽃을 만들어 낼 수 있게 되면서, 하늘에서 발생하는 방전과 실험실에서 일어나는 방전현상 사이의 유사성이 점점 더 뚜렷하게 느껴지기 시작했다. 프랭클린이 전기 연구를 시작할 무렵에는 번개는 전기라는 생각이 전문가들 사이에서 이미 상식이 되어 있었다.

하지만 역사의 수많은 상식—지구가 평평하다거나 무거운 물체가 더 빨리 떨어진다는 믿음 등—이 자세히 살펴보면 틀렸던 것처럼, 번개가 전기라는 추측도 검증이 필요했다. 바로 이것이 프랭클린이 시도하려 했던 일이었다.

1749년 4월, 프랭클린은 피터 콜린슨의 동료이자 왕립학회 회원인 존 미첼에게 긴 편지를 썼다. 이 편지에서 그는 번개에 대한 복잡한 이론을 제시했는데, 그 핵심은 비교적 단순했다. 즉, 천둥 구름 속의 물방울 입자들이 바람에 의해 서로 부딪치면서 전기를 띠게 되고, 번개는 이렇게 쌓인 전기 에너지가 방전되는 현상에 불과하다는 것이다. 이 이론은 몇 가지 권고사항을 뒷받침했고, 실제 관찰과도 일치했다. 예를 들어, 천둥번개를 만난 사람은 외딴 나무 아래로 피하지 말아야 한다. 나무가 전기를 땅으로 전달하는 통로가 되기 때문이며, 실제로 "많은 사람이 이로 인해 목숨을 잃었다"라고 프랭클린은 지적했다. 잘못해서 폭풍우에 휩쓸린 사람은 또 다른 이유로 야외에 머무르는 것이 좋다. 옷이 젖어 있다면, 번개가 머리를 때리고 땅으로 내려갈 때 그 전기가 몸 표면의 물을 따라 흐르게 된다. 반면 옷이 마른 상태라면, 전기가 몸을 관통해서 지나가게 된다. 그래서 젖은 쥐는 전기병에서 전기가 방전되어도 죽지 않지만, 마른 쥐는 죽을 수 있다.

이 결과들이 런던에 도착하자 왕립학회로부터 프랭클린은 더 큰 찬사를 받았다. "귀하의 전기와 뇌우에 관한 매우 흥미로운 논문들이 학회에서 낭독되었고, 명료하고 지적인 문체와 주제의 새로움으로 인해 마땅히 칭송받았습니다"라고 피터 콜린슨은 전했다. 프랭클린은 매우 기뻐했다. 이 논문은 그가 전기 이론에 도전한 가장 야심 찬 글이었기 때문이다. 이 격려에 힘입어 그는 몇 주 후, 자신의 이론에서 도출되는 매우 실용적인 권고를 내놓았다. 이 이론에서는 '뾰족한 금속'에 관해 이야기했다. 이런 뾰족한 금속 물체는 전기적 충전이 위험할 정도로 커지기 전에 전기를 미리 다른 곳으로 방출시킬 수 있다는 것이다. 프랭클린은 콜린슨을 통해 왕립학회에 전달한 논문에서 이렇게 기록했다. "**뾰족한 금속**에 관한 이론은 매우 흥미롭고, 그 효과는 정말 놀랍습니다. 제가 실험에서 관찰한 바에 따르면, 집, 배, 심지어 도시나 교회까지도 이 방법으로 번개의 피해로부터 효과적으로 보호할 수 있다고 생각합니다." 당시 교회 첨탑과 풍향계 꼭대기에는 주로 둥근 황동이나 나무 공이 달려 있었는데, 이러 재질은 전하를 과도하게 쌓이게 했다. 프랭클린은 "길이 3~4미터의 철 막대를 끝을 뾰족하게 깎아 바늘처럼 만들고, 녹슬지 않게 금박을 입히거나 여러 개의 뾰족한 끝으로 나누면 더 좋을 것이다. 그렇게 한다면 구름 속에서 번개가 치기 전에 조용히 전기를 빼낼 수 있을 것이라고 생각한다. (…) 이게 좀 엉뚱하게 들릴지 모르지만, 나중에 내가 실험 결과를 보내기 전까지는 일단 넘어가기 바란다."

이 실험들은 프랭클린 이론의 여러 측면을 검증하기 위해 고안되었고, 그중 가장 중요한 실험은 번개와 전기가 정말 같은 것인가라는 근본적인 질문을 직접 다루는 것이었다. "번개를 품고 있는 구름이 실제로 전기를 띠고 있는지 알아보기 위해, 적절한 장소에서 실험해볼 것을 제안합니다." 그 실험이란 아래와 같았다.

높은 탑이나 첨탑 꼭대기에, 사람이 들어갈 수 있고 스탠드를 놓을 수 있는 작은 감시초소 같은 구조물을 만든다. 그 스탠드 중앙에 철 막대를 위로 세운 다음 휘게 해 초소의 문을 통과해 밖으로 굽어나가도록

한 뒤, 다시 위로 6~9미터 정도 하늘로 뾰족하게 세운다. 만약 이 전기 스탠드를 깨끗하고 건조하게 유지한다면, 사람이 그 위에 서 있을 때 낮게 지나가는 구름으로부터 전기가 철봉을 통해 그것에 전달되어 불꽃이 튀는 것을 볼 수 있을 것이다.

프랭클린은 이 실험에 별다른 위험이 없다고 보았지만, 불안해하는 사람들을 위해 관찰자가 절연 손잡이가 달린 접지된 철사를 잡고 있도록 제안했다. 때때로 이 철사를 철봉 가까이 가져가 불꽃을 방전시킴으로써 관찰자는 자신을 위험에 빠뜨리지 않을 수 있었다.

이 무렵 프랭클린은 영국의 소수 전기학자들 사이에서 이미 잘 알려진 인물이었고, 콜린슨이 1751년에 이 논문과 프랭클린의 전기에 관한 편지를 출판하자 프랭클린의 과학적 명성은 빠르게 확산되었다. 그 명성은 프랑스의 루이 왕까지 미쳤는데, 왕의 호기심은 춤추는 근위병과 뛰는 수도사 이상의 것으로 발전했다. 왕의 관심은 두 명의 용감한 프랑스 실험가, 달리바르와 드 로르로 하여금 프랭클린의 가설을 시험하게 만들었다. 1752년 5월, 달리바르는 프랭클린이 예측했던 불꽃을 보고했고, 일주일 뒤 드 로르는 같은 실험을 반복해 유사한 결과를 얻었다.

하지만 두 사람 모두 프랭클린이 겁 많은 사람을 위해 권장했던 안전조치들을 따르지 않은 것 같다. 다행히도 그들이 만난 폭풍은 꽤 약했다. 적어도 세 명의 영국 실험가와 베를린의 한 전기학자도 마찬가지로 운이 좋았다. 그러나 1753년, 상트페테르부르크의 스웨덴 과학자 게오르크 빌헬름 리히만은 더 강한 폭풍에서 프랭클린의 실험을 하다 감전사했다.

어쩌면 아이러니하게도, 또 어쩌면 당연하게도, 리히만의 죽음은 오히려 프랭클린의 명성을 더욱 높여주었다. 이 사건은, 굳이 증명이 필요했다면, 전기가 결코 단순한 장난감이 아니라는 것을 세상에 보여주었다. 또한 프랭클린의 피뢰침이 얼마나 유용하고, 더 나아가 꼭 필요한 장치인지를 강조해주었다. 그리고 이 일로 인해 프랭클린은 실제보다 더 용감하게 과학을 추구한 인물로 비춰지게 되었다.

그렇다고 해서 프랭클린이 겁쟁이는 아니었다. 1752년 6월, 프랑스에서 성공적으로 실험이 이루어진 후, 그 소식이 미국에 전해지기 전에 프랭클린 본인도 변형된 실험을 했다. 실험을 더 일찍 했을 수도 있었지만, 필라델피아에는 탑이나 첨탑이 높지 않아서 바로 실험하지 않았다. 마침 크라이스트처치의 교구 위원들이 새 첨탑을 세우기로 결정했고, 프랭클린은 공사가 끝나기를 기다렸다(아마도 첨탑에서 하늘에 도전하는 실험을 허락받으려는 속셈이 있었는지도 모르지만, 프랭클린은 교회의 정식 신도도 아니었음에도 불구하고 첨탑 건축 기금에 가장 먼저 기부한 사람 중 한 명이었으며, 나중에는 모금 활동을 달성하기 위해 복권 행사도 주관했다).

그러던 중, 그는 폭풍의 핵심에 접근하는 또 다른 방법을 떠올렸다. 아마도 보스턴의 밀폰드에서 연에 자신의 몸을 묶었던 기억을 떠올린 것 같았다. 그는 이번에도 작은 피뢰침이 달린 연을 띄우기로 했다. 대신 연은 종이가 아니라 비단으로 만들었다. "비단은 천둥번개를 동반한 거센 비바람 속에서도 찢어지지 않고 잘 견딘다"라고 그는 설명했다. 삼실로 만든 줄이 연에서 늘어져 땅과 연결되었다. 마른 삼실은 전기를 적당히 통하게 하지만, 젖은 삼실은 '전기 스파크가 자유롭게 통하도록' 한다. 그리고 큰 열쇠를 삼실에 묶은 것을 땅에 두어 실을 타고 내려오는 전하를 흡수하게 했다. 연을 날리는 사람, 즉 프랭클린 자신이 감전되지 않도록 실 끝에는 비단 리본을 달았다. (연을 날리는 사람이 문간에 서서) 반드시 리본을 젖지 않게 해야 했는데 마른 상태의 비단 리본은 젖은 삼실과 열쇠로부터 손을 절연해줬다.

프랭클린은 실험 설계에 결함이 없다고 생각했지만, 공개 시연을 감행할 만큼 충분히 자신이 없었다. 그래서 그는 조용히 아들 윌리엄을 조수로 삼아, 실패하면 생명이 위태로울지 모르지만, 명예에는 해가 되지 않도록 조건을 갖춘 출입구와 창고가 있는 외딴 들판을 물색했다.

여름이 되어 천둥번개가 치는 계절이 오자, 그는 자신의 이론과 실험 계획을 테스트할 기회를 얻었다. 어느 날 오후, 천둥구름이 높이 치솟으며 폭풍이 몰려왔다. 프랭클린과 그의 아들은 연을 날렸고, 연은 구름 아래까지 높이 솟아올랐다. 하지만 아무 일도 일어나지 않았다. 열쇠는 전하를 흡수한 흔적이 없었다. 프랭클린은 어디서 계산이 잘못되었는지 이해할 수 없었다. 왕립학회의 조지프 프리스틀리는 그 후 벌어진 일을 다음과 같이 기록했다.

마침내, 자신의 장치가 실패한 것이 아닌가 하는 절망에 빠지려던 순간, 삼실의 느슨한 몇 가닥이 곧게 서서 서로를 피하는 모습이 보였다. 그것들은 마치 하나의 도체에 매달려 있는 모양이었다. 이 유망한 징후에 흥분한 프랭클린은 즉시 자신의 손가락 관절을 열쇠에 가까이 댔다(그 순간 그가 느꼈을 기쁨을 상상해보라). 마침내 발견이 이루어졌다. 그는 아주 분명한 전기불꽃을 느꼈다. 이후 실이 젖기 전에도 여러 번 성공했고, 실이 비에 젖자 전기를 아주 풍부하게 모을 수 있었다.

프랭클린은 자신의 과학적 명성이 높아지는 것을 기쁘게 여겼지만, 때로는 익명성을 더 선호했다. 이러한 선호에서 '사일런스 두굿'이 탄생했고, 마사 케어풀과 실리아 쇼트페이스도 마찬가지였다. 그러나 이들 중 누구도 폴리 베이커만큼 유명해지지는 못했다. 1740년대 후반, 폴리 베이커는 한동안 프랭클린보다 더 큰 명성을 얻었다.

폴리 베이커에게 명성은 늦게 찾아왔다. 그녀의 어린 시절은 미래가 불분명하고 힘들었으며, 그녀(그리고 프랭클린)가 부당하고 비생산적이라고 생각하는 법 때문에 더 힘들었다. 폴리는 코네티컷에 살았는데, 다섯 번이나 사생아를 낳았다는 혐의로 법정에 섰다. 그녀는 혐의를 부인하지 않았고, 오히려 그 증거인 아이들을 가슴에 안고 있었다. 이미 두 번 벌금을 냈고,

두 번은 벌금을 낼 수 없어 신체적 처벌을 받았다. 다섯 번째 재판에서 그녀는 자신의 입장을 굽히지 않고, 고발자들과 그들이 지키려는 체제를 비난했다. "(존경하는 판사님) 법을 떠나 생각하면 제 죄가 무엇인지 이해할 수 없습니다. 저는 제 목숨을 걸고 다섯 명의 훌륭한 아이를 세상에 데려왔고, 제힘으로 잘 키웠으며, 마을에 부담을 주지 않았습니다. 오히려 무거운 벌금과 비용만 아니었으면 더 잘 키웠을 겁니다." 인구가 절실한 나라에서 국왕의 신민을 늘린 것이 죄가 될 수 있을까? "오히려 칭찬받아야 할 일이지, 처벌받을 일이 아니라고 생각합니다." 폴리는 가정을 파괴하지도, 젊은이를 타락시키지도 않았다. 그녀의 관계는 모두 미혼의 성인 남성과의 것이었다. 판사나 목사에게 유일한 불만이 있다면, 결혼식을 하지 않아 그들이 결혼식 수수료를 챙기지 못했다는 점이었다.

폴리 베이커는 결혼 제도를 비난하지 않았다. 오히려 "제가 어리석지 않다고 생각한다면, 제가 지금까지 살아온 삶보다 명예로운 결혼 생활을 더 좋아한다는 점을 알아주시기 바랍니다. 저는 언제나, 그리고 지금도 결혼할 의사가 있습니다. 그리고 결혼을 한다면 훌륭하게 해낼 자신도 있습니다. 근면함, 검소함, 다산(이 점은 두말할 필요도 없겠지요), 그리고 살림살이 솜씨 등 좋은 아내에게 필요한 모든 자질을 다 갖추고 있으니까요"라고 말했다. 만약 신의를 저버린 약혼자만 아니었다면, 베이커는 이미 여러 해 전에 결혼했을 것이다. 그녀는 그의 약속을 너무 쉽게 믿었고, 그 남자는 그녀를 임신시킨 뒤, 배가 불러오자 그녀를 버렸다. 설상가상으로, 그 남자는 이후 법조계에 진출해 성공적인 경력을 쌓았고, 그녀의 명예가 실추된 것과 달리, 그의 평판에는 아무런 손상도 없었다. 폴리 베이커가 법정에서 억울함을 호소할 때, 그녀를 버린 남자는 이미 유명한 판사가 되어 법정에 앉아 있었다. "저는 오늘 그가 이 재판정에 판사로 나와, 제 편을 들어 법정의 판단을 좀 더 관대하게 해주길 바랐습니다. 만약 그랬다면, 저는 이런 이야기를 굳이 꺼내지 않았을 것입니다." 하지만 그녀는 끝까지 그 남자의 이름을 밝히지 않았다.

그 **남자는** 법정이 '그녀의 죄'라고 부르는 일에 연루되어 있었음에도 불구하고, 아무런 책임도 지지 않은 채 그냥 떠날 수 있었다. 반면 **그녀는** 망가진 명예와 명예로운 결혼에 대한 희망을 잃고, 어떻게든 남은 것이라도 지키려 애써야 했다. 그런데도 법정은 그녀를 더욱 엄하게 벌주려 했다. 일부 사람들은 그녀가 종교를 모독했다고 주장했다. 만약 그게 사실이라면, 종교는 스스로 자신을 지킬 수 없는 것인가? 그녀는 이미 교회에서 쫓겨났고, 만약 하늘이 진노했다면 죽어서 영원한 벌을 받게 될 것이다. "그 정도면 충분하지 않겠는가?"

베이커는 하늘이 정말로 자신에게 분노했을 거라고는 도저히 믿을 수 없었다. "제가 아이를 낳은 일이 하늘의 노여움을 샀다고 어떻게 믿을 수 있겠습니까? 제가 한 일은 아주 작은 부분일 뿐이고, 하나님께서 친히 그 아이들의 몸을 신성하고 놀라운 솜씨로 빚으셨으며, 마침내 이성적이고 영원한 영혼까지 불어넣어 주셨습니다. 이런데도 하늘이 저를 벌하셨다고 할 수 있겠습니까?" 아니, 그녀는 결코 죄를 지은 적이 없었다. 만약 법정이 꼭 죄를 찾으려 한다면, 정작 혼인도 하지 않고 아이도 낳지 않는 미혼 남성들에게 죄를 물어야 한다고 그녀는 호소했다. "그들의 그런 삶 때문에 수백 명의 후손이 세상에 태어나지 못한다면, 그건 거의 살인이나 다름없는 일 아닙니까?" 이것이야말로 공익에 더 큰 해악이 아니겠는가? "그렇다면 법으로 그들에게 결혼을 강제하거나, 아니면 매년 간통죄 벌금의 두 배를 내게 하십시오."

당시의 관습 때문에 젊은 여성들은 남성에게 구애하는 것이 금지되어 있으니, 이들은 도대체 어떻게 해야 한단 말인가? 법은 여성들이 남편을 얻을 수 있도록 아무런 방편도 마련해주지 않으면서, 정작 자연과 신이 내린 첫 번째이자 가장 위대한 명령, 즉 '**생육하고 번성하라**increase and multiply'는 의무를 다하려 하면 오히려 가혹하게 벌을 내린다. 폴리 베이커는 자신의 잘못을 부정하지 않으면서도, 이 점에 있어서는 자신이 자연의 의무를 다했다며 조금도 부끄러워하지 않았다. "저는 생육하고 번성하라는 의무를 지키기 위해 사회적 평판을 잃을 각오도 했고, 수차례 공개적으로 망신을 당하고 벌을 받기도 했습니다. 그러니 제 생각에는, 매질을 당할 것이 아니라 오히려 제 이름으로 동상을 세워 기려야 마땅합니다."

폴리 베이커의 동상은 세워지지 않았지만, 그녀의 감동적인 변론에 감화된 판사 중 한 명이 재판 다음 날 그녀와 결혼했다. 대신 프랭클린이—동상까지는 아니더라도— 다른 여러 방식으로 대중의 인정을 받았다. 아마도 프랭클린은 '폴리 베이커'가 전적으로 자신의 상상에서 탄생한 인물이며, 여성들이 겪는 삶의 불공평함을 비판하기 위한 허구의 이야기라는 사실을 밝히는 것이 자신이 왕립학회에서 보여주고자 했던 진지한 과학자의 이미지와 어울리지 않는다고 생각했을지도 모른다. 그게 아니라면 단순히 이 이야기가 세상에 얼마나 멀리 퍼질 수 있을지, 사람들이 어디까지 믿는지 알고 싶었을 수도 있다. 어느 쪽이든, 그는 오랫동안 이 비밀을 지켰고, 폴리 베이커 이야기의 진짜 저자가 자신임을 30년이 지나서야 비로소 밝혔다.

폴리 베이커 이야기를 실었던 영국의 《젠틀맨즈 매거진》과 《런던 매거진》은 곧이어 프랑스에서 프랭클린의 전기 실험이 성공적으로 재현되었다는 소식도 함께 전했다. 얼마 지나지 않아 영국왕립학회는 프랭클린이 직접 쓴 연 실험 보고서를 받았고, 그 직후 프랭클린에게 과학적 업적을 인정해 '코플리 금메달Copley Gold Medal'을 수여했다. 학회장은 "비록 다른 사람들이 번개와 전기의 효과가 유사하다는 주장에 의심을 품기 시작했지만, 나는 프랭클린 씨야말로 여러 흥미로운 발견 중에서도 실험을 통해 번개가 전기에서 비롯된 것임을 처음으로 증명하려 시도한 사람이라고 생각합니다. 그리고 그가 제시한 간단한 방법을 따르면 누구든지 그가 주장한 사실의 진위를 스스로 확인할 수 있게 되었습니다"라고 발표했다.

영국의 다른 이들도 비슷한 찬사를 보냈다. 번개 실험이 성공하기 전부터 윌리엄 왓슨은 프랭클린을 "매우 유능하고 기발한 사람"이라고 평가했다. 그는 "자신이 연구하는 주제를 밝히는 데 도움이 될 만한 일이라면 무엇이든 생각해내고, 실제로 실행에 옮길 수 있는 머리와 실천력을 모두 갖춘 사람"이라고 칭찬하며 그보다 더 전기를 잘 아는 사람은 없다고 왕립학회에 보고했다. 한편 프리스틀리는 전기의 역사에 관한 정보를 수집하고 있었는데, 프랭클린이 번개의 전기적 본질을 시연한 것에 대해 이렇게 썼다. "이토록 중대한 발견(아마도 아이작 뉴턴 이후 학문 전반에서 이루어진 가장 위대한 발견일지도 모릅니다)과 관련된 모든 이야기는 제 모든 독자에게 더없이 큰 기쁨을 선사할 것입니다."

프랑스 역시 이 미국 학자의 탁월함에 찬사를 보냈다. 파리 과학아카데미의 사무국장 아베 기욤 마제아스는 '필라델피아 실험'이 프랑스에서 "전반적으로 찬탄받고 있다"라고 왕립학회에 알렸다. 국왕이 실험을 보고 싶어 했고, 실험이 성공하자 '큰 만족'을 표했다. 마제아스는 "프랭클린은 우리 국민의 존경을 받을 자격이 있다"라고 선언했다.

프랭클린은 자신의 국제적인 명성을 어떻게 받아들여야 할지 어리둥절했다. 그는 자신이 대단하다는 생각이 들었지만 동시에 그런 생각을 갖지 않으려 애썼다. 그는 자신에게 쏟아지는 영예를 축하해주는 친구이자 동료 철학자인 재러드 엘리엇에게 복잡한 감정을 설명했다.

일간지 《태틀러The Tatler》에는 갑자기 태도가 건방져진 한 소녀에 대한 이야기가 나오는데, 아무도 그 이유를 알지 못하다가 그녀가 새 비단 가터*를 신었기 때문이라는 것이 밝혀졌다고 하네. 혹시라도 내게서 그런 모습을 보고 그 이유를 궁금해할까 봐, 나는 새로운 가터를 치마 속에 감추지 않고, 친구 콜린슨이 최근에 보낸 편지 한 단락을 이용해 자

---

*   스타킹이나 양말을 고정하기 위해 다리에 착용하는 밴드 형태의 의류

유롭게 드러내 보일 것이네. 하지만 이 허영심을 억제하고 자제해야 하니, 그 단락을 옮겨 적지 않을 것일세. 아! 하지만 도저히 참을 수가 없다네.

만약 그대의 친구들 중 누가 그대의 머리가 전보다 조금 더 높이 들려 있다는 걸 눈치챈다면, 그들에게 알려주게. 프랑스의 위대한 군주께서 아베 마제아스에게 엄격히 명해, 왕립학회에 가장 공손한 표현으로 편지를 써서, 펜실베이니아의 프랭클린 씨에게 천둥번개의 끔찍한 피해를 막기 위한 뾰족한 막대기의 유용한 발견과 응용에 대해 왕의 감사와 인사를 특별히 전하게 했으니, 이 모든 일 후에야 머리가 조금 높아진다고 해도 어느 정도는 이해해줘야 하지 않겠는가? (…) 이제 내 생각엔 네 모자에 깃털 하나를 꽂아줬으니, 오래도록 그것을 쓰고 있기를 바란다는 말로 맺고 싶네.

프랭클린은 이 편지를 엘리엇에게 특유의 자기비하적 태도로 마무리하며, 받는 이와 자신 모두를 기분 좋게 하는 한마디를 덧붙였다.

이 단락을 다시 곱씹어 보니, 나는 그 소녀만큼 자랑스러워할 이유가 없는 것 같네. 왜냐하면 모자에 꽂은 깃털은 좋은 비단 스타킹 한 켤레만큼 유용하거나 실질적으로 도움이 되는 물건이 아니기 때문이지. 남자의 자존심은 참으로 다양한 방식으로 만족을 얻는 법이고, 만약 국왕께서 내게 원수의 지팡이를 보내주셨더라도, 나는 아마 그대의 존경을 받는 것만큼 자랑스럽지는 않았을 것 같네.

1730년대 후반, 펜실베이니아 의회의 서기로 일하던 프랭클린은 그 기관의 회의가 너무 지루해서 '마방진magic squares'이라는 산수 놀이로 시간을 보내곤 했다. 고대에 발명된 이 정수의 배열은 행과 열의 수가 같으며, 각 행의 합이 다른 행의 합과 같으며, 각 열의 합과 대각선의 합도 동일하다는 특징을 가진다. 프랭클린은 어린 시절 마방진을 접한 적이 있었고, 이제 자신의 영리함과 회의의 지루함 덕분에 이 기본 아이디어를 크게 발전시켰다. 그가 만든 마방진 중 하나는 8행 8열로 구성되어 있었고, 기본적인 특징 외에도 여러 가지 성질을 갖고 있었다. 모든 행과 열의 합은 260이었고, 반 행과 반 열의 합은 260의 절반인 130이었다. 직선 대각선 및 굽은 대각선도 260이었으며, 여섯 칸으로 이루어진 잘린 굽은 대각선에 가장 가까운 모서리의 숫자를 더해도 260이 되었다. 네 모서리 숫자에 중앙의 네 숫자를 더해도 260이 나왔다.

제임스 로건은 프랭클린이 마방진에 관심이 있다는 사실을 알게 되었다. 그래서 로건은 프랭클린에게 200년 전에 뉘른베르크에서 출판된 미하엘 슈티펠리우스라는 사람이 쓴 오래된 책을 보여주었다. 그 책에는 16행 16열로 이루어진 마방진이 실려 있었다. 로건은 수학자가 아니었기에, 이 큰 마방진을 만드는 데 엄청난 노력과 시간이 들었을 것이라 생각했다. 프랭클린은 "슈티펠리우스에게 뒤지기 싫어서" 그날 밤 집에 돌아가 같은 크기지만 훨씬 더 복잡한 마방진을 만들었다고 고백했다. 로건은 깜짝 놀랐고, 프랭클린에게 감탄을 표했다. 로건이 피터 콜린슨에게 프랭클린의 재능에 대해 편지를 쓰자, 콜린슨은 프랭클린에게 샘플을 요청했다. 프랭클린은 자신의 대형 마방진을 보내며, 반은 농담이지만 반은 진심으로 "이 16행짜리 마방진이 지금까지 어떤 마법사가 만든 것보다도 가장 신기하고 놀라운 마방진임을, 당신도 분명 인정하실 거라고 확신합니다"라고 덧붙였다.

서른 살의 프랭클린은 의회의 회의보다 숫자가 더 흥미로웠다. 마흔다섯이 되자 그의 우선순위가 바뀌었다. 그때 그는 단순히 서기로서, 상관들의 말과 행동을 기록하는 사람이었다. 이제 그는 필라델피아에서 가장 저명한 시민 중 한 명이 되었고, 이는 그가 공직에 선출됨으로써 공식적으로 확인되었다. 1748년 그는 필라델피아 평의회 의원으로 선출되었고, 1749년에는 시 치안판사로 임명되었으며, 1751년에는 시의원으로 임명되었다. 처음과 마지막 직책은 그에게 큰 부담이 되지 않았다. 20년간의 시민 활동을 생각하면, 새로운 일을 한다는 생각도 들지 않았다. 그러나 치안판사 역할은 달랐다. 그의 인생에서 드물게 자신이 맡은 일에 적합하지 않다고 느꼈다. "그 직책을 제대로 수행하려면 내가 가진 것보다 더 많은 관습법 지식이 필요했다"라고 말했다. 그래서 그는 판사 자리에서 물러났다.

1751년 여름, 프랭클린은 펜실베이니아 의회 의원으로 지명되어 당선되었다. 그는 이 새로운 명예에 대해 솔직하게 자신의 감정을 밝혔다.

저는 의원이 되면 선한 일을 할 수 있는 힘이 더 커질 거라고 생각했습니다. 하지만 이런 여러 번의 승진이 제 야망을 자극하지 않았다고는 감히 말할 수 없습니다. 사실 제 야망은 충분히 충족되었습니다. 저처럼 미천한 출신에게는 이런 일들이 정말 대단한 일이었으니까요. 게다가 이 모든 영예가, 제가 전혀 청탁하지 않았음에도, 순전히 대중이 저를 좋게 봐준 덕분에 찾아온 것이라는 점이 더욱 기뻤습니다.

프랭클린이 지방정치에 입문한 데는 거창한 계획이나 큰 목적이 있었던 것은 아니다. 그러나 그가 정치에 참여하게 된 과정은 그의 성격과 당시 상황의 중요한 측면들을 잘 보여준다. 사일런스 두굿의 성공 이후, 프랭클린은 점차 그가 아는 사람 중 자신이 가장 유능하다고 생각하게 되었다. 이런 생각이 틀리지 않았다는 것은 그가 그 뒤로 다양한 분야에서 성공했다는 점에서 확인되었다. 그는 필라델피아 곳곳—준토, 도서관 협회, 소방대, 철학 학회, 협회, 아카데미—에서 도시를 더 문명화된 곳으로 만드는 데 자신의 손길이 닿았음을 알 수 있었다. 당시 그는 병원 건립 기금 모금[후에 매칭 그랜트*라 불리는 제도를 고안했다], 화재보험 회사 설립 등 여러 프로젝트를 진행 중이었다. 프랭클린보다 그의 새로운 고향을 위해 더 많이 기여한 사람, 더 많이 일한 사람이 과연 있었을까?

의회 의원이 되면서 그는 자신의 활동 범위를 넓힐 수 있었다. 그는 필라델피아를 대표했지만, 주 전체를 위한 법을 만들게 되었다. 경력의 여러 순간마다, 프랭클린은 점점 더 큰 무대로 나아갔다. 매더의 보스턴은 그가 17세에 너무 작아졌고, 필라델피아도 45세가 되자 작아졌다. 그다음 무대는 펜실베이니아였다.

그가 지방정치에 진출한 시기가 늦은 또 다른 이유가 있었다. 프랭클린

---

* matching grants, 지원받는 쪽이 일정 금액을 모금하면, 그에 맞춰 추가로 지원금을 제공하는 방식의 자금 지원제도

이 활발히 사업을 하는 동안에, 그는 사업 관계에서 가장 중요한 규칙, 즉 잠재고객에게 불필요하게 불쾌감을 주지 말라는 원칙을 반드시 지켜야 한다고 느꼈기 때문이다. 인쇄업자 벤 프랭클린은 일반적으로 자신의 정치적 견해를 드러내지 않았다. 정치가 인쇄업에 방해가 될 수 있었기 때문이다. 예외는 있었지만—지폐 발행 옹호, 새뮤얼 헴필 옹호 등— 정치 문제는 정치인들에게 맡겼다.

그러나 최근 전쟁이 진행되는 동안 정치인들이 제대로 방어 준비를 하지 못하는 것을 보며, 그들이 필요한 일을 해낼 수 없다는 것을 알게 되었다. 프랭클린은 자신이 더 잘할 수 있다는 것을 알고 있었고 협회 활동을 통해 이미 이를 보여주었다. 인쇄업을 데이비드 홀에게 넘기기로 한 결정과 펜실베이니아 정치에 진출하기로 한 결정은 밀접하게 연결되어 있었다. 즉 전자가 있었기 때문에 후자가 가능했고, 후자가 있었기 때문에 전자가 더 바람직한 것이 되었다.

1750년대 펜실베이니아 정치는 동심원처럼 여러 층의 갈등이 있었다. 가장 안쪽 원에는—적어도 **그들** 생각으로는— 윌리엄 펜의 후손인 특허 지주들이 있었다. 북미에 있는 다른 영국 식민지와 달리, 펜실베이니아는(직접적으로는 아니지만) 왕이 아니라 펜 가문이 통치했다. 그러나 펜 가문은 윌리엄 펜이 살아 있을 때와는 달라졌다. 아니, 윌리엄 펜이 그의 아버지와 겪었던 문제를 생각하면, 오히려 달라지지 않았다고도 볼 수 있다. 윌리엄 펜은 말년에 매우 어려운 상황에 처해, 식민지가 오히려 펜 가문을 부양해야 할 지경에 이르렀다. 그가 죽은 뒤, 상속인들이 유산을 놓고 다투면서 상황은 더 악화되었다. 윌리엄 펜의 아들 윌리엄 주니어는 퀘이커 신앙을 버리고 성공회로 개종한 뒤 곧 사망했다. 하지만 그의 아들은 할아버지가 70대로 노쇠해 유언장을 제대로 쓰지 못했다며 유언 무효 소송을 제기했다. 윌리엄 펜이 정신적으로 무능력했다는 주장은 사실이었지만, 이로 인해 그는 아버지의 형제들과 멀어져야 했다. 상속인들은 20년간 서로 다투었고,

1740년대 중반이 되어서야 비로소, 윌리엄 펜의 두 번째 부인에게서 태어난 아들 토머스 펜이 가문의 실질적인 수장으로 떠오르며, 식민지의 대표 특허 지주가 되었다.

이 다툼은 비용이 많이 들었다. 그 중요한 시기에 펜실베이니아 정치의 주도권이 특허 지주에서, 동심원의 두 번째 층인 의회로 넘어갔다. 이런 변화는 프랭클린이 명목상 후견인으로 삼았던 윌리엄 키스 총독 재임 시절부터 시작되었다. 키스는 돈 문제를 대수롭지 않게 여기는 사람이었고, 이런 태도는 프랭클린에게만 국한된 것이 아니었다. 키스에게 돈을 빌려준 수많은 채권자는 그가 총독직을 유지해야만 빌려준 돈을 받을 수 있을 거라는 희망으로 그를 적극적으로 지지하며 로비를 벌였다. 하지만 펜 가문과 가까운 영국 퀘이커 교도들은 키스의 행동—특히 아내가 아닌 여성들과의 관계—이 그들에게 모욕과 당혹감을 준다고 여겼다. 채권자들이 돈을 돌려받을 거라는 희망을 잃자, 퀘이커 교도들이 원하는 대로 키스는 총독 자리를 내주어야 했다.

그러나 키스는 호락호락하게 물러날 사람이 아니었다. 그는 자신이 쫓겨난 이유를 특허 지주들의 권력 다툼 때문이라고 주장하며, 곧바로 자신을 동심원의 세 번째 층인 민중의 옹호자로 포장했다. 그는 로저 플라우먼이라는 가상의 인물을 만들어, 특권층에 맞서 평민의 입장을 대변했다. 플라우먼은 당시 최고의 기득권층으로 평가받는 제임스 로건을 모델로 한 인물에게 이렇게 말한다. "우리도 그 사람들과 똑같은 살과 뼈로 만들어졌고, 행복과 불행, 정의와 부정, 행운과 불운에 대한 감각과 느낌도 그들과 같습니다. 이제 나는 당신에게 묻고 싶습니다. 인생의 이런 희비를 평온하게 누리고, 모두가 공평하게 보호받는 것, 이것이야말로 시민 정부의 가장 중요한 목적이 아니겠습니까? 아니, 어쩌면 정부의 모든 존재 이유가 아닐까요?"

하지만 특허 지주들은 다르게 생각했다. 펜 가문은 식민지가 자신들에게 수입을 제공하길 기대했다. 그런데 키스가 인기를 얻는다면, 그럴 수 없다는 것을 알았다. 키스가 총독에서 쫓겨난 직후, 필라델피아 유권자들은 그를 의회 의원으로 선출했다. 그의 지지자들은 소유주가 평민을 억압하는 상징물인 공개 처형대와 족쇄를 불태우며 승리를 축하했다(시장에 있던 몇몇 노점이 함께 불탄 것은 아마도 사고였을 것이다). 2주 뒤, 키스가 의회에 자리를 차지하러 올 때, 그는 80명의 기마대를 이끌고, 땀에 젖은 노동자 군중—의회에서 퀘이커 교도들을 대표하는 아이작 노리스가 경멸적으로 '도살업자, 짐꾼, 잡동사니들'이라 부르는 사람들—을 이끌고 나타났다.

그러나 로건과 노리스 같은 이들을 놀라게 한 뒤, 키스는 갑자기 사라졌다. 채권자들이 그의 부재를 가장 먼저 문제 삼기 시작하면서, 그가 채무자 감옥을 피해 도망쳤다는 소문이 돌았다. 실제로 그는 미국 채권자들을 따돌렸지만, 영국 채권자들에게 붙잡혀 런던 감옥에 갇혔다. 그는 감옥에 있으면서도 돈을 벌기 위한 각종 계획을 멈추지 않았다. 한번은 영국 정부의 환심을 사기 위해 미주 식민지에 인지세를 부과하는 방안을 제안하기도 했다. 그러나 그의 다른 계획들처럼, 이 제안도 1749년 그가 죽을 때까지 아무 성과를 내지 못했다.

윌리엄 키스가 민중의 지지를 받아 정치적 세력으로 떠오른 이 키스 현상은 펜실베이니아 정치에서 여러 집단이 어떻게 서로 겹치는지를 잘 보여준다. 의회 지도자들은 평소에 자신들의 이익이 특히 지주와 대립한다고 생각했지만, 때로는 아래로부터의 도전에 맞서기 위해 오히려 그들과 손을 잡기도 했다. 펜실베이니아는 민주주의는커녕 공화국조차 아니었지만, 비교적 평범한 사람들에게도 제한적으로나마 투표권을 허용했기 때문에 기존 질서에 불만을 가진 이들이 변화를 일으킬 수 있었다. 펜 가문은 특히 자신들의 광대한 토지 소유에 대한 과세 면제 등 전통적 특권을 고수하면서 많은 불만을 야기했다. 하지만 식민지의 대표적인 유력 가문들—로건, 노리스, 펨버턴(여기서 펨버턴 가문에는 상인 이즈리얼 펨버턴과 그의 형제들이 포함된다)—은 **그들의** 오랜 특권, 특히 의회와 각종 공직을 장악하는 권리를 내세우며, 필요한 개혁에 있어서 때때로 펜 가문 못지않은 걸림돌로 작용하곤 했다.

펜실베이니아는 어떻게 보면 영국령 북아메리카 식민지 전체의 축소판이었다. 영국의 여러 식민지에서 왕이 차지하는 위치와 같은 역할을, 펜실베이니아에서는(필요한 부분만 바꾼다면) 펜 가문이 했으며, 영국 본국과 연결된 지배 엘리트들이 영국 식민지 전체에서 차지했던 역할을, 펜실베이니아에서는 로건, 노리스, 펨버턴 가문이 했다. 미국에서 왕과 식민지 관리들에 맞서 혁명의 기운이 싹트기 시작했을 때, 그 중심에 펜실베이니아가 있었다는 것은 결코 우연이 아니었다. 펜실베이니아인들은 이미 수년간 연습해왔기 때문이었다.

프랭클린은 처음에는 눈에 띄지 않게 활동했다. 프랭클린에게는 윌리엄 키스처럼 정치적 쇼맨십이 없었다. 1751년 8월 의회에 입성할 때도 그는 말을 타지 않고 조용히 체스트넛스트리트를 걸어 주 의사당으로 들어갔다. 그는 처음에는 큰 인상을 남기지 못했다. 웅변술도 없었고, 특별히 주목받고 싶은 욕구도 없었다. 그의 입법 활동은 대부분 위원회 업무로 이루어졌다. 스쿠킬강에 다리를 놓을 위치를 찾는 위원회, 인디언 관련 지출을 보고하는 위원회, 의사록을 수정하는 위원회, 특허 지주들에게 보낼 메시지를 작성하는 위원회, 총독의 메시지에 대한 답변을 준비하는 위원회, 제빵사가 만드는 빵의 크기를 규제하는 위원회, 개에 대한 세금을 검토하는 위원회 등이 있었다.

그렇다고 모든 일이 그렇게 평범한 것은 아니었다. 아마도 이전에 지폐 발행을 옹호했던 점이나 지폐 인쇄 경험이 반영되었는지 프랭클린은 통화 관련 위원회에 임명되었다. 위원회가 전체 의회에 제출한 보고서에는 다섯 명의 위원 이름이 모두 적혀 있었지만, 그 내용과 문체를 보면 명백히 프랭클린의 작품임을 알 수 있다.

이 보고서에서 프랭클린은 1729년보다 더 강한 신념을 보였다. 그는 화폐가 많을수록 필라델피아와 펜실베이니아의 미래가 더 밝을 것이라고 확신했다. 그는 1720년대 초 식민지 경제가 교환수단의 부족으로 침체되었던 순간을 묘사했다. 보고서의 글을 읽다 보면, 일자리를 찾아 필라델피아에 왔지만 가게들이 모두 닫혀 있어 실망하며 거리를 걷던 젊은 프랭클린의 발소리가 들리는 듯하다. 하지만 그 후 의회가 지폐를 발행하기로 결정했고, "그 시점부터 도시와 시골 모두 놀라울 정도로 번영하고 성장했다." 프랭클린은 세금 명부, 세관 기록, 사망자 명부 등 다양한 증거를 들어 그 성장을 자세히 설명했다. 그는 새로운 화폐를 발행하면 경제성장이 계속될 수 있다고 주장했다. 그 이유는, 화폐가 늘어나면 노동자들의 임금이 유지되거나 오르게 되고, 그렇게 되면 노동자들도 과거처럼 지주가 되어 사회 전체가 더 잘살게 된다는 논리였다. 물론 고용주들에게는 손해가 될 수 있지만, 프랭클린은 사회 전체의 이익이 그 소수의 손해를 상쇄한다고 보았다. "가난한 사람들이 쉽게 땅을 살 수 있게 함으로써 왕실의 영토는 강화되고 확장된다. 특히 지주들은 그들의 황무지를 처분할 수 있고, 영국은 자국의 제조품을 판매하고 그 수요를 늘릴 수 있다. 아메리카 대륙에서 정착할 땅을 쉽게 구할 수 있는 한, 미국에서는 사람을 구하기가 쉽지 않을 것이다. 그리고 노동력이 비싼 한, 우리는 결코 영국의 장인들과 경쟁하거나 영국의 무역을 방해할 수 없다.

프랭클린의 동료 의원들은 그의 주장에 설득되었다. 펜실베이니아 의회는 통화 확대가 식민지의 번영에 필수적이라고 결의했고, 프랭클린과 더 오랜 입법 경험을 지닌 몇몇 의원들에게 결의안을 실행할 법안을 작성하도록 지시했다. 법안은 의회를 통과했으나, 제임스 해밀턴 총독의 반대에 부딪혔다. 그는 최근 다른 식민지에서 무리한 통화 발행으로 문제가 발생했다며, 국왕에 대한 통화 발행 신청이 '매우 시기상조'라고 선언했다. 총독의 거부권 행사로 인해 의회와 총독 사이에 오랜 갈등이 시작되었고, 이 문제로 프랭클린은 몇 년 동안 바쁘게 싸워야 했다.

BOOK21

경제경영-인문

21세기북스는 급변하는 시대의 흐름 속에서 독자의 요구를 먼저 읽어내는 예리한 시각으로 〈칭찬은 고래도 춤추게 한다〉, 〈설득의 심리학〉 등 밀리언셀러를 출간하며 경제 경영 자기계발 분야의 독보적인 브랜드로서 자리매김했습니다.

 21cbooks    jiinpill21   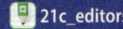 21c_editors

북이십일의 문학 브랜드 아르테는 세계와 호흡하며 세계의 우수한 작가들을 만납니다. 국내에 소개되지 않은 혹은 잊혀서는 안 되는 작품들에, 새로운 가치를 담아 재창조하여 '깊고 아름다운 책'을 만들고자 합니다.

 21arte   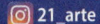 21_arte   staubin

인문

원 페이지 인문학
하루 5분이면 충분한 실천 인문학

김익한 지음 | 값 19,900원

하루 한 장의 생각으로 단단해지는 내일 '아는 것'이 아니라 '사는 것'을 제
하는 365일 실천 인문학하루 한 페이지, 5분이면 충분한 성장의 시간!

김형석, 백 년의 유산
106세 철학자가 길어 올린 최후의 인간학

김형석 지음 | 값 22,000원

"백 년의 사유가 담긴 우리 시대 마지막 유산"
기네스 공식 인증, 현존 인류 최고령 저자
김형석 교수가 전하는 '만년(萬年)의 교양

법의학자 유성호의 유언 노트
후회 없는 삶을 위한 지침서

유성호 지음 | 값 19,900원

"죽음을 떠올릴 때 삶은 더 선명해진다"
매주 죽음을 만나는 서울대 유성호 교수가 일 년에 한 번 '유언'을 쓰며 발
한 인생의 진정한 가치와 의미, 어떻게 살아가야 할 것인가에 관한 고민
성찰!

Philos 038
신을 찾는 뇌
종교는 어떻게 진화했는가

로빈 던바 지음 | 구형찬 옮김 | 값 30,000원

'던바의 수' '사회적 뇌' 사회성 연구의 대가 로빈 던바,
종교에 대한 과학적 연구 20년의 결정판
다학제간연구로 종교의 기원과 진화 목적을 밝히다

그레이트하모니 007
전쟁과 대통령
전쟁을 경험한 일곱 대통령의 결정적 순간들

스티븐 M. 길런 지음 | 값 48,000원

2차대전은 어떻게 대통령들의 세계관을 형성했는가. 아이젠하워부터 조
H. W. 부시까지 '참전 시대' 대통령 7인의 일대기!

자기계발

설득자
부, 성공, 행복이 따르는 설득 비법

정흥수 지음 | 값 22,000원

"듣게 하고, 믿게 하고, 움직이게 하라!"
인간관계부터 리더십·협상·사업까지,
사람의 마음을 움직이는 실전 설득법

80/20 법칙 · 80/20 법칙(행동편)
적은 노력으로 크게 성취하는 불변의 진리

리처드 코치 지음 | 각권 24,000원

"사소한 것에 매달리지 마라, 모든 것을 결정 짓는 20%에 몰두하라"
당신의 일상을 완전히 바꾸어 줄 간단한 효율의 과학
최소 노력으로 최대 성과를 내는 똑똑한 일상 설계법

직감의 힘
촉은 거짓말을 하지 않는다

로라 후앙 지음 | 값 19,900원

"성공한 리더들은 왜 직감을 단련하는가?"
조직행동학 권위자가 수천 명의 리더 인터뷰로 밝혀낸
무의식의 신호를 포착해 더 빠르고 좋은 결정을 내리는 법

기획의 감각
국내 1세대 A&R 프로듀서 정병기가 써내려간 기획의 세계

정병기(Jaden Jeong) 지음 | 값 18,900원

"남들이 미쳤다고 말할 때 기획은 완성된다!"
원더걸스에서 2PM, 러블리즈, 이달의 소녀, tripleS까지
K-POP 업계를 뒤바꾼 기획자의 시선, 그 혁신적 감각에 대하여

브라이언 트레이시 자기 확신론, 브라이언 트레이시 시간 관리론
위대한 행동주의자의 성공 원칙 시리즈

브라이언 트레이시 지음 | 각권 20,000원, 22,000원

"당신이 할 수 있는 것, 될 수 있는 것, 이룰 수 있는 것에는 한계가 없다!"
현존하는 인물 중 세계에서 가장 영향력 있는 자기계발 전문가
브라이언 트레이시의 성공 법칙 실천편!

2026 한국경제 대전망
2026 ECONOMIC ISSUES & TRENDS

오철·이근 외 경제추격연구소 지음 | 값 24,000원

"경제전문가 35인이 진단한 2026 한국경제의 미래!"
기존 질서가 무너지고 새로운 판이 짜이는 신 춘추전국시대! 경제 대전환 시기에 꼭 읽어야 할 대한민국 최고 경제전문가 35인의 미래 인사이트

정서적 연봉
월급쟁이에게 돈보다 중요한 것

신재용 지음 | 값 22,000원

"인재가 구글에 가는 건 못 막더라도
경쟁사에 뺏겨서는 안 되지 않겠는가?"
국내 최초, 조직문화에 값을 매기다.
일 잘하는 직원을 잡으려면 감정 급여를 챙겨라!

Philos 040
자유의 길
경제학은 어떻게 좋은 사회를 만들 수 있는가

조지프 스티글리츠 지음 | 이강국 옮김 | 값 34,000원

자칭 '자유의 수호자'들은 어떻게 자유를 억압해 왔는가?
오늘날 가장 오남용되는 문제적 개념, 노벨상 수상 경제학자의 눈으로 바본 자유

대한민국, 넥스트 레벨 2
철학·정치·사회·경제·통섭 최고 전문가 17인의
국가 재설계 제안

코리아다이나미즘포럼 편저 | 값 28,000원

"분열의 시대에 다시 함께 사는 법을 묻다!"
한국 사회 대전환의 5대 실천 코드 새롭게 일어설 대한민국을 위한 전문 17인의 제언

초연결 지구에서 무역하라
무역은 사라지고, 연결만 남는다

양송이·최건식 지음 | 값 17,000원

"이 시대 수출은 '보내는 것'이 아니라 '보이게 하는 것'!"
수출에 대한 고정관념에서 탈피하고 전통적 수출 방식에서 벗어나
디지털 생태계 속 새로운 무역의 길을 제시한다.

경영/마케팅

인재 전쟁

공대에 미친 중국, 의대에 미친 한국

KBS 다큐 인사이트 <인재전쟁> 제작팀 지음 | 값 19,000원

"우리의 인재는 지금 어디를 향하고 있는가?"
미래 기술 패권을 향한 '인재전쟁'의 시대
한국 사회에 던져진 거대한 물음, 그 치열한 응답의 기록

마쓰시타 고노스케 컬렉션 (전 3권, 양장)

『길을 열다』, 『어떻게 살 것인가』, 『경영이란 무엇인가』

마쓰시타 고노스케 지음 | 값 74,400원

"하버드는 왜 반세기 동안 마쓰시타 리더십에 주목했는가?"
손욱, 손정의, 이나모리 가즈오 등 국내외 기업인 강력 추천!
'경영의 신' 마쓰시타 고노스케, 삶과 경영의 정수를 담다.

필립 코틀러 마케팅 트랜스포메이션

세계적 마케팅 구루가 직접 들여다본
마케팅X테크놀로지 메가트렌드

필립 코틀러·V.쿠마르 지음 | 값 28,800원

"당신의 마케팅은 여전히 아날로그인가?"
인간 중심 마케팅과 기술의 교차점에서 세계적 마케팅 석학 2인이 직접 들여다본 8가지 뉴에이지 기술과 마케팅 메가트렌드!

일론 머스크

일론 머스크가 공개적으로 언급한 유일한 공식 전기

월터 아이작슨 지음 | 값 38,000원

"그가 상상하면 모두 현실이 된다!"
1%의 가능성에 모든 걸 걸며 인류의 미래를 바꾸는
이 시대 최고의 혁신가, 일론 머스크의 모든 것!

서가명강 43

일터를 뒤흔드는 신인류의 등장

의미와 보상을 동력 삼아 성장하는 밀레니얼 리더

이찬(서울대 경력개발센터장) 지음 | 값 18,900원

90년생, 그들이 리더가 되어 돌아왔다! 한국의 조직문화에서 중간관리자가 된 밀레니얼 리더들이 놓인 현실을 분석하고, 미래를 앞서 나아가야 하는 실무자이자 리더로서 무엇에 주목해야 하는지 설명한다.

당신이 헌법이다
일상을 지키고 내일을 바꾸는 11가지 헌법 이야기
임지봉 지음 | 값 19,900원

"당신이 주인이다, 당신이 국가다, 당신이 헌법이다!"
탄핵 정국 화제의 헌법학자
서강대 로스쿨 임지봉 교수의 가장 친밀한 헌법 수업

빈곤 해방
세계적 실천윤리학자 피터 싱어의 담대한 제언
피터 싱어 지음 | 값 22,000원

'이 책을 읽고 자선활동에 대한 생각이 완전히 바뀌었다!' - 빌 게이츠
인간이 지구상의 생명체를 대하는 방식에 경종을 울린 실천윤리학의 세계
거장이자 현존하는 가장 논쟁적인 철학자, 피터 싱어의 실천윤리 대표작!

Philos 042
전쟁과 책
전시의 출판과 독서의 문화사
앤드루 페테그리 지음 | 배동근 옮김 | 장강명·장은수 추천 | 값 45,000원

전쟁은 책을 만들고 책은 전쟁을 만든다?
전쟁과 독서, 총과 책. 그 유구한 공모의 역사
전쟁의 '적극적 행위자'로서 책의 역사를 새롭게 조명하다

한반도 평화의 지정학
서울대 국제대학원 신성호 교수의 현실적인 대한민국 안보 정책
신성호 지음 | 값 35,000원

한반도에 전쟁이 일어날까?
투키디데스부터 칸트, 클라우제비츠, 알렉산더 웬트까지 전쟁론·군사학
국제정치학 대가들의 이론으로 풀어낸 지정학 위기를 극복하는 대한민
신안보론

그레이트하모니 003
21세기 지정학
5000년 문명사를 통해 보는 세계질서의 대전환
아미타브아차리아지음, 최준영 번역 | 값 35,000원

미국 중심의 세계질서는 인류사의 일부에 불과하다!
과거뿐만 아니라 21세기를 이해하기 위해 누구나 반드시 읽어야 할 교양

철학/심리

행복의 기원
인간의 행복은 어디서 오는가
서은국 지음 | 값 22,000원

인간은 행복하기 위해 사는 게 아니라, 살기 위해 행복을 느낀다
뇌 속에 설계된 행복의 진실
진화생물학으로 추적하는 인간 행복의 기원

집단 망상
잘못된 믿음은 어떻게 만들어지는가
조 피에르 지음 | 값 24,000원

"잘못된 믿음은 어떻게 탄생하는가!"
과학 불신론, 허위 정보, 종교적 맹신에 대한 통렬한 심리학적 탐구
'인지적 겸손'과 공동체적 감각을 회복하는 심리학적 해법

Philos 019
현대사상 입문
데리다, 들뢰즈, 푸코에서 메이야수, 하먼, 라뤼엘까지 인생을 바꾸는 철학
지바 마사야 지음 | 김상운 옮김 | 값 24,000원

인생의 '다양성'을 지키기 위한 현대사상의 진수
이해하기 쉽고, 삶에 적용할 수 있으며, 무엇보다도 마음을 위로하고 격려하는 궁극의 철학 입문서

착하고 섬세하고 독특하고 완벽주의자인
당신을 위한 문장들
심리학자의 아포리즘 큐레이션
황준선 지음 | 값 17,000원

"짧은 문장 안에 스며든 다정함과 이해의 흔적"심리학자의 눈으로 들여다본,시대를 건너 우리의 마음을 울리는 지식인의 말들

손으로 읽는 명상록
치열한 삶의 전선에서 새기는 의지의 문장들
마르쿠스 아우렐리우스 원작, 박찬국 편역 | 값 24,800원

서울대 박찬국 교수의 시선으로 읽고 쓰는 『명상록』
불완전하고 불안한 한 인간을 철학가로 만든,
가장 오래된 잠언을 필사로 삶에 옮기다

인플레이션의 습격
급변하는 돈의 가치 속에서 부를 지켜라

마크 블라이스·니콜로 프라카롤리 지음 | 값 22,000원

"월급은 그대로인데, 장바구니 물가는 왜 2배가 되었을까?"
관세 폭탄, 무역 전쟁, 지정학적 갈등… 기존의 해법이 통하지 않는
인플레이션 2.0 시대, 급변하는 돈의 가치 속에서 부를 지켜라!

진보를 위한 주식투자
광수네 복덕방, 모두의 투자 이야기

이광수 지음 | 값 22,000원

대한민국은 지금 '주식하는 국민'의 시대,
"여러분은 왜 아직 주주가 아닙니까?"
〈뉴스공장〉 '주식아가방' 투자전략 총정리! 정책·시장·철학을 꿰뚫는 이
수의 주식투자 수업

더 코인
스테이블코인이 이끄는 화폐 대격변의 시대

성상현 지음 | 값 24,000원

"스테이블코인 임팩트, 당신이 믿어온 금융이 사라진다!"
금융·정치·기술을 꿰뚫는 국내 유일 마크로 전문가
성상현이 말하는 2026 글로벌 통화 패권과 스테이블코인의 모든 것

하루 1% 부의 축적
부의 격차를 만드는 365가지 행동의 차이

필립 호프·키아라쉬 호사인푸르 지음 | 값 24,900원

"부자는 매일 다르게 행동한다!"
생각을 바꾸고, 행동을 고치고, 자산을 증폭시키는 365 데일리 시스템
금융 전문가인 두 저자가 설계한 성공 전략이 당신의 인생을 바꾸고, 부
상승 곡선에 올라타게 할 것이다.

심플리어 3
삶의 무기가 되는 회계 입문
숫자로 꿰뚫어 보는 일의 본질

가네코 도모아키 지음 | 값 26,000원

"회계의 기본을 알면 일머리가 잡힌다"어려운 개념을 쉽게 풀어주는
시각 자료와 생생한 실제 기업 사례 그리고 구체적 에피소드를 담은
회계 기본기를 탄탄하게 다져주는 입문서

다른 싸움들은 더 쉽게 이겨냈다. 프랭클린은 거의 20년 동안 필라델 피아의 야간 치안 부재를 한탄해왔다. 퀘이커 교도들의 폭력 반대는 영국 이나 다른 식민지보다 훨씬 관대한 형법을 낳았고, 이 때문에 필라델피아 의 범죄율은 다른 식민지 도시보다 높았다. 프랭클린은 또 다른 이유도 지 적했는데 경찰의 관리 자체가 거의 범죄에 가까울 정도로 부실하다는 것이 었다. 도시의 가구주들은 야간 경비를 서야 했으나, 연 6실링을 구역 경관 에게 내면 이 책임을 면제받을 수 있었다. 이 돈은 대체 경비원을 고용하는 데 쓰인다고 했지만, 실제로는 필요 이상으로 많이 거둬 경관들이 착복했 다. 그들은 또한 도시의 치안을 오히려 악화시키기도 했다. 프랭클린은 이렇 게 문제를 기록했다. "경관은 술 한잔에 아무나 경비원으로 데려왔고, 양식 있는 집주인들은 이들과 섞이기를 꺼려 했다. 이렇게 온 사람들은 순찰도 소홀히 하는 경우가 많았고 대부분 밤 시간을 술집에서 보냈다."

프랭클린은 처음에 이 경비제도 개혁을 준토 모임에 제안했으나, 그 곳의 승인을 얻고도 공식적인 지지를 얻지 못해 실제로 시행되지 못했다. 1750년대 초까지도 거리의 안전이 계속 악화되자, 비로소 의회는 필라델피 아가 필요한 개선을 할 수 있도록 법안을 승인했다. 특히 이 법안은 거리 조 명을 설치하고, 경찰과 야간 경비원에게 책임감을 갖고 일할 만큼 충분한 급여를 지급하기 위해 세금을 인상할 수 있도록 허용하는 내용이었다.

프랭클린은 오랜 기간 이 문제를 고민해왔고, 이제는 주의회 의원이자 시의회 의원이었기에 자연스럽게 새로운 제도에 대한 명령을 작성하는 데 참여했다. 명령에는 경관의 근무시간이 명시되어 있었다(3~9월은 밤 10시부 터 새벽 4시, 9~3월은 밤 9시부터 아침 6시까지). 경비원이 서 있어야 할 정확한 거리 모퉁이와 순찰 경로도 지정했다("프런트와 유니언에 배치된 경비원은 "프 런트스트리트 동쪽 첫 번째 모퉁이까지 간 다음 워터스트리트로 내려갔다가 다시 파인스트리트쪽으로 간 뒤 세컨드스트리트로 내려가고"). 경찰관과 경비원이 주 의해야 할 문제 인물도 나열했으며("야간 배회자, 범죄자, 악당, 부랑자, 무질서

한 자로서 공공질서를 어지럽히거나 악의를 품었다고 의심할 만한 자") 경비원의 임무도 명확히 했다("강도, 절도, 폭행, 무질서를 방지하고, 혼란 중에 남의 재산을 훔치려는 용의자를 체포한다"). 또한 "화재 발생이나 기타 중대한 비상사태 시 즉시 경보를 울릴 것"도 명시했다.

공식적인 감시 강화는 범죄 문제의 한 측면만을 다룬 것에 불과했고 이것만으로는 그 뿌리인 범죄자 증가 문제는 해결할 수 없었다. 17세기 이래로 미주 식민지는 영국에서 유죄판결을 받은 범죄자들을 강제로 떠맡아야 했다. 식민지 의회는 범죄자 이송 관행에 항의했으나, 영국은 이를 무시했다. 식민지 신문 편집자들은 그 정책을 강하게 비난했고, 사설에 그 정책이 어떤 끔찍한 결과를 낳았는지 묘사하기도 했다. 1751년 4월 《가제트》를 보자.

지난 목요일, 엘크리지에서 끔찍한 살인사건이 발생했다. 범인은 존 하버리 씨의 23세 하인 제러마이아 스위프트로 밝혀졌다. 그는 이미 다른 전과가 있었고 하버리 씨 부부가 장례식에 참석하러 집을 비운 사이, 스위프트는 들판에서 하버리 씨의 아들 두 명(각각 11세, 9세)과 말다툼을 벌였다. 그는 괭이로 한 아이의 머리를 내리쳐 현장에서 즉사하게 했고, 다른 아이도 때려눕혀 죽음에 이르게 했다. 이후 그는 집으로 가서 하버리 씨의 딸로 추정되는 14~15세쯤 되는 소녀를 도끼로 살해했다. 소녀는 심하게 훼손된 채 숨진 상태로 발견되었다. (…)
버지니아에서는 리버풀에서 14년형을 선고받고 이송된 여섯 명의 범죄자가 바다에서 반란을 일으켜 선장을 쏘고 선원들을 제압해 19일간 배를 장악했다. 해터러스곶이 보이자 보트를 내리고 상륙하려 했는데, 감금되지 않았던 한 소년이 지나가던 다른 배에 신호를 보내 자신들의 상황을 알리려 했으나, 곧 저지당했다. 범인들은 소년의 아래턱과 위턱을 관통하도록 쇠못을 박은 뒤, 그 끝이 코 근처로 나오자 밧줄을 감아 빼낼 수 없게 만들었다. (…)

메릴랜드에서는 이미 다른 죄로 유죄판결을 받은 하인이 약 3주 전 주인의 집에 도끼를 들고 들어가 안주인을 살해하려 했으나, 그녀가 **너무 순진해 보여** 마음을 바꿔 자신의 왼손을 도마 위에 올려놓고 잘라내 안주인에게 던지며 **"이제 나한테 일을 시켜 보시지"**라고 말했다(참고: 이 위험한 범죄자는 현재 펜실베이니아에서 구걸하고 있는 것으로 전해지며, 최근 이 도시에서도 목격된 것으로 추정된다. 그는 사고로 손을 잃었다고 주장하고 있으니, 시민 여러분께서는 각별히 주의하시기 바란다).

당시 데이비드 홀이 편집장이었던 《가제트》는 사설에서 이렇게 썼다. "우리가 신문을 펼칠 때마다 유럽에서 이송된 죄수들이 저지른 대담한 강도, 잔혹한 살인, 그리고 셀 수 없이 많은 악행으로 지면이 가득한 것을 볼 때, 이 얼마나 비통하고 끔찍한 생각이 떠오르는가! 우리 후손들의 미래는 과연 어떻게 될 것인가! 이 모두가 영국, 그대가 우리에게 베푼 은혜란 말인가! 영국은 우리의 모국이라 불리지만, 어느 착한 어머니가 도둑과 범죄자들을 자식 곁에 보내, 그들의 악습으로 자식을 타락시키고, 나머지 자식들마저 죽음에 이르게 하겠는가?"

프랭클린도 홀만큼 분노했지만, 더 가볍고 날카로운 필치로 분노를 표현했다. 익명으로 글을 쓴 프랭클린은, 범죄자를 식민지로 보내는 논리라면 펜실베이니아의 방울뱀을 영국으로 보내는 것도 똑같이 정당하다고 주장했다. 이런 뱀들(태초부터 유죄판결을 받은 범죄자들)은 분명히 공공의 안전에 위협이 되지만, 어쩌면 이것도 단지 환경이 나빠서 그런 것일지도 모른다(이것은 영국이 죄수들을 식민지로 보낼 때 내세운 논리이기도 하다). "그러니 이 생물들이 여기서는 해로울지 몰라도, 기후가 바뀌면 성격도 바뀔 수 있다." 이 가설을 시험하기 위해, 프랭클린은 봄철 겨울잠에서 깨어나 아직 잘 움직이지 못하는 방울뱀을 잡아 영국으로 보내는 사람에게 상금을 주자고 제안했다. "런던의 세인트제임스 공원, 스프링가든, 귀족 가문의 정원, 특히 총리, 통상위원회, 국회의원의 정원에 조심스럽게 방생하면 어떨까? 그들이 바로(범죄자 이송에) 가장 큰 책임이 있으니 말이다." 영국 상류층 전체가 펜실베이니아의 뱀들과 가까이 지내면 이득을 볼 것이라고 했다. "거친 영국 신사들도 이 파충류와 친해지면, 기어다니고, 아첨하고, 슬며시 자리를 차지하고, 필요하다면 방해되는 상대를 독살하는 방법까지 배울 수 있지 않을까? 이는 분명 궁정의 아첨꾼들에게는 유리한 처세술이 될 것이니 말이다."

프랭클린은 영국 정부가 죄수들을 식민지로 이송하는 것을 일종의 무역으로 취급했으며, 죄수들의 서비스가 다른 계약노동처럼 팔렸다고 지적했다. 무역에는 반대급부가 필요하다. "방울뱀이야말로 우리 모국이 우리에게 보내는 인간 뱀에 대해 가장 적합한 반대급부다." 그러나 뱀 무역은 완전히 공평하지 않다. 뱀은 범죄자보다 덜 위험하니 말이다. "방울뱀은 해를 끼치기 전에 경고를 하지만, 범죄자들은 그렇지 않다."

중범죄자들은 펜실베이니아에 명백한 위협이었지만, 이민자가 너무 많이 들어오는 문제는 겉으로 드러나지 않아도 더 복잡한 위협이 될 수 있다고 프랭클린은 보았다. 하지만 그의 이웃 중 일부는 프랭클린보다 훨씬 더 불안감을 느꼈다. 루터교 목사 헨리 뮐런버그는 "매년 이 나라에 들어오는 사람 중 선량한 사람은 거의 없고, 매우 불경하고 사악한 사람이 얼마나 많은지 말하기도 어려울 지경이다. 온 나라가 평범한 범죄부터 아주 특별한 범죄까지 전례 없는 사악함과 범죄로 넘쳐나고 있다. (…) 오래된 우리 주민들은 새로 온 사람들과 비교하면 죄에 있어서는 그저 어리석은 아이들에 불과하다! 이렇게 제멋대로이고 뻔뻔한 죄인 수천 명이 이 자유로운 공기가 있고, 울타리는 없는 나라에 들어오는 것은 얼마나 두려운 일인가!"라고 말했다.

이러한 발언은 뮐런버그 자신이 얼마 전(1742년)에 독일에서 이민 온 사람이었고, 문제의 신입 이민자들 대부분도 같은 출신지에서 왔다는 점에서 특히 주목할 만하다. 독일인의 펜실베이니아 이민은 식민지 초기부터 시작되어 18세기 중반에는 독일계가 전체 인구의 3분의 1에 달했다. 대부분의 독일인들은 근면하고 검소했으나, 일부는 지나치게 열정적인 종교적 신념을 드러내 주변 사람들에게 불안함을 주었다. 예를 들어, '광야의 여인회 Society of the Woman in the Wilderness'라는 독일 경건주의 밀레니엄 종파는 필라델피아 근처의 위사히콘크리크 상류 동굴에 공동체를 건설했고, 요한 콘라드 바이셀이 이끄는 또 다른 집단은 필라델피아에서 서쪽으로 80킬로미터 떨어진 서스쿼해나강 인근의 에프라타에 종교 공동체를 세웠다. 바이셀 종파의 핵심은 '고독한 자들의 영적 질서Spiritual Order of the Solitary'로, 이들은 40명의 남성으로 구성되어 있었으며, 엄격한 노동, 금식, 기도에 헌신했다. 에프라타 공동체는 공식적으로는 독신을 맹세했지만, 여성도 받아들여 '영적 동정녀회Order of Spiritual Virgins'에 가입하게 했다.

어떻게 보더라도 바이셀은 매우 독특한 인물이었다. 그는 결혼을 '육신을 가진 인간의 감옥'이라고 비난했고, 심지어 배설이 인간에게 꼭 필요한 기능이 아니라고 주장하며, 이를 여러 번 입증하려고 시도했지만 결국 실패로 돌아갔다. 바이셀은 에프라타 공동체에서 돼지고기를 금지시켰는데, 그 이유는 뻔하게도 돼지고기가 부정하다는 것이었다. 하지만 거위는 좀 더 기발한 이유로 금지했다. 거위의 깃털과 솜털이 신도들을 사치의 유혹에 빠뜨릴 수 있다는 것이었다. 설교를 할 때면 그는 늘 눈을 감은 채, 쉴 새 없이 빠른 속도로 말을 이어갔다. 그러면서 "나는 성령을 따라가야 하니 서둘러야 한다"라고 말하곤 했다. 하지만 설교가 끝났을 때는, 청중 대부분이 이미 집에 가버린 뒤였다. 그는 그럴 때마다 "사람들이 성령의 날카로움을 견디지 못한다"라며 아쉬워했다. 바이셀은 고통받는 이들에게 언제나 문을 열어두었다. 위로를 찾는 이들이라면 누구든 환영했다. 그중에는 남편과의 이혼이 거의 불가능했던 시대에 불행한 결혼 생활에 지친 아내들도 있었다.

이들은 바이셀의 신비로운 매력에 이끌렸고, 그의 '영적 동정녀회'는 그들에게 거의 유일한 탈출구였다. 하지만 바이셀이 동정녀회 숙소에서 보내는 시간이 많다는 사실은 남편들의 의심을 샀다. 바이셀은 자신이 그 여성들을 위로해주고, 동시에 자신의 육체적 욕망에 대한 저항력을 시험하고 있다고 해명했지만, 신도들 외에는 아무도 그의 말을 곧이곧대로 믿지 않았다.

프랭클린은 바이셀을 단지 인쇄소 고객으로 알았다. 그가 자신의 저술을 출판하러 오면 프랭클린은 그 일감을 환영했으며, 그의 종교적·도덕적 견해에는 개의치 않았다. 프랭클린은 에프라타와 다른 독일 종파들의 비정통성을 무해한 기행 정도로 여겼다.

하지만 동시에 프랭클린은 영국인 위주의 펜실베이니아가 대규모 독일계 이민을 제대로 흡수할 수 있을지 우려했다. 독일 이민자들은 교육 수준이 낮았는데, 그 자체만으로는 큰 문제가 아니지만, 영어를 못한다는 점과 결합하면 이들을 사회에 적응시키기 어렵다고 생각했다. 프랭클린은 피터 콜린슨에게 이렇게 말했다. "영국인들 중 독일어를 아는 사람이 거의 없기 때문에, 신문이나 교회 설교를 통해 그들과 의사소통을 할 수도 없고, 그래서 그들이 한 번 갖게 된 편견을 바꾸는 것은 거의 불가능하다."

예전에는 독일인들이 자기들끼리만 지내며, 공적인 일은 영국계 다수에게 맡겼다. 그러나 이제는 그렇지 않았다. "나는 예전에 그들이 선거에 끼어들기를 사양하던 때를 기억한다. 하지만 지금은 그들이 떼로 몰려와, 한두 개 카운티를 제외하고는 모든 곳에서 압승한다." 독일인들은 이제 정치적으로는 영국계 중심의 더 큰 공동체에 참여하고 있었지만, 문화적으로는 여전히 주류문화에 동화되기를 거부하고 있었다. 프랭클린이 18세기 중반에 표명한 이민자에 대한 이런 우려가, 21세기 미국 사회의 이민 논의에까지 영향을 미치는 중이다.

그들의 아이들 중 시골에 사는 아이들은 영어를 거의 배우지 않는다.

그들은 독일에서 많은 책을 들여오기 때문이다. (…) 우리 거리의 간판에는 두 개의 언어로 표기가 되어 있고, 어떤 곳에는 독일어만 써 있다. 최근에는 모든 채권이나 기타 법적 문서들도 자기들 언어로 작성하기 시작했는데, (나는 그래서는 안 된다고 생각하지만) 우리 법정에서는 그것들이 유효한 것으로 인정되고 있다. 법정에는 이미 독일인 관련 업무가 너무 많아져서 통역사가 항상 필요하고, 아마 몇 년 안에는 의회에서도 한쪽 의원이 다른 쪽 의원이 무슨 말을 하는지 통역해줄 사람이 필요하게 될지 모른다.

평화로운 시기에는 독일인들의 분리성이 문제였고, 전쟁 시기에는 그 때문에 식민지의 안전이 위협당한다고 여겨졌다. 프랭클린은—지금 보면 잘못된 생각이었지만— 프랑스가 영국 식민지들을 견제하기 위해 일부러 독일인들이 오하이오 계곡에 정착하도록 부추기고 있다고 의심했다. 하지만 프랑스의 전략이 있었든 없었든, 이미 펜실베이니아에 정착한 독일인들은 결과적으로는 프랑스 왕의 이익에 도움이 되는 행동을 하고 있었다. 예를 들어, 프랭클린이 지역 민병대에 대한 지지를 모으려고 애쓸 때, 독일인들은 이에 반대했다. "독일인들은, 그 수에 비해 극소수를 제외하고는, 민병대에 참여하기를 거부했다. 그들 사이에서는 물론이고 심지어 인쇄물에서도, '만약 프랑스가 이 나라를 점령하더라도 우리들이 조용히 있기만 하면 우리를 괴롭히지는 않을 것이다'라는 말이 퍼져 있었다." 독일인들은 적극적으로 반역 행위를 하지는 않더라도, 방위 비용에 대해 불평을 해서, 안전을 위해 꼭 필요한 조치를 취하는 데 은근히 방해가 되었다.

그렇다고 프랭클린이 독일인 이민 자체를 완전히 반대한 것은 아니었다. "그들은 근면하고 검소하며, 훌륭한 농부로서 나라 발전에 크게 이바지한다"라고 평가했다. 그가 제안한 정책 변화는 크지 않았다. "그들을 식민지 내에 더 고르게 분산시켜 영국계 주민들과 섞이게 하고, 독일계 밀집 지역에 영어 학교를 세우며, 일부 선주들이 독일 감옥에서 죄수를 데려오는 관행만 막으면 된다." 그러나 변화가 없다면, 앞으로의 미래는 더 큰 걱정거리만 안겨줄 것이다. 이에 대해 프랭클린은 콜린슨에게 이렇게 말했다. "만약 이 독일인 이민의 흐름을 다른 식민지로 돌리지 않는다면, 그들은 곧 우리보다 수적으로 훨씬 많아져서, 우리가 가진 모든 이점으로도 우리 언어를 지켜낼 수 없게 될 것이며 심지어 우리 정부마저 위태로워질 수 있다."

콜린슨은 프랭클린의 의견에 동의하며, 펜실베이니아 내 독일인들의 영향력을 약화시키기 위한 여러 안을 제시했다. 프랭클린은 그중 하나인, 영어가 아닌 언어로 작성된 모든 증서와 계약을 무효로 만드는 방안에는 동의했다. 그러나 인쇄업자로서 프랭클린은 독일어 인쇄소를 폐쇄하자는 콜린슨의 또 다른 제안에는 이의를 제기했다. 학자이자 서적 애호가였던 프랭클린은 독일어 서적의 수입을 금지하자는 콜린슨의 제안에도 마찬가지로 반대했다. 독일인과 영국인 사이의 결혼을 정부 보조금으로 장려하자는 제안에 대해서는, 프랭클린은 단순히 실현 불가능하다고 생각했다.

독일 여성은 영국인의 눈에는 대체로 그다지 매력적으로 보이지 않기 때문에, 영국 남성들이 그들과 결혼하도록 하려면 상당한 지참금이 필요할 것이다. 또 독일인들의 미의 기준 역시 우리 여성들과는 잘 맞지 않는다. 독일인들이 예쁜 여자를 묘사할 때 항상 'dick und starcke', 즉 '**듬직하고 튼튼한**'이라는 말이 들어가는데, 그들에게 아내의 가치는 주로 얼마나 일을 잘 할 수 있느냐에 달려 있기 때문이다. 그래서 영국 여성이 독일 남자와 결혼하려면, 노동력과 검소함에서 독일 여성과 차이 나는 부분을 보상하기 위해 상당한 금액의 지참금이 필요할 것이다.

시민으로서 프랭클린은 독일 문제에 대한 해결책을 찾으려 했고, 철학자로서 프랭클린은 그 문제의 기원을 탐구했다. 프랭클린은 독일인과 영국인이 공통의 배경에도 불구하고 왜 그렇게 성격이 크게 다른지에 대해 생각했다. 그는 콜린슨에게, 영국인은 독일인의 '후손'이며, 영국의 기후도 독일의 기후와 비슷하다고 말했다. 따라서 두 민족의 성격 차이는 그들의 제도 차이에서 비롯된 것이라고 결론지었다.

이러한 제도 중에는 영국에 있는 빈민 구제법이 있었다. 프랭클린은 이러한 법이 빈민들에게 "노후의 궁핍을 스스로 대비하려는 마음을 크게 약화시키는 의존심"을 심어주지 않았는지 스스로에게 물었다. 그는 가난한 이들을 돕는 도덕성 자체를 의심하지는 않았으며 단지 그 효과에 대해서만 의문을 가졌다. "우리 이웃의 불행을 덜어주는 것은 신과 함께하는 일이며, 신처럼 고상한 일이다. 그러나 우리가 게으름을 조장하고 어리석음을 지지하는 장려책을 제공한다면, 그것은 신과 자연의 질서에 맞서 싸우는 것이 아닐까? 아마도 신과 자연은 궁핍과 불행을 게으름과 낭비에 대한 적절한 처벌이자 경고, 그리고 필연적인 결과로 정해두었을지도 모른다."

자연의 질서를 건드리는 것은 위험한 일이었다. 프랭클린은 뉴잉글랜드의 옥수수밭에 까마귀가 너무 많아 주민들이 그 새들을 없애는 법을 만든 이야기를 들려주었다. 까마귀가 줄어들자, 곧 뉴잉글랜드 사람들은 까마귀가 먹던 벌레들로 초원이 뒤덮인 것을 발견했다. "옥수수에서 얻은 이익보다 풀에서 입은 손해가 훨씬 크다는 걸 알고, 그들은 다시 까마귀를 그리워하게 되었다." 프랭클린은 이렇게 교훈을 내렸다. "우리가 신의 계획을 고치려 들고 세상의 질서에 간섭하려 할 때, 우리는 선보다 해를 더 끼치지 않도록 매우 신중해야 한다."

프랭클린은 인간의 동기에 관한 또 다른 이야기를 들려주었다. 발칸 지역을 여행하고 책도 많이 읽은 한 그리스정교회 신부가 필라델피아를 방문한 적이 있었다. 프랭클린은 흥미로운 사람을 만나는 걸 좋아했기에 그를 찾아갔다.

그가 어느 날 내게 유럽과 아시아의 타타르인, 아메리카의 인디언, 아프리카의 흑인 등 수많은 민족이 왜 도시에서 살면서 문명인들의 생활을 배우지 않고, 방랑하며 무심하게 사는 삶을 고집하는 이유가 무엇인지 아느냐고 물었다. 내가 무슨 대답을 할지 생각하고 있을 때, 그는 서툰 영어로 이렇게 말했다. "신이 인간을 낙원에 살게 하셨고, 게으르게 살게 하셨소. 인간이 신을 화나게 하자, 신은 인간을 낙원에서 쫓아내고 일하라고 했소. 인간은 일을 싫어하오. 다시 낙원으로 돌아가고 싶어 하오. 게으르게 살고 싶어 하오. 그래서 모든 인간은 게으름을 사랑하오."

프랭클린은 이 논리의 신학적 근거에는 의문을 가졌지만, 어떤 집단은 다른 집단보다 일하기를 덜 좋아한다는 점에는 동의했다. 예를 들어, 아메리카 인디언들은 영국인들이 문명의 기술을 가르치려는 모든 노력을 거부했다. 프랭클린은 이것이 인상적이지만, 충분히 설명 가능한 일이라고 생각했다. "그들은 우리를 자주 방문하고, 예술과 과학, 조직된 사회가 우리에게 가져다주는 이점을 본다. 그들은 타고난 이해력이 부족하지 않지만, 결코 삶의 방식을 바꾸거나 우리의 기술을 배우려는 의향을 보인 적이 없다." 그 이유는 분명했다. "그들이 현재 사는 방식에서는, 자연이 자발적으로 제공하는 것만으로도 거의 모든 필요가 충족되고, 사냥과 낚시를 노동이라 부른다고 한다면, 아주 적은 노동만으로도 충분하다."

흥미로운 사실은, 인디언 아이가 백인의 방식으로 자라나도 그 교육이 잘 유지되지 않았다는 점이다. "그가 친척을 만나러 가서 한 번이라도 인디언들과 함께 자유롭게 돌아다닌 경험을 하면, 다시 돌아오도록 설득하는 것은 불가능하다." 더 의미심장한 것은 그 반대는 성립이 되지 않는다는 점이었다. 즉 인디언으로 자란 백인 아이는 영국인 정착지를 방문한 후에도 그곳에 머물고 싶어 하지 않았다. "잠시만 지나면, 영국식 삶의 방식과 그 삶을 유지하기 위해 필요한 노력과 고생에 싫증을 내고, 다시 숲으로 도망칠 기회가 오기만 하면 도망쳐버린다. 그러고 나면 다시는 그들을 되돌릴 수 없다." 또 다른 사례에서는, 인디언으로 자란 영국인이 상당한 유산을 상속받았지만, 고향에 돌아와 새 환경에서 조금 살아본 후 곧 그 생활을 접고 동생에게 모든 유산을 남기고 총과 외투만 들고 떠났다고 한다.

프랭클린은 자신의 주장을 더 잘 설명하는 또 다른 이야기도 들려주었다. 몇 년 전, 식민지 중 한 곳이 식스네이션스(오대호 지역의 이로쿼이 연맹)와 조약을 맺었다고 한다. 모든 절차가 끝나고 이제 남은 것은 예의상 인사를 주고받는 일이었다. 영국 대표들은 지역 최고의 교육기관인 윌리엄앤드메리대학교에서 가장 똑똑한 인디언 소년 여섯 명의 교육을 맡아서 지원하겠다고 제안했다. 인디언들은 이 제안에 매우 감사하지만 거절하겠다고 답했다. 몇 년 전에도 인디언 청년들이 그렇게 교육을 받았지만, 돌아와서는 사냥도, 덫도, 싸움도 못하는 쓸모없는 사람이 되었기 때문이었다. 인디언들은 대신 영국 아이 열두 명을 보내주면 진짜 쓸모 있는 사람으로 키워주겠다는 역제안을 했다.

이 시기는 프랭클린이 바로 인디언 문제에 대해 특별히 신경 쓸 만한 이유가 있던 시기였다. 1753년 가을, 그는 필라델피아와 오하이오강 사이 중간 지점인 칼라일에서 열린 변경 지역 인디언들과의 긴급회의에 식민지를 대표해 참석했기 때문이었다.

윌리엄 펜이 살아 있을 때는 식민지 정부와 현지 인디언들 간의 관계가 비교적 우호적이었다. 펜은 펜실베이니아에 대한 왕실의 허가를 정복자나 기타 특허장 소유자들처럼 땅에 대한 소유권을 부여받는 것으로 해석하지 않고, 인디언들로부터 토지를 최초로 구매할 권리를 부여받는 것으로 여겼다. 펜은 토지 거래를 소유주와 그 대리인들이 직접 처리해야 한다고 주장했고, 개인이 인디언으로부터 직접 토지를 사는 것은 일반적으로 금지했다. 그는 자신이 인디언 지도자들과 협상한 구매 조건을 성실하게 지켰다.

그러나 그의 후손들은 설립자의 신성한 실험*을 추진하는 데 있어서 훨씬 덜 양심적이었다. 특허 지주가 지나치게 이득을 취한 가장 악명 높은 사례는 1737년의 '워킹퍼처스**'였다. 이 무렵, 델라웨어 인디언(델라웨어만에서 허드슨 계곡까지 영토를 차지한 알곤킨계 부족 연합)은 펜실베이니아 서부 지역에서 우위를 점하고 있었지만 북쪽에 뿌리를 두고 남쪽으로 야망을 확장하던 식스네이션스 연맹에 의해 심각하게 그 지위가 도전받고 있었다. 한편 유럽에서 온 이주민들이 내륙 깊숙이 인디언의 땅으로 들어가면서 정착민과 인디언 간의 마찰이 생겼다. 그러면서 이민자들이 인디언 땅에 무단으로 들어가면서 특허 지주가 받을 수 있었던 수입을 얻지 못하게 되었다. 이민자들은 원래 특허 지주에게 땅을 사야 했는데 그냥 인디언 땅으로 들어가버렸기 때문이다.

토머스 펜에게는 이 마지막 문제가 가장 중요한 관심사였다. 설립자의 손자인 그는 펜실베이니아를 신앙적 실험이 아니라 소득원으로만 보았다. 수익을 늘릴 방법을 고심하던 그는 할아버지 윌리엄 펜에게 델라웨어의 인디언 땅을 양도한다는 내용이 적힌 오래된(누구는 조작된 것이라고 한다) 증서를 끄집어냈다. 그 증서의 문구는 당시의 다른 증서들처럼 모호했는데, "사람이 하루하고 반나절 동안 갈 수 있는 만큼" 델라웨어강에서 숲속으로 이어지는 토지에 대한 소유권을 넘겨준다는 것이었다.

토머스 펜은 인디언의 감정이나 퀘이커 양심 따위에는 관심이 없었고, 절대로 문자 그대로 해석하면 안 되는 이 모호한 문구를 최대한 활용하기로 했다. 그는 식민지에서 가장 날쌘하고 빠른 사람을 모집해, 정해진 시간

---

*   holy experiment, 신앙의 자유와 공정한 인디언 정책을 바탕으로 추구했던 이상적인 식민지 건설 시도

**   walking purchase, 하루 반나절 동안 걸어서 갈 수 있는 만큼의 땅이라는 모호한 계약을 악용해, 인디언의 땅을 부당하게 빼앗은 사건

동안 가장 먼 거리를 간 사람에게 토지 200만 제곱미터와 5파운드를 주겠다고 광고했다. 에드워드 마셜, 제임스 예이츠, 솔로몬 제닝스가 선발되어, 춘분 무렵의 어느 날 새벽에 출발선에 섰다.

두 명의 인디언이 이들을 동행했는데, 그들은 산책처럼 느긋한 발걸음을 예상했다. 그러나 놀랍게도—동시에 실망스럽게도— 마셜과 일행은 해가 뜨자마자 서쪽으로 튀어나가 달리기 시작했고, 살인적인 속도를 냈다. 인디언 한 명은 발이 아파 일찍 포기하며, 이렇게 빠를 줄 알았다면 더 튼튼한 신발을 준비했을 거라며 불평했다. 일부 영국인 참관자들이 말을 태워주겠다고 하자 인디언들은 기꺼이 타기는 했지만, 이 걷기가 엉망이 되고 있다고 투덜거렸다. 마셜은 하루 종일 속도를 유지했고, 해 질 무렵 보안관이 시간을 알릴 때까지 선두를 지켰다. 마셜은 뒤늦게 탈진했음을 인정하며, 쓰러지지 않으려고 어린 나무를 붙잡았다.

다음 날 새벽, 경주는 재개되었다. 인디언들은 실망해 집으로 돌아갔다. 한 델라웨어 부족의 원로는 "앉아서 담배도 못 피우고, 다람쥐도 못 쏘고, 하루 종일 달리고 또 달렸다"라고 말했다. 마셜은 세 사람 중 가장 집념이 강하면서도 체력이 좋아 정오까지 계속 숲을 헤치고 나아갔다. 그는 약 100킬로미터를 주파했는데, 이는 윌리엄 펜과 델라웨어 인디언이 계약서에 서명할 때(실제로 서명했는지도 의문이지만) 생각했던 거리의 두 배가 넘는 거리였다.

이 사건으로 토머스 펜은 넓은 땅을 얻었지만, 델라웨어 인디언과의 우정은 잃었다. 심지어 토머스 펜의 속임수 덕분에 이득을 볼 수 있었던 영국인 정착민들조차 그가 한 짓이 너무 부당하다고 생각해 고개를 저었을 정도였다. 한 목격자는 "걷는 경로와 방식, 인디언들의 불만 등, 이 걷기에서 드러난 불공정함은 한동안 우리 동네의 화제였다"라고 회상했다. 인디언들만큼이나 자기 방식대로 불만을 품었던 사람이 바로 에드워드 마셜이었다. 토머스 펜이 여러 번 약속했음에도 불구하고 그는 약속된 보상을 끝내 받지 못했다.

상황이 달랐다면 워킹퍼처스에서 속은 델라웨어 인디언은 영원히 펜실베이니아에 등을 돌렸을 것이다. 그러나 인디언 사회의 정치도 유럽만큼이나 경쟁적이었다. **왜냐하면** 당시 북미에서 벌어지던 유럽 열강 간의 치열한 경쟁과 대립이 원주민 사회에 큰 영향을 미쳤기 때문이다. 오하이오 계곡에서 프랑스가 동쪽으로 밀고 들어오고, 영국 정착민이 서쪽으로 진출하면서, 각 인디언 부족과 연합체는 어느 쪽이든 동맹을 맺어야 했다.

이렇게 서로 동맹을 맺는 분위기에서 프랭클린은 1753년 가을 칼라일로 향했다. 한동안 펜실베이니아 의회는 퀘이커들이 '생필품'이라 부르는 것—다른 이들은 총과 탄약이라 부르지만—을 델라웨어 인디언과 프랑스에 맞서는 인디언들에게 공급해왔다. 프랑스가 압박을 강화하며 영국 측과 가까운 인디언을 공격해오자, 이들 인디언은 추가 지원을 요청했다. 1753년 9월, 이들은 펜실베이니아 총독 해밀턴에게 며칠 내로 칼라일에 사절단을 보내겠다고 알렸다. '오나스 형제'(오나스는 깃펜 또는 펜을 뜻하는 단어로서 펜실베이니아 총독을 의미하며, 동시에 특히 지주 가문의 이름과 연결된 말장난pun이기도 하다)가 인디언들의 지속적인 충성을 원한다면, 신속히 행동해야 했다. 해밀턴은 즉시 식민지 평의회 사무총장 리처드 피터스, 당시 하원 의장 아이작 노리스, 그리고 벤저민 프랭클린에게 서쪽으로 가서 협상하라고 지시했다.

피터스와 노리스는 정치적으로 중요한 역할을 했고, 프랭클린은 실용적이고 현실적인 조언과 상식적인 판단으로 대표단에 기여했다. 한편 인디언 문제의 전문가는 독일계 이민자 콘라드 바이저였는데 그는 여러 인디언 부족과 함께 살며 언어와 관습을 익혔기 때문에 백인과 인디언 사이를 중재할 때 없어서는 안 될 존재였다. 바이저는 특히 이로쿼이족과 친했고, 식스네이션스를 영국 편으로 끌어들이는 데 큰 역할을 했다. 식스네이션스도 곧 칼라일에 합류할 예정이었다. 협상 준비를 위해 바이저는 프랭클린 일행에게 최근 이로쿼이 족장 카나사테고와의 대화를 들려줬다. 카나사테고는 막 올버니에서 돌아와, 백인들이 6일간 열심히 일하다가 7일째는 가게 문을 닫고 큰 집에 모이는 걸 봤다며, 도대체 거기에서 뭘 하는지 궁금해했다.

바이저는 잠시 생각하더니 그곳에서 '좋은 것good things'을 배운다고 답했다.

카나사테고는 백인들이 바이저에게 그렇게 말했다는 것은 믿지만, 그래도 자신이 보기에는 의심스럽다며 그 이유를 설명했다. 그는 자신이 예전에 올버니의 단골 상인에게 가죽을 가져갔던 경험을 예로 들었다. 그는 핸슨이라는 이름의 상인에게 그 가죽을 얼마에 사줄 수 있는지 물었다. 핸슨은 1파운드당 4실링 이상은 줄 수 없다고 대답했고 카나사테고는 이 가격이 너무 낮아서 거의 모욕적이라고 생각했다. 하지만 핸슨은 지금은 비즈니스 이야기를 할 수 없다고 했다. 왜냐하면 오늘은 모든 유럽인들이 큰 집에 모여 좋은 것을 배우는 날이기 때문이라고 했다.

카나사테고는 오늘은 거래가 이루어지지 않겠다고 생각하고, 직접 그 집에 가서 그곳에서 무슨 일이 일어나는지 알아보기로 했다. 그가 건물 안에 들어가 보니, 검은 옷을 입은 남자가 사람들 앞에 서서 화난 목소리로 빠르게 말하고 있었고 모든 사람이 그의 말을 듣고 있는 모습을 보고 흥미를 느꼈다. 하지만 아쉽게도 카나사테고의 영어 실력이 설교를 따라갈 만큼 충분하지 않아서, 그는 밖으로 나가 자신의 파이프를 피우며 그 모임이 끝나기를 기다렸다.

모임이 끝난 후, 핸슨이 밖으로 나오자, 카나사테고는 그에게 아까 제안했던 가격을 다시 생각해줄 수 없냐고 물었다. 파운드당 4실링은 너무 낮다고 했다. 핸슨은 다시 생각해보았다며 오히려 가격을 더 낮춰서, 3실링 6펜스 이상은 줄 수 없다고 대답했다. 놀란 카나사테고가 다른 상인들에게 물어보니 모두 같은 가격을 불렀다. 그는 백인들이 말하는 좋은 것이란 인디언을 속이고 비버 가죽값을 낮추는 방법을 배우는 것이라고 결론지었다.

칼라일조약이라 불린 이 협상은 프랭클린에게도 큰 가르침을 주었다. 양측 모두의 연설에는 엄격하고 정교한 형식이 적용되었다. 한쪽에는 펜실베이니아 식민지 대표들과 식스네이션스 연맹이, 다른 한쪽에는 델라웨어, 트와이트위, 쇼니, 와이언도트 인디언 대표들이 있었다. 펜실베이니아 대표단은 조개껍질로 만든 염주 왐펌을 돌리며 "형제들이여, 이 왐펌을 통해 우리와 식스네이션스 연맹은 최근 여러분 부족의 지도자 여럿이 사망한 것에 대해 함께 애도를 표합니다"라고 선언했다.

이로쿼이족 대표 스캐루야디도 동의하며 이렇게 말했다. "형제들이여, 트와이트위와 쇼니들이여(와이저가 통역했다), 오늘 우리가 만난 것은 위에 계신 분의 뜻입니다. 나는 펜실베이니아 총독과 함께 여러분에게 말합니다. 우리는 여러분의 집에서 여러 비극이 있었던 것을 압니다. 우리가 그 피를 닦아내고, 여러분의 평의회 자리를 다시 정돈해 드립니다." 그는 왐펌과 담요를 건네며 "이제 피가 닦였다고 생각합니다. 오나스 형제와 함께, 여러분의 나라에서 죽은 전사들을 위해 무덤을 파고, 이 담요로 뼈를 감싸고 덮어줍시다"라고 덧붙였다.

이어 델라웨어와 와이언도트 부족에게도 비슷한 위로의 말을 전한 뒤, 스캐루야디와 펜실베이니아 대표단은 이제 본격적인 회담의 핵심 주제로 넘어갔다. 그 주제는 양측 사이에 존재하는 아주 약한(불안정한) 동맹을 강화하는 것이었다. 스캐루야디는 자신의 부족과 펜실베이니아 대표단 양쪽을 대표해서 다른 부족들에게 말했다. "우리, 즉 영국인과 식스네이션스는 여러분 모두에게 이렇게 권고합니다. 오랫동안 우리 사이에 잘 이어져온 이 연합과 우정을 최선을 다해 꼭 지켜주십시오. 우리가 함께 만든 사슬이 녹슬지 않게 하고, 이 사슬이 끊어지지 않도록 방해되는 모든 것을 막아야 합니다"라고 말했다. 대표단은 프랑스가 친구 사이를 갈라놓으려 한다고 경고했다. "떨어지지 마십시오. 어떤 이유로도 헤어지지 마십시오. 부족 간에 차이나 질투가 단 한 순간도 생겨나지 않게 하십시오."

4일간의 회의 동안, 델라웨어 부족과 다른 부족들은 사슬이 끊어지지 않기를 바란다는 의사를 밝혔다. 그러나 이들과 이로쿼이 부족 등은 펜실베이니아에 대한 불만도 토로했다. 스캐루야디는 캐나다의 프랑스 총독이 국경 지역의 문제가 영국인들 때문이라고 비난하고 있다고 지적했다. 프랑스 총독은 영국인들이 오하이오 지역으로 진출하는 것이 모든 갈등의 원인이라고 떠든다는 것이었다. 스캐루야디는 "그들의 말은 곧이곧대로 믿을 게 못 된다"라고 했지만, 동쪽에서 영국인이 도착하면서 상황이 악화된 것은 부인할 수 없었다. 그는 "당신네 사람들을 이쪽으로 다시 불러들이라"라고 말했다.

또한, 영국 상인들이 가져온 무역품의 가격과 품질도 문제였다. 영국 상품은 너무 비싸고, 인디언들이 원하는 것이 아니었다. 인디언들은 화약과 납을 원했지만, 상인들은 럼주와 밀가루만 가져왔다. 럼주는 재앙이었다. 상인들은 인디언을 취하게 해 그들을 속였다. "이 사악한 위스키 상인들은 인디언을 취하게 한 뒤, 그들이 걸친 옷까지 팔게 만든다"라고 스캐루야디는 말했다.

프랭클린은 이 상황을 직접 목격했다. 칼라일에 도착한 펜실베이니아 대표단은 상인들에게 술 판매를 금지시켰다. 금지령은 회의 기간인 4일간 유지되었다. 금지가 풀렸을 때 프랭클린은 당시 상황을 이렇게 묘사했다.

그들은 남녀노소 합쳐 거의 100명쯤 되었고, 마을 바로 밖에 네모난 형태로 임시 오두막을 지어 머물고 있었다. 저녁이 되어 그들 사이에서 큰 소란이 들려오자, 대표단들은 무슨 일인지 알아보려고 밖으로 나갔다. 우리는 그들이 광장의 한가운데에 큰 모닥불을 피워 놓은 것을 보았다. 남녀 모두가 취해 있었고, 서로 다투고 있었다. 어두운 모닥불 빛에 어슴푸레 드러난, 반쯤 벌거벗은 그들의 검은 몸이 서로를 쫓아다니며 불붙은 나뭇가지를 휘두르고, 끔찍하게 고함치는 모습은 우리가 상상할 수 있는 지옥과 가장 흡사한 장면을 연출하고 있었다. 소란을 가라앉힐 방법이 없다고 생각한 우리는 그냥 숙소로 돌아왔다. 한밤중에 그들 중 여러 명이 우리 문을 쾅쾅 두드리며 럼주를 더 달라고 요구했지만 우리는 아무런 응답도 하지 않았다.

다음 날, 그들은 우리가 겪은 불쾌한 소동에 스스로 잘못했다고 느꼈는지, 나이 든 대표단 세 명을 보내 사과를 전해왔다. 그들은 잘못을 인정하면서도, 그 책임을 럼주에 돌렸다. 그러고는 럼주를 변명하려 애쓰며 이렇게 말했다. "모든 것을 만드신 위대한 영이 모든 것에 용도를 정하셨고, 술을 만드실 때 '이것은 인디언이 취하는 데 쓰라' 하셨으니, 그 용도대로 써야 한다."

럼주는 인디언을 타락시켰을 뿐 아니라, 프랑스에 맞선 인디언의 방패 역할도 약화시켰다. 프랭클린과 대표단은 칼라일 회의 보고서 부록에서 이 점을 신랄하게 지적했다. 최근 인디언에게 팔린 술의 양이 "상상할 수 없을 정도로 증가해, 이 불쌍한 인디언들이 항상 술에 취해 있다"라고 했다. 그 결과 부족들은 "술에 취하지 않았을 때는 방탕하고 무기력하며 나태해지고, 술에 취했을 때는 다루기 힘들고 위험해져, 항상 싸우고 때때로 서로를 죽인다"라고 했다. 자신들에게는 아무런 책임이 없다고 생각하는 상인들의 이런 행동은 "인디언들이 영국인들에게 가졌던 애정을 완전히 잃게 만들고, 그들의 타고난 힘과 활력을 빼앗으며, 결국 그들로 하여금 자기 땅을 버리거나 아무리 부당한 조건일지라도 프랑스인들의 요구를 받아들이게 만들 위험이 있다". 따라서 이런 '비참한 상태'를 해결하기 위해 "더 늦기 전에 효과적이고 신속한 대책이 마련되어야 한다"라고 대표단은 강조했다.

10장 뭉치면 살고 흩어지면 죽는다

1754~1755

이미 너무 늦었다. 프랭클린이 리처드 피터스, 아이작 노리스와 함께 펜실베이니아의 인디언 동맹이 성공적으로 유지되고 있다는 소식을 듣고 필라델피아를 향해 동쪽으로 가고 있을 때, 한 젊은 버지니아인—스물한 살로, 아들 윌리엄 프랭클린보다도 어렸다—이 정반대 방향으로 향하고 있었다.

그의 이름은 조지 워싱턴으로서 버지니아 민병대의 군인이었고, 군사적 재능을 보여 이미 소령 계급을 달고 있었다. 그리고 그는 중요한 임무를 맡았다. 버지니아 총독 로버트 딘위디는 그에게 오하이오 계곡으로 가서 그곳의 프랑스 사령관에게 영국 영토를 침범하고 있으니 철수해 캐나다로 돌아가도록 경고를 하라고 지시했다. 워싱턴의 임무는 트랜스애팔래치아 서부지역의 운명을 둘러싼 수개월간의 긴장 고조 이후에 이루어졌다. 1748년의 평화조약으로 유럽에서 총성이 멎었고, 해적들의 약탈도 별 재미가 없어졌지만, 오하이오 계곡의 소유권 문제만은 해결하지 못했다. 북미의 여러 영국 식민지는 여왕에게 받은 특허장에 따라 오하이오를 소유한다고 주장했는데, 이 문서에 보면 대담하게도(그리고 무지하게도 아무도 실제 거리를 알지 못했으니) 대서양에서 태평양까지 영토를 부여한 것으로 되어 있었다. 프랑스는 그들의 탐험가 라살이 1670년대 미시시피를 따라 오하이오강에 도달했다고 주장하며 소유권을 주장했다(하지만 이는 잘 모르기도 하고 사실을 잘 따져보지도 않은 주장이다. 그는 그곳 근처에도 못 갔다).

역사적 주장 말고도, 영국과 프랑스는 오하이오에서 계속해서 실질적인 이익을 얻으려고 경쟁하는 관계에 있었다. 영국인들은 대서양 연안에만 머물지 않고, 더 넓은 땅으로 진출하고 싶어 했다. 식민지의 농업 인구가 계속 늘어나면서, 오하이오강 범람원의 비옥한 저지대는 상상할 수 없을 정도로 매력적으로 보였다. 이미 토지 회사들은 해당 지역을 측량해 분할 및 판매를 준비하고 있었다. 젊은 워싱턴은 이런 토지 측량일을 하다 군인의 길로 접어들었다. 정식 교육은 그리 많지 않았지만 삼각법에 능하고 제도에도 재능이 있어, 17세에 인척인 페어팩스 경의 셰넌도어 토지측량에 참여한 적이 있었다. 야영과 행군의 거친 생활은 워싱턴에게 잘 맞았고, 그는 기회가 오자 자연스럽게 버지니아 민병대에 합류했다.

프랑스인의 입장에서 오하이오 지역은 멕시코만에서 세인트로렌스만까지 북미 대륙을 가로지르는 전략적 연결선의 핵심이 되는 곳이었다. 오하이오를 장악하면 캐나다와 루이지애나를 연결할 수 있고, 이렇게 되면 프랑스가 북미 대륙의 중심부를 완전히 통제하게 되어, 꼴 보기 싫은 영국은 영원히 대륙의 동쪽 해안에만 힘겹게 남아 있게 될 것이라고 생각했다. 더 직접적으로, 프랑스는 오하이오의 모피 무역을 장악하려 했다. 이 무역은 제국을 유지하기엔 너무 작았지만, 정부 부처와 연계된 기업들의 탐욕을 자극하기엔 충분했다.

평화조약 소식이 미국에 아직 도달하지도 않았을 때, 캐나다 총독은 피에르 조제프 셀로롱 드 블랭빌 대위를 오하이오로 파견해 프랑스 국기를 휘날리고, 프랑스 영유권이 새겨진 납판을 전략적 장소에 묻게 했다. 또한, 그는 영국 상인이나 정착민을 겁주어 쫓아내고, 지역 인디언들에게 그들의 미래가 배신자 영국이 아니라 아름다운 프랑스와 함께해야 한다고 설득했다.

하지만 셀로롱의 임무는 부분적으로만 성공했다. 납판을 묻는 일은 간단했지만, 인디언들에게 프랑스가 자신들의 미래라는 것을 설득하는 일은 훨씬 더 어려웠다. 그 이유 중 하나는, 영국 상인들이 대서양에서 곧장 산맥을 넘어 바로 오하이오 지역으로 들어올 수 있었던 반면, 프랑스 상인들은 캐나다를 거쳐 멀리 돌아와야 했으므로 영국 상인들이 프랑스 상인보다 더 싼값에 물건을 팔 수 있었기 때문이다. 이러한 가격 차이 때문에 오하이오에서는 영국인들이 우위를 점하고 있었다. 실제로 셀로롱이 오하이오에서 만난 상인 수를 보면, 프랑스 상인보다 영국 상인이 훨씬 많았다. 셀로롱의 일행이었던 신부조차도 오하이오 지역은 "프랑스인들에게는 거의 알려지지 않은 곳이지만, 불행히도 영국인들에게는 너무나 잘 알려진 곳"이라고 인정할 수밖에 없었다.

프랑스가 오하이오에서 세력균형을 바꾸려다 문제가 생겼고, 이로 인해 프랭클린과 워싱턴이 오하이오 문제에 뛰어들게 되었다. 캐나다의 새로운 총독이 몇몇 프랑스 상인들을 오하이오 강가의 로그스타운이라는 곳으로 보냈다. 이곳은 나중에 펜실베이니아주의 가장 서쪽 끝 지역이 될 곳이었다. 그러자 버지니아의 토지 회사 중 하나인 오하이오 컴퍼니는 프랑스 세력에 맞서기 위해 상인들을 조직했다. 이로 인해 펜실베이니아와 버지니아 사이에 작은 경쟁이 벌어졌고, 펜실베이니아 상인들은 무역권과 땅을 빼앗기지 않으려고 서둘러 앨러게니산맥을 넘어갔다. 펜실베이니아인들은 주 정부에 오하이오 분기점(앨러게니강과 모노가헬라강이 합쳐 오하이오강이 되는 지점)에 요새를 짓기 위한 자금 지원을 요청했다. 그러나 의회는 전통적으로 국경 방위에 인색했으므로, 주도권은 버지니아에 남았다.

다시 말해 오하이오 지역을 두고 **영국**이 먼저 주도적으로 대응하고 움직였다는 의미다. 하지만 프랑스도 자신들만의 행동에 나섰다. 그중 가장 위협적인 것은, 이리호에서 오하이오강 분기점 쪽으로 남쪽으로 이어지는 일련의 요새들을 건설한 것이었다. 이 요새 건설이 바로 1753년 여름 미국인의 경계심을 불러일으켰고, 프랭클린이 칼라일로 가게 된 계기가 되었다. 또한 곧이어 워싱턴이 더 서쪽으로 원정을 떠나게 된 배경이기도 했다.

워싱턴이 베낭고(나중에 프랭클린시가 될 곳 인근)에 도착해보니, 최근까지 영국 소유였던 교역소에 프랑스 국기가 휘날리고 있었다. 여기서 워싱턴은, 프랭클린이 크게 충격을 받았던 것과 똑같은 문제—즉, 인디언들이 술에 약하다는 점과, 유럽인들이 그 약점을 이용해 인디언들을 착취한다는 문제—에 다시 직면했다. 베낭고에서 워싱턴은 인디언들에게 프랑스와 가까워지지 말도록 설득하려 했다. 처음에는 세네카족 추장 타나카리슨과 어느 정도 성과를 거두었다. 그는 한때 프랑스의 구애로 프랑스 편에 섰지만, 다시 영국과 동맹을 맺고 싶다는 의사를 보였다. 타나카리슨은 프랑스 대위 필리프 드 종케르에게서 받은 상징적인 왐펌을 반환하기로 동의했다. 이 배신(혹은 삼중 배신)을 알게 된 종케르는 처음에는 "그는 영국인보다 더 영국인답다"라고 중얼거렸다. 그러나 분노를 감추고 타나카리슨에게 함께 술잔을 기울이자고 했다. 술통이 비었을 때쯤, 타나카리슨은 너무 취해 왐펌을 돌려줄 수 없었다.

워싱턴의 원정 나머지 부분도 별로 성공적이지 못했다. 종케르는 워싱턴이 딘위디 총독으로부터 받아온 편지를 수령하기를 거부하면서, 워싱턴에게 이 편지를 이리호 근처 북쪽의 포르르뵈프로 가져가라고 말했다. 워싱턴은 12월의 비와 눈 속에서 지친 몸을 이끌고 힘겹게 전진해 마침내 요새에 도착했다. 그리고 마침내 딘위디 총독의 편지를 받아줄 사람을 찾았다. 다만 그 사람은 그 편지를 캐나다 총독에게 전달하겠다고 했다. 포르르뵈프의 프랑스 사령관은 워싱턴에게 이 프랑스 영토를 비우는 것은 불가능하다고 정중히 통보했다.

워싱턴은 왔던 길을 따라 퇴각했다. 돌아오는 길에 말들이 지쳐 쓰러지자, 그는 걸어서 이동해야 했다. 숲속에서 인디언의 총격을 받았고, 얼음이 떠내려가는 앨러게니강에서 임시 뗏목이 부서져 거의 익사할 뻔했다. 여러 번 저체온증으로 죽을 뻔하기도 했다. 그러나 그의 여정 일지는 흥미진진한 이야기였고, 딘위디 총독을 감동시켰으며, 총독이 이 일지를 인쇄해 배포하면서 워싱턴은 지역사회에서 유명해졌다.

워싱턴의 보고서를 읽은 딘위디 총독은 프랑스에 맞서기 위해 좀 더 본격적인 대응에 나서기로 결심했다. 그래서 총독은 펜실베이니아에 지원을 요청했지만, 예상했던 대로 프랭클린이 속한 펜실베이니아 의회는 평소처럼 군사비 지출을 꺼리며 딘위디의 요청을 거절했다. 결국 버지니아만 단독으로 계속 프랑스에 맞서야 했다.

1754년 봄, 워싱턴은 많지 않은 규모의 두 개 중대 민병대를 이끌고 오하이오강 분기점으로 향했다. 그곳에서 요새 건설을 감독할 예정이었다. 하지만 운이 나쁘게도, 더 큰 규모의 프랑스군이 다른 계획을 갖고 있었다. 프랑스군은 영국군이 짓다 만 요새를 완전히 부숴버리고 영국군을 패퇴시켰다. 그리고 그 자리에 훨씬 더 크고 인상적인 프랑스식 요새의 기초를 놓기 시작했는데, 그 요새가 바로 포르뒤켄이다.

하지만 워싱턴은 쉽게 낙담하지 않았다. 지난 겨울의 수모 이후, 그는 오하이오강 분기점을 반드시 되찾겠다고 다짐했다. 그는 병사들을 이끌고 밤중에 빠르게 행군해, 프랑스 척후대를 기습했다. 그 과정에서 척후 대장과 장교 몇 명을 죽이고, 나머지 대부분을 포로로 잡았다. 그 후 워싱턴은 후퇴해서 지원군이 오기를 기다렸고, 지원군은 바로 도착했다.

하지만 이 지원군들은 문제를 해결하기도 했지만, 동시에 새로운 문제도 만들어냈다. 그들은 보급부대를 앞질러 너무 빨리 도착해서, 보급품은 숲속에 낙오되어 있었다. 따라서 보급품이 도착할 때까지, 지원군은 워싱턴 부대의 식량을 먹으며 버텨야 했다. 게다가 지원군 중 한 부대는 사우스캐롤라이나에서 온 영국 정규군이었는데, 이들은 식민지 출신 지휘관—아무리 워싱턴의 계급이 대령이라고 해도—의 명령을 따르지 않았다. 또한 이들은 참호를 파거나 방어 시설을 짓는 일에도 전혀 열의를 보이지 않았다.

이렇게 영국군이 내홍을 겪는 동안 프랑스군이 기습 공격을 가했다. 7월의 폭우 속에서도 프랑스군의 머스킷총이 영국군 전열을 휩쓸었다. 날이 저물자 프랑스 지휘관은 사격을 중단하고 워싱턴에게 항복을 촉구했다. 프랑스 지휘관은 어쨌든 양국이 전쟁 중이 아니니 우리끼리 싸울 필요가 없다고 주장했다. 워싱턴은 이 점을 인정했고, 마흔여 명의 부상자와 열두 명의 사망자, 그리고 부상을 입지 않은 병사들마저 쇠약해진 상태를 살펴보고 프랑스의 조건을 받아들였다.

그 후 그는 프랑스어를 배워두었으면 좋았을 것이라고 생각했다. 왜냐하면 항복 조건에는 산을 넘어 버지니아로 철수하겠다는 서약이 포함되어 있었고, 프랑스 척후 대장이 비겁하게 '암살'당했다는 것을 인정하는 내용도 포함되어 있었기 때문이다. 워싱턴은 나중에 자신이 서명한 내용을 알게 되자 엄청난 모욕감과 분노를 느꼈다.

아마도 자존심 강한 워싱턴은 이번 패배가 훨씬 더 길고 격렬한 투쟁의 시작에 불과하다는 것을 예감했을 것이다. 어쩌면, 두 번째 굴욕을 겪었음에도 불구하고, 그는 군인의 길에서 자신의 소명을 발견했다고 느꼈을지도 모른다. 그는 형에게 보낸 편지에서 승리했던 첫 번째 전투를 이렇게 묘사했다. "나는 다행히도 상처 하나 없이 벗어났지만, 진지 오른쪽에 있던 병사들은 적에게 노출되어 집중사격을 받았어. (…) 총알 소리가 마치 휘파람 소리처럼 들렸고 그 소리에는 뭔가 매력적인 것이 있다고 느꼈지."

이 언급에 대한 조지 3세의 반응(워싱턴의 형이 편지를 보여주었다)은 "그런 소리를 많이 들어보았다면 그렇게 말하지 않았을 것이다"라고 했다고 한다. 워싱턴은 곧 총알 소리를 질리도록 듣게 되었는데, 1754년 여름 오하이오 강변에서 벌어진 전투가 대규모 전쟁으로 확대되었고, 워싱턴은 그 전쟁에서 중요한 역할을 했기 때문이다.

미국인들이 '프렌치인디언 전쟁French and Indian War'이라고 부른 이 전쟁에서 프랭클린이 맡은 역할은 총알이 오가는 전투와는 거리가 멀었지만, 그 중요성은 결코 덜하지 않았다. 적어도 이전 전쟁 때부터 식민지 방위 문제를 고민해온 프랭클린은, 여러 식민지가 따로따로 움직여 생기는 용납할 수 없는 비효율성에 충격을 받아왔다. 프랑스는 버지니아가 펜실베이니아를 질투하고, 뉴욕이 뉴잉글랜드를 의심하는 상황을 이용할 수 있었기 때문에, 북미에 훨씬 적은 수만 주둔한 프랑스인들이 인원도 훨씬 많고 자원도 풍부한 영국인들을 효과적으로 막아낼 수 있었다. 이웃 이로쿼이 부족들은 여러 부족이 연합해서 잘 협력하는데, 영국 식민지인들은 각자 이익만 챙기니 부끄러워해야 한다. 프랭클린은 1751년에 이렇게 썼다. "무지한 여섯 부족이 그런 연합을 위한 계획을 세우고, 그것을 수세기 동안 지속되고 해체할 수 없어 보이는 방식으로 실행할 수 있는데, 정작 열 개나 열두 개의 영국 식민지들은 그보다 더 필요하고, 더 이익이 되는 연합을 이루지 못한다면, 정말 이상한 일이 아닐 수 없다."

이 편지에서 프랭클린은 그러한 식민지 연합을 위한 청사진을 제시했다. 여러 식민지는 대표를 선출해서 연합 의회에 보내야 하며, 국왕이 임명한 총독이 이 의회를 이끌 것이다. 이 의회는 총독과 함께 인디언 문제와 식민지 방어에 관련된 사항을 결정하고 지휘할 것이다.

프랭클린은 이런 계획이 정치적으로 많은 어려움에 부딪힐 것임을 인정했다. 각 식민지들은 자신들의 독립성과 특권을 매우 소중하게 여겼고, 무엇이든 공동으로 추진하면 이런 독립성과 특권이 줄어들 위험이 있었다. 총독들조차 겉으로는 식민지 간의 협력을 찬성하는 것처럼 말했지만, 자신의 권력이나 특권이 약해질까 봐 실제로는 연합을 방해했다.

이런 이유로, 프랭클린은 자신이 제안한 연합체의 주도권을 통찰력과 공공 정신, 설득력을 갖춘 여섯 명 정도의 선발된 인물들에게 맡겨야 한다고 생각했다. 이런 그룹이라면 각 식민지를 돌아다니며 연합의 이점을 설명하고, 반대의견에 반박할 수 있을 것이다. "나는 이런 방식이라면 실제로 연합체가 만들어질 수 있다고 생각한다. 왜냐하면 합리적이고 이성적인 사람들은, 시간과 노력을 들여 기회가 주어진다면, 다른 합리적인 사람들에게도 그 계획이 타당하다는 것을 설득할 수 있기 때문이다." 프랭클린이 필라델피아에서 만든 '협회'처럼 이 연합 조직도 위에서 강제로 내려오는 것이 아니라, 아래로부터 자발적으로 성장해야 한다고 생각했다. "나는 식민지들이 스스로 자발적으로 결성하는 연합이, 영국 의회가 강제로 시키는 연합보다 더 바람직하다고 생각한다."

프랭클린의 다른 여러 계획과 마찬가지로, 이 계획도 실현되기까지는 시간이 오래 걸렸다. 당시 식민지는 큰 문제가 없이 평화로웠으므로 주민들은 그가 제안한 연합이 가져올 식민지 자치권의 제한을 별로 달가워하지 않았다.

하지만 오하이오 변경에서 다시 전투가 벌어지자 식민지들의 상황 판단이 달라졌다. 1754년 6월, 일곱 개 식민지 대표들이 올버니에 모여 식민지 간 협력 방안을 논의했다. 하지만 협력은 그리 쉬워 보이지 않았다. 참석한 대표들은 각 식민지에서 가장 영향력 있는 인물들이 아니었고, 버지니아처럼 중요한 식민지는 아예 회의에 참여하지도 않았다. 그러나 어쨌든, 이 회의는 영국 런던에서 식민지 문제를 관장하는 통상위원회British Board of Trade의 공식 승인을 받았다.

프랭클린은 리처드 피터스, 아이작 노리스 그리고 윌리엄 펜의 손자인 존 펜과 함께 펜실베이니아 대표로 선출되었다. 그런데 이 행사를 준비하던 그해 봄 오하이오에서 버지니아군이 프랑스군에 패배하는 사태가 발생했다. 5월 9일 자《가제트》에 실린 기사에는 "지난 금요일 워싱턴 소령이 급보를 보냈다"라는 내용이 실렸는데, 프랭클린은 이 신문 기사를 영국의 한 지인에게 보낸 편지에 동봉했다. 워싱턴의 급보는 프랑스군이 오하이오 분기점을 공격했다는 내용을 담고 있었고, 이 익명의 《가제트》 기사를 접한 시민들은 영국 식민지들 간에 단결이 필요하다고 느꼈다. 글의 스타일과 프랭클린의 평소 생각을 볼 때, 이 글의 저자는 아마도 프랭클린 본인일 가능성이 높다. 워싱턴과 다른 목격자들의 말을 들어보면, 프랑스군은 이번 공격에서 승리를 확신하고 있었다고 저자는 말한다. 그리고 왜 그러지 않겠는가? "프랑스군이 이번 작전에 자신감을 갖는 것은, 현재 영국 식민지들이 단합하지 못하고 있고, 수많은 식민지 정부와 의회가 신속하고 효과적인 공동 방위책에 합의하기가 매우 어렵기 때문이다. 반면에 우리의 적은 한 명의 지도자, 하나의 회의체, 하나의 자금관리 아래서 움직인다는 큰 이점이 있다." 영국 식민지들이 분열되어 있는 한, 프랑스는 계속해서 유리한 위치를 점할 것이다. "프랑스는 두 나라 사이에 맺어진 가장 엄숙한 조약도 아무런 처벌 없이 마음대로 어길 수 있다고 생각한다. 그리고(실제로 지난 몇 년간 해왔듯이) 우리 상인들을 죽이거나 붙잡아 감옥에 가두고, 그들의 재산을 마음대로 압수하며, 우리 농부들과 그들의 아내와 아이들까지도 살해하고 머릿가죽을 벗기며, 자기들에게 필요하다고 생각하는 영국 식민지 영토를 아무 저항 없이 쉽게 차지할 수 있다고 믿는다. 만약 그들이 이런 행동을 계속하도록 내버려둔다면, 결국 영국의 이익은 사라지고, 무역 시스템과 농장들 모두 파괴되고 말 것이다."

《가제트》 기사에는 삽화가 하나 첨부되어 있었는데, 여러 조각으로 잘린 뱀을 나무판에 새겨 찍은 판화였다. 뱀의 몸통은 여덟 개 조각으로 나뉘어 있었고, 각 조각에는 노스캐롤라이나, 사우스캐롤라이나, 버지니아, 메릴랜드, 펜실베이니아, 뉴저지, 뉴욕, 뉴잉글랜드라는 식민지 이름이 붙어 있고 그림 아래에는 '뭉치면 살고 흩어지면 죽는다Join, or Die'라는 문구가 적혀 있었다. 이 그림은 미국에서 처음으로 출판물로 나온 '정치풍자만화'로 평가받는다. 그림을 그린 사람이 프랭클린인지 다른 사람인지는 확실하지 않지만, 이 만평의 아이디어는 거의 확실하게 프랭클린이 낸 것이다. 《가제트》가 우편으로 퍼지면서, 다른 신문들도 이 삽화를 다시 실었고, 덕분에 독자들은 프랭클린의 단결에 대한 주장의 핵심을 한눈에 알아볼 수 있었다.

그래서 프랭클린은 이미 연합의 필요성에 대해 어느 정도 마음의 준비가 된 사람들에게 미주 식민지 연합의 본질에 관한 추가적인 생각을 이야기할 수 있었다. 올버니로 가는 길에 뉴욕시에 들러, 같이 회의에 가는 대표들이나 영향력 있는 인사들을 붙잡고 자신의 생각을 설명했고 캐드월러더 콜든과 제임스 알렉산더 같은 인사에게 모든 식민지를 아우르는 초식민지적 정부의 개요를 보여주고, 각자 개선할 점에 대한 의견을 달라고 요청했다.

프랭클린의 계획안은 말 그대로 '개요'에 불과했다. 거기에는 올버니 회의에서 토론할 수 있을 정도의 기본적인 내용만 담겨 있었다. 이 계획에 따르면 연합체의 수장은 총독이 맡게 되는데 총독은 군 출신 인사로, 국왕이 임명하고 급여도 국왕이 지급한다. 총독의 역할은 대평의회가 결정한 정책을 집행하는 것이지만, 총독이 거부권을 행사하는 경우는 제외한다. 대평의회는 각 식민지 의회에서 선출된 사람들로 구성된다. 작은 식민지는 한 명, 큰 식민지는 두 명을 보내는데, 이는 각 식민지가 연합의 공동 재단에 내는 자금의 규모에 대략 비례한다. 프랭클린은 이 공동 재단의 재원을 각 식민지가 걷는 '물품세excise tax'로 마련하자고 제안했다. 예를 들어 술이나 차처럼, 전국적으로 비슷한 비율로 소비되는 물품에 세금을 매기면, 사실상 인구수에 비례하는 효과적인 세금이 될 수 있다고 본 것이다.

프랭클린이 구상한 체제는 연방제로서 대평의회의 대표들이 식민지 주민들이 아니라, 자신들을 선출한 식민지 의회에 책임을 지는 구조였다. 이 연합정부가 맡을 일은 주로 '외교 및 국방' 분야에 해당하는 것이었다. 예를 들어, 인디언 부족들과의 관계 관리, 요새 건설 및 주둔, 해안 방어와 전시

무역 보호를 위한 해군함정 준비 같은 일이었다.

1754년의 계획은 1751년에 세웠던 계획보다 더 구체적이었지만, 기본적으로는 그 이전 초안에서 제시된 원칙을 확장한 것이었다. 단, 한 가지 중요한 예외가 있었다. 원래 프랭클린은 영국 의회의 개입 없이, 식민지들끼리만 연합을 만들기를 원했다. 그러나 이제 그는 식민지들이 스스로 연합을 결성하지 않을 것임을 깨달았다. 그래서 프랭클린은 올버니 회의에 참석한 대표들이 자신의 제안을 논의하고, 필요에 따라 수정한 뒤, 그 결과를 "본국(즉, 영국)으로 보내 영국 의회에서 이를 공식적으로 제정해달라고 요청하자"라고 주장했다.

알렉산더와 콜든은 프랭클린의 요청대로 찬성 의견을 냈지만, 사실 올버니 회의에서 프랭클린의 연합 계획에 동의하도록 참석자들을 설득한 사람은 따로 있었다. 토머스 허친슨은 프랭클린처럼 보스턴 출신으로, 그보다 5년 늦게 태어났다. 두 사람이 실제로 만났다는 기록은 없지만, 같은 도시에서 살았으니 우연히 마주쳤을 수도 있다. 그러나 만약 두 사람이 마주쳤다 해도, 그들의 삶은 거의 겹치지 않았다. 허친슨은 프랭클린에게 없었던 출생과 가문의 모든 이점을 누렸기 때문이다. 허친슨 가문은 뉴잉글랜드에 이민 온 첫 세대에 속했다. 허친슨의 고조할머니인 앤 허친슨은 오직 믿음만으로 구원받는다며 행위는 부차적이라고 주장해 원래 청교도들보다 더 철저하게 신앙생활을 했다. 벤저민 프랭클린은 나중에 이 견해를 거부했으며, 이유는 다르지만 토머스 허친슨 역시 거부했다.

허친슨이 고조할머니의 교리에서 싫어했던 점은 그 교리 때문에 할머니가 교회에서 파문당하고, 쫓겨났으며, 결국에는 인디언들에게 살해당했다는 점이었다. 앤 허친슨을 비난하던 사람들은, 그녀를 죽인 인디언들이 신의 분노를 대신 집행했다고 말할 정도였다. 평생 동안 토머스 허친슨은 현상 유지에 충실한 사람이었다. 그는 자신을 '정적주의자quietist'로 묘사하며 '있는 그대로가 가장 좋다'는 신념을 가지고 있었다. 그는 확실히 그렇게 보였다. 남겨진 유일한 초상화는 그가 서른 살 때 그려진 것으로 마른 남자의 모습을 보여준다(그의 정적들은 가죽과 뼈만 앙상한 토미라고 놀렸다). 이마는 넓고 높으며, 코는 크고, 눈은 약간 튀어나와 있고, 입은 조심스럽지만 자기만족적인 미소를 짓고 있다.

나이 서른에 그는 스스로 만족할 만한 이유가 있었다. 외가 쪽 조상들은 이단자나 광신도 신학자 같은 사람이 많았지만 친가 쪽 조상들은 여러 세대에 걸쳐 상업에 종사했고, 상업을 통해 구원을 추구하는 보수주의자들이었다. 토머스는 이런 남성 조상들의 전형에 딱 맞는 사람이었다. 그의 아버지는 그가 장사를 할 수 있도록 자금을 대주었다(그의 기억에 의하면 생선 200~300킬로그램에 해당하는 금액). 그는 이 자본을 바탕으로 '바다로의 모험'(배에 투자해서 공동소유주가 되었다)에 뛰어들어 스물한 살 무렵에는 당시로서는 상당한 액수인 500파운드를 모았다. 게다가 상속까지 받아 그의 재산은 더 늘어났고, 유산 중에는 보스턴에서 가장 훌륭한 집도 포함되어 있었는데 후대의 한 건축사학자는 뉴잉글랜드 최초의 본격적인 팔라디오 양식 주택이라고 평가했다. 이 저택은 허친슨의 자부심과 기쁨이었고, 그의 세속적 성공을 상징하는 것이었다.

엄청난 재벌까지는 아니어도, 어느 정도 부를 축적하자 허친슨은 정치에 입문했고 보스턴 시의회 의원과 지역 하원의원으로 선출되었다. 1740년대 중반에는 하원 의장직에 올랐고, 식민지 사회에서 가장 영향력 있는 인물 중 한 명이 되었다.

한편 매사추세츠에서도 펜실베이니아와 기본적으로는 유사한 문제가 발생했다. 프랭클린이 필라델피아에서 지폐 도입을 추진하는 동안, 허친슨은—큰 재산을 모았고 그것을 유지하려고 노력하는 사람에게서 흔히 예상할 수 있듯이— 보스턴에 경화*를 도입해야 한다고 주장했다. 허친슨과 경

---

*   hard currency, 금, 은 등 귀금속으로 만들어져 그 자체에 가치가 있는 화폐

화운동을 지원하는 지지자들은 끈기와 능력을 발휘해 영국이 루이스버그 원정 비용을 보상하기 위해 보내온 금과 은을 영리하게 활용해서 승리할 수 있었다. 허친슨과 경화파가 이길 수 있었던 데에는 정부의 강력한 지원이 큰 도움이 되었다. 특히 지폐 지지자들이 소란을 피우자, 조너선 벨처 총독은 초기 반란을 강제로 진압했다. 벨처는 폭도들에 대해 "이제는 대놓고 뻔뻔하고 대담해져서 집단으로 반란을 일으키려 한다"라고 말했는데 이는 허친슨의 의견을 담은 말이었다. "오늘 나는 보안관과 경찰관을 보내 주동자 몇 명을 체포하게 했다. 이제 우리 식민지는 더 스마트한 종류의 정부가 필요해질 만큼 상태가 심각해졌다."

1754년에 허친슨이 염두에 두었던 '더 스마트한 종류의 정부'란 여러 식민지 간의 공동 행동을 장려하는 정부였다. 허친슨은 프랭클린과 마찬가지로 현재의 분열이 북미의 영국 식민지들을 위험에 빠뜨리고 있으며, 경쟁하는 식민지들을 하나의 응집력 있는 전체로 묶기 위해 단호한 조치가 취해져야 한다는 생각에 동의했다. 이 두 사람—매사추세츠와 펜실베이니아에서 가장 유능한 공적 인물인—은 그러한 연합을 실현할 방안을 논의하기 위해 올버니 회의에서 임명된 위원회에 함께 참여해 머리를 맞대고, 의견을 나누고, 문서 작업도 함께했다.

프랭클린의 승인하에 허친슨은 프랭클린이 오랫동안 주장해온 내용을 담은 보고서 초안을 작성했다. 보고서에 따르면, 영국 식민지들은 서로 협력하지 않아서 큰 피해를 입고 있다고 했다. "프랑스의 조치에 맞서거나 격퇴하기 위해 식민지들이 힘을 합치거나, 공동으로 대책을 논의한 적이 한번도 없었다." 각 식민지는 자체적인 토지정책을 수립했는데, 이 정책들은 대개 인접한 식민지의 정책과 충돌하는 일이 잦았다. 이로 인해 인디언들 사이에서 '큰 불안과 불만'이 생겼다. 이들은 서로 경쟁하는 식민지들에 의해 실제로 속임을 당하기도 하고, 속임을 당하고 있다고 생각했다. 식민지 간 경쟁에 자극을 받은 영국 상인들은 "막대하고 거의 믿을 수 없는 양의 럼주로 인디언들을 타락시켰지만, 현재 시행 중인 식민지의 법률로는 술 공급을 제한하기에 불충분했다."

보고서는 반드시 정책의 대전환이 있어야 한다고 결론 내렸다. 상인들의 행동과 토지 경쟁을 억제하기 위해 식민지 전체에 적용되는 공통의 법률이 제정되어야 하며 공동기금으로 변경 요새를 건설해야 한다고 주장했다. 그리고 가장 중요한 것은 "국왕 폐하의 여러 식민지 정부가 대륙에서 연합을 이루어, 그들의 의회, 자금, 그리고 힘을 공동의 적에 맞서 적절히 사용할 수 있도록" 연합을 결성해야 한다는 것이다.

올버니 회의에 참석한 대표들은 그 주장이 매우 설득력 있다고 판단했다. 회의는 그 보고서를 받아들이고, 만장일치로 연합 원칙을 승인했다. 그리고 이 아이디어의 창안자인 프랭클린에게 구체적인 연합안을 작성해 영국 의회에 제출하도록 위임했다.

프랭클린은 평소처럼 신중하게 다른 사람들의 제안도 받아들였다. 그는 "새로운 일을 추진할 때 여러 사람과 각기 다른 의견을 조율해야 하다 보니, 더 큰 목표를 이루기 위해서는 때로는 작은 부분을 양보할 수밖에 없다"라고 캐드월러더 콜든에게 설명했다. 프랭클린이 수정한 계획에 따르면, 통합 정부의 수장은 총통President General이 맡고, 대평의회Grand Council는 매사추세츠와 버지니아에서 각각 일곱 명, 펜실베이니아에서 여섯 명, 로드아일랜드와 뉴햄프셔에서 각각 두 명 등 각 식민지별로 대표단의 인원을 배정했으며 최초 개최지는 필라델피아로 정했다. 권한과 관련해 총통은 대의회의 조언을 받아 인디언과의 전쟁 및 평화, 국경무역 및 토지 매매 규제, 병사 징집과 요새 건설, 세금 및 기타 관세 부과와 같은 문제를 결정할 수 있다. 그리고 각 식민지는 자체 정부를 유지하되, 통합 정부가 선점하지 않은 분야에서는 계속 권한을 행사하는 것이 허락되었다.

프랭클린의 수정안은 격렬한 추가 논쟁을 불러일으켰다. "우리는 그 일에 대해 여러 차례 논쟁을 벌였고, 거의 모든 조항마다 누군가는 이의를 제기했다." 하지만 결국 올버니 회의는 이 연합안을 압도적 지지로 승인했고 각 식민지와 영국 의회에 회부했다.

프랭클린은 이 승인을 기쁘게 여기면서도, 진짜 어려움이 장차 닥칠 거라는 걸 알고 있었다. 올버니 회의에서는 그의 합리성과 절제된 태도, 타인과 협력하는 자세, 다양한 의견을 수용하는 능력이 설득력을 발휘했지만, 각 식민지 의회와 영국 의회에서는 어떤 결과가 나올지 모르는 일이었다. "각 식민지 의회들이 이 연합 계획을 어떻게 받아들일지, 그리고 영국 본국에서는 이 계획을 어떻게 볼지, 알 방법이 없다."

프랭클린은 관련된 이들의 관심을 불러일으키기 위해 할 수 있는 모든 일을 했다. 7월 말, 그는 연합안을 추진하게 된 이유와 동기를 자세히 설명하는 글을 작성했다. 이 해설문은 이미 제기된 반론에 답하고, 앞으로 나올 수 있는 이견도 미리 예상했으며, 프랭클린 자신과 허친슨, 그리고 다른 지지자들이 연합을 주장하며 내세웠던 논거들을 더욱 설득력 있게 다듬었다.

이후 프랭클린은 올버니 계획에 반대하며 제시된 여러 대안을 반박하면서, 그 대안들이 어느 부분에서, 그리고 왜 부족한지 설명했다. 1754년 12월에는 매사추세츠의 셜리 총독이 연합정부의 의원 선출에서 각 식민지 주민들의 참여를 약화시키는 방안을 제안하자, 프랭클린은 그러한 권한 약화가 매우 해롭고 결정적으로 나쁜 결과를 초래한다고 판단했고 셜리 총독에게도 그렇게 이야기했다. 프랭클린이 자신의 견해를 상세히 밝혀 셜리 총독에게 보낸 편지에는 올버니 계획뿐 아니라, 그가 발전시켜 가던 정부론과 미주 식민지와 영국 본국의 관계에 관한 그의 생각도 잘 보여주었다.

"식민지 주민들을 대의회 대표 선출에서 완전히 배제한다면, 극심한 불만이 생길 것입니다"라고 프랭클린은 주장했다. 식민지 사람들은 자신들이 당연하게 "영국 왕의 다른 신민들과 마찬가지로 현 체제와 왕실에 충성하고 있다"라고 생각했다. 그들은 영국 본토 사람들만큼이나 자신들의 나라를 지키기 위한 지원(병력·물자 제공 등)에 기꺼이 동의할 준비가 되어 있었다. 하지만 식민지 주민들이 자신들이 뽑지 않은 의회로부터 세금이나 의무를 **요구받는** 것은 영국의 오랜 전통에 어긋나는 일이다. 그 전통이란 "영국인들에게는 자신들이 직접 선출한 대표자들의 동의 없이는 세금을 부과당하지 않을 권리가 분명히 있다"라는 것이다.

셜리 총독은 이에 대한 대안으로 식민지가 영국 의회에 대표를 보내는 방안을 제시했다. 프랭클린은 이 제안이 제대로 실행된다면 식민지가 매우 환영할 일이라고 했다. "이런 연합은, 식민지에 합리적인 수의 대표가 주어지고, 식민지의 무역을 제한하거나 제조업을 억압하던 기존의 모든 영국법이 동시에 폐지되며, 대서양 이쪽의 영국 신민들도 영국 본토의 신민들과 동등한 대우를 받게 된다면, 식민지인들에게 매우 받아들일 만한 일일 것이다. 그리고 이후 새롭게 구성된 전체 대표 의회가 필요하다고 판단하면, 그때 가서 일부 또는 전체 법을 다시 제정할 수도 있을 것이다."

당연하게도 프랭클린이 내건 이런 조건은 영국 의회의 입장에서 셜리의 제안을 덜 매력적으로 보이게 만들었다. 식민지를 두는 이유가 식민지에 대해 무역이나 제조 등에서 차별을 둘 수 있기 때문인데 왜 아니 그러겠는가? 프랭클린도 이 사실을 알고 있었다. 그럼에도 불구하고, 그는 이 엄격한 조건을 내세움으로써 더 큰 주장을 펼칠 수 있었다. 즉, 미주 식민지인들은 과거에도 그랬고 지금도 당연히 영국 국민의 완전한 일원이어야 한다는 것이다. "나는 또한, 이런 연합을 통해 영국 본토 국민과 식민지 국민이 자신들을 서로 다른 이익을 가진 별개의 공동체가 아니라, 하나의 이익을 가진 하나의 공동체로 여기게 되기를 바란다."

프랭클린은 식민지의 상황을 비유적으로 설명했다. 도버해협 동쪽 입구에는 굿윈샌즈라는 일련의 모래톱이 있다. 썰물 때가 되면 이 모래톱의 일부가 드러나 마치 영국의 국토 면적이 늘어난 것처럼 보인다.

만약 둑을 쌓아 굿윈샌즈를 메워서, 대단히 넓은 새로운 땅이 생기고,

그곳에 곧 영국인들이 몰려와서 정착한다고 해보자. 그렇다면, 그 땅의 주민들에게 본토 영국인들이 누리는 일반적인 권리—예를 들어 물건을 만들어 시장에 내다 팔거나, 자기가 신을 신발을 직접 만들 권리—를 박탈하는 것이 과연 옳을까? 단지 본토에 사는 상인이나 구두장이가, 새로운 땅의 거주민들에게 물건을 파는 것이나 신발을 만들어주는 것이 더 이익이 된다고 생각한다는 이유만으로 말이다. 설령 새로운 땅이 국가의 비용으로 얻어진 것이라 해도, 그곳 주민들에게 영국인으로서의 일반적인 권리를 박탈하는 것이 정당한가? 그리고 만약 그 추가 영토를 얻는 데 드는 비용과 노력을 정착민 자신들이 부담했다면, 그 권리를 박탈하는 것이 더욱 부당하지 않겠는가?

미주 식민지들은, 가상의 새로운 영토보다도 더 강력한 정당성을 갖고 있었다. 왜냐하면 상상 속의 굿원샌즈 주민들과는 달리, 미주 식민지 주민들은 영국에서는 생산할 수 없는 원자재를 실제로 생산하고 있었기 때문이다. 그리고 미주 식민지와 영국 사이의 먼 거리는 영국의 해운업을 발전시키는 데 도움이 되었고, 이는 영국의 국가 방위에도 필수적이었다.

지금처럼 올드 잉글랜드*와 뉴잉글랜드**를 서로 다른 나라처럼 생각하는 습관은 양쪽 모두에게 전혀 도움이 되지 않는다. "상인, 대장장이, 모자장이가 영국 **본토**에서 부자가 되든 **식민지**에서 부자가 되든 국가 전체로 보면 무슨 차이가 있는가?" 어느 쪽에서 부자가 되든, 결국 제국 전체가 이익을 얻는다. "만약 인구가 늘어서 예전에는 대장장이가 한 명만 필요했는데, 이제는 두 명이 필요하게 되었다고 가정해보자. 그렇다면 **새** 대장장이가 **새** **땅**에서 살며 성공하는 것도, **옛날부터 있던** 대장장이가 **본토**에서 살며 성

---

* 영국 본토를 의미

** 미주 식민지를 의미

공하는 것과 마찬가지로 허용되어야 하지 않을까?" 영국은 결국 근본적인 진실을 깨달아야 할 것이다. "부분이 강하고 부유해야 전체도 강하고 부유해진다."

프랭클린과 셜리 총독의 서신 교환은 두 사람이 직접 만나서 대화를 나눈 뒤에 이루어졌다. 1754년 가을, 프랭클린은 공적인 일과 개인적인 일을 보러 보스턴으로 돌아왔다. 프랭클린의 어머니 어바이어 프랭클린은 몇 년간 건강이 악화된 끝에 1752년 5월에 세상을 떠났다. "몸에 기운이 없고 숨이 차서 오래 앉아서 글을 쓸 수가 없구나"라고 그녀는 몇 달 전 아들에게 삐뚤삐뚤한 영어로 편지를 썼다. 하지만 어머니는 불평하는 사람이 아니었고, 자신에게 남아 있는 것에 감사했다. "밤에는 잘 자고, 기침도 나아졌고, 식욕도 제법 괜찮단다."

어머니가 사망했다는 소식은 그다음 해 봄에 전해졌는데, 이미 건강이 좋지 않다는 걸 알았기 때문에 크게 놀랄 일은 아니었다. 7년 전 아버지 조사이아 프랭클린이 죽었을 때처럼, 이번에도 소식이 너무 늦게 도착해서 벤저민은 어머니의 장례식에 참석하지 못했고, 그저 형제자매들과 슬픔을 나누는 것밖에 아무것도 할 수 없었다. 벤저민 프랭클린은 여동생 제인에게 쓴 편지에서 이렇게 말했다. "네가 보낸, 우리의 사랑하는 어머니께서 돌아가셨다는 슬픈 소식을 받았다. 어머니가 노년과 병중에 있을 때 오랫동안 돌봐줘서 고맙구나. 멀리 떨어져 있어서 어머니를 돌볼 수 없었지만, 네가 모든 것을 대신해주었구나. 어머니는 오래 살았을 뿐만 아니라 좋은 삶을 사셨고, 지금은 천국에서 행복하실 것으로 믿는다."

프랭클린은 자신만의 방식으로 여동생 제인과 남편 에드워드 미컴에게 가족의 빚을 갚으려 했다. 그 부부에게는 열한 명의 자녀가 있었는데, 누구나 쉽게 짐작할 수 있듯이 프랭클린은 자신과 이름이 같은 셋째 아들 벤저민 미컴에게 특별한 애정을 보였다. 그는 외삼촌을 닮아 독립심이 강하고, 가족 곁에만 머무는 것을 답답해했으며, 보스턴을 떠나고 싶어 했다. 프랭클린은 조카를 뉴욕의 인쇄 동업자인 제임스 파커에게 견습생으로 보내 일할 수 있도록 주선했다. 프랭클린은 여동생에게 "그곳에서 그가 좋은 대우를 받을 거니 걱정 말라"라고 안심시켰다. 또한 매주 조카의 소식을 전해 줄 것이라고 말했다. 그리고 이렇게 조언했다. "아들에게 항상 명랑하게 지내고, 시키는 일은 뭐든지 기꺼이 하며, 모든 사람을 기쁘게 해주려고 노력하라고 말해줘. 그래야 친구를 사귈 수 있어."

제인이 아들에게 외삼촌의 조언을 전했지만 별 효과가 없었다. 견습 생활은 파커와 벤저민 미컴 모두에게 불만스러웠고 이 불만들은 주로 프랭클린에게 편지로 전달되었다. 미컴이 외삼촌보다 더 말썽꾸러기였는지는 지금으로서는 알 수 없고, 프랭클린조차도 멀리 떨어져 있어서 정확히 알기 어려웠다. 어머니는 아들의 불평을 오빠에게 전달했고, 파커도 자신의 입장을 프랭클린에게 직접 전했다.

프랭클린은 이 문제를 어떻게 처리해야 할지 다소 난감해했다. 그가 할 수 있는 최선은 여동생에게는 아들의 고통이 과장되었으며 실제로 특별한 것이 아니라고 안심시키는 동시에, 파커에게는 그것이 사실인지 확인하는 것이었다. 그리고 프랭클린은 직접 뉴욕을 방문해서, 파커에게 직접 물어보면서 상황을 더 파악하려 했다.

"내가 뉴욕에 자주 가는데"라며 프랭클린은 여동생을 안심시키기 위해 다소 과장해서 말했다. "거기서 벤저민이 부족하거나 부당하게 대우받는 모습을 본 적이 없다." 벤저민이 사소한 심부름을 하는 것에 대해서도 불평한 적이 있었는데 프랭클린은 "그런 심부름을 좋아하는 사람은 없지만 어쨌든 해야 할 일"이라고 대답했다. 벤저민은 밤새 집에 들어오지 않는 버릇이 있었고, 파커가 그를 꾸짖는 것도 당연한 일이었다. "만약 벤저민이 내 친아들이라면, 파커가 그런 행동을 그냥 내버려두는 건 책임을 다하지 않는 것이라고 생각했을 거야. 밤새 밖에 돌아다니는 건 분명히 잘못된 길로 빠지는 지름길이기 때문이지." 벤저민은 값진 전리품을 항구로 가져와 선원들끼리 나누는 사략선에 마음을 빼앗겼다. 그는 벤저민 프랭클린의 아들 윌리엄 프랭클린처럼 지루한 육지 생활을 끝내고, 바다로 나가 공인된 해적으로 살아가기로 결심했다. 과거에 프랭클린이 아들 윌리엄을 말렸던 것처럼 이제는 파커가 벤저민을 말려야 했다. 프랭클린은 조카의 도망 시도에 대해 여동생에게 이렇게 설명했다. "사략선이 항구에 값진 전리품을 가져와, 선원들이 그 돈을 나눠갖고, 화려하게 사는 모습을 보면, 소년들은 그 모습에 마음을 빼앗겨서 정신이 반쯤 나가고, 평범하게 일해서 돈을 버는 직업이나 단조로운 생활이 싫어지기 마련이야."

프랭클린은 조카가 안 좋은 대우를 받는다는 이야기가 실제보다 과장되었다는 취지의 말을 한 후 여동생에게 위로가 될 만한 말을 전했다. "나는 전반적으로 벤저민을 아주 좋게 생각하고 있고, 앞으로 훌륭한 사람이 될 거라고 기대해. 지금 보이는 결점들은 또래 아이들에게 흔한 것들이고, 벤저민에게는 내가 좋아할 만한 장점도 많아."

파커 밑에서의 견습 생활이 더 이상 잘되지 않을 것 같아지자, 프랭클린은 벤저민이 가진 좋은 자질을 다시 한번 믿어보기로 했다. 1748년 프랭클린은 견습공 한 명을 카리브해의 섬나라 앤티가로 보내 그곳에서 인쇄소를 차리게 했다. 인쇄소는 잘 운영되었지만, 1752년에 인쇄공이 열대성 열병으로 세상을 떠났다. 프랭클린은 벤저민을 앤티가로 보내면 파커와의 갈등도 해소되고, 인쇄소의 인력 공백도 메울 수 있어 두 가지 문제를 한 번에 해결할 수 있다고 생각했다. 하지만 벤저민이 아직 스무 살도 안 된 어린 나이라, 그의 어머니는 이 결정에 다소 충격을 받았다.

벤저민은 그녀의 두려움을 진정시키려 했다. "그 섬은 서인도제도에서 가장 환경이 좋은 곳이야. 내가 보낸 직원도 4년 동안 완벽한 건강을 누렸지만 부주의해져서 밤늦게까지 술집에서 놀다가 그렇게 된 것뿐이야. 벤저민에게는 조심하라고 내가 이미 경고했어." 이것은 벤저민이 여기서는 절대가질 수 없는 좋은 기회였다. "벤저민이 앤티가에 갔을 때 이미 사업은 잘 자리 잡혀 있고, 신문도 이미 창간되어 있으며, 경쟁하는 다른 인쇄소도 없어서 가격경쟁에 시달릴 일도 없을 거야. 게다가 그곳 인쇄 가격은 우리가 대륙에서 받는 것보다 훨씬 높아." 하지만 프랭클린은 이렇게 자신 있게 말하면서도, 인간이 할 수 있는 준비에는 한계가 있다는 점도 인정했다. "**최선을 다해 준비했으니**, 이제는 모든 것을 신의 섭리에 맡겨야 해. 신의 섭리는 결국 모든 일을 **가장 좋게 이끌어주거든.**"

하지만 아마도 하나님이 산만해지셨거나, 벤저민에 대해 다른 생각을 가지고 있으셨던 것 같다. 독립적인 환경도 견습 생활만큼이나 베니에게 맞지 않았고, 그는 곧 앤티가에서 문제를 일으켰다. 그는 런던에 있는 프랭클린의 친구 윌리엄 스트레이핸에게도 빚을 지고, 어떤 척도로도 성실함 면에서 낙제점을 받았으며, 그럼에도 자신의 문제를 삼촌 탓으로 돌렸다. 프랭클린은 조카의 잘못된 행동을 비난하면서도, 그 책임의 일부는 자신에게 있다고 인정했다. 여동생 제인에게 "내가 너무 서둘러 알을 깨뜨려, 아직 때가 되지 않은 병아리를 세상에 내놓은 건 아닌지 걱정된다"라고 말했다.

조카 벤저민의 인생이 비뚤게 나아간 것에 비하면, 아들 윌리엄은 그보다는 다소 곧았으나, 그렇다고 항상 꽃길만 걸었던 것은 아니었다. 윌리엄은 필라델피아에서 제대한 전쟁 영웅처럼 행동하고 있었다. "윌리엄은 이제 19세로, 키가 크고 멀쩡한 청년이며, 매우 멋쟁이입니다"라고 1750년 봄, 프랭클린은 어머니 어바이어에게 편지를 썼다. 그런데 이 멋쟁이 윌리엄은— 계모 데버라의 눈에 못마땅하게도— 아버지의 돈으로 살고 있었고, 앞으로도 계속 그렇게 살고 싶어 했다. 그러나 아버지는 그 환상을 깨주었다. "나는 그에게 내가 가진 얼마 안되는 돈을, 신께서 내게 오래 살도록 허락하신다면, 내가 직접 쓸 생각임을 분명히 했다."

윌리엄과 데버라 사이의 불화는 비밀이 아니었다. 1750년대 프랭클린 밑에서 일했던 서기 대니얼 피셔는 일기장에 데버라의 불만을 이렇게 기록했다.

나는 윌리엄이 자기 아버지 방으로 업무차 오가는 모습을 자주 보았지만—윌리엄은 집에서 숙식하지 않았다— 프랭클린 부인과 아무런 인사도 주고받지 않고, 서로 전혀 아는 체하지 않았다. 그러던 어느 날, 내가 데버라 부인과 복도에 앉아 있을 때 그 젊은 신사가 지나가자, 부인은 그가 듣지 못하게 격앙된 목소리로 내게 이렇게 말했다. "피셔 씨, 저기 세상에서 가장 나쁜 인간이 지나가네요!" 나는 크게 당황하고 혼란스러웠지만, 그녀는 점잖은 숙녀에게서 들어본 적 없는 가장 거친 말로 계속 그를 욕했다.

윌리엄은 필라델피아의 명문가 출신이자 나중에 프랭클린의 정치적 동맹이 될 조지프 갤러웨이 밑에서 법을 공부했다. 1751년 프랭클린이 의회 의원으로 선출되자, 프랭클린은 윌리엄을 자신이 맡고 있던 서기관 자리에 앉혔다.

2년 후, 프랭클린은 아들에게 더 나은 일자리를 찾아주었다. 프랭클린은 1737년에 필라델피아 우체국장으로 임명된 이후, 우편 관련 직책에서 천천히 승진해 결국 미국 우정청의 감사관comptroller이 되었다. 1751년, 그는 더 적극적으로 승진을 꾀했다. 영국에 있는 친구 피터 콜린슨에게 미국 부우정청장deputy postmaster general of America인 버지니아의 엘리엇 벤저가 오랜 병환으로 "언제 갈지 모른다"라며 영향력을 행사해 그 자리를 얻어달라고 부탁했다. "나는 벤저 씨를 존경하므로, 만약 그가 회복한다면 내가 이런 청탁을 했다는 걸 모르게 해주기 바라네." 하지만 벤저는 회복하지 못했고—죽기까지 시간이 좀 걸리기는 했지만— 2년 후 프랭클린은 버지니아의 윌리엄 헌터와 공동으로 그 자리에 올랐다.

부우정청장직을 맡으면서, 프랭클린은 식민지 전역의 우편서비스를 개선하고, 미국 각지의 상황을 더 잘 파악하며, 여러 지방의 주요 인사들과 교류할 수 있는 기회를 얻었다. 프랭클린이 맡은 우편 관련 일은 나중에는 꽤 괜찮은 수입을 가져다줬지만, 초반에는 미국 우편시스템을 제대로 갖추기 위해 투자해야 할 돈이 너무 많아서 수익은커녕 오히려 손해를 봤다

이 직책 덕분에 프랭클린은 아들에게 일자리를 줄 수 있었다. 프랭클린은 공직 임명에서 사적인 이해관계를 엄격히 따지는 사람이 아니었고, 자신이 얻은 지위를 이용해 가족에게 기꺼이 혜택을 주었다. 이번에도 그는 부우정청장으로서의 권한을 행사해 아들 윌리엄을 필라델피아 우체국장으로 임명했고, 1년 뒤에는 윌리엄을 감사관으로 임명했다.

어쩌면 윌리엄은 이제 아버지에게서 배울 점이 있다고 느꼈거나, 아니면 단순히 사춘기를 지나 성숙해졌을지도 모른다. 어떤 이유에서든, 부자 관계는 더 따뜻해지고 깊어졌다. 윌리엄은 프랭클린의 실험에 관심을 보였고, 자신의 관찰과 가설을 제시하기도 했다. 특히, 유명한 연 실험에서 유일하게 윌리엄이 조수로 참여했다는 사실은 의미가 깊다. 이 실험이 프랭클린에게 국제적 명성을 안겨주자, 아들은 아버지를 더욱 존경하게 되었다.

프랭클린 역시 아들 윌리엄이 점점 훌륭한 어른으로 성장하고 있다고 생각하며 기뻐했다. 자신도 젊었을 때 반항적이었으므로, 윌리엄이 젊었을 때 방황하거나 여러 가지 실수를 했던 것을 마냥 탓할 수만도 없었다. 하지만 이제 윌리엄이 자신의 길을 찾아가는 모습을 보며, 아버지는 그저 기쁠 따름이었다.

윌리엄은 우체국 회계를 관리하고 법률 공부를 하면서도, 더 거창한 꿈을 꾸었다. 그중 가장 큰 꿈은 서부 땅에 거대한 제국을 세워 부자가 되는 것이었다. 그 시대의 많은 사람—조지 워싱턴도 포함해—과 마찬가지로 윌리엄도 오하이오 계곡을 여행하며 일종의 전염병에 걸렸다. 그 병의 가장 뚜렷한 증상은, 그 끝없는 땅의 소유권을 얻는 자에게 엄청난 부가 기다리고 있다는 믿음이었다. 그 당시 윌리엄은 이런 꿈을 꾸었고, 실제로 이후 몇 년간 그 꿈을 이루려고 노력했다.

프랭클린도 아들의 꿈을 어느 정도는 함께했지만, 아들처럼 심각하게

빠져들진 않았다. 윌리엄과 함께 서부 땅투기에 나서기도 했지만, 프랭클린에게 서부의 꿈은 개인적이라기보다는 미국 전체의 발전과 같은 더 큰 목표에 가까웠다.

윌리엄 셜리와 교환한 서신에서도 드러났듯이, 프랭클린은 잠재적으로 미 대륙을 대영제국과 동등한 부분으로 보았다. 그리고 동등해질 수 있는 기반은 바로 토지였다. 토지에 미 대륙의 미래가 놓여 있었고, 미 대륙의 토지에 영국의 미래가 놓여 있었다.

프랭클린은 그가 쓴 가장 영향력 있는 에세이 중 하나에서 바로 이 문제를 다루었다. 1751년 그는 「인구 증가 및 국가의 인구분포에 관한 관찰 Observations concerning the Increase of Mankind, Peopling of Countries, &c.」이라는 글을 작성해 피터 콜린슨 등에게 배포했고 콜린슨은 프랭클린에게 그 글을 출판하라고 강력하게 권유했다. 콜린슨은 "친애하는 친구여, 자네의 인구 증가에 관한 관찰을 세상에 공개해서, 뛰어난 사람들에게 보여주었으면 하네. 나는 아직 아무도 이 문제를 자네만큼 잘 다룬 사람을 본 적이 없네"라고 말했다. 그러나 초안은 다소 미완성된 상태였고, 프랭클린은 '뛰어난 사람들'이나 다른 누구에게 공개하기 전에 좀 더 다듬기를 원했다. 그러나 정치활동, 우정청 업무, 그리고 다른 여러 일들로 인해 끝내 글을 다듬지 못했다. 결국 1754년에 프랭클린은 초안 그대로 출판하기로 했고, 이듬해인 1755년 보스턴에서 이 에세이가 출판되었다. 이 글은 곧 대서양을 건너 런던, 에든버러, 더블린 등지에서도 재출간되었고 경제학자 애덤 스미스와 이후 토머스 맬서스를 비롯한 많은 사람이 이 글을 읽고 높이 평가했다.

프랭클린의 핵심 아이디어는 간단했다. 인구 증가는 토지의 가용성에 달려 있다는 것이었다. 그리고 출산율의 중요한 요소는 결혼 연령이었다. 일찍 결혼한 부부가 늦게 결혼한 부부보다 자녀를 더 많이 가졌다(당시에는 피임이 편리하지 않았으니 당연한 이야기다). 그리고 결혼하는 나이는 경제적으로 독립할 수 있는 기회가 있느냐에 달려 있었다. 프랭클린이 살던 산업화 이전 시대에는 많은 사람이 경제적으로 독립하려면 땅이 꼭 필요했던 시대였다. 그런데 미국은 유럽에 비해 땅이 훨씬 풍부했다. 유럽은 이미 농부들로 가득 차 있었으므로 유럽에서 농사를 짓는 사람이 더 늘어나려면, 이미 그 땅에서 농사짓던 누군가를 내쫓아야 했다. 반면, 미국은 인디언들이 주로 사냥을 하며 살고 있었다. 사냥은 농사에 비해 훨씬 넓은 땅이 필요하지만, 인구밀도는 훨씬 낮았다. 그래서 미국에는 농사지을 수 있는 땅이 넉넉하게 남아 있었다.

미국에서는 토지가 매우 넉넉하고 값도 싸서, 농사일을 할 줄 아는 노동자는 얼마 지나지 않아 돈을 모아 가족이 먹고살 수 있을 만큼의 새 땅을 살 수 있었다. 이런 사람들은 결혼을 두려워하지 않았다. 왜냐하면, 혹시라도 앞으로 자녀들이 성장해서 어떻게 먹고살지 걱정이 들다가도, 그 자녀들 역시 쉽게 땅을 구입할 수 있다는 사실을 알고 안도하기 때문이다.

그러므로 미국에서는 결혼이 더 흔하고, 결혼하는 나이도 유럽보다 더 어리다. 유럽에서 1년에 100명당 결혼이 한 건 있다면, 미국에서는 100명당 두 건이 있다고 할 수 있다. 그리고 유럽에서는 결혼이 늦게 이루어지는 경우가 많아 한 결혼당 출생아가 네 명에 불과하지만, 미국에서는 한 결혼당 여덟 명이 태어난다고 할 수 있다. 이 중 절반만 성인이 될 때까지 살아남으니 평균 20세에 결혼한다면 우리의 인구는 최소한 20년마다 두 배로 증가할 것이다.

맬서스의 눈길을 사로잡은 것이 바로 이 부분이었다. 즉 인구가 두 배로 증가한다는 부분과 프랭클린이 "식물과 동물의 번식력에는 원래 한계가 없고, 오직 서로 너무 많아져서 먹고살 자원을 두고 경쟁할 때만 한계가 생긴다"라고 한 부분이었다. 이러한 내용(물론 맬서스 자신의 기여도 있었지만)으로부터 맬서스는 인구가 식량 등 자원을 초과해 결국 빈곤과 고통이 불가피하다는 인구론을 발전시켰다.

한편 애덤 스미스는 프랭클린 주장의 또 다른 부분에 매료되었다. 1750년 영국 의회는 영국 제조업자들의 요구에 굴복해 아메리카에서의 철공소 건설을 금지했다. 프랭클린의 에세이는 이런 금지 조치에 대한 반박의 의미도 담고 있었다. 그는 미국의 인구가 빠르게 늘어나고 있지만, 땅이 워낙 넓기 때문에 앞으로도 오랫동안 미국에서는 노동력이 귀할 것이라고 주장했다. "그러므로 노동이나 제조업에 의존하는 산업에서 미국이 본국과 경쟁하는 일은 너무나 먼 일이라 영국이 신경 쓸 필요도 없다." 본국의 제조업 수요를 약화하기는커녕, 오히려 미주 식민지가 성장하면 영국산 제조품에 대한 수요가 더 커질 것이라고 주장했다. "그러므로 영국은 식민지의 제조업을 너무 억제하지 말아야 한다. 현명하고 좋은 어머니라면 그렇게 하지 않을 것이다. 자녀를 괴롭히면 결국 가족 전체가 약해진다." 애덤 스미스는 영국의 보호무역 정책을 비판한 경제학자로, 프랭클린의 이런 주장을 매우 높이 평가했고, 실제로 그의 에세이를 두 권이나 소장했다고 한다.

한편 프랭클린은 노예제에 대한 자신의 견해가 변하고 있음을 일찍부터 드러냈다. 그는 노예의 도입이 오히려 국가를 약화시킬 뿐이라고 주장했다. 노예제가 존재하면 백인들은 직접 일하지 않고 노동을 피하게 되어, 건강이 나빠지고 '전반적인 출산율도 낮아진다'는 것이다. 노예제도는 또한 국가의 도덕적 건강을 약화시켰다. 이 시점에서 프랭클린은 인간을 사고파는 것이 본질적으로 부도덕하다고까지 주장하지는 않았지만, 노예제가 사회에 나쁜 본보기를 만든다고 비판했다. "백인 아이들이 점점 거만해지고, 노동을 혐오하게 되며, 게으름 속에서 교육받아 결국 스스로 일해서 살아갈 능력을 잃게 된다." 프랭클린은 또한 남부보다 노예가 적었던 북부 식민지들의 인구가 더 빨리 늘어났다는 점도 의미심장하게 받아들였다.

미국에서 나타난 인구 증가의 법칙은 식민지에 매우 밝은 미래를 약속해주며, 그 번영이 영국 본토의 번영을 조금도 해치지 않는다고 프랭클린은 생각했다.

현재 미국에는 약 100만 명의 영국계 사람들이 살고 있다고 추정된다(그런데 실제로 영국에서 바다를 건너온 사람은 8만 명 정도에 지나지 않았다). 그럼에도 불구하고 영국 본토의 인구가 줄어든 것도 아니고, 오히려 식민지 덕분에 영국의 제조업자들에게 일자리가 생겨 전체 영국의 인구가 더 늘었다고 볼 수 있다. 만약 이 100만 명이 25년마다 두 배로 늘어난다면, 100년 후에는 미국의 영국계 인구가 영국 본토 인구보다 더 많아질 것이다. 그리고 그때가 되면 영국인 중 가장 많은 수가 대서양 이쪽에 살게 될 것이다. 이렇게 되면 영국 제국은 육상뿐 아니라 해상에서도 엄청난 힘을 얻게 되고, 무역과 해운도 크게 늘어날 것이다.

미국의 미래, 더 나아가 대영제국의 미래가 토지의 가용성에 달려 있었기 때문에, 프랑스와의 영토 경쟁이 매우 중요해졌다. 1754년에 조지 워싱턴이 프랑스군과의 전투에서 패배하자, 영국 정부는 이를 심각하게 받아들였다. 이듬해 초 영국은 정규군 장교와 병사들을 미국으로 파견해 프랑스군을 몰아내고, 오하이오 지역에 대한 영국의 정당한 지배권을 되찾으려고 했다. 이 원정대의 사령관은 콜드스트림 근위대의 에드워드 브래독 소장이었다. 브래독은 60세로, 지브롤터 총독 대행을 지낸 바 있었다. 군 경력이 특별히 뛰어나지는 않았고, 마지막으로 식민지 총독 자리를 노리고 있었다. 파이프와 적포도주, 그리고 여자를 좋아했지만, 겉으로는 금욕적인 인상을 주려 했다. 영국의 일기 작가 호러스 월폴은 "브래독은 성격이 이로쿼이족처럼 냉정하다"라고 말한 적이 있다. "그에게는 여동생이 있었는데 배스에서 도박으로 모든 재산을 날리고 정말 영국인다운 침착함으로 스스로 목을 매어 자살했다. 그녀는 탁자 위에 쪽지 한 장만 남겼는데, 거기에는 '죽는다는 것은 어떤 고요한 해변에 닿는 것'이라는 구절이 적혀 있었다. 브래독은 이 소식을 듣고는 '가엾은 패니! 난 항상 그 아이가 도박을 하다가 결국엔 **목매 죽을** 줄 알았어'라고 말했다."

브래독은 총독직을 얻기 위해 신세계의 황야로 가야 한다는 것이 달갑지 않았지만, 그곳 외에는 자신을 부르는 곳이 없었기에 어쩔 수 없이 가야만 했다. 그는 런던의 극장을 즐겨 찾았고 그곳에서는 유명 여배우 조지 앤 벨러미―사귀고 있던 정부 중 한 명―가 공연하고 있었다. 그리고 떠나기 전, 브래독은 벨러미의 연극적인 기질이 자신에게도 옮은 듯한 모습을 보였다. 그녀는 헤어지던 장면을 이렇게 회상했다. "장군은 나에게 '이제 다시는 너를 볼 수 없을 거야. 나는 소수의 병사들과 함께 모든 나라를 정복하러 가야 해. 그러려면 미지의 숲을 헤치고 나아가야 하지'라고 말했어요. 그리고 그 지역의 지도를 꺼내 보이며 이렇게도 말했죠. '사랑하는 자기야, 우리는 제물처럼 제단에 바쳐지러 가는 거야.'"

장군은 아메리카의 프랭클린과 다른 이들에게는 다른 인상을 주었다. 프랭클린은 메릴랜드 프레더릭에서 브래독을 만났다. 이때 프랭클린은 펜실베이니아 의회의 요청을 받아 파견된 것이었다. 의회는 영국에서 온 이 장군이 정말 프랑스군과 인디언들로부터 식민지를 구해줄 만한 인물인지, 직접 확인하고 싶었다. 하지만 프랭클린은 의회의 눈 역할을 드러내기보다 부우정청장 신분으로 장군의 통신 업무를 도와주러 왔다고 말했다.

브래독은 적들을 단시간에 처리하겠다며 자신만만했다. 브래독은 프랭클린에게 "포르뒤켄을 점령한 뒤에는 나이아가라로 진격할 것이고, 그곳을 점령하고 날씨만 좋다면 프롱트낙까지 갈 것이오. 포르뒤켄 점령에는 3~4일 이상 걸리지 않을 테니, 나이아가라로 가는 데 방해가 될 만한 것은 없을 것 같소"라고 말했다. 프랭클린은 윌리엄으로부터 들은 이야기도 있었고, 최근의 역사, 특히 조지 워싱턴의 경험을 통해 국경지대에서 전쟁하기가 얼마나 어려운지 잘 알고 있었다. 인디언들은 매복전의 대가였기 때문에, 브래독 장군이 이런 점을 고려하고 있는지 프랭클린은 의문을 가졌다.

"이 야만인들은 당신네들 미숙한 아메리카 민병대에게는 실로 강력한 적이 될 수 있겠군요"라고 브래독이 말했다. "하지만 폐하의 훈련된 정규군에게는 그 어떤 영향도 줄 수 없을 거요."

하지만 이 영국 장군을 걱정하게 만드는 것이 하나 있었다. 자신과 영국군이 식민지 주민을 위해 싸우러 왔는데, 정작 미국인들이 제 역할을 하지 못한다는 것이었다. 그는 동료에게 "이 미국인들은 우리를 꼬드겨 자신들 대신 싸우게 해놓고는, 마차와 보급품값으로 우리에게 바가지를 씌우고 정작 자신들의 싸움에는 적극적으로 나서려 하지 않는다"라고 불평했다. 그는 프랭클린에게 특히 마차 같은 운송수단을 제공하지 않는 식민지 주민들의 비협조가 작전 시작도 전에 원정 자체를 망칠 수 있다고 선언했다.

프랭클린도 펜실베이니아가 군사 방어에 인색하게 굴고 있다는 사실을 부정할 수 없었다. 전과 마찬가지로 의회의 퀘이커 교도들이 군사 예산 책정을 막고 있었기 때문이었다. 그러나 그는 펜실베이니아 사람들이 영국 왕의 군대에게 마차와 말을 기꺼이 빌려줄 것이라고 생각했고, 브래독에게 그렇게 말했다.

브래독은 프랭클린에게 "당신은 펜실베이니아에서 영향력 있는 사람이니까, 우리에게 필요한 마차와 말을 구해줄 수 있겠지요? 꼭 그 일을 맡아주셨으면 합니다"라고 부탁했다.

프랭클린은 그 제안을 받아들였다. 그는 매력적인 보상 조건을 내걸고 마차 150대와 말 1500마리를 모집하는 광고 전단을 인쇄해서 배포했다. 프랭클린은 동봉한 편지에서 마차와 말의 소유주들에게 "군대가 하루에 12마일 이상 행군하는 일은 거의 없을 것이니, 일은 크게 힘들지 않을 것입니다"라고 안심시켰다. 또한, 자신이 이 일에서 금전적 이익을 얻는 것이 없다고 강조하며, "나는 일만 하지 내게 돌아오는 건 아무것도 없습니다"라고 덧붙였다. 만약 금전적 보상만으로 충분하지 않다면 애국심이 동기가 되어야 한다고 했고, 돈도 애국심도 관심 없는 이들에게는 다음과 같이 경고했다. "만약 이 방법으로 마차와 말을 구하지 못한다면, 14일 이내에 브래독 장군에게 알려야 합니다. 그러면 무시무시한 그의 병참 장교이자 후사르인 존 세인트클레어 경이 군인들과 함께 곧바로 이 지역에 들어와 강제로 마차와 말을 징발해 갈 것입니다. 그렇게 되면 저로서도 매우 유감스러울 것입니다."

브래독 장군의 부관은 프랭클린의 전단을 읽고는 "마지막 문구는 정말 프랭클린답다"라며 킬킬거렸다. 브래독 장군의 병참 담당관인 세인트클레어 장군은 사실 합스부르크 제국의 공격 선봉대인 '후사르Hussar'는 아니었지만, 그가 속한 부대의 제복이 헝가리 후사르와 충분히 비슷해서 펜실베이니아의 독일계 이민자들을 불안하게 만들었다. 이 이민자들은 후사르가 어떻게 악명을 떨쳤는지 잘 알고 있었기 때문이다. 세인트클레어는 실제로도 매우 오만하게 굴며 자신의 이미지를 굳혔다. 그는 숲속에 길을 내는 일은 자신의 휘하 병력이 아니라 반드시 민간인들을 시켰다. 만약 주민들이 협조하지 않으면 집을 불태우고 가축을 죽이겠다고 위협했다. 만약 도로공사 지연으로 인해 프랑스군을 무찌르지 못하게 된다면, 그 책임이 있는 사람들을 '반역자 무리'로 취급하겠다고도 했다.

프랭클린은 군대에 필요한 말과 마차를 구했지만, 자기 돈을 잃을 위험에 처했다. 과거 후사르 기병에 대해 어떤 기억을 가지고 있든 간에 시골의 영리한 농부들은 자신들의 말과 장비를 빌려주고 확실히 돈을 받기를 원했다. 그들은 브래독 장군을 잘 몰랐지만, 영국 정부가 예전에 돈을 늦게 준 적이 있다는 것은 잘 알고 있었다. 그래서 프랭클린에게 만약 정부가 돈을 주지 않으면 본인이 책임지겠다는 보증을 요구했다. 프랭클린은 국가를 위한 충성심에(그러나 한편으로는 불안한 마음으로) 이 요구를 받아들였다.

브래독 장군은 이제 승리를 위한 보급품을 갖추고 승리를 이루기 위해 출발했다. 프랭클린은 필라델피아로 돌아왔는데, 그곳 사람들은 브래독의 성공을 자신보다 훨씬 더 확신하고 있었다. 몇몇 동료 시민들은 확실한 승리를 축하하기 위해 불꽃놀이 모금을 시작했을 정도였다. 프랭클린은 눈살을 찌푸리며 전투에서 이긴 뒤에 축하해도 늦지 않다고 말했다.

그러자 불꽃놀이를 주도하던 사람 중 한 명이 "아니 이런 젠장!"이라고 말했다. "설마 요새를 점령하지 못할 거라고 생각하는 거요?"

"그런 건 아니지만" 프랭클린이 대답했다. "전쟁의 결과는 매우 불확실하다는 걸 알기 때문에 그렇소."

그리고 실제로 그러했다. 프랭클린이 확보했던(그리고 보증을 선) 마차와 말의 행렬에도 불구하고, 브래독은 숲을 통과하는 것이 고통스러울 정도로 느리다는 것을 알게 되었다. 브래독의 보좌관으로 군에 복귀한 워싱턴의 조언에 따라, 장군은 부대를 나누어 더 가볍고 빠른 부대들을 앞세우고 보급 행렬은 뒤따르게 했다.

1755년 7월 9일 아침, 토머스 게이지 중령(20년 후에는 워싱턴을 전혀 다른 관계로 만나게 될 인물)은 약 450명의 병력을 이끌고 포르뒤켄에서 남쪽으로 몇 킬로미터 떨어진 넓은 초원으로 향했다. 게이지는 충분한 수의 정찰병을 앞세우지 않았기 때문에, 사실상 아무 정보도 없이 전진하고 있었다.

한편, 프랑스군과 인디언 병력은 요새에서 남쪽으로 정찰을 나가고 있었다. 그런데 뜻밖에 영국군을 마주쳤고, 숲에서 전투가 벌어졌다. 게이지는 적의 규모를 제대로 파악하지 못해, 앞에 있는 빈터로 나아가기보다는 후퇴했다. 그러자 뒤에 있던 브래독 장군은 총소리를 듣고 자신의 부대에게 진격하라고 명령했다. 이 때문에 후퇴하는 부대와 전진하는 부대가 좁은 길에서 서로 부딪혀 혼란에 빠졌다. 그 틈을 타 숲을 잘 아는 프랑스군 지휘관은 병력을 둘로 나누어, 덤불을 지나 영국군의 양옆으로 이동시킨 뒤, 그늘진 곳에서 영국군을 향해 맹렬하게 사격을 퍼부었다.

한 생존자는 "그 현장의 공포는 말로 표현할 수 없습니다. 인디언들의 함성이 아직도 귀에 생생한데, 그 끔찍한 소리는 내가 죽는 날까지 잊지 못할 겁니다"라고 말했다. 워싱턴은 심한 열병에서 회복해 겨우 전투에 참가했는데, 그가 타던 말 두 마리가 총에 맞아 쓰러졌고, 네 발의 총알이 외투를 뚫고 지나갔지만, 기적적으로 상처를 입지 않았다. 브래독 장군도 용감했지만 운이 나빴다. 네 마리의 말을 잃고, 다섯 번째 말을 타고 있을 때 총알이 폐를 관통해 말에서 떨어졌다. 브래독은 중상을 입었지만 목숨은 건졌다. 그러나 부대의 피해는 심각했다. 1450명 중 3분의 2가 죽거나 다쳤고, 장교는 네 명 중 세 명이 사상자였다.

어떤 경우에는 차라리 죽은 사람이 산 사람보다 나았을 정도였다. 프랑스와 동맹을 맺은 인디언들에게 잡힌 포로들은 고문을 당했다. 이전에 잡힌 한 영국군 포로는 이렇게 말했다. "인디언들이 십여 명의 포로를 데리고 포르뒤켄으로 돌아왔는데, 그 포로들은 벌거벗겨져 있었고, 손이 등 뒤로 묶여 있었으며, 얼굴과 몸 일부가 검게 칠해져 있었습니다. 인디언들은 이 포로들을 요새 맞은편 앨러게니 강가에서 산 채로 불에 태워 죽였습니다. 저는 요새 성벽에 서서 그들이 어떤 남자를 태우는 것을 보았습니다. 그들은 그를 말뚝에 묶고, 불붙은 막대기나 달군 쇠 등으로 계속 지지며 괴롭혔고, 그는 너무나도 슬프고 고통스럽게 비명을 질렀습니다. 그동안 인디언들은 마치 지옥의 악령들처럼 고함을 질러댔습니다."

11장 민중의 대령

1755~1757

브래독 장군이 오하이오에서 패배했다는 소식은 펜실베이니아를 충격에 빠뜨렸다. 패주하던 영국군이 필라델피아로 돌아오면서 주민들은 패전 소식을 들었다. 브래독 장군의 지휘권을 물려받은 토머스 던바 대령은 눈에 보이지도 않고, 수를 알 수도 없는 적을 생각하며 패닉에 빠졌다. 그는 부대 전체가 전멸할 위험에 처했다고 확신하고, 모든 짐마차를 불태운 후 병사들을 이끌고 필라델피아로 서둘러 후퇴했다. 그때는 8월도 되지 않았는데, 그는 그곳에서 겨울 숙영을 준비하자고 제안했다.

던바가 후퇴하자 변방은 무방비 상태가 되었다. 한편 프랑스군 지휘관 장 뒤마 대위도 던바와 마찬가지로 최근 전투에서 상관이 죽고 지휘권을 넘겨받았다. 하지만 던바와 달리, 뒤마는 새로 얻은 권한을 어떻게 써야 할지 알고 있었다. 그는 즉시 오하이오에서 남쪽과 동쪽, 즉 펜실베이니아, 메릴랜드, 버지니아 내륙까지 공포의 공격을 시작했다. 그의 목적은 영국의 인디언 동맹들을 겁주어 프랑스 편으로 돌아서게 만들고, 영국 식민지 정착민들을 대서양 연안까지 몰아내는 것이었다.

뒤마가 포르뒤켄에서 바라본 바로는, 이번 작전은 매우 성공적이었다. 작전이 시작된 지 몇 달 후, 그는 프랑스 정부에 이렇게 보고했다. "저는 이 지역에서 영국의 가장 충실했던 동맹 부족들 모두를 영국에 등을 돌리도록 만들었습니다." 이 정책은 매우 치밀하고 잔인했다. 최근까지 영국에 충성했던 부족들을 언급하며, 뒤마는 이렇게 자랑했다. "저는 거의 모든 부족이 영국을 공격하게 만들었고, 만약 그들 중에 저항하는 이들이 있으면 언제나 그들을 제거하는 데 성공했습니다. 그래서 이로쿼이 부족도 델라웨어와 쇼니 부족의 본보기를 따르지 않으면 위험하다며 두려워하고 있습니다. 그리고 제가 이곳에서 포섭한 인디언 전사들이 영국인의 머릿가죽을 가지고 포로를 마을로 데려갔기 때문에, 그들은 말하자면 스스로 원하지 않아도 어쩔 수 없이 전쟁에 참여하게 되었습니다." 뒤마는 약간의 과장을 섞어 이렇게 덧붙였다. "나는 펜실베이니아, 메릴랜드, 버지니아 이 세 인접 식민지를 완전히 망가뜨렸고, 주민들을 내쫓았으며, 포트컴벌랜드에서부터 약 150킬로미터 지역에 있던 정착지들을 완전히 파괴했습니다." 예닐곱 개의 인디언 습격대가 동시에 활동 중이었고, 각 습격대는 프랑스인이 이끌고 있었다. "지금까지 우리는 장교 두 명과 몇몇 병사만 잃었지만, 인디언 마을에는 나이와 성별을 가리지 않은 수많은 포로로 가득합니다. 적은 전투 당일보다 그 이후에 더 많은 피해를 입었습니다."

프랭클린이 필라델피아에서 본 시각에서도, 프랑스의 공격은 매우 효과적이었다. 1755년 가을, 변방에서는 공포스러운 소식이 계속 들려왔다. 펜스크리크에서는 끔찍한 학살과 유괴 사건이 일어나, 열네 명이 죽고 머릿가죽이 벗겨졌으며, 열한 명은 어디로 끌려갔는지 알 수 없었다. 컴벌랜드(나중에 풀턴으로 불리는)카운티에서는 델라웨어족 추장 싱가스(이제는 '무서운 싱가스'라고 불린다)가 자기 부족을 이끌고 예전 동맹이었던 영국인들을 공격하고 있다는 소식이 전해졌다. 싱가스와 그가 이끄는 전사들에 의해 그레이트코브 마을이 파괴된 뒤, 간신히 탈출한 사람은 "모두 타버리고 잿더미가 되었다"라고 표현했다. 그는 또 "남편이 사랑하는 아내가 인디언들에게 목이 잘리는 모습을 지켜보고, 이 잔인하고 야만적인 자들이 아이들의 피를 마시는 모습을 보는 것은 정말로 충격적이다"라고 말했다.

　최근까지 동맹이었던 이들이 이런 테러를 했다는 사실이 더욱 끔찍했다. 프랭클린의 친구인 존 바트럼은 변방에 있는 지인들한테 들은 이야기를 이렇게 전했다. "지금 이렇게 잔인하게 변한 인디언들 대부분은, 예전에는 거의 매일 우리 집에 드나들던 사람들로서 같이 먹고 마시고, 심지어 서로 욕도 하고, 아주 친하게 놀던 친구들이었다. 그런데 이제는 아무런 이유도 없이, 불과 총알과 도끼로 눈에 보이는 모든 것을 파괴하고 있다." 바트럼은 심지어 겉으로 보기에 안전해 보이는 집들도 어떻게 황폐해졌는지 이렇게 설명했다.

　　그들이 잘 방어된 집을 공격할 때면 울타리나 덤불 뒤, 또는 나무 뒤에 숨어 뜨겁게 달궈진 철 조각이나 불씨를 지붕으로 쏘아 올려 집을 불태운다. 그리고 집안에서 사람들이 뛰쳐나오면 총을 쏘기 때문에 대부분이 죽을 수밖에 없다. 가족 대부분이 여성과 아이들인 집이라면 그들은 집에 침입해 모두를 죽이고 약탈한 다음 시체와 함께 불태운다. 만약 탈출한 사람이 있으면 그를 쫓아가 죽인다.

　침입자들은 앨러게니산맥을 넘고, 서스퀘해나강을 건넜다. 이제 이 공격은 더 이상 변방만의 문제가 아니었다. 프랑스가 부추긴 이 공격은 식민지에서 가장 오래되고, 인구가 많은 지역까지 위협하게 되었다. 레딩 근처에서까지 공격이 일어나자 그곳의 독일계 주민들은 "즉각적인 지원을 받지 못하면 우리가 필라델피아로 몰려가 그곳 주민들에게 얹혀살겠다"라고 위협했을 정도였다. 그들의 최후통첩은 이런 내용이었다. "우리가 희생양이 되어서는 안 된다. 그래서 우리와 함께할 모든 사람과 함께 필라델피아로 내려가 그곳 주민들과 함께 살며, 그들과 함께 운명을 기다릴 것이다.'' 하지만 아무런 조치도 받지 못하자, 실제 독일계 주민 1000명이 식민지의 수도 필라델피아로 행진했다.

이 시점에서 적은 필라델피아에서 불과 하루 거리에 있었다. 주의 대부분이 프랑스와 그들의 인디언 동맹국들에게 넘어갔고, 더 많은 지역이 계속해서 넘어가고 있었다. 1755년 11월, 펜실베이니아의 식민지 서기관 리처드 피터스는 "서스퀘해나강 건너편에 있던 거의 모든 여성과 아이들이 자기 집을 떠났고, 길에는 굶주리고, 헐벗고, 가난한 피난민들로 가득하다"라고 기록했다.

주민들이 도망치는 상황에서 펜실베이니아 정부는 마비되었다. 1747년에도 비슷한 위기가 있었는데, 그때 정부가 방어에 돈을 쓰지 못한 주된 이유는 퀘이커 교도들의 평화주의와 영향력 때문이었다. 하지만 그 이후 퀘이커 교도들은 두 번의 큰 충격적인 사건으로 생각이 바뀐다. 하나는 퀘이커를 반대하는 사람들이, 방어 의지가 없는 사람들이 식민지를 통치해서는 안 된다며 그들을 축출하려는 캠페인을 강력하게 벌였기 때문이었다. 다른 하나는 서부에서 프랑스와 인디언들로부터 위협이 점점 더 심해졌기 때문이었다. 이런 상황이 지속되고 심화됨에 따라 퀘이커 교도들은 국방에 관해서는 모범적인 시민으로 행동했다. 프랭클린은 "퀘이커들도 이제는 다른 어떤 사람들만큼이나 방어를 위해 돈을 내고 쓸 수 있음을 보여줬다"라며 긍정적으로 평가했다.

사실 당시의 정부 기능 마비 상태는 퀘이커 교도들 때문이 아니라 특허 지주들 때문이었다. 펜 가문은 펜실베이니아에 있는 자신들의 토지에 대한 어떤 세금도, 심지어 식민지 방어를 위한 세금조차도 납부하기를 완강하게 거부했다. 그러자 의회는 펜 가문만 세금을 면제해주는 것은 받아들일 수 없다고 맞섰다. 특히 외침으로부터의 방어를 위한 세금에 대해서는 더욱 강경한 태도를 취했다. 1755년 여름과 가을, 국경이 불타고 정착민들이 목숨을 걸고 도망치는 동안에도 의회와 특허 지주들은 서로 싸우느라 아무런 대응도 하지 못하고 있었다.

특허 지주의 대리인은 전년도 가을부터 재임 중이던 현 총독 로버트 모리스였다. 프랭클린은 모리스를 이전에 뉴저지에서 공직자로서 알았고, 영국에서 펜실베이니아로 오는 길에 뉴욕에서 다시 만났다. 모리스는 프랭클린 못지않게 자기만의 매력이 있는 인물이었다. 모리스는 프랭클린에게 자신이 의회와 일할 때 어려움을 겪게 될지 물었다. 프랭클린은 특유의 약간 농담 같으면서도 진지한 표정으로 의회와 다툼만 피한다면, 아무런 어려움도 없을 거라고 대답했다.

"친애하는 친구여." 모리스가 미소를 지으며 말했다. "어떻게 네가 나보고 논쟁을 피하라고 조언할 수 있지? 너도 알다시피 나는 논쟁하는 걸 정말 좋아해. 그건 내게 가장 큰 즐거움 중 하나야. 하지만 네 조언을 존중하는 마음에서, 가능하다면 논쟁을 피하겠다고 약속함세."

문제는 논쟁을 좋아하는 모리스의 성격이 아니었다. 물론 그 성격도 상황을 더 어렵게 만들긴 했지만, 진짜 문제는 펜 가문이 총독 후보라면 누구든, 펜 가문의 소유지에 세금을 부과하는 어떤 법안도 반드시 거부하겠다고 약속하도록 만들었기 때문이었다. 그리고 만약 그 약속을 어기면 금전적인 불이익을 주겠다고 한 것이다. 모리스는 이런 약속을 거부할 처지가 못되었고, 일단 약속한 뒤에는 이를 어길 수 없었다. 왜냐하면 그는 경제적으로 넉넉하지 못해서, 급여의 한 푼 한 푼이 절실했기 때문이었다. 그 돈은 여러 가지 빚을 갚는 데 필요했는데, 그중에는 최근 런던에서 만난 매력적인 하숙집 미망인 여주인에게 지급해야 할 자녀 양육비도 있었다(그 미망인이 낳은 아들이 모리스와 매우 닮았다는 이야기가 있다).

모리스가 펜 가문의 이익을 대변하는 동안, 프랭클린은 펜실베이니아 주민들을 위해 움직였다. 그는 예전처럼 의회의 가장 중요한 위원회에 모두 참여했고, 이전보다 더 많은 주요 문서들을 직접 작성했다. 1755년 하반기에는 펜 가문과 의회 사이의 갈등이 점점 심해지면서, 결국 그 대립은 모리스와 프랭클린 두 사람의 일대일 대결로 이어졌다.

7월 말, 의회는 브래독 장군의 패배라는 충격적인 소식을 접했다. 이에 의회는 즉시 식민지 방어를 위해 5만 파운드의 지출을 승인했다. 이 자금을 마련하고자 의회는 식민지 내 모든 부동산과 동산에 부과되는 재산세의 시행안을 통과시켰다.

총독은 8월 초에 과세안을 받았지만, 특허 지주들의 토지는 세금을 면제받도록 법안을 고쳐야 한다고 제안하면서 그 법안을 승인하지 않고 반려했다.

그러자 프랭클린이 의회의 답변서를 작성했으며, 그 요지는 특허 지주가 소유한 토지를 포함해 식민지 내 모든 토지에 세금을 부과하는 것이 '완벽하게 공평하고 정당하다'고 주장했다. 프랭클린과 동료들은 총독을 전술적으로 궁지에 몰아넣기 위해, 그의 거부가 합리적인 판단에 따른 것인지 아니면 특허 지주들에게 전에 한 약속 때문인지 밝혀달라고 요구했다. 만약 전자라면 총독이 자신의 생각을 상세히 설명해주기를 바라며, 후자라면 이 법안을 계속 추진하는 것은 모두의 시간을 낭비하는 일일 뿐이라고 했다.

모리스 총독은 자신의 거부를 정당화하며 일련의 논쟁을 시작했다. 하지만 이 논쟁들은 점점 유익하지도, 건설적이지도 못한 말다툼으로 변해갔고, 갈수록 서로에게 도움이 되지 않는 소모적인 싸움이 되었다. 프랭클린은 점차 총독을 직접적으로 공격하기 시작했고, 총독을 식민지의 안전뿐만 아니라 영국인들이 소중히 여기는 권리마저 위협하는 적으로 몰아붙였다.

국민들을 보호하고 아버지처럼 돌봐야 할 사람이 오히려 나라가 재난과 고통에 빠진 사이에, 국민이 피 흘리는 조국을 염려하는 그 마음을 이용해, 정의와 상식에 어긋나는 억압적인 법을 억지로 떠넘긴다면, 이성적이고 용기 있는 국민들은 **그 사람**을 얼마나 혐오스러운 존재로 받아들이겠습니까? 왜 총독은 자신을, 자유로운 국민을 비참한 가신의 신세로 전락시키는 도구로 사용하려고 합니까? 왜 우리에게 명성을 안겨준 자유, 그리고 유럽의 먼 곳에서까지 사람들이 누리기 위해 찾아온 그 자유를 빼앗으려 하는 것입니까?

결국 총독은 자신의 부임 조건이 특허 지주 소유 토지에 세금을 부과하는 어떤 조치도 금지하는 것이라고 인정했다. 그러자 프랭클린은 공격의 화살을 특허 지주에게 돌렸다. 한편 모리스는 프랭클린이 펜실베이니아 주민들의 처지를 '가신 상태vassalage'라고 표현한 것에 이의를 제기했다. 프랭클린은 이에 대해 실제로 펜실베이니아 주민들의 처지가 가신보다 더 나쁘다고 답했다. "가신은 자기 땅을 지키기 위해 전쟁에 나갈 때 영주를 **따라야** 한다. 하지만 우리의 특허 지주는 우리와 같은 영국 왕의 신하임에도 불구하고, 자신은 위험으로부터 수천 킬로미터나 떨어진 곳에 있으면서 우리를 **대신 보내** 자신을 **위해** 싸우게 할 것이다! 가신들은 영주의 비용으로 싸우지만, 우리 특허 지주들은 우리 자신의 비용으로 그의 땅을 지키기 원한다! 이것은 단순한 가신 상태가 아니다. 우리가 들어본 어떤 가신 상태보다 더 나쁘다. 이것은 우리가 부를 만한 적절한 이름조차 없는 상태다. 심지어 노예제보다도 더 비참한 노예상태라 하겠다."

이 노예상태라는 표현은 불과 한 세대가 지나기도 전에, 식민지가 영국 정부에 대한 불만을 표현할 때 사용하는 언어가 된다. 그런데 프랭클린과 펜실베이니아 사람들은 이 용어를 특허 지주에게 먼저 적용함으로써 시대를 앞서갔다. 하지만 프랭클린은 앞서가긴 했어도 결코 경솔하지 않았다. 모리스는 의회의 논리적 도착점이 결국 '민주주의'라고 비난했다. 당시 18세기 중반에는 민주주의가 흔히 무정부 상태와 동일시되었다. 프랭클린은 나이가 들수록 점점 더 민주적인 사람이 되었지만, 이 시점에서는 모리스의 도발에 넘어가지 않았다. 그는 "우리가 총독이 비난하는 것처럼 '민주주의를 도모할' 만큼 어리석지는 않다"라고 말했다. 오히려, 소유주를 완고하게 옹호하는 모리스야말로 민주주의를 더 가까이 불러오고 있다고 말했다. "총독의 이런 행동이야말로, 원래는 민주주의를 생각조차 안 했을 사람들까지 민주주의로 기울게 만드는 가장 확실한 행동이다."

나중에 모리스와의 싸움을 돌아보며 프랭클린은 그 논쟁이 지나치게 격렬했다는 것을 인정했다. "우리의 답변도, 그의 메시지도 매우 신랄했고, 때로는 무례할 정도로 공격적이었다. 그리고 내가 의회를 대신해 글을 쓴다는 것을 그가 알고 있기는 했지만, 글이 너무나 가차 없었기 때문에 사람들은 우리가 만나면 서로 목이라도 치는 줄 알았을 것이다."

하지만 프랭클린은 총독에게 자신과 같은 수준의 지성까지는 아니더라도, 비슷한 기질이 있다는 것을 알았다. 정치를 떠나서 보면 프랭클린만큼 합리적인 사람이었다. "그는 사람이 너무 좋아서, 나와의 경쟁으로 인해 개인적인 불화가 생기지 않았고, 우리는 자주 함께 식사를 하곤 했다." 어느 날 저녁 식사 자리에서, 모리스는 세르반테스의 『돈키호테』에 나오는 동반자 겸 대조적인 인물인 산초 판사의 재치 있는 대답이 아주 좋았다고 말한 적이 있었다. 산초 판사는 정부직을 제안받았을 때 아프리카인들을 통치하는 정부를 요청했는데, 그렇게 하면 흑인 신민들과 의견이 맞지 않을 경우 그들을 노예로 팔 수 있기 때문이라고 대답했다는 것이었다. 그러자 프랭클린 옆에 앉아 있던 모리스의 친구가 이야기를 이어받았다(아마도 미리 짠 것 같았다). 그는 "프랭클린, 자네는 왜 계속 저 빌어먹을 퀘이커 교도 편을 드는 건가? 차라리 그들을 팔아버리는 게 어때? 특히 지주가 잘 쳐줄 텐데." 이에 프랭클린은 이렇게 받아쳤다. "총독이 그들을 좀 더 시커멓게 만들어야지." 프랭클린은 회고록에서 모리스(그리고 자신)에 대해 "그는 정말 온갖 메시지를 통해 의회를 깎아내리려 애썼지만, 의회는 그가 덧씌운 비난을 매번 말끔히 지워냈고, 오히려 그 비난을 고스란히 그 자신의 얼굴에 덧칠해버렸다"라고 말했다.

당시 프랭클린은 사적으로 모리스를 이렇게 평가했다. "내가 아는 총독들 가운데 가장 경솔하고 무분별한 사람이다." 이런 성격 때문에 그와 협상하기는 쉽지 않았지만, 오히려 그것이 의회와 주민들에게는 유리하게 작용할 수도 있었다. "그는 사람들을 자극하고 화나게 만드는 온갖 잔재주는 많지만, 그들의 호감이나 존경, 신뢰를 얻는 방법은 전혀 모른다. 그런 것이 없이는 공공업무가 제대로 굴러갈 수 없고, 아예 멈춰버릴 수도 있는데 말이다." 따라서 프랭클린은 모리스가 결국 "펜 가문의 이익에 도움이 되기보다는 해를 끼치게 될 것이며, 친구보다는 적을 더 많이 만들 것"이라고 말했다.

문제는 과연 그때까지 식민지가 버틸 수 있을지였다. 프랭클린은 동료 피터 콜린슨에게 이렇게 말했다. "우리는 지금 온통 불길에 휩싸여 있어."

전쟁의 불길 속에서 프랭클린이 수년 동안 느끼지 못했던—혹은 적어도 행동으로 옮기지 않았던— 어떤 감정의 불꽃이 다시 타올랐다.

캐서린 레이는 로드아일랜드 식민지 블록아일랜드 출신으로 사이먼과 데버라 그린 레이의 딸이었다. 1754년 말 프랭클린이 보스턴을 방문했을 당시 23세였던 케이티* 레이는 프랭클린의 형 존의 의붓아들과 결혼한 언니 주디스와 같이 살고 있었다. 프랭클린은 이러한 가족관계를 통해 케이티를 만났고, 그녀의 아름다움과 매력에 즉시 매료되었다. 어쩌면 그녀의 젊음 그 자체, 그리고 그녀가 프랭클린에게 호감을 보이는 듯한 태도 역시 그를 더욱 사로잡았는지도 모른다.

프랭클린이 자기 아들 또래의 젊은 여성과 특별한 관계에 빠지도록 할 만한 가정 내 문제는 딱히 없었다. 어떤 정황으로 봐도 아내 데버라와 별문

---

*   캐서린의 애칭

제가 없었고, 실제로 프랭클린은 레이에게 자신이 데버라를 생각하며 작곡한 곡—결점까지도 받아들이겠다는 내용을 가진—을 들려주기도 했다. 하지만 어느 시점에는 결점까지 받아들이겠다는 마음이 체념처럼 느껴졌을 수도 있다. 프랭클린의 명성과 활동 영역이 점점 넓어지면서, 그는 인생에 더 많은 것이 있을지 궁금해했을지도 모른다. 그리고 그는 집에서 멀리 떨어져 있을수록 가정의 제약이 줄어든다고 느꼈다.

프랭클린이 케이티 레이를 처음 어떻게 알게 되었는지는 정확히 알려져 있지 않다. 하지만 분명한 것은 어느 시점에 프랭클린이 뉴욕과 필라델피아로 남하할 무렵 그녀도 같은 방향인 부모님이 계신 블록아일랜드 집으로 향했다는 것이다. 아마도 프랭클린이 같이 여행하자고 제안했을 가능성이 높다. 케이티의 언니 주디스는 동생을 책임져야 한다는 생각에, 프랭클린이 보호자 역할을 자청한 것을 기꺼이 받아들였을 것이다. 프랭클린은 레이와 함께 로드아일랜드의 웨스털리까지 동행했다. 웨스털리에는 레이의 또 다른 언니가 살고 있었다. 그곳에서 프랭클린은 서쪽(뉴욕 방향)으로 길을 떠나고, 레이는 블록아일랜드로 가는 배를 타기 위해 다시 길을 되돌아가야 했다.

얼어붙은 뉴잉글랜드 시골을 가로지르는 그 여행에서 정확히 무슨 일이 일어났는지 확실하게 재구성하기는 어렵다. 유일한 기록은 몇 달 동안 두 사람 사이에 오간 몇 통의 편지와 30년 동안 지속된 관계에서 찾을 수 있다. 레이가 먼저 부모님 집에 안전하게 도착한 직후에 편지를 썼다. 그녀의 편지는 사라졌는데, 분명 그 이유 중 일부는, 프랭클린이 그 편지가 아내의 손에 들어가는 것을 원하지 않았기 때문일 것이다.

그는 이 바쁜 시기에 다른 어떤 사람에게도 보여주지 않았던 민첩함으로 편지에 답장을 썼다. "1월 20일 자 당신의 친절한 편지를 이제 막 받았고, 이렇게 처음으로 시간을 내어 그 은혜에 감사를 전합니다." 두 사람은 분명, 꼭 필요한 것보다 더 오래 함께 여행한 것으로 보인다. 프랭클린은 그녀를 로드아일랜드 해안까지 일부러 멀리 동행했으며, 그녀를 떠나보낼 때도 쉽게 보내지 못하고 아쉬워했다. "그 아주 작은 배가 파도에 흔들리며 바다로 나아갈 때, 당신이 그 배에 올라타는 것을 보며 너무 위험한 선택이 아닌가 걱정이 되었습니다. 하지만 아픈 부모님이 기다리고 있으니 당연히 가야 했지요. 나는 해안에 서서 당신을 바라보았고, 더 이상 망원경으로도 당신을 분간할 수 없을 때까지 그렇게 서 있었습니다."

프랭클린은 뉴잉글랜드에 머무르며, 일부러 길을 천천히 가며 시간을 보냈다고 설명했다. 그는 어린 시절의 추억을 되새기며, "내 인생에서 가장 어리고 즐거웠던 시절"을 떠올렸고, 최근 자신이 이룬 성취에 대한 사람들의 인정과 환영을 생각하며 기분이 고조되었다고 했다. "나는 거의 내가 집이 있다는 사실조차 잊을 뻔했소." 뉴잉글랜드는 그에게 새로운 활력을 불어넣어 주었다. 하지만 뉴욕에 도착했을 때는 완전히 다른 감정이 들었다. 마치 "세상의 모든 사랑하는 사람들을 묻고 천국을 생각하기 시작하는 노인"처럼 느껴졌다고 했다.

프랭클린이 젊음을 느낀 것은 단지 고향 뉴잉글랜드 때문만은 아니었다. 진짜 이유는 케이티 레이였다. 여행 중 어느 시점에서, 프랭클린은 자신이 맡았던 보호자의 역할을 살짝 벗어나, 좀 더 열정적인 관계로 나아가려는 시도를 했던 것으로 보인다. 그러나 케이티는 그를 정중하고 부드럽게 거절했고 그녀의 태도가 너무나 사려 깊고 섬세해서, 오히려 프랭클린은 그녀에게 더 깊이 빠져들게 되었다. "나는 지금 올겨울 들어 가장 거센 눈보라가 몰아치는 북동풍 속에서 이 편지를 씁니다. 당신이 편지에 담아 보낸 그 호의는, 이 눈송이와 함께 도착했는데, 눈송이들은 당신의 순결한 순수함만큼이나 깨끗하고, 또 그만큼이나 차갑더군요."

레이의 거절은 프랭클린에게, 자신이 그녀의 기준에서 보면 늙은 남자라는 사실을 상기시켜주었다. 그는 볼에 하는 입맞춤 이상의 관계를 기대했지만, 그런 희망은 이루어지지 않을 운명이었다. 케이티의 더 깊은 애정은 훨씬 더 젊고, 미혼인 남자에게 돌아가기로 되어 있었다. 프랭클린은 재차 그녀의 차가운 순결함을 언급하며 이렇게 말했다. "그 순결함이 어떤 훌륭한 젊은 남성을 향해 따뜻해지기를 바라며, 하늘이 당신에게 모든 종류의 행복을 내려주기를 기도합니다."

레이가 이에 따뜻한 감정을 담은 편지를 보내오자 프랭클린의 마음속에 희망이 다시 피어났을 수도 있고, 아니면 혼란스러운 감정을 느꼈을지도 모른다. 케이티는 편지에 이렇게 썼다. "당신이 없는 동안, 제 애정은 줄어들기는커녕 오히려 더 깊어졌어요." 하지만 1755년 봄, 프랭클린은 브래독 장군의 부대를 지원하는 병참 업무 때문에 집을 오래 비우고 있었고, 그 결과 케이티의 편지를 제때 받지도, 답장을 빨리 하지도 못했다. 6월에 케이티는 이렇게 썼다. "제가 보낸 최근 세 통의 편지에 대해 당신에게서 단 한 줄의 답장도 받지 못해 너무나 가슴이 아팠고 눈물도 많이 흘렸어요." 프랭클린은 이 편지들도 보관하지 않았다. 이 사실과 레이가 남긴 다른 편지 속 표현들을 보면, 그녀가 결혼한 남자에게 미혼 여성으로서 쓰기에는 다소 부적절한 내용을 담았던 것으로 추측된다. 그녀는 이렇게 쓰기도 했다. "제가 너무 많은 말을 써버린 건 아닐까요? 그래서 당신이 기분이 상하신 건 아닌지. (…) 아니면 제 편지를 아예 못 받으신 건지 모르겠어요. 그 편지들에는 제가 누구에게도 절대 하지 않았을 말들이 담겨 있었어요. 하지만 당신이라면 안전하다고 생각했기 때문에 썼던 거예요." 그녀는 간절히 프랭클린의 소식을 원했다. "당신이 건강하다는 말, 그리고 저를 용서하고, 제가 당신을 사랑하는 것의 천분의 일만큼이라도 저를 사랑한다는 말을 꼭 듣고 싶어요."

그들의 편지는 서로 엇갈렸다. 그는 "나 말고는 아무도 당신의 편지를 보지 않을 테니 걱정말고 하고 싶은 말을 다 해도 됩니다"라고 말했다. "이미 받은 편지들에서 나를 너무 칭찬해서, 그 편지들을 사람들한테 보여주면 아마 왕자병 걸린 사람으로 보일까 봐 도저히 보여줄 수 없었습니다." 그는 또한 레이가 그에게 주지 않은 것을 가지고 놀리기도 했다. 레이가 이제 모두가 프랭클린을 사랑하냐고 묻자, 그는 "고백하자면(질투하지 말아요) 지금은 예전보다 훨씬 더 많은 사람이 나를 좋아해요"라고 대답했다. "당신을 만난 이후로, 나는 나라와 군대를 위해 몇 가지 봉사를 할 수 있었고, 그 일들로 인해 나라와 군대 모두 나에게 감사하고 칭찬하며 나를 사랑한다고 말하지요. 그들은 **그렇게 말해요, 당신이** 예전에 그랬던 것처럼요. 하지만 내가 뭔가 부탁이라도 하면, 아마도 당신처럼 쉽게 거절하겠죠. 그래서 사랑받는다고 해서 실제로 얻는 이득은 거의 없지만, 그래도 기분은 좋네요."

레이의 사랑에서 실제로 어떤 이득이 있든 없든, 그는 그녀에게 계속 편지를 보내달라고 부탁했다. "당신의 편지 한 통에서 내가 받는 즐거움은 당신이 내 편지 두 통에서 받는 것보다 더 큽니다. 소소한 소식, 친구들 사이의 일상적인 일들, 당신이 사람들을 묘사하는 자연스러운 방식, 당신이 하는 현명한 관찰과 생각, 그리고 모든 것을 편안하고 수다스럽게 표현하는 당신의 말투까지, 모든 것이 내게 기쁨을 더해주죠. 게다가 당신의 편지는 우리가 함께했던 시간과 그 여정, 심지어 한겨울에 길까지 잘못 들고 비까지 흠뻑 맞으면서도 즐겁게 대화하던 그 순간들을 떠올리게 해줘서 더욱 기쁘답니다."

그녀는 자신이 실을 뽑는 것 같다고 말했고 그는 "그 실의 한쪽 끝이라도 내가 잡고 있어서 당신을 내게 끌어당길 수 있으면 좋겠어요"라고 말했다. 하지만 그는 그것이 그저 바람일 뿐이라는 걸 알고 있었다. "당신은 차라리 그 실을 끊어버릴지언정 내게 오지는 않겠죠."

식민지 의회와 펜 가문 간의 갈등에서, 먼저 양보한 쪽은 펜 가문이었다. 그러나 그들의 양보 방식은 처음에는 의회가 받아들일 수 없는 것이었다. 11월, 모리스 총독은 런던으로부터 펜 가문이 식민지 방위를 위해 5000파운드를 '공공을 위한 우리의 자유로운 기부'라는 이름으로 제공하겠다는 연락을 받았다. 하지만 이 기부는 결코 세금 납부가 아니며, 의회의 부당하고 무책임한 요구에 대한 양보로 해석되어서는 안 된다는 조건이 붙어 있었다.

이 소식은 레딩에서 온 독일계 주민들이 필라델피아에 도착한 시점과 거의 동시에 전해졌다. 그리고 거의 동시에 털퍼호켄에서 발생한 학살 소식도 도착했는데 인디언들이 아이들의 머릿가죽을 벗긴다는 끔찍한 이야기였다. 이 보고서에는 쓸쓸한 아이러니가 담긴 호소문도 함께 있었다.

"의회는 이번 일을 통해 인디언들이 우리에게 얼마나 '좋고 친절한 친구'인지 알게 되었을 것입니다. 이제 의회와 식민지 지도자들이 세상을 똑바로 깨닫고, 우리 주민들에게 연민을 느끼기를 바랍니다. 총독 역시 마찬가지입니다. 만약 그들이 진정 조지 2세 국왕의 충실한 신하로서 우리를 이런 비참한 존재들의 손에 넘기려는 것이 아니라면 말입니다."

이러한 상황 속에서 프랭클린과 의회 내 그의 동료들은, 펜 가문과의 교착상태를 계속 유지하는 것은 도덕적으로 용납될 수 없다고 판단했다. 의회는 어떤 재산에 얼마만큼 세금을 부과할지는 자신들이 정해야 한다는 원칙을 굽히지 않으면서도, 펜 가문의 기부를 수용하고, 펜 가문의 토지를 면세 대상으로 포함한 방위 예산 법안을 승인했다.

한편 의회는 이 예산을 실제로 사용할 수 있도록 하는 민병대 법안을 심의했다. 대부분의 실질적인 법안은 위원회에서 기안되지만, 이 민병대 법안은 예외적으로 프랭클린이 직접 제안한 것이었다. 이는 당시 식민지의 위험이 얼마나 심각했는지, 그리고 프랭클린이 의회 내에서 얼마나 영향력을 갖게 되었는지를 보여주는 상징적인 사건이었다.

이 법안이 구상한 민병대는 프랭클린이 1747년에 조직했던 '협회'와 유사했다. 복무는 자발적이며, 병사들은 스스로 장교를 선출할 수 있었다. 하지만 1755년의 민병대는 한 가지 중요한 차이가 있었다. 바로 이 민병대는 식민지 정부의 공식 관할 아래 조직되었다는 점이다. 이는 이전의 협회가 정부 조직 밖에 있던 것과는 달랐다.

이 점은 펜 가문에게 더 수용 가능한 방식이었을지 모른다. 당시 토머스 펜은 협회가 법적 근거가 없는 조직이며, 반란의 소지가 있다고 비판했었다. 그러나 이번에는 그러한 비판이 통하지 않았다. 하지만 펜 가문에게는 이것이 별로 위안이 되지 않았다. 왜냐하면 프랭클린이 민병대 법안을 통과시킨 것은 그가 사실상 정부의 통제권, 적어도 민중이 지지하는 권력을 장악했다는 것을 의미했기 때문이다. 또한 한때는 퀘이커 교도들이 식민지 무장에 반대했지만, 이제는 그들도 물러섰다. 심지어 토머스 펜이 직접 임명한 총독조차도 프랭클린의 '쿠데타'를 막을 수 없었다. 왜냐하면 식민지는 불타고 있었고, 피난민들이 도로를 메우고 있었으며, 변방 주민들은 보호를 요구하고 있었기 때문이다. 결국 모리스 총독은 자신의 우려를 억누르고 민병대 법안을 수용할 수밖에 없었다.

총독은 매우 당황해하면서 이 사실을 토머스 펜에게 전했다. 그는 프랭클린이 최근 사태가 악화되도록 만든 사악한 주동자라고 분명히 말했다. 그는 수도에서 '변방 사람들'의 대표들과 만났던 일을 전했다. 그는 그 사람들에게, 만약 의회가 고집을 부리지 않았다면 진작에 보호를 받을 수 있었을 것이라고 설명했다. 그들은 그의 설명에 만족했고, 의회를 항의 방문했다.

이에 대해 프랭클린은 사람들에게 연설하며, 의회는 국민의 자유와 권리를 지키기 위해 할 수 있는 모든 일을 해왔다고 주장했다. 하지만 일부 주민들은, 자신들은 자유가 침해받고 있는지는 모르겠으나, 목숨과 재산이 위험에 처한 것은 확실하다고 반박했다. 의회가 계속 논쟁만 하는 동안 나라는 피를 흘리고 있으니, 더 이상 다투지 말고 총독이 통과시킬 수 있는 법안을 넘겨주기를 바란다고 했다.

따라서 프랭클린의 열정적인 연설은, 그가 바라고 어쩌면 기대했던 것 같은 효과를 불러오지 못했다. 왜냐하면 일부 의원들과 그들의 수많은 추종자가 시골 사람들의 마음속에 선동의 씨앗을 뿌리기 위해 큰 노력을 기울였기 때문이다. 그러나 이 시골 사람들은 그런 모든 거짓말에 흔들리지 않았다.

모리스는 프랭클린의 '장황한 연설'을 거의 틀림없이 과장해서 표현했을 것이다. 프랭클린은 대체로 많은 사람 앞에서 연설하는 일이 드물었고, 그러한 경우에도 특별한 반응을 이끌어낸 적은 거의 없다는 여러 증거가 있다. 하지만 이번 문제뿐 아니라 여러 사안에서도 특히 지주 세력에 맞선 중심인물로 나섰고, 그로 인해 비판의 표적이 되었다. 한편, 모리스는 또 다른 편지에서 토머스 펜에게 이렇게 말했다. "프랭클린이 의회의 수장이 된 이후, 의회는 그 어느 때보다도 극단적인 조치를 취하고 있습니다. 이들은 지금 자기 나라가 침입당하고 있는 상황임에도 불구하고, 귀하의 가문에 대한 분노를 노골적으로 드러내며, 어떻게든 통치권을 귀하의 손에서 빼앗으려 온갖 수단을 동원하고 있습니다."

모리스가 현재의 혼란을 프랭클린 탓으로 돌리는 데 열을 올렸다면, 프랭클린은 책임을 총독과 펜 가문 모두에게 나눠서 돌렸다. 그는 펜실베이니아 의회가 영국 정부에 공식적으로 파견한 대표인 리처드 파트리지에게 보낸 편지에서 이렇게 말했다.

"우리가 지금처럼 제정신이 아닌 사람(이 총독은 반쯤 미친 사람입니다)이 아닌, 사리 분별을 할 줄 알고, 위급한 상황이 닥쳤을 때 식민지의 복지와 국왕의 이익을 위해 필요한 조치를 취할 수 있는 권한을 가진 총독을 임명받을 수 없다면, 지금의 이 정부는 아마 대륙 전체에서 최악의 정부가 될 것입니다." 그리고 펜 가문에 대해서는, 그들이 초기에 제출된 국방 법안을 무책임하게 거부하고, 자신들의 토지는 세금에서 면제되어야 한다는 비열하고 이기적인 주장을 내세움으로써, "스스로 무한한 치욕과 대륙 전체의 저주를 자초했다"라고 비판했다.

총독과 펜 가문이 프랭클린에 대해 가지고 있던 불신과 경계심은, 식민지 의회의 사실상 지도자인 프랭클린이 군복을 입었을 때 극적으로 커졌다. 프랭클린은 민병대 협회를 조직했던 경험이 있었고 민병대 법안을 통과시키는 데 중심적인 역할을 했던 터라, 법이 승인한 병력 모집을 자연스럽게 주도했다. "일요일도 예외 없이 매일 모인다"라고 그는 오랜 친구에게 식민지 방위를 감독하는 위원회 활동을 설명했다. 총독과 펜 가문의 동조자들은 민병대를 조직하는 이유가 프랭클린을 영웅시하고, 심지어는 이를 통해 정부를 장악하려는 수단이라는 소문을 퍼뜨리기 시작했다. 이에 대응해 프랭클린은 신문에 가상의 대화를 실었다. 평범한 식민지 주민들 간의 대화를 통해 법안을 설명하고, 그 목적을 변호하며, 비판에 반박하는 내용이었다. 모든 문장은 간단하고 명확한 언어로 쓰였다. 한 사람이 "나는 겁쟁이가 아니지만, 퀘이커들을 지키기 위해 싸우지는 않을 것"이라고 말하자, 동료가 이렇게 말한다. "그 말은, 결국 자신은 물론이고 쥐들까지 구할까 봐 배에서 물을 안 퍼내겠다는 거군."

11월 말, 적군의 습격으로 그나덴휘텐이라는 모라비아인의 선교 마을이 리하이강 상류에서 공격받았다. 필라델피아에서 북쪽으로 약 80킬로미터 떨어진 이 마을은 이미 공포 분위기에 휩싸여 있었고, 자칫 주민 이탈로 이어질 상황이었다. 위기감 속에서 총독과 의회는 마침내—그리고 임시로—협력관계를 이루어, 벤저민 프랭클린, 전임 총독 제임스 해밀턴, 그리고 방어 활동에 참여했다는 이유로 훗날 자신의 퀘이커 공동체에서 제명당하게 되는 조지프 폭스 의원을 북서쪽 국경 지역으로 파견했다. 그들은 50명의 기마 민병대와 소규모 보급 행렬과 함께 출발했다. 프랭클린의 아들 윌리엄은 다시 입대한 상태였으며, 붉은색 영국 수비대 군복을 입고 아버지 곁에서 함께했다. 프랭클린은 이때 민간인 복장을 하고 있었다.

이 원정의 목적은 국경 지역 방어 체계를 구축하는 것이었다. 첫 단계는 단순히 현장에 직접 나타나서 의회의 약속이 그저 말뿐이 아님을 증명하는 것이었다. 운이 좋다면, 이들의 등장이 주민들에게 용기를 주고 자발적 참여를 이끌 수 있을 것으로 기대했다. 프랭클린은 평화주의 신앙으로 유명하고 의회로부터 군복무 면제까지 받았던 모라비아 교도들이 무장하기를 거부할까 봐 걱정했다. 그런데 베들레헴에 도착해보니, 오히려 예상과 달리 방어 준비가 잘되어 있는 모습을 보고 놀라움을 감추지 못했다. "나는 방어 태세가 이토록 잘 갖춰져 있을 줄 몰랐다. 주요 건물들은 목책으로 둘러쳐져 있었고, 뉴욕에서 무기와 탄약을 구입했을 뿐만 아니라, 심지어는 키가 큰 석조건물의 창문 사이에 작은 도로 포장용 돌까지 쌓아두고, 인디언이 창문으로 침입하려고 한다면 여성들이 그 돌을 위에서 떨어뜨릴 준비까지 해두었다."

프랭클린이 이런 준비 태세에 놀라 그 지역 주교에게 물어보니, 주교는 평화주의가 교단의 원칙이 아니라고 했다. 개인에 따라 다를 수도 있는데 영국 의회는 전부 그런 줄 알고 군복무를 면제시켜주었던 것이다. 그는 모라비아 공동체 구성원들이 그렇게 빨리 무기를 들 줄은 몰랐다고 했다. 프랭클린은 이에 대해 "그들은 스스로를 속였거나, 아니면 의회를 속인 것 같다. 하지만 진짜 위기가 닥치면 결국 현실적 판단에 따라 행동하게 된다"라고 비꼬듯 말했다.

하지만 다른 지역은 상황이 낙관적이지 않았다. 위원들은 베들레헴을 출발해 이스턴으로 이동했는데, 이스턴은 펜실베이니아 변경의 동쪽 끝, 즉 뉴저지와 델라웨어강을 사이에 두고 있는 지역이었다. 크리스마스 날, 해밀턴은 총독에게 이렇게 말했다. "여기 이스턴 사람들은 수가 많지 않을 뿐 아니라, 여러 가지 지원에도 불구하고 군복무를 하려는 사람이 별로 없습니다. 인디언들에게 충분히 복수할 기회라고 생각할 법도 한데 말이죠." 그들은 그럴 용기조차 없었다. "그들에게 닥친 공포가 너무 크거나, 혹은 마음이 너무 약한 탓에, 다른 지방에서 사람들이 오지 않는 한 이곳에서 우리가 계획한 요새를 지킬 만한 충분한 병력을 모으기란 거의 불가능해 보입니다."

프랭클린은 요새 하나를 짓는 것만으로도 공포심을 어느 정도 해소할 수 있다고 보았다. 처음에는 전임 총독 제임스 해밀턴이 위원회의 장을 맡았는데, 그가 포함된 것은 변경 지역을 강화하기 위한 목적뿐만 아니라 모리스가 프랭클린을 감시하려는 의도도 컸던 것으로 보였다. 해밀턴은 프랭클린의 민병대 법안에 전혀 동조하지 않았고, 토머스 펜에게 '터무니없음의 극치'라며 그 법안을 무시하기도 했다. 그는 현장에서 방해만 되었고, 얼마 지나지 않아 프랭클린은 그를 제쳐두었다. 12월 말이 되자, 프랭클린은 마치 직업군인처럼 명령을 내리고 있었다. 그는 윌리엄 파슨스 소령에게 "귀관은 즉시 스물네 명으로 구성된 보병부대를 한 달간 유급으로 고용해 이스턴 마을에 주둔하고, 경비 및 감시 임무를 수행하라"라고 지시했다. 또한 "귀관은 매일 밤 부대와 함께 지속적이고 규칙적인 경계 태세를 유지하고, 주요 도로의 외곽 끝에는 각각 보초병 한 명씩, 총 네 명의 경계 근무자를 배치하고, 또 한 명은 경비 본부 근처에 두어야 한다. 매일 최소 한 번은 정찰병을 보내 마을 주변을 순찰하도록 하고, 적 병력이 숨어 있을 만한 덤불이나 은신처가 될 만한 장소들을 수색하라"라고 명령했다. 일주일 뒤, 그나덴휘텐에서 적 인디언들이, 최근처럼 외딴 정착민들만이 아니라, 무장한 민병대 부대 전체를 격퇴시켰다는 충격적인 보고가 들어왔다. 그러자 모리스 총독은 더 이상 상황을 부정할 수 없음을 인정하고, 프랭클린을 해당 변경 지역의 군사 지휘관으로 공식 임명하며, 비상사태에 관한 모든 사안에 대해 전권을 부여했다.

1월 15일, 프랭클린은 병력을 이끌고 블루마운틴을 넘어 그나덴휘텐으로 진군했다. 날씨는 최악으로 기온은 겨우 영상을 유지하는 수준이었고 찬비가 내려 병사들은 흠뻑 젖었다. 하지만 가장 우려스러운 것은 비로 인해 무기가 젖는 것이었다. 해당 지역의 인디언들은 겨울 전투에 익숙해서, 화약과 뇌관을 젖지 않게 보관하는 방법을 알고 있었다. 만약 프랭클린의 부대가 행군 중에 공격받았다면, 병사들은 반격하기 어려웠을 것이다. 실제로 인디언의 습격에서 살아남은 유일한 생존자에 의하면, 그의 전우 열 명이 바로 무기가 젖는 바람에 사망했다고 말했다.

행군 경로는 매우 위험했다. 병사 토머스 로이드는 일기에서 위험지역을 다음과 같이 묘사했다. "양옆으로는 마치 알프스처럼 험한 산들이 솟아 있고, 아래 협곡에는 겨우 수레 한 대가 지나갈 정도의 좁은 길밖에 없었다. 거기에는 급류가 흐르는 시냇물과 가파른 둑이 있었는데 다리라고는 통나무 다리 하나밖에 없어서, 혹시라도 인디언들이 바위틈 동굴에 숨어서 우리를 공격했더라면, 우리 모두 몰살당했을 것이다."

부대는 무사히 도착했지만, 그곳에서 보이지 않는 적이 어떤 끔찍한 일을 저질렀는지를 직접 목격하게 되었다. 로이드는 이렇게 기록했다. "사방이 끊임없는 공포와 파괴의 현장뿐이다. 얼마 전까지만 해도 평화롭고 행복했던 마을이 이제는 완전한 침묵 속에 폐허가 되었다. 집은 전부 불타버렸고, 주민들은 끔찍하게 학살되었으며, 장례조차 치르지 못한 채 훼손된 시신들이 새나 짐승들의 먹잇감이 되고 있다. 상상할 수 있는 가장 잔인한 방법으로 온갖 악행이 저질러졌다."

가장 먼저 해야 할 일은 시신을 묻는 것이었고, 그다음은 요새 건설을 시작하는 일이었다. 생업이므로 그 지역 사람들은 나무를 다루는 데 능숙했고, 프랭클린의 부대가 가져온 총기만큼 중요한 것이 바로 70개의 도끼였다. 파괴와 위험이 도사리는 한복판에서도 프랭클린은 자신의 과학적 호기심을 발휘해 두 명의 병사가 나무 한 그루를 베는 데 걸리는 시간을 측정했다(직경 약 40센티미터의 나무 한 그루를 베는 데 6분 걸렸다). 가지를 제거한 뒤, 나무는 각각 약 5.5미터 길이로 세 토막으로 잘랐고 한쪽 끝은 도끼로 뾰족하게 다듬었다. 그리고 다른 한쪽을 1미터 깊이의 도랑에 박아 방책의 기초물로 삼았다. 이렇게 나무들을 세우고 고정시킨 결과, 총 약 450개의 나무 기둥으로 둘레 약 140미터의 요새를 만들 수 있었다. 요새 안쪽 내부 벽에는 지면에서 약 1미터 위에 목재 플랫폼을 설치해서 병사들이 총안구를 통해 적을 향해 사격하도록 했다. 한편 요새의 한 모서리에는 작은 선회포swivel gun 한 문을 설치했다. 프랭클린은 이를 발사해, 주변에 적이 있을 경우, 영국군이 이제 포도 있다는 사실을 알리도록 명령했다. 이 모든 것은 간헐적인 폭우로 작업이 몇 차례 중단되었음에도 불구하고, 일주일도 채안 되어 완성되었다.

프랭클린의 부대 지휘 방식은 그가 사회문제를 다루는 방식과 비슷했다. 그는 융통성 없고 고지식한 상관과는 거리가 멀었으며, 부하들의 이성과 자율적인 이익에 호소하는 것을 선호했다. 군목이 병사들이 기도에 제대로 참여하지 않는다고 불평하자, 프랭클린은 배급 방식을 바꾸라고 제안했다. 원래 병사들에게는 입대 계약의 일부로 매일 약 4온스의 럼주를 제공하게 되어 있었다. "목사님이 술을 배급하는 역할을 맡는 건 직업의 품격에 어울리지 않을 수도 있습니다. 하지만 만약 기도 시간 직후에만 술을 나눠준다면, 병사들이 모두 목사님 주변으로 모일 겁니다." 실제로 그렇게 하자 기도 참석률은 곧 좋아졌다.

요새가 완공되자 프랭클린은 주변 숲으로 정찰대를 보냈다. 정찰대는 누군가 아군이 쏜 경고사격 소리를 들었을 뿐 아니라, 아마도 요새가 지어지는 전 과정을 지켜보았다는 증거를 발견했다. 요새를 내려다볼 수 있는 나무로 우거진 언덕 위에서, 프랭클린의 병사들은 흙에 판 구덩이들을 여러 개 발견했다. 그 구덩이들 바닥에서는 숯불이 탄 재가 발견되었고, 구덩이 가장자리 풀밭에는 누군가가 앉았던 엉덩이 자국도 남아 있었다. 인디언들은 엉덩이를 풀밭에 걸치듯 앉아서, 불꽃은 없지만 따뜻함이 남아 있는 숯불 근처의 구덩이 안에 두 발을 넣고 있었던 것이다. 이렇게 하면 따뜻함을 유지하면서도 연기를 내지 않아 시야에 잘 드러나지 않는다. 인디언들은 바로 이런 식으로 보이지 않게 요새 건설 과정을 전부 지켜본 것이었다. 그리고 그 사실을 자신들의 동료에게 전달하려고 자리를 뜬 것으로 보였다.

그나덴휘텐에 세워진 이 요새는 펜실베이니아의 대법원장이자 프랭클린의 오랜 친구였던 윌리엄 앨런의 이름을 따서 앨런 요새라고 명명되었다. 이 요새는 프랭클린의 지휘 아래 건설된 세 개의 요새 중 하나였고 나머지 두 곳은 각각 하원 의장의 이름을 따서 포트노리스라고 이름 붙였고 마지막은 프랭클린 자신의 이름을 따서 포트프랭클린이라고 했다. 이 두 요새는 앨런 요새에서 남서쪽과 북동쪽 방향으로 각각 약 25킬로미터 떨어진 곳에 위치해 있었으며, 산맥을 따라 평행 선상에 배열된 구조였다.

하지만 이 요새들만으로는 인디언들의 공격으로부터 변경 지역을 제대로 방어하기에는 역부족이었다. 물론, 추가 공격이 일어날 경우 정착민들에게 피신처를 제공하긴 했지만, 이 요새들의 가장 핵심적인 목적은 군사적이라기보다 심리적인 효과에 있었다. 이미 펜실베이니아와 주변 지역의 인디언들은 오래전부터 유럽인이 도래하기 전 자신들의 조상들이 누리던 삶의 방식으로는 더 이상 돌아갈 수 없다는 사실을 알고 있었을 것이다. 또한 유럽인들이 가져온 총기, 금속 도구 등의 편리함을 고려할 때, 현세대 인디언 중 상당수는 조상들의 거친 삶으로 되돌아가고 **싶어 하지** 않았을 가능성도 높았다. 어쨌든 분명한 것은 유럽인들이 이제 이 땅을 떠나지 않을 거라는 사실이었다. 그러므로 인디언들에게 남은 유일한 질문은 앞으로 **어떤** 유럽인들과 상대해야 하느냐는 것이었다. 만약 프랑스가 영국을 몰아낸다면, 인디언들은 프랑스와 평화롭게 지낼 방법을 찾아야 할 것이다. 실제로 지난 2년간 프랑스는 영국 세력을 거의 몰아낼 듯한 기세였다. 하지만 만약 영국이 이 땅을 끝까지 지킬 의지가 있다면, 인디언들은 결국 영국 세력에 적응하며 살아가야만 할 것이다. 따라서 프랭클린이 세운 요새들은 단순히 국경 방어를 위한 전초기지에 그치는 것이 아니라, 제국의 의지를 보여주는 상징이었다.

위기의 시기에는 유능한 군사 지도자들이 국민의 마음을 사로잡는다. 프랭클린이 의회를 단결시키고 민병대를 지휘한 일은 그를 펜실베이니아에서 당대의 영웅으로 만들었다. 1756년 2월 초, 프랭클린은 모리스 총독이 의회를 소집한다는 소식을 들었다. 노샘프턴카운티 변경 지역에서 이룬 자신의 성과가 필라델피아의 정치 밀실에서 헛되이 사라지지 않도록 하기 위해, 프랭클린은 현장 지휘권을 인디언 전쟁에서 잔뼈가 굵은 윌리엄 클래펌 대령에게 넘기고, 말에 올라 포트앨런에서 수도 필라델피아까지 120킬로미터를 이틀 낮과 밤을 달려 도착했다.

그러나 프랭클린이 그렇게 서두른 이유는 단지 총독의 의도에 대한 불안감 때문만은 아니었다. 또 다른 이유는 그가 과도한 칭찬을 불편해했기 때문이었다. 그가 필라델피아로 돌아간다고 하자, 다수의 시민이 그를 마중 나가 수도까지 호위하려 한다는 말을 들었다. 프랭클린은 피터 콜린슨에게 당시 상황을 이렇게 설명했다. "그런 일이 발생하지 않도록 하기 위해 강행군을 한 것이고 일부러 밤에 도착해서 그들의 의도를 좌절시켰네. 그래서 어떤 이들은 약간 실망하기도 했어."

시민들에게 실망감과 불쾌감을 주기는 했지만 그런 일로도 프랭클린이 필라델피아 연대의 대령으로 선출되는 것을 막지는 못했다. 이제는 모리스 총독이 불쾌해할 차례였다. 그는 최악의 위기에서 어쩔 수 없이 프랭클린에게 의존했지만, 프랭클린의 지휘를 공식화하길 원하지 않았다. 왜냐하면 특허 지주들이 프랭클린을 증오한다는 것도 알고 있었고, 자신 역시 프랭클린을 믿지 못했기 때문이다. 하지만 자신이 서명한 민병대 법안에 명시된 규정에 비추어볼 때, 민병대원들이 선택한 인물을 받아들이는 것 말고는 다른 선택지가 없었다. 모리스는 2주간 어떻게든 하늘의 도움이 있어 상황이 바뀌기를 바라며 버텼지만, 결국 마지못해 프랭클린의 임명을 인정했다. 어떻게든 상황이 바뀌기를 바라며 2주를 버텼지만 결국 모리스는 마지못해 승인했다.

프랭클린은 곧바로 사열식을 열어 도시 시민들에게 부대를 소개했다. 형제애의 도시 위에 1000명의 병사들이 걷는 발걸음 소리가 울려 퍼지는 걸 보고 어쩌면 윌리엄 펜이 저승에서 한숨을 쉬었을지 모를 일이었다. 첫 번째 부대가 사열대에 도착해 대형을 갖춘 뒤, 두 번째 부대가 다가올 때까지 기다렸다가 공중으로 포를 발사하고 질서 정연하게 물러났다. 두 번째 중대도 같은 방식으로 행동했고, 그다음 중대도 마찬가지였다. 새로 칠한 네 문의 대포가 건장하게 생긴 말들이 이끄는 마차에 실려 거리를 행진했다. 오보에와 피리가 군가를 연주했고, 그 바로 뒤에는 모든 부대를 장악한 모습으로 프랭클린이 홀로 말을 타고 등장했다. 《가제트》는 "펜실베이니아에서 처음 보는 웅장한 광경이었다"라고 보도했다.

프랭클린의 승리에는 작고 우스꽝스러운 일들도 있었다. 사열 중 부대가 자신의 집 앞을 지날 때, 병사들은 그들의 대령에게 경의를 표하기 위해 우렁찬 예포를 쏘았고 "그 때문에 내 전기장치에서 유리 몇 개가 떨어져 깨졌다"라고 프랭클린은 익살스럽게 기록했다.

멀리서 이를 지켜보던 모리스 총독과 토머스 펜은 둘 다 자신들의 최대 정적인 프랭클린에 대한 시민들의 환호를 보고 놀라지 않을 수 없었다. 펜은 이미 10년 전부터 프랭클린이 식민지의 기존 정부 체제에 도전하려는 뜻을 품고 있다고 의심하고 있었다. 실제로 그 기간 내내 프랭클린은 정치적인 수단으로 기존 체제에 끊임없이 도전해왔으나, '협회' 시절 잠시, 그리고 이제는 필라델피아 연대 대령의 자격으로 다시금, 무장봉기를 이끌 수 있을 만큼 막강한 존재로 각인되었다.

그런 인상은 며칠 후 프랭클린이 버지니아로 떠날 때 더욱 위풍당당해졌다. 비록 그때는 대령 신분이 아니라 부우정청장 신분이었지만, 그의 병사들은 승전한 장군에게 어울릴 만한 환송식을 준비했다. "내가 말을 타고 출발하려 하자, 연대 장교 스무 명과 척탄병 서른 명이 말을 타고 내 집 앞에 나타나, 마을에서 약 5킬로미터 떨어진 나루터까지 동행하겠다고 나섰다. 도로의 끝까지 약 200미터를 가는 동안, 척탄병들이 칼을 빼들고 내 주위를 둘러쌌다"라고 프랭클린은 콜린슨에게 말했다.

하지만 그 행사는 결코 프랭클린의 아이디어가 아니었다. 그는 속으로 그런 행사가 '질투나 악감정만을 불러일으킬 뿐'이라며 내심 걱정하고 있었다. 그리고 실제로 그런 감정들을 자극시켰다. 식민지 서기관 리처드 피터스는 토머스 펜에게 편지를 보내 프랭클린의 행동을 '가증스러운 행위'라고 표현하며 다음과 같이 말했다. "도시는 지금 엄청난 혼란 속에 있으며, 그 모든 원인은 민병대 장교들이 자만심에 부풀어 있고 여전히 프랭클린 대령의 지시만 따르기 때문입니다. (⋯) 도시의 상황은 지금이 최악이며, 특허 지주에 반대하는 집단은 대령을 등에 업고 그 어느 때보다도 세력을 확장할 것입니다. 그는 계속해서 펜 가문에 대한 극단적인 적대감을 드러내고 있습니다."

현장으로부터 훨씬 떨어져 있었기에 토머스 펜은 피터스보다는 평정심을 유지했지만, 우려의 정도는 다르지 않았다. 펜은 피터스에게 "나는 모리스 총독이 프랭클린 씨를 대령으로 임명한 것이 매우 이상하게 느껴집니다. 그는 자신의 견해를 바꾼 것이 확실해지기 전까지는 어떤 직책도 맡겨서는 안 됩니다"라고 말했다. 펜은 프랭클린의 '공화주의 원칙'을 비판하며 "프랭클린의 이번 행동만큼 비열한 사례는 거의 본 적이 없습니다"라고 말했다.

물론 펜이 그렇게 격하게 비난한 데에는, 자신이 프랭클린을 잘못 판단했다는 데 대한 내심의 불쾌함도 어느 정도 작용했을 것이다. 프랭클린이 부우정청장에 임명될 수 있었던 것은 거의 틀림없이, 펜 본인의 승인이 있었기 때문이며, 적어도 묵시적으로는 그의 허락이 있었다고 봐야 한다. 분명히 펜은 그 임명을 통해 프랭클린이 특허 지주 측의 특권 문제에 협조적 태도를 보이기를 기대했던 것이다. 이런 기대는 사실 그리 터무니없는 것도 아니었다. 실제로 그런 방식은 그동안 펜이 총독을 임명할 때도 잘 들어맞았으며, 더 넓게 보자면, 그런 방식이 제국 전체를 하나로 유지시켜주는 핵심 원리이기도 했다.

그러나 그것은 프랭클린을 심각하게 과소평가한 판단이었다. 프랭클린은 경제적으로 그 직책이 필요하지 않았으며, 이 점 하나만으로도 그는 대부분의 낙하산인사들과는 달랐다. 실제로 그는 부우정청장으로 있으면서 아직 단 한 푼도 벌지 못했다. 토머스 펜은 공공정신civic-mindedness이라는 것에 대해 제대로 경험해본 적이 없었고, 누군가가 나라와 민중을 위한 마음으로 자발적으로 어떤 일을 맡을 수도 있다는 생각 자체가 그의 머릿속에는 아예 존재하지 않았다.

머지않아 펜은 프랭클린을 직접 만나 그에 대한 자신의 판단이 얼마나 잘못되었는지를 깨닫게 된다. 그러나 그걸 깨닫기 전까지 그는 프랭클린의 영향력을 약화시키기 위해 다양한 방법을 시도했다. 그중 하나가 말하자면 '불을 불로' 끄는 방식이었다. 프랭클린의 영향력은 그의 필라델피아 민병대 장악력에서 나오므로, 펜은 모리스 총독에게 반프랭클린 군사 조직을 만들도록 지시했다. 하지만 상상력 부족 때문인지, 아니면 의도적인 풍자인지 모르나, 총독의 새로운 민병대 조직은 프랭클린이 1747년에 만든 민병대 조직 모델을 그대로 따랐으며 명칭까지도 그대로 '협회'라고 했다. 당연히, 이 조직의 지지자들은 자신들이 공공정신과 식민지 방어를 위해 무장한다고 주장했지만, 실제로는 프랭클린의 인기를 견제하려는 의도였고, 세상 사람들도 딱 그렇게 받아들였다.

프랭클린의 민병대와 총독의 군대가 언젠가는 실제로 무기를 들고 충돌하는 상황은 충분히 예측할 수 있는 일이었다. 하지만 당장은 갈등은 필라델피아 거리에서 경쟁적으로 열병식을 하거나 신문지상에서 서로 맹렬하게 비난하는 식의 충돌에 그쳤다. 프랭클린은 지금은 힘을 합쳐야 할 시기라며 총독이 식민지를 분열시킨다고 비난했고, 총독 쪽 측근들은 프랭클린이 요즘 명성에 눈이 멀었다고 응수했다. 이들은 또 프랭클린이 전에는 전기로 쥐나 칠면조나 죽이는 실험을 하더니, 이제는 온 식민지 사람들을 대상으로 실험하고 있다며 조롱했다. "쥐나 칠면조가 전기충격으로 죽는지 확인하려고, 지구상의 모든 쥐와 칠면조에게 일일이 실험을 해야 한단 말입니까?"

논란이 거세게 일고 있던 가운데서도, 프랭클린은 자기 일을 꾸준히 해나갔다. 그러나 그런 태도는 특허 지주를 더욱 분노하게 했다. 한편, 국왕 조지 2세가 뒤늦게 전쟁을 공식 선포하고 라우든 경을 북미 총사령관으로 파견하자, 프랭클린은 그를 만나기 위해 뉴욕으로 향했다. 라우든은 프랭클린의 조언을 유익하다고 여긴 듯했고, 1756년 여름 내내 국경 방어와 식민지 안보 문제에 관해 프랭클린과 여러 차례 논의했다. 프랭클린 또한 라우든을 높이 평가해서 친구인 윌리엄 스트레이핸에게 이렇게 말했다. "나는 그와 미국 문제에 관해 여러 차례 회의를 가졌으며, 그와 무척 뜻이 잘 통했습니다. 그가 현재 맡은 임무에는 이보다 더 잘 맞는 사람이 없다고 생각합니다,

그동안에도 특허 지주 세력의 프랭클린에 대한 공격은 계속되었다. 토머스 펜은 프랭클린을 부우정청장 자리에서 내쫓으려 했으나, 프랭클린이 우정청 상부에 직접 소명해 방어하는 바람에 이 계획은 실패로 끝났다. 이에 펜은 다른 방법을 꾀했다. 프랭클린의 '민병대법'은 단지 특허 지주의 펜실베이니아 정치 지배만을 위협한 게 아니라, 영국 제국 통치의 근본적 원리 중 일부, 특히 군 장교 임명 방식까지 문제 삼은 법이었다. 펜은 모리스에게 이렇게 말했다. "이 민병대법으로 군대가 왕실의 통제에서 벗어나 장교 임명권이 국민들 손에 넘어갔으므로, 이는 절대 허용될 수 없는 일입니다."

펜은 프랭클린이 저지른 '범죄'를 영국 왕실에 보고했고, 이에 동의한 국왕은 민병대법을 폐지했다. 이 절묘한 수는 프랭클린이라는 골치 아픈 대령을 해임시키는 동시에, 드물게도 특허 지주가 미국에서 영국 왕실의 권위를 수호하는 위치에 서게 만들었다.

프랭클린은 이런 사건조차도 담담하게 받아들였다. 그는 반세기 동안 살아오면서, 자신이 잘하는 것과 못하는 것을 대부분의 위인들보다 더 정확히 알고 있었다. 그는 자신이 훌륭한 군인감이 아니라는 걸 알고 있었다.

그는 변경 지역의 방어대를 조직하고 공병대를 지휘할 수는 있었지만 전투 경험이 없었고, 그런 경험을 쌓고 싶지도 않았다. 프랭클린은 우연히 버지니아 출신의 워싱턴 대령을 만난 적이 있는데, 그 자리에서 워싱턴이 훨씬 '군인의 기질'을 갖추고 있다는 것을 단번에 알아볼 수 있었다. 한때 위기 상황에서 모리스 총독이 프랭클린에게 장군 직책과 함께 포르뒤켄 공략을 맡아줄 것을 제안했지만 그는 거절했다. "나는 총독이 생각하는 것처럼 내 군사 능력이 그렇게 뛰어나다고는 보지 않았다"라고 그가 훗날 회고했다. 따라서 그는 의회의 결정으로 자신의 군 경력이 종결된 것에 크게 실망하지 않았다.

게다가 그는 군사 지휘권보다 더 나은 것을 얻었다. "왠지 모르지만 사람들이 날 좋아하는 것 같습니다." 그는 1756년 11월 콜린슨에게 말했다. 프랭클린은 군사 권위를 내려놓을 수 있었지만, 그의 자존심은 대중의 호감을 거절하지 못했다. 총알이 머리 위를 스쳐 날아다니는 상황에서 희열을 느끼는 전사 워싱턴과는 달리, 프랭클린은 선한 시민들의 의지를 구현하는 존재가 된 느낌 그 자체에 더 매혹되었다. 그는 이미 예전의 시민 활동들을 통해 이러한 감정을 맛보았지만, 정치에 뛰어들어 유권자들 앞에 서게 된 이후부터는 그 감정을 직접적으로 느낄 수 있었다. 그리고 바로 이 감정 덕분에 그는 특허 지주들과 그들의 하수인들이 퍼붓는 공격을 대수롭지 않게 넘길 수 있었다. 최근 벌어진 비난 공세에 대해서도 그는 콜린슨에게 이렇게 말했다. "나는 그런 일에 대해 그렇게 신경 쓰지 않습니다. 왜냐하면 내가 **올바른** 일을 해서 그들을 불쾌하게 만들었다면, 언제든지 **잘못된** 행동을 함으로써 그들의 불쾌감을 없앨 수 있으니 말입니다."

프랭클린은 자신이 공익을 위해 일하고 있다는 생각이 착각일 수도 있다는 점을 스스로 알고 있었기 때문에, 정기적으로 자신의 동기를 점검했다. 적어도 현재 특허 지주들과의 갈등에 대해서는 확신이 있었다. "내가 그들의 견해에 반대하는 것이 분노, 실망, 혹은 개인적인 감정 때문이 아니라, 내가 생각건대 공익을 위한 것이라는 확신이 있습니다. 물론 그 공공의 이익이 뭔지에 대해 내가 착각하고 있을 수도 있지만 적어도 내 의도는 선합니다." 하지만 프랭클린의 시각에서, 특허 지주들은 분명 그렇지 않았다. "그들이 사소한 일로 자신들의 백성과 충돌하는 것을 보면, 가끔 그들을 대신해 부끄러움을 느낍니다. 그들은 반신반인처럼 사람들의 숭배를 받을 수도 있었을 텐데, 오히려 모두의 증오와 경멸의 대상이 되었으니 말입니다."

프랭클린은 도덕적으로 올바른 행동을 하면 그에 따라 마땅히 권력도 따라야 한다는 신념을 결코 버리지 않았다. 그러나 동시에, 그 신념이 유일하게 옳은 것인지 끊임없이 의문을 제기할 줄도 알았다. "내가 조금 자만하더라도, 우리끼리니까 이해해주세요"라고 그는 친구 콜린슨에게 말했다. 지금은 사람들이 자신을 좋아하고, 그가 생각하는 덕의 기준에 동의하지만, 그들의 생각은 언제든 바뀔 수 있다는 것을 그는 알고 있었다. "이제 당신은 저에게 대중의 호의란 얼마나 쉽게 바뀌는지를 말하려 하겠죠. 당신 말이 맞습니다. 그걸 그토록 자랑스럽게 여겼던 저 자신이 부끄럽습니다."

12장 보다 큰 무대
1757~1758

그로부터 3개월이 지난 후에도 그는 여전히 많은 사랑과 신뢰를 받아, 중요한 임무를 맡아 떠나게 되었다. 1757년 1월, 프랭클린의 의회 동료들은 특허 지주들과의 분쟁에서 의회의 입장을 변론하기 위해 그를 영국 정부에 파견할 공식 대리인으로 임명했다. 아이작 노리스도 함께 임명되었는데, 처음에 프랭클린은 "공공 사안에 대한 오랜 경험과 훌륭한 지식과 능력"을 가진 하원 의장 노리스를 존중해 주도권을 양보했다. 그러나 노리스는 건강상의 이유로 그 임명을 거절했고, 프랭클린은 더 이상 반대하지 않았다. 그는 런던의 윌리엄 스트레이핸에게 자기가 런던에 간다며 이렇게 편지를 썼다. "눈을 크게 뜨고 잘 살펴보기 바랍니다. 만약 뚱뚱한 노인이 당신 인쇄소에 나타나서 허드렛일 같은 걸 부탁한다면, 그건 틀림없이 당신의 애정 어린 친구이자 겸손한 하인일 겁니다."

1757년 프랭클린이 런던으로 떠난 것은, 34년 전 그가 보스턴에서 필라델피아로 옮겼던 만큼이나 인생의 중대한 전환점이었다. 만약 그가 앞으로의 삶 대부분을 국외에서 보내게 될 줄 알았다면, 아마 그는 식민지 의회의 임명을 보다 신중히 검토했을 것이다. 지난 35년은 그에게 좋은 시간이었다. 1723년 필라델피아는 가출한 견습생을 받아들였고, 그는 그곳에서 자신만의 커리어를 만들 기회를 얻었다. 그는 그 기회를 활용해, 비 내리는 뉴저지를 걷던 젊은 시절에는 상상조차 못했던 부와 영향력을 얻었다. 그의 사업은 크게 성공해 특별한 관리 없이도 운영될 수 있었고(데이비드 홀의 도움으로), 다른 관심사를 추구할 자유를 누릴 수 있었다. 그중에서도 그의 과학 실험은 세계적인 명성과 당대 최고의 자연철학자들로부터 존경을 안겨주었다. 그의 정치적 업적은 세계적으로는 잘 알려지지 않았지만, 지역(자신이 살던 도시나 주)에서는 더 높이 평가받았다. 그는 그가 선택한 도시 필라델피아에서 위대한 인물이었다. 시민 생활 개선을 위한 많은 일을 스스로 했으며, 다른 사람들이 그 일을 가능하게 하도록 도운 인물이었다. 그는 그 식민지의 중요한 정치세력이었고, 민중 정당의 지도자였으며, 중산층을 대변하는 인물이었다. 그는 미국 전체에서도 존재감 있는 인물이었다. 부우정청장으로서 식민지 간 경계를 넘나드는 직무를 가진 소수 관리 중 한 명이었다. 또한 그는 여러 식민지 통합 계획의 설계자였으며, 이 계획은 많은 미국인의 상상력을―비록 각 식민지 의회가 아직까지는 행동에 나서지 않았지만― 사로잡았다.

그러나 이런 프랭클린의 명성과 업적은 런던에서는 거의 통하지 않을 것이었다. 왕립학회의 철학자들은 그를 환영할 수 있었겠지만, (과학자들이 종종 그렇듯이) 그곳은 그들만의 폐쇄적인 집단이었다. 프랭클린의 정치적 성과는 런던에서는 거의 주목받지 못했고, 그저 '지방의 인물' 정도로 여겨져 경시될 가능성이 높았다. 그리고 얼마 안 되는 그 관심조차도, 특히 고위층 인사들 사이에서는 부정적인 평가일 가능성이 컸다. 토머스 펜은 이 상황을 프랭클린보다 더 잘 이해하고 있었다. 그는 걱정하던 리처드 피터스를 안심시키며 말했다. "그의 공화주의적 계획들 때문에 걱정할 것은 없습니다. 그 계획을 고안한 프랭클린 씨가 도착하더라도 문제될 게 없어요." 펜은 이렇게 덧붙였다. "프랭클린 씨의 인기는 이곳에선 아무 의미도 없습니다. 영향력 있는 인물들은 그를 매우 냉담하게 대할 겁니다. 그의 전기 실험을 들어본 사람은 이곳에서도 거의 없고, 그런 학문적 주제는 관심 있는 일부 집단만이 다루는 일입니다. 저 역시 그들 중 영향력 있는 사람들을 몇 명 잘 알고 있긴 하지만, 지금 우리와 프랭클린 사이의 분쟁을 판단할 사람들은 그런 이들과는 전혀 다른 부류입니다." 펜은 자신만만하게 덧붙였다. "그가 얼마나 빨리 오든 상관없으며 이번 사안이 어떻게 결론 나든 나는 전혀 불안하지 않습니다."

프랭클린이 1757년에 돌아온 런던은 1726년 그가 떠났을 때와 여러 면에서 크게 달라지지 않았다. 매춘부들은 여전히 미용실 앞을 배회했고, 베들렘 병원의 광기 어린 소동, 브라이드웰에서의 태형, 그리고 뉴게이트에서의 처형은 여전히 인파를 끌어모았다. 곰과 황소가 호클리인더홀에서 싸우는 것도 예전과 다를 바 없었다. 극장 관람객들의 예의도 크게 나아지지 않았고, 알코올 소비도 눈에 띄게 줄지 않았다.

하지만 또 다른 면에서 런던은 프랭클린에게 확연히 달라져 있었다. 왕실과 궁정, 그리고 의회가 있는 정치 중심지로서의 런던은 1720년대 보잘것없는 노동자 출신 프랭클린이 오가던 소박한 동네와는 완전히 다른 세계였다. 30년 후, 정치 중심지로서의 런던은 프랭클린의 주요 목적지가 되었으며, 펜실베이니아 의회의 대리인으로서 그가 활동할 무대이기도 했다.

정치적인 면에서 런던의 중심은 웨스트민스터, 곧 의회가 자리한 곳이었다. 의회는 17세기 잉글랜드 내전과 명예혁명을 거치며 왕권에 종속되던 위치에서 벗어나 권력의 중심에 섰다. 설사 내전이나 혁명이 없었더라도, 의회는 우위를 점했을 것이다. 18세기 초가 되자 영국의 외교정책—자금을 빨아들이는 블랙홀인—은 더 이상 군주의 사유재산으로 운영될 수 없었기 때문이다. 의회는 항상 세금으로 자금을 제공하는 역할을 해왔으며, 1690년

대부터 시작된 프랑스와의 끊임없는 전쟁으로 인해 지속적으로 세금이 필요했다. 따라서 의회의 중요성이 커졌다.

하지만 의회는 입법기관일 뿐, 아직 행정력은 충분히 발달하지 않았고 집행 권력은 여전히 왕에게 있었다. 이론상으로는 이 권력은 **단순히** 집행하는 권력이었기 때문에 이를 '의회 안에 있는 왕'이라고 표현했다. 그러나 정부를 공부한 사람이라면, 그리고 실제 정부를 경험한 사람이라면 알겠지만 입법과 집행의 경계는 매우 미묘하며 쉽게 넘나들 수 있다. 18세기 영국 군주는 16세기 튜더왕조가 누리던 수준의 권력을 행사할 수는 없었지만, 여전히 어느 정도까지는 영향을 미칠 수 있었다.

그리고 그 영향력의 크기는 군주의 능력에 달려 있었다. 프랭클린이 1723년 런던에 도착했을 당시 군주는 조지 1세였다. 그는 보통 어리석다고 평가받았다. 그러나 어리석다는 것이 왕이 되는 데 큰 결격사유가 된 적은 거의 없는데, 실제로 조지 1세도 그 때문에 왕위에서 배제되지 않았다. 의회는 더 나은 혈통을 가진 여러 다른 후보자들을 제쳐놓고 그를 1714년에 앤 여왕의 후계자로 선택했다. 하지만 조지에게는 또 다른 문제가 있었다. 조지는 남편으로서도 별로였지만 아내가 바람을 피우자 더욱 한심하게 대처했다. 부인은 팽개친 채 정부만 찾았고, **부인**이 바람을 피우자 상대 남자를 살해하고 부인을 평생 성에 감금시켰다. 이후 조지 1세는 두 여인에게 자신의 사랑을 나누었다. 한 명은 왕의 총애로 켄달 공작부인에 오른, 마르고 집요한 성격의 여인이었고, 다른 한 명은 달링턴 백작부인으로, 켄달 부인과는 외모부터 성격까지 어느 하나 비슷한 데라곤 찾아볼 수 없는 여인이었다. 둘은 극과 극의 대조를 이루고 있었다. 이 흥미로운 삼각관계를 두고, 영국의 소설가 호러스 월폴은 이렇게 뒷이야기를 남겼다.

달링턴 부인은 내가 어린 시절 어머니 집에서 본 적 있는데, 그녀의 거대한 몸집에 겁을 먹었던 기억이 있다. 켄달 공작부인이 날씬하고 하늘

하늘한 모습이었던 것과 대조적으로, 달링턴 부인은 매우 비대하고 풍만한 몸매를 자랑했다. 치켜올라간 두 굵은 눈썹 밑에는 크고 검은 눈동자가 사납게 굴러다녔고, 두 뺨은 붉게 상기되어 넓게 퍼져 있었다. 목덜미는 넘실거리는 바다처럼 넓어서 몸의 아래쪽과 구별이 되지 않을 정도였다. 그리고 몸 어디 하나 코르셋이나 단단한 옷으로 조여진 곳이 전혀 없었다. 이 정도면 어린아이가 이 여자 괴물을 무서워하는 게 당연하고, 런던의 민중들이 이렇게 보기 드문 후궁의 등장에 크게 흥미를 느꼈던 것도 놀랄 일이 아니다.

조지 1세는 하노버 태생의 독일인이어서, 끝내 영어를 제대로 익히지 못했다. 그의 치세 동안 영국 궁정에서는 오히려 프랑스어가 공용어였다. 그는 또한 **영국인들의 마음도** 얻지 못하고 그들을 신의 없는 자들이라 멸시했는데, 실제로 그의 신하들 가운데 그 말에 걸맞은 행동을 한 이들도 많았다. 그래서 그는 정부들과 어울리며 한풀이를 했고, 자신보다 조금 더 재능 있는 아들에게 질투심을 품고 살아갔다.

아들 조지 2세의 가장 큰 자랑거리는 사실 아내인 캐럴라인 왕비에게 있었다. 그녀는 소탈하면서도 당당한 아름다움의 소유자로, 방에 들어설 때면 배가 파도를 가르고 나아가는 것처럼 우아하고 힘이 있었다. 남편을 비롯해 많은 남자가 그녀의 매력에 매료되었고, 캐럴라인은 오히려 그 점을 자신에게 유리하도록 영리하게 활용했다. 남편은 농담 삼아 캐럴라인을 '이 마귀 같은 여왕님Cette Diablesse Madame la Princesse'이라 불렀으며, 그녀는 뛰어난 지성을 적극적으로 활용할 줄 알았다.

캐럴라인이 가장 아낀 인물이 바로 호러스 월폴의 아버지인 로버트 월폴이었다. 그는 외형적으로 그다지 호감이 가진 않는 사람이었는데, 팔과 다리는 짧고 몸통만 길쭉했으며, 엉덩이가 유난히 커서, 사실상 20년 가까이 나라를 다스린 인물치고는 체면이 서지 않을 만큼 당대 영국 언론에서 자주 회자되곤 했다. 월폴은 일반적으로 영국 최초의 총리로 간주되는데 그의 큼직한 엉덩이는 여러 만평에서, 국회의원들이 그의 환심을 사려 엉덩이에 입을 맞추는 모습으로 풍자되기도 했다. 월폴은 조지 1세 시절 권력을 잡았는데, 부자 간 악화된 관계 탓에 손자 세례식에서 세례자의 대부 문제로 의견이 충돌, 결국 조지 2세가 연행되는 소동까지 빚어졌던 상황에서도, 뛰어난 정치 감각과 캐럴라인 왕비의 든든한 지원 덕분에 조지 2세 때까지 실권을 유지할 수 있었다.

월폴의 정책은 긴축재정과 전쟁 회피에 집중했다. 전자는 남해회사 거품South Sea Bubble이 꺼지면서 그와 영국이 겪은 악몽에서 비롯된 것이었다. 하지만 이렇게 조심해도, 그는 부패 혐의로 신랄하게 비난받는 것을 피하지는 못했다. 그의 치세는 보통 '로비노크라시*'로 알려졌는데 존 게이의 희곡 〈거지오페라Beggar's Opera〉의 부패한 인물인 배그숏이 바로 로빈을 모델로 삼아 그려진 것이다. 이 캐릭터는 고르곤, 블러프 밥, 카번클, 밥 부티 등 여러 별명으로 불렸다. 조지 2세는 월폴과 그의 측근들, 특히 호러스 월폴, 뉴캐슬 공작, 톤젠드 경을 경멸했다. 한 궁정 인사는 왕이 네 사람을 이렇게 평가했다고 전했다. "그는 항상 첫 번째를 큰 악당, 두 번째를 지저분한 광대, 세 번째는 건방진 바보, 네 번째는 성미 고약한 멍청이라고 불렀다."

월폴의 외교정책은 영국에 '한 세대에 걸친 평화'를 가져다주었는데, 이 시기가 바로 프랭클린이 성장했던 평화로운 시기였다. 그러나 이런 평화조차 점점 늘어나는 정적들의 불만을 달래지 못했고, 1737년 캐럴라인 왕비가 세상을 떠난 뒤에는, 젱킨스 선장의 잘린 귀 사건에 복수를 촉구하는 여론의 압력을 더 이상 버티기 어려워졌다. 월폴은 이때 물러나려고 했으나, 그를 그다지 신뢰하지는 않았던 조지 2세마저 남아서 계속 일해달라며 만류했다. 결국 1742년, 의회가 왕의 뜻을 거슬러 월폴을 실각시킴으로써,

---

*   Robinocracy, 로빈은 로버트의 애칭

그의 오랜 집권이 막을 내렸다.

그러나 월폴이 남긴 유산은 여전히 지속되었다. 만약 조지 2세가 좀 더 영국스러운 군주였거나(그는 영어를 하긴 했지만 독일식 억양이 짙었고, 다른 여러 면에서도 자신이 물려받은 영국보다는 조상의 본국인 하노버의 이익을 더 중시하는 모습을 보였다), 혹은 정말로 좀 더 유능하고 강단 있는 왕이었다면, 월폴이 왕권의 희생으로 얻은 권력 중 일부라도 되찾을 수 있었을 것이다. 하지만 조지 2세의 재능은 다른 데 있었다. 그는 왕가 족보상의 관계나 군복의 세부 양식 같은 사소한 것들을 기막히게 기억하는 능력을 자랑했을 뿐, 정작 중요한 국정 운영에는 뛰어나지 않았다. 결국 그의 치세가 남긴 가장 커다란 결과는, 영국과 제국 전반의 정치에서 의회가 완전히 그 통제력을 확고히 다졌다는 점이었다.

프랭클린이 런던에 도착했을 때, 조지 2세는 30년간의 통치에 지친 몸으로 왕좌에 무겁게 앉아 있었다. 프랭클린 또한 지쳐 있었지만, 긴 통치 때문이 아니라 긴 여정 때문이었다. 원래 필라델피아에서 뉴욕으로 서둘러 가서 영국행 첫 번째 정부 우편선을 타려 했던 프랭클린과 윌리엄(아버지를 따라 세상 구경을 하겠다고 자원했다)은 라우든 경 때문에 계속 기다려야 했다. 라우든은 자신의 서신을 다 마무리하기 전까지는 배가 떠나지 못하게 했는데, 프랭클린이 그를 찾아갈 때마다 부지런히 글을 쓰는 듯 보였지만 결국 편지를 끝내지 못했다. 일주일이 지나고, 또 일주일이 지나고, 한 달이 지나고, 두 달이 지났다. 라우든에 대한 프랭클린의 긍정적인 인상은 결국 끝없는 우유부단함으로 바뀌었다. 결국 6월이 되어서야 배가 출발할 수 있었다.

늘 그렇듯 프랭클린은 영국으로 가는 항해에서도 시간을 알차게 보냈다. 그는 범선의 속도를 높이는 실험을 제안했을 뿐만 아니라, 훗날 자신의 가장 유명한 글이 될 글을 썼다. 다가오는 가을이면 《가난한 리처드의 연감》이 스물다섯 번째 판을 맞이할 터였고, 프랭클린은 25년이면 이제 그만

할 때도 되었다고 생각해 이제 리처드 손더스라는 필명을 은퇴시키려 했다. 하지만 손더스는 등장할 때와 마찬가지로 화려하게 퇴장해야 했다. 프랭클린은 아버지 에이브러햄이라는 새로운 인물을 창조했는데, 그는 지난 수년간 연감을 충실히 구독해온 것으로 설정이 되어 있었다. 손더스의 묘사에 따르면 '말끔하고 깨끗한 흰머리의 노인'인 아버지 에이브러햄은 시장에서 지나가던 이들로부터 현 상황을 어떻게 보느냐는 질문을 받았고 그는 혼잣말로, 연감에 실렸던 가난한 딕의 최고 격언들만 골라서 대답했다. "우리가 직접 노력하면 이 시대를 더 좋게 만들 수 있습니다."

근면함 없이는 바라는 것이 이루어지지 않는다고 가난한 리처드가 말합니다. 희망만 믿고 있다가는 배만 곯고 말 것입니다. 고통 없이는 얻는 것도 없습니다. 그러니 저를 도와주세요. 제가 땅이 없어서가 아니라, 있다 하더라도 세금을 많이 내야 하니 잘못되기 쉽습니다. 또한 가난한 리처드가 말하길, 기술을 가진 자는 재산이 있고, 직업을 가진 자는 영광과 이익의 자리를 가진 것입니다. 만약 우리가 부지런히 일한다면 굶주릴 일이 없을 것입니다. 왜냐하면 일하는 사람 집에는 배고픔이 '얼굴은 내밀지만' 들어오지 못하기 때문입니다. 또한 집세를 걷으러 오는 관리인이나 경찰도 들어오지 않을 것입니다. 가난한 리처드가 말하길 근면함은 빚을 갚게 하지만, 절망은 빚만 늘릴 뿐이기 때문입니다. 비록 보물도 찾지 못했고, 부유한 친척의 유산도 받지 못했더라도, 부지런함이 행운의 어머니라고 가난한 리처드가 말했듯, 신은 부지런함에 모든 것을 주십니다. 그러니 태만한 이들이 잠자는 동안 땅을 깊이 갈고 일하십시오. 그러면 팔고도 남을 곡식을 얻게 될 것입니다.

아버지 에이브러햄의 독백이 전하는 메시지는 매우 인기를 끌어 영어로는 물론 열다섯 가지 다른 언어로도 재출판되었다. 그러나 상업적 성공에도 불구하고 문학적 완성도는 높지 않았다. '가난한 리처드가 말하길'이라는 표현은 마케팅 도구로서는 훌륭할지 모르지만, 독자들에게 점차 식상한 표현이 되어갔다. 더 중요한 점은—상업적인 관점이 아니라 문학적인 관점에서 볼 때— 이 독백이 리처드 손더스의 가장 뛰어난 부분을 많이 놓쳤다는 점이다. 가난한 리처드의 반항적인 재치와 교활한 까칠함은 이 독백에서 억제되고, 대신 부지런함, 검소함 등 물질적 성공에 초점 맞춘 미덕들을 강조하는 데 집중되었다. 이 글들은 주로 『부의 길The Way to Wealth』이라는 제목으로 출판되어 많이 팔리기는 했지만 동시에 역사적으로 프랭클린을 엄격하고 근면한 사람으로만 평가하게 만들었다. 150년 후 소설가 D.H. 로런스는 프랭클린을 '코담배색 작은 남자!'라며 비웃었다. 어렸을 때 가난한 리처드의 지혜를 접했던 기억을 떠올리며, 로런스는 "나는 아직도 가난한 리처드의 경구들을 잊지 못했다. 그 문구들이 아직도 내 마음을 괴롭힌다. 그것들은 젊은 시절 내 속에 가시처럼 박혔다. (…) 가난한 리처드가 만들어놓은 그 철조망 감옥에서 벗어나기까지 오랜 세월이 걸렸다"라고 불평했다. 마지막으로 로런스는 프랭클린에 대해 "나는 그를 존경한다. (…) 하지만 좋아하지는 않는다"라고 평가했다.

영국으로의 항해 중 아버지 에이브러햄이 바다에 묻힐 뻔한 순간도 있었다(그랬으면 로런스는 틀림없이 좋아했을 것이다). 그 당시 프랑스와의 전쟁은 여전히 치열하게 진행 중이었고, 프랭클린이 탄 배는 다른 배들과 함께 호위대를 이루어 항해했지만, 언제든지 적에게 잡히거나 침몰할 수 있는 위험이 있었다(이러한 위험 때문에, 프랭클린은 더 빠른 배를 설계해야겠다는 실험적 아이디어를 떠올렸던 것이다). 영국에 가까워질수록 적군이 점점 더 많아졌다. 프랭클린이 탄 배의 선장은 팔머스 앞바다에서 밤의 어둠을 틈타 적을 피해 가려다, 거의 암초에 부딪힐 뻔했다. 프랭클린도 다른 사람들과 마찬가지로 크게 놀랐다. 프랭클린은 무사히 육지에 도착한 뒤 아내 데버라에게 이런 편지를 썼다. "내가 만약 로마가톨릭 신자였다면, 이럴 때 어

380

느 성인에게 성당을 하나 지어주겠다고 맹세했을 거요. 하지만 나는 가톨릭 신자가 아니라서, 내가 어떤 맹세를 한다면 그건 **등대**를 하나 세우겠다는 맹세일 겁니다."

프랭클린 일행—프랭클린, 아들 윌리엄, 노예 피터와 킹—은 1757년 7월 말 런던에 도착했다. 그들은 스트랜드 지역의 크레이븐스트리트 7번지에 있는 미망인 마거릿 스티븐슨의 집에 머물렀다. 이 하숙집은 프랭클린에게 매우 잘 맞았고, 그는 런던 머무는 내내 여기서 생활했다. 위치도 좋았는데, 웨스트민스터 의회와 화이트홀 정부 청사에서 가까웠다.

주변 사람들도 매우 친근했다. 스티븐슨 부인은 프랭클린과 동갑 정도인 쾌활한 성격의 여성이었다. 그녀는 유머를 즐겼고, 여러 계층의 사람들이 오가는 이곳에서 프랭클린에게 정치의 실제를 알려주는 창구 역할을 했다. 그녀에겐 딸 메리가 있었는데, 메리 역시 프랭클린에게 금세 마음을 빼앗겼다. 프랭클린은 필라델피아에 있는 아내 데버라와 딸 샐리를 그리워했으나, 스티븐슨 부인과 딸 메리가 어느 정도 그 빈자리를 채워주었다.

프랭클린은 피터 콜린슨에게 더욱 따뜻한 환대를 받았다. 콜린슨은 10년 동안 프랭클린과 편지를 주고받으며 교류해왔는데, 드디어 이 미국의 천재를 실제로 만나게 되어 매우 기뻐하며 자신의 시골집에 프랭클린과 윌리엄을 초대했다. 그는 희귀한 식물 컬렉션을 갖추고 있었고, 영국왕립학회와 다양한 발명가들에게 프랭클린을 소개시켜주었다. 그중에는 '정직한 휘그당원Honest Whigs'이라는 토론 모임도 있었는데, 이 모임은 곧 프랭클린에게 필라델피아의 준토와 같은 지적, 사회적 역할을 했다.

윌리엄 스트레이핸은 콜린슨보다 프랭클린을 더 오래 알았고, 존경과 애정도 깊었다. 그는 프랭클린의 아내 데버라에게 편지를 보내 "저는 오랫동안 프랭클린 씨에 대해 매우 높은 평가를 해왔고, 이제 그 평가가 매우 정확했음을 알게 되었습니다. 직접 만나기 전까지만 해도 그에 대해 품은 생각이 어느 정도 맞는 부분도 있었지만, 지금은 그가 가진 독특한 장점을 생각하면 그간의 평가는 결코 충분하지 않았다는 것을 인정하지 않을 수 없습니다. (…) 제가 이제껏 만난 사람 중 이처럼 모든 면에서 완벽하게 마음에 드는 사람은 없었습니다. 어떤 이는 한 가지 면에서만 사랑스러움을 지니고 있지만, 그는 모든 면에서 그렇습니다."

스트레이핸은 프랭클린을 너무도 좋아한 나머지 처음부터 그를 영국에 영원히 머물게 하려는 계획을 꾸몄다. 스트레이핸이 데버라에게 보낸 편지는 단지 그녀의 남편을 칭송하는 찬사에 그친 것이 아니라, 그녀가 대서양을 건너 남편에게 합류하도록 권유하는 내용이기도 했다. 그는 데버라에게 제국의 수도에서 정치란 원래 느리게 진행되며 프랭클린의 목적을 이루는 데 오랜 시간이 걸릴 수도 있다고 말했다. 당연히 딸 샐리와 함께 오는 것이 좋겠다며, 샐리는 런던에서 엄청난 혜택을 누릴 것이라고 덧붙였다. 데버라가 바다 여행을 두려워한다는 것을 프랭클린으로부터 들어서 알고 있던 스트레이핸은, 필라델피아와 런던을 배로 오가면서 목숨을 잃은 사람이 한 명도 없었다며 안심시켰다(다만 그는 다른 항로에서 배가 침몰한 적이 있다는 점은 언급하지 않았다). 스트레이핸의 최후의 설득 수단은 데버라가 한 번도 만나본 적 없는 사람이 한 말치고는 다소 건방지게 여겨질 만한 주장이있다. 스트레이핸은 남편과의 긴 이별이 어떤 결과를 초래할지 숙고해보라고 부탁했다. "제가 아는 바로는, 이곳 여성들 모두가 저와 똑같은 마음으로 그를 생각합니다. 정말로 어떤 수단을 쓰던 서둘러 와서 남편과 가정을 지켜야 한다고 생각합니다. 그가 사모님에게 충실하다고 저는 믿지만, 누가 알겠습니까? 이렇게 멀리 떨어져 있는 동안 반복적이고 강한 유혹이 어떤 결과를 가져올지 말입니다."

매력적인 사람들은 거의 모든 사람에게 호감을 산다. 종종 적들조차 혼란스럽고 당황하게 만들 정도로 친구든 적이든 그들의 성격에 매혹되곤 한다. 그러나 프랭클린의 매력은 좀 더 선택적이었다. 그것은 그와 같이 개방적이고, 호기심 많으며, 관대한 삶의 태도를 공유하는 이들에게만 통했다. 스트레이핸도 그런 부류였기에 프랭클린에게 깊이 **빠졌던** 것이다. 콜린슨도 마찬가지였으나 애정 표현만 덜했을 뿐이다.

그러나 천재성을 위협으로 느끼는 사람들은 프랭클린을 참기 어려웠다. 프랭클린은 자신의 능력을 과시하지 않았지만, 중년기에 이르러 그 능력이 절정에 달했을 때는 과거보다 천재성을 감추려는 노력을 하지 않았다. 철학자로서의 그의 명성은 이미 알려져 있었고, 그는 그 명성이 근거 없다고 증명하려 하지 않았다. 그는 타인에게 존경을 요구하지 않았지만, 또한 스스로 굴복하지도 않았다. 지적, 정서적으로 불안정하고, 자신을 프랭클린과 비교하려는 이들은 그가 거의 모든 분야를 능숙히 다루는 데 질투심을 느끼기 쉬웠다. 정치적으로 불안정한 사람들은 프랭클린이 자신들이 가진 것을 빼앗아갈지 모른다며 그를 더 위협적으로 느꼈다.

프랭클린에 대한 토머스 펜의 적대감은 펜 가문의 정치적 불안감에서 비롯되었고, 그렌빌 경의 비우호적인 태도는 지적 불안감에서 비롯된 것일 수도 있으나, 그보다는 프랭클린이 고분고분하지 않았기 때문이었다. 런던에 도착한 직후 프랭클린은 콜린슨과 친분이 두터운 친구이자 정직한 휘그당원 중 한 명인 존 포더길에게 조언을 구했다. 펜실베이니아 의회와 특허 지주 간의 분쟁에 대해 영국 정부에 접근할 것인가, 아니면 특허 지주에게 바로 접근할 것인가? 포더길은 후자를 권했다. 영국 정치는 미로 같아 들어가면 빠져나오기 힘드니 가능하면 사태를 펜 가문과 직접 해결하는 편이 낫다는 것이다. 프랭클린이 포더길의 충고를 따를 준비를 하던 중, 국왕 조지 1세의 최측근 자문 기구인 추밀원 의장 그렌빌 경으로부터 소환을 받았다. 그렌빌 경은 토머스 펜의 처남이기도 했다.

면담은 순조롭지 않았다. 그렌빌은 식민지 주민들이 제국 정치에 대해 잘못 알고 있다고 선언했다. "여러분 미국인들은 헌법의 본질에 대해 잘못된 생각을 갖고 있습니다." 그렌빌은 이렇게 말을 꺼냈다. "여러분들은 왕이 총독에게 내린 지침이 법이 아니라고 주장하며, 그것을 마음대로 받아들이거나 무시할 자유가 있다고 생각합니다. 그러나 그 지침은 외교관에게 주는 간단한 주의 사항과 다릅니다. 그것들은 법률 전문가들이 먼저 작성하고, 의회에서 토론한 후 수정을 거칩니다. 이후에야 국왕이 서명하는 것입니다. 그러니까 당신들과 관련해서는 그 지시들이 바로 식민지의 법인 겁니다. 국왕이 바로 식민지의 입법자이기 때문입니다."

프랭클린은 이렇게 빨리 깊은 물에 들어올 줄은 몰랐지만 뛰어난 수영 실력으로 자신 있게 대응했다. 그는 그렌빌의 주장이 자신에게는 '생소한 원칙'이라고 선언했다. 그는 식민지는 왕으로부터 받은 특허장에 따라 스스로 의회에서 법을 제정한다고 설명했다. 이렇게 제정된 법들은 왕에게 제출되어 왕의 동의나 거부를 받는다. 그러나 한번 왕이 동의하면 그 법을 폐지하거나 변경할 수 없다. 그리고 의회가 왕의 동의 없이 법을 만들 수 없는 것과 마찬가지로, 왕도 식민지 의회의 동의 없이 법을 만들 수 없다는 것이다.

그렌빌은 프랭클린이 완전히 오해하고 있다고 주장했다. 프랭클린은 더 이상 토론을 이어가지 않기로 했지만 끝까지 자신이 옳다고 확신했다. 그러나 그렌빌이 주장한 내용을 볼 때 앞으로 벌어질 일에 대해 불안함을 느끼지 않을 수 없었다. "그렌빌 경과 대화를 하고 나니 영국 정부가 우리를 어떻게 생각하는지 두려운 마음이 들어, 숙소로 돌아와 곧장 대화 내용을 기록했다. 나는 약 20년 전(정확히는 13년 전) 국왕의 지시 사항을 식민지 법률로 만들려는 조항이 포함된 법이 하원에서 부결된 일을 떠올렸다. 그때 우리는 의회를 자유의 친구이자 우리의 친구로서 존경했다." 이 마음가짐은 나중에 의회가 식민지의 권리를 침해하기 시작하면서 달라지기는 했지만, 당시는 여전히 의회가 보호해줄 거라고 믿고 있었다.

그렌빌과 면담한 지 며칠 후, 프랭클린은 토머스 펜을 찾아갔다. 그는 예의는 발랐지만 말을 얼버무리며 자꾸만 회피했다. 그의 형인 리처드 펜이 해외에 나가 있었고, 리처드가 돌아오기 전까지는 자신이 자유롭게 논의할 수 있는 일이 없다고 말했다. 프랭클린은 이미 10년 전부터 형이 펜실베이니아의 실질적인 업무를 동생 토머스에게 맡겼다는 사실을 잘 알고 있었지만, 이야기해봐야 별 소용이 없다고 판단하고 가만히 있었다.

리처드 펜이 돌아오자, 프랭클린은 형제를 같이 만났다. 예상대로 토머스 펜이 그들의 입장을 대변했다. 프랭클린은 "처음에는 서로 합리적인 타협을 하겠다며 대화를 시작했다"라고 말했다. 다만 "**합리적**이라는 말의 의미가 서로 달랐던 것 같다"라고 덧붙였다. 실제 대화가 그런 인식을 잘 보여준다. 토머스 펜은 특히 지주로서 자신들이 가진 권한을 자신의 해석대로 주장했고, 프랭클린은 식민지 의회의 반대 입장을 전달했다. "그때 우리의 의견 차이가 정말로 컸고, 서로의 생각이 너무 달라서 더 이상 어떤 합의도 기대할 수 없을 정도였다"라고 프랭클린은 훗날 회고했다. 토머스 펜이 이러한 교착상태에 얼마나 낙담했는지는 프랭클린이 알 수 없었지만, 그는 프랭클린에게 식민지 의회의 입장을 문서로 작성해 제출하라고 제안했고, 그것을 보고 다시 검토해보겠다고 약속했다.

프랭클린은 즉시 크레이븐스트리트에 있는 자신의 숙소로 돌아갔다. 48시간 후 그는 식민지 의회와 특허 지주 사이의 주요 쟁점을 정리해서 '불만 사항 요약Heads of Complaint'이라는 제목의 문서를 펜 가문에 전달했다. 첫 번째는 펜 가문 측에서 임명한 총독(정확히는 부총독, 토머스 펜이 명목상의 총독이었음)에게 부당한 억압이 가해진다는 점이었다. 최근 모리스 총독 후임으로 윌리엄 데니 총독이 부임했다. 신임 총독은 합리적인 인물로 보였으나, 전임자와 마찬가지로 지시 사항에 묶여 독자적인 판단을 전혀 할 수 없었다. 그 결과, 프랭클린의 표현에 의하면 "전쟁 시기에 국왕 폐하의 공익에 큰 해를 끼치고, 심지어 식민지를 잃을 위험까지 초래했다".

두 번째 불만은 첫 번째에서 이어지는데, 총독에게 부과된 제약이 국가 방위를 위해 필수적인 자금을 조달하는 식민지 의회의 권리를 침해했다는 점이었다. 사실 특허 지주들은 비상사태라는 명목으로 의회로 하여금 어리석고 위헌적인 조치에 동의하도록 강요했다. "의회는, 엄중한 전시에, 나라를 적에게 내주든지, 아니면 국민의 자유를 포기하고 특허 지주의 명령에 따르든지, 둘 중 하나를 선택해야만 하는 필연적 상황에 처하게 되었다."

프랭클린의 세 번째이자 마지막 불만은 이러한 강요 중에서도 특히 가혹한 사항, 즉 방대한 특허 지주의 영지가 과세로부터 면제되는 문제를 지적했다. 펜 가문은 국민이 그들의 재산을 방어해주길 바라면서도 정작 공정한 몫을 내지 않으려 했다. "펜실베이니아의 의회와 국민들에게 이런 행위는 부당하고 잔인하게 보인다."

프랭클린은 불만 사항 요약을 마치며, 소유주들이 이 불만들을 "가장 신속하고 효과적으로" 해결해 펜실베이니아 식민지 정부의 각 부문 사이에 화합이 회복되고, 향후 공공서비스가 원활하게 수행할 수 있도록 해달라고 요청했다.

프랭클린이 이 문서를 펜 가문에 전달하고 나서 바로 그는 병에 걸렸다. 처음에는 감기처럼 보였으나 이는 그의 생애에서 두 번째로 심각한 장기 질환으로 이어져 두 달이나 지속되었다. 감기 증상은 며칠 후 가라앉았지만, 고열과 "머리 꼭대기의 극심한 통증과 화끈거림, 통증이 가라앉을 때면 두피가 매우 아프고 민감해지는" 등 2차감염 증상으로 바뀌었다. 이 통증 발작은 12시간에서 36시간씩 지속되었고, 때때로 헛것이 보이기도 했다. 의사는 프랭클린의 머리 뒤쪽에서 피를 뽑아 잠시 동안 통증을 완화시켰다. 또, 약용 나무껍질을 처방해서 분말로 먹거나 차로 끓여 마시도록 했다. 프랭클린은 데버라에게 "여러 방법으로 너무나 많은 나무껍질을 먹어서 이제는 생각하기도 싫다"라고 말했다고 한다. 의사는 구토제를 권했으나 프랭클린은 두통이 심해질까 봐 처음에는 거부했다. 그러나 결국 그는 구토제 없이도 스스로 비슷한 결과를 얻었다. "어느 날 아침 구토와 설사가 나를 덮쳤고, 설사는 거의 하루 종일 지속되었다. 아마도 이 설사가 일종의 병의 전환점이었던 것 같다. 그것이 병을 완전히 씻어 없애주는 역할을 했다고 믿는다. 그 이후로 나는 상쾌함을 느끼며 매일 힘을 되찾고 있다."

프랭클린은 고통스러운 상황 속에서도 자신의 불만 사항에 대해 펜 가문에서 무언가 답변을 준비하고 있을 것이라는 믿음으로 위안을 삼았다. 하지만 실제로 그들은 전혀 그런 준비를 하지 않았다. 오히려 프랭클린을 심리적으로 지치게 하려는 소진 전략을 시작했던 것이다. 그들은 프랭클린이 보낸 서한을 받고도, 아무런 대응 없이 그냥 가지고만 있었으며, 결국 펜실베이니아의 위기가 사라지거나, 프랭클린이 기다림에 지쳐 포기하고 돌아갈 거라고 확신했다.

펜 가문의 전략은 그들의 변호사이자 지연 소송의 전문가인 퍼디낸드 존 패리스의 조언에 따른 것이었다. 패리스는 프랭클린이 런던에 처음 왔을 때부터 펜 가문에서 자문해온 인물로, 대부분의 기간 동안 펜 가문과 메릴랜드의 볼티모어 경 가문 간의 기약 없는(지금까지는) 토지 경계 분쟁 업무를 맡았다(패리스가 죽은 후에야 그가 발목을 잡던 일이 해결되어, 측량사 메이슨과 딕슨이 경계선을 측량할 수 있었다). 하지만 패리스는 단순히 인내심이 강한 것이 아니라 비열한 작자였다. 토머스 허친슨은 그가 '최고 수준의' 변호사라고 평가하면서도 "상대방의 명예에 흠집을 내거나 모욕하는 데 특이한 재능이 있다"라고 말했다.

패리스는 프랭클린을 싫어하는 데 별다른 자극이 필요하지 않았을 것이다. 펜 가문의 대리인으로서 프랭클린에 대한 반감을 일종의 직업적 의무라고 생각했다(사실 패리스는 한때 펜실베이니아 의회의 대리인이기도 했지만, 그가 펜실베이니아 주민들보다 펜 가문을 더 중요시한다는 사실이 밝혀지자 의회는 그와 관계를 끊었다). 패리스가 굳이 누군가의 격려가 필요했는지는 알 수 없으나, 실제로 그는 프랭클린의 필라델피아 정적이자, 전임 총독이었던 모리스로부터 프랭클린이 나쁘다는 말을 들었다. 모리스는 이렇게 경고했다. "프랭클린은 지금쯤 영국에서 특허 지주들을 상대로 불만을 쏟아내고 다닐 겁니다. 그를 보낸 많은 사람이 그렇게 기대하고 있으니까요. 하지만 내 생각에 프랭클린은 그를 파견한 고용주(즉, 의회)와는 아주 다른, 자기만의 속셈이 있을 겁니다. 그는 현명하고, 교활하며, 미국 문제에도 밝은 사람입니다. 만약 그의 마음이 머리만큼 건전하고 곧았다면, 공직에 이보다 더 적합한 사람이 없었을 겁니다. 하지만 현실은 전혀 그렇지 않습니다. 그는 결국 자기 자신만을 생각합니다. 무슨 말을 하든, 무슨 행동을 하든, 그럴싸하게 포장할 수는 있겠지만 진짜 의도는 결국 드러나기 마련이고, 결국에는 모든 게 드러납니다."

프랭클린은 패리스를 잘 알고 있었고, 패리스도 프랭클린을 잘 알고 있었다. "그는 자존심이 강하고 화를 잘 내는 사람이었다. 내가 의회의 답변서에서 그의 문서들을 때때로 엄격하게 다룬 적이 있었는데 그의 문서들은 논리적으로 매우 빈약하고 표현은 거만했기 때문이다. 그래서 그는 나에게 극심한 적개심을 품게 되었다." 더구나 프랭클린은 패리스와의 만남 자체를 거부하고, 오직 펜 가문의 사람들 아니면 아무도 만나지 않겠다고 했고 이로 인해 패리스의 적개심은 더욱 커졌다.

하지만 프랭클린은 시간이 지나서야 이런 자신의 태도가 오히려 패리스의 전략에 말려들고 있다는 사실을 점차 깨닫게 되었다. 특허 지주들은 이런저런 핑계를 대며 프랭클린을 만나주지 않았고, 프랭클린은 결국 이야기할 상대조차 없는 상황에 빠져버렸다. 그사이 여러 달이 흘렀지만, 펜실베이니아의 문제는 여전히 전혀 해결될 기미가 보이지 않았다.

그렇다고 해서 프랭클린이 마냥 손 놓고 있었던 것은 아니었다. 특허 지주들에게 자신의 입장을 전달할 길이 가로막히자, 그는 여론 법정에서 자신의 주장을 펼쳤다. 1757년 늦여름과 가을, 런던 신문들은 펜 가문이 사주했거나 돈을 댄 논평을 싣기 시작했다. 이 논평들은 펜실베이니아인들이 특허 지주들과의 분쟁을 구실 삼아 스스로를 방어하지 않는다고 비난했다. 프랭클린은 이런 주장을 정면 반박했고, 동시에 이를 빌미 삼아 여러 신문에서 특허 지주들을 공격하는 전면적인 여론전을 시작했다.

9월에는 《시티즌The Citizen》에 아들 윌리엄 프랭클린 명의로 긴 편지가 실렸다. 실제로 윌리엄이 이 편지 작성에 일부 기여했고, 직접 그 사실을 자랑하기도 했으며, 아래와 같이 작성 논리도 설명했다. "현재 협상이 진행 중인 만큼 아버지가 직접 이런 비방에 대응하는 것은 적절하지 않을 수 있지만, 나는 펜실베이니아에 거주하다가 지금은 여행 중인 평범한 영국 시민이고, 협상에는 아무런 관련이 없는 만큼, 내 조국이 부당하게 공격받는 것을 그냥 둘 이유가 없다." 하지만 편지의 내용이나 문체를 보면 프랭클린이 쓴 것임이 분명했다. 이 얄팍한 속임수로 패리스나 펜 가문을 속이지 못했겠지만, 그들은 원래 이 글이 노리는 독자가 아니었다. **실제** 독자인 일반 대중이 정말로 속았는지는 알 수 없지만, 프랭클린은 아예 이름을 숨기는 것보다는 이런 최소한의 위장이 더 낫다고 판단했다.

프랭클린이 언론에서 내세운 주장의 핵심은 이미 펜실베이니아에서도 주장했고, 총독 또는 최근엔 특허 지주에게 쓴 편지에서 주장했던 내용과 거의 다르지 않았다. 그러나 신문 독자, 즉 영국 대중을 겨냥할 때는, 펜실베이니아 주민과 영국 국민의 이익이 사실상 일치한다는 점을 특별히 강조했다. 그는 특허 지주가 "주민들이 오랫동안 누려온 권리, 그리고 자신들이 펜실베이니아 주민으로서뿐 아니라 영국 국민으로서 마땅히 소유한다고 여기는 그 권리"를 없애려 든다고 비판했다. 프랭클린은 계몽주의 사상가 존 로크의 유명한 논리법을 이용해, "생명과 자유, 재산을 지키려면 무엇보다도 모두가 한뜻으로 신속히 행동해야 할 전쟁 중에, 특허 지주가 미국에 총독을 보내 그의 지시 사항 때문에 끝없는 분쟁과 지연을 만들고, 의회가 프랑스군에 제대로 맞서기 위해 영국인으로서 권리까지 포기해야 한다면, 이건 정말로 이해할 수 없는 일"이라고 토로했다. 프랭클린의 핵심 주장은 앞서 펜실베이니아에서, 총독이나 소유주들에게 보냈던 주장과 크게 다르지 않았다. 하지만 영국 독자들에게 호소하며, 펜실베이니아 국민과 영국 국민 사이 이해관계의 일치를 부각했다. 소유주들은 "국민이 오랫동안 누려왔고, 펜실베이니아인일 뿐 아니라 영국인으로서 당연히 가질 권리가 있다고 여기는 특권들"을 박탈하려 시도했다. 존 로크의 유명한 공식에 기대어, 프랭클린은 전시라는 절박한 상황에 "생명, 자유, 재산의 보존에 일치와 신속함이 꼭 필요한 바로 그때" 특히 지주들이 미국 총독에게 "필연적으로 끝없는 분쟁과 지연을 낳고, 의회가 영국인으로서의 권리를 포기하지 않고는 프랑스에 효과적으로 맞설 수 없게 하는 그런 지시 사항"을 주었다는 점에 경악을 표했다.

프랭클린의 편지는 처음 《시티즌》에 실린 뒤, 《런던 크로니클》로 옮겨 다시 실리고, 또 《시티즌》에 한 번 더 게재되었으며, 결국 《젠틀맨스 매거진》에서도 받아 실렸다. 프랭클린의 제안으로, 이 편지는 이후 『펜실베이니아 헌법과 정부에 대한 역사적 평론An Historical Review of the Constitution and Government of Pennsylvania』의 부록에도 실렸다.

이처럼 언론이 큰 관심을 보인 것으로 미루어, 프랭클린의 '영국인 권리' 호소는 영국 사회에 커다란 공감을 불러일으켰음을 알 수 있다. 《시티즌》이 이 편지를 두 번째로 게재했을 때, 편집진은 대중적 요구를 언급하며 "먼 이국땅에서 영국인의 타고난 권리와 자유를 무너뜨리려는 자들의 온갖 속임수를 폭로함으로써 앞으로도 영국 국민을 수호하는 데 앞장서겠다"라고 선언했다.

프랭클린은 언론에서 치열한 논쟁을 즐겼지만, 기발한 실험도 이에 못지않게 즐겼다. 그의 친구들 중에는 그와 비슷한 과학적 호기심을 지닌 인물들이 많았다. 왕립학회의 회원이자 정직한 휘그당원인 존 프링글은 전염병과 전장에서 군인들이 겪는 각종 질환을 잘 알고 있는 스코틀랜드 의사였는데, 마비 환자의 치료에 전기 사용을 연구하기도 했다. 프랭클린은 프링글이 이 분야의 최근 발견을 왕립학회에서 발표하는 것을 듣고, 자신 또한 몇 년 전 펜실베이니아에서 했던 연구 결과를 공유했다. 프랭클린의 말에 따르면, 유럽에서 전기로 질병을 고쳤다는 내용이 신문에 보도된 뒤, 마비 환자들이 그 소문을 듣고 프랭클린을 직접 찾아왔다고 한다. 그는 환자들을 자신의 전기 저장 장치에 연결하고, 마비된 팔다리에 전기충격을 가해보았다.

첫 번째로 관찰된 것은, 전기충격을 받은 마비된 팔다리가 다른 곳보다 현저히 따뜻해진다는 점이었다. 그리고 다음 날 아침, 환자들은 밤 동안 마비된 팔다리의 살갗에서 바늘로 찌르는 듯한 느낌을 받았다고 말했다. 그리고 그들은 그 찌르는 느낌 때문에 생긴 작은 붉은 반점들을 보여주곤 했다. 팔다리도 마음대로 움직일 수 있었고 힘이 생기는 듯했다. 예를 들어, 첫날에는 무릎 위로 아픈 손을 들어 올릴 수 없었던 사람이, 다음 날에는 10센티미터쯤 들어 올릴 수 있었고, 사흘째에는 더 높이, 닷새째에는 비록 연약하고 힘없는 동작이지만 모자를 벗을 수도 있었다.

당연히 환자들은 매우 기뻐했고 프랭클린도 많이 고무되었다. 하지만 아쉽게도 긍정적인 효과는 오래가지 못했다.

치료 시작 후 다섯째 날 이후로 환자들의 상태가 더 나아지는 것을 본 적이 없다. 환자들도 이를 알아차리고, 전기충격 자체도 꽤 고통스러우니 실망해서 집으로 돌아가버렸고, 얼마 지나지 않아 다시 예전 상태로 돌아갔다. 나는 전기로 마비를 치료하는 데 있어, 영구적인 효과를 본 적이 없다. 그리고 이 일시적인 효과가, 환자들이 내 집으로 매일 오고 가며 운동을 한 덕분인지, 아니면 치료에 대한 희망감으로 힘을 더 낸 덕분인지, 단언하기 어렵다.

프랭클린은 오래전부터 냉장 기술의 원리, 즉 증발하는 액체가 열을 흡수하는 능력에 흥미를 느꼈다. 1750년 어느 더운 여름날, 그늘의 온도가 100도(독일 기계 제작자 파렌하이트가 고안한 온도계 기준)까지 올랐을 때, 땀에 젖은 셔츠를 입고 창문 바람을 맞으면 시원함을 느끼지만, 마른 셔츠로 갈아입자 오히려 더워진다는 것을 관찰했다.

1758년 봄, 그는 런던에서 케임브리지로 이동해 왕립학회 동료로 의사이자 과학자인 존 해들리와 공동 실험을 했다. 프랭클린과 해들리는 온도계 구슬에 에테르를 적시고, 풀무질을 해 연달아 증발시켰다. 에테르를 적시고 증발시킬 때마다 온도계의 수은주는 내려갔다. 방 안의 공기는 화씨 65도*였으나 온도계는 빙점 아래까지 떨어졌다. 온도계가 빙점보다 25도 낮은 화씨 7도**를 가리키자 실험을 마쳤고, 온도계의 둥근 구슬 부분에는 약 0.6센티미터 두께의 얼음이 얼었다.

프랭클린은 이렇게 결론 지었다. "이 실험에서 알 수 있듯이, 여름 땡볕이라도 사람이 에테르에 흠뻑 젖은 채로 바람이 세게 부는 통로에 서 있다면, 얼어 죽는 것도 가능하다."

이 결론은 다른 추측들을 불러일으켰다. "펜실베이니아에서 수확 철에 맑고 뜨거운 햇볕 아래 들판에서 일하는 우리 수확꾼들이, 럼주를 섞은 묽고 쉽게 증발되는 음료를 마시며 땀을 계속 흘리는 동안에는 더위에 크게 지장받지 않고 그 고된 일을 잘해내지만, 만약 땀이 멈추면 곧바로 기절하거나 때로는 갑자기 죽는 경우도 있는 것이, 혹시 이런 이유 때문이 아닐까?" 일반적으로 사람들은 아프리카인들이 백인보다 더위를 더 잘 견딘다고 믿는다. "흑인들의 피부와 폐에서 배출되는 땀의 증발 속도가 더 빠르기 때문에, 그로 인해 체온이 더 많이 식어 태양의 열기를 더 잘 견디게

---

*   섭씨 약 18도
** 섭씨 약 영하 14도

되는 것이 아닐까?" 그렇다면 잎사귀에서 일어나는 증발 역시 한여름 햇빛 속에서 나무를 식히는 역할을 하지 않을까? 지표면에서 수분이 증발하면 여름의 뜨거운 기온을 내리는 데 도움이 되지 않을까?

자연현상에 대한 프랭클린의 관심은 케임브리지대학교의 관계자들을 만족시켰고, 그들은 1758년 여름 졸업식에 그를 다시 초청했다. 프랭클린도 그에 못지않게 기뻐했다. "총장(뉴캐슬 공작)과 부총장, 그리고 각 단과대학의 학장들이 나에게 보여준 각별한 예우에 정말 뿌듯하고 기분이 좋았소"라고 프랭클린은 아내에게 보낸 편지에 썼다.

몇 개월 후 세인트앤드루스대학교가 그에게 명예 법학박사 학위를 수여했을 때, 그의 자존감은 한층 더 높아졌다. "순수하고 고결한 벤저민 프랭클린은, 법률에 대한 식견과 올바른 도덕성, 그리고 그의 삶과 언행에서 드러나는 품위와 온화함에 의해 우리에게 천거되었을 뿐 아니라, 창의적인 발명과 성공적인 실험들을 통해 자연철학의 학문, 특히 그동안 거의 알려지지 않았던 전기 분야를 풍성히 해, 전 세계 학문 공동체에 걸쳐 지대한 찬사를 받기에 이르렀으므로, 학문의 공화국에서 가장 높은 영예를 받을 자격이 있음이 분명하다." 이어서 이 유서 깊은 대학의 이사회는, 향후 모든 사람이 프랭클린 선생을 '가장 존경할 만한 박사The Most Worthy Doctor'로 호칭하고 그에 합당한 예우로 대우해야 한다고 선언했다. 당시에도, 그리고 이후에도 교육자들의 이와 같은 권고가 항상 받아들여지지는 않았으나 프랭클린만은 예외적으로 '프랭클린 박사'로 널리 불리게 되었다.

각종 영예가 쏟아질수록, 프랭클린은 고향으로부터 점점 더 멀어지는 느낌을 받았다. 이 느낌은 그에게 이중적인 감정을 불러일으켰다. 아내와 딸, 그리고 필라델피아의 익숙한 풍경이 그리웠지만, 그가 새롭게 속하게 된 더 큰 사회는 부인할 수 없는 매력을 지니고 있었다.

프랭클린은 아내에게 자신이 느끼는 갈등을 인정했다. "여기서 시간이 즐겁게 잘 가는 듯 보일지도 모르겠지만." 그는 1758년 1월에 이렇게 썼다.

"훌륭한 사람들의 관심과 우정, 그리고 지적인 이들과의 대화는 내게 적잖은 기쁨을 주는 것도 사실이오. 하지만 이런 나이에는 가정의 안락함이 가장 깊은 만족을 안겨주며, 가족과 떨어져 지내는 불편함과 가족과 함께 있고픈 간절한 마음은 즐거운 사람들 속에서도 자주 한숨을 내쉬게 하오."

프랭클린이 말한 첫 번째 부분 즉, 지금 교류하고 있는 인물들과의 교제가 즐겁다는 말은 분명 사실이었다. 가족이 그립고, 가정의 평온함이 더 중요하다는 말도 틀림없이 진심이었다. 하지만 그렇게 말할 수밖에 없는 이유가 있었다. 특히 이번 편지에서 그는 아내에게 "지금으로부터 1년 후쯤이 되어야 겨우 돌아갈 수 있을 듯하다"라고 알리고 있었기 때문이다. 일은 더디게 진행되었고, 프랭클린은 그 일을 제대로 마무리하기 위해 '시간과 인내심'이 필요하다고 생각했다.

프랭클린은 데버라가 자신에게 고향 소식을 전하려고 애쓰는 점에 대해 감사를 표했다. "조니 형님의 일지를 보내줘서 고맙소, 형님도 잘 계시리라 생각하며, 리드 자매와 아이들에게도 안부 전해주오. 버트 씨가 돌아가셨다니 참 안타깝소. (…) 그린의 행실에는 별로 놀라지 않았소. 그는 정직한 원칙이 없다고 생각했거든. (…) 친구 파슨스의 죽음은 참 안되었소. 죽음이 오랫동안 유예되어왔던 준토 모임의 옛 친구 사이에 틈을 내기 시작했고, 이제 그는 곧 우리 모두를 하나씩 데려갈 게 분명하오."

마찬가지로 그는 런던에서의 삶을 아내에게 간접적으로나마 함께 나누려 했다. 그녀가 그의 거처에 대해 묻자 이렇게 답했다. "우리는 가구 딸린 방 네 개를 쓰면서, 전반적으로 근사하게 지내고 있소. 하지만 여기서의 삶은 모든 면에서 정말 비용이 많이 든다오. 전반적으로 생활비가 매우 비싸오. 윌리엄은 내게 큰 도움이 되고 있고 피터도 매우 잘 행동하고 있소. 군것질거리는 가끔 조금 사 먹지만, 구운 사과는 거의 없다오. 당신이 사과를 좀 보냈으면 좋겠는데." 데버라가 마차를 하나 빌리는 편이 낫지 않겠느냐고 권유했고, 그는 그렇게 했다고 답했다. "대부분 자기 마차를 보유한 사람들이 많다 보니, 이쪽 동네의 합승 마차인 해크니 마차는 시내에서 가장 형편없다오. 지저분하고 망가지고 후줄근해서, 옷을 깔끔히 차려입은 채로는 도저히 탈 수가 없고, 신사의 집 앞에서 그 마차에서 내린다면 부끄러울 정도요." 그가 석탄 연기 때문에 괴롭다고 불평하자 아내는 나무를 태우면 어떻겠냐고 제안했다. 그러나 그는 이렇게 설명했다. "그건 아무 소용이 없어요. 나만 나무를 땐다고 해결될 일이 아니라, 내 이웃들과 도시 전체에 똑같이 공급해야 그나마 효과가 있을 테니 말이오." 런던의 연기는 도시 전체를 괴롭히는 재앙이며, 그의 런던 체류 동안에도 마찬가지였다. "도시 전체가 하나의 거대한 연기로 꽉 찬 집 같고, 거리 하나하나가 마치 굴뚝 같으오. 공기 중엔 석탄 그을음이 가득 떠다니고, 정말 맑은 공기를 한 번이라도 들이마시려면 시골로 몇 킬로미터는 나가야 한다오."

그는 아내가 런던에 직접 올 수는 없었으므로, 그녀가 대도시의 풍요로움을 누릴 수 있도록 선물을 보냈다. "무늬가 정교해서 맘에 드는 그릇 하나, 은제 소금 국자 네 개, 최신 유행이긴 하지만 아주 못생긴 디자인. (…) 질이 좀 거친 아침 식사용 식탁보 여섯 장. 이건 찻상 위에 까는 용도로, 여기선 아침 식사 때 아무도 맨 식탁에서 그냥 먹지 않으니. (…) 우리 딸 샐리에게 주라고 한 스티븐슨 여사의 작은 바구니 선물, 당신에게는 스티븐슨 여사의 딸이 짠 가터 한 켤레. 나도 똑같은 걸 받았는데 이건 내가 유일하게 제대로 착용할 수 있었소. 꼭 조이지 않아도 고정되는데, 겉면의 턱이 흘러내리는 걸 막아주기 때문이오." 집 바닥에 깔 카펫과 담요, 침대보, 냅킨 등 집안 살림용 생필품들도 보냈다. "파란 배경에 무늬가 찍힌 면직물 일곱 야드는 당신 가운 만들라고 산 것이오. 촛불 아래에서 볼 땐 예뻤는데, 나중엔 그만큼 마음에 들지는 않더이다. 혹시 당신이 별로 마음에 들어 하지 않는다면, 여동생한테 내가 보낸 선물이라고 전해주시오." 샐리를 위한 책 두 세트와 악보도 함께 보냈다. "정제된 고래기름 양초용" 촛불 덮개 하나. 그리고 맥주 보관용 큰 항아리. "처음 보는 순간 마음을 빼앗겼소. 어딘지 통통하고 유쾌한 아주머니 같고, 말쑥하게 파란색과 흰색 무늬 옷을 입고, 깨끗하고 정갈하면서도, 정 많고 사랑스러워 보였으며, 문득 떠오른 '누군가'를 닮았더이다."

프랭클린은 자신이 아내 데버라를 잘 안다고 생각했기 때문에, 맥주 주전자에다가 그녀를 빗대는 농담도 할 수 있다고 생각했던 것 같다. 그래서 끝에는 데버라라고 직접 말하진 않았지만, 누구를 말하는지는 뻔하게 드러냈다. 그는 아내가 영국으로 오기를 꺼린다는 사실도 잘 알고 있었다. 프랭클린이 이 문제를 논의했던 윌리엄 스트레이핸은 계속해서 그녀에게 남편이 있는 곳으로 오라고 설득했다. 스트레이핸은 데이비드 홀에게 보낸 편지에서 이렇게 말했다. "데버라가 그렇게 바다를 무서워한다니 안타깝다고 전해주세요. (…) 이곳엔 프랭클린을 위해 그보다 두 배나 먼 길도 마다하지 않을 여성들이 많답니다."

어쩌면 깊은 바다에 대한 두려움이 데버라를 막고 있었을지도 모른다. 그러나 거의 확실하게 그 외에도 다른 이유가 있었다. 데버라는, 1730년 결혼 당시엔 돈 한 푼 없이 가능성만 있던 견습공이었던 남편이, 세월이 흐르며 점점 성장해서 영국 제국을 대표하는 위인들과 기관들에 존경받는 공인으로 변모하는 과정을 지켜보았다. 하지만 데버라 자신은 결혼 초기와 다름없이 소박하고 검소한 아내, 훌륭한 엄마(가끔 까칠한 새엄마이기도 했지만), 유능한 사업 파트너(남편이 없는 동안 집안일과 사업을 모두 책임지는) 그 모습 그대로였다. 그녀에게 필라델피아는 고향일 뿐 아니라 전 세계였다. 남편 프랭클린은 이미 더 넓고 큰 세계로 나아가 익숙하게 적응할 수 있었지만 데버라는 그렇지 못했고, 자신이 그래야만 한다거나, 할 수 있다고 착각하지도 않았다.

13장 제국주의자
1759~1760

1759년 여름, 세인트로렌스강 위 고지대, 세인트찰스강이 세인트로렌스강과 만나는 지점에 프랑스가 퀘벡 요새를 세웠다. 그곳 아브라함 평원에서 북아메리카를 둘러싼 분쟁이 최고조에 달했다. 이러한 상황을 만든 데는 그 어떤 사람보다 한 사람의 역할이 컸다.

윌리엄 피트는 하원에서 매서운 언변으로 명성을 얻기 시작했다. 조지 2세가 그의 고향 하노버에서 온 1만 6000명의 병력을 영국 돈으로 고용하자, 피트는 이 조치가 영국을 "하찮은 선거구 하노버의 하위 행정구역"으로 전락시킨다며 비난했다. 그는(버건디 와인이라면 사족을 못 쓰는) 존 카터릿*이 왕의 친독일 정책에 책임이 있다고 비판하며, 그를 마치 "시에서 나오는 마법의 물을 마시고 조국을 잊어버린 듯한" 인물로 묘사했다.

조지 2세는 자신이 아끼는 신하들이 그렇게 묘사되는 것을 좋아하지

---

* 독일어에 능통했던 영국의 정치인

않았고, 자신의 고향이 "하찮은 선거구"로 불리는 것은 더욱 싫어했다. 하지만 피트가 하원에서 행사하는 영향력은 너무나 강력했고, 7년전쟁(브래독 장군이 펜실베이니아 서부에서 패배하며 시작된 이 전쟁을 유럽에서는 이렇게 불렀다) 초기 잇따른 패배가 이어지자 국왕은 어쩔 수 없이 '위대한 평민 Great Commoner' 피트에게 국정을 맡기게 되었다. 피트도 동의하며 특유의 자만심으로 이렇게 말했다. "나만이 이 나라를 구할 수 있고, 다른 누구도 할 수 없다."

피트는 자신이 영국을 구원할 것이라는 확신 말고도 그 구원이 유럽 대륙이 아닌 해외에서 온다는 점을 알고 있었다. 비록 미주 식민지들이 대영제국의 변방에 위치해 있었지만, 피트에게는 오히려 이곳이 전략의 중심이 되었다. 그는 루이스버그 공격을 명령했고, 이 작전은 1758년 7월 성공을 거두었다. 이어서 그는 또다시 군대를 포르뒤켄으로 보내 이번에도 승리를 거두었다. 패퇴하던 프랑스군이 요새를 폭파하자, 승리한 영국군은 그 자리에 자신들의 요새를 세우고 피트의 이름을 따서 피트 요새라 이름 붙였다.

그러나 피트의 북미 전략의 핵심이자 영국과 프랑스 양대 제국의 향방을 결정하는 축은 바로 퀘벡 공격이었다. 피트 내각은 당시 겨우 33세였던 제임스 울프 소장에게 약 8000명의 병력을 이끌고 캐나다의 퀘벡을 공략하도록 지시했다. 울프가 이 임무를 성공하려면 해안에서 세인트로렌스강을 따라 병력을 내륙까지 올려보내야 했다. 전체 수송 임무는 찰스 손더스 제독이 총괄했지만, 강의 얕은 물길과 소용돌이를 뚫고 안전하게 병력을 이동시키는 어려운 항해는 제임스 쿡 선장이 맡았다. 쿡은 훗날 태평양을 누비게 되지만, 이미 세인트로렌스강에서 보여준 항해 실력만으로 프랑스인들에게 큰 인상을 남겼다. 퀘벡의 캐나다 총독 보드뢰유 후작은 걱정스럽게 이렇게 말했다. "적들은 우리가 100톤급 배 한 척도 낮이나 밤이나 감히 띄우지 못하는 그 강을, 전함 60척이나 띄워 통과했다."

퀘벡에 도착하는 것만으로도 전투의 절반은 성공한 셈이었지만, 진짜 전투는 그 이후였다. 퀘벡시는 지형상 최고의 방어력을 자랑하고 있었다. 도시의 동쪽과 남쪽에는 세인트로렌스강이, 북쪽에는 세인트찰스강이 감싸고 있었으며, 삼각형을 이루는 나머지 한 변에는 아브라함 평원이 자리 잡고 있었다. 그런데 이 아브라함 평원 쪽은 세인트로렌스강과 맞닿은 가파르고 험준한 절벽이 방어벽 역할을 하고 있었기 때문에, 접근 자체가 매우 어려웠다. 오죽하면 프랑스군 지휘관인 몽칼름 후작은 이 절벽을 적이 절대 오를 수 없을 것이라고 확신했기 때문에, 굳이 방어 태세조차 갖추지 않았다.

울프 역시 초반에는 그렇게 생각했다. 그는 병력을 도시 아래에 상륙시킨 뒤, 몽칼름을 성 밖의 평지로 유인해 개활지에서 전투를 벌이기 위해 생각할 수 있는 모든 계략을 시도했다. 그러나 몽칼름은 요지부동이었다. 울프는 병력 일부를 세인트로렌스강 건너편의 푸앵트레비에 보내 그곳을 점령했다. 이 지점은 강폭이 2.4킬로미터에서 1.2킬로미터로 급격히 좁아지는 곳으로, 이런 지형 때문에 이 지역이 퀘벡(알곤킨어로 '좁은 곳' 또는 '협곡'을 의미)이라고 불리게 되었다. 영국군은 푸앵트레비에 대포를 설치해 퀘벡시를 맹렬히 포격했으나, 몽칼름은 여전히 꿈쩍도 하지 않았다.

지리적으로는 몽칼름이 유리했지만, 시간이 그의 편은 아니었다. 도시로 보급품을 들여오는 일은 점점 더 힘들어졌고, 이미 강에는 영국 전함들이 가득해, 보급선이 강을 따라 올라올 수 없게 되었다. 게다가 만약 손더스와 쿡이 상류까지 진입한다면, 내륙에서 오는 프랑스 측 보급로까지 완전히 끊길 상황이었다. 이런 이유 때문에 몽칼름은 겨울이 와 강이 얼어붙어 영국군이 철수하기만을 무작정 앉아서 기다릴 수 없었다.

이에 몽칼름은 화공을 시도했다. 자신의 배 일곱 척에 불을 지른 뒤, 이 배들을 강물에 띄워 영국 함대 쪽으로 흘려보냈다. 강을 사이에 두고 대치하던 양쪽 모두 불타는 배들이 영국군 쪽으로 떠내려가는 광경을 지켜보았지만 강물의 흐름이 예측과 달랐고, 영국 선원들이 위험한 배를 갈고리로 끌어서 피해내자, 결국 화공선은 별다른 피해를 주지 못한 채 그냥 떠내려가버렸다.

몇 주, 몇 달이 하릴없이 지나갔지만 영국군은 몽칼름을 요새에서 유인해낼 수 없었다. 좌절한 울프는 강을 따라 수색대를 보내 적에게 도움이 되거나 위안이 될 만한 모든 것을 파괴하게 했다. 그 과정에서 1000채가 넘는 집과 농장이 파괴되었지만, 정작 퀘벡시 자체는 손상되지 않았다. 한 번은 영국군 척탄병 일부가 성 아래 프랑스 진지를 무모하게 공격했으나, 비와 천둥, 진흙밭 그리고 불발 총기로 인해 오히려 프랑스군의 맹렬한 반격만 당하고 말았다. 퀘벡 총독 보드뢰유는 이에 대해 "모든 정황이 영국군의 대규모 작전이 실패했음을 보여준다"라고 기록했다.

울프 장군은 스트레스로 인해 병이 들었다. 열병에 시달리며 봄의 희망이 가을의 서리가 다가오면서 시들어가는 가운데, 타개책을 찾기 위해 부하 장교들에게 의견을 구했고, 그들은 절벽 너머, 퀘벡에서 강을 따라 몇 킬로미터 상류 지역에 상륙해서 그곳에서부터 육로로 도시를 공격하는 작전을 제안했다. 울프는 이 의견을 받아들여, 병력 약 3500명을 퀘벡에서 25킬로미터 상류로 이동시키기 위한 준비에 들어갔다.

그러나 비 때문에 작전이 지연되었고, 그 과정에서 울프의 불안감은 더욱 심해졌다. 그는 보트를 타고 강을 따라 오르내리면서, 적군의 방어에서 자신이 놓친 약점이 있는지 찾아다녔다. 마침내 9월 며칠쯤 그는 아브라함 평원의 절벽 바로 아래쪽, 작은 만에 있는 좁은 지역을 발견했다. 정찰 결과, 비록 가파르고 위험하지만 보병이라면 오를 수 있을 만한 비탈길이 있었다. 대포 등 중장비는 옮길 수 없었지만, 가볍게 무장한 보병 정도라면 시도해볼 만했다.

울프는 작전을 실행하기로 결심했다. 그는 9월 12일 깊은 밤, 병력 1800명을 이끌고 조용히 하류를 통해 그 지역까지 갔다. 또한 탈영한 프랑스군을 통해 그날 밤에 프랑스 보급선이 도착한다는 정보를 입수했는데,

실은 그 계획이 취소되었지만, 하늘이 도우려고 했는지 담당 프랑스 장교가 수비대에 그 사실을 알리지 않았다. 밤중에 영국군 배들이 접근하자 프랑스 초병이 경계하며 누군지 물었고, 불어에 능한 영국군 장교가 "국왕 폐하 만세Vive le roi!"라고 능청스럽게 대답해 프랑스군을 속일 수 있었다.

새벽 4시, 선두 보트들이 상륙했다. 울프 장군과 윌리엄 하우 중령은 정예 선발대를 이끌고 가파른 절벽을 올랐다. 손으로 뿌리와 바위를 잡으며 한 발 한 발, 구불구불한 비탈길을 올라 절벽 위에 있던 경비병들을 기습했다. 경비병들은 제압당하기 전에 적의 공격을 알리기는 했지만 몽칼름이 대응하기도 전에 울프가 이끄는 나머지 상륙 병력 4500명도 이미 절벽 길에 모두 올라 있었다.

이 절벽 기습 작전은 이후 전개에 따라 최고의 작전이라고 평가받을 수도 있고, 상황에 따라 무모한 자살행위가 될 수도 있는 위험한 도박이었다. 프랑스군은 병력도 더 많고, 유리한 방어 위치도 차지하고 있었다. 만약 영국군이 전투에서 밀리게 되면, 힘겹게 올라온 이 가파른 절벽을 적의 포화를 맞으며 혼란 속에서 다시 내려가기란 훨씬 더 어려울 것이었다. 울프와 영국군에게 아브라함 평원에서의 전투는 승리하거나 죽거나 둘 중 하나였다.

하지만 울프는 둘 다 했다. 몽칼름은 전혀 예상하지 못한 곳에 적군이 갑자기 나타난 사실에 크게 놀라, 즉각 공격을 명령했다. 프랑스군은 용감히 대응했지만 대열이 흐트러져 있었고, 일부 비정규군은 너무 멀리서 총을 쏘는 바람에 영국군에게 별다른 타격을 입히지 못했다. 그동안 울프는 병사들에게 사격을 중지하고 기다리라고 명령했다. 프랑스군이 점점 더 가까이 다가와 마침내 40보 이내로 접근하자 울프는 사격명령을 내렸다. 영국군의 집중사격에 프랑스군 전열은 산산이 무너졌고, 진영이 흔들리며 붕괴되었다. 몽칼름의 병사들은 싸우면서 후퇴했다. 울프는 직접 선두에 서서 추격을 지휘하다가 손목과 사타구니 그리고 폐에 총을 맞았다. 사경에 이른 울프는 마지막으로 프랑스군의 퇴로를 차단하라고 명령했고, "이제 하나님께 찬양을 드리오니, 나는 평안히 죽을 수 있겠구나"라고 말하며 눈을 감았다.

몽칼름도 영웅적으로 죽었지만, 울프만큼 행복하지는 못했다. 후퇴 중 부상을 입은 이 프랑스 장군은 자신의 패배가 얼마나 처참한지 똑똑히 깨달을 수 있었다. 도시에서 탈출한 프랑스군은 서쪽으로 달아났고, 탈출하지 못한 병사들은 영국군에 포로로 잡혀 프랑스로 보내졌다. 세인트로렌스 강변 성채에서는 프랑스 왕실 문장이 내려가고 그 자리에 영국의 유니언잭 깃발이 올라갔다. 아직 캐나다 전체가 영국 땅은 아니었지만, 캐나다의 핵심인 퀘벡만큼은 이제 영국 손에 넘어갔다.

이것은 찬란한 승리였고, 모두가 그렇게 인정했다. 그런데 벤저민 프랭클린과 미주 식민지인들은 몰랐지만, 아직 승전의 기쁨이 가시기도 전에 그 승리가 무효화될 조짐이 보였다. 루이스버그, 뒤켄, 퀘벡 등 교두보를 점령했을 뿐 아니라 북미 대륙, 인도, 유럽, 공해상 곳곳에서 프랑스를 격파한 영국은 유리한 평화를 이끌 충분한 근거를 마련한 듯 보였다. 그러나 프랑스와의 평화는 영국이 일방적으로 조건을 강요해서 맺을 수 있는 것이 아니라, 어디까지나 협상을 통해 이루어져야만 했다. 왜냐하면, 아무리 전쟁에 크게 이겼다 해도, 프랑스에 무조건적인 수용만을 강요할 만큼 절대적인 우위는 아니었고, 무엇보다 영국 외교정책의 원칙 자체가 유럽 내 세력 균형을 파괴하지 않고 유지하는 것이었기 때문이다. 결국 영국은 앞으로도 프랑스와 더불어 살아가야 하므로 함께 공존할 만한 프랑스를 남겨두는 것이 중요했다. 영국 협상가들에게 문제는 국가의 군대가 전장에서 획득한 것 중 얼마나 많은 부분을 외교관들이 협상 테이블에서 확정 지을 수 있냐는 거였다.

이전 전쟁과 마찬가지로, 미국인들은 영국 지도자들에게 미국의 이익은 별로 중요하지 않다는 사실을 다시 깨달았다. 퀘벡 함락 소식이 런던에 전해지기도 전에, 많은 영국인은 캐나다를 다시 프랑스에 돌려주자는 말을 하기 시작했던 것이다. 같은 시기 영국은 서인도제도 프랑스령 설탕 생산 산지인 과들루프도 점령했는데, 어차피 둘 중 하나는 프랑스에 돌려줘야 한다는 가정하에 영국 내 주요 인사들 사이에선 과들루프는 영국이, 캐나다는 프랑스가 갖는 편이 더 낫다는 의견이 많았다.

하지만 벤저민 프랭클린은 이러한 결정을 대단히 어리석다고 생각했다. 영국 정부는 프랑스와의 최근 분쟁에서 아무것도 배우지 못했단 말인가? 프랑스가 캐나다를 통제하는 조건으로 맺은 평화조약이 결국 또 다른 전쟁으로 이어지지 않았던가?

처음에 프랭클린은 캐나다 반환 주장을 두고 풍자로 대응했다. 어리석음에는 조롱으로 응수해야 한다고 생각했기 때문이다. 그는 《런던 크로니클》에 편지를 써서 캐나다를 프랑스에 반환해야 하는 말도 안 되는 이유들을 나열했다. 예를 들어 영국의 상업 규모가 이미 너무 커서 캐나다 전역을 대상으로 무역을 하면 필연적으로 무역 규모가 증가하는 것을 감당할 수 없다거나, 비버 가죽이 넘쳐나 '예의 없는 종파인 퀘이커 교도'들이 선호하는 넓은 챙 모자의 가격을 떨어뜨릴 것이라고 주장했다. 또한 영국은 너무 부유해지는 위험을 피하기 위해 곧 또 다른 값비싼 전쟁을 치러야 한다거나 프랑스 인디언들이 식민지 개척자들에 대한 머릿가죽 벗기기 작전을 계속해 식민지들이 너무 강해지는 것을 막을 수 있다거나, 용감하게 싸우지만 온순하게 협상하는 영국의 전통을 계속 유지해야 한다는 주장(안 그러면 영국인은 자기모순에 빠질 것이다) 등이 있었다.

하지만 프랭클린의 비난은 별 효과가 없었고, 캐나다 반환운동은 점차 힘을 얻었다. 이 위협의 심각성을 고려해, 프랭클린 자신도 점점 더 진지한 태도를 취하게 되었다. 1760년 4월 그는 『영국의 식민지 및 캐나다와 과들루프 획득에 관한 영국의 이익The Interest of Great Britain Considered, with Regard to Her Colonies and the Acquisitions of Canada and Guadeloupe』이라는 진지한 제목의 소책자를 출판했다. 그는 자신의 이름을 밝히지 않았는데, 이는 당시(프랭클린 본인도 포함한)의 익명 출판 관행을 따른 것이기도 했지만, 펜실베이니아 식민지의 공식 대리인으로서 특정 이익을 대변한다는 비난을 피하기 위한 의도도 있었다 그는 조지 왕에게 충성하는 신하의 입장에서 말하고 있었지만, 글을 자세히 들여다보면 미국 변방 상황을 이토록 잘 알고 있는 것으로 보아 틀림없이 식민지 사람이라는 것을 알 수 있었다. 그리고 글을 대충 읽기만 해도, 이 글의 저자는 엄청난 지성을 지니고 있는 인물이며, 그 지성이 영국에 이로울 수도 있지만, 상황에 따라서는 영국에 해가 될 수도 있다는 사실을 느낄 수 있었다.

캐나다를 프랑스에 돌려주자고 주장하는 사람들은 미 식민지에 보급이 충분한 요새를 적절하게 배치하고 중요한 산악 통로만 통제하면 북미에서 대영제국의 안보는 충분히 확보될 수 있다고 주장했다. 이에 대해 프랭클린은, 그런 주장은 변방 전쟁의 현실을 전혀 모르는 무지에서 나온 것이라고 지적했다. "그러한 요새들만으로는 안보를 확보할 수 없다. 중국의 만리장성처럼 우리의 정착지 한쪽 끝에서 다른 끝까지 거대한 벽을 쌓지 않는 한 말이다." 산악 통로에 대해서도 그는 말했다. "만약 인디언들이 유럽인들처럼 대규모 군대와 대포, 보급품과 수송 수레를 이끌고 행군한다면 그들이 반드시 지나야 할 산길만 지키면 충분히 안전할 수 있을 것이다." 하지만 현실은 전혀 다르다. "그들이 말하는 전쟁은, 많아야 50명, 적게는 다섯 명으로 이루어진 소규모 무리를 통해 수행된다. 사냥을 삶의 방식으로 살아온 그들은 이 나라 지형을 속속들이 알고 있고, 그런 무리에게 이동하기 어려운 지역은 거의 없다. 그들은 숲속을 심지어 밤에도 지나갈 수 있으며, 자신의 흔적을 감추는 방법도 잘 알고 있다. 그들은 요새 사이를 들키지 않고 쉽게 통과해버린다." 그들은 보급품 수송이 필요 없었으며, 대신 현지에서 식량을 조달했다. 사건이 발생한 후에 그들을 처벌하는 것도 불가능했다. "그들은 흩어져서 기습을 가하고, 여러 가족을 살해하고 머릿가죽을 벗긴 후, 믿기 어려울 정도의 속도로 알려지지 않은 길을 통해 사라진다. 따라서 추격자들이 그들을 따라잡는 것은 거의 불가능하다." 한마디로 말해, 프랑스가 캐나다를 소유하는 한, 미국의 영국계 정착민들은 인질이나 다름없다. 그리고 만약 영국 정부가 그 정착민들을 끔찍한 상황에 내버려두고 싶지 않다면, 과거의 두 차례 전쟁처럼 앞으로도 전쟁을 더 치를 각오를 해야 한다.

캐나다보다 과들루프를 선택하자는 또 다른 주장의 근거는 항상 본국 경제에서의 현금 유출을 비난했던 중상주의자들의 이론을 동원한 것이었다. 서인도제도에서 사탕수수를 재배하기 시작한 2세기 동안 영국인들은 단맛에 길들여졌고 그 결과 설탕 수입 증가로 국제수지가 적자로 기울어졌다. 과들루프를 제국으로 편입시키면 영국인들은 단것을 포기하지 않으면서 수지 불균형도 완화될 것이었다.

이 주장에 대해 프랭클린은 신중상주의적 주장이라고 불릴 만한 것을 사용했다. 유럽 제국 초기에 식민지는 착취의 대상이자 어쩌면 개종의 대상이었지만, 결코 정착의 대상은 아니었다. 스페인, 포르투갈, 네덜란드, 프랑스에도, 그리고 열대지방에 있는 영국 식민지들에도, 초기의 비정착형 식민지 모델은 여전히 일반적인 원칙으로 남아 있었다. 그러나 북미에서는, 초기에 정착한 종교적 반체제자들과 일확천금을 꿈꿨던 이들이 점차 번성하게 되었고, 마침내 북미의 영국인 수가 영국 본토 인구와 거의 비슷한 수준에 이르렀다. 그리고 프랭클린이 인구 증가에 관한 자신의 소책자에서 설명했던 이유들과 앞의 논문에서 언급한 바로 그 이유들로 인해 북미인의 인구는 계속 증가해 언젠가는 본국의 인구를 넘어설 수도 있었다.

프랭클린은 이 급증하는 인구가 영국 상품의 명확한 소비자가 된다고 지적했다. 중상주의자들이 중요시하는 무역수지 관점에서도, 영국 상품을 식민지로 수출하는 효과는 설탕이나 차를 수입하는 것만큼이나 유익할 수 있었다. 게다가, 설탕 무역은 이미 한계에 다다랐다. 카리브 해의 섬들은 크기 자체가 작아서 더 이상 농장을 확장할 수 없지만 북아메리카와의 무역은 거의 제한 없이 계속 성장할 것이다. 펜실베이니아의 사례를 인용하면서 프랭클린은 그곳으로의 수출이 한 세대가 채 안 되는 기간에 열일곱 배나 증가했다고 지적했다. 이러한 극단적인 증가율은 계속되지 않을 수도 있지만, 일반적인 추세는 분명히 지속될 것이었다. 북미와의 무역은 이미 서인도제도와의 무역을 능가했으며, 해가 갈수록 서인도제도의 중요성은 더욱 줄어들 것이다.

캐나다 반환에 반대하는 쪽에서는 북미 식민지가 계속 성장하면 결국 제조업 분야에서 본국과 경쟁하게 될 것이라며, 그 점을 우려해 식민지 확장을 막아야 한다는 주장을 폈다. 이에 대해 프랭클린은, 그들의 우려에는 일정 부분 공감하면서도 결론에는 반박했다. 식민지에서 제조업이 발달하지 않은 이유는 법적인 제한 때문이 아니라, 땅이 넓고 지대가 싸기 때문이라는 것이다. 그는 이전에 썼던 소책자에서 했던 주장을 다시 강조하며 다음과 같이 말했다. "그 어떤 처벌이나 억제 법률을 만든다 해도, 농업으로 생계를 유지할 수 있는 사람보다 인구가 더 많아진 나라에서는 제조업을 막을 수 없다." 즉, 캐나다를 프랑스에 돌려주면 영국의 식민지 인구는 대서양 연안과 애팔래치아산맥 사이에 갇히게 되어, 당장은 아니더라도 다음 세대 혹은 그다음 세대에는 결국 제조업이 발달하게 될 것이고, 이는 바로 영국 제조업자들이 우려하는 상황이라는 것이다. 반면 캐나다를 영국에 남겨 식민지 정착지를 넓혀주면 전혀 다른 결과를 초래할 것이다.

"아직 땅이 넉넉히 있는 동안은, 아메리카에선 아무리 시간이 흘러도 본격적인 제조업은 발전하지 않을 것이다."

어떤 사람들은 프랑스가 캐나다에서 물러나면, 북미 식민지 사람들이 지나치게 자립심을 가지게 되어 위험할 수 있다고 경고하기도 했다. 이에 대해 프랭클린은, 식민지 사람들이 독립적으로 사고하는 것은 사실이라고 인정했다. 그것은 그들이 본래 영국인의 후손이기에 당연한 일이라는 것이다. 그러나 그들이 영국에 위협이 될 거라는 생각은 일축했다. 오히려 그들의 독립적인 성향이 영국을 해치기는커녕 오히려 그들 자신에게 위험이 된다고 주장했다. "서로 간의 질투와 경쟁심이 너무 심해서, 외부의 적에 맞서 식민지들 간의 연합이 절실히 필요하다는 것을 오래전부터 모두가 알고 있었음에도 불구하고, 실제로는 한 번도 그런 연합을 스스로 이루어낸 적이 없을 뿐만 아니라, 심지어 본국에 그 연합을 만들어달라고 요청하는 것조차 의견 일치가 되지 않았다." 그들이 그렇게 명백한 공통의 적 앞에서도 힘을 모으지 못했다면, 본국에 맞서 연합하는 일은 더더욱 불가능하다는 것이다. "그런 목적을 위한 식민지 간 연합은, 가능성이 낮은 정도가 아니라 아예 불가능한 일이다."

프랭클린의 이 마지막 주장은 당시 상황에서는 매우 편리한 논리처럼 보일 수 있지만, 그가 그렇게 말한 것이 진심이 아니라고 의심할 근거는 없다. 가장 유망했지만 실현되지 못한 식민지 연합 계획의 창안자로서, 그는 식민지들이 하나로 뭉치는 일이 얼마나 어려운 일인지 누구보다도 잘 이해하고 있었다. 그렇다고 해서 그가 완전히 희망을 버린 것은 아니었고, 간접적인 방식으로라도 자신의 논리에 힘을 보탤 수 있는 말을 하거나 예시를 드는 것도 주저하지 않았다.

내가 식민지 연합이 불가능하다고 말할 때, 그건 극심한 폭정과 억압이 없다면 불가능하다는 뜻이다. 땅과 재산을 소유하고 있고, 각종 권리와 특권을 가진 사람들은 이를 잃을까 두려워해 대체로 조용히 지내려는 경향이 있게 마련이다. 다소 억울한 일이 생기더라도 모든 것을 잃을 위험을 감수하느니 그냥 참고 살아간다. 정부가 온건하고 공정하게 통치하며, 민중의 중요한 시민적·종교적 권리들이 보장되는 동안에는 사람들은 충성스럽고 순종하게 되어 있다. 파도도 바람이 불어야만 이는 법이다.

프랭클린은 앞으로 닥칠 격변을 예상하지 못했고 더군다나 그것을 바란 적조차 없었다. 루이스버그를 탈환하고 퀘벡을 정복하는 등, 영국 군사력의 경이로운 해annus mirabillis는 프랭클린이 대영제국에 가장 강하게 애착을 느꼈던 시기이기도 하다. 그는 영국의 힘에 자부심을 느꼈고, 미국이 신대륙 전체에 영국의 영향력을 넓혀가고 있다는 사실에 기쁨을 느꼈다.

1758년 여름에 있었던 개인적인 경험은 프랭클린의 영국에 대한 애착을 더욱 굳건히 해주었다. 케임브리지 방문을 마친 후, 그는 아들 윌리엄과 함께 가문의 선조들이 살았던 노샘프턴셔를 여행했다. 프랭클린은 아버지와 벤저민 삼촌에게서 자신의 뿌리에 대해 조금은 들었으나, 어린 시절에는 자신이 어디에서 왔는지보다 어디로 가는지가 훨씬 더 중요했다. 본인의 출생 도시를 떠난 소년에게는 아버지의 고향 마을 따위는 신경 쓸 일이 아니었다. 하지만 뒤돌아본 길이 점점 길어지고, 앞으로 나아갈 길은 점점 짧아질수록, 그는 가문의 기원에 더 많은 관심을 기울이게 되었다. 게다가 아들과 함께 고향을 방문한다는 사실이, 태어난 그 땅과 사람들에 대해 더 많이 알고 싶다는 마음을 한층 더 키워주었다.

그들은 아버지, 할아버지, 증조할아버지와 여러 세대의 프랭클린 가문이 살아온 엑턴 마을을 방문했다. 교구 목사는 그들에게 교인 등록부를 보여주었고, 그곳에는 대대로 200년 동안 프랭클린 가문의 출생, 결혼, 사망이 기록되어 있었다. 또한 큰아버지 토머스 프랭클린의 딸인 사촌 메리 피셔도 만났다. 프랭클린은 아내 데버라에게 "누님은 매우 총명하고 현명한 여성이었으나, 이제는 나이 들어 약해졌다"라고 전했다.

그러나 특히 프랭클린에게 감명을 준 것은 토머스 프랭클린에 관한 이야기였다. 프랭클린과 윌리엄은 마을 교회에서, 목사 부인을 만났고, 그녀는 그들을 교회 묘지로 안내했다. 목사 부인이 물통과 단단한 솔을 준비하라고 했고 프랭클린의 노예인 피터가 가족의 묘비에 낀 이끼를 박박 긁어냈다. 그사이 윌리엄은 묘비문을 베껴 적었고, 그녀는 마을의 역사에 대해 이야기해주었다.

목사 부인은 큰아버지 토머스 프랭클린, 즉 메리 피셔의 아버지에 대해 이야기를 들려주었다. 그는 부동산 법무사로서 일종의 변호사 비슷한 역할을 했고, 카운티 법원의 서기이자 대교구장 방문 시 비서로도 활동했다. 또한 지역의 모든 일에 매우 중심적인 인물이었고, 공적인 일에 자주 불려다녔다. 그의 주도로 교회 종탑에 차임벨을 설치하기 위해 마을 사람들에게 기금을 모았고, 그 일을 완수해냈으며, 그 종소리를 실제로 듣고 있다. 그는 마을의 목초지가 강물의 범람으로 잠길 때도 이를 간단히 해결하는 방법을 찾아냈고, 그 방법은 지금도 여전히 사용되고 있다. 처음에 그 방법을 제안했을 땐 아무도 그게 가능하다고 생각하지 않았지만, 마을 사람들은 "프랭클린이 할 수 있다고 하면, 결국 될 거야"라며 믿었다는 것이다. 그의 조언과 의견은 다양한 이들의 중요한 참고가 되었고, 어떤 이들은 그를 마치 마법사처럼 여기기도 했다.

이런 이야기를 들으며 프랭클린은 점점 더 자신을 큰아버지와 동일시하게 되었다. 사실 아버지 조사이아보다 더 재능 있고 야심이 컸던 프랭클린은, 그런 이유로 아버지와 갈등을 겪은 적이 많았다. 그래서 그는 여러 번―생물학적으로가 아니라 감정적으로― 정말 자신이 아버지의 아들이 맞는지 의심했을 것이다. 이제 모든 게 명확해진 듯했다. 아버지의 아들이 아닐 수는 있어도, 삼촌의 조카는 분명하다는 점에서 말이다. 보스턴을 떠나 정착한 필라델피아에도 애착을 갖기는 했지만, 이번의 감정은 달랐다. 이곳에서 그는 수 세대 넘게 이어져온, 훨씬 깊은 가족적 뿌리와 연속성을 비로소 실감하게 된 것이다.

그러니 목사 부인이 마지막으로 한 말을 들었을 때, 프랭클린이 어떤 감정을 느꼈을지 상상할 수 있다. 즉, 토머스 프랭클린이 바로 벤저민 프랭클린이 태어난 날로부터 정확히 4년 전에 세상을 떠났다는 것이다. 프랭클린의 아들 윌리엄은 이미 아버지와 종조부의 인생 궤적이 닮았다는 데 놀라고 있었기에, 만약 종조부가 4년 더 살았다면, 두 사람을 아는 이들은 영혼이 환생했다고 의심했을 것이라고 말했다. 이 우연을 프랭클린도 쉽게 잊지 못했고, 자신의 회고록에서도 거의 서두 부분에 이 일화를 언급했다.

코번트리에서 잠시 머문 후, 프랭클린 부자는 버밍엄으로 가 데버라의 친척들을 만났다. 수많은 이모, 삼촌, 사촌들이 여전히 살아 있었고, 오히려 번창하고 있었다. 장모님의 사촌 중 한 분에 대해 프랭클린은 이렇게 썼다. "그분은 매우 현명하고 재치 있는 연로한 부인이며, 책을 아주 많이 읽고, 책에도 해박하다. 이야기를 나누는 것도 참 즐거웠다. 가족 중에서도 학자라 할 만한 분 같다." 데버라의 친사촌에 대해서는 "설트 부인은 명랑하고 활기찬 여인으로, 나와 윌리엄 모두 그녀가 당신과 무척 닮았다고 의견을 모았다오. 얼굴 전체의 형이 같고, 특히 그 작고 파란 버밍엄 특유의 눈이 똑같아요"라고 전했다.

프랭클린이 자신의 부모가 살던 나라에 정서적으로 연결감을 느꼈다는 것은 의심할 여지가 없다. 어쩌면 데버라의 친척들을 이렇게 따뜻하게 묘사한 것은 데버라에게도 같은 마음을 갖게 하려 함이었을지 모른다. 이후 프랭클린이 남긴 말을 보면, 그는 윌리엄 스트레이핸의 조언에 따라 아예 영국에 정착하는 것을 진지하게 고려하기 시작한 듯하다. 물론 그러려면 데버라가 영국에 함께 와야만 했다.

그가 조상들이 있는 영국에 점점 가까워질수록, 미국과 맺고 있던 어떤 인연들은 점차 느슨해지는 것이 느껴졌다. 런던으로 돌아온 후 그는 준토의 창립 멤버인 휴 로버츠로부터 편지를 받았는데, 회원인 스티븐 포츠와 윌리엄 파슨스가 세상을 떠났다는 소식이 담겨 있었다. 예전의 준토 클럽은 더 이상 옛날 같지 않았다. 준토의 존재 목적이 공정한 공공 봉사에서 점차 지방정치의 소용돌이로 흘러가버렸기 때문이다. 솔직히 말해, 프랭클린 자신도 그 변화에 적어도 일부 책임이 있다고 여겼다. 창립자인 자기 자신만큼 정치에 깊이 얽힌 사람도 없었기 때문이다. 이유야 어찌 되었든, 이제 그 모임에는 예전 만한 매력이 남아 있지 않았다. 그리고 그 오래된 회원 둘의 죽음은 그 매력을 더더욱 갉아먹었다.

포츠와 파슨스의 죽음은 그가 필라델피아에서 얼마나 멀리 떨어져 있는지를 다시 깨닫게 했고, 또 인간성에 대해 곱씹게 만들었다. 그는 로버츠에게 "두 사람 모두 참 별난 인물들이었지"라고 말했다.

파슨스는 현명한 사람이었지만, 종종 어리석게 행동하곤 했다. 반면에 포츠는 재치 있는 사람이었지만, 현명하게 행동하는 경우는 드물었다. 만약 **넉넉함**이 사람을 행복하게 만들어주는 수단이라면, 파슨스는 언제나 행복의 **수단**을 가지고서도 정작 **행복**을 누린 적이 없었고, 포츠는 언제나 **행복**을 누리면서도 그럴 만한 **수단**은 전혀 가져본 적이 없었다. 파슨스는 부유하면서도 늘 근심했고, 포츠는 가난 속에서도 늘 웃었다. 그러니 이 세상의 행복이란 외적인 조건보다는 오히려 내적인 요인에 더 달려 있는 것 같다. 지혜롭고 착하게 살면 행복해지고, 어리석고 나쁘게 살면 불행해지는 건 당연한 일이지만, 그 외에도 사람에겐 선천적으로 행복한 기질이나 불행한 기질이라는 게 따로 있는 모양이다.

프랭클린이 볼 때 토머스 펜은 불행한 기질에 가까워 보였다. 하지만 프랭클린 자신도 초기의 몇 차례 실익 없는 만남 이후로는 펜과 거의 교류가 없었기 때문에, 그런 판단을 내릴 입장에 있지 않았다. 1758년 초에 있었던 한 번의 면담은 큰 실패로 끝났고, 그 결과 펜은 프랭클린에게 완전히 등을 돌렸으며, 이 일은 프랭클린이 대리인으로서 자격이 있는지에 대한 의문까지 불러일으켰다.

그들이 만난 이유는 펜실베이니아 변경의 인디언 무역 문제 때문이었다. 프랭클린은 펜 가문이 무역을 제대로 규제하지 않은 점, 더 정확히는 식민지 의회가 무역 개혁 입법을 추진하려는 움직임을 펜 가문이 막은 사실을 비판했다. 예전과 마찬가지로 프랭클린은 이러한 무분별한 무역이 인디언들이 영국인들에게 등을 돌리게 만든 주된 요인이라고 보았다. 특허 지주들이 과거 토지 매매 과정에서 인디언들을 부당하게 대우했던 일까지 더해지면서, 현재 변경 지역에서 벌어지고 있는 문제들은 사실상 피할 수 없는 일이 되고 말았다고 판단했다.

계속되는 이 분쟁이 1758년 1월 회의의 배경이었다. 당장 논의된 쟁점은, 의회에서 선임한 인디언 협상 위원 임명에 대해 펜 가문이 거부권을 가질 수 있느냐는 문제였다. 토머스 펜은 특허 지주들이 위원 선출에 참여하는 것이 자신들의 이익을 지키는 데 필요하며, 그런 권한은 식민지 특허장에 의해 보장된다고 주장했다. 그러나 프랭클린은 특허 지주가 거부권을 가지면 위원들은 결국 그들의 꼭두각시가 될 수밖에 없다며 반박했다. 더 나아가 펜실베이니아 의회는 식민지 문제에 관해서 마치 본토의 하원과 같은 지위를 가지고 있다고 주장했다. 그 근거로 그는 토머스 펜의 아버지인 윌리엄 펜 경이 허락한 펜실베이니아 특허장을 예로 들었다. 그 서류에는, 펜실베이니아 의회가 영국의 자유민과 동일한 권한과 특권을 가져야 한다고 명시되어 있었다. 그러자 토머스 펜은, 그건 자기 아버지에게 주어진 왕실 특허장 권한 범위를 넘어선 해석이므로 맞지 않다고 주장했다. 이에 프랭클린은, 그렇다면 펜실베이니아 의회의 특권을 믿고 이주한 모든 사람은 그에게 속고, 기만당하고, 배신당한 것 아니냐고 맞섰다. 그러자 펜은 식민지 주민들이 스스로 조심했어야 하며, 왕이 부여한 특허장은 누구에게나 공개되어 있었다고 주장했다. 따라서 만약 그들이 속았다고 느낀다면, 그것은 어디까지나 자신들의 책임이라고 응수했다.

프랭클린은 이에 대해 마치 "싸구려 말 장수가 누군가에게 말값을 속여 비싸게 팔아놓고, 뒤늦게 상대가 항의하면 비웃으며 뻔뻔하게 구는 것처럼, 빈정대며 무례하게 말했다"라고 나중에 다른 글에 썼다. 프랭클린은 또, 그가 자기 아버지의 명예까지 이렇게 비열하게 내팽개치는 모습을 보고 너무 놀라, 그 순간 그 어떤 사람보다 펜에 대해 깊고 완전한 경멸을 느꼈으며, 그 마음은 말로 다 표현할 수 없을 정도였으나 자신의 얼굴(표정)에 분명하게 드러났을 거라고 했다. 그리고 펜의 동생도 자신을 바라봤으니 그 표정을 알아챘을 거라고 덧붙였다. 그러면서 프랭클린은 자신의 분노가 치밀어 오르는 것을 억누르고, 오직 "그 불쌍한 사람들은 법률 전문가도 아니었고, 당신 아버지를 믿었기에 따로 변호사에 자문할 필요조차 느끼지 않았다"라고만 대답했다고 밝혔다.

프랭클린의 얼굴 표정으로도 그의 감정을 잘 읽지 못했다면 그가 편지로 보낸 내용을 보면 더 확실하게 그의 경멸감을 알 수 있었다. 왜냐하면 프랭클린으로부터 그 편지를 받은 아이작 노리스가 펜실베이니아에 있는 특허 지주들의 친구들에게 내용을 전달했고 다시 그것이 토머스 펜에게 전달되었기 때문이다. 토머스 펜은 프랭클린의 편지를 "대단히 뻔뻔스러운 문서로서 지나간 일들을 끔찍하게 왜곡한다"라고 비난했다. 그는 왕의 특허장에 의해 보장되지 않은 특권을 주장하는 것은 소유주들에게나 펜실베이니아 주민들에게나 똑같이 위험한 일이라고 주장했다. 그는 자신이 그렇게 발언한 것도 전적으로 주민들을 염려한 마음에서였다고 덧붙였다. 그는 "이번 일로 매우 기분이 나빴다"라며, 프랭클린이 왜 그렇게 불쾌해했는지 잘 모르겠다고 말했다. "프랭클린 씨의 표정이 어땠는지는 나는 알지 못한다"라고 펜은 덧붙였다. "내 동생 말로는 평소처럼, 악의에 찬 악당 같은 얼굴을 하고 있었다고 한다." 그러나 인내심에도 한계는 있는 법이다. "이 시점부터 나는 그 어떤 이유로라도 그와 다시 이야기를 나누는 일은 없을 것이다."

프랭클린은 적들이 자신의 편지를 읽었다는 사실에 분노했지만, 표현 방식에 약간의 문제가 있다는 것 외에는 자신의 판단이 옳다고 생각했다. "나는 여전히 그 편지에 내가 써서는 안 될 내용은 없었다고 생각합니다. 당신은 당신의 일에 중대한 영향을 미칠 만한 모든 것을 알아야 하기 때문이오." 그는 이 당시 프랭클린의 중요한 동맹이었던 조지프 갤러웨이에게 쓴 편지에서 이렇게 말했다. "그리고 우리가 상대하고 있는 사람이 어떤 종류의 인간이며, 그의 원칙이 얼마나 비열한지를 아는 것은 결코 사소한 일이 아니네. 사실 토머스를, 말을 속여 판 뒤 구매자가 항의하자 오만하게 승리를 만끽하는 **저급한 마구간 주인**—이 표현은 토머스 펜의 감정을 프랭클린에게 전달해준 포더길 박사도 거칠고 경솔하다고 지적한 바 있고—에 비유한 것은 좀 문제가 있었다고 생각하네. 물론 그의 행동과 생각을 당신의 판단에 맡기고, 그저 있었던 일을 단순히 이야기하는 정도로 만족할 수도 있었겠지. 그러나 분노 때문에 그런 표현을 하게 되었고, 솔직히 말하면 지금도 그걸 크게 후회한다고는 말 못하겠어." 오히려 프랭클린은 지속적으로 통쾌함을 느꼈다. "그 표현이 그의 뇌수에 꽂혔을 테니, 그가 마땅히 받아야 할 것을 감수하게 하게." 가난한 리처드라면 애초에 토머스 펜에게 이런 일이 생길 거라고 경고했을지도 모른다. "남의 사적인 편지를 들춰보는 바람에, 그는 또 하나의 사례를 보탰을 뿐일세. '엿듣는 자는 대개 자기 이야기가 좋게 나오는 걸 듣지 못한다'는 오래된 속담 말이네."

프랭클린과 토머스 펜 사이의 악감정은 식민지 의회와 특히 지주들 간의 협상에 아무런 도움이 되지 않았다. 1758년 11월, 프랭클린이 불만을 제기한 지 1년이 넘어, 펜 형제는 마침내 그에 대한 응답을 보냈다. 펜 가문의 변호사인 퍼디낸드 패리스는, 명시적으로 이름을 언급하지는 않았지만, 협상이 막힌 책임을 프랭클린에게 돌렸다. 그러면서 펜 가문이 '진심으로 바라는 바는 화합'이라고 강조했고, 의회가 좀 더 '솔직한 인물'을 협상 대표로 내세우지 않은 점을 유감스럽게 여긴다고 말했다. 또한 그는, 의회가 식민지 의회 의원들이 "자신들이 겪고 있다고 생각하는 고충을 명확하고 분명하게 제시하지 않았다"라고 주장했다.

프랭클린은 진솔함이 부족하다는 비난에 대해, 인신공격성 말장난이라 치부하며 대수롭지 않게 여겼다. 또한 그가 펜실베이니아가 겪는 불만 사항들을 명확하고 구체적으로 설명하지 않았다는 특허 지주 측의 주장도 설득력이 없다고 생각했다. 정작 그들은 프랭클린이 제기한 불만에 아무런 답변도 하지 않았기 때문이다. 하지만 프랭클린을 더 곤혹스럽게 만든 건, 특허 지주 측 주장의 핵심 내용이었다. 그들은 이렇게 주장했다. "특허장을 원래 문구 그대로 읽어보면, 법을 만들 권한은 특허 지주에게 있다." 즉, 입법 주도권은 특허 지주에게 있고, 의회의 역할은 단지 '조언과 동의'를 제공하는 데 한정된다는 것이다. 이는 프랭클린과 의회의 관점과는 정반대였다. 그들은 법률 제정의 주도권이 국민에게 있다고 보았고, 소유주의 역할은 조언과 동의로 축소된다고 생각했다.

한편 상황은 프랭클린과 펜 사이의 개인적 반감으로 인해 본질적인 정치적 이견을 해결하기 더욱 어려워졌다. 프랭클린을 배제하고, 토머스 펜과 리처드 펜은 직접 펜실베이니아의회에 편지를 보내어 프랭클린이 '무례하다'고 비난했고, 다시 한번 그의 '정직성'을 의심하며, 의회와 특허 지주들 간의 생산적인 관계를 위해서는 "전혀 다른 성격의 대표"가 필요하다고 주장했다. 이에 대해 프랭클린은 펜 가문의 반응이 그들의 평소 행동과 다르지 않다고 강하게 비판했다. 그는 아이작 노리스에게 보낸 편지에서 이렇게 썼다. "그들의 답변이 얼마나 의도적으로 모호하고 불확실한지, 그리고 그들의 전반적인 행동이 얼마나 치졸하고 속임수로 가득한지 굳이 말씀드리지 않아도 아실 겁니다. 이로써 저와 그들 사이의 모든 추가 협상은 완전히 끝이 났습니다."

그러나 펜 가문과의 협상이 결렬되었다고 해서, 펜실베이니아 주민들과 특허 지주들 간의 투쟁이 끝난 것은 아니었다. 프랭클린 입장에서는 이제 단순히 장소만 바뀌었을 뿐이었다. 관례상 프랭클린은 의회의 공식 대리인직을 사임하겠다고 제안해야 했다. "의회가 특허 지주들과 협상을 계속할 생각이라면, 나를 해임하고 그 임무를 맡을 다른 사람, 또는 더 나은 여러 사람을 새로 임명해야 할 것입니다. 그들은 나보다 특히 지주들이 더 받아들일 만하거나, 더 유순한 사람일 것입니다. 아니면, 소유주들의 표현을 빌리자면 '정직한 사람'일 것입니다."

하지만 그는 이에 반대하며, 차라리 펜 가문의 지배를 국왕의 직접 통치로 대체하자는 급진적인 대안을 제안했다. "만약 의회가, 하나의 가문이 점차 더 많은 권력과 재산을 소유하게 되는 것이 결국 국민의 자유를 위협한다는 사실을 깨닫고, 통치권과 재산 소유권을 서로 다른 주체가 갖는 것이 바람직하다고 판단한다면, 그리고 그에 따라 국왕께서 식민지를 직접 다스려주시기를 요청한다면, 그 문제는 큰 어려움 없이 해결될 수 있고 우리의 권리도 지켜질 수 있을 것입니다." 그리고 그는 덧붙였다. "그러한 일이라면 저는 여전히 기여할 수 있을 것이라 생각합니다."

얼마 지나지 않아, 프랭클린이 펜 가문의 통치보다는 국왕의 직접 통치를 선호한 것은 너무나 순진한 판단이었음이 드러나게 된다. 당시 그의 입장은 토머스 펜에 대한 극도의 분노와, 영국적인 것들에 대한 점점 더 깊어지는 매혹을 반영한 것이었다.

그의 아들 윌리엄이 또한 영국에 그런 매력을 느끼고 있다는 사실은 프랭클린을 더욱 흡족하게 했다. 사실 필라델피아를 떠나기 전, 윌리엄은 사랑에 빠졌다. 엘리자베스 그레임은 도시에서 가장 주목받는 여성으로, 총명하고 활기차며 아름다웠다. 그녀의 아버지 토머스 그레임은 부유하고 저명했으며, 특히 지주를 지지하는 진영의 지도급 인사였다. 이런 정치적 배경은 프랭클린을 다소 불편하게 만들었고, 그래서 그는 윌리엄을 영국으로 데려가기로 한 것인지도 모른다. 정말 그런 의도였다면, 그 전략은 효과를 봤다. 왜냐하면 활기찬 런던의 삶은 윌리엄의 머릿속에서 금세 그레임을 지워버렸기 때문이다. "끝없이 새로운 것들, 거리의 끊임없는 소음과 떠들썩한 분위기, 호기심을 자극하는 다양한 사물들을 구경하느라 완전히 정신이 팔려 있었어요." 윌리엄은 그녀에게 한동안 편지를 쓰지 못한 이유를 이렇게 설명했다.

프랭클린이 처음부터 이러한 방식으로 그들의 관계가 끝나기를 바랐는지는 알 수 없지만, 적어도 그 관계의 종말을 아쉬워하지는 않았다. 그러나 때로는 윌리엄이 멀리 미국에 있는 연인에게 충실했더라면 좋았겠다는 생각을 했을 수도 있다. 프랭클린 자신이 젊었을 때 그랬던 것처럼, 윌리엄도 런던에서 '천한 여성들'과 어울리기 시작했다. 그리고 프랭클린처럼 윌리엄도 혼외자를 낳았다. 윌리엄 템플 프랭클린은 1760년경 태어났고 그의 생모는 윌리엄 프랭클린처럼 누군지 알려져 있지 않다.

30년 전의 프랭클린에게 혼외자는 달갑지 않은 존재였지만, 그래도 그는 아이를 받아들여 키웠다. 하지만 윌리엄은 다른 선택을 했다. 아마 자신이 사생아로 계모 밑에서 자란 경험 때문이었을 것이다. 그는 아들 윌리엄 템플을 위탁가정에 맡겼고, 몇 년 동안이나 그 아이와의 관계를 숨겼다. 프랭클린은 이 일에 대해 비판하고 싶었겠지만, 자신이 과거에 저지른 일 때문에 쉽게 그렇게 하지는 못했을 것이다. 대신 그는 손자의 양육비를 부담하면서 말없이 조용히 지켜볼 따름이었다.

그것 말고는, 윌리엄의 삶은 계획대로 잘 흘러갔다. 런던에 도착한 직후 미들템플에 입학해서 이듬해 말에는 법률 공부를 마치고 변호사가 되었다. 프랭클린이 아들에 대해 느꼈던 자부심은, 윌리엄이 자신의 실용성을 입증할수록 더욱 커졌다. 프랭클린 자신은 법률가는 아니었고, 판사로서도 실패한 경험이 있었기에, 프랭클린은 특허 지주들과의 분쟁에서 윌리엄이 제공하는 법률 조언을 소중하게 여겼다.

윌리엄은 1759년 늦여름과 가을에 아버지와 함께 스코틀랜드로 여행을 떠났다. 에든버러에서는 프랭클린을 예우하기 위해 그를 초대했고, 프랭클린이 도착하자 그에게 시민권과 길드 조합원 칭호를 수여했다. 글래스고에서도 비슷한 영예를 주었고, 세인트앤드루스에서는 자유민 자격을 수여했다.

이런 예우가 계속 반복되면 그 가치는 언젠가 줄어들 수도 있었겠지만, 적어도 지금까지는 존경의 표시 하나하나가 프랭클린을 기쁘게 했다. 그만 큼이나 즐거웠던 것은 이번 여행에서 프랭클린이 사귄 친구들이었다. 알렉산더 딕 경과 그의 부인도 프랭클린의 명성을 익히 알고 있었고 프랭클린 부자가 스코틀랜드에 온다는 소식을 듣고는, 이들을 에든버러 근처에 있는 자신들의 영지인 프레스턴필드로 초대했다. 딕 경은 프랭클린을 존경하는 여러 인사와 마찬가지로 의사였지만, 단순한 의사 그 이상이었다. 프랭클린이 방문했을 당시 그는 에든버러 의과대학 총장이었고, 에든버러 철학회의 일원이기도 했다. 그는 영국 최고의 대황*을 재배한 성과로 원예대회에서 우승하고 몇 년 후에는 왕립에든버러학회를 공동 창립하는 데 관여했다.

프랭클린은 딕 경과 부인, 그리고 프랭클린을 보러 온 손님들에게 깊은 인상을 남겼다. 특유의 유쾌한 말솜씨로 사람들을 매료시켰고, 자신이 지은 문학적인 기교, 즉 종교적 관용을 주장하기 위해 풍자적으로 각색한 성경 이야기를 낭독했다. 그 이야기의 첫 구절은 이렇게 시작된다. 나이 든 한 노인이 아브라함을 찾아온다. 노인은 등이 굽고, 나이가 많아 보였다. 아브라함은 그에게 따뜻한 음식과 하룻밤 묵을 장소를 내주며 친절히 대접한다. 그런데 식사 후 노인은 아브라함의 신께 감사기도를 올리지 않는다. 이에 아브라함은 짜증이 나서, 대체 왜 우리 신을 찬양하지 않느냐고 따진다.

7. 그리고 그 사람이 대답하여 말하되, 나는 네가 말한 그 신을 경배하지 않으며, 그의 이름을 부르지도 아니하노라. 나는 내 자신을 위해 한 신을 만들었노라. 그는 항상 내 집에 머무르며, 나에게 모든 것을 공급하노라.

8. 이에 아브라함의 화가 머리끝까지 올라왔고, 그는 일어나, 그 사람을

---

*   rhubarb, 마디풀과의 여러해살이풀

때리며 광야로 내쫓았노라.

9. 한밤중에 하나님이 아브라함을 부르시며 말씀하시되, 아브라함아, 너의 나그네는 어디 있느냐?

10. 아브라함이 대답하여 말하되, 주여, 그가 주를 경배하지 아니하고, 주의 이름을 부르지도 아니하므로, 내가 그를 내 앞에서 광야로 쫓아 내었나이다.

11. 이에 하나님이 말씀하시되, 그 사람이 내게 반역했을지라도, 지난 198년 동안 그를 참아주고, 먹이고, 입혔거늘, 죄인인 네가 그를 하룻밤 조차 참지 못하느냐?

딕 경의 부인은 프랭클린에게 이 '박해에 반대하는 우화Parable Against Persecution'의 사본을 꼭 보내달라고 요청했다. 스코틀랜드의 법학자이자, 교수형을 자주 내리는 판사로 유명했지만 그 외에는 명랑한 인물이었던 케임스 경도 마찬가지였다. 프랭클린과 그의 아들 윌리엄은 케임스 경 및 그의 가족과 함께 며칠을 함께 보냈다. 윌리엄이 집안의 젊은이들과 이야기를 나누는 동안, 프랭클린과 케임스는 말을 타고 동네를 돌아다니며 법, 농업, 기계, 어업, 종교, 벽난로, 인구 증가, 그리고 역사에 대해 현학적인 대화를 나누었다.

런던에 돌아온 프랭클린은 케임스에게 편지를 써서 자신과 윌리엄이 남쪽으로 긴 여정을 할 때, 케임스 경 및 그 부인과 동행하지 못한 것이 유감스럽다고 전했다. "함께 수천 가지의 대화를 나누며 길을 지루하지 않게 할 수 있었을 텐데, 이제는 다시는 함께 깊이 이야기할 기회가 없을 것 같다는 점이 아쉽습니다. 대화는 마음을 따뜻하게 하고, 상상력을 북돋우며, 늘 새로운 이야깃거리를 제공해 즉시 그것을 탐구하게 만들기 때문이지요."

둘 사이에 오갔던 대화의 한 실마리를 다시 집어 든 프랭클린은 캐나다 문제라는 중요한 주제를 꺼냈다. "캐나다가 정복된 것을 나만큼 진심으로 기뻐하는 사람은 없을 것입니다. 이는 내가 식민지 사람일 뿐만 아니라, 영국인이라는 이유에서도 그렇습니다."

그리고 그는 그냥 영국인이 아니라, 당시 영국 정부의 어떤 관료보다 더 위대한 비전을 품은 영국 제국주의자였다.

나는 오래전부터 대영제국 미래의 위대함과 안정의 기반이 아메리카에 놓여 있다고 믿어왔습니다. 모든 기반이 그렇듯 낮고 눈에 잘 띄지 않지만, 그 기반은 인류의 지혜로 지금까지 세운 그 어떤 정치적 구조보다도 더 위대한 국가를 지탱할 만큼 넓고 튼튼합니다.

그렇기 때문에 반드시 캐나다를 지켜야 한다는 것이었다.

우리가 캐나다를 갖고 있으면, 세월이 흐른 뒤 세인트로렌스에서 미시시피까지 모든 땅은 영국인들로 가득 차게 될 것입니다. 엄청난 상업의 발전으로 영국 본토 또한 훨씬 더 인구가 많아질 것입니다. 대서양은 무수한 영국 무역선으로 뒤덮일 것이고, 늘어나는 해군력은 영국의 영향력을 전 세계로 확장시키며, 전 세계가 우리를 두려워하게 만들 것입니다!

케임스 경은 프랭클린의 거대한 비전에 전적으로 공감하지는 않은 듯 보인다. 프랭클린은 이 부분의 편지를 이렇게 끝맺고 있다. "하지만 이쯤에서 멈추겠습니다. 당신께서 내 생각이 지나치고, 미친 예언자의 망상으로 여기기 시작하는 것이 느껴지기 때문입니다."

그러나 이 예언자는 자국에서 인정받지 않은 것이 아니었다. 그 자국이란, 케임스 경과 콜린슨, 케임브리지의 교수들과 에든버러의 길드 회원들과 함께 나눈 그 나라 영국이었다. 그가 영국에 온 이후 받았던 온갖 영예와 쌓아온 우정들은 누구라도 부러워할 만한 것이었다. 최근의 영국 북부 여행은 그런 명예에 우정을 보태주었다. 프랭클린은 케임스 경에게 이렇게 썼다. "우리가 그곳에서 보내는 동안 나는 내 인생에서 가장 **밀도 높은** 행복을 느꼈습니다. 그리고 그곳에서 만난 풍부하고 유익한 교류는 내 기억에 깊은 인상을 남겼습니다. 나를 끄는 강한 인연이 있지 않았다면, 나는 평생을 스코틀랜드에서 보내고 싶었을 것 같습니다."

14장 영국인
1760~1762

그 시절 영국인의 자부심은 하늘을 찔렀다. 프랭클린이 "나는 영국인
이다"라고 선언한 지 불과 몇 달 후, 런던에서 새로운 군주가 즉위했고, 그
는 첫 왕위 연설에서 "나는 영국인이라는 이름에 영광을 느낀다I glory in
the name of Briton"라고 선언했다. 혹은 그가 이름에 영광을 느낀 것은 '영국
Britain'이었을 수도 있다. 동음이의어라 듣는 사람들에게 구별하기 어려웠지
만, 의미는 같았다. 즉 조지 3세는 하노버왕조의 선조들과 달리, 그 무엇보
다도 자신을 영국인으로 여겼다. 그리고 프랭클린도 마찬가지 마음이었다.
결국 영국은 그들 둘이 함께하기에는 너무나 좁은 곳임이 드러났지만, 당
분간 그 축복받은 섬은 그들 둘 모두에게 축복을 내리는 듯했다.

조지 3세의 왕위 계승 과정은 순탄치 않았다. 그의 할아버지 조지 2세
는 40년 동안 통치했는데, 이는 그의 아들이자 왕위 후계자인 프레더릭에
게 큰 골칫거리였다. 그 기간의 상당 부분 동안 프레더릭은 아버지가 자신
을 골탕 먹이려고 죽지 않고 버틴다고 생각했다. 실제로 조지 2세는 어느

정도 그런 의도를 가지고 있었다. 18세기 영국 정치에서 군주와 다음 계승자 사이의 갈등은 거의 필연적인 것이었다. 국왕의 장자는 웨일스 공과 콘월 공작이라는 작위를 받게 되며 왕위와는 별개로 영향력을 행사하고 수입을 얻었다. 이러한 수입과 영향력은 다시 현 정권에 불만을 품은 사람들을 끌어들였고, 이들은 참을성 없는 후계자의 귀에 반정부적, 심지어는 선동적인 속삭임을 하는 것이 습관이었다.

왕과 왕위 계승자 사이의 이런 구조적 갈등에 더해, 하노버왕조 특유의 가족 간 불화까지 겹쳐 관계가 더욱 악화되었다. 캐럴라인 왕비는 어머니로서는 거의 상상할 수 없는 정도의 증오심을 보였다. 그녀는 "왕세자인 첫째 아들은 세상에서 가장 바보 같고, 가장 심한 거짓말쟁이며, 가장 야비하고, 가장 짐승 같은 놈이다. 나는 그가 이 세상에서 사라지기를 진심으로 바란다"라고 말했다고 전해진다. 임종 직전, 프레더릭이 어머니를 만나고 싶다고 했지만, 그녀는 "내가 영원히 눈을 감게 되면 한 가지는 위로가 될 텐데, 바로 저 괴물을 다시는 안 보아도 된다는 것이다"라며 거절했다. 프레더릭의 아버지는 자기 아버지와도 비슷한 갈등을 겪었는데, 그는 아내와 마찬가지로 아들을 경멸하고 증오했다. 프레더릭이 마지막 화해의 기회를 간청했을 때 조지 2세는 "그에게 자기 할 일이나 하라고 전하라"라며, "가련한 그의 어미는 이제 그가 거짓되고 징징대며 비굴한 짓을 하는 걸 볼 상태가 아니며, 나 또한 그의 무례함을 참을 기분이 아니다"라고 답했다.

어머니의 죽음이 아버지 조지 2세의 수명을 단축시킬 것이라고 생각했다면, 그건 프레더릭의 착각에 불과했다. 그는 빗속에서 테니스를 치다 감기에 걸려 아버지보다 9년이나 먼저 사망했다. 조지 2세의 죽음 역시, 별로 영광스럽지도 않은, 당시 상류층 삶이 가진 위험성을 잘 보여주었다. 18세기 영국 부유층의 풍족한 식단은 통풍을 비롯한 여러 질병과 변비를 유발했다. 1760년 10월 25일, 조지 2세는 켄싱턴 궁에서 평소처럼 초콜릿 한잔을 마신 후, 일을 보기 위해 왕실 화장실로 향했다. 그런데 화장실에서 힘을 너무 주는 바람에, 중요한 혈관 하나가 터져 즉사하고 말았다.

할아버지가 죽었을 때 조지 3세는 스물두 살이었고, 태어날 때부터 왕위에 오르기 위해 훈련받았음에도 불구하고 준비가 한없이 부족했다. 왕자로 자란다는 건 쉽게 정신적 미성숙에 빠질 수 있다는 뜻이기도 하다. 왜냐하면 왕자들은 성숙 과정의 필수적인 요소인 역경을 거의 겪지 않기 때문인데 조지 3세는 왕족 기준에서도 더 늦은 편이었다. 그는 사회적 상황을 어색해했고 뷰트 백작 존 스튜어트에게 감정적으로 의존했다. 그가 왕실의 주목을 받게 된 것은 우연한 사고 때문이었다. 1747년 어느 날, 프레더릭이 참석하고 있던 크리켓 경기가 폭우로 중단되었다(그는 날씨 운과 스포츠 운이 없었다). 폭풍이 걷히기를 기다리는 동안 프레더릭은 카드 게임을 제안했지만, 한 명이 부족하다는 것을 알게 되었다. 뷰트가 급히 투입되었고, 좋은 인상을 남겨 왕실 수행원에 합류할 수 있었다. 그는 이후 왕실 침실 관리관, 의상 담당관 등의 직위를 맡게 되었고, 프레더릭이 죽은 뒤에는 조지 3세의 멘토이자 아버지 같은 존재, 그리고 젊은 왕자의 이상적인 롤모델이 되었다.

조지 3세의 눈에 뷰트는 그 젊은이가 결코 될 수 없는 모든 것이었다. 똑똑하고, 교양 있으며, 잘생겼다. 오직 왕이 아니라는 점만 제외하고, 뷰트는 그 모든 것을 갖추고 있었고, 이는 오히려 젊은 조지에게 자신의 결함을 더욱 뼈아프게 느끼게 했다. 뷰트가 아무리 부드럽게 충고를 해도, 조지는 그로부터 버림받을지 모른다는, 그리고 그것은 마땅한 결과일지도 모른다는 두려움에 사로잡혔다. "만약 당신께서 지금 저를 버리시기로 결심하신다 해도, 저는 감히 탓할 수 없습니다. 오히려 그건 모두 제 잘못에 따른 당연한 결과라고 생각할 뿐입니다"라고 왕자는 말했다. 조지 3세가 처음 사랑에 빠졌을 때도, 그는 그 두렵고 설레는 감정을 뷰트의 판단에 맡겼다. "저는 제 미래를 당신 손에 맡기겠습니다. 제가 사랑하는 그 사람에게조차 이 감정을 털어놓지 않고, 침묵 속에서 슬퍼하겠습니다. 이 불행한 이야기로 더는 당신을 귀찮게 하지도 않겠습니다. 만일 제가 친구와 사랑, 그중 하나를 잃어야 한다면 저는 사랑을 포기하겠습니다. 왜냐하면 저는 세상 그 어떤 기쁨보다도 당신과의 우정을 더 소중하게 여기기 때문입니다."

결국 뷰트는 그 사랑을 반대했고, 왕자는 그 젊은 여성을 잊었으며, 영국인 특유의 담담한 태도를 보여주었다. 조지는 "나는 이 위대한 나라의 행복도 불행도 모두 짊어지고 가야 하는 사람이니, 어쩔 수 없이 내 열정과는 반대로 행동해야 할 때가 자주 있다"라고 말했다. 그러고 나서는 "어차피 언젠가 결혼은 해야 하니, 번거로움을 덜기 위해" 뷰트가 괜찮다고 여기는 신붓감 후보들의 명단을 달라고 했다. 실제로 이 명단에 따라 결혼한 뒤 샬럿 왕비는 남편에게 성실하게 열다섯 명의 자녀를 낳아주었다(샬럿은 젊은 시절—어쩌면 부당하게— 외모가 빼어나지 않다는 평을 받았지만, 시간이 지나면서 적어도 다른 이들과 비교하면 남편의 신하들 사이에서 평판이 나아졌다. 호러스 월폴은 왕비가 나이가 들어가자 "그녀의 개인적 매력의 부족함은 이제는 당연히 눈에 덜 띄게 되었다"라고 평했다. 월폴이 이 말을 왕비의 시종장에게 하자, 시종장 역시 이에 동의하며 "네, 저도 왕비 전하의 추함이 한창 **피어나는** 시절은 이제 지나갔다고 생각합니다"라고 말했다).

프레더릭의 추종자였던 뷰트는 당연히 프레더릭이 아버지 조지 2세와 그의 대신들에 대해 가지고 있던 불신을 받아들였고, 뷰트의 추종자였던 조지 3세도 같은 사람들에게 똑같은 불신을 품게 되었다. "이 늙은 국왕의 행동은 내가 그의 손자라는 사실을 부끄럽게 만듭니다"라고 말할 정도였다. 심지어 그 당시 전쟁 영웅으로 명성이 높았던 윌리엄 피트도 젊은 조지 3세가 보기에는 "가장 사악한 심성을 가진 자", "정말로 뱀 같은 인물"에 불과했다.

조지 3세는 어느 정도는 단순히 피트를 질투했다. 그가 막 왕위에 오른 바로 그즈음, 런던 시민들은 템스강에 새 다리를 건설해 "탁월한 지성과 흔들림 없는 의지, 그리고 그의 청렴함과 열정이 주변에 좋은 영향을 미쳐 제국을 구한 사람"에게 바치는 기념물로 헌정했다. 말할 필요도 없이 이런 찬사는 새로 즉위한 왕을 두고 한 말이 아니었다. 그렇기 때문에 조지 3세는 윌리엄 피트뿐 아니라 모두에게 자신이 진짜 왕임을 반드시 보여줘야 한다고 느꼈다. 그는 뷰트에게 쓴 편지에서 "내 백성들이 나를 진심으로 사랑한다니 기쁩니다. 하지만 내가 만약 장관들이 나를 짓밟는 것을 허락한다면, 언젠가는 백성들도 내가 이 왕관을 쓸 자격이 없다고 여길 것이 틀림없습니다"라고 썼다.

자신의 통치 자격을 증명하는 것은 조지 3세에게 집착이 되었고, 이는 대신들과 나아가 미국 신민들과의 관계에도 영향을 미쳤다. 데번셔 공작이 뷰트에게 프랑스와의 전쟁이 계속되는 한 새 왕은 피트 없이 국정을 돌볼 수 없다고 말하자, 뷰트는 이렇게 대답했다. "공작님, 그런 말은 절대 왕의 귀에 들어가면 안 됩니다. 왕께서는 그런 말을 조금도 참지 못하실 겁니다." "참지 못한다니요?" 놀란 공작이 되물었다. "참아야 합니다! 왕이라도 인간 사회에서 목적을 이루려면 인간적인 수단을 써야 하는 법입니다. 그렇지 않으면 나라는 망하게 됩니다."

하지만 조지는 참지 **않았다**. 대신들과의 첫 만남에서 그는 현재의 '피비린내 나고 값비싼 전쟁'을 종결할 필요성을 강조했다. 물론 이 전쟁이 피트의 전쟁이라는 사실은 피트를 포함한 모두가 알고 있었다. 피트는 이런 모욕에 불쾌감을 느꼈고, 자신이 뷰트에게 밀려난 것에 대해서도 마찬가지로 분개했다. 그해가 가기 전에 위대한 평민 피트는 사임했다. 그는 미래가 너무나 암담하다고 느껴 아내에게 귀족 작위를, 자신은 연금을 받는다는 조건을 수락함으로써, 민중의 대변인이라는 자신의 명성을 스스로 무너트렸다. 그에게 실망한 지지자 중 한 명은 "아, 저 위대한 인물이 가장 어리석은 짓을 저질렀구나. 소중한 명예를 하찮은 작위와 연금에 팔아버리다니!" 라고 비판했다.

프랭클린은 조지 3세의 즉위에 얽힌 사건들을 복잡한 감정으로 지켜보았다. 스스로를 자랑스러운 영국인으로 여겼던 그는, 새 국왕이 영국을 포용하는 태도에 박수를 보내지 않을 수 없었다. 그러나 동시에 그는 피트가 축출된 것을 불길한 징조로 받아들였다. 피트는 전쟁 정책의 설계자로서, 이번 전쟁이 결국 펜실베이니아 및 다른 식민지들의 국경을 프랑스와 인디언의 공격으로부터 확실히 지켜줄 것이라고 약속해왔기 때문이다.

프랭클린은 궁정과 의회의 정치에 주의를 기울여야 할 또 다른 이유가 있었다. 펜 가문과의 관계가 결렬된 이후, 그는 왕실의 보호를 받기로 결심했고, 따라서 왕실, 좀 더 구체적으로는 식민지를 관할하는 왕실 관리들에게 접근해야 했다. 여기에는 통상위원회와 추밀원의 구성원들이 포함되어 있었다.

관료제의 특성이 그러하듯, 그리고 펜실베이니아가 대부분의 영국 관료들의 마음에서 지리적으로뿐만 아니라 심리적으로도 멀리 떨어져 있었던 만큼, 심지어 청문회 일정을 잡는 것조차도 몇 달이 걸렸다. 프랭클린은 이 시간을 이용해, 펜 가문의 방어논리에서 허점들을 찾으려 노력했다. 그는 통상위원회가 펜실베이니아의 세금 납부 방식 같은 것에 대해서는 큰 관심이 없다는 것을 알았다. 식민지의 지엽적 문제는 국가의 중요한 이익과는 거의 관련이 없었기 때문이다. 하지만 인디언들의 불안을 야기한 봉건영주들의 정책은 통상위원회의 주목을 받을 수도 있었다. 왜냐하면 바로 그 불안이 현재 전쟁을 촉발시킨 원인이었기 때문이다.

이러한 전술적 책략을 취하다 보니 프랭클린은 뜻밖의 동맹을 발견했다. 테디우스컹은 델라웨어 부족의 추장이었으며, 한때는 영국의 친구였다가, 후에는 적이 되었고(1755년 프랭클린은 노샘프턴카운티에서 그가 보낸 전사들과 조우하기도 했다) 이제는 다시 친구가 되었다. 그러나 휴전협정을 맺는 자리에서조차 테디우스컹은 1737년의 워킹퍼처스 사건을 시작으로, 영국이 자신들의 민족에게 해왔던 역사적 불의들에 대해 불평했다. 이에 프랭클린과 의회의 동맹들은 테디우스컹에게 그들의 불만을 국왕 조지에게 호소하라고 권유했다. 국왕이 사악한 특허 지주들로부터 그들을 보호해줄 수도 있기 때문이었다.

런던에 도착한 프랭클린은 테디우스컹의 청원서를 받아, 대의제 정부에 대한 놀라울 정도로 폭넓은 해석을 바탕으로, 인디언들의 주장을 펜실베이니아 의회의 공식 입장으로 삼았다. 그리고 늘 그랬듯이, 윌리엄 펜의 자비로운 정책과 그 후손들이 저지른 "기만과 속임수"를 대조해 비판했다. 프랭클린은 전쟁의 책임이 현재의 펜 가문에 있다고는 말하지 않았지만, 인디언들이 주장하는 토지 사기가 펜실베이니아 주민들이 겪고 있는 "가장 잔혹한 학살과 참혹한 파괴"의 주된 원인이라는 점을 주장했다. 그 무렵 프랭클린이 토머스 펜을 '싸구려 말 장수'에 비유한 편지는 이미 토머스 펜 본인의 귀에 들어갔고, 프랭클린은 테디우스컹의 청원을 제출하는 과정에서도 그 비난의 손가락을 멈추지 않았다. 그는 워킹퍼처스 사건을 두고 "말 장수들이 쓰는 온갖 술수의 결정체"라며, 그 일로 인해 인디언들은 영국인들에 대해 최악의 인상을 갖게 되었다고 공개적으로 밝혔다.

프랭클린이 델라웨어족의 불만을 전달하는 과정에서 그들의 고통을 전혀 믿지 않는 냉소적인 태도를 보인 것은 아니었다. 하지만 그는 그들의 억울한 사정을 자신의 정치적 목적을 달성하기 위한 좋은 기회로 삼았음은 분명하다. 그는 잘못된 인디언 정책이 낳은 참혹한 결과를 직접 목격했기 때문에, 억울함을 바로잡는 데 적극적이었다. 그러나 분명한 사실은, 프랭클린이 오래된 토지분쟁 자체에는 별다른 관심이 없었고, 여전히 펜 가문과의 계속되는 권력투쟁에 더 큰 관심을 보였다는 점이다(프랭클린은 또한 테디우스컹이 펜 가문에 불리한 증인을 할 수도 있다는 점을 알았지만, 동시에 이 추장의 신뢰성 자체가 공격받을 수도 있다는 사실도 알고 있었다. 그는 과거 영국을 상대로 전쟁을 벌였을 뿐 아니라, 그의 부족 사람들과 마찬가지로 술에 약하다는 약점도 있었다. 결국 그는 술에 만취된 상태로 이로쿼이 부족에게 체포되어,

그들이 그의 집을 불태우는 바람에 불에 타죽었다).

테디우스컹 청원은 일종의 '측면공격'이었고, 프랭클린이 펜 가문에 가한 정면공격은, 식민지 의회가 통과시키고 데니 총독이 승인한 여러 법안—결국 펜 가문이 거부하지만—을 통해 이루어졌다. 펜 가문이 이렇게 법안을 거부하면 모양새가 이상해지는데, 그건 그들이 직접 임명한 총독의 결정을 스스로 뒤집는 꼴이 되기 때문이다. 펜 가문은 이 문제를 해명하기 위해, 식민지 의회가 총독에게 자신들의 지시 사항을 무시하도록 뇌물을 주었다고 주장했다. 펜 가문의 주장을 어떻게 해석하느냐의 문제는 별개로 하더라도, 주장 자체는 어느 정도 사실이었다. 상당 기간 식민지 의회는 펜실베이니아 주민 다수가 지지하는 법안들이 총독에 의해 반복적으로 거부되는 일을 겪으며 좌절했다. 총독들은 펜 가문과 경제적으로 연결되어 있기 때문에 사실상 가문의 뜻을 따를 수밖에 없었다. 그리하여 식민지 의회는 자금력을 동원해 펜 가문보다 더 많은 보상을 주면 총독을 자신들 편으로 만들 수 있다고 생각했다. 의회는 총독이 펜 가문으로부터 불이익을 받게 될 경우 이를 금전적으로 보상해주기로 결의했으며, 그의 용기에 감사한다는 뜻으로 추가로 3000파운드를 수여했다. 예상대로, 펜 가문은 이 거래를 비윤리적이며 용납할 수 없는 행위로 판단했다.

이 거래가 불법이었는지 여부는, 바로 프랭클린과 펜 가문이 1760년 대부분의 시간을 두고 다툰 문제였다. 프랭클린은 동료 대리인 로버트 찰스와 함께 법률 전문가팀을 고용해 자신들의 입장을 준비하고 변론하도록 했고, 펜 가문 역시 자신들만의 변호인단을 선임했다. 영국 국왕의 추밀원은 이 분쟁을 통상위원회에 회부했고, 위원회는 사건을 3월 말 또는 4월 초 심의하는 일정에 올렸다. 그러나 중견 상원의원이 살인죄로 재판을 받고 유죄판결을 받아 교수형을 당하는 충격적인 사건이 벌어지면서, 위원회의 관심이 온통 그 사건에 쏠리는 바람에 이 건은 지연될 수밖에 없었다. 얼마 후에는 네 번째 생일을 며칠 앞둔 토머스 펜의 아들이 병으로 사망하는 사태가 발생해 사건 처리가 또 한 번 지연되었다(프랭클린은 자신의 아들 프랜시스 역시 네 살에 세상을 떠났던 일을 기억했기에, 적에게 동정심을 느꼈을 수도 있지만, 그런 감정을 겉으로 드러내지는 않았다).

최종적으로 위원회가 공청회를 소집했을 때, 펜 가문의 변호사는 식민지 의회가 왕권에 대항해 "거의 반란에 가까운 선언들"과 "공공연히 민주주의를 표방하는 여타 행위들"을 저질렀다며 분노를 드러내고 공격했다. 그는 또한 의회가 총독을 매수했다는 기존의 혐의를 반복했고, 의회가 정기적으로 회의를 열 수 있도록 허용한 펜 가문의 선의를 의회가 이용했다고 질책했다. 또한 총독의 재산에 부과된 최근의 조세 조치가 부당하고 불법적이라는 점은 굳이 말하지 않아도 다 알 것이라고—실제로는 명확히 지적했으면서— 시사했다.

프랭클린의 법률 전략가는 프랜시스 에어였고, 법정 변호사는 윌리엄 드 그레이와 리처드 잭슨이었다. 드 그레이는 뇌물수수 의혹을 부인했다. 의회가 총독에게 수당을 지급하긴 했지만, 이는 일종의 대가 거래가 아니라 단순히 총독의 업무비 지출을 보전해줄 목적이었다는 것이다. 드 그레이는 식민지 의회의 '민주화democracy' 혐의에도 반박했다. 심지어 왕실 육군 장교들조차 의회의 충성심과 공적을 증명하는 증언을 했다. 프랭클린 측은 펜 가문이 해당 법률들에 대해 국왕에게 항소할 자격이 없다고 주장했다. 왜냐하면 그 법률에 자신들이 임명한 대리인인 총독이 이미 서명했기 때문이다. 왕실 특허장의 규정에 따르면, 총독의 서명이 있는 법은 식민지의 정식 법률로 간주되기 때문이다.

공청회는 4일간 이어졌고, 이후 위원회는 3주간의 심의를 거쳤다. 1760년 6월 말 위원회는 장문의 의견서를 내며 "본질적으로는 펜 가문이 옳고 프랭클린이 틀렸다"라는 판결을 내렸다. 관건이었던 '총독이 동의한 법률이라면 펜 가문의 동의와 상관없이 자동적으로 유효한가'라는 문제에 대해 위원회는 그런 주장은 "모든 위임된 권한의 본질에 어긋날 뿐만 아니라" 오히려 "총독과 의회 사이의 결탁 구조를 고착화시키는 결과를 초래할 수 있다"라고 선언했다.

이 판결은 프랭클린에게 실망스러운 것이었지만, 어디까지나 권고에 불과했다. 최종 결정은 영국 왕실 자문기관인 추밀원이 산하 식민지 담당 위원회Committee for Plantation Affairs의 심의를 거쳐 내리게 되어 있었다.

이에 따라 8월 말 화이트홀의 콕핏 청사에서 양측의 변론이 다시 개시되었다. 아마도 프랭클린의 변호인단이 지난번 판결에서 교훈을 얻었거나, 혹은 위원회가 더 포괄적인 정치적 판단을 내릴 자유가 있었기 때문인지, 위원회는 가장 핵심 쟁점이었던 펜 가문 소유의 토지에 세금을 부과하는 법안에 대해서는 대체로 프랭클린과 식민지 의회의 손을 들어주었다. 이 법안을 두고 펜 가문 측 변호사들은 의회가 세금 부담을 주민에게서 펜 가문 쪽으로 떠넘기려 한다며 격렬히 항의했고, 프랭클린 측 변호인들은 그 주장을 부인했다. 이렇게 콕핏 심의실에서 양측이 치열하게 맞서던 중, 프랭클린은 갑작스러운 호출을 받았다. 그리고 훗날, 그는 이 순간을 회고하며 이렇게 이야기했다.

공청회가 진행되는 도중, 추밀원 위원이었던 맨스필드 경이 자리에서 일어나 손짓으로 나를 부르더니, 변호사들의 변론이 계속되는 동안 나를 별실로 데려갔다. 그 자리에서 그는 내게, 그 법안이 실제로 집행되더라도 펜 가문의 재산에 아무런 손해가 가지 않을 것이라고 생각하느냐고 물었다. 나는 당연히 그렇다고 대답했다. 그러자 그는, 그렇다면 그 점을 보장하겠다는 약속에 별다른 이의가 없을 것 아니냐고 했다. 나는 그 제안에 전혀 이의가 없다고 말했다. 이후 그는 펜 가문 측 대표인 '패리스'를 방으로 불러들였다(사실 패리스는 그해 겨울에 이미 세상을 떠났고, 그때 불려 온 사람은 헨리 윌멋이었다). 잠시 대화가 오간 뒤, 맨스필드 경이 제안한 방안을 양측 모두 받아들였다.

이번 절충안은 프랭클린과 식민지 의회의 상징적인 승리였다. 수년간 과세에 저항해오던 펜 가문이 마침내, 자신들의 토지가 펜실베이니아 내 다른 모든 토지 소유자의 토지와 마찬가지로 과세 대상이 될 수 있다는 원칙을 받아들인 것이다. 그들이, 펜실베이니아에서 민주주의 세력이 폭주하면서 자신들이 희생당하고 있다는 변호사들의 주장을 실제로 **믿었는지는** 오직 그들만이 알 일이다. 하지만 어쨌든, 프랭클린이 동의한 확약에는 그러한 피해는 발생하지 않도록 보장한다는 내용이 담겨 있었다(물론 의회가 실제로 프랭클린의 보증을 받아들이는 것은 또 다른 문제였다).

그러나 보다 근본적인 문제에서는 프랭클린이 패배한 셈이었다. 추밀원이 이 사건을 심리하기로 했다는 사실 자체가, 식민지 의회의 승인과 총독의 서명만으로는 펜실베이니아 법이 성립되지 않는다는 펜 가문의 주장을 받아들였음을 의미했기 때문이다. 세금 문제에서는 펜 가문이 양보했지만, 그 밖의 다른 법안들에 대해서는 앞으로도 얼마든지 이의를 제기할 수 있는 여지를 남긴 셈이었다.

식민지 의회의 공식 대리인으로서 프랭클린은 펜실베이니아 주민의 자금 운용자 역할도 맡게 되었다. 펜실베이니아 의회는 프랑스와의 전쟁 중 식민지가 지출한 비용을 보전하기 위해 영국 의회가 할당한 20만 파운드 중 펜실베이니아 몫을 프랭클린이 직접 수령하도록 승인했다. 토머스 펜은 이에 대해 개인적이면서도 원칙적인 이유로 반대했지만, 영국의 통상위원회는 이러한 결정을 최종적으로 승인했다.

지금까지 프랭클린이 한 투자라고 해봐야 주로 인쇄 사업 파트너십과 간헐적인 부동산 매입 정도였고 그 규모도 비교적 소박했다. 그가 이제 관리하게 된 3만 파운드에 비하면 훨씬 적은 금액이었다. 이 큰 자금을 안전하게 운용하기 위해 프랭클린은 친구들이 추천한 주식 중개인 존 라이스의 조언을 구했다. 라이스는 신중하고 사려 깊은 투자 이력으로 알려진 인물이었다. 그는 안정성과 장기 전망이 뛰어난 다양한 주식에 분산투자할 것을 권했고, 그 결과 1761년 여름이 끝나기 전까지 프랭클린은 약 2만 7000파운드에 달하는 주식을 매입했다.

그러나 불운한 사건들이 이어지며 프랭클린의 투자에 문제가 생겼다. 의회가 갑작스럽게 자금이 필요하다며 1761년 말 프랭클린에게 주식을 모두 팔고 현금으로 환수하라고 지시했다. 이에 프랭클린은 "지금이 주식을 팔기엔 가장 안 좋은 시기"라고 응답했다. 당시 프랑스와의 평화 협상이 결렬되고, 피트 총리는 실각했으며, 스페인까지 전쟁이 확산하는 등 여러 악재가 겹쳤다. 전쟁은 주식시장에 큰 혼란을 주기 마련인데, 이번에는 프랭클린과 라이스가 고른 주식들이 특히 큰 타격을 받았다. 프랭클린은 "할 수 있는 모든 조치를 다해 최대한 유리한 조건으로 주식을 팔려고 애썼지만, 때로는 사려는 사람이 아예 없어 안 좋은 조건으로 팔 수밖에 없었다"라고 회상했다. 결국 몇 개월 동안 펜실베이니아의 투자금 2만 7000파운드 중 거의 4000파운드를 잃고 말았다.

그나마 여기서 끝난 게 다행이었다. 존 라이스는 신중한 투자자처럼 보였으나 실제로는 아니라는 것이 얼마 지나지 않아 드러났다. 프랭클린이 펜실베이니아의 투자 계좌를 정리한 직후, 라이스는 투기성 투자에서 큰 손실을 봤다. 그는 이 손실을 메우려 서류를 위조해 위임장을 만들고, 남의 돈을 횡령했다. 범죄행위가 드러나자 그는 프랑스로 도피했다. 아마 그는 당시 영국과 프랑스 간의 전쟁 때문에 영국으로 송환되지 않을 거라 기대했을 것이다. 실제로 전쟁이 계속되었다면 그랬을 수도 있다. 그러나 라이스가 프랑스에 도착하자마자 곧 전쟁이 끝나 프랑스는 그를 곧바로 영국으로 돌려보냈고, 영국 당국은 라이스를 투옥한 뒤 재판에 넘겨 결국 교수형에 처했다.

존 라이스의 비극적인 최후를 본 프랭클린은 오랫동안 구상해왔던 하나의 프로젝트를 본격적으로 추진하려는 의지를 더욱 다졌다. 그는 이를 케임스 경에게 "젊은이들을 위한 작은 저작으로, 제목은 '덕의 기술The Art of Virtue'이라고 붙이겠다"라고 설명했다. 다만 프랭클린은 이 제목이 다소 거창하거나 잘난 체하는 인상을 줄까 봐 우려했기 때문에, 자신의 진심 어린 의도를 세세히 설명하려 애썼다.

많은 사람이 잘못된 삶을 살고 있지만, 기회가 있다면 기꺼이 올바른 삶을 살고 싶어 한다. 하지만 그 변화를 **어떻게** 이뤄야 할지 몰라서 어려움을 겪는다. 그들은 여러 차례 **결심하고 노력했지만**, 제대로 되지 않아 헛수고에 그쳤다. 사람들에게 착하게 살아라, 정의로워라, 절제해라 같은 도덕적 훈계만 하고, **어떻게** 그렇게 될 수 있는지에 대한 구체적인 방법을 **제시하지** 않는다면, 이것은 사도가 말한 헛된 자선ineffectual charity 과 같을 뿐이다. 즉, 굶주린 이에게 **먹어라**, 추운 이에게 **따뜻해라**, 헐벗은 이에게 **입어라**라고 말만 하고, 정작 음식, 땔감, 옷을 어떻게 구할 수 있는지는 말해주지 않는 것과 같다.

대부분의 사람은 선천적으로 몇몇 덕목은 갖췄으나, 모든 덕목을 타고나진 않았다. 타고난 덕목은 지키고, 부족한 덕목은 습관을 통해 습득해야 했는데, 이것이 곧 '기술art'이었다.

덕을 갖추는 일은 회화, 항해, 건축과 마찬가지로 진정한 의미에서 하나의 기술이다. 만약 어떤 사람이 화가나 항해사, 혹은 건축가가 되기를 바란다고 해서, 단지 그렇게 하라는 **조언**을 받는 것만으로, 또 그 조언자가 제시하는 논거에 **설득**되어 자신에게 유익하다는 확신을 갖게 되는 것만으로, 그리고 마침내 그렇게 되기로 **결심**하는 것만으로는 결코 충분하지 않다. 그는 반드시 그 기술의 원리를 배워야 하며, 모든 작업 방법을 익히고, 각종 도구를 적절히 활용하는 **습관**을 어떻게 기를 수 있는지도 배워야 한다. 그렇게 해서 정기적이고 점진적인 연습을 거치며 비로소 그 기술에 있어 어느 정도의 완성도에 이르게 되는 것이다.

프랭클린은 덕과 종교를 분리해서 보았다. 기독교인들은 대개 그리스도에 대한 믿음을 통해 덕에 이를 수 있다고 배운다. 프랭클린 역시 평생을 기독교인들 사이에서 살아왔기 때문에, 이런 방식이 덕에 도달하는 하나의 가능성 있는 경로임을 부정하지 않았다. 그러나 동시에 그는, 기독교인의 삶을 가까이에서 지켜본 경험 때문에 그 길만이 유일하거나 필연적인 길이라고 주장하지 않았다. 더 나아가, 기독교인—이름뿐인 신도든 독실한 신도든—만이 세상의 전부는 아니라고 보았다.

모든 사람이 그리스도에 대한 믿음을 가질 수 있는 것은 아니다. 또한 믿음을 가진 사람 중에서도, 그 믿음이 너무 약해서 실제로 덕을 실천하지 못하는 경우가 많다. 따라서 '덕의 기술'은 신앙이 없는 이들에게도 큰 도움이 될 수 있으며, 믿음이 약한 이들에게는 그 믿음을 보완해주는 역할을 할 수 있다. 물론, 타고난 성품이 올바르고, 어릴 때부터 좋은 교육을 받아 좋은 습관이 일찍 형성되고 나쁜 습관이 사전에 방지된 사람들은 이러한 덕의 기술이 특별히 필요로 하지 않을 수도 있다. 하지만 이 책은 누구에게나, 정도의 차이는 있더라도, 도움이 될수 있다. 한마디로, 이 책은 모든 사람의 보편적인 활용을 염두에 두고 쓰인 것이다.

「덕의 기술」은 끝내 미완의 작품이 되었다. 친구들은 집필을 권유했고, 케임스 경은 1761년 『사고의 기술 서설Introduction to the Art of Thinking』이라는 제목의 비슷한 책을 펴내기도 했다. 이를 읽은 프랭클린은 감탄해 이렇게 말했다. "이처럼 짧은 분량 안에 이렇게 실용적이고 알찬 내용을 담은 책은 처음입니다. 이런 책을 쓰는 동안, 작가는 자신이 얼마나 많은 선한 영향을 세상에 끼치고 있는지를 정작 제대로 인식하지 못할 겁니다." 이는 케임스뿐 아니라 자신도 들으라고 하는 말이었다. "이런 저의 생각을 안다면, 제가 '덕의 기술'을 진심으로 완성하려는 의지가 있다는 것을 의심하지 않으시리라 믿습니다." 그리고 덧붙여 설명했다. "이 작업은 30년 전부터 진행되어왔습니다. 저는 때때로 그 방법을 자신에게 적용해보았고 다른 사람들에게도 적용해보도록 했습니다. 그리고 나름대로 효과도 있었습니다. 내용은 그동안 꾸준히 축적되었고, 이제 남은 것은 단지 그것을 하나의 형식으로 정리하는 일뿐입니다."

그러나 형식은 끝내 빛을 보지 못했다. 프랭클린이 마음속에 어떤 형식을 구상하고 있었는지는 정확히 알 수 없다. 그는 이로부터 10년 뒤에 자서전을 쓰기 시작했고, 거기에는 자신이 도덕적 완전함을 이루기 위해 시도했던 과정과, 열세 가지 덕목 각각에 대해 매일의 실천을 기록하는 표가 포함되어 있다. 어쩌면 이러한 내용이 그가 구상했던 책의 바탕이 되었을 수도 있다. 하지만 그 실험이 완전한 성공으로 이어지지 않았다는 점을 감안하면, 꼭 그렇다고 단정 짓기도 어렵다.

평생 글을 써온 작가이자 전문 출판인이었던 프랭클린은, 많은 예비 작가들이 흔히 겪는 '완벽주의'에 시달리는 사람은 아니었다. 하지만 이번 경우에는 달랐던 것 같다. 완벽함에 관한 책이라면 그 책 자체도 완벽해야 한다고 생각했기 때문일 수도 있다. 혹은 또 다른 형태의 완벽주의가 조용히 그의 마음속에 스며들었을지도 모른다. 그는 젊은 시절 완전한 덕을 실현하려다 스스로 실패했던 기억을 떠올렸고, 자신이 아직 완전히 이루지 못한 것에 대해 남을 가르치려 드는 건 지나친 자만이라 여겼을 수도 있다. 「덕의 기술」 계획의 개요를 담은 편지에서, 프랭클린은 이렇게 마무리한다. "내가 지금 쓰고 있는 이 글들이 너무 건방지게 보이지 않을까 걱정됩니다. 그래서 이 원고를 가능한 한 빨리 완성해 당신께 보여드려야겠습니다. 그래야 당신께서 정말로 이런 주장을 할 만한 가치가 있는지 판단할 수 있을 테니까요."

그러나 케임스는 끝내 그 기회를 갖지 못했다. 프랭클린이—아마도 자신이 내세운 주장을 실현하는 것이 불가능하다고 스스로 판단했기 때문인지— 결국 「덕의 기술」을 완성하지 못했기 때문이다.

프랭클린은 대중 전체를 완전함으로 이끄는 데는 실패했을지 모르지만, 어떤 특정한 친구에게는 방향을 제시해줄 수 있었다. 폴리 스티븐슨은 프랭클린이 머무르고 있던 하숙집 주인의 딸로서 크레이븐스트리트의 집을 떠나 에식스에 사는 나이 많은 숙모와 함께 살기 위해 집을 떠나게 되었다. 그녀는 프랭클린에게 도덕철학과 자연철학에 대해 서신을 주고받자고 제안했고 프랭클린은 기꺼이 이에 응했다. 그는 대화의 주제가 될 만한 책들을 폴리에게 보내며 이렇게 말했다. "완전히 이해하지 못하는 것, 혹은 분명히 이해했고 그것에서 즐거움을 느끼는 것이라면 무엇이든지 저에게 편지로 써 보내기 바랍니다."

폴리는 영특하고 호기심 많은 수제자였다. 그녀는 이렇게 질문했다. 왜 강에서는 하구에서 먼저 밀물이 차오르는가? 프랭클린이 말하길, 선원들은 바다 위에서 젖은 옷을 입어도 육지 사람들처럼 감기에 걸리지 않는다고 했는데, 그녀는 물속에 있는 소금 때문인지 궁금해했다. 샘물에서 펌프질해서 물을 퍼올리면, 샘에서 직접 마시는 것보다 더 따뜻하게 느껴졌는데, 그 이유를 프랭클린이 설명해줄 수 있는지 물었다.

마지막 질문에 대해 프랭클린은 펌프질이 "펌핑된 물이 아니라 펌프질하는 사람을 따뜻하게 만든다"라고 대답했다. 그는 폴리의 관찰을 의심하지는 않았지만, 특히 그가 이런 현상에 대해 들어본 적도, 직접 본 적도 없었기 때문에, 그 존재 자체를 먼저 확인하기 전에는 설명을 시도하고 싶지 않다고 말했다. "사실이 확실하게 밝혀지기 전에는 설명하려 하지 않는 이 신중함은, 어떤 여성에게 배운 것입니다." 존 셀던(법학자이자 동양학자)에 의하면 여성 한 명이 몇 명의 신사들과 함께 있었는데, 그들은 어떤 물건을 놓고 그것을 '중국 신발'이라고 부르며 어떻게 신는지, 과연 그걸 발에 신을 수는 있는지 매우 열띠게 논쟁하고 있었다고 합니다. 그러자 그 여성은 조심스럽게 이렇게 말했습니다. "신사 여러분, 그것이 신발이 맞다는 확신이 있으신가요? 먼저 그것부터 확정해야 하는 것 아닐까요?"

프랭클린은 다른 질문들에 대해서도 가르치려고 애썼다. 파도와 조수에 관한 이론을 설명하기 위해 많은 편지를 썼고, 적어도 한 장 이상의 자세한 도면도 그렸다. 그러나 감기의 원인에 대해서는 곤혹스러워했다. "목욕을 해서 감기에 걸리는 사람은 없고, 어떤 옷도 물보다 더 축축할 수는 없는데, 왜 젖은 옷이 감기를 일으키는지 참으로 알 수 없는 문제입니다. 이것에 대해서는 다음 편지나 나중 대화에서 이야기하겠습니다(결국 프랭클린은 감기는 젖은 옷이나 젖은 몸과 아무런 관련이 없다는 결론에 이르렀다)."

프랭클린은 폴리와의 서신 왕래와 간헐적인 대화를 통해 그녀가 아주 특별한 젊은 여성이라는 확신을 갖게 되었다. 그녀가 결혼을 원하지 않는다는 사실을 어머니를 통해 알게 되자 장난스럽게 이렇게 물었다. "당신은, 들은 바에 따르면 혼자 살기로 결심했다면서, 왜 굳이 마음을 가꾸고 지성을 연마해서 남자들에게 자신을 더 사랑스럽고, 더욱 매력적인 동반자로 만들고 있는 건가요? 당신이 제안한 대로 우리가 자연철학뿐 아니라 도덕철학까지 함께 탐구하게 된다면, 내가 스승으로서의 권위를 확실히 세운 다음, 도리에 관한 장에 대해서 당신에게 조금 강의라도 해야 하지 않을까 싶군요."

프랭클린은 여기서 폴리를 놀리고 있었지만, 그의 말은 의미 없는 농담만은 아니었다. 그는 그녀가 얼마나 똑똑하고 사려 깊은 여성인지 알아보았고, 자연스럽게 그녀가 어떤 남자의 아내가 될지를 생각해보지 않을 수 없었다. 불과 한 달이 채 지나기 전에 그는 그녀에게 이렇게 썼다. "자연에 대한 지식은 보기에도 좋고, 실제로도 유익할 수 있습니다. 하지만 그 지식에서 높은 수준에 이르기 위해 우리가 정작 반드시 알아야 할 도리와 그것을 실천하는 데에 소홀함이 있다면, 우리는 비난받아 마땅합니다. 자연 지식에서의 어떤 지위도, 훌륭한 부모, 자녀, 남편이나 아내, 이웃 또는 친구, 좋은 국민이나 시민이 되는 일, 즉, 좋은 그리스도인이 되는 일과 비교할 수 있을 만큼 고귀하거나 중요한 것은 없습니다."

폴리와 편지를 주고받을수록, 프랭클린은 그녀가 어떤 행운의 남자에게는 정말 훌륭한 아내가 될 거라고 확신하게 되었다. 어쩌면 그는 마음속으로, 자신이 다시 스물다섯이나 서른 살 젊은 나이로 돌아가 이렇게 매력적이고 총명한 여성을 만났더라면 좋았을 거라고 생각했을지 모른다. 케이티 레이, 그리고 이후 프랭클린이 애정을 품게 되는 수많은 여성과 마찬가지로, 폴리는 그의 아내 데버라—그의 표현대로라면 푸근한 시골 아줌마—와는 극명하게 대조되는 인물이었다. 물론 프랭클린은 아내와 헤어지지는 않을 것이다. 적어도 완전히 그러진 않을 것이다. 하지만 속으로 꿈은 꿀 수 있다.

프랭클린이 데버라에게 빨리 돌아가야겠다는 생각을 하지 않은 건 확실하다. 1760년 9월, 추밀원의 결정은 그가 런던에 파견되어 처리하려 했던 주요 업무를 사실상 마무리 지어주었다. 그러나 그는 그로부터 무려 2년이 지난 1762년 8월 말이 되어서야 포츠머스를 떠나 필라델피아로 향했다. 그 사이 그는 펜실베이니아 의회의 공식 대리인으로서 자신의 임무를 유지할 명분을 마련하기 위해 몇 가지 일을 수행했는데, 예를 들어 펜실베이니아주의 자금 운용을 감독하는 일 같은 것이었다. 하지만 사실 이러한 일들은 로버트 찰스에게 맡겼어도 충분히 잘해냈을 것이다.

프랭클린은 대부분의 시간을 유명한 학자로서 삶을 즐기며 보냈다. 옥스퍼드대학교는 그를 위해 특별 회의를 열고, 명예 법학박사 학위를 수여했다. 그는 스코틀랜드의 철학자이자 역사학자인 데이비드 흄을 만났는데, 당시 흄은 자신의 대표작인 『영국사History of England』의 마지막 권을 집필하고 있었다. 이 책은 이미 상당한 명성을 얻고 있던 흄에게 그에 걸맞은 막대한 수입까지 안겨주었다. 프랭클린과 흄은 철학, 정치, 어원학에 관해 이야기를 나누었고, 그중 어원학에 대해서 프랭클린은 영어가 몇몇 다른 언어들에 비해 부족한 점이 있다며 아쉬움을 표했다.

나는 새로운 단어가 필요할 때, 이미 잘 알려진 단어들을 조합해 새로운 말을 만들어 쓸 수 있도록 영어라는 언어가 허용해주었으면 참 좋겠다고 생각한다. 독일어는 이것이 가능하고, 그들의 작가들 사이에서도 흔히 쓰이는 방식이다. 실제로 우리가 현재 사용하는 영어 단어 중에도 그런 방식으로 만들어진 것들이 많고, 라틴어 단어 중에도 그렇다. 의미 전달의 명확성 측면에서 보자면, 이런 합성어들은 고대어나 외국어에서 빌려온 단어들보다 훨씬 더 우위에 있다. 예를 들어 inaccessible이라는 단어는 오랜 기간 영어에서 쓰여왔지만, 감히 말하건대, 일반인들 사이에서 uncomeatable이라는 단어만큼 직관적으로 널리 이해되는 단어는 아니다. 그런데 이런 단어는 영어 어휘에 없다.

알렉산더 딕과 케임스 경이 프랭클린에게 가정 내 벽난로 연기가 방 안으로 들어오지 않게 하려면 어떻게 해야 하는지 상담해오자, 프랭클린은 각각의 상황에 맞게 맞춤형 조언을 제공했다. 마리샬 백작 조지 키스가 벼락으로부터 집을 보호하려면 어떻게 해야 하냐고 물어오자 프랭클린은 자신의 전기 이론에 기반한 실제적인 조언을 해주었다.

이 마리샬 백작은 스위스 뇌샤텔의 총독으로서 지옥에서의 형벌 기간에 관한 신학적 논쟁을 판결해야 하는 입장에 놓이게 되었다. 쟁점은 지옥에서의 형벌 기간이 죄의 정도에 따라 달라지는 것인가, 아니면 모든 죄인은 예외 없이 영원한 고통을 받는가에 대한 문제였다. 이에 관해 프랭클린은 데이비드 흄을 통해 적절한 일화를 전달했다.

어느 지방 도시에서, 국교도와 청교도들이 축제 장대 설치를 두고 격렬히 싸운 적이 있었다. 국교도는 설치를 찬성했고, 청교도는 반대했다. 양측 모두 자기편에 유리한 쪽으로 시장의 승인을 얻으려고 했다. 시장은 그들의 주장을 인내심 있게 모두 들어본 후, 엄숙하게 이렇게 판결했다. "장대 설치를 반대하는 쪽은 장대 없이 살고, 세우고 싶어 하는 쪽은 세우면 되오. 다들 자기 일이나 하시오. 더 이상 이 문제로 시끄럽게 하지 마시오." 그러고는 프랭클린이 덧붙였다. "내 생각에는 마리샬 백작도 이렇게 말하면 될 듯하오. 죄에 걸맞은 만큼만 벌을 받아야 한다고 믿는 여러분, 그렇게 되길 바랍니다. 영원한 지옥 형벌이 있어야 한다고 주장하는 여러분, 하나님께서 영원토록 저주하기를 바랍니다. 그리고 이제 그만 이 말도 안 되는 논쟁을 끝내시지요."

프랭클린은 여러 사람과 또 다른 주제를 다루기도 했다. 왜 바다는 짠가? 많은 자연학자들은 그 이유를, 지구의 강과 하천이 소금 광산 같은 곳에서 발견되는 암염을 용해시켜 바다로 흘려보내기 때문이라고 설명했다. 그러나 프랭클린은 이렇게 말했다. "그 의견은 모든 물이 처음엔 민물이었음을 전제로 깔고 있는데, 그것을 증명할 방법은 없습니다. 나는 조금 다르게 생각합니다. 지구상의 모든 물이 원래는 짠물이었고, 우리가 샘이나 강에서 찾는 민물은 증류 작용의 산물이라고 생각합니다. 광산에서 발견되는 암염에 관해서는, 그것이 바다에 염분을 공급했기보다는 오히려 바다로부터 비롯된 것이며, 따라서 바닷물은 지금보다 예전이 더 짰다고 생각합니다(이 점에서 프랭클린은 부분적으로 맞고 부분적으로 틀렸다. 암염은 실제로 바다에서 유래한 것이 맞지만, 바다는 원래 짰고, 갈수록 더 짜지고 있다)." 비슷한 주제로, 프랭클린은 바다에서 멀리 떨어진 고지대에 물고기 화석과 조개껍데기가 존재하는 현상에 주목했다. "그것은 과거에 바닷물이 지금보다 더 높았다가 물이 빠져나갔기 때문일 수도 있고, 아니면 그 땅들이 현재보다 더 낮은 위치에 있다가 내부의 어떤 거대한 힘에 의해 물 밖으로 들어올려져 지금의 높이에 이르렀기 때문일 수도 있습니다. 오늘날에도 지진으로 대륙 전체가 흔들릴 때 이 힘의 흔적을 느낄 수 있습니다."

지진처럼 강력하지는 않지만, 훨씬 더 자주 나타나는 또 다른 힘이 있었다. 수년 전 프랭클린은 북동 폭풍northeasterly storms이 남서쪽 지역에서 먼저 감지된다는, 겉보기에 모순된 현상을 알아차린 적이 있었다(당시 상황은 다음과 같았다. 그가 필라델피아에서 월식을 관측하려던 중 강한 북동풍이 시야를 가렸는데 더 북동쪽에 있는 보스턴 지역의 관측자들은 몇 시간 더 맑은 하늘 아래에서 월식을 관측할 수 있었고 그들은 그 사실을 프랭클린에게 전해주었다). 그 이후로 프랭클린은 이 현상이 실제로 반복되는 것을 확인했지만, 도대체 왜 그런지 설명할 방법은 없었다. 그러나 이제 그는 그 이유를 알 수 있을 것 같았다. 두 가지 비유를 사용했다. "긴 운하의 끝부분이 수문으로 막혀 있다고 해봅시다. 물은 고요히 멈춰 있다가 그 수문이 열리면 흐르기 시작하겠지요. 수문 바로 앞의 물이 가장 먼저 움직이기 시작할 것이고, 그다음은 바로 앞의 물, 또 그다음은 앞의 물이 움직일 겁니다. 이런 식으로 차례차례 움직임이 이어져, 마침내 운하의 맨 앞쪽, 수문에서 가장 먼 지점의 물이 움직입니다." 즉, 운하의 끝에서 압력이 낮아지면 그 영향은 실제 물의 흐름 방향과는 반대로, 운하의 앞쪽까지 전달된다는 것이다. "또 다른 예를 들어보겠습니다. 방 안의 공기가 고요히 정지해 있는 상태에서, 벽난로에 불을 붙이면 그 불길에 의해 굴뚝 속 공기가 가벼워지면서 위로 솟구칩니다. 그러면 굴뚝에 더 가까운 공기가 그 자리를 메우기 위해 그쪽으로 흐르고, 이 흐름은 그 뒤의 공기, 거기서 이어지는 공기에도 차례로 영향을 미쳐 결국 문 근처까지 바람이 흐르게 되지요."

두 번째 예가 실제 현상을 더 잘 설명한다. 프랭클린은 이렇게 말했다. "북동 폭풍이 발생하려면, 멕시코만 지역 또는 그 근방에서 매우 큰 열기와 공기의 팽창이 일어나야 합니다. 그 공기가 위로 올라가 자리를 비우면 그 자리를 조금 더 북쪽의, 더 차고 무겁고 밀도 있는 공기가 채우러 움직이고, 그 공기가 움직이면 그보다 북쪽의 공기가 또 따라와 일련의 연속된 흐름이 생기게 됩니다. 그리고 우리 해안가와 내륙 산맥이 북동 및 남서 방향으로 놓여 있는 까닭에 이 흐름이 '북동 방향' 쪽으로 틀어지는 것입니다."

프랭클린은 기상학에 있어서는 매우 탁월한 통찰력을 지니고 있었지만—그가 내놓은 설명은 현대적이고 정확했다— 지리학 분야에서는 그만큼의 능력을 보이지 못했다. 당시 대부분의 미국과 유럽 도덕철학자들처럼, 프랭클린도 북미 대륙 지리의 중요한 미해결 문제에 깊은 관심을 가졌다. 즉, 대서양에서 태평양으로 이어지는 해상 통로가 실제로 존재하는가 하는 점이었다. 모든 증거가 온대지방에는 그런 통로가 없음을 가리켰지만, 캐나다 북쪽의 해협들은 아직 탐험되지 않아 오랫동안 찾던 북서항로가 그곳에 있을 가능성이 있었다. 1750년대 초 프랭클린은—직접 현장에 나서지는 않았지만— 아르고Argo호의 두 차례 허드슨만 지역 탐험을 재정적으로 후원하는 등 간접적으로 이 탐험에 참여했다.

아르고호가 특별한 성과를 거두지 못했지만, 프랭클린은 낙담하지 않았다. 그가 그렇게 생각한 이유 중 하나는 북서항로가 실제로 존재한다는 점을 뒷받침해줄 수 있는 별개의 독립적인 증거가 있다고 믿었기 때문이다. 1708년 런던의 한 학술지에는 바르톨로메 데 폰트라는 인물이 쓴 편지가 실렸는데, 그는 과거 뉴 스페인 부왕령과 페루에서 제독까지 했었고 현재는 칠레의 귀족으로 알려진 인물이었다. 그 편지에는 북위 53도 부근 태평양에서 출발해 배로 허드슨만까지 항해한 놀라운 여정이 담겨 있었지만 전부 거짓말이었다.

하지만 프랭클린은 그것이 허구임을 알지 못했고 오히려 사실이라고 믿었다. 당시 영국 언론과 의회가 캐나다를 계속 유지할지 고민하던 상황에서, 만약 그 땅 북부 지역에 북서항로가 존재한다면 그 지역의 가치가 크게 오를 것은 명약관화했다. 그 항로가 발견된다면 영국 상인과 탐험가들이 남아메리카 주변의 스페인 해역을 피해 태평양에 도달할 수 있을 것이고, 최근 동인도에서 프랑스에 거둔 영국의 승리를 더욱 값지게 만들 것이었다.

1762년 봄, 조지 3세의 최측근 뷰트와 연결되어 있던 존 프링글이 폰테의 편지에 대한 의견을 구하자 프랭클린은 상세한 옹호문을 작성했다. 아마도 자신의 고품격 문학적 사기극과 비교해 폰테 편지의 문학적 완성도가 낮은 점이 오히려 진실성의 증거라고 본 듯하다. 그는 "그 편지에는 오락적 요소가 없어 보이며, 간단히 사실을 나열한 것에 불과하다. 이 모든 내용은 모두 가능하고 개연성이 있지만, 소설처럼 놀라운 사건들은 없다"라고 말했다.

프랭클린은 추가적인 증거도 제시했다. 폰테가 묘사한 동식물은 다른 여행자들이 본 것과 일치했고, 폰테가 본 원주민들이 탄 가죽 보트는 극북 태평양에서 러시아 상인들이 본 것과 정확히 닮았다. 스페인이 이제 와서 그 항해 기록을 부인한다고 해도 기록의 신빙성을 크게 떨어뜨리지는 못한다. 스페인은 북쪽으로 가는 태평양 항로가 알려지는 것을 원치 않았다. 그 항로가 스페인의 태평양 식민지들을 위협할 수 있었기 때문이다. 또한, 폰테의 기록 속 서쪽 끝과 동쪽 끝 해면 높이가 다르게 나타난 점(동쪽 끝이 서쪽 끝보다 낮아 하류처럼 묘사된 점)도 프랭클린의 판단으로는 기록의 진위를 의심할 만한 요소가 아니었다. 오히려 그는 "진실로 받아들여지길 바라는 허구의 항해 이야기를 꾸며낸 작가라면 굳이 이렇게 문제가 될 만한 내용을 지어내어 삽입하지 않았을 것"이라고 말했다.

비록 프랭클린이 이 해프닝에 속기는 했지만 속은 사람은 그만이 아니었다. 다른 권위자들도 폰테의 기록을 높이 평가했고, 그것이 거짓임이 밝혀지기까지 꽤 오랜 세월이 걸렸다. 프랭클린이 이 거짓 이야기를 변호한 것은 단지 가장 최고의 지성을 가진 사람들도 실수할 수 있다는 점을 보여주었을 뿐 아니라 프랭클린이 멕시코만류를 처음 언급했다는 점에서 주목할 만하다. 그는 선원들이 이 해류를 그렇게 불렀으며, 멕시코만에서 북대서양까지 흐른다는 사실은 알고 있었지만 그 원인은 알지 못했다고 말했다. 프랭클린은 무역풍에 의해 발생하는 해수면 높이 차이가 해류를 일으킨다는 가설을 제시했다. 이 가설은 완전히 정확하지는 않았지만, 멕시코만류를 이해하는 데 있어서 중요한 출발점을 제공했다.

프랭클린이 친구들에게 가장 놀라움을 샀던 점은 그의 폭넓은 지식과 다양한 인문 과학 분야에 대한 탁월한 능력이었다. 진정한 박식가였던 그는 전기학, 기상학, 지질학, 언어학, 수학, 문학, 철학, 정치학 등 여러 분야의 전문가들과도 거리낌 없이 대화할 수 있었다. 역사상 손꼽히는 몇 안 되는 인물 중 하나로 대중적인 악기까지 발명해 그의 명성은 더욱 빛났다.

프랭클린의 천재성은 흔히 접하는 현상을 관찰하고 그 원리를 새롭고 독특한 방식으로 응용하는 데 있었다. 그의 아르모니카armonica 발명도 그런 예에 속한다. 만찬 참석자들이 지루해지면 그랬듯, 프랭클린도 가끔 젖은 손가락을 와인 잔 가장자리에 문질러 음악 소리를 내며 즐기곤 했다. 프랭클린이 런던에 도착했을 때, 아일랜드 출신의 포크리치라는 사람이 서로 다른 높이로 물을 채운 와인 잔으로 여러 음을 내는 연주회를 열었으나, 그의 방에서 난 불로 인해 사망하고 악기들도 모두 파괴되는 일이 있었다. 프랭클린의 친구이자 왕립학회 회원인 에드워드 델러벌은 포크리치의 실험을 이어받아, 음의 조율이 더 정확하고 연주가 더 쉬운 유리잔 악기 세트를 고안해냈다.

프랭클린은 "그 소리의 달콤함에 매료되어, 단지 유리잔을 좀 더 편안한 형태로 배열한 것뿐입니다"라고 이탈리아의 신부이자 전기학자인 잠바티스타 베카리아에게 편지를 보냈다. 베카리아가 프랭클린의 최신 전기 연구에 대해 문의했을 때 프랭클린은 전기 연구는 잠시 중단했으며 대신 호기심을 불러일으킬 만한 악기를 개발했다고 답했다.

프랭클린은 이 악기의 제작 과정을 상세히 설명했다. 주요 개선점은 물을 없애고 유리잔의 배열을 새롭게 한 것이었다. 프랭클린의 유리잔은 실제로 반구형으로, 직경 7센티미터에서 23센티미터까지 점차 커지는 서른일곱 개의 유리잔으로 구성되었으며, 크기 조절과 정밀한 연마를 통해 반음까지 낼 수 있는 세 옥타브의 음역을 만들었다. 이 유리잔들은 철제 축에 겹쳐서 끼워져 있었고, 축이 회전하면 유리잔도 함께 돌았다. 축은 가로 방향으로 나무 상자에 고정되어 있으며, 플라이휠과 연결되어 있었다. 이 플라이휠은 연주자가 발로 밟는 페달에 연결되어 악기 전체를 움직이게 했다. 연주자는 상자 앞에 앉아 페달을 밟아 축을 돌리고, 젖은 손가락으로 회전하는 유리잔의 가장자리를 문질러 음을 냈다. 프랭클린은 베카리아에게 이 악기의 장점에 대해 "다른 어떤 악기보다도 훨씬 달콤하고 아름다운 음색을 내며, 손가락의 압력에 따라 음의 크기와 부드러움을 조절할 수 있고, 원하는 만큼 음을 오래 지속할 수 있다"라고 말했다. 또한 "한 번만 잘 조율하면 다시 조율할 필요가 없다"라고 덧붙였다. 프랭클린은 "당신들의 음악 용어를 기리기 위해 조화를 의미하는 이탈리아어 armonia에서 착안해 이 악기의 이름을 아르모니카Armonica라고 지었다"라고 밝혔다.

프랭클린이 아르모니카의 음색을 "비할 데 없이 달콤하다"라고 표현한 것은 결코 과장이 아니었다. 그 소리는 몽환적이고 신비로운 특성을 지니고 있었는데, 이는 200년이 훨씬 지난 뒤에 등장한 '뉴에이지' 음악의 분위기와도 흡사했다. 프랭클린은 곧 이 악기 연주에 능숙해져 손님들을 즐겁게 하는 데 자주 사용했고, 그의 뒤를 이어 여러 사람이 아르모니카 연주를 시작했다. 그중 플루트와 하프시코드를 연주하는 가수 메리앤 데이비스는 프랭클린에게 매료되어 실력을 키워 공개 공연까지 하게 되었다. 상당기간 아르모니카는 엄청난 인기를 누렸으며, 빈에서 열린 왕실 결혼식에서는 이 악기의 반주 아래 결혼 서약이 진행되기도 했다. 모차르트와 베토벤을 비롯한 18세기 말에서 19세기 초의 위대한 작곡가들 역시 프랭클린의 악기를 위해 곡을 작곡했다.

그러나 다른 유행과 마찬가지로, 아르모니카의 인기도 결국 시들해졌다. 메리앤 데이비스를 포함한 일부 연주자들은 악기의 애절한 음색 때문에 우울증을 겪기도 했다. 더욱 결정적인 문제는 이 악기가 내는 소리의 출력이 충분하지 않아, 현대의 현악기, 금관악기, 목관악기, 타악기들이 사용되는 대형 연주홀을 채우기에 부족했다는 점이다. 게다가 유리로 만들어져 쉽게 깨지는 성질도 악기의 보급에 큰 걸림돌이 되었다.

1761년 여름, 프랭클린은 처음으로 유럽 대륙을 방문했다. 원래는 프랑스를 가려고 했으나 당시 전쟁 중이어서, 프랭클린과 아들 윌리엄, 그리고 리처드 잭슨은 네덜란드와 플랑드르에 머물렀다. 윌리엄은 여동생 샐리에게 편지를 보내 "우리는 주요 도시와 마을을 다 돌아봤다"라고 전했다. 헨트, 브뤼주, 안트베르펜의 로마가톨릭대성당들은 웅장했고, 수녀원은 덜 웅장했지만 호기심을 자아냈다. 윌리엄은 "우리는 수녀들을 보러 갔지만, 그들은 기도 중이어서 대화를 나눌 수 없었다"라고 했다. "사실 그들은 그리 매력적으로 보이지 않았고, 오히려 세상이 그들을 먼저 버렸기 때문에 세상을 등진 깐깐한 노처녀들처럼 보였다."

프랭클린은 영국과 스코틀랜드에서의 성공적인 순회 방문 때와 마찬가지로 그곳에서도 귀한 대접을 받았다. 네덜란드 라이덴에서는 최초의 전기학자 중 한 명인 피터 판 뮈스헨브루크(라이덴병의 발명자)가 그들을 환영해주었고 헤이그에 있는 영국 대사는 프랭클린 일행을 위해 외교관들과 함께 저녁 식사를 주최했다. 암스테르담에선 유럽에서 가장 영향력 있는 상인 중 한 명인 토머스 호프가 그들에게 마차와 운전사를 제공했으며 브뤼셀에서는 오스트리아 황후 마리아 테레지아의 시아주버니가 그들을 접대했을 정도였다.

네덜란드인들은 위생에 엄격한 민족이었으나, 한 가지 국가적 습관은 의외였다. 윌리엄은 특히 충격받았다. "단 한 명 빼고는 길거리에서 파이프를 입에 물지 않은 네덜란드인을 보지 못했다. 그 한 명은 교수형을 당해 머리가 잘린 남자였다"라고 말했다. "네덜란드 아이들은 젖을 떼는 순간부터 담배를 배우며, 이를 가르치는 방법은 이가 날 때쯤에 검게 그을리고 매끈해진 오래된 담배 파이프를 주어 산호 대신 그 파이프로 잇몸을 문지르게 하는 것이다. 하지만 내가 가장 놀란 것은 어느 집에서 아흔 살 된 남자가 아내를 끌고 나와 미뉴에트 춤을 추면서, 내내 그 긴 담배 파이프를 아주 엄숙하게 피워대는 모습을 본 것이었다."

프랭클린은 플랑드르에서 경험한 또 다른 국가적 풍습에 대해서도 언급했다. 엄격한 안식일 준수가 법으로 강제된 코네티컷주의 법관 재러드 잉거솔에게 다음과 같은 내용의 편지를 썼다.

"플랑드르를 여행하면서 당신들의 지나치게 엄격한 안식일 준법이 생각났습니다. 그곳에서는 합법적인 용무로라도 일요일에 여행하는 것이 거의 불가능해 처벌받을 위험이 크지만, 내가 있는 곳에서는 원하는 사람은 누구나 여행하거나 다른 방식으로 즐길 수 있습니다. 오후가 되면 신분 고하를 막론하고 모두 연극이나 오페라에 가서, 풍성한 노래와 바이올린 연주, 춤을 즐기곤 하지요.

그래서 여기에 혹시 하나님의 심판이 있는지 살펴보았지만 찾을 수 없었습니다. 도시들은 잘 지어져 있고 주민들로 가득하며 시장은 물건으로 넘쳐나고, 사람들은 건강하고 옷도 잘 입고 다니며, 들판은 잘 경작되어 소들도 건강하게 살찌고 있고, 울타리와 집, 창문들도 모두 손질되어 있었으며, 국가에는 올드 테너*도 없었습니다. 이 모든 것은 당신들의 위법행위에 대해 하나님은 뉴잉글랜드 지역의 판사들보다 더 관대한 것 같은 느낌을 받게 했습니다."

---

*   Old Tenor, 18세기 미주 식민지 시대에 통용되던 낮은 가치의 종이돈

그들은 조지 3세의 대관식에 맞추어 런던으로 다시 돌아왔다. 프랭클린은 자신과 아들 윌리엄이 제국의 귀빈들이 행진하는 모습을 볼 수 있도록 자리를 마련했는데, 이 행사는 40년 만에 처음 열리는 큰 행사였다. 하지만 실제로 윌리엄은 아버지와 함께 앉아 있지 않고, 직접 행진 대열에 참여했다.

윌리엄이 이 영광을 어떻게 받아들였는지는 분명하지 않다. 그리고 그가 갑자기 왕의 총애를 받는, 또는 가장 총애받는 미국인 중 한 명이 된 과정 역시 알기 어렵다. 1762년 8월, 왕실은 윌리엄 프랭클린을 뉴저지의 왕실 총독으로 임명한다고 발표했다.

이 임명은 극히 비밀리에 처리되었다. 당시 한 인사는 "너무 은밀하게 처리되어 신문에 보도될 때까지 단 한 글자도 새어나가지 않았다"라고 말했다. 이렇게 비밀을 유지한 이유는 윌리엄의 지지자들이 펜실베이니아의 펜 가문에 알려지는 것을—그들이 알게 되면 반대운동을 펼 수 있었기에— 막았기 때문이다. 펜실베이니아의 특허 지주들이 가장 원치 않았던 것은 프랭클린 가문의 인물들이 영향력 있는 자리로 올라가는 일이었고, 적어도 이렇게 젊고 경험 없는 사람에게 그런 영예가 주어진다는 사실이 그의 아버지에 대한 승인으로 받아들여질 위험이 컸기 때문이다. 왕과 그의 측근들에게 더 중요했던 것은 이 시기 정부가 겪고 있던 혼란이었다. 조지 3세의 즉위, 뷰트 경의 집권, 피트 경의 몰락과 사임 등의 사건으로 모두들 뉴저지 총독직을 둘러싼 싸움에 신경 쓸 겨를이 없었다.

물론 뉴저지가 크게 다툴 만한 가치가 있는 곳은 아니었다. 과일에 비유하자면, 그 자리는 작고 특별히 달콤하지도 않은 과일이었다. 보수가 적었고 급여 외에 얻을 수 있는 부수적인 혜택도 거의 없었으므로 조지 3세가 처음으로 직을 제안한 인물은 이를 단호히 거절했다.

그러나 윌리엄 프랭클린은 일자리를 구하고 있었다. 그는 캐롤라이나 부총독에 지원한 상태였으며 해군 법원이나 세관의 괜찮은 자리라도 기꺼이 받아들일 생각이었다. 당연히 지방 총독직 같은 자리도 결코 거절하지 않을 상황이었다.

젊은 윌리엄이 유명하기는 했지는 그가 임명된 가장 큰 이유는 아마도 유명한 아버지의 인맥 덕분이었다. 뷰트는 존 프링글을 통해 프랭클린을 알게 되었고, 뷰트는 프랭클린의 재능을 금세 파악했다. 그리고 프랭클린이 친구가 되는 편이 적이 되는 것보다 낫다고 판단했다. 뉴저지 정도면 프랭클린의 호의를 얻기 위한 소박한 투자로서 충분했다.

부총독에 임명되자 윌리엄은 또 다른 목표인 결혼을 추진했다. 얼마 전부터 그는 바베이도스 대농장주의 딸인 엘리자베스 다운스를 눈여겨보고 있었는데, 그녀의 가족은 부유했지만 사회적 신분은 높지 않았다. 반면에 윌리엄은 신분은 갖췄지만 재산은 부족한 상태였기에, 두 사람 모두에게 이 결혼은 이상적인 만남처럼 보였다.

프랭클린은 아들의 총독 임명과 엘리자베스 다운스와의 결혼을 승인했다. 그는 제인 미컴에게 "며느릿감이 매우 사랑스러운 성격이라 결혼 소식이 총독 임명 소식보다 더 기쁩니다"라고 전하며, "하지만 윌리엄이 바른 원칙과 성품을 가졌고, 이해력도 부족하지 않아 총독과 남편 역할 모두 잘 해낼 것이라 확신합니다"라고 말했다.

하지만 그는 겉으로 드러낸 것만큼 기뻤던 것은 아니었다. 프랭클린은 윌리엄의 결혼식에 참석하지 않았는데, 몇 주 전에 이미 미국으로 떠났기 때문이다. 그가 펜실베이니아로 돌아가는 것을 계속 미뤄왔다는 점을 고려하면, 외아들의 결혼식을 보기 위해 조금 더 기다릴 수도 있었다. 그러나 그는 그러지 않았다. 그리고 나중에도 그 이유를 설명하지 않았다.

그는 1762년 여름쯤에, 지금 떠나지 않으면 평생 돌아가지 못할 수도 있다고 생각한 것 같다. 프랭클린의 배가 닻을 올리는 순간까지 윌리엄 스트레이핸은 그를 붙잡으려 했고, 프랭클린은 거의 설득당할 뻔했다. 프랭클린은 스트레이핸에게 "당신의 거의 거부할 수 없는 말솜씨와, 거기에 몰래 편승한 내 마음속의 흔들리는 욕구를 이겨내기 위해" 정말 결연한 결심이 필요했다고 말했다. 그는 포츠머스에서 케임스 경에게 이렇게 편지를 보냈다.

지금 나는 미국으로 나를 실어다줄 바람만을 기다리고 있습니다. 하지만 이 행복한 섬과 그 안에 있는 친구들을 떠나는 것이 너무나도 아쉽습니다. 물론 나는 내가 사랑하는 나라와 사람들에게 돌아가는 길이지만요. 나는 지금 구세계에서 신세계로 떠나고 있으며, 마치 이 세상을 떠나 다음 세상으로 가는 사람처럼 느껴집니다. 이별에 대한 슬픔, 여정을 향한 두려움, 그리고 미래에 대한 희망이 마음속에 함께하고 있습니다.

프랭클린 자신이 영국을 떠나는 것을 아쉬워했다면, 그의 친구들과 그를 존경했던 사람들은 그보다 훨씬 더 이별을 안타까워했다. 데이비드 흄은 "당신이 곧 우리 반구를 떠나려 하신다니 정말 유감입니다. 아메리카는 우리에게 많은 좋은 것들을 보내주었지요. 금, 은, 설탕, 담배, 인디고 염료 등등. 그러나 당신은 우리가 그 대륙으로부터 받은 첫 번째 철학자이자, 정말로 처음으로 우리가 그곳에 빚졌다고 말할 수 있는 위대한 문인입니다. 우리가 당신을 붙잡지 못한 것은 순전히 우리의 잘못입니다. 이는 우리가 지혜는 금보다 귀하다는 솔로몬의 말에 동의하지 않는다는 사실을 보여줍니다. 우리는 손에 넣은 금은 단 한 온스라도 절대 되돌려 보내지 않으면서, 정작 더 귀중한 존재인 당신은 이렇게 돌려보내고 있으니까요."

윌리엄 스트레이핸은 더욱 아쉬워했다. 그는 프랭클린을 통해 데이비드 홀에게 편지를 보내면서, "이 편지는 우리의 훌륭한 친구 프랭클린 박사가 가져다줄 것입니다. 만일 내가 그를 붙잡아두는 데 성공했거나, 혹은 나의 **힘**이 그를 붙잡고 싶었던 내 간절한 **마음**만큼만이라도 강력했더라면 당신은 더 이상 그의 얼굴을 미국에서 볼 수 없었을지도 모릅니다"라고 적었다. 스트레이핸이 흄에게 보낸 이 편지는 스트레이핸과 케임스, 흄을 포함한 많은 영국 지성인들이 프랭클린을 그 시대의 가장 주목할 만한 인물 중 한 명으로 여겼다는 사실을 단편적으로 보여준다.

인간의 거의 모든 학문 분야에서 그의 재능과 지식은 매우 뛰어나고 보기 드물게 탁월했으며, 이 나라의 가장 위대한 천재들에게도 많은 기쁨과 지식적 영감을 주었습니다. 이들은 모두 그를 존경하고 사랑하며, 그가 떠난다는 사실을 크게 안타까워하고 있습니다. 하지만 그는 그런 학문적 우월함에도 불구하고, 능력이 부족한 사람들에게도 겸손하게 다가갈 줄 알고, 어떤 모임이든 그 구성원들의 이해 수준에 맞춰 대화를 나누며, 자연스럽고 꾸밈없이 그들의 소소한 이야기와 놀이에도 참여할 수 있는 사람이었습니다. 그래서 여기서 그를 아는 모든 사람은 그를 진심 어린 친구로 여기고 있습니다.

내 경우를 말하자면, 내 인생 전체를 통틀어 이렇게나 내 성향과 꼭 맞는 사람은 처음이었습니다. 내가 가진 지식, 경험, 감정 등 어떤 면에서든 그가 가진 더 넓고 깊은 지혜와 생각에 닿을 수만 있었다면, 우리는 거의 모든 부분에서 놀라울 정도로 뜻이 잘 맞았습니다. 혹시라도 내가 어떤 사안에 대해 그와 의견이 달랐던 적이 있다면, 그는 항상 매우 손쉽고도 친절하게 그 주제에 대해 빛나는 설명을 덧붙여주었고, 나는 즉시, 내가 그르쳤다는 것을 기꺼이 받아들일 수 있었습니다.

스트레이핸은 프랭클린과의 이별을 마치 때 이른 죽음과 같다고 슬퍼하며, 그의 친구가 곧 영국으로 돌아올 것이라는 희망을 품었다. 그러나 설사 운명이 허락하지 않는다고 해도, 스트레이핸은 프랭클린이 항상 '조국의 영광이며, 인류의 자랑스러운 존재로 남을 것'이라고 믿었다.

15장 떠오르는 서부

1762~1764

프랭클린은 그 어느 때보다 철저한 영국인으로서 영국을 떠났다. 그의 말에 따르면 그는 영구 귀국할 생각이었다. 떠나기 직전 그는 스트레이핸에게 이렇게 썼다. "이번에 한 번만 미국에 갔다 오면 영국에 영구 정착할 것입니다. 데버라를 설득해서 동행할 수 있다면—당연히 그럴 거라 생각하지만— 어떤 것도 나의 영국 정착을 방해할 수 없을 것입니다. 특히 전쟁이 끝나고 평화가 찾아오면 더욱 확실합니다.

프랭클린의 호기심 많은 정신은 끊임없이 자극을 갈망했고, 가장 흥미로운 질문을 던지는 지성의 공동체에 자연스레 이끌렸다. 그의 너그럽고 도량 넓은 성격은 자신의 관대함과 미덕에 공감하는 사람들을 찾았다. 영국에서 보낸 5년 동안 그는 그런 사람들을 미국에서 평생 만난 사람들보다 더 많이 만났다. 그는 하숙집 딸 폴리 스티븐슨에게 이렇게 말했다. "영국이 가진 모든 부러운 것 중에서 내게 가장 부러운 건 그 사람들입니다. 왜 그 작은 섬, 미국에 비하면 마치 시냇물 가운데의 징검다리 같고, 신발이 겨우 물에 젖지 않을 만큼 그렇게 작은 섬에, 어째서 거의 모든 지역마다 현명하고, 도덕적으로 훌륭하며, 세련된 정신을 가진 사람들이 그렇게 많은 것일까요? 반면 우리는 광대한 숲 수백 킬로미터를 뒤져도 그런 사람들을 모으기 힘든데 말입니다." 그는 그런 이들과 아쉬운 작별을 하며, 그것이 일시적일 거라고 생각했다.

프랭클린의 대서양 횡단은 이번이 네 번째였으며, 여정은 느렸지만 유쾌했다. 항해가 느렸던 이유는 전쟁 중이라 호위함대와 함께 움직여야 했기 때문으로, 호위함대는 언제나 그렇듯 가장 느린 배의 속도에 맞춰 움직인다. 여행이 유쾌했던 이유는 좋은 날씨와 쾌활한 동행자들, 그리고 마데이라에서의 기분 좋은 3일간의 정박 덕분이었다. 마데이라는 남서쪽 항로에 위치해 있어, 호위함대는 이 섬을 경유하며 아프리카 부근까지 접근하게 되었고, 덕분에 멕시코만류의 영향권에서는 벗어날 수 있었다. 프랭클린은 이렇게 기록했다. "여기서는 오렌지, 레몬, 플랜틴, 바나나 같은 열대 과일은 물론이고, 사과, 배, 복숭아 같은 온대 과일까지 아주 훌륭히 자란다. 산은 매우 높고, 마을 바로 옆에서부터 급격히 솟아오르기 때문에, 이곳 주민들에게는 아주 특별한 편리함이 주어진다. 즉, 일을 마친 뒤 마을의 더위에서 재빨리 벗어나고 싶을 때, 자기가 원하는 기후나 시원한 온도를 선택해 산 위로 오를 수 있는 것이다. 산의 경사면 곳곳에는 고도에 따라 다양한 별장들이 들어서 있다." 프랭클린이 이곳을 방문했을 무렵은 포도철이었고, 그는 동행자들과 함께 포도를 다발째 실었다. 이들은 포도송이들을 선실 천장에 매달아놓고, 이후 몇 주간이나 저녁 식사 후 디저트로 하나씩 따 먹었다.

프랭클린은 영국에 뛰어난 사람들이 많다며 부러워했을지 모른다. 그렇다고 해서 고향인 펜실베이니아에서 받은 환대가 시원치 않다고 불평했다면 그건 너무 무례한 일이었을 것이다. 프랭클린이 영국에 머물던 마지막 해에, 고향에서 프랭클린의 인기가 약간 떨어졌다는 소문이 돌기 시작했다. 그 소문을 가장 앞장서서 퍼뜨린 이는 윌리엄 스미스 목사였다. 그는 미국에서 가져온 최근 정보라며 이런 소문을 퍼뜨렸다. 프랭클린은 스미스가 이야기를 지어낸다고 짐작은 했지만, 확신할 수 없었다. 하지만 이제는 확신할 수 있었다. 프랭클린은 12월 초 리처드 잭슨에게 이렇게 말했다. "나는 지난달 1일 무사히 펜실베이니아에 도착했습니다. 그리고 내 친구들이 줄었다는 그의 말이 모두 거짓이라는 사실을 알게 되어 기뻤습니다. 내가 도착하자마자 아침부터 저녁까지 이웃들이 쉬지 않고 집을 찾아와 귀환을 축하해주었으며, 이보다 더 진정한 환대를 경험한 적은 없습니다."

필라델피아 사람들은 예전 그대로였지만, 필라델피아 도시는 변화했다. 프랭클린은 리처드 잭슨에게 "이 도시는 건물이 눈에 띄게 많이 늘었습니다. 그리고 인구도 많이 늘었다고들 하네요"라고 말했다. 하지만 인구 증가에 대해서는 꼭 자신이 잘 판단할 수 있다고 생각하지는 않았다. 왜냐하면, 그의 시각 자체가 바뀌어 있었기 때문이다. 그는 이렇게 덧붙였다. "나에겐 거리가 좀 한산해 보입니다. 아마도 분주하고 북적이는 런던 거리에 너무 오랫동안 익숙해진 탓이겠지요."

프랭클린이 떠나 있던 지난 5년 동안 물가는 크게 올랐다. "대부분 품목이 두 배 이상 올랐고, 어떤 것들은 세 배나 올랐다." 프랭클린은 오랫동안 무역을 촉진하기 위해 통화 확대를 주장해왔지만, 최근에는 통화가 너무 많이 풀려서 고삐 풀린 말처럼 제멋대로 날뛰는 상황이 초래되었다. 그는 전쟁 기간 펜실베이니아 의회가 식민지에 80만 파운드를 지출했고, 또한 인근 지역을 포함해 펜실베이니아에서 대량의 지폐를 발행한 점을 들어 이렇게 말했다. "이 지역에서 거래 수단으로 필요한 돈에 비해 통화가 과도하게 많아져서, 충분한 양이 있음에도 불구하고 화폐가치가 상당히 떨어진 것 같습니다. 우리 수공업자들은 너무 게을러졌고, 일을 시키려 하면 마치 스페인 사람들처럼 터무니없이 비싼 대가만 요구합니다." 그는 세계무역을 선도하고 있는 영국도 비슷한 상황을 겪고 있는지 궁금해졌다. 프랭클린은 리처드 잭슨에게 이렇게 말했다. "지금 당신네 무역이 굉장히 수익성이 좋아서 자연스럽게 많은 금과 은이 영국 본토로 유입됩니다. 만약 그 금과 은을 가끔 해외 전쟁 등으로 소비해 빼내지 않는다면, 당신네 나라 역시 우리처럼 혈관 속에 과잉 혈액이 차서 게으름과 지나친 방종이라는 질병이 생길 것입니다."

프랭클린은 결코 경제를 살리기 위해 전쟁을 하자고 주장한 것이 아니었다. 이 말은 예전에 프랭클린이 영국에서 전쟁의 조기 종식을 반대하며 했던 주장들의 연장선에 있는 말이었다. 1762년 말쯤에는 이런 논쟁도 불필요해졌다. 전쟁이 끝나가고 있었고, 그것도 영국에 유리하게 흘러가고 있었기 때문이다. 스페인은 기회를 노리고 전쟁 말기에 늦게 뛰어들었지만, 그것은 동시에 어리석은 선택이기도 했다. 전열을 재정비한 영국 해군은 곧장 쿠바를 공격해 아바나를 고립시켰고, 이 도시는 1762년 10월에 함락되었다. 프랭클린은 이 승리를 '최고로 중요한 정복'이라고 표현했다. 그러나 그는 캐나다 정복의 성과가 더 중요하다고 보았으며, 아메리카 대륙 북부에서의 승리가 허무하게 사라질까 봐 우려했다. 그는 아바나 군사작전에서 수천 명의 영국군 병사가 질병으로 사망하면서 막대한 희생이 발생하긴 했지만 거기서 거둔 성공은 평화협정에서 영국이 유리한 조건을 얻는 데 도움이 될 것이라고 했다. "하지만 만약 영국이 그 승리에 취해 거만해지고, 전 세계에 으스대다가 모든 나라를 적으로 돌리는 일이 발생한다면, 결국은 다시 반격을 당해서야 정신을 차리게 될 것이다."

영국은 곧 이성을 되찾았다. 11월, 영국 협상가들은 프랑스와 스페인과의 평화조약 초안을 작성했고, 다음 해인 2월 그 조약은 공식화되었다.

평화조약의 조건들에 열정적으로 개입해온 프랭클린은 당연히 그 조약 내용을 간절히 기다렸다. 대서양 서부 및 카리브해 북부에서 가장 중대한 관심사에 대해, 영국 협상가들이 초지일관 원칙을 지켰다는 사실을 알고 프랭클린은 기뻤다. 전쟁의 승리로 얻은 캐나다는 평화 시에도 영국 영토로 남을 것이다. 캐나다와 함께 미시시피강과 애팔래치아산맥 사이의 루이지애나 동부 지역, 오하이오 계곡이 영국으로 넘어갔고 프랑스는 마르티니크와 과들루프를 되찾았다. 아바나는 스페인에 반환되었으나, 플로리다는 영국이 차지했다.

프랭클린은 이 평화협정을 아주 환영했다. "영광스런 평화"라고 그는 말했다. "역사적으로 영국에 가장 유리한 평화라고 생각합니다. 대륙 전역에서, 사람들은 이를 두루 찬양하고 환호하고 있습니다"라고 스트레이핸에게 전했다. 그는 예전에도 자신이 영국인이라는 것을 자랑스러워했지만, 이번에는 가슴이 벅찰 지경이었다. "영국의 영광이 지금처럼 높았던 때는 없었습니다."

그는 새로운 젊은 왕을 칭찬하는 데도 인색하지 않았다. 프랭클린은 "영국은 결코 더 훌륭한 군주를 가진 적이 없습니다"라고 말했다. 흥분한 그는 이 평화를 이룬 조지 3세를 평강의 왕*에까지 비유했다. 런던에 있던 그의 지인들이 조지 3세에 대해 사람들이 수군거린다는 이야기를 하자 그는 반문하듯 물었다. 불평이 어디서 나오는 겁니까?

"나는 이 질문에 하나의 대답밖에 드릴 수 없습니다. 우주의 왕, 즉 하나님조차도 그의 모든 백성에게 진심으로 사랑받고 충실히 섬김받는 것은 아닙니다. 반 정도의 인류라도 하나님께서 끊임없이 돌보아주심에 보답해 진정으로 충성스럽기를 바랄 뿐입니다. 한 군주의 선량함이 오히려 무례함을 부추기는 상황은 부끄러운 일입니다. 이로써 나는 한때 해답을 알 수 없다고 생각했던, 로빈슨 크루소의 '프라이데이'가 했던 질문에 답할 수 있을 것 같군요. '왜 하나님은 악마를 죽이지 않으셨을까?' 그 해답은 스코틀랜드 격언에서 찾을 수 있습니다. '악마가 죽었다

---

*   Prince of Peace, 성경 이사야서에서 예수그리스도에 붙여진 칭호

면 당신은 하나님을 위해 아무 일도 하지 않을 것이다.

프랭클린은 스트레이핸에게 그 문제를 약간 다르게 말했다. "권력과 지위를 얻기 위해 경쟁이 벌어지면 언제나 불평불만을 하는 사람이 있게 마련입니다. 그리고 그런 자리를 얻지 못하는 이들은 자신들의 길을 가로막는 모든 이들에게 분노할 것입니다. 캐나다와 루이지애나 대신 천국을 얻었더라도 그들은 자기들의 특별한 친구가 아닌 이상 정부를 비난했을 것입니다."

프랭클린은 천국은 내세에 맡기고, 이 지상의 제국에 집중했다. 그리고 그는 영국이 일군 제국이, 특히 대서양 서쪽 아메리카 대륙에서 앞으로도 계속 성장하고 번영할 이유가 충분하다고 보았다. "여기 아메리카 대륙에서 영국은 그 제국의 위대함과 안정성을 토대로, 가장 든든하고 유익한 상업 시스템을 세울 수 있는 넓고 튼튼한 기반을 마련했습니다." 그는 『캐나다 팸플릿Canada pamphlet』이라는 소책자에서 영국이 설탕을 생산하는 섬들을 프랑스에 돌려줘도 큰 피해가 없을 것이라고 주장한 바 있었는데, 실제 조약 결과가 그의 주장을 입증한다고 생각했다. "우리가 해상에서 우위를 유지하고, 북아메리카에서 인구와 힘을 키울 수 있는 한, 이번에 우리의 적들에게 남겨주거나 돌려준 땅들은 오히려 그들이 순순히 행동하도록 만드는 일종의 담보물이라고 볼 수밖에 없습니다. 앞으로 그 땅들이 우리 영향력 아래 들어오게 될 테고, 그 땅이 그들에게 소중하면 소중할수록, 우리를 자극하지 않으려 더욱 신중하게 행동할 것입니다."

프랭클린의 제국적 비전에는 그 자신도 포함되었다. 1754년부터 그는 서쪽 산맥 너머에 새로운 정착지를 건설하기 위한 제안들을 내놓았다. 그해, 그의 올버니 연합 계획Albany Plan of union을 구상하는 과정에서 그는 오하이오강과 오대호 사이에 두 개의 식민지를 건설할 것을 주장했다. 이러한 식민지는 미국인들의 만성적인 토지 부족(프랭클린은 "더 많은 땅을 원하는 수많은 가족이 무리를 이루어 떠날 준비가 되어 있다"라고 묘사했다)을 해소할 것이며, 동시에 프랑스인들을 저지하고, 인디언들을 진압하며, 해안 식민지들을 변경의 혼란으로부터 보호하는 역할을 하기로 되어 있었다. 그해 여름에 프렌치인디언 전쟁이 발발하면서, 프랭클린이 제안했던 계획은 실제로 실행에 옮겨지지 못했지만 그가 제안한 연합 계획의 필요성과 중요성을 분명히 보여주는 계기가 되었다. 프렌치인디언 전쟁 9년 동안 서부 정착은 단순히 멈춘 것이 아니라 오히려 줄어들었고, 전쟁이 끝날 무렵 미국인들 사이에서는 그 어느 때보다 값싼 땅에 대한 욕구가 크게 늘어났다. 프랑스인들은 캐나다와 오하이오에서는 추방되었지만 미시시피강 서쪽에서는 아니었다. 하지만 그 거대한 강의 동쪽 강둑에 영국 정착촌을 세우면 프랑스인들을 강 서쪽에 머무르게 해 이 지역을 안전하게 지킬 수 있을 것이다. 인디언들은 프랑스인이 있을 때보다 없을 때 말썽을 덜 부리기는 했지만, 여전히 잠재적인 마찰의 원인이었다. 하지만 새로운 영국인 정착촌이 들어서면 원주민들이 자연스럽게 영국의 영향권에 들어갈 것이었다.

그리고 대영제국에 좋은 것이 프랭클린에게도 큰 이득이 될 수 있었다. 아마 펜실베이니아에서 거의 모든 물건의 가격이 오르는 상황이 그를 걱정하게 만들었을지도 모른다. 또 영국에서 살면서 삶의 수준이나 취향이 한층 높아졌을 가능성도 있다. 게다가 미국에서 영향력을 가진 거의 모든 사람이 투기와 투자에 빠져드는 흐름에 그도 예외가 아니었을 수 있다. 어쨌든 어떤 이유에서든 프랭클린은 서부 땅에 투자하기로 마음먹었다. 그는 영국에 있는 동안, 의회 의원이자 영국은행 이사였던 존 서전트와, 동인도회사의 핵심 인물이며 영국은행과도 연관이 있는 매슈 페더스턴 경(프랭클린과 왕립학회 동료이기도 했다)과 함께 토지 투자계획에 대해 논의했다. 이 계획의 핵심은 서전트와 페더스턴이 영국 내 영향력 있는 인사들을 설득해 땅을 할당받도록 신청하고, 프랭클린은 미국에서 협력할 사람들의 자존심을 살살 달래며 그들을 움직이도록 하는 것이었다. 프랭클린이 런던을 떠날 때쯤에는 이 계획이 진행 중이었지만 속도는 더뎠다. 프랭클린은 리처드 잭슨에게 "이 땅 할당 신청이 어떻게 진행되고 있는지, 성공할 가능성이 있는지 잘 모르겠다"라고 말했다. 당시 잭슨은 이미 하원의원이 되었고, 프랭클린은 친절하게도 그를 투자계획에 포함시키겠다고 제안했다. 그 제안은 프랭클린의 관대함을 보여주면서도, 최근 영국 정치 상황의 변화—특히 페더스턴의 정치적 후원자인 뉴캐슬 공작이 물러난 사건—가 투자자들의 정치적 입지를 약화시켰다는 그의 판단을 반영한 것이었다. 프랭클린은 그 프로젝트에 대해 "나는 오히려 실패할 가능성이 높다고 생각한다"라고 말했다.

동시에 그는 서쪽으로 가는 두 번째 길을 찾았다. 1629년에 찰스 1세는 지리에 관해 아무것도 모르는 상태에서 정치적 아량을 베푼다는 구실로 로버트 히스 경에게 미 대륙의 31도선에서 36도선까지, 대서양에서 남해(태평양)까지 뻗어 있는 엄청난 토지를 부여했다. 하지만 여러 이유로 히스는 그의 주권을 전혀 행사하지 못했으며, 그 후 이 땅은 후손들이 사망하고 소유주가 바뀌는 과정을 거쳐 결국 뉴저지의 대니얼 콕스 자녀들에게 넘어갔다. 프랭클린의 동시대인이었던 콕스의 자녀들은 원래 히스 경에게 주어진 토지의 권리를 실현하려 희망했지만, 150년의 세월이 흐른 뒤였고 이미 캐롤라이나와 조지아 식민지가 그 땅 일부에 들어서 있었기 때문에 가능한 범위 내에서만 권리를 행사하려 했다.

윌리엄 콕스와 대니얼 콕스 형제는 프랭클린에게 도움을 요청했다. 그들은 자신들의 토지 권리를 보호할 수 있도록 영국에서 이를 주장해줄 인물을 추천해달라고 부탁하거나, 만약 토지 권리가 인정되지 않을 경우 대신 보상으로 다른 땅을 받을 수 있도록 주선해달라고 요청했다. 토지 대신 현금 보상을 받는 것도 가능하다고 했다. 또한 그들은 도와주는 사람에게 자신들이 받게 되는 땅 또는 보상의 절반을 5000파운드에 살 수 있는 권리를 제공할 준비가 되어 있었다.

프랭클린은 콕스 형제들이 영국에서 토지 권리를 주장할 대리인을 찾는 일을 도와주기로 했고, 이에 따라 자신의 수수료도 받을 예정이었다. 그는 콕스 형제들에게 바로 그 일을 맡을 적임자가 '리처드 잭슨'이라고 알려주었다. 프랭클린은 잭슨에게 보낸 편지에서, "콕스 형제들에게 당신보다 더 유능하고 그들을 잘 도와줄 사람이 없다고 확신시켰다"라고 말했다. 그리고 콕스 형제들과 자신의 역할 분담을 이렇게 잭슨에게 설명했다. "만약 콕스 형제들의 신청이 성공한다면—그 내용이 매우 공정해 충분히 가능하다고 생각하지만— 나는 기꺼이 당신과 콕스 형제들, 그리고 당신이 적절하다고 생각하는 다른 분들과 함께 이 일에 참여하겠습니다. 그들이 당신에게 보낸 편지에서 언급한 조건에 따라, 그들이 받게 될 토지 절반 중에서 5분의 1에 해당하는 몫을 제 수수료로 받겠습니다. 그리고 이 식민지에서 이 문제가 신속히 해결될 수 있도록 저의 모든 노력과 영향력을 다하겠습니다."

프랭클린은 존 프링글을 계획에 끌어들이자고 제안했다. 프랭클린은 프링글을 좋아했지만, 특히 프링글이 뷰트와 연결되어 있다는 점을 높이 평가했다. 프랭클린은 잭슨이 누가 이 일에 접근하는 데 적합한 사람인지 잘 알 것이라고 믿으며 이렇게 말했다. "이 일이 성공하면, 내가 매우 돕고자 하는 좋은 친구인 프링글 박사에게 지분을 하나 제안해주기만 하면 됩니다. 나는 그가 이 계획의 진행을 훨씬 수월하게 만들 만한 영향력이 있다고 생각하기 때문입니다."

시간이 중요했다. 프랭클린은 잭슨에게 4년 된 뉴저지 잡지 기사를 보냈다. 그 기사는 오하이오에 새로운 식민지를 정착시키려는 계획을 홍보하는 내용이었는데, 만여 가구가 적극적으로 옮겨온다고 기대하고 있었다. 당시에는 프랑스가 여전히 캐나다를 지배할 것이라는 예상이 지배적이었는데도 이렇게 열기가 뜨거웠다. 프랭클린은 "이제 프랑스의 영향력이 줄어들었으니, 사람들은 그 지역으로 훨씬 더 기꺼이 갈 것 같습니다. 그리고 사실 모든 곳에서 사람들이 서쪽으로 이주하려는 설명할 수 없는 경향이 나타나고 있습니다"라고 말했다. 이 말을 쓴 지 일주일 만에 프랭클린은 다른 정착 계획에 대한 보고를 받았다. 그는 잭슨에게 "쇠는 달궈졌을 때 때려야 한다"라는 말을 추신에 달았다.

프랭클린의 토지 사업을 가장 가까이에서 도운 사람은 그의 아들 윌리엄이었다. 윌리엄은 1763년 2월 한겨울에 폭풍우 치는 대서양을 건너 영국에서 아내 다운스와 함께 도착했다. 아들과 며느리는 프랭클린, 데버라, 샐리와 3일 동안 머물렀고, 그 후 윌리엄과 프랭클린은 얼어붙은 델라웨어 강을 건너 뉴저지로 향했다(다운스는 날씨가 따뜻해지기를 기다렸다). 아버지와 아들은 첫날 밤을 트렌턴에서, 다음 날 밤을 뉴브런즈윅에서 보냈다. 몇몇 호기심 많은 사람은 썰매를 타고 퍼스앰보이로 가는 길에 새로운 총독을 만났다. 퍼스앰보이는 두 개의 주 수도 중 동쪽에 위치한 곳이며, 윌리엄이 취임 선서를 한 곳이기도 하다. 악천후에도 불구하고, 취임식에는 주의 주요 인사들이 참석해 새 총독 윌리엄의 앞날을 축복했다. 총독과 프랭클린은 프린스턴으로 향했고, 그곳에서 뉴저지대학교 총장은 "매우 저명한 프랭클린 박사의 영향과 지도 아래" 교육을 받은 총독을 칭찬하며 두 사람을 함께 축하했다.

뉴저지의 다른 수도인 벌링턴 시민들은 퍼스앰보이 시민들보다 훨씬 더 성대하게 환영했다. 그들은 새 총독이 그곳에 거주하기를 바랐다. 모닥불은 밤늦게까지 타올랐고, 교회 종소리가 울렸으며, 얼어붙은 거리를 따라 총성이 울려 퍼졌다. 행사 주최자들은 총독이 어디에 머물 것이냐고 물었지만 윌리엄은 확답을 주지 않았다.

그의 아버지는 더할 나위 없이 아들을 자랑스러워했다. 프랭클린은 윌리엄 스트레이핸에게 "나는 막 그와 함께 그의 관할구역을 돌고 돌아왔는데 그가 어디서나 모든 계층의 사람들에게 최고의 존경과 심지어 애정까지 받는 것을 보게 되어 기뻤습니다. 그래서 그가 이제 무난하게 자리 잡을 것이라는 큰 기대를 품고 있습니다"라고 말했다.

프랭클린은 자신의 공무도 돌봐야 했다. 영국에 있는 동안 그는 북미 부우정청장 직을 유지했다. 당시 영국에서는 부재중 직무를 수행하는 것이 드문 일이 아니었다. 총독이나 다른 관리들이 수년 동안 관할 지역을 방문하지 않고도 직무를 수행하는 경우가 많았다. 프랭클린에게는 버지니아의 동료 부우정청장 윌리엄 헌터와 유능한 감사관인 뉴욕의 제임스 파커(이전 윌리엄 프랭클린이 맡았던 직책을 이어받음)가 있었기에 원거리에서 업무를 지휘할 수 있었고 양심의 가책도 비교적 덜 느낄 수 있었다. 하지만 프랭클린의 마음 한구석에서는 양심이 아주 편한 것만은 아니어서, 영국 런던에 있는 상급자들에게 꾸준히 잘 보이려고 애를 쓰기도 하고, 때때로 펜 가문과의 불화 때문에 혹시 부우정청장 자리까지 잃게 되는 건 아닌지 걱정하기도 했다.

양심의 가책을 덜어준 또 다른 요소는 필라델피아를 떠나 런던으로 갈 당시, 즉 부우정청장직을 4년간이나 맡았지만 그 일로 단 한 푼의 수입도 올리지 못했다는 사실이었다. 그와 윌리엄 헌터는 자신들이 도입한 여러 가지 개선책이 결국엔 투자 비용을 상쇄하고 남을 것이라는 큰 기대를 가지고 있었다. 하지만 그 개선책들이 이익을 내기 전까지는, 그 비용이 그들 개인의 주머니에서 나갔다. 프랭클린의 계산에 따르면, 런던으로 떠날 당시 우정청은 그와 헌터에게 약 900파운드의 빚을 지고 있었다.

결국 우정청의 재무 상태는 점차 좋아졌지만, 그 변화가 너무 늦어서 공동 부우정청장이었던 헌터는 그로 인한 이익을 제대로 누리지 못하고 1761년에 사망했다. 프랭클린은 처음에 헌터의 후임자 없이, 공동으로 맡았던 직무를 혼자 맡기를 바랐다. 그는 상사인 베스보로 백작에게 자신과 헌터 중 한 명이 사망하면 모든 권한이 생존자에게 넘어간다고 자신의 임명장에 명시되어 있음을 상기시켰다. 그는 베스보로에게 "헌터 씨가 사망했더라도, 나에게 주어진 임명장은 여전히 유효하므로, 그 임명장을 취소하는 조치를 취하지 않는 한, 이 자리는 공식적으로 비어 있지 않고 내가 계속 맡게 되어 있습니다. 내가 24년간 충실히 일해온 점을 고려하면, 당신께서 그 임명장을 취소하지는 않으실 거라 믿습니다'라고 통보했다. 프랭클린은 자신과 헌터가 이룬 개선책들을 자랑하며, 그중 상당 부분이 자신의 업적임을—실제 맞는 말이었다— 암시했다. 그리고 프랭클린은 "이제 상황이 그렇게 되어 나에게 추가적인 이점이 생긴 것 같으니, 그것이 낯선 다른 사람에게 넘어가지 않고 나에게 남아 있기를 바란다"라고 희망을 밝혔다.

하지만 그의 바람은 이루어지지 않았다. 프랭클린보다 영향력이 막강한 버지니아 총독이 인사 추천권을 놓칠 리 없었다. 1761년 11월, 프랭클린은 그의 새로운 공동 부우정청장으로 총독의 비서였던 존 폭스크로프트가 온다는 사실을 알게 되었다. 이에 프랭클린은 폭스크로프트와 만나 자신들의 공동 임무와 협력관계를 점검할 계획을 세웠다. 프랑스와의 평화가 이러한 만남을 더욱 필요하게 만들었다. 전쟁이 끝나면서, 특정한 새로운 제도나 변화가 가능해졌고, 또 어떤 것들은 반드시 이루어져야 했다. 필수적인 혁신에는 프랭클린과 폭스크로프트의 관할구역을 캐나다로 확장하는 것이 포함되어 있었다. 그들은 이제 몬트리올, 퀘벡 및 그 너머로 우편물을 배달할 책임이 있었다. 의회에서 게시한 요금표에 따르면, 뉴욕에서 몬트리올까지 한 장짜리 편지는 2실링에 배달되어야 했다(비교해보면, 필라델피아에서 런던으로 보내는 같은 종류의 편지는 정부가 지원하는 우편선 덕분에 요금이 1실링으로 더 저렴했다). 프랭클린과 폭스크로프트가 이러한 요금으로 돈을 벌 수 있을지는 그들이 논의해야 할 문제 중 하나였다.

또 다른 혁신은 우편배달원의 야간 이동 서비스 개시였다. 뉴욕에서 필라델피아 같은 특정 주요 노선에서는 이로 인해 200년 뒤에도 능가하기 어려운 속도로 신속한 배달이 가능했다. 어떤 필라델피아 작가는 어느 날 뉴욕으로 편지를 부치고 바로 다음 날 답장을 받을 수 있었다.

이러한 혁신들을 실행하고 관리하는 데는 직접적인 감독과 관리가 필요했다. 이를 위해 프랭클린은 1763년 늦봄에 거의 5개월 동안 그의 우편 관할구역을 순회했다. 폭스크로프트는 필라델피아에서 프랭클린과 만나 함께 뉴저지를 여행했으며, 그곳에서 총독의 환대를 받았다. 그들은 뉴욕 시에서 며칠을 보낸 후 뉴잉글랜드로 향했다. 유난히 더운 날씨 때문에 그들은 육로 대신 배로 여행하기로 결정했고, 그 결과 코네티컷을 생략하고 로드아일랜드의 뉴포트에 도착했다. 그곳에서 마차를 타고 보스턴으로 이동했으며, 보스턴을 근처 소도시와 마을을 방문하는 여행의 거점으로 삼았다.

프랭클린의 이번 여행은 공무를 위한 출장의 목적도 있었지만, 개인적인 목적도 있었다. 그는 대부분의 여정에 딸 샐리를 동행해서 뉴잉글랜드의 친척들에게 딸을 소개하는 것을 좋아했다. 샐리는 보스턴에서 스무 살이 되었고, 그 여행은 적령기의 젊은 여성에게 있어 일종의 데뷔 행사이기도 했다.

프랭클린은 여동생 제인 미컴을 만나면서, 살아남은 가족이 얼마 없다는 점을 깨닫고 자신의 죽음도 멀지 않다는 것을 느꼈다. 게다가 여행 중에 예상치 못한 두 가지 사건이 발생하면서 그는 그 어느 때보다도 자신의 유한한 삶을 절실하게 느꼈다. 그는 7월에 로드아일랜드에서 타고 있던 개방형 마차에서 튕겨 나와 오른쪽 어깨를 심하게 다쳤다. 다행히 캐서린 레이 그린(결혼 전 케이티 레이) 부부의 집이 가까워 그곳에서 회복할 수 있었다. 한 달 후에 그는 또 떨어져서 어깨를 다시 다쳤고, 보스턴 방문 기간 중 대부분을 침대와 의자에 누워서 지내야 했으며, 이로 인해 예상보다 더 오래 머물러야 했다. 9월에 캐서린 레이 그린에게 "아직 험한 길을 여행할 수 없으며, 오른손이 강해질 때까지 재갈이나 채찍을 잡을 수도 없어 당분간 쉬어야 할 것 같다"라고 설명했다.

회복 기간은 10월까지 늘어졌다. 이제 57세가 되어 나이를 느끼기 시작한 프랭클린은 회복 속도가 더뎠다. 운 좋게도 제인 미컴과 그녀의 이웃들이 돌봐주었지만, 꼭 그게 좋은 것만은 아니었다고 나중에 집에 돌아온 후 필라델피아에서 여동생에게 편지를 보내며 언급했다. 그는 어깨 통증이 아직 남아 있지만(완전 회복까지는 그 뒤로도 여러 달 더 걸렸다) 예전보다는 나아졌다고 했다. "그 외에 나는 집에 있는 것이 매우 행복하다. 여기서는 내가 언제 충분히 먹고 마셨는지, 몸이 따뜻한지, 그리고 내가 좋아하는 자리에 앉아 있는지를 스스로 알 수 있고, 아무도 나보다 내가 느끼는 바를 더 잘 아는 척하지 않기 때문이다." 그러나 이 가벼운 농담이 오해를 불러일으키지 않도록 하기 위해 "뉴잉글랜드에서 친구들이 베푼 친절이 별거 아니었다는 말이 아니다. 나는 매우 감사하며 그 은혜를 항상 기억할 것"이라고 덧붙였다.

"이제 한여름 내내 계속된 긴 여행에서 돌아왔으니, 모든 일을 잘 정리한 뒤 친구가 그렇게도 간절히 바라는 일을 해보려고 합니다." 이 글은 프랭클린이 스트레이핸에게 쓴 편지 내용으로 간절히 원하는 일이란 프랭클린이 런던으로 이주하는 것이었다. "나는 당신의 지혜를 높이 평가합니다. (…) 따라서 당신이 그렇게 확신을 가지고, 그렇게 열정적으로 권하는 일이라면 분명 옳은 일일 거라고 생각합니다. 사실 나는 영국과 그곳 친구들을 좋아하는 마음 때문에, 별로 대단하지 않은 이유도 내게는 굉장히 좋은 이유처럼 느껴지는 게 아닌가 의심스럽기도 합니다. 시간이 지나면 어떻게 될지 알게 되겠지요."

프랭클린이 런던으로 가는 문제는 부인 데버라와도 관련이 있었다. 그녀는 계속해서 대서양을 건너 영국으로 이주하는 것을 강력히 반대했다. 데버라는 필라델피아에서 태어나 자랐으며 필라델피아에서 죽기를 원했다. 프랭클린이 무슨 말을 해도 그녀의 마음을 돌리지 못했다.

하지만 이 문제가 완전히 해결되지는 않았다. 여러 해 동안 프랭클린과 데버라 서로 직접 대면하지 않아도 견디는 법을 배웠다. 그녀가 영국으로 보낸 편지는 지금 남아 있는 게 없지만, 프랭클린의 답장을 보면 데버라가 그의 부재를 특별히 불평하지는 않은 것으로 보인다. 그가 5년 동안 떨어져 지냈고, 귀국한 뒤에도 5개월을 더 떨어져 지낸 것은 그가 집과 가정에 대한 애정이 있기는 했지만, 그 애정의 깊이가 그리 크지 않았음을 시사한다.

게다가 그는 데버라 못지않게 딸 샐리도 많이 그리워했는데, 샐리가 성인이 된 지금 가족에 대한 연대감도 느슨해질 수밖에 없었다. 거의 틀림없이 곧 샐리는 다른 남자의 아내가 될 것이다. 아버지는 샐리를 계속 돌보기는 하겠지만, 프랭클린이 자신의 부모를 대했던 것을 보면 프랭클린도 적당히 거리를 두고 딸과의 관계를 유지할 것이었다.

1763년 프랭클린은 자신과 아내를 위해 집을 짓기로 결정했다. 그전까지 두 사람은 항상 임대한 집에서 살았지만, 이번에는 처음으로 자신들이 직접 소유하는 집에서 살게 된 것이다. 아들은 망치질과 톱질 소리를 들으며, 아버지가 이제 집에 정착하려는 것이라고 해석했다. 그는 스트레이핸에게 보낸 편지에서 "우리 어머니는 바다를 아주 싫어하셔서 아버지가 다시는 영국에 갈 마음이 없을 거라고 생각합니다. 지금 아버지는 직접 살 집을 짓고 계십니다"라고 말했다.

그러나 후에 일어난 일들을 보면 윌리엄이 아버지의 마음을 가장 잘 아는 사람은 아니었다는 것을 알 수 있다(그렇다고 해서 아버지가 아들의 마음을 잘 안다는 것도 아니다). 물론 프랭클린이 새집에 평생 정착할 것 같다는 윌리엄의 생각은 맞았을 수도 있고, 아닐 수도 있다. 당시처럼 물가가 오르는 시기에는 많은 사람이 그렇듯, 프랭클린도 단순히 경제적인 이유—즉, 집을 빌리는 것보다 사는 것이 낫겠다는 생각—로 집을 마련했을 수도 있다. 또한, 자신이 항상 집에 함께하지 않더라도—특히 그러할 경우 더더욱— 데버라에게 자기 집이 있어야 한다고 생각했을 가능성도 있다.

프랭클린의 말과 행동이 이렇게 달랐던 이유에 대한 가장 그럴듯한 설명은 그가 무엇을 할지 자신도 모른다는 것이다. 그는 영국을 사랑했고, 그곳 친구들과 재회하기를 갈망했다. 동시에 그는 데버라와 필라델피아를 사랑했다. 지금은 아무것도 그 양쪽 중 하나를 선택하라고 강요하지 않는다. 그러니 어떤 일이 일어나기 전까지 프랭클린은 아무런 결정도 하지 않을 것이었다.

그러면서도 그는 런던에서 벌어지는 일에 대해 꾸준히 소식 듣기를 원했다. "영국을 떠날 때쯤 당신의 편지에서 영국에서 벌어지는 진짜 사정을 때때로 듣게 될 줄 알았지만, 당신이 침묵하고 있어 나만 혼란스럽습니다"라며 프랭클린은 스트레이핸을 원망했다. 신문들은 궁정과 의회 내 파벌 싸움이나 심지어 반역에 관한 소식을 전하는데 과연 진실은 무엇인가? "친애하는 친구여. 당신이 카드놀이 하는 시간을 한 달에 단 30분만 줄이고 소식을 보내주면 내게 얼마나 큰 기쁨을 줄지 생각해보기 바랍니다."

"당신이 떠난 이후로 단 한 시간도 카드놀이 하는 데 쓰지 않았고, 당신이 돌아올 때까지 절대 그렇게 하지 않을 겁니다"라고 스트레이핸은 답했다. 그럼에도 불구하고, 프랭클린의 친구는 한참에 걸쳐 비참한 영국 정치의 현 상태를 한탄하는 긴 편지를 썼다. 이로 인해 오히려 프랭클린이 영국으로 돌아가고자 했던 마음이 약해졌을 수도 있었다. 어쩌면 그런 결과를 염두에 두고, 스트레이핸은 상황을 전하는 데 조심스러웠던 것일 수도 있다.

스트레이핸은 프랭클린이 신문에서 읽었던 사건에 대해 자신의 견해를 설명했다. 그중에서도 가장 충격적인 사건은—적어도 당시 통념에 비추어보면 충격적이었던— 18세기 영국 정치 무대에 등장한 가장 악명 높은 인물 중 한 명, 다시 말해 통념적인 평가에 따르면 가장 파렴치한 인물 중 하나가 불가사의하게 등장한 것이었다. 존 윌크스는 잘 교육받은 사람이었지만 유난히 못생겼고, 지독한 사시를 가졌음에도 불구하고, 악랄한 재치와 저속한 농담으로 남녀 모두를 매혹시켰다. 윌크스는 30분이면 여자들이 내 못생긴 '얼굴은 신경 쓰지 않고' 바로 넘어오게 할 수 있다고 농담했다. 그의 말에는 다소 과장된 면이 있을 수 있지만, 실제로 많은 여성을 사로잡은 상황을 보면 지나친 과장은 아닌 것 같다. 그의 지인 중 역사가 에드워드 기번은 그를 "지칠 줄 모르는 기운에 무한한 재치와 유머, 그리고 상당한 지식을 가진 사람"이라고 평가했으며 문호 새뮤얼 존슨은 "잭*은 말솜씨가 뛰어나고, 박학다식하며, 품격 있는 사람이다"라고 했다. 한편 새뮤얼 존슨의 전기작가 제임스 보즈웰은 "윌크스는 아무리 어려운 상황도 이겨낼 수 있는 유연한 정신력을 지녔다"라고 평가했다.

윌크스의 사생활은 수많은 스캔들이 터지는 당시 영국에서도 충격적으로 받아들여졌다. 그에게는 '메드먼엄 수도승들'(일명 헬파이어 클럽)이라는 그룹과 함께 메드먼엄 수도원 폐허에서 가장 음란한 난교 파티에 참여했다는 소문이 따라다녔다. 이 비밀결사는 사람들이 사탄에게 기도를 하는 도중에, 윌크스가 악마 복장을 한 비비 원숭이를 풀어놓자 혼비백산해서 다들 도망갔다고 한다. 기도를 하던 회원은 자신의 기도가 너무나도 빠르게, 현실에서 응답받았다고 생각해 거의 제정신이 아니었다.

윌크스는 평소 날카로운 말투로 자신의 비판자들을 신랄하게 공격했으며, 그의 언변 중 다수는 이후 다른 재치 있는 입담꾼들이 도용하기도 했다. 그가 정계에 입문한 후 어떤 유권자가 윌크스를 선택하느니 차라리 악마에게 표를 줄 것이라고 말했다. 그러자 윌크스는 "그러시겠지요"라고 하고는 이어서 이렇게 말했다. "하지만 당신 친구가 출마하지 않는다면, 나한테 표를 던지겠소?" 또 한번은 샌드위치 백작이 윌크스는 교수형에 처해지거나 아니면 성병으로 죽을 것이라 예견한 적이 있는데, 이때도 윌크스는 "백작님, 그건 제가 당신의 신념을 받아들이느냐 아니면 당신의 애인을 받아들이느냐에 따라 달라지겠죠"라고 응수했다.

윌크스는 1757년 의회에 입성했지만 처음 5년 동안은 크게 주목받지

---

*   존의 애칭

못했다. 이후 그는 《노스 브리튼North Briton》이라는 신문을 발행하기 시작했고, 윌리엄 피트와 야당 인사들의 격려를 받으며 윌크스는 당시 총리이던 뷰트와 그 내각을 조롱했다. 특히 파리 평화조약을 집중 공격했다. 그는 다섯 번째 호에서 "이 조약은 확실히 하나님의 평강* 같은 조약이다. 인간은 도저히 이해불가하다"라고 선언했다. 뷰트는 비판을 견디지 못하고 1763년 초에 퇴진했다. 셸번 백작은 뷰트가 "거만하고 허풍이 세며, 당당하지만 내가 아는 가장 비겁한 겁쟁이"라고 비판했다. 윌크스의 성공 후, 그가 과연 다음에 무엇을 할지 세간의 관심이 집중되었다. 그가 파리를 방문했을 때, 마담 퐁파두르가 영국에서는 언론의 자유가 어디까지 허용되는지 물었다. 윌크스는 "모르겠습니다, 마담. 하지만 알아내려고 노력 중입니다"라고 대답했다고 한다.

윌크스는 곧 알아냈다. 그는 일반적으로 우회적인 공격을 좋아했다. 예를 들어 어떤 장관에 관한 추문이 돌면 그것을 부인하는 척하면서 오히려 그 사실을 널리 알리거나 혹은 만들어내기도 했다. 그는 《노스 브리튼》 45호에서는 공격 방식을 조금 바꾸어 구사했는데 덕분에 이 45호는 영어권 저널리즘 역사상 가장 유명하고 악명 높은 단일 출판물 중 하나가 되었다.

45호의 발행 배경은 뷰트 사임 후 의회를 중단하겠다는 국왕의 연설이었다. 윌크스는 국왕을 직격하지 않았다고 했지만 큰 타격을 입힌 게 사실이었다. 윌크스는 기사에서 "국왕의 연설은 입법부와 대중에게는 언제나 장관의 연설로 여겨진다"라고 적었다. 여기서 장관은 당시 총리였던 조지 그렌빌이었다. 윌크스는 새로 취임한 그렌빌 총리가 국왕 연설에 거짓된 내용을 포함시켜 국왕의 이름으로 발표하게 했다고 비난했다. 연설의 내용은 파리조약을 왕실에 영예롭고 국민에 유익한 것이라 했지만, 윌크스는 이게

---

*   the peace of God, 신약 빌립보서 4장 7절에 나오는 구절

거짓말이라고 했다. 조약이 동맹국에 유익하다는 주장도 거짓이라 했고, 조약은 합의가 아닌 뇌물에 의해 비준되었다고 주장했다. 주범인 뷰트는 물러났으나 현 장관들도 마찬가지로 '전제정치와 부패의 꼭두각시'라고 비판했다. 결론에서 윌크스는 "훌륭하고 사랑스러운 성품을 가진 군주가 어찌해서 이렇게 끔찍하고 부당한 조치들과 공개적인 거짓말에 자신의 성스러운 이름을 내줄 수 있는지 분개하고 의아해 한다"라고 적었다.

《노스 브리튼》 45호가 그렌빌 총리와 다른 장관들에 대해 뭐라고 했든, 그 글로 인해 국왕 조지 3세는 꼭두각시나 거짓말쟁이 중 하나가 될 수밖에 없는 상황에 놓이게 되었다. 왕은 이런 모욕적인 상황을 받아들일 수 없다고 생각했기에, 논란의 《노스 브리튼》 45호를 발행한 책임자들을 체포하라는 일반 영장(특정인을 명시하지 않은 채 관련자 전원을 대상으로 하는 영장)에 서명했다. 혐의는 선동적 명예훼손seditious libel이었다. 이 과정에서 40명이 넘는 사람들이 한꺼번에 체포되었고 윌크스도 붙잡혀 수갑이 채워진 채 런던탑에 감금되었다.

하지만 이 체포는 오히려 역효과를 냈다. 판사는 윌크스가 의회 의원이므로 불체포특권을 침해당했다며 풀어주었고, 배심원들 역시 다른 사람들에 관한 혐의를 기각했다. 윌크스와 관련자들은 영장을 발부한 장관들을 상대로 소송을 냈고, 윌크스는 1000파운드를, 다른 몇몇 사람들은 소액을 배상받았다. 그리고 일반 영장제도는 불법으로 판결 났다.

그러나 윌크스의 문제는 여기서 끝나지 않았다. 몇 년 전 그는 외설적이고 신성모독적이며 명예훼손의 소지도 있는 「여성론Essay on Woman」이라는 글 작업에 같이 참여한 적이 있었다. 이 글은 알렉산더 포프의 「인간론Essay on Man」을 패러디한 글이었다. 당국은 뇌물을 쓰고 도둑질을 하는 등 온갖 방법을 동원해 그 원고의 교정지를 입수했고, 샌드위치 백작은 의회에서 이를 웅변조로 낭독했다. 백작은 전에는 윌크스 측이었지만 이제는 정부 측 인사가 된 상태였다(이를 보고 어떤 사람은 "마치 사탄이 죄악을 꾸짖는 것 같다'라고 평했다). 이제 윌크스의 의회 퇴출과 기소는 확실해 보였다. 설상가상으로 뷰트의 지지자 중 한 명이 윌크스에게 결투를 신청했다. 윌크스는 펜은 잘 다루었지만 총은 그렇지 않았으며 상대는 결투 연습까지 하고 온 상태였다. 이런 행동은 신사 사회에서 비난받았지만, 윌크스를 신사로 쳐주는 이들은 많지 않았다.

하지만 대중은 그를 열렬히 지지했다. 거리에는 "윌크스에게 자유를!"이라는 구호를 외치는 군중들로 가득했고, 도시 곳곳의 벽에는 '45'라는 숫자가 낙서처럼 새겨졌다. 윌크스가 자신에게 맞선 세력의 힘이 만만치 않다는 걸 느끼고 1763년 크리스마스이브에 런던을 탈출해 프랑스로 도망갔을 때도, 그를 향한 지지 열기는 사그라들지 않았다. 3주 후 그는 하원에서 공식적으로 제명되었고, 그다음 달에는 윌크스 체포를 위한 특정 영장이 발부되었다. 하지만 윌크스가 영국으로 돌아오기를 거부하자 그는 공식적으로 '추방자outlaw'로 선언되었다. 당시 《영국 연감Annual Register》은 이를 두고 '불운한 신사의 몰락'이라고 평했다.

그 뒤에 벌어진 사건들을 보면 이 판단이 매우 성급했음을 알 수 있지만 당시에는 프랭클린도 비슷한 생각을 가지고 있었다. 윌크스가 의회에서 쫓겨난 시점에 프랭클린이 리처드 잭슨에게 쓴 편지에는 "윌크스 씨의 선동적인 행위에 대해 의회가 정당하게 분노하는 것을 보니 기쁩니다"라고 적혀 있었다.

윌크스의 몰락에는 만족했지만 프랭클린은 영국 정치의 다른 상황에서는 위안을 찾기 어려웠다. 스트레이핸은 약속대로 프랭클린에게 생생한 소식을 전했는데, 그는 뷰트의 몰락은 당연한 결과라고 주장했다. "안타깝지만 내 동포(둘 다 스코틀랜드인이었다)는 고위 직책에 맞지 않는 사람이었습니다. 우리가 기억하는 한 이렇게 무기력한 내각은 없었습니다. 그들은 정신도, 용기도, 분별도, 활동성도 없는 모래성이나 다름없습니다." 피트 전 총리도 나을 게 없었다. 스트레이핸은 평화조약의 장점에 대해 자신과 의견이 다른 유권자들에게 전 총리가 최근 퍼부은 모욕을 언급하며 말했다. "이보다 더 오만한 사례를 본 적이 있습니까?" 그는 더 나아가 피트를 "거만한 백성의 대변자"라고 부르며 "조금도 그가 정직한 사람이라고 생각하지 않으며, 오히려 현재의 부당한 불만들을 몰래 부추기고, 최근 국왕과 정부가 겪고 있는 경멸조의 대우를 부추기는 인물이 아닌지 의심한다"라고 말했다.

스트레이핸은 상황이 좋아질 가능성이 거의 없다고 보았다. '파벌이라는 위협the jaws of faction'이 점점 국왕을 조여 오고 있었으며, 국왕은 사람은 착했지만, '뛰어난 재능이나 깊은 지혜를 갖추지는 못한' 사람이었다. 결국 스트레이핸은 우울한 결론을 내렸다. "내가 보기에 앞으로 닥칠 위험은 대부분 사람이 생각하는 것보다 더 거대합니다."

프랭클린의 영국 이주를 가장 열렬히 지지하는 사람에게서 그런 말을 듣자 프랭클린은 정말 이주를 해야 하는지 의문을 품지 않을 수 없었다. 프랭클린은 반농담조로 "정말 내가 그런 사람들 사이에서 살길 원하는 건 아니겠지요? 차라리 당신이 이곳으로 와서 함께 사는 건 어떤가요? 여기에는 소문만 그렇지 실제 야만인은 없으니 말입니다."

그럼에도 불구하고 프랭클린은 늘 그랬듯 희망을 버리지 않았다. "저는 여러분 중 일부 미친 사람들이 곧 정신을 차릴 것이라고 생각합니다. 그리고 제가 도착할 때쯤에는 여러분이 대체로 현명하고 행복한 상태일 거라고 믿습니다."

스트레이핸이 정치 부패에서 위험신호를 발견했다면, 리처드 잭슨은 정치개혁에서 그것을 감지했다. 프랑스와 스페인과의 전쟁이 끝난 뒤, 그렌빌 내각은 제국의 재정을 재조직하고 낭비가 만연한 곳에는 책임을 묻기로 했다. 전쟁 비용 때문에 정부부채는 사상 최고 수준에 이르렀다. 정부지출은 부채 상환에 사용되는 막대한 금액을 포함해, 1764년에는 25년 전보다 두 배나 될 것으로 예상되었다. 재무부 장관이자 총리였던 그렌빌은 국가 재정문제를 해결하기 위해 수입과 지출 양쪽을 세심하게 살펴보았다. 그는 지출을 줄이는 동시에 세수를 늘릴 계획이었다.

정부의 수입은 곧 세금을 의미했다. 영국 주민들은 매우 다양한 종류의 부담스러운 세금을 냈는데, 그중 가장 중요한 것들은 재산세, 수입세, 그리고 소비세였다. 전쟁이 끝날 무렵, 영국 국민은 자신들이나 지도자들이 감당할 수 있다고 여긴 거의 모든 세금을 이미 내고 있었다. 실제로 사과주cider에 부과된 소비세는 엑서터에서 시위를 촉발했고, 뷰트 경을 상징하는 가짜 인형을 불태우는 일까지 벌어졌다

만약 영국 현지인에게 더 이상 세금을 부과할 수 없다면 바다 건너편에 있는 미주 식민지 주민들에게 세금을 부과하는 방안을 생각할 수 있었다. 대서양 동쪽에서 보면 미국인들은 전쟁의 주된 승자였고, 프랑스에 대한 두려움이 사라져 혜택을 보고 있었다. 영국 기준으로 미국인은 세금을 적게 냈으며, 그나마 낸 세금 중에서도 대영제국 차원에서 쓰이는 돈은 거의 없었다. 그렌빌과 다른 장관들은 미국인들이 엑서터의 시위대와 달리 의회 의원을 선출할 권리가 없다는 점에 주목했다. 영국헌법의 핵심 원칙 중 하나는 부과 대상자들의 대표가 의회에서 승인해야 세금을 부과할 수 있다는 것이었다. 따라서 대표권이 없는 미국인에게 세금을 부과하는 것은 헌법과 대치되었지만 정치적으로는 매력적이었다. 왜냐하면 미국인들이 불평해도, 그들을 대표해 의회에서 목소리를 내줄 의원이 없기 때문이었다.

그렌빌 정책의 일환으로 통상위원회 의장 찰스 톤젠드는 영국이 아닌 지역—주로 프랑스령 및 스페인령 서인도제도—에서 미국으로 들어오는 당밀에 부과되는 세금의 변경을 제안했다. 30년 동안 세금은 1갤런당 6펜스였는데, 톤젠드는 이를 2펜스로 낮출 것을 권고했다. 얼핏 보면 미국인들에게 혜택을 주는 것 같지만 사실은 그렇지 않았다. 세금이 6펜스로 높으니 밀수로 들여오거나 세관 관리들에게 뇌물을 주어 제대로 납부하지 않았기 때문이다. 반면에 세금을 2펜스로 낮추면 납세자들이 정직하게 세

금을 내는 것이 불법행위보다 경쟁력이 생겨 실제로 세금이 제대로 걷힐 가능성이 커진다. 특히 영국 정부가 뇌물 수수를 단속하고 군함을 해안에 배치해 밀수를 막겠다고 위협한 상황이라면 이 효과는 더욱 확실할 것이었다.

"미국과 관련된 어떤 일이 내 의견과는 매우 다른 방향으로 진행될까 두렵습니다." 잭슨은 톤젠드의 당밀세 인하 제안에 대해 프랭클린에게 이렇게 편지 썼다. "하지만 나는 의회 안팎에서 할 수 있는 모든 수단을 동원해 이를 막으려 노력할 것입니다." 정부와 영국 당밀 제조업자들의 입김이 너무 세서 톤젠드가 제안한 세금 인하는 막을 수 없었지만, 잭슨은 그 악영향을 완화하려고 애썼다. "외국산 당밀에 대한 세금이 1펜스였으면 좋겠지만, 갤런당 2펜스 세금에도 반대하지는 않겠다"라고 그는 말했다.

그러나 실제로 잭슨의 노력은 단순히 실패에 그친 것이 아니라 오히려 역효과를 낳았다. 톤젠드의 제안이 1764년 설탕법Sugar Act이라는 이름으로 발효되었을 때, 외국산 당밀에 대한 세금은 갤런당 3펜스로 인상되었다. 이 법안은 또한 외국산 와인과 동인도산 비단을 포함한 특정 사치품에 대한 관세도 부과했다.

프랭클린은 이러한 변화에 대해 냉정한 반응을 보였다. 그는 런던 정부가 당밀세를 낮추려는 논리를 이해했다. "높은 세율은 안 되지만, 적당한 세율은 부과할 수 있다"라고 그는 잭슨에게 말했다. 당시 영국 정부는 당밀과 와인에 대한 세금 외에 차와 노예에 대한 관세도 검토 중이었는데, 프랭클린은 이러한 세금들이 대영제국의 정체성과 교역에 도움을 줄 수 있다고 생각했다. "차뿐 아니라 모든 동인도산 상품에 세금을 매기는 것도 나쁘지 않을 수 있다. 이들은 대체로 필수품이 아니라 사치품이며, 영국 맨체스터에서 만든 상품들로 얼마든지 대체가능하기 때문이다. 노예에 붙는 세금은 노예 수입 자체를 막을 만큼 높았으면 한다. 왜냐하면 노예들은 어디에서든 백인의 인구 증가를 방해하기 때문이다."

영국 정부의 내각과 의회가 식민지에 무리하게 많은 세금을 부과할 수도 있었지만 프랭클린은 정부의 신중한 판단을 기대했다. 특히 제국 전체의 큰 이익을 위해 식민지들이 어느 정도 희생을 감수해야 하는 상황은 이해하지만, 그 과정에서 식민지의 이익이 너무 무시되거나 깎여져서는 안 된다고 생각했다. 그는 "만약 여러분이 우리가 해외 식민지들과의 무역 관계를 훼손할 만큼 과도한 세금을 부과한다면, 그 피해는 우리뿐만 아니라 여러분 자신의 이익에도 큰 손해가 될 것입니다"라고 말했다. 또한 "여러분이 우리에게 세금을 부과하려는 계획이 크게 놀랍지는 않습니다. 왜냐하면 여러분 스스로를 위해 우리가 감당할 수 있는 것보다 더 큰 부담을 주지는 않을 것이기 때문입니다. 결국 여러분은 우리를 해칠 수 없고, 우리에게 해를 끼친다면 그 피해는 곧 여러분에게 돌아올 것입니다. 우리의 모든 이익이 여러분과 연결되어 있기 때문에, 여러분이 우리에게서 더 많이 가져갈수록 우리가 여러분에게 쓸 돈은 줄어들 수밖에 없습니다"라고 덧붙였다.

프랭클린은 럼주를 만드는 당밀 수입업자도 아니었고, 럼주를 많이 마시는 사람도 아니었기 때문에 설탕법에 대해 크게 걱정하지 않았다(그는 브랜디로 만든 밀크펀치를 더 좋아했다). 그러나 인구성장을 연구하는 학자이자 팽창주의적 제국주의자, 그리고 식민지 개척 계획의 지지자로서 그는 토지 문제에 깊은 관심을 유지했다.

프랭클린을 포함한 많은 미국인들은 프렌치인디언 전쟁의 종식을 산 넘어 오하이오와 미시시피 계곡으로 확장하는 새로운 시대의 시작으로 해석했다. 하지만 또 다른 이해 당사자인 영국과 인디언들은 생각이 달랐다. 변경에서 시작된 길고 값비싼 전쟁을 막 끝낸 영국 정부는 변경 문제로 또 다른 전쟁이 발발하는 것을 놔두려 하지 않았다. 물론 전쟁에 진 프랑스인들은 이전처럼 인디언들을 부추겨 불안을 야기할 수 없었지만, 그 대신 영국(그리고 스코틀랜드계와 독일계) 정착민들은 스스로 충분히 도발적이라는 것을 보여주었다. 그렌빌과 내각에게 그러한 도발을 최소화하는 가장 좋은 방법은 인디언과 정착민을 서로 격리시키는 것이었다. 이를 위해 정부는 1763년 10월 트랜스몬테인 지역을 사실상 정착 금지 구역으로 지정하는 선언문을 발표했다.

1763년 선언문은 서부 토지 문제에 관심을 가진 세 번째 당사자, 즉 사실상 가장 관심이 많았던 인디언들을 달래기에는 시기적으로 너무 늦었다. 프랑스의 패배가 영국에 평화와 싼 땅을 약속했다면, 그것은 인디언들의 희생을 대가로 한 것이었다. 두 제국주의 세력이 북미를 놓고 경쟁하는 동안 인디언들은 이들을 이용할 수 있었지만, 이제 하나의 제국주의 세력만 남게 되자 인디언들은 그 세력에 끌려다니는 신세가 되었다. 인디언들이 영국 정부가 미주 식민지 정착민들로부터 그들을 보호하려 한다는 것을 어느 정도까지 진심으로 받아들였는지는 분명하지 않다. 하지만 지난 수십 년간의 경험을 고려하면 그들은 모든 영국인이 똑같이 행동한다고 생각했을 가능성이 높다. 어쨌든 영국 정부가 미국 서부에 관한 1763년 선언문을 준비하는 동안, 인디언들은 정착민들을 상대로 전쟁을 시작했다.

거의 즉시 그 전쟁은 폰티액 전쟁이라는 이름이 붙었다. 폰티액은 오타와 부족의 족장으로, 출신에 대해 거의 알려진 것이 없지만 엄청난 야망과 카리스마를 지닌 인물이었다. 폰티액은 델라웨어 예언자라는 신비로운 인물이 전하는 메시지를 이용해 대영혼Great Spirit을 불러내며, 인디언들이 전통적인 삶의 방식으로 돌아가 백인 침입자들을 몰아내자고 촉구했다. 어떤 기록에서는 아래와 같은 내용을 전하고 있다(물론 역사적 정확성이 다소 떨어진다. 왜냐하면 신의 메시지를 델라웨어 예언자가 전하고, 이것이 다시 폰티액에게 전달되고 다시 기록자에게 전달되는 등 네 번의 전달 단계를 거쳤기 때문이다).

"왜 너희는 백인이 너희 가운데 살도록 허락하는가? 자손들이여, 너희들은 조상의 풍습과 전통을 잊었다. 옛날 조상들처럼 가죽옷을 입고, 활과 화살, 돌촉 창을 사용해야 한다. 너희는 백인에게 총과 칼, 솥, 담요를 사 버릇해서 이제는 그런 것들 없이는 살 수 없게 되었다. 더욱 나쁜 것은, 백인들이 준 독 같은 술을 마셔 어리석어졌다는 것이다. 그것들을 모두 버리고, 현명한 조상들처럼 살아라. 그리고 백인―붉은 옷을 입고 너희 사냥터를 빼앗으러 오는 개 같은 존재들―에게는 전쟁을 선포하고, 그들을 이 땅에서 몰아내야 한다. 그래야 내가 다시 너희를 사랑하고, 너희가 다시 행복하고 번영할 것이다.

이 메시지는 큰 호응을 얻었다. 영국과 프랑스 간의 전투가 끝나자마자 영국군과 폰티액이 지휘하는 인디언 사이에 전투가 벌어졌다. 1763년 봄과 여름에 걸쳐 폰티액의 군대는 오하이오와 오대호 지역을 휩쓸며 영국 요새 여섯 개를 점령하고 디트로이트와 피츠버그의 영국 수비대를 포위했다. 북미 영국군 사령관 제프리 애머스트 장군은 너무나 놀라 폰티액의 병사들에게 천연두 감염 담요를 사용하는 생화학전을 제안하기도 했다. 그러나 현지 지휘관 헨리 부케 대령이 이 지시를 따랐는지는 불분명하다(다른 비슷한 위치에 있던 지휘관들과 마찬가지로 대령은 그러다 자신의 군대도 감염될까 두려워했다).

서부에서의 새로운 전쟁 소식은 1763년 여름 우편 사업 관련 여행 중 뉴욕에 있던 프랭클린에게 전해졌다. 애머스트는 프랭클린의 인디언 경험을 알고 그에게 면담을 요청했다. 폰티액 공세의 심각성을 과소평가한 영국 장군은 그것을 프렌치인디언 전쟁의 잔재로 판단했으며, 이제 영국이 이 대륙의 주인이라는 사실만 제대로 홍보한다면 곧 가라앉을 것이라고 보았다.

프랭클린은 장군의 설명을 부정하지 않았지만 불완전하다고 생각했다. 그는 문제의 근원은 인디언과 백인 사이의 근본적인 관계에 있다고 말했다. "인디언들은 요즘 자신들이 너무 무시당한다고 몹시 분개하고 있습니다. 특히 술이 금지되고(모든 인디언이 예언자를 따라 술을 끊은 것은 아니었다) 총알도 너무 적게 지급되어 불만입니다. 거기다 예전처럼 선물도 받지못해 더욱 화가 났습니다. 영국 정부가 인디언들 사이의 전쟁을 막고 그들이 농사를 지어 먹고살도록 하려는 계획은, 인디언들이 보기에 자신들을 여자로 만들려는 시도로 받아들여지고 있습니다. 그들은 농사는 여성의 일이며 남성은 모두 전사라고 생각합니다."

하지만 이런 해석에도 불구하고 프랭클린은 적어도 당시 상황에서는 인디언에 대해 더 관대한 정책을 주장하지 않았다. 오히려 그는 정반대의 입장을 권고했다. "우리가 지난번 평화를 구할 때 너무도 자세를 낮추어 부탁했기 때문에, 인디언들이 기고만장하게 되었습니다. (…) 앞으로는 우리가 그들에게 강력한 타격을 가해 그들이 우리와 결별한 것을 후회하기 전까지는 다시는 평화라는 말을 꺼내서는 안 됩니다."

영국군은 프랭클린이 말한 타격을 뒤늦게 가했다. 8월에 부케 대령은 부시런 전투에서 인디언들을 격파하고 피츠버그를 수복했다. 3개월 후, 폰티액은 디트로이트 포위를 풀고 철수했다. 이로 인해 펜실베이니아 지역에 일시적이고 불안정한 평화가 찾아왔다.

프랭클린은 그 평화가 너무 일찍 왔다고 걱정했다. "인디언들이 아직 충분히 큰 대가를 치르지 않아서 앞으로 또다시 우리와 쉽게 싸움을 벌일 생각을 할까 두렵습니다."

프랭클린의 펜실베이니아 동포들도 프랭클린처럼 인디언 문제에 대해 강경한 입장을 가지고 있었다. 그들 중 일부는 가장 잔인한 방식으로 평화를 더욱 영구적으로 만들려고 시도했다.

파리조약은 서부 국경 지역에서 오랫동안 계속된 전쟁이 곧 끝날 것이라고 기대하게 만들었다. 하지만 폰티액 반란이 일어나 그 기대가 깨지자 백인 정착민들은 평소보다 훨씬 과민하게 대응했다. 그러니 테러와 게릴라

전으로부터 휴식을 기대했던 정착민들에게 전투의 재개는 가슴 아픈 마지막 결정타였다. 1763년 12월, 서스케하나 강변의 팩스턴 마을에서 온 무장한 개척민 무리가 랭커스터 근처 코네스토가 매너에 살던 작은 인디언 공동체를 습격했다. 보고서에는 코네스토가 인디언들 사이에 무기가 있다는 내용이 있었고, 소문으로는 최근의 습격에 연루된 인디언이 그곳에 숨어 있다는 이야기가 돌았다. 팩스턴 사람들은 시간을 지체하지 않고 운 나쁘게 집에 있던 인디언 여섯 명을 학살하고 마을을 불태웠다.

(매우 작은) 코네스토가 공동체의 살아남은 인디언 열네 명은 그 후 랭커스터에서 보호시설에 수용되었다. 하지만 보호시설이 제대로 역할을 하지 못해 12월 27일 팩스턴 폭도들은 그들의 피난처였던 그곳 작업장 문을 부수고 들어가 남자, 여자, 아이 할 것 없이 모두 살해했다.

랭커스터카운티 학살은 인디언들에게 특별히 동정적이지 않은 펜실베이니아 사람들조차 충격에 빠뜨렸다. 이 팩스턴 폭도들이 필라델피아로 진군하겠다고 위협하자 충격은 더욱 커졌다. 몇 주 전 베들레헴 근처 모라비아 교도들과 살던 인디언 무리가 최근 봉기를 도왔다는 소문이 돌았다. 펜실베이니아 정부는 이 '모라비아 인디언'들에게 주도 근처로 피난할 것을 권했고 100명 이상이 그 제안을 받아들였다. 증오에 불탄 팩스턴 무리는 이 사람들과 그들을 지키려는 누구라도 모두 죽이겠다고 맹세할 정도였으므로, 상황이 매우 위험하고 긴박했다.

앞서 프랭클린의 발언에서 알 수 있듯이, 그는 적대적인 인디언들을 동정하거나 측은히 여기지 않았지만, 이번처럼 무고한 사람들을 죽인 사건은 그를 깊은 충격에 빠트렸다. 그리고 팩스턴 무리가 정부 질서에 위협을 가한다는 것에 대해 프랭클린은 거의 견딜 수 없을 만큼 크게 걱정하고 실망했다. 이성적 사고를 중시하는 사람이었던 프랭클린은, 이성을 깨는 가장 어둡고 피비린내 나는 폭력과 광기의 세력들이 이성을 위협하고 그것에 도전하는 상황을 목격했다.

처음에 그는 펜을 들었다. 그리고 1월 말쯤 『랭커스터카운티에서 최근 이 지역의 인디언 친구들을 학살한 이야기』라는 글을 썼다. 이 팸플릿은 빠르게 출판되어 유통되기 시작했다. 프랭클린은 이보다 더 감성적인 글을 쓴 적이 없었다. 그의 슬픔과 탄식은 단순한 감정 표현뿐 아니라, 독자들에게 이번 폭력이 희생자뿐 아니라 사회 전체에 얼마나 큰 상처를 입혔는지 분명히 알리려는 의도가 있었다. 그러나 확실한 것은 이 학살 사건이 그에게 큰 고통을 안겼다는 점이다. 프랭클린은 인간 본성이 완벽하지 않을지라도 충분히 좋아지고 발전할 수 있다고 믿었는데, 자신의 고향 펜실베이니아에서 동료 주민들이 저지른 잔인한 폭력이 처벌받지 않고 저질러지는 현실을 보면서, 그 믿음이 크게 흔들리는 걸 느꼈다.

프랭클린은 코네스토가 인디언들이 펜실베이니아에 처음 정착한 사람들에게 사슴고기, 옥수수, 가죽 선물을 주며 환영했던 인디언들의 후손이라는 점을 상기시켰다. 그들은 평화롭게 정착민들에게 땅을 팔고 현재의 공동체로 이주했으며, 그 공동체는 특허 지주에 의해 보장받은 곳이었다. "그들은 그곳에서 수년 동안 백인 이웃들과 우호적으로 지냈으며, 백인 이웃들은 그들의 평화롭고 무해한 행동 때문에 그들을 사랑했다."

프랭클린은 학살된 인디언 희생자들을 한 사람 한 사람 이름으로 소개했다. 매우 나이가 많았던 셰헤이스라는 남자는 펜실베이니아를 처음 세운 윌리엄 펜을 알고 있었으며, 1701년에 당시 특허 지주와 직접 조약을 맺은 바 있었다. 페기는 그의 딸이었다. "페기는 결혼했지만 여전히 노쇠한 아버지를 돌보며 함께 살았고, 효심과 다정함으로 아버지를 보살폈다." 존은 '또 다른 노인'이었다. 존 스미스는 '훌륭한 청년'으로서 페기의 남편이자 그들의 세 살짜리 아이(프랭클린은 아이의 이름을 모르는 듯했다)의 아버지였다. 베티는 '착하디착한 노부인'이었으며 그녀의 아들 피터는 '유망한 젊은이'였다. 샐리는 '진정으로 착하고 사랑스러운 여인'이었지만 자녀는 없었다. 그러나 친척이 죽고 아이 혼자 남자 샐리는 그 아이를 입양해 '자기 아이처럼 키웠으며 애정 어린 부모로서 모든 의무를 다했다'.

"독자 여러분은 이 희생자들 중 많은 이의 이름이 영어 이름이라는 것을 알았을 것이다. 영어를 좋아하는 인디언들 사이에서는, 자신과 자녀들에게 특별히 존경하는 영국인의 이름을 붙이는 일이 흔한 일이다."

독자들은 또한 인디언들의 숫자가 얼마나 적었는지에도 주목할 것이었다. "백인 거주지 근처에 정착한 인디언들은 늘어나지 않고 계속해서 줄어든다는 것이 항상 관찰되었다." 살해 사건 당시 그 부족은 총 스무 명이었다. 어떤 식으로든 누구에게도 위협이 되지 않았다.

프랭클린은 그 끔찍한 만행을 가슴 아프도록 자세히 묘사했다. 그는 쉰일곱 명의 중무장한 백인 남자들이 코네스토가 매너를 어떻게 공격했는지 설명했다.

그들은 작은 인디언 오두막 마을을 에워싸고, 동이 틀 무렵 일제히 공격해 들어갔다. 그때 집에 있던 사람은 남자 세 명, 여자 두 명, 어린 소년 한 명뿐이었고, 나머지 주민들은 인근 백인 마을에 있었다. 어떤 인디언들은 자신들이 만든 바구니, 빗자루, 그릇 등을 팔러 나가 있었거나, 다른 일로 자리를 비운 상태였다. 집에 있던 이 무방비한 사람들은 곧바로 총에 맞고 칼과 도끼에 찔려 잔인하게 살해되었다. 특히 착한 노인 셰헤이스는 잠자리에 누운 채 온몸이 난자당했다. 희생자들은 모두 머리카락이 벗겨지고 몸 곳곳이 심하게 훼손되었으며, 이들의 오두막에도 불이 붙어 대부분의 집이 불에 탔다. 이 무리는 자신들의 행동과 용기에 만족감을 느끼면서도, 학살을 피해 도망친 인디언이 있었다는 사실에 분노하며 그곳을 떠났다.

프랭클린은 그 지역의 거의 모든 백인 주민들이 이번 야만적인 학살에 깊은 충격과 분노를 느꼈다고 설명했다. 랭커스터카운티의 판사들은 나머지 인디언들을 공식적으로 보호하기로 결정했고, 총독은 범인들을 찾으라는 명령을 내렸다.

하지만 범죄자들은 아랑곳하지 않았다.

그 잔인한 무리는 다시 모였다. 그리고 남아 있던 열네 명의 인디언들이 랭커스터의 보호시설에 있다는 소식을 듣고, 12월 27일 갑작스럽게 그 마을에 나타났다. 이전처럼 무장한 50명이 말에서 내려 곧바로 폭력적으로 문을 부수고 극도의 분노에 찬 얼굴로 시설에 들어섰다. 그 불쌍한 사람들은 주변에 아무런 보호도 없고 도망칠 수도 없다는 걸 깨달았고, 방어할 무기도 전혀 없었다. 그리하여 가족 단위로 모였고 아이들은 부모에게 꼭 붙어 있었다. 이들은 무릎을 꿇고 자신들의 무죄를 간절히 호소하며, 영국인들을 사랑하고 평생 그들에게 해를 끼친 적이 없다고 선언했다. 그러나 그 자세로 모두 도끼에 맞아 살해당했다! 여성들과 어린아이들까지 모두, 인간이기를 거부한 듯 짐승처럼 잔인하게 목숨을 빼앗았다!

살인자 무리는 다시 말을 타고 떠나면서 자신들의 용맹함을 자랑했다. 그들은 아직 잡히지 않은 채 인간과 신의 권위에 도전하는 오만한 태도를 보이고 있었다. 그러나 프랭클린은 "이 악행은 결국 드러날 것이다. 살인자들이 반드시 정의의 심판을 받을 때까지 이 땅과 그곳에 사는 모든 사람이 그 무거운 죄책감을 함께 지게 될 것이다. 무고한 희생자들의 피는 하늘까지 울려 반드시 복수를 부를 것"이라고 약속했다.

그러나 하늘은 무심했다. 대신 관련된 인간들이 스스로 문제를 해결하도록 내버려두었다. 프랭클린의 팸플릿은 일부 독자들에게 지나치게 드라마 같고 사실 여부가 의심스러워 보였다. 그가 인디언들이 마지막 순간에 무엇을 말하고 행동했는지 어떻게 알았을까? 유일하게 살아남은 증인들은 살인자들인데, 그들이 입을 열 리가 없었다. 그럼에도 불구하고 이 팸플릿은 모라비아 인디언들을 죽이려 위협하는 팩스턴파에 반대하는 여론을 결집시켰다. 프랭클린은 리처드 잭슨에게 "이렇게 작은 일이 특별한 효과를 낼 수 있다고 상상하는 것은 아마도 자만일 것입니다. 하지만 어떻든 갑작스럽고 매우 눈에 띄는 변화가 있었고, 1000명 이상의 시민이 가엾은 이들을 보호하기 위해 정부를 지원하려고 무장했습니다"라고 했다.

즉흥적으로 결성된 이 민병대에는 퀘이커 교도들이 다수 포함되어 있었는데, 이들은 이전에 퀘이커가 무기 들기를 단호히 거부했던 것을 기억하는 필라델피아 시민들을 놀라게 했다. 하지만 무장봉기만으로는 위기가 끝나지 않았다. '팩스턴 소년들'이라 불린 이들은(실제로는 소년도 아니고 모두 팩스턴 출신도 아니었다) 저먼타운에 진을 쳤고, 주 당국은 이들을 제지하기 위한 수단을 서둘러 강구했다. 프랭클린은 잭슨에게 말했다. "지난 일주일 동안 우리가 얼마나 허둥대며 혼란스러웠는지 상상해보십시오. 저는 이틀 밤을 연속으로 새우며 총독과 함께 있었고, 나머지 밤에는 경보 때문에 잠을 제대로 못 자서 일주일 내내 날짜 감각 없이 혼란스러웠습니다." 한번은 총독이 자정에 프랭클린의 집으로 달려와 임시 상황실을 차리기까지 했다. 프랭클린의 제안은 사실상 명령과 다름없었다. 총독은 프랭클린에게 민병대 지휘권을 공식적으로 주려고 했지만, 그는 거절했다. "나는 총을 들고 총독의 명령을 따르기로 했습니다."

대신 팩스턴 무리를 만나 담판을 짓기 위해 대표단을 이끄는 데는 동의했다. 폭도 측 대표들은 자신들의 불만을 나열했는데, 이에는 단순히 펜실베이니아 정부가 인디언을 숨긴다는 의혹 뿐 아니라, 국경 지역의 안전을 소홀히 하고, 의회에 변방 지역 주민들을 대표하는 사람이 없다는 것 등이 포함되어 있었다. 프랭클린과 대표단은 이런 불만들을 펜실베이니아 의회에 전달하겠다고 약속했으며, 최근 습격에 연루된 인디언이 있는지 확인하기 위해 모라비아 인디언 캠프를(엄격히 감독된 상태에서) 수색하도록 허락하겠다고 약속했다. 프랭클린이 예상했던 대로 이 모든 과정에는 시간이 걸렸고, 그 시간이 흐르면서 프런티어 주민들의 분노는 서서히 가라앉기 시작했다. 그리고 결국 그들은 다시 자신들의 집으로 돌아갔다.

물론 이를 최선의 성과라고 하기는 어렵다. 필라델피아는 반란 폭력으로부터 안전했지만, 팩스턴 살인자들은 여전히 자유롭게 활개치며 다녔다.

이런 상황에서는 부분적인 승리로 만족해야 했다. 프랭클린은 영국에 있는 존 포더길에게 이렇게 경쾌하게 사건을 요약했다. "당신의 오래된 친구는 평범한 병사 겸 조언자였으며, 일종의 독재자였고, 농촌 폭도를 만나러 간 대표였지만, 그들이 집으로 돌아간 후에는 다시 **평범한 사람**으로 돌아왔습니다. 이 모든 게 불과 몇 주 만에 벌어진 일이었죠."

팩스턴 봉기는 프랭클린에게 그가 최근에 접한 새로운 것에 대해 반성할 기회를 제공했다. 그는 『최근 학살 이야기』에서 살인자들의 행동이 대부분의 펜실베이니아인들이 야만인으로 여기는 사람들조차 명함을 못 내밀 정도로 수치스러웠을 것이라고 지적했다. 그는 네덜란드 노예상들의 습격 속에서 기니 해안에 홀로 좌초된 한 뉴잉글랜드인에 관한 이야기를 들려주었다. 분노한 현지 주민 무리는 가까이에 있던 유일한 백인인 그 뉴잉글랜드인에게 분풀이하려 했다. 하지만 그를 보호하며 친구가 된 또 다른 아프리카인이 다가오는 살인자들을 막았다. 그는 아무 잘못도 하지 않은 사람을 단지 백인이라는 이유만으로 죽여서는 안 된다고 주장했다. 그것은 옳지 않으며 결코 허락하지 않을 것이라고 했다. 프랭클린은 이렇게 이야기를 끝냈다. "흑인들은 그의 단호한 태도와 설득력 있는 말에 자신들이 잘못되었다는 점을 깨닫고 부끄러워하며 자리를 떠났습니다."

프랭클린은 어쩌면 자신의 목적에 맞았기 때문에 이 일화를 사용했을 수도 있지만, 거의 확실히 바로 그 전달에 자신이 어떤 현상을 관찰했기 때문이기도 했다. 그 사건으로 인해 그는 흑인에 대한 인식을 다시 하게 되었다. 1739년 조지 횟필드가 미국을 방문한 이후로, 프랭클린은 계속해서 노예를 소유했음에도 흑인 교육의 필요성을 지지해왔다. 당시 그와 그의 동시대 사람들 대부분은 교육이 흑인 아이들의 능력을 향상시킬 수는 있지만, 결코 백인과 동등한 수준에 이를 수는 없다고 믿고 있었다.

그러나 필라델피아의 윌리엄 스터전 목사가 운영하는 학교를 방문하면서 그는 생각이 바뀌었다. 학생들은 밝고 협조적이며 유망했다. 그는 흑인 교육에 관여하는 또 다른 영국인 친구에게 이렇게 설명했다.

> 그들은 모두, 각자 학교에 다닌 기간에 비해 상당한 읽기 실력을 보유하고 있었고, 대부분은 교리문답 질문에 신속하게 정답을 잘 말했다. 또한 매우 질서 바르게 행동했고 여교사에게 적절한 존경심과 즉각적인 복종을 보였으며, 스터전 씨가 방문을 마무리하며 한 엄숙한 충고를 매우 주의 깊게 듣고, 깊은 감명을 받은 듯했다.
>
> 나는 전반적인 교육 상태에 매우 만족했으며 그때 보았던 것을 바탕으로 흑인들이 가진 선천적인 지적 능력이나 잠재력이 과거에 생각했던 것보다 훨씬 뛰어나다고 생각하게 되었다. 그들의 이해력은 빠르고 기억력은 강하며, 모든 면에서 순종하는 태도 역시 백인 아이들과 크게 다르지 않았다.

프랭클린은 영국인 친구에게 "당신은 아마도 내가 한때 이 사실을 의심했다는 점에 놀랄지도 모릅니다. 물론 나는 내가 가진 모든 편견을 정당화하려 하지도, 그 이유를 설명하려 하지도 않을 것입니다"라고 덧붙였다.

또한 이 편지에서 프랭클린은 자신이 여전히 지지하고 있던 거대한 사회적 편견인 노예제를 정당화하려 하지 않았다. 하지만 그는—자신의 세대에서 거의 유일하게— 흑인들도 지능 면에서 본질적으로 백인과 동등하다는 결론에 도달했고, 그로 인해 노예제가 정당화될 수 없다는 결론에 이르는 길을 걷기 시작했다.

팩스턴 폭도들을 잡겠다는 일념으로 뭉친 프랭클린과 총독은 공통의 목적을 이루려 했지만, 폭도들이 사라지자 두 사람은 서로 등을 돌렸다. 존 펜은 윌리엄 펜의 손자이며 토머스 펜의 조카였다. 할아버지가 그랬던 것처럼 그도 젊은 시절의 부적절한 행동으로 아버지의 노여움을 샀는데, 그가 펜 집안 어른들이 신분이 천하다고 여긴 젊은 여성과 결혼했기 때문이었다. 하지만 할아버지처럼 그도 다시 가족의 품으로 돌아와, 아내를 내보내고 펜실베이니아 소유권을 상속받기 위한 준비를 시작했다. 삼촌 토머스 펜과 아버지 리처드 펜은 그가 곧 상속받을 땅을 직접 경험하는 것이 유익할 것이라 생각해 그를 필라델피아로 보내 3년간 식민지 의회 의원으로 일하게 했다. 의원으로서 존 펜은 1754년 올버니 회의에 프랭클린과 함께 참석하기도 했다. 이후 몇 년간 영국에 머물렀으나, 윌리엄 데니에게 뇌물을 주어 아버지와 삼촌이 자신을 확실히 믿게 만들었다. 그 결과 존 펜은 1763년 6월 펜실베이니아 (부)총독에 임명되었고, 그해 10월 필라델피아에 도착했는데, 그때 마침 희귀한 지진이 발생해 도시 창문이 흔들렸고 가을 낙엽이 우수수 떨어졌다.

프랭클린은 당시 서른네 살이었던 이 젊은이에게 공정한 기회를 주기로 결심했다. 처음 몇 번 만날 때까지만 해도 문제가 없었다. 프랭클린은 피터 콜린슨에게 "그는 예의 바르고 나도 결코 무례한 행동을 하지 않으려 한다. 그러니 서로 개인적인 불화는 없을 거야. 적어도 나는 그런 빌미를 주지 않을 것이다. 그의 삼촌이 친구들이나 낯선 사람들 앞에서 나를 험담하고 비난하는 걸 몹시 싫어하고 경멸하지만, 그 문제는 나와 그 삼촌 사이에만 남겨둘 생각"이라고 말했다.

하지만 프랭클린이 삼촌 토머스 펜을 공격한 것을 존 펜이 기분 나쁘게 받아들이지 않을 것이라는 생각은 프랭클린의 착각이었다. 당연히 존 펜은 기분 나쁘게 받아들였다. 1764년 봄이 되자 존 펜 총독은 특허 지주들에 대한 '노골적인 비난'에 관한 신랄한 편지를 본국으로 보내며 모든 문제의 '주요 원인'은 프랭클린이라고 비난했다.

모든 사람이 관찰하기로, 프랭클린이 영국에 머무르는 동안에는 적어도 겉으로는 평화롭고 조용한 상태가 유지되었으나, 그가 돌아온 이후로는 과거의 작은 불씨들이 다시 불붙어 지금은 그 불길이 훨씬 더 격렬해지고 있습니다. 저는 프랭클린이 자신의 검은 마음속에 깊이 뿌리내린 끈질긴 악의와 불쾌감을 퍼뜨릴 자유를 가지고 있는 한, 이곳에서는 결코 편안함이나 행복의 전망이 없을 것이라고 진심으로 믿고 있습니다.

존 펜 총독이 그런 비판을 하게 된 계기는 프랭클린이 특허 지주 체제에 반대하는 운동을 다시 시작했기 때문이었다. 프랭클린은 런던에서 돌아온 후, 펜실베이니아를 진정한 잠재력을 가진 나라로 발전시키려면 특허 지주들의 속박을 끊어내야 한다고 확신했다. 그는 영국인으로서의 자부심이 충만한 나머지 펜실베이니아 문제의 해결책으로 영국 왕실의 직접 통치를 지지했다. 그동안 인디언과의 분쟁과 팩스턴 봉기 때문에 잠시 이 목표에서 멀어졌었지만, 오히려 이 사건들은 현재의 체제로는 펜실베이니아를 제대로 통치하기 어렵다는 그의 확신을 더욱 굳히는 계기가 되었다. 결국, 1764년 봄, 프랭클린은 펜 가문에 대한 공세를 재개했다.

그 시작은 프랭클린이 의회를 통해 통과시킨 일련의 결의안이었다. 그가 '결의의 목걸이necklace of resolves'라고 부른 이 결의안은 스물여섯 개 항목으로 나누어 특허 지주가 지배하는 체제를 비판했다. 특허 지주들은 단지 사유재산의 소유자일 뿐, 입법에 관해 최소한의 권한도 없다. 따라서 그들이 왕실과 백성 사이에 개입하는 것은 '매우 주제넘은 짓'이었다. 백성들의 애정 어린 존경과 지속적인 관대함에도 불구하고, 특허 지주들은 백성들의 권리를 '축소하고 소멸시키려' 노력했다. 특허 지주의 인디언 정책으로 국경 거주민들은 '작고 은밀한 무리의 쉬운 먹잇감'으로 전락했으며, 이들은 '불명예스럽고 부당하며 폭압적이고 비인간적인' 태도로 이 위험을 이용해 '야만인의 칼을 국민의 목에 대고 자신들의 특권을 강요하거나 청구권을 집행'했다. 현재 소유주들의 희생자는 펜실베이니아 국민이었지만, 만약 소유주가 주 특허장 해석에서 승리한다면 그들의 권한은 '왕실의 특권과 국민의 자유 모두에 위협이 될' 것이 분명했다. 결론적으로 '특허 지주가 다스리는 체제하에서는 어떠한 행복도 기대할 수 없다'고 판단되는 바, 의회는 특허 지주로부터 권력을 빼앗아 '적절하고 안전하게 보관될 수 있는 유일한 곳, 즉 왕실의 손에' 맡겨야 한다고 결의했다.

이러한 표현은 당연히 특허 지주나 그들의 대리인의 마음에 들었을 리 없었다. 존 펜은 이 결의안을 '더럽고 비열한 글'이라고 불렀을 정도였다. 이어서 프랭클린이 쓴 『현재 상황에 대한 냉철한 생각Cool Thoughts on the Present Situation』이라는 소책자는 제목과는 달리 전혀 냉철하지 않았고, 오히려 불에 기름을 붓는 내용이었다. 여기서 프랭클린은 펜실베이니아 국민이 '비참한 상황'에 처해 있다고 고발했다. 정부는 약하고 무능했으며 "폭도들이 모여 정부의 보호를 받는 수많은 무고한 백성을 잔인하게 살해(감히 **살인**이라 말하기도 겁난다)했다". 폭력에 맞선 선언문들이 발표되었지만, 살인자들은 이를 "극도의 모욕과 경멸"로 대했다. "그들은 다시 모여 무장하고 수도에 접근했다. 정부는 비굴하게 굴며 그들을 달래려 하고 그들의 범죄에 대한 기소를 모두 중단했다. 한편 생명과 재산이 위협받는 정직한 시민들은 공공 보호를 믿지 못해 이 지역을 떠난다."

이러한 주장을 펼치면서 프랭클린은 자신이 경멸하는 그 정부에 자신도 참여했었다는 사실을 밝히지 않았다. 여기서 그의 유일한 목적은 현 상태를 치욕스럽게 만드는 것이었다. 즉 특허 지주가 지배하는 형태의 현 정부를 멸망시키고 왕정으로 대체하는 것이었다.

프랭클린은 자신의 주장을 국민 대 특허 지주들의 대립 관계로 단순화했지만, 상황은 훨씬 더 복잡했으며, 1764년 10월의 연례 선거가 다가오면서 격렬한 선거전이 전개되었다. 프랭클린은 계속해서 특허 지주들과 그들의 총독을 공격했고, 총독과 그의 지지자들은 보복에 나섰다. 프랭클린이 총독직을 탐내고 있으며, 펜실베이니아를 왕령 식민지로 전환하는 데 도움을 주는 대가로 국왕이 그에게 총독직을 수여할 것이라는 등 여러 가지 소문이 돌기 시작했다. 그의 아들 윌리엄 프랭클린이 사생아라는 것도 문제 삼았으며, 프랭클린이 바버라라는 이름의 윌리엄의 친모를 학대해서 굶어 죽게 내버려두었으며, 무덤도 없는 곳에 시신을 내다 버렸다는 주장이 제기되었다.

프랭클린은 자신의 적들에 대해 "하나님께서 나를 바로 잡으시려고 두세 명의 적을 붙여주셨다"라고 농담했다. 그들은 분명히 프랭클린을 모함하려 했고, 잠시나마 성공하기도 했다. 선거를 몇 달 앞두고 프랭클린은 의회에서 만장일치로 하원 의장으로 선출되면서 반 특허 지주 세력의 상징으로 더욱 두드러지게 등장했다. 그러나 이런 존재감이 오히려 그에게 불리하게 작용했으니, 프랭클린은 이제 입법부와 반 지주 다수파에 대한 온갖 불만의 번개를 끌어들이는 피뢰침(이 용어가 이제 비유적으로 사용되기 시작했다)이 된 것이다.

투표는 10월 1일 아침 9시에 시작되었다. 필라델피아는 이런 장면을 본 적이 없었다. 아침부터 한밤중 넘어서까지 투표장은 유권자들로 가득 찼고, 투표를 기다리는 줄은 거리를 따라 길게 이어졌다. 10월 2일 새벽 3시에 친특허 지주 파벌은 투표 종료를 요구했으나, 프랭클린과 반특허 지주파는 투표가 계속되어야 한다고 주장했다.

"아! 치명적인 실수였다!"라고 당시 내부 사정을 잘 아는 목격자 찰스 페팃은 이렇게 외치며, 프랭클린과 그 동맹자들의 생각을 설명했다. "그들은 몸이 불편하거나 거동이 어려운 노인 유권자들, 그리고 따로 도움이 필요 없는 유권자들을 예비 인원으로 확보해두었다. 새벽 3시에서 6시 사이에 약 200명의 유권자들이 투표했다." 그러나 한편 특허 지주 지지자들은 그사이 저먼타운과 의회에 불만을 품고 있던 다른 외곽 지역에 전령을 보냈다. 전령들은 특허 지주들을 지지하는 수백 명의 유권자를 깨워 투표하도록 했다.

이 늦은 투표가 프랭클린의 선거를 망쳤다. 필라델피아시와 필라델피아카운티에서 동시에 출마했던 프랭클린은 시에서는 근소한 차이로, 카운티에서는 3만 1000표 중 19표 차이로 아슬아슬하게 패배했다.

16장 인지세와 정치적 수완

1764~1766

찰스 페팃은 "프랭클린은 철학자처럼 의연하게 패배를 받아들였다"라
고 말했다. 스토아학파 신봉자였던 프랭클린은 자신이 패배한 이유가 그의
라이벌들이 그가 펜실베이니아의 독일인들에 대해 했던 발언을 교묘하게
오역했기 때문이라고 했다. 즉 그가 독일인들을 돼지라고 불렀다는 것이었
다(그는 '모여 있는 농부들Boers herding together'이라고 했는데, 이것이 '멧돼지 무리
herd of boars'로 잘못 전해진 것이다). 프랭클린은 리처드 잭슨에게 "그들은(믿기
힘들겠지만!) 나로부터 1000명이 넘는 네덜란드인을 데려갔다"라고 말했다.
졌다는 사실에 별로 기뻐하지는 않았지만, 프랭클린은 자신의 상황에서 유
머를 찾았다. "정말 웃기는군."

펜실베이니아 의회가 펜 가문을 노골적으로 모욕하며 프랭클린을 다
시 잉글랜드 주재 공식 대리인으로 재임명하자 프랭클린은 웃음이 더 쉽게
터져 나왔다. 이제 그는 영국으로 다시 가서 특허 지주 통치체제를 종식시
키자는 청원을 하라는 임무를 맡은 셈이었다. 프랭클린은 기꺼이 임명에 응

했고, 그의 출국은 떠들썩한 축하 행사가 되었다. 300명의 지지자들이 그의 집에서 체스터 부두까지 그를 따라갔고, 그를 기리는 대포가 발사되며 환호성이 울려 퍼졌다. '신이여, 왕을 구하소서God Save the King'라는 애국가가 상황에 맞춰 개사되어 불렸다. 그 가사는 "그들의 정치를 혼란케 하소서/그러한 위선자들을 좌절시키소서/프랭클린, 우리는 당신께 의지하나니/신이여, 우리 모두를 구하소서"로서 환영 행사는 절정에 달했다.

겨울 바다는 파도가 거칠고 날씨가 험했지만 그는 빨리 도착했다. 런던에서의 환영은 비록 조용했지만 그를 맞이하는 사람들의 깊은 애정과 지지는 여전했다. 윌리엄 스트레이핸은 친구가 다시는 도망가지 못하게 하겠다며 기쁜 마음으로 그를 맞이했다. 스티븐슨 부인은 그를 위해 방을 비워두었고, 그는 마치 한 번도 떠난 적이 없는 것처럼 크레이븐스트리트의 거처로 돌아왔다. 그는 어머니의 거실에서 폴리 스티븐슨에게 편지를 써서 그녀를 놀라게 했고, 폴리는 평소와 같은 따뜻함으로 답장했다. 또한 다른 오랜 친구들도 '가장 진심 어린 환영'을 해주었다고 데버라에게 말했다.

리처드 잭슨은 프랭클린을 만나 기뻐할 정치적 이유가 있었다. 조지 그렌빌은 최근 아메리카 식민지에 세금을 부과하는 새로운 계획을 제안했는데, 여기에는 다양한 문서와 서류에 대한 인지세가 포함되었다. 잭슨과 아메리카 식민지의 다른 대리인들—사우스캐롤라이나를 대표하는 찰스 가스를 포함해—은 인지세에 반대했으나 소용이 없었다. 잭슨은 미국에 막 도착해 미국의 분위기를 잘 알고 있는 프랭클린을 그렌빌 총리가 직접 만나도록 주선했다. 최근에 도착한 코네티컷의 재러드 잉거솔이라는 사람도 잭슨, 프랭클린, 가스 무리에 합류했다. 잉거솔은 나중에 그 회의를 이렇게 요약했다.

그렌빌 총리는 우리의 말을 끝까지 듣더니 자신이 미국인들에게 그렇게 심각한 불안감을 주고 있다는 것을 알았을 때 기분이 안 좋았다고 말했다. 하지만 세수를 관리하는 것이 자신의 직무이며, 모국과 식민지의 모든 상황을 고려할 때 식민지들이 무언가를 지불할 수 있고, 또 지불해야 한다고 진정으로 믿는다고 말했다. 또한 그러한 세금을 부과하는 데 현재 추구하는 방법보다 더 나은 방법을 알지 못하지만, 우리가 더 나은 방법을 제시한다면 그것을 채택하겠다고 말했다.

프랭클린과 다른 사람들은 그렌빌의 말을 믿지 않았다. 이들은 물론 세금 자체를 좋아하지 않았지만, 세금을 **누가** 부과할 것인지에 대한 문제, 즉 영국 의회냐 아니면 식민지 의회냐의 문제에 초점을 맞춰 자신들의 주장을 펼쳤다. 미국인들은 자신을 대표하는 식민지 의회만이 과세할 수 있다는 권리를 주장했다. 반면에 그렌빌 총리와 대부분의 영국 의회 의원들은 자체 과세 원칙을 부인하지 않으면서도, 영국 의회의 권한이 미국에도 미치며, 영국 의회가 영국민들을 대표하듯, 식민지를 대표**한다**고 주장했다.

그렌빌이 처음 인지세 가능성을 언급했을 때, 잭슨과 다른 대리인들은 세금을 징수해야 한다면 식민지들이 스스로 세금을 징수하도록 허용해야 한다고 주장했다. 그렌빌은 이 대안에 대해 지지를 표명하기는 했지만, 여러 식민지 사이에 세금 부담을 공정하게 배분하는 데 필요한 정보는 제공하지 않았다. 프랭클린과 다른 대표들과의 회의에서 그렌빌은 다시 식민지 의회로부터의 제안을 들을 수도 있다고 말하며, 대리인들이 "각 식민지가 징수해야 할 비율에 동의할 수 있는지" 물었다. 이제 와서 갑자기, 그리고 여전히 중요한 세부 사항에 대한 정보가 부족한 상황에서, 대리인들은 긍정적으로 답할 입장이 아니었다. "우리는 안 된다고 말했다"라고 잉거솔은 기록했는데, 이는 누가 보더라도 그렌빌이 기다리던 말이었다.

그러나 프랭클린은 거기서 그 문제를 포기하지 않았다. 대신 그는 그렌빌의 인지세 계획을 대체할 수 있는 다른 안을 제시했다. 프랭클린의 계획은 그렌빌에게 필요한 세수를 확보할 수 있었고, 식민지들의 고질적인 문제도 해결할 수 있었으며, 이러한 이유로 새로운 세금 안보다 훨씬 더 수용 가능했다. 그렌빌이 제국 재정을 개선하려는 대책의 일환으로, 의회는 최근 식민지들이 지폐를 발행하는 것을 금지했었다. 이 금지 조치가 일시적이었을지는 모르나, 그사이에 전후 불황으로 이미 고통받던 식민지 경제는 질식할 수도 있는 상황이었다.

프랭클린은 의회가 이자 조건부 지폐를 발행하자고 제안했다. 사실상 이것은 지폐에 붙는 인지세와 마찬가지 기능을 하지만, 프랭클린은 그렌빌이 구상했던 방식(면허장, 증서, 도제 계약서, 임대 계약서, 신문, 연감, 트럼프 카드, 주사위 등)에 대한 인지세보다 사람들이 훨씬 부담 없이 받아들일 것이라고 생각했다. 그렌빌이 부과하려는 항목들은 이런 세금에 익숙하지 않고 돈이 별로 없는 사람들에게 타격을 준다. 반면에 프랭클린 계획의 매력은 지폐를 이용할 가능성이 있는 사람들—가장 분명하게는 상인들—이 이자의 형태로 이 돈을 지불하는 데 익숙하며 그렇게 할 수 있는 재력을 가지고 있었다는 점이다. 프랭클린은 자신의 계획을 이렇게 설명했다. "이 방법은 식민지 전체에 공평하게 세금을 매기는 효과가 있으면서도, 실제로 이자를 내는 사람은 그 돈을 쓸 수 있기 때문에 부당하다고 느끼지 않을 것입니다. 결국 돈을 가장 많이 굴리는 부유층이 실제로는 가장 많은 세금을 부담하게 되는 구조입니다."

그것은 매우 흥미로운 아이디어였고 어쩌면 실제 시행되었을 수도 있었다. 만약 그랬다면, 영국과 미국 모두 엄청난 문제와 반감을 막을 수 있었을지 모른다. 하지만 이로 인해 그 뒤 20년의 흐름이 실질적으로 바뀌었을지는 알 수 없다.

그러나 그렌빌은—프랭클린에 따르면 "자신의 인지세 계획에 완전히 빠져"— 프랭클린의 안을 받아들이려 하지 않았다. 의회도 관심이 없었다. 어느 정도까지는 미국에서 인지세를 받아들이려 하지 않는다는 사실 자체가 그 효과를 입증하는 승인 논리가 되기도 했다. 나중에 미국인들이 혐오하게 되는 찰스 톤젠드는 영국 의회의 식민지에 대한 과세 원칙을 옹호하며 이렇게 말했다. "우리가 보살펴 미국에 정착시키고, 우리의 관용으로 힘과 부를 얻을 정도로 성장했으며, 우리의 무기로 보호받는 이 미국인들이, 우리가 지고 있는 무거운 짐을 덜기 위해 아주 작은 기여조차도 아까워할 것인가?"

영국 의회의 일부 의원만이 이런 제국주의적 역사의식에 의를 제기했다. 프렌치인디언 전쟁에 참전한 경험이 있는 아이작 바레는 아래와 같이 톤젠드를 반박했다.

그들이 **당신들의** 보살핌하에 정착했다고? 아니다! **당신들의** 억압 때문에 그들이 미국으로 간 것이다. (…) 그들이 당신의 관용으로 성장했다고? 그들은 당신들의 무관심으로 성장했다. (…) 그들이 당신들의 무기로 보호받았다고? 그들은 당신들을 방어하기 위해 고귀하게 무기를 들었고, 끊임없이 힘들게 일하면서 나라를 지키는 용기를 발휘했다. 국경 지역은 피로 물들었고, 내륙 지역은 그들이 모은 소중한 모든 저축액을 여러분의 수익을 위해 내어주었다.

바레의 말은 미국에서는 환호를 받았으나 그렌빌에게는 아무런 영향을 주지 못했다. 그는 세 번의 심사 과정을 거치며 인지세 법안을 밀어붙였고, 1765년 2월 27일 하원을 통과했으며, 3월 22일 왕실의 재가를 받았다.

프랭클린은 자신의 지위에서 합리적인 사람이 할 수 있는 최선을 다해 그렌빌의 법안이 법률로 제정되는 것을 막으려고 했다. 그러나 그 법안이 결국 통과되자, 그는 그 상황이 불만족스러웠음에도 불구하고, 자신의 입장에서 합리적인 사람이 할 법한 대로 그 상황을 최대한 잘 활용하려고 노력했다.

법안 통과가 임박하자 그는 데이비드 홀에게 "인쇄업자들이 가장 큰 타격을 입을 것 같습니다. 신문 반지 당 0.5 페니의 인지세와 광고 한 건당 2실링 인지세는 신문사와 광고업자 절반을 망하게 할 겁니다. 그리고 연감에도 4펜스씩 붙습니다"라고 말했다. 프랭클린은 연감에 대해서는 별다른 조치를 취할 수 없었지만, 신문에서 홀과 자신의 돈을 절약할 방법을 모색했다. 《펜실베이니아 가제트》는 엄밀히 말해 전지full sheet라고 불리는 용지에 인쇄되었다(양면을 인쇄해서 접으면 4페이지가 나온다). 한편 런던의 일부 신문은 2절지half-sheets에 인쇄되었는데, 이름과는 달리 두 번 접어 8페이지짜리 신문으로 만들면 전지와 거의 같은 인쇄 면적을 제공했다. 하지만 2절지에 인쇄하면 전지를 쓸 때 내는 인지세의 절반만 내면 되었다. 세무 당국을 따돌리기 위해 프랭클린은 친구이자 공급업자인 스트레이핸에게 2절지를 100묶음 주문해 필라델피아의 홀에게 보냈다.

하지만 너무 꾀를 부린 나머지 오히려 손해를 입었다. 인지세법이 최종 확정되면서, 신문 용지는 반드시 영국에서 세금 납부 도장을 받아야 했다. 따라서 주문한 5만 장의 용지는 쓸모없게 되어, 결국 많은 비용을 들여 다시 영국으로 되돌려 보내야 했다. 프랭클린은 홀에게 "좋은 뜻으로 한 건데 일이 잘못되어서 미안합니다"라며 사과의 뜻을 전했다.

하지만 프랭클린의 또 다른 실수는 그리 쉽게 넘어가지 않았다. 인지세 법안을 막으려 노력하면서 프랭클린은 토머스 펜과 불편한 동맹을 맺었다. 펜 역시 자신의 식민지에 대한 새로운 세금에 반대했기 때문이었다. 하지만 법안 통과와 함께 동맹은 해체되었는데, 두 사람 사이의 오랜 적대감 때문이기도 했지만, 그렌빌이 둘 중 프랭클린을 더 중요하다고 평가했는지 프랭클린에게 펜실베이니아의 인지세 위원 임명권을 주었기 때문이었다. 이 직책은 식민지에서 가장 수입이 좋은 자리는 아니었지만, 기존 수입에 깔끔한 추가 수입을 안겨줄 수 있었다.

프랭클린은 존 휴스를 추천했고, 그렌빌은 즉시 승인했다. 휴스는 필라델피아 출신으로 프랭클린의 친구이자 특허 지주와 싸운 굳건한 동맹이었다. 1764년 10월 선거에서 프랭클린이 패배한 후 그를 영국으로 파견해야 한다고 제안한 사람이 바로 휴스였다. 휴스는 프랭클린이 부재중일 때 특허 지주의 공격으로부터 프랭클린을 계속 변호했다. 싸움은 그 어느 때보다 치열했다. 대법원장이자 열렬한 펜 가문의 지지자였던 윌리엄 앨런은 프랭클린을 "대단한 선동가. (…) 악의와 원한으로 가득 찬"자라고 부르며 익명의 베일 뒤에서 그를 맹비난했다. 펜 가문의 적수였던 캐드월라더 에번스의 비유에 따르면, 프랭클린의 친구들은 마치 '토마호크, 머리 가죽 벗기는 칼, 개조한 총알, 또는 그 밖의 야만적인 무기들'을 사용하는 것처럼 격하게 응수했다고 한다. 존 휴스는 싸움의 한가운데에 있었다. 휴스는 앨런에게 공개적으로 나서라고 도전하며, 만일 프랭클린에 대한 비난이 사실로 증명되면 지역 병원에 건당 10파운드를 기부하겠다고 약속했고, 앨런의 주장이 거짓으로 드러나면 건당 5파운드를 기부하라고 했다. 앨런은 도전을 거부했고, 휴스와 친프랭클린 세력은 에번스의 표현에 의하면 '우리가 바랄 수 있는 가장 완벽한 승리'를 거두었다고 환호했다. 프랭클린은 휴스에게 진 빚을 갚기 위해 휴스가 인지세 징수권을 받을 수 있도록 노력했던 것이다.

그런데 이것은 휴스에게 전혀 도움이 되지 않았으며, 프랭클린 경력 중 최악의 실수 중 하나였다. 프랭클린은 대부분의 상황에서 자신이 가장 잘 안다고 믿는 경향이 있었고, 그는 총명하고 합리적인 사람이었기에 보통은 그 판단이 맞았다. 하지만 그는 인지세법에 대한 대중의 반응을 심하게 오판했다. 법안 통과 소식이 미국에 전해지자 여러 식민지에서 항의가 터져 나왔다. 첫 번째 분출은 연설을 통해서였다. 버지니아주 윌리엄스버그에서 29세의 변호사 패트릭 헨리는 하원의원이 된 지 채 2주도 채 되지 않아 의회에서 인지세법이 위헌이라고 선언했다. 미국 주민들은, 영국인의 자격으로, 자신들이 선출한 대표자들에 의해서만 세금을 부과받을 권리가 있으며, 자신들의 권리에 대한 침해에 저항해야 한다고 말했다. 자신의 웅변에 고취된 헨리는 카이사르에게는 브루투스가 있었고, 찰스 1세에게는 크롬웰

이 있었으니, 조지 3세도 미국인들 중에서 비슷한 사람을 만날 수 있을 것이라는 요지의 말을 했다. 그러자 하원 의장이 국왕에 대한 반역죄라고 소리치며 헨리의 말을 끊었다. 헨리는 즉시 하원에 사과하고 왕에게 충성을 맹세했다. 하지만 이내 '조국의 자유가 죽어가는 걸 보고' 두려움에 휩쓸려 자신도 모르게 그런 말을 했다고 해명함으로써, 자신의 사과를 번복했다.

하지만 헨리가 하원에 제출한 일련의 결의안들로 인해 그의 사과는 더욱 설득력을 잃었다. 이 결의안 중 네 가지는 비교적 무해한 표현으로 세금에 관한 영국인의 권리를 재차 강조한 것이었지만 다섯 번째 결의안은 매우 직설적이었다. 버지니아 의회만이 버지니아 주민에게 세금을 부과할 '유일하고 독점적인 권리와 권한'을 가진다고 주장했으며, 이러한 권한을 다른 곳에 부여하려는 어떠한 시도도 '영국뿐만 아니라 미국인의 자유를 파괴하려는 명백한 경향'이 있다고 단언했다.

헨리의 결의안에 대한 지지는 결코 압도적이지 않았다. 그는 대부분 의원들이 지역구로 돌아간 후, 회기 막바지에야 이 결의안들을 제출했다. 토머스 제퍼슨의 회상에 따르면, 다섯 번째 결의안에 대한 토론이 "극도로 치열했다"라고 한다. 제퍼슨은 또한 페이턴 랜돌프가 나중에 "맙소사, 나 같으면 한 표를 얻기 위해 500기니를 주었을 텐데!"라고 외쳤던 것을 기억했다. 이 치열한 토론 끝에 다섯 가지 결의안 모두 하원을 통과했지만, 헨리가 때이른 승리에 도취되어 떠난 후 다섯 번째 결의안은 철회되었다.

그러나 그의 주장은 설득력을 얻었고, 그다음 여름과 가을 내내 훨씬 더 격렬하게 반복되었다. 보스턴에서 인지세법은 오랫동안 깊어진 긴장과 갈등을 악화시켰고, 법안 반대자들은 이를 기회 삼아 거리에서 시위를 벌였다. 처음에는 로열나인Loyal Nine이라고 불렸던(곧 자유의 아들들Sons of Liberty로 단체명을 바꾼다) 장인과 상점 주인들은 의기투합해 하노버스퀘어에 있는 양조장에 모인 후 시위를 계획했다. 최근까지도 경쟁 관계였던 노스엔드와 사우스엔드의 폭도들도 힘을 합쳤고, 자유의 아들들은 이들을 동원해 매사추세츠 인지세 위원 앤드루 올리버 및 그와 관련된 사람들의 재산을 공격하게 했다.

8월 14일 폭도들은 올리버를 본뜬 인형을 교수형에 처했다. 올리버의 처남인 토머스 허친슨 부총독은 이를 공식적으로나 개인적으로나 모욕으로 받아들여 보안관에게 인형을 제거하라고 명령했다. 보안관은 신중하게 폭도들의 분위기를 파악한 후, 허친슨에게 그의 명령을 따르려다 잘못하면 자신과 부하들의 목숨이 위태로울 수 있다고 보고했다.

저녁이 되자 폭도들의 지도자 에베니저 매킨토시와 그 무리는 교수형 당한 인형을 끌어내린 후 마을 이곳저곳으로 끌고 다녔다. 그들은 총독이 의회와 회의 중이던 사무실로 야유를 보낸 후, 올리버 소유의 부두가 있는 해안가로 행진했다. 부두에 있는 새 건물 중 아무거나 골라 '인지세청Stamp Office'이라고 이름 붙인 후—수입 증지는 아직 영국에서 도착하지도 않았지만— 매킨토시와 일행은 그 건물을 때려 부수기 시작했다. 그러고는 올리버의 거주지가 있는 올리버스트리트로 향했다. 폭도 중 몇 명이 인형의 몸통에서 머리를 떼어내서 장난치는 동안, 다른 이들은 올리버 집 창문으로 돌을 던졌다. 폭도들은 인지세 위원stamp commissioner의 인형을 자신들의 부츠로 '밟음stamping'으로써 특유의 유머 감각을 보여주었다. 그러고는 인형을 불태워버렸다.

폭도들은 올리버를 찾아 나섰다. 올리버가 사는 집의 바리케이드 문을 부수고 가구를 부수며 각 방을 수색했다. 그러나 그는 집에 없었고, 근처 집들도 뒤졌지만 찾지 못했다(사실 올리버는 그중 한 곳에 숨어 있었다). 그들은 할 수 없이 추적을 중단했다.

이 경험으로 올리버는 인지세 위원직에서 사임하겠다고 결심했고, 다음 날 실제로 사임했다. 그러나 폭도들의 분노는 가라앉지 않았다. 8월 26일, 군중은 다시 모여 인지세법을 지지하거나 찬성한다고 알려졌거나, 심지어 단순히 찬성할 거라고 추정되는 여러 정부 관리의 집을 공격했다. 그중 가장 큰 피해를 입은 곳이 토머스 허친슨의 저택이었다. 허친슨의 집은 웅장했을 뿐만 아니라 견고해 폭도들이 밤새도록 파괴해야 했고, 그리고도 일부 벽돌 벽과 지붕 일부가 남아 있을 정도였다. 그러나 문, 창문, 벽 패널, 벽지, 도자기, 은, 램프, 가구, 옷, 900파운드의 현금 등 다른 모든 것은 부서지고, 불탔으며, 흩어지고, 도난당했다. 허친슨은 거의 죽을 뻔했지만 아슬아슬하게 목숨은 건졌다. 그가 가족과 식사 중일 때 폭도들이 접근하고 있다는 소식이 전해졌다. 그는 침입자들로부터 자신의 집을 지키겠다고 결심했지만, 딸이 자신도 남아 지키겠다고 맹세하자 그는 마지못해 물러났다.

필라델피아에서도 존 휴스는 비슷한 꼴을 당할 거라고 예상했다. 9월 초 그는 프랭클린에게 이렇게 편지를 썼다.

자네는 이제 편지를 받을 때마다 이게 자네의 오랜 친구로부터 받는 마지막 편지일지도 모른다고 생각해야 하네. 북미인들 사이에서 반란의 정신 또는 불길이 고조되고 있으며, 모든 계층의 사람들이 일종의 광기나 정신이상에 사로잡혀 있는 것 같아서, 이 불이 꺼지기 전에 몇몇 목숨이 희생될 것 같네.

나흘 후 휴스는 다시 편지를 썼다.

요즘 동네 분위기가 매우 소란스럽고, 내 집이 곧 부서지고 인지들은 불타버릴 거라는 소문까지 듣고 있다네. 하지만 난 내 목숨을 걸고서라도 내 집을 지키겠다고 말할 뿐일세.

또 나흘 후에는 이런 편지를 보냈다.

오늘 밤 내 집이 공격받을 수도 있다는 소문이 파다하네. 인지세법과는 별개로 그렌빌이 사임하고 로킹엄 후작이 새 내각을 맡게 된 것을 기념해서 곳곳에서 모닥불을 피우고 축하하고 있어. 나는 총을 준비해 잘 무장한 상태이고, 설령 집이 포위당해 공격을 받아도 끝까지 버틸 생각이야. 만약 내일 아침까지 살아 있다면 그때 더 자세히 소식을 전하겠네.

다행히도 휴스의 친구들이 대거 지원에 나서서 위기는 넘겼다. 다음 날 아침 5시, 그는 프랭클린에게 편지를 썼다.

우리 모두는 아직 살아 있고, 재산도 안전하다네. 하나님께 감사한 마음뿐이야.

프랭클린 자신도 하나님께 감사할 이유가 있었다. 휴스를 위협했던 폭도들이 그에 대해서도 분노의 소리를 냈기 때문이다. 그가 영국으로 떠나기 전에 짓기 시작했던 집은 거의 완성되었고, 그 집 때문에 의심 많고 시기하는 사람들은 프랭클린과 그의 친구 휴스가 인지세를 이용해 펜실베이니아 주민들을 착취해 부를 챙기는 거 아니냐는 의심을 받았다.

필라델피아 상인이자 프랭클린의 정치적 동맹인 새뮤얼 워턴은 프랭클린에게 보낸 편지에서 가장 위험했던 그날 밤을 다음과 같이 묘사했다. "저녁에 커피하우스에 대규모 군중들이 모였고, 그들은 당신의 집, 휴스 씨의 집, 갤러웨이 씨의 집, 그리고 내 집을 모두 때려 부숴야 한다고 선언했습니다. 당신이 인지세법을 도입했고, 우리는 그것을 실행에 옮기는 데 열렬한 지지자였기 때문입니다."

프랭클린의 아내 데버라는 위험한 소식을 들었지만, 그동안 남편의 정치적 싸움에는 크게 나서지 않고 조용히 지내왔다. 그러나 이번에는 집이 부서지거나 공격당하는 것을 그냥 놔둘 수 없었다. 친구들과 친척들은 그녀에게 도시를 떠나 피난 가라고 경고했지만, 그녀는 샐리를 아들 윌리엄이 있는 벌링턴으로 보내고 끝까지 남았다. 그녀는 긴박했던 몇 시간을 프랭클린에게 이렇게 전했다.

> 사촌 조사이아 데븐포트가 와서, 스무 명 이상의 사람들이 와 나를 지켜야 한다고 했답니다. 나는 어떤 분이든 나를 지켜주시면 감사할 것이라고 말했고, 그래서 그는 한동안 나와 함께 있었어요.
>
> 밤이 되자 나는 그에게 총 한두 자루를 가져달라고 부탁했어요. 우리에게는 총이 없었거든요. 그리고 오빠에게 총을 가지고 오라고 부탁하는 편지를 보냈죠. 또 방 하나를 탄약고로 만들었어요. 위층에는 내가 몸을 숨길 수 있는 최대한의 방어 시설을 설치했고요.
>
> 빨리 다른 곳으로 떠나라는 권유를 받았을 때 나는 이렇게 말했어요. 내가 확신하기에 당신은 그 누구에게도 해를 끼치지 않았고, 나 역시 누구에게 아무런 원한을 산 일이 없습니다. 나는 누구에게서도 불안이나 두려움을 느끼지 않으며, 조금도 동요하거나 걱정하는 모습을 보이지 않을 거예요. 그렇지만 만약 누군가 나를 방해하려 든다면, 나는 단호히 맞서고 분개할 겁니다.

데버라의 강한 의지를 보고 프랭클린의 친구들이 그녀와 그를 돕기 위해 달려왔다. 몇 년 전 프랭클린은 이들에게 좋은 목적을 위해 시민들이 단결하고 행동하는 법을 가르쳤는데, 지금은 그들이 바로 프랭클린을 위해 그런 힘을 모아 행동하는 것이다. 화이트오크컴퍼니라고 불리는 장인들과 기술자 집단이 이끄는 일부 더 거친 사람들은 프랭클린의 집이 무너진다면 그렇게 한 사람들의 집도 무너질 것이라고 선언했다. 이로 인해 모의를 꾸미던 자들은 정신을 차렸고, 그사이에 시 당국이 상황을 통제할 수 있었다.

프랭클린은 당연히 몇 주 후에야 이 사건들을 알게 되었다. 그가 알았을 때, 그는 아내를 칭찬하지 않을 수 없었다. 그는 아내를 이렇게 칭찬했다. "당신이 보여준 기백과 용기, 그리고 위험한 시기에 취한 신중한 준비를 매우 존경하오. 그 집을 지키기로 결심한 여인은 좋은 집을 받을 자격이 있소."

프랭클린의 집은 인지세 폭동에서 살아남았지만, 그의 명성은 여전히 위태로웠다. 이는 부분적으로 펜실베이니아 내 정적들이 프랭클린이 인지세를 주민들에게 억지로 강요하려는 음모를 꾸몄다는 자극적이고 과장된 이야기를 만들어 퍼뜨렸기 때문이었다. 프랭클린과 동지들은 최대한 그런 비방을 막으려 했지만 자신들이 할 수 있는 일에는 한계가 있음을 깨달았다. 인지세 음모를 주장하는 것에 만족하지 않고 다른 끔찍한 행동까지 했던 필라델피아 장로교 지도자 중 한 명에 대해 프랭클린은 아내에게 이렇게 말했다. "그가 나에게(그들이 자신들의 신을 비난하지 않듯이) 아담의 타락과 인류의 저주를 계획했다고 비난하지 않아서 고마울 따름이오. 마음만 먹으면 얼마든지 그렇게 주장할 수 있는데 말이지."

프랭클린의 곤경은 단순히 부당한 비난에서 끝나지 않았다. 인지세법에 대한 반발과 함께 미국 정치는 눈에 띄는 변화를 시작했는데, 프랭클린은 이 변화를 예상하지 못했고, 이에 반응하는 데도 늦었다. 하지만 아이러니하게도, 이 변화는 프랭클린 자신이 10년 전 시도했던 일에서부터 시작되었다. 당시 그는 북미의 영국 식민지들 사이에 집단적인 정체성을 형성하려 했으나 실패했다. 이제 인지세법에 대한 저항 속에서 바로 그런 집단적 정체성이 구체화되고 있었다. 매사추세츠 의회의 주도로 1765년 10월 뉴욕에서 회의가 열렸고 펜실베이니아를 포함한 아홉 개 식민지 대표들이 참석했다. 이들은 영국 의회가 식민지에 세금을 부과할 권리가 없다고 부인하며 그 해로운 조치의 철회를 촉구하는 일련의 결의안들을 발표했다.

그러한 청원은 영국헌법 전통에 완전히 부합하는 것이었기에, 의회 내 누구도 크게 이의를 제기할 수 없었다. 하지만 폭동을 이끈 반란적인 정신은 전혀 다른 문제였다. 그리고 그 정신이 아메리카 식민지 전역에 퍼져나가면서, 1765년의 사건들은 독특하고 불길한 의미를 지니게 되었다. 이것이 바로 프랭클린이 제대로 이해하지 못했던 부분이었다.

토머스 허친슨 부총독 역시 이성적인 정치를 선호했지만, 폭력적인 사람은 아니었다. 그는 프랭클린보다 더 즉각적이고 고통스럽게 상황의 아이러니를 느꼈다. 허친슨은 11월에 프랭클린에게 편지를 써서 여러 식민지에서의 폭력 사태를 언급하며, 자신의 경험에 비추어 매사추세츠에서는 폭도들의 의견에 대한 그 어떤 반대의견도 강제로 억압되었다고 언급했다. 허친슨은 "거기서는 대중적인 의견에 반대하는 주장을 펼치는 것이 안전하지 않습니다. 전에 그들에게 반대할 만큼의 용기가 있었던 모든 사람은 이제 내게 벌어진 위험한 상황을 보고 모두 겁먹고 있습니다"라고 말했다. 보스턴에서의 폭력 사태가 잠시 진정되었으나, 다른 곳에서 일어난 사태에 영향을 받아 다시 재점화되었다. "뉴욕에서의 폭동이 여기 폭도들에게 새로운 용기를 불어넣었습니다." 허친슨은 인지세법 반대론자들이 1754년 프랭클린의 표어였던 '뭉치면 살고 흩어지면 죽는다Join or Die'를 사용하고 있음을 지적하며 "당신과 내가 10년 전 올버니 회의에 참석했을 때 우리는 이런 목적으로 연합을 제안한 것은 아니었죠"라고 말했다.

한편 폭동은 인지세법 반대자들이 수입인지의 부착을 조직적으로 거부하자는 요구에 힘을 실어주었다. 감히 폭도들의 분노에 저항하려는 사람은 거의 없었지만 수입인지는 대부분의 법률 및 상거래에 필수적이었기 때문에, 일상생활은 큰 혼란에 빠졌다. 11월 말, 즉 인지세법 시행 예정일이 지난 지 3주가 된 시점에, 필라델피아에 있던 조지프 갤러웨이는 프랭클린에게 당시 상황을 이렇게 알렸다.

이렇게 혼란스럽고 폭력적인 조치들 때문에 이 지역은 물론 북미 전 지역 사람들이 겪는 고통과 어려움은 말로 다 표현하기 어렵네. 수입인지는 준비되어 있지만, 폭도들이 사용을 막고 있고, 법과 상업 업무를 담당하는 공무원들은 법률의 처벌을 피하기 위해 인지가 붙은 서류 없이는 일을 진행하려 하지 않아.

그 결과 우리 상업 활동은 중단되었고, 법원도 문을 닫았어. 항구에는 배들이 많이 있지만, 11월 2일 이전에 출항 신고를 마친 배들만 움직일 수 있을 뿐, 총독이나 세관장이 출항허가를 내주지 않고 있어. 설령 허가를 한다 해도, 군함들 역시 무역법에 맞는 서류가 없으면 배를 압류하겠다고 위협하고 있는 상황일세.

채무자들은 우리 눈앞에서 재산을 팔아치우고 다른 나라로 도피하고 있으며, 이 치명적인 행위로 인해 수많은 다른 문제들이 우리에게 닥쳐왔어. 나는 이 상황에서 즉각적인 법 폐지 외에는 어떤 구제책도 찾을 수 없네.

그러나 인지 거부 행위는 감정적으로는 만족스러웠을지 몰라도, 영국 의회에 아무런 영향을 미치지 못했다. 왜냐하면 그 피해의 대부분은 식민지에 가해졌고, 식민지 사람들은 의회에 영향을 줄 힘이 거의 없었기 때문이다. 또 다른 대규모 행동, 즉 존경하는 의원들에게 바로 타격을 주는 행동은 더 효과가 있어 보였다. 바로 전해에 설탕법Sugar Act이 통과되자, 미주 식민지 곳곳에서 영국 수입품에 대한 금수조치 요구가 일어났다. 인지세법으로 영국 의회의 과세에 대한 반대가 크게 일어나고, 그로 인한 폭동이 영국 상품 불매를 강하게 이끄는 힘을 보여주면서, 비로소 여러 식민지에서 협력해 영국 상품을 사지 않는 운동이 본격적으로 자리를 잡았다. 인지세법이 발효될 무렵, 약 200명의 뉴욕 상인들이 영국 수입품을 일체 취급하지 않겠다고 서약했고 곧이어 필라델피아와 보스턴 상인들도 동참했다.

불매운동은 거의 즉시 원하는 반응을 이끌어냈다. 영국 상인들은 인지세법 폐지를 영국 의회에 청원했다. 그들에게 헌법 조문의 미묘한 차이는 중요하지 않았다. 중요한 것은 줄어드는 판매량이었다. 대영제국을 유지하는 목적은 이윤 창출인데, 판매가 없으니 이익도 없었다.

프랭클린은 처음부터 의회의 약점이 영국 상인 계층의 이익일 것이라고 생각했다. 그리고 《가난한 리처드의 연감》에서 오랫동안 칭찬했던 미덕 중 하나인 검소함을 실천하면 이 약점을 적절하게 이용할 수 있다고 믿었다. 인지세법이 통과되었지만 아직 폭동이 시작되기 전에 쓴 편지에서 프랭클린은 인내심을 가지라고 권유하면서, 그렇게 해야 하는 경제적 이유와 도덕적 이유를 함께 덧붙여 설명했다.

해가 지는 것을 막을 수 없듯이, 이 법이 통과되는 것을 막을 수 없었습니다. 어쩔 도리가 없었습니다. 하지만 친구여, 이왕 해가 졌으니 다시 떠오르기까지 오랜 시간이 걸릴 수 있습니다. 우리가 할 수 있는 한 최선을 다해 알차게 이 밤을 보냅시다. 우리는 여전히 촛불을 켤 수 있습니다. 검소함과 근면함은 우리에게 큰 도움이 되어 손실을 보상해줄 것입니다. 나태함과 교만은 왕과 의회보다 더 무거운 세금을 부과합니다. 우리가 나태함을 없앨 수 있다면 무거운 세금 따위는 쉽게 견딜 수 있을 것입니다.

도덕가로서 프랭클린은—프렌치인디언 전쟁의 테러와 팩스턴 보이즈의 살인적 난동과 마찬가지로— 인지세 폭동을 충격적으로 받아들였다. 이런 폭력적인 상황에서 인간의 선량한 면모는 가장 저열하고 악마적인 본성에 지배당한다.

정치가로서 프랭클린은 폭력이 오히려 역효과를 낸다고 판단했다. 의회는 이미 세금 문제를 국가주권의 원칙적인 문제로 여기고 있었고, 폭동은 단지 영국 의회가 식민지 주민들에게 국가의 주권을 각인시켜야겠다는 결의만 굳힐 뿐이었다.

프랭클린의 이런 이원적 사고방식은 그가 존 휴스에게 보낸 편지—휴스가 민중의 분노를 정면으로 맞이하기 전에 보낸—에 반영되어 있다. 프랭클린은 자신이 인지세법의 폐지를 위해 할 수 있는 모든 것을 하고 있지만 성공은 불확실하다고 설명했다.

> 만약 그런 사태가 지속된다면, 당신이 그것을 집행하려는 노력은 한동안 당신을 인기 없는 사람으로 만들 수도 있습니다. 하지만 당신이 냉정하고 침착하게 행동하고, 가능한 모든 방법으로 사람들에게 호의를 베풀면, 사람들은 시간이 갈수록 점차 마음을 풀고 화해하게 될 것입니다. 그동안에는 왕에 대한 굳건한 충성과 이 나라 정부에 대한 성실한 복종이—영국과 연합 상태를 유지하는 것이 식민지의 안전과 위신을 지키는 길임을 자각하는 동시에— 당신과 내가 항상 택해야 할 가장 현명한 길임을 잊지 말아야 합니다. 비록 민중의 광기나 그들의 맹목적인 지도자들이 아무리 날뛰더라도 그들은 결국 자신들과 나라를 곤란에 빠뜨릴 뿐이며, 반역적인 행위로 인해 훨씬 더 큰 고통과 부담을 초래할 뿐입니다.

폭동 소식이 런던에 전해지자, 프랭클린은 그 영향에 몸서리를 쳤다. 그는 데이비드 홀에게 보낸 편지에 이렇게 썼다. "식민지의 소요 사태가 나를 매우 걱정하게 만듭니다. 나는 그 결과가 미국 전체에 해로운 영향을 미칠까 봐 두렵습니다."

이런 우려 때문에 프랭클린은 타협 방안을 모색하는 노력을 배가했다. 물론 타협은 미국에서 거리 폭동을 일으킨 폭도들과 영국 의회의 절대 주권을 주장하는 강경파 양쪽 모두가 원하지 않는 것이었다. 그럼에도 불구하고, 프랭클린은 이성적인 사고방식과 대서양 양쪽의 온건 세력들의 이해관계가 결합하면 타협이 가능할 수도 있다고 생각하고 11월 둘째 주에 로킹엄 총리와 통상위원회 의장인 다트머스 경을 만나 이 문제를 논의했다.

프랭클린은 현실적으로 생각하자며 이들에게 인지세법 시행이 얻는 것보다 더 많은 해악을 초래할 것이라고 설명했다. 미국인들은 자신들을 더이상 영국의 일부로 느끼지 않을 것이며 따라서 영국 상품 구매를 완전히 중단할 것이라고 했다. 그는 미국에서 일어난 폭동으로 로킹엄 내각이 정치적으로 위험해졌다는 점을 인정했다. 하지만 폭력 사태가 벌어진 상황에서 법을 곧바로 폐지해버리는 건 받아들이기 어려웠다. 다만 양측의 분위기가 좀 가라앉을 때까지, 법 집행을 잠시 유예시킬 수는 있다. 그러고 나서, 헌법 문제를 정면으로 거론하지 않고도 조용히 폐지할 구실을 찾을 수 있을 것이라 했다.

프랭클린은 이 법을 달갑지 않게 생각하는 미국인들에게 법을 강행하려면 여러 가지 어려움이 따른다고 설명했다. 영국은 미국으로 군대를 보낼 수 있겠지만, 미국인들은 다양한 방법으로 영국 군인들의 탈영을 도울 것이다. 이는 미국의 노동자 임금이 높고, 국경으로 도망치는 것도 쉬운 환경이기 때문에 군인들 입장에서 상당히 유혹적인 일이다. 해상봉쇄로 교역을 차단할 수도 있지만, 그렇게 되면 영국의 무역 역시 파탄 날 것이라고 했다.

프랭클린은 인지세법 시행을 잠정 중단하거나 폐지하는 것조차도 단지 임시방편임을 잘 알고 있었다. 궁극적으로는 의회의 주권과 식민지 권리라는 문제가 해결되어야만 했다. 프랭클린은 나중에 아들 윌리엄에게 이렇게 말했다. "나는 영국이 미국과 완전한 정치적 통합을 이루든지, 아니면 예전처럼 영국 정부가 옛 방식인 할당금 청구 방식으로 돌아가야 한다고 강력하게 제안했어. 이 방식이 의회가 강제로 부과하는 세금보다 더 많은 것을 얻을 수 있다고 확신했거든."

하지만 지금 당장 이런 본질적 결정을 강행하는 것은 매우 위험할 수 있었다. 그렇게 되면 영국과 미주 식민지 사이에 '깊은 반감'이 생기고, '미래의 완전한 분리'에 단초가 될 수 있다고 프랭클린은 생각했다.

1766년이 시작될 무렵, 프랭클린이 가장 원하지 않는 것은 영국과 미주 식민지의 완전한 분리였다. 지난 방문에서 그는 여러모로 영국이 펜실베이니아보다 더 쾌적하다고 여겼으며, 최근 자신과 가족이 펜실베이니아에서 학대와 폭력 위협에 시달린 것을 생각하면 영국은 더욱 안전하게 느껴졌다. 데버라가 동의했다면 분명 지금쯤 런던으로 이주했을 것이다. 그러나 데버라는 절대 동의하지 않았다. 아무리 프랭클린이 설득을 잘한다고 해도 성난 군중에 맞서 집을 지키기 위해 무장을 한 여자를 설득시키기는 불가능한 일이었다. 이런 상황에서, 미국과 영국이 분리된다면 프랭클린은 아내와 친구 중 하나를 선택해야 한다. 그는 아내를 사랑했고, 친구들도 사랑했다. 그는 선택을 강요받고 싶지 않았다.

　　프랭클린은 1766년 1, 2월 영국과 미국 사이의 의견 차이를 줄이려 애썼다. 하지만 대서양 양쪽에서 가장 격렬한 목소리들이 그를 몰아내려 안간힘을 썼기 때문에 매우 힘겨운 일이었다. 조지프 갤러웨이는 필라델피아에서 편지를 보내 "미국인들의 불같은 성격이 흥분해 심지어 반란까지도 준비된 상태"라고 썼다. 갤러웨이는 보다 온건한 태도를 촉구하는 소책자를 만들려고 했다. "하지만 출판을 할 수 없었네. 미 대륙의 인쇄업자들은 합심해 선동적인 것은 모두 인쇄하지만, 이성적이고 침착한 것은 아무것도 인쇄하지 않았어. (…) 사람들은 가장 터무니없는 것들을 믿도록 교육받고, 조국에 대한 분노와 적대감을 이루 말할 수 없는 지경까지 끌어올리고 있다네."

　　영국에서는 법치 존중을 외치는 이들이 로킹엄 내각에 불법적이고 부당한 폭력 앞에서 후퇴하지 말라고 엄포를 놓았다. 출판물을 통해 어떤 기고자는 이렇게 물었다. "정부가 자신의 권위와 권력을 주장하거나 행사하지 못하거나 하지 않으려 한다는 사실을 알게 된다면 식민지인들이 우리가 안고 있는 무거운 부담과 세금의 일부를 감당하려 들 것 같습니까? 식민지인들이 모든 억압과 속박을 벗어버리려 하고, 무역 제한이나 물품에 대한 의무 부과를 받아들이려 하지 않는 것은 당연한 일 아닐까요? 영국 정부가 용기와 결단력이 부족해 식민지 문제에 단호히 대처하지 않으면, 그것이 바로 폭도들이 상상의 불만 사항들을 무력과 폭력으로 해결하도록 부추기는 것 아닌가요?"

프랭클린은 언론 활동과 대면 활동 모두에서 미국의 온건파를 옹호했다. 그는 런던의 여러 언론에 글을 써서, 폭도들과 연루되었다는 이유로 미국의 온건파가 부당하게 비난받아서는 안 된다고 변호했다. 또한, 미국인들이 제국 방어 비용 부담에 인색하다는 비판에 맞서 실제로 영국이 부담하는 세금 중 상당 부분이 미국 시장에서의 물가상승으로 전가되고 있다는 점을 지적했다. 전반적으로 그는 식민지와 본국 간의 기본적인 이해관계가 하나임을 독자들에게 상기시키며, 양측이 협력해야 함을 강조했다.

그는 또한 인지세법 같은 조치가 초래할 결과를 예상해서 그린 정치만화를 제작해서 유포했다. 그 그림은 피비린내 나는 장면으로서, 브리타니아*의 팔과 다리가 잘리고 흩어진 채 지구에 기대앉아 있는 모습이었다. 잃어버린 팔다리에는 버지니아, 펜실베이니아, 뉴욕, 뉴잉글랜드라고 적혀 있었고 가운데는 'Date Obolum Bellisario' 즉 '벨리사리우스에게 한 푼을'이라는 의미로, 이는 속주들을 로마의 지배 아래 두었지만, 정작 자신은 노년에 빈곤에 처했던 로마 장군을 지칭하는 말이었다. 프랭클린은 이 만화를 카드에 인쇄해 데이비드 홀에게 "최근에는 이런 카드에다 메시지를 써서 보냅니다"라고 설명했다. 그의 여동생 제인 미컴도 이 카드와 함께 쪽지를 받았는데, 쪽지에는 "결국 식민지도 파멸할 수도 있지만, 그로 인해 영국 또한 불구가 될 것이라는 점을 잊어서는 안 돼"라고 적혀 있었다.

하지만 가장 효과가 있었던 것은 그가 하원에 출석해서 했던 증언이었다. 사흘 동안 하원은 전체 위원회를 열고 인지세법과 관련된 증거, 미국에

---

* Britannia, 영국을 상징하는 여인상

서의 부정적인 반응, 그리고 식민지 주민들과 영국 상인들의 인지세법 폐지 요구에 대한 증언을 청취했다. 여기서 가장 중요했던 증인은 프랭클린이었다.

이런 청문회에서 흔히 그렇듯, 프랭클린의 등장은 어느 정도 준비된 일이었다. 로킹엄 내각은 자신들이 보기에 근시안적이고 심지어 어리석기까지 했던 전임 내각의 유산에서 벗어날 방법을 찾고 있었다. 그러나 그러기 위해서는 보스턴, 뉴욕, 필라델피아에서 폭동이 일어난 사실만으로는 부족하고 더 설득력 있는 명분이 필요했다. 이때 나타난 프랭클린—존경받는 박사이자 유명한 철학자, 과학자이며 정치와 인간 본성에 대한 통찰력 있는 관찰자이고 글 잘 쓰는 작가이자 토론가, 한마디로 '합리성의 화신'—이야말로 바로 정부가 필요로 하던 인물이었다. 그가 받은 질문의 상당수는 미리 짜인 듯한 인상을 주었는데, 이는 나중에 프랭클린 자신의 회고와 저술로 확인된 바 있다.

그러나 그의 웨스트민스터 등장은 결코 화기애애한 것이 아니었다. 1766년 2월 중순까지 영국 상인들의 강한 반발로 인해 인지세법의 폐지는 거의 확정적이었으나, 폐지의 조건—특히 폐지와 함께 영국 의회의 미주 식민지에 대한 주권 재확인이 이루어질지, 만약 이루어진다면 어떤 형태가 될지—은 여전히 미정이었다. 이런 가운데 청문회 질문자들 중 일부는 프랭클린이 한 답변을 의도 이상 혹은 이하로 해석하며 그의 의도를 흐리려 했다.

프랭클린의 지인인 한 의원이 먼저 미국인들이 현지에서 납부하는 세금이 무엇이냐고 물었다. "종류도 다양하고 매우 부담이 큰 세금들이 많습니다." 구체적으로 펜실베이니아에서 납부하는 세금을 말해달라고 하자, 프랭클린은 "부동산과 동산에 붙는 보유세와 인두세, 그리고 근로, 무역, 사업에서 얻는 소득에 비례한 소득세, 와인, 럼, 주류에 대한 소비세 그리고 수입 흑인 한 명당 10파운드의 관세 및 기타 부과금 등이 있습니다"라고 대답했다.

또 다른 의원이 미주 식민지 전역에 수입인지를 배포하는 것이 실질적으로 가능한지 물었다. 프랭클린은 북미에서 교통과 통신에 정통한 부우정청장으로서 심각한 어려움이 있다고 밝혔다. "우편서비스는 일부 해안 지역에서만 가능합니다. 극소수를 제외하고는 내륙으로 들어가지 않습니다. 설령 내륙까지 운송이 가능하다고 해도, 우편으로 인지를 배달하는 데 드는 비용이 인지가격보다 훨씬 비쌀 수 있습니다."

전임 그렌빌 내각 출신인 의원이 갑자기 끼어들어 미국인들이 인지세를 낼 여력이 있느냐고 물었다. 프랭클린은 마찬가지로 솔직하게 답했다. "제 생각에는, 미국인들은 가지고 있는 금과 은을 다 모아도 1년 치 인지세를 낼 수 없습니다."

그러자 그렌빌이 직접 미국인들은 영국의 군대와 군함의 보호를 받으니 그 비용의 일부를 부담하는 게 당연하지 않냐고 물었다.

프랭클린은 영국의 보호를 받는다는 전제 자체를 부정했다. 식민지 주민들은 지난 전쟁에서 2만 5000명의 군사를 동원하고 수백만 파운드를 지출해 사실상 스스로를 방어했다고 말했다.

그러자 그렌빌은 영국 의회가 이미 그 비용을 식민지에 보상하지 않았냐고 따졌다.

프랭클린은 이 질문 역시 능숙하게 받아쳤다. "우리가 변제받은 것은, 우리가 정당하게 부담해야 할 비율을 넘어서거나 합리적으로 기대할 수 있는 수준을 넘어선 부분에 불과했습니다. 그것도 우리가 지출한 비용에 비하면 아주 작은 부분에 불과했습니다."

그 후 프랭클린에게 우호적인 의원들은 그가 자신의 주장을 가장 간결하게 설명할 수 있도록 질문을 던졌다. 즉 1763년 이전에 영국에 대한 미국인들의 정서가 어땠냐고 물었다.

"세상에서 가장 좋았습니다. 그들은 기꺼이 국왕의 통치에 복종했고, 모든 법정에서 의회의 법령에 순종했습니다. 여러 오래된 식민지 주에 인구가 많았음에도 불구하고, 그들을 복종시키는 데 요새나 성채, 수비대, 또는 군대에 전혀 비용이 들지 않았습니다. 그들은 단지 펜, 잉크, 종이만 가지고도 다스릴 수 있었습니다. 실 한 가닥으로도 그들을 이끌 수 있었죠."

현재 미국인들의 정서는 어떤지 물었다.

"180도 바뀌었습니다."

과거 미국인들은 영국 의회를 어떤 존재라고 인식했습니까?

"자유와 권리의 위대한 보루이자 방패라고 여겼습니다." 월권을 행사하는 관리들은 있을 수 있지만, 의회 전체는 항상 억울함을 해소해줄 것이라 믿었다.

그리고 미국인들이 영국 의회를 아직도 존경하는지 물었다.

"아니오, 크게 줄었습니다."

한 질문자가 세금과 관세 문제에 대해 파고들어 미국인들이 과거에 이러한 사안에 대한 의회의 권위에 반대했었느냐고 물었다.

"수입 규제를 위한 관세 부과 권리에 반대한다는 소리는 못 들어봤습니다. 하지만 내부세*를 부과할 권리가 영국 의회에 있다고는 전혀 생각하지 않았습니다. 거기에는 우리의 대표가 없으니까요."

이후 관세―프랭클린은 이를 외부세라고도 불렀다―와 본질적인 세금 즉 내부세에 대한 추가 논의가 있었다. 그러자 그렌빌 내각 출신의 전직 장관이 세금은 그저 세금일 뿐 무슨 차이가 있냐고 따졌다.

"차이는 매우 큽니다. 외부세란 수입하는 상품에 붙는 관세로, 이는 상품 원가와 기타 비용에 더해져 그것이 판매될 때 가격의 일부가 됩니다. 하지만 사람들이 그 가격이 마음에 들지 않으면, 사지 않을 수 있습니다. 억지로 낼 필요가 없습니다. 하지만 내부세는, 주민들의 대표가 정한 것이 아니

---

* internal taxes, 지역 내부에서 발생하는 활동이나 재산에 직접적으로 부과되는 재산세, 소득세, 소비세 등의 세금

라면, 국민들로부터 강제로 돈을 빼앗는 것입니다. 인지세법은 우리가 상거래도 할 수 없고, 재산도 주고받지 못하며, 빚을 낼 수 없고, 결혼도 못하고 유언장도 쓸 수 없고, 정해진 돈을 내지 않으면 아무것도 할 수 없게 만들었습니다. 결국 이런 식으로 우리 돈을 강제로 빼앗거나, 거부 시 그 여파로 우리를 파멸시키려는 의도가 있는 것입니다."

프랭클린에게 우호적인 한 의원이 미국인들에게 인지세를 강제로 받아들이게 하는 데 군사력 외의 방안이 있는지 물었다.

"저는 군사력이 어떻게 그런 목적으로 사용될 수 있을지 모르겠습니다."

그런 목적으로 사용하면 왜 안 되느냐고 그렌빌파 의원 중 한 명이 물었다.

"예를 들어 군대를 미국에 보낸다고 해 봅시다. 가면 무기를 들고 싸우는 사람을 아무도 못 찾을 겁니다. 그럼 군대가 뭘 해야 할까요? 개인의 선택으로 인지를 안 쓰기로 한 사람에게 억지로 사용하게 할 수는 없지 않습니까? 군대는 거기서 반란군을 발견하지 못할 겁니다. 오히려 영국의 군대가 미국의 반란을 불러올 수 있습니다."

당시 하원 회의에 참석했던 사람들의 증언에 따르면, 프랭클린의 등장이 매우 큰 충격과 흥분을 일으켰다고 한다. 윌리엄 스트레이핸은 이렇게 말했다. "로킹엄 후작이 며칠 후 내 친구에게 말하길 그렇게 짧은 시간에 진실이 이토록 빨리 전달되는 것은 처음 보았다며 그날 이미 그 법안 폐지는 모두가 받아들이고 확정된 상태였고, 이후의 모든 진행은 단지 형식적인 절차에 불과했다." 스트레이핸은 프랭클린의 승리를 알리는 데 주저함이 없었지만, 그런 그조차도 이번에는 프랭클린이 스스로 자신의 한계나 기대를 훨씬 넘어섰다고 생각했다. "행복한 사람이다! 사실 그가 느끼는 내면의 기쁨뿐만 아니라 외부로 드러나는 명성까지도 거의 부러울 지경이다. 자신의 힘으로 조국에 그렇게 뛰어나고 시의적절한 공헌을 할 수 있다는 것에서 오는 만족과 명예를 가진 사람이니까."

인지세 폐지에는 스트레이핸이 인정한 것보다 더 많은 공헌자들이 있었지만, 사실 프랭클린의 활약이 엄청난 영향을 주었다. 인지세 폐지를 반대하는 사람들은 토머스 허친슨의 집을 부수고 국왕과 의회에 대항했던 폭도들에 대해 분노했지만, 프랭클린 박사의 달콤한 논리 앞에서 분노는 녹아내렸다. 설사 그 달콤한 논리에 다소 취약한 추론이 포함되어 있었다 하더라도—예를 들어, 프랭클린이 내부세와 외부세를 구별한 것은 미국 내 여론을 반영한 것이라기보다는 그 자신이 만들어낸 것이었다— 당시 그를 반박할 수 있는 사람은 아무도 없었다(한 비우호적인 의원이 반박했지만 프랭클린은 재치 있는 대답으로 그를 물리쳤다. 이 의원은 미국인들이 프랭클린이 내부세에 대해 펼친 동일한 논리로 외부세를 거부할 수 있지 않느냐고 물어왔다. 프랭클린은 "그들은 지금까지 결코 외부세를 거부하지 않았습니다"라고 대답했다. "최근 영국 의회에서는 내부세와 외부세가 차이가 없으며, 만약 의회가 내부세를 부과할 권리가 없으면, 외부세를 부과하거나 다른 법을 만들 권리도 없다는 주장이 많이 제기되었습니다. 현재 식민지 주민들은 그렇게 생각하지 않지만, 언젠가 그들은 이 주장에 설득되어 외부세도 거부할 수 있습니다").

그는 합리성에 적절한 결단력까지 겸비하고 있었다. 그는 반항적이지도, 호전적이지도 않았다. 그는 단지 미국인의 정신상태와 미국인의 정신을 전달할 뿐이었다. 여기서도 그는 자신의 목적에 맞게 진실을 왜곡했다. 미국에서 여름과 가을에 일어난 온갖 폭력 사태를 감안하면, 이전 상태로 돌아가는 것만으로는 이제 단단히 결심하고 행동에 나선 사람들을 달랠 수 없다는 것을 분명히 알고 있었을 것이다. 그러나 그가 가정한 내부세와 외부세의 구별과 마찬가지로, 그는 그 해석의 결과에 대해서는 나중에 처리하려고 했다. 우선 급한 것은 인지세 폐지였다.

인지세는 1766년 3월, 법안이 왕실 승인을 받은 지 거의 1년 만에 폐지되었다. 모두 예상했던 대로 이 폐지안에는 영국 의회가 식민지에 '어떤 경우에든' 법을 제정할 권리가 있음을 주장하는 선언법Declaratory Act이 동반되어 있었다.

이 복합적인 결과는 다소 씁쓸한 뒷맛을 남겼다. 미국에서는 많은 사람이 영국 의회의 권위에 여전히 불만을 품었고, 영국에서는 미국인들이 법을 어기고도 처벌받지 않는 데 대해 분노와 불만이 일었다. 이후 이러한 불만 때문에, 영국은 사용하지 않은 인지 인쇄에 든 비용을 보상하라는 요구를 식민지에 하기도 했다. 프랭클린은 이 요구에 대해 냉소적인 평가를 남겼다. 그는 런던의 한 신문에 익명으로 쓴 글에서, 이 사건이 마치 파리의 퐁네프 다리에서 영국 방문객들에게 과장된 칭찬을 늘어놓으면서도 손에는 뜨겁게 달궈진 부지깽이를 든 프랑스 남자를 떠올리게 한다고 썼다.

"부탁합니다, 영국 신사분," 그가 말했다. "이 뜨거운 쇠꼬챙이를 당신의 엉덩이에 꽂아 넣는 영광을 제게 허락해주시겠습니까?"

"이 자식이 대체 뭐라는 거야? 그 쇠붙이 치워, 안 그러면 머리통을 부숴버릴 테니까!"

"알겠습니다. 원치 않으시면 강요하지 않겠습니다. 하지만 최소한 쇠를 달군 값이라도 좀 지불해주시는 게 도리가 아닐까요?"

17장 의무와 즐거움
1766~1767

"사랑하는 데버라에게." 프랭클린은 얼마 후 짐을 싸서 집으로 소포를 부치며 아내에게 이렇게 편지를 썼다.

인지세가 마침내 폐지되었으니, 당신에게 새 가운을 보내고 싶소. 내가 왜 더 일찍 보내지 않았는지 당신은 짐작할 거요. 직접 실을 자아 만든 가운이 아니고서야 이웃보다 더 화려하게 입는 것을 좋아하지 않는다는 걸 잘 알기 때문이지. 양국 간의 교역이 완전히 중단된다고 해도 내가 한때 당신이 만든 양모와 아마포 옷으로 머리부터 발끝까지 차려입었다는 사실을 생각하면 위안이 되었소. 평생 그 옷을 그 어떤 옷보다 자랑스러워했으며, 당신과 딸이 필요하다면 내게 또다시 옷을 만들어 줄 것을 생각하니 너무 자랑스러웠지.

프랭클린은 영국 의회에서 미국인들은 입던 옷이 해지면 스스로 새 옷을 만들 수 있다고 설명했다며 자랑했다. "정말로 사람들이 나처럼 낡은 옷을 많이 가지고 있다면, 그것은 전혀 불가능한 일이 아니지요. 내가 마지막으로 집에 있었을 때 당신과 손자 조지가 세어본 낡은 바지가 적어도 스무 벌은 되었을 테니 말이오."

그리하여 데버라는 비단 한 필을, 딸 샐리는 새 잠옷과 속치마를 얻었다. 반대로 미국에서 영국으로 오는 배들은 다른 종류의 짐을 싣고 있었는데, 바로 프랭클린의 노고를 축하하는 편지들이었다. 조지프 갤러웨이는 "펜실베이니아 의회는 자네가 이 매우 중요한 시기에 확고함과 성실함으로 국가에 봉사한 것에 매우 감사하고 있으며, 자네가 귀국하면 이를 분명히 표현할 걸세"라고 말할 정도였다. 갤러웨이는 프랭클린을 정말로 싫어하는 골수분자들이 여전히 그를 비방했지만, 이는 역효과를 낳았다고 말했다. "그들은 그 때문에 매일 망신을 당하고 있다네."

프랭클린은 칭찬에 기뻐하지 않을 수 없었지만, 그렇다고 우쭐하지도 않았다. 지금은 칭송받을지라도, 다시 비난받을 것이 뻔했기 때문이었다. 프랭클린이 하원 청문회를 마친 지 2주 후, 그 소식이 미국에 전해지기도 전에, 그가 적들에게서 부당한 대우를 받고 있다는 내용의 편지를 자신에게 보냈던 누이 제인 미컴에게 이렇게 답장을 보냈다. "네가 말한 나에 대한 안 좋은 소문들에 대해서는 가능한 한 신경 쓰지 않아."

나는 내가 늘 도우려 애썼던 사람들로부터도 그런 대우를 자주 겪었단다. 또 어떤 때에는 아무런 공로가 없거나 공로가 보잘것없을 때에도 터무니없이 칭찬받기도 했지. 이 모든 것이 자연의 이치와 같은 것이란다. 때로는 흐리고 비가 오고 우박이 내리다가, 다시 맑고 쾌적해지며 태양이 우리를 비추는 것처럼 말이다.

그래도 이것저것 따져보면, 세상은 꽤 괜찮은 곳이란다. 그리고 우리는 그것을 최대한 잘 활용하고 감사해야 할 의무가 있지. 사람의 진정한 행복은 오늘 호산나를 외치며 칭송하다가 내일 십자가에 못 박으라고 외치는, 생각 없고 분별력 없는 대중의 박수갈채보다는, 자기 자신을 스스로 판단하고, 행동과 의도의 올바름을 스스로 자각하며, 공정하게 판단하는 소수의 사람들에게 인정받는 것에 달려 있단다.

프랭클린은 인지세 폐지 투쟁 중에 60세가 되었다. 이 개인적인 전환점은 그에게 깊은 성찰의 시간을 가져다주었고, 그는 이 생각들을 오랜 결혼 생활 끝에 막 남편을 잃은 여동생과도 나누었다. 몇 달 전에는 그의 오랜 친구이자 준토 클럽의 창립 멤버인 휴 로버츠로부터 편지가 도착했다. 편지에는 필라델피아 내 정치적 다툼이 계속되어 클럽 회원들 간에도 분열이 심화되고 있다는 소식이 담겨 있었다. 프랭클린은 비록 다툼이 있더라고 로버츠가 계속 그 모임에 참석하기를 바란다고 전했다. "아마도 대영제국에서 가장 **오래된** 클럽 중 하나이자, 예전에는 **최고** 중 하나였다고 자부합니다. 2년만 있으면 설립된 지 40년이 다 되어갑니다"라고 말하며 준토 클럽에 대한 깊은 애정을 드러냈다. 오직 운이 좋은 사람만이 그런 그룹에 속할 수 있었다. "우리는 서로를 사랑했고 지금도 사랑합니다. 우리는 함께 백발이 되었지만 헤어지기에는 아직 이릅니다. 인생의 저녁이 다할 때까지 함께 앉아 있읍시다. 항상 마지막 시간이 즐거운 법이지요. 더 이상 머무를 수 없을 때가 되면 서로에게 잘 자라고 인사하고 헤어져 조용히 잠자리에 듭시다."

그러면 그 마지막 잠은 무엇으로 이루어졌을까? 프랭클린의 신앙은 수년에 걸쳐 경계선적 무신론에서 합리주의적 이신론으로 변했다. 말년에는 때때로 기독교를 받아들이기도 했다. 그럼에도 그의 하나님은 언제나 그의 이성만큼이나 합리적이었다. 마지막으로 런던으로 출발하기 직전에 필라델피아에서 오랜 친구이자 복음 전도자인 조지 횟필드의 소식을 들은 그는 이렇게 답장했다.

저의 영원한 행복은 물론 현세적인 행복까지 바라는 당신의 진심 어린 바람과 기도에 정말 감사드립니다. 그저 감사하다는 말 외에는 드릴 말씀이 없지만, 저 또한 당신을 위해 같은 마음으로 기도합니다. 저는 제가 마땅히 누려야 할 만큼의 행복을 의심 없이 누리게 될 것이라 믿습니다. 저를 존재하게 하시고, 거의 60년 가까이 끊임없이 은혜를 베풀어 주셨으며, 심지어 그분의 고난마저도 제게는 축복이었던 그 존재가 저를 사랑한다는 것을 제가 어찌 의심할 수 있겠습니까? 그분이 저를 사랑하신다면, 이 세상에서뿐만 아니라 내세에서도 저를 계속 돌봐주실 것을 제가 어찌 의심할 수 있겠습니까?

어떤 이들에게는 이것이 오만함으로 보일 수도 있겠지만, 저에게는 가장 확고한 희망입니다. 이는 과거의 경험 위에 세워진 미래에 대한 희망이기 때문입니다.

프랭클린은 신이 단순히 개개인의 영혼뿐 아니라 사람들이 함께하는 행동, 즉 공동체의 일까지도 보살핀다고 믿었다. 그는 가장 종파적이지 않은 사람이었으며, 종교가 정치에 부당하게 개입하는 것을 극도로 경계했다. 그러나 그는 옳은 것이 결국에는 승리할 것이라고 확신했다. 1764년 의회 선거에서 패배한 친구이자 동료를 위로하며 그는 이렇게 말했다. "우리 적들의 악의는 저도 잘 알고 있습니다. 하지만 지금까지 그들의 공격은 아무 해가 되지 못했습니다. 우리를 향해 쏜 모든 화살은 라블레가 말했던, 굳힌 버터로 만든 화살처럼 햇볕에 살살 녹을 뿐입니다." 그는 또한 자신의 경험을 바탕으로 다음과 같이 덧붙였다. "내가 세상을 살아온 경험에 의하면 잘못된 것은 항상 점점 더 잘못되어 버티지 못하게 되고, 올바른 것은 어떤 반대가 있더라도 결국 제자리를 찾게 된다는 것을 보았습니다."

프랭클린은 같은 바쁜 기간 동안 또 다른 전환점을 맞는다. 18년간 이어온 데이비드 홀과의 인쇄소 동업이 예정대로 종료된 것이다. 예순이 된 프랭클린은 계약을 연장할 생각이 없었다. 이제 홀은 혼자 인쇄 사업을 계속하게 되어 기뻤다. 런던으로 떠나기 전에 프랭클린은 제임스 파커에게 홀과의 지분을 정산할 대리권을 주었다. 파커가 제출한 보고서에 의하면 지난 18년 동안 프랭클린은 현금 및 현물 그리고 서비스를 포함해서 약 1만 4000파운드를 이 사업에서 가져갔다. 홀 및 파커의 계산에 의하면 동업 관계를 종료하면서 프랭클린은 홀에게 1000파운드가 조금 안되는 금액을 정산해주어야 하는 것으로 나타났다.

이로 인해 두 사람에게 유익했던 협력관계가 마지막에 약간의 갈등을 겪게 된다. 파커가 정리한 회계 내역과 총액에 대해 프랭클린이 의문을 제기했지만 그가 멀리 떨어져 있었기 때문에 최종 정산은 지연될 수밖에 없었다.

홀은 프랭클린이 나머지 금액을 정산해줄 거라고 믿었지만 프랭클린이 동업을 정리하고 몇 달이 지나지 않아 새로운 인쇄 사업에 참여한 것을 알고 다소 불안했다. 프랭클린의 새로운 동업자는 조지프 갤러웨이와 토머스 워턴이었다. 대외적인 목적은 《펜실베이니아 크로니클》을 발행해 특허 지주와 그 추종자들을 반대하는 견해를 전파하는 것이었다. 이 새로운 사업과 그 목적은 분명히 프랭클린이 참여하고 있음을 암시했으며, 그가 이 사업에 자금을 투자하고 있다는 소문도 돌았다. 실제로 프랭클린이 소유한 집을 사업장으로 사용하면서 그 연결고리는 사실로 여겨졌다.

당연히 홀은 기분이 상했다. 그는 프랭클린에게 편지를 써서 이 신생 출판사에 대해 자신이 알고 있는 것과 프랭클린이 참여하고 있다는 소문에 대해 말했다. 그러면서도 그는 "나는 그 말이 결코 사실이 아니라고 믿고 싶습니다. 나는 여전히, 항상 그랬던 것처럼, 당신의 명예를 가장 높이 평가합니다"라며 그가 부인하기를 바라는 듯 말했다. 홀은 프랭클린에게 그들의 계약에 있는 조항, 즉 어느 한쪽도 다른 쪽과 경쟁하지 못하게 하는 조항을 상기시켰다. "당신이 이 지역에서 인쇄업에 더 이상 관여하지 못하도록 절대적으로 금지된 것은 아니지만, 그런 의도가 분명히 내포되어 있습니다."

그러나 홀은 단순히 계약서 조항에 의존하지 않고, 두 사람의 오랜 우정을 바탕으로 이 문제를 해결하고 싶어 했다. 그는 "나는 항상 이 우정을 소중히 여기고 우정에 걸맞는 사람이 되도록 노력할 것입니다"라고 덧붙였다.

프랭클린은 홀이 원하는 대로 그를 안심시켰다. 새로운 인쇄 사업에 전혀 관여하지 않았다고 말했다. "나도 알지도 못하는 사이에, 그리고 내가 관여하지 않은 채 시작되었고, 내가 그 사실을 처음 알게 된 것은 당신 신문에 난 광고를 통해서였습니다."

그러나 프랭클린은 홀이 동업 계약을 해석하는 방식을 그대로 받아들일 수 없었다. 그 계약은 동업이 **지속되는 동안**에는 경쟁을 금지했지만, 그 이후에는 금지하지 않았다. 거기에는 그럴만한 이유가 있었다. "18년 전에는 내가 이렇게 부유해져서 사업 없이도 살 수 있게 될 거라고는 전혀 예상하지 못했습니다. 만일 동업 관계가 끝난 뒤에도 계속해서 경쟁을 금지한다면 나는 **굶어 죽거나** 아니면 다른 곳으로 **쫓겨나야 하는** 어려운 선택을 해야 하기 때문입니다. 예순이 가까운 나이에 새로운 기술을 배우기 위해 견습생이 되는 것도 불가능하며, 내가 아는 거라곤 이 일밖에 없으니 말입니다."

프랭클린은 현재로서는 인쇄업에 다시 뛰어들 생각이 없었다. 부우정청장으로 일정한 수입을 얻고 있었고, 여러 부동산에서 임대 수입도 조금 있었다. 남들에게 빌려준 돈도 있었고 곧 받을 생각을 하고 있었다. 또한 그의 씀씀이는 그렇게 크지 않았다. 그는 평상시 "나는 돈을 많이 쓰는 편이 아니"라고 말했다. 하지만 미래는 알 수 없는 법이라, 그는 자신의 생업을 포기할 수는 없었다. "내가 망하거나, 이 나이에 조국과 친구들을 떠나 낯선 곳에서 밥벌이를 해야 하는 것을 당신이 좋아할 리는 없을 겁니다"라고 말하며 홀에게 자신의 입장을 이해해달라고 호소했다.

프랭클린은 원래 인쇄업에서 은퇴한 후 다른 기대를 가지고 있었다. 원래 계획과는 조금 다른 방향으로 진행되기는 했지만 그의 토지 투기 계획은 차츰 진전되고 있었다. 1763년 선언*으로 인해 오하이오 지역 개발 계획은 당분간 중단되었지만, 다른 지역에서 기회가 보였다. 영국 정부는 프랑스에서 빼앗은 영토들을 영국령으로 만들려고 적극적으로 움직였고, 이 일환으로 캐나다 노바스코샤 지역의 토지를 개발하고 정착지를 세울 사람들에게 토지 소유권을 나누어주었다. 리처드 잭슨이 이 기회를 알려주었고, 1765년 가을에 프랭클린은 주로 필라델피아 주민들로 구성된 스물세 명의 투자자와 함께 세인트존강과 페티코디악강 근처에 800제곱킬로미터의 토지를 공동소유하게 되었다.

하지만 이 토지는 무료가 아니었다. 법률비용과 측량비용을 지불해야 했다. 법률비용을 최소화하기 위해 이 사업은 1765년 10월 31일 인지세법이 발효되기 하루 전에 시작했다. 원래 인지세법은 이런 종류의 거래에 부과되는 세금이었다(하지만 식민지 주민들이 인지세를 거부하고 나중에는 법이 폐지되면서, 프랭클린과 동료들이 이 시기에 맞춰 사업을 시작함으로써 실제로 절약한 것은 돈이 아니라 몇 달 더 빨리 일을 진행할 수 있는 시간이었다). 한편 측량비용과 관련해서는, 6주 후 데버라가 젊은 측량사 앤서니 웨인(후에 독립전쟁에서 '미친 앤서니'로 알려진 인물)에게 53파운드를 지불했다고 기록되어 있다. 데버라는 "보시다시피 저도 진짜 토지 투기꾼이 되었네요"라고 말했는데, 이 말은 그녀의 남편 벤저민 프랭클린에게도 해당되는 말이었다.

수여자들은 매 10년마다 받은 토지의 3분의 1씩 개발해야 했다. 즉 토지를 구획해서 직접 경작하거나 아니면 다른 사람을 구해 그렇게 하도록 해야 했다. 그리고 토지 취득 후 5년째부터는 에이커당 4분의 1페니를 왕실에 지불해야 했다. 만약 조건을 이행하지 못하면 토지는 왕실에 반환된다.

하지만 만약 정착민을 찾아 토지를 팔 수 있다면 이익도 기대할 수도

---

*   Proclamation of 1763, 영국 정착민의 미국 서부 정착을 금지하는 영국 왕실의 칙령

있었다. 당시 가장 야심 찬 투기자들은 수백, 때로는 수천 제곱킬로미터의 토지를 소유해 크게 부유해질 수 있었다. 노바스코샤에서 약 45제곱킬로미터의 토지를 보유한 프랭클린은 처음부터 목표를 크게 잡지 않았다. 그렇지만 그 역시 자손들에게 남길 유산을 기대할 수 있었다. 데버라는 앤서니 웨인에게 돈을 지불한 일에 대해 편지를 쓰면서 "이 땅은 손주들을 위한 거라고 딸에게 말했더니 매우 좋아하더군요"라고 말했다

한편 주위에서 권유를 받고 프랭클린은 단독으로 토지를 신청하기도 했다. 1766년 초 노바스코샤의 원하는 곳에 약 80제곱킬로미터의 토지를 달라고 요청했다. 그의 신청은 영국의 행정 절차를 거쳐 천천히 진행되어 1767년 6월 영국 추밀원은 프랭클린에게 지난번과 유사한 조건으로 토지를 수여했다.

두 번째 노바스코샤 토지 신청이 진행되는 동안에도, 프랭클린은 아들과 매우 밀접히 협력해 더 대규모 계획에 착수하고 있었다. 아들 윌리엄은 인지세법과 관련된 혼란스러운 사건 후 총독으로서 자신의 재임 기간이 짧을 수도 있겠다고 느꼈다. 그래서 그는 미개척 토지에 대한 소유권을 얻기 위해 매우 열심히, 거의 집념에 가깝게 노력했다. 아버지의 필라델피아 친구들, 인디언 담당자 조지 크로건, 북부 식민지 인디언 감독관인 윌리엄 존슨 경과 함께 윌리엄 프랭클린은 오하이오강 너머 일리노이 지역에서 광대한 토지를 목표로 하는 '일리노이 컴퍼니Illinois Company'라는 조직을 만들었다.

이 계획은 결국 서부에 새로운 식민지를 만드는 분야로까지 확장되었다. 윌리엄은 그런 사업을 위해 영국에 공식 대리인을 두어야 한다고 생각했고, 그 역할을 아버지에게 제안했다. 프랭클린은 흔쾌히 동참했다.

1766년 하반기부터 1767년까지 프랭클린 부자는 정기적으로 편지를 주고받았다. 그중 가장 빈번한 논의 주제는 일리노이 프로젝트의 진행 상황이었다. "내가 셸번 경한테 일리노이 문제를 언급했다"라고 프랭클린은 1766년 9월 윌리엄에게 썼다. 셸번 경은 남부 담당 국무장관으로서, 미주

식민지와 관련된 사무를 관장했고, 서부 개척을 지지했다. "경께서는, 윌리엄 존슨 경이 추천한 너의 식민지 설립 계획서를 읽으셨고, 합리적인 방안인 것 같다고 말씀하셨다." 2주 후 프랭클린은 추가 진전 사항을 공유했다. "며칠 전 셸번 경을 다시 만났는데, 일리노이 정착 문제에 대해 상당히 많은 이야기를 나누었다. 경께서는 기쁜 마음으로 이 계획을 최종적으로 승인한다고 말씀하셨다." 하지만 그는 현재 긴축재정 시기이므로 인내가 가장 중요하다는 점을 강조했다.

프랭클린은 인내심을 가지고 기다렸지만, 그렇다고 가만히 손을 놓고 있던 건 아니었다. 그는 리처드 잭슨의 도움을 받았다. 정부에서 일리노이 계획을 어떻게 생각하냐고 의견을 요청하자, 잭슨은 이 계획서가 '정말로 잘 짜여진 계획'이라고 평가했고, '이 계획의 실행 가능성과 유용성을 전혀 의심하지 않는다'고 덧붙였다. 프랭클린은 계속 설득 작업을 진행해서, 마침내 1767년 8월에는 큰 난관을 하나 넘겼다고 윌리엄에게 알릴 수 있었다. 그는 다시 셸번 경을 만나 저녁 식사를 했는데, 이번에는 북부 담당 국무장관인 헨리 콘웨이도 함께했다. 프랭클린은 윌리엄에게 "두 장관이 모두 확실히 설득된 것 같다"라고 썼다. 남은 장애물은 통상위원회뿐이었고, 두 장관은 공식적으로 이 사안이 위원회에 제출되기 전에 비공식적으로 위원회의 마음을 돌릴 필요가 있다고 의견을 주었다.

로비 활동은 몇 달간 이어졌다. 10월 말, 통상위원회는 프랭클린과 리처드 잭슨을 불러 몇 가지 질문을 했다. 답을 듣고 난 후 위원들은 만족한 듯 계획을 승인했다.

그런데 성공 직전에, 프로젝트에 새로운 장애물이 등장했다. 식민지정책을 더 잘 조율하기 위해, 영국 정부는 북부와 남부로 분리되어 있던 조직을 아메리카 부서로 통합했다. 이 부서의 책임자로는 힐즈버러 경이 임명되었는데 셸번이 미국인들의 친구였다면, 힐즈버러는 정반대였다. 그는 새로운 프로젝트와 추가적인 비용에 회의적이었고, 미국과 관련된 거의 모든 일에 의심을 품었다. 일리노이 프로젝트는 갑자기 멈춰섰고, 프랭클린 부자가 서부에서 일구려던 부는 멀리 사라져버렸다.

이 시점에 힐즈버러 경이 중용된 것은 결코 우연이 아니었다. 다만 그 이유는 프랭클린 부자의 토지 계획과는 무관했다. 조지 3세가 즉위한 이래로 영국 정부는 결코 안정적이지 못했는데, 조지 3세 본인부터가 그렇게 믿음직스럽고 단단한 인물이 아니었던 것도 주요한 이유 중 하나였다. 젊은 왕은 한때 뷰트 경에게 심취했었고, 대개 그렇듯이 시간이 지나면서 당연히 식었지만 대신 질투와 의심을 남겼다. 그리고 그건 왕만의 감정이 아니었다. 그렌빌은 오랜 기간 유력한 총리가 될 수도 있었으나, 그는 뷰트가 조지의 첫사랑이었다는 점을 잊지 않았다. 1765년, 조지 3세는 심하게 병을 앓게 되었는데, 사실 이때는 아무도 몰랐지만 이것은 유전병인 포르피린증이 처음 발현된 것으로서 나중에는 정신질환까지 동반하는 병이었다. 그러자 왕이 갑자기 서거하거나 영구적으로 직무를 수행하지 못하는 만약의 사태에 대비해 섭정 체제를 마련하자는 논의가 이어졌다. 결국 조지 3세가 회복하긴 했으나, 섭정 안은 통과되었고 누가 섭정이 될지를 두고 큰 논쟁이 벌어졌다. 조지는 자신이 원하는 인물을 임명하길 원했고, 그렌빌과 내각은 자기 쪽 인물을 앉히려고 했다. 결국 왕이 이겼지만 그렌빌은 깨끗하게 물러나지 않았다. 그는 왕을 골려주고 자신의 힘을 보여주기 위해, 조지가 여전히 아끼던 뷰트 경의 형제를—비록 별 볼 일 없는 자리였지만— 억지로 물러나게 했다.

왕은 슬퍼하며 이를 갈았다. 그렌빌의 손아귀에서 벗어나기 위해 안간힘을 썼지만, 도와줄 사람을 찾지 못했다. "조지 3세는 진정한 의미에서 할아버지 조지 2세의 후계자이며 할아버지의 굴욕까지 물려받았다"라고 호러스 월폴은 비꼬았다. 그러나 손자는 그 굴욕에서 교훈을 얻었고, 머지않아 그렌빌에 대한 대안이 될 인물을 찾게 된다. 그 인물과 측근들이 애스콧 경마장에서 발견되었다는 사실 때문에 "새 정부는 경주마 **목장**stud에서 곧

바로 **국가**state로 불려 나와, 기수에서 기적적으로 장관으로 변신한 이들로 이루어졌다"라는 농담이 돌기도 했다. 그 인물은 바로 로킹엄 후작이었다.

하지만 그렌빌도 가만히 있지 않았다. 로킹엄 후작이 가장 먼저 할 일은 그렌빌이 야기한 인지세 사태를 마무리하는 것이었다. 로킹엄은 조지 왕에게 인지세 폐지를 지지하는 '대중의 여론'을 결집하고 있다고 보고했다. 물론 이 대중에 그렌빌과 그의 지지자들은 포함되어 있지 않았다. 그들은 하원에서 프랭클린을 심문하며 폐지에 강하게 반대했다. 이들은 인지세 폐지를 막지는 못했지만, 결국 로킹엄의 정치적 입지를 약화시키는 데 성공했다. 이어진 로킹엄 내각의 개혁 중 하나인 설탕법 개정은 당밀에 부과되는 관세를 3펜스에서 1펜스로 낮추고, 이 세금을 영국산 당밀에도 적용하는 내용을 담고 있었다. 이러한 조치는 특히 미국인의 지지를 얻었으나, 그렌빌 세력에게는 더 큰 반감을 불러일으켰다.

하지만 단지 이 반감만으로 로킹엄이 실각한 것은 아니었다. 로킹엄은 그렌빌 세력뿐 아니라 왕과도 동시에 사이가 틀어지면서 결국 권좌에서 밀려나고 말았다. 조지 3세는 인지세 폐지를 반대했고, 법을 어기고 반항하는 미주 식민지를 강경하게 다스리기를 원했다. 또한 그는 로킹엄이 여론에 의존하는 방식도 좋아하지 않았다. 왕에게는 그런 방식이 군주의 권위를 떨어뜨리고, 미국에서 대영제국을 파괴하고 있는 폭도만도 못한 존재로 전락시킬 것 같았기 때문이다. 게다가 병에서 회복한 뒤 조지는 자신만의 흔적—설령 그렌빌의 인지세까지는 아니더라도—을 영국 정치에 남기고자 했다.

그렌빌의 적개심과 왕의 질투 사이에서 로킹엄은 물러나야 했다. 그의 뒤를 이은 사람은 처음에는 다소 의외의 선택처럼 보였다. 윌리엄 피트는 최근 인지세에 반대하며 두각을 나타냈다. 그는 하원에서 그렌빌 바로 옆자리에서 "나는 미국이 저항하는 것을 기쁘게 생각한다"라고 당당히 선언했다. "300만 명의 사람들이 자유에 대한 모든 감정을 잃고 자발적으로 노예가 되는 것을 받아들였더라면, 그들은 나머지 사람들을 노예로 만드는 데 아주 적절한 도구가 되었을 것이다." 미국인들은 그의 이런 발언을 크게 환영하며 뉴욕에 그의 동상을 세우기까지 했다. 하지만 이런 발언은 반란 조짐에 불안해하는 왕에게는 결코 위안을 주는 말이 될 수 없었다.

그럼에도 불구하고, 피트는 이전과 마찬가지로 이번에도 꼭 필요한 인물이었다. 그는 그렌빌과 달리 대중에게 매우 인기 있었고, 조지 3세는 '위대한 평민Great Commoner'이라 불리는 피트의 인기가 왕실에도 긍정적인 영향을 미치길 바랐다. 그런데 웬일인지 조지 3세는 피트에게 백작 작위를 내렸고, 피트는 이를 수락했다. 그러자 그의 대중적 인기는 거의 즉시 사그라들기 시작했다. '어떻게 백작(채텀)이라는 신분으로 위대한 평민일 수 있단 말인가?'라는 의문이 생긴 것이다. 인기를 떠나서, 피트가 하원에서 상원으로 옮긴 것은 전술적으로 실수였다. 당시 영국 정치에서 가장 중요한 기관은 하원이었기 때문에, 하원을 통제하지 못하게 되었다는 뜻이었다. 게다가 피트는 심한 병에 걸려 정부의 일상 업무를 동료들에게 맡길 수밖에 없었는데, 이 동료들은 판단력도 부족하고 능력도 현저히 떨어졌다. 이로 인해 정부 운영의 질은 더욱 악화되었다.

프랭클린은 이런 각료들의 변화를 흥미 반, 회의 반으로 지켜보았다. "우리나라 정치인들의 혼란은 여전히 커지고 있네"라고 그는 조지프 갤러웨이와의 편지에 썼다. "슬픈 일이야. 전쟁이 끝나고 평화가 찾아온 이 시기에, 무역 확대, 채무 상환, 우방 확보, 미래 전쟁에 대비한 국가경쟁력 강화 등에 힘써야 하는데, 온 시간과 노력이 권력과 이권을 둘러싼 당파 싸움, 궁정 음모와 중상모략, 상호 비난에만 낭비되고 있으니 말일세."

욕먹기는 미국인들도 마찬가지였다. 프랭클린은 하원에 들러, 해외 식민지를 향한 귀족들의 격렬한 분노를 직접 들었다. "식민지인들에 대한 분개가 강하게 표출되는 모습을 목격하는 건 참으로 불편하다"라고 그는 기록했다. "토론 중 '반란rebellion'이라는 단어가 자주 사용되었다."

프랭클린은 이 비난을 막기 위해 최선을 다했다. 여러 필명을 이용해 런던 신문에 기고했으며 '양국의 친구'라는 가명으로 당시 상황을 묘사하면서 과열된 분위기를 누그러뜨리려고 노력했다.

지금은 모든 조치를 동원해 우리가 미국에 분노하도록 만들고 있습니다. 소책자와 신문이 난무하고, 커피하우스에는 미국이 반란을 일으켰다는 거짓 소문이 가득합니다. 군대를 보내야 한다며, 이미 주둔 중인 병력도 외곽 초소에서 빼내 주요 도시에 집중시켜야 한답니다. 주요 인물은 영국에 잡아와 교수형을 시켜야 한다고도 말합니다. 도대체 왜 그럴까요?

왜라니, 당신은 왜냐고 묻습니까?

네, 저는 감히 왜냐고 묻고 싶습니다.

미국 사람들은 왜 이 나라의 정부를 벗어나 저들만의 나라를 세우려고 하나요?

그걸 어떻게 알아요?

무기 들고 봉기했잖아요?

천만에요. 다들 아주 평화롭습니다.

최근 폭동으로 피해를 입은 사람들에게 배상하라는 영국 정부의 요구를 거부했다면서요?

천만에요. 충분한 보상을 했습니다. 그리고, 여담이지만, 영국에서 일어난 폭동 피해자에게는 보상이 없었잖아요.

세관을 불태웠다던데요?

아닙니다. 그 이야기는 완전 날조된 거짓말입니다. 전혀 근거가 없습니다.

프랭클린은 '베네볼루스Benevolus'라는 필명으로도 미주 식민지에 대해

의회에서 자주 제기되는 여러 비판에 답변했다. 그는 식민지 개척이 의회의 지원으로 이루어진 것이 **아니**라고 설명했다. "의회 기록을 살펴보면, 조지 2세 시절 이전에는 식민지 설립을 위해 한 푼도 의회 자금이 내려진 적이 없으며, 겨우 조지아와 노바스코샤 두 곳만 약간의 지원을 받았는데, 그마저도 별 쓸모없는 식민지입니다"라고 답했다. 또한 식민지들은 의회로부터 헌법을 받은 것이 **아니**라 왕으로부터 받은 것이므로, 의회가 식민지 입법기관을 자기들의 '피조물'이라고 주장하는 것은 근거가 없다고 반박했다.

식민지들은 항상 의회의 비용으로 인디언들로부터 보호받은 것이 **아니었다**. "처음 정착 이후 거의 150년 동안 스스로 비용을 들여 자신들을 지켰으며, 인디언들에 맞서 의회에 어떤 원조를 요청할 생각도 한 적이 없다." 최근 두 차례의 전쟁도 식민지 보호를 위한 것이 **아니**라 영국 무역 보호가 목적이었다. 가장 최근에 치러진 전쟁도 마찬가지였다. "식민지들은 비교적 평화로웠으며 주민들은 브래덕 장군의 오하이오 원정 실패 전까지는 전혀 누구로부터 공격받거나 괴롭힘을 당하지 않았다."

식민지들은 전쟁에 필요한 자기들의 몫을 지불하는 것도 거절하지 **않았다**. 식민지가 제공한 병력은 "기여해야 할 비율을 훨씬 넘었고," 재정적으로는 "그들에게 돌아온 금액의 10배에 달하는 지출"이었다. 그렇다고 미주 식민지가 최근 전쟁에서 큰 수혜를 본 것도 **아니었다**. 오히려 정반대였다. 새로 획득한 땅은 미국인이 아니라 국왕의 소유가 되었고, 더욱이 정착 가능한 새 땅의 공급과잉으로 기존 토지의 가치가 하락했으며, 식민지는 전쟁을 수행하면서 앞으로 수년 동안 갚아야 할 엄청난 빚을 짊어졌다. 또한 세금도 피해 가지 **않았다**. "이보다 더 큰 착각은 없다." 식민지는 시민 및 군사 조직을 유지하고, 전쟁으로 인한 채무를 상환하며, 영국에서는 이미 완공된 도로, 다리 등 각종 공공사업을 식민지에서 일으키기 위해 세금을 냈다. 재산 대비 비율로 볼 때, 미국에서 내는 세금은 영국에서 내는 세금보다 더 많았다.

마지막으로, 식민지는 영국 의회가 자신들에게 아무런 권한이 없다고 주장하지 **않았다**. 식민지는 영국 의회의 모든 법을 식민지 법으로 수용했으며, "오직 예외는 내부세로 식민지에서 돈을 걷으려는 법뿐이었다". 즉, "식민지는 자신들의 나라로 수입되는 상품에 부과되는 '외부세는 기꺼이 받아들였으며, 이런 관세를 부과할 권한을 영국 의회가 가지고 있다는 사실에 한 번도 이의를 제기하지 않았다".

찰스 톤젠드도 아마 이 글을 읽었을 것이다. 만약 그렇다면, 채텀 총리가 병에 걸렸을 때 신임 재무장관이자 사실상 총리 역할을 하고 있던 톤젠드는 프랭클린 주장 중 일부에 대해 이의를 제기했을 것이다. 국왕이 식민지 특허장을 주긴 했지만, 그 후 영국에서는 의회의 우월성을 확립하기 위해 왕권과 내전까지 겪어야 했다. 초기 150년간 식민지들이 스스로를 지켰던 것은 맞으나, 그 이후 몇 년은 의회의 지원을 기꺼이 받았다. 미국인들이 영국 본국 사람들과 비슷한 수준으로 세금을 냈다고 암시하는 것은 전혀 말이 되지 않는다. 특히 프랭클린이 세금 부담을 비교할 때 '재산 가치'를 기준으로 삼은 것은 실제 세금 부담을 심각하게 왜곡한 것이다.

찰스 톤젠드가 가장 관심을 가졌던 부분은 벤저민 프랭클린이 반복해서 강조한 내용, 즉 미주 식민지 사람들이 외부세에는 반대하지 않는다는 점이었다. 톤젠드는 프랭클린이 영국 하원에서 이 주장을 하는 것을 들었고, 베네볼루스라는 필명을 쓴 사람이 사실은 프랭클린임을 눈치챘을 것이다. 톤젠드는 프랭클린이 미국 사람들의 생각을 정확히 파악했다고 생각했을 수도 있고, 아니면 프랭클린이 만든 논리가 결국 프랭클린 자신의 발등을 찍는 걸 바랐을 수도 있다. 어쨌든, 톤젠드는 프랭클린의 주장을 근거로 해서 미주 식민지 사람들이 반대하지 않을 것이라 예상되는 외부세 과세 계획을 세웠다. 이것이 바로 톤젠드 세금으로, 유리, 납, 페인트 안료, 종이, 차 등 수입품에 부과된 관세였다.

이러한 톤젠드의 과세 계획을 알게 된 미국인들은 엄청난 불만을 품었다. 프랭클린의 내부세, 외부세 구분이 보편적인 견해는 아니었기 때문이다. 그러나 톤젠드는 더 나아가 새로운 세금에서 거둔 수입을 식민지 방위뿐 아니라 식민지 정부의 행정에도 사용하도록 지정했다. 이 조치의 효과는, 톤젠드가 의도한 대로, 그리고 미국인들이 곧바로 깨달았듯이, 지금까지 현지 식민지 의회가 지불해왔던 왕실 총독과 관리들의 월급을 영국 정부가 직접 지급하게 만들어, 식민지 의회가 관료들의 월급을 주거나 삭감하며 행사하던 통제력을 빼앗는 것이었다.

또 하나 우려스러운 조치는 1765년 병영법Quartering Act of 1765이었다. 이 법은 영국의 군 지휘관이 요청할 경우, 식민지는 영국 군대에 숙소를 제공하도록 요구하는 법이었다. 당시 게이지 장군이 이런 요청을 했는데 뉴욕시는 이 요청에 강하게 저항했고, 이로 인해 영국 군인과 미국 시민들 사이에 작은 충돌이 발생하기도 했다. 이에 대해 톤젠드는 뉴욕 의회의 활동을 정지시키자는 강경한 조치를 제안하기도 했다.

이러한 강압적인 조치들이, 미국을 우호적으로 대하던 톤젠드 내각으로부터 나왔다는 점에 대해 일부 영국 의회 의원들마저 놀라워했다. 하지만 반항적인 식민지 주민들을 반드시 통제해야 한다는 의회의 광범위한 공감대가 그러한 놀라움을 덮어버렸고, 결국 1767년 여름 톤젠드 계획(톤젠드 법안)이 법으로 확정되었다.

이 시기 프랭클린은 중요한 집안 문제로 잠시 마음을 빼앗겼다. 그의 외동딸 샐리가 평판도 별로 좋지 않고 앞날이 불확실한 남성과 결혼하려 했기 때문이다.

리처드 베이치는 뉴욕의 상인 시어필랙트 베이치의 동생이었다. 그는 요크셔에서 태어났으며, 1751년 맨해튼에 이민 와 전직 뉴욕 시장인 이모부와 함께 사업을 시작했다. 이모부가 세상을 떠나자 시어필랙트는 사업을 이어받았다. 나중에는 고향에서 동생 리처드를 데려올 정도로 성공하기는 했으나 그렇다고 해서 뉴욕에서 두 사람을 부양할 수준은 아니었다. 결국 식민지에서 가장 번성한 도시인 필라델피아에 지점을 열기 위해 리처드를 파견했다.

요크셔에서 뉴욕으로 오면서 가족의 성은 비치에서 베이치로 발음이 바뀌었다. 리처드 베이치는 필라델피아에 도착한 직후, 이 베이치라는 이름으로 프랭클린의 딸 샐리를 만났다(다만 프랭클린이 편지를 쓸 때 가끔 '비치beach'라고 잘못 표기한 것을 보면, 발음이 완전히 고정되지 않고 다소 왔다 갔다 했던 것 같다). 분명히 리처드 베이치는 프랭클린이 약 40년 전 처음 데버라에게 보여줬던 모습보다 훨씬 더 세련되고 안정적인 형태로 필라델피아에 도착했을 것이다. 왜냐하면 리처드 베이치는 당시 28세로 이미 사업에서 자리를 잡고 있었던 반면, 벤저민 프랭클린은 그때 17세에 불과했기 때문이다. 하지만 사정이 어떻든 얼마 지나지 않아 샐리와 리처드 베이치는 결혼 이야기를 나누기 시작했다.

데버라는 남편이 없는 동안 집안과 딸을 훌륭하게 책임져왔다. 특히 지난 10년 동안 딸 샐리를 키우는 일은 거의 전적으로 그녀의 몫이었다. 하지만 딸의 결혼을 주선하거나 허락하는 일은 혼자서 감당하고 싶지 않았다. 펜실베이니아에서 가장 유명한 시민의 딸이자 뉴저지 총독의 이복동생인 샐리에게는 친구들이 많았다. "샐리에게는 여기저기 친구가 매우 많아요"라고 데버라가 말할 정도였다. 하지만 어쨌든 샐리에게 이 '추가된 친구'(데버라의 표현에 의하면)는 특별한 사람이었다. 데버라는 예비 사윗감을 어떻게 대해야 할지 확신이 없어서, 친근하지만 조심스럽게 지켜보는 방식을 택했다. "두 사람을 강제로 떼어놓으려 하면, 오히려 샐리가 몰래 만나러 다닐 것 같았고, 그러면 더 골치 아파질 것 같았어요." 딸의 결혼 문제는 정말 어려운 숙제였다. "아버지와 어머니 역할을 모두 해야 하니 힘들어요"라고 하소연했다. 그리고 "나는 최선을 다해 판단하고 행동하고 있는데, 당신의 마음에 들었으면 좋겠어요"라고 덧붙였다.

프랭클린 역시 사윗감의 인품과 장래가 궁금했다. 하지만 자신이 집에 없다는 점이 이 문제에 있어 자신에게 불리하게 작용한다는 것을 잘 알고 있었다. 그리고 이 때문에 딸이 불행해지기를 원하지 않았다. 그래서 1767년 5월, 언제 필라델피아로 돌아올지 알 수 없는 상황에서 프랭클린은 딸을 가장 잘 아는 데버라와, 리차드 베이치에 대해 알아볼 수 있는 위치에 있던 아들 윌리엄에게 딸의 결혼 문제를 맡기기로 했다. "식구들이 적합한 인연이라 생각한다면 딸아이의 행복을 더 늦출 필요는 없다."

하지만 이 문제를 그냥 맡겨만 둘 수는 없었다. 외동딸이었던 만큼 더욱 신경이 쓰였다. 한 달 뒤 그는 아내에게 이렇게 편지를 보냈다. "사윗감의 됨됨이에 대해 아는 것이 거의 없는데, 이렇게 멀리 떨어져 있으니 더욱 알 방법이 없구려." 그는 베이치가 혹시 샐리와 결혼하면서 큰 재산을 기대하고 있지는 않은지 우려했다.

그가 우리 딸과 결혼한다고 해서 우리가 살아 있는 동안 대단한 재산을 받을 거라고 기대하는 일은 없었으면 하오. 내가 말할 수 있는 것은, 만약 그가 샐리에게 좋은 남편이 되고, 내게는 좋은 아들이 된다면, 나도 가능한 한 좋은 아버지가 되어주겠다는 것이오. 하지만 현재로서는, 당신도 나와 마찬가지로 생각하겠지만, 우리가 해줄 수 있는 것은 옷이나 가구 등으로 샐리를 정성스럽게 시집보내되, 준비물 전체가 500파운드를 넘지 않는 선에서 마련해주는 것이 전부예요. 그 외의 나머지는, 우리 부부가 그랬던 것처럼, 두 사람 스스로의 근면함과 성실함에 의지해야 하겠지. 남은 재산은 우리 부부가 살아가는 데 겨우 충분할 뿐이고, 우리가 죽은 뒤에 아이들이 나눠갖기에도 넉넉하지 못할 테니 말이오.

아버지의 부탁과, 오빠로서의 애정으로, 윌리엄은 베이치의 사업 내역을 알아봤다. 실제로 베이치 자신도 최근 재정적으로 어려움을 겪으며 한

동안 유동성이 부족했다고 솔직히 털어놓았고, 윌리엄은 그래서 더 깊이 그 실상을 조사해보았다. 그리고 우려할 만한 사실을 발견했다. 샐리가 베이치가 처음 구애한 여성이 아니었고, 그는 필라델피아에서도 여성을 여럿 사귀었다는 것이 밝혀졌다. 베이치는 처음에는 샐리의 절친인 마거릿 로스와 사랑에 빠졌다. 하지만 두 가지 불미스러운 일이 겹쳐 그 연애는 결실을 맺지 못했다. 첫 번째는 그녀의 아버지 존 로스에게 자신의 신용이나 됨됨이가 좋지 않게 비친 것이었다. 로스는 베이치의 재정 상태를 직접 조사해보았고, 베이치가 이야기한 것보다 형편이 훨씬 좋지 않다는 사실을 알게 되었다. 베이치가 모든 빚을 갚고 나면 실제로는 아무런 재산도 남지 않을 것이라고 판단한 것이다. 윌리엄이 전해 들은 이야기에 따르면, 로스는 "베이치가 자신의 상태에 대해 여러 번 속이려고 했으며, 최근 겪은 불운한 사건(재정 악화)이 없었더라도 사실상 부채를 모두 갚고 나면 한 푼도 안 남을 인물이다. 요컨대, 괜찮은 집안에 장가들어 팔자를 고치려는 단순한 사기꾼에 불과하다"라고 말했다는 것이다.

윌리엄은 베이치에게 불리한 증거들의 성격상 진실이 정확히 무엇인지 확신할 수는 없지만, 겉으로 드러난 정황만 보면 상황이 좋지 않다고 인정했다. "저는 이 채무로 인해 그가 재산 가치를 훨씬 초과하는 빚더미에 올라섰다고 생각하며, 만약 샐리가 그와 결혼한다면 두 사람 모두 전적으로 아버지에 의지해 살아야 할 것입니다." 윌리엄은 민감한 문제를 건드리고 있음을 느껴 편지를 마무리하며 이렇게 덧붙였다. "아버지, 이 편지는 꼭 태워버리세요."

리처드 베이치와 마거릿 로스 두 사람의 결혼을 가로막은 두 번째이자 결정적인 사건은 1766년 8월에 발생한 마거릿의 갑작스런 사망이었다. 이로 인해 베이치는 교착상태에 빠졌던 관계에서 벗어나 샐리의 품으로 뛰어들게 되었다. 이후 가족들의 이야기에 따르면, 샐리는 마거릿 로스로부터 죽기 전에 자기 애인과 결혼해달라는 부탁을 받았다고 한다. 어쩌면 이 로맨

틱하면서도 비극적인 부탁이 샐리에게 너무 큰 감동을 주었을 수도 있고, 아니면 마거릿이 그랬던 것처럼 샐리도 베이치에게 매력을 느꼈을 수도 있다. 어찌 되었든 샐리는 베이치에게 반했고(이미 반하지 않았다면), 그와 결혼하기로 마음먹었다.

프랭클린은 이 상황에서 갈등했다. 샐리의 행복을 막고 싶지는 않았지만, 그녀가 무능한 사람과 결혼하는 것을 원하지도 않았다. 1767년 5월, 베이치는 프랭클린에게 자신의 재정 상태에 대해 상세한 설명과 해명을 편지로 보냈다. 그런데 그 편지가 설득력이 있었던 것 같다. 프랭클린은 이렇게 답장했다. "5월 21일 자 편지 잘 받았네. 자네의 불행을 진심으로 유감스럽게 생각하네. 그러나 그것이 자네의 경솔함 때문은 아니니 너무 안타까워하지 말게나."

프랭클린은 이어서 베이치의 불운을 샐리에 대한 헌신을 시험하는 기회로 삼았다. 베이치는 아직 젊기 때문에 열심히 일하고 자산을 잘 관리하면 몇 년 내에 손실을 만회할 수 있을 것이라고 말했다.

하지만 그 전에, 자신이 회복하기도 전에 가족을 부양하는 부담을 지는 것이 옳은 일인지 자네 스스로 신중히 생각하는 것이 좋을걸세. 무리하게 책임을 떠안으면 영원히 못 일어날 수도 있다네. 나는 내 딸을 어떤 부모보다 사랑한다네. 하지만 내 재산은 적고, 나와 아내를 부양하기에도 빠듯한 형편이네. 게다가 나이가 들어 이제 더 이상 전처럼 돈을 모을 수가 없다네. (…)

내 딸을 사랑하는 마음과 그 아이에 대한 선호를 표시한 점은 고맙게 생각하지만, 자네가 주변 사람들, 특히 가족들에게 가족을 제대로 부양할 수 있을 거라는 확신을 주지 못한다면, 나는 자네가 두 사람 모두 불행해질 수 있는 이 결혼을 무리하게 밀어붙이지 않길 바라네.

이것은 결혼에 대한 축복은 아니었지만, 그렇다고 해서 반대하는 것도 아니었다. 프랭클린이 가까이 있었더라면 더 강력하게 반대했을 수도 있다. 하지만 대서양 너머에 있었기 때문에 그렇게 하기도 어려웠다. 샐리는 결심을 굳힌 상태였지만, 아버지는 이 문제에 대해 마음이 완전히 정해지지 않은 상태였다. 하지만 그녀는 아버지의 걱정을 뒤로하고 결혼을 강행했다.

프랭클린은 세 번째 영국 체류 기간 동안에도 런던을 떠나 여름휴가를 보내는 관행을 이어갔다. 런던이 여러 면에서 아무리 훌륭한 도시라고 해도, 건강에는 해로웠기 때문이다. 겨울의 짙은 연기와 축축한 냉기가 건강에 더 나쁜지, 아니면 여름에 유행하는 전염병이 더 위험한지는 체질에 따라 달랐다. 정부 관리들은 여름에 도시를 떠나는 것을 선호했는데, 이는 프랭클린이 휴가를 떠나는 또 다른 이유가 되었다. 도시가 텅 비면 식민지 대리인이 할 일이 없었다. 게다가 물론, 프랭클린처럼 관심사가 넓은 사람은 새로운 풍경과 경험을 통해 활력을 얻었다.

1766년 여름, 그는 존 프링글과 함께 독일로 여행을 떠났다. 프랭클린은 "겨울과 봄 내내 몸져누울 정도는 아니었지만 자주 몸이 좋지 않았소"라고 아내에게 설명했다. 프링글은 조지 3세의 조상 대대로 살던 지역에 있는 바트피르몬트 온천수를 마시고 싶어 했다. 프랭클린은 "맑은 공기를 쐬고 운동하면 몸이 나아질 것으로 기대하오"라고 말했다. 그들은 6월 중순에 런던을 떠났는데, 프링글이 샬럿 왕비의 주치의였고 왕비가 초가을에 출산 예정이었기 때문에 8월 말 전에는 돌아와야 했다.

그들은 육로 여행과 수로 여행 그리고 다시 육로를 통해 바트피르몬트에 도착했다. 그들은 그곳에서 2주 동안 그곳의 물을 마셨다. 프링글은 원래 더 오래 머물 생각이었지만, 치료 효과가 예상보다 빨리 나타났든지 아니면 전혀 기대할 게 없다고 판단했든지 간에, 일정을 중단하고 프랭클린과 함께 북부 독일 시골을 둘러보기로 했다. "이 나라는 매우 아름답다. 예상했던 것만큼 최근 전쟁으로 큰 피해를 입지 않은 것 같았다. 많은 사람이 목숨을 잃었음에도 불구하고 모든 곳이 완전히 경작되고 있는 것처럼 보였다."프랭클린은 수년간 펜실베이니아로 이주해온 모든 독일인의 고향을 처음으로 보게 되었다. 동시에 그는 미국이 그들이 가는 유일한 곳이 아니라는 것도 알게 되었다. "그들의 수는 고갈되지 않는 것 같다. 러시아의 황제가 현재 자국을 떠나고 싶어 하는 독일인들을 초청하고 있는데, 작년에만 4만 명이나 받아들였다고 한다."

7월 중순, 그들은 하노버를 방문해 왕립도서관을 살펴보고 저명한 독일 과학자인 요한 프리드리히 하르트만을 만나 일련의 전기 실험을 지켜보았다. 그들은 하노버에서 남쪽 괴팅겐으로 가서 두 사람 모두 왕립아카데미에 가입했다. 괴팅겐대학교의 교수였던 고트프리트 아헨발은 이 기회를 이용해 프랭클린에게 영국령 북아메리카 식민지의 과거와 현재 상황에 대해 자세히 질문했다. 프랭클린은 미국의 지리, 식민지의 건국, 인구 증가, 인디언 문제, 다양한 형태의 자유노동과 계약노동, 영국과의 관계 등에 대해 자세히 설명했다. 이 과정에서 프랭클린은 최근의 사건들을 식민지 입장에 유리하게 이야기했다. 아헨발은 대화 내용을 기록한 후 이렇게 덧붙였다. "모든 식민지는 잘 대우받으면 본국을 존중한다. 그러나 부당한 대우를 받고 경멸당한다고 느끼면 멀어진다. 식민지 주민들은 노예로 보내진 것이 아니라, 본국에 남아 있는 사람들과 동등한 합법적인 존재로서 보내진 것이다."

프랭클린과 프링글은 남쪽 프랑크푸르트와 마인츠로 여행한 다음, 북쪽으로 라인강을 따라 쾰른과 네덜란드를 경유한 뒤 영불해협을 건너 다시 영국으로 돌아왔다. 그들은 프링글이 공주의 출산을 돌볼 수 있도록 제시간에 도착했다. 프랭클린은 펜실베이니아 의회에 업무에 복귀했음을 보고하면서 "건강하고 활기찬 여행이었으며, 여행이 의도했던 바를 완벽하게 달성했다"라고 말했다.

이듬해 프랭클린은 다시 유럽 대륙에서 휴가를 보냈다. 이번에도 프링글과 함께 여행했는데, 여왕이 또 임신했으므로 단지 두 달 정도의 자유 시간이 있었다.

여행은 8월 말에 시작되었다. "이번 여름에 런던에 너무 오래 머물렀더니, 건강을 유지하기 위해 늘 하던 여행이 얼마나 필요한지 절실히 느끼고 있소"라고 프랭클린은 아내에게 편지를 썼다. 그가 여행을 미룬 이유는 두 가지였는데, 스티븐슨 부인에 따르면 "그를 매우 불편하게 만들었던" 등에 난 발진과 종기, 그리고 그로 인한 짜증이었다. 런던에서 도버까지 가는 내내 그는 좋았던 점을 하나도 찾지 못했다. 폴리 스티븐슨에게는 "여관 주인들과 마부들, 마차꾼들과 끊임없이 다투느라 괴로웠다"라고 했다. 또 자신과 프링글이 탄 마차가 차양이 너무 낮아서 밖을 보기 거의 불가능한 점이 이해가 되지 않았다. 프랭클린에게 여행의 가장 큰 목적은 경치를 보는 것인데, 그걸 못 하게 막는 구조가 답답했던 것이다. 그가 마차 마부에게 차양을 바꿔달라고 설득했지만 그들은 그것이 불가능하다고 말했다. 마차는 말의 안전과 이익을 위해 여러 장치가 설치되어 있어, 그것을 바꾸면 말들이 죽을 것이라고 했다. 프랭클린은 말이 안 된다고 했지만 아무 소용이 없었다. "그들은 도저히 이유 같지 않은 각종 이유를 덧붙였으며, 다른 수많은 경우와 마찬가지로 인간이 이성이라는 능력을 아예 갖지 않았으면 더 나았을 것이라는 생각이 들 정도였다. 사람들은 그 이성을 어떻게 써야 할지 거의 모르고, 오히려 그것 때문에 자주 스스로를 잘못된 길로 이끌기 때문이다. 차라리 그들에게는 대신 훌륭하고 분별 있는 본능이 주어졌어야 했다."

대륙으로 건너갈 때도 마찬가지였다. "칼레로 가는 배에 탄 승객들은 바다를 처음 보는 사람들이 많았다. 그들은 바람이 불지 않으면 저녁때까지 건너지 못할 수도 있기 때문에 아침 식사를 든든히 먹곤 했다. 틀림없이 그들은 아침 식사값을 지불했으니 그것을 먹을 권리가 있다고 생각했고, 음식을 먹었으니 이제 되었다고 생각했다. 하지만 그들이 바다에 나간 지 30분도 채 안 되어 바다가 그것을 달라고 요구했고, 그들은 그것을 토해낼 수밖에 없었다. 그러니 세상사는 끝날 때까지 어떤 일이 발생할지 모르는 법이다."

프랑스에서는 상황이 조금 나아졌다. 프랭클린은 해협 양쪽의 뱃사공과 짐꾼을 이렇게 평했다. "둘 중 누가 더 탐욕스러운지 잘 모르겠다. 하지만 프랑스인들은 교활하기는 하지만 더 예의 바르다."

칼레에서 파리로 가는 도로는 영국 도로만큼 좋았고, 많은 곳이 부드러운 돌로 포장되어 있고 가로수가 줄지어 있었다. "하지만 가난한 농민들은 우리에게 그들이 1년에 두 달 동안 아무런 임금을 받지 못하고 도로를 닦는 일을 해야 한다고 불평했다. 이것이 사실인지, 아니면 영국인들처럼 막무가내로 투덜거리는 것인지는 완전히 알 수 없었다."

프랭클린은 자신이 만나는 사람들의 다양한 안색에 놀랐다. 칼레와 불로뉴에서는 피부가 어두운 편이었지만, 아브빌에서는 훨씬 더 밝았다. 그는 이 변화가 몇 세대 전에 네덜란드 방직공과 직조공들이 이주해왔기 때문일 수도 있다고 추측했다. 이 사람들은 원래 피부가 밝은데 실내에서 일하면서 햇빛을 보지 않았기 때문이다. 그들의 피부가 흰색인 이유가 무엇이든, 그들은 부지런한 일꾼들이었다. "이곳처럼 근면한 곳은 없었다. 모든 집에서 물레와 직기가 돌아가고 있었다."

파리에 도착하니 사람들의 안색이 다시 변했지만, 그 이유는 더 쉽게 알 수 있었다. 프랭클린은 하숙집 딸 폴리 스티븐슨이 프랑스 숙녀들의 미용 비법에 관심이 있을 것이라고 생각해서 그 비법을 자세히 알려주었는데 그중 연지 사용이 가장 눈에 띄었다.

나는 숙녀의 화장대 앞에 앉아 연지를 어떻게 바르는지 볼 영광은 없었지만, 그것을 어떻게 바르는지 또는 바를 수 있는지 그 방법을 말할 수 있을 것 같네. 종이에 약 8센티미터 직경의 구멍을 뚫은 다음, 그 종이를 얼굴 옆에 대고 구멍의 윗부분이 바로 눈 아래에 오도록 놓아. 그리고 붉은색 화장품이 묻은 붓으로 얼굴과 종이를 함께 칠하면 되지.

종이를 떼어내고 나면 구멍 모양과 정확히 맞는 둥근 붉은 반점이 남게 돼.

이 방법은 무대 위의 여배우들부터 모든 계층의 여성들, 심지어 왕족인 공주들까지 사용하는 방식이야.

하지만 프랭클린이 직접 목격한 바로는, 왕비는 이런 화장술을 사용하지 않았다. 그와 프링글은 국왕 루이 15세와 마리 왕비가 공개석상에서 식사하는 성대한 연회에 초대받았다. 프랭클린은 좋은 인상을 받았다. 왕비에게서는 "평온함, 만족감, 그리고 아름다움"을 느꼈으며, 왕에 대해서는 "우리 둘 모두에게 매우 친절하고 상냥하게 말했으며, 잘생겼고 활기찬 모습을 하고 있었고, 실제 나이보다 더 젊어 보인다"라고 평했다(친애왕이라는 별명을 가진 루이 15세는 57세였다). 하지만 프랭클린은 폴리가 오해하지 않기를 바랐다. "이 왕과 왕비에게 너무 감명을 받아서 내가 예전처럼 우리 왕과 왕비를 사랑하지 않을 거라고 생각하지는 말게. 어떤 프랑스인도 내 왕과 왕비가 세상에서 가장 훌륭하고 가장 사랑스러운 분들이라고 생각하는 것에서 나를 능가할 수는 없을 것이네."

베르사유궁전 만으로도 여행의 고생과 비용을 감수할 가치가 있었다. "건물들의 규모가 엄청나며, 정원 쪽 건물이 특히 웅장하고 모두 다듬어진 돌로 만들어져 있다. 대리석과 청동으로 된 조각상, 인물상, 항아리 등이 정교한 솜씨로 수없이 많아서 상상을 초월할 정도다." 건축 비용은 약 8000만 파운드라고 하는데 관리는 소홀해 보였다. "수로 설비가 망가져 제대로 작동하지 않았고 마을 쪽에 인접한 궁전 앞부분도 마찬가지로 상태가 좋지 않았다. 지저분한 벽돌벽과 깨진 창문은 더럼 야드에 있는 집들보다 나을 것이 없어 보였다." 분위기가 이상하기는 했지만 이게 바로 프랑스식이었다. "요컨대 베르사유와 파리에는 웅장함과 태만함이 엄청나게 뒤섞여 있으며, 모든 종류의 우아함은 갖췄지만 청결함과 우리가 말하는 **깔끔함**은 찾아보기 어렵다."

그러나 프랭클린은 파리가 두 가지 공공 위생 면에서 런던보다 우위에 있다고 인정했다. 첫 번째는 수돗물 공급으로, 파리의 물은 "모래가 채워진 저수조에서 필터링되어 가장 좋은 샘물만큼이나 깨끗했다". 두 번째는 거리 상태인데, "포장된 인도는 없었지만, 꾸준한 청소 덕분에 거리 위를 걸어다녀도 좋을 만큼 깨끗했다". 이 때문에 여러 잘 차려입은 사람들이 사실상 마차나 가마 없이 거리에서 직접 걸었는데, 이는 런던에서는 보기 힘든 풍경이었다.

프랭클린은 프랑스 사람들이 자신이 만난 사람들 중 가장 예의 바르다고 생각했다. "이곳에서는 외국인을 존중하는 것이 보편적인 관례인 것 같다. 단지 외국인이라는 이유만으로 영국에서 귀부인이 받는 것과 동일한 대우를 받는다." 파리 근처 세관에서 프랭클린과 프링글이 불로뉴에서 받은 보르도와인 스물네 병을 압수당하는 일이 있었다. "하지만 우리가 외국인이라는 것을 알게 되자, 즉시 압수 조치를 풀어주었다." 노트르담대성당에서는 최근 세상을 떠난 왕세자비를 추모하는 전시회를 보기 위해 엄청난 인파가 모여 있었다. 프랭클린과 프링글은 처음에는 들어갈 수 없을 거라고 생각했다. "하지만 우리가 영국에서 온 외국인이라는 말을 듣자마자, 직원이 즉시 우리를 들여보내고 우리와 동행하며 모든 것을 보여주었다." 프랭클린은 자신과 폴리에게 질문했다. "우리는 왜 프랑스인들에게 이런 정중함을 베풀지 않는 걸까? 왜 프랑스인들이 우리보다 더 예의를 잘 차릴까?"

그 경험은 여행과 인생에 대한 성찰을 불러일으켰다. "여행은 삶을 길게 하는 한 가지 방법이다, 적어도 겉으로는 말이다. 우리가 런던을 떠난 지 2주밖에 되지 않았지만, 우리가 겪은 다양한 장면 때문에 한곳에 6개월 동안 머문 것과 같은 느낌이 든다." 이번 여행은 이들에게 한눈에 봐도 분명한 영향을 미쳤다.

아마도 나는 집에서 6년 동안 보낸 것보다 여기서 더 큰 변화를 겪은 것 같으오. 여기에 온 지 6일도 채 안 되어, 재단사와 가발쟁이가 나를 프랑스 사람처럼 완전히 바꾸어놓았다오. 가죽끈으로 뒤통수에 머리를 모아 묶는 작은 가방 모양의 가발을 하고 귀를 훤히 드러낸 모습을 한번 상상해보시오! 사람들은 내가 20년 젊어 보이고 아주 매력적으로 보인다고 하더이다. 그래서 유행을 신성하게 따라야 하는 파리에 있다 보니, 나는 하마터면 친구의 아내에게 사랑을 고백할 뻔했다오.

휴가는 예상했던 대로 다시 한번 의도했던 효과를 냈다. 이들은 10월 초에 런던으로 돌아왔고, 프랭클린은 몸과 마음이 회복되었다. 3주 후 그는 데버라에게 이렇게 편지를 썼다. "프랑스 여행에서 돌아온 이후로 매우 건강하게 잘 지내고 있소. 그 여행을 떠나기 전에 가지고 있던 질환들은 완전히 사라졌고, 운동과 좋은 공기 덕분에 새로운 힘과 활력이 생겼다오."

18장 이성 vs. 폭동

1768~1769

곧 맞닥뜨릴 일을 생각하면 프랭클린에게는 매우 시기적절한 재충전의 시간이었다. 영국에 돌아왔더니, 인지세법 폭동의 여파로 시작된 반미 정서가 톤젠드법 반대로 더욱 극에 달해 있었다. 이 관세가 부당하다는 이유로 식민지에서 즉각 거부된 탓이었다. 미국이 외부세*는 받아들일 수 있다고 말했던 프랭클린으로서는 당혹스러운 일이었다. 보스턴은 주민총회를 소집해 인지세법 사태 때의 수입 거부 협약을 재개하기로 결의했고, 프로비던스와 뉴포트 역시 같은 절차를 따랐다. 뉴욕에서는 상인들이 영국과의 교역을 중단했고, 장인들은 금수조치를 따르지 않는 상인들과의 거래를 끊었다.

미국이 이같이 반응하자—인지세법 때와 같은 폭동이 없었음에도—영국인들은 미국인들에 대해 앞뒤가 다른 믿지 못할 족속이라는 인식을

---

* 관세

갖게 되었다. 이들이 보기에 톤젠드 관세는 의회가 제국 내의 평화를 유지하기 위해 성의껏 내놓은 너그러운 조치였고, 따라서 미국인들의 수입 거부 선언은 모욕적이고 패역무도한 행위였다. 런던의 신문들은 격앙된 어조로 바다 건너의 배은망덕한 반역자들을 맹비난했고, 시내의 술집과 클럽에서도 그들을 굴복시켜야 한다는 여론으로 들끓었다.

프랭클린은 또다시 곤란한 입장에 처했다. 인지세법 때처럼 미국인들은 그가 영국 의회에 굽실거린다고 의심했다. 프랭클린이 괜히 그런 말을 해서 이번의 새 관세가 생긴 게 아니냐는 것이었다. 한편 영국에서는 그를 교활한 협잡꾼으로 여기는 이들이 많았다. 그는 분명 미국인들이 외부세에 동의한다고 하지 않았던가? 그런데 왜 미국은 이번의 외부세를 거부하는 것인가?

미국의 이익을 지키기 위해서뿐만 아니라 자신을 방어하기 위해서라도 프랭클린은 가만히 있어서는 안 되겠다고 생각했다. 언제나처럼 그는 사람들에게 침착하자고 호소했다. 다음은 그가 《런던 가제티어》 편집장에게 보낸 글이다. "(어제 자의 논객처럼) 미국인들을 '이 나라를 함정에 빠뜨리려는 자들' '미치광이들' '불구대천의 원수들' '믿을 수 없고' '배은망덕한' '극악무도한 살인마들'이라 부르며 덩달아 광분하지 말자. 만약 우리 손님들이 이런 대접을 받는다면 앞으로 우리 가게를 다시 찾겠는가. 그 대신 나는 미국 문제를 다루는 모든 기고가에게(자신의 **주장 자체**는 아무리 **강경**할지라도) **어휘는 부드럽게** 하고 품위와 매너를 갖춰달라는 부탁을 하고 싶다." 현재의 식민지와의 갈등은 돌이킬 수 없는 정도는 아니었고 따라서 공정과 이성으로 중재될 수 있었다. 과격한 언어는 문제를 악화시킬 뿐이었다. "욕설과 비방은 백해무익하며, 갈등의 골을 메우기는커녕 오히려 더욱 깊어지게 한다." 프랭클린이 지목한 어제 자의 격분한 필자가[*] '올드잉글랜

---

[*] 뉴잉글랜드가 아닌

드'라는 필명을 쓴 데 대해, 프랭클린은 '양식 있는 올드잉글랜드'라는 필명으로 응수했다.

《런던 크로니클》에는 보다 면밀한 글이 실렸다. "바람이 불지 않는데 파도가 일겠는가." 프랭클린은 속담과 자신의 과거 발언을 인용하며 돌풍을 잠재우고 물결을 가라앉히려고 애썼다. 그에 따르면 지금의 문제는 근본적인 오해에서 비롯된 것이었다. 따라서 "미국의 현실과 여론을 편견 없이 다룰 수 있는 역사가"가 과거부터 최근까지의 경과를 소상히 밝혀주면 사태가 바로잡힐 수 있으리라는 주장이었다. 역시 익명으로 작성된 이 글에서 프랭클린은 설명한다. 예로부터 지금까지 식민지들은 왕실이 요청하면 자발적으로 헌납하는 방식으로 영국의 국가 재정에 기여했다. 이런 식으로 "먼 나라에 사는 왕의 신민들은 아낌없는 자발적 헌납을 통해 자신들의 충정과 열의를 보여줄 수 있어서 기뻤고, 자신들이 왕의 은총을 받을 자격에 부합한다고 생각했다". 이러한 관행과 인식은 '영국인의 권리에 따라, 자신이 선출하지 않은 의회로부터의 과세는 부당하다'라는 미국 식민지인들의 신념과도 일맥상통하는 것이었다.

'여기까지는 모든 것이 순조로웠다'라고 프랭클린은 글을 잇는다. 문제의 발단은 이름이 밝혀지지 않은(하지만 누구나 알 만한) 어떤 장관이 미국인들에게 인지세를 부과하기로 결정하면서부터였다. 미국인들은 당연히 이 일방적인 과세 조치에 분노하며 저항했고 의회는 결국 이를 철회하는 현명한 판단을 내렸다. 인지세법 철폐에 미국인들은 "날아갈 듯 기뻐"했지만, 애초에 이 법을 기획했다가 실각한 영국의 장관들은 분개하며 복수의 칼을 갈았다. 그러던 차에 뉴욕이 영국군 주둔을 위한 숙영지 제공을 거부하자 영국은 이를 빌미로 뉴욕 민의회를 폐쇄했다. 이 일로 식민지 전역의 주민들은 엄청난 불안과 공포에 휩싸일 수밖에 없었다. 뉴욕에 가해진 조치가 자신들에게도 일어나지 말라는 법은 없었다.

여기에 새로운 세금 제도까지 도입되면서 사람들의 불안은 더욱 고조되었다. 세금 자체도 그랬지만 그 도입 목적은 더 불순했다. 바로 총독, 판사를 비롯해 왕실이 임명한 관리들의 임금을 충당하기 위해서였다. 그렇게 되면 관리들은 자신이 복무하는 지역으로부터 재정적으로 완전히 독립할 수 있었다. 이것이야말로 핵심적인 문제였다. 총독, 판사, 기타 관리들은 영국에서 파견되었다가 몇 년 뒤 임기가 끝나면 다시 본국으로 돌아가는 것이 일반적인 관례였으므로 이들은 식민지에 영속적인 이해관계랄 게 없었다. 이들이 자신의 급여마저 지방의회에 기댈 필요가 없어진다면, 식민지는 이들에게 그 어떤 영향력도 행사할 수 없게 된다. 총독은 민의회를 완전히 무시할 것이고 급기야는 아예 소집조차 하지 않을 것이 뻔했다. "결국 시민들은 자신의 가장 근본적인 권리를 박탈당하게 되는 것이다."

식민지 주민들의 불만은 그뿐만이 아니었다. 사리사욕에 눈먼 일부 영국 상인들의 압력으로 그들은 자체적인 지폐 발행 권리를 빼앗겼고, 그들 못지않게 집단 이기주의에 빠진 여러 이익집단은 못, 철강, 심지어 모자까지 미국 내 생산 금지 조치를 통해 이득을 챙겼다. "모자를 만들어 먹고사는 왕의 신민이 그 일을 바다 이쪽에서 하든 저쪽에서 하든 제국 전체의 공공복지에는 아무 영향이 없다. 그런데도 영국의 모자 업자들은 기어코 자기들에게 유리한 법안을 통과시키는 데 성공했다. 미국 내 모자 생산을 규제한 이 법에 따라 미국인들은 영국으로 비버 가죽을 보낸 뒤 모자가 제조되면 다시 구매해야 했고 추가로 운송비까지, 그것도 이중으로 부담해야 했다." 이에 못지않게 굴욕적인 것은 영국 감옥들이 자기네 인간쓰레기를 미국 땅에 갖다 버릴 수 있도록 길을 터준 오래된 관행*이었다. 영국은 이를 악용해 수십 년간 범죄자와 악당들을 버젓이 수출해왔고, 아주 최근에는 스코틀랜드마저 이 떳떳지 못한 영예를 차지했다.

이런 상황에서 미국인들이 어떻게 반응해야 했을까? 자신들에게 허락

---

*   1718 Transportation Act, 해외유배형

된 유일한 방법으로 스스로를 보호하는 것 외에 달리 어떤 선택을 할 수 있었을까? 그들은 어떠한 위법행위도 없이, 그저 영국산 제품을 수입하지 않기로 했을 뿐이다. 그렇게 하면 화폐 대용으로 써야 하는 금과 은을 아낄 수 있었고, 자신들의 의사와 상관없이 결정된 과세를 피할 수 있었고, 영국 독점기업들이 수시로 강요하는 부담을 덜 수 있었다. 또한, 훗날 왕실과 의회가 이성을 되찾아서, 지금처럼 식민지를 위헌적으로 **갈취하지** 않고 합헌적으로 협조를 **요청**하게 될 때를 대비하기 위해서이기도 했다. "이것은, 의회가 우리를 **반역자**이자 **매국노**로 매도하고 영국 언론이 우리를 향해 온갖 비방과 모욕을 쏟아냈음에도, 우리야말로 진짜 충성스러운 신민이라는 증거이다. 스코틀랜드에는 반란이 있었고 영국에서도 현 왕가를 겨냥한 여러 음모가 있었지만, 우리 미국은 그런 죄악에 때 묻지 않았다. 이 나라의 거의 모든 이가, 아니 이 나라에서 태어난 사람은 누구도 예외 없이 사랑과 신념으로 국왕께 충성을 다하고 있다."

그런데 이제까지와는 다른 새로운 충성이 요구되었다. 의회에 대한 충성, 즉 식민지인이 선출한 대표가 단 한 명도 없는 기관에 우리의 재산권을 통째로 바치라는 수준의 충성이었다. 이것은 단순히 새롭기만 한 게 아니라 위헌적이었고, 영국 제국에 치명적 해를 끼칠 위험이 있었다. "영국과 우리는 거대한 바다를 사이에 두고 멀리 떨어져 있지만 존경과 애정으로 서로 결속되어 있었다. 그래서 우리는 영국의 대의명분을 위해서라면 언제든 우리의 삶과 약소한 재산을 기꺼이 지불할 준비가 되어 있었다. 하지만 이 불쾌한 새 정책이 이러한 결속의 끈을 끊고 우리 사이를 영원히 갈라놓으려 하고 있다."

이 익명의 프랭클린은 열렬한 의회 지지자인 척하며, 자신은 이러한 견해와 무관하다는 듯 선을 그었다. "이성적인 영국인이라면 이런 주장에 찬성할 리 없다." 오히려 이것은 "지금 반쯤 제정신이 아닌 미국인들의 광적인 궤변"에 불과하다. 그렇지만 영국은 자신의 국익을 위해서라도 이런 목소리를 무시하지 말아야 했다. "대영제국의 상업과 제조업을 위해서, 그리고 성장하는 우리 식민지와의 굳건한 연합이 가져다줄 국력 강화를 위해서라도 저들을 이런 불필요한 광란으로 몰아넣지 않았더라면 얼마나 좋았을까!"

프랭클린이 미국 불평분자들의 시각으로부터 거리를 두는 모양새를 취한 것은 독자들의 방어적 태도를 차단하기 위한 하나의 선전 전략이었다. 하지만 그것은 그의 솔직한 양가감정의 징후이기도 했다. 프랭클린은 영국 정부와 미국 식민지의 관계에 대해 그동안 꾸준히 글을 써오면서도, 그게 정확히 무슨 관계인지, 또는 어떤 관계여야 하는지 스스로도 확신하지 못하고 있었다.

그런데 뜻밖에도 자신이 얼마 전까지 극렬히 반대했던 한 인물이 이 문제에 대한 가르침을 주었다. 바로 존 디킨슨이었다. 디킨슨은 프랭클린의 아들인 윌리엄 프랭클린과 거의 동년배였고 두 사람의 진로는 한동안 비슷한 궤도를 밟았다. 거의 같은 시기에 둘 다 필라델피아에서 법학을 공부했고, 런던의 미들템플 법학원에서는 디킨슨이 윌리엄보다 조금 앞서 학업을 마쳤다. 그 후 둘 다 법조계에 잠시 몸담았다가 정치에 입문하고 '현 체제'의 충실한 지지자가 되어 있었다.

그러나 윌리엄이 뉴저지 총독으로 임명되어 아버지인 프랭클린 편이 된 반면, 펜실베이니아 민의회 의원으로 당선된 디킨슨은 자연히 프랭클린의 반대편에 서게 되었다. 디킨슨이 옹호하는 '현 체제'는 바로 자기 지역구의 영주식민지 정부였기 때문이다. 디킨슨은 열정적인 논객이자 탁월한 필력을 지닌 작가였고, 바로 그 점 때문에 프랭클린은 그를 위험한 인물로 보고 있었다. 그래서 1767년 말 겨울부터 《펜실베이니아 크로니클》에 연재된 디킨슨의 글을 읽었을 때 프랭클린은 적잖이 놀랄 수밖에 없었다. 그의 글은 영국과 미국 식민지의 관계에 대해 그 시기 인쇄물로 발표된 것 중 가장 날카롭고 통찰력 있는 주장을 담고 있었다.

　사실 프랭클린이 놀란 것은 좀 더 나중의 일이었다. 당시 프랭클린의 글 대부분이 그랬던 것처럼 「펜실베이니아 농부의 편지」 역시 익명으로 발표되었기 때문이다. 프랭클린이 윌리엄에게 보낸 편지에 따르면, 힐즈버러 경이 이 글의 저자로 처음 점찍은 사람은 프랭클린이었다. "힐즈버러 경이 내게 '농부의 편지' 이야기를 꺼내더구나. 자기가 읽어봤는데 아주 훌륭한 글이라고 말이야. 누가 썼는지 짐작이 간다면서 내 얼굴을 뻔히 쳐다보는 게, 아마 나라고 생각한 모양이야." 프랭클린도 저자의 정체를 몰랐고, 몇 달이 지나서야 디킨슨이라는 것을 알게 되었을 때는 이미 그가 런던에서 「농부의 편지」를 소책자로 재출간하기 위해 직접 감사 인사를 담은 서문까지 써넣은 뒤였다.

　디킨슨의 「편지」는 프랭클린의 핵심 논지를 부정했다. 프랭클린은 의회 청문회에서, 그리고 이후 '베네볼루스'라는 필명으로 쓴 글에서 '내부세*와 외부세** 사이에는 중요한 차이가 있다'고 주장했었다. 그런데 디킨슨은 이런 구분 방식이 잘못되었다고 지적했다. 정작 중요한 차이는 과세의 목적, 즉 그것이 국고 수입을 위한 것인지, 통제***를 위한 것인지였다. 통제 목적의 과세는 교역국으로서 불가피하고 법적으로도 문제가 없었다. 그러나 재정 확보를 위한 세금은—이번 톤젠드 관세처럼— 납세 주체의 동의 없이 강제로 부과된다면 아무리 수입품에 붙는 외부세 명목으로 고안되었더라도 매우 불합리할 뿐만 아니라 결국 나라를 좀먹는 일이라는 것이었다.

　디킨슨의 「편지」는 톤젠드법에 반대하는 식민지 측에 이론적 정당성

---

* 　내국세
** 　관세
*** 　수출입 관리 등의 통제

을 제시해주었다. 대다수의 식민지 주민들은 이미 이 법을 악법으로 판정 내렸지만, 이 판단을 뒷받침할 헌법적 근거를 찾지 못하고 있었다. 바로 이 것을 디킨슨이 찾아준 것이다.

프랭클린도 그 점은 인정했지만, 「편지」의 논리가 이 논쟁을 종결지을 거라고는 생각하지 않았다. 윌리엄에게도 말했지만, 디킨슨의 구분 방식 역시 철학적 논리가 부실했다. 그는 의회가 식민지의 무역을 통제할 권한은 인정하면서도, 그 무역에 수익 목적으로 과세할 권한은 부정했다. 그렇다면 통제와 수익 사이의 경계를 어디에 그을 것인가? 설탕에 1페니 관세를 매기면 통제 목적이고 2페니를 부과하면 수익을 위한 것인가? 그보다 더 중요한 것은 선을 어디에 긋느냐가 아니라, 누가 그 선을 긋느냐였다. "의회 가 그 결정권자가 될 거라면, 이런저런 구분 기준을 세운다 한들 무슨 의미가 있겠는가."

근본적인 문제는, 주권을 쪼개려고 이리저리 시도해봤자 십중팔구 실패할 수밖에 없다는 점이었다. 영국 의회가 미국 식민지에 대해 완전한 주권을 행사하거나, 아예 행사하지 않거나, 둘 중 하나만 가능했다.

이 문제에 대해 더 많이 생각하고 더 많은 글을 읽을수록, 그 어떤 절충주의도 계속 밀고 나갈 수는 없을 거라는 생각이 더욱 확고해져. 내말은, 그것을 뒷받침할 명쾌하고 알기 쉬운 논리가 불가능하다는 뜻이야. 오히려 양극단의 주장, 즉 의회가 우리에 대한 입법권을 **전적으로 가진다**, 또는 **아예 갖지 않는다**는 입장을 뒷받침하는 것이 논리적으로는 더 쉬울 수 있어.

1768년 3월 바로 이 시점에, 프랭클린은 영국과 식민지 간의 관계를 가르는 일종의 '루비콘강'에 다다랐다. 의회는 식민지와 관련된 모든 영역에서 최고 권한을 갖는가, 아니면 그 무엇에도 권한이 없는가. 프랭클린은

"권한이 없다는 쪽이 논거도 더 많고 설득력도 있다고 생각한다"라고 아들에게 말했다.

하지만 언제나 그렇듯 이번에도 그는 이런 견해나 그 논리적 결론에 대해 성급히 단정 짓지 않았다. 의회가 식민지의 그 어떤 사안에 대해서도 권한이 없는 게 맞다면, 그들이 무슨 법이든 만들어서 식민지를 통제하려는 시도에 식민지가 저항하는 것은―이론상으로― 지극히 정당했다. "이런 이론이 성립된다면, 식민지들은 단지 같은 군주를 섬길 뿐인 여러 개별 국가로 나뉘겠지. '통일'되기 전의 잉글랜드와 스코틀랜드처럼 말이다." 영국과 미주 식민지가 잉글랜드-스코틀랜드의 연합 모델을 따를 것인가는 양국 국민이 결정할 문제일 것이다. 아직은 친영 제국주의자였던 프랭클린은 대서양횡단 연합을 선호했다. "그렇게 연합되면 어떤 지역은 몇몇 불이익을 감수해야 할 거다. 하지만 연합 전체로서의 힘이 강해지면서 모든 지역이 안보적으로 누리게 될 이점이 훨씬 클 거야." 그러나 아직은 시기상조라는 걸 그 역시 인식하고 있었다. "지금 우리 관계의 성격에 대해 양쪽 모두 잘 모르는 데다가 그에 대한 서로의 인식 차이도 너무 크기 때문에 당분간은 그런 연합이 실현되기 어려울 게다."

프랭클린은 이미 2년 전 의회에서 공격적인 질문을 받고 이를 교묘히 빠져나간 적이 있었다. 미국인들이 의회의 과세 권한을 부정한다면 나중에는 입법 권한까지 부정하게 되는 것 아니냐는 질문이었다. 그는 미국인들이 그런 논리로까지 생각하지는 않지만, 의회가 자꾸 그런 쪽으로 밀어붙이면 혹시 설득될 수도 있겠다고 답했었다. 불편한 질의를 모면하기 위해 반쯤은 우스개로 한 말이었다. 그런데 그 말이 프랭클린 본인의 뜻과는 달리 점점 현실이 되어가고 있었다. 프랭클린은 대영제국의 분열을 원치 않았지만, 생각의 논리는 그쪽으로 전개되고 있었다. 게다가 그 자신은 아직 아니지만 다른 사람들의 감정, 즉 민심도 그런 논리적 흐름을 부채질하고 있었다.

1768년 봄, 영국은 식민지 문제 외에 다른 여러 문제로 민심이 흉흉해지고 있었다. 우선, 존 윌크스가 프랑스에서 돌아와 의회 정치와 대중 정치의 열띤 현장으로 복귀했다. 그는 영국 시민으로서 모든 법적 자격을 박탈당한 것에도 아랑곳하지 않고 런던시 하원 선거에 출마했다. 일곱 명의 후보 중 꼴찌를 하며 참패했지만, 자신의 패인을 뒤늦은 입후보 탓으로 돌렸다. 그러고는 뻔뻔하게도 미들섹스로 달려갔다. 그곳은 아직 입후보 공석이 남아 있었고, 정부에 비판적인 한 인사가 토지까지 제공해준 덕분에 출마 요건을 충족시킬 수 있었다. 미들섹스도 다른 지역처럼 물가상승과 임금 하락으로 혼란스러운 시기였다. 견직공들은 파업 중이었고, 선원들은 출항을 거부했고, 석탄을 퍼나르던 인부들은 삽을 내려놓고 주먹을 치켜들었다. 이때 나타난 윌크스는 이러한 민중의 고통을 대변하는 존재가 되었다. 게다가 예전 구호인 '윌크스, 자유, 만세!'는 미들섹스의 분노한 시민들이 '윌크스, 석탄 하역부, 만세!' 등 각자 내키는 대로 바꿔 외치기에도 아주 좋았다.

윌크스는 여유 있게 당선되었고 그날 밤 그의 지지자들은 떼 지어 고성을 지르며 런던으로 몰려갔다. 조지 왕은 본인은 궁에 남은 채 병력을 출동시켰으나 군대는 이 사태를 진압할 능력이 없었다. 윌크스 지지자들은 런던시 시장의 집을 찾아가 창문을 깨부쉈고, 뷰트나 에그몬트 경 같은 명사들의 집도 같은 봉변을 당했다. 모두 그들의 영웅인 윌크스의 숙적으로 알려진 인물들이었다. 노섬벌랜드 공작은 협박에 못 이겨 윌크스를 위해 건배했고, 오스트리아 대사는 하필이면 폭도들이 장악한 거리를 지나고 있었다는 이유만으로 마차에서 끌려 나와 강제로 무릎까지 꿇려졌고 그의 신발 밑창에는 '45*'라는 숫자가 휘갈겨졌다.

윌크스는 이 야단법석을 방관하고 있다가 다음 날 저녁에야 성명을 발

---

* 윌크스가 발간한 《노스브리튼》지 제45호를 상징한다.

표했다. 정부당국이 치안유지 불능 상태에 빠진 것이 명백하므로 자신과 친구들이 그 역할을 대신하겠다는 내용이었다. 그리하여 도시를 순찰할 위원회가 구성되고 이들에게 특별 지침이 내려졌다. "국왕에게 그 어떤 모욕이나 무례가 범해지지 않도록" 난동꾼들을—자기들 편을 포함해— 세인트 제임스 궁으로부터 멀리 격리 조치하라는 지침이었다.

윌크스는 명예훼손죄 확정판결에 여전히 발목이 잡혀 있었다. 하지만 정부 각료들은 그를 체포할 엄두를 내지 못했다. 그랬다간 폭도들이 다시 들고일어날 것이 분명했다. 윌크스가 평화롭게 자진 출두하겠다는 의사를 밝혔지만, 그와 연루되는 것 자체가 싫었던 대법원장은 이를 묵살했다. 결국 윌크스는 영국 시민으로서의 권리를 주장하며 자신의 체포를 강력히 요구했고, 법원 집행관은 울며 겨자 먹기로 그를 맞아들여 구금했다. 그의 꺼림칙함은 곧 현실이 되었다. 윌크스 추종자들은 호송 마차를 탈취해서 말들을 풀어주더니 놀랍게도 자기들이 직접 끌채를 두르고 마차를 앞으로 끌기 시작했다! '인력 마차'는 덜컹거리며 스트랜드 거리를 행진했고 마침내 템플바를 통과한 뒤 잠시 휴식을 위해 '술통 셋 주점'에서 멈춰 섰다. 하지만 그곳에서 윌크스는 지지해준 친구들에게 감사를 전한 뒤 감옥까지는 혼자 걸어가겠다며 작별을 고했다.

윌크스가 투옥되자 상황은 더욱 걷잡을 수 없을 정도로 치달았다. 세인트조지필즈의 교도소에 있는 그의 감방 '창살'은 사실상 장식용이나 마찬가지였다. 이 재소자는 남녀 불문하고 손님들을 맞았는데, 특히 젊은 여성들의 방문 행렬이 끊이지 않았다. 윌크스가 한낱 난봉꾼일 때도 그랬지만 유죄판결을 받은 범죄자가 되자 훨씬 더 매력을 느낀 모양이었다. 그의 숭배자들은 감옥으로 와인 상자와 맥주 배럴을 계속 보냈고 그 밖에도 엄청난 양의 햄과 꿩, 심지어 거북이까지 보내왔다(윌크스식 자유주의운동이 대서양 건너까지 반향을 불러일으킨 덕분에). 미국 메릴랜드에서도 담배를

45통*이나 보내서, 런던의 대기오염을 한층 더 악화시키는 데 일조했다.

감옥 밖에서는 수천 명이 윌크스의 구속을 규탄하며 시위를 벌였고 5월 10일엔 그 규모가 거의 2만 명 가까이 불어났다. 이들은 고함을 지르고 손과 팔을 마구 휘두르며 교도소 관계자들뿐 아니라 행인들에게까지 위협을 가했다. 겁먹은 당국은 시위대를 해산시키려 했지만, 치안판사가 소요단속령the Riot Act을 낭독하던 중 누군가 던진 돌에 맞고 말았다. 판사는 인근에 대기 중이던 병력을 시위대 진압에 투입했고 뒤이어 벌어진 아수라장 속에서 민간인 예닐곱 명이 사망하고 더 많은 인원이 부상을 입었다. 이 사건은 즉시 '세인트조지필즈 학살'로 불리며 런던과 그 주변 전역으로 폭력 사태를 확산시켰다. 유리창을 박살 내고 주택을 파괴하는 사람들의 명분은 윌크스였지만, 그가 유일한 이유는 아니었다. 실직한 장인들은 일자리를 달라 외쳤고 선원들은 빵값 인하를 요구하며 각목을 휘둘렀고 석탄 노동자들은 더 좋은 맥주를 원했다. 각자 권위에 저항하는 방식은 가지각색이었지만 결국 이유는 단 하나, 굶어 죽느니 차라리 목매달려 죽는 게 낫다는 절박함이었다. 상류층들은 숨을 죽였다. 당시 호러스 월폴은 이렇게 적었다. "집 창문이 온전하거나 밖에서 무탈히 나다닐 수 있기만 해도 다행이다. 길거리를 걷는 것 자체가 역사책을 읽는 것이나 다름없다. (…) 번성하던 한 나라가 폭동으로 찌들어가는 이 이야기의 '제2권'이 과연 어떻게 펼쳐질지 생각만 해도 끔찍하다."

프랭클린은 이 사태를 지켜보며 경악했다. 4월에 그는 "정말 끔찍한 일들이 벌어졌단다"라며 윌리엄에게 편지를 적어보냈다.

폭도들이 윌크스의 미들섹스 당선을 축하해야 한다고 사람들을 압박

---

*   hogshead, 약 20톤

하는 바람에 런던은 이틀 밤 연속으로 불이 휜했단다. 특히 둘째 날 밤은 이 도시가 지금껏 치렀던 그 어떤 성대한 축하 행사도 명함을 못 내밀 정도로 아주 대단했지. 작은 교차로며 샛길, 막다른 골목 등등 아주 외진 곳들까지 전부 무수한 불빛으로 넘실거리고, 큰길들은 밤새도록 환했다. 폭도들이 새벽 2시 넘어까지 시내를 돌아다니며 불을 끈 집마다 찾아가 다시 초를 켜라고 협박하니 어쩔 수 없었어. 말을 듣지 않은 집들은 창문이 모조리 박살 났단다.

(양초값을 포함한) 재산 피해는 5만 파운드*로 추산되었고, 선량한 시민들의 정신적 피해는 훨씬 컸다. 프랭클린은 계속 적었다. "이렇게 기이한 사건이 또 있을까. 법을 어기고 도망친 데다가 인격적으로도 문제가 많고 돈 한 푼 값도 안되는 자가 갑자기 프랑스에서 건너오더니 이 왕국의 수도에서 출마하겠다고 나서질 않나, 심지어 낙선한 이유가 후보 등록을 너무 늦게 해서라니. 더구나 곧바로 수도권의 중심 주에서 정말로 당선이 될 줄이야." 윌크스 망나니들은 런던뿐 아니라 변두리 시골까지 공포에 떨게 했다. 그 시기 프랭클린은 윈체스터에 다녀왔는데, 런던에서 출발해 약 100킬로미터를 가는 내내 여기저기 휘갈겨진 '45'를 비롯해 그들이 지나가면서 남긴 흔적을 곳곳에서 확인할 수 있었다.

무정부적 혼란이 계속되면서 프랭클린의 놀라움도 점점 커졌다. "국왕이 거처하는 이곳 수도는 이제 매일매일이 폭동과 혼란의 무법천지라네." 프랭클린은 5월의 편지에서 이렇게 적었다.

폭도들은 순찰이라도 하듯 대낮에 시내를 훑고 다니고, 그중에 어떤 놈들은 사람들이 '윌크스, 자유, 만세!'를 외치지 않으면 닥치는 대로

---

* 약 9000만 원

때리기까지 한다네. 그런데도 재판부는 다들 무서워서 월크스에게 불리한 판결도 못 내리고 있지. 석탄 하역꾼과 짐꾼들은 임금 인상을 거부한 석탄 판매업자들의 집을 부수고, 톱장이들은 신생 목재소들을 파괴하고, 선원들은 출항을 앞둔 상선마다 온갖 밧줄이며 사슬을 떼어내서 출항을 원천 봉쇄한 채 상인들에게 보수 인상을 요구하고, 뱃사공들은 개인 소유의 보트를 부수거나 교량에 대해 위해 협박을 가하고, 방직공들은 가택에 무단침입해 베틀에 걸린 직물을 망가뜨리고, 그 와중에 군인들은 폭도들을 진압한다며 총을 발포해 남녀노소 할 것 없이 사람들을 죽이고 있다네. 이 모든 일로 도시 전체가 그저 무거운 침묵과 분노의 기운에 짓눌려버린 것 같아. 전국을 강타할 엄청난 폭풍 전야에 거대한 먹구름이 하늘을 뒤덮고 있는 것 같아.

이제 혼란을 저지할 수 있는 것은 아무것도 없었다. "민중들의 마음속에서 정부나 법에 대한 존중심은 사라진 것 같아. 그뿐만 아니라 선동적인 글쟁이들의 끊임없는 책동에 부화뇌동해 이제는 정부의 권위를 무시하고 그동안 사회질서를 유지해주던 모든 것들을 마구 짓밟고 있네."

월크스는 냉소와 부패로 얼룩진 체제를 상징하는 인물이었다. 선거운동은 사실상 뇌물과 술판이 전부였다. 프랭클린은 이렇게 적었다. "몇몇 지역에서는 후보마다 쏟아부은 돈이 2만에서 3만 파운드에 달하는 등, 왕국 전역에서 참 대단한 선거전들이 펼쳐졌단다. 술에 취한 미치광이 폭도들이 주택, 창문 같은 기물을 파손하는 직접적이고 실질적인 피해도 많았지만, 무엇보다 최악은 사람들에게 방탕과 나태를 조장하는 경악스러운 짓들이야." 부패 그 자체 못지않게 절망스러운 것은 그것을 무감각하게 받아들이는 분위기였다. "이번 선거에 거의 200만 파운드가 쓰일 거라고들 하더군. 하지만 숫자에 밝고 실리에 따라 움직이는 사람들 말을 들어보면, 왕실이 임명직 및 각종 보조금 용도로 쓰는 돈이 매년 200만 파운드나 되니, 의원직에 당선되기만 하면 7년짜리 복권에 당첨되는 셈이라는 걸세. 물론 복권을 산다고 다 당첨되는 건 아니지만, 그래도 충분히 투자해볼 만하다는 거지."

이 난장판 같은 광경에 프랭클린은 기겁했고, 자신이 정치 인생 내내 추구해왔던 목표에 회의를 느끼기 시작했다. 1740년대 이래로 그는 펜실베이니아의 영주식민지 정부를 반대했고 왕실의 직접 통치를 받는 것이 주민들에게 훨씬 나을 것이라고 부르짖어왔다. 그런데 지금 이것이 그 왕실 치하에서 한심한 수준으로 전락한 영국의 모습이었다. 그는 왕실 통치운동을 함께한 동지 한 명에게 이렇게 적어보냈다. "우리가 그동안 통치 체제 변화가 왜 반드시 필요한지 입이 닳도록 강조했건만, 정작 이 나라도 별반 나을 것 없는 상황이다 보니 왕정이 영주정보다 더 잘 운영되고 더 안전할 거라는 우리 주장이 설득력을 잃고 있네."

그렇다면 영주식민지 정부도 아니고 왕정도 아니라면, 대안은 무엇인가? 이번에도 논리의 흐름이 하나의 해답을 제시했다. 이전에 의회의 대식민지 입법 권한을 부정하는 쪽으로 기울게 했던 바로 그 논리였다. 하지만 이번에는 프랭클린이 아직 받아들일 수 없는 해답이었다.

영국의 상황이 이미 나쁠 만큼 나빴지만, 프랭클린은 지금보다 더 악화될 것 같은 불길한 예감이 들었다. 셸번 백작이 장관직에서 물러나고 후임으로 그렌빌이 올 거라는 소문이 무성했다. 프랭클린은 과거에 그와 설전을 벌인 적이 있었고 그가 식민지인들에게 적개심을 품고 있다는 사실을 잘 알고 있었다. 물론 미국인들 역시 인지세법을 입안한 자에게 낭비할 애정 따위는 없었다. 그렌빌이 돌아올 수도 있다는 생각에 프랭클린은 오싹했다. 다음은 그가 조지프 갤러웨이에게 적어보낸 내용이다. "만약 이 소문이 현실이 되거나 또는 다른 경로를 통해서라도 그렌빌이 다시 권력을 잡게 된다면, 그와 미국인들 간의 안 좋은 감정이 서로 충돌해서 돌이킬 수 없는 결과를 낳게 되지는 않을지 걱정일세."

　프랭클린은 이번 선거를 계기로 앞날이 어느 정도 명확해지길 기대하고 있었다. 그러면 자신도 펜실베이니아로 돌아갈 수 있을 터였다. 실제로 1768년 봄 내내 '몇 주 후면 곧 배를 탈 것'이라고 생각한 게 한두 번이 아니었다. 하지만 그렌빌이라는 새로운 변수가 등장하면서 프랭클린은 부둣가에서 발길을 돌려 크레이븐스트리트에 다시 눌러앉을 수밖에 없었다. 미국의 운명이 풍전등화와 같은 상황에서 그냥 떠나다니, 그것은 무책임한 행동이었다.

　다른 이유도 있었다. 프랭클린은 제국의 수도인 런던 정치판에서 능숙한 수완을 발휘했다. 의회 청문회에서의 재치 있는 말재주와 런던 신문에 익명으로 기고한 글 등이 그 실례였다. 하지만 그가 상대하는 정치인 중에는 그에 못지않게 영리한 사람들도 있었고, 오히려 그들 쪽에서 **프랭클린을 역이용하는** 수완을 부리는 이들도 있었다. 힐즈버러가 미국 담당 장관으로 임명되자 차관 자리에 프랭클린이 임명될 수 있다는 소문이 돌기 시작했다. 프랭클린은 그 소문을 대수롭지 않게 여기며 윌리엄에게 이렇게 말했다. "이곳 사람들 사이에서 나는 이미 '지나치게 미국 쪽'인 인물로 굳어졌어." 하지만 그의 말처럼 완전히 굳어진 결론은 아니었던 모양이다. 그 소문은 몇 달이나 더 계속되었고, 게다가 결정적으로 프랭클린은 '그 자리를 원하지 않는다'는 식의 입장 표명이나 그 밖에 그 소문을 잠재우기 위한 그 어떤 시도도 하지 않았다.

　정부 입장에서 보면 프랭클린을 임명하는 것은 지극히 타당한 선택이었다. 프랭클린은 식민지 대표 중 확실히 가장 유능했고, 정부란 본래 유능한 인재를 찾기 마련이다. 더 직접적인 이유로는, 프랭클린을 밖에 풀어 놓는 것보다 차라리 집안으로 들이는 게 덜 위협적일 거라는 판단이었다. 더 이상 반정부 인사가 아닌 정부의 일원이 되어 정부 정책이 **그 자신의** 정책이 된다면, 정부에 반기를 들 수도 없고 그럴 마음도 없어지지 않겠는가.

이는 정치에서 가장 효과적인 수법이었고, 따라서 가장 오래된 전략이기도 했다.

실제로 1768년 내내 여러 장관이 프랭클린에게 한자리 내어줄 것처럼 미끼를 흔들었다. 하지만 식민지와 영국 정부 사이의 상황이 상황인지라, 프랭클린은 편지를 주고받던 친구들에게 이런 이야기를 알리는 것은 주저했다. 유일하게 아들에게만 이 문제를 털어놓았는데, 윌리엄이 바로 그런 식으로 자리를 임명받고 지금도 그 수혜를 누리고 있는 당사자였기 때문이다. 프랭클린은 7월에 보낸 편지에서 낙관론과 비관론을 모두 설명했다. 그가 '둘도 없는 친구'라고 부르는 그레이 쿠퍼 재무부 서기관이 얼마 전에 들려준 이야기에 따르면, 그래프턴 공작이 최근 들어 프랭클린에 대해 좋게 말하고 있었다. 그래프턴은 재무부의 수장이었고, 무엇보다도 톤젠드가 갑작스레 사망한 후 병중에 있는 채텀을 대신해 정부의 수장 역할을 대행하고 있는 데다가 사실상 그 후임으로 예정된 인물이었다. 당시 프랭클린의 영국 장기 체류에 대해서나 그로 인해 부우정청장으로서의 직무 수행에 지장을 받는 것 아니냐는 의심의 눈초리가 있었는데, 이에 대해 그래프턴 공작은 쿠퍼에게 두 가지 해결 방안을 넌지시 권했다. 물론 프랭클린에게 하는 제안이었다. 그래프턴이 쿠퍼를 시켜 전한 이야기를 프랭클린은 다음과 같이 아들에게 적어보냈다. "물론 내가 근무지(미국)로 돌아가면 모든 의심이 단번에 해소되겠지만, 그래도 만약 영국에 남고자 한다면 (그분이 생각하기에는) 내가 이곳에서 더 나은 자리를 받을 만한 공로가 충분하다는 거야. 그러니까 여기서 내가 적절한 대접을 못 받게 되더라도 그분 탓은 아닌 게야."

프랭클린의 대답은 매우 조심스러웠다. "쿠퍼에게는 이렇게 대답했단다. 내가 영국에 머무는 것에 대해 누가 문제 삼았다는 말은 들은 바 없지만 어쨌든 나는 귀국할 채비를 하고 있었고 실제로 몇 주 후면 떠날 줄 알았다고 말이야." 하지만 그의 여행 가방은 배에 실린 적이 없었다. 그는 계속해서 쿠퍼에게 이렇게 말했다. "내게 이런 뜻을 알려주신 공작님의 선의를 마음 깊이 느꼈고, 나를 좋게 봐주신 데 대해 진심으로 감사드리네. 영국에 오래 머물면서 많은 사람과 친구가 되고 정이 들어서 그들과 좀 더 오래―아니 평생이라도― 함께 지내는 것이 나로서는 기쁘고 즐거운 일이 아닐 수 없지." 더 나아가 이렇게 덧붙였다. "내가 누군가의 대단한 능력과 온화한 인품을 진심으로 존경해서 이토록 성심껏 따르고 싶은 마음이 든 귀족은 그래프턴 공작님이 유일하네. 만약 그분이 나에 대해 '어떤 일을 맡겨도 그분과 공익을 위해 봉사할 사람'이라고 생각해주신다면 나는 그분이 말씀하신 보직을 기쁘고 감사한 마음으로 받겠네."

쿠퍼는 이 말을 듣고 매우 기뻐했다. 그는 자신도 프랭클린을 영국에 계속 붙잡아두고 싶었다면서 그가 이곳에 남는 것이 싫지 않은 것 같아 다행이라고 했다. 프랭클린이 재무부에 와서 공작을 직접 만나보는 게 어떻겠느냐는 제안도 건넸다.

프랭클린은 실제로 재무부를 방문했지만, 그래프턴은 부재중이었다. 대신 쿠퍼는 그를 재무장관인 노스 경과의 면담 자리로 안내했다. 노스 경역시 그래프턴 못지않게 호의적이었고, 프랭클린 박사가 영국에 머무르는 보람을 충분히 얻을 수 있도록 정부가 여러 방안을 마련할 수 있으면 좋겠다고 말했다. "나도 장관께 감사를 표하고 내가 정부에 어떤 식으로든 도움이 될 수 있다면 기꺼이 머물겠다고 대답했지."

프랭클린은 쿠퍼가 리치몬드에 소유한 시골 별장에 같이 가자고 조르는 바람에 그곳까지 가서 함께 저녁 식사를 하고 하룻밤을 묵었다. 얼마 뒤에는 그를 통해 다른 장관급 인사들까지 소개받았다. 그중에는 한때 프랭클린에게 비판적이었지만 결국 그의 매력에 푹 빠진 샌드위치 경도 있었는데, 그와 "헤어질 무렵엔 아주 친한 친구 사이가 되었단다"라고 프랭클린은 아들에게 말했다. 한편, 얼마 전까지 상무부 수장이었던 클레어 경 역시 프랭클린의 열혈팬이었다. "그분도 나한테 온갖 듣기 좋은 말을 퍼붓더구나. (하원에서) 청문회 때 내가 자기 질문에 좀 건방지게 대답했는데도 그 날부터 바로 내가 좋았다나. 조국을 지키고자 하는 내 기백이 마음에 들었다는 거야. 둘 다 와인을 한 병 반씩 마시고 헤어질 때는 심지어 나를 끌어안고 키스까지 하면서, 자기 평생에 남자를 이렇게 좋아한 적은 처음이라고 큰소리치더구나."

그러나 이런 일련의 호의적 분위기에도 불구하고 실질적인 진전은 없었다. 그래프턴의 마음이 바뀐 건지, 아니면 임명 절차가 진행 중인 건지 도무지 종잡을 수 없었다. 어쨌든 며칠 뒤 재무부에서 그래프턴과 다시 만나기로 예정되어 있었고, 그 자리에서 어떤 직책을 제안받는다면 프랭클린은(윌리엄에게도 말했다시피) 거절하지 않을 생각이었다. "그렇게 높은 분이 나에게 호의를 베풀겠다는 뜻을 보이는데 굳이 마다하는 건 적절치 않은 것 같다. 궁정에서는 호의를 사양하면 종종 수동적 적대감의 신호로 받아들여져서 괜한 적을 만들 수 있거든."

하지만 사람마다 자신이 받아들일 수 있는 윤리적 한계선은 있었다. "혹시 그렌빌이 미국과 관련된 부서에서 권력을 잡게 되고 내가 그 밑에서 일해야 한다면, 그런 자리는 무조건 거절해야겠지. 아무래도 두 나라 사이에 분열이 일어날 것 같거든. 물론 거절한다면 누군가는 불쾌해할 게 뻔하지만."

그래서 사람은 미래에 대해 너무 큰 기대를 걸어선 안 된다. "단 한 번의 주사위가 어디로 튀느냐에 따라 우리의 상황은 완전히 달라질 수 있으니까. 영전하거나 버려지거나 둘 중 하나겠지. 조만간 결정이 날 것 같긴 한데, 어느 쪽일지는 정말 점치기 어렵구나."

프랭클린은 젊은 시절 미국에서 인쇄공으로 일할 때 근면과 절약을 매우 중요한 덕목으로 여겼다. 근면함 덕분에 매 순간을 수익성 있게 쓸 수 있었고, 그렇게 얻은 수익은 절약 정신 덕분에 잘 간수할 수 있었다. 이런 미덕은 겉으로 보여주는 것도 중요했다. 자기 일에 성실하고 자원을 아껴 쓰는 사람이라는 인상은 손님들에게 신뢰를 주기 때문이다.

하지만 정치인이자 철학자로서 연륜이 쌓인 프랭클린에게는 그런 중산층적 가치가 더 이상 유용하지 않았다. 영국의 지배계층은 안락한 삶을 누리는 유한계급이었고, 그들 사이에서 입지를 넓힐 요량이라면 그들처럼 살아야 했다. 지나친 근면은 오히려 의심을 불러일으켰고, 절약은 성공하지 못한 사람이라는 인상을 주었다. 그리고 철학자에게는 당연히 사색하고 독서하고 글을 쓰기 위한 여유로운 시간과, 그러한 지적 활동을 뒷받침하는 쾌적한 환경이 필수적이었다.

프랭클린은 결코 사치스러운 생활을 하지는 않았지만, 런던에 있으면 있을수록 런던식 생활 수준에 익숙해지고 정이 들었다. 크레이븐스트리트의 안락한 아파트, 하인들, 전용 마차, 해마다 떠나는 여행, 클럽에서의 사교 활동, 이 모든 것이 더해져 이제는 런던 생활이 너무나 즐거울 정도였다.

그러나 젊은 시절의 가치관을 완전히 다 버린 건 아니었다. 돈을 들이지 않고도, 또는 생산적인 일에 쓸 시간을 갉아먹지 않고도 즐거움을 얻을 수 있는 작은 사치 거리를 발견하면 그때는 그 기쁨을 두 배로 즐겼다. 한번은 어느 프랑스인 추종자가 그에게 찬물 목욕을 활용한 새로운 천연두 치료법에 대한 소식을 편지로 전해왔는데, 이에 대한 답장에서 프랭클린은 자신도 찬물 목욕이 강장제 효과가 있다는 말은 오래전부터 들었지만, 신체에 지나치게 큰 충격을 가하는 것 같다며 다음과 같이 대답했다.

나는 다른 요소로 목욕하는 것이 내 체질에 훨씬 잘 맞는다는 걸 알게 되었네. 바로 찬 공기일세. 이걸 하려고 거의 매일 아침 일찍 일어나지. 옷이든 뭐든 아무것도 걸치지 않고 방에 앉아서—계절에 따라 다르지만— 30분에서 한 시간 정도 독서를 하거나 글을 쓴다네. 이 습관은 괴롭기는커녕 오히려 아주 기분이 좋아. 그런 다음에 가끔은 옷을 입는 대신 다시 이불 속으로 들어가기도 하는데, 그럴 때면 상상할 수 있는 가장 기분 좋은 꿀잠에 빠져 한두 시간 정도 밤잠을 보충한다네.

공기욕은 공짜였다. 그런데 돈을 실제로 절약해주고 골칫거리까지 덜어준 또 다른 도락이 있었다. 그가 스코틀랜드 친구인 케임스에게 한 말이다. "내가 꼽은 일상의 축복 중 하나는, 내 전용 면도날을 직접 갈고 혼자서도 아주 훌륭하게 면도할 수 있다는 걸세. 덕분에 날마다 소소한 즐거움을 누리는 건 물론이고, 종종 단정치 못한 이발사의 지저분한 손이나 고약한 입냄새, 그리고 무딘 면도날 때문에 겪게 되는 불쾌함도 피할 수 있지."

이 벌거벗은 철학자는 크고 작은 문제들을 사색하던 중에, 직접 하는 면도가 왜 그렇게 즐거운 일인지를 곰곰이 생각했다. 그동안 진정한 행복에 대해 케임스와 꾸준히 의견을 주고받았던 그는 두 사람의 생각을 다음과 같이 요약했다. "나도 예전부터 자네와 비슷한 생각을 갖고 있었네. 행복이란, 인생에서 아주 드물게 찾아오는 커다란 행운보다는 일상에서 마주치는 작은 편의나 기쁨들 속에 더 많이 깃들어 있다고 말이야."

행복은 다른 사람과의 편지에서도 다뤄진 주제였다. 한 청년이 프랭클린에게 결혼에 대한 견해를 물었다. 그는 특히 젊을 때 결혼하는 것과 나이 들어서 하는 결혼 중 어느 쪽의 결혼 생활이 더 행복할지 궁금해했다. "그동안 여러 결혼 사례를 관찰한 결과, 아무래도 나는 일찍 결혼하는 편이 더 승산이 크다고 생각하네. 젊은 사람들은 나이 든 사람들과 달리 성격과 습관이 아직 완전히 굳어지지 않았고 융통성도 있어서 부부간에 맞춰가기도 더 쉽고, 그만큼 서로 정떨어질 일도 줄어들게 되거든." 물론, 젊은이들은 경험이 부족하다는 단점이 있다. 하지만 이는 가족이나 친구들의 조언을 통해 보완이 가능하다. 아마도 방탕했던 자신의 젊은 시절이 떠올랐는지 그는 기혼자가 되는 걸 미루고 싶을 때가 종종 있는 건 사실이지만, 그래도 지체하지 말고 뛰어드는 것이 최선이라고 단언했다. "일반론으로 말하자면, 자연이 우리 몸을 결혼에 적합하게 빚어놓았다면 그것을 갈망하게 만든 자연의 뜻 또한 옳다고 여겨야겠지."

또 다른 편지에서는 정말 말 그대로 '풍덩 뛰어드는 것'에 관해 이야기한다. "자네 나이가 많아서 수영을 배우기엔 너무 늦었다고? 나는 그렇게 생각하지 않네." 그는 한 지인에게 이렇게 적어보냈다. 그 친구는 배를 자주 타는 일자리를 수락해놓고, 수영을 못해서 죽을까 봐 걱정하고 있었다. 프랭클린은 장문의 편지에서 부력의 물리학, 공포에 대한 둔감화 심리학, '늙은 개한테 새로운 재주를 가르치는' 교육 이론*을 줄줄이 열거하고 가장 기초적인 생존수영을 위한 약식 프로그램을 제시했다. 물론 이것은 어디까지나 첫걸음일 뿐이라고 강조했다. "수영을 제대로 배우시게나. 나는 모든 사람이 어릴 적에 수영을 배워야 한다고 생각하네. 그런 기술을 갖추고 있으면 사고가 벌어졌을 때 대체로 더 안전할 수 있을 테고, 그 밖의 여러 상황에서도 위험한 일이 벌어질까 봐 지레 겁먹지 않아도 되니 삶이 한결 더 평온해질 걸세. 게다가 이렇게 재미있고 유익한 운동을 하면서 느끼는 즐거움은 두말할 것도 없고 말일세."

이와는 다른 차원의 공중보건 문제도 프랭클린의 관심사였다. 다양한 지역 및 직업군에 속한 사람들에게 나타난 원인불명의 복합적인 증상에 관한 것이었다. 프랭클린은 인쇄공으로 일하던 시절, 가끔 날씨가 추울 때면 활자 조각들을 따뜻하게 덥힐 때가 있었는데, 그런 날 저녁이면 이상하게 손가락이 아프거나 뻣뻣해지곤 했다. 베테랑 조판공들에게 물어보니 이런 작업을 습관적으로 한 사람들이 손을 완전히 못 쓰게 된 사례들이 있었다.

---

* 원래는 '늙은 개에게 새 재주를 가르칠 수 없다'는 속담으로 나이 든 사람은 새로운 것을 배울 수 없다는 뜻임

아무래도 납활자에 열을 가하면 유독성 물질이 방출되는 것 같았다.

그는 이 정보를 머릿속에 저장해두고, 그다음부터는 차가운 활자로만 조판했다. 그 후 1745년에 토머스 캐드월러더의 「서인도제도의 마른 복통에 대한 소론」이라는 논문 인쇄 작업을 하면서도 이 정보를 기억하고 있었는지는 확실치 않지만, 한참 뒤 존 프링글과 함께 프랑스를 처음 방문했을 때는 그 사실을 떠올린 것이 분명했다. 두 사람은 '마른 복통'을 앓는 환자들을 집중적으로 치료하는 한 병원을 견학했다. 이 특정 위장 장애는 다양한 직업군의 사람들에게서 발병하고 있었는데, 프랭클린은 환자 명단을 면밀히 검토한 뒤 이들 직업의 공통점이 만성적 납 노출이라는 결론에 도달했다.

런던으로 돌아오고 얼마 뒤에는 토머스 캐드월러더의 친척으로 보이는 캐드월러더 에번스라는 인물로부터 편지를 한 통 받았다. 에번스는 서인도제도의 마른 복통이 영국 및 북미 식민지에서 발생하는 마른 복통과 증상이 유사하다는 점을 지적했다. 또한 서인도제도의 기후와 생활양식이 영국령이든 프랑스령이든 대체로 비슷한데도, 프랑스령에서는 질병 발생률이 현저히 낮다는 점도 언급했다. 에번스는 그 원인에 대해 한 가지 가설을 제시했다. 프랑스령 지역의 주민들은 포도주를 마시는 반면, 영국령 서인도제도의 주민들은—영국 본토와 북미 식민지 사람들처럼— 럼주를 마신다는 사실이었다. 럼주는 포도주와 달리 증류주였고 바로 그 증류기에 부속된 나선관이 주로 납으로 만들어지고 있었다.

프랭클린은 이 편지에 답하며, 뉴잉글랜드에서도 유사한 현상이 관찰되었고 실제로 그곳의 지역 당국은 증류기에 납 사용을 법으로 금지했다고 전했다. 그리고 마른 복통에 대해서 이렇게 덧붙였다. "오래전부터 나는 이 질병이 금속과 관련된 원인에서 비롯된다고 생각했습니다. 내가 관찰하기로는, 이 병에 걸린 사람들이 유리공, 활자 주조공, 배관공, 옹기장이, 백연 제조자, 화가들처럼 직종은 제각각인데 모두 납 성분을 다루는 장인들이더군요."

  납 중독의 병인학 및 역학은 프랭클린의 꾸준한 관심사였고, 그 밖의 여러 과학적 연구에서도 그의 호기심은 끊이지 않았다. 예를 들면 그는 국제적 규모에 준하는 관측 활동을 조율하는 데 중요한 역할을 했는데, 이 연구는 금성이 태양 앞을 가로지르는 '금성 일면 통과' 현상을 세계 각지에서 관측하고 그 시차parallax를 측정해, 최종적으로는 지구와 태양 사이의 거리를 계산하려는 프로젝트였다. 또한 런던의 세인트폴대성당 관리인들에게 크리스토퍼 렌의 이 걸작을 낙뢰로부터 보호하는 방법을 자문하면서 그의 전기 연구도 현실적인 응용으로 이어졌다. 그 밖에도 아들 윌리엄이 농업에 발을 들이자 과학영농에 대한 최신 이론을 파고들었고, 영국이 자국 내 양잠 산업을 육성하려는 움직임을 보이자 누에와 뽕나무의 생태적 특성을 탐구하기도 했다.

  한번은 영어 철자를 규칙화하기 위해 발음식 알파벳을 새롭게 고안한 적도 있었다. 폴리 스티븐슨이 그 실험 대상이 되었다. 프랭클린은 "Diir Pali"* 로 시작하는 쪽지에서 자신이 창안한(그가 특별히 설계한 활자 없이는 재현될 수 없는) 글자 여섯 개를 소개하고, 기존 철자의 사용법과 발음법에 대한 여러 가지 개선 방법도 함께 제시했다. 그는 이 새로운 알파벳이 상용되기는 어렵다는 걸 인정했지만 그래도 시도할 가치는 있다고 보았다. 영어 철자는 이미 발음과 너무 동떨어져 있어서, 원어민조차 글자를 읽고 쓰는 데 어려움을 느꼈고 외국인에게는 거의 불가능한 지경이었다. 그의 말을 표준영어로 번역하면 다음과 같다. "아무런 노력 없이 이대로 몇 세기만 더 지나면 영어는 차츰 소리를 표기하지 않게 되고, 중국어 한자처럼 오로지 '의미'만을 상징하는 기호가 되어버릴 것이다."

  그는 인간의 언어를 교정하는 데서 그치지 않고, 신의 언어에도 손을

---

*   Dear Polly를 자신이 고안한 방식으로 작성한 것

댔다. 프랭클린의 손길이 닿은 주기도문은 이렇게 바뀌었다.

하늘에 계신 아버지여, 모든 이가 주님을 경외하고 주님께 순종하는 자녀이자 신실한 백성이 되게 하시고, 주님의 법이 하늘에서와 같이 이 땅에서도 완벽히 지켜지게 하소서. 지금까지 날마다 주신 것처럼 오늘도 우리에게 일용할 것을 내려주시고, 우리의 죄를 용서하시고, 우리 또한 우리에게 잘못한 이들을 용서하게 하소서. 우리를 유혹에 빠지지 않게 하시고, 악에서 구원하소서.

물론 자신의 수정본에 문학적, 역사적, 신학적 근거를 주석으로 달았다. '하늘에 계신 우리 아버지'를 '하늘에 계신 아버지'로 수정한 이유는 그것이 "더 간결하면서도 동일한 의미 전달력이 있고 더 나은 현대적 영어 표현"이기 때문이었다. '우리를 시험에 들게 하지 마옵소서'를 '우리를 유혹에 빠지지 않게 하소서'로 바꾼 것은, 앞의 표현이 하나님과 인간의 관계에 대한 구시대적 관점을 담고 있었기 때문이다. "유대인들은 하나님이 이따금 인간을 직접 시험하시거나, 또는 인간에 대한 시험을 허락하거나 지시한다고 생각했다. 그래서 하나님이 애굽의 바로를 시험하고, 사탄을 통해 욥을 시험하게 하고, 거짓 선지자를 시켜 아합을 시험하게 했다는 등의 말들이 있었다. 이런 믿음 속에 살던 이들은 자신들을 그런 혹독한 시험에 빠뜨리지 말아달라고 하나님께 기도하는 것이 자연스러운 일이었다. 그러나 오늘날의 우리는 그런 초자연적인 차원의 유혹이 닥칠 경우 그것은 전적으로 악마에게서 비롯된 것이라고 여긴다." 유혹의 책임을 하나님께 돌리다니, 하나님께 합당치 않은 일이었다.

이런저런 관심거리에 마음을 빼앗기면서도 프랭클린은 땅 투자 사업도 소홀히 하지 않았다. 노바스코샤에서 소박한 성공을 맛본 뒤 입맛을 다시고 있던 그에게, 훨씬 더 큰 이익이 기대되는 오하이오와 미시시피강 유역이 눈에 들어왔다. 추운 노바스코샤에 비하면 대륙 중심부는 기후가 온화하고 인간 친화적인 환경이었다. 다만 정착을 가로막는 결정적인 걸림돌이 하나 있었으니 바로 인디언 부족들이었다. 그들은 조상 대대로 살아온 땅(또는 다른 부족이 조상 대대로 살던 땅을 빼앗아 차지하고 있던 땅)을 빼앗긴 현실에 불복하고 여전히 그곳에 머무르고 있었다. 이러한 원주민들의 무력적 장벽이 바로 1763년 칙령*의 법적 장벽을 낳은 원인이었다. 따라서 첫 번째 장벽이 제거된다면 그에 따라 두 번째 장벽도 무너질 것이라 가정하는 데 무리는 없었다. 실제로 영국 정부는, 인디언 부족들과의 협상이 타결된다면 현재의 칙령 기준선을 서쪽으로 옮길 의사가 있음을 밝힌 바 있었다.

바로 그런 합의가 1768년 가을에 잠정적으로 타결되었다. 뉴욕 변경에 있는 포트스탠윅스에서 뉴욕 총독인 윌리엄 존슨과 뉴저지 총독인 윌리엄 프랭클린이 약 3000명의 인디언들과 만나서 조약을 맺고 토지를 영국 측에 매각 받는 문제를 협상한 것이다. 협상 과정은 다소 까다로웠으나 윌리엄 프랭클린에게는 황금 같은 기회였다. 그는 자신이 속한 식민지의 총독 자격으로서뿐만 아니라, 사적으로는 자신만의 토지 제국을 꿈꾸는 투자자로서 그 자리에 참석한 것이기 때문이다. 그는 뉴저지 출신의 동업자들과 함께 뉴욕 올버니카운티에 3만 에이커의 땅을 매입했고, 또 다른 그룹과 합작해 10만 에이커에 대한 추가 지분을 확보했다. 또한 자칭 '고통받는 상인회'라는 단체**에 180만 에이커의 토지를 넘기는 절차를 감독하기도 했다. 이 단체는 저마다 부푼 꿈을 안고 몰려든 어중이떠중이들이었고 이들

---

* 식민지인들의 애팔래치아산맥 이서 지방으로의 이주를 엄금한 명령

** 인디언과 교역하던 상인들, 전쟁 및 약탈로 큰 손실을 입었다고 주장하며 대규모 토지 보상을 요구, 투기 및 로비 집단으로 변질되었다.

이 말하는 '고통'이라는 것도 사실은 돈방석에 앉는 꿈이 여태 실현되지 않은 것에 지나지 않았다. 윌리엄이 진행한 이 모든 토지 거래는 인디언 대표와 왕실 대표(총독) 간에 체결된 조약의 최종 승인 여부와 직결되어 있었다. 즉 영국 정부에 의해 조약이 비준되어야 토지 매매도 법적 효력을 얻는다는 뜻이었다.

윌리엄 프랭클린은 조약이 승인되도록 힘써줄 수 있는 적임자를 알고 있었다. 자신의 아버지였다. 곧바로 구체적인 내용을 전해 듣고 미래의 수익을 함께 나누자는 제안을 받은 벤저민 프랭클린은 흔쾌히 나섰고, 1769년 봄에(포트스탠윅스 합의 덕분에 이제는 그렇게까지 고통스러워 보이지 않는) '고통받는 상인회' 회원 두 명과 만나서 정치적 전략을 모색했다. 프랭클린도 이제는 확실히 알게 된 것이 있었다. 영국 정부에서는 어떤 일도 그 자체의 타당성만으로는 결코 통과되지 않는다는 사실이었다. 중요한 것은 인맥이었다. 그는 상인들에게 왕실과 의회 내의 유력 인사들을 영입해 파트너십을 넓히라고 조언했다. 그들의 후광을 이용하면 이번 사업에 승산이 있지만, 그렇지 않으면 희망이 없다는 말이었다.

그 결과 새롭게 영입된 인물들 가운데 가장 눈에 띄는 인사는 그 지체 높으신 로버트 월폴 경의 조카인 토머스와 리처드 월폴 형제, 그리고 채텀의 조카인 토머스 피트였다. 월폴 가문의 명성을 등에 업은 이 동업 집단은 세간에 회자되며 '월폴 회사'라는 이름으로 불렸으나, 공식 명칭은 '그랜드오하이오컴퍼니'였다. 프랭클린과 동업자들은 이 사업의 정치적·경제적 여건을 재검토한 끝에, 포트스탠윅스조약의 범위에 포함된 영토 중 240만 에이커에 대한 매입 권리를 왕실에 청원하기로 결정했다. 이 땅은 4만 에이커씩 60개 구획으로 나누어 참여자들 간에 분배하거나 새로운 투자자에게 판매할 계획이었다.

새로운 투자자를 찾는 일은 프랭클린이 직접 나섰다. 그는 곧장 맨 꼭대기부터, 아니 자신이 현실적으로 접근할 수 있는 최상위 인물부터 시작했다. 바로 그래프턴 재무부의 서기관인 그레이 쿠퍼였다. 프랭클린은 당장의 수익성과 후세가 누릴 혜택을 내세우며 설득에 나섰다. "최근 오하이오인디언들에게 매입한 영토에 대해 곧 토지 허가 신청이 시작될 예정이라서이 사실을 자네에게 알리지 않을 수 없었네. 내 생각에 머지않아 인근 식민지 주민들이 그 땅에 정착하게 될 테고, 그러면 투자자들은 몇 년도 안되어 큰 수익을 거두게 될 걸세." 프랭클린은 쿠퍼의 자녀들을 직접 만난적이 있었다. "자식들을 위해서라도 이번 기회를 놓치지 않는 게 좋겠네.장래에 아이들의 자산에 아주 큰 보탬이 될 걸세." 그에 비하면 그 비용은4만 에이커에 단돈 200파운드로 아주 약소했다. 그는 거래를 성사시키기위해 한발 더 나갔다. "자네가 그렇게 승낙만 하면 내가 자네 이름을 우리지분 명단에 올려두겠네."

쿠퍼가 그 제안을 고심하는 동안, 프랭클린은 자신의 '후세' 생각에 골몰해 있었다. 쿠퍼에게 편지를 쓰는 동안에도 자신의 첫 '정식' 손주의 탄생을 기다리고 있었기 때문이다. 딸 샐리와 리처드 베이치의 결혼에 결국익숙해지긴 했지만, 그 과정은 쉽지 않았다. 그는 몇 달이나 베이치의 편지에 답장을 보내지 않았고 마침내 마음을 잡고 회신을 보냈을 때의 내용도,결혼 당시 베이치의 재정문제 때문에 자신은 그 결혼을 "매우 경솔하고 성급한 결정"이라 생각할 수밖에 없었다는 언급이었다. "그래서 그 결혼이 당연히 못마땅했고, 자네 때문에 장차 내 딸이 고생할 걸 생각하니 자네가달갑지 않을 수밖에." 그런 심정이었기에 그는 될 수 있으면 편지를 쓰지않으려 했다. "기분 좋은 말이 나올 수 없었네. 어차피 기쁘게 해주지 못할바엔 상처도 주지 말자는 생각에 그냥 하고 싶은 말을 참기로 했지." 하지만 이제 그의 분노는 누그러졌다. "시간이 지나니 마음이 좀 풀리더군." 프랭클린은 베이치의 사업 전망이 호전되고 있다는 소식에 기대를 걸기로 하고, 사위에게는 과거의 손실을 만회할 수 있도록 부지런히 힘쓰라는 격려를 전했다. "지금으로선 그저 자네가 잘되기를 바란다는 말밖에 덧붙일 것이 없네. 앞으로 자네가 좋은 남편이자 좋은 사위가 되어준다면, 자네도 내가 사실은 따뜻한 아버지라는 걸 알게 될 걸세."

나이가 들수록 프랭클린은 딸의 행복한 결혼 생활에 더욱 신경이 쓰였다. 자신에게 남은 시간이 그리 길지 않으리라는 예감 때문이었다. 63세 생일을 불과 2주 앞두고 데비에게 보낸 편지에서—데비가 사위에게 꽤 좋은 인상을 받은 것 같아서 다행이라는 말과 함께— 그는 자신의 건강상태와 앞으로의 전망을 담담하게 진단했다. "통풍 기운"이 좀 있지만 대체로 건강은 양호했다. 그러나 자신이 오래 살 거라는 자만은 하지 않았다. "나 같은 덩치의 사람들이 어느 날 갑자기 쓰러지는 일이 종종 있지 않은가. 자연의 이치로 보더라도 나는 아무리 길어봐야 얼마 못 살 것이고, 심지어 내일 살아 있을지도 확실치 않아. 그래서 요즘은 바로 실행에 옮길 수 있는 일 외에는 계획 같은 걸 세우지 않아."

그런데 이 속세에서도 마치 불멸하는 듯한 희망을 주는 존재가 바로 손주들이었다. 물론 프랭클린에게는 이미 손주가 하나 있었다. 윌리엄의 아들 템플이었다. 하지만 아직 아이 아버지조차 아들로 인정하지 않은 상황에서, 아이가 유산을 요구할 자격이 있을지는 확실치 않았다. 템플은 1769년 초에 여섯 살이 되었는데*, 그해 1월 윌리엄은 아이를 가족으로 받아들일 수 있는 우회적인 방안을 제안했다. 프랭클린이 봄에 미국으로 돌아갈 계획이라고 하자, 윌리엄은 그때 템플도 함께 데려올 수 없겠냐며 "그때 가서 아이 이름을 본래 성으로 되돌려주고, 가난한 친척의 아들이라 소개하며 내가 아이의 대부로서 내 자식처럼 키우겠다고 하면 될 겁니다"라고 했다.

그 문제는 시간에 맡기는 수밖에 없었다. 그러던 중 샐리가 아이를 낳

---

* 1760년 2월생이므로 실제로는 만 8세에 가까웠다.

왔고 가족들은 이번에야말로 손주의 탄생을 마음껏 기뻐할 수 있었다. 이복 여동생의 아이를 마냥 반갑게 보긴 어려웠을 윌리엄조차 아이 할아버지에게 보내는 편지에서 "우리 귀여운 조카"의 탄생을 기뻐하며 '벤저민 프랭클린 베이치'를 다음과 같이 묘사했다. "또래 아기들만큼 살집이 있거나 튼튼한 편은 아니지만, 한눈에 봐도 아주 앙증맞고 귀여운 아이예요. 볼 때마다 더 예뻐지고요." 아이의 외할머니는 자기 남편에게 이렇게 말했다. "다들 그러는데, 아이가 당신을 많이 닮았대요."

프랭클린은 아내의 말을 그저 믿는 수밖에 없었다. 그는 편지에서—특히 아내에게 보내는 편지에서— 늘 귀국 이야기를 꺼냈지만, 정작 런던을 떠나지는 않았다. 딸이 결혼하는데도, 손자가 태어나는데도 그는 집으로 돌아가지 않았다.

심지어 아내의 중병조차 프랭클린이 대서양을 건너게 만들지는 못했다. 1768년 말에서 이듬해로 넘어가는 겨울 사이, 데비는 뇌졸중이 와서 말이 어눌해지고 기억까지 잃었다. 그 후 어느 정도 회복되기는 했지만, 필라델피아의 의사 친구 토머스 본드는 1769년 6월 프랭클린에게 보낸 편지에 이렇게 적고 있다. "데비의 건강이 전반적으로 약화된 모습이야. 고령에 이런 증세는 좋지 않네. 신경계에 더 심각한 손상이 올 수 있다는 징조야."

데비의 편지에서도 그 병세가 고스란히 드러났다. 철자와 구두점은 원래부터 약했지만, 이제는 글의 내용 자체가 옆길로 새거나 제자리를 맴돌기 일쑤였다. 프랭클린은 눈앞에 놓인 편지지 위의 글자 속에서 아내가 무너져가는 모습을 또렷이 읽을 수 있었다.

그럼에도 그는 끝내 집으로 돌아가지 않았다. 물론 프랭클린의 입장도 대변하자면, 그가 집에 있었어도 아내의 병세를 덜어줄 수는 없었을 것이다. 그녀가 회복된다면 그것은 신의 뜻이고, 회복되지 않는다면 그 또한 신의 뜻이었다. 이미 사람의 손을 떠난 일이었다.

그렇다 하더라도 만약 그가 런던을 떠날 이유를 찾고 있었다면, 이것만큼 좋은 구실이 없었다. 펜실베이니아 의회의 동료들도, 영국의 친구들도 다 이해했을 것이다. 누구도 그가 직무를 저버렸다고 비난하지는 않았을 것이다.

그러나 프랭클린은 떠날 이유가 아니라, 런던에 남을 이유를 찾고 있었다. 굳이 멀리서 찾을 것도 없었다. 그는 윌리엄과 함께 추진해온 토지 사업이 승인되기를 고대하고 있었다. 된다는 보장은 없었지만, 가능성만큼은 그 어느 때보다 높아 보였다. 이 일은 마치 섬세한 꽃 같아서 성공하려면 끊임없는 손길이 필요했다. 특히 런던처럼 정치적 압박이 가득한 환경에서는 더욱 그랬다. 지금 이곳을 떠난다면 수년간 꿈꾸고 노력해왔던 모든 것이 물거품이 될 수 있었다. 정부 고위직에 임명될 가능성도 여전히 그를 유혹하고 있었다. 프랭클린은 야망과는 거리를 두려 했지만, 보스턴에서 가출한 한 소년이 제국의 수도에서 명망 있는 자리에 올라 경력을 마무리한다면 그보다 더 만족스러운 일이 있겠는가. 가난한 리처드라면 이렇게 말했을 것이다. "자두는 나무 가까이에만 떨어지는 법이지." 그러니 런던을 떠나면 프랭클린이 자두를 잡을 기회도 영영 사라질 터였다.

토지 사업이든 고위직 임명이든 결국 그 시기의 가장 크고—적어도 식민지 대리인인 프랭클린에게는 가장— 우선적인 쟁점에 달려 있었다. 바로 식민지와 본국 간 관계의 본질과 향후 운명에 대한 근본적인 논의였다. 영국 총선 때문에 지금은 잠시 뒷전으로 밀려났지만, 머지않아 새 의회가 개원하게 되면 이 문제가 다시 수면 위로 떠오를 것은 분명했다.

프랭클린은 이번에도 의회 여론에 영향을 미치기 위해 할 수 있는 일은 전부 했다. 우선, 런던의 여러 신문사에 기고문을 보내 화해를 촉구하고 그 반대의 길을 경고했다. 그중 한 기고문에서는 과거 네덜란드의 연합주가 스페인 통치에 맞서 일으킨 반란을 상기시켰다. 무려 80년이나 지속된 전쟁 끝에 결국 스페인 제국이 몰락했다는 내용이었다. 물론 영국군은 스페인 병사들보다 더 용감하고 유능하다고 충분히 자부할 만했다. 이 점은 프랭클린도(이번에도 익명으로) 인정했다. 하지만 미국과의 전쟁에서는 그 어느 때보다 불리한 조건에 내몰리게 될 것이라고 경고했다. "누구나 알다시피 아메리카는 산과 숲으로 뒤덮인 나라이고, 그런 지형에서는 훨씬 적은 수의 비정규군도 대규모의 정규군을 끊임없이 괴롭힐 수 있다." 프랑스령 캐나다는 지난 전쟁에서, 영국 정규군 2만 5000명과 그에 맞먹는 미국 열세 개 식민지 병력의 공세를 5년이나 버텨냈다. 그런 캐나다조차—이제는 영국령이 되었지만— 열다섯 개 북미 식민지 중 약한 축에 속했다. 그런데 열다섯 개 식민지 전체를 적으로 돌려 그 병력과 싸운다고? 그러면 전쟁은—프랭클린 특유의 농담 반 진담 반 계산법에 따르면— 무려 열다섯 배, 즉 75년이 걸릴 터였다.

또 다른 기고문에서는 미국인들에게 자주 덧씌워진 오해, 즉 그들이 독립을 원하는 게 아니냐는 의혹을 강하게 부인했다. 식민지에 독립론자들이 득세하고 있다는 식의 글을 쓴 어느 잡지 투고자에게 프랭클린은 이렇게 반박했다. "한말씀 드리자면, 귀하는 **분명히** 잘못 알고 있습니다. 우리 식민지 주민들은 사랑스러운 국왕 폐하인 영국 왕의 종속에서 벗어나고 싶은 마음이 털끝만큼도 없습니다." '프랜시스 린'이라는 필명은 조금만 생각해보면 누구나 정체를 눈치챌 수 있었던 만큼 이 글은 익명을 가장한 실명 기고문이나 다름없었다.

또 한 번은 프랑스인으로 가장해 글을 썼다. 당시 프랑스는 코르시카에서 벌어진 반란을 무력 진압 중이었는데, 이를 두고 영국 내에서는 비판 여론이 거세게 일고 있었다. 프랭클린은 이런 현상을 은근히 반박했다. "당신들 영국인은 우리 프랑스를 자유의 적으로 여긴다. 남의 허물은 그토록 잘 보면서 자기 잘못에는 어찌 그리 눈이 멀었는가?" 코르시카인들이 노동이나 무역으로 우리 프랑스를 부유하게 한 적이 있었던가. 아니면 전쟁에서 프랑스와 나란히 싸운 적이 있었던가? 우리 프랑스를 사랑하고 존경한 적이 있었나? 그들은 프랑스의 자식이라 부를 수도 없는 이들이었다. "하지만 당신네 미주 식민지 주민들은 예전이나 지금이나 늘 그 모든 걸 하고 있지 않은가! 그런데도 당신들은 우리가 코르시카를 복속시키려 한다고 비난하는 지금 이 순간에도, 정작 자신들이야말로 훨씬 더 많은 영국계 북미인들을 노예로 만들려 하고 있다." 영국인들은 자유가 무엇인지 정말 알고나 있는가? "당신들이 진정 소중히 여긴다는 그 자유란, 결국 윗사람을 욕하고 아랫사람을 억압할 자유에 지나지 않는 것 같다."

프랭클린은—종종 신분을 숨긴— 공개적 활동 외에, 사적으로도 꾸준히 편지를 보내며 미국 내 상황이 걷잡을 수 없이 악화되는 것을 막고자 했다. 가장 위험해 보이는 지역은 보스턴이었다. 1768년 10월에 영국군이 보스턴에 상륙했다. 매사추세츠 민의회와 도시 곳곳, 그리고 새뮤얼 애덤스 같은 인물들의 글에서 반란의 조짐을 감지한 프랜시스 버나드 총독이 이를 진압하려 한 조치였다. 프랭클린은 최악의 사태를 우려하며 조지 휫필드에게 이렇게 적어보냈다. "나는 미국에서 안 좋은 소식이 들려올까 봐 늘 마음이 불안하다네. 보스턴에 병력을 보내는 조치는 애초부터 위험해 보였어. 사태에 도움이 되기는커녕 도리어 문제만 키울 수도 있으니까." 식민지인은 자신들이 부당하게 탄압당한다고 느꼈고, 병사들은 젊은 데다 무기까지 들었으니 당연히 거만하고 무례했다. "그 둘을 한데 모아놓았다가 무슨 일이 벌어질지 어떻게 걱정이 안 되겠는가. 화약고 한가운데에 대장간을 차려놓는 격이지."

(이 편지에서는 프랭클린과 위대한 복음 전도사가 30년 가까이 이어온 신학 논쟁이 또다시 펼쳐졌다. "나도 자네와 마찬가지로, 지상의 통치자들이 우리의 일을 제대로 다스리지 못한다는 점은 잘 **알고 있네**. 다만 나도 자네처럼 '하늘에 계신 분들이 우리 일을 잘 관장하고 계신다'라고 **믿을 수 있다면** 얼마나 좋을까." 하지만 그럴 수 없었다. "물론 우주가 전반적으로는 잘 통치되고 있을 걸세. 하지만

몇 가지 정황으로 보건대, 우리 인간 세계의 사소한 일들은 미처 신의 눈에 들지도 못하고 그때그때 인간의 지혜나 어리석음 중 우세한 쪽에 따라 결정되는 게 아닌가 싶어.")

새 의회가 개원한 뒤에도 톤젠드법을 폐지하기는커녕 미국인들이 제출한 반대 청원마저 거들떠보지도 않자, 프랭클린은 보스턴 친구들에게 편지를 보내며 인내를 호소했다. 그는 노스엔드에서 사우스엔드까지 곳곳을 휘젓고 다니는 무뢰배들의 속성을 어린 시절부터 익히 알고 있었다. 그런 자들이 날뛰게 해서는 안 되었다. 대신 보스턴을 포함한 모든 식민지는, 톤젠드법에 대응하는 해독제로서 지금까지 이어온 평화적 수입 거부 협약을 흔들림 없이 지켜나가야 했다. 영국 의회는 그 법을 철회하지 않겠다는 의지가 확고해 보였다. "그 법이 철폐될 때까지는 우리 미국인들도 근면과 절약의 결의를 저들 못지않게 확고히 지켜나가기를 바랍니다." 편지를 받은 보스턴의 목사 새뮤얼 쿠퍼는 프랭클린의 당부를 사람들에게 널리 전파했다. 프랭클린에 따르면 영국 의회는 미국인들을 너무 얕보고 있었다. "그들은 우리가 영국 제품 없이 얼마나 오래 버틸 수 있겠냐는 착각에 빠져 있습니다. 그들은 우리가 불매운동을 끝까지 지킬 만한 품성이 있겠냐고 의심합니다. 그들은 식민지들이 서로 분열하고 속이고 배신하다가 결국 줄줄이 영국의 예속에 얌전히 굴복하고 다시 영국의 고급품을 쓰게 될 거라는 상상 속에 빠져 있습니다." 프랭클린은 영국 친구들에게 사정이 절대 그렇지 않다고 누차 말해두었고, 이제는 미국의 친구들이 그 말이 틀리지 않았음을 보여줄 차례라고 덧붙였다.

그는 모든 책임을 곧바로 영국 의회의 문 앞에 가져다놓았다. 영국의 국민들은 "고귀하고 너그러운 성품"을 지닌 사람들이었기 때문에 탓할 대상이 아니었다. "그들 중에도 우리 친구들이 아주아주 많습니다"라고 프랭클린은 새뮤얼 쿠퍼에게 말했다. 국왕인 조지 3세에게 미국의 고통에 대한 책임을 돌리는 건 더더욱 어불성설이었다. "이분보다 더 훌륭한 성품과 본이 되는 덕성을 갖추고, 모든 백성의 평안을 이토록 진심으로 바라는 군주는 또 없을 것입니다." 그러나 의회는 전혀 달랐다. "이 법의 제정자(즉, 이전 의회)는 당시 너무 당황한 나머지 꾐에 빠져서 저지른 일이었을 거라고 어느 정도는 이해해줄 수 있습니다. 하지만 새로운 의회가 이 법이 잘못된 법이라는 걸 누구보다 잘 알면서도 그냥 밀어붙이기로 작정한 것은 나로서도 도저히 두둔할 길이 없습니다." 심지어 톤젠드법에 반대하던 미국인들도 외교적 예를 지키느라 영국 의회에 대해 "지혜와 정의"를 들먹였지만, 프랭클린은 딱 잘라 말했다. "새로운 의회가 정말로 **지혜로웠다면** 우리의 반대 청원을 읽지도 않고 내팽개치지는 않았겠지요. 그리고 정말로 **정의로웠다면** 그 법을 폐지하고 돈을 다시 돌려줬겠지요."

프랭클린도 사실상 더 나은 결과를 기대하기는 어려웠다. 의회 내에도 톤젠드법을 폐지하자는 여론은 일부 존재했지만—물론 미국인들을 아끼는 마음에서가 아니라 자국의 상업적 이해관계 때문이라는 점은 인지세법 때와 똑같았다— 정부는 꿈쩍할 의지도 에너지도 전혀 없어 보였다. 이 점에 대해서는 프랭클린도 자신과 대척점에 있는 그렌빌의 견해에 동의할 수밖에 없었다. 다음은 그렌빌이 현재의 내각을 두 명의 풋내기 선원에 비유한 이야기다. 두 선원은 돛대 전망대 위에 일단 올라가긴 했는데, 도대체 뭘 해야 할지 몰라서 그저 바쁜 척만 하고 있었다(프랭클린이 다시 전한 그렌빌의 이야기다). 갑판장이 "잭, 자네 거기서 뭐 하고 있나?"라고 소리치자, 잭이 "아무것도요"라고 대답했다. 그러자 갑판장은 또 다른 선원에게 물었다. "그럼 거기 톰, 자넨 뭘 하고 있나?" 그러자 톰이 대답했다. "저요, 저는 잭을 도와주고 있습니다."

그런 자들이 나랏일을 맡고 있으니, 앞날은 아무리 좋게 봐줘도 암울할 뿐이었다. 프랭클린은 1769년 10월 윌리엄에게 다음과 같이 적어보냈다. "미국 문제가 이쪽에서는 어떤 방향으로 흘러갈지 지금으로서는 전혀 알 수가 없구나. 양국의 친구들은 화해를 원하지만, 어느 한쪽에라도 적의를 품은 자들은 그 틈을 어떻게든 더 벌리려고 안달이거든. 결국 어떻게 끝날지는 하나님만 아시겠지."

19장 갈등의 심화
1770~1771

1770년 3월, 프랭클린이 예고했던 대장간의 불꽃이 결국 화약고에 옮겨붙었다.

보스턴의 겨울은 도시 전체를 극도의 긴장 속에 몰아넣었다. 거리와 코먼 광장을 새하얗게 뒤덮은 차가운 눈 포단은 이미 첫눈의 낭만을 잃은 지 오래였다. 처마 끝마다 매달린 고드름도 한때는 그림 같은 풍경이었지만, 이제는 오가는 이들의 머리를 위협할 뿐이었다. 물론 이런 모습은 어느 겨울이나 다르지 않았다. 하지만 이번 겨울이 더 혹독했던 것은 자연의 괴롭힘에 더해 영국 의회의 모욕적인 조처까지 겹쳤기 때문이다. 보스턴은 그야말로 포위된 성이었다. 영국군 병사들이 거리 곳곳을 순찰했고, 영국 군함은 항만에 정박해 있었다. 하지만 병사들이 이곳에서 할 일은 거의 없었고, 그나마 쓸 돈은 더 없었다. 이 두 가지를 메우기 위해 그들은 부업거리를 찾아 나섰고, 이는 애타게 일거리를 구하던 미숙련 보스터니언들의 분노를 샀다. 그들이야말로 일자리가 훨씬 더 절실했기 때문이다. 양쪽 집단 모두 몸 쓰는 데 거리낌이 없는 젊은 남성들이었고, 그나마 얼마 있지도 않은 돈은 시내 선술집에서 럼주에 탕진하기 일쑤였다. 그렇게 밖으로 나가 한바탕 난투극으로 유흥을 마무리해야 직성이 풀리는 녀석들이 있는가 하면, 싸구려 여자조차 구경도 못해서(돈 없는 남자에겐 일상이다) 그 대신 쌈박질로 혈기를 달래는 자들도 있었다.

젊은 놈들끼리 알아서 하게 내버려두었다면, 서로 치고받아봤자 머리통이 깨지거나 귓바퀴 몇 개쯤 물어뜯기는 정도로 끝났을 것이다. 그러나 그들의 거친 어깨 위에는 갈수록 고조되는 제국의 갈등이라는 짐이 얹혀 있었다. 보스턴 민중 정치세력 중에서도 가장 목소리가 컸던 새뮤얼 애덤스, 제임스 오티스, '자유의 아들들'은 영국 의회가 자기들 같은 반대파를 길들이기 위해 붉은 군복의 청년들을 보냈다며, 틈날 때마다 맹렬한 공격을 퍼부었다. 보스턴의 모든 신문도 자기들의 도시 한복판에 주둔한 용병들이 무고한 시민에게 저질렀다는 온갖 모욕과 만행을 선정적으로 보도했고, 심지어 어떤 경우는 이야기를 지어내기도 했다. 시민들은 용병들의 사기를 꺾기 위해 탈영을 유도했고, 이에 대응해 영국 장교들은 탈영병을 채찍질로 다스렸으며, 본보기 삼아 처형까지 했다.

그렇게 고조되던 긴장과 갈등은 결국 보스턴 내부에서부터 터졌다. 수입 거부 협약을 어겼다고 지목된 한 상인은 '민중의 적'이라는 낙인이 찍혔고, 청년과 소년들 무리는 고함을 질러대며 그의 가게 앞에 '수입업자'라는 팻말을 내걸었다. 이웃인 에베니저 리처드슨이 친구를 편들며 그 팻말을 뜯어내자, 일당의 분노는 곧장 리처드슨에게로 향했다. 그는 이미 '미국에서 가장 파렴치한 자식'이라는 소리까지 들으며 급진파의 의심에 시달리던 인물이었다. 리처드슨이 집 안으로 쫓겨들어가자, 급진파 한 명이 사람들의 소란을 뚫고 큰소리로 협박했다. "얼른 나와, 이 죽일 놈의 개자식! 내가 네 놈 심장을 파내고 간까지 도려내주마!" 위협의 말이 끝나기가 무섭게 리처드슨의 창문으로 돌팔매가 시작되었다.

리처드슨은 얼마 전 토머스 허친슨의 집이 어떤 꼴을 당했는지 똑똑히 알고 있었다. 자기 집은 그에 비하면 너무나 보잘것없었지만 그래도 그에겐 분명한 보금자리였다. 이 집을 반드시 지켜야 했다. 산탄총을 들고 모습을 드러낸 그는 사람들이 여전히 조롱과 위협을 퍼붓자, 결국 백조 사냥용 산탄을 발사했다. 그 총격으로 열한 살 소년 크리스토퍼 시더가 목숨을 잃었고, 다른 한 명은 부상을 입었다. 사고가 터지자 무리 중 일부는 정신이 번쩍 들었지만, 다른 이들은 오히려 더 격분했다. 리처드슨이 총을 재장전하려고 멈춘 사이 분노한 이들이 달려들어 그를 덮쳤다. 그들 중 '자유의 아들들' 일원으로 잘 알려진 한 사람이 재판도 없이 처형해서는 안 된다며 사람들을 말리지 않았다면, 그는 아마 그 자리에서 사지가 찢겨 죽었을 것이다.

리처드슨은 보스턴 시민이었지, 영국 군인이 아니었다. 그런데도 시더 소년의 죽음은 군인들의 뒷배인 영국의 정책 탓으로 돌려졌다. 영국 의회는 보스턴을 거의 노예상태로 몰아넣으려고 작정한 듯 보였고, 소년의 장례식은 민중들이 의회에 분노를 표출하는 장으로 바뀌었다. 그 뒤로 2주 동안 술집에서든 거리에서든 사람들의 인내심은 차츰 한계에 도달하고 있었다. 어느 애국심 넘치는 밧줄 제조공은 한 병사에게 일자리가 필요하냐고 물으며 시비를 걸었다. 군인이 그렇다고 답하자 이 밧줄공은 딱 맞는 일이 있다며 말했다. "내 뒷간 청소나 해라."

3월 5일 밤, 킹스트리트에서는 혈기가 앞선 견습공 하나가 영국군 장교를 조롱하는 일이 있었다. 마침 근처에 서 있던 휴 화이트라는 이등병이 견습공의 무례함에 분노해 그를 때렸다. 젊은이가 도와달라고 외치자, 어디선가 순식간에 사람들이 몰려들었다. 멀지 않은 교회에서는 화재경보를 알리는 종소리가 울리기 시작했고, 수백 명의 남녀가 그 소리를 듣고 모여들었다. 그런데 다들 뭔가 수상쩍은 무장을 한 채였다. 한 구경꾼은 이렇게 말했다. "불 끄러 가는 사람들이 몽둥이와 곤봉은 왜 들고 있는지, 거참 이상하군."

군중이 몰려들자, 영국 경비대 지휘관은 화이트 이등병을 구출하기 위해 부하들을 동원했다. 분대는 장전된 머스킷 총에 총검까지 장착한 채, 고함치는 군중을 뚫고 화이트가 있는 곳까지 돌진했다. 그러나 사람들이 곧바로 그 뒤를 에워싸면서 이제 인질은 한 명이 아니라 아홉 명이 되었다. 병사들을 향해 욕설, 고함, 눈덩이, 날카로운 얼음 조각들이 빗발치듯 날아왔다. 가로등 하나 없이 달빛만 어슴푸레 비치는 그 골목에서 병사들은 진심으로 생명의 위협을 느꼈다. 군중들은 피를 보고야 말겠다는 듯 발악했다. 누구의 피든 상관없어 보였다. 급진파 한 명이 조롱하듯 외쳤다. "염병할 놈들, 이 개자식들아! 쏴보던가! 그래봤자 다 죽이지도 못하잖아!"

유난히 흉포하게 날아온 얼음덩어리가 휴 몽고메리라는 이등병을 강타했다. 젊은 병사는 비틀거리더니 그대로 미끄러지듯 쓰러졌고 그에 반응하듯 병사들은 발포했다(그것이 명령에 따른 것이었는지 자의적 행동이었는지를 두고 치열한 논쟁이 벌어졌지만 끝내 결론은 나지 않았다). 거의 코앞에서 발사된 탄환은 치명적일 수밖에 없었다. 군중 가운데 세 명이 그 자리에서 즉사하고, 두 명은 얼마 후 숨졌다. 여섯 명가량은 부상을 입었으나 목숨은 건졌다.

"끔찍한 학살극", 새뮤얼 애덤스는 이 사건을 이렇게 명명했다. 폴 리비어가 찍어낸 판화는 '피의 학살'이라는 제목이 붙어 퍼져나갔다. 곧 '보스턴 학살'이라는 명칭이 미국 동부 해안을 따라 곳곳으로 전파되었고, 마침내 대서양을 건너서 이 같은 비극적 소식이 곧 들려오겠거니 우려하고 있던 프랭클린에게까지 전해졌다.

프랭클린은 그 병사들을 "천인공노할 살인자들"이라고 불렀다. 보스턴에서 벌어진 폭력 사태는 이미 예견된 일이었음에도 여전히 충격으로 다가왔다. 이번 살상은, 미주 식민지와 영국 정부 사이의 갈등이 궁극적으로 어떤 대가를 치르게 될 수 있는지를 지금까지의 그 어떤 사건보다도 생생하게 보여주었다. 이 싸움은 입헌주의 원칙을 둘러싼 대립이었지만, 동시에 사람들의 삶이—그리고 목숨까지— 걸린 투쟁이었다.

1770년까지만 해도 프랭클린은 미국과 영국 간의 쟁점을 일부러 모호하게 대할 때가 많았다. 양측이 합리성을 발휘해 서로의 원칙을 조금씩 양보하면, 그렇게 마련된 해법이 비록 엄밀한 논리 기준에서는 다소 불완전하더라도 양쪽 모두 수용할 수 있으리라 기대했기 때문이다. 그러나 보스턴 학살과 그것을 둘러싼 일련의 사건들로 인해, 프랭클린은 마침내 문제의 핵심에 시선을 고정했다. 궁극적으로 받아들여질 수 있는 결론은 과연 무엇일까, 신중히 고민을 시작할 때였다. 아이러니하게도 이 사건은 프랭클린을 다시금 보스턴으로—비유하자면— 되돌려놓았다. 반세기 전, 그가 자신의 개인적 저항을 위해 등졌던 바로 그곳으로.

그 시기에는 아이러니한 일들이 넘쳤다. 보스턴 학살이 일어난 바로 그날, 런던에서는(결국 채텀이 병환으로 사임하고 뒤를 이른) 새로운 총리가 톤젠드법의 관세 대부분을 철폐하는 법안을 의회에 제출했다. 인지세법 철폐 이후 로킹엄 총리가 그랬던 것처럼, 노스 경도 전임자의 정책 중 실정이라고 판단한 것들과 선을 그었다. 하지만 그 역시 로킹엄과 마찬가지로, 식민지에 굴복하는 듯한 모습을 용납할 수 없다는 의회 내 여론도 고려하지 않을 수 없었다. 과거 로킹엄은 선언법으로 그렌빌파를 달래는 전략을 취했다. 노스 경은 톤젠드 세금을 모두 철폐하되 차tea에 대한 세금만은 남겨두는 방식을 채택했다. 별도로 상정된 병영법 역시 이와 유사한 맥락에서 연장 없이 그대로 만료하기로 결정되었다.

영국 정부가 노선을 바꿨다는 소식이 대서양을 건너오는 데는 몇 주가 걸렸다. 의회가 대부분의 조치를 철회했다는 사실이 마침내 보스턴에 전해졌을 무렵에는, 학살 사건으로 끓어오른 분노가 이미 차디찬 증오로 굳어져 있었고, 그 증오는 의회와 그들이 만든 모든 것에 향하고 있었다.

보스터니언들의 눈에 들어온 것은 이미 폐지된 세금이 아니라 끝내 남겨진 단 하나의 세금이었다. 새로운 내각이 내미는 '올리브 가지'가 곧이곧대로 보이지 않았다. 그것이 언제 갑자기 몽둥이로 바뀔지 아무도 모르는 일이었다.

노스 내각이 출범하고 부분적 철회가 결정되기까지 한 달 동안, 프랭클린은 그런 반쪽짜리 조치의 정당성을 약화시키는 데 온 힘을 기울였다. 철폐론자들이 '전면 철폐' 쪽으로 결의를 다지게 하려는 의도였다. 그는 《가제티어》에 "또 한 명의 상인"이라는 필명으로 글을 실었다. "이 모든 해악의 주범인 그렌빌파는(세금이 철폐될 경우) 장차 미국인들이 터무니없는 요구를 해올 것이라며 불안을 조장하고 우리를 겁주려 할 것이다." 하지만 이는 말도 안 되는 소리였다. 미국인들이 바라는 건 단 하나, "이따위 새삼스러운 정책들이 도입되기 전에" 그들이 이미 누리고 있었던 권리를 되찾는 것뿐이었다. 부분적 철폐라는 발상에 프랭클린은 한 가지 일화를 떠올려 비유했다.

국왕의 가도에서 활동하던 한 징세관이 어느 역마차 승객들의 소지품을 샅샅이 강탈해놓고는 갑자기 인심이라도 쓰듯, 한 승객에게는 가문의 인장을, 다른 승객에게는 친구의 유품인 추모 반지를 돌려줬다. 그러자 세 번째 승객이 용기를 내어 자기 할머니 유품인 시계를 돌려받을 수 있겠느냐고 물었다.

그러자 그가 외쳤다 "이런 망할, 너희는 양심도 없냐? 이러다간 다들 돈까지 돌려달라고 하겠군! 이 염치도 없는 개자식들. 그냥 머리통들을 확 날려버릴까 보다!"

전면 철폐가 아직 가능하던 시점에는 그런 포즈를 취하는 것이 맞는 선택이었다. 하지만 프랭클린의 경우, 그것은 일시적인 '정치적 포즈'에 머물지 않았다. 그는 부분 철폐가 이미 결정된 뒤에도 자신의 태도를 바꾸지 않았다. 3월 말까지도 보스턴에서 일어난 학살 사건에 대해 모르고 있었지만, 철폐 여부를 둘러싼 논쟁을 지켜보며 식민지인들이 끝까지 단결해 버턴다면 그들이 시작한 일을 결국 달성할 수 있으리라는 확신이 들었다. 그는 노스 경과 그의 측근들도 실은 톤젠드 관세를 전면 철폐하고 싶었을 거라고 판단했다. 문제는 베드퍼드 공작을 중심으로 한 강경파였다. 그들은 그런 방향은 모조리 반대했다. 프랭클린은 필라델피아에 있는 친구 찰스 톰슨에게 이렇게 전했다. "이쪽 당파는 우리에 대해 언급할 때마다 대놓고 욕을 하지 않으면 입안에 가시가 돋치는 모양이야. 그자들이 우리를 최대한 점잖게 불러줄 때 쓰는 말이 '반역자' 아니면 '배신자'라네. 아마 어디서 그럴듯한 구실이나 기회가 뚝 떨어져서 드디어 군인들을 시켜 우리를 학살할 수 있을 날만 기다리고 있을걸?"

베드퍼드파는 단독으로는 철폐안을 저지할 힘이 없었다. 한때 그들 쪽으로 저울추가 기울었던 것은 미국에서 불매 동맹이 와해되고 있다는 소식 덕분이었다. 그러나 그 이후 영국 상인들은 수입 거부 협약이 멀쩡하게 잘 작동하고 있다는 사실을 몸소 깨닫게 되었다. 배 한 척이 못, 유리 등 미국에서 가장 필요할 법한 물건들을 싣고 브리스틀에서 보스턴까지 먼 항해를 마다 않고 건너갔다. 그러나 화물에는 단 한 명의 구매자도 나타나지 않았고, 결국 배는 짐을 고스란히 실은 채 먼 길을 다시 돌아갔다. 화주들은 막대한 손해와 함께 체면까지 구겨야 했다. 뉴욕에서 온 상선 선장 열 명은 영국 항구에 배를 묶어둔 채 관세 철폐 소식을 기다리고 있었다. 그러나 차tea세가 그대로 유지된다는 소식을 듣자, 화물 하나 없이 바닥짐만 싣고 출항해버렸다. 이 일로 영국 제조업자들도 열 척 분량의 화물 손실을 감수해야 했다.

"제조업자들의 분위기가 슬슬 달라지고 있다네"라고 프랭클린은 전했다. "우리가 의지를 꺾지 않고 계속 밀고 나간다면, 이 사람들은 곧 들고일어날 게 뻔하네. 지금까지는 정부가 어떻게든 막아왔지만 말이야." 불매운동은 효과를 내고 있었고, 따라서 절대 포기해선 안 되었다. "그러니까 내 생각엔 이번에 우리가 끝까지 버텨서 완전히 끝장을 봐야지, 그렇지 않으면 앞으로 두 번 다시는 똑같은 방법을 쓸 수 없을 거야. 어쨌든 조금의 성공 가능성도 기대할 수는 없다는 말이지. 하지만 우리가 딱 1년만 더 버텨낸다면 그다음부터는 이 방법을 다시 꺼낼 일조차 없게 될 걸세."

프랭클린은 조지프 갤러웨이에게 보내는 편지에서 자신의 주장을 한층 더 보강했다. "나는 확신하네. 우리 반대파들이 온갖 술수를 부려봤자 제조업자들은 단 1년도 더 참지 못할 거야. 얼마 전까지 순진하게 믿고 따라갔다가 이제는 그 대가를 뼈저리게 느끼기 시작했거든." 또한 그는 극기에 가까운 불매운동이 미국인의 품성을 단련시키고 장기적으로 미국인들에게 큰 이익이 될 것이라는 자신의 기존 주장을 더욱 구체화했다.

무역 중단이 장기화된다면, 우리 쪽에는 긍정적인 효과가 나타날 걸세. 새로운 제조업이 하나둘씩 뿌리를 내리고 훗날 자립적으로 번창할 수 있는 계기가 되어줄 테니까. 또 우리 생산품으로 벌어들인 엄청난 돈이 나라로 들어와 유통되면서 우리 자산의 질도 높아지고 그 값어치도 올라갈 거야. 물론 지금은 예전만큼 영국 제품을 들여다 팔 수 없으니 일부 상인들은 손해를 볼 수도 있을 거야. 하지만 미처 업종을 바꾸지 못한 사람들도 조금만 지나면 우리 국내산 제품들로 자기네 가게와 창고를 꽉꽉 채우게 될 걸세. 한편, 손님들은 근면과 절약 덕분에 형편이 나아질 테고, 예전만큼 소비하지는 않아도, 자기들이 사는 물건에 대해서는 제대로 돈을 낼 수 있게 되겠지.

지금의 세금과 관세 논란이 일어나기 훨씬 전부터 수십 년 동안, 미주 식민지들은 영국 상인들에게 경제적으로 의존해왔다. 식민지 주민들의 소비 습관 때문이었다. 그런 소비 습관이 바뀌지 않는다면, 톤젠드법의 마지막 관세가 철폐된다 해도 식민지의 경제적 의존은 오랫동안 계속될 수밖에 없었다. 지금의 위기는 시련이기도 했지만, 동시에 미국인들이 자기 운명의 결정권을 회복할 수 있는 기회이기도 했다.

미국인들은 이 기회를 반드시 붙잡아야 했다. 어쩌면 마지막 기회일 수도 있었다. 최근 영국에서 벌어진 추잡한 사건들은 더 많은—그리고 더 심각한— 사태를 예고하는 전조였다. 프랭클린은 갤러웨이에게 이렇게 말했다. "지금 이 나라의 국정 전반이 완전히 대혼란 상태라네. 정파 간 대립이 극에 달해서 서로 얼마나 지독하게 물어뜯었는지, 이 나라에서 조금이라도 이름 있거나 영향력 있는 인물 중에 생채기 하나 없이 멀쩡한 사람이 아무도 없어. 온갖 부패와 탐욕을 자기들끼리 다 까발리는 바람에, 이제 일반 시민들 사이에는 지도자들에 대한 존경이나 의회에 대한 신뢰, 정부에 대한 존중이 완전히 무너졌다네."

프랭클린은 여러 달 동안 대서양 양쪽 모두로부터 의심과 불신의 시선을 감내해야 했다. 미국의 급진파들은 그가 부우정청장직에 계속 앉아 있는 걸 보고 그가 영국 내각의 하수인이라고 단정했다. 그게 아니라면 내각이 진작 그의 직책을 박탈했을 거라 여긴 것이다. 게다가 아들이 뉴저지 식민지의 왕령 총독이라는 사실도 그에 대한 의혹을 키웠다. 반면 영국 쪽에서는(소수이고 소극적이긴 했지만 미국에서도) 의회 주권을 지지하는 사람들이 그를 의심의 눈초리로 바라보았다. 그들은 프랭클린이 의회에서 했던 증언을 듣거나 읽고, 혹은 그의 사상을 직접 접하고, 게다가 미주 식민지를 옹호하는 수많은 글의 저자가 그였다는 사실(이미 공공연한 비밀이었다)을 짐작하고는, 그 역시 급진파이거나 마찬가지 부류라고 결론지었다.

프랭클린은 자신이 양국 사이의 애매한 틈바구니에 끼어 있음을 잘 알고 있었다. 그는 《젠틀맨스 매거진》에 실명으로 기고한 글에서 이렇게 말했다. "두 나라 중 하나는 내가 태어나 자란 곳이고, 다른 하나에서는 오랜 세월을 보내며 수많은 친구와 즐거운 인연을 맺었다. 나는 두 나라 모두의 번영을 진심으로 바란다." 프랭클린은 양국 관계를 회복시키기 위해 온 힘을 쏟았지만, 뚜렷한 성과를 거두지 못하고 있었다. "나는 양국 어느 쪽에서도 별다른 성과를 거두지 못한 듯하다. 다만, 공정하게 처신하려다 오히려 양쪽 모두에게 의심을 사게 되었다. 영국에서는 지나치게 '미국 쪽'이라는 이유로, 미국에서는 지나치게 '영국 쪽'이라는 이유로 말이다."

그러나 보스턴 학살이 일어나고, 톤젠드법 철폐 투쟁이 벌어지고, 여기에 프랭클린이 지속적인 수입 거부운동에 분명한 지지를 표명하면서, 그가 어느 쪽인가에 대한 의혹도 상당 부분 해소되었다. 의회의 식민지 통제 권한을 거부하던 미국 내 세력들은 프랭클린을 기꺼이 환영했다. 조지프 갤러웨이는 필라델피아에서 프랭클린에게 편지를 보내, 그동안의 성과를 축하하고 앞으로의 과제에 대해 용기와 확신을 불어넣었다. "미국 사안이 영국에서 어떻게 다뤄지고 있는지 소식을 전해주셔서 진심으로 감사하네." 그는 민의회 내 동료들의 뜻을 대변하며 이렇게 말했다. "미국에 정의가 실현되지도 않았고 자유가 온전히 회복된 것도 아닌데, 두 나라 사이에 애착 관계든 이해관계든 어떤 형태의 연합이 이뤄질 수 있다고 믿는다면, 영국 내각은 아주 큰 착각을 하고 있는 것이지."

보스턴에서 보인 반응은 훨씬 더 극적이었다. 워낙 격렬한 저항의 중심지였던 탓에, 인지세법이 통과되었을 때부터 그곳에 있는 프랭클린의 친구들은 그가 꾸준히 중도 노선을 보이는 것에 대해 대신 사과하거나 해명해야 했었다. 제인 미컴은 동네 사람들이 오빠에 대해 떠드는 기분 나쁜 이야기들이 혹여 사실은 아닐까라고 걱정하며 정기적으로 편지를 써보내고 있었다.

그런데 그가 수입 거부운동을 강하게 지지하고 나서자, 보스턴 사람들은 그를 거의 영웅처럼 떠받들었다. 게다가 그가 찰스 톰슨에게 보낸 편지가 곧바로 필라델피아에서 보스턴으로 전달되어 공개되면서, 그는 가장 급진적인 인물의 반열에 들게 되었다. 편지의 요지는, 베드퍼드 계파가 사실상 보스턴 학살을 촉발했다는 내용이었다.

이에 새뮤얼 애덤스는 곧바로 프랭클린에게 편지를 보내, "대서양 건너편에 있는 우리의 친구여" 최근 보스턴에서 벌어진 범죄의 진상이 미국의 자유를 적대하는 자들에 의해 왜곡되지 않도록 힘써달라고 호소했다. 이 서신에는 보스턴 타운미팅 위원회의 다른 위원들도 서명했다. 그리고 얼마 지나지 않아 매사추세츠 민의회는 표결을 통해 프랭클린을 자신들의 영국 주재 대리인으로 임명했다. 그 직책을 맡기기로 한 결의안에는 그의 능력과 성실성에 대한 깊은 신뢰가 담겨 있었다. 민의회는 결의문에서, 프랭클린이 "우리 매사추세츠 식민지와 민의회의 헌법적 권리를 지키기 위해 항상 경계를 늦추지 않고 최선을 다해줄 것임을 전적으로 믿는다"라고 밝혔다. 이어 민의회는 토머스 쿠싱 의장이 서명한 공식 서한을 보내왔다. 의회는 편지에서 프랭클린의 능력을 "대단히 신뢰하고 있습니다"라고 밝히며 다음과 같이 단언했다. "귀하가 우리 매사추세츠 식민지와 이미 친숙하고 그에 대한 각별한 애정이 널리 알려진 만큼, 이곳을 지키기 위해 귀하의 모든 힘과 역량을 쏟아주시리라 믿습니다."

프랭클린은 매사추세츠 민의회의 제안까지 받아들이면, 영국에서는 자신을 더 의심하게 될 것임을 잘 알고 있었다. 보스턴 학살 이후 몇 달 동안—그리고 그사이 그가 수입 거부운동에 찬동한 사실이 바다 건너 런던에까지 퍼지면서— 그의 우정청 직책은 지속적으로 공격받고 있었다. 프랭클린은 그 모든 비난이 억울하고 분했다. 그것은 자신의 직무 수행에 대한 부당한 공격일 뿐 아니라, (공격자들은 자각하지 못했더라도 그가 보기에는) 헌법에 명시된 미국인의 권리까지 부정하는 적개심이 깔려 있었기 때문이다.

그는 상관인 우정청장 르 데스펜서 경에게 편지로 해명하면서 자신을 공격하는 이들을 무력화하려 했다. "공직에 있는 사람이라면 누구나 그렇듯 저 또한 적이 있습니다. 그들은 제가 해임되면 아주 통쾌해하겠지요. 그리고 이 자리를 노리는 자들도 따로 있습니다." 그러나 그런 일은 결코 용납되어서는 안 된다. 물론 금전적인 이유도 있었다. 연 300파운드의 봉급을 잃게 된다면 "제 연간 수입에 매우 심각한 차질이 생길 것"이기 때문이었다. 하지만 더 중요한 건 '원칙'이었다. "저는 거의 40년이라는 오랜 봉직을 거쳐 차근차근 이 자리까지 올라왔습니다. 그동안 성실함과 관리 능력을 바탕으로 우편 행정을 크게 개선시켰고, 항상 충직하게 임무를 수행해 지금까지 모든 상관으로부터 좋은 평가를 받았습니다." 더욱이, 영국의 신민이라면 공적 사안에 대해 개인의 의견을 자유롭게 말할 수 있어야 했다. "저는 미국에 보낸 여러 편지에서 제가 가진 정치적 견해를 비롯해 최근 미국을 둘러싼 조치들(제가 생각하기에 매우 경솔한 조치들)에 대한 불만을 표현했고, 미국인들에게 관세법 전체가 철회될 때까지—더 이상의 요구는 하지 말고— 그저 지금의 결의안을 끝까지 지키라고 조언했습니다. 하지만 이런 것들이 저를 쫓아낼 타당한 이유로 받아들여지지 않기를 바랍니다."

프랭클린은 레 드 스펜서를 설득하는 데 성공했고 결국 해고당하지 않았다. 우정청장이 프랭클린의 정치 성향에 대해 어떻게 생각했든, 그가 우편 행정을 여러모로 효율화한 것은 분명 높이 평가할 만했고, 더욱이 그를 대체할 사람이 쉽게 찾아질 리 없었다. 그렇다고 프랭클린을 공격하던 자들이 입을 다문 것은 아니었다. 그들은 전략을 바꿔 이번에는 그가 스스로 사임하도록 압박 공세를 펼치기 시작했다.

프랭클린은 여동생 제인 미컴에게 이렇게 적어보냈다. "저들은 아마 성공하지 못할 거야. 나는 기독교적 미덕 가운데 '순순히 물러남'이라는 덕목이 좀 부족한 편이거든. 내 자리가 정 갖고 싶으면 직접 와서 빼앗아야 할 걸?" 뒤이어 그는—훗날 자신의 이름과 함께 영원히 회자될— 한 가지 공직 철학을 간단히 덧붙였다. "어느 위대한 인물이 공직에 대해 이런 원칙을 가지고 있었다더군. '절대 먼저 요구하지 말 것', 그리고 '절대 거절하지 말 것'. 여기에 더해서 내가 항상 실천해온 나만의 원칙이 있다네. '절대 사임하지 말 것.'"

매사추세츠 민의회의 대리인 직책은 프랭클린에게 상상 이상으로 많은 골칫거리를 안겨주었다. 나중에야 알게 된 일이지만, 그의 임명은 애당초 만장일치로 이루어진 것이 아니었다. 새뮤얼 애덤스는 여전히 그를 잠재적 친영주의자라고 의심하고 있었고, 그래서 그와 제임스 오티스는 당시 런던에서 법학을 공부 중이던 의사 아서 리를 대안 후보로 추천했다. 쿠싱 의장을 비롯한 다수는 프랭클린에게 찬성표를 던졌지만, 애덤스와 오티스 역시 프랭클린이 대리직을 사양하거나 직무를 수행할 수 없을 경우를 대비해 아서 리를 차선 후보로 승인받는 데 성공했다.

더 골치 아픈 문제는 힐즈버러 경의 반대였다. 힐즈버러가 '미주 식민지 전담 장관'이라는 신설 직책에 취임했을 당시, 프랭클린은 조심스럽긴 해도 이에 대해 낙관적 입장이었다. 갤러웨이에게도 "나는 이 양반이 전반적으로는 미국의 적이라고 생각하지 않네"라고 말했고, 6개월 뒤인 1768년 7월에도 프랭클린은 이렇게 덧붙였다. "그 사람은 우리한테 꽤 우호적인 성향이야(물론 그 자신이 규정한 영국의 절대적 권리와 충돌하지 않는 선에서만 그렇다는 말이지만)."

그러나 결국 그 단서 조항이 문제였다. 힐즈버러는 선동의 낌새는 물론이고 원활한 식민지 운영을 저해할 수 있는 어떤 움직임도 일절 용납하지 않았다. 매사추세츠가 톤젠드법에 공동 대응하자며 다른 식민지에 연대를 촉구하자, 힐즈버러는 민의회에 이를 철회하라고 명령했다. 그러나 애덤스 등 의원들이 이를 거부하자 보스턴에 병력을 상륙시켰다.

프랭클린 개인과 관련된 문제에서는 다소 종잡을 수 없는 모습을 보였다. 그래프턴처럼 힐즈버러도 프랭클린에게 차관 자리를 줄 것 같은 뉘앙스를 풍겼지만, 그 결과는 앞서(그리고 훗날 또다시) 그래프턴 때처럼 아무 일도 일어나지 않은 채 흐지부지되었다. 힐즈버러는 프랭클린 부자와 그 동업자들이 추진하던 토지 사업에도 줄곧 반대하다가, 1769년 12월 결정적인 청문회 자리에서 느닷없이 태도를 바꾸더니 '투자자들이 요구하는 것이 지나치게 많기는커녕 오히려 너무 적다'고 말하고 나섰다. 이에 놀란 프랭클린과 동업자들은 자기들의 오하이오 계곡 투자 지도를 다시 그리고, 기존의 240만 에이커가 아닌 무려 2000만 에이커를 새로 요청했다. 하지만 힐즈버러는 이 새로운 요청안을 밀어주기는커녕, 영국의 관료 행정이라는 블랙홀 속으로 밀어 넣었다. 프랭클린은 힐즈버러가 힘을 실어준 것이 사실은 이 사업을 확실히 매장하기 위한 술책이었다고 짐작할 수밖에 없었다.

1771년 초에는 힐즈버러라는 퍼즐에 또 하나의 조각이 추가되었다. 프랭클린은 매사추세츠 민의회 대리인으로서 그에게 간단히 신임장만 제출하고 나오면 되겠거니 생각하고 힐즈버러의 자택을 방문했다. 처음에는 퇴짜를 맞고 나중에 다시 오라는 소리를 들었다. 그래서 마차를 타고 막 출발하는데 문지기가 다급히 불러세우더니 '각하께서 만나주기로 하셨다'는 말을 전했다. 그래서 응접실로 들어섰더니 그곳에는 뜻밖에도 매사추세츠 민의회를 가장 신랄하게 비판해온 프랜시스 버나드 총독과 여러 인사가 먼저 대기 중이었다. 프랭클린은 제법 오래 기다릴 줄 알고 의자에 편안히 자세를 잡았지만 불과 몇 분 만에 힐즈버러의 비서가 다른 사람들이 아닌 그를 먼저 불렀다.

"그렇게 선뜻 나를 들여보내주고 제일 먼저 만나주다니 정말 기뻤습니다(가끔은 내 차례가 올 때까지 서너 시간을 기다릴 때도 있었거든요). 기분이 좋으니, 친구들이 당부한 활짝 웃는 표정도 한결 쉽게 지어지더군요."

힐즈버러도 처음에는 프랭클린의 밝은 태도에 호응했다. 그는 막 궁정에 나갈 채비를 하고 있다가 프랭클린이 왔다는 소식을 듣고 곧장 그를 만나고 싶었다고 했다.

프랭클린은 이에 감사 인사를 하고, 시간을 많이 빼앗지 않겠다고 덧붙였다. 자신은 그저 최근 매사추세츠 민의회의 대리인으로 임명되었다는 사실을 알려드리고, 이 역할을 통해 공공에 봉사할 수 있길 바란다는 뜻을 전하고 싶었다고 말했다.

힐즈버러는(프랭클린의 표현에 따르면) "웃음과 비웃음 사이 어디쯤 되는 표정"을 지으며 프랭클린이 말을 마치기도 전에 끼어들었다. "거기서부터 바로잡아야겠군요. 프랭클린 씨, 귀하는 대리인이 아닙니다."

"무슨 말씀이십니까, 각하?"

"임명되지 않았기 때문이지요."

"무슨 말씀이신지 잘 이해가 되지 않습니다. 제가 지금 주머니에 임명장을 갖고 있습니다만."

"귀하가 잘못 알고 있는 겁니다. 나한테는 더 최근에 받은 더 확실한 소식이 있소. 허친슨 총독에게 편지를 받았는데, 그는 그 법안에 동의하지 않았다고 했습니다."

"각하, 그것은 법안이 아니라 의회의 표결이었지요."

"아니, 총독에게 제출된 법안이 있었어요. 귀하와 또 한 사람, 아마 이름이 닥터 리였던가, 두 사람을 임명하기 위한 취지의 법안이었소만 총독이 거부권을 행사했지."

"어떻게 된 일인지 도무지 모르겠군요. 각하, 뭔가 착오가 있는 것 같습니다. 외람되지만 정말 그런 편지를 갖고 계신 거지요?"

"내가 직접 확인시켜 드리리다." 힐즈버러는 하인을 부르기 위해 종을 울렸다. "파우넬 씨가 와서 알려줄 겁니다."

"그러지 않으셔도 됩니다. 지금은 각하께서 옷을 입으셔야 하니 더는 폐를 끼치지 않겠습니다. 궁정에 가셔야지요. 저는 다음에 다시 찾아뵙겠습니다."

"아니, 그냥 있어보시오. 곧 올 테니." 힐즈버러는 하인에게 손짓하며 말했다. "파우널 씨에게 내가 보잔다고 전하게."

파우널이 들어오자 힐즈버러가 그에게 물었다. "허친슨 총독이 프랭클린 박사의 대리인 임명안에 거부권을 행사했다고 보낸 편지, 지금 가지고 있지 않소?"

파우널 : "무슨 말씀이신지?"

힐즈버러 : "그런 편지가 있지 않았소?"

파우널 : "없습니다, 각하."

힐즈버러는 자신이 틀린 모습을 보인 것에 불쾌해했지만, 그보다 더 못마땅했던 것은 매사추세츠 민의회가 감히 총독의 동의도 받지 않고 대리인을 임명했다는 사실이었다. 하지만 이것은 흔한 관행이었다. 프랭클린이 펜실베이니아의 대리인으로 임명되었을 때도—따로 언급할 필요조차 없지만— 펜 일가 총독의 승인은 받지도 않았었다. 그러나 힐즈버러는 식민지를 더 엄격하게 관리하려는 전반적 정책 기조에 따라, 이런 관행을 반드시 근절하겠다는 생각이었다.

"민의회는 대리인을 임명할 권한이 없습니다." 그는 화난 목소리로 말했다. "우리는 의회가 총독의 승인을 받은 뒤 법적으로 임명한 대리인이 아니면 그 누구도 인정하지 않을 겁니다. 그런 식으로 아무렇게나 하는 건 이제 그만할 때도 되었지."

프랭클린은 이 생소한 주장에 이의를 제기했다. "각하, **민중**의 대리인을 임명하는 일에 **총독**의 동의가 꼭 필요하다는 생각이 어떻게 나오게 된 것인지 이해가 되지 않습니다. 제 생각에는….."

프랭클린이 보기에 힐즈버러의 얼굴은 "분노와 경멸이 뒤섞인 표정"으로 굳어졌다. 그는 날카롭게 말을 끊었다. "이 문제로 **당신**과 왈가왈부할 생각은 없소, 선생."

프랭클린은 물러서지 않았다. "각하, 무례를 용서해주십시오. 감히 각하와 논쟁하려는 것은 아닙니다."—하지만 두 사람 모두, 그 말이 바로 논쟁의 시작이라는 것을 당연히 직감했다—"다만 제가 말씀드리고 싶은 것은, 어떤 공동체든 자신들과 관련된 사안이 처리되는 자리에 직접 나설 수 없다면, 대리인을 통해서라도 참여할 권리가 있어야 한다고 봅니다. 거기에 총독의 동의가 꼭 필요한 것 같지는 않습니다. 지금 처리되어야 할 건 민중을 위한 일이고 그(총독)는 민중의 일원이 아니니까요. 그 역시 한 명의 대리인에 불과하지요."

"누구의 대리인이라는 거요?" 힐즈버러가 따지듯 물었다.

"국왕의 대리인이죠. 각하."

힐즈버러는 이 말을 아예 무시하고 말했다. "게다가, 이번 절차는 명시된 지시 사항을 정면으로 위반한 겁니다."

"저는 그런 지침이 있는 줄도 몰랐습니다. 그리고 그런 위반에 저는 개입된 바가 없습니다."

"아니지, 귀하가 이런 문서를(프랭클린이 방에 들어오면서 힐즈버러에게 건넨 민의회 결의문 사본) 공식적으로 올려달라고 가져온 것 자체가 지침을 위반한 거요. 이런 임명은 공인되지 않을 겁니다."

그리고 나서 힐즈버러는 장광설을 쏟아내기 시작했다. "내가 미국 문제를 맡고 보니 모든 게 그야말로 엉망이더군요. **나의 단호함** 덕분에 지금은 그나마 나아졌지요. 내가 이 직을 수행하는 동안 내 방식은 바뀌지 않을 거요. 내 **단호함도** 마찬가지고. 그것이야말로 내가 섬기는 국왕 폐하와 이 나라 정부에 대한 나의 의무라고 믿으니까. 이런 내 방식이 마음에 들지 않으면 그들은 언제든 내 직책을 박탈할 수 있어요. 그러면 나는 고개 숙여 감사를 표하고 기꺼이 사직할 겁니다. 저 신사분도 그걸 잘 알고 있지요." 이 말을 하며 그는 파우널을 가리켰다. "하지만 내가 이 자리에 있는 동안은 지금의 이 단호함을 끝까지 지켜나갈 겁니다."

프랭클린은 힐즈버러가 이 대목에서 "말을 이어갈수록 얼굴빛이 창백해졌다. 대리인인 내가 아니라, 더 중요한 무언가 또는 누군가에게 화가 난 듯 보였다"라고 회고했다.

프랭클린의 이야기에 따르면, 마지막 마무리 말을 한 쪽은 대리인이었다. "각하의 시간을 너무 많이 빼앗은 것 같아 죄송합니다. 제 생각엔 제 임명이 인정을 받느냐 안 받느냐는 별로 중요하지 않을 것 같습니다. **지금과 같은 상황에서**, 대리인이라는 존재가 식민지들에 무슨 쓸모가 있을지 전혀 모르겠으니까요. 그러니 각하께 더는 폐를 끼치지 않겠습니다."

"그 후에 전해 들은 이야기지만, 각하께서 내 마지막 말 몇 마디에 격노했다더군요. 지극히 무례하고 모욕적인 언사였다고요." 프랭클린은 3주 뒤 새뮤얼 쿠퍼에게 이렇게 털어놓았다. "내 친구에게 이렇게 말했답니다. 내가 자기 얼굴에 대고 '당신 재임 기간에는 식민지들이 아무런 호의나 정의도 기대할 수 없겠네'라고 말한 것이나 다름없다는 거지요. 보아하니, 내 말을 제대로 알아들으신 게지."

프랭클린은 이성보다 감정을 앞세우는 법이 거의 없었다. 하지만 그런 그조차 식민지 문제에 대해 힐즈버러와 내각의 이성적 판단을 이끌어내려고 3년을 애쓴 끝에 완전히 나가떨어졌다. 그리고 힐즈버러 장관이 프랭클린과 더는 상종하지 않겠다고 선언하자 그 역시 마찬가지로 응수했다. 평범한 자들이 힘 있는 자리에 앉아 있는 것도 이제는 익숙해질 만큼 익숙해졌지만, 하필 이 시점에 하필 이런 자리니, 프랭클린도 이 사람만큼은 도저히 눈 뜨고 봐줄 수가 없었다. 그는 쿠퍼에게 힐즈버러를 이렇게 평했다. "그 사람은 오만한 데다 고집스럽고 생각도 비뚤어져 있고 금방 욱하는 성격입니다. 그를 아주 좋게 말하는 사람들조차 그런 단점들은 인정하죠. 여기에 덧붙여봤자 그가 정직한 사람이고 악의는 없다는 정도입니다. 그게 사실이라면—물론 정말 그럴 수도 있겠죠— 나는 그분이 더 적합한 자리로 가셨으면 좋겠습니다. 정직과 선의만 있으면 되는 자리 말이지요. 그래야 다른 성격들로 남들에게 민폐를 끼치지 못할 테니까요."

프랭클린은 아마도 이 일을 돌이켜보며, 힐즈버러와의 불화 때문에 자신이 대리하는 식민지(펜실베이니아와 매사추세츠 외에 조지아, 뉴저지가 추가됨)의 이익을 해치고 있는 건 아닌지 고민했을 수 있다. 하지만 힐즈버러는 그동안 프랭클린이 식민지 편에서 쓴 글들에 이미 분노할 대로 분노한 상태였기 때문에, 프랭클린 입장에서는 사실상 잃을 것이 별로 없었다. 어찌 되었든 프랭클린은 자기 행동에 대한 대가를 기꺼이 치를 생각이었다. "그 결과가 무엇이든, 내가 그분을 불쾌하게 만든 모든 '죄'에 대해서는 어떻게든 내가 감당해야죠." 하지만 완전히 절망적인 건 아니었다. "그나마 위안이 되는 게 있다면, 나만큼이나 그의 내각 동료들도 그를 털끝만큼도 좋아하지 않는다는 사실입니다. 아마 그 자리에 오래 남아 있기도 어려울 겁니다. 게다가 그의 후임이 누가 되었든 내가 그와 사이가 틀어진 것 때문에 오히려 나를 좋게 볼 가능성이 크죠."

보스턴 편에 서게 되면서 프랭클린은 힐즈버러와의 사이에 남아 있던 마지막 영향력마저 잃게 되었고, 동시에 영미 관계의 본질에 대한 자신의 사고를 더 정교하게 다듬지 않을 수 없었다. 험악한 분위기 속에서 장관과의 면담을 마치고 얼마 지나지 않아, 프랭클린은 매사추세츠 민의회의 통신위원회(토머스 쿠싱, 새뮤얼 애덤스, 존 행콕, 존 애덤스)로부터 편지를 한 통 받았다. 편지에는 식민지들의 현황과 여론의 동향이 담겨 있었다. 위원회는 이렇게 밝혔다. 식민지들은 "자신들의 헌법적 권리와 자연권을 정당한 근거에 따라 고수하고 있으며, 그것을 자발적으로 포기하는 일은 절대 없을 것입니다." 그리고 그런 권리를 강제로 빼앗는 것이 영국에 이로울 리도 없었다. "식민지를 그 지긋지긋한 인지세법 통과 이전의 상태로 되돌려준다고 해서 영국이 잃을 것은 없습니다. 영국이 마땅히 보유해야 할 것들은 그대로 지켜질 테니까요. 그리고 확신하건대, 그렇게만 된다면, 식민지들은 더 이상 저항하지 않을 것입니다."

프랭클린은 이들의 비교적 온건한 어조에서 안도감을 느꼈고, 이것이 화해의 토대가 될 수도 있다고 생각했다. 그는 쿠싱 일동에게 이렇게 회신했다. "의회가 미국에 과세할 권리가 있다는 주장은 이제 영국에서는 거의 받아들여지지 않습니다. 사람들과 대화를 나눠보면, 아직도 그렇게 주장하는 사람은 이제 거의 없습니다."

프랭클린이 말한 대상이 영국의 일반 대중이었다면, 그의 판단은 맞았을 수도 있다. 하지만 의회 내의 주도 세력을 염두에 두고 한 말이라면, 지나치게 낙관한 셈이었다. 이는 그 자신의 편지에서도 이미 여러 차례 암시되었고, 머지않아 벌어질 사건들을 통해서도 입증될 터였다. 하지만 프랭클린은 자신이 잠재적 화친파로 분류한 영국 인사들의 입장을 보스턴 측에 분명히 전해두고 싶었다. "그 사람들 말은 이렇습니다. 앞으로는 그 권리를 행사하지 않는 쪽으로 최대한 자제해줄 테니, 그 정도에서 우리가 만족해야 한다는 겁니다. 그리고 그걸 확실한 약속처럼 믿고 안심하라는 거지요." 이것은 단지 의회의 체면만이 아니라 영국 전체의 국가적 위신이 걸린 문제였다. 영국을 "전 유럽의 조롱거리"로 만들 수 있는 요구를 정부가 공식적으로 수용할 리 없다는 것은 식민지인들도 잘 알고 있었다. 달리 말하면, 미국인들이 '**사실상** 인지세법 이전의 현 상태'라는 조건을 받아들일 수 있다면, 영국 의회도 '선언법을 **이론상으로만** 유지'하는 것에 만족할 수 있다는 뜻이었다("현재 부과 중인 관세들 역시 점진적으로 폐지될 수 있다는 암시가 있었습니다").

프랭클린은 이러한 이론적 근거를 펼치면서도, 정작 그 논리를 어느 선까지 믿어도 좋을지 자신도 확신하지 못했다. '현 상태'라는 것은 대개 아무런 도전이 없어 그대로 방치된 것들을 중심으로 고착되는 성질이 있기 때문이다. 당장이라도 폐지될 것처럼 보이는 세금이라 해도, 그것을 확실히 보장받으려면 반드시 미국의 지속적인 압력이 뒷받침되어야만 했다.

"이런 세금을 내는 것이 일상처럼 굳어져서 우리가 더 이상 불평조차 하지 않게 되면, 그다음부터는 어떤 각료도 이 세금을 건드릴 생각조차 하지 않을 겁니다. 아니 오히려 다른 세금을 더 얹고 싶은 유혹이 생길 겁니다." 프랭클린은 결코 폭력을 옹호하지는 않았지만, 결연한 의지만큼은 반드시 필요하다고 보았다. "나는 각 식민지 의회가 반복적으로 꾸준히 결의안을 채택함으로써, 자신의 권리를 분명히 알고 있고 그것을 항상 의식하고 있다는 점을 보여주기 바랍니다."

분명 이 같은 조언은, 그가 그려 보였던 회유적 시나리오를 스스로 약화시키는 것이었지만, 동시에 프랭클린의 확신, 즉 미국이 영국과 근본적으로 다른 나라이며 본질적으로 이미 독립된 실체라는 신념이 점점 확고해지고 있음을 드러냈다. 힐즈버러와의 대화를 통해 식민지가 의회의 피조물이라는 당시 정부의 인식이 분명히 드러났고, 생각이 그렇다 보니 총독을 통해 식민지 대리인의 선임에 개입할 수 있다고 믿는 것도 당연했다.

반면 프랭클린은 대리인을 미국 국민이 영국 정부에 파견한 '대사'에 준하는 존재로 보았다. 식민지가 영국과 어떤 관계에 있는지를 올바르게 이해한다면, 이러한 인식은 논리적으로 자연스러운 결과였다. "각 식민지가 **독립된 국가**라는—나는 이미 그렇다고 생각하지만— 시각에서 바라보게 된다면, 아마 그들의 대리인도 지금보다는 더 존중받을 테고 공적인 외교사절로 대우받을 수도 있을 겁니다."

이 주장은 강한 독주였다. 그냥 스트레이트로 들이켠다면 영국과 한바탕 충돌이 벌어질 것이 뻔했다. 하지만 힐즈버러와의 격론 이후 몇 달 사이 분노가 식으면서 프랭클린의 주장도 희석되기 시작했다. 톤젠드 관세 대부분이 철폐된 후에도, 매사추세츠 민의회는 주미 영국 관리들의 급여가 왕실 재정에서 지급되는 정책에 항의했다. 프랭클린은 자신 역시 같은 주장을 펼쳤기에 그 정책에 반대하는 논리를 잘 알고 있었다. 하지만 대부분의 영국인은 그렇지 못했고, 설사 이해하더라도 그 주장의 진정성을 믿지 않는 게 분명했다. "이곳에서는 우리를 이상하게 봅니다. 국왕께서 자기 일을 시키려고 파견한 신하들에게 직접 봉급을 주는 것이 뭐가 문제냐는 거지요. 오히려, 우리한테 그 돈을 부담하라고 요구하면 그것이야말로 훨씬 더 불평할 만한 구실이지 않느냐는 게 이곳 사람들의 생각입니다." 미국인들의 이런 불만이 너무나도 직관에 어긋나 보였기 때문에, 실제로 많은 영국인은 미국이 국왕의 관리들을 봉급으로 매수하고 나아가 왕권까지 뒤흔들려는 것은 아닌지 의심했다. 프랭클린은 이 문제에 대해 본격적인 항의운동을 벌이지는 말라고 조언했다. 차라리 그때그때 예의를 갖춰 항의하고, 영국산 불매운동을 이어가는 편이 더 낫다는 것이었다.

프랭클린의 분노는 누그러졌지만, 힐즈버러에 대한 평가는 조금도 나아지지 않았다. 그런 부정적인 평가도 프랭클린이 미국 친구들에게 신중한 대응을 권한 이유 중 하나였다. 미주 식민지 담당 장관은 "잘난 척에 오만하고, 자신의 정치적 식견과 능력을(평범한 수준인 주제에) 터무니없이 과신하고, 자기한테 알랑거리는 사람은 누구든 좋아하고, 감히 불편한 진실을 말하는 자들은 예외 없이 적대하는" 인물이었다. 힐즈버러의 결점은 영국에서도 이미 알려져 있었고, 그가 자리에 오래 앉아 있기는 어려워 보였다. 따라서 지금은, 좀 더 합리적인 다른 인사들을 쓸데없이 자극할 만한 행동은 뭐든 피하는 게 상책이었다. 까딱하면 그들까지 힐즈버러의 "식민지— 특히 우리(즉 매사추세츠)—에 대한 뿌리 깊은 악의"에 동조하게 될 수도 있었다.

프랭클린은 '영국의 명예'라는 명분 논리를 이전보다 훨씬 진지하게 받아들였다. 1770년 하반기, 포클랜드제도를 둘러싼 스페인과의 충돌로 인해 영국은 몇 달간 전쟁이 임박한 위기를 겪었다. 실제로 발발했다면 프랑스와의 오랜 싸움도 다시 불붙었을 것이고 그로 인한 온갖 참혹한 결과들도 그대로 되풀이되었을 것이다. 1771년으로 접어들면서 전쟁 위기감은 크게 가라앉았지만, 이 사건으로 프랭클린은 자신이 왜 한때 영국 제국주의

자였는지를 떠올리게 되었다. 냉혹한 국제사회에서 안전이란 종종 '숫자'에 달려 있기 때문이었다. 그래서 그는 매사추세츠 인사들에게 이렇게 권고했다. "우리의 본질적 권리 보장을 침해하지 않는 선에서라면, 자신의 명예를 지키려는 본국의 입장을 우리가 어느 정도 존중해주는 것이 신중한 처사가 아닐까요? 특히 그 명예라는 것이 때로는 공동체 전체의 안전에 중요하게 작용하기도 하니 말입니다."

그는 식민지가 영국의 권위를 기어코 시험하려 든다면, 그 결과는 두 가지 중 하나일 것이라고 보았다. "만약 우리가 대등한 능력이 없는 것으로 드러나면, 이 일을 발판으로 그들의 권위는 더욱 공고해질 것입니다." 그런 결과가 미국의 안녕에 전혀 이롭지 않을 것은 말할 필요도 없었다. 그러나 다른 하나가 반드시 더 나은 결과를 보장하는 것도 아니었다. "우리가 우세한 것으로 드러난다면, 결국 분열이 일어나고 제국 전체의 국력은 크게 약화될 것입니다."

프랭클린은 매사추세츠 쪽에 직접적인 조언은 삼갔지만, 그의 뜻은 명확했다. 정면으로 맞서기보다, "의회가 미국에 대해 자기들 멋대로 내세운 권위를 서서히 약화시키는 것이 더 현명한 방법일 것"이라는 제안이었다. 더구나 미국인들은 의회가 영국 정부 전체를 대표하는 것은 아니라는 점을 잊지 말아야 했다. "우리가 국왕과 왕실에 대한 충정만큼은 잃지 않기를 바랍니다."

당연하게도, 프랭클린의 온건 노선은 급진적 성향의 사람들을 만족시키지 못했다. 아서 리는 프랭클린의 정치 노선을 비판했다. 프랭클린이 자신을 제치고 매사추세츠 대리인으로 임명된 것도 못마땅한 기색이었다. 정치적 견해와 개인적 자존심이 어떤 식으로 뒤섞였는지는 몰라도, 아서 리는 프랭클린을 깎아내리고 그의 영향력을 훼손하기 위해 자기만의 캠페인에 돌입했다.

새뮤얼 애덤스는 그가 굳이 설득할 필요가 없는 사람인데도, 아서 리는 그에게 일장 연설을 쏟아냈다. 다음은 그가 런던에서 적어보낸 내용이다. "최근 귀 의회의 발간물에 실린 프랭클린 박사의 글을 읽었습니다. 영국이 식민지 헌장을 겨냥한 모든 계획을 철회했다고 확인해주었지요. 역시나 그럴 줄 알았습니다. 혹시라도 그 말이 사실이라면 박사는 힐즈버러 경의 농간에 속은 희생양이 아니라 오히려 장관의 행동대장일 겁니다." 하지만 리는 곧 생각을 바꾸어, 프랭클린이 속았을 가능성을 아예 기각한다. "그(힐즈버러)가 워낙 믿을 수 없는 사기꾼으로 악명이 높은 만큼, 프랭클린 박사의 절반만큼만 총명한 사람도 그의 이중적인 술수에 속지 않았을 것"이기 때문이었다. 프랭클린이 민의회에 뭐라고 편지를 보내든, 그의 이해관계(와 그의 진짜 속셈)는 다른 데 있다는 것이었다. "고소득 공직에 있지만 언제든 해고될 수 있고, 아들 역시 고위직에 있지만 윗사람 심기에 명운이 걸려 있죠. 또한 그가 이곳 런던에 체류하는 원대한 목적이 펜실베이니아 정부 체제를 바꿔보려는 것인데 그러려면 현 내각과의 유착과 아첨이 필수입니다. 더구나 그는 지금껏 미국 문제에 대해서 항상 미온적인 태도를 보여왔습니다. 이런 상황에 있는 프랭클린 박사가, 압제 정부와 자유 시민 간에 본격적 충돌이 벌어졌을 때 과연 인민 편에 서서 신뢰할 만한 동지가 되어줄까요? 합리적으로는 절대 그럴 수 없다고 봅니다." 아서 리는 프랭클린을 '가짜 친구'라고 부르며, "그가 신뢰를 지킨다는 건 해가 서쪽에서 뜨는 거나 마찬가지다. 지금 같은 중대한 시기에 여러분과 미국이 이런 자에게 배신당하게 하느니 차라리" 자신이 매사추세츠의 대리인을 맡아 무보수로 기꺼이 봉직하겠다고 나섰다.

아서 리가 이 편지를 쓴 것은 분명 프랭클린을 해치려는 의도였다. 그러나 결과는 의도대로 되지 않았다. 새뮤얼 애덤스의 의도였는지 실수였는지는 알 수 없지만, 발신인 서명이 빠진 편지 사본이 프랭클린의 후원자인 토머스 쿠싱의 손에 들어갔다. 쿠싱은 이 편지를 새뮤얼 쿠퍼에게 공유했고, 쿠퍼는 쿠싱 및 다른 동료들과 의견을 나눈 뒤 친구인 프랭클린을 이렇게 안심시켰다. "이 편지가 선생께 해가 되는 일은 절대 없을 겁니다. 오히려 글쓴이의 비열함만 더 분명히 드러났을 뿐이지요."

이 무렵 프랭클린에겐 여름 여행이 하나의 연례행사가 되어 있었다. 특정 종파의 의식을 따르지 않던 그에게 그나마 가장 종교적 실천에 가까운 행위였다. 그렇게 1년에 한 번씩 런던의 매연과 혼잡을 벗어나고, 게다가 새로운 장소에서 새로운 사람과 낯선 것들을 접하며 신선한 자극까지 얻는 덕분에, 자신이 60대답지 않게 놀라운 건강상태를 유지할 수 있는 거라고 믿었다. "그 습관이 아니었으면 진작에 몸이 여기저기 망가졌을 걸세." 그는 조지프 갤러웨이에게 이렇게 말했다.

1771년 휴가는 여러 차례에 나누어 예년보다 길게 다녀왔다. 우선 5월 말에는 산업혁명이 한창 진행 중이던 잉글랜드 북부를 여행했다. 여행의 하이라이트는 강 위를 가로지르는 수로교를 보트를 타고 건넌 일이었다. 아래에 있는 관광객들이 볼 땐 마치 보트가 하늘을 가로지르는 것처럼 보이는 다리였다. 여행의 가장 어두웠던 지점은—환경적 의미에서— 같은 운하를 타고 땅속 깊이 들어갔을 때였다. 그 끝에 있는 탄광에서는 필수 연료인 석탄이 채굴되어 배에 실린 뒤 맨체스터까지 운하로 운반되고 있었다. 로더럼 인근에서 제철소를 방문했을 때는, 그곳의 기발하고도 정교한 설비 디자인에 감탄했다. 여행에 동행했던 조너선 윌리엄스는 이렇게 적었다. "용광로에서 나온 쇳물이 시냇물 흐르듯 저장 용기로 들어간 다음, 마치 뜨거운 국물처럼 국자로 퍼 올려지는 모습은 참으로 기이한 광경이었다." 더비에서는 견직 공장을 둘러보았다. 프랭클린은 이때도 미국의 실크 생산을 적극 장려하고 있었기 때문에 이 공장을 특히 주의 깊게 살펴보았다. 하나의 구동축이 여러 개의 도르래와 벨트를 거쳐 수십 개의 소형 축을 작동시켰는데, 그 끝에는 수천 개의 얼레가 연결되어 있었다. 윌리엄스의 기록에 따르면, 대부분의 공정 과정을 "다섯에서 일곱 살 정도의" 어린 아이들이 맡고 있었다. 버밍엄에서는 그 유명한 매슈 볼턴의 금속공장을 견학했다. 여성과 어린이를 포함해 약 700명의 노동자가 몇 원짜리 단추부터 당시 액면가로 몇십만 원에 해당하는 고가의 장신구까지 온갖 종류의 제품을 만들어내고 있었다. 그 소음이며 공정 속도, 그리고 그저 대담무쌍하다고밖에 표현할 수 없는 거대한 시스템은 실로 압도적이었다. 윌리엄스는 이런 후기를 남겼다. "기억력이 아무리 좋아도 그 광경을 전부 머릿속에 넣는 건 어림도 없을 것이다."

다음 휴가는 한결 여유로웠지만 동시에 더 생산적이기도 했다. 조너선 시플리는 성공회 주교였다. 다만 흔히 말하는 '부재 주교'여서, 대부분의 시간을 관할 교구인 웨일스가 아니라 런던 또는 트와이퍼드의 시골 저택에서 보냈다. 프랭클린을 열렬히 존경했던 그는 이 미국인을 트와이퍼드에 초대했고, 프랭클린은 기꺼이 수락했다. 특히 시플리 부인과 다섯 딸은 그에게 큰 즐거움을 주었다. 그들과 함께 있어서였을까, 아니면 그의 어린 시절은 어땠냐는 그들의 질문 때문이었을까, 프랭클린은 문득 자신의 유년 시절을 떠올렸고, 그래서였는지 바로 그 여름 트와이퍼드에서 회고록을 쓰기 시작했다. 겉보기에는 아들 윌리엄에게 보내는(매우 긴) 편지였지만, 실상은 출판을 염두에 둔 글이었다. 프랭클린은 2절지 크기의 큰 종이에 글을 썼고, 각 페이지의 세로 절반은 나중에 내용을 덧붙일 수 있도록 공백으로 남겨두었다(실제로 나중에 여러 내용을 덧붙였다). 훗날 전해진 바에 따르면, 그는 낮에는 글을 쓰고 저녁에는 그 글을 시플리 가족에게 읽어주었다고 한다.

가족들 모두 그를 좋아했고, 프랭클린 역시 그들에게 푹 빠졌다. 런던에서 공부하게 된 막내딸 키티 시플리가 프랭클린과 함께 런던으로 돌아갈 때였다. 두 사람은 마차 안에서 키티의 언니들에게 어울릴 만한 남편감 이야기를 나눴다. 한 명은 시골 지주, 또 한 명은 사업가, 셋째와 넷째는 각각 공작과 백작이 어떻겠냐는 식이었다. "그럼 네 남편감은?"이라고 프랭클린이 묻자, 키티는 "늙은 장군이요"라고 대답했다. "차라리 젊은 장교를 데려다가 네 수중에서 늙게 하는 게 더 낫지 않겠니?" "아니요, 그건 안 돼요. 꼭 일흔이나 여든 살은 된 노인이어야 하고, 내가 서른쯤 되었을 때 나랑 결혼해야 해요. 조금 있으면 제가 젊고 돈 많은 과부가 될 수도 있잖아요(프랭클린은 이 이야기를 나중에 키티의 어머니에게 들려주었다)."

1771년 여름휴가의 마지막 외유는 리처드 잭슨과 함께한 아일랜드와 스코틀랜드 여행이었다. 아일랜드 역시 영국의 식민지나 다름없는 처지였기에 프랭클린은 오래전부터 그 실정을 눈여겨보고 있었다. 그런데 최근 영국과 미국 간에 헌정 논쟁이 격화되면서 그의 관심이 더욱 깊어지게 된 것이다. 이론상으로는 아일랜드 방식이 영국과 미주 식민지 관계에 대한 하나의 대안이 될 수도 있었다. 철저한 경험주의자였던 프랭클린은 이론을 실제에 비추어 검증해보고자 했고, 관찰의 방향을 설정하기 위해 우선 일련의 질문 목록을 만들었다. "농민들이 자신의 농산물을 손쉽게 내다 팔 수 있는 시장이 있는가? 생계유지를 위한 적정 가격이 보장되는가? 수요가 더 많고 가격이 더 높았더라면 더 많이 생산했겠지만, 그렇지 않기 때문에 현재는 덜 하고 있는가? (…) 아일랜드 자국 내에서 소비되는 상품이나 물자를 확보하기 위해 영국이나 다른 국가에 많은 빚을 지고 있는가? (…) 아일랜드는 전반적으로 점점 나아지고 있는가? 아니면 그 반대인가?"

그가 들은 대답들은 충격적이었다. "아일랜드 자체는 참 좋은 나라입니다." 이는 프랭클린이 토머스 쿠싱에게 보내는 편지에서 아일랜드의 토양과 기후를 두고 한 말이다. "그리고 더블린은 참 대단한 도시죠." 하지만 칭찬은 거기까지였다. "하층민들 사이에 만연한 극심한 빈곤의 모습은 놀라움을 금치 못할 정도입니다. 이들은 진흙과 짚으로 얽어 지은 허름한 오두막에서 누더기를 걸친 채 거의 감자로만 끼니를 연명하며 살고 있습니다.

생활 여건만 놓고 본다면, 우리 뉴잉글랜드에서 가장 가난한 농민조차도 아일랜드인에 비하면 왕족이나 다름없습니다."

왜 이런 일이 벌어진 걸까? 겉으로 보기엔, (영국인들이 항상 떠들어대 듯) 아일랜드인들의 안 좋은 민족성 때문은 아니었다. 오히려 그들의 발전을 가로막은 건 사회구조 자체였다.

결국 사회구조 때문에 사람들이 열심히 일하려는 의지를 잃게 된 결과였다. 우선 연금 수령자들뿐만 아니라 농토의 지주들조차 아일랜드에 거주하지 않았다. 이들은 도급업자에게 땅을 통째로 맡기고 떠났고, 업자들은 다시 소작농을 가혹하게 쥐어짜며 살가죽마저 벗겨갈 기세로 철저히 수탈해 자기들의 배를 불렸다. 당연하게도 소작료와 연금은 대부분 나라 밖에서 소비되었다.

그곳에서 만난 한 영국 신사가 내게 이런 말을 했다. 자기가 듣기로는 북아메리카의 목초지 상태가 아주 훌륭하고, 자기가 보니 북미에서 아일랜드로 들어오는 아마씨의 양도 어마어마하더라, 그런데 왜 미국은 아일랜드처럼 서인도제도에 소고기와 버터를 수출하지 않고 리넨 무역에도 뛰어들지 않는지 이해가 되지 않는다는 거였다. 하지만 내가 이렇게 대답하자 그는 고개를 끄덕였다. **소고기와 버터는 우리 미국인들이 매일 먹어야 하고, 리넨 셔츠도 우리가 입어야 하거든요.**

스코틀랜드 서민들의 생활 여건도 별반 나을 게 없었다. 프랭클린과 잭슨은 두 차례의 허리케인 사이 잠깐의 소강상태를 틈타 아일랜드에서 스코틀랜드로 건너갔다. 하지만 막상 도착해서 사람들의 참상을 목격하고 나니 오히려 허리케인이 순하게 느껴질 정도였다. 지난번 잉글랜드 공업 지역에서 봤던 광경에 더해 이런 실상까지 접하고 나니, 미국의 사회 조직 형태가 더 우월하다는 확신이 굳어졌다.

나는 자꾸만 뉴잉글랜드 사람들의 행복한 삶이 떠올랐다. 그곳에서는 모든 사람이 자기 땅이 있고, 공공의 문제를 투표로 결정하고, 따뜻하고 깨끗한 집에 살며, 좋은 음식과 땔감이 넉넉하고, 머리부터 발끝까지 멀쩡한 옷을 입고 산다. 어쩌면 자기 가족이 직접 생산에 참여한 옷일 수도 있다. 부디 이런 삶이 오래도록 이어지기를!

하지만 만약 그들이 언젠가 이들 나라(영국·아일랜드·스코틀랜드)의 **무역**을 부러워하는 날이 온다면, 그들 사이에 낄 수 있는 방법을 내가 알려줄 수도 있다. 아일랜드 인구의 4분의 3이 하는 것처럼 1년 내내 감자와 버터밀크*로 끼니를 때우고, 셔츠를 입지 않으면 된다. 그러면 미국의 상인들도 소고기와 버터, 리넨을 수출할 수 있을 것이다. 또 스코틀랜드 서민들처럼 맨발로 다니면 된다. 그러면 미국도 신발과 양말을 잔뜩 수출할 수 있을 것이다. 그리고 잉글랜드의 방적공, 직조공들처럼 누더기를 걸치고 살아도 괜찮다면, 미국도 세계 각지에 의류나 옷감을 만들어 팔 수 있을 것이다.

더 나아가, 만일 내 동포들이 혹시라도 엄청나게 부유한 상류층을 자기네 동네에 보유하는 '영광'을 누리고 싶다면, 자기 농장을 팔고 착취적인 소작료를 내면 된다. 그러면 지주의 위세는 높아지고 소작농의 처지는 그만큼 짓눌릴 것이다. 그리고 어느새 가난해져서 누더기를 걸치고 더러워지고 정신마저 노예상태로 전락할 것이다.

만약 내가 미주 식민지에 살아본 적이 없고 단지 최근 목격한 유럽의 모습만으로 문명사회를 규정했더라면, 나는 미개 부족에 문명을 받아들이라는 권고를 절대 하지 않았을 것이다. 단언컨대 이들 유럽인과 비교하자면, 삶의 윤택함을 누리는 측면에서 미국의 인디언들이 오히려 양반이기 때문이다. 이런 식의 문명사회가 한 일이라고는 다수를 야만

---

* 버터 제조 후 남은 발효유

상태보다 못한 밑바닥으로 짓눌러서 소수만 그 위로 끌어올린 것에 불과한 듯하다.

프랭클린은 민중의 삶을 직접 보면서도 미국에 대한 애국심이 깊어졌지만, 이는 상류층 인사들을 만났을 때도 마찬가지였다. 아일랜드 의회에서는 영국 국회의원이 방문하면 의원석에 함께 앉도록 하는 것이 관례였는데, 그들은 프랭클린에게도 동일한 특권을 부여했다. 그가 미국의 여러 민의회를 대표하는 저명한 대리인이며, 미국 의회도 영국 의회의 **일부**라는 논리에서였다. 이에 대해 그는 토머스 쿠싱에게 "나는 그것을 우리나라에 대한 존중의 표시로 여겼습니다"라고 적어보냈다. 프랭클린은 또 아일랜드인들과 서로의 경험을 공유하기도 했다. 그들 역시 프랭클린이나 미국 친구들처럼 영국의 지배에 답답함과 울분을 느끼고 있었다. "그들 모두 미국편"이라고 그는 조지프 갤러웨이에게 귀띔했다.

에든버러에서는 데이비드 흄의 집에 머물렀다. 또 다른 방문객이었던 로드아일랜드 출신의 헨리 마천트는 그 집을 "에든버러의 신시가지에 있는 우아한 저택"이라고 묘사했다. 프랭클린은 여느 때처럼 활기가 넘쳤다. 마천트는 그때를 이렇게 회고했다. "우리는 단둘이 아주 많은 대화를 나눴다. 박사는 아주 허심탄회했고, 여러 가지 재미있고 유쾌한 주제에 대해 깊이 있는 이야기를 들려주었다." 흄은 간혹 까탈스러운 구석이 있었고 프랭클린도 훗날 직접 겪게 되지만, 이번 만남에서는 주인과 손님 모두 함께 즐거운 시간을 보냈다. 나중에 흄은 프랭클린에게 이런 인사를 전했다. "귀하에게 언제나 축복이 함께하기를, 이곳에 있는 선생의 형제 철학자 모두가 진심으로 기원합니다."

흄과의 만남은 즐거웠지만, 그 외에 당혹스러운 만남도 있었다. 더블린에서 힐즈버러 경과 우연히 마주친 것이다. 프랭클린은 자신의 정적이 자신을 냉대하거나 더 심한 모욕을 주리라고 예상했지만, 돌아온 반응은 전혀 뜻밖이었다. 프랭클린이 윌리엄에게 설명한 바에 따르면, "그는 굉장히 친절했다. 특히 나한테는 정말 극진했지. 얼마 전까지만 해도 스트레이핸 씨 앞에서 나를 두고 파벌 싸움을 일삼는 난동꾼, 늘 분란을 일으키는 공화주의자, 국왕의 일에 반대하는 자니 뭐니 하며 온갖 험담을 퍼붓던 사람이 말이야." 힐즈버러는 두 사람에게 거리낌 없이 말을 건네며, 자신의 영지인 '힐즈버러'에 꼭 들르라고 거듭 청했다.

"나는 그쪽 길로는 절대 가지 않겠다고 속으로 다짐하고 또 다짐했지." 하지만 여행이라는 게 뜻대로만 되는 법은 없어서 그 마을을 지나지 않을 수 없게 되었고 결국 그 인물도 피할 수 없었다.

그분은 우리가 여관에 도착했다는 소식을 듣자마자 사람을 보내 우리를 자기 집으로 초대했다. 그곳에서 우리는 화요일부터 일요일까지 1000가지의 극진한 대접에 꼼짝없이 붙들려 있었다. 그는 나와—나를 통로 삼아— 미국에 잘 보이고 싶어서 안달이 난 것 같았다. 처음 몇 번의 대화에서는 자기가 마치 애국적인 아일랜드인이라도 되는 양, 영국 정부가 아일랜드의 상업, 제조업 등을 제한한 옹졸한 정책에 대해 비판했다. 내가 그 비판을 미국에도 그대로 적용해 말하자 그는 즉시 동의하며, 우리 미국의 제조업을 억제한 것은 잘못이며 국왕의 신민이라면 어느 영토에 살든 자기 나라의 생산물을 최적으로 활용할 천부적 권리가 있다는 식으로 말을 이어갔다.

힐즈버러는 숙소나 접대 등 모든 면에서 유독 나를 지극정성으로 챙겼다. 외출할 때는 감기에 걸리지 말라고 자기 망토를 내 어깨에 직접 걸쳐주는가 하면, 장남인 킬월링 경을 시켜 나를 2인승 마차에 태우고 60킬로미터가 넘는 거리를 돌며 자기 영지와 제조 현장 등을 구경시켜 주기도 했다. 우리가 떠나던 날에는 런던에서도 자주 얼굴을 보여달라는 둥 길고 긴 작별 인사를 건넸다.

프랭클린은 런던으로 돌아오는 내내 힐즈버러의 환대와 눈에 띄는 태도 변화가 마음에 걸렸고, 크레이븐스트리트에 도착한 뒤 아들에게도 이렇게 편지를 보냈다. "너도 이 모든 게 너무 이상하지 않으냐?"

20장 소심한 발길질이라도
1772~1773

1770년대 초 무렵의 프랭클린은 단연 세계에서 가장 유명한 미국인이었다. 아니, 어쩌면 조지 3세의 신민 전체를 통틀어 가장 걸출한 인물이 아니었을까. 1751년 런던에서 처음 출간된 그의 전기 논문 「전기에 관한 실험과 관찰」은 이제 4판까지 나왔고, 여러 언어로 번역되어 유럽 대륙 전역에서 읽히고 있었다. 프랑스에서 손꼽히는 거물 수학자이자 문호였던 콩도르세 후작은 프랭클린에게 "나의 친애하고 존경하는 위대한 동료에게"라고 첫인사를 건네며 이후 수년간 이어질 서신 교류의 시작을 열었다. 이제 꾸준히 편지를 주고받는 사이가 된 토리노의 잠바티스타 베카리아는 프랭클린에게 이렇게 말했다. "귀하는 진정한 전기 과학의 법칙으로 인류의 지성을 계몽하고, 피뢰침으로 그들을 천둥의 공포에서 구하고, (프랭클린이 고안한 악기 아르모니카를 언급하며) 가장 감미롭고 부드러운 음악으로 그들의 감각을 어루만지는 능력의 축복을 받았습니다." 독일의 철학자 이마누엘 칸트는 프랭클린을 "현대의 프로메테우스"라 일컬었다.

1772년에는 프랑스 왕립과학아카데미의 아소시에 에트랑제(외국인 회원)로 선출되었다는 통지를 받았다. 그런 영예를 누린 외국인은 이제 프랭클린까지 포함해 단 여덟 명뿐이었다. 그는 다음과 같이 정중하게 화답했는데, 이 말은 조금도 과장이 없는 진실이었다. "귀 아카데미의 외국인 회원으로 추대되는 것은 전 유럽이 마땅히 인정하는 바와 같이, 한 인간이 '지식인 공화국'에서 도달할 수 있는 최고의 영예입니다."

이듬해에는 그의 명성이 한층 더 멀리까지 퍼져나갔다. 파리에서는 자크 바르뵈뒤부르라는 의사가 이미 프랭클린의 논문을 프랑스어로 한동안 번역해오고 있었다. 뒤부르 역시 유럽 여러 왕립아카데미와 학회의 회원으로 활동하던 과학계 유명인이었다. 그의 번역본은 1773년에 『외브르 드 무슈 프랑클랭(프랭클린 씨의 저작집)』이라는 제목 아래 2권으로 출간되었고, 뒤부르는 이 책이 "열렬한 호응"을 얻고 있다는 소식을 저자에게 전하며 기쁨을 감추지 못했다.

1772년 여름, 프랭클린은 아들에게 담담히 적어보냈다. "학식 있고 재능 있는 외국인들은 영국에 오면 꼭 나를 한번 만나보고 가려 한단다. 외국 대사 몇 명도 나와 부지런히 인맥을 쌓으려 하고 있고 (…) 최근에는 국왕도 나를 크게 칭찬하셨다더구나."

프랭클린이 추종자들을 감탄시킬 일은 그 후로도 아직 많았다. 화학과 전기에 대해 조금만 알아도, 화약과 번개가 위험천만한 조합이라는 사실을 알 수 있었다. 실제로 1769년 이탈리아 브레시아에서는 화약고에 번개가 내리치면서 엄청난 폭발이 일어났고, 그로 인해 수천 명이 목숨을 잃고 도시는 거의 초토화되었다. 이 참사는 런던 신문에도 실렸고, 국왕의 군수품 담당자들에게는 자국에서도 같은 위험이 발생할 수 있다는 위기의식이 생겼다. 그들에게는 다행히도, 세계 최고의 낙뢰 전문가가 크레이븐스트리트에 살고 있었다. 프랭클린의 정치 성향은 둘째 문제였다. 그들은 그에게 위원회 참여를 요청했다. 위원회의 핵심 과제는 템스 강변 퍼플리트에 신설된 대형 화약고를 낙뢰로부터 보호하기 위해, 그 위험을 줄이거나 가능하다면 완전히 제거하는 것이었다. 위원으로 임명되면서 프랭클린은 최적의 피뢰침 모양—(프랭클린의 주장대로) 뾰족해야 하는가, 아니면 뭉툭해야 하는가—을 두고 계속된 논쟁에 다시 발을 들였다. 결국 프랭클린의 주장이 승리했고, 국왕의 화약은 1773년 가을 무렵 뾰족한 피뢰침 아래에 평온히 보금자리를 틀었다. 그러나 불과 2년 뒤, 화약은 바로 그곳에서 배에 실려 미국이라는 적지를 향해 떠나게 된다.

프랭클린은 화약 폭발 사고로부터 영국을 지키는 한편, 영국인들이 기침 때문에 몸이 부서질 지경이 되는 것도 열심히 막아보려고 했다. 그가 감기의 원인을 궁금해하기 시작한 건, 최소한 폴리 스티븐슨과 편지를 주고받기 시작한 때부터였다. 그는 그 병의 이름 자체cold에 드러난 통념—추울 때 감기에 걸린다—이 의학적으로나 상식적으로나 완전히 틀린 믿음이라고 확신했고, 필라델피아에서 이름난 의사이자 친구인 벤저민 러시에게도 이렇게 말했다. "우리 쪽 겨울이 워낙 매서워서 여행을 다니다 보면 가끔 너무 추워서 얼어 죽을 뻔한 적도 있지만, 그렇다고 **감기에 걸린 적은 없**었다네." 습기도 상관성이 거의 없었다. "나는 2주 동안 매일 저녁 두세 시간씩 강물에 들어가 있었다네. 만약 습기가 감기를 일으킨다면 내가 들이킨 정도면 **감기에 걸리고도** 남았겠지. 하지만 그런 효과는 없었어. 아이들도 수영한다고 감기에 들지는 않아. 바다에 나가 있는 사람들도 마찬가지고, 또 파도가 사방에서 부딪혀 늘 습기가 가득한 버뮤다나 세인트헬레나에 사는 이들 역시 대륙의 가장 건조한 지역에 사는 사람들보다 감기에 더 잘 걸리지는 않는다네."

그렇다면 감기는 왜 **걸리는** 걸까? "사람들은 좁고 밀폐된 방 또는 마차 같은 공간에 함께 있을 때나, 마주 앉아 서로의 숨결을 들이마시며 대화할 때 주로 감기가 옮곤 하지. 그 밖에 침구류나 다른 생활용품도 원인이 될 수 있네. 그것들이 일종의 부패물을 포착한 다음 어떤 식으로든 머금고 있으면서 우리를 감염시키는 거지."

밀폐된 환경이 감기를 유발한다면, 신선한 공기는 그것을 막아주었다. 특히 바깥 운동을 하며 들이마신 신선한 공기라면 더욱 효과가 좋았다. 프랭클린은 이미 오래전부터 규칙적이고 강도 높은 운동을 열렬히 찬양해왔다. 상류층에게 '운동'이라 하면 흔히 마차를 타거나 말 위에 앉아 있는 정도였던 시대에, 그는 이미 신체 활동 강도를 단계적으로 구분한—놀라울 만큼 현대적인— 체계를 고안했다. 윌리엄이 최근 몸이 좋지 않다는 소식을 전하자, 아버지 프랭클린은 "질병 예방에 운동만큼 좋은 게 없다"라며 아들에게 운동부터 하라고 충고했고, 덧붙여 다음과 같이 설명했다.

운동에도 종류가 많다 보니, 어떤 운동이든 **운동량**을 따질 때는 시간이나 거리보다 그것이 몸에 얼마나 열을 발생시키는지를 기준으로 삼는 것이 맞는 것 같다. 예컨대 아침에 마차에 올라탈 때부터 몸이 추운 날은 하루 종일 타고 있어도 좀처럼 따뜻해지지 않더구나. 말을 탈 때도 발이 시리면 몇 시간은 타야 따뜻해지고. 그런데 걸을 때는 아무리 추워도 한 시간만 빠르게 걸으면 혈액순환도 빨라지면서 머리부터 발끝까지 후끈 달아오르지.

아마 이렇게 말하면 좀 쉬울 게다. (정확한 수치라기보다는 그저 차이를 강조하기 위해 대략적인 숫자로 비교하자면) 마차로 **5마일**을 가는 것보다 말을 타고 **1마일**을 가는 것이 더 많은 운동이 되고, 말 타고 **5마일**을 가는 것보다 걸어서 **1마일**을 가는 것이 더 효과적이지. 여기에 하나 더 덧붙이자면 평지 **5마일**을 걷는 것보다 계단 **1마일**을 오르내리는 것이 훨씬 더 운동이 된단다.

마지막 두 가지 운동(평지 걷기와 계단 오르내리기)은 날씨 때문에 외출이 어려울 때 실내에서도 할 수 있지(물론 '신선한 공기'라는 야외 활동의 목적은 포기해야 하지만, 어떤 날은 너무 험해서 나갈 수 없는 경우도 생기는 법이니까). 특히 마지막 운동은 시간이 빠듯할 때 하기 좋단다. 아주 짧은 시간에 많은 운동 효과를 얻을 수 있으니까. 덤벨 운동도 이런 집약적 운동 중 하나라고 할 수 있다. 실제로 덤벨을 40회 정도 들어 올리고 초시계로 재어보니, 맥박이 1분에 60회에서 100회까지 올라가더구나. 맥박이 빨라지면 대체로 체온도 높아지는 것 같거든.

운동에 관한 프랭클린의 연구가 굉장히 현대적이었다면, 다른 분야에서의 관찰은 거의 고대적이라고 할 수 있었다. 플리니우스는 선원들이 거친 바다를 잠재우기 위해 파도 위에 기름을 뿌렸다는 기록을 남긴 바 있었다. 프랭클린은 형 제임스 밑에서 도제로 일하던 시절에 몰래 짬을 내어 플리니우스의 글을 읽고는, 그 내용이 정말 사실인지 궁금해했다. 1757년 영국으로 가는 배에 오르고서야 비로소 이 현상을 직접 확인해볼 수 있었다. 당시 그는 호송 함대 중 두 척의 항적이 나머지 수십 척에 비해 유난히 잔잔한 것을 보고 고참 선원에게 그 이유를 물었다. 그러자 선원은 그런 것도 모르는 육지 사람의 무식함이 가소롭다는 듯 '아마 저 두 배의 요리사들이 기름이 섞인 오수를 배수구로 버렸을 것이고 그것이 배 옆을 타고 퍼져서 파도가 잔잔해진 것'이라고 설명했다.

프랭클린은 그 뒤로도 이 주제를 더 깊이 파고들며 경험담을 수집하고, 여러 가설을 세우고, 그것을 어떻게 검증할 수 있을지 고심했다. 그리고 잉글랜드 북부를 여행하던 중 마침내 기회가 찾아왔다. 바람이 거세게 불던 어느 날 랭커스터 동쪽에 있는 클래펌의 공용 연못에서였다. 그는 이렇게 기록했다. "나는 작은 기름병을 꺼내 물 위에 조금 떨어뜨렸다. 그러자 그것이 눈 깜짝할 사이에 수면 위로 퍼지는 걸 확인할 수 있었다." 그러나 기름막은 바람에 일렁이는 물결을 가라앉히는 데 거의 효과가 없었다. 그가 기름을 떨어뜨린 위치가 바람이 불어가는 쪽이었기 때문이다. 바람에 밀린 기름은 다시 프랭클린이 있는 연못가로 되돌아왔다. "그래서 나는 바람이 불어오는 쪽으로 갔다. 그쪽에서(물결이) 막 일기 시작하는 곳에 한 티스푼 정도의 기름을 떨어뜨리자, 몇 제곱미터 넓이의 물결이 순식간에 잦아들더니 놀랍게도 점점 더 퍼져나가서 결국 맞은편 가장자리까지 이르렀다. 대략 2000제곱미터쯤 되는 연못 전체가 마치 거울처럼 매끄러워졌다."

이 발견이 매우 기쁘고 재미있었던 프랭클린은 앞으로 조금의 기회라도 생길 때마다 이 현상을 더 탐구해보겠다고 다짐했다. 그는 시골을 걸어 다니거나 말을 탈 때 들고 다니던 대나무 지팡이의 윗마디 공간에 기름을 조금 담아두었다가 연못이나 개울이 보이면 기름을 떨어뜨리고 반응을 관찰했다. 그러다 결국 꽤 야심 찬 실험까지 구상하기에 이르렀다. 연못의 잔물결 따위가 아니라 저 넓은 바다의 거센 파도를 잠재워보자는 아이디어였다.

포츠머스에 주둔 중이던 영국 해군의 한 함장이 프랭클린의 실험 계획을 듣고는 그를 초대해 직접 시험해볼 기회를 마련해주었다. 그리하여 1772년 10월 바람이 해안 쪽으로 불어오던 어느 날, 수병 여럿이 임무를 받고 대형 보트를 저어 파도를 넘어갔고, 커다란 항아리에 담아온 기름을 바다에 부었다. 그리고 별도로 선발된 관찰팀이 파도의 상태를 살피고, 기름 산포 후 실제로 파도가 약해지는지를 확인했다.

"실험이 대체적으로는 우리가 기대했던 성과를 거두지 못했네. 해안에 밀려오는 파도의 높이나 세기에서 실질적인 차이가 관찰되지 않았거든." 프랭클린은 이 실험에 관심을 보이던 친구에게 이렇게 설명했다. 그렇지만 기름이 대형 보트 뒤편의 물결을 어느 정도 진정시킨 것은 분명했다. 그곳은 강풍에도 수면이 거의 요동치지 않았다.

그리고 바로 이 사례에서 그는 이번 실험이 실패한 원인과 더 작은 수역에서는 성공했던 이유를 알게 되었다. 프랭클린의 이론에 따르면, 파도는 공기(바람)와 물 표면 사이의 마찰에서 비롯되는 것이었다. 그런데 기름이 공기와 물 사이에서 일종의 윤활제처럼 작용하며 마찰을 감소시켰고, 바람이 파도를 발생시키는 힘 자체도 약화시켰다. 연못에서는 수면 전체를 기름으로 덮을 수 있기 때문에, 바람이 발 디딜 곳을 원천 차단하고 수면을 바람 한 점 없는 상태로 만들 수 있는 것이다. 하지만 바다에서는 두말할 필요도 없이, 수면 전체를 기름으로 덮는 것이 애초에 불가능했다. 즉, 보트에서 뿌린 기름을 만나기 훨씬 전에 이미 추진력을 얻어 해안으로 밀려오는 파도를 막을 도리는 없다는 뜻이다.

"비록 성공하지 못한 실험이라도 그 과정을 기록해두면 도움이 될 수 있다. 후속 실험에서 개선의 실마리를 줄 수도 있기 때문"이라고 말하며 프랭클린은 바로 그런 개선 방안도 제안했다. "(해안에서) 좀 더 멀리 떨어진 곳에서 실험을 시작했다면 효과가 좀 더 뚜렷했을지도 모를 일이다. 어쩌면 기름의 양이 충분치 않았을 수도 있다. 앞으로 추가 실험을 통해 이 점을 확인할 수 있을 것이다."

프랭클린이 동시에 시도했던 다른 실험, 즉 정치적 격랑에 가상의 기름을 부어보려 했던 여러 시도는 훨씬 덜 성공적이었다. 역시 비슷한 이유 때문이었다. 격랑은 그의 손이 미치지 않는 곳에서 비롯되고 있었다.

그리고 그 상당 부분은 대서양 건너에서 일어나고 있었다. 식민지 정세는 표면적으로는 지난 몇 년보다 한결 평온해 보였다. 프랭클린은 수입 거부운동을 계속해야 한다고 주장했지만, 미국 상인들을 설득하지는 못했다. 그들은 톤젠드 관세의 부분적 철회를 부분적 승리로 받아들였고, 금수조치 역시 한발 물러서 아직 관세가 남아 있던 차tea에 대해서만 부분 적용하기로 했다. 보스턴은 뉴욕과 필라델피아보다는 더 오래 버텼지만 결국 차 이외의 품목에 대한 금수조치는 포기하고 말았다. 그 무렵엔 보스턴 학살 사건에 대한 격분도 가라앉아 있었다. 한편으론 허친슨 총독이 신중하게 대응하는 쪽을 선택해 영국군 병력을 도심에서 항구 내의 섬으로 철수시킨 덕분이었고, 또 한편으론 총격에 가담한 병사들이 재판에 회부된 덕분이기도 했다. 프레스턴 대위와 병사들은 식민지의 이름난 애국자 존 애덤스가 자신들의 변호를 맡게 되자 처음에는 불안해했지만, 판결 결과에는 불만을 가질 수 없었다. 프레스턴과 여섯 명의 병사는 모든 혐의에서 무죄판결을 받았고, 나머지 두 명은 살인이 아닌 과실치사로 유죄를 선고받았으나 손에 낙인을 찍는 형벌만 받고 풀려났다. 새뮤얼 쿠퍼는 1771년 새해 첫날에 프랭클린에게 이렇게 적어보냈다. "지금은 정치적으로 잠시 숨 고르기에 들어간 듯합니다."

그러나 숨 고르기가 '중단'은 아니었다. 잔잔한 수면 아래에서는 심각한 문제들이 끓고 있었다. 양국이 헌법적으로 어떤 관계인가, 라는 근본적 쟁점에 대해, 미국인과 영국인들 사이의 골은 그 어느 때보다 깊었다. 영국 의회는 식민지의 모든 사안에 대해 입법할 권리가 있다고 주장했고, 식민지 의회는 점점 강도를 높이며 그 권리를 부정하고 있었다. 당장은 영국 의회의 지배가 미국인들에게 큰 부담으로 느껴지지 않았다. 세금 때문에 일부러 차를 마시지 않는 것만 제외하면, 식민지인들은 거의 의식하지 못할 정도였다. 그러나 선언법은 여전히 법령집에 남아 있었고, 그 법이 존속하는 한 언제라도 제국을 좌초시킬 암초로 돌변할 수 있었다.

프랭클린과 가까운 쪽에도 문제의 씨앗들은 있었지만, 그렇다고 그의 손이 닿을 수 있다는 뜻은 아니었다. 아일랜드에서 힐즈버러에게 뜻밖의 환대를 받았던 프랭클린은 장관의 진의를 시험해보기로 했다. 다음은 그가 윌리엄에게 전한 이야기다. "런던으로 돌아온 지 얼마 지나지 않아 그분을 찾아갔단다. 아일랜드에서 받은 친절에 감사 인사도 하고 조지아 문제에 대해 상의도 할 겸 말이야." 그런데 아일랜드에서 무슨 일이 있었냐는 듯한 분위기였다. "문지기가 장관님은 부재중이라고 하더군. 그래서 명함을 남기고, 며칠 뒤 다시 찾아갔는데 그때도 또 부재중이라고 하는 거야. 내 친구 하나도 그곳에 와 있던 터라 그분이 집에 있다는 걸 내가 뻔히 알고 있었는데도 말이지. 그 뒤로도 일주일 간격으로 두 번 더 찾아갔지만 역시 같은 답만 들었단다." 마지막 방문은 공식 접견이 열리던 날이었고, 힐즈버러의 저택 앞으로 들어가는 길에는 이미 마차들이 줄지어 서 있었다. "내 마부가 집 앞에 마차를 대고 마차 문을 열어주고 있는데 문지기가 나를 알아보고는 다가와서 마부를 못되게 나무라는 거야. 주인께서 집에 계신지 먼저 확인도 안 하고 대뜸 문부터 열면 어떡하냐고 말이야. 그러더니 내 쪽을 보고는 '각하께서는 부재중입니다'라고 하더구나." 프랭클린은 힐즈버러가 아일랜드에서 보여준 가식적인 친절의 목적이 무엇이었든, 그 목적이 이미 좌절된 것이라고 결론 내렸다. "결국 힐즈버러 경이 내게서 얻은 것은 아무것도 없고, 더 이상 짜봤자 즙 한 방울 나올 것 같지 않으니 오렌지 내버리듯 나를 내친 거겠지."

그러나 버려진 쪽은 힐즈버러였다. 불과 몇 달 뒤에 벌어진 일이었다. 프랭클린이 직접 개입하진 않았지만, 그 일을 **주도한** 이들은 그의 동지들이었다. 덕분에 프랭클린은 잠시나마 통쾌함을, 힐즈버러는 기나긴 고통을 맛보게 되었다.

(프랭클린의 입장에서는) 안타깝게도, 힐즈버러를 몰락시킨 문제는 헌법과 관련된 핵심 사안이 아니라 토지와 관련된 부차적 문제였다. 1770년에 힐즈버러와 틀어진 후, 프랭클린은 월폴 회사가 추진하던 서부의 막대한 토지 이권 사업에서도 한발 물러나 있었다. 이 거대한 판에서 프랭클린의 판돈은 항상 작았지만, 큰손들은 그의 가치를 높이 쳤다. 이 사업의 성패를 좌우할 수 있는 사람들 사이에서 그가 행사하는 영향력 때문이었다. 그러나 힐즈버러와 멀어지면서 그 영향력도 잃은 터라 그때는 한발 물러나는 것이 신중한 처신이었다.

그런데 프랭클린이 보아하니, 그 사이 힐즈버러도 여러 사람과 등을 돌리고 있었다. 그중에는 월폴 회사에 점점 관심을 보이던 인물들도 있었다.

장차 오하이오의 대지주를 꿈꾸는 자들은 이미 효과가 입증된 방식, 즉 내각 인사들과 그 지인들에게 지분을 제공하는 수법으로 정부 내에 영향력을 뻗쳤다. 힐즈버러는 여전히 이 사업에 반대했지만 결국 책략에서 밀렸다. 월폴 회사에 우호적인 추밀원이 힐즈버러가 이끄는 통상위원회의 결정을 뒤엎고 토지 허가를 승인하자, 그는 식민지 장관직과 통상위원회 의장직에서 사임했다.

프랭클린은 아들에게 소식을 전했다. "드디어 힐즈버러 경을 몰아냈단다." 그는 힐즈버러가 몰락한 직접적 원인이 월폴 문제였다는 점은 인정했지만, 더 근본적으로는 내각 내에 그의 친구가 없고 적이 너무 많았던 것이 문제라고 보았다. 그러나 장관의 곤경은 여기서 끝이 아니었다. "국왕도 힐즈버러와 그의 일 처리 방식에 질려버렸지. 그 때문에 식민지가 왕정을 존경하고 사랑하는 마음이 식어버렸으니까." 여기서 프랭클린은 참지 못하고 자화자찬을 살짝 곁들였다. "(너한테만 말하자면) 그동안 내가 국왕 폐하께서 아셔야 할 만한 사정이나 확실한 증거를 이런저런 적절한 방법을 써서 간간이 전달해 드렸단다."

앞으로 그 자리에 누가 오든 힐즈버러보다는 나았을 테지만, 다트머스 경은 확실히 그래 보였다. 신임 장관은 프랭클린을 무척 존경한다는 뜻을 내비쳤고, 초반 접견 행사에서는 수많은 사람을 제쳐두고 그에게 먼저 특별히 인사를 건넸다. 장관은 프랭클린이 매사추세츠 총독의 승인을 받지 않은 점에 대해서는 일절 거론하지 않고, 그를 정식으로 공인된 대리인과 다름없이 대우했다. 이에 프랭클린은 토머스 쿠싱에게 이렇게 전했다. "이제 일이 좀 제대로 굴러갔으면 좋겠군요."

실제로 더 나아지긴 했지만 여전히 만족스럽지는 않았다. 1772년 11월에 프랭클린은 매사추세츠에서 제출된 청원서를 다트머스에게 전달했다. 왕실이 식민지 총독의 급여를 부담하는 것에 항의하는 내용이었다. 며칠 뒤 다트머스는 이 문제를 논의하자며 프랭클린을 불렀다. 장관의 어조는 프랭클린이 보기에도 합리적이었고 결과적으로 설득력이 있었다. 그는 지금은 그런 청원을 추진하기 좋은 때가 아니라며 설명을 이어나갔다. 국왕이 불쾌해할 것이고, 그러면 이 사안을 법률고문에게 넘길 수 있는데 그럴 경우 그들은 부정적 의견을 낼 것이다, 또는 이 사안을 의회에 넘길 수도 있는데, 그러면 식민지에 대한 비난 결의안이 나올 것이 거의 확실하고, 따라서 식민지의 불안 역시 더욱 커질 것이라는 말이었다. 다트머스는 뉴잉글랜드에 대한 깊은 호의를 밝히며, 자신의 취임 후 첫 조치가 그곳 사람들에게 원망을 살 수밖에 없는 일은 제발 아니었으면 좋겠다고 말했다. 프랭클린이 끼어들어서 '정부가 국민의 청원권을 거부하면 위험해질 것'이라고 지적하자 다트머스는 그가 자기 뜻을 오해한 것이라고 답했다. 그는 정부 각료로서 청원을 거부하는 것이 아니며, 프랭클린이 정 원하면 그것을 정식으로 받아주겠다고 했다. 그러나 미국의 친구로서 바라건대, 이 청원을 지금 꼭 강행해야겠는지 다시 한번 생각해달라고 조언했다. 매사추세츠 민의회와 한 번 더 상의해보는 것은 어떻겠느냐고도 권했다. 청원이 처음 발의된 뒤로 런던의 내각도 다 바뀌지 않았느냐, 그러니 매사추세츠 의회가 여전히 이를 추진하고 싶은지 확인하는 것이 대리인의 올바른 역할이 아니겠느냐는 것이었다.

"종합적으로 판단했을 때, 임기 초기부터 그의 심기를 건드리는 건 바람직하지 않다는 생각이 들었습니다." 프랭클린은 왜 결국 그 자리에서 청원을 밀어붙이지 않았는지를 토머스 쿠싱에게 해명했다. 민의회가 이 사안을 재검토하고 다시 지시를 내려야 한다는 생각이었다. "만약 심의 끝에 새로운 지시가 온다면, 나는 즉시 그것에 따를 것입니다." 다시 검토되었다는 사실만으로 청원에 더 무게가 실릴 수도 있었다. 하지만 그는 다소 자신 없는 목소리로 이렇게 덧붙였다. "내 결정에 민의회 쪽에서 부디 반대가 없었으면 좋겠군요."

프랭클린이 다소 주저했던 것은, 최소한 새뮤얼 애덤스나 제임스 오티스 같은 회의적 인물들은 자신의 처신에 **반대할 것**이라는 사실을 인지하고 있었기 때문일 것이다. 그들은 처음부터 프랭클린이 정부 측에 너무 유화적이라고 의심했고, 이번에는 실제로 다트머스의 지휘를 순순히 따르는 모습까지 보였다. 아마 그래서였을 것이다. 자신이 영국 정부의 꼭두각시가 아니라는 점을 보여주고 싶은 간절함이, 그의 경력에서 가장 치명적인—그 자신은 물론이고 영국 제국의 운명까지 가르는— 실책으로 이어진 게 아닐까.

"최근에 제가 어떤 편지를 일부 입수했습니다. 지금 우리가 겪고 있는 불만의 대부분, 아니 어쩌면 전부가 이 편지에서 비롯되었다고 해도 과언이 아닐 정도입니다." 이 말은 프랭클린이 쿠싱에게 청원을 보류하겠다는 소식을 전하는 편지에 함께 적은 내용이었다. 하지만 이 편지를 입수한 **경로**까지는 밝히지 않았다. 실제 그 뒤로도 프랭클린은 쿠싱에게는 물론 후세를 위해 이 일을 기록한 그 누구에게도 출처를 끝내 밝히지 않았다. 우편물을 빼돌리는 일은 전혀 드문 일이 아니었고, 프랭클린도 미국으로 보내는 자신의 편지들이 검열당하고 있다는 심증이 있었다. 오랜 기간 부우정청장으로 일한 프랭클린이라면 우편물의 비밀 유지 원칙을 굉장히 중요하게 여겼을 거라고 누구든 생각할 것이다. 하지만 또 한편으로는 가난한 리처드나 여러 격언 작가의 말처럼, 너무 익숙하면 소홀히 하게 되는 경우도 있었다. 게다가 프랭클린의 실용주의적 기질은 공허한 원칙보다 실질적 결과를 항상 우선시했다. 밀봉된 남의 편지를 슬쩍 들여다보는 것만으로 식민지와 영국의 화해에 기여할 수 있다면 그것은 사소한 죄에 불과하며 얼마든지 용서받을 수 있다고 여겼을 것이다.

문제가 된 서신은 1767년에서 1769년 사이에 여러 사람이 주고받은 편지들이었다. 그중 가장 중요한 인물은 토머스 허친슨과 그의 매제인 앤드루 올리버였다. 이 편지들이 관심을 끌게 된 이유는, 각각 매사추세츠 총독과 부총독이라는 두 사람의 직위 때문이었다. 그 외에 편지에 담긴 의견 자체는 당시 매사추세츠에서 대두된 다른 견해에 비해 특별히 더 과격하지도 않았고, 식민지와 영국의 헌법적 관계에 대한 시각도 영국 정부 관리들의 일반적 인식과 대체로 일치했다. 물론 그들은 스스로를 영국 관리의 일원으로 여겼다. 하지만 동시에 그들은 매사추세츠 사람인데도 영국을 대변하는 언사를 하고 있었다. 물론 실제로 매사추세츠 출신이었고, 영국에서도 그들을 그렇게 인식하고 있었다. 프랭클린은 바로 이런 점이 못마땅했고 아마도 그래서 이들의 편지를 쿠싱에게 전달하기로 마음먹었을 것이다.

허친슨 편지의 요지는, 식민지의 혼란이 다수 대중의 광범위한 불만에서 비롯된 것이 아니라 일부 소수의 정치적 일탈 때문이라는 주장이었다. (특히 미국의 애국자들 눈에) 가장 충격적이었던 대목은 허친슨이 1769년 1월에 쓴 것으로, 매사추세츠 정부에 대한 존중을 회복하고 질서를 바로잡기 위해 필요한 조치들을 나름대로 요약한 내용이었다.

이른바 '영국 신민의 자유'라 불리는 것들은 반드시 제한될 필요가 있습니다. 사회가 '자연 상태'에서 '가장 이상적인 정부의 상태'로 나아가기 위해서는 인간의 '자연적 자유'를 크게 제한할 수밖에 없지요. 이것을 생각하면 나 스스로 위안이 됩니다. 본국에서 거의 5000킬로미터나 떨어진 식민지가 본국과 똑같은 자유를 누리는 정부 체제를 구상한다는 것이 과연 가능하겠습니까? 나는 아직 그런 시스템을 본 적이 없습니다. 식민지의 안녕을 위해서라면, 모국과의 유대가 끊어지는 것보다 차라리 자유를 더 제한하는 편이 낫다고 봅니다. 모국과 단절되는 것은 틀림없이 식민지의 파멸로 이어질 것이기 때문입니다.

프랭클린은 이런 편지를 쿠싱에게 전달하면서도 여전히 영국과 화해할 길을 모색하고 있었다. 그는 최근 영국 정부가 추진한 강압 정책들이,

식민지의 자유를 억압하려는 국가 차원의 음모에서 비롯된 것이 아니라, 특정이 가능한 출처—즉 허친슨과 올리버—에서 나온 악의적 조언의 결과였음을 밝히고 싶었다. 그 두 사람의 해로운 영향력은 충분히 대응하고 무력화할 수 있으며, 결과적으로 사태를 바로잡을 수 있다고 본 것이다.

그는 자신이 하고 있는 일이 얼마나 민감한 사안인지 잘 알고 있었고, 그래서 쿠싱에게 이 편지를 전달할 때 한 가지 조건을 달았다. "나는 이 편지를 인쇄하거나, 아무리 일부분이라도 절대 사본을 만들지 않겠다고 약속했습니다. 다만 우리 식민지의 중요한 인사 몇 분에게 참고용으로만 보여주는 것은 허락받았고, 그렇게 해달라는 부탁도 받았습니다." 그는 쿠싱이 "몇 달 가지고 계시다가" 다시 돌려주길 기대했다. 아마도 원래 출처로 돌려줄 생각이었을 것이다.

프랭클린은 훔친 정보를 아무런 가책도 없이 다루는 사람은 아니었다. 하지만 허친슨과 올리버는 도를 넘는 행동을 했다. 그들은 수년 동안 "조국의 자유를 벼슬자리와 맞바꾸고" 있었다. 프랭클린은 이 사실을 잘 알고 있었고, 이런 편지가 영국에 전해진 **뒤에** 허친슨과 올리버가 현재의 자리에 올랐다는 사실을 쿠싱을 비롯한 매사추세츠 사람들에게도 알려주고 싶었다. 그 거래의 일환으로 두 사람은 급여와 연금이 인상되었는데, "그 비용은 백성들로부터 짜내야 하는 것"이었다. 당연히 사람들은 저항했고, 허친슨과 올리버는 그 저항을 진압하고 자기들의 부정 이득을 지키기 위해 영국군을 끌어들였다. "가상의 반란"을 꾸며내고 "국왕에게 경계심을 불러일으켜 다수의 충직한 신민에게 분노하도록 만들었다". 요컨대, 그 사악한 이인조는 "자신의 사익을 위해서라면 어떤 공공의 해악도 서슴지 않는 하찮은 기회주의자들, 자기 조국뿐만 아니라 자기들이 섬긴다는 정부, 나아가 영국 제국 전체의 이익을 배신한 자들"임을 스스로 드러냈다.

프랭클린은 너무 분노한 나머지 총독과 부총독의 이중적 행태를 온 세상에 널리 알리고 싶었다. "그러니 이 편지들을 자유롭게 공개할 수 있었으면 좋겠습니다"라고 했으나 편지 제공자는 그것을 단호히 금했다. 프랭클린은 쿠싱에게 말했다. "이 편지는 오직 의장님과 통신위원회 위원분들, 참의회*의 모든 의원과 피츠 의원, 그리고 촌시, 쿠퍼, 윈스럽 박사님 들, 그외 귀하가 판단하기에 꼭 필요한 몇몇 분들만 보실 수 있습니다."

프랭클린은 정치적 술수에 무지한 인물이 아니었다. 그는 허친슨과 올리버의 편지가 매사추세츠 민의회의 수많은 반대파에게 얼마나 큰 쓸모가 있을지 알고 있었다. 그리고 그 반대파에는 그가 앞서 언급한 인물들도 포함되어 있었다. '올드잉글랜드(영국)'에서야 약속 때문에 직접 편지를 공개할 수는 없지만, 그것들이 뉴잉글랜드에서는 결국 세상의 빛을 보게 되리라는 것을 그는 분명 예상했을 것이다. 프랭클린은, 만약 제약이 없었다면 자신이 직접 그 편지를 공개했을 거라고 말했다. 쿠싱의 입장에서는, 사실상 '편지를 공개해도 좋다'는 암묵적 허락으로 들릴 법한 말이었다.

그런데 정작 쿠싱은 그렇게 받아들이지 않았던 듯하다. 의장으로서 그는 이 편지를 매우 신중하게 다뤘다. 하지만 다른 이들은 쿠싱만큼 자제하지 않았다. 이 편지를 민의회에 제출한 이는 아마 존 행콕이었을 것이고, 그것을 의원들에게 낭독한 사람은 보나 마나 새뮤얼 애덤스였다. 그 직후에 민의회는 의원들의 열람을 위해 편지를 인쇄하도록 명령했다. 그리고 얼마 안 가 팸플릿 형태로 시중에 유포되더니 《매사추세츠 스파이》에 연재형식으로 실리고, 사본은 순식간에 식민지 전역으로 퍼져나갔다.

이 시기 프랭클린의 서신에서는 묘한 회귀의 기미가 엿보였다. 아마 마음속에서 그런 움직임이 있었던 듯하다. 열일곱 살에 아무 미련 없이 보스턴의 먼지를 털어내고 떠났던 소년이, 예순일곱의 나이에 다시금 자신이 태어난 그 도시와 자신을 동일시하고 있었다. 프랭클린이 이 점을 곰곰이

---

* 오늘날의 주 상원 격

생각해보았다면, 그 안에서 일관된 흐름을 발견했을지도 모른다. 보스턴이 너무 보수적이라는 이유로 그곳을 떠났던 반항아가 이제는 스스로 반항의 도시가 된 보스턴으로 회귀하고 있었다. 프랭클린은 정치 인생을 시작하고 20년 동안 펜실베이니아의 지배 세력과 맞서 싸웠다. 그런데 이제 펜 가문과의 싸움이 의회와의 투쟁으로 대체되면서 그의 마음속 충성심도 지금 가장 뜨겁게 타오르는 전선으로 옮겨갔다. 바로 보스턴과 런던의 충돌이었다.

그러나 필라델피아가 여전히 그의 마음을 붙잡고 있었다. 여러 가지 사건과 사람들 때문에 프랭클린은 자신의 두 번째 고향에 대한 마음을 떨쳐낼 수 없었다. 1771년 말 그는 드디어 리처드 베이치를 만났다. 베이치는 부모님을 만나러 프레스턴에 와 있던 차였다. 베이치는 사위가 장인을 만날 때 흔히 느끼는 두려움 그 이상의 공포를 느꼈다. 그 장인이라는 사람이 세계적 유명 인사인 것은 둘째치고, 자신의 결혼에 분명하고 확실하게 반대 의사를 밝혔던 엄격한 아버지였기 때문이다. 그동안 데비는 물론이고 스티븐슨 부인 그리고(이제는 스티븐슨 휴슨이 된) 폴리까지 프랭클린의 마음을 돌리려고 여러모로 애써주었다. 그들이 권유했든 베이치 자신의 판단이었든, 사위는 아마 가족과 지인들이 함께 있는 자리에서라면 가장 좋은 인상을 줄 수 있겠다고 판단한 모양이다. 그래서 프랭클린에게 북부 지방을 여행하는 동안 요크셔에 들러 베이치가에 방문해달라고 초대했고, 자신도 그곳으로 향했다.

베이치의 안도의 한숨은 필라델피아까지 들렸을지도 모른다. 베이치는 데비에게 이렇게 적어보냈다. "이제야 마음 푹 놓고 말씀드릴 수 있겠네요. 장인어른께서 저를 두 팔 벌려 맞아주셨습니다. 첫 만남에서 이런 감정을 느낄 줄은 몰랐는데 정말 따뜻하게 대해주셨답니다."

사위는 어르신을 모시고 런던으로 돌아갔다. 함께 가는 동안 프랭클린은 베이치에게 점점 호감을 느꼈다. 데비에게도 "그 친구가 이곳에서 보여준 태도가 아주 마음에 들었다"라고 전했다. 그는 베이치에게 몇 가지 조언도 해주고, 그 내용을 딸 샐리에게 편지로 공유했다. "그 친구에게 필라델피아에서 사업으로 자리를 잡으라고 충고했단다. 그래야 항상 네 곁에 있지 않겠니?" 지난 15년 중 자신은 아내와 같은 '대륙'에서 채 2년도 지내지 않은 사람이 이런 말을 하는 것이 이상하지 않은가? 하지만 추가로 덧붙인 조언에 비하면 특별히 그렇지도 않았다. 35년이나 국왕의 우정청 관리로 재직한 사람이 사위에게 공직을 피하라고 충고한 것이다. "어떤 직업이든 사람이 배워 익힌 직업이 상관의 기분에 따라 좌우되는 공직보다 더 낫다고 생각하네. 더 자유롭고 독립적일 수 있고, 상사의 변덕에 덜 휘둘리게 해주니까." 이 편지에서 그는 샐리 부부에게 근검절약을 당부했다. 그래야 자신과 데비가 물려줄 재산이 "살림에 제법 보탬이 될 수 있을 테니 말이다. 물론 그것만으로 가족을 부양하고 키우기에는 한참 모자라겠지만". 어쨌든 그 '제법 보탬이 될 재산'의 맛보기 격으로—혹은 인디언과의 평화조약을 항상 선물로 마무리했던 관례가 떠올랐는지— 프랭클린은 베이치에게 200파운드를 주고 딸에게 "그 돈이 너희에게 행운을 가져다주길 바란다"라고 썼다.

베이치와 만나니 프랭클린은 집 생각이 났다. 폴리 휴슨의 아들인—자신의 대자godson이기도 한— 꼬마 빌리를 볼 때도 마찬가지였다. 게다가 그는 샐리의 아들인 벤저민 프랭클린 베이치도 여태 만나보지 못했다. 이제 거의 네 살이 된 외손자에 대해 그가 아는 것이라곤 전부 딸과 아내에게 편지로 전해 들은 소식뿐이었다. 그런 소식들 사이의 빈틈은 빌리 휴슨이 자라는 모습을 지켜보며 상상으로 대신했다. 그는 데비에게 이렇게 적어보냈다. "당신이 **손자** 이야기를 전해주었으니 나도 내 **대자** 이야기를 좀 해줘야겠지. 아이는 이제 21개월이 되었고, 아주 튼튼하고 건강하다네. 말을 조금씩 하기 시작했고 심지어 노래도 흥얼거리지. 지난주에 며칠 같이 있었는데 그새 내가 좋아졌는지, **아빠**를 불러오지 않으면 아침 밥상 자리에 앉으려고도 하지 않는 거야. 그렇게 나를 불러다 앉혀놓고 얼마나 좋아 했는지 몰라. (…) 그 모습을 보니 나도 집에 가서 벤과 놀아주고 싶은 마음 이 간절해지더군."

벤을 떠올리니 자연스레 또 다른 아이가 생각났다. 바다도 건너고 수 많은 세월도 지나왔건만, 프랭클린은 36년 전에 세상을 떠나 필라델피아에 묻혀 있는 둘째 아들이 아직도 잊히지 않았다. 그는 여동생 제인에게 이렇 게 털어놨다. "우리 손자를 본 사람마다 다들 너와 똑같은 이야기를 하더 구나. 아이가 보기 드물게 영특하다는 거야. 그런 말을 들을 때마다 자꾸 우리 아들 프랭키의 기억이 새록새록 떠오르는구나." 여전히 자식을 잃은 슬픔에 빠져 있는 아버지는 편지에서 그 아이만큼 "모든 면에서 비할 데 없이 뛰어난 아이는 거의 본 적이 없어. 지금도 그 아이를 떠올리면 한숨이 절로 나온단다"라고 고백했다.

또 한 손자는 다소 까다로운 사정은 있었지만 그래도 가까운 곳에 있 었다. 이제 열두 살이 된 템플 프랭클린은 대부분의 시간을 켄트의 한 학 교에서 보내고 있었다. 윌리엄 스트레이핸의 처남이 운영하는 학교였다. 템 플이 윌리엄 프랭클린(아버지)이나 벤저민 프랭클린(할아버지)과 정확히 어 떤 관계인지 '대외적으로는' 여전히 모호했지만, 프랭클린은 방학 때마다 아이를 런던으로 데려와서 빌리 휴슨에게 하는 것처럼 정성껏 돌봤다. 그 는 아이 아버지에게 이렇게 소식을 전했다. "아이가 나날이 발전하고 있단 다. 사랑스럽고 사려 깊고 씩씩한 아이라고 사람들이 갈수록 칭찬을 많이 하는구나."

템플의 신분을 지어내야 할 때면, 세라 프랭클린이 그 역할을 어느 정 도 대신해주었다. 그녀는 프랭클린의 사촌인 토머스의 손녀였고, 젊은 여성 으로서 더 넓은 기회를 얻고 싶은 마음에 시골에서 런던으로 상경해 프랭 클린과 함께 지내고 있었다. 대신 그녀는 이제 하인 하나 없이 지내던 연로 한 친척의 집안일을 도왔다. 프랭클린은 데비에게 "아이가 아주 발 빠르고 심부름도 잘하고 내 시중도 마다하지 않는다네"라고 칭찬했지만, '안타깝게도' 그녀의 런던 진출은 성공적으로 진척되어 이제 곧 결혼을 앞두고 있었다. "그 아이가 떠나면 무척 섭섭하겠지."

프랭클린은 젊은이들을 지켜보며 자신의 나이를 곰곰이 되새겼다. 1773년 1월 6일, 데비에게 보낸 편지 내용이다. "1월 6일은 이제 명목뿐인 옛날 생일이고, 달력이 바뀌어서* 실제 생일은 17일로 옮겨졌지만, 나는 아직도 6일에 정이 간다네. 이제 17일이 되고 그때도 내가 살아 있다면 예순일곱 살이 되는구려. 당신과 내가 소년 소녀 축에 끼었던 때가 바로 엊그제 같은데, 세월이 언제 이렇게 지나가버렸는지, 참!"

프랭클린의 마음속에서는 집에 대한 그리움이 영국의 무수한 매력과 치열하게 대립하고 있었다. 최근의 영국 정치에 여러모로 염증을 느끼긴 했지만, 런던은 세상 보는 눈이 넓은 사람에게 아직 내어줄 것이 많은 도시였다. 런던에 있는 동안 그를 찾아왔던 이름난 과학자와 철학자들이 필라델피아까지 발걸음을 옮길 리는 만무했다. 지금 가장 가까운 친구들은 모두 영국에 있었고, 필라델피아의 옛 친구들은 해마다 하나둘씩 세상을 떠났다. 필라델피아를 진정한 보금자리로 삼은 지 15년이 지난 지금, 그는 퀘이커들의 도시보다 이곳 런던이 여러 면에서 더 익숙하고 편안하게 느껴졌다.

옛날 집과 현재의 집 사이에서 갈등하던 프랭클린은 자신이 오랜 시간을 들여 개발한 의사결정 방식을 적용했다. 이 방법은 과학자인 조지프 프리스틀리에게도 편지로 설명한 바 있었다. 그는 프랭클린의 명성을 널리 알리는 데 크게 기여한 동시에 그 자신도 일류 과학자로서 명성을 떨친 인물이었다. 그런 그에게 셸번 경이 개인 도서관 관장을 맡아달라고 제안한

---

*   1752년 율리우스력에서 그레고리력으로 바뀐 것을 일컫는다.

적이 있었다. 보수, 명예, 든든한 후원자라는 조건을 생각하면 구미가 당기는 제안이었다. 그런데 당시 프리스틀리는 리즈에서 아주 행복하게 살고 있었다. 개인적 삶이든 과학적 탐구 기회든 모두 충분히 누리고 있었다. 어떻게 하면 좋을까요? 그는 프랭클린에게 물었다.

프랭클린은 대답했다. "어떤 조건들이 있는지 잘 모르니 내가 **어느 쪽**을 선택하라고 조언해주기는 어렵네. 하지만 자네가 괜찮다면 결정하는 **방법을 알려줄 수는 있지.**" 어려운 선택이 어려운 이유는 사람들이 그런 결정을 눈앞에 두고 대체로 찬반의 이유를 각각 순차적으로 '생각'하기 때문이었다. 가령 장점을 먼저 한꺼번에 떠올리고, 이어서 단점을 생각하는 식이다. 그러다 보면 이쪽을 생각할 땐 이쪽으로, 저쪽을 생각할 땐 저쪽으로 마음이 갈팡질팡하게 된다는 것이 프랭클린의 설명이었다.

이를 극복하기 위해 내가 쓰는 방법은 종이를 반으로 나눠서 한쪽에는 **찬성**, 다른 한쪽에는 **반대**라고 적는 거야. 그런 다음 사나흘 시간을 두고 생각하면서 장점이든 단점이든 생각날 때마다 그 이유를 각각의 칸에 간단히 메모하듯 적는다네. 이런 식으로 양쪽에 적은 내용을 한 눈에 볼 수 있게 되면 이제 각 항목의 비중을 가늠해보는 거야. 양쪽에서 비중이 서로 비슷해 보이는 항목이 있으면 둘 다 지워버린다네. 만약 **찬성** 쪽 이유 하나가 **반대** 쪽의 이유 두 개와 맞먹는다고 생각되면 세 개 모두 지워버리고, **반대** 이유 두 개가 **찬성** 이유 세 개와 맞먹는다고 판단되면 다섯 개 모두 지워버린다네. 이런 식으로 계속하다 보면 결국 어느 쪽에 무게가 더 실리는지 알 수 있게 되지.

프랭클린은 이 방법에 어떤 수학적 정밀성이 있다고 주장하지는 않았다. 양쪽의 이유가 서로 완벽하게 상쇄되는 일은 불가능했기 때문이다. "그렇더라도 양쪽을 이렇게 따로, 그리고 서로 비교하면서 살펴보고, 또 전체를 한눈에 펼쳐놓고 보면, 더 나은 판단을 할 수 있고 경솔한 결정은 최대한 피할 수 있다고 생각하거든. 그리고 실제로도 나는 **도덕의 대수학** 또는 **신중의 대수학**이라 불려도 좋을 법한 이 계산법으로 지금까지 아주 큰 도움을 받아왔다네."

프랭클린은 '미국으로 돌아갈 것인가'라는 문제에 신중의 대수학을 적용했다. 한쪽 칸에는 영국에 남아야 할 이유를, 다른 쪽에는 집으로 돌아가야 할 이유를 적어나갔다. 영국 쪽에는 자신의 정치활동, 여러 가지 철학적 연구과제, 오하이오 토지 개발 사업이 열거되었고, 다른 쪽에는 몇 가지 정산해야 할 문제들, 은퇴 후의 좋은 점들이 적혔다. 이렇게 따져본 결과, 영국에 남아야 할 이유가 더 우세했다.

길조라고 할 만한 조짐은 없었지만, 프랭클린은 미주 식민지의 선봉대인 매사추세츠와 영국 정부 간의 갈등이 해결될 수 있으리라는 희망을 버리지 않았다. 다트머스는 계속 우호적 태도를 보였다. 이 정도면 전임자와 천지 차이라고 할 수 있었다. 게다가 그는 내각 동료들을 이쪽 방향으로 설득할 능력도 있어 보였다.

프랭클린이 보기에, 핵심은 시간에 달려 있었다. 그는 토머스 쿠싱에게 이렇게 설명했다. "제 생각에, 우리가 가진 가장 큰 안전장치는 점점 성장하는 부와 인구의 힘입니다. 그 힘이 있으면 앞으로 영국에 전쟁이 발발했을 때 우리가 큰 도움을 줄 수 있는 능력이 생기겠죠. 그렇게 되면 우리는 당연히 더 존중받게 될 것이고 양국 간의 우정도 더 소중히 여겨지고, 우리의 적대감은 영국에 두려움의 대상이 될 겁니다. 그러면 머지않아 우리를 '공정하게' 뿐만이 아니라 '친절하게' 대하는 것이 좋겠다는 생각이 들겠죠. 또 그렇게 몇 년이면 우리를 대하는 정책이 완전히 달라질 수도 있습니다." 물론 영국인들에게 이런 인식을 심어주려면 미국인들부터 굳센 의지를 유지해야 하는 건 당연했다. 그러나 굳건하다는 게 공격적이라는 뜻은 아니었다. 공격적인 태도는 오히려 이 모든 과정을 그르칠 수 있었다. "따라서 우리는 곧 좋은 변화가 찾아오리라는 믿음을 가지고, 그때까지는 평화적으로 행동하는 것이 신중한 처사라고 생각합니다. 특정 현안이 발생할 때마다 결의문, 진정서, 항의서를 통해 우리의 권리와 주장을 계속 내세우는 식으로 말이지요. 당장은 그런 조치들이 별다른 주목을 받지 못하더라도 참을성 있게 견뎌야 할 것입니다. 그 모든 것이 결국 때가 되면 제 몫의 무게를 발휘하게 될 테고, 그 '때'도 그리 멀지 않았으니까요."

이 조언에 담긴 인내심은 프랭클린의 나이 때문이었을 수도 있고, 아주 조금씩이라도 진전이 이루어지는 것에 만족하는 오랜 성향이 반영된 것일 수도 있었다. 그러나 모든 이가 프랭클린만큼 인내심이 있지는 않았다. 매사추세츠 민의회는 영국 의회와 하루빨리 결판을 내고 싶어 안달이 나 있었다. 결코 급진적이라고 할 수 없는 토머스 쿠싱조차 프랭클린이 제출을 미뤘던 그 청원이 "열 사람 중 아홉 명의 민심"이 반영된 것이라고 주장했다. 그는 지난가을, 자신이 매사추세츠의 불만을 거듭 제기했던 일을 언급하며 이렇게 덧붙였다. "그때 나는 이제는 논란을 매듭지어야겠다고 판단하고, 바로 **그때가** 가장 적기라고 생각했습니다. 조금만 미뤄도 일이 더 복잡해질 것 같았으니까요. (…) 곧 폭풍이 불어닥치고 골이 더 깊어질 것이 눈에 훤했습니다. 내각이 식민지 헌장을 야금야금 파기하며 한 해도 빠지지 않고 핵심 조항들을 차례차례 무효화하고 있는 마당에, 식민지 주민들이 그 꼴을 뻔히 보고도 가만히 있을 거라 생각한다면 그것은 정부의 헛된 착각일 뿐입니다." 쿠싱은 이처럼 분명하고 단호한 어조로 프랭클린에게 의회 대리인 자격으로 다트머스에게 청원을 제출하라고 지시했다. 또한 이들은 최대한 만전을 기하기 위해 의회의 월권을 더 광범위하게 비판한 두 번째 청원서까지 통과시켰다. 이 역시 프랭클린이 전달해야 했다.

프랭클린은 지시에 따랐다. 그 결과는—특히 프랭클린에게는— 전혀 뜻밖이 아니었다. 식민지의 청원은 의회의 분노를 일으켰다. 그러나 그 분노는 이내 허친슨과 올리버의 편지가 공개되며 벌어진 대소동에 묻혀버렸다.

"그들의 편지는 엄청난 파장을 일으켰습니다. 그 내용이 알려지는 곳마다 큰 충격을 주고 있어요." 잔뜩 신이 난 새뮤얼 쿠퍼가 보스턴에서 이렇게 전해왔다. "편지가 그자들의 가면을 벗겨버렸습니다. 그자들은 조국의 친구를 자처하며 사실은 나라를 무너뜨리고 그 위에 자신과 집안의 이익을 쌓으려고 온갖 수단을 동원하고 있었죠. 이제 그들과 그 지지자들은 충격에 대경실색하고 있습니다. 그들에 대한 사람들의 신뢰도 완전히 무너졌지요. 정부도 식민지에서의 왕권 대행을 다른 이에게 넘겨야 한다는 생각을 곧 하게 될 겁니다."

그러나 영국 정부는 그럴 필요성을 전혀 느끼지 못했다. 오히려 허친슨의 편지가 공개되자 정부는 미국인들이 배은망덕하고 파렴치한 자들이라는 기존의 인식을 더욱 굳혔다. 매사추세츠 민의회가 허친슨 편지에 대한 공식 대응으로 허친슨과 올리버의 소환을 청원했을 때도 정부의 인식은 달라지지 않았다.

프랭클린은 정부와의 교섭에서 이 마지막 청원이 최대한 긍정적으로 보이게 하려고 애를 쓰며 다트머스에게 이렇게 말했다. "최근 편지를 통해 매사추세츠로부터 기쁜 소식을 들었습니다. 그곳의 민심이 모국과의 원만한 관계를 진심으로 원하는 분위기라고 합니다. 민의회도 단지 인지세법 이전의 상태로 되돌려지길 바랄 뿐이며 새로운 걸 바라는 게 아니라고 분명히 밝혔고요. 또한 자기들의 불만을 야기한 주범을 찾고 보니 식민지 내부에 있었다는 생각에, 영국에 대한 분노가 상당히 누그러졌다고 합니다."

아주 용감한 처신이었다. 하지만 자신이 이 편지 인쇄 사건에 관여했다는 사실을 인정했더라면 아마 체면은 좀 구겨졌겠지만 더 용감한 행동이 되었을 것이다. 그러나 그렇게 한다 해도 좋을 건 없고 오히려 큰 불이익만 초래할 것 같았다. 그는 스스로를 중재자라고 여겼다. 흥분과 고성이 난무하며 화해를 불가능하게 만드는 위기의 시대에 차분하고 이성적인 목소리를 낼 수 있는 몇 안 되는 사람 중 하나였다. 자신의 행동은 결과가 증명해줄 터였다.

프랭클린은 중재자였지만 동시에 선전가이기도 했다. 1773년 여름에서 가을까지 그는 런던의 신문사에 꾸준히 글을 기고했다. 그중 두 편의 기고문은 그의 가장 유명한 단편으로도 꼽히게 된다. 그중 하나는 단치히 발 급보의 형식을 빌려 꾸며졌으며, 프로이센 국왕 프리드리히 2세의 칙령을 담고 있었다. 칙령은, 앞으로 영국 주민들이 프로이센이 부과하고 집행하는 각종 세금과 기타 부담금을 납부하게 될 것이라고 선포하고 있었다. 이런 조치에 내세운 명분도 있었다. 역사적 사실에 따르면 먼 옛날 독일인들이 브리튼섬에 정착해서 프리드리히가 기꺼이 '나의 독일 식민지'라 부를 만한 기반을 세웠다는 논리였다. 게다가 최근 전쟁에서 프로이센은 영국을 방어하려고 프랑스에 맞서 싸웠는데, 그 은혜에 대한 보상도 충분히 받지 못했다. 앞으로 영국의 수입품과 수출품에 부과될 이 세금이 프로이센에 그 보상을 충당해줄 것이다. 또한 영국에 대한 여러 가지 무역 규제를 통해 프로이센의 상인과 제조업자들은 혜택을 얻게 될 것이다. 추가적으로, "영국의 인구 부양을 증진하기 위해" 독일 중범죄자들을 영국으로 이송하라는 명령도 포함되었다. 영국 주민들이 혹시라도 이 명령을 부당하게 여길까 봐, 프리드리히는 자신의 칙령이 영국 국왕과 의회가 아메리카 및 아일랜드 식민지에 적용한 여러 법령을—그 법령들을 친절히 열거하며—그대로 본떠 만들어진 것이라고 특별히 덧붙였다.

기고문 전체는 마지막에 이르기까지 철저히 진지한 어조로 포장되었다. 오직 마지막 단락에서만 프랭클린은 자신의 의도를 슬쩍 드러냈다. 단치히에서 칙령을 전달한 익명의 발신자가 이렇게 덧붙이는 것이다.

어떤 이들은 이 칙령을 그저 국왕의 농지거리로 치부한다. 또 어떤 이들은 이것이 진짜이며 영국과의 충돌을 의도한 것이라고 본다. 그러나 이곳 사람들은, 칙령 마지막에 덧붙인 "이러한 규정은 영국 의회가 자국 식민지에 적용한 법령을 그대로 본떴다"라는 주장이 매우 모욕적이라고 생각한다. 자유를 사랑하기로 유명한 국민을 가진 나라(영국), 그토록 현명하고 관대하며 이웃에게 정의롭고 공정한 나라가, 단지 눈앞의 하찮은 이익을 위해 비열하고 어리석은 생각으로 자기 자식들(식민지)을 그렇게 독단적이고 폭압적으로 대하다니, 그런 주장을 누가 믿을 수 있겠는가!

이 글이 출간되었을 때 프랭클린은 독자들이 덫에 걸린 줄도 모르고 미끼를 덥석 삼키는 모습을 즐겁게 지켜보았다. 그는 아들에게 편지로 당시 상황을 전했다. "그날 레 드스펜서 경의 저택에 머물고 있었는데, 마침 우편으로 신문이 배달되었다." 그 자리에 함께 있었던 신사들 중에는 꽤 알려진 풍자 작가이자 존 윌크스의 옛 동료이기도 한 폴 화이트헤드도 있었다.

그 친구는 다른 방에 있었고, 우리는 응접실에서 아침 식사를 하며 대화를 나누고 있었지. 그런데 그가 갑자기 신문을 들고 헐레벌떡 뛰어들어오더니 소리치는 거야. 이것 좀 보시오들! 세상에 이런 뉴스가 있어요! **프로이센 국왕이 우리 왕국이 자기 것이랍니다!** 모두가 놀라서 바라봤고 나도 같이 눈을 동그랗게 떴지. 그 사람이 계속 기사를 읽는데 두세 단락쯤 읽었을 때 다른 사람이 이렇게 말하는 거야. **제길, 뻔뻔한 것 좀 보게! 다음 배달되는 신문에는 그자가 이걸 증명하겠다며 십만 대군을 이끌고 진군한다는 소식까지 들리겠군.** 그때 눈치 빠른 화이트헤드가 이내 낌새를 채고는 나를 빤히 쳐다보며 말했지. 이거 당신네가 우릴 놀리려는 아메리카식 농담이 아니면 내가 목을 내놓겠소.

프랭클린이 그해 가을에 기고한 또 다른 걸작은 좀 더 노골적인 풍자였다. '거대한 제국을 소국으로 전락시키는 법'이라는 제목부터가 이미 독자들의 눈에도 심상치 않아 보였다. 고대의 한 현자(굳이 밝히자면 테미스토클레스)가 작은 도시를 거대도시로 키우는 일련의 규칙을 정리한 적이 있었다. 그런데 이번 글의 저자인 자칭 '현대의 얼간이'는 그것을 거꾸로 시도해보이고 마지막을 Q.E.D.* 라는 서명으로 마무리했다.

"자 여러분, 첫째로, 거대한 제국은 아주 큰 케이크처럼 가장자리부터 떨어져 나가기 쉽다는 점을 유념해야 합니다. 따라서 가장 먼 변방의 식민지부터 손보십시오. 그들을 없애면 그다음은 차례로 떨어져 나갈 것입니다."

둘째, 이런 분리가 계속 일어나게 하려면, 식민지들이 본국에 섞여들지 못하도록 각별히 신경 써야 합니다. 그들이 동일한 권리와 특혜를 누리지 못하게 하는 한편, 그들 스스로 만든 것이 아닌 더 가혹한 법을 따르도록 해야 합니다.

셋째, 만일 그 식민지들이 무역이나 해군력에서 힘을 키워, 전시에 본국을 도울 수 있을 만큼 성장했다 하더라도, 본국은 이를 외면하거나 오히려 모욕으로 받아들여야 합니다. 또한, 본국의 혁명 원칙에서 자라난 자유정신을 식민지 주민들이 갖게 되었다면, 이를 반드시 뿌리 뽑아야 합니다. "혁명이 완전히 자리 잡고 나면 그런 원칙들은 **더 이상 쓸모가 없을뿐더러, 심지어 끔찍하고 혐오스럽기** 때문입니다."

넷째, 식민지가 아무리 평화롭고 불만을 묵묵히 참는 편이라고 해도, "여러분은 그들이 항상 반란을 꾀한다는 가정하에 그들을 대해야 합니다".

---

* 이로써 증명되었다는 뜻

그들 가운데 군대를 주둔시키되, 그 군대는 오만불손한 태도로 주민들을 도발하거나 총알과 총검으로 제압할 수 있어야 합니다. "이렇게 하면, 마치 의처증으로 아내를 학대하는 남편처럼 여러분도 결국에는 그 의심을 현실로 바꾸는 데 성공할 것입니다."

이와 유사한 규칙들이 몇 가지 더 이어졌다. 일부는 이미 시행 중인 정책을 풍자한 것이었고, 일부는 현재의 정책에서 예상해본 것이었다. 식민지 주민들은 전쟁에서 본국을 위해 충성을 바쳐 싸운 뒤, 세금 폭탄을 맞고 멸시를 당해야 한다. "이간책을 의도대로 추진하는 데 이보다 더 효과적인 방법은 없습니다. 상처는 용서해도 멸시는 절대 용서가 안 되기 때문입니다." 식민지 곳곳에서 불만의 소식이 들려와도, 절대 믿지 말아야 한다. "그런 불만은 전부 싸움을 일삼는 소수의 선동가들이 만들어 퍼뜨린 것이라고 생각하십시오. 그런 자들을 붙잡아다 목매달면 모든 불만이 잠잠해질 것입니다. 그러므로 몇 명을 붙잡아 교수형에 처하십시오. 순교자들의 피가 기적을 일으켜 여러분의 뜻을 이뤄줄 것입니다."

이 모든 규칙이 식민지에서 시행될 즈음이면, 결과는 보장된 것이나 다름없다. "혹시 그 전에 미처 하지 못했더라도, 그날이 되면 여러분은 드디어 그들을 다스리는 수고로움을 떨쳐버리고, 그들과의 무역 및 관계에서 수반되는 온갖 골칫거리에서 영원히 해방될 수 있을 것입니다."

이 글들이 발표되고 얼마 지나지 않아 프랭클린은 여동생 제인에게 편지를 받았다. 오라버니가 미국과 영국 사이에서 화해의 징검다리가 되길 바란다는 내용이었다. 프랭클린은 누가 그 역할을 하든 그런 화해가 이루어진다면 자신은 매우 기쁠 것이라고 답신했다. 그러면서 자신은 화합을 모색하기 위한 전략을 바꿨다고 덧붙였다. "그동안 어르고 달래고 내가 할 수 있는 온갖 고운 말은 다 써봤는데, 효과라고는 전혀 나타나질 않으니 온순하게 구는 것도 이젠 지치더구나. 그래서 요즘엔 좀 건방지게 굴고 있단다." 그는 최근 신문에 기고한 두 편의 풍자적 논설을 언급하며 다음과 같이 설명했다.

나는 사람들에게 거울을 들이댄 것뿐이다. 그 안에서 일부 각료들은 자신의 추악한 얼굴을, 국민들은 자기 나라의 부당함을 봤을 거야. 이 글들은 엄청난 관심을 받았다. 많은 이들은 재미있게 읽어주었고, 몇몇은 화가 많이 났지. 자기들의 분노를 뼈저리게 느끼게 해주겠다나? 내가 최대한 감당해야겠지. 혹시 공공의 선에 조금이라도 보탬이 된다면, 그로 인해 내가 어떤 대가를 치르던 조금은 쉽게 견뎌낼 수 있을 거다. 개인적인 인간관계에서도 마찬가지더구나. 부당한 일을 강요받을 땐 '소심한 발길질이라도' 한번 해보는 게 꽤 효과가 있다는 걸 깨달았지. 윗사람이 너무 잘못하고 있다 싶을 땐 이쪽에서 약간만 강경한 태도를 보여도 그들이 생각을 달리하기도 하거든. '**양처럼 굴면 늑대가 잡아먹는다**'는 옛말이 틀린 게 하나 없더구나.

21장 콕핏

1774~1775

늘대들은 양만 노린 것이 아니었다. 그들의 진짜 표적은 프랭클린이었
다. 그리고 결국 그를 붙잡았다. 1773년 봄, 토머스 쿠싱과 새뮤얼 애덤스
가 허친슨의 편지를 어떻게 가장 효과적으로 활용할지 고민하고 있을 무
렵, 영국 의회는 톤젠드법상의 마지막 남은 관세를 개정했다. 한때 프랭클
린은 차에 대한 세금마저 폐지될 거라 기대했지만, 식민지의 수입 거부운
동이 중단되면서 의회는 더 이상 압박감을 느끼지 않았다. 미국인들도 다
시금 오후에 차 마시는 일상을 즐기고 있었다. 그런 차는 네덜란드에서 밀
수되는 것도 있었지만 대개는 당당하게 3펜스의 합법적 관세를 내고 영국
에서 들여오는 것들이었다.

그러나 의회는 식민지정책에서 이제 거의 패턴이 되어버린 서투름으
로 인해 다시 저항의 불씨를 되살리고 말았다. 1773년 5월 그들은 차법Tea
Act을 통과시켜, 미 식민지에 부과되는 차세는 그대로 둔 채 동인도회사에
부과되는 관세만 환급해주고 이 회사가 중개상 없이 미 식민지에 차를 직

접 판매할 수 있도록 허용했다. 이것이 부실 경영에 인맥만 화려한 동인도 회사에 특혜를 주기 위한 법안임을 감추려는 성의조차 보이지 않았고, 지금껏 영국 경매장에서 차를 구입했던 미국 상인들이 아닌 이 회사에 막대한 이익이 돌아가게 된다는 사실도 숨기려 하지 않았다. 톤젠드 관세의 대부분이 철회된 이후 의회와 크게 다툴 일이 없었던 미국 상인들은 이제 독점이라는 암울한 공포 앞에서 그 탐욕스러운 발굽에 짓밟힐 위험에 처해 있었다.

보스턴보다 필라델피아와 뉴욕의 애국자들이 이 새로운 위협에 더 신속하게 대응했다. 보스턴이 허친슨 편지 사건에 정신이 팔려 있던 탓이기도 했다. 그러나 보스턴이 움직이기 시작하자 곧바로 주도권을 잡았다. 보스터니언들은 이것이 미국의 자유를 침해하려는 영국의 새로운 음모가 실체를 드러낸 것이라고 여겼다. 새뮤얼 애덤스와 동지들은 동인도회사의 대리인들(또는 판매 수탁인)에게 그 일을 그만두라고 압박했다. 수탁인들이 주저하자 '자유의 아들들'은 그중 한 상인의 창고와 집을 공격했다.

1773년 11월 말 다트머스호가 최초로 동인도회사의 차를 싣고 도착하면서 갈등은 절정에 달했다. 자유의 아들들과 수탁 상인들이 서로 대치하는 상황이 벌어지자, 애덤스는 연달아 대중집회를 열며 자유의 아들들을 향한 응원의 열기를 더욱 부채질했다. 도심과 교외에서 모인 수천 명의 사람이 함성을 지르며, 차 화물을 배에서 내리려는 허친슨 총독과 동인도회사, 영국 의회를 향해 거세게 항의했다. 허친슨 총독은 공교롭게도 수탁상 두 명의 아버지이기도 했다.

12월 16일 저녁에는 8000명에 달하는 사람들이 보스턴 올드사우스교회에 집결해 지금까지 중 가장 큰 규모의 집회가 열렸다. 애덤스의 신호가 떨어지자, 간신히 인디언 모양만 낸 남자들 약 50명이 다트머스호가 정박해 있던 부두를 급습했다. 그 옆에는 다트머스의 자매선으로 역시 최근에 차를 싣고 도착한 엘리너호와 비버호도 정박해 있었다. 일부가 선박 하역

작업에 능숙했던 것으로 보아, 습격대에는 부두 노동자들도 포함된 것이 분명했다. 이들은 차가 든 통을 선창에서 갑판 위로 옮겨 덮개를 열고 찻잎을 바다에 쏟아버렸다. 밤을 꼬박 새워 작업한 끝에 아침이 밝았을 때는, 무려 40톤이 넘는 1만 파운드어치의 차가 파도에 수탁되었다. 그 후 몇 주 동안 보스턴 해안 전역으로 찻잎이 떠내려왔다. 배에 실린 다른 물건들은 손상된 것이 없었고, 실수로 부서진 자물쇠 하나만 새것으로 교체되었다.

보스턴차사건은 프랭클린에게는 그야말로 최악의 시점에 터지고 말았다. 이 격렬한 저항의 소식이 대서양을 건너는 동안, 영국에서는 여러 각료와 사람들 사이에 프랭클린이 매사추세츠와 한 묶음이라는 인식이 자리 잡고 있었다. 이 '묶음'은 지금까지와는 전혀 다른 차원이었고, 그에게 결코 도움도 되지 않았다.

보스턴에서 허친슨의 편지가 인쇄되었을 때, 프랭클린은 이 일을 모른 척하고 싶었다. 토머스 쿠싱에게도 이렇게 말했다. "이 일에 내 이름이 언급되지 않아서 다행입니다. 공공의 이익에도 아무 도움이 안 될 테니, 앞으로도 계속 밝혀지지 않았으면 좋겠군요." 그러나 그는 현실을 알았다. "아마 그럴 가능성은 희박하겠지만요."

그의 비밀은 몇 달 동안이나 유지되었다. 프랭클린 자신도 놀랄 정도였다. 대형 스캔들이 다 그렇듯 비밀은 오히려 대중의 관심을 부채질했다. 런던 신문들은 누가 편지를 빼돌렸는지를 둘러싼 제보, 폭로, 반박, 부인 등 온갖 기사들을 쏟아내며 장단을 맞췄다. 12월 초에는 사태가 심각해졌다. 윌리엄 웨이틀리가 이 편지를 훔친 혐의로 존 템플을 사실상 고발한 것이다. 윌리엄은 편지의 원래 수신인이자 이제는 고인이 된 토머스 웨이틀리의 형제였고, 존 템플은 미국 태생의 하급 관리로 평소 미국에 우호적이라고 알려진 인물이었다. 템플은 웨이틀리에게 결투를 신청했다. 두 사람은 하이드파크에서 서로 어설프게 칼을 휘두르다가 웨이틀리가 부상을 입고 물러났다.

이 사건 후에도 프랭클린은 침묵을 지킬 수도 있었다. 그러나 웨이틀리의 지지자들이 존 템플이 비겁하게 싸웠다는 소문을 퍼뜨렸고, 이에 템플은 결국 대결이 아직 끝나지 않았다고 선언했다. 곧 두 번째 결투가 벌어질 태세였다.

프랭클린은 결국 입을 열었다. 12월 말에 그는 《런던 크로니클》에 실명으로 편지를 보내, 웨이틀리와 템플 둘 다 결투의 원인이 된 사건에 대해 "전혀 알지 못하며 아무 잘못도 없다"라고 잘라 말한 뒤, 단도직입적으로 밝혔다. "문제의 편지를 입수하고 보스턴으로 보낸 사람은 나 한 사람뿐이다." 그는 자신의 행동을 정당화하는 데에도 주저함이 없었다. 편지의 유출을 비난한 이들의 주장과는 달리 "그 편지들은 **친구들끼리 주고받은 사적인 편지가 아니었다**". "공직자가 다른 공직자에게, 공적 조치를 이끌어낼 목적으로, 공적 사안에 대해 쓴 글이었고, 그랬기 때문에 그 편지에 따라 그런 조치를 강구할 만한 또 다른 공직자에게까지 전달된 것이다. 그들의 편지는 영국이 식민지에 분노하게 만들고, 심지어 몇 가지 방안을 제시해 양국 간의 틈을 더욱 벌리려는 의도로 작성되었으며, 실제로 그런 효과를 발휘했다." 편지 작성자들이 비밀 유지와 관련해 가장 조심했던 것은 편지 내용이 식민지 대리인들에게 넘어가지 않도록 막는 것이었다. 편지나 사본이 미국으로 전달될 수도 있다는 우려 때문이었다. "결국은 충분히 근거 있는 우려였다. 그 편지를 손에 넣은 첫 번째 대리인이 그것을 자신의 지역 주민들에게 전달하는 것이 마땅한 의무라고 여겼으니 말이다."

프랭클린의 진술은 해명인 동시에 논박이었다. 편지를 빼돌린 책임이 프랭클린에게만 있는 건 아니었다. 그는 끝까지 이름을 밝히지 않았지만, 실제로 그 편지를 그에게 전달한 사람이 있었다. 또한 그 편지들이 그의 주장처럼 완전히 공적인 성격이라고도 할 수 없었다. 관련자들이 모두 공직에 있었던 건 사실이지만, 그 서신들은 공적 의무에 따라 작성된 공문서나 공식 보고서가 아니었다. 프랭클린의 논리대로라면, 그가 주고받은 모든 편지 역시 누구나 열람할 수 있어야 했다(실제로 일부는 **열람되고** 있는 게 분명했지만, 프랭클린이라고 그런 행위를 너그럽게 용인하는 건 아니었다).

영국에서 그의 회개를 기대한 사람이 있다면, 그 기대는 철저히 무너졌다. '보스턴은 반란의 온상이며 보스턴을 두둔하는 이는 모두 반란의 공모자'라고 믿는 사람들의 눈에는 프랭클린의 단호한 태도가 오히려 더 괘씸해 보였다. 지금까지 그는 문명 세계 곳곳에서 과학자, 철학자, '바로 그 프랭클린'으로 찬사는 받아도, 사실상 비난은 받지 않는 존재였다. 하지만 편지를 빼돌려 전달한 책임을 인정한 순간 자신의 적들이 오랫동안 노려왔던 기회를 열어준 셈이었다.

처음 부딪친 것은 1774년 1월 11일이었다. 추밀원은 매사추세츠 민의회가 제출한 허친슨 해임 청원 건으로 프랭클린을 청문회에 호출했다. 의회가 허친슨의 해임을 실제로 검토할 거라 여긴 사람은 아무도 없었고, 프랭클린은 더더욱 그랬다. 그렇다면 문제는 그들이 청원을 어떤 식으로 기각할 것인가, 그리고 청원을 전달한 대리인을 어떻게 취급할 것인가였다. 그는 청문회 바로 전날 저녁이 되어서야 상대측이 법률대리인을 대동한다는 사실을 전해 듣고 문제가 생길 것임을 직감했다. 함정일 수도 있겠다는 의심까지 들었다. 게다가 그 법률대리인은 런던의 평범한 변호사가 아니라 알렉산더 웨더번이었다. 영국의 법무차관이자, 자신의 개인적 정치적 야망을 위해 법정에서 독설을 퍼붓는 것으로 유명한 인물이었다. 그가 현재의 직위에 앉아 있는 것도 노스 내각과 정치철학이 맞아서가 아니었다. 노스 경이 웨더번이 반대쪽에 앉아 이쪽을 팔매질하게 두느니 차라리 정부에 영입해 밖으로 떠들게 하는 게 더 낫다고 판단한 덕분이었다.

프랭클린은 정치적 근거를 들어 허친슨의 해임을 주장할 생각이었다. 그러나 웨더번의 등장으로 정부가 법적―그리고 개인적― 반격을 준비하고 있다는 것이 드러났다. 게다가 그 반격의 대상은 매사추세츠가 아니라 프랭클린이었다. 웨더번은 매사추세츠 민의회의 청원에 대한 첫 발언으로 앞으로의 분위기를 예고했다. "이 건의서에는 특정 문서들이 언급되었습니다. 어떤 문서들인지 먼저 확인하고 싶습니다."

웨더번을 비롯해 청문회에 참석한 사람 모두 그 문서가 무엇인지 알고 있었다. 하지만 그는 프랭클린의 입으로 직접 확인받고 싶었다.

"허친슨 씨와 올리버 씨의 편지입니다." 프랭클린은 대답했다.

추밀원 의장인 가워 백작이 편지를 가져왔는지 물었다.

프랭클린은 가져오지 않았다고 대답하고, 원본이 자신이 보낸 대로 미국에 있다는 말은 덧붙이지 **않았다**. 그러나 그 사실 역시 모두가 알고 있다. "하지만 공증된 사본이 있습니다."

"그 편지를 근거로 혐의를 제기하려는 게 아닙니까?" 의장이 몰아붙였다. "그렇다면 원본을 제출해야 합니다."

프랭클린은 그제야 편지의 현재 위치를 간접적으로 인정했다. "이 사본은 보스턴의 몇몇 의원과 공증인이 인증한 것입니다."

웨더번이 한껏 너그러운 티를 내며 끼어들었다. "존경하는 의원 여러분, 우리는 증거의 미비를 악의적으로 이용하지 않을 것입니다. 따라서 이 편지가 허친슨 씨와 올리버 씨의 필체임을 인정합니다." 그러나 그는 곧 정부 측이 "그 편지의 입수 경로를 조사할 권리는 유보해두겠습니다"라고 말하며 덫을 놓았다.

저쪽은 사람 수에서부터 프랭클린을 압도했다. 통보가 너무 늦어서 프랭클린이 법률대리인을 구할 기회가 없었기 때문이다. 그는 이것이 법률대리인이 전혀 필요치 않은 사안이라고 이의를 제기했다. 허친슨과 올리버의 해임 건은 그들이 통치를 맡은 식민지 주민들로부터 이미 신뢰를 잃었다는 명백한 사실에 의거했다. 왕실은 그런 인물을 여전히 공직에 남겨두길 원하는가? 또한 이 문제는 변호인의 방해 없이 의원들이 충분히 판단을 내릴 수 있는 사안이 아닌가?

정부 측은 변호인이 반드시 필요하다고 맞받았다. 허친슨과 올리버의 대리인인 이즈리얼 모디트는 자신이 매사추세츠의 정치 사정을 잘 모를 뿐만 아니라, 프랭클린 같은 재주도 없다고 주장했다. "저는 프랭클린 박사의 뛰어난 능력을 잘 알고 있기 때문에, 그의 공격에 어느 정도 균형을 맞춰서 제 친구들을 방어하고 싶을 뿐입니다. 따라서 제가 변호인의 도움을 받아 의원님들 앞에 나선다고 해도 박사께서는 이해하실 겁니다."

법정, 즉 추밀원은 변호사를 허용하기로 했다. 프랭클린은 변호인을 선임하거나 하지 않거나, 원하는 대로 선택할 수 있었다.

그는 변호인 선임권의 포기를 진지하게 고려했다. 자신은 단지 관련 문건을 의원들에게 제출하려는 것뿐이었으며, 그 문서 자체로 충분히 설명이 된다고 생각했기 때문이다. 그러나 매사추세츠 민의회가 자신의 주장을 소명할 기회를 최대한 마련해주기 위해 프랭클린도 법적 증원병을 소집하기로 했다. "저도 법률대리인을 선임하고자 합니다."

의장이 변호인 선임과 준비에 얼마의 시간이 필요하냐고 물었다.

"3주가 필요합니다." 프랭클린은 대답했다.

프랭클린이 변호인 선임을 포기했거나, 3주가 아니라 1주를 요청했더라면, 이후의 상황은 다르게 전개되었을지도 모른다. 하지만 실제로는 1차와 2차 청문회 사이에 보스턴차사건 소식이 전해졌다. 프랭클린은 수년간 토머스 쿠싱에게, 그리고 그를 통해 나머지 매사추세츠 사람들에게 폭력과 재산 파괴 행위를 자제하라고 당부해왔다. 미국인이 생각하는 '영국인으로서의 권리'와 '자유'가 평화적이고 합법적인 방법으로 주장된다면, 어쩌면 런던의 여론도 언젠가는 미국의 입장을 수긍할 가능성이 있다고 보았기 때문이다. 그러나 만약 미국인들이 폭력에 의존한다면, 영국의 적대세력은 그들을 모조리 반역자로 몰아붙일 구실을 얻게 된다. 바꿔 말하면, 토머스 허친슨은 자유의 배신자가 아니라 자유의 근간인 질서의 수호자로 여겨질 거라는 뜻이었다.

그리고 프랭클린은 자유의 수호자가 아니라 신뢰를 저버린 배신자로 인식될 터였다. 그렇게 몰아가려는 공세가 이미 2차 청문회가 열리기 전부터 시작되고 있었다. 런던 신문에서는 익명의 필자들이 이 식민지 대리인에게 온갖 모욕적인 말을 퍼부었고, 그가 이번 재산 및 질서에 대한 폭력행위에 직접 가담하지는 않았더라도, 떠다니는 찻잎 위에 그의 손길이 간접적으로 묻어 있다는 식으로 비난했다. 부우정청장에서 쫓겨나는 것도 기정사실로 여겨졌다. 프랭클린은 심지어 당국이 곧 그를 체포해 문서를 압수하고 뉴게이트 감옥에 처넣을 것이라는 소문까지 전해 들었다.

그가 1월 29일 콕핏에 들어섰을 무렵에는 청문회의 명목상 이유는 거의 잊힌 상태였다. 추밀원 회의는 대개 참석률이 저조했고 심지어 고문관 본인들조차 자리를 비우기 일쑤였지만, 이날만큼은 자리가 가득 찼다. 의장인 가워 백작이 주재하는 가운데, 양옆으로 서른네 명의 높으신 분들이 자리했다. 여기에는 총리인 노스 경, 미주 식민지 담당 장관 다트머스 경, 프랭클린의 오랜 숙적인 힐즈버러 경, 캔터베리대주교, 런던 주교, 민사 법원 수석 재판관, 퀸즈베리 공작, 샌드위치 백작, 서퍽 백작, 로치퍼드 백작, 톤젠드 자작(톤젠드법 입안자인 고故 찰스 톤젠드의 형), 제프리 애머스트 경, 그리고 스무 명가량의 인사들이 더 있었다. 추밀원 의석이 이렇게 가득 찼던 적이 또 있었던가, 그 자리의 누구도 쉽게 떠올릴 수 없었다. 과연 웨더번 법무차관이 우리 훌륭한 프랭클린 박사를 어떻게 몰아붙일 것인지, 거의 모두가 그 광경을 구경할 생각에 들떠 있었고 나머지 극소수만이 불안한 표정으로 바라보고 있었다. 그 무리 중에서 프랭클린에게 유일하게 친근한 표정을 보인 사람은 르 데스펜서 경뿐이었다.

그 밖에 넓은 홀 본층의 나머지 자리와 그 위 가장자리를 둘러싼 2층 발코니석에는 이번 정치 시즌의 하이라이트를 직접 보려는 남녀 방청객 수십 명이 빼곡히 들어차 있었다. 그들 중에는 에드먼드 버크, 제러미 벤담,

토머스 게이지 장군도 있었다. 조지프 프리스틀리도 버크를 따라 몰래 들어오는 데 용케 성공했다. 당시 프랭클린이 아직 알지 못했던 에드워드 밴크로프트는, 언제나 그렇듯 신비로울 정도로 능란한 특유의 몸짓으로 슬그머니 홀에 들어섰다.

청문회가 시작되기를 기다리는 동안, 장내의 흥분된 분위기도 점점 고조되었다. 참석자 대부분이 이제껏 경험해본 적 없는 청문회 광경이었다. 차라리 악명 높은 살인범의 재판이나 영국 대중이 열광하는 잔인한 유혈 스포츠에 더 가까운 모습이었다. 프랭클린 자신도 이날 청문회를 "황소잡이"* 에 빗대며, 자신이 마치 경기장 한가운데 기둥에 묶인 황소 같았다고 표현했다.

청문회는 매사추세츠의 청원서와 허친슨·올리버의 서한을 포함한 관련 증빙서류를 낭독하는 것으로 시작되었다. 이어서 프랭클린이 매사추세츠 의회를 대신해 선임한 변호사 존 더닝이, 이번 문제는 법적 사안이 아니라 정치적 사안이므로 굳이 사법절차를 거칠 필요가 없다는 프랭클린의 기존 주장을 되풀이했다. 그러나 프랭클린과 매사추세츠로서는 불운하게도 더닝은 폐질환을 앓고 있어 목소리가 심하게 약해진 상태였고, 그 탓에 청중은 물론 대부분의 고문관들조차 그가 무슨 말을 하는지 거의 알아들을 수 없었다.

더닝이 아직 변론을 마치지도 못했는데, 웨더번 법무차관이 자리에서 벌떡 일어나 발언권을 가로챘다. 그는 인지세법 폭동에서부터 현재에 이르기까지 매사추세츠 식민지의 역사를 요약했고, 특히 현 총독 허친슨에게 가해진 보스턴 군중의 약탈 행위를 강조했다. 청중들은 아마도 이 역사적 개요가 곧 이번 사건으로 연결되겠거니 생각했을 것이다. 하지만 청문회에서 프랭클린을 호되게 난도질할 작정이라는 소문을 들은 만큼, 다른 전개

---

* bull-baiting, 묶어둔 황소를 개들이 공격하게 하는 스포츠 오락

를 기대한 이들도 있었다.

후자를 기대한 쪽이라면 결코 실망하지 않았을 것이다. 법무차관이 돌연 프랭클린을 향해 거의 한 시간 내내 독설을 퍼부었기 때문이다. 그의 정확한 '진술'은 전부 구체적으로 재구성하기 어려울 정도였다. 모든 언사가 너무 저속하고 비방투성이여서 그럽스트리트*의 가십꾼들조차 옮겨 적지 못할 수준이었다. 한 방청객은 웨더번을 "예의라고는 찾아볼 수 없는 욕설가"라고 불렀다. "가장 상스러운 언어"를 구사하고 "변호인에게 허용된 온갖 막말"을 마음껏 쏟아내며 "빌링스게이트**에서 가져온 가장 진귀한 욕설"로 자신의 공격을 장식했다고 평했다. 프랭클린을 지지했던 또 다른 방청객은 이렇게 기록했다. "나는 웨더번이 고문관들 앞에 놓인 본질적인 쟁점을 완전히 벗어나 프랭클린 박사에게 사정없이 퍼부어대는 갖은 악담과 욕설을 들으며 몹시 참담한 심정이었다. 내가 아는 한 어떤 재판에서도 그런 광경은 본 적이 없었다. 그의 공격과 비난은 법, 진실, 정의, 품위, 인간성의 원칙과는 도저히 양립할 수 없어 보였다." 에드먼드 버크는 웨더번의 "광란의 필리픽"*** 이 "모든 한도와 경계"를 초월한 것이라고 평했다.

실제 활자 **기록으로** 남은 웨더번의 발언조차 정말로 사납기 그지없었다. 프랭클린은 매사추세츠가 두 명의 훌륭한 왕실 관리의 명예와 청렴성을 해치려고 꾸민 음모의 "최초 주동자이자 최고 지휘자"라는 것이었다. "이 사람은 자신의 측근들과 당 지도부의 도움으로 민의회를 **자신의** 대리인으로 만들고 자신의 은밀한 계획을 추진하게 한 뒤, 이제 여러 위원님 앞에서 그 손으로 직접 꾸민 일에 마지막 마침표를 찍기 위해 이 자리에 나온 것입니다."

---

* 　가난한 삼류 작가들이 모여 살던 런던의 옛 거리로 삼류 저널리즘의 상징적 표현

** 　욕설로 유명한 런던의 어시장

*** 　Philippic, 고대 그리스·로마식 공격 연설

웨더번은 프랭클린과 그 일당이 총독과 부총독을 비방하는 증거로 내놓은 편지들이 오히려 프랭클린 자신을 유죄로 만들었다고 단언했다.

편지가 프랭클린 박사에게 정당한 경로로 전달되었을 리는 없습니다. 적어도 편지 작성자들이 건넨 것은 아니지요. 이미 세상을 떠난 수신인이 건넨 것도 아니었습니다. 만약 그랬다면 가까운 사이인 나에게도 알렸을 테니까요. 프랭클린 박사가 지극히 악의적인 목적을 위해 그 편지들을 부당하고 불의한 방법으로 입수했다는 혐의에서 벗어날 길은 없을 것입니다. 그 편지를 훔친 자로부터 다시 훔친 것이 아니라면 말이지요. 이 논리는 반박의 여지가 없습니다.

존경하는 위원님들께 바라옵건대, 이 나라와 유럽, 나아가 인류의 명예를 위해 이 자에게 낙인을 찍어주시기를 청합니다. 정치에서든 종교에서든 당파적 갈등이 가장 극심했던 시기조차 사적인 서신은 신성하게 여겨졌습니다. 이 사람은 사회와 인간에게 존중받을 자격을 완전히 잃었습니다. 앞으로 과연 어디에서 부끄러움 없는 얼굴로 나설 수 있을 것이며, 정의로운 사람으로 떳떳이 행세할 수 있겠습니까? 사람들은 그를 의심스러운 눈으로 지켜볼 것입니다. 그의 앞에서는 문서를 숨기고, 책상 서랍을 잠가둘 것입니다. 이제부터 그는 '문인'이라 불리는 것조차 명예훼손으로 여길 것입니다. 그것은 곧 세 글자의 사람homo trium litterarum이라는 뜻이니까요.*

이 마지막 말에 고문관들은 물론 방청석의 많은 이들까지 폭소를 터뜨렸다. 모두가 영어 표현a man of letters의 말장난을 알아차렸고, 고전을 아는 이들은 플라우투스의 대사를 떠올렸다. "네놈, 세 글자의 인간이 나를

---

* 라틴어에서 도둑fur을 풍자적으로 '세 글자의 사람'(철자 세 개)이라고 부른다.

비난하느냐? 도둑 주제에!Tun, trium litterarum homo me vituperas? fur!"

말장난을 끝내고 웨더번은 다시 독설을 퍼붓기 시작했다.

그는 한 형제에게서 편지를 빼앗았을 뿐만 아니라, 다른 형제가 거의 살해당할 뻔한 상황에서도 자신의 정체를 숨겼습니다. 그의 설명(프랭클린이 편지 공개에 자신이 관여했음을 인정한 기고문)을 읽노라면, 지나칠 만큼 냉정하고 의도적인 악의가 느껴져 소름이 돋을 정도입니다. 한 사람은 거의 살해당할 뻔했고, 다른 사람은 그에 대한 책임을 떠맡아야 했으며, 덕망 높은 총독은 중대한 이익에 큰 피해를 입었고, 미국의 운명마저 위태로워졌습니다. 그런데도 이 사람은 이 모든 비극적 사건 속에서조차 가책이라고는 전혀 느끼지 않은 채, 이 자리에 서서 자신이 이 모든 사태의 주범임을 뻔뻔하게 자인하고 있습니다. 이것은 에드워드 영의 희곡 〈복수Revenge〉에 등장하는 '쟁가'에나 비견할 만한 일입니다.

그러므로 알거라, 바로 나였노라.
내가 편지를 위조했고, 내가 그림을 날조했다.
나는 증오했고, 경멸했고, 그리고 파괴하노라.

경들께 묻습니다. 시적 허구 속에서나 가능할 만큼 잔혹한 그 아프리카인의 불타는 복수심조차, 이 교활한 미국인이 보여준 냉혹하고 무감한(즉 감정이 없는) 태도에는 미치지 못하는 것이 아닙니까?

웨더번은 프랭클린이 발표한 논리, 즉 공직자가 공적 사안에 대해 다른 공직자에게 보낸 편지이므로 공적 영역에 속할 수 있다는 주장을 해부하듯 조목조목 비판하며 잔인한 조롱의 대상으로 삼았다. 아니, 이것은 사적인 편지였으며, "청렴한 신사들에게는 가보로 내려오는 은식기나 보석만큼이나 신성하고 귀중한 것이었습니다". 또한 이 편지들이 공공정책에 영향을 주기 위한 의도였다는 주장에 대해서는, "그것이 그렇게 극악무도한 잘못이란 말입니까? 웨이틀리 씨의 친구들이 상식적인 보호조차 받을 수 없을 만큼요? 설사 그렇다 한들 그들을 당파적 분노의 화살받이로 만들고 그들의 집을 격분한 민중들에게 '또다시' 짓밟히게 만들 권리가 프랭클린 박사에게 주어진단 말입니까?" 또한 프랭클린은 허친슨과 올리버가 편지를 비밀에 부치려 한 사실을 들며, 그들에게 숨길 것이 많다는 증거라고 주장했었다. "비밀을 원한 것이 죄의 증거이자 기준이 된다면, 이 사건 내내 비밀스럽고 수수께끼 같은 태도로 일관하고 그것을 감추는 데 극도의 집착을 보인 프랭클린 박사의 경우는 과연 어떻게 생각해야 하겠습니까?"

웨더번은 정부(그리고 허친슨과 올리버)가 내세운 논리를 다시 한번 강조했다. 미국에서 일어난 소요는 결코 평범한 사람들─웨더번의 표현으로 "민의회의 대다수를 이루는 그 순박하고 선량한 농민들"─의 소행이 아니라, 사익을 꾀하는 음모자들의 작품이며, 그중에서도 특히 프랭클린이야말로 "최초 주동자이자 최고 지휘자(웨더번이 특히 좋아해서 여러 차례 반복한 표현이다)"이며 "실행자이자 배후 조종자, 최초의 설계자이자 창안자"라는 것이었다.

존경하는 위원 여러분, 누군가가 본국을 부추겨 식민지에 분노를 품게 만든다는 소리를 우리는 늘 들어왔습니다만, 저는 그런 사례를 단 한 번도 본 적이 없습니다. 그러나 반대로 본국에 대한 식민지의 분노를 부추기려고 동원된 온갖 다양한 술수에 대해서는 아무도 말하지 않습니다. 그리고 감히 말씀드리건대, 그 모든 술책을 지금 이곳에 허친슨 씨의 고발자로 나선 이 사람만큼 능숙하게 구사한 이는 없었습니다. 존경하는 위원 여러분, 이 자가 자신의 편지에서 이 고발을 기꺼이 인정했으므로, 저는 이제 그 혐의를 돌려주고자 합니다. 누가 진짜 선동자인지, 그리고 보스턴에서 '통신위원회'라는 이름으로 식민지 전역을 부추겨 국왕 폐하의 정부에 적개심을 불태우게 한 그 도당의 가장 큰 조력자가 누구인지를 곧게 밝혀드리겠습니다.

웨더번은 프랭클린을 새뮤얼 애덤스와 연결 지었고, 다시 애덤스를 의회에 맞서 식민지 연합전선을 구축하려 한 운동과 연결시켰다. 이들은 "정부와 의회가 식민지를 노예화할 목적으로 폭정을 계획하고 있으며, 그렇지 않으면 식민지가 철저한 멸망을 피할 수 없을 거라 위협하고 있다며 공포를 조장하는 선동적 편지"를 유포했다. 그 편지에는 일반 대중을 한층 더 자극하기 위해 만들어진 소책자가 함께 동봉되었다. "그 소책자는 사람들이 한 번도 들어본 적 없는 100가지 권리를 알려주었고, 그들이 느껴본 적도 없는 100가지 억울함을 들려주었습니다." 프랭클린과 애덤스가 이러한 작업을 매우 능숙하게 해냈다는 것이다. 매사추세츠의 마을들은 마치 큐사인이라도 받은 듯 이에 호응하며 전례 없는 결의문을 쏟아냈다. "그 결의문들은 온통 터무니없고 허황된 주장들로 가득 차 있었고, 심지어 찰스 2세 시대*의 우리 동포 중 가장 극단적인 과격분자들의 가장 극렬한 외침조차 이에 견줄 수 없을 정도였습니다." 그중에서도 특히, 영국 의회가 뉴잉글랜드 주민들에게 가했다는 가상의 해악을 바로잡겠다며 외세를 끌어들이자고 주장한 것은 반역적 망언의 극치였다. "이런 것들이 바로 프랭클린 박사의 정치 학교에서 가르친 교훈들입니다."

이 음모자들이 허친슨 총독을 공격한 목적이 과연 무엇이겠는가? "자신들의 권력을 공고히 하고, 앞으로 부임할 총독들이 자기들 앞에 머리를 조아리게 만들려는 것이었습니다. 그들은 로마의 폭정보다 더한 독재를 세

---

* 크롬웰 혁명 이후 왕정복고로 사회적 혼란과 갈등이 극심했다.

우고자 했습니다. 자기들끼리 비밀결사에 모여 앉아 마음대로 식민지 의회를 지휘하고, 공연히 거창하고 장황한 편지나 보내고, 심지어 **덕망 높은 총독**마저 자리에서 끌어내려 보스턴 폭도의 놀림감으로 만들고 싶었던 겁니다." 보스턴 폭도들의 파괴 능력은 최근 보스턴항에 평화롭게 정박해 있던 세 척의 영국 선박을 급습해 차 화물을 파괴한 사건으로 충분히 증명되었다.

프랭클린의 목적은 훨씬 구체적이라고 했다. 바로 자신이 직접 총독 자리를 차지하는 것이었다. 웨더번은 '물론 경들께서 보시기에 믿기 어려울 수 있다'는 점은 인정했다. "그러나 이와 같은 야망에 지나치게 집착하지 않고서야, 어찌 이 현명한 이가 지금 우리가 본 바와 같은 행동을 할 수 있었겠습니까?" 웨더번은 이에 대해 실질적인 증거를 제시하지는 않았다. 경들께서 스스로 판단하셔야 할 문제였다. 그러나 그런 가능성도 반드시 염두에 두고 판단해야 한다고 강조했다. "허친슨 씨가 **자신의** 경쟁자에게 고발당했다는 이유로 그에 대한 위원 여러분의 호의가 줄어드는 일은 없기를 바랍니다. 또한 오늘 들으신 바를 바탕으로, 허친슨 씨를 해임하고 그 후임 자리를 프랭클린 박사에게 넘기라는 권고만은 절대 내리지 않으시리라 믿습니다."

이 모든 일이 벌어지는 동안 프랭클린은 한마디도 하지 않았다. 귀족들을 포함한 청중들은 웨더번이 프랭클린의 언행과 인격을 가차 없이 공격하는 내내 웃음을 터뜨리며 환호했다. 그러나 그날의 구경거리였던 프랭클린은 자신의 고소인 앞에서 눈곱만큼의 감정도 내비치지 않은 채 서 있었다. 에드워드 밴크로프트의 회고에 따르면, "박사는 맨체스터산 얼룩무늬 벨벳 예복을 차려입고 **눈에 띄게 꼿꼿이** 선 채, 몸의 어느 한 부분도 일절 움직이지 않았다. 얼굴근육을 미리 가다듬은 듯 표정은 평온하고 차분했으며, 더없이 가혹하고 부당한 연설이 계속되는 동안에도 전혀 흐트러지지 않았다". 밴크로프트는 "그의 얼굴이 마치 **나무로 깎아 만든 것처럼**" 보였다고 적었다.

웨더번이 장황한 독설을 끝낸 뒤에도 프랭클린은 스토아적 침묵을 지켰다. 이 절차의 성격을 잘 알고 있었기에 웨더번의 질문에 답하거나 반박하려고도 하지 않았다. 그의 변호인 존 더닝이 답변을 시도했으나, 쉰 목소리로 겨우 속삭이는 수준이라 결국 포기하고 말았다. 프랭클린도 변호인을 대신해서—즉 자기 자신을 위해— 나설 마음이 전혀 없어 보였다. 한마디라도 대꾸해서 웨더번의 독설에 격을 부여할 생각은 추호도 없었다. 양심 있는 사람들이라면 자신이 부당하게 몰린 처지를 알아주리라는 생각이었다. 그러나 그 자리에는 양심 있는 사람이 많이 부족했던 것 같다. 추밀원은 매사추세츠 청원이 아무 근거도 없이 오로지 "불만과 소란의 분위기를 조장하려는 선동적 목적"을 위한 것이라며 비웃듯 기각했다. 이어서 의장은 곧바로 폐회를 선언했다.

뒤이어 정부도 예상된 제재 조치를 추가했다. 콕핏 증언이 끝난 지 불과 48시간 만에 프랭클린은 부우정청장에서 해임된다는 통보를 받았다. 각오했던 일이지만, 그는 이 조치가 맨땅에 있던 미국 우편제도를 효율적이고 수익성 있는 조직으로 일궈낸 자신에게 너무나 부당할 뿐만 아니라, 제 얼굴이 밉다고 자기 코를 잘라내려는 정부의 사악하고 어리석은 행태를 잘 보여주는 사례라고 여겼다.

이 모든 일은 프랭클린을 분노케 했다. 그는 평소 자신의 글에 감정을 섞지 않는 것을 자부심으로 삼았고, 글을 쓰기 전에는 항상 마음을 다잡곤 했다. 그러나 이번에는 웨더번과 추밀원을 상대하고 2주가 훌쩍 지난 뒤, 토머스 쿠싱에게 직설적으로 털어놓았다. "너무 화가 납니다." 그의 분노는 개인적이면서도 정치적인 것이었다. 개인적 분노에 대해서는 혹여 "원한과 앙심에서 비롯된 것으로 생각될까 봐" 쿠싱에게조차 말을 아꼈지만, 그래도 이 말은 덧붙였다. "나 자신의 감정은 공공을 위한 분노 속에 절반쯤—겨우 **절반만**— 묻혔습니다. 정부가 청원과 불만 제기라면 이토록 치를 떨고 그것을 전달하는 단순한 통로조차 미워하는 걸 보니, 우리 제국이 과연 어떻게 서로 다른 구성원 간에 평화와 통합을 유지하거나 회복할 수 있을지 전혀 모르겠습니다. 불만을 시정하려면 먼저 그것이 알려져야 하고, 그것을 알리려면 청원이나 항의를 거칠 수밖에 없습니다. 이런 것이 모욕으로 간주되고 전달자가 죄인처럼 처벌된다면, 앞으로 누가 감히 청원을 보내겠으며 또 누가 그것을 전달하겠습니까?" 현명한 정부는 설령 사소한 근거에 기반한 불만이라 해도 그것을 표출하도록 장려한다. 어리석은 정부만이 그 반대로 행동해 스스로 파멸을 부른다. "불평하는 것이 죄가 되는 곳에서는, 희망이 절망으로 바뀌게 됩니다."

불평을 말했다는 이유로 범죄자 취급을 받은 프랭클린은 마침내 절망에 다다랐다. 이 제국에서 정직한 미국인에게 돌아오는 것은 부당한 모욕과 근거 없는 비난뿐이었다. 프랭클린은 아들 윌리엄에게 다음과 같이 소식을 전하며 조언을 남겼다.

소식을 전하려고 몇 자 적는다. 일단 나는 무사하고, 부우정청장직은 박탈당했단다.

내 생각엔 네가 더 나은 공직(그러니까 좀 더 보수가 좋은 총독직)으로 승진할 가능성이 없고, 지금 있는 자리는 받는 것보다 들어가는 돈이 더 많으니, 차라리 네가 농장에서 자리를 잡는 편이 좋겠구나. 그것이 더 정직하고 더 명예롭고, 무엇보다 더 독립적인 직업이니까.

내가 어떤 취급을 받았는지는 다른 이들을 통해 듣게 될 거다. 그 일에 대해선 네가 스스로 판단하고 결정하려무나.

윌리엄은 이 편지를 사임하라는 뜻으로 받아들였을 수 있다. 실제로 프랭클린도 그런 의도가 아니었을까? 2주 뒤에는 사위인 리처드 베이치에게도 편지를 보냈다. 분명 장인의 연줄을 이용해 한자리 얻길 바라고 있을 터였다. 프랭클린은 그런 연줄이 이제 다 끊어졌으며, 우체국 관련 자리도 기대할 수 없게 되었다고 알리며 이렇게 덧붙였다. "지금 같은 상황에서는 자네가 그 일에 얽히지 않길 바라네. 공직의 부패에 가담해 조국의 이익을 배반하지 않았다는 이유로 나를 해임하다니, 앞으로는 그런 직책을 맡는 것이 우리 사회에서 수치스러운 일로 여겨질 수도 있네."

만약 정말로 윌리엄에게 사임을 권한 것이었다면, 프랭클린은 곧 생각을 바꿨다. 콕핏에서 수모를 당한 직후의 생각과 달리, 왕령 직책을 다시 명예롭다 여긴 것은 절대 아니었다. 다만, '절대 사임하지 않는다'는 자신의 기존 철학으로 돌아간 것뿐이었다. 윌리엄은 벌링턴에서 퍼스앰보이로 이주하는 것을 고민하고 있었지만, 프랭클린은 총독직의 앞날이 위태로우니 이사 비용 같은 지출은 서두르지 말라고 조언했다. 일부 소식통은 윌리엄이 그대로 해임될 것이라고 했고, 또 어떤 이는 프랭클린 부자의 공동의 적이 보다 간접적인 방법을 취할 것이라 내다봤다. "그들은 아마 자기들이 내게 한 짓 때문에 네가 열받아서 스스로 물러나길 바라고 있을 거다. 그러면 원래는 승진시켰어야 할 너를 사실상 내쫓으면서도 욕은 안 들을 테니까." 그러면서 이렇게 덧붙였다. "하지만 나는 그러라고 권하고 싶지 않구나. 그들이 정 원하면 직접 와서 가져가라고 하자꾸나. 사실 나는 그 자리가 그렇게 애써 지킬 만한 가치는 없다고 생각한다만. (…) 해임을 당하면 뭐든 얻어낼 여지가 있지만, 자진해서 사임하면 아무것도 얻지 못한다."

프랭클린 자신은 이번에 해임을 당하면서 이미 뭔가를 얻어냈다고 생각했다. 하지만 경제적으로 쪼들리던 여동생 제인 미컴이 오빠까지 수입이 끊긴 것을 걱정하자 프랭클린은 편지로 여동생을 안심시켰다. "너나 나나 둘 다 인생의 여정을 거의 마쳤고, 종착지까지 가는 길도 이제 얼마 안 남았으니 그 정도 마차 삯은 주머니에 가지고 있잖니." 원칙적인 측면에서는—적들에게는 아닐지라도— 양심 있는 사람들에게는 그 어느 때보다 명확한 사건이었다. "나를 망신 주려다가 오히려 나를 더 빛내주는 꼴이 되었단다. 내가 직무상 의무를 소홀히 했다는 비난은 어디에도 없었으니까. 그런 잘못이라면 내가 먼저 부끄러웠을 거야. 하지만 나는 미국의 이익에 너무 충실한 나머지 정부 정책에 반대하는 사람이 되었지. 그러니 나를 해임한 것은 곧 내가 부패하지 않았다는 증거인 셈이야."

프랭클린은 자신의 처지를 곱씹으면서 사태의 본질을 더욱 분명히 깨달았고, 미국 우정청에서 함께 일했던 존 폭스크로프트에게 자신의 해임 사유를 한마디로 설명했다. "내가 너무 미국 쪽이었던 게지."

프랭클린은 친척이나 친구들에게는 한없이 담담해 보였지만, 미국과 영국 사이에서 선택을 강요한 자들에게는 여전히 분노를 감추지 않았다. 그들의 언행은 어리석음 그 자체였다. 쿠싱에게도 말했듯, 그것이 프랭클린 개인만을 향한 문제였다면 참고 넘길 수도 있었지만, 그 어리석음은 제국을 산산조각 내고 있었다. 공적 의식을 가진 사람이라면 결코 침묵할 수 없는 일이었다.

프랭클린은 런던의 언론 매체들을 통해 경멸적 반격을 가했다. "영국에서 프랭클린 박사를 존경하는 이들은, 웨더번 씨가 그를 도둑이라 부른 데에 큰 충격을 받았습니다." 그는 《퍼블릭애드버타이저》에 기고하며, 콕핏 청문회에 참석했던 사람이나 웨더번의 '그 유명한' 독설을 들어본 사람이라면 절대 모를 수 없는 이름을 필명으로 썼다. 바로 '세 글자의 사람'이었다. "그러나 유럽 대륙에서 그를 가장 존경한다는 이들조차 같은 생각을 품고 있다는 사실을 알게 된다면, 그 충격이 조금은 덜할지도 모르겠습니다." 프랭클린은 그 증거로, 뒤부르가 가장 최근 출판한 『프랭클린 씨의 저작집』에 삽입한 시적 헌사를 인용했다. "(진실 따위는 안중에도 없었던) 영국의 웅변가보다 오히려 외국인들이 훨씬 더 그를 뻔뻔하고 대담한 도둑으로 그리고 있습니다." 프랭클린은 그 시를 프랑스어 원문으로 싣고, 친절하게 번역까지 덧붙였다.

> 하늘의 신성한 불 훔치는 법 가르친 자,
> 야만의 땅에 문명의 꽃 피우게 한 자,
> 신세계 인간 중 으뜸으로 추앙받은 자,
> 그리스라면 신이라고도 불렸으리라.

프랭클린이—특히 이렇게 노골적으로— 자신의 명성을 자랑하는 일은 매우 드문 일이었다. 그러나 추밀원에서 수모를 겪은 뒤였기에, 이번만큼은 스스로에게 이 정도 반격을 허락했다. 이 자들은 자기들이 누구를 상대하는지 알기나 한 걸까? 고전에서 주워들은 몇 마디 수사로 으스대던 웨더번이, 자신보다 나은 이들—아니, 그의 수준으로 스스로 떨어지지만 않았어도 그보다 나았을 이들—에게서 벼슬이나 뜯어낸 것 말고 도대체 무슨 일을 해낸 적이 있단 말인가?

프랭클린은 미국 신문에서는 좀 더 자세한 이야기를 전했다. 《보스턴 가제트》에 그의 청문회 해설이 익명으로 실렸다. 그는 매사추세츠 민의회의 변호인이 점잖고 품위 있게 변론을 시작했으나, 그 뒤를 이은 법무차관이 "본래의 쟁점을 완전히 벗어나, 단순히 청원을 전달했을 뿐인 사람을 고발하는 전혀 새로운 사건으로 거리낌 없이 넘어갔다"라고 설명했다. 추밀원의 고문관들은 이 어처구니없는 광경을 용인하고, 사실상 방조함으로써 자신들의 얼굴에 먹칠을 했다. "그중 어느 한 사람도 이 웅변가를 제지하거나 본래의 논점으로 되돌리지 않았고, 오히려(극소수를 제외한) 모두가 그 광경이 무척이나 즐거운 듯 시도 때도 없이 박수갈채가 터졌다."

이렇게 인신공격을 퍼부은 목적이 무엇이었겠는가? 프랭클린 박사의 인격을 훼손하고, 본래의 쟁점에서 시선을 돌리려는 의도였다. 그러나 첫 번째 목표를 향한 화살은 빗나갔다. "그의 인격은 그들이 생각했던 것만큼 내공이 약하지 않았다." 그리고 두 번째 목표에 대해서는,

설령 그가 **불명예스럽게** 그 편지를 입수했다 하더라도, 그 때문에 그 편지의 본질과 성격, 목적이 달라질 수 있는가? 그렇다고 해서 그 편지가 결백해질 리가 있는가? 이 얼마나 허약하고 우스꽝스러운 논리인가! 사실 프랭클린 박사는 그 편지를 **명예롭게** 입수했고, 그것을 보낸 목적도 **깨끗했다.** **한쪽**(식민지)에서 고발한 피해가 **상대편**(영국)에서 비롯된 것이 아니라 사실은 **내부의 배신자들** 때문이었음을 밝힘으로써 영국과 식민지 사이의 갈등을 완화하고자 했던 것이다. 그렇게 **반역 행위가** 드러났고, 그 **공모자들이** 고발된 것뿐이었다. 그런데 오히려 대리인이 **법무차관에게** 모욕을 당해야 했다. 고발자는 선동적이고 당파적인 사람으로, 그의 고발 내용은 허위, 소송 남용, 중상모략으로까지 **불렸다**(라기보다는 거의 **판결을 받은 것과** 마찬가지라고 할 수 있었다). 그러나 우리가 프랭클린 박사를 생각하며 느끼는 아픔도, 미국과 영국을 위해 느끼는 더 큰 고통 앞에서는 한없이 작아진다.

이 부끄러운 사건에 이어, 정부는 프랭클린 박사를 우정청 직책에서 해임했다. 그 자체만으로도 망신스러운 조치였지만, 앞으로를 생각하면 더욱 해로운 결정이었다. 우체국과 같이 식민지 주민 모두에게 필수적인 공직의 임명이, 그때그때 권력을 쥔 내각의 정책에 충성할 수밖에 없는 인질로 전락하고 말았다. 게다가 여러 식민지의 통신위원회가 압제에 맞서 공동 대응을 모색하고 있던 시점에도, 그런 계획을 전달하는 우편물들이 이미 정부의 하수인들에게 감시당하고 있었다. "보라 미국인들이여! 사태가 어디로 치닫고 있는지, 똑똑히 보라!"

그 사태는 매사추세츠의 자유 그리고 보스턴을 정면으로 억압하려는 방향으로 치닫고 있었다. 보스턴차사건은 영국에서 엄청난 분노를 불러일으켰고, 그 상당 부분이 프랭클린 개인에게 집중포화처럼 쏟아졌다. 하지만 아직 끝이 아니었다. 지금까지는 식민지 문제에서 한발 물러서 있던 조지 3세가 바다 건너편에서 벌어지는 반란의 움직임에 직접적인 관심을 보이기 시작했다. 그는 프랭클린이 공개적으로 망신당하는 모습을 막 보고 돌아온 게이지 장군을 불러 조언을 구했다. 북미 영국군 총사령관으로서 식민지 문제의 전문가로 평가받던 게이지는 강경한 조치를 권고했다. 그에 대해 조지 3세는 이렇게 기록했다. "게이지 장군은 우리가 양이 되면 저들은 사자가 될 것이고, 반대로 우리가 단호한 쪽에 서면 저들은 순한 양이 될 거라고 말했다." 평소에 강경파가 아니었던 노스 총리조차 이에 동의하며 이렇게 역설했다. "지금 우리가 다투려는 것은 내부세냐 외부세냐, 세금이 수익 목적이냐 무역 규제 목적이냐, 대의권이냐 과세권이냐, 또는 입법권이냐 과세권이냐 같은 문제가 아닙니다. 지금 따져야 할 것은 우리가 그 나라에 대해 무엇 하나라도 권한이 있는가, 아니면 전혀 없는가 하는 문제입니다. 만약 그들이 단 한 사안에서라도 우리의 권한을 부정하면 곧 전면적 부정으로 이어질 것입니다. 그들을 통제하지 않으면, 결국 그들에게 굴복해야 할 겁니다."

의회도 이에 동의했다. 곧바로 '보스턴항구법'이 통과되고 보스턴항에서 해외무역이—식량과 연료에만 엄격히 제한된 예외를 두고— 전면 봉쇄되었다. 이 봉쇄 조치는 국왕이 해제 결정을 내려야 철회될 수 있었지만, 동인도회사가 찻값을 보상받기 전에는 어림도 없는 일이었다. 프랭클린은 어린 시절부터 보스턴항에 드나드는 수많은 배를 보고 그 소리를 들으며 자랐기에, 이 법이 매사추세츠의 경제를 질식시킬 만한 위협임을 누구보다 잘 알고 있었다. 그러나 당시 런던의 분위기를 생각하면 이보다 더 심각한 조치가 나왔을 수도 있었다. 인지세법에 반대하며 미국의 친구로 여겨졌던 아이작 바레조차 보스턴항 봉쇄안에 "열렬한 찬성"을 표하고, 의회 발언에서 시위자들을 말 안 듣는 아이들에 비유하며 "보스턴은 벌받아야 합니다"라고 말할 정도였으니 말이다.

뒤이어 제정된 법들이 더 온건했는지, 덜 온건했는지는 보는 관점에 따라 달랐다. '매사추세츠 정부법'은 식민지 헌장을 정지시키고, 국왕이 식민지 운영에 훨씬 더 큰 권한을 행사할 수 있도록 했다. 왕실 관리가 특정 범죄로 기소될 경우 '사법관할법'에 따라 영국 본토에서 재판을 받을 수 있게 되었고, '병영법'은 영국군 지휘관의 명령에 따라 식민지인들이 병사를 집에 들여 숙박시키도록 강제했다. '퀘벡법'은 보스턴차사건의 직접적 산물은 아니었지만, 미국 식민지인들의 입장과 민심을 아랑곳하지 않는 분위기 속에서 덩달아 통과되었고, 이로써 캐나다에는 런던이 지배하는 민간 정부가 들어섰다. 또한 캐나다의 경계를 오하이오강까지 확장해, 그 지역에 대한 기존 식민지인들의 영유권 주장을 사실상 기각했다.

이 다섯 가지 조치는 미국에서 '참을 수 없는 법Intolerable Acts'이라 불렸다. 지난 10년간 당한 것도 억울한데, 여기에 이런 조치까지 추가되자 더이상은 도저히 참을 수 없다고 느꼈기 때문이다. 마지막 법안이 발효되기도 전에, 각 식민지의 통신위원회는 분노의 편지를 작성해 대서양 연안 전역으로 메시지를 보내며, 모든 식민지 의회와 주민들에게 이 새로운 권리 침탈에 맞서 힘을 합치자고 호소했다. 참을 수 없는 법으로 가장 큰 타격을 입은 것은 매사추세츠였지만, 의회와 국왕은 매사추세츠를 타격한 것과 같은 방식으로 다른 식민지에도 언제든 동일한 조치를 가할 수 있었다.

버지니아도 같은 생각이었다. 패트릭 헨리, 리처드 헨리 리, 토머스 제퍼슨이 이끄는 버지니아 민의회는 보스턴이 "적대적 침략"을 당하고 있다고 선언하고, 이어서 청교도적 색채가 강한 보스턴 사람들에게 분명 반가웠을 조치를 추가해 1774년 6월 1일을 "금식, 자복, 기도의 날"로 선포했다. "우리 민권을 파괴하려는 거대한 재앙과 내전의 참화를 피할 수 있도록 하나님께서 간섭해주시기를 간절히 구하자"라는 뜻에서였다.

그 후 몇 주 동안 식민지들은 속속 대륙회의에 파견할 대표를 선출했다. 어떤 곳은 기존의 민의회가 대표를 선출했고, 왕실 총독이 민의회를 해산해 이 과정을 방해하려 한 식민지에서는 임시로 구성된 기구가 대표를 지명했다. 펜실베이니아가 대륙회의를 주최하겠다고 나섰고, 개최 시기와 장소는 9월, 필라델피아로 정해졌다.

프랭클린은 대륙회의에 맞춰 집에 돌아갈 수 있기를 반쯤 기대하고 있었다. 콕핏에서의 두 시간은 영국 은퇴 생활에 대해 남아 있던 미련마저 완전히 날려버렸다. 물론 영국에는 여전히 친구들이 있었고 그들이 앞으로도 늘 친구로 남아주길 바랐다. 그러나 프랭클린은 자신이 한때 표면적 현상으로 치부했던 제국 정치의 일면, 즉 자리다툼, 당파성, 노골적인 인신공격 같은 것들이야말로 런던 정치의 핵심이었다는 사실을 이제야 깨달았다. 영국이 매력적으로 보였던 건 지적 개방성 때문이었다. 이곳에는 기존의 통념에 기꺼이 도전하는 호기심 많고 창의적인 신사들과(때로는 폴리 스티븐슨 같은 여성을 포함해) 함께 아이디어를 나눌 기회가 많았다. 그러나 국민 상당수의 가장 기본적인 자유를—단지 바다 건너에 산다는 이유만으로— 짓밟으려는 체제에는 결코 개방성이라 할 만한 것이 없었다.

프랭클린에게 정치적 비방이나 모욕은 낯선 일이 아니었다. 펜실베이니아의 영주파가 이미 수년간 그를 상대로 크고 작은 중상모략을 일삼고 있었다. 그러나 지금까지는—이 또한 영국의 매력 가운데 하나였는데— 그들의 모략이 런던에서는 별로 통하지 않았다. 펜 일가나 힐즈버러 경이 그를 헐뜯기는 했지만, 대체로 영국인들은 공손했고 그를 존중해주고 심지어 존경의 눈길을 보내기도 했다.

이제는 아니었다. 런던의 언론들은 그를 "이 늙은 뱀" "늙은 베테랑 악당"이라고 공격했다. "반역자" "두 얼굴의 늙은이" "대선동가" "백발 성성한 죄악의 살아 있는 화신"이라고도 불렀다. 그의 거처는 "가룟 유다의 크레이븐 지점"이었고, "앙심을 품은 교활한 전략, 항상 예의 주시하는 경계심, 온갖 정치적 술수"의 온상이었다. 심지어 샌드위치 경은 상원에서 방청석에 있던 프랭클린의 면전에 대고 영국이 지금껏 맞닥뜨린 "가장 악랄하고 해로운 적 중 한 명"이라며 공개적으로 비난했다.

프랭클린은 그런 비방을 한 귀로 듣고 한 귀로 흘렸다. 그가 오스트리아에 있는 한 지인에게 적어보낸 글이다. "자네도 알다시피, 영국에서는 날마다 거의 모든 신문에 정당을 불문하고 공직자들을 비방하는 기사가 실린다네. 심지어 국왕조차 항상 피하지는 못하지. 그런 걸 늘 보아온 대중들은 가끔씩 훌륭한 인물을 난도질하는 걸로 낙을 삼기도 하고." 그는 자신의 친구들이 이런 선전 공세의 실체를 간파해낸 것에 위안을 얻었다. "이번 일로 친구를 단 한 명도 잃지 않았다군. 모두가 여러 번씩 찾아와서 자신들은 여전히 나를 믿고 사랑한다고 따뜻하게 안심시켜주었다네."

사실 사정은 그렇게 단순하지 않았다. 실제로 친구들은 그를 일단은 믿어주었다. 하지만 무조건적인 것은 아니었다. 조지프 프리스틀리는 대부분의 친구들과 달리 거의 의심을 품지 않았고, 그가 가장 힘들 때 실제로 곁을 지켜주었다. 프리스틀리는 콕핏의 막바지 장면을 이렇게 묘사했다.

프랭클린 박사가 자리를 뜨며 내 손을 잡았는데, 뭔가 감정이 담긴 듯한 손길이었다. 나도 곧 박사를 따라나갔고, 대기실을 지나다가 친구들과 지지자들 무리에 둘러싸인 웨더번 씨를 보았다. 그 역시 나를 알아보고 말을 걸려는 듯 다가오기에, 나는 얼른 몸을 돌려 급히 그곳을 빠져나왔다.

다음 날 아침, 프리스틀리는 프랭클린과 함께 아침 식사를 하며 전날 일에 대한 그의 소회를 들었다. "박사는 선한 양심의 힘을 이토록 절실히 느낀 적은 처음이었다고 했다. 자신을 그토록 모욕당하게 만든 그 일이 그가 살면서 가장 잘한 일 중 하나라고 여기지 않았다면, 그리고 같은 상황이 와도 또다시 그렇게 했을 거라고 확신하지 않았다면, 결코 그 모욕을 견디지 못했을 것이기 때문이었다."

데이비드 흄은 웨더번의 '퍼포먼스'를 직접 보지는 못했지만, 허친슨 편지 사건에 대해서는 모든 사정을 전해 들었다. 그는 프랭클린의 선의를 믿고 싶었지만 쉽지 않았다. 다음은 윌리엄 스트레이핸에게 보낸 편지 내용이다.

프랭클린 박사의 행동을 설명할 만한, 아니 최소한 변명이라도 될 만한 사정이 있다면 자네가 좀 알려주게나. 그가 평소 당파적 태도를 보인 것만큼은 아무리 가까운 친구라도 감싸주기 어려울 걸세. 그러나 나는 그의 행동에 배신이나 부정이 있었다고는 믿고 싶지 않네. 다만 그가 그런 편지를 손에 넣은 경위에 대해 끝내 입을 열지 않으니, 온갖 악의적인 추측의 여지를 남긴 것은 사실이지. 그렇게 훌륭한 사람이 이런 안타까운 일을 당하다니, 참 안된 일일세!

흄은 이번의 프랭클린과 미국의 상황에 꼭 들어맞는다고 생각한 일화를 덧붙였다. 배서스트 백작을 방문했을 때의 일이었다(당시 그의 아들은 대법관이었다). 대화는 곧 미국 문제로 넘어갔고 훨씬 이전에는 영국이 식민지에 어떤 권한까지 행사했었는지에 대한 이야기가 나왔다.

나는 국가도 개인처럼 여러 발달단계를 거치며, 그 단계에 맞는 대우를 받아야 한다고 말했지. 그 연로한 귀족에게는 이렇게 설명했다네. "예를 들어 각하, 분명 예전에는 아드님에게 회초리를 든 적이 있으시겠지요. 당연히 그럴 만한 이유가 있었을 것이고, 아드님에게도 도움이 되었을 겁니다. 하지만 지금은 회초리를 들 때가 아니라는 걸 아실 테지요. 식민지도 더 이상 유아기에 있지 않습니다." 하지만 아직 미성년인 것은 틀림없지. 나는 프랭클린 박사가 그들을 어머니 나라로부터 너무 빨리 독립시키려 한다고 생각하네.

존 프링글은 흄의 비판에 대해 프랭클린을 변호하며 이렇게 적어보냈다. "그가 본래 당파적인 성향이라는 자네의 생각은 부당하네." 그러나 이 의사 선생이 이제껏 자기 여행 단짝이었던 프랭클린의 모든 행동을 옹호한 것은 아니었다. "그 친구가 조국에 대한 열정이나 자신을 써준 사람들을 더 잘 돕겠다는 열망에 사로잡혀, 쉽사리 정당화하기 힘든 일을 저질렀다는 점은 나도 부정하지 않아." 프링글은 자신이 프랭클린의 가까운 친구라고 여겼다. 그래서 허친슨 편지 사건이 벌어지는 동안 프랭클린이 자신에게 한마디도 털어놓지 않았다는 사실에 적잖이 놀랐다. 그가 보기에는 이런 비밀주의야말로 잘못이며 이 모든 혼란을 일으킨 근본 원인이었다. "그가 상식과 품위를 갖춘 누구에게라도 상의만 구했더라면, 두 친구 사이의 사적 서신을 그런 식으로 활용하지 말라고 만류했겠지. 그 편지를 전달하는 것은 더더욱 말렸을 테고."

프링글은 이렇게 말한 뒤에도 다시 한번 프랭클린의 동기를 변호했다. "공평하게 말하자면, (적어도 프랭클린의 눈에) 조금이라도 화해의 여지가 보일 때마다 그는 어떻게든 성사시키려고 애썼네. 게다가 그 친구의 조언이 받아들여졌다면 이런 불행은 모두 막을 수 있었을 테고, 영국과 식민지도 다시 가장 좋았던 시절로 돌아갈 수 있었겠지." 흄은 미국인들이 본국을 상대로 반란을 꾀할 구실을 찾고 있었다고 믿었지만, 프링글은 이것이 사실이 아니며, 특히 프랭클린은 절대 그렇지 않다고 반박했다. "우리 친구에 대해서라면 내가 증언할 수 있다네. 그가 우리와 함께한 처음 7년 동안 나는, 당시 식민지가 '현 체제'에서 누리고 있는 행복에 전적으로 만족한다는 말 외에 다른 성질의 말은 한마디도 듣지 못했네. 그 뒤로도 우리 친구와 식민지 사람들은 그 행복을 누리며 잘 살고 있었지. 그렌빌 씨의 망할 법 (인지세법)이 나오기 전까지는 말일세."

좀 더 멀리서 지켜본 호러스 월폴도 프랭클린이 부당한 대우를 받았다는 점을 인정했다. 그는 웨더번의 연설이 "극히 신랄하고 모욕적"이었는데도 현장에 있던 이들에게 "많은 찬사를 받았다"라고 묘사하면서 이렇게 덧붙였다. "내각은 프랭클린을 미 식민지 우정청 관리직에서 쫓아내기로 결정했지만, 이는 그를 화나게 하고(가뜩이나 능력이 탁월한) 그를 한층 더 적대적인 방향으로 몰아붙일 뿐이다. 게다가 보스터니언들에게 그를 순교자로 추천해준 꼴이 되고 말았다(월폴 일기의 편집자는 이후 콕핏 장면에 대해 '미국독립혁명의 시발점이 된 핵심 사건'이라는 주석을 덧붙였다)."

에드먼드 버크는 이 모든 어처구니없는 사태에 절레절레 고개를 저었고, 웨더번의 태도가 곧 정부의 태도라는 사실이 명확해지자 이렇게 말했다. "위대한 제국과 옹졸한 정신이 어울리면 화를 부른다."

"그쪽에서는 어떤지 몰라도 미국에서는 아버지 인기가 예전과는 비교도 안 될 만큼 높아졌습니다"라고 윌리엄은 아버지에게 편지를 보냈다. 대중의 반응만 봐도 그 말이 결코 과장이 아님을 알 수 있었다. 필라델피아에서는 분노한 군중이 웨더번과 허친슨의 인형을 만들어 시내 곳곳에서 끌고 다녔고, 웨더번의 인형에는 이런 문구가 붙어 있었다. "이런 끔찍한 괴물은 인간성에 대한 모독이며, 우리에게 극도의 혐오를 받아 마땅한 자, 응당 교수형에 처해진 뒤 전기로 불태워질 자들이다."

프랭클린은 이런 지지가 기쁘면서도, 그것이 어떤 방향으로 이어질지가 더 궁금했다. 필라델피아에서 대륙회의가 개최될 무렵 그는 토머스 쿠싱에게 이렇게 말했다. "식민지 전체가 이렇게 정당하고 현명한 방법으로, 그리고 만장일치로 우리의 대의를 자기 일처럼 받아들였다는 사실이 정말 기쁩니다." 지금도 프랭클린은, 제 손으로 제국을 무너뜨리고 있는지도 모르는 바보들의 손에서 역사가 구원되기를 바라고 있었다. "나는 지금도 이들 사이에 남아서, 이 미친 정부가 추진하는 모든 정책이 제국을 분열시키고 결국 모두에게 얼마나 큰 해악이 될 것인지를 열과 성을 다해 설득하고 있습니다." 그가 런던에 남아 있는 것은 대륙회의 때문이었다. "회의가 어떻게 진행되느냐에 모든 것이 걸려 있습니다. 그 결과를 언제쯤 알 수 있을지 사방에서 문의가 이어지고 있지요. 결과가 도착할 때까지는 절대 영국을 떠나지 말라더군요." 프랭클린은 영국을 떠나지 말라는 말에서 한 줄기 희망을 얻었다. 그것을 쿠싱에게 전하며, 대륙회의에서 나올 결의안에 대해 이런 예상도 함께 덧붙였다. "만장일치로 채택된 확고부동한 결의안이 나온다면 이곳에도 큰 영향이 있을 겁니다. 어쩌면 지금의 미치광이 기수들을 말에서 끌어내릴 수도 있겠죠."

조금이나마 희망을 품기는 했지만, 그의 결의가 흔들린 것은 아니었다. 오히려 시간이 갈수록 그의 입장은 더욱 강고해졌다. 보스턴차사건 직후만 해도 그는 동인도회사에 선심성 보상을 해주자고 주장했지만, 영국 정부가 이를 강제로 요구하자 즉시 마음을 바꿔 그 요구를 들어주지 말라고 권고했다. 프랭클린은(조카사위이기도 한) 보스턴의 한 상인에게 마음을 굳게 먹으라고 당부했다. "저들이 씌우려는 멍에를 순순히 받아들이기라도 하면 여기서 자네를 얼마나 업신여길지 상상이나 해보았는가? 정작 자신들이 씌우려 해놓고도 자네를 경멸할 거라네. 자네 자식과 손주들은 왜 자기들과 후손에게 이런 치욕을 물려주고 조국을 수치스러워하게 만들었냐며 자네의 이름을 저주하겠지."

프랭클린은 이 싸움에 얼마나 큰 것이 걸려 있는지 정확히 인식하고 있었다. 영국 정부가 이성적으로 대응하지 않는다면 전쟁이 현실이 될 수 있었다. 아니, 거의 확실해 보였다. 토머스 허친슨 대신 게이지 장군이 매사추세츠 총독으로 부임하면서 군사적 통제도 한층 더 강화되고 있었다.

프랭클린은 쿠싱에게 다음과 같이 말했다. "가뜩이나 감정이 격앙된 사람들 사이에 군대를 들여보내다니, 이 정신 나간 조치가 뜻밖의 불상사를 일으키지 않을까 늘 노심초사하고 있습니다. 우발적인 다툼, 인신공격, 경솔한 명령, 심지어 신중한 명령이 오만무례하게 집행되는 상황, 그 밖에 스무 가지 사소한 계기만으로도 예기치 못한—따라서 미리 막을 수도 없는—폭동이 일어날 수 있습니다. 그로 인해 대학살이라도 벌어진다면 그 상처는 결코 회복될 수 없을 겁니다."

프랭클린 자신의 신변도 위태로운 처지였다. "내가 여기 있는 것이 다소 위험하다고 보는 사람들이 많네, 뉴잉글랜드에서 군인과 주민들 사이에 우발적 충돌이라도 일어나면 아마 내가 체포될 수도 있으니까. 이곳 정부 측 인사들이 곳곳에서 나를 모든 오해의 원흉으로 몰아가고 있거든." 친구들은 떠나라고 권유했지만, 그는 위험을 감수하며 대륙회의 결과가 나올 때까지 머물기로 결심했다.

실제로는 더 오래 머물렀다. 이미 20년에 가까운 세월을 그래 왔으니, 프랭클린이 런던에 좀 더 머문다고 새삼스러울 것은 없었다. 하지만 이번만큼은 진심으로 떠나고 싶었다. 뜻밖의 결과로 이어진 기묘한 체스 대국만 아니었다면, 아마 정말로 떠났을 것이다.

1774년 11월 프랭클린은 왕립학회 동료에게 연락을 받았다. 하우 경의 여동생이라는 어느 귀족 부인이 그 유명한 프랭클린 박사와 체스를 해보고 싶어 한다는 이야기였다. 훌륭한 프랭클린 박사가 날카로운 지성과 번뜩이는 상상력으로 유럽 전역에서 명성을 떨치고 있었지만, 그녀는 자신이 이길 수 있다고 자신했다. 이 도전을 받아들여야 할까?

프랭클린은 여러 해 동안 체스를 제대로 두지 않아서 실력이 많이 녹슬었다고 답했다. 그러나 부인께서 도전장을 보내주신 것을 큰 영광으로 여기고 수락하겠다고 했다.

'훌륭합니다'라며 중개자는 '프랭클린 박사가 편하신 때에 최대한 빨리 부인을 방문해달라'고 말했다. 더 이상의 소개 절차도 필요 없었다.

프랭클린은 하우 부인을 찾아갈 계획을 세웠다(그녀는 같은 성을 가진 사촌과 결혼해 '하우'라는 이름을 그대로 유지하고 있었다). 그런데 막상 그녀의 집 앞까지 찾아가자니 좀 불편한 기분이 들어서 대국을 미루고 있었다. 결국 중개인이 다시 초대를 전하고 프랭클린을 부인의 집까지 직접 데려다준 뒤에야 비로소 대국이 성사되었다.

결과적으로는 아주 유쾌한 자리였다. 두 사람은 몇 판의 경기를 치렀는데, 겸손을 차린 것인지 다른 이유에서였는지 프랭클린은 승패를 기록하지 않았다. 서로에게 매우 즐거운 시간이었고, 둘은 다시 만나기로 약속했다.

두 번째 만남에서도 그들은 이전과 다름없이 즐겁게 체스를 두었다. 그러다 하우 부인이 자신이 고민하던 수학 문제 이야기를 꺼냈고 이에 감흥을 느낀 프랭클린은 그 문제에 적극적인 관심을 표했다.

부인은 다시 한번 화제를 바꾸며(프랭클린이 회상한 대화에 따르면) 이렇게 물었다. "영국과 식민지 사이의 이 분쟁을 어떻게 해야 할까요? 내전으로 번지지 않아야 할 텐데요. 서로 화해하고 친구가 되면 얼마나 좋을까요." 그녀는 예전부터 정부가 박사처럼 훌륭한 분을 고용해 분쟁을 해결해야 한다고 생각했다며 "그 일을 박사님만큼 잘할 사람은 없다고 확신해요. 그렇게 되는 것이 실제로 가능하다고 생각지 않으세요?"라고 말했다.

프랭클린은 답했다. "물론입니다, 부인. 당사자들이 화해할 마음만 있다면요. 사실 두 나라는 서로 부딪힐 만한 이해관계가 없으니까요. 오히려 사소한 체면 문제에 불과하니, 합리적인 사람 두세 명이면 30분 만에도 해결할 수 있을 겁니다. 부인께서 저를 그렇게 좋게 봐주시다니 감사합니다만, 장관들께서 저를 그런 좋은 일에 쓰는 일은 없을 겁니다. 도리어 저를 비난하는 쪽을 택했으니까요."

하우 부인도 마지막 말에 동의했다. "그들은 박사님께 부끄러운 짓을 했어요. 지금은 그들 중에도 스스로를 부끄럽게 여기는 사람들이 있답니다."

당시 프랭클린은 이런 이야기를 별 뜻 없는 한담쯤으로 여기고 더는 마음에 두지 않았다. 그런데 다음 방문에서 두 사람의 관계에 새로운 변수가 생겼다. 마침 크리스마스라서 하우 부인의 집에는 그녀의 오빠도 함께 와 있었다. 그는 프랭클린 박사를 꼭 만나보고 싶었다고 했다. 하우 경은 여동생과 마찬가지로 영국 정부가 프랭클린에게 저지른 부당한 대우를 안타까워했다. 그러나 당장은 미국의 상황이 위중한 만큼, 개인적 감정은 잠시 접어두고 화해의 길을 찾아보자고 했다.

프랭클린은 자신이 개인적으로 입은 상처가 아무리 크다 해도, 조국이 입은 피해에 비하면 조족지혈에 불과하다고 대답했다. "게다가 제게는 공과 사를 철저히 구분하자는 확고한 원칙이 있습니다. 공익을 위해서라면 개인적인 원수와도 손을 잡을 수 있고, 공익에 부합한다면 민중과 함께 그 적을 돕는 일도 마다하지 않을 것입니다." 자신은 화해의 가능성을 모색하는 데 기꺼이 동참하겠지만, 그 가능성은 매우 희박해 보였다. 정부는 지금까지 온갖 문제를 초래한 기존의 방식을 바꿀 생각이 전혀 없어 보였고, 그렇다면 더 이상 논의할 여지도 없었다.

이렇게 대답하면 하우 경이 관심을 거둘 줄 알았는데, 그렇지 않았다. 그는 정부 내에도 불만의 기류가 있다고 귀띔했다. 실제로 일부 장관들은 정부의 체면을 지키면서도 합리적으로 타협할 방안이 있다면 긍정적으로 검토할 의향이 있었다. 그는 프랭클린에게 식민지 측이 수용할 수 있는 조건을 문서로 명확히 정리해달라고 부탁했다. 다른 상황이었다면 당장이라도 크레이븐스트리트에 있는 박사의 집을 찾아가거나 기쁜 마음으로 박사를 집에 초대했겠지만, 그런 공개적인 만남이 괜한 억측을 낳아 논의에 해가 될 수 있으니, 앞으로도 계속 체스를 핑계 삼아 하우 부인의 집에서 만나는 편이 좋겠다고 덧붙였다.

프랭클린도 이에 동의했고 다른 한편으로는 화해의 가능성을 직접 타진해보기로 했다. 몇 달 전 그는 채텀 경(윌리엄 피트)과 이야기를 나눈 적이 있었다. 제국을 지금과 같이 키우는 데 누구보다 큰 역할을 한 인물이었기에, 당연하게도 자신의 후계자들이 제국을 허물어뜨리는 모습을 보며 탄식하고 있었다. 대륙회의가 열릴 때가 되자 채텀 경은 프랭클린에게 그 결과를 알게 되는 대로 자신에게 전해달라고 부탁했다.

그리고 그 소식은 프랭클린이 하우 경과 뜻밖의 만남을 갖기 직전에 전해졌다. 미국인들은 프랭클린이 기대했던 대로 굳건한 자세로 똘똘 뭉쳐 있었다. 대륙회의는 '참을 수 없는 법'을 비롯해 영국 의회가 미국인의 권리를 침해한 여러 조치를 규탄한 뒤, 식민지에 대한 식민지 의회의 독점적 입법권을 재차 주장하고, 수입 거부운동을 부활시켰다. 그러나 동시에 국왕에 대한 미국인의 충성을 재확인하기도 했다.

프랭클린은 크리스마스 다음 날 채텀 경에게 소식을 전했다. "그분은 나를 다정하고 존중 어린 태도로 맞아주었다. 대단한 분에게 그런 대접을 받으니 감개무량할 따름이었다. 그런데 그분이 대륙회의에 대해 밝힌 의견은 더욱 감동적이었다. 그들이 놀라울 만큼 대단한 절제와 중용, 지혜를 보여주었으며, 그분이 생각에 이는 고대 그리스·로마가 도덕적으로 가장 훌륭했던 시절 이래로 가장 명예로운 정치 집회라고 평가했다." 채텀 경은 모든 식민지가 대륙회의의 결의를 지지할 것인지 물었고, 프랭클린은 그렇다고 대답했다. 이에 백작은 미국에 더 깊은 존경을 표했다. "그분은 미국에 대해 대단한 존경과 따뜻한 애정을 보여주었다. 진심으로 그들의 번영을 빌었고, 영국 정부가 하루빨리 잘못을 깨닫고 시정하기를 바란다고 말했다."

프랭클린은 한껏 용기를 얻었다. 채텀 경이 정부 정책에 반대한다는 것은 공공연한 비밀이었지만, 한동안 굴에서 은둔하며 불평만 하던 이 연로한 사자가 다시 한번 포효할 뜻을 비쳤기 때문이다. 그리고 실제로 그 뜻을 실천했다. 백작은 프랭클린에게 특별한 예우를 표하는 뜻으로 상원 의사당까지 그와 팔짱을 끼고 동행했고, 이 장면은 큰 반향을 일으켰다. 이 미국인과 백작 사이에 교분이 있다는 사실은 모두에게 금시초문이었기 때문이다. 그날 채텀 경은 미국에 대한 선의의 표시이자 화해의 첫걸음으로 게이지 장군의 병력을 보스턴에서 철수시킬 것을 공식 제안했다. 프랭클린은 이렇게 기록했다. "채텀 경이 자신의 발의를 뒷받침하는 연설을 하는 동안 나는 가슴이 두근거렸다. 가장 유능하고 위대한 정치가의 모습에 그에 대한 내 마음속 평가도 한층 더 높아졌다." 채텀을 지지하고 나선 다른 의원들도 유창한 솜씨로 이성과 절제를 호소하는 발언을 이어갔다.

하지만 안타깝게도 상원 다수는 이 제안을 받아들일 생각이 없었다. "그 모든 발언은 그저 스치는 바람 소리와 다를 바 없었다"라고 프랭클린은 기록했다. 결국 발의안은 부결되었다.

1775년의 첫 두 달 동안 프랭클린은 그들과 꾸준히 만났고 다른 상원 의원들과도 접촉했다. 그리고 이들에게, 미국이 자신의 권리 보장을 확신하려면 무엇이 필요한지, 권리가 계속 침해될 경우 그것을 지키기 위해 어디까지 각오가 되어 있는지를 구두로도 서면으로도 설명했다. 대화를 나누면서 이들은 그가 식민지를 대표해 협상할 권한이 있는 것처럼 인식하게 되었고, 몇 가지 쟁점에서 프랭클린이 양보해준다면 합의가 성사될 수도 있다고 생각했다. 특히 하우 경은 프랭클린이 어떤 식으로든 도움을 준다면 국왕이 크게 고마워할 것이며 감사의 표시로 실질적 보상이―거의 확실히― 뒤따를 것이라는 점도 암시했다.

프랭클린은 외교적이면서도 단호하게 그 제안을 거절했다. "각하, 제가 이렇게 훌륭한 일에 어떤 형태로든 각하와 함께할 수 있다면 큰 영광으로 여기겠습니다. 하지만 제게 어떤 영향력이 있다고 보셔서 그것을 활용하고자 하신다면, 내각으로부터 어떤 사전 혜택을 받아서 저에게 주시려는 생각은 모두 거두어주십시오. 제가 그것을 받아들인다면 오히려 경께서 활용하시려던 그 영향력마저 잃게 될 것입니다. 그런 혜택은 제 조국의 이익을 배신하는 뇌물로 여겨질 테니까요."

프랭클린은 자신이 상대하고 있는 이 사람들이 다들 지위는 대단히 높지만, 영국 정부를 파국에서 되돌릴 실질적 권한은 없다는 사실을 점차 깨닫게 되었다. 그 뒤 열린 상원 회의에서 그 사실이 여실히 드러났다. 채텀은 그동안 프랭클린을 여러 차례 만났고 한번은 그의 크레이븐스트리트 자택에 방문했다가 주변 이웃과 런던 정치권의 눈길을 끄는 일도 있었다. 그렇게 오랜 논의를 거쳐 작성된 종합적 문제 해결 계획안이 의회에 상정되었을 때였다. 내각 대표인 다트머스 경은 그 제안을 정중히 받아들이며 진지하게 검토할 만한 가치가 있다고 말했다. 이날도 방청석에 있었던 프랭클린은 그다음에 벌어진 일을 이렇게 기록했다.

샌드위치 경이 자리에서 일어나더니 역정을 내며 열변을 토했다. 이 안건은 애초에 상정도 되지 말아야 했으며, 딱 그 수준에 맞는 비난 결의와 함께 즉각 거부되어야 한다는 주장이었다. 이것이 영국의 귀족이 작성한 것이라고는 절대 믿을 수 없으며 오히려 어떤 미국인이 만든 것으로 보인다고 했다. 그는 방청석 난간에 기대 있던 내 쪽으로 고개를 돌리더니 지금 자기 눈앞에 보이는 자가 이 안건을 기획한 장본인으로 추정된다며, 나를 이 나라가 지금껏 맞닥뜨린 가장 악랄하고 해로운 적 중 한 명이라고 지칭했다.

채텀은 프랭클린을 변호하며 자신도 방어했다. 그는 자신이 제출한 법안이 실은 다른 사람의 작품이 아니냐는 식의 비아냥에 분개하면서도, 만약 자신이 총리였다면 프랭클린 박사처럼 유럽 전역에서 존경받는 인물에게 도움받는 것을 결코 부끄럽게 생각하지 않았을 것이며 오히려 자랑스러위했을 거라고 말했다.

채텀 경의 발의안은 처참하게 실패했다. 처음에는 중립적이었던 다트머스 경조차 반대로 돌아섰다. 프랭클린은 더 이상 희망이 없다고 결론지었다. 그리고 마지막으로 상원을 찾았을 때 그 결론은 완전히 확정되었다. 프랭클린과 타협안을 논의했던 인물 중 하나인 캠던 경이 그날 미국인들을 옹호하는 발언을 했다가, 채텀처럼 조롱과 야유를 받았다. 프랭클린은 이렇게 기록했다.

> 나는 내각 인사들이 미국인의 용기, 신앙, 지성 등에 대해 쏟아내는 온갖 저열한 비난을 들으며 구역질이 났다. 그들은 우리를 한없이 멸시하고 천대하며 마치 최하층 인간, 아니 영국 본토인들과는 아예 다른 종족인 것처럼 취급했다. 일부 상원의원은 특히 미국인의 정직성을 모욕했다. 우리가 모두 사기꾼이며 이번 분쟁을 이용해 빚을 안 갚으려는 속셈일 뿐이라고 단정하더니, 우리에게 조금이라도 공정과 정의 의식이 있다면 찻값 등의 비용을 즉시 갚아야 하는 게 아니냐고 비난했다.

이때 프랭클린은 이미 미국으로 돌아갈 계획을 세워두고 있었다. 그는 다트머스 경에게 제출한 진정서에서—작별의 표시로— 자신의 분노를 다 터뜨렸다. 미국이 영국에 찻값을 빚지기는커녕, 오히려 영국의 봉쇄로 피해를 당한 매사추세츠야말로 보상을 받아야 한다고 선언한 것이다. "본인은, 아래 서명한 자로서 내 조국과 보스턴을 대표하는 대리인 자격으로 해당 봉쇄 조치에 강력히 항의합니다. 또한 동인도회사의 찻값 이상으로 보스턴 시에 누적된 피해에 대해 엄숙히 보상을 요구합니다."

이 같은 요구에 대해 매사추세츠로부터 어떠한 지시도 받지 않았다는 사실은 둘째치고, 프랭클린도 다시 생각해보니 이런 무엄한 요구가 오히려 내각의 집단적 오판을 확증시킬 수도 있을 것 같았다. 그는 친구이자 토지 사업 동료인 토머스 월폴에게 상의하기로 했다. 프랭클린은 이렇게 기록했다. "그는 편지와 내 얼굴을 몇 번이나 번갈아 보면서 혹시 내가 정신이 나간 게 아닌지 걱정하는 듯 보였다." 프랭클린은 월폴에게 그 편지를 캠던 경에게 보여주고 **그분은** 어떻게 생각하는지 물어봐달라고 부탁했다. 캠던 경도 그 편지를 보내면 안 된다는 데 동의했다. 월폴은 다시 프랭클린을 찾아와, 이 편지를 제출하면 "국가에 대한 모욕"으로 해석되어 "선생님 신변에 위험한 결과"를 초래할 수 있음을 말과 글로 경고했다. 프랭클린은 마지못해 따르기로 하고 이 문제에 대한 생각을 접었다.

22장 반란
1775~1776

1775년 춘분 무렵, 프랭클린은 드디어 런던을 떠나면서 다시 이곳에 돌아올 일은 없을 거라 생각했다. 런던은 지난 18년간 그의 집이나 다름없었고, 이제는 필라델피아보다 더 익숙한 도시였다. 그러나 그가 펜실베이니아행 배를 타러 포츠머스로 가는 마차에서 바라본 런던은, 불과 몇 년 전 알던 그 런던이 아니었다. 부패는 늘 런던 정치를 어지럽혔지만, 이제는 정치 외에 다른 모든 것까지 압도하고 있었다. 자리만 차지하는 관료들, 아첨꾼들, 냉소적인 자들이 득세했고, 제국 전체의 번영을 위해 진심으로 애쓰는 사람들은 설 자리가 없었다. 프랭클린은 18년이나 미국에 돌아가지 않고 버텼고 특히 지난 11년은 잘 참아냈지만, 이제 더는 그럴 수 없었다.

마침내 돌아가는 그곳이 어떤 모습일지 프랭클린도 짐작만 할 뿐이었다. 그가 1757년 미국을 떠날 때의 나이는 쉰한 살, 그야말로 인생의 한창 때였다. 이제는 예순아홉, 누가 봐도 할아버지로 보이는 나이가 되었다. 또래 대부분은 이미 세상을 떠났고, 지난 10여 년 동안 그가 가까이 지낸 이들은 대부분 한 세대 아래의 젊은이들이었다.

프랭클린에게 삶의 유한함을 일깨운 가장 최근의, 가장 가슴 아픈 사건은 바로 데버라의 죽음이었다. 6년 전 중풍에 걸린 뒤로 아내는 예전 같지 않았다. 그녀의 편지에서도 프랭클린은 아내가 이 세상에서 서서히 떠나고 있다는 걸 읽을 수 있었다. 그 때문에 혹시 가슴이 아팠는지는 모르겠다. 그의 편지에도, 친구들이 남긴 증언에도 그가 그런 슬픔을 드러낸 흔적은 없었다. 늙은 아내를 사실상 버려둔 것에 대한 죄책감 역시 어디에서도 드러내지 않았다. 윌리엄은 1774년 크리스마스이브에 비보를 전하며 아버지에게 다음과 같이 말했다. "어머니의 죽음은 한참 전 중풍이 온 뒤로 어느 정도는 예상되었던 일이에요. 기억력과 이해력이 많이 약해졌던 것도 사실이고요. 제가(몇 달 전) 앰보이로 떠나면서 작별 인사를 드릴 때, 어머니는 '올겨울에 네 아버지가 돌아오지 않으면 다시는 못 볼 것 같다'고 말씀하셨어요. 내년 여름까지 못 버틸 거라고 확신하셨거든요." 이 편지를 읽으며 프랭클린은 어느 쪽이 더 마음 아팠을지 모르겠다. 데버라가 그렇게 느꼈다는 사실이었을지 아니면 그런 이야기를 남편인 자신에게는 끝내 털어놓지 못했다는 것이었을지. "아버지가 가을에라도 한번 오셨더라면 정말 좋았을 텐데요. 그 기대마저 꺾인 것이 아무래도 어머니의 마음을 많이 상하게 한 것 같습니다"라고 말하며 윌리엄은 편지를 마무리했다. 프랭클린은 그녀의 친아들도 아닌 윌리엄에게서 정녕 이런 소리까지 들어야 했을까?

혹시 데버라에게 미안한 마음이 있었더라도, 이제는 그녀가 자기 때문에 더는 고통받지 않아도 된다는 사실이 프랭클린에게는 위안이 되었을 것이다. 하지만 윌리엄의 경우는 달랐다. 프랭클린이 영국 정부에 그토록 끔찍한 대우를 받았는데도 윌리엄은 그것이 아무렇지도 않은 듯했다. 항의한마디 하기는커녕 오히려 아버지의 만류를 무시하고 앰보이로 이사한 것을 보면 앞으로 무슨 일이 벌어지든 영국 편에 서겠다는 결심을 굳힌 듯했다. 윌리엄은 아버지의 아들이라기보다는 국왕의 충실한 신하 같았다. 프랭클린이 배신감을 느꼈을까? 이에 대해서도 그는 아무 말도 남기지 않았다. 하지만 부자지간이 갈림길에 다다랐다는 것은 직감했을 것이다. 막 아내를 잃고, 이제 아들까지 잃기 직전이었다. 물론 지금까지 그런 적이 한두 번이 아니었겠지만, 아마 이번에도 그는 자신이 인간사의 다른 영역에서는 제법 유능한 편이었겠지만 가족에 대해서만큼은 늘 부족했다는 사실을 다시금 되돌아보았을 것이다.

그래도 그 문제가 완전히 끝장난 것은 아니었다. 그해 봄 미국으로 향하는 배 위에 있던 프랭클린은 문득문득 후회와 슬픔이 밀려올 때면 그저 갑판 저쪽으로 눈길을 돌려 어린 템플이 선원들과 이야기하거나 바다에 낚싯줄을 던지며 노는 모습을 바라봤다. 그러면 어느새 다시 기운이 났다. 열다섯 살 소년은 영리하고 재능 있고 호기심도 많았다. 프랭클린은 그 아이를 볼 때마다 자신의 어린 시절과 저 나이 무렵의 윌리엄이 떠올랐다. 프랭키가 살아 있었다면 저렇게 자라지 않았을까 싶었다. 그럴 때마다 한숨이 나왔지만, 그래도 한 줄기 희망 섞인 한숨이었다.

템플이 바다에 던지고 있던 줄 끝에는 할아버지가 고안한 기구가 달려 있었다. 프랭클린은 제국을 위한 자신의 화해 노력이 결국 수포로 돌아간 과정을 기록하며 대부분의 시간을 보냈지만, 틈틈이 바다를 관찰하며—조지프 프리스틀리에게 전하길— 멕시코만류에 대해 "가치 있는 자연철학적 발견"을 했다고 적었다. 멕시코만류의 수수께끼는 그가 처음 대서양을 건넜던 1724년 이후 지금까지도 거의 밝혀진 것이 없었다. 프랭클린과 템플은 배의 항로를 따라 바닷물의 상태를 꾸준히 측정했다. 그런데 멕시코만류에 접어들자 확연한 변화가 관찰되었다. 물의 온도가 주변 해역보다 섭씨 10도나 높았고, 색깔도 다른 것 같았다. 밤에는 만류 바깥의 바닷물처럼 반짝이지도 않았다. 만류를 따라 선원들이 '모자반'이라 부르는 해조류도 떠다니고 있었다.

프랭클린은 멕시코만류에 관해 많은 것을 알아냈지만, 그 원리나 실제로 그것이 어떤 영향을 미치는지는 아직 파악하지 못했다. 그가 애초에 이 조사를 시작하게 된 계기는, 왜 미국에서 영국으로 가는 배가 그 반대 방향보다 항해 속도가 더 빠른가, 하는 유구한 의문 때문이었다. 그는 지금까지 관찰한 바를 종합해, 지구 자전축에서 멀리 떨어진 물체(배를 포함해서)일수록 각운동량이 커지는 것과 관련이 있을 거라고 추측했다. 단순한 기하학적 계산으로도, 북위 40도에 정박한 배는 북위 50도의 배보다 지구 자전축을 기준으로 시속 190킬로미터나 더 빠르게 회전한다는 사실을 알 수 있었다. "배와 화물 자체가 가진 운동량은 매우 큰 힘을 갖는다. 만약 항구에 조용히 정박해 있던 배를 갑자기 들어 올려 목적지 위도상의 바다 위로 순간 이동시킨다면, 설령 바람 한 점 없는 상황에서도 그 배에 남아 있던 운동량만으로 한동안은 엄청난 속도로 질주할 것이다. 이 힘은 물과 계속 마찰하면서 차츰 소모되고, 아마도 그래서 항해 시간이 단축되는 것으로 보인다."

이 설명이 충분하지 않다는 점은 나중에 프랭클린 자신도 인정했다. 그러나 그것이 불충분하다고 해서 그의 발상이 덜 기발해지는 것은 아니었다. 또한, 제국 정치에 대한 환멸이 그에게 어떤 영향을 미쳤든, 세상에 대한 호기심만큼은 꺾지 못했음을 잘 보여주는 대목이기도 했다.

5월 초 프랭클린이 미국에 도착하자, 식민지 전체는 이를 매우 중대한 사건으로 받아들였다. 뉴욕에서는 거리 곳곳마다 필라델피아에서 온 소식을 전하는 벽보가 붙었다.

어제 저녁, 프랭클린 박사가 이곳에 도착했다. 3월 20일 런던 출발 후 6주 간의 여정이었다. 온 마을이 그의 귀환을 반기며 크게 기뻐했다. 박사에 따르면 우리는 영국 정부로부터 어떤 호의도 기대할 수 없으며, 그들이 바라는 것은 오직 우리의 복종이라고 한다. 또한 그들은 파병된 영국군에 대해 우리가 거의(또는 전혀) 저항하지 않을 것이라 예상하고 있다. (…) 그러나 프랭클린 박사는 우리가 무장을 갖추고 최악의 사태에 대비하고 있는 모습에 크게 안도했다. 그 방법만이 우리를 극도로 비참한 노예상태와 파멸에서 구할 수 있을 것이라며, 굳센 저항이야말로 구원의 길이라는 믿음을 가지라고 용기를 심어주고 있다.

이는 프랭클린의 생각을 대체로 잘 요약한 것이었으나, 그가 미국 해안에 도착하기 전에는 미처 몰랐던 사실까지 전제하고 있었다. 프랭클린이 수개월간 그토록 우려했던 전쟁이 4월 19일에 이미 본격적으로 시작되었다는 사실이었다.

그 이유는 물론 프랭클린이 영국에서 마지막 몇 주간 뻔히 확인한 바와 다르지 않았다. 영국 정부는 이번에야말로 미국과 끝장을 보겠다는 작정이었다. 조지 3세는 이렇게 선언했다. "주사위는 던져졌다. 식민지는 싸워 이기거나, 복종하라." 곧이어 국왕은 한층 더 강경한 뜻을 밝혔다. "뉴잉글랜드 식민지 정부는 반란 상태에 있다. 그들이 영국에 복속될지 독립할지는 무력으로 판가름 날 것이다."

보스턴에 있던 게이지 총독은 4월 14일 런던으로부터 명령을 하달받았다. 세력을 점점 키우고 있는 매사추세츠 민병대를 선제적으로 제압하라는 지시였다. 민병대의 이른바 '비상대기조'와 일반 민병들은 정기적으로 훈련을 받고 무기와 탄약을 비축하며 날로 위협적인 존재가 되고 있었다. 게이지에게 명령을 내린 다트머스 경은 전쟁 옹호자는 아니었지만 그렇다고 피할 생각도 전혀 없었다. 만약 피할 수 없다면, 반군에 의해서가 아니라 정부가 정한 조건과 시점에 발발하는 편이 나았다. "반란이 더 무르익기 전에 차라리 지금 같은 상황에서 부딪치는 게 훨씬 나을 것입니다."

이후 나흘 동안 게이지 총독은 선제공격을 준비했다. 첩보에 따르면 보스턴에서 30킬로미터 남짓 떨어진 콩코드에 민병대의 무기고가 있었다. 게이지는 심야에 기습하기로 작전을 세우고 척탄병과 경보병을 소집했다. 타격대는 케임브리지까지 보트로 이동하고, 그곳에서 콩코드까지 육로로 진격한다는 계획이었다.

그러나 반군 쪽에도 정보망은 있었다. 폴 리비어가 고안한 간단한 신호 체계도 있었다. 보스턴의 노스처치 첨탑에 등불 하나가 켜지면 영국군이 육로로, 즉 보스턴넥*을 지나 백베이(만)를 빙 돌아서 진군한다는 뜻이고, 등불이 두 개면 물길을 건너 지름길로 온다는 신호였다. 영국 타격대가 케임브리지로 건너는 보트에 오르기는커녕 코먼 광장에 집결하기도 전에 리비어는 교회 첨탑에 등불 두 개를 걸게 한 뒤, 곧장 보트를 타고 찰스타운으로 건너가 그곳에서 말을 타고 콩코드를 향해 전속력으로 질주했다. 그는—특히 한밤중에 말을 타고 숨 가쁘게 달리는— 전령들을 잡기 위해 배치된 영국군 순찰대도 따돌리고, 렉싱턴에 도착해 새뮤얼 애덤스와 존 행콕을 깨웠다. 그들은 게이지의 군대가 들이닥치면 언제라도 체포당할 수 있다는 걸 알고 있었다. 그 후 리비어는 다른 전령들과 함께 콩코드로 출발했지만, 끝내 도착하지는 못했다. 다른 순찰대에 붙잡혀 결국 말에서 끌려내려져 억류까지 되었기 때문이다(나중에 풀려나 도보로 귀가했다).

그러나 경보가 이미 퍼지면서 민병대의 비상대기 병력이 집결했다. 해뜰 무렵 영국군이 렉싱턴에 도착했을 때는, 콩코드 로드 옆 잔디 광장에 약 70명의 민병대가 전열을 갖추고 있었다. 영국군 지휘관은 그들에게 무장을 해제하고 해산하라고 명령했다. 민병대원들은 붉은 군복의 영국군 수를 가늠해본 뒤, 정면으로 맞서서는 승산이 없다고 판단하고 총을 든 채 서서히 물러나기 시작했다. 영국군 지휘관은 다시 한번 무기를 버리라고 명령했다. 이번엔 한층 더 모욕적인 어조였다. 그때 총성이 울렸다. 영국 측은 미

---

*   보스턴과 본토를 잇는 유일한 길목

국이 먼저 쐈다고 하고, 미국은 영국군이 먼저였다고 주장했다. 그 한 발의 총성은 영국군의 일제사격으로 이어졌고, 곧이어 다시 한번 사격이 쏟아진 뒤 총검을 겨눈 돌격이 시작되었다. 단 5분 만에 영국군은 민병대를 대파했다. 미국 측은 여덟 명이 숨지고 열 명이 다쳤으며, 영국군의 피해는 병사한 명이 다리에 가벼운 상처를 입은 것이 전부였다.

이에 붉은 군복의 영국군 병사들은 들뜬 기세로 콩코드를 향해 출발했다. 기습은 이미 물 건너간 일이었다. 이제 영국군은 북을 울리며 행진했고, 피리 소리는 아침 공기를 가르며 날카롭게 울려 퍼졌다. 콩코드에 도착하자 더 많은 민병대가 모여 있었다. 콩코드 대원들뿐 아니라 주변 마을의 병력까지 합세해 있었다. 몇 시간 동안 양측은 이것이 전쟁인지 평화인지, 아니면 그 중간 어디쯤인지도 알지 못한 채 서로 전진과 후퇴를 거듭하며 대치했다. 영국군은 총기나 탄환, 화약을 찾겠다며 민가를 수색했지만 별다른 성과를 거두지 못했고, 주민들의 저항도 미미했다. 그러다 법원과 대장간에서 불이 나자 비로소 민병대가 강하게 반응했다. 한 식민지군 장교가 격분해 외쳤다. "저들이 우리 마을을 불태우는 데도 보고만 있을 건가?" 당연히 막아야 했다. 그렇게 일부 민병대의 총격이 시작되었다.

영국군도 식민지군과 마찬가지로 전투 경험이 많지 않았다. 마지막 전쟁은 12년 전에 끝났고, 병사들 대부분은 어린 장병들이었기 때문이다. 미국인들이 끝내 물러설 뜻이 없다는 것이 분명해지자 이번에는 영국군이 물러나기 시작했다. 그들은 콩코드를 향해 도망치듯 후퇴했고 그 뒤를 민병대가 바짝 따라붙었다. 그날 하루는 영국군에게 악몽이었다. 보스턴으로 퇴각하는 내내, 길가의 나무나 돌담 뒤에 매복해 있던 저격수들이 무차별로 총격을 가했고, 뒤에서는 민병대가 집요하게 쫓아오며 이들을 괴롭혔다. 영국군은 해가 지고 나서야 간신히 보스턴의 안전지대로 몸을 피할 수 있었다. 전투가 끝난 뒤 집계된 사상자 수는 약 270명, 반면 식민지군의 피해는 그 3분의 1을 약간 넘는 수준에 불과했다.

인명 피해와 작전 실패라는 측면에서 이번 영국군의 습격은 대실패였다. 반면 미국인들은 자부심을 느낄 만했고 실제로 많은 이들이 자랑스러워했다. 그러나 동시에 사람들은 전쟁의 현실을 뼈저리게 실감했다. 제인 미컴은 오빠에게 자신의 경험을 적어보냈다. 지난 편지에서 프랭클린이 '지금의 폭풍도 언젠가는 지나갈 테니 용기를 잃지 말라'고 격려해준 데 대한 답장이었다.

아마 그때는 오라버니도 폭풍이 이렇게까지 거세질 줄은 몰랐겠지요. (게이지) 장군이 밤중에 몰래 군인들을 보내서 우리 형제들을 잔인하게 죽이려 할 줄 누가 상상이나 했겠어요. 그들은 자기 재산을 지키려한 죄밖에 없는데. 하지만 하나님께서는 우리 편에 서서 영국군을 물리쳐주셨어요. 그들은 차마 인정하고 싶지 않을 정도로 큰 피해를 입었지요. 그들의 표정이며 실제로 군인들이 털어놓은 말만 봐도, 자기들이 상대를 얼마나 오판했는지 알 수 있었어요. 하지만 그날이 남긴 고통은 말로 다 표현할 수 없을 정도랍니다. 전투 소리가 귀에 들릴 만큼 가까워졌을 땐 적들이 정말 마을 안까지 들이닥칠까 봐 모두가 공포에 떨었고, 싸움이 끝난 뒤에는 부상자들을 데리고 돌아오는 병사들 때문에 마을이 다시 혼란에 빠졌죠. 아마 다들 마음이 불안하고 신경이 날카로워져서 그날 밤 제대로 잠을 이루지 못했을 거예요. 그 뒤로도 편할 날이 없었어요. 마을 밖에 있는 우리 민병대가 정규군(영국)을 완전히 몰아내기로 했다는 소식이 들려왔고, 게이지 장군은 마을을 봉쇄해 아무도 빠져나가지 못하게 했거든요. 그로 인해 겪은 불편과 고통은 정말 견디기 어려울 정도였답니다.

다시 말해, 이것은 전쟁이었다. 모든 공포와 시련, 불확실성이 고스란히 뒤따른 진짜 전쟁이었다. 제인 미컴은 결국 도시를 떠나 로드아일랜드워릭으로 피신했고, 그곳에서 오빠의 오랜 친구인 캐서린 레이 그린(과 그녀의 남편 윌리엄)의 집에 몸을 의탁하고 있다고 알렸다.

제인 미컴을 집에서 쫓아낸 보스턴 전투는, 대륙회의 대표들을 다시 필라델피아로 불러들였다. 지난번 회의 때만 해도 위험은 아직 '가능성'에 불과했지만, 이제는 현실이었다. 그때는 항의하고 청원하는 수준이었지만, 이제 실제로 전쟁을 치러야 할 때였다.

사정이 이렇다 보니, 대륙회의에서 가장 큰 기대를 모은 인물은—대표들 대부분이 참석을 예상치 못했던— 프랭클린이 아니라, 조지 워싱턴이었다. 이 베테랑 군인은 지난해 제1차 대륙회의에도 참석했지만, 당시 의장으로 선출된 페이턴 랜돌프와 인상적인 연설로 주목받은 패트릭 헨리, 리처드 헨리 리 등 버지니아 출신 동료들에 가려져 있었다. 코네티컷 대표 사일러스 딘이 보기에 워싱턴은 "그저 그런 수준의 연설가"에 지나지 않았고, 워싱턴 자신도 본인의 역할을 "주의 깊은 관찰자이자 증인" 정도로 여겼다.

그러나 전투가 발발하자 모든 것이 달라졌다. 새로 소집된 대륙회의에 연설가는 수두룩해도 군지휘관은 단 한 명뿐이었다. 워싱턴은 대륙회의 참석을 위해 5월 4일 마운트버넌을 떠나며 군복부터 챙겼다. 마차를 타고 북쪽으로 향하는 동안 버지니아부터 메릴랜드에 이르기까지 모든 주민들이 그에게 환호를 보냈다. 필라델피아 남쪽 약 10킬로미터 지점에는 500명의 기병대로 구성된 요란한 환영 부대가 그를 마중 나와 있었고, 도시 근교에 다다르자 수백 명의 민병대가 기병, 보병 할 것 없이 환영 행렬에 합류했다. 군악대도 발맞춰 뒤따르며 의사당까지 군가를 연주했다.

워싱턴은 고향에 이렇게 소식을 전했다. "이번 회의에는 정말 많은 대표들이 참석했습니다. 큰 이견 없이 대부분 만장일치로 뜻이 모이리라, 저는 감히 기대하고 있습니다." 실제로 한 가지 사안에서는 이견이 없었다. 바로 총사령관 선출 문제였다. 존 애덤스는 아내인 애비게일에게 이렇게 적어

보냈다. "워싱턴 대령이 군복을 입고 회의에 참석했소. 군사 문제에 경험도 많고 능력도 뛰어나서 우리에게 큰 도움이 되고 있다오(그러고는 그 특유의 질투심과 야망을 숨기지 않고 덧붙였다. '아, 나도 군인이었으면! 아니, 나도 되면 되지! 지금 병법서를 읽고 있소')." 물론 대표들은 다른 인물도 잠깐 후보로 검토하긴 했다. 하지만 가장 유력한 대안이었던 매사추세츠의 알테마즈 워드는 도덕적으로나 군사적으로나 워싱턴만큼의 위상이 없었다. 역시 군인이고 버지니아에 거주하던—영국 태생만 아니었다면 본인도 후보가 되었을— 찰스 리는 워드를 "한때 교회 신도회장으로 인기 좀 있었던 뚱뚱한 노신사"라고 깎아내렸다. 결국 6월 중순, 만장일치 표결에 따라 총사령관직은 워싱턴에게 맡겨졌다. 워싱턴은 그답게 자신이 그 임무에 부족한 사람이라고 먼저 밝힌 뒤, 이어 말했다. "그러나 그것이 회의의 뜻이라면 이 중대한 책무를 받아들이겠습니다. 제가 가진 모든 힘을 다해 의회에 봉사하고 우리의 영광스러운 대의를 받들겠습니다."

프랭클린 역시 워싱턴에게 한 표를 던졌다. 다른 상황이었다면, 그의 펜실베이니아 동료들은 오랜 수고를 마치고 돌아온 그에게 마땅히 은퇴를 허락했을 것이다. 프랭클린 자신도 런던을 떠날 때는 그런 삶을 기대하고 있었다. 하지만 전쟁이 발발하면서, 다른 모든 것들처럼 이 계획도 송두리째 바뀌어버렸다. 5월 5일, 프랭클린이 타고 온 펜실베이니아 패킷호가 마켓스트리트 끝자락의 선착장에 도착했을 때, 대륙회의 대표들은 이미 필라델피아로 속속 모여들고 있었다. 펜실베이니아 민의회는 프랭클린에게 숨돌릴 틈을 하루도 주지 않고 곧장 대륙회의 대표로 선출해버렸다. 런던 내각의 속내를 프랭클린만큼 잘 아는 이가 또 누가 있겠는가? 영국 의회의 향후 움직임을 대륙회의에 가장 잘 알려줄 수 있는 사람이 또 누가 있겠는가?

모든 것이 프랭클린이 생각했던 것과는 달랐다. 그는 긴 항해로 지쳐 있었고, 낯설어진 도시에 다시 적응할 시간도 필요했다. 미국은 그가 예견했던 대로 눈부시게 성장해 있었고, 그 중심에는 필라델피아가 있었다. 도시는 새 건물과 낯선 얼굴로 가득했다. 지난 10년간 데비가 살았던—그러나 그에게는 낯선— 집으로 가기 위해 강에서 마켓스트리트를 따라 두 블록을 지나는 동안, 그는 반세기 전 자신을 처음 맞아준 도시와는 완전히 달라진 모습에 놀라움을 금치 못했을 것이다. 런던에서도 가끔은 늙었다는 생각이 들 때가 있었지만, 이곳 필라델피아에서는 완전히 선사시대 사람이 된 것 같은 기분이었다.

의사당에서 대륙회의가 열렸을 때는 자신이 정말로 옛날 사람이라는 걸 절감했다. 건물은 예전에 그가 민의회 의원으로 수없이 드나들었던 바로 그곳이었지만, 이제 그 자리를 채우고 있는 이들은 전혀 다른 세대의 사람들이었다. 프랭클린은 참석자 중 단연코 최고령이었고, 회의를 주도하던 인사들과 비교해도 스무 살, 많게는 서른 살이나 연상이었다. 조지 워싱턴은 마흔셋이었고, 같은 버지니아 출신인 패트릭 헨리는 서른여덟, 토머스 제퍼슨은 서른둘이었다. 존 애덤스는 서른아홉, 같은 매사추세츠 출신의 존 행콕은 서른여덟이었다.

대륙회의에 모인 젊은 대표들은 그 나이 특유의 조급함을 여과 없이 드러냈다. 그들이 필라델피아에 모여들던 무렵의 분위기를, 제퍼슨은 "모두가 계층을 막론하고 광적인 복수심에 휩싸인 것 같았다"라고 적었다. 대륙회의 앞에 놓인 과업이 얼마나 막중한지 점차 실감하게 되면서 그 광기는 다소 수그러들었지만, 대담한 태도가 여전히 분위기를 지배하고 있었다.

사실상 대표단의 거의 전부가 프랭클린을 명성으로만 알고 있었고, 그중 일부는 이번에 그를 직접 보고 실망감을 감추지 못했다. 그는 번개 같은 수사를 내뿜지도 않았고, 다른 이들이 장황한 연설을 이어갈 때도 조용히 앉아 있을 뿐이었다. 게다가 철학자의 외투를 걸친 프랭클린보다 군복 차림의 워싱턴에게 더 눈길이 쏠리는 건 어쩔 수 없는 일이었다. 거의 전부가 외지 출신이었던 대표들은 저녁이면 선술집에 모여 함께 식사를 하고 시내를 어울려 다녔지만, 프랭클린은 회의가 끝나는 즉시 집으로 돌아가 딸 샐리와 사위 리처드 베이치, 그리고 손주들과 시간을 보냈다(두 살배기 손주 윌리엄 베이치를 두고는 여동생에게 이렇게 자랑했다. "막내 녀석은 내가 본 또래 애들 중 가장 튼실하고 우람해. 꼭 아기 헤라클레스 같다니까").

프랭클린의 조심스러운 태도는 일부 사람들에게 의심을 불러일으켰다. 프랭클린의 옛 인쇄업 경쟁자의 아들이자 현재 《펜실베이니아 저널》의 발행인인 윌리엄 브래드퍼드도 그중 하나였다. 언론 종사자답게 소문이라면 닥치는 대로 챙기고 보던 그는, 당시 대륙회의 대표는 아니었지만 스물네 살에 벌써 버지니아 정계에서 활동 중이던 제임스 매디슨에게 이렇게 불평했다. "회의에 대해 알려줄 게 거의 없어요. 어찌나 꼭꼭 숨기는지 그 사람들이 신문에 내보내기로 한 내용 말고는 정보가 새어 나오질 않아." 하지만 열쇠 구멍에 열심히 귀를 붙이고 있으면 뭐라도 들리는 법이었다. "그래도 '우리끼리니까' 이거 하나는 말해주지. 대표들 사이에서는 프랭클린 박사가 우리 편이 아니라 간첩이라는 의심을 꽤 많이 하고 있답니다. 회의에 참석해서 우리 약점을 알아내고 그걸 장관에게 넘겨서 다시 그쪽과 잘해보려는 속셈이라는 거지." 물론 브래드퍼드도 그 소문이 사실인지는 자신할 수 없었다. 얼핏 듣기엔 말도 안 되는 소리로 들렸다. 그럼에도 이렇게 덧붙였다. "하지만 요즘엔 하도 기상천외한 일들이 많아서 말이야. 설마 그럴 리가 없어 보이기 때문에 오히려 진짜일 거라는 소리까지 나올 판이니까."

이 소문의 발원지는 버지니아 대표 리처드 헨리 리였다. 그는 아서 리의 형이기도 했다. 아서 리가 프랭클린에 대해 품고 있던 자신의 의심을(그리고 질투도) 형에게 털어놓은 것이 분명했다. 아마 형에게 '그 교활한 노친네'를 예의 주시하라고 귀띔도 했을 것이다. 리처드는 다른 버지니아 대표들에게도 프랭클린에 대한 불신을 심어주고 있었던 것 같았다. 적어도 제임스 매디슨은 브래드퍼드가 전한 험담을 순순히 믿을 정도였다. 매디슨은 프랭클린에 대해 이렇게 말했다. "그가 예전 그대로의 프랭클린이었다면, 아니, 그런 척이라도 계속했더라면, 이처럼 중대한 시기에 그가 필라델피아에서 보이는 태도에 대해 의심이나 억측이 끼어들 여지는 없었을 겁니다. 그랬다면 분명 회의에서 성실한 정보 제공자이자 적극적 참여자로서의 역할을 다했겠죠. 행동은 투명했을 것이고, 뜨거운 열정은 숨기려야 숨길 수가 없었을 겁니다(매디슨은 뛰어난 법률가의 두뇌를 가졌지만, 사람을 볼 때는 항상 최악부터 가정하는 경향이 있었다. 이미 프랭클린을 헐뜯기 전에도 그는 조지 워싱턴을 가리켜 "자기들의 명분이나 버지니아인의 이름에 조금도 어울리지 않는 소심하고 나약한 '타이드워터*' 귀족 출신"이라고 험하게 깎아내린 적이 있었다)."

프랭클린도 분명 이런 소문을 들었을 것이다. 하지만 다른 때처럼 침묵으로 답을 대신했고, 대부분 그랬듯 그 침묵으로 충분했다. 한동안 흠잡을 만한 소식이 들리지 않자, 음모론 성향의 매디슨은 물었다. "프랭클린 박사의 처신에 대해 더 나온 이야기는 없습니까?" 브래드퍼드는 실망스러운 답밖에 내놓지 못했다. "박사에 대한 의심은 사그라졌어요. 애초에 무슨 의도로 이곳에 건너왔건 이제는 완전히 편을 정해서 우리의 대의를 지지하고 있는 것 같아요."

존 애덤스는 프랭클린의 태도 문제를 훨씬 긍정적으로 해석했다. 그는 프랭클린이 초기에 소극적으로 보였던 것이, 대륙회의를 존중해서였고 '내가 제일 잘 안다'라는 식으로 보이고 싶지 않아서였다고 설명했다. 하지만 최근 들어서는 "전적으로 미국적인 성향"을 드러내고 있으며, 실제로도 영국에 우호적이기는커녕 오히려 가장 매서운 적이라고 했다. "그분은 우리가 '이건 너무 과격한 거 아닌가'라고 여기는 조치에도 눈 하나 깜짝하지 않고, 도리어 우리가 너무 우유부단하고 소극적이라고 생각하는 눈치입니다."

---

* 대농장이 많은 버지니아 해안 저지대

회의론자들이 조용해진 것은, 영국의 압제에 대한 저항 문제에서 프랭클린보다 더 단호한 이는 없다는 사실을 점차 깨달았기 때문이다. 프랭클린은 지금 벌어지고 있는 이 전쟁이 전혀 반갑지 않았다. "우리 중 가장 젊은 사람이 죽는 날까지도 이 전쟁이 끝나지 않을 수 있습니다. 하지만 영국이 무력을 쓰기 시작한 이상 우리도 힘에는 힘으로 맞설 준비를 하는 것이 꼭 필요하지요. 우리가 하나로 뭉친다면 그 정도는 충분히 해낼 수 있다고 생각합니다."

프랭클린은 자신과 미국이 영국 정부로부터 받은 대우에 여전히 분노하고 있었고, 영국의 배신을 드러내는 증거가 하나둘 쌓일수록 그 분노도 더욱 커졌다. 6월 말에는 벙커힐 전투 소식이 전해졌다. 영국군이 보스턴 외곽의 찰스타운 일부에 불까지 질렀다고 했다. 프랭클린은 조지프 프리스틀리에게 이렇게 써보냈다. "영국은 이제 우리 항구 마을들까지 불태우기 시작했네. 우리가 똑같은 만행으로 되갚을 능력이 없다고 확신하는 거겠지." 또 조너선 시플리에게는 런던의 외교 행태를 성토했다. "유럽 전체를 압박해서 우리에게 무기나 탄약을 팔지 못하게 하고 있네. 우릴 무방비로 만들어서 힘 안 들이고 죽이려는 속셈이지." 심지어 영국의 고위 인사들 가운데는 "자기들이 미국에 팔아넘긴 노예들을 선동해 주인의 목을 따게 만들자는 말까지" 공공연히 하는 자들도 있고, "인디언 야만인들을 고용해 내륙 변두리 정착지의 농장주들을 암살하자"라고 주장하는 자들까지 있었다. "이건 마치 처음부터 친구였던 적도 없고, 세상 끝날 때까지도 결코 친구가 될 수 없는 나라들끼리 벌이는 전쟁이나 다름없네."

영국에서 프랭클린과 가장 가까운 사람이 시플리 주교였다. 그런 그에게 이런 편지를 쓰는 것이 프랭클린 자신에게도 고통스러운 일이었다. 하지만 그는 그럴 만한 이유가 있다고 믿었다. 그것은 혼자만의 생각이 아니라, 동포들 모두가 함께 느끼고 있는 공통의 감정이었다. "보다시피 내가 지금 감정이 꽤 북받쳐 있네. 아무리 다혈질인 사람도 나이가 들면 성질이 죽기 마련인데, 하물며 타고나기를 차분하고 냉정한 내가 이 나이에 이렇게 흥분할 지경이면, 지금 이곳 분위기가 어떨지는 자네도 짐작할 수 있겠지. 거의 광란에 가까운 상태라네."

프랭클린의 분노, 아니 격노라고 해도 과장이 아닐 그 감정은 윌리엄 스트레이핸에게 쓴 편지에서 뚜렷이 드러났다. 영국에서 가장 오래된 친구에게 보내는 이 편지는 놀랍도록 직설적이었다.

스트레이핸 씨에게,
당신은 영국 의회의 의원이며, 내 조국을 파멸로 몰아넣은 다수파의 일원입니다. 당신들은 우리의 도시를 불태우고 우리 국민을 죽이기 시작했습니다. 당신 손을 잘 보시오! 당신 동족의 피로 물들어 있지 않소! 당신과 나는 오랜 친구였지만, 이제 당신은 나의 적이며 나 또한 당신의 적입니다.

프랭클린은 결국 이 편지를 보내지 않았다. 분노가 치밀었지만, 이성을 잃을 정도는 아니었다. 그러나 이 편지를 실제로 써두었다는 사실만으로도 그가 마음속으로는 이미 영국과 결별했음을 보여주는 증거였다. 또한 정치적 결별을 포함한 더 포괄적인 단절이 머지않았음을 암시하고 있었다. 그가 스트레이핸에게 실제 발송한 편지에서는 이렇게 말했다. "말이나 논쟁은 이제 아무 소용이 없네. 모든 것이 '분리'를 향해 치닫고 있으니까." 조지프 프리스틀리에게 보낸 편지에서는 일명 '올리브 가지 청원'을 둘러싼 사정을 이렇게 설명했다. "영국에 한 번 더 기회를 주자는 생각에 정말 어렵게, 어렵게 결정해서 다시 한번 국왕께 머리를 조아리고 청원을 올렸다네. 식민지의 우정을 되찾을 마지막 기회를 드렸건만, 내 생각엔 영국이 그걸 받을 만한 정신머리는 없는 것 같아." 그 청원이 거부될 것을 이미 예감하고 있었던 그는 이렇게 결론지었다. "그래서 내 결론은, 이제 영국은 식민지를 영영 잃었다는 걸세."

프랭클린은 대륙회의가 공식적으로 독립을 선언하기 한 해 전에 이미 그것이 불가피하다는 판단에 도달해 있었다. 그리고 이제 그것을 현실로 만들기 위한 작업에 착수했다. 식민지들이 어떤 식으로든 연합하지 않으면 미국의 독립이 불가능하다는 사실은 아주 바보가 아닌 이상 누구나 알 수 있었다. 프랭클린은 1775년 7월, 바로 그 연합을 위한 계획을 제안했다. 이 '연합규약' 초안은 그가 1754년 올버니 회의에서 제안했던 연합 계획의 정신을 그대로 이어받은 것이었다. 다만 그때는 영국 제국 안에서의 자치 연합에 가까운 구상이었다면, 이번 초안은 독립국가의 예고편이라고 할 수 있었다. 이 연합의 목적은, 전체 식민지의 "외적에 대한 공동 방어, 자유와 재산 보장, 개인과 가족의 안전, 상호 이익과 공동 번영"을 실현하는 데 있었다. 이 체제 아래 구성될 연합회의의 권한은 전쟁 선포, 평화 협상, 동맹 체결, 식민지 간 분쟁 조정, 새로운 식민지 설립, 인디언 부족과의 조약 체결, 우편제도 확립과 공용 화폐 관리 및 규제에 이르기까지 광범위했다. 연합회의의 의석수는 각 식민지의 인구에 비례해 배분되고, 운영권은 '행정평의회'에 위임하자고 했다. 평의회 위원의 임기는 3년으로 하되, 구성원이 일괄적으로 교체되지 않고 일정 인원씩 순차적으로 교체되는 방식*을 제안했다. 또한 연합회의는 연합규약의 개정안을 제안할 권한을 가지며, 그 개정안은 전체 식민지의 과반수가 채택하면 곧 효력이 발생하는 것으로 설계되었다.

프랭클린은 자신의 구상이 대륙회의에 참석한 대표들 다수가 받아들이기에는 상당히 과감한 제안이라는 점을 잘 알고 있었다. 그래서 그들의 우려를 덜어주기 위해 조항 하나를 덧붙였다. 만일 영국이 미국 식민지의

---

* 오늘날에도 지역구 인구 비례 방식은 하원에서, 위원의 순차 교체 방식은 상원에서 채택해 시행하고 있다.

권리와 특권을 회복시키고, 영국군을 완전히 철수시키며, 보스턴의 상업과 찰스타운의 건축물에 입힌 피해 및 "이 부당한 전쟁"으로 인해 식민지가 치른 모든 비용에 대해 보상할 경우, 이 연합은 해산될 수 있다는 내용이었다. 그러나 이런 조항이 소심한 이들의 불안을 과연 얼마나 달래주었을지는 의문이다. 영국은 각종 정책과 성명을 통해 그런 조건을 수용할 의사가 전혀 없다는 점을 이미 분명히 하고 있었기 때문이다. 이를 수용하지 않을 경우, "이 연합은 영속되는 것으로 한다"라는 것이 프랭클린의 대답이었다.

이른바 무효조항을 덧붙였음에도 프랭클린의 연합안은 여전히 너무 앞서나간 것이었다. 스스로도 잘 알고 있었는지 그는 대륙회의 전원 위원회에서 자신의 초안을 낭독하는 데에 만족했고, 표결이나 공식 기록이 요구되는 발의안은 끝내 제출하지 않았다. 그의 목적은, 전쟁 수행과 승리를 위해, 전후의 평화를 위해 미국에 어떤 형태의 연합이 필요할지를 대표들이 생각해보게 하려는 것이었다. 이 점에서는 확실히 성공했다. 이후 시기가 무르익었을 때, 프랭클린의 연합안은 대륙회의와 각 주가 최종적으로 채택하는 연합규약의 출발점이 된다.

프랭클린의 다른 조치들은 즉각적인 성과로 이어졌다. 당시 대륙회의 대표들과 각 식민지의 통신위원회, 심지어 영국 정부까지도 간과할 수 없던 중요한 사실이 하나 있었다. 바로, 영국의 권리 침탈에 대한 식민지의 저항이 이처럼 단단히 결속될 수 있었던 것이 효율적인 우편제도 덕분이었다는 사실이었다. 당연한 일이지만 영국 우편 당국이 반역자들의 편지를 기꺼이 배달해줄 리는 없었고, 실제로 많은 우편물이 이미 검열당하고 있었기에 각 식민지 정부는 대체 우편 체계를 마련하는 중이었다. 이런 상황에서 대륙회의 대표들은 새로운 체계를 조직할 적임자로 영국 체제하에서 그 우편망을 가장 성공적으로 운영해온 인물을 한마음으로 떠올리지 않을 수 없었다. 그리고 1775년 7월 26일, 만장일치로 프랭클린을 미국 식민지 우정청장으로 선출했다.

프랭클린은 미국 우정청의 체계를 갖추는 데 필요한 인력을 충원하는 한편(평소의 연고주의 성향답게 사위 리처드 베이치를 비서 겸 감사관으로 임명했다), 9월에는 또 다른 직책에도 임명되었다. 주목도는 훨씬 낮았지만, 우편 행정에 못지않게 중요한 자리였다. 바로 대륙회의의 '비밀위원회' 위원이었다. 이 위원회는 전쟁 수행에 필요한 무기 조달을 책임지는 핵심기구였다. 프랭클린은 프렌치인디언 전쟁 초기에 브래독 장군의 군대에 보급을 맡은 바 있었고, 이후에는 필라델피아 방어를 위해 여러 차례 민병대를 조직하거나 펜실베이니아 변경 지역에 요새를 구축한 경험도 있었다. 이러한 전력은 새로운 임무를 수행하는 데 귀중한 자산이 되었다. 그러나 이번 일은 사실상 무無에서 군대를 만들어야 한다는 점에서 이전과는 전혀 차원이 다른 과업이었다. 아니, 자기 권리에만 집착하고 무지에 길들여진 잡다한 민병대 무리를 '군대'로 탈바꿈시켜야 한다는 점에서 '사실상 무'보다 상황이 더 나빴다.

프랭클린은 조지 워싱턴 장군의 사령부를 방문했을 때 자신에게 주어진 임무의 막중함을 실감했다. 워싱턴은 그 이름만은 낙관적으로 지어진 '대륙군'의 총사령관으로 임명된 뒤 보스턴으로 향했고, 그곳에서 영국군을 포위 중이던—대부분 매사추세츠 출신의— 민병대를 지휘했다. 병력과 진지를 점검하고 정찰하는 데 몇 주가 걸렸고, 민병대를 제대로 된 군대로 탈바꿈시키는 데는 훨씬 더 오랜 시간이 소요되었다. 이를 위해 군사 전문성과 지도력을 갖추고 병사들을 훈련시킬 수 있는 장교단이 새로 편성되었다. 그런데 정작 병사들이 배우려고 하지 않았다. 자신들이 훈련이나 받을 군번이냐는 식이었고, 대다수는 얼른 복무 기간이 끝나면 떠날 궁리만 하고 있었다. 더구나 지금의 장비로 가을이나 제대로 넘길 수 있을까 싶은 열악한 상황인데, 뉴잉글랜드의 겨울이 코앞으로 들이닥치고 있었다. 워싱턴엔 대륙회의에 지원을 요청하며, 지원이 없으면 군대가 곧 와해될 것이라고 경고했다.

대륙회의는 자신들이 잘하는 일을 했다. 조사위원회를 꾸린 것이다. 프랭클린이 위원장을 맡고, 사우스캐롤라이나의 토머스 린치, 버지니아의 벤저민 해리슨이 위원으로 합류했다. 세 사람은 10월 케임브리지에 있는 워싱턴 사령부로 향했고, 그곳에서 일주일간 워싱턴 및 참모들과 머리를 맞댔다. 군의 당면한 요구를 충족시키되 이 전쟁의 명분인 정치적 자유를 훼손하지 않는 방향의 정책을 모색하기 위해서였다. 가장 시급한 문제는 군기 확립이었다. 위원회는 항명과 그에 따른 선동 행위에 대해 사형에 처할 수 있도록 했다. 장교가 술에 취한 경우에는 불명예제대 조치가 내려졌고, 초병이 경계근무 중 잠들면 최소 20대에서 최대 39대의 태형을 받게 되었다. 무단이탈의 경우에는 장교는 첫 위반 시 1개월분 급여 삭감, 2회차에는 징계 전역 처분을 받고, 사병은 첫 위반 시 일주일간 영창에 갇혀 물과 빵만 지급받고, 두 번째에는 같은 징계에 더해 일주일 치 급여를 삭감하도록 했다.

위원회는 군량 문제도 검토했다. 즉, 대륙회의가 감당할 수 있는 예산과 병사들이 견딜 수 있는 임계치 사이의 절충이 필요했다. 결정된 배급량은 다음과 같았다. 1인 하루 기준으로 쇠고기 또는 소금에 절인 생선 450그램(또는 돼지고기 340그램), 빵 또는 밀가루 450그램, 우유 약 470밀리리터, 스프루스맥주 또는 사과주 약 950밀리리터(또는 100명 미만 중대당 주 1회 럼주 제조용 당밀 약 34리터)를 지급하기로 했고, 1인 일주일 기준으로 쌀 약 200그램 또는 옥수수가루 약 300그램이 정해졌다. 중대 기준으로는 일주일에 연성 비누 10.9킬로그램 또는 고체 비누 3.6킬로그램, 양초 1.4킬로그램이 지급되었고, 그 밖에 채소, 완두콩 및 기타 콩류, 추가 우유 등은 병사들이 일정한 가격에 구입할 수 있도록 했다.

병사들이 사용할 무기의 규격도 정해졌다. 이제 각 식민지는 자체 총기 제작자들을 시켜 총신 44인치(1.1미터), 75구경(19밀리미터)의 사양에 18인치(46센티미터) 길이의 총검 장착이 가능한 화승총을 제작해야 했다. 추가 무기에 대해서도 "최대한 수입할 수 있는 만큼 확보하라"라는 권고가 내려졌다.

병력 규모는 2만 명(아주 정확하게는 2만 372명)으로 늘리기로 했다. 이 숫자는 장교까지 728명으로 구성된 연대*로 편제하고, 각 연대는 다시 8개 중대로 나뉘고, 각 중대는 대위 한 명, 중위 두 명, 소위 한 명, 병장 네 명, 상병 네 명, 북이나 피리 담당 두 명, 이병 일흔여섯 명으로 구성되었다. 대륙회의 내에서 비용 문제를 이유로 병사들의 급여를 줄이자는 주장이 제기되기도 했지만, 워싱턴과 참모들, 프랭클린과 위원회는 이에 대해 "위험한 결과를 초래할 것"이라며 한목소리로 반대했다. 따라서 병사의 월급은 종전대로 40실링으로 유지하기로 결정되었다.

사략선에 대해서도 운용 규정이 마련되고, 전리품 처리 절차도 함께 정해졌다. 대륙회의의 자금으로 무장한 사략선이 선박과 화물을 나포하면, 그 매각은 워싱턴 장군이 관장하고, 수익금은 전쟁 자금으로 사용하기로 했다.

이 외에도 많은 사안이 결정되었지만, 한 가지 중대한 전략적 문제에 대해서는 군과 위원회 모두 대륙회의에 자문하기로 뜻을 모았다. 당시 워싱턴과 참모단은 겨울이 오기 전까지 보스턴 주둔 영국군을 정면으로 공격하는 것은 현실적으로 불가능하다고 판단했고, 그 대신 영국군 병력과 진지에 포격을 가해도 되는지에 대해 대륙회의의 지침을 받고자 했다. 그렇게 하면 영국군을 철수시킬 수는 있겠지만, 그 대가로 도시 전체가 초토화될 수 있었다. 자, 어떻게 해야 할까?

프랭클린을 비롯한 위원들은 이 사안이 "위원회 단독으로 결정하기에는 중대성이 너무 크다"라고 판단해, 그 내용을 보고서에 명시한 뒤 최종 결정을 대륙회의에 넘겼다. 워싱턴은 위원들을 떠나보내며 다시 한번 돈 이

---

* 총 28개 연대

야기를 꺼냈다. "총사령관은 꾸준하고 규칙적인 자금 지원의 중요성을 대륙회의에 꼭 전해달라고 우리 위원회에 요청했다."

프랭클린은 워싱턴이나 사람들에게 군대의 상황이 심각하다는 보고를 여러 차례 들었지만, 직접 병사들을 확인하고 장교들과 이야기를 나눠본 결과, 그 보고가 다소 과장되었다고 느꼈다. 사위 리처드 베이치에게도 이렇게 적어보냈다. "여기 와보니 군대가 아주 탄탄하고 훌륭해. 장교들의 자질만 좀 나아지면 되는데, 그것도 하루가 다르게 개선되고 있더군."

자금 문제에 대해서도 프랭클린은 낙관적이었다. 필요한 경비쯤은 충분히 감당할 수 있다고 본 것이다.

나는 공적 재정은 최대한 절약해서 신중하게 운용해야 한다고 믿지만, 이 전쟁에 대해서는 아무리 오래 끌더라도 그 비용이 겁나거나 걱정되지는 않는다네. 우리 개인들이 조금만 더 아끼고, 조금만 더 부지런히 일하면 거뜬히 감당할 수 있거든. 가령 이 전쟁에 매달 10만 파운드(약 2억 원), 연간 120만 파운드가 든다고 해보세. 50만 가구가 일주일에 1실링(약 100원)만 덜 쓰거나 더 벌면, 또는 6펜스를 절약하고 6펜스를 더 벌기만 해도, 누구 하나 큰 부담 없이 전체 비용을 감당할 수 있게 되지. 차만 안 마셔도 이 중 4분의 3은 아낄 수 있고, 나머지는 각 가구의 여성들이 실잣기나 뜨개질을 매주 3펜스어치만 해줘도 충당된다네 (자, 이제 남자들까지 절약하고 부지런해진다면 얼마나 더 엄청난 결과가 나오겠는가?).

물론 내가 가장 간절히 바라는 것은 평화라네. 이 전쟁은 그야말로 비정상적이고 나쁜 것이니까. 하지만 우리가 고개를 숙이면, 돌아오는 건 노예 취급과 경멸뿐일세.

다른 편지에서는 비용 문제를 영국의 입장에서 따져보았다. 마찬가지 결론이 나왔다. 프랭클린과 조지프 프리스틀리에게는 리처드 프라이스라는 친구가 있었는데, 수학을 포함한 여러 분야에 조예가 깊은 인물이었다. 프랭클린은 프리스틀리에게 부탁해 프라이스에게 전할 메시지를 남겼다. "우리 소중한 친구 프라이스 박사에게 전해주시게. 그 친구는 가끔 우리의 결의가 약하다고 걱정하거나 낙담하곤 하지만, 지금 미국은 극소수의 토리당원이나 정부 쪽 관료들을 제외하곤 모두 하나로 똘똘 뭉쳐 있다네. 그런 자들이야 곧 알아서 이 나라를 떠나겠지." 그런 뒤 아주 간단한 계산 하나를 덧붙였다. "영국은 이번 원정에서 300만 파운드(약 50억 원) 들여 양키* 150명을 죽였으니, 한 명당 2만 파운드가 든 셈이야. 벙커힐 전투에서는 겨우 땅 1마일을 차지했다가, 우리가 플라우드힐에 진을 치면서 그 절반은 도로 빼앗겼고 말일세. 그사이 미국에선 아이가 6만 명이나 태어났다네. 그렇다면 영국이 우리를 다 죽이고 땅도 전부 빼앗으려면 시간과 돈을 얼마나 쏟아부어야 할까? 프라이스 박사의 수학적 두뇌라면 이 정도 숫자만 봐도 금방 계산이 나오겠지."

워싱턴 장군이 보스턴을 포위하고 있는 동안(도시에 대한 포격 허가는 보류되었다), 또 다른 대륙군 부대가 캐나다를 향해 북진했다. 과거 프랑스도 잘 알고 있었듯, 캐나다는 영국이 미국 내륙으로 치고 들어갈 수 있는 훌륭한 공격 거점이었다. 자칫하면 뉴잉글랜드가 뉴욕 및 허드슨강을 경계로 남부 식민지와 단절될 위험도 있었다. 미국의 캐나다 침공은 그 거점, 즉 퀘벡 식민지를 영국의 손에서 빼앗으려는 시도였다. 더 나아가, 캐나다 주민들을 설득해 같이 영국에 맞서 싸우게 할 수 있다면 그야말로 금상첨화였다.

이번 침공은 양방향에서 전개되었다. 우선 필립 스카일러는 포트타이

콘데로가에서 출발해 샘플레인호를 따라 포트세인트존까지 북상했다. 그러나 병에 걸리면서 더는 지휘가 어려워지자, 지휘권을 리처드 몽고메리에게 넘겼고, 이후 몽고메리는 몬트리올을 함락시킨 뒤 세인트로렌스강을 따라 퀘벡을 향해 진군했다. 한편 베네딕트 아널드는 메인 숲을 가로지르는 극한의 행군을 이끌었다. 그의 부대는 혹한과 굶주림, 질병, 탈진, 사기 저하로 병력의 절반 가까이를 잃은 끝에 퀘벡 성벽 아래에서 몽고메리의 부대와 합류할 수 있었다. 1775년의 마지막 날 새벽, 두 부대는 과거 이곳을 점령했던 영국 장군 울프의 위업을 재현해보려 했지만, 공격은 처참한 실패로 끝났다. 몽고메리는—적어도 이 점에서는 울프 장군처럼— 전투 중 전사했고, 중상을 입은 베네딕트 아널드는 영국군의 방어선 앞에서 무력하게 흩어지는 대륙군 병사들의 모습을 지켜볼 수밖에 없었다. 죽거나 붙잡히지 않은 병사들은 사나운 눈보라를 뚫고 퀘벡 수비대의 사정거리 밖으로 벗어나는 것만으로도 벅차 보였다. 영국군은 성벽 뒤에 편안히 틀어박힌 채 적군이 얼어 죽든 말든 그대로 내버려두었다. 양쪽 모두 봄의 해빙을 기다리는 수밖에 없었다. 그때가 되면 영국은 분명 강을 따라 증원군을 보낼 것이고, 미국도 육로로 병력을 보낼 가능성이 있었다.

대륙회의로서는 캐나다에 증원군을 보내야 할지 확인이 필요했다. 자원은 넉넉지 않은데 달라는 곳은 많으니 당연했다. 1776년 3월, 현지 조사를 위해 캐나다에 파견할 위원단이 구성되었다. 위원으로는 프랭클린, 메릴랜드 출신의 새뮤얼 체이스, 찰스 캐럴이 임명되었다. 찰스 캐럴은 대륙회의 대표는 아니지만 프랑스에서 교육받은 가톨릭 저명인사였다. 또한 이번 위원단에는 찰스의 사촌으로 그보다 더 유명한 가톨릭 인사이자 사제인 존 캐럴도 설득 끝에 동행하게 되었다. 대륙회의는 프랑스계 가톨릭신자가 다수인 캐나다인들에게 이 두 명의 캐럴이 어느 정도 영향력을 발휘할 수 있을 것이라 기대했다.

위원단이 막 출발하자마자, 영국 정부는 곧바로 그 소식을 입수했다.

그 정보를 알린 인물은 다름 아닌 윌리엄 프랭클린이었다. 그는 당시 미국 문제를 총괄하며 전쟁을 지휘하고 있던 신임 식민지 담당 장관 저메인 경에게 아버지의 행선과 일행, 그리고 목적까지 모두 보고했다. 3월 28일 윌리엄 프랭클린 총독은 다음과 같이 적었다. "두 명의 대표—프랭클린 박사와 체이스 씨—가 오늘 아침 우드브리지를 통과했다는 소식을 방금 들었습니다. 동행인으로는 메릴랜드에서 상당한 재산을 가진 로마가톨릭 신사 캐럴 씨와 가톨릭 사제 한두 명이 더 있다고 합니다. 이들의 주된 목적은 캐나다인들을 설득해 식민지 연합에 참여시키고 대륙회의에 대표를 보내도록 하는 것이라고 전해집니다." 윌리엄은 다소 유쾌한 소식도 한 가지 덧붙였다. "대륙군 병력의 상당수가 호수를 건너지 못하고 올버니로 되돌아갔다는 소식도 있습니다. 얼음이 깨져서 병사 몇 명과 수레 등이 물에 빠지고 사망자도 발생했다는군요."

프랭클린 역시 얼음 문제에 봉착했다. 더구나 일흔 살 노인이라 더욱 사무치게 체감할 수밖에 없는 다른 고충들도 있었다. 허드슨강에서 레이크조지를 지나 샘플레인호에 이르는 여정 하나만으로도 그에게는 이미 벅찬 일이었다. 프랭클린은 새러토가에 머물며 얼음이 녹기를 기다리던 중, 조사이아 퀸시에게 편지를 썼다. "내 나이에 가당치도 않은 일을 무리하게 떠맡은 건 아닌지 슬슬 걱정이 된다네. 그래서 혹시 모를 작별 인사를 전할 겸, 친구들에게 편지를 쓰고 있다네."

그러나 아직 작별할 때는 아니었다. 오히려 프랭클린이 일행들보다 더 잘 버틴 순간들도 있었다. 가령, 세인트존스에 도착해 전투로 폐허가 된 집 바닥에서 이틀 밤을 보내게 되었을 때가 그랬다. 찰스 캐럴이 허리가 쑤신다고 투덜대는 동안, 프랭클린은 기나긴 인생에서 겪은 옛이야기들을 들려주며 일행을 즐겁게 했다.

몬트리올에 도착한 위원단은 베네딕트 아널드 장군을 만났다. 그는 여전히 다리를 절뚝거리며 멀리서 퀘벡 공성을 지휘하고 있었다. 성격이 변덕스럽기로 유명한 인물이었지만, 이곳에서 긴 겨울을 보내는 동안 캐나다에 대한 태도만큼은 되돌릴 수 없을 만큼 완전히 식어버리고 말았다. 위원단은 아널드를 비롯한 여러 사람을 통해 세인트로렌스강 연안에 배치된 대륙군의 암울한 전망을 전해 들었다. 일부는 군사적 문제로, 머나먼 본국으로부터 원정을 지원받기 어려운 현실에서 비롯되는 것이었다. 그러나 더 큰 문제는 정치적 문제였다. 앞서 말한 군사적 어려움 탓에 대륙군은 '자급자족'으로 생활할 수밖에 없었는데, 이는 곧 현지인들에게 기생하고 있다는 뜻이었다. 대륙군 장교들은 필요한 물자가 생기면 현지인들에게 그냥 빼앗거나, 때로는 나중에 값을 치르겠다고 약속했다. 그러나 본국에서 지원금이 도착하지 않아 약속을 지키지 못하게 되면서, 결국에는 강탈이나 다름없는 상황이 되고 있었다. 5월 1일, 위원단은 대륙군 지원금을 "속히 보내달라"라고 대륙회의에 요청했다. 우선 2만 파운드면 숨통은 트일 것으로 보였다. "그렇지 않으면 이 지역에서 전쟁을 지속하는 것은 불가능할 것이며, 이곳 주민들이 '대륙회의는 파산했고 저들의 대의는 실패할 것이다'라고 여기기 시작하면, 그들의 지지도 더는 기대할 수 없을 것입니다." 위원단은 캐나다가 식민지 연합에 참여하도록 협의하라는 지시도 함께 받았지만, 프랭클린은 지금과 같은 상황에서 그런 제안을 꺼내는 것은 상책이 아니라고 판단했다. "자금이 도착하기 전에는, 캐나다에 나머지 식민지와의 연합을 제안하는 것은 부적절해 보입니다. 우리의 신용이 회복되고 이곳을 확실히 장악할 만큼 병력이 충분히 충원되기 전까지는, 그나마 있는 소수의 우군조차도 그 제안을 감히 추진할 엄두를 내지 못할 겁니다."

추가로 이어진 일주일간의 논의는 이러한 판단에 더욱 힘을 실어주었다. 대륙군의 채권자들은 위원단이 자금을 가져올 것이라고 잘못 믿고 있었던 듯했고, 그 기대가 어긋나자 깊은 실망감을 드러냈다. 이제 캐나다인의 눈에 대륙회의는 경멸의 대상이었다. 더구나 영국 군함이 대륙군의 포위를 해제하러 퀘벡으로 오고 있는 상황에서 미국 편에 선다는 것은 그야말로 어리석은 일이었다. 프랭클린은 위원단을 대표해 이렇게 적었다. "영국 군이 도착했다는 소식이 들리자마자 우리를 몰아내기 위해, 이곳 사람들이 음모를 꾸미고 폭동을 일으키려 한다는 조짐이 날마다 포착되고 있습니다. 위원단 역시 대단히 곤란하고 불쾌한 처지에 놓여 있습니다. 크고 작은 요구가 끊임없이 쏟아지지만, 어느 하나에도 제대로 응할 수 없습니다. 게다가 이곳 주민 대다수는 우리의 대의에 적대적이고, 보유 병력은 턱없이 부족한 상황입니다. 그렇다고 병력을 보충한들 자금이 뒷받침되지 않으면, 상황은 오히려 악화될 것입니다." 내릴 수 있는 결론은 단 하나였다. "우리 군이 이곳 주민들에게 미움을 사지 않고, 존중받으며 명예롭게 주둔할 수 있을 만큼의 자금을 확보할 수 없다면, 다시 한번 만장일치의 견해로 단언하건대, 즉시 철수하는 것이 최선입니다."

프랭클린도 모르는 사이에, 대륙군은 이미 그의 조언을 실행에 옮기고 있었다. 5월 초 퀘벡에 새로 부임한 지휘관 존 토머스는 지지부진하던 공성전을 포기하기로 결정했다. 그런데 실행이 지연되는 사이, 이제나저제나 하던 영국군 증원 병력이 마침내 도착하고 말았다. 대륙군의 질서 정연한 철수 계획은 갑자기 수치스러운 패주로 이어졌다. 존 토머스는 천연두로 목숨을 잃었고 그의 후임은 반격을 시도했으나 실패했다. 결국 7월 중순, 대륙군은 처음 출병했던 타이콘데로가까지 쫓겨오고 말았다.

북쪽에서 전해진 나쁜 소식들 사이로 필라델피아에서 좋은(?) 소식이 들려왔다. 적어도 중대한 소식인 것만은 분명했다. 식민지 여론과 대륙회의 기류는 몇 달 새 독립이 불가피하다는 쪽으로 기울고 있었다. 이는 프랭클린이 이미 지난여름에 내린 결론이기도 했다. 어느 정도는 전쟁이라는 냉혹한 논리가 작용한 결과였다. 싸움이 길어질수록, 영국과 화해하려는 마음도 사그라들었기 때문이다. 그러나 '불가피'한 일조차도 해명은 필요했고, 많은 경우 정당화까지 요구되었다. 이 일을 누구보다 설득력 있게 해낸 인물이 바로 토머스 페인이었다.

　프랭클린은 페인을 알고 있었다. 사실 페인이 필라델피아에 오게 된 데에는 프랭클린의 공이 컸다. 페인을 처음 만난 것은 런던에서 왕립학회 동료의 소개를 통해서였다. 당시 그는 코르셋 제작, 학교 교사, 상점 운영, 세금 징수 등 여러 직업에서 연달아 실패한 이력이 전부였지만, 여러 분야에 걸쳐 실용적인 지식을 독학하는 탐구자였고, 영국의 권위에 대해 노골적인 불경심을 품고 있었다. 한마디로, 프랭클린이 격려해주고 싶어 할 만한 젊은이였다. 그리고 그 마음은 행동으로 옮겨져, 1774년 페인이 미국으로 이주하고 싶다는 뜻을 밝히자 프랭클린은 사위인 리처드 베이치 앞으로 소개장을 써주었다. 소개장에는 페인이 "재능 있고 성실한 젊은이"라며 다음과 같은 부탁이 덧붙여 있었다. "이 친구가 사무원이나 학교 보조교사, 측량 보조원 같은 일자리라도 얻을 수 있도록 도와줬으면 하네. 그 정도 일은 거뜬히 해낼 수 있는 청년이야. 일단 생계를 꾸려나갈 수만 있으면 차차 사람들도 사귀고 미국에도 익숙해질 수 있을 걸세. 자네가 좋은 일 한다 생각하고 도와준다면 사랑하는 장인으로서도 참 고맙겠네."

　프랭클린의 소개장은 말 그대로 페인의 생명을 구했다. 그는 미국으로 건너오는 동안 심하게 앓았고, 배가 필라델피아에 도착했을 때는 목숨이 왔다 갔다 하는 상황이었다. 페인은 그 상황을 프랭클린에게 편지로 전했다. "배가 도착하자마자 이곳의 커즐리 박사가 진료차 승선하셨습니다. 제가 선생님의 추천으로 왔다는 사실을 알고는 숙소를 마련해주시고, 마차에 하인 두 사람을 딸려 보내 저를 육지까지 데려가게 하셨어요. 제 상태가 누운 자리에서 혼자 몸을 돌릴 수도 없는 지경이었거든요." 페인은 서서히 회복했고, 그러는 동안에도 프랭클린의 후원 덕에 더 많은 기회를 얻을 수 있었다. "선생님께서 저를 후원해주신 덕분에 많은 이들과 친구가 되었고 제 이름도 꽤 알려지게 되었습니다." 자기 아들의 가정교사를 맡아달라는 신사들도 있었고, 인쇄업자인 로버트 에이킨은 창간 예정인 잡지에 함께 참여해달라고 요청했다.

특히 에이킨과의 인연은 페인 개인에게, 더 나아가 미국 전체에도 중대한 의미를 갖게 되었다. 이제 막 정치 논객으로서의 자질을 발견한 이 신예 저널리스트에게, 에이킨의 잡지는 자신의 재능을 갈고닦을 수 있는 무대가 되어주었다. 이듬해부터 《펜실베이니아 매거진》에는 노예제를 비판하거나 여러 중차대한 대의를 지지하는 페인의 글들이 실리기 시작했다.

그중에서도 가장 중차대하고 절박한 대의는 바로 미국의 독립이었다. 그 대의에 고무된 페인은 1775년 말 어쩌면 미국 역사상 가장 큰 반향을 불러일으킨 정치 논설문을 집필하기 시작했고, 1776년 1월 마침내 『상식』을 출간했다. 이 소책자는 47쪽 분량에 2실링이라는 가격에도 불구하고 단숨에 10만 부 이상이 팔려나갔다. "나는 그저 단순한 사실과 명료한 논리, 그리고 상식을 말할 뿐이다." 페인은 이렇게 선언하며 다음과 같은 주장을 펼쳤다. 미국이 영국에 계속 결속되어 있는 것은, 성인이 되어서도 영영 어린아이로 살겠다는 것만큼이나 이치에 맞지 않는다. 대륙이 영원토록 섬나라의 지배를 받는 것은 불가능하다. 영국에 대한 애착은 필연적으로 미국을 유럽의 전쟁에 끌어들일 것이다. 무엇보다 중요한 것은 이것이었다. "우리만의 정부를 갖는 것은 너무나 당연한 권리다."

프랭클린에 따르면, 『상식』은 대륙회의에 "엄청난 반향"을 불러일으켰다. 그 결과 논의의 판세는 확실히 독립 쪽으로 기울었다. 화해를 위해 더 노력해보자고 주장하던 이들도 하나둘 생각을 바꾸었고, 각 식민지 의회도 대륙회의 대표들에게 '공식적인 분리'를 검토하라고 지시하기 시작했다. 1776년 6월 7일, 리처드 헨리 리는 다음과 같은 결의안을 제출했다. "우리 연합 식민지는 자유로운 독립국가이며, 마땅히 그래야 한다. 우리는 영국 국왕에 대한 모든 충성 의무에서 해제되었으며, 영국과의 모든 정치적 관계는 전면적으로, 그리고 마땅히 단절되어야 한다." 이 결의안은 여전히 남아 있던 일부 반대의견에 부딪혔고, 최종 표결은 7월 7일로 연기되었다. 한편,

회의는 혹시 독립을 결정하게 될 경우를 대비해, 그 결정을 뒷받침할 선언문을 미리 작성하기 위해 위원회를 구성했다. 위원으로는 존 애덤스, 토머스 제퍼슨, 코네티컷의 로저 셔먼, 뉴욕의 로버트 리빙스턴, 그리고 프랭클린이 지명되었다.

프랭클린은 초안 작업에는 거의 관여하지 않았다. 위원회는 그 작업을 제퍼슨에게 맡겼는데, 이유는 여러 가지였다. 우선 제퍼슨은 적절한 비유와 절묘한 표현에 능하기로 정평이 나 있었고("자네가 나보다 글을 열 배는 더 잘 쓰지 않나." 존 애덤스가 제퍼슨에게 한 말이다), 버지니아 출신이라 뉴잉글랜드가 촉발한 갈등에 지리적 균형을 더할 수 있었으며, 또 한편으로는 위원들 누구도 그 문서가 얼마나 중대한 의미를 지니게 될지 미처 깨닫지 못했기 때문이었다. 그리고 무엇보다, 프랭클린도 그 일을 진심으로 다른 사람에게 맡기고 싶었다. 그 이유는 머지않아 제퍼슨에게 설명할 테지만, 지금 당장은 그의 몸 상태만으로도 충분한 핑계가 되었다. 6월 4일 필라델피아에서 대표들과 여러 차례 회의를 마친 뒤 그곳을 떠난 워싱턴에게, 프랭클린은 다음과 같이 적어보냈다. 6월 21일의 편지 내용이다. "심한 통풍 발작에서 이제 막 회복 중이라오. 그래서 장군이 떠난 뒤로는 대륙회의에도 못 나가고 사람들도 거의 못 만나고 지냈지요." 프랭클린은 통풍과 피로 외에도 온갖 발진과 종기, 그로 인한 피부질환에 시달렸는데, 이는 캐나다 여정이 워낙 고된 데다, 집에서처럼 위생과 청결을 유지하기 어려웠던 탓도 있었다. 그 밖에도 여행자라면 으레 겪는 두 가지 골칫거리—빈대와 이—를 피해보려고 침구를 직접 챙겨 다니기도 했는데, 그 덕을 봤는지는 확실치 않다. 어쨌든 6월은, 프랭클린에게 고통스럽기 짝이 없는 한 달이었다.

그래서 제퍼슨은 젊은 독일계 석공인 그라프의 집 2층 응접실에 틀어박혀, 무릎에 휴대용 책상을 받치고 독립선언문 초안 작업에 들어갔다. 초안이 어느 정도 마음에 들자, 그는 그것을 근처에 있는 프랭클린의 집으로 보냈다. 동봉한 쪽지에는 이렇게 적혀 있었다. "프랭클린 박사께서 부디 이 초안을 검토하시고, 보다 넓은 시각에서 보아 수정이 필요하다고 생각되는 부분에 대해 조언을 주실 수 있을는지요?"

오랜 세월 작가이자 편집자로 살아온 프랭클린은 훌륭한 문장을 보면 단박에 알아볼 수 있었다. 그래서 제퍼슨의 초안도 가볍게 손보는 데 그쳤다. 예컨대, 영국이 미국인들에게 가하려던 조치에 대해 '우리를 독단적 권력에 굴복시키려 한다'라는 표현은 '우리를 절대적 독재주의에 굴복시키려 한다'로 보강했고, 조지 3세가 식민지 판사들을 통제하는 수단으로 삼으려 했던 '판사들의 급여 액수'라는 표현은 '판사들의 급여 액수와 지급 방식'으로 보다 구체화했다. '우리의 헌장을 폐기하고, 우리 정부의 형태를 근본적으로 바꾸는'이라는 표현은 '우리의 헌장을 폐기하고, 우리의 가장 소중한 법률을 무효화하고, 우리 정부의 형태를 근본적으로 바꾸는'으로 정교화하고, '거듭 해악을 가하는 방식으로 응답했다'라는 표현은 '거듭 해악을 가하는 방식으로만 응답했다'라고 세밀하게 다듬어졌고, '우리를 침략해 피바다에 빠뜨리려 한다'는 표현은 '우리를 침략해 말살하려 한다'로 다소 완화했다.

대륙회의는 훨씬 더 가차 없었다. 조항이며 문장이 줄줄이 삭제되었고, 제퍼슨은 그저 망연자실할 수밖에 없었다. 그때 프랭클린이 그를 위로했다. 이때 건넨 이야기는 훗날 그의 가장 유명한 일화 중 하나가 되었다. 제퍼슨은 이렇게 회고했다. "프랭클린 박사가 내 옆에 앉아 있었는데, 내가 그 많은 난도질을 당하고 인사불성이 된 걸 알아채셨다."

"나한테는 원칙이 하나 있네. 공공기관이나 단체에 심사받아야 할 문서의 초안 작성은 피할 수 있으면 무조건 피한다는 걸세. 예전에 한 사건에서 얻은 교훈인데 한번 들어보게나. 내가 인쇄공이었을 때의 일일세. 모자 제조 수습생이었던 친구 하나가 마침내 수련을 마치고 자기 가게를 열게 되었지. 그래서 제일 먼저, 멋진 간판을 만들어야겠다고 생각하고 간판에 써넣을 그럴싸한 문구를 만들어봤네. '존 톰프슨, 모자 전문가, 현금거래로 모자를 제작 및 판매합니다.' 그리고 옆에는 모자 그림도 하나 그려 넣었지. 그런 다음 이걸 친구들에게 보여주고 고칠 게 없는지 물어보기로 했네. 첫 번째로 보여준 친구는 '모자 전문가'라는 말이 불필요하다고 했어. 어차피 바로 뒤에 '모자를 제작한다'는 말이 나오니 전문가인 건 당연하다는 거였지. 그래서 그 부분은 삭제되었네. 두 번째 친구는 '제작한다'는 말은 빼버리는 게 좋겠다고 했지. 어차피 손님들은 누가 만들었는지에는 관심도 없고 자기들 마음에 들면 그냥 산다는 거야. 그래서 그 부분도 삭제했네. 세 번째 친구는 '현금거래'라는 말이 쓸데없다고 지적했어. 그곳엔 외상거래 자체가 없으니까 사람들은 물건을 사면서 당연히 돈을 내는 걸로 생각한다는 거야. 결국 그 부분도 빠졌네. 이제 간판에는 '존 톰프슨, 모자를 팝니다'라는 문구만 남았지. 그런데 또 다른 친구가 보더니 말했네. '모자를 팝니다? 왜? 공짜로 준다고 오해하는 사람이라도 있을까 봐? 이 말을 굳이 써야 할까?' 결국 그 말도 삭제되었고, 마침 모자 그림이 그려져 있으니 '모자'라는 말도 빼자는 말이 나왔네. 결국 간판에는 '존 톰프슨'이라는 이름과 모자 그림 하나만 달랑 남았네."

이보다는 훨씬 짤막한 또 하나의 발언도 프랭클린의 말로 전해지지만, 실제로 그의 입에서 나왔는지는 확실하지 않다(오랜 시간이 지난 뒤에야 기록상에 등장하기 때문이다). 그럼에도 그의 심정을 정확히 대변하는 표현인 것만은 분명하다. 대륙회의 의장이었던 존 행콕이 독립선언문에 대한 표결을 만장일치로 통과시키자고 주장했을 때였다. "절대 따로 흩어져선 안 됩니다. 우리 모두 함께 매달려야 합니다." 그러자 프랭클린이 이렇게 대꾸했다고 전해진다. "맞습니다. 정말로 함께 매달려야지요. 안 그러면 십중팔구 따로따로 목이 매달리게 될 테니까요."

프랭클린은 독립선언서에 서명을 마치기가 무섭게 펜실베이니아의 새 헌법제정에 나섰다. 그가 영국으로 떠날 때 품었던 목표는 펜실베이니아의 영주 통치를 끝내는 일이었다. 그런데 그것이 미국 전역에서 영국의 통치를 종식시키는 방식으로 비로소 실현되리라고는 프랭클린 자신도 전혀 상상하지 못했을 것이다. 1757년에 그는 조지 왕을 펜 가문에 맞서 백성을 보호해줄 수호자로 여겼다. 하지만 1776년이 되자 백성은 스스로를 지켜야 했다. 펜 가문보다 더 지독한 조지 왕으로부터.

프랭클린은 런던에서 돌아온 직후, 펜실베이니아 민의회로부터 공공안전위원회 위원장으로 선출되었다. 몇 달간 위원회 업무에 정성을 다해 임했으나, 매사추세츠 대리인 임무와 대륙회의 관련 활동까지 겹치면서 위원회에 충분한 시간을 내기 어려워졌고, 결국 1776년 2월에 사임했다.

그런데도 필라델피아의 지지자들은 1776년 여름 펜실베이니아의 새 헌법제정을 위해 소집된 회의에 그를 대표로 선출한다. 독립선언으로 식민지와 영국이 완전히 절연되고 자연히 기존의 식민지 헌장도 무효화 된 것으로 간주되면서, 각 '독립국'은 새로운 헌장을 마련하기 위해 저마다 민첩하게 움직이고 있었다. 펜실베이니아도 7월 15일에 헌법제정회의를 열고, 다음 날 만장일치로 프랭클린을 의장으로 선출했다.

그 후 두 달 동안 프랭클린은 대륙회의와 헌법제정회의를 오가며 시간을 보냈다. 다행히 두 회의 모두 같은 건물인 의사당에서 열렸기에 큰 불편은 없었다. 의장이었던 그는 직접 논의에 참여하기보다는 회의를 주재하는 역할에 집중했고, 본격적인 초안 작성 같은 실무는 다른 이들에게 맡겼다. 그러나 한 가지 사안만큼은 직접 나서서 적극적으로 지지했는데, 바로 이번 회의에서 제안된 가장 특징적 조항이라 할 수 있는 '단원제 의회'였다. 그는 양원제를 두고 두 팀의 말이 하나의 마차를 끄는 격이라고 했다. 보수적인 이들은 바로 이 점에서 양원제를 일종의 안전장치로 여겼다. 두 팀이 서로 견제할 테니 국민이 정부를 멋대로 끌고 갈 수 없을 거라는 해석이었다. 프랭클린도 같은 방식으로 '다르게' 봤다. 두 팀이 서로 발목을 잡아, 정작 필요한 일조차 못 하게 될 거라고 본 것이다. 과거 펜 가문이 주민을 대변하려던 민의회를 번번히 가로막았던 것처럼 말이다. 단원제를 지지한 프랭클린의 선택에는, 민중 스스로 자치를 이끌 수 있다는 확고한 믿음이 담겨 있었다.

이후 합중국 전체를 위한 새로운 연합규약을 마련하는 과정에서 대륙회의에 또다시 논쟁이 일었을 때, 프랭클린은 바로 그 신념에 바탕한 중요한 개념을 제시했다. 핵심 쟁점은 대표권 배분 방식이었다. 각 '독립국'에 똑같이 할당할 것인가, 아니면 인구(또는 그에 상응하는 부의 규모)에 비례해 배분할 것인가를 두고 의견이 갈렸다. 프랭클린은 공정성과 실용성, 두 가지 측면에서 인구 비례 방식을 지지했다. 물론 그는 모든 개인이 동등한 정치적 발언권을 가져야 한다고 믿는다는 의미에서의 '민주주의자'는 아니었다. 하지만 서로 다른 '독립국' 간에 나눠야 할 공동의 부담에서 심각한 불균형이 묵인되는 연합은 결코 오래갈 수 없다고 내다보았다. "작은 식민지들도 돈과 병력을 똑같이 내놓는다면, 동등한 표를 가질 자격이 있습니다. 하지만 부담은 덜 지고 표만 똑같이 갖는다면, 그런 불공정한 원칙 위에 세워진 연합은 결코 오래갈 수 없습니다."

프랭클린은 이 논쟁에서 패했고, 훗날 자신이 죽기도 전에 이 예언이 실현되는 모습을 지켜봐야 했다. '1국 1표'라는 원칙 위에 세워진 연합은 끝내 무너지기 때문이다. 이와 관련된 또 다른 쟁점에 대해서도 그는 미래적 관점에서 접근했다. 대표권을 '국가' 단위가 아니라 인구나 재산에 따라 배분할 경우, 노예는 어떻게 산정해야 할까? 사람 '수'로 계산해야 할까? 재산 '가치'로 평가해야 할까? 당시에는 국가 단위 대표제가 채택되면서 이 문제는 유보되었지만, 논의 과정에서 다음과 같은 질문이 제기되었다. 소나 양

같은 가축을 많이 보유한 나라가 그렇지 않은 나라보다 더 강국이라고 여겨지는 것처럼, 노예가 많은 국가도 더 강한 국가라고 볼 수 있는가? 노예제 옹호자들은 노예를 양에 비유하며—겉으로든 마음속으로든— 노예도 국력에 순이익이 되는 일종의 자원으로 간주했다.

프랭클린은 간단명료하게 반박했다. "노예는 국력을 보강하기는커녕 오히려 약화시킵니다. 바로 그 점이 양과 다른 점이지요. 양은 결코 반란을 일으키지 않으니까요."

프랭클린은 헌법제정 작업을 잠시 멈추고, 눈앞에 닥친 전쟁 상황에 대응해야 했다. 18개월 전, 프랭클린이 하우 경과 화해 방안을 모색했을 때만 해도 영국 정부는 전혀 관심을 보이지 않았다. 그런데 1년 가까이 전투가 이어진 지금, 귀족이자 해군 제독인 하우 경이 이제 미국 주둔 영국군 총사령관이 되어 런던의 평화 제안을 들고 미국으로 오고 있었다. 18개월 전과 마찬가지로 이번에도, 프랭클린이 하우의 미국 측 연락 창구가 되었다. 대륙회의가 독립선언서를 승인*하고 2주 뒤, 프랭클린은 과거 교섭 상대였던 하우 경으로부터 편지를 받았다. "친애하는 벗이여"라는 인사로 시작된 편지에는 "식민지와의 항구적인 평화와 통합이 회복되길" 간절히 바라는 그의 뜻이 담겨 있었다. 하우는 그 목적을 실현하기 위한 방안으로, 자신과 또 한 명의 평화 특사—동생인 윌리엄 하우 장군—가 세 가지 권한을 위임받았다고 밝혔다. 첫째, 국왕에게 다시 충성을 맹세하는 모든 미국인에게 사면을 베풀고, 둘째, 평화 의지를 분명히 보이는 식민지에 대해서는 적대행위를 중단하며, 셋째, 질서 회복에 협조하는 이들에게는 포상을 내릴 수 있다는 것이었다.

프랭클린은 하우의 편지를 존 행콕 의장에게 전달하며, 대륙회의에서

---

* 1776년 7월 4일

낭독해줄 것을 요청했다. 낭독이 끝난 후, 대륙회의는 프랭클린에게 회신을 맡기기로 결정했다. 그는 하우가 어떤 목적으로 그 먼 길을 왔든 결국 헛걸음만 한 셈이라는 사실을 똑똑히 알 수밖에 없도록 답장을 썼다. 하우 또한 프랭클린의 분노가 아직 가시지 않았음을 단박에 읽어냈다. "정작 피해 당사자인 식민지 측에 사면을 운운한다는 것 자체가, 귀국의 평소 인식을 고스란히 드러내는 증거입니다. 무지하고 오만한 귀국의 국민들은 오랫동안 우리를 무식하고 비열하고 후안무치한 자들이라 깔보며 뿌듯해하기까지 했지요. 귀국의 제안은 우리를 더욱 분노하게 만드는 것 외에는 아무런 효과도 없을 것입니다." 당시 독립선언문에 줄줄이 열거된 영국의 죄상은 아직 국왕에게 전달되지 않았지만, 프랭클린은 그 대신 요약본을 써보냈다. "영국은 혹독한 겨울에 무방비 상태의 마을을 명분도 이유도 없이 무자비하고 잔혹하게 불태우고, 야만인들을 부추겨 농민들을 학살하게 하고 노예들을 선동해 주인을 살해하게 했습니다. 그것도 모자라 이제는 외국 용병까지 끌어들여 우리의 정착지를 피로 물들이려 하고 있습니다. 그런 정부에 복종한다는 건 고민의 대상조차 될 수 없습니다." 미국인들이 이런 상처를 절대 용서할 수 없는 것처럼, 당연히 영국도 미국의 자기 권리주장을 결코 용납할 리 없었다. "만약 우리가 다시 귀국의 통치를 받게 된다면, 이번 사태를 계기로 귀국은 분명 우리의 정신을 꺾기 위해 가장 혹독한 폭정을 자행할 것이며 모든 수단과 방법을 동원해 우리의 성장과 번영을 막으려 할 것입니다." 물론 프랭클린은 평화를 회복하려면 영국이 어떻게 해야 하는지 말해줄 수도 있었지만, 괜한 시간 낭비일 터였다. "영국이 자부심 과잉에 지혜 미달이라는 사실을 누구보다 잘 알기에, 그 나라가 진정으로 유익한 조치를 절대 취할 리가 없다는 것도 잘 알고 있습니다. 전쟁을 좋아하는 국가로서의 정복욕, 야망에 가득 찬 국가의 지배욕, 상업 국가의 탐욕스러운 독점욕(어느 하나도 전쟁의 정당한 명분이 될 수 없지만), 이 셋이 합쳐져 영국의 눈을 가리고 진정한 국익을 알아보지 못하게 만들 것입니다."

프랭클린은 하우 경을 개인적으로 친구라 여겼기에 이번 편지에서는 한층 사적인 감정을 담았다.

나는 '영국 제국'이라는 고귀하고 아름다운 도자기가 깨지지 않게 하려고, 오랜 세월 동안 진심으로 끊임없이 열과 성을 다해 애써왔습니다. 한 번 깨지고 나면, 조각난 부분, 부분은 전체로서의 일부였을 때 지녔던 힘과 가치를 온전히 보전할 수 없다는 걸 잘 알고 있었기 때문이지요. 게다가 그 조각들을 다시 원래의 형태로 붙이는 일은 감히 희망조차 품기 어려울 만큼 불가능에 가까운 일이니까요. 런던에 있을 때 우리가 훌륭하신 누이분 댁에서 만났던 일을 아마 기억하실 겁니다. 각하가 제게 조만간 화해가 성사될 수도 있다는 희망을 주셨을 때 저는 너무 기뻐서 눈물을 쏟고 말았지요. 그러나 안타깝게도 그 기대는 좌절되었고, 온 힘을 다해 불행을 막아보려 했던 저는 도리어 그 화근으로 몰리고 말았습니다.

프랭클린은 하우를 신사로서 존중한다고 밝히면서, 신사라 해도 자기 행동에 대한 책임을 피할 수는 없지 않겠냐고 일침을 놓았다. 지금 미국을 상대로 벌이는 이 전쟁은 현명하지도 정당하지도 않았다.

저는 확신합니다. 우리의 냉정하고 이성적인 후세는 이 전쟁을 부추긴 자들을 불명예의 낙인으로 단죄할 것입니다. 그리고 이 전쟁에 자발적, 적극적으로 참여한 이들 또한, 설령 승리를 거둔다 해도 그 불명예에서 완전히 벗어날 수는 없을 것입니다. 각하께서 직접 화해의 다리가 되고자 이곳에 오셨다는 것을 잘 알고 있습니다. 하지만 각하에게 허락된 조건으로는 **그것이** 절대 불가능하다는 사실을 깨닫게 되신다면, 이토록 혐오스러운 지휘권을 내려놓고 오히려 더 명예로운 사인私人의 자리로 돌아가실 것이라 믿습니다.

하우는 프랭클린의 편지에 담긴 격한 어조에 충격을 받은 듯했다. 프랭클린의 전령사 임무를 맡은 워싱턴 사령부 소속 장교는 이렇게 기록했다. "그의 얼굴을 지켜보았는데, 놀라는 표정을 여러 차례 지었다. 편지를 다 읽은 뒤에는 '내 오랜 친구가 아주 격정적으로 마음을 드러냈다'고 말했다." 사절은 하우에게 답신을 할 것인지 물었다. "그는 '박사가 너무 격앙된 듯해서, 자신까지 속마음을 다 털어놓으면 박사에게 상처만 줄 것 같으니 그러고 싶지 않다'고 말하며 답신을 거절했다."

결국 하우는 프랭클린에게 답신을 한다. 처음에는 직접 편지를 보내고 그다음에는 최근 포로로 잡힌 미국 장교 존 설리번을 통해 자신의 입장을 전하게 된다. 당시 전쟁의 주무대는 1775년 말 뉴잉글랜드에서 이제 뉴욕으로 옮겨와 있었다. 영국군은 1776년 3월 보스턴에서 철수했고 윌리엄 하우 장군은 전체 병력과 1000여 명의 왕당파 주민들을 이끌고 핼리팩스로 퇴각했다가, 석 달 뒤 다시 병력을 이끌고 허드슨강 하구의 스태튼아일랜드에 상륙했다. 공교롭게도 그날은 대륙회의에 독립선언문 초안이 제출된 날이었다. 그리고 얼마 뒤 하우 제독이 대규모 함대와 증원군을 이끌고 도착했다.

워싱턴은 영국군이 전선을 옮길 것을 예상하고 군대를 이끌고 남진했다. 그러나 수적으로 완전히 열세였다. 윌리엄 하우 장군이 2만 명의 병력을 동쪽의 롱아일랜드로 이동시키면서 대륙군은 측면을 뚫리고 말았다. 치열한 전투 끝에 영국군은 큰 승리를 거두었고, 워싱턴 군은 야음을 틈타 민첩하게 이스트강을 건너 맨해튼으로 철수했기에 가까스로 전멸을 피할 수 있었다.

하우 제독은 롱아일랜드 전투 이후의 정세를 협상의 호기로 판단하고 대륙군 최고위 포로였던 설리번 장군을 조건부 석방해 필라델피아로 보냈다. 전쟁이 더 확대되기 전에 반드시 끝내고 싶다는 자신의 진정한 뜻을 대류회의에 전하기 위해서였다. 참패를 당한 이상 대륙회의도 그 제안을 마냥 무시할 수는 없었지만, 그렇다고 숙이고 들어가는 모양새는 보이고 싶지 않았다. 그들은 짧은 논의 끝에 프랭클린, 존 애덤스, 사우스캐롤라이나의 에드워드 러틀리지로 사절단을 구성해, 하우 제독을 만나 그의 의사를 들어보기로 했다. 실질적 성과까지는 얻지 못하더라도, 하우 제독이 이들을 공식 사절로 대우하는 행위 자체가 지금껏 영국 정부가 부정했던 대륙회의에 사실상의 정통성을 부여하는 의미가 될 수 있었다.

그래서 프랭클린은 또다시 필라델피아를 떠나게 되었다. 도로와 여관은 길을 떠나는 이들과 병사들로 북적였다. 이 지역은 아직 전쟁터가 되진 않았지만, 곧 휘말릴 것을 예상하는 분위기였다. 병을 앓고 회복 중이던 존 애덤스는 첫날 밤을 이렇게 기록했다.

브런즈윅에 도착했을 때 프랭클린 박사와 내가 구할 수 있는 침대는 단 하나뿐이었다. 방은 침대보다 약간 넓은 정도였고 굴뚝도 없이 작은 창문 하나만 달랑 열려 있었다. 몸이 아직 다 낫지 않았던 나는 밤공기가 걱정되어 창문을 얼른 닫아버렸다.

"아이고! 창문을 닫지 말게. 숨 막혀 죽을지도 몰라." 프랭클린 박사가 말했다.

내가 밤공기가 걱정된다고 하자 박사는 다시 이렇게 말했다.

"이 방 안의 공기가 금세 바깥보다 나빠질 걸세. 아니, 어쩌면 벌써 나빠졌지. 자, 어서 창문을 열고 침대로 오면 내 설명해주리다. 자네는 내 감기 이론을 아직 모르시는 모양이군."

나는 창문을 열고 침대로 뛰어들며 말했다. 예전에 박사가 쿠퍼 박사에게 보낸 편지를 읽을 기회가 있었는데, 사람이 추운 교회나 찬 공기 중에 들어갔다고 해서 감기에 걸리는 건 아니라고 주장하셨지만, 그 이론이 내 경험과는 너무 어긋나서 솔직히 모순처럼 여겨졌다고 털어놓았다. 그래도 나는 박사의 설명이 너무 듣고 싶었던 나머지 감기에 걸릴 위험을 무릅쓰기로 했다.

그러자 박사는 공기, 추위, 호흡, 발한에 대해 긴 강연을 시작했다. 그의 이야기가 어찌나 재미있던지 나는 박사와 그의 철학을 뒤로한 채 금세 잠이 들었다. 하지만 그 둘도 몇 분 뒤 나를 따라 깊은 인사불성에 빠진 것 같다. 내가 마지막으로 들었을 때는 박사도 이미 반쯤 잠든 듯한 목소리였으니까.

이튿날, 그들은 스태튼아일랜드 맞은편에 있는 앰보이에 도착했다. 하우 제독은 바지선에 장교 한 명을 태워보냈다. 그는 사절단이 돌아올 때까지 볼모로 남아 있으라는 지시를 받고 왔지만, 프랭클린과 사절단은 그 제안을 정중히 거절하고, 그 장교와 함께 섬으로 향했다. 하우 제독의 명예를 믿고 사절단 스스로 인질이 되는 셈이었다.

하우 제독은 이러한 신뢰의 표시를 고맙게 여겼지만, 그의 부하들은 그렇지 않았다. 애덤스는 이렇게 적었다. "우리는 줄지어 도열한 근위 보병들 사이를 지나갔다. 그들은 복수의 여신을 열 명쯤 합쳐놓은 듯한 사나운 눈빛으로 우리를 노려보며, 총검이 장착된 머스킷을 들고 온갖 위협적인 표정과 몸짓을 해댔다." 제독은 열악한 여건 속에서도 최선을 다해 접대를 준비했다. "그 건물은 원래 경비병 숙소로 쓰던 곳이었고, 마구간처럼 지저분했다. 그 와중에도 제독은 주변의 관목 수풀에서 구해온 푸른 잔가지와 이끼를 바닥에 깔아서 넓고 근사한 공간을 마련했고, 덕분에 방 안은 쾌적할 뿐만 아니라 우아하고 낭만적이기까지 했다. 그는 우리에게 좋은 클라레 와인과 신선한 빵, 차게 보관된 햄과 혀 요리, 양고기까지 내놓으며 정성껏 대접했다."

6개월만 빨랐어도, 하우의 제안은 통했을지도 모른다. 하우는 자신이 국왕으로부터 위임받은 권한의 조건을 설명하며, 그것만으로도 평화 협상의 충분한 토대가 될 수 있다고 주장했다. 이후 그는 저메인 경에게 이렇게 보고했다. "나는 또한 사절단에게, 자애로우신 국왕 폐하께서 식민지 입법권을 다소 과도하게 제한했을지도 모를 일부 칙령을 재검토할 의향이 있으시며, 식민지인들이 불이익을 느꼈을 수 있는 몇몇 식민지법의 개정에도 동의하실 뜻이 있음을 알렸습니다."

이 제안이 겉으로 보이는 그대로의 의미를 지니는 것이라면, 그것은 프랭클린을 비롯한 대다수 미국인이 수년간 줄곧 요구해온 바, 즉 '1765년 이전 상태로의 복귀'를 사실상 완전히 수용한 셈이었다. 하지만 너무 늦었다. 식민지는 더 이상 식민지가 아니었다. 이제 그들은 독립된 국가였다. 하우 제독은 다음과 같이 기록했다. "세 명의 사절단은 입장을 아주 명확히 밝혔습니다. 연합된 식민지들은 자주 독립국으로서가 아니면 그 어떤 평화나 동맹도 받아들이지 않겠다고요."

이로써 사실상 협상은 끝이 났다. 그러나 하우 제독은 신사였고 프랭클린의 친구였다. 손님들을 그대로 돌려보낼 수는 없었다. 그는 영국에서 프랭클린에게 했던 이야기를 나머지 사절들에게도 들려주었다. 자신은 미국에 대해 깊은 애정을 품고 있으며, 특히 형이 프랑스와의 전쟁에서 전사한 뒤 웨스트민스터사원에 동상이 세워질 때 매사추세츠에서 기꺼이 그 비용을 부담한 일에 고마움을 느낀다고 했다. 또한 자신은 미국을 형제처럼 여긴다며, 만약 미국이 무너지게 된다면 형제를 잃은 것처럼 슬퍼할 것이라고 했다.

존 애덤스는 기록했다. "프랭클린 박사는 느긋한 태도와 침착한 표정으로 고개를 살짝 숙이며 미소를 짓더니, 그의 글에서 자주 엿보이고 대화 중에도 가끔 드러나는 그 특유의 순진하고 천연덕스러운 투로 대답했다. '각하께서 그런 참담함을 겪지 않도록 저희가 온 힘을 다해 막아보겠습니다.'"

23장 파리에서 찾은 구원의 길

1776~1778

.

　미국 사절단과의 회담이 끝나려던 참에 하우 제독이 말했다. "아마도 여러분은 유럽에서 우리에게 뭔가 일거리를 만들어주려는 것이겠지요?"

　그게 바로 프랭클린이 하려던 일이었다. 전쟁이 시작되었을 때부터, 프랭클린을 비롯한 미국 지도자들은 유럽, 특히 프랑스가 어떤 태도를 취하느냐에 따라 이 싸움의 판도가 달라질 수 있다고 보았다. 지난 80년 동안 프랑스는 무려 네 차례나 영국과 전쟁을 벌였다. 혹시 그들의 다섯 번째가 미국을 영국의 손아귀에서 해방시켜줄지도 모를 일이었다.

　1775년 11월, 대륙회의는 '비밀통신위원회'를 구성하고 프랭클린을 비롯해 존 디킨슨, 벤저민 해리슨, 존 제이, 토머스 존슨을 위원으로 임명했다. 이들의 임무는 외국의 원조와 지원을 확보하는 일이었다. 프랭클린은 위원회를 대표해 런던에 있는 아서 리에게 편지를 보냈다. "외국 열강이 우리에게 어떤 입장을 취하고 있는지, 대륙회의는 몹시 궁금해하고 있소. 아울러 굳이 덧붙이지 않아도 알겠지만, 이 일은 신중에 신중을 기하고 절대 밖으로 누설되어서는 안 됩니다." 같은 날 프랭클린은 개인 자격으로, 스페인 국왕 카를로스의 아들에게도 편지를 보냈다. 고전학에 조예가 깊었던 이 왕자가 얼마 전 직접 번역한 살루스티우스의 저서를 선물로 보내온 데 대해 감사 인사를 전할 좋은 기회였다. 프랭클린은 그에 걸맞은 답례를 하지 못해 송구하다는 뜻을 밝히고 다음과 같이 덧붙였다. "다만 최근 간행된 저희 미국 대륙회의의 의사록이 전하의 궁정에서도 약간의 호기심 거리가 될 수 있을 듯합니다. 이에 실례를 무릅쓰고 그 문건 한 부를 보내드리며, 아울러 저희가 신의 은총과 섭리 속에 거둔 최근 성과의 기록도 몇 가지 동봉해 드립니다. 그 문건들을 통해 전하의 지혜로운 대신들은 이제 막 첫걸음을 내디딘 한 신생국가의 모습을 고찰해보실 수도 있을 겁니다. 이 나라는 머지않아 인류 역사의 무대에서 중요한 역할을 맡게 될 수도 있습니다. 어쩌면 훗날의 '살루스티우스'에게도 훌륭한 이야기 소재가 되지 않을까요?"

이런 발언이 독립선언이 발표되기 무려 일곱 달 전에 나왔다는 점을 생각하면 꽤 대담하게 들릴 수도 있지만, 프랭클린이 그 무렵 감행한 일들에 비하면 그리 놀라울 것도 없었다. 바로 그 주에 프랭클린과 비밀통신위원회는 의사당도 아닌 필라델피아 카펜터스홀에서, 그것도 밤늦은 시각에 한 인물을 은밀히 만났다. 프랑스 궁정이 미국의 상황을 정탐하기 위해 보낸 젊은 귀족으로, 이름은 봉불루아르였다. 위원들은 프랑스가 식민지에 호의적인 입장인지, 그리고 미국이 필요로 하는 무기와 탄약을 판매할 의향이 있는지를 물었다. 봉불루아르는 프랑스 정부와의 공식적인 관계를 끝내 시인하지는 않았지만, 프랑스가 미국의 성공을 진심으로 바라고 있으며, 무기 제공 또한 가능하리라는 뜻을 넌지시 내비쳤다.

이와 동시에 프랭클린은 또 다른 '비밀위원회'(몸담은 비밀위원회가 여럿이다 보니 이름이 헷갈리는 것도 무리는 아니었다) 소속으로서, 두 명의 프랑스 상인과 별도의 협상을 진행하고 있었다. 그들은 루이 16세의 공식 대리인은 아니었지만, 그런 듯한 분위기를 풍기며 자신들을 소개했다. 미국의 절박한 처지를 틈 타, 대륙군에 군수품을 판매하고 이익을 챙기려는 속셈이었다. 비밀위원회는 필요한 군수품 목록을 전달한 뒤, 그저 일이 순조롭게 풀리기를 바라며 그들을 돌려보냈다.

얼마 지나지 않아 비밀통신위원회는 보다 직접적인 행동에 나서기로 했다. 프랭클린은 과거 비밀위원회 동료였던 사일러스 딘에게 다시 연락했다. 그는 1775년 말 이후 코네티컷 민의회가—그들 당사자만이 아는 이유로— 그를 대륙회의에 파견하지 않으면서 위원회 자리도 잃은 상태였다. 그후 딘은 프록코트로 갈아입고 장사꾼이 되었는데, 프랭클린이 보기에는 미국의 밀사로 딱 어울리는 복장이었다. 그가 대륙회의의 새로운 임무를 수락하자 프랭클린은 이렇게 설명했다. "프랑스에 도착하면 한동안은 인디언 교역품을 조달하는 일에 관여하게 될 걸세. 그러면 자네가 상인 신분으로 활동하는 것에 그럴듯한 모양새를 갖춰주겠지. 프랑스 사람들에게는 계속 그렇게 보였으면 좋겠네. 자기들 나라에 식민지 대리인이 와 있다는 사실이 공개적으로 알려지면 프랑스 궁정이 달가워하지 않을 테니까." 이 밖에도 딘은 프랭클린이 프랑스 지인들에게 보내는 편지도 전달해야 했다. 겉보기엔 그저 평범한 심부름 같았지만, 이를 통해 그는 파리에서 영향력 있는 인사들과 자연스럽게 접촉할 수 있을 터였다. "자네도 만나보면 알겠지만, 뒤부르(프랭클린의 프랑스 쪽 출판 편집자) 씨는 신중하고 충직한 데다 입이 무겁고 사안에도 밝은 인물일세. 자네에게 꼭 필요한 조언을 아낌없이 해줄 만한 사람이야."

하지만 뒤부르는 결국 중간 다리 역할에 머물렀고, 프랑스 외교의 실권은 외무장관인 베르젠 백작이 쥐고 있었다. 딘은 가능한 한 이른 시일 내에 베르젠과의 면담을 요청해야 했다. "자네가 미국 대륙회의의 임무를 수행하기 위해 프랑스에 '상인'의 신분으로 머물고 있다는 사실을 밝히고, 프랑스와 미주 식민지 양측에 이익이 될 만한 사안이 있다고 전하게." 이것이 프랭클린의 지시였다. 가장 시급한 문제는 식민지에 당장 필요한 무기와 탄약이었다. 딘이 우선 강조해야 할 것은, 식민지가 공식 접촉 상대로 선택한 첫 번째 국가가 프랑스라는 점이었다. "또한 우리가—지금으로써는 그 가능성이 상당히 높아 보이는데— 영국과 완전히 결별하게 된다면, 프랑스야말로 우리가 우호를 맺고 관계를 다져야 할 최우선 국가가 될 거라고 말하게." 영국은 지금까지 미국 식민지와의 교역을 통해 막대한 이익을 챙겨왔다. 미국이 곧 독립하면 그 혜택은 고스란히 프랑스의 몫이 될 수도 있다는 것이었다.

프랭클린은 식민지가 필요로 하는 물자를 구체적으로 제시했다. "2만 5000명 병력에 지급할 의복과 무기, 그에 상응하는 탄약, 그리고 야전포 100문"이었다. 가장 바람직한 시나리오는 프랑스가 이 모든 물자를 신용거래로 공급하고, 그 대금은 훗날 양국 간의 교역을 통해 상환받는 방식이었다. 그보다는 덜 이상적이지만 현실적인 대안으로, 프랑스 정부가 딘에게 민간자금을 조달할 수 있도록 허용하는 방법도 있었다. 어떤 방식으로든 물자가 확보된 뒤에는, "화물로 선적되어야 할 테니 군함 두세 척의 호위를 붙여 안전하게 운송되는 것이 바람직할 것"이라고 프랭클린은 덧붙였다.

프랭클린 자신도 잘 알고 있었듯, 이는 결코 만만한 요구가 아니었다. 그런데 거기서 끝이 아니었다. 만약 베르젠 백작이 호의적인 기색을 보이면, 딘은 다음의 질문으로 넘어가야 했다. "식민지가 불가피하게 독립국을 수립하게 될 경우, 프랑스는 이를 인정하고 그들의 공식 외교사절을 받아들이고 조약이나 동맹을 맺을 용의가 있으신지요?"

그 질문 속의 전제야말로 프랑스로서는 가장 껄끄러운 대목이었다. 프랑스는 미국에 어느 정도의 자금을 지원할 의향은 있었지만, 그 수준은 영국을 성가시게 만들 만한 정도가 다였다. 실제로 루이 16세는 1776년 5월에 100만 리브르 규모의 지원을 승인했다. 숫자만 보면 꽤 큰 금액이었지만, 대륙군의 군화와 탄약 수요조차 오래 감당하지 못할 수준이었다. 하지만 프랑스는 미국이 확실히 독립을 달성할 의지와 능력이 충분하다는 점을 스스로 입증하기 전까지는, 더 깊숙이 개입할 뜻이 없었다.

'의지'는 독립선언문을 통해 확인되었다. 이 선언문은 미국인들만이 아니라 외국의 독자들까지 염두에 두고 작성된 글이었다. 그러나 문제는 '능력'이었다. 대륙군의 캐나다 원정 실패에 이어 워싱턴 군마저 롱아일랜드에서 패배하자, 프랑스를 비롯한 유럽 각국은 미국이 과연 더 이상의 전투를 감당할 수 있을지 의심할 수밖에 없었다.

미국은 잔혹한 딜레마에 갇혀 있었다. 프랑스의 지원 없이는 승리할 수 없었고, 승리 가능성을 입증하지 못하면 프랑스의 지원을 받을 수 없었다. 궁지에 몰린 대륙회의는 프랭클린을 파리에 보내기로 했다.

그의 임무는 사일러스 딘과 마찬가지로 무기를 확보하고 동맹을 체결하는 것이었다(딘은 곧 아서 리, 프랭클린과 합류해 3인 외교위원단을 구성하게 된다). 무기는 훗날 갚겠다는 약속으로, 동맹은 압박과 위협으로 얻어낼 참이었다. 불과 2주 전만 해도 프랭클린은 하우 경에게 영국과의 재결합은 이제 고려 대상조차 아니라고 딱 잘라 말했지만, 이제는 그 '재결합'이—대륙회의의 공식 승인하에— 프랑스를 압박하는 협상 카드로 활용되고 있었다. 그가 받은 지침에는 이렇게 적혀 있었다. "프랑스가 미국에 대해 분명하고 즉각적인 지지를 표명하도록 압박하는 것이 마땅합니다. 만약 그 결정이 지체될 경우, 우리가 영국과 재결합할 수도 있다는 점을 그들에게 상기시켜주십시오."

일흔 살 노인이 통풍과 온갖 잔병에 시달리는 노구를 이끌고 전쟁 한가운데 집을 떠나 한겨울의 바다를 건넌다는 것은 결코 만만한 일이 아니었다. 게다가 그 바다에는 순찰 중인 적함들이 있었고, 그 지휘관들은 다른 미국인은 하나도 몰라도 프랭클린의 얼굴만큼은 알아볼 가능성이 컸다. 존 애덤스는 외교위원단 지명을 고사했고, 토머스 제퍼슨은 선출되고도 이를 거부했다. 하지만 프랭클린은 이미 결심이 확고했다. 미국은 반드시 자유로

워져야 했고, 조국이 그 대가를 요구한다면 무엇이든 기꺼이 치를 각오가 되어 있었다. 그는 벤저민 러시에게 말했다. "내가 앞으로 살아봤자 몇 년이나 더 살겠나. 이제 그 남은 시간은 우리 동포들이 정해주는 일에 바치기로 했네. 말하자면, 헌 옷 장수가 남은 물건을 떨이로 내놓고 '맘에 드는 대로 가져가시오' 하는 심정이랄까."

노인과 함께 대서양을 건넌 이들은 두 손자, 템플 프랭클린과 베니 베이치였다. 템플의 동행은 가족의 비극을 상징했다. 프랭클린과 윌리엄 부자가 완전히 갈라섰다는 뜻이다. 그가 1775년 5월 런던에서 돌아온 이후 아들 윌리엄을 만난 횟수는 손에 꼽을 정도였다. 하지만 그조차도 첫 만남부터 삐걱거렸다. 두 사람은 필라델피아 외곽의 벅스카운티에 있는 조지프 갤러웨이의 저택에서 오랜만에 만났다. 갤러웨이는 오랫동안 프랭클린과 함께 펜실베이니아 영주파에 맞선 동지였지만, 영국과의 갈등 국면에서 두 사람 사이는 점차 멀어져 있었다. 어쩌면 프랭클린 쪽에서 멀어진 것일 수도 있다. 갤러웨이는 끝내 영국과의 화해를 포기하지 않았고 직접 제국 통합안을 내놓기까지 했다. 처음에는 하나의 대안으로 나름의 존중을 받았지만, 독립을 요구하는 여론이 걷잡을 수 없이 커지면서 거센 반발에 휘말렸고, 결국 그는 살해 위협까지 받게 되었다. 어느 음산한 아침, 그의 집 문밖에 교수형 밧줄이 놓여 있었던 것이다. 윌리엄 프랭클린은 말할 것도 없이 대륙회의 근처에는 얼씬도 할 수 없는 '페르소나 논 그라타', 즉 외교상기피인물이었다. 그는 뉴저지에서 국왕의 최고위 대표인 총독직을 맡고 있었지만, 그곳에서조차 자신의 입지가 점점 좁아지고 있음을 절감하고 있었다.

지난 10년간 물리적 거리가 프랭클린과 윌리엄 사이를 갈라놓았다면 이제는 정치가 그 틈을 더욱 벌려놓고 있었다. 윌리엄은 정치 이야기를 꺼내고 싶어 하지 않았다. 정치적 동맹은 이미 회복이 불가능했지만, 부자 관계만큼은 지키고 싶었기 때문이다. 그러나 갤러웨이에게 그런 가족 간의 도리는 남의 이야기일 뿐이었다. 마데이라 와인이 몇 차례 돌자 세 사람 모두

입도 풀리고 감정도 격해지기 시작했다. 윌리엄과 갤러웨이는 식민지 급진
파들의 독선적인 행태와, 자기들 같은 온건파에게 가한 탄압에 대해 목소
리를 높였다. 자기들 뜻을 관철하기 위해서라면 동포에게 폭력을 휘두르거
나 제국 전체를 무너뜨리는 일조차 서슴지 않는 자들이라고 비난했다. 그러
나 프랭클린은 아들이나 옛 동지가 묘사하는 그런 과격한 행태를 직접 겪
은 적이 없었다. 사태가 본격화되기도 전에 이미 영국에 나가 있었으니 그
런 이야기는 모두 전해 듣는 수밖에 없었고, 그마저도 토머스 허친슨처럼
그가 믿지 않는 자들의 입이나 펜을 통해 나온 것이 대부분이었다. 프랭클
린의 눈에 진정한 부패와 이기심은 런던 쪽에 있었다. 그는 분명 그날 밤
갤러웨이와 윌리엄에게 그 실상을 적잖이 털어놨을 것이다. 세 사람 모두
그날의 대화를 기록으로 남기진 않았지만, 프랭클린이 콕핏에서 웨더번과
추밀원 고문관들에게 당한 모욕적인 장면을 언급하지 않았다고 보기는 어
렵다.

아마도 프랭클린은 아들을 직접 만나면 설득할 수 있으리라 기대했는
지도 모른다. 편지로는 여러 차례 시도했지만 끝내 아들이 국왕을 버리고
민중의 편에 서도록 만들지는 못했다. 그러나 갤러웨이의 집에서 나눈 대화
는 그런 기대마저 여지없이 무너뜨렸다. 프랭클린이 영국으로 떠나기 전 마
지막으로 보았던 윌리엄은 겨우 서른네 살이었다. 아버지의 눈에는 아직 어
린애였고, 갓 총독 자리에 오른 풋내기였다. 그러나 이제는 윌리엄도 중년의
나이였고, 북미에서 가장 오래 재직 중인 왕실 총독이 되어 있었다. 아버지
와 떨어져 있는 동안, 그 역시 독립적인 인격체로 성장했다. 아버지가 그 **자
신**의 원칙에 확신을 가졌던 것처럼, 윌리엄 역시 자신의 신념이 옳다고 믿
었고, 그것을 지키려는 고집 또한 자기 아버지 못지않았다. 정치 성향은 아
니더라도 성격만큼은 부전자전을 피할 수 없는 모양이었다.

프랭클린과 윌리엄은 1775년 11월에 한 차례 더 만났다. 당시 프랭클린
은 매사추세츠에서 워싱턴 장군과의 회동을 마치고 돌아가던 길이었고, 그

의 곁에는 영국군의 점령을 피해 고향을 떠난 여동생 제인 미컴이 동행하고 있었다. 그들은 퍼스앰보이를 지나는 길에 윌리엄의 집에 들렀다. 제인은 그 3층짜리 대저택을 "굉장히 호화롭다"라고 묘사했지만, 프랭클린은 그곳이 편치 않았다. 조지 3세와 샬럿 왕비의 금박 액자 초상화까지 완벽하게 갖춘 1층 대형 응접실의 그 고상한 분위기는, 식민지인들이 맞서 싸우고 있는 대상 그 자체를 눈앞에 옮겨 놓은 듯했다. 게다가 그는 대륙군에 관한 중대한 정보를 지니고 있었다. 윌리엄이라면, 아버지가 무심코 흘린 말까지 런던행 정기 보고에 빠짐없이 전달할 수밖에 없으리라는 점을 프랭클린도 짐작했을 것이다.

결국 윌리엄의 운명을 결정지은 것도 바로 그런 보고용 서신들이었다. 1776년 1월, 대륙회의는 애국파의 대의에 위협이 될 만한 모든 세력의 무장을 해제시키라고 명령했다. 지역 민병대를 이끌던 윌리엄 알렉산더는 그 명령을 총독 등 왕당파 관료들의 우편물을 가로채도 좋다는 뜻으로 해석했다. 한때 윌리엄 프랭클린의 친구였지만 이제는 완전히 앙숙이 된 그는 다트머스 경 앞으로 '극비' 딱지가 붙어 발송된 소포 하나를 가로채 필라델피아의 대륙회의로 보냈다. 그리고 내친김에 윌리엄 프랭클린 총독을 가택연금에 처했다.

수개월에 걸친 심의 끝에 그의 사건은 재판에 회부되었다. 그사이에도 윌리엄은 아버지의 캐나다 파견 임무를 저메인 경에게 알리는 편지를 비롯해 몇 통의 서신을 밖으로 몰래 발송하는 데 성공했다. 이 무렵 대륙회의는 독립선언을 눈앞에 두고 있었고, 각 식민지는 저마다 새로운 정부를 구성하고 있었다. 뉴저지 민의회는 윌리엄 프랭클린을 "이 나라에 극도로 해로운 적이며 장차 심각한 위협이 될 수 있는 인물"로 규정하고, 그를 뉴저지에서 추방해줄 것을 대륙회의에 요청했다. 대륙회의는 총독의 서신을 검토한 결과, 그 내용이 미국의 대의에 해를 끼치는 정보라고 판단하고 뉴저지의 요청을 승인했다. 1776년 6월 말, 윌리엄은 대륙회의의 명령에 따라 코네티컷으로 이송되어 그곳에서 조너선 트럼벌 총독의 관할하에 연금되었다.

프랭클린은 아들을 위해 손가락 하나 까딱하지 않았다. 다만 며느리인 엘리자베스에게는 60달러를 보내주었다. 그녀는 이번 사태로 완전히 망연자실해 있었다. 남편이 체포될 당시만 해도 그가 죽게 될까 봐 무서웠지만, 이제는 그의 건강이 걱정이었다. 그녀 자신도 고질적인 천식 때문에 몸이 말이 아니었다. 게다가 가까이에 의지할 만한 친정 식구도 없었다. 그렇다고 남편이 유배된 코네티컷으로 따라갈 수도 없는 것이, 그랬다간 퍼스앰보이의 집이 윌리엄의 적이나 범죄자들에게 마구 약탈당할 수도 있었다.

그녀는 1776년 8월, 프랭클린에게 이렇게 편지를 썼다. "저의 고통을 일일이 늘어놓아 아버님을 괴롭게 하고 싶진 않습니다. 다만 이 말씀은 꼭 드리고 싶어요. 아버님께서는 제 고통을 덜어주실 힘이 충분히 있으시지요. 가령 아버님께서 자신의 명예를 해치지 않으면서도 트럼벌 총독이 수용할 만한 가석방 서약서에 서명만 해주신다면, 그이가 이곳으로, 가족의 품으로 돌아오지 못할 이유가 있을까요? (…) 존경하고 사랑하는 프랭클린 선생님, 부디 헤아려주십시오. 저는 지금 선생님의 아들이자 제 사랑하는 남편을 위해 간청드리고 있습니다. 혹시라도 제 언행에 결례가 있었다면 너그러이 용서해주시길 바랍니다."

프랭클린은 엘리자베스에게는 어느 정도 연민을 느꼈을지 모르지만, 윌리엄만큼은 용서할 생각이 없었다. 그는 마음을 굳게 다잡고, 아들을 운명에 맡겨버렸다.

더 나쁜 건, 프랭클린이 윌리엄의 아들까지 빼앗았다는 사실이다. 템플은 60달러를 들고 양어머니를 찾아갔다가(이때쯤 템플 본인뿐 아니라 엘리자베스도 그가 윌리엄의 대자가 아닌 친아들이라는 사실을 알고 있었다), 그녀의 딱한 처지를 보고 같이 있어주기로 했다. 그리고 얼마 지나지 않아 아이는 아버지를 만나러 코네티컷에 가겠다며 프랭클린에게 편지로 허락을 구했다.

표면적인 이유는 양어머니의 편지를 아버지에게 전해주는 것이었지만, 진짜 목적은—지금껏 거의 남처럼 지내온— 아버지를 직접 만나 이야기를 나눠보고 싶었던 게 분명했다.

프랭클린은 이렇게 답장을 보냈다. "할아버지가 이 문제를 곰곰이 생각해봤는데, 지금 같은 시기에 특히 너 혼자 그 먼 길을 다녀오는 것은 허락할 수 없을 것 같구나. 이유는 여러 가지지만, 그걸 다 적을 시간이 없단다." 그래도 두 가지는 적을 시간이 있었다. 하나는 프랭클린 부인이 트럼벌 총독을 통해 템플의 아버지에게 충분히 편지를 전달할 수 있다는 것이었고, 다른 하나는 템플이 필라델피아로 돌아와 대학 공부를 계속해야 한다는 것이었다. "지금은 네가 앞으로 성장하고 세상에서 큰 인물이 되기 위해 기초를 다져야 할 때란다. 이 시기를 허투루 보내면 마치 1년에서 봄을 잘라내는 것이나 다름없지."

템플은 아버지와 양어머니 때문에 할아버지를 거스르는 일은 하지 않기로 하고, 필라델피아로 돌아왔다. 그리고 마침 프랭클린이 프랑스로 떠나는 시기와 맞물려, 그와 함께 길을 떠나게 되었다. 빨리 돌아와 대학 공부를 계속하라더니 정작 프랑스 여행은 왜 괜찮은지에 대해 프랭클린은 손자에게 어떻게 설명했을까? 아마도 '공무 교육'이라는 명분을 내세웠을 것이다. 템플은 이제 프랭클린의 조수이자 동반자가 되어, 그가 어디를 가든 함께 가고 그가 누구를 만나든 함께 만나게 된다. 물론 할아버지가 맞닥뜨릴 위험—거센 파도와 적대적인 군함들— 역시 함께 겪어야 할 것이었다. 그야말로 공적 업무에 대한 산교육이자, 틀림없이 매우 흥미진진한 배움이 될 터였다.

샐리와 리처드의 아들인 베니 베이치도 할아버지를 따라나섰다. 베니는 프랭클린, 템플과 함께 파리에 머무는 대신, 평판 좋고 접근성도 뛰어난—물론 전쟁 중인 반역자들의 수도보다 훨씬 안전한— 어느 학교에 맡겨질 예정이었다. 일곱 살 난 아이가 주위에서 벌어지는 일을 모두 이해할 수는 없었겠지만, 그 역시 자신의 짧은 삶에서 지금이 가장 신나는 순간이라 느꼈을 것은 틀림이 없다.

프랭클린의 당시 기록에 따르면, 미국에서 프랑스로 가는 항해는 "짧지만 험난한" 여정이었다. 그가 탄 리프라이절*호는 갓 창설된 미 해군에 급히 징발된 배였다. 가는 길에 영국 상선을 두 척이나 나포할 정도로 속도는 빨랐지만, 승객의 안락과는 거리가 멀었다. 30일 동안 배는 가는 내내 거칠게 요동쳤고, 프랭클린은 밤은 물론 낮에도 제대로 쉬지 못했다. 음식도 형편없었다. 닭고기는 프랭클린의 이로는 도무지 감당할 수 없을 만큼 질겨서, 결국 소금에 절인 쇠고기로 끼니를 버텨야 했다. 종기와 발진도 다시 도졌다. 나중에 그는 딸과 사위에게 그 항해가 "나를 아주 만신창이로 만들었다"라고 털어놓았다.

영국해협과 그곳을 순찰하는 영국 군함을 피하기 위해, 리프라이절호는 브르타뉴반도 남쪽 해안으로 항로를 틀었다. 그러나 동풍 때문에 루아르강을 거슬러 낭트까지 들어가는 것이 여의치 않았다. 날뛰듯 요동치는 배에서 하룻밤을 더 보내느니 차라리 잘되었다고 생각한 프랭클린은 템플과 베니를 데리고 낚싯배를 얻어 탔고, 그렇게 세 사람은 오레에 내리게 되었다. 하지만 마차 한 대 없는 마을이라, 낭트까지 갈 마차를 따로 수소문해 불러야 했다.

낭트에 도착하자 그를 알아보는 이들이 있었지만 그는 자신의 목적에 대해서는 철저히 함구했다. 사일러스 딘에게도 이렇게 썼다. "나는 이곳 누구에게도 이번 임무를 밝히지 않았고, 내 공적 신분도 계속 비밀로 유지하고 있다네." 자신의 가면을 벗기 전에 프랑스 정부의 속내부터 알아볼 필요가 있었다. 하지만 그의 침묵은 오히려 온갖 추측에 불을 지폈다. 그 학식

---

*   Reprisal, '보복적 나포'라는 뜻이 있다.

높은 박사가 손자 둘까지 데리고 다니는 걸 보면, 혹시 미국의 독립운동에서 발을 빼려는 건가? 숙소며 이동 수단이며 돈 걱정이 전혀 없어 보이던데, 설마 미국 국고를 털어 도망친 건 아니겠지?

그 궁핍한 지역에서는 대륙회의가 발급한 백지위임장조차도 여행의 불편과 위험을 없애주지 못했다. 프랭클린은 그곳에서의 한 여정에 대해 이런 기록을 남기기도 했다. "마차는 형편없었다. 말들은 지쳐 있고 날은 어두워졌고 길에는 우리 말고 다른 여행객이라곤 찾아볼 수 없었다. 그 와중에 분위기를 더 **훈훈하게** 해준답시고, 마부는 우리가 곧 지나가야 할 숲 어귀에 마차를 멈춰 세우더니, 그 숲에 강도 열여덟 명이 들끓고 있으며 불과 2주 전에도 바로 그 자리에서 여행객들을 강탈하고 죽였다는 소문을 들려주었다."

하지만 나름의 보상도 있었다. 피곤하고 불편한 여정 중에도 프랭클린은 시골의 풍경과 사람들을 유심히 관찰했다. "어제는 길에서 예닐곱 명쯤 되는 시골 아낙 일행과 마주쳤는데, 다들 남자처럼 다리 벌려 앉은 자세로 말을 타고 있었다. 하나같이 흰 피부에 붉은 혈색이 도는 고운 얼굴이었고 그중 한 명은 내 평생 다시는 볼 수 없을 만큼 아름다웠다."

프랭클린의 파리 도착은 마치 한 인간의 개선식이나 다름없었다. "그 유명한 프랭클린이 12월 21일에 파리에 도착했으며, 그의 사소한 행동 하나하나에 모두의 시선이 쏠리고 있다"라고 프랑스의 한 일기 작가는 기록했다. 또 다른 이는 이렇게 적었다. "영국의 식민지에서 막 도착한 프랭클린 박사는 대단한 인기를 끌고 있으며 학자들 사이에서도 환대가 끊이지 않는다. 더없이 온화한 인상에 머리숱은 거의 없고, 머리에는 늘 털모자가 얹혀 있다." 이 관찰자는 또 기분 좋게 덧붙였다. "우리 자유사상가들은 교묘히 그의 종교관을 떠보고, 프랭클린 박사도 그들과 같은 종교—즉 무종교—를 갖고 있는 것 같다고 확신했다." 어떤 이들은 프랭클린을 아예 프랑스인이라고 주장했다. '프랑클랭'이라는 성이 피카르디 지방에서 흔하다는 이유에서였다. 심지어 그를 서구 문명의 고전적—나아가 신화적— 전통의 일부로 받아들이는 이들까지 있었다. "그는 '무슈'라는 호칭조차 쓰지 않는다. 다만 프랭클린 박사로 불릴 뿐이다. 플라톤이나 소크라테스처럼 말이다. 프로메테우스가 실은 인간이었다면, 그가 프랭클린 같은 도덕철학자였다고 믿지 못할 이유가 있을까?" 이 미국의 현인, 자유정신을 대표하는 이 시대의 철학자를 기리는 시들도 쏟아졌다. 그가 도착한 지 고작 3주가 지난 프랑스의 수도에서, 한 프랭클린 관찰자는 이렇게 기록했다. "요즘은 파리의 가정마다 벽난로 위에 프랭클린 박사의 초상화를 걸어두는 것이 유행이다."

그럴 만도 했다. 그는 프랑스 사회의 누구에게나 각기 다른 매력을 선사했다. 자유주의 성향의 필로소프*들에게는 철학자였고, '못 믿을 알비온'**에 복수심을 불태우던 보수주의자들에게는, 열렬한 반反영국 투사였다 (이때쯤엔 프랭클린이 미국을 배신하지 않을 인물로 확실히 굳어져 있었다). 살롱의 단골들에겐 재치 넘치는 입담꾼이었고, 무기상과 사략선 장비업자들에겐 금빛 미래의 예언자였다.

또한, 프랑스 국왕 루이의 외무장관에게는 다소 수수께끼 같은 인물이었다. 베르젠 장관은 앞으로의 프랑스 정책에 대해 원대한 포부를 갖고 있었다. 바로 지난 전쟁으로 크게 실추된 프랑스의 **영광을** 되찾는 것이었다. 그래서 1774년 장관직에 오르자마자 프랑스 군사력 강화에 착수했다. 핵심은 영국 해군에 필적할 해군력을 갖추는 것이었다. 그 결과 현재 기준—물론 극비일 수밖에 없는— 추산에 따르면, 1778년경에는 그 결실이 나타날 것으로 예상되고 있었다.

미국의 독립전쟁은 프랑스에 기회이기도 하고 동시에 문제이기도 했다. 기회는 누가 봐도 명백했다. 영국이 정신없이 혼란스러운 상황을 당장 노리

---

*　　볼테르, 루소 등 18세기 프랑스 계몽주의 철학자

**　　주로 18~19세기 유럽 대륙인들이 영국의 외교 행태를 비난할 때 사용한 멸칭

는 것이었다. 반면 문제는, (외무장관의 계획표를 모르는 이들의) 눈에는 잘 띄지 않았지만 실제로는 매우 현실적인 고민이었다. 전쟁 계획을 앞당겨 영국의 위기를 적극 활용할 것인가, 아니면(1778년으로 예정된) 기존 계획을 고수할 것인가, 그것이 문제였다. 전쟁에서 미국이 얼마나 **실질적인 도움이 될** 수 있을까? 그들이 영국과 다시 화해할 가능성은 얼마나 **현실적인가?** 패배할 가능성은 또 얼마나 클까? 베르젠은 이 질문들에 대한 확실한 답이 필요했다.

그러나 그는 프랭클린에게서 뚜렷한 답을 얻지 못했고, 그 점에서는 프랭클린도 마찬가지였다. 프랭클린은 파리에 도착했을 때 곧바로 사일러스 딘, 아서 리와 합류하고 베르젠에게 면담을 요청했다. 하지만 외무장관은 베르사유에서의 공식 회담은 사양하고, 파리에서 비밀리에 접견하는 방식으로 대신했다. 정책을 논의하기보다는 미국 대표들, 특히 프랭클린이라는 인물을 가늠해보려는 자리였다. 회담 후 베르젠은 이렇게 평했다. "총명하긴 한데 매우 신중하더군. 뭐, 놀랄 일은 아니었지."

프랭클린은 사절단과 대륙회의를 대표해, 미국이 프랑스와의 조약 체결에 관심이 있다는 뜻을 밝혔다(동시에 스페인과의 조약 가능성도 슬쩍 흘렸다). 베르젠은 특별한 반응 없이 고개만 끄덕이더니 프랭클린이 미국의 현황에 대한 요약보고서를 제출하겠다고 약속하자, 그렇게 해준다면 특별히 신경 써서 읽어보겠다고 답했다.

1776년 마지막 며칠은 바로 그 보고서 작성에 몰두했다. 그리고 새해가 밝자마자 베르사유궁을 찾아가 베르젠에게 직접 건넸다. 프랭클린의 메시지에는 약속과 위협이 뒤섞여 있었다.

유럽의 여러 군주가 영국에 병력을 빌려주거나 용병을 파견하는 방식으로 미국에 맞서고 있는 만큼, 프랑스 또한—타당하다고 판단하신다면— 동일한 방식으로 우리 연합 독립국에 원조가 가능하리라 생각됨니다. 이에 대해 영국이 정식으로 항의할 명분은 없을 것입니다. 그럼에도 불구하고 영국이 이를 빌미로 전쟁을 선포한다면, 가정하건대 프랑스·스페인·미국의 연합군에 의해 영국은 서인도제도의 모든 식민지를 잃게 되고, 그에 따라 지금의 부를 가능케 한 최대 무역 기반 또한 붕괴될 것입니다. 결국, 동서양 양쪽에서 자행한 배신과 오만, 잔혹함에 대한 인과응보로, 영국은 굴욕적인 몰락을 피할 수 없을 것입니다.

반대로 프랑스의 지원, 특히 해상전력의 지원이 없다면, 미국은 전쟁을 중단할 수밖에 없는 상황에 몰릴 수 있었다.

영국은 여전히 미국 해역을 장악하고 있으며, 그 덕분에 아무런 방해도 받지 않은 채 우리의 광대한 해안 곳곳으로 병력을 손쉽게 이동시킬 수 있습니다. 반면 우리는 오직 육로로만 대응할 수 있을 뿐입니다. 이런 상황에서 우리에게 강력한 원조가 제공되지 않거나 우리가 숨을 돌릴 만한 양동작전이 개시되지 않는다면, 미국은 막대한 전력 소모와 전쟁 비용에 시달리게 될 것이며, 결국 전쟁을 끝내기 위해 어떤 타협안이든 받아들일 수밖에 없는 처지로 내몰릴 것입니다.

자, 지금이야말로 프랑스와 스페인이 미국과 손을 맞잡을 절호의 기회였다. 프랭클린은 다음과 같이 정리하며 보고서를 마무리했다.

북아메리카는 이제 프랑스와 스페인에 우호와 통상을 제안합니다. 또한 우리는, 양국이 현재 서인도제도에 보유하고 있는 영토는 물론, 이번 원조를 계기로 전쟁에서 새로 획득하게 될 적국의 영토에 대해서도 그 소유를 가장 확고한 방식으로 보장할 준비가 되어 있습니다. 우리 삼국의 이익은 본질적으로 일치합니다. 그 공통의 이익을 공고히 다지고,

머지않아 막대한 규모로 성장할 교역상의 이익을 우리 삼국이 온전히 확보할 기회가 지금 눈앞에 놓여 있습니다. 이 기회는 지금 놓치면 다시는 오지 않을지도 모릅니다. 오래 지체할수록 치명적인 결과로 이어질 수 있다는 점을 감히 말씀드립니다.

베르젠은 그런 레토릭만으로 꿈쩍할 인물이 아니었다. 이후 몇 달 동안 그는 프랭클린을 비롯한 미국 사절단과 철저히 거리를 두었다. 미국인들의 면담 요청은 그의 보좌진 선에서 처리되었고, 프랑스 궁정은 사절단의 존재 자체를 거의 인정하지 않는 분위기였다. 조약 체결 요청은 거절당했고, 프랑스 전열함 대여처럼 눈에 뻔히 보이는 공식적인 방식의 원조 요청에 대해서도 마찬가지였다. 프랑스 정부는 아직 미국의 대의를 공개적으로 인정할 준비가 되어 있지 않은 것이 분명했다. "영국의 심기를 거스를까 봐" 겁나서라는 것이 프랭클린이 비밀통신위원회에 설명한 이유였다.

그러나 베르젠은 비공식적인 경로로 미국을 지원하고 있었다. 프랑스 항구가 미국 선박에 문을 열어주면서, 미국은 프랑스에서 자국 상품을 판매하거나 프랑스산 물품을 구매할 수 있게 되었고, '페르미에 제네로Farmers General'를 통해 미국산 담배 5000호그스헤드*의 매매계약이 추진되었다. 이 단체는 프랑스 정부와 긴밀히 연결된 은행가·상인 연합체로, 국왕 직속의 징세권은 물론 담배 전매권까지 보유하고 있었다. 이들은 담배 대금으로 100만 리브르를 선지급하고, 실제 선적이 시작되면 추가 금액도 지급하기로 했다. 프랑스 정부 역시 별도로 200만 리브르의 지원금을 책정하고, 분기별로 네 차례에 걸쳐 지급하기로 했다.

프랭클린은 평소 성격대로 이번에도, 전체적으로는 낙관할 만하다고 판단했다. 동맹 체결이 다소 늦어진다 해도 막상 성사될 즈음이면 프랑스

---

* 약 2300톤

는 지금보다 훨씬 강력해져 있을 터였다. 프랭클린은 그 동맹이 프랑스의 자발적 의사에 의해서든, 미국을 도운 대가로 영국의 선전포고를 받아서든, 결국은 성사될 것이라 확신하고 있었다. 그리고 프랑스가 움직이면 스페인도 함께 나설 가능성이 컸다. 그는 "프랑스가 스페인과 한 몸처럼 움직일 생각인 듯합니다"라고 보고했다. "프랑스 해군은 거의 전력을 정비한 상태입니다. 여기에 스페인 함대까지 더해지면 영국 해군보다 훨씬 우세해질 것입니다. 스페인 역시 총력을 다해 준비 중이니까요. 그에 따라 프랑스 궁정의 태도도 점차 자신감 있게 변하고 있습니다. 며칠 전 영국 대사가 프랑스 외무장관에게 '미국인들이 이 나라에서 계속 무기 등의 물자를 얻어가도록 방치한다면, 평화는 오래가지 못할 것'이라며 위협성 발언을 하자, 외무장관도 '우리는 전쟁을 바라지 않지만, 두려워하지도 않는다'라고 아주 단호하게 응수했다고 합니다." 그 전쟁이 언제 터질지는 프랭클린도 굳이 예측하려 들지 않았다. 아마 우연에 달린 문제일 것이다. 하지만 오래 걸리지는 않을 터였다. "모든 조건이 무르익으면, 작은 계기 하나로도 곧바로 터질 수 있습니다. 게다가 이 평화가 1년을 더 넘기기는 어렵다는 것이 모두의 공통된 인식입니다. 유럽 각국이 모두 한 차례씩 영국의 오만무례함에 상처를 입은 경험이 있는 만큼, 이제는 영국이 제대로 봉변당하는 모습을 보고 싶어 합니다."

미국의 별은 점점 높이 떠오르고 있었다. "유럽 전체가 우리 편입니다. 여기서 우리가 직접 번역하고 출판한 「연합규약」은 식민지 각국과 정부가 일관성과 견실함을 갖추었다는 인상을 심어주었고, 그 덕분에 미국은 점차 무시할 수 없는 존재로 여겨지기 시작했습니다. 몇몇 국가state의 개별 헌법도 이곳에서 번역되어 출판되고 있으며, 유럽 정치인들에게 무궁무진한 사색과 공론의 소재가 되고 있습니다."

이 대목에서 프랭클린이 말한 '유럽 전체'는 각국의 궁정이라기보다는 대중 여론을 가리킨 것이었다. 대륙의 군주정들은 기본적으로 공화주의를 곱게 보지 않았기 때문이다. 프랭클린이 의미하는 바는 그가 승리의 결과를 묘사하는 부분에서 더욱 분명해진다. "이곳에서는 대체로 이렇게 생각하고 있습니다. 우리가 자유를 쟁취해내기만 하면, 평화가 회복되는 즉시 유럽 사람들이 우리의 특권을 함께 누리기 위해 가족과 함께 전 재산을 가지고 건너올 것이기 때문에, 엄청나게 많은 인구와 부가 미국에 유입되리라는 것입니다." 이 때문에 미국의 대의는 한층 더 매력적으로 보였다.

> 전 세계 곳곳에 폭정이 만연해 있기에, 앞으로 미국이 자유를 사랑하는 이들의 피난처가 될 수 있다는 희망이 세상에 널리 기쁨을 안겨주고 있습니다. 우리의 대의 또한 전 인류의 대의로 여겨지고 있습니다. 노예로 살아가는 사람은 필연적으로 비참해질 뿐 아니라 비열해지기 마련입니다. 우리는 인간 본연의 존엄과 행복을 위해 싸우고 있습니다. 신의 섭리로 우리 미국인들이 이 영예로운 자리에 부름을 받았으니, 이 얼마나 영광스러운 일입니까. 이 부름을 저버리거나 배신하는 자는 누구든 저주와 증오를 피할 수 없을 것입니다.

프랭클린이 프랑스에 온 가장 큰 목적은 루이 왕정과 동맹을 체결하는 것이었지만, 그 목표에 도달하려면 부르봉 군주가 마침내 결단을 내릴 때까지 미국이라는 나라가 살아남아 있어야 했다. 돈이 제일 문제였다. 베르젠이 주선한 지원금과 선급금을 아무리 쏟아부어도, 결국은 밑 빠진 독에 물 붓기였다. 프랭클린은 지난 프렌치인디언 전쟁 때의 경험 덕에 전쟁 자금조달이 얼마나 어려운 일인지 어느 정도 감을 잡고 있었다. 하지만 이번 영국과의 전쟁은 그를 비롯한 모두의 예상을 훨씬 뛰어넘는 속도로 돈을 집어삼키고 있었다. 대내 비용이라면 대륙회의가 세금을 부과하거나 화폐를 발행해 어떻게든 조달할 수 있었지만, 정작 절실했던 외화는 그런 식으로는 마련할 수 없었다. 미국이 국내 생산만으로 충당할 수 없는 머스킷, 대포,

군함 등을 외국에서 사들이려면 그들 왕국에서 통용되는 '진짜 돈'이 필요했다. 이런 상황에서 미국은 '미래를 담보로' 대금을 지불하거나, 프랑스, 스페인 등 외국에서 수요가 있는 교역품을 활용해 물물교환을 시도할 수밖에 없었다. 그러나 '미래의 담보'는 롱아일랜드 전투 같은 재앙이 터질 때마다 그 가치가 급락했고, 담배 교역은 유의미한 출발점이었지만, 곧 미국의 다른 수출품과 마찬가지로 중대한 장애물에 부딪혔다. 바로 영국 군함이었다. 그들은 미국 항구를 틀어막고, 대서양 항로를 이 잡듯 뒤지며 미국 선박을 색출해냈다. 가끔 용감하게 그 감시망을 뚫고 빠져나가는 배들도 있었고, 그 선장들은 그에 걸맞은 대가를 누렸지만, 신생 공화국의 생존에 필요한 리브르를 조달하기엔 성공률이 턱없이 낮았다.

마지막 대안은 사략선, 즉 정부가 인가한 해적을 활용하는 것이었다. 이는 프랜시스 드레이크* 시대부터 영국이 즐겨 써온 방식이기도 했다. 미국의 사략선들은 영국의 해상 무역을 집중적으로 공격해 런던의 수익을 약탈했고, (미국의 입장에서) 그보다 더 좋았던 것은, 그들이 노획한 전리품을 해외 시장에 내다 팔아 미국이 그토록 원하는 외화를 벌어다줄 수 있다는 점이었다.

문제는, 전리품을 판매할 수 있는 시장이 프랭클린과 미국 측이 기대했던 것만큼 '열려 있지 않다'는 사실이었다. 노획한 화물과 선박을 팔 수 있는 가장 유력한 장소는 프랑스였고, 실제로도 전리품 대부분이 처음에는 그곳에서 처분되었다. 프랭클린을 필라델피아에서 프랑스로 데려온 그 요동치는 브릭선 리프라이절호의 선장 램버트 윅스도 오는 길에 나포한 두 척의 전리품을 프랑스 구매자에게 팔 수 있었다. 그들이 윅스의 위조 서류를 흔쾌히 눈감아준 덕분이었지만, 사실 그 서류는 마치 대륙회의가 재정 운영에 자기들이 찍어낸 '대륙 달러'를 사용했던 것처럼 사략선들이 관행적으

---

*   16세기 영국의 전설적인 해적

로 사용하는 일종의 허위 증서였다. 하지만 영국은 그렇게 관대하지 않았다. 그들은 베르젠에게 '해적 행위에 공모하면 전쟁으로 이어질 수 있다'는 경고를 보냈다. 이에 베르젠은 프랭클린에게 사략선과 전리품을 즉시 출항시키라고 통보했다. 하지만 해당 선박들이 수리가 필요한 상태이며 지금 내보내봤자 고스란히 영국에 넘겨주는 꼴이 될 것이라는 보고를 받은 뒤 한발 물러섰다. 이제 그 선박들은 프랑스에 머물 수 있었다. 아니, 당분간—차후 지시가 있을 때까지— 떠날 수 없었다.

프랭클린은 베르젠의 '즉각 중단' 명령에 따를 작정이었다. 그러나 사략선 선장들은 애국심만큼이나 돈벌이에도 열심이었던지라 그런 명령을 따를 생각이 없었다. 그중에서도 됭케르크에 억류되어 있던 구스타버스 커닝엄은, 자신의 커터선 리벤지호를 타고 곧장 미국으로 돌아갈 것이며 영국선박에 대해 정당방위를 제외한 그 어떤 적대행위도 하지 않는다는 조건아래 미국 사절단의 보증까지 받아 풀려났지만, 태연하게도 그 서면 명령을 무시하고 다시 영국 상선들을 노리고 다녔다. 하지만 그가 나포한 선박 중한 척이 다시 영국에 탈환되면서 상황은 더 악화되었다. 불행히도 그 배에타고 있던 승조원 대부분은 커닝엄의 명령에 따라 포로 선원들 대신 배에오른 **프랑스인들**이었다.

커닝엄만의 잘못은 아니었다. 그는 프랭클린과 사절단의 연락책이었던윌리엄 카마이클로부터 그 서면 명령과 '상반된' 내용의 구두 지시를 전달받은 모양이었고, 카마이클은 프랭클린이 지나치게 소심하다고 생각해 자신이 직접 나서서라도 프랑스를 전쟁에 끌어들이려 했던 모양이었다. 그의개인플레이를 커닝엄이 의심했는지는 알 수 없지만, 어쨌든 선장은 기다렸다는 듯 약탈 활동을 재개했다.

베르젠은 **어느** 미국인의 잘못이냐에는 관심이 없었다. 문제는 영국이해적 행위로 간주한 활동에 프랑스 선원들이 연루되어 붙잡혔고, 그로 인해 외교적 위기가 초래되었다는 사실이었다. 조지 3세는 베르사유에 특사까지 보내, 프랑스를 상대로 전쟁도 불사할 수 있다고 위협했다. 프랑스 국왕과 외무장관 모두 이 문제를 매우 심각하게 받아들였다. 베르젠은 런던 주재 대사에게 '언제든 전쟁이 발발할 수 있다'는 경고를 전달했고, 루이 16세는 프랑스 선박에 출항 금지령을 내리는 한편, 미국 사략선과 전리품에 대해서는 수리 여부를 불문하고 즉시 추방하라고 명령했다. 베르젠은 또한 프랭클린을 비롯한 미국 사절단과 더 이상 접촉하지 않겠다고 공표했다.

프랭클린은 베르젠의 불쾌한 내색이 미국뿐 아니라 영국을 의식한 행동이라는 걸 잘 알고 있었다. 따라서 전쟁 공포만 가라앉으면 그의 불쾌감도 자연히 사라질 거라 믿었다.

하지만 다른 문제들은 그렇게 간단하지 않았다. 미국 사절단은 워싱턴 장군의 군대를 위한 무기와 각종 군수품을 구매하는 임무도 맡고 있었다. 물론 자금 마련은 늘 산 넘어 산이었지만, 프랑스를 비롯한 유럽 각국의 상인과 제조업자들은 미국과의 거래에 큰 관심을 보이고 있었다. 그러나 물건 값을 받을 수 있을지 아무도 장담할 수 없었기 때문에, 이 일에 적극적으로 나서는 이들은 아주—수상쩍다까지는 아니더라도— 진취적인 부류가 대부분이었다.

프랭클린이 파리에서 만난 사람 중 가장 기이한 축에 드는 인물이 피에르 오귀스탱 카롱 드 보마르셰였다. 그는 프랭클린 못지않게 다채로운 이력과 관심사를 지닌 프랑스인이었다. 시계공의 아들로 태어난 보마르셰는 발명가로서 소박한 명성을 쌓았고, 음악과 연극 분야에서도 타고난 창의력을 마음껏 펼쳤다. 그의 인기 희곡 〈세비야의 이발사〉는 프랭클린이 파리에 도착했을 무렵에도 여전히 무대에 오르고 있었고, 〈피가로의 결혼〉도 곧 집필을 앞두고 있었다. 그 와중에 이 극작가는 다른 장르에도 눈을 돌렸다. 바로 미국에서 펼쳐지는 혁명의 드라마였다. 그는 미국식 리베르떼(자유)에 깊이 매료된 나머지, 그 탄생을 위해 프랑스가 산파 역할을 해야 한다고 굳게 믿었다. 그래서 베르젠을 찾아가 미국 반란군을 지원해야 한다고 끈질기게 설득했고 심지어 자신이 직접 비밀 특사가 되어 그 임무를 수행하겠다고 나섰다. 국왕은 이 계획을 승인했다. 보마르셰는 정부의 개입을 은폐하기 위해 로데리게 오르탈레즈 상사라는 이름의 위장 회사를 설립했고, 그의 손을 거쳐 프랑스와 스페인에서 흘러들어온 막대한 자금은 무기와 각종 군수품으로 모습을 바꾸고 미국으로 건너갔다.

보마르셰가 이 거래를 통해 정확히 무엇을 얻으려고 했는지는 분명치 않았지만, 미국 측은 그에게 상환하기를 거부했다. 그 자금이 보마르셰 개인에게 준 돈이 아니라 어디까지나 **미국을** 위해 쓰이도록 마련된 돈이라는 이유에서였다. 보마르셰가 미국의 독립운동에 깊이 공감하고 있었던 것은 분명하지만, 그 나름의 노고에 대해 어느 정도 보상을 기대한 것도 사실이었다. 그런데 하필이면 그가 손을 잡은 인물이, 당시 사익을 챙겼다는 의혹을 받고 있던 사일러스 딘이었다(결국 그는 미국의 대의를 저버리고, 그에 대한 의혹은 사실로 굳어진다). 게다가 보마르셰는 프랭클린의 오랜 친구인 뒤부르, 그리고 베르젠의 최측근인 자크 도나시앵 르레 드 쇼몽과도 대립했다. 뒤부르는 프랑스 내 미국 군수품 시장을 자신이 독점하겠다는 포부를 품고 있었고, 자크 드 쇼몽은 프랭클린에게 거처를 제공한 집주인이었다. 프랭클린은 보마르셰를 둘러싼 먹구름을 감지하고 그와 거리를 두었다. 아마 다른 상황에서 만났더라면 이 재주 넘치는 인물과 누구보다 잘 통하는 벗이 되었을 것이다.

그러나 거리를 두려 해도 뜻대로 되지 않는 이들도 있었다. 젊은이들이—때로는 좀 나이가 있는 사람들까지— 소규모 '군단'처럼 프랭클린 주변으로 몰려들어 미국군 장교직을 달라고 아우성이었다. 15년 가까이 지루한 평화 속에서 지내온 대륙의 군인 계층은 다시 일하고 싶어 안달이었다. 네덜란드군에서 중위 이하 경력밖에 없는 스위스 장교는 조지 워싱턴 장군 밑에서 중령으로 복무하겠다고 나섰고, 아무 일도 벌어지지 않는 스페인에서 편지를 보내온 프랑스군 10년 차 참전 용사는 자신이 연대 병참 장교 정도는 맡을 자격이 있다고 여겼다. 리옹 출신의 한 학생은 이제야 비로소 큰일을 할 때가 되었다며 그 첫걸음으로 미국에서 영국군을 죽이겠다고 큰소리쳤고, 오를레앙 출신의 한 귀족은 프랑스군에서 42년간 복무한 경력을 내세우며 자신이 2만 5000명의 병력으로 25만 대군을 물리치는 법을 알고 있으니 그 비결을 워싱턴 장군에게 전수해 드릴 수 있는 영광을 달라고 청했다. 예나에서 편지를 보낸 한 독일 학생은 집안 형편상 더는 학업을 이어갈 수 없다고 솔직하게 밝히며 밥벌이를 위해 싸우겠다고 했고, 네덜란드의 외과의사는 사람의 신체가 수시로 산산조각 나는 유일한 장소에서 신체 외상에 대한 지식을 넓히고 싶다며 지원했다. 코르시카에서 프랑스군 편에서 싸웠다는 이유로 영국에서 추방당한 어느 영국인은, 자신을 그렇게 푸대접한 자들에 맞서 미국 편에서 싸우고 싶다고 밝혔다. 생미셸 드 둘랑의 수녀원장은 소속 수녀의 조카를 추천했는데, 열여덟 살밖에 안 된 녀석이 참 기특하게도 열한 명의 형제자매를 부양하겠다며 미국군 입대를 자청했다고 했다. 샤텔로의 한 어머니는 아들이 넉넉하다며 셋을 전선에 보내겠다고 했고, 파리의 한 부인은 스페인 왕실 근위대에서 복무 중인 친척 청년이 카를로스 국왕의 끊임없는 사냥 활동에 진이 빠진 나머지 이제는 영국군을 상대로 '느긋하게' 싸우며 좀 쉬고 싶어 한다는 사연을 보내왔다.

다행히 잡다한 싸구려들 중에도 다이아몬드가 몇 개 섞여 있었다. 프랭클린은 1777년 5월 워싱턴 장군에게 다음과 같은 추천서를 보냈다. "폴란드의 펄래스키 백작은 러시아·오스트리아·프로이센 세 열강의 침략에 맞서 조국의 자유를 수호하며 보여준 용기와 지휘력으로 유럽 전역에 명성이 자자한 장교입니다. 이제 그가 이 편지를 장군께 직접 전달하는 영광까지 누리게 되었군요." 펄래스키는 훗날 대륙군 기병대를 조직하게 된다. 몇 달 뒤에는 "최근까지 프로이센 국왕 밑에서 중장으로 복무했던 슈토이벤 남작"을 추천했다. 덕분에 워싱턴 군은 순식간에 프로이센식 군기로 무장한 군대로 탈바꿈하게 된다(슈토이벤이 실제로는 중장이 아니라 겨우 대위였다는 사실이 나중에 밝혀지지만, 그때쯤엔 아무도 이를 문제 삼지 않았다). 프랭클린은 "장래가 매우 촉망되는 젊은 귀족으로 프랑스에서도 대단히 사랑받고 있는 라파예트 후작"도 추천했다. 라파예트는 그 기대에 부응하듯 미국에서도 엄청난 사랑을 받는 인물이 된다.

이런 인물들이라면 프랭클린도 거리낌 없이 추천할 수 있었지만, 그렇지 않은 경우에는 대체로 청탁을 무시하거나, 누구에게도 해가 되지 않을 내용으로 추천사를 써주곤 했다. 가령 그는 한 귀인에 대해 워싱턴 장군 앞으로 다음과 같은 추천서를 써주었는데, 이는 사실 그를 추천한 후원자들의 체면을 세워주기 위한 제스처였다. "이 추천서를 지참한 도르세 씨는 미국군에 자원하고자 하는 열망이 워낙 간절해, 저의 만류에도 불구하고 자비를 들여 미국으로 건너가기로 했습니다." 프랭클린은 자신이 이 인물에게 장교 임관에 관한 "그 어떤 희망이나 기대도" 심어주지 않았다는 점을 워싱턴에게 분명히 밝혔다. 그런데도 당사자가 끝내 추천서를 고집한 탓에, 마지못해 적당히 하나 써준 것이었다. 프랭클린은 이 신사가 자신의 만류를 한 사코 뿌리쳤음을 재차 강조하고 이렇게 덧붙였다. "이 정도면, 적어도 우리 대의에 대한 열정 하나는 높이 살 만하다고 하겠습니다."

그러나 이런 식의 '빈말' 추천서조차 워싱턴에게는 감당하기 힘든 일이 되어버렸다. 대륙군 사령부에서 보낸 편지에서 장군은 이렇게 토로했다. "우리 군은 이미 편성이 완료되었고 장교단도 충원이 끝난 상태입니다. 이미 임관된 외국인 장교의 수도 적지 않은데 새로운 지원자들까지 계속 밀려들고 있어서 향후 임관을 추진하는 데 오히려 큰 장애가 되고 있습니다. 새로운 인원이 올 때마다 대륙회의와 저에게는 큰 부담이고, 후보 당사자들에게는 실망과 분노만 안겨주고 있습니다." 워싱턴은 초기에 저질렀던 실수로 인해 여전히 그 여파를 겪고 있음을 솔직히 인정했다. 우리가 처음에 제대로 자격을 검토하지도 않은 채 외국인들에게 계급을 마구 남발하는 바람에, 자기 나라에서는 별다른 지위가 없거나 아주 낮은 계급에 불과했던 이들에게까지 높은 계급장을 달아주는 잘못을 저질렀습니다. 그러다 보니 인품, 능력, 계급 면에서 진짜 자격을 갖춘 이들은 그에 걸맞은 최고위급 직책을 부여받지 못하면 아예 머무르려 하지 않는 사태가 벌어지고 있습니다. 현재로썬 그들을 만족시키는 것이 사실상 불가능했다. 프랭클린도 이 점을 분명 알고 있었을 것이다. 워싱턴 장군은 프랑스 유력 인사들의 호의를 저버려선 안 된다는 점을 인정하면서도, '제발, 장교 후보자는 이제 그만 좀 보내시라'고 간청했다.

그러나 프랭클린 쪽은, 청탁 행렬이 갈수록 길어지기만 했다. 1777년 가을, 그는 친구 뒤부르에게 이렇게 하소연했다. "이런 지원서가 쉴 새 없이 나를 괴롭히고 있다네. 내가 얼마나 시달리는지 자네는 상상도 못 할 거야. 이제 사람들은 내 친구들까지 모조리 찾아내서 그들에게 나한테 청탁해달라고 청탁한다네. 직업 청탁꾼들뿐 아니라 온갖 부서의 온갖 계급의 고관대작들이며 귀부인에서 하녀들까지, 나를 아침부터 밤까지 들들 볶고 있어. 요즘은 집 앞마당에서 마차 비슷한 소리만 들려도 가슴이 철렁해. 저녁 초대는 또 어떤가. 밖에서 누가 만나자고 하면 겁부터 난다네. 막상 나가면 그 자리에 장교 당사자나 장교 친구가 끼어 있기 십상이거든. 샴페인 한두 잔에 기분이 좀 풀린다 싶으면 그 순간 바로 공격이 들어오지. 다행히 이런 짜증 나는 일을 꿈에서까지 겪지는 않는다네. 안 그랬으면 나에게 위안이 되는 그 유일한 몇 시간마저 두려움에 떨어야 했을 게 아닌가." 이 하소연은 다름 아닌 뒤부르가 자기 친구를 위해 보낸 청탁 편지에 대한 답장이었다. 프랭클린은 애정 어린 호소로 이 넋두리를 마무리했다. "그러니 내 사랑하는 친구여, 자네가 나에게 조금이라도 애정이 남아 있다면, 그리고 나를 프랑스에서 도망치게 만들고 싶은 게 아니라면, 부디 제발, 이번이 자네의 스물세 번째이자 마지막 청탁이 되게 해주게."

프랭클린도 아마 이번 하소연만큼은, 자신이 다소 과장했다는 점을 인정했을 것이다. 청탁에 치여 사는 와중에도 역시 그의 유머 감각은 살아 있었다. 잠시 숨을 돌릴 틈이 나자, 그는 모든 상황에 두루 써먹을 수 있는 만능 추천서 한 편을 만들어냈다.

귀하께,

이 편지를 지참하고 미국으로 가는 이 신사는 제게 추천서를 써달라고 매우 강력히 요청했습니다. 하지만 저는 이 사람에 대해 아는 것이 없습니다. 이름조차 모릅니다. 다소 기이하게 들릴 수도 있겠지만, 장담하건대 이곳에서는 결코 드문 일이 아닙니다. 어떤 때는 정체불명의 인물이 또 다른 정체불명의 인물을 데려와서 추천해달라고 부탁하기도 하고 또 어떤 때는 서로가 서로를 추천하기도 합니다! 이 신사분의 인품이나 성격에 대해서는, 저보다는 본인이 훨씬 더 잘 알고 있으니, 본인에게 직접 본인의 추천을 받으시는 수밖에 없겠습니다.

미국에 필요한 건 사람이 아니라 돈이었다. 1777년 가을이 되자 상황은 극히 심각해졌다. 대륙회의의 지시를 받아 육군 군수 물자를 구매하고 해군 전투함을 건조했는데, 이제 그 청구서가 날아들어 돈을 내려고 보니 공급업자와 조선업자에게 지급할 돈이 없었다. 결국 9월, 프랭클린과 딘, 리는 다시 한번 프랑스와 스페인 궁정의 선의와 국익에 호소하게 된다.

프랭클린은 베르젠과 스페인 대사에게 보내는 각서에서 다음과 같이 설명해나갔다. "우리 위원들은 스스로 한 여러 약속 때문에 민망하고 난처한 상황에 처해 있습니다." 하지만 그들의 체면 손상보다 더 큰 문제는 미국의 국가신용과 대의명분에 가해질 타격이었다. 그들은 사태가 이렇게까지 악화된 경위를 간략히 되짚었다. 우선 유럽 은행에서 돈을 빌리려는 시도가 실패로 돌아갔다. 미국의 앞날이 불투명한 상황에서 그들이 선뜻 대출에 나서지 않았기 때문이다. 미국에서 출항한 무역선들은 영국의 해상봉쇄에 잇따라 붙잡혔고, 프랑스가 미국 사략선의 전리품 판매를 금지하면서 그로 인한 수익마저 끊기게 되었다. 설상가상으로 스페인 궁정은 최근 들어 뚜렷한 설명도 없이 자금 지원을 중단한 상태였다.

이런 형편이었기에, 프랭클린과 동료 위원들은 미국의 승리가 프랑스와 스페인에 가져다줄 이익을 양국 정부에 상기시킬 필요가 있다고 판단했다. 우선 프랑스와 스페인은 미국 시장에 자유롭게 접근할 수 있게 되고, 그로 인해 국력도 강화될 것이다. 반면 영국은 미국과의 무역 독점권을 상실함으로써 국력이 약화될 것이고, 이 역시 프랑스와 스페인에는 추가적인 이점이 될 것이다. 다만 프랑스와 스페인 정부가 이 말을 오해할까 봐—그렇다면 실은 제대로 이해한 것이지만— 위원단은 재빨리 덧붙였다. "우리는 이러한 이점을, 가격을 매겨 팔겠다는 것이 아니라, 두 왕국과 우호를 다지는 과정에서 맺어질 유대의 일부로 여겨주십사 하는 것입니다."

그래 놓고 실제로는 가격표를 들이밀었다. 전쟁 수행에 필요한 아주 구체적인 가격표였다. 담요 8만 장에 5만 6000리브르, 셔츠 8만 벌에 3만 2000리브르, 화약 100톤에 20만 리브르, 초석 100톤에 11만 리브르, 그리고 전열함 여덟 척은 무려 773만 리브르였다. 마침내 프랑스와 스페인 정부는 이 전쟁을 계속 치르는 데 얼마나 비용이 들지 직접 확인할 수 있었다.

프랭클린과 위원들은 '당신들의 도움 없이는' 미국의 대의가 무너질 수 있다는 경고를 전하면서도, 늘 그렇듯 겉으로는 자신만만해 보이려고 애썼다. 실제로 유럽에서는 영국이 모종의 타협안을 통해 다시 미국의 통상권을 독점하려 한다는 소문이 돌고 있었다. 위원단은 이 같은 소문을 강력히 부인했다. "위원단은 미국 내에서 어떠한 협정이 추진되고 있다는 소식을 들은 바 없으며, 그런 사실이 있다고도 믿지 않습니다. 또한 위원단이 먼저 영국 정부에 어떤 제안을 한 사실도 없다는 점을 확실히 말씀드릴 수 있습니다." 너무 강한 부정처럼 들리는가? 실제로 그것이 위원단의 의도였다. "우리 위원단은 단 한 치의 의심도 하지 않습니다. 유럽으로부터 실질적인 원조와 지원을 얻을 희망이 완전히 사라지지 않는 한, 대륙회의는 어떤 조건에서도 영국과의 독점 무역을 수용하지 않을 것입니다."

베르젠은 미국 사략선 문제로 워낙 골머리를 앓은 터라 미국이 쩔쩔매는 모습을 보는 건 오히려 괜찮았다. 그러나 그들이 완전히 숨을 거두는 건 괜찮지 않았다. 그는 미국이 당장 연명할 만큼의 현금 지원을 약속했고, 프리깃함의 건조 비용도 부담할 수 있다는 뜻을 넌지시 밝혔다. 게다가 보마르셰의 회사에 대한 상환 문제도 신경 쓰지 말라고 했다(이로써 그 극작가가 사실은 폭리 장사꾼이었다는 미국의 판단이 입증된 셈이었다). 하지만 이 모든 조치는 여전히 막후에서 이루어졌다. 프랑스는 이전이나 지금이나 공식적으로는 미국과 일정한 거리를 유지하고 있었다.

1777년 11월 말, 프랭클린은 대륙회의에 이렇게 보고했다. "프랑스가 도대체 원조를 해주고 있는지조차 우리는 파악하지 못하게 만들어 났습니다. 그래도 정 알고 싶으면, 우리가 받은 대포, 무기 따위가 어디선가 사적인 호의나 관대함으로 건네진 것이라 생각하고 넘어가라는 식입니다." 목표는 여전히 공식적인 동맹 체결이었지만, 언제나 침착한 프랭클린은 오히려 동맹이 없는 상황의 이점도 언급했다. "미국이 스스로의 덕성과 용기만으로 해방을 이루어냈다는 영광을 온전히 누릴 수 있게 되는 것이지요."

하지만 실상을 보면 그런 낙관은 거의 맹신에 가까웠다. 영국의 윌리엄 하우 장군은 롱아일랜드 전투에서 승리*한 뒤 워싱턴을 맨해튼섬에서 몰아내고 허드슨강을 건너 뉴저지까지 추격했고, 워싱턴 군은 결국 델라웨어강을 건너 펜실베이니아까지 후퇴했다. 그는 영국군의 목표가 필라델피아일 거라 판단하고 하우의 군대가 미국의 수도로 건너오지 못하도록 델라웨어강에 있는 모든 배를 파괴했다. 12월 17일, 워싱턴의 편지 내용이다. "일

---

*   1776년 8월

단 그들의 도하는 막았지만, 이 방어선을 언제까지 지켜낼 수 있을지는 오직 하나님만 아시겠지."

오직 하나님만 아셨던—그리고 워싱턴도 뒤늦게 알고 안심하게 되는—사실은, 하우가 필라델피아까지 쫓아올 생각이 없었다는 점이었다. 영국군 총사령관은 뉴욕에서 겨울을 날 계획이었고, 대신 델라웨어강에 이르는 여러 마을마다 소규모 수비대를 배치하고 그중 일부를 헤센 용병*들이 지키게 했다.

워싱턴은 승리가 절실했다. 탈영병이 속출하면서 군 전체가 실제로 붕괴할 수도 있는 위기 상황에서, 어떻게든 사기를 끌어올려 더 이상의 탈영을 막아야 했다. 장군은 트렌턴에 외따로 배치된 헤센 용병 부대를 전화위복의 희생양으로 삼기로 했다. 크리스마스 당일 밤, 워싱턴 군은 눈보라와 비바람이 뒤섞인 악천후 속에서 델라웨어강에 한가득 떠 있는 얼음덩어리들을 헤치고 강을 건넜다. 그리고 다음 날 새벽, 숙취에 널브러져 있는 트렌턴 주둔군을 급습했다. 잠이 덜 깬 헤센 지휘관은 대륙군의 총탄에 쓰러졌고, 혼란에 빠진 용병들은 수백 명씩 줄줄이 항복했다. 아군의 피해는 거의 없었다. 그야말로 눈부신 승리였다.

워싱턴은 여세를 몰아 뉴브런즈윅에 있는 영국군 무기고를 공격하려 했지만, 뉴욕에서 급파된 콘월리스 장군의 증원군이 도착하면서 그 기대는 좌절되었다. 그래도 트렌턴에서의 승리 덕분에, 이번 겨울에 대륙군이 붕괴하지 않으리라는 것만은 확실했다. 하우가 진격해온다는 소문에 서둘러 피신했던 대륙회의도 다시 필라델피아로 돌아왔고, 그곳에서 프랭클린의 낙관적인 보고서를 받아들었다. 희망을 포기하지 말아야 할 또 하나의 이유였다.

하지만 프랭클린의 보고서가 도착했을 무렵, 윌리엄 하우 장군은 대륙

---

* 미국독립전쟁 당시 영국이 돈을 주고 고용한 독일 출신 정예 군인

회의를 또다시 쫓아낼 작전을 준비하고 있었다. 한참 뒤 영국군 총사령관은 형 하우 제독이 이끄는 함대와 연합해 1만 8000명의 병력을 배에 태우고 대서양으로 사라져버렸다. 육지에 발이 묶인 워싱턴과, 마찬가지로 대륙에 갇힌 대륙회의는 그저 가만히 앉아 그들의 행방을 추측만 하고 있을 수밖에 없었다. 존 애덤스는 8월 20일 아내에게 이렇게 적어보냈다. "하우의 함대에 대해서는 아직 아무 소식도 없소. 지금으로선 사우스캐롤라이나의 찰스타운으로 갔다는 말이 가장 많지만, 터무니없는 가설이지. 하지만 의외로 그게 맞을지도 몰라. 하우 장군 자체가 워낙 터무니없는 사람이니까."

그 예상은 빗나갔다. 하우는 사우스캐롤라이나가 아니라 메릴랜드의 체서피크만 북단에 나타났다. 누가 봐도 후방에서 필라델피아를 점령하려는 속셈이었다. 워싱턴은 그들을 저지하기 위해 서둘러 남서쪽으로 향했고, 실제로 브랜디와인강에서 영국군의 진격을 잠시 늦추는 데는 성공했으나, 하우의 진격을 막기에는 역부족이었다. 9월 중순, 대륙회의는 또다시 도망쳐야 했다. 이번에는 펜실베이니아 내륙으로 몸을 숨겼다. 그 직후 하우가 대륙의 수도를 점령했다.

필라델피아의 함락은 뼈아픈 타격이었지만, 그해 여름 내내 미국인들을 진짜로 떨게 만든 건 북쪽에서 들려온 소식이었다. 존 버고인 장군은 지난겨울 영국에 머물며, 하이드파크에서 국왕과 말을 달리고 런던에서 귀부인들과 어울려 다니고, 여기저기서 떠벌리고 다니길 자신이 캐나다에서 뉴욕시로 쳐들어가 한방에 전쟁을 끝내버릴 수 있다고 호언장담했다. 영국 정부는 그에게 전권을 줘보기로 했다. 그렇게 수천 명의 병력을 얻은 버고인은 퀘벡에 돌아가자마자 군대를 이끌고 섐플레인호를 향해 진군을 시작했다.

처음에는 모든 일이 순조롭게 흘러갔다. 7월 초, 버고인 장군은 길게 뻗은 호수의 남쪽 끝자락에 위치한 포트타이콘데로가에 도착했고, 불과 일주일 만에 그 견고한 요새를 손에 넣었다. 그리고 곧바로 허드슨강을 향해 남하하는 미국군을 추격했다. 승리가 눈앞에 있었다. 일단 허드슨강에 도 달하기만 하면, 배를 타고 위풍당당하게 맨해튼까지 내려가 미국 식민지를 두 동강 낼 수 있을 것이고, 곧 항복이 뒤따르리라. 그러면 그 항복을 받아 낸 장군에게는 아마도 백작 작위 정도는 주어지지 않을까?

버고인은 부푼 상상에 젖어 있는 와중에도 용케 짬을 내어, 아직도 쓸데없이 저항 중인 주민들에게 발표할 포고문을 작성했다. 그는 "기독교 정신과 국왕 폐하의 관대하심과 군인의 명예를 걸고" 미국인들이여 영국의 품으로 다시 돌아오라고 호소했다. 지금 돌아온다면 모든 일이 원만히 풀릴 수 있으리라는 것이었다. 하지만 이를 거부한다면, "내 휘하의 인디언 수천 명의 고삐를 풀어주는 수밖에. 그들은 대영제국과 미국에 저항하는 구제 불능의 적들을 추격할 것이며 (…) 정의와 분노의 심판을 전하는 전령들이 들판에서 적들을 맞이할 것이며, 마지못해 수행된 불가피한 군사행동은 파괴와 기근, 온갖 참상을 초래해 결국 그들이 돌아올 길마저 영영 막아버릴 것이다."

뉴잉글랜드의 장로교도와 기타 비국교도들은 영국성공회 장군의 훈계 따위를 곱게 받아들이지 않았다. 하지만 이들을 정말로 열받게 한 것은 버고인이 인디언 병력을 풀겠다고 위협한 일이었다. 프렌치인디언 전쟁의 기억으로 아직도 고통받는 그 황량한 땅에서, 버고인의 허세 등등한 협박은 그들의 상처를 다시 후벼판 셈이었다.

워싱턴은 불붙은 민심을 활용하기로 하고, 필립 스카일러 장군을 허레이쇼 게이츠로 교체했다. 스카일러는 고지식한 네덜란드계 지주로, 뉴잉글랜드 민병대의 민주적 분위기를 못마땅해했지만, 게이츠는 일반사병들도 거리낌 없이 존중하고, 그들과 스스럼없이 어울리는 인물이었다. 영국군 버고인과 미국군 게이츠의 대결 구도가 형성되면서 미국의 신병 모집은 활황을 맞았다. 버고인이 캐나다 기지에서 멀어질수록, 게이츠의 병력은 점점 더 불어났다.

야전野戰의 베테랑인 프랭클린이 이미 수년 전 예언하지 않았던가. 영국이 바보같이 미국에 군대를 보낸다면 아무리 대단한 군대라도 미국의 산과 숲에 잡아먹힐 거라고 말이다. 버고인 덕분에 이 철학자는 예언자가 되었다. 타이콘데로가까지는 순조로웠지만 그 남쪽은 버고인 군에게 총체적 난국이었다. 병력과 대포가 지나기엔 턱없이 좁은 길을 굼벵이 기듯 움직여야 했고, 미국군이 다리를 무너뜨린 바람에 급류에 허우적대며 힘겹게 강을 건너야 했고, 미국군 도끼에 쓰러진 거대한 나무들에 길은 계속 가로막혔고, 가뜩이나 부족한 전투식량은 한주 한주 눈에 띄게 줄어들었고, 가을이 깊어지며 추위까지 엄습했다. 전진도 못 하고 그렇다고 후퇴는 하기 싫고, 버고인은 늪에 빠진 듯 허둥댔다. 설상가상으로, 허드슨강을 따라 북상하던 원군은 대륙군에 격퇴당하고 서쪽에서 접근하던 또 다른 부대마저 뿔뿔이 쫓겨가면서, 버고인의 군대는 완전히 고립되고 말았다. 마침내 새러토가 인근에서 벌어진 최후의 전투에서는 그 변덕스러운 베네딕트 아널드가 등장해 눈부신 활약을 펼쳤다. 얼마 전 지휘권을 박탈당한 그는 오로지 야망과 용기에 북받쳐 부하들을 이끌고 몇 번이고 영국군을 공격하며 거세게 몰아붙였다. 적의 방어선은 결국 흐트러지고 완전히 붕괴되었다.

이 전투로 버고인의 경력은 끝장이 났다. 항복 조건을 협상하는 데 며칠이 걸렸고, 마침내 마무리되었을 때는 북쪽으로부터의 위협, 식민지가 두 동강 날 뻔한 위기, 그리고 전쟁 초기 영국을 떠받치던 오만함까지도 한꺼번에 정리되었다.

"모든 조건이 무르익으면, 작은 계기 하나로도 곧바로 터질 수 있습니다." 프랭클린은 프랑스의 참전 시기에 대해 이렇게 말한 바 있었다. 그러나 새러토가 전투에서의 승리는 결코 작은 일이 아니었고, 그 승전 소식이 유럽에 당도했을 때는 정말로 모든 조건이 무르익어 있었다.

프랭클린이 받은 첫 소식은 그야말로 날벼락 같은 보고였다. 불과 닷새

전만 해도 그는 미국이 스스로의 덕성과 용기만으로 해방을 이뤄내야 할지도 모른다고 보고서를 마무리한 참이었다. 그런데 미국인 전령 하나가 전선에서 급보를 가지고 낭트에 도착했다는 소문이 들리더니, 12월 4일 늦은 아침 조너선 로링 오스틴이라는 젊은이가 프랭클린의 거처 안뜰로 말을 타고 들이닥쳤다. "필라델피아는? 필라델피아는 **함락되었소?**" 프랭클린이 다급히 물었다. 미국의 수도, 그리고 자신의 집은 무사한 걸까? 머릿속은 온통 그 생각뿐이었다.

"예, 그렇습니다." 오스틴이 대답하자 프랭클린은 양손을 움켜쥐고 몸을 돌려 집안으로 향했다.

"그런데 선생님, 그보다 훨씬 더 큰 소식이 있습니다." 숨을 몰아쉬며 청년이 다급히 외쳤다. "버고인 장군과 그 군대가 전부 포로로 잡혔습니다!"

이 소식은, 말할 것도 없이, 모든 것을 바꾸어놓았다. 프랭클린은 즉시 파리와 베르사유궁의 유력 인사들에게 이 반가운 소식을 전했다. 물론 게이츠 장군의 혁혁한 무공은 강조하고 하우 장군의 성과는 축소했다. 베르젠 외무장관에게 전달된 보고서에는 "버고인 장군 휘하 부대의 완전한 궤멸"과 하우 장군이 처한 어려움이 기술되어 있었다. 전령이 미국을 떠날 당시 "게이츠 장군은 필라델피아 인근에 주둔 중인 워싱턴 장군에게 증원 병력을 파견하기 직전"이었다는 것이다. "하우 장군이 그 도시를 점령하고 있기는 하나 함대와의 연락이 끊긴 상황이라, 머지않아 버고인과 같은 조건으로 항복할 수밖에 없을 거라 기대됩니다. 아울러 버고인 장군의 항복 문서를 함께 동봉해 드리는 바입니다."

프랭클린은 실제로 하우의 최후가 머지않았다고 믿었을지도 모른다. 어쨌든 그렇게 믿는 척하는 것이 외교적으로는 더 유리하다고 판단한 것이 분명했다. 한 지인이 미국의 수도를 잃은 데 대해 위로를 건네자, 프랭클린은 이렇게 응수했다. "오해하셨군요. **하우가 필라델피아를** 점령한 것이 아니라, **필라델피아가 하우를 사로잡은 겁니다.**"

미래가 자신의 기대와는 다르게 흘러가기라도 하기 전에—머지않아 그렇게 되지만— 프랭클린은 최근의 성과를 최대한 활용하고자 발 빠르게 움직였다. 베르젠도 이런 움직임에 힘을 실어주었다. 외무장관은 자신의 비서관 콩라드 알렉상드르 제라르를 프랭클린의 아파트로 보냈다. 아서 리가 기록한 제라르의 말이다. "장관께서는, 이제 미국이 독립을 지켜낼 의지와 능력을 갖추었다는 데 의심의 여지가 없어 보이는 만큼, 귀국이 예전에 제안했던 동맹 안을 다시 제기하거나, 또는 원한다면 새로운 안을 제출해주시기를 바란다는 뜻을 분명히 하셨습니다. 아울러, 이 일은 한시라도 빨리 시작하는 것이 좋겠다고 강조하셨습니다."

프랑스도 서두를 만한 이유가 있었다. 미국과 프랑스 사이에 동맹이 맺어질 기미가 보이자, 위협을 느낀 영국이 이를 저지하기 위해 분주히 움직이기 시작한 것이다. 영국이 보낸 공식·비공식 사절들이 잇따라 파리에 도착해 프랭클린을 만났다. 프랑스를 끌어들이는 대신 영·미 당사자끼리 문제를 해결할 수는 없겠냐는 가능성을 타진하기 위해서였다. 그중 필립 깁스 경은 1777년 2월에 나눴던 대화를 다시 꺼내들었다. (깁스의 기억에 따르면) 당시 프랭클린은, 영국이 미국의 독립을 인정한다면, 양국이 전쟁 및 평화 정책을 함께 결정하고—즉, "마치 단일국가처럼 함께 전쟁을 선포하거나 평화를 체결하고"— 무역도 공동으로 운영하는 형태의 영·미 연합이 가능할 수도 있다는 의견을 내비치지 않았냐는 것이었다. 이 기억이 사실이라 하더라도 그것은 어디까지나 하나의 제안에 불과했다. 더구나 당시 영국은 미국의 독립을 인정할 의사가 전혀 없었기 때문에 그 제안은 결국 아무 일 없이 묻혀버렸다. 11개월이 흐른 지금, 미국의 독립은 사실상 현실이 되었고, 영국의 태도에도 변화가 생겼다. 하지만 그사이 미국도 달라져 있었다. 프랭클린은 이제 전쟁을 끝내려면 영국이 훨씬 더 큰 대가를 치러야 할 것이라고 말했다. 다만 그 대가가 얼마만큼 커졌는지는 끝내 밝히지 않았다. "미국은 화해할 준비가 되어 있습니다. 영국도 화해를 원한다면 이곳에 있는 우리 위원단에게 조건을 제시하면 됩니다." 그러면서 깁스에게 '영국이 어떤 조건을 제안하든 그 내용은 프랑스 정부와 공유될 것'이라는 경고를 남겼다. 미국은 외교 경험이 일천해 프랑스 친구들의 경험을 빌리고자 한다는 것이었다.

물론 이것은 런던이 기대했던 답이 아니었다. 깁스는 이렇게 대답했다. "유감입니다. 참으로 안타깝군요. 귀하가 프랑스와 맺은 약속 때문에, 영국과 미국 간의 평화 조건을 프랑스에 제출해야 한다니요."

그러자 프랭클린은 곧장 정정했다. "오해하지 마십시오. 프랑스에 **제출해야 한다**고 말씀드린 게 아닙니다. 우리 스스로를 믿지 못하기 때문에 프랑스와 **상의해야겠다**고 한 겁니다." 어찌 되었든 영국은 '꽤 괜찮은' 조건을 내놔야 할 터였다. "자발적이고 너그러운 성의가 담긴 조건이라면, 영국의 명예를 드높여줄 것이고 미국의 신뢰를 이끌어낼 수 있을 것입니다."

깁스는 아무런 제안도 내놓지 못했지만, 그다음에 찾아온 방문객은 달랐다. 폴 웬트워스는 당시 영국 정보 활동을 총괄하던 윌리엄 이든이 직접 파견한 스파이였다. "어제 72번을 방문했습니다." 웬트워스는 프랭클린을 가리키는 암호를 사용해 이든에게 이렇게 보고했다(이든은 훗날을 대비해, 보고서 숫자 옆에 '프랭클린'이라고 써두었다). "우리는 두 시간가량 대화를 나눴고, 그 뒤 51번(사일러스 딘)이 나타나면서 대화는 중단되었습니다." 프랭클린과 둘만의 면담 중 웬트워스는 이든의 편지를 꺼냈다. "저는 72번에게 이렇게 말했습니다. 제가 보여주려는 편지의 내용 중 단 일부라도, 지금이든 앞으로든 그 어떤 경우에도 절대 발설하지 않겠다고 그 자신의 명예를 걸고 맹세한다면 편지를 읽어주겠다고요. 그리고 그것이 제가 144번(파리)에 온 이유라고 밝혔습니다. 그는 동의했고, 저는 편지 두 번째 장의 마지막 문구, 즉 '조건 없는 완전한 107(독립)'이라고 적힌 부분까지 읽어주었습니다." 프랭클린은 조용히 경청한 뒤, 웬트워스의 보고서에 따르면 이렇게 반응했다. "아주 흥미롭고, 합리적인 편지로군요. 조금만 더 일찍 왔더라면 좋았을 텐데요."

웬트워스는 그 편지의 발신자가 누구인지는 말하지 않았다. 프랭클린이 물었지만, 그는 편지의 작성자가 국왕의 신임을 받는 인물이라는 정도 외에는 윌리엄 이든의 이름을 끝내 밝히지 않았다.

프랭클린에게 이 조건은 '꽤 괜찮다'고 하기엔 충분치 않았다. 웬트워스가 편지를 꺼내들기 전, 잠깐 잡담이 오가는 동안 프랭클린은 과거에 비공식적으로 이루어진 화해 시도들이 얼마나 실망스러웠는지를 설명했다. 특히 자신이 영국을 떠나기 전 마지막 몇 달간 하우 경이 시도했던 방식을 콕 집어 언급했다. 그때는 그런 시도들로 시간만 낭비되었을 뿐이지만, 지금은 생명이 희생될 수도 있었다. 이 말을 마친 뒤 프랭클린은 웬트워스를 상대로, 영국이 이 잔인하고 부당한 전쟁에서 얼마나 많은 만행을 저질렀는지 조목조목 비판했다.

웬트워스는 애초의 방문 목적으로 화제를 되돌리려 애썼지만, 프랭클린은 요지부동이었다. 웬트워스는 이든에게 이렇게 보고했다. "그렇게 별난 모습은 처음 봤습니다. 평소에는 지독하리만큼 말을 아끼고 정작 입을 열 때도 핵심에서 벗어나는 법이 없는 사람인데, 오늘은 장황하고 두서가 없었습니다." 결국 이 스파이는 프랭클린의 속내를 눈치채기 시작했다. "아마도 어떤 약속에 이미 단단히 얽매여 있어서 다른 어떤 제안에도 귀를 기울일 수 없는 처지라고 생각할 수밖에 없었습니다."

정말로 그랬다. 게다가 프랭클린과 영국 사절들과의 만남은 그 약속에 박차를 가했다. 프랭클린은 깁스 및 웬트워스와 나눈 대화가—세부 내용은 쏙 빼고— 베르젠의 귀에 들어가도록 조치했다. 베르젠은 조바심을 냈다. 이제 정말로 때가 무르익었다고 판단한 데다, 영국이 동맹을 막으려고 필사적으로 움직이고 있으니 그럴 만도 했다. 외무장관이 미국과의 동맹 협상을 "활기 넘치는 긴 과정"이었다고 묘사한 것만 봐도 프랑스가 얼마나 간절했는지를 짐작할 수 있다. 실제로는 채 3주도 걸리지 않았고, 비교적 순조롭게 마무리된 협상이었다.

그 결과 두 개의 조약이 체결되었다. 하나는 우호 통상조약으로, 양국이 서로의 시장에 대해 최고 수준의 접근권을 보장하는 내용이었고, 다른 하나는 동맹조약으로, 프랑스는 미국의 독립을 지원하고 미국은 영불 간 전쟁이 발발할 경우 프랑스를 지원한다는 약속을 담고 있었다.

24장 **보놈 리샤르**
1778~1779

실제로 협상 과정 중에 문제가 발생하더라도 그것은 프랑스 측과의 이견보다는 미국 협상단 내부의 갈등에서 비롯된 경우가 더 많았다. 미국과 프랑스가 때를 놓치지 않고 우호를 약속한 것이 천만다행이었다. 미국 대표단 사이에는 그런 우호적 감정이 거의 없었고 그것이 프랭클린의 외교력마저 점점 갉아먹고 있었기 때문이다.

갈등의 불씨는 사일러스 딘이었지만, 진짜 원인은 아서 리였다. 딘은 외교사절이자 사업가라는 모호한 신분이었고, 마찬가지로 수상쩍은 보마르셰와도 가까운 사이였다. 아서 리는, 딘과 그의 모리배 친구가 미국의 국익보다 자기들의 배를 불리는 데 더 열중하고 있다는 의심을 떨칠 수 없었다. 그래서 평소 음모론에 관심이 많고 딘의 정치 성향도 못마땅해하던 새뮤얼 애덤스에게 이렇게 귀띔하기도 했다. "이 말씀은 의원님께만 드리는 겁니다만, 그쪽과 이쪽 모두에서 무언가 뒷거래가 오가는 정황들이 보입니다. 국익과 공금이 사적 목적에 희생되고 있는 듯합니다." 대륙회의가 나서서 외교위원들이 군수 물자 거래에 손을 대지 못하게 해야 한다는 게 그의 주장이었다. 그는 자신의 형 리처드 헨리 리에게는 좀 더 노골적으로 속내를 털어놓았다. "앞으로 상황이 정리되는 과정에서 내가 여기 그대로 남고 D씨만 다른 곳으로 옮겨진다면 더 바랄 게 없지. 그러면 저들의 사악한 계략도 제대로 꼬일 테고."

프랭클린에 대한 불신은 딘에 대한 것보다는 덜 실체적이었으나, 그 뿌리는 훨씬 깊었다. 리는 런던 시절부터 프랭클린이 매사추세츠 민의회에서 중요 인물로 대우받는 것에 아직도 앙심을 품고 있었다. 당시에는 프랭클린이 영국과 내통한다고 의심했고, 이제는 프랭클린이 프랑스와 지나치게 살갑게 지낸다고 생각했다. 게다가 삼인 위원회에서도 프랭클린이 자꾸만 딘의 편을 들며 리의 의견을 배척하자, 리는 프랭클린이 딘과―심지어 보마르셰와도― 결탁하고 있는 게 틀림없다고 확신하게 되었다.

리의 방식은 대놓고 비판하기보다 돌려 말하고, 증거를 제시하기보다는 서운한 일들을 마음속에 쌓아놓는 쪽이었다. 그는 프랭클린과 딘이 자신을 소외시킨다며 끊임없이 불평을 늘어놓았다. 한번은 자신이 없는 사이에 딘이 새로 이사한 집이 하필 자신이 탐내던 아파트였고, 또 하필 프랭클린의 옆집이었다는 사실에, 리는 둘이 이웃이 된 것마저 배신행위로 받아들였다.

리의 끊임없는 트집에 프랭클린은 속이 뒤집힐 지경이었다. 마침내 1778년 봄, 리의 '자신이 따돌림당하고 있다'는 불평이 또다시 반복되자 프랭클린도 더는 참지 못하고 편지를 썼다. "내가 자네의 편지 몇 통에 답장을 하지 않은 것은 사실이네."

나는 화가 난 편지에는 답장을 잘 하지 않네. 다투는 것도 질색이야. 이제 나이도 많아서 오래 살지도 못할 텐데 해야 할 일은 산더미이고, 말싸움할 시간이 어디 있겠나. 그동안 자네의 그 거만한 핀잔과 힐난을 수도 없이 들으면서도 일일이 답하지 않고 그냥 참아 넘긴 데에는 그럴 만한 이유가 있었네. 우리끼리 다투는 모습을 보이면 우리 임무의 명예와 성공에 해가 되지는 않을까 걱정이 되었고, 나는 본래 평화를 사랑하며, 자네의 훌륭한 자질도 존중하기 때문일세. 그리고 무엇보다 남들이 자네를 해치려 한다거나 부당하게 대한다거나 존중하지 않는다는 식의 피해망상과 의심, 질투심에 늘 시달리는 자네의 병든 마음이 안타까워서였네. 자네가 이런 기질을 고치지 않으면, 결국 정신 이상으로 이어질 거야. 내가 실제로 몇 번 봤는데 그런 성향은 정신질환의 전조로 나타나더군. 하나님께서 자네를 그런 끔찍한 불행에서 지켜주시기를, 그리고 하나님을 위해서라도, 제발 나 좀 조용히 살게 놔둬 주시게.

하지만 몇 해 전 윌리엄 스트레이핸에게 썼던 분노의 편지처럼, 프랭클린은 이번에도 이 편지를 한동안 붙들고 있다가 마음이 진정되자 결국 보내지 않기로 했다. 운명이—그리고 대륙회의가— 자신과 아서 리를 한배에 태워놓았으니, 운명과 대륙회의가 마음을 바꿀 때까지는 지금의 자리에서 어떻게든 최선을 만들어내는 수밖에 없었다.

프랭클린이 결국 편지를 보내지 않고 서류함에 넣고 있을 바로 그즈음, 공교롭게도 신임 사절이 낭트에서 파리로 오고 있었다. 프랭클린은 제발 아서 리가 교체되었으면 하고 바랐지만, 물러나는 사람은 딘이었다. 리의 중상모략에다 딘 스스로의 부주의한 회계 처리까지 겹치면서, 리의 고발에 그럴듯한 신빙성이 생긴 탓이었다(다만 부주의함으로 치자면 아서 리가 한 수 위였다는 사실이 딘에게는 씁쓸하나마 위안이 되지 않았을까. 리야말로 임무 차 프로이센에 갔다가 영국 첩자에게 개인 서류를 몽땅 털린 전적이 있었으니까).

새 인물은 존 애덤스였다. 프랑스 주재 미국 사절이란 직책이 자신의 급에 맞지 않는다는 생각을 결국 고쳐먹은 셈이었다. 애덤스는 뼛속까지 청교도였고, 그 나름대로 아서 리 못지않게 예민한 구석이 있었다. 그가 프랭클린에 대해 내린 평가는 그런 성정을 고스란히 반영하고 있었다. 훗날 애덤스는 이렇게 적었다. "그가 위대한 천재요, 재치와 유머, 풍자의 달인이자 뛰어난 정치가라는 점은 틀림없는 사실이다. 그러나 그가 과연 위대한 철학자요 도덕가, 정치 지도자였는지는 좀 더 따져볼 문제다."

애덤스가 못마땅해한 이유 중 하나는 모든 공이 프랭클린에게만 돌아간다는 점이었다. 당시 애덤스는 이렇게 기록했다. "유럽 전체가 프랭클린 박사만 바라보고 있다. 미국 문제에 관한 한 유럽에서 가장 중요하게 생각하는 인물이라는 뜻이다. 아서 리나 나는 꿔다놓은 보릿자루로 보이는 것 같다." 처음에는 애덤스도 이런 분위기에 크게 불만이 없었다. "궁정의 관심이 프랭클린 박사에게 쏠리는 것도 무리는 아니다. 워낙 오랜 세월 동안 쌓아온 명성이 있는 데다, 그 점에서 리와 나는 이제 걸음마 수준이니, 지금의 상황은 뭐 당연한 결과일 것이다."

하지만 프랑스에서 지내는 시간이 길어지자, 그런 상황들이 갈수록 거슬리기 시작했다. 특히 프랑스 사람들이 그에게 "그 유명한 애덤스"—새뮤얼 애덤스—냐고 물을 때마다, 아니라고 설명해야 하는 일이 끊임없이 반복되면서 기분은 더더욱 나빠졌다. 그래도 농담할 기분은 남아 있었는지 나중에 이렇게 말하기도 했다. "그래도 프랑스나 영국에서 나를 '그 악명 높은 애덤스'라고 대놓고 부르는 사람은 없었다." 하지만 그 정도로 애덤스의 불평을 멈추게 할 수는 없었다. "파리에서도 영국 신문에서도 한 가지만큼은 기정사실이었다. 내가 그 유명한 애덤스가 아니라는 것. 그에 따라 내 존재도 절대적이고 영구불변적인 기정사실로 굳어졌다. 나라는 사람은, 세상에 알려진 적 없는 인물, 완전한 무명씨, 프랑스어는 한마디도 못 하는 사람, 어색한 몸짓과 어색한 옷차림에 무능력하고 편협하기 짝이 없는 광신도라고."

1779년 여름, 무명의 애덤스는 "미스터 M"이라는 프랑스 신사와 이야기를 나누게 되었다. 그는 프랑스에서는 외국 사절들도 그들의 방식대로 자유롭게 예배를 드릴 수 있다고 말하다가 이내 의아하다는 듯 덧붙였다. "그러고 보니 프랭클린 씨는 예배를 한 번도 드린 적이 없군요."

애덤스는 일기에 이렇게 적었다. "나는 웃으며 말했다 '네, 왜냐하면 프랭클린 씨는 종교가'라고 말하려다가 나는 멈췄다. 여기에도 적지는 않겠다. 어쨌든 나는 바로 멈추고 웃었다."

"미스터 M은 이렇게 말했다. '네, 프랭클린 씨는 오직 위대한 자연만을 숭배하지요. 그 때문에 남녀를 막론하고 많은 이들의 사랑을 받는 것이지요.'"

"내가 웃으며 말했다. '맞습니다, 무신론자, 이신론자, 쾌락주의자, 철학자, 귀부인들 할 것 없이 모두가 그를 줄줄이 따르고 있으니 말입니다. 또 하나의 볼테르요, 흄이지요.'"

"그러자 미스터 M이 말했다. '네 맞습니다. 그분은 미국의 위대한 철학자이자 위대한 입법자로 명성이 정말 대단합니다.'"

"내가 말했다. '그가 위대한 철학자인 건 맞습니다. 하지만 미국의 입법자로서는 거의 한 일이 없습니다. 프랑스와 영국은 물론이고 유럽 전역에선 마치 그가 번갯불 지팡이 하나로 이 혁명을 여기까지 이뤄낸 것처럼 믿고 있지만 이보다 더 터무니없는 말도 없지요. 실제로는 거의 한 일이 없습니다. 게다가 미국의 헌법과 연합규약도 전부 그분이 만들었다고들 생각하지만, 그 어느 것도 프랭클린 박사가 만든 게 아닙니다. 심지어 펜실베이니아 헌법도 그분 작품이 아니에요. 그 엉망진창 헌법조차도 말이지요.'"

애덤스는 프랭클린이 과도한 공로를 인정받는 걸 끝내 용서하지 못했다. 조지 워싱턴에 대해서도 비슷한 악감정을 품고 있었고, 프랭클린이 살아 있던 마지막 해에는 벤저민 러시에게 이렇게까지 불평했다. "우리 혁명의 역사는 처음부터 끝까지 거짓투성이가 될 걸세. 그걸 요약하면 결국 이런 거지. 프랭클린 박사의 번개봉이 대지를 내리치자 그 자리에서 워싱턴 장군이 튀어나왔다. 그 번개봉으로 워싱턴에게 전기를 쏘았더니, 그때부터 두 사람이 정치, 외교, 입법, 전쟁을 모두 관장했다."

날 선 질투심 탓에, 프랭클린을 바라보는 애덤스의 시선은 점점 비뚤어졌다. 그럼에도 불구하고 애덤스가 자서전에 그려낸 프랭클린의 초상화는 상당 부분 진실에 가까웠다. 다만 그 초상화 중 진실을 놓친 부분에서는 오히려 애덤스 자신—어쩌다 보니(그리고 이번에도 어김없이 대륙회의 때문에) 미국 역사상 결정적인 순간마다 프랭클린과 한배를 타게 된 남자—의 민낯이 적나라하게 드러났다. 애덤스는 한 치의 관용도 없었다.

프랭클린 박사의 생활은 그야말로 끝없는 방탕의 연속이었다. 나는 아침 식사 전에 그와 마주 앉는 영광을 단 한 번도 누리지 못했다. 그 시간이야말로 편지나 서류를 함께 읽고 그 내용을 상의하고 답장의 맥락을 결정하기에 딱 좋은 때였건만. 그는 늘 늦게야 아침을 먹었고, 식사가 끝나기 무섭게 마차가 줄지어 그의 접견실—표현이 거슬린다면 그냥 숙소— 앞에 몰려들었다. 말 그대로 온갖 부류의 사람들이 찾아왔다. 철학자라는 사람들, 학자, 경제학자 부류들, 그 밖에 그가 옛날 옛적 써놓은 글 몇 편—예컨대 '보놈 리샤르(가난한 리처드)'나 「폴리 베이커의 연설」 따위—을 번역시키려고 고용한 그저 그런 문단 친구들 같은 이들이었다. 하지만 찾아오는 사람들 가운데 압도적 다수는 여인들과 아이들이었다. 이유야 뻔했다. 그 위대한 프랭클린을 직접 만나 뵙고, 그분의 소탈함이며, 대머리며, 듬성듬성 뻗친 머리털 몇 가닥 따위의 이야기를 주변 사람들에게 자랑삼아 늘어놓으려는 것이었다.

주로 이런 손님들이 그의 하루를 다 잡아먹다가, 저녁 약속 때문에 옷을 갈아입을 시간이 되어서야 하나둘 물러나곤 했다. 박사는 날마다 저녁 식사 초대를 받았고, 우리가 손님을 따로 초대해둔 날이 아니면 절대 거절하는 법이 없었다. 처음엔 나도 늘 함께 초대받았지만, 나중에는 프랑스어 공부도 해야 하고 사절단 업무도 봐야 해서 정중히 사양하게 되었다. 프랭클린 씨는 늘 주머니에 작은 수첩을 넣고 다니며 모든 저녁 초대 일정을 빠짐없이 적어두었다. 아서 리는 그걸 두고 '프랭클린이 제시간에 딱딱 맞추는 건 그 안에 적힌 것뿐'이라고 말했다.

리의 말에 애덤스도 몇 마디 보탰다. 프랭클린의 사교 일정이 너무 빡빡해서 '사절단 업무 따위'는 늘 뒷전이었고, 그래서 자신(애덤스)이 작성한 서류에 겨우 서명 하나 받는 데도 며칠씩 걸리는 일이 다반사였다는 것이다.

그는 초대받은 대로 저녁 식사 자리에 참석했고, 그 후에는 가끔 연극을 보러 가거나 지식인들과 어울리기도 했다. 하지만 대부분은, 그를 너무 배려한 나머지 프랑스 관습마저 잠시 잊고, '티 세트'라 불리는 찻그릇까지 마련해 박사께 손수 차를 끓여주는 친절한 숙녀들을 방문했다. 차를 마신 뒤에는 숙녀들의 노래와 피아노포르테 같은 악기 연주를 감상하고, 카드, 체스, 백개먼, 따위 등등의 다양한 놀이를 하며 저녁 시간을 보냈다. 다만 내가 기억하기로 프랭클린 박사는 체스나 체커 말고 다른 게임에는 손을 대지 않았다.
이처럼 유쾌하고도 중요한 용무와 오락으로 오후와 저녁 시간을 보내고 나면, 박사는 밤 아홉 시에서 열두 시 사이에 아무 때나 내키는 대로 귀가하곤 했다. 이런 생활방식이 그 자신에겐 무척 즐거웠을 것이고, 내 생각엔 그의 건강과 장수에도 제법 기여했을 것이다. 그는 이제 70대였고(애덤스가 도착했을 때 일흔둘), 나는 그분의 연세를 진심으로 존경하고 연민했기에, 웬만한 일—정확히 말하면 온갖 고되고 단조로운 일—은 전부 내가 떠맡아도 괜찮다고 생각했다. 내가 바란 건 그저 그분이 하루 중 잠깐이라도 내게 시간을 베푸셔서, 그런 일들을 어떤 식으로 처리해야 할지 조언을 해주셨으면 하는 것뿐이었다. 하지만 그런 정도의 은혜도 나에게는 허락되지 않았다.

애덤스는 파리의 향락과는 거리가 멀었지만, 프랭클린은 그 세계를 제대로 누릴 줄 알았다. 파리에 도착했을 무렵 프랭클린은 위니베르시테 거리의 앙부르 호텔에 잠시 머물다가, 베르사유로 가는 길목에 자리한 파리 외곽 마을 파시로 거처를 옮겼다. 파시는 인파와 악취, 소음으로 가득한 수도에서 마차로 불과 10분 거리에 있는, 나름 전원적인 분위기의 피난처였다. 센강이 내려다보이는 언덕의 숲과 포도밭 사이사이에는 부유한 이들이나 연줄 좋은 사람들이 지어놓은 별장과 대저택들이 자리 잡고 있었다. 프랭클린의 집주인은 부유하고 연줄도 있었는데, 연줄은 부유함 덕분에 따라붙은 것이었다. 낭트 출신의 자크 도나시앵 르레는 겸손하면서도 야심 찬 인물이었다. 인도 무역으로 큰돈을 번 그는 루아르 강변의 쇼몽 성을 사들였고, 그때부터 이름에 '드 쇼몽'이라는 귀족식 성을 덧붙였다. 속칭 '졸부'였던 쇼몽은 진짜 귀족들보다 더 열심히 귀족의 본분을 다했다. 진짜 귀족들이 앙시앵 레짐이 서서히 몰락하는 것도 모르고 그저 기고만장해 있는 동안, 쇼몽은 자기 영지를 부지런히 관리하며 소농들의 지지를 얻었고, 덕분에 훗날 단두대 신세를 면하게 된다. 정부 관리들은 그의 타고난 자질뿐 아니라 자신들에게 베푼 '선물'도 아주 높이 평가했고, 그에 대한 보답으로 갖가지 영예와 관직을 안겨 주었다. 베르젠은 쇼몽의 지독한 반영국 기질이 프랑스의 대영 전략, 즉 복수를 도모하는 데 요긴하게 쓰일 수 있다고 판단했다.

프랭클린을 오텔 드 발랑티누아에 머물게 하라고 쇼몽에게 제안한 사람은 베르젠이었을 것이다. 이 화려한 저택은 쇼몽이 얼마 전 파시에 구입한 고급 부동산이었다. 쇼몽은 호방하게도 미국 사절에게 집세를 받지 않겠다고 했다. 미국이 확실히 독립하고 나면 그때 가서 정산해도 된다는 것이었다. 물론 프랭클린이 정말로 이 프랑스 거상에게 어떤 식으로든 신세를 갚아야 할 날이 올 수도 있었다(한 파리 신문은 쇼몽에 대해 "기회만 된다면 열세 개 식민지의 상권을 혼자 꿀꺽하고도 남을 인물"이라고 평할 정도였으니까). 이점에 대해 당사자인 프랭클린은 별로 개의치 않았지만, 아서 리와 존 애덤스는 **걱정이 태산이었다**(애덤스는 이 저택의 "사치스러움"에 혀를 끌끌 차며, 이에 대해 미국 국민이 얼마나 큰 비용을 치러야 할지 계산해보려다가 끝내 실패하고 이렇게 적었다. "아무튼 다들, 비용이 무지막지할 거라고 짐작했다").

쇼몽은 프랭클린에게 단순히 집만 내준 것이 아니라, 그를 널리 알리는 데에도 열성을 쏟았다. 먼저, 유명 조각가 조반니 바티스타 니니를 이탈리아에서 루아르까지 데려와, 프랭클린의 프랑스 체류를 기념하는 초상 메달 시리즈를 제작하게 했다. 그중 하나는 털모자를 쓴 프랭클린의 옆모습과 함께 'B. 프랭클린, 미국인'이라는 간결한 문구만 새긴 작품이었고, 다른 하나는 모자를 벗은 모습에, 튀르고가 먼저 유행시킨 라틴어 문구가 더해졌다. 'Eripuit Coelum Fulmen Septrumque Tyrannis(그는 하늘에서 번개를, 폭군에게서 왕홀을 빼앗았다).' 쇼몽은 왕실 초상화가인 조제프 시프레드 뒤플레시도 설득해서 프랭클린의 초상을 유화와 파스텔화 두 가지 버전으로 그리게 했다.

또한 그는 프랭클린을 자기 가족뿐 아니라 파시 마을 이웃들에게도 소개했다. 애덤스의 눈에는 "방탕하기 그지없는" 사람들이었다. 쇼몽 부인은 처음부터 프랭클린의 마음에 쏙 들었고, 파시 영주의 딸로 마을에서 그냥 '마드무아젤 드 파시(파시 아가씨)'라 불리던 젊은 숙녀도 그의 눈길을 끌었다. 존 애덤스조차 그녀에게 시선을 빼앗겼다. 그는 파시 아가씨를 "프랑스에서 본 젊은 여성 중 몇 손가락에 들 만큼 아름다웠다"라고 적었다. 당연히 프랭클린도 그녀를 눈여겨봤고, 애덤스는 그런 모습을 그냥 넘길 사람이 아니었다. "일흔의 나이에도 미에 대한 애정과 안목을 잃지 않은 프랭클린 씨는 마드무아젤 드 파시를 '나의 최애, 나의 불꽃, 나의 사랑, 나의 연인'이라 불렀다. 그의 말에 가족들은 즐거워했고 그 아가씨 본인도 마다하지 않았다." 쇼몽 부인은 일흔과 열일곱 사이의 밀당을 지켜보다가, 마드무아젤이 토네르 후작과 결혼하게 되자 이렇게 말장난을 던졌다. "어머나! 프랭클린 씨의 온갖 피뢰'봉'으로도 파시 아가씨에게 토네르(천둥)가 치는 걸 막을 수는 없었네요!"

이 실연에도 프랭클린의 청춘사업은 조금도 흔들림이 없었다. 마음을 줄 상대는 아직 많았기 때문이다. 쇼몽 부인의 여동생 푸코 부인도 예외는 아니었다. 그녀 역시 프랭클린에게 매력을 느꼈다. 루아르에 있는 쇼몽 성을 방문한 템플 프랭클린은 할아버지에게 이렇게 적어보냈다. "쇼몽 가족 모두가 할아버지께 안부를 전합니다. 아름다운 푸코 부인께서는 특별히 영국식 키스도 함께 보내셨어요." '영국식 키스'란 아마도, 프랑스 여성들이 볼연지가 번질까 봐 목 가까이에 입을 대는 둥 마는 둥 하는 키스가 아니라, 실제로 입술이 닿는 키스를 의미한 것으로 보인다. 프랭클린은 이렇게 답장을 보냈다. "쇼몽 부인께 깊은 존경을 전하고 가족 모두에게 사랑을 보냅니다. 푸코 부인께는 키스를 보내주신 친절에 감사드립니다. 다만 여기까지 오는 동안 다 식어버렸더군요. 다음에 만나면 따뜻한 키스를 받을 수 있겠지요." 프랭클린이 과연 다음 만남에서 따뜻한 영국식 키스를 받았는지는 알 수 없지만, 그 후 "파리의 푸코 부인의 집 건너편에서" 편지를 보내온 친구 무슈 브리용 덕분에 그녀에 대한 마음만은 식지 않을 수 있었다. "어이쿠! 이런 멋진 광경을 바로 건너편에서 볼 수 있다니! 어제 부인을 봤는데, 아주 기가 막히게 풍만한 모습으로 돌아왔더군요"—아마도 잠시 살이 빠졌던 모양이었다—"게다가 새로운 곡선까지 생겼더이다. 아주 둥글고, 아주 하얀 곡선 말이요."

브리용 씨가 푸코 부인을 훔쳐보며 프랭클린과 그 이야기로 희희낙락

할 수 있었던 건, 프랭클린이 자기 아내에게 눈독 들이고 있다는 사실을 몰랐기 때문이기도 했다. 그리고 그가 몰랐던 이유 중 또 하나는, 정작 그 자신도 아이들 가정교사를 쫓아다니느라―그리고 마침내 손에 넣느라― 한창 바빴기 때문이다. 존 애덤스는 그 가정사를 이렇게 기록했다.

마담 브리용은 프랑스에서 손꼽힐 만한 미인이었고, 음악적 재능도 빼어났다. 어린 두 딸도 마찬가지였다. 저녁 식사는 프랑스답게 화려하고 호사스러웠다. 식사 도중 커다란 케이크 하나가 들어왔는데, 그 위에 깃발 세 개가 꽂혀 있었다. 그중 하나에는 '교만이 꺾였노라', 다른 하나에는 라틴어로 '이날은 회합이 이루어진 날이니, 기뻐하며 함께 마시자'라는 문구가 적혀 있었다.

브리용 씨는 다소 투박한 시골 지주 스타일이었고, 그에 비해 부인은 한없이 부드럽고 상냥하고 예의 바른 사람이었다. 식사 자리에는 낯선 여성이 한 명 있었는데, 마담 브리용 곁에서 함께 식사하며 가족처럼 대우받고 있었다. 외모는 그저 그랬고, 몸짓도 어딘가 어설펐다. 나중에―프랭클린 박사와 그의 손자, 그리고 여러 사람의 말을 통해― 알고 보니, 그 여인은 브리용 씨의 여자친구였고, 마담 브리용은 르바이앙(르베야르) 씨와의 우정을 통해 마음의 위안을 얻고 있다고 했다. 나는 이 사람들이 어떻게 서로의 목을 베지도 않고, 이렇게 태연히 '우정 관계'를 유지하며 한집에 살 수 있는지 실로 놀라울 따름이었다. 그때만 해도 나는 세상을 몰랐다. 하지만 곧 다른 집안들이며 이 나라 상류층 전반에서 비슷한 모습을 숱하게 보고 들으며 이내 깨달았다. 이 나라에서는 그런 일이 그저 '일상'에 불과하다는 걸.

이런 풍습을 지켜본 프랭클린도 그 흐름에 편히 몸을 맡기기로 했다. 마담 브리용을 향한 구애는 신학과 내세에 관한 이야기로 시작되었다. 독실한 가톨릭신자인 그녀가 프랭클린의 이신론적 입장에 살짝 충격을 받자, 프랭클린은—분명 도발적인 의도로— 그렇다면 '부인이 내 영혼을 맡아달라'고 제안했다. 그녀도 지지 않고 맞받아치며 이렇게 적어보냈다. "친애하는 오라버니, 어제 저에게 개종을 시켜달라고 하신 건 정말 다정하셨어요. 엄하게 굴진 않을게요. 우리 참회자의 약점을 너무 잘 아니까, 다 눈감아드릴게요! 그가 하나님과 미국, 그리고—무엇보다— 저를 사랑하기만 한다면, 과거에 지은 죄와 현재, 그리고 미래의 죄까지도 모두 사해드릴게요. 게다가 장미꽃 흩날리는 길을 따라 천국까지 직접 데려다드릴게요."

그녀는 일곱 가지 대죄를 하나하나 열거한 뒤, 그중 여섯 가지는 곧바로 사해주었다. 그러나 일곱 번째—색욕—만큼은 그렇게 간단히 넘어가 주지 않았다. "위대한 남자들은 다들 그 죄에 물들어 있답니다. 그래서 그걸 그들의 '약점'이라고도 부르지요. 하지만 사랑하는 오라버니, 당신도 사랑해봤고, 또 다정하고 사랑스러운 분이시니 분명 사랑받아오셨겠죠! 그게 그리 대역죄인가요? 그러니 앞으로도 계속 위대한 일을 하시고 예쁜 여자들을 사랑하셔도 된답니다. 단, 그 여자들이 아무리 예쁘고 사랑스러워도 제 원칙만은 잊지 마세요. 언제나 하나님과 미국, 그리고 무엇보다 저를 가장 먼저 사랑할 것."

프랭클린은 고해 상담가의 너그러움에 감사하며, 특히 앞으로 저지를 죄들까지 미리 사해준 점에 감지덕지했다. 브리용 부인이 칠죄종을 하나하나 늘어놓은 데 대해, 그는 십계명으로 맞받아쳤다. 다만 자신이 배운 바로는 계명이 사실 열두 개였다고 덧붙였다. "제1계명은 **생육하고 번성하여** 땅에 충만하라*였고 제12계명은 내가 너희에게 새 계명을 주노니, **서로 사랑하라****였지요. 그런데 아무리 봐도 순서가 좀 잘못된 것 같지요? 사실 마지

---

* 창세기 1:28
** 요한복음 13:34

막 계명이 맨 앞에 와야 맞을 텐데요." 하지만 그 점에 대해 굳이 문제 삼은 적은 없었다. "이 두 계명은 기회가 닿는 족족 진심으로 따르려고 했으니까요." 그러면서 프랭클린은 일종의 거래가 가능한지 슬쩍 떠봤다. "부디 말해주시오, 내 사랑하는 양심 해결사여. 내가 이 두 계명을—비록 모세의 십계는 아니지만— 독실하게 지켜온 대신, 내가 자주 어기는 십계명 하나를 퉁쳐줄 수는 없겠소? 그 왜, 이웃의 아내를 탐하지 못하게 하는 그 계명 말이요. 고백하건대, 내 사랑스러운 고해 상담가를 보거나 떠올릴 때마다 —주여, 용서하소서— 그 계명을 번번이 어기고 있다오. 게다가 그분을 완전히 손에 넣는다 해도, 그 죄를 회개할 마음은 평생 안 들 것 같소." 그러고는 잡설을 하나 덧붙였다. "어느 교부의 의견도 하나 들려드리지요. 정통 교리인지는 잘 모르겠지만, 나로서는 꽤 수긍이 가더군요. 그분 말씀이 이렇소. 어떤 유혹은, 그것을 가장 효과적으로 물리치려면 유혹이 올 때마다 순순히 응하고 충족시켜버리면 된다는 겁니다."

마담 브리용은 신학 논쟁에서 점점 밀린다고 느끼자, 이번에는 자연법을 들고나왔다. "우리 현실에서 출발해보죠. 당신은 남자고, 나는 여자예요. 마음속 생각은 같아도, 말하고 행동하는 건 달라야 하지 않겠어요? 아마 남자는 욕망을 품고 그것에 굴복해도 큰 허물은 되지 않을 거예요. 하지만 여자는 욕망을 느끼는 건 괜찮아도, 그걸 따라가면 안 되죠." 그러고는 다시 십계명 이야기로 돌아가, 자신이 유부녀라는 사실을 상기시켰다. "우리의 우정 때문이기도 하고 아마 조금은 허영에 들떠서인지, 저는 당신을 용서해주고 싶은 마음이 굴뚝같아요. 하지만 당신이 탐하는 아내의 남편분인 그 '이웃'에게 먼저 여쭤보지 않고서는 제가 혼자 판단할 수 없을 것 같아요. 그분은 저보다 훨씬 더 뛰어난 양심 해결사거든요. 게다가 가난한 리처드도 그렇게 말하지 않나요? '중요한 문제일수록 머리 둘이 하나보다 낫다'고요."

그녀는 자신을—어쨌든 프랭클린이 연인으로서 바라는 부분은— 허락하지 않으면서도, 그가 한눈을 팔면 어김없이 불만을 터뜨렸다.

사랑하는 파파, 당신이 늘 몸소 실천해보이려는 그 위험한 이론 말이에요, 한 남자가 여자들에게 나눠줄 수 있는 우정이 무한정이라는 그것만은 제가 도저히 받아들일 수 없네요. 제 마음은 큰 사랑을 품을수 있어도 그것을 나눌 때는 극소수에게만 허락하고, 아주 신중히 선택한답니다. 그중에서도 으뜸이 바로 당신이고요. 하지만 당신이 지금처럼 우정을 여기저기 흩뿌리고 다니면—그렇다고 제 우정이 줄어드는건 아니지만— 앞으로는 저도 당신의 약점에 대해 좀 더 엄격해질 작정이에요.

프랭클린은 뉘우치지 않았다. "그대는 우리 연애에서 육체적인 건 전부 멋대로 배제하고 금지해버렸잖소. 그나마 허락되는 건 아주 가끔, 시골 사촌에게나 해줄 법한 그저 의례적인 포옹뿐이고. 그렇다면 나한테 남은게 뭐겠소? 그대 몫에서 덜어내는 것도 아닌데, 다른 이들에게 우정 좀 나눠주는 게 왜 안된다는 거요?" 그는 자신이 여성들에게 품는 애정을 마담 브리용의 피아노 연주에 비유했다. 여러 사람이 함께 들어도, 누군가가 더 많이 즐긴다고 해서 내 즐거움이 줄어드는 건 아니지 않느냐는 논리였다.

그는 비유를 바꿔, 이번에는 두 가지 의미로 읽힐 수 있는 표현을 꺼냈다. 그가 말에 얼마나 신중한 사람인지를 생각해보면, 이는 십중팔구 의도된 것이었다. "그대가 소중히 보살펴줬어야 할 내 불쌍한 꼬마 아들내미 말이오. 그대의 우아한 그림 속 아이들처럼 통통하고 활기차야 할 이 녀석이, 당신 같은 모진 어미를 만나 영양가 있는 먹을거리도 못 얻어먹고 비쩍 말라 굶어 죽게 생겼소!"

프랭클린은 또 다른 비유를 들며, 둘 사이의 실랑이를 전쟁에 빗대 예비 평화조약을 제안했다.

제1조. 마담 B와 미스터 F 사이에는 영원한 평화, 우정, 사랑이 있을 것.

제2조. 위의 조항을 신성히 유지하기 위해 마담 B는 다음 조건에 합의하고 약정한다. '미스터 F는 그녀가 부르면 언제든 달려올 것.'

제3조. 미스터 F는 그녀가 원하는 만큼 곁에 머물 것.

그다음은 프랭클린 몫의 양보 조항 몇 가지가 뒤따랐다.

제8조. 미스터 F는 그녀와 함께 있을 때, 자신이 하고 싶은 대로 할 수 있다.

제9조. 미스터 F는 마음에 드는 여인이라면 누구든 사랑할 수 있다.

이 예비조약안을 어떻게 생각하는지 알려주시오. 내 보기에 이 조약은, 세상의 웬만한 조약보다 훨씬 더 양측의 진심과 의도가 숨김없이 표현된 것 같소. 특히 제8조만큼은 내가 꽤 강하게 우겨볼 작정이라오. 물론 그대가 동의해줄 거라 기대하진 않지만. 제9조도 마찬가지지요. 다만 내 평생에 이만큼 애틋하게 사랑할 수 있는 여인이 또 있을까 싶어 절망스럽구려.

어느 날은 마담 브리용이 '내가 당신을 더 많이 사랑하는 것 같다'고 하자 프랭클린은 또 다른 비유를 꺼내들며 이렇게 응수했다.

내가 비교를 해줄 테니, 우리 둘 중 누가 더 많이 사랑하는지 직접 가려 보시오. 내가 친구에게 "여행을 떠나야 하는데 자네 말이 필요하네. 좀 빌려줄 수 있겠나?"라고 말했더니, 그 친구가 "나야 당연히 도와주고 싶지. 그런데 말들이 여행하다 다치거나 망가질까 봐 도저히 아무에게도 빌려줄 수가 없다네"라고 대답한다면, 나는 당연히 그가 친구인 나보다 자기 말을 더 사랑한다고 생각하지 않겠소? 그런데 반대로, 내가 내 말이 다칠 걸 각오하고서라도 친구에게 흔쾌히 빌려준다면, 그건 내가 말보다 그 친구를 더 사랑하고, 또한 그 친구가 나를 사랑하는 것보다 내가 그를 더 많이 사랑한다는 뜻 아니겠소? 자 당신도 알다시피, 나는 내 크고 아름다운 말들을 당장이라도 희생할 준비가 되어 있다오.

마담 브리용은 프랭클린이 제안한 크고 아름다운 말들을 끝내 물리쳤지만, 그 말을 딴 데서 몰고 다니는 것까지는 허락해주었다. 프랭클린이야 에피쿠로스주의자이지만, 자신은 유부녀이니 플라톤주의자로 남을 수밖에 없다는 것이었다. "플라톤주의가 세상에서 가장 유쾌한 종파는 아닐지 몰라도, 여성들에게는 꽤 쓸 만한 방패랍니다. 그래서 그 교리가 제법 적성에 맞는 이 여인이 조언 드리는 거예요. 신사분께서는 그 '말'을 다른 식탁에 가서 실컷 배불리 먹이시지요. 제 식탁은 늘 차린 게 너무 없어서 그분의 탐욕스러운 식욕을 채워드리지 못할 테니까요."

마침내 프랭클린도 말귀를 알아들었다. 어쩌면 그 역시 이 게임에 지쳤을지 모른다. 혹은, 아무리 프랑스 파리라 해도 일흔둘의 노신사가 자기 나이의 절반도 안 되는 여성을 쫓아다니는 모습이 우스꽝스러워 보일 수 있겠다는 생각이 스쳤을 수도 있다. 확실히 나이에 대한 의식은 그가 1778년 가을, 마담 브리용의 플라토닉 조건을 사실상 받아들이며 쓴 편지 곳곳에도 깃들어 있었다. 그로부터 몇 주 전, 프랭클린과 마담 브리용(그리고 몇몇 일행)은 파리 근교 센강 변에 자리한 친구의 영지, 물랭졸리를 방문한 적이 있었다. 때마침 하루살이가 부화하는 시기였다. 그 짧디짧은 생애 때문에 프랑스인들은 이 곤충을 '덧없다'는 뜻의 에페메르라 불렀다. 그리고 이 덧없는 곤충들은 프랭클린에게 인간의 삶에 대한 은유를 떠올리게 했다.

다음은 프랭클린이 마담 브리용에게 보낸 편지다. "사랑하는 친구여, 얼마 전 우리가 물랭졸리의 황홀한 정원에서 다정한 벗들과 함께 보낸 즐거운 하루를 기억하지요? 산책 도중 내가 잠깐 걸음을 멈추는 바람에 일행보다 조금 뒤처져 있었잖소. 그곳에서 우리는 에페메르라 불리는 작은 파리 떼의 무수한 사체를 보았지요. 세대를 거듭해도 모두 하루 안에 태어나 죽는다고 했던가요? 그때 문득, 살아 있는 녀석들 무리가 마치 자기들끼리 대화라도 나누는 듯 잎사귀 위에 모여 있는 걸 봤다오. 알다시피 나는 하등 동물들의 언어라면 다 알아듣지 않소? 내가 그대의 매혹적인 언어를 익히는 데 별 진전이 없는 까닭도, 실은 이런 녀석들의 언어 연구에 지나치게 몰두한 탓이지요." 그는 계속해서, 어린 곤충들이 서너 마리씩 한꺼번에 떠들어대는 통에 도무지 알아듣기 힘들었던 이야기를 이어나갔다. 그래도 다행히 그 주변에는 어린 벌레들만 있던 건 아니었다. "그래서 나는 그 녀석들 말고 백발이 성성한 늙은 하루살이 쪽으로 눈을 돌렸지요. 다른 잎사귀에 혼자 앉아 중얼거리고 있더군요. 그 독백이 너무 재미있어서 글로 옮겨 적어봤소."

(그는 말하길) 내가 태어나기 훨씬 전, 우리 종족의 현자들이 남긴 가르침에 따르면 이 광활한 세계—물랭졸리—는 18시간 이상 존속하지 못한다고 했지. 그들의 말에도 일리가 있어 보인다. 자연 만물에 생명을 불어넣는 저 위대한 광명의 움직임을 보라. 내 시대에 이르러 그 광명은 이미 우리 땅의 끝 저 바다 쪽으로 기울었으니, 머잖아 그 운행을 마치고 우리를 에워싼 물속에 잠겨 꺼져버릴 터, 세상은 결국 차가운 어둠 속에 잠기고 만물은 필히 죽음과 파멸을 맞게 되리라.

나는 그중 일곱 시간을 살아왔다. 무려 420분이나 되는 긴 세월을! 우리 종 가운데 또 누가 이렇게 오래 살았을까! 나는 세대가 태어나고, 번성하고 사라지는 것을 지켜보았다. 아아! 내 젊은 날의 벗들은 모두 떠나고, 지금 내 곁에 있는 벗들은 그들의 자식들, 그리고 그 자식들의 자식들이로다. 나 또한 머지않아 그들을 따라가겠지. 자연의 섭리가 그러하니, 아직 몸은 성해도 내게 남은 생은 길어야 7, 8분이겠지.

그러니 이 잎사귀에 피땀 흘려 모아놓은 이슬이 이제 와 다 무슨 소용이 있단 말인가! 어차피 즐기지도 못하고 죽고 말 텐데! 우리 덤불의 동포들을 위해 몸 바쳐 싸웠던 정치적 투쟁이며, 우리 종족 전체의 번영을 위해 힘썼던 철학 연구는 또 무슨 의미란 말인가! **정치라 한들, 도덕이 없으면 법이 무슨 소용이랴!** 옛 세대나 다른 덤불의 에페메르처럼 우리도 몇 분이면 부패하고 결국 비참해질 텐데. 또 철학이라 해봤자 우리가 이룬 진보는 이 얼마나 보잘것없는가! 아아, **예술은 길고 인생은 짧도다!**

벗들은 나를 위로하려 했다. 내가 떠나도 이름은 남을 거라고, **자연의 기준으로도 명예의 기준으로도 그만하면 충분히 오래 살지 않았느냐고.** 하지만 존재하지 않게 된 하루살이에게 명성이 다 무슨 소용인가? 게다가 18번째 시간이 되어 이 세상 자체가, 아니 물랭졸리 전체가 종말을 맞고 만물의 파멸 속에 묻혀버린다면, 그 모든 역사란 게 또 무엇이 되겠는가! 결국 그 모든 걸 열심히 추구한 끝에 남은 진정한 기쁨이라곤, 선의로 살아온 긴 생애에 대한 반추, 훌륭한 숙녀 에페메르 몇몇과 나누는 교양 있는 대화, 그리고 언제나 사랑스러운 브리용 양이 이따금 베풀어주는 다정한 미소와 한 곡조 선율뿐이라네.

프랭클린도 나이가 있으니 날쌘 브리용 양을 정말로 사로잡을 수 있을 거라 기대하진 않았을 것이다. 하지만 또 다른 여인에게는 꽤 큰 희망을 품었던 듯하다. 바로 존 애덤스에게 마담 브리용보다 훨씬 큰 충격을 안겨 준 마담 엘베시우스였다. 그녀는 부유한 미망인으로, 사람들 앞에서 늘 요란스럽게 죽은 남편을 애도하고 다녔다. 그러나 애덤스의 기록에 따르면

"신사들과의 교제가 완전히 끊기지 않도록 그녀의 집에는 서너 명의 잘생긴 아베(신부)가 매일 드나들었고, 그중 최소한 한 명은 아예 그 집에 상주했다." 애덤스는 그런 사적인 고해 신부를 두는 것이 명문가 사이에서 흔한 풍습임을 곧 알게 되었지만, 한편으론 그들이 죄를 사해주는 권한만큼이나 죄를 저지르는 권한도 지닌 것 같다는 생각을 지울 수 없었다. "오 도덕이여! 나는 속으로 탄식했다. 이런 풍습이 우리 미국의 공화국에 들어온다면 얼마나 터무니없고 모순되고 혼란스럽고 끔찍한 일들이 벌어지겠는가. 이런 국민성이 판친다면 어떤 형태의 공화정도 결코 존속할 수 없을 것이다. 경계하라, 미국인들이여!"

프랭클린은 곧바로 적응했다. 그리고 물론 애덤스는 동료 사절의 방탕한 생활에 혐오감만 더욱 깊어졌다. 그럼에도 외교술에서 어느새 장족의 발전을 이룬 애덤스는 파리를 떠난 뒤 프랭클린에게 편지를 보내, "제가 인격적으로 매우 존경하는 숙녀분들"—마담 엘베시우스와 마담 브리용—에게 안부를 전해달라고 부탁했다.

하지만 애덤스의 아내, 애비게일은 그런 제약에 얽매일 필요가 없었다. 그녀는 마담 엘베시우스의 모습을 더 낱낱이 묘사했다. 하지만 실물보다 더 돋보이는 초상을 그려줄 생각은 전혀 없었다.

그 여자는 경망스럽고 거침없는 태도로 방 안에 들어서더니, 낯선 숙녀들이 보이자 큰 소리로 외쳤어요. "어머 세상에나! 프랭클린은 어디 있나요? 여기 숙녀분들이 있는 걸 왜 미리 말 안 했어요?" 물론 이 모든 말은 프랑스어로 쏟아낸 것이었죠. 그러더니 파란빛이 도는 비단 원피스 위에 걸친 얇은 속치마를 움켜쥐며 또 외쳤어요. "내 꼴 좀 봐!" 한때 참 아름다웠을 그녀의 미모처럼 그 옷도 아주 낡고 해졌더라고요. 잔뜩 곱슬곱슬한 머리 위에는 작은 밀짚모자를 쓰고, 그 위에는 삼각으로 접은 더러운 스카프까지 두르고 있었어요. 모자 뒤꽁무니에는 내 하녀들조차 쓰지 않을 정도로 더 지저분한 천 조각이 리본처럼 매달려 있었고요. 어깨엔 검은 거즈 숄을 대충 걸치고 있었죠. 그 여자는 그대로 방 밖으로 달려 나가더니 잠시 후 다시 들어왔는데, 마침 프랭클린 박사가 다른 쪽 문으로 들어서자 곧장 달려들어 그의 손을 움켜잡으며 또 외쳤어요. "아아, 프랭클린!" 그러고는 그의 볼 양쪽에 차례로 키스하고 이마에까지 입을 맞추더군요. 식사 자리에서는 프랭클린 박사와 애덤스 사이에 앉아서 식사 내내 대화의 중심을 차지했답니다. 그러면서 아무 때나 박사의 손을 꼭 붙잡질 않나, 때로는 양팔을 활짝 벌려 두 신사의 의자 등받이에 걸치기도 하고, 또 어느 순간은 박사의 목에 팔을 획 걸치기도 했죠.

우리 착한 박사님이 미리 알려주지 않았다면 나는 그분의 그런 행동에 굉장히 놀랐을 거예요. 박사님은 그녀가 그야말로 전형적인 프랑스 여성이라서 행동이 가식적이거나 고지식하지 않고, 세상에서 가장 훌륭한 여성 중 한 명이라고 하시더군요. 물론 박사님의 말씀이니 그대로 믿어야겠지만, 솔직히 내 눈에는 아주 나쁜 여성으로밖에 보이지 않았어요. 아무리 예순 살 먹은 미망인이라고 해도 말이지요. 정말 너무 불쾌해서 다시는 그런 부류의 여자들과 인연을 맺고 싶지 않다는 생각까지 했답니다.

식사가 끝나자, 그 여인은 소파에 털썩 몸을 던지며 발보다 더 많은 걸 보여주기도 했지요. 그녀에겐 작은 애완견도 있었는데, 프랭클린 박사 다음으로 가장 아끼는 존재라며 그 강아지에게도 입을 맞췄어요. 이 여성은 박사와 가장 친밀한 친구 중 한 사람이고, 둘은 매주 함께 저녁 식사를 하는 사이라더군요.

마담 엘베시우스, 본명 안카트린 드 리뉴빌 도트리쿠르는 로렌 지방의 귀족 가문 출신이었다. 하지만 집안 형편은 궁핍했고, 게다가 스무 남매 중

열째였으니 동등한 신분의 남성과 혼인할 지참금은 마련할 수도 없었다. 결국 수녀원에 보내졌고, 사람들은 그녀가 그곳에서 기도와 명상으로 평생을 보내겠거니 생각했다. 그러나 그녀를 부양하던 연금마저 끊기자, 그 얌전한 미래도 물거품이 되었다. 다행히 이모가 그녀를 측은히 여겨 파리로 데려왔고, 마침내 그녀의 '지체 높은 가난은' 재산은 많지만 스스로 신분은 좀 떨어진다고 생각한 남자와 짝을 맺게 되었다. 그는 훗날 미국 혁명을 원조할 '페르미에 제네로'의 일원이었다. 무슈 엘베시우스는 파시에서 멀지 않은 오퇴유에 그녀가 자리 잡을 수 있게 해주었고, 곧 각양각색의 지식인과 예술가들이 그곳에 모여들었다. 그가 세상을 떠난 뒤, 프랭클린이 파리에 나타났을 무렵에는 오십 대 후반의 마담 엘베시우스가 그 살롱을 운영하고 있었다.

프랭클린이 처음 이곳에 끌린 건 그 살롱에 모이는 사람들 때문이었다. 경제학자이자 재무장관이었던 튀르고도 단골이었다. 사실 그는 한때 마담에게 구애했다가 '재산 심사'를 통과하지 못해 실패한 전력이 있었는데, 이제 부인이 돈 걱정이 없게 되자 또다시 기회를 노리며 그녀의 주변을 맴돌고 있었다. 이 살롱은 디드로와 달랑베르도 『백과전서』 편찬 중 짬을 내어 찾아오는 곳이었고, 콩도르세는 화요일마다 오후 두 시에서 밤늦게까지 이어지는 만찬에 참석했다. 심지어 데이비드 흄도 가끔 에든버러에서 찾아왔다. 아흔을 훌쩍 넘긴 문필가 퐁트넬도 오래전, 여주인이 자신의 일상복이나 다름없는 '대충 걸친 차림'으로 나타나자 위트 넘치는 탄식 한마디로 모임의 분위기를 압축했다. "아아! 내가 칠십 살만 되었어도!"

프랭클린은 '오퇴유 아카데미'에서 지적인 즐거움을 맛보았지만, '노트르담 드 오퇴유'*—그가 마담 엘베시우스를 부르던 별명—에게서는 전혀 다른 즐거움을 추구했다. 그는 이렇게 적어 보냈다. "혹시 노트르담께서는

---

* 오퇴유의 성모

자신의 낮시간을 프랭클린과 함께 보내는 것이 즐거우신가요? 프랭클린도 그의 밤시간을 그녀와 함께 보낼 수 있다면 정말 즐거울 텐데요. 게다가 그는 이미 남은 날이 얼마 없는 와중에도 그토록 수많은 낮을 그녀에게 바쳤건만, 정작 그녀는 수많은 밤 중 단 하루도 내주지 않으니 참으로 배은망덕하지 않소. 그렇다고 그 밤들이 푸퐁(그녀의 고양이) 말고는 누구 하나 행복하게 해주는 것도 아니고, 그저 헛되이 흘러갈 뿐이잖소."

마담 브리용의 경우에는 그녀의 남편이 시퍼렇게 살아 있었고 게다가 프랭클린의 친구이기까지 했으니, 그가 그녀에게 기대할 수 있는 건 고작 밀회를 즐기는 정도였다. 그러나 마담 엘베시우스와의 관계에서는 좀 더 오래 지속될 수 있는 무언가를 바랐다. 어쩌면 그의 구애 편지들은 아직 전희 단계에 불과했던 것인지도 모른다. 한 편지에서 그는 그녀가 약속을 취소한 데 대한 실망감과 다음 만남을 기다리며 조급해진 마음을 다음과 같이 표현했다. "프랭클린은 일찌감치 도착해 그녀가 들어오는 모습을 지켜볼 겁니다. 그를 사로잡은 그 우아하고 품위 있는 모습 말이오. 심지어는 그 자리에서 그녀를 낚아채 평생 자기 곁에 붙잡아두겠다는 계획까지 세우고 있답니다."

프랭클린은 마담 브리용에게 보냈던 '하루살이 편지'의 변주 버전을 마담 엘베시우스에게도 보냈다(혹시 두 여인이 각자의 편지를 서로 비교해보진 않았을지 모르겠다). 이번에는 파시의 집에 사는 파리들의 대변인으로 나섰다. 파리들은 마담 엘베시우스에게 경의를 표했다. 그녀가 너저분한 프랭클린 박사를 불쌍히 여겨 그의 집 청소를 명령한 덕분에, 그곳에서 파리를 잡아먹던 거미들이 모조리 쫓겨났다는 것이다. "그때 이후로 저희는 행복하게 잘 살고 있답니다, 지금은 아무 두려움 없이 그 선량한 F씨의 은혜로운 나눔을 마음껏 누리고 있으니까요. 이제 이 행운을 끝까지 굳건히 지키기 위해 저희에게 남은 소원은 단 하나뿐입니다. 감히 말씀드리자면, 지이잉, 위이잉, 우으으으으웅, 이이이이이잉…. 두 분이 마침내 살림을 차리는 것이지요!"

마담 엘베시우스는 남편의 추억을 내세우며 프랭클린의 구애를 슬며시 피했다. 그러자 프랭클린은 또 다른 수를 고안해냈다.

어젯밤 그대가 사랑하는 남편을 기리기 위해 평생 독신으로 남겠다는 잔혹한 다짐을 그토록 단호히 밝히는 바람에, 완전히 상심한 나는 집으로 돌아와 침대에 쓰러져 그대로 죽어버린 줄 알았다오. 정신을 차려보니 내가 엘리시온의 평원*에 서 있지 않겠소?

누군가 내게 귀인들을 만나보고 싶냐고 묻더군요.

"철학자들에게 데려다주시오."

"이 정원 근처에 두 분이 살고 계십니다. 아주 훌륭한 이웃이자 서로 절친한 사이시지요."

"그분들이 누구시오?"

"소크라테스와 엘 씨(마담 엘베시우스의 남편)입니다."

"두 분 모두 대단히 존경합니다만 우선 엘 씨를 만나고 싶군요. 내가 프랑스어는 좀 아는데, 그리스어는 한마디도 모르거든요."

엘 씨는 나를 무척 정중히 맞아주었다오. 예전부터 내 명성을 들어 알고 있었다더군요. 그러더니 전쟁 문제며 프랑스의 종교, 자유, 정치 현황에 대해 1000개나 되는 질문을 쏟아내더이다.

"그런데 귀하가 친애하는 '마담 엘'에 대해서는 전혀 묻지 않으시는군요. 그녀는 아직도 귀하를 죽도록 사랑하고 있는데요. 내가 바로 한 시간 전에도 그녀를 보고 왔거든요."

그러자 그가 대답하더군. "아, 그대 덕분에 행복했던 지난날이 떠오르는군요. 하지만 이곳에서 행복하려면 잊을 줄도 알아야 한답니다. 나

---

*　그리스 신화적 천국

도 처음 몇 해 동안은 오직 그녀 생각뿐이었지요. 그러나 이제는 위안을 얻었습니다. 새 아내를 맞이했지요. 가능한 한 그녀와 비슷한 여인을 찾았습니다. 외모는 분명 조금 덜하지만, 상식은 똑같이 풍부하고, 지혜는 오히려 조금 더 많고, 무엇보다 나를 한없이 사랑해준다오. 그녀는 늘 나를 기쁘게 해주려고 수고를 마다하지 않는다오. 지금도 최고의 넥타르와 암브로시아를 찾겠다며 나갔답니다. 오늘 밤 내게 한 상 차려주려는 것이겠지요. 잠깐 더 계시면서 제 아내를 보고 가시지요."

그래서 내가 말했소. "보아하니 그대의 옛 친구가 그대보다 훨씬 더 일편단심이군요. 그녀에게도 혼담이 몇 번이나 들어왔지만 전부 거절했거든요. 고백하자면, 나도 그중 한 사람으로서 그녀를 미친 듯이 사랑했습니다. 하지만 그녀는 매정했죠. 당신을 사랑한다는 이유로 나를 단칼에 거절하더군요."

그가 말했소. "그대가 그런 불운을 겪었다니 참 안되었구려. 그녀는 참으로 훌륭하고 사랑스럽고 무엇보다 아주 귀엽고 상냥한 여인이지요. 그런데 R 신부와 M 신부, 그분들은 요즘도 그녀의 집에 가끔 들르나요?"

"예, 물론이지요. 그녀는 귀하의 옛 친구들과 전혀 멀어지지 않았답니다."

"만약 그대가(커피와 크림으로) M 신부를 회유해서(M 신부가 커피와 크림을 유난히 좋아해 살롱에서 흔히 돌던 농담) 그대의 큰 뜻을 변호해달라고 부탁했더라면, 어쩌면 성공했을지도 모르지요. 그는 던스 스코터스*나 성 토마스** 뺨칠 정도로 솜씨 좋은 논객이라, 논리를 어쩌나 잘 짜맞

---

* 중세 스콜라 철학자

** 토마스 아퀴나스

추는지 거의 저항할 수가 없거든요. 아니, 더 좋은 방법이 있었네. (옛 고전의 멋진 판본 하나쯤 선물하면서) R 신부를 설득해(이 신부는 책 수집 광이었다) 당신에 대해 나쁜 말을 해달라 부탁했더라면 되었을 텐데. 내가 늘 보아온 바로는, 그녀는 R 신부가 무언가를 조언하면 꼭 정반대로 할 때가 많았거든요."

그가 이런 말을 하고 있는데, 새로운 '마담 엘'이 넥타르를 들고 들어오더군요. 나는 그녀를 단번에 알아봤지. 오래된 내 미국 친구, 마담 F(데버라 프랭클린)였다오. 나는 그녀가 내 여자라고 했지.

하지만 그녀는 차갑게 말하더이다. "나는 무려 49년 4개월이라는 거의 반세기나 되는 세월을 당신의 좋은 아내로 살았어요. 그러니 그걸로 만족하시지요. 이제 이곳에서 새로운 인연을 맺었고, 이번 인연은 영원히 이어질 테니까요."

나의 에우리디케에게 이런 꾸짖음을 듣고 우울해진 나는 그 자리에서 결심했다오. 저 배은망덕한 헛그림자들을 버리고, 다시 따뜻한 세상으로 돌아가 태양을 보자, 그리고 당신을 다시 보자고요. 자, 여기 내가 돌아왔소! 우리 함께 복수합시다!

프랭클린은 마담 브리용과 마찬가지로 마담 엘베시우스와도 끝내 결실을 맺지 못했다. 파리에서 다른 여성들과는 좀 더 운이 따랐을지, 그건 알 길이 없다. 다만 그가 '여성 편력의 대가'로 명성을 떨쳤다는 사실만은 분명하다. 설사 구애에 실패했더라도—그가 브리용과 엘베시우스에게 쏟은 정성과 끈기만 봐도— 노력이 부족해서는 아니었을 것이다. 게다가 그 시절 프랑스 사회의 풍속까지 감안하면, 그에게 마음 내줄 상대가 부족했을 리도 없다.

한편, 프랭클린은 자신이 지금 얼마만큼의 '역할'을 연기하고 있는지 분명히 알고 있었다. 미국 최고 사절이 미국의 자유를 부르짖어도 모자랄

판에 프랑스의 자유나 즐기고 있는 모습에 존과 애비게일 부부는 경악했을 것이다. 하지만 프랭클린은 하나를 하면 곧 나머지 하나도 실천되는 셈이라고 생각했다. 미국은 프랑스에 미국을 위한—물론 프랑스 자신의 이익도 걸려 있지만— 전쟁에 나서달라는 부탁을 하고 있었다. 아무리 군주정 국가라 해도 전쟁을 하려면 대중의 지지가 필요했다. 그리고 프랑스 사람들에게 프랭클린은 미국 그 자체였다. 그들이 연합규약이나 각 독립국의 헌법을 모조리 프랭클린의 작품으로 믿겠다는데, 굳이 그 자신이 나서서 정정할 필요는 없었다(그 일은 존 애덤스가 기꺼이 도맡아 바로 잡았다). 만약 그들이 이 칠십 대 사랑꾼에게서 자기들이 그 나이에 닮고 싶은 모습—삶 자체와 그 구석구석 빛나는 면모를 사랑하는 모습—을 본다면, 그 또한 미국에 득이 되면 되었지 해가 될 리는 없었다.

프랭클린의 대의명분은 프랑스에서 인기가 있었지만, 그렇다고 모두에게 환영받은 것은 아니었다. 루이 16세는 반영국 정책을 채택하라는 설득을 받아들이긴 했지만, '태양왕' 루이 14세의 후손으로서 군주제의 정통성 자체를 뒤흔드는 미국 혁명을 달가워할 리 없었다. 프랭클린을 비롯한 사절단이 베르젠과 두 개의 조약에 서명한 직후, 국왕 루이는 미국 사절단을 공식 접견했다. 10년 전만 해도 프랭클린은 루이의 할아버지*가 주관한 화려한 의식에서 귀빈 대접을 받았지만, 이번 접견에는 그런 의전이 전혀 없었다. 아서 리는 당시 국왕을 이렇게 묘사했다. "왕의 머리는 전혀 정돈되지 않은 채 어깨에 아무렇게나 늘어져 있었고, 차림새 역시 접견을 위해 준비한 모습이라 할 수 없었다. 물론 의식이라 부를 만한 것도 전혀 없었다." 그러나 다른 목격자—재미있게도 프랑스 귀족이었다—는 그 광경을 전혀 다르게 평가했다.

---

* 루이 15세

국왕은 하던 기도를 멈추고 위엄 있는 자세를 취했다. 베르젠 공이 무슈 프랭클린, 무슈 딘, 무슈 리, 그리고 나머지 두 명의 미국인을 차례로 소개했다. 국왕이 먼저 입을 열었는데, 그토록 정중하고 세심하게 말하는 모습은 내 평생 처음 보는 일이었다. "대륙회의에 짐의 우정을 확고히 전해주시오. 이번 일이 양국 모두를 이롭게 하길 바라오." 그러자 무슈 프랭클린은 미국을 대표해 매우 품위 있게 감사를 표했다. "폐하께서는 대륙회의의 감사와, 이 자리에서 드리는 맹세를 성실히 지킬 것임을 믿으셔도 됩니다."

정중했건 말건, 그 이후 루이는 대서양 건너에서 온 공화주의자들에 대한 혐오감을 굳이 감추려 하지 않았다. 믿을 만한 소식통에 따르면, 루이는 프랭클린의 여성 숭배자 중 한 명에게—백작부인씩이나 되어서 그렇게 사리 분별이 안 되느냐는 뜻에서— 선물을 보냈다. 바닥에서 프랭클린의 얼굴이 빤히 올려다보는 요강이었다.

루이는 프랭클린이 앙시앵 레짐에 던지는 위협의 실체를 이해했거나 혹은 어렴풋이나마 감지했을 것이다. 다른 이들도 최소한 그 정도는 알아차리고 있었다. 마담 뒤 데팡은 사절단의 국왕 접견 장면을 이렇게 묘사했다. "프랭클린은 적갈색 벨벳 코트에 흰 스타킹 차림이었어요. 머리카락은 아무렇게나 늘어뜨리고 코에는 안경을 걸치고 팔 밑에는 하얀 모자를 끼고 있었죠. 저 흰 모자는 자유의 상징일까요?" 정말 그랬던 모양이다. 그 상징은 불과 몇 주 만에 효력을 발휘하기 시작했다. 프랑스가 미국 식민지 연합을 공식 인정하자 영국은 프랑스 주재 자국 대사를 소환했는데, 공교롭게도 이 조지 3세의 대리인이 데팡 부인의 오랜 친구였다. 그녀는 이렇게 적었다. "나는 내 모든 영혼을 다해 진심으로, 저 미국인 협상가 세뇨르 프랭클린을 저주합니다."

프랭클린이 파리에서 가장 잘나가는 전복적 조직 가운데 하나와 어울리면서, 그에 대한 의심은 한층 더 증폭되었다. 바로 '나인 시스터스Nine Sisters'라는 프리메이슨 지회였다. 예술과 과학의 뮤즈에서 이름을 딴 이 로지는 마담 엘베시우스의 남편인 고故 엘베시우스의 구상으로 만들어진 뒤, 모든 분과에서 철학자들을 신중히 선별해 받아들였다. 회원 중에는 왕국에서 가장 자유분방하다는 사상가들도 여럿 섞여 있었다. 바로 이 점에 프리메이슨 특유의 비밀주의가 더해지면서, '나인 시스터스'는 현 체제를 지키려는 이들의 눈에 수상쩍게 비칠 수밖에 없었다. 프랭클린도 이런 의심을 알고 있었고, 미국 사절단의 최고 대표로서 그런 시선을 무시할 수는 없었다. 하지만 오랜 메이슨이자 아홉 여신을 골고루 사랑한 남자, 이미 구제 불능의 자유사상가였던 프랭클린이 그들의 초대를 거절할 수 있을 리없었다. 1778년 봄, 그는 이 로지의 106번째 회원으로 입회했다.

그렇게 프랭클린은 당대 프랑스에서 가장 유명한 전복주의자의 바로 뒤를 따라 문으로 들어섰다. 볼테르는 수십 년간 온갖 정통 교리를 신랄하게 찔러댄 탓에, 특히 프랑스와 프로이센을 비롯한 여러 군주에게 눈엣가시가 되어 있었다. 프랭클린이 파리에 도착한 1776년에도 그는 이미 파리에서 25년째 추방당한 상태였다. 그러나 자신의 앙상한 몸에서 생명이 빠져나가는 것을 느꼈는지—하루에 50잔씩 마셨다는 커피가 그 과정을 늦췄는지 오히려 재촉했는지는 알 수 없다— 그는 파리로 돌아가야겠다고 고집했다.

그리고 얼마 후 볼테르는 프랭클린을 만났다. 이 만남은 상당한 화제를 불러일으켰고, 특히 계몽주의의 대부와 아메리카 공화주의자를 둘 다 못마땅해하던 사람들 사이에서는 더욱 그럴 수밖에 없었다. 프랭클린은 손자 베니 베이치를 데리고 가서 볼테르에게 아이를 축복해달라고 부탁했다. 볼테르 본인이 전한 버전은 이렇다. "온 아메리카에서 가장 존경받아 마땅한 그 뛰어나고 현명한 프랭클린의 손자에게 나는 단 몇 마디로 축복을 내렸습니다. '신, 그리고 자유.' 그 자리에 있던 모든 이들이 감동의 눈물을 흘렸지요." 다른 버전에 따르면, 볼테르는 베니를 "내 아이여"라 부른 뒤 "신 그리고 자유"에 이어 "이것이야말로 무슈 프랭클린의 손자에게 걸맞은 축복이다"라고 덧붙였다고 한다. 그러나 파리의 한 악의적인 신문은 전혀 다른 식으로 보도했다. 그 주장에 따르면 프랭클린은 "천박하고 저속하고 유치하게 알랑거리며—또 어떤 광신도들의 말에 따르면 신을 조롱하는 불경스러운 말로— 볼테르에게 아이의 축복을 청했다. 철학자 역시 이 쇼에서 박사 못지않게 제 몫을 완벽히 해냈다고 했다. 그는 자리에서 일어나 그 순진한 어린아이의 머리 위에 양손을 얹고 세 단어를 힘주어 외쳤다. '신, 자유, 그리고 관용.'"

프랭클린과 볼테르의 다음 만남은 훨씬 더 공개적이었고, 사실상 연출되기까지 했다. 두 사람이 4월 말 프랑스과학아카데미 회의에 참석했을 때였다. 존 애덤스는 그날의 풍경을 특유의 삐딱한 어조로 이렇게 기록했다. "곧 회의장 안에서 무슈 볼테르와 무슈 프랭클린을 서로 소개시켜야 한다는 함성이 터져 나왔다."

그렇게 두 사람은 서로에게 고개 숙여 인사하고 몇 마디를 주고받았다. 그러나 그걸로는 사람들의 성에 차지 않았다. 뭔가 더 있어야 했다. 두 철학자 모두 사람들이 뭘 원하고 기대하는지 눈치채지 못한 듯했다. 그럼에도 서로의 손을 맞잡아 보았다. 하지만 그것도 충분치 않았다. 함성이 계속되더니 마침내 해설이 튀어나왔다. "일 포 쌍브라세, 아 라 프랑세즈(프랑스식으로 포옹해야지)!" 철학과 야단법석의 대극장에서 두 노배우는 마침내 서로 팔을 벌려 끌어안고 양 볼에 키스를 주고받았다. 그제야 소란은 가라앉았다. 그리고 이 외침은 프랑스 전체, 아니(내 생각엔) 유럽 전역으로 삽시간에 퍼져나갔다. '킬 에뜨와 샤르망! 오! 일 에뜨와 앙샹탕! 드 부아르 솔롱 에 소포클 앙브라상!' 얼마나 매혹적인가! 솔론과 소포클레스가 포옹하는 모습을 보다니, 아! 참으로 황홀하구나!*

그 장면은 참으로 장관이었을 것이다. 그야말로 튼튼한 참나무 기둥처럼 풍채 좋은 프랭클린과 누가 봐도 죽음이 코앞에 닥친 앙상하고 창백한 볼테르가 나란히 서 있는 모습이라니. 실제로 볼테르는 그로부터 한 달도 못 되어 세상을 떠났고, 마지막 순간까지 한바탕 소동을 일으켰다. 평생 반성직주의자였던 그는 임종 자리에 찾아온 사제들을 물리쳤고, 그 때문에 그의 장지와 추모 방식을 두고 논란이 일었다. 하지만 간발의 차로 주교의 금지령이 떨어지기 직전에 매장될 수 있었고, 과학아카데미가 그의 추모 행사까지 열자, 고위 성직자들은 격분했다.

'나인 시스터스' 로지도 볼테르를 기리는 추모식을 열어 성직자들의 분노에 기름을 부었다. 프랭클린도 참석했다. 고인에 대한 존경심에서였거나, 그것이 국왕 루이를 얼마나 화나게 할지 미처 몰라서였을 것이다(디드로, 달랑베르, 콩도르세를 비롯한 몇몇 프랑스 친구들은 눈치껏 참석을 피했다). 검은 천으로 장식하고 촛불로 불을 밝힌 홀에서 의식이 거행되었다. 참석자들은 차례로 고인에 대한 추도사를 바쳤고, 시인 루셰는 고인의 삶이 상징하는 의미가 잊히지 않도록, 진정한 볼테르식으로 성직자들을 난도질한 미발표 작품 일부를 낭독했다. 여성 출입 금지 규정을 특별히 면제받은 볼테르의 조카딸이 우동**이 조각한 삼촌의 흉상을 로지에 헌정했고, 이어서 볼테르의 승천을 묘사한 대형 그림이 공개되었다. 마침 프리메이슨 왕관을 받은 프랭클린도 승천하는 철학자의 발치에 그것을 바쳤다. 의식이 끝난

---

* 솔론은 아테네 민주주의의 아버지라 불리는 입법자, 소포클레스는 '오이디푸스 왕' 등으로 유명한 그리스의 대표적 비극 시인. 둘 다 기원전 인물이지만 같은 시대에 살지는 않았다.

** Houdon, 프랑스 조각가

뒤 모두 연회장으로 자리를 옮겼고, 그곳에서 루셰가 프랭클린을 찬미하는 시를 낭송하자 이번에는 아직 살아 있는 현자에게 뜨거운 박수가 쏟아졌다.

이 모든 소동은 교회와 정부의 분노를 불러일으켰다. '나인 시스터스' 로지는 메이슨 헌장을 박탈당할 뻔했고, 당시 로지의 수장, 즉 베네라블도 호된 경고를 받았다. 하지만 1779년 5월, 프랭클린이(나인 시스터스 로지 회원들에게만 알려진 모종의 조율 끝에) 새로운 베네라블로 선출되면서 논란도 비로소 가라앉았다. 그의 명성은 로지를 보호하는 방패가 되었고, 미국 사절로서 주재국 국왕에게(더 이상) 미움을 사서는 안 된다는 그 자신의 판단도 도움이 되었다. 게다가 로지에 불리한 칙령이 발표될 경우 이를 집행해야 할 파리 경찰청장이 프랭클린의 친구였으니, 그 또한 손해될 일은 아니었다.

프랭클린은 열다섯 살 때 '사일런스 두굿'이라는 미스터리한 이름으로 《뉴잉글랜드 쿠런트》 지면에 처음 등장한 이래, 자기 생각을 활자화하는 일을 좀처럼 쉰 적이 없었다. 그러나 파리는 상황이 달랐다. 처음에는 프랑스어라는 낯선 언어의 장벽에 부딪혔고, 미국 사절이라는 신분도 그를 옭아맸다. 하지만 남을 통해 인쇄하는 것이 어렵다면, 직접 하면 될 일이었다. 그렇게 그는 파시에서 첫해를 보내는 사이 인쇄기를 들여놓았다. 그러더니 활자를 주조할 주조소까지 마련하고 일손을 고용한 뒤 곧 예전의 본업으로 복귀했다.

하지만 이 일은 어디까지나 취미에 가까웠다. 물론 인쇄기는 위원회에 필요한 공문을 찍어내는 데 쓰였지만, 한편으론 주인장이 직접 지은 가벼운 글을 찍어내는 데도 종종 활용되었다. 그중에서도 가장 눈에 띄는 장르는 그가 "바가텔"*이라 부른 짤막한 글들이었다. 마담 브리용에게 보낸 편지 중 덧없는 시간의 흐름을 사색한 「에페메라」가 그중 하나였고, 마담 엘베시우스에게 보낸 편지들, 이를테면 자기 집 하루살이나 엘리시온 평원에 대한 이야기도 마찬가지였다. 마담 브리용에게 보낸 바가텔 중에는, 어린 시절의 호루라기 일화—터무니없는 값에 바가지를 썼던 일—도 있었다.

그중 아마 가장 유명한 작품일 「통풍과 프랭클린 씨의 대화」 역시 마담 브리용 덕에 탄생했다. 프랭클린의 고질적인 통풍이 생활 습관의 '과잉' 때문이라며 그녀가 늘 타박했기 때문이다. 이에 프랭클린은 과잉이 아니라 오히려 결핍이 문제라고 응수했다. "내가 젊었을 때는 여인들의 은혜를 지금보다 훨씬 더 많이 누렸건만 통풍 같은 건 없었소. 그러니 파시의 숙녀분들께서—내가 그토록 불러도 대답 없던— 기독교의 자비를 조금만 더 베풀어주셨다면, 지금 이 고생을 하고 있진 않았을 거요." 그는 한 바가텔에서 이 논리를 더 이어갔다. 며칠 밤낮을 고통스러운 통풍 발작에 시달리며 잠 못 이루고 써 내려간 글이다.

대화는 프랭클린이 자다가 신음하는 장면으로 시작된다. "하나님 맙소사! 내가 무슨 잘못을 했기에 이런 끔찍한 고통을 당해야 합니까?" 그는 통곡했다.

통풍이—형체 없는 여성의 목소리로— 대답한다. "그대는 너무 많이 먹고, 너무 많이 마시고, 두 다리를 너무 게으르게 방치했다."

"뉘신데 나한테 말하는 거요?" 열에 들뜬 프랭클린이 놀라서 묻는다.

"나다. 통풍."

"내 원수로구나!"

"원수가 아니다."

프랭클린이 계속 자기 원수가 **맞**다고 우기자, 통풍은 이 일에 원수가

---

* '하찮은 것'을 의미하는 프랑스어

꼭 있어야 한다면 그건 프랭클린 자신이라고 맞받아친다.

프랭클린은 자신을 술꾼이나 폭식가로 생각하는 사람은 없다고 항변한다.

"사람들이야 자기 멋대로 판단하겠지." 통풍이 받아친다. "하지만 나는 잘 알고 있어. 적당량의 운동을 하는 사람에겐 과식도 과음도 아닌 것이, 운동을 거의 하지 않는 사람에겐 과식과 과음이 된다는 걸."

"나는—아이쿠, 아야야야!— 할 수 있는 만큼—아악!— 운동을 하고 있다오, 통풍 부인! 내가 주로 앉아서 생활하는 사람인 거 당신도 알잖소. 그러니 전적으로 내 잘못만은 아니라는 걸 감안해서라도, 통풍 부인께서 나를 좀 봐주면 안 되겠소?"

"천만에. 그대의 말솜씨도, 공손한 태도도 다 소용없다. 변명은 들을 가치도 없지. 그대의 일이 앉아서 하는 일이라면, 놀거나 쉬는 시간에라도 몸을 움직여야지. 산책을 하든, 말을 타든, 나갈 시간이 없으면 당구라도 치든가." 통풍은 프랭클린을 호되게 나무란다. 심지어 200년 후에 들어도 놀랄 만큼 현대적이면서도, 동시에 실로 프랭클린다운 훈계다.

자, 이제 그대의 생활패턴을 살펴보세. 아침 시간도 넉넉하고 밖에 나갈 여유도 있을 때, 그대는 뭘 하지? 몸에 좋은 운동으로 아침 식욕을 돋우기는커녕, 읽을 가치도 없는 책이며 팸플릿, 신문 따위를 들여다보며 빈둥대지 않는가. 게다가 아침은 또 왜 그렇게 많이 먹는지. 크림 넣은 차 무려 넉 잔, 버터 바른 토스트 한두 개에 말린 소고기 슬라이스까지, 딱 봐도 소화에는 제일 안 좋은 조합이지.

그다음엔 곧바로 책상에 앉아 글을 쓰거나, 볼일이 있어 찾아온 사람들과 이야기를 나누지. 그렇게 꼼짝도 안 하고 있다 보면 어느새 시간은 흘러 오후 한 시가 되어버리고….

점심 식사 후에는 또 어떤가? 상식 있는 사람이라면 같이 식사한 친구들과 그 집의 아름다운 정원을 거닐겠지만, 그대는 체스판에 달라붙어 장장 두세 시간을 매달려 있지 않는가! 앉아서 생활하는 이에게 가장 해로운 취미가 그대의 유일한 오락거리라니.

프랭클린 시대의 한 의학 이론에 따르면, 통풍 발작은 운동 부족 및 기타 해로운 습관으로 몸에 쌓인 불순한 체액을 없애려는 신체의 자정 노력이었다. 통풍 부인도 이 학설을 지지하며, 프랭클린이 어리석은 정도가 아니라 배은망덕하다고 꾸짖었다. 통풍이 아니었으면 그는 벌써 중풍이나 수종, 뇌졸중이 찾아와, "뭐가 되었든 그중 하나가 그대를 오래전에 데려갔을 테니까". 통풍은 다시 그를 쑤셔댄다.

"제발요, 통풍 부인, 잠깐 휴전합시다. 벌 좀 멈춰주시오!" 프랭클린이 괴로워하며 울부짖는다.

"아니, 안 되지요, 선생. 다 그대 좋으라고 하는 것인데, 티끌만큼도 줄일 수는 없지."

그는 애처롭게 항변한다. 자신도 운동은 **한다**고. 마차 안에서.

"이 세상에서 생각해낼 수 있는 모든 운동 중, 가장 하찮고 무의미한 바로 그거군." 통풍 부인은 프랭클린의 이론을 속속 꿰고 있는 듯, 운동 효과가 체열 발생 정도와 비례한다는 그의 논리를 그대로 되돌려주었다. 심지어 그의 여성 친구들조차 그보다 운동을 더 많이 한다. "오퇴유의 그 아름다운 친구를 보세. 너그러운 자연의 은혜 덕에, 그대가 책에서 긁어모은 얄팍한 철학 흉내보다 대여섯 배는 더 쓸모 있는 지식을 지닌 숙녀분 말이야(이는 마담 브리용에게 '라이벌이 있다'는 사실을 넌지시 일깨워주는 대목이었다)." "그녀가 친히 그대를 찾아올 때는 걸어서 오지. 자신은 하루 종일 걸어 다니고, 게으름과 그로 인한 병은 죄다 자기 말들이 치르게 한다네. 이것이 곧 그녀의 건강과 아름다움을 지켜주는 비결이야. 그러나 그대가 오퇴유로 갈 때는 어떤가? 꼭 마차를 타고 가지 않는가. 파시에서 오퇴유까지나, 오뙤유에서 파시까지나 거리는 똑같은데도 말이지."

프랭클린은 이런 고통스러운 몸으로 듣고 있기엔 그런 논리가 슬슬 지겹다고 불평한다.

그러자 통풍이 말한다. "좋아, 내가 잘못했군. 그럼 입은 다물고 내 할 일이나 계속하지 뭐. 자, 받아라! 이것도!"

그는 고통에 몸부림치며 신음을 터뜨린다.

통풍 부인은 브리용 저택의 '그 매혹적인 숙녀'가 정원 곳곳의 계단을 오르내리며 저녁 산책을 하자고 거듭 초대했건만 그가 번번이 무시한 일을 들추며 다시 그를 꾸짖는다. "당신네 철학자들은 격언 만들 때나 현명하지, 행동할 때는 바보일세." 그녀는 또다시 프랭클린을 날카롭게 쑤셔댄다.

마차를 타지 말라니, 그럼 그 마차는 어쩌란 말이냐고, 프랭클린은 몸을 움찔거리며 묻는다.

"원하면 태워버리든가." 아니, 가난한 농노들을 태워서 밤마다 포도밭에서 파시까지 데려다주는 더 좋은 방법도 있었다. "그런 행동은 그대의 영혼에도 이롭고, 게다가 브리용에서 집까지 걸어오기라도 하면 그대의 몸에도 유익할 게 아닌가." 또 한 번 쑤시는 통풍.

아! 아야야야! 제발 이제 그만! 진심으로 약속하리다. 다시는 체스도 두지 않고, 대신 매일 운동하고 절제하며 살겠소.

그러기엔 내가 그대를 너무 잘 알지. 그럴싸하게 약속해놓고 한 몇 달 건강해지면, 다시 옛날 습관으로 돌아갈 거잖아? 작년에 구름 모양이 어땠더라? 그대의 훌륭한 맹세도 그 구름처럼 사라져버리겠지. 자 이번 정산은 여기까지 하고 나는 가보겠네. 하지만 한 가지는 확실히 해두지. 때와 장소가 무르익으면 나는 다시 찾아올 거야. 내 목적은 오로지 그대의 안녕이니까. 이제 알겠지? 나야말로 그대의 **진짜 친구**라는 걸.

프랭클린이 직접 등장하기 훨씬 전부터 파리에는 이미 그의 문학적 명성이 널리 퍼져 있었지만, 가끔은 프랭클린이 그 자신의 명성을 능가하는 경우가 있었다. '폴리 베이커'의 진짜 정체가 드러나게 된 계기도 바로 그런 이유였다. 어느 날 프랭클린과 사일러스 딘이 아베 레이날의 『두 인도 역사 Histoire des deux Indes』에 실린 수많은 오류에 대해 이야기하고 있을 때, 마침 저자 본인이 문으로 들어섰다. 프랭클린은 외교적 기지를 발휘해 화제를 돌렸지만, 딘은 그렇지 않았다. "방금 박사님과 제가 아베의 역사서에서 잘못 알고 쓰신 오류에 대해 이야기를 나누던 참이었습니다."

레이날 신부가 대답했다. "아니, 그럴 리가 없습니다, 선생. 극히 신뢰할 만한 출처에서 확인된 사실이 아닌 이상, 제 책에 한 줄도 실리지 않도록 신중에 신중을 기했으니까요."

그러자 딘이 맞받았다. "아니, 폴리 베이커의 이야기가 있지 않습니까? 매사추세츠에서 사생아를 낳은 죄로 재판에 넘겨져 처벌받게 되었을 때, (신부님께서 그녀의 입을 통해) 법정에서 멋지게 변론하는 대목 말입니다. 하지만 제가 알기로 매사추세츠에는 신부님께서 인용하신 그런 법은 애초에 존재한 적이 없습니다."

"선생께서 분명 잘못 알고 계시는군요. 그 이야기는 틀림없는 실화입니다. 지금은 구체적인 정보가 떠오르지 않지만, 신뢰할 만한 출처에서 확인한 것만은 확실합니다."

이 지점에서 프랭클린의 외교적 자제심은 무너지고 말았다. 그는 껄껄 웃으며 말했다. "신부님, 내가 그 이야기의 출처를 알려드리지요. 한때 내가 인쇄소에서 신문을 찍어내던 시절이 있었답니다. 가끔 기삿거리가 모자라면 독자들을 즐겁게 해줄 겸, 개인적인 일화나 우화, 엉뚱한 상상으로 빈 지면을 채우곤 했습니다. 폴리 베이커 이야기도 바로 그런 식으로 내가 지어낸 이야기 중 하나랍니다."

경악한 얼굴로 듣고 있던 신부는 곧 태연하게 표정을 숨기며 결연히 말했다. "아, 그렇군요, 박사님. 그렇다면 저는 앞으로 다른 사람들의 진실보다는 차라리 박사님의 이야기를 전하는 편이 훨씬 낫겠습니다."

레이날 신부가 제 손으로 자기 확신을 뒤집어버린 일은 또 있었다. 당시 유럽의 철학적 통념에 따르면, 신대륙에서는 인간과 동물의 종이 점차 퇴화해 몸집이 작아지고 더 약해진다고 여겨졌다. 이 이론에 깊이 심취해 있던 레이날은, 프랭클린이 파시에서 주최한 만찬 자리에서 이 주제에 대해 장광설을 늘어놓았다. 그날 마침 프랭클린이 초대한 손님은 미국인과 프랑스인이 거의 반반이었다. 레이날 신부가 한참 열변을 토하는 동안 프랭클린은 양국 손님들의 자리 배치와 체격 차이에서 흥미로운 점을 발견했다.

그리고 말했다. "자, 신부님, 눈앞의 사실로 바로 확인해 봅시다. 이 자리에 모인 사람 중 절반은 미국인이고 절반은 프랑스인이죠. 공교롭게도 양쪽이 서로 맞은편에 앉아 있군요. 자, 다 함께 일어나보시죠. 그러면 자연이 어느 쪽을 퇴화시켰는지 금세 알 수 있을 겁니다."

프랭클린에게 이 이야기를 전해 들은 토머스 제퍼슨은 그 자리에 참석했던 사람 중 몇몇을 알고 있었기에—그리고 무엇보다 '신대륙 퇴화설'을 그토록 집요하게 입증하려 했던 레이날 신부만큼이나 그 주장을 기필코 반박하고 싶었기에— 이야기의 나머지 부분을 이렇게 덧붙여 설명했다. "우연히도 미국 손님들은 카마이클, 하머, 험프리스를 비롯해 키와 풍채가 대단한 사람들이었다. 반면 테이블 반대편에 앉은 사람들은 유난히 왜소했고, 특히 아베 본인은 그야말로 새우만큼 작았다고 한다."

프랑스 손님들은 프랭클린이 대화에서 주로 다른 이들에게 발언을 양보하자 처음에는 꽤 의외라는 표정을 지었다. 이런 과묵함은 그의 성격 때문이기도 했지만, 애초에 책과 독학으로만 익힌 프랑스어 실력이 아직 완전치 않았던 탓도 있었다. 그는 한 친구에게 이렇게 해명했다. "당신네 프랑스인들이 한 번에 딱 네 명까지만 말해준다면, 나도 알아들을 수 있을 겁니다. 그러면 이렇게 흥미진진한 파티를 나서면서 도대체 무슨 이야기를 나눴는지 하나도 모르는 상황은 피할 수 있겠지요." 이렇듯 프랭클린의 **촌철살인**을 직접 말로 들을 수 있는 기회가 상대적으로 드물었기에, 더욱 귀하게 여겨졌다.

그 가운데서도 특히 오래도록 회자된 한마디는, 노년의 부르봉 공작부인과 체스를 두던 중에 나온 말이었다. 체스에 서툴렀던 공작부인은 규칙을 벗어나 자신의 '왕'을 체크에 걸릴 자리에 놓아버렸고, 그 김에 프랭클린은 신나게 규칙을 깨고 왕을 잡아버렸다. 그러나 공작부인도 그것만큼은 규칙 위반임을 알고 있었는지 당당히 말했다. 프랑스에서는 "왕을 잡지 않습니다".

그러자 프랭클린은 엉큼한 미소를 지으며 대답했다. "우리 미국에선 잡습니다."

25장 전권공사
1779~1781

신성로마제국 황제인 요제프 2세는 이 무렵 신분을 숨긴 채 프랑스를 여행하며 프랭클린이 드나드는 살롱에도 자주 얼굴을 비췄다. 그가 프랭클린과 부르봉 공작부인의 체스 경기를 구경하고 있는데 누군가가 '다들 미국에 대해 열광하고 있는데 왜 귀하는 동참하지 않느냐'라고 물었다.

그는 이렇게 대답했다. "나는 본업이 왕이라서."

조지 3세도 같은 심정이었다. 그렇다고 미국의 움직임 때문에―신성로마제국 황제보다 딱히 더― 밤잠을 설칠 정도는 아니었다. 새러토가 전투의 승리에도 불구하고 전황은 여전히 미국 쪽에 불리했다. 저먼타운에서 패배하면서 필라델피아는 영국군의 손에 넘어갔고, 도시에 영국군 증원군이 들어오지 못하도록 함대의 접근을 막으려는 시도도 실패로 끝났다. 영국군 군함을 침몰시키려던 기발한 계획이 끝내 실현되지 못한 탓이었다. 데이비드 부슈널이 뚝딱뚝딱 만들어낸 수중 보트―일명 '부슈널의 거북이'―로 수면 아래에서 폭탄으로 적함을 공격한다는 계획이었으나, 여러 기술적 문제 때문에 결국 폭탄을 물 위에 띄워 보내는 방식으로 전환해야 했다. 그는 화약을 가득 채운 통을 몰래 강물에 띄워 영국 함대 쪽으로 떠내려 보냈다. 그러나 대부분은 빗나갔고, 그중 하나는 나룻배 사공이 물에서 건져올리는 순간 폭발해 그와 주변 사람들의 목숨을 앗아갔다. 물론, 작전도 들통났다. 영국 배는 한 척도 침몰하지 않았지만, 폭탄 덩어리들이 강 위를 둥둥 떠다닌다는 생각만으로도 영국군은 극도로 예민해졌다. 강독을 따라 배치된 병사들은 물 위에 수상한 물체만 보이면 사격을 퍼부었다. 어떤 기록에 따르면, 그 공포가 간신히 가라앉을 무렵 한 농부 아낙이 실수로 치즈통을 빠뜨리는 바람에, 또다시 비상령이 울리고 강물 위로 납탄 세례가 쏟아진 일도 있었다고 한다.

윌리엄 하우 장군은 필라델피아에서 애인과 함께 따뜻한 겨울을 보냈고, 통치는 프랭클린의 옛 친구이자 동지였던 조지프 갤러웨이의 도움을 받았다. 반면 워싱턴 장군과 미 대륙군은 밸리포지에서 바람이 몰아치는 언덕 위에 진을 치고 동장군과 사투를 벌이고 있었다. 하우에게 패하고 쫓겨오느라 이미 만신창이가 된 그들은 맨땅에 겨울 막사까지 지으며 더욱더 지쳐 갔고, 이제 약 4x5미터 남짓 넓이의 어두컴컴한 통나무 막사 안에서 덜덜 떨며 굶주려야 했다. 겨울이 시작될 무렵 군이 보유한 식량은 밀가루 스물다섯 통이 전부였다. 그걸로 무려 1만 1000명이 버텨야 했다. 그러니 이들의 유일한 식사는 '불빵firecake'(이스트도 없이 밀가루만 캠프파이어 불에 구운 팬케이크)을 물과 함께 먹는 것이었다. 한 군의관이 회상한 장교와 병사들의 대화 장면이다. "오늘 점심은 뭔가?" "불빵과 물밖에 없습니다." "그럼 저녁은?" "불빵과 물입니다." "아침엔 뭘 먹었지?" "불빵과 물입니다." 이 부실한 식단으로 군의 건강을 책임져야 했던 군의관은 보급 책임자들을 저주했다. "주여, 우리 구매 보급관 놈들의 뒤룩뒤룩한 배가 종잇장처럼 말라붙을 때까지 저놈들이 불빵과 물만 먹고살게 하소서."

워싱턴에게 닥친 난관은 군을 먹여 살리는 문제만이 아니었다. 병사들에게 입힐 옷조차 없었다. 12월 23일, 그는 대륙회의에 이렇게 보고했다. "오늘 받은 야전 보고에 따르면, 현재 진영에 있는 병사들 가운데 무려 2898명이 맨발이거나 거의 헐벗다시피 해서 임무 수행이 불가능한 상태입니다." 담요도 부족해서 병사들은 "정상적으로 편히 누워서 자지 못하고" 모닥불 주위에서 서로 몸을 붙인 채 밤을 견뎌야 했다. 워싱턴은 평소 역경을 묵묵히 견디는 성품이었지만, 병사들의 처참한 상황 앞에서 결국 참지 못하고 속내를 터뜨렸다. 정작 군대에 필요한 물자를 대지도 못하면서 용감하게 폼만 잡는 식민지 의회들에 대한 불만이었다. "황량하게 얼어붙은 언덕 위에 진을 치고 옷도 담요도 없이 눈과 서리를 맞으며 잠을 청하는 것에 비하면, 따뜻한 난롯불 곁에 편안히 앉아 항의문을 써 내려가는 일이 뭐 그리 힘들고 고통스럽겠습니까." 특단의 조치가 취해지지 않는다면, "이 군대는 세 가지 중 하나의 운명을 피할 수 없을 겁니다. 굶어 죽거나, 해산하거나, 아니면 뿔뿔이 먹을 것을 찾아 나서거나".

워싱턴은 세 번째를 택했다. 서 있을 기력이 있고, 신발과 바지라도 갖춘 병사들을 모아 식량을 찾아 나서게 한 것이다. 펜실베이니아 중에서도, 대륙회의 대표들과 베이치 가족을 비롯해 이미 피난민들이 대거 몰려와 있던 그 일대는 건질 만한 것이 별로 없었다. 결국 식량수색대는 펜실베이니아를 넘어 뉴저지, 델라웨어, 메릴랜드까지 흩어져나갔다. 대륙회의의 강력한 권고에도 불구하고, 워싱턴은 필요 물자를 '징발'하는 것만은 주저했다. 민심이 혁명의 대의에 등을 돌릴까 두려웠기 때문이었다. 그러나 일부 부하들은 그렇게까지 조심스럽지 않았다. 어차피 뉴저지나 델라웨어 같은 식민지는 영국 충성파들로 들끓는 곳이고, 설령 혁명군이 비단 장갑을 끼고 공손히 돈까지 내민다 해도 절대 독립을 지지할 리 없으니 괜찮지 않냐는 논리였다.

워싱턴은 진지에 남은 병사들의 사기 저하를 막기 위해 일과를 빠듯하게 채웠고, 곧 슈토이벤 남작이 프랭클린의 추천서를 들고 도착하면서 병사들의 훈련도 시작되었다. 그는 기초적인 표현 몇 마디 외에는 영어를 거의 못 했지만, 프리드리히 대왕의 군에서 장교로 복무한 명성 덕분에 군사 전문가가 드문 이곳에서 권위를 인정받을 수 있었다. 군기가 서기 시작하자, 진영의 분위기도 함께 살아났다[그러나 물론 문화적 차이에서 비롯된 문제는 여전했다. 슈토이벤은 훗날 파리 주재 프로이센 대사에게 이렇게 털어놓았다. "정말이요, 대사. 내가 맡은 보직이 결코 쉬운 일이 아니었다니까요. 우리 공화국 친구들(미국인들)은 뭐든 영국식으로 하려고 하고, 우리 대단하고 훌륭한 동맹국 친구들(프랑스인들)은 모든 걸 프랑스풍으로 하려고 했죠. 그래서 내가 프로이센식으로 만든 자우어크라우트*를 한 접시 내놓았더니 다들 창밖으로 던져버리려는 겁니다. 그럼에도 갓댐!을 외치며 내 요리가 최고라는 걸 억지로 증명했더니, 미국인들의 편견은 꺾을 수 있었지요.** 하지만 프랑스인들은 아메리카의 숲에서도 나를 좋아하지 않더이다. 로스바흐 평원에서 그랬던 것처럼요."***]

그 모든 고난에도 불구하고 워싱턴과 대륙군은 밸리포지의 겨울에서 살아남았다. 어느 정도는 1777년 말의 겨울이―그 지역 주민의 기준에서 볼 때― 비교적 온화했던 덕분도 있었다. 봄이 오자 프랑스가 마침내 미국의 대의를 받아들였다는 반가운 소식이 더해졌다. 동맹의 효과는 곧바로 나타나, 하우의 뒤를 이은 헨리 클린턴의 영국군은 곧 닥칠 프랑스의 공격에 대비해 필라델피아를 떠나 뉴욕으로 철수했다.

마지막 영국군이 필라델피아를 떠난 지 불과 15분 만에 미국 기병대 선두 부대가 도시에 입성했다. 사기가 충천한 워싱턴 군은 뉴저지를 가로지르는 클린턴의 영국군을 뒤쫓으며 끈질기게 괴롭혔다. 워싱턴은 길게 늘

---

* 독일식 양배추절임

** 영어가 서툴렀던 슈토이벤은 훈련 때 Goddam이라는 욕설을 입에 달고 살았다는 일화가 있다.

*** 프로이센이 프랑스-오스트리아연합군을 상대로 대승을 거둔 로스바흐전투를 일컫는다.

어진 영국군 행렬을 직접 공격하고픈 마음이 간절했지만, 몬머스 전투가 지휘 미숙으로 어그러지면서(그 결과 찰스 리는 군사재판에 회부되어 유죄판결을 받았다) 결국 허드슨강 하구를 건너 뉴욕으로 빠져나가는 영국군을 그저 지켜볼 수밖에 없었다.

워싱턴이 영국군을 딱 일주일만 붙잡아둘 수 있었더라면, 이 전쟁은 훨씬 일찍 끝날 수도 있었을 것이다. 7월 11일 샌디훅에 도착한 16척의 프랑스 함대가 클린턴 군의 허드슨강 도하를 막을 수 있었을 테니 말이다. 그러나 현실은 다르게 흘러갔고, 함대 사령관인 데스탱 백작은 뉴욕항 입구를 지키는 영국군 대포와 얕은 수심 탓에 도시를 공격하기는커녕 항구 앞바다에서 맴돌고 있어야 했다. 그사이 워싱턴은 클린턴 군이 육로로 도주하는 것을 막기 위해 허드슨강 상류를 건너 화이트플레인스에 진을 쳤다.

수도가 수복되자 대륙회의는 다시 필라델피아로 돌아왔다. 그리고 파리에 있던 외교위원단을 해산하기로 표결했다. 조약을 협상할 때야 머리 하나보다는 셋이 나았지만, 이제 루이 정부가 미국을 정식으로 승인했으니 외교 관례상으로도 한 명의 전권공사가 나라를 대표하는 것이 바람직하다고 본 것이다. 또한 치열한 흥정을 벌일 때는 어느 정도 회의적이거나 때로는 의심이 많은 협상가가 필요했지만, 이제 전시 동맹국에서 활동할 대사에게 요구되는 것은 오히려 개방적이고 우호적인 태도였다. 그 적임자가 누구인지는 두말할 필요도 없었다. 대륙회의는 프랭클린을 전권공사로 임명했다.

1779년 2월, 프랭클린은 대륙회의가 "지극히 신실하고 대단히 사랑받는 우리 친구이자 동맹"이라 치켜세운 루이에게 자신의 신임장을 제출했다. 그 임명장에는 국왕 폐하가 프랭클린의 공사 자격을 승인하고, "그가 대륙회의를 대표해 전하는 모든 메시지를 전적으로 신뢰해주시길 바란다"라는 요청이 담겨 있었다.

사실, 루이가 현명했다면 프랭클린이 처음으로 전한 메시지 중 하나
는 걸러서 들었을 것이다. 대륙회의가 프랭클린에게 내린 지시는 왕에게 핼
리팩스와 퀘벡을 공격할 프랑스군의 파병을 요청하라는 것이었다. 그런데
프랭클린은 이 타격 목록에 영국 점령하에 있는 로드아일랜드까지 멋대로
추가했다. 물론 워싱턴도 나중에는 프랑스군을 미국 영토에 들여야 하는
상황을 받아들이게 되지만, 지금 당장은 프랑스군과 국경에서 힘겹게 맞붙
었던 지난 전쟁의 기억이 너무나 생생히 남아 있었다. 프랑스군이 영국을
괴롭혀 준다면 반가운 일이었지만, 그것을 미국 땅이 아닌 다른 곳에서 해
줬으면 하는 게 워싱턴의 속마음이었다. 프랭클린에게는 다행스럽게도, 루
이는 아직 대서양 건너까지 병력을 보낼 준비가 되어 있지 않았다. 그 결과
요청은 자연히 흐지부지되었고, 덕분에 프랭클린도 큰 망신을 면할 수 있
었다.

　　일흔셋의 프랭클린이 전투열에 휩쓸렸을 리는 없을 것이다. 아마도 이
런 경솔한 행동은 자신보다 무려 쉰두 살이나 어린 한 젊은이의 영향을 받
은 탓이었을지도 모른다. 미국에서 눈부신 첫발을 뗀 뒤 프랑스로 돌아와
있던 라파예트였다. 프랭클린의 추천서를 들고 미국에 도착한 이 청년은
대륙회의를 설득해 고작 열아홉의 나이에 소장 계급장을 받아냈다. 그가
무기로 내세운 것은 물론 프랭클린의 추천장과, 그르나디에 연대 대령으로
7년전쟁에서 전사한 아버지에 대한 복수심, 글루아르(영광)에 대한 야망,
그리고 무엇보다 막대한 재산이었다. 그는 워싱턴을 보자마자 한눈에 반했
다(프랭클린에게 보낸 편지에서 그를 "신과도 같은 미국의 영웅"이라 묘사할 정도
였다). 이에 화답하듯, 친자식이라고는 없었던 워싱턴도 이 소년 장군을 마
치 친아들처럼 품고 보살폈다. 첫 전투에서부터 피 흘리며 싸운 라파예트
는 그 덕분에 병사들의 마음을 사로잡았고, 밸리포지에서도 그들과 고난
을 함께하며 한층 더 깊은 사랑을 받았다. 그러나 한겨울, 소규모 부대를
이끌고 감행하려던 대담무쌍한 '캐나다 침입' 작전이 시작도 못 하고 무산

되는 바람에, 라파예트는 싸우고 싶은 마음을 억누르며 발만 동동 굴러야 했다. 그는 워싱턴에게 이렇게 적어보냈다. "친애하는 장군님, 제 유일한 야망―'영광'―을 실현할 수 있도록, 장군님께서 어떤 기회든 마련해주시리라는 걸 저는 잘 알고 있습니다." 그 야망은 1778년 6월 몬머스 전투에서 조금이나마 충족되었다. 그는 눈부신 용맹을 떨쳤지만, 그의 영광은 미완에 그쳤다.

마침내 프랑스 참전 소식을 들은 라파예트는 기쁨의 눈물을 흘리며 대륙회의에 고국으로 돌아가게 해달라고 요청했다. 프랑스군이 이미 항구로 행군을 시작했을 거라 굳게 믿었기에 얼른 돌아가 병력을 준비시켜야 한다는 생각에 마음이 급했다. 대륙회의는 그 요청을 허락했다. 다만 이 용감한 장군이 제2의 조국을 잊지 않도록, 표결을 거쳐 그에게 특별한 검을 포상하기로 하고, 검이 완성되면 프랭클린이 프랑스에서 직접 수여하기로 결정했다. 귀국길에 주로 영국군 포로와 탈영병으로 이루어진 선원들이 폭동을 일으키는 작은 소동이 일기도 했지만, 라파예트가 평소 차고 다니던 검을 뽑아들고 단숨에 반란자들을 제압했다.

그러나 파리에서는 전혀 다른 문제가 기다리고 있었다. 그는 고국에 도착하자마자 자신의 미국군 입대가(미국과의 동맹 체결 전에 내려진) 왕령을 정면으로 위반한 행위라는 통보를 받았다. 원통하게도 젊은 후작은 가택연금 처분을 받았고, 프랭클린과의 만남도 연기되었다. 그가 전하려던 워싱턴 장군의 편지―라파예트의 "열정, 군인으로서의 헌신과 재능"을 극찬하는 내용이 담긴―도 당분간 전할 수 없게 되었다.

루이 16세는 일주일 동안 라파예트의 애를 태운 뒤에야 왕실 사면을 내렸다. 그렇기는 해도 왕은 그가 궁정에 직접 나와 따로 사죄해야 한다고 못 박았다. 가뜩이나 마음이 급한 라파예트는 이런 요구에 더 분통이 터졌다. 그는 프랭클린에게 이렇게 푸념했다. "우리 같은 왕정 국가들에는 **에티켓**(예법)이라는 멍청한 규칙이 있어서, 제아무리 이성적인 사람이라도 반드시 따라야 합니다." 하지만 궁정에서 열렬한 환대를 받자 그의 초조함도 잠시나마 누그러졌다. 심지어 예전에는 라파예트의 서투른 춤솜씨와 주량을 비웃었던 마리 앙투아네트조차 이번에는 환호 대열에 동참했고, 다른 숙녀들도 그의 환심을 사려고 앞다투어 경쟁을 벌였다.

그러나 그가 있어야 할 곳은 전장이었다. 몬머스 전투 이후 프랑스로 돌아오기 전, 그가 참여한 작전이 하나 더 있었다. 로드아일랜드 뉴포트의 영국군 거점을 돌파하는 작전이었다. 하지만 서투른 준비 탓에 작전은 완전히 실패로 끝났고, 라파예트는 이 굴욕을 반드시 만회해야겠다는 생각에 사로잡혀 있었다. 그런 와중에 프랑스로 돌아오면서 프랭클린의 전권공사 임명장과 대륙회의의 지시 사항—루이 왕에게 핼리팩스와 퀘벡 공격 지원을 요청하라—을 전달하는 전령의 역할을 맡게 된 터였다. 어쩌면 그 전달 과정에서, 공문에는 없는—아마 기록으로 남기기엔 너무 민감한 사안이라고 생각해서— 로드아일랜드 공격 지원 요청이 구두지시로 있었다고 은근히 언급했을 가능성도 있다. 그렇더라도 프랭클린이라면 사리 판단을 더 명확히 했어야 옳았지만, 어쩌면 그조차 이 젊은 영웅의 미국 대의를 향한 두드러진 헌신에 무심코 마음이 움직였던 것일 수도 있다.

미국 원정이 지연되자, 라파예트는 한층 더 대담한 제안을 내놓았다. 영국 본토를 직접 공격하자는 것이었다. 국왕이 머뭇머뭇 동의를 표하자 그는 흥분을 감추지 못하고 이렇게 외쳤다. "제 온몸에서 피가 끓어오르고 있습니다!" 데스탱 제독에게 보낸 편지에서는 경고하듯 말했다. "혹시 장군께서 영국 땅에 병력을 상륙시켜 공격을 감행하신다면, 그리고 그 자리에 제가 함께하지 못한다면 저는 차라리 목을 매어 죽어버리겠습니다!"

프랭클린은 자신의 감정을 라파예트처럼 격정적으로 드러낼 사람은 아니었지만, 전반적 정서에는 공감했고 영국 본토 공격 계획에도 적극 찬성했다. 그는 라파예트에게 이렇게 썼다. "나는 자네의 활기차고 뛰어난 기백, 그리고 공동의 적에 늘 맞서고자 하는 굳건한 열망을 진심으로 존경하고 있다네. 영국과 스코틀랜드 해안은 완전히 드러나 있어서 방비가 허술한 것이 사실이지. 게다가 바닷가 근처에는 부유한 마을도 많고. 불시에 4000에서 5000명 정도만 상륙해도 손쉽게 기습해서 함락시킬 수 있을 걸세. 아니면 그들에게 현금을 거두거나 인질을 잡아 몸값을 요구하는 식으로 상당한 배상금을 부과할 수도 있을 테고." 예컨대 브리스틀은 4800만 리브르의 가치가 있을 것이고, 리버풀도 그 정도, 배스는 1200만 리브르, 랭커스터에서는 600만 리브르를 확보할 수 있을 터였다. 여기에 기병대까지 가세한다면 더 금상첨화였다. "그러면 훨씬 멀리까지 공포가 확산될 테니까. 그모든 결과로, 영국은 군대를 대대적으로 움직이고 행군시키느라 막대한 비용을 치르고 극도의 고통을 경험하게 될 걸세."

프랭클린은 어떤 전략이 더 낫다고 함부로 판단하지는 않았다. 다만 역사에 비춰보면, 그런 시도의 대담함 자체가 곧 성공의 전조이기도 했다. "전쟁에서는, 불가능해 보이는 시도가 정작 그 불가능성 때문에 오히려 가능해지거나 실현될 때가 많지. 누구도 예상치 못해서, 그걸 막으려는 대비책조차 마련하지 않으니까." 프랭클린은 라파예트가 거부하지 못할 게 뻔한 강력한 한마디로 편지를 맺었다. "그런 도전이야말로, 성공했을 때 가장 큰 영광을 안겨주는 법이지요."

같은 편지에서 프랭클린은 "앞으로의 성패는 연안해를 훤히 아는 신중하고 용감한 해군 지휘관에게 달려 있을 것"이라고 언급했다. 그는 이미 염두에 둔 적임자가 있었다. 그러나 과연 '신중하다'라는 수식어가 어울리는지는 의문의 여지가 있었다. '존 폴 존스'가 스코틀랜드 시골 대지주 집안 정원사의 아들로 태어났을 때는 이름이 그냥 '존 폴'이었다. 소년 존은 열두 살 무렵 집을 떠나 바다로 나갔다. 프랭클린이 보스턴에서 똑같은 꿈을 품었던 때와 거의 같은 나이였다. 열아홉 살 무렵에는 버지니아에 도착해 항해술을 익혔고, 그 뒤 아프리카와 아메리카 사이의 그 악명 높은 '중간

항로'를 오가는 노예무역선에서 일등항해사 자리까지 올랐다. 그리고 머지 않아 덤프리스에서 서인도제도를 오가는 상선의 선장이 되었다. 알고 보 니 그는 선원들의 직무 태만을 추호도 용납하지 않는 엄격한 감독관이었 다. 거의 습관성으로 선원들을 향해 신명이라도 난 듯 채찍을 휘둘렀고, 한 번은 토바고에서 목공 담당 선원을 평소보다 훨씬 심하게 매질했다가 그가 사망하는 일이 벌어졌다. 목공의 아버지는 존을 살인 혐의로 고발했고, 그 는 감옥에 갇혔다. 결과적으로는 그가 다른 선원들을 설득해 자신에게 유 리한 증언을 끌어내면서 무혐의 처분을 받았지만, 그 뒤로도 의혹의 그림 자가 여전히 그의 뒤를 따라다녔다. 1773년에는 다른 배의 선장으로 있던 중 선원들이 그의 명령을 거역하면서 실랑이가 벌어진 끝에, 선원들의 우 두머리가 존의 검에 목숨을 잃는 사건이 있었다. 존은 정당방위였을 뿐이 라고 진술했으나, 이번 목격자들은 그에게 적대적이었다. 존도 이번만큼은 줄행랑이야말로 더 용감한 선택이라고 판단했다. 그리고 몇 주 뒤, '존 폴 존스'가 되어 버지니아에 다시 나타났다.

그 후 2년 동안 그는 다른 배를 구하지 못했고, 육지에서도 일자리를 얻지 못했다. 그러나 대영제국에 닥친 불운은 그 자신의 불운에 종말을 예 고했다. 영국과의 전쟁이 발발하자 존스는 미국 편에 섰고, 곧장 필라델피 아로 달려가 대위로 임관했다. 대륙회의가 함선을 더 확보한 뒤에는 곧바 로 대령으로 승진했다. 그렇게 그는 프로비던스호와 레인저호를 지휘하며, 영국의 해상 활동에 재앙 같은 존재로 명성을 떨쳤다. 특히 대담했던 한 기 습작전에서는 스코틀랜드 해안을 급습하기도 했다. 목표는 셀커크 백작을 납치해 미국 포로와 맞바꾸는 것이었다. 그러나 백작은 부재중이었고, 존 스의 부하들은 백작가의 은식기를 훔치는 것으로 겨우 체면치레를 했다. 그런데 그 전리품마저도 존스는 나중에 부하들에게 사들여 주인에게 되돌 려주었다.

프랑스가 참전하자 존스는 프랑스 해군과 작전을 조율할 수 있게 되었지만, 사실 그렇게 하지 않을 수도 없었다. 미국군 장교인 그는 미국 정부의 최고 대표인 프랭클린에게 보고해야 했고, 프랭클린은 동맹의 공동 이익이라는 명목하에—또한 스스로도 인정했듯 해군 문제에는 문외한이었던 탓에— 프랑스 해군 장관인 앙투안 사르틴의 지휘를 따랐다. 사르틴은 영국 침공 작전을 준비했고, 프랭클린은 다혈질 존스에게 협조를 신신당부했다. "라파예트 후작이 곧 귀관과 합류할 걸세."

> 육해군 합동 작전은 양측 장교들 간의 오해와 알력 다툼 때문에 실패로 끝나는 사례가 많다는 사실이 여러 차례 드러나지 않았는가. 이는 조국의 안녕을 바라는 뜨거운 열망보다, 개인의 영달이나 이익에 더 사로잡힌 옹졸한 마음가짐에서 비롯되는 일이겠지. 자네 두 사람 다 내가 모르는 사람도 아니고 이런 상황에서 올바르게 판단하리라는 것도 잘 알기에, 자네들 사이에서는 그런 불미스러운 일이 일어나지 않을 거라 믿는다네. 그러니 내가 두 사람에게 상호 간 겸양이나 선의, 조화에 힘써달라고 따로 당부할 필요도 없겠지. 그런 덕목이야말로 이번과 같은 작전이 성공하는 데 가장 큰 열쇠니 말일세.

물론 그런 당부가 정말로 불필요했다면, 애초에 프랭클린이 편지에 적지도 않았을 것이다. 사실 프랭클린은 존스가 계급과 선후 관계에 민감하다는 것을 잘 알고 있었다. 그래서 그에게 라파예트 장군이 상급자로서 지상군을 지휘하게 될 것임을 미리 못 박아둘 필요가 있다고 생각했다. "그러나 함선의 지휘는 전적으로 자네 소관일세. 엄밀히 말하면 계급상으로는 그가 얼마든지 개입할 권한이 있지. 그 점은 나도 인정할 수밖에 없네. 하지만 후작은 자네의 지휘에 간섭할 마음이 조금도 없을 걸세." 이번 작전은 단순히 육군과 해군의 합동일 뿐 아니라 미국과 프랑스의 연합작전이기도 했다. "따라서 지휘관들의 냉정하고 신중한 처신이 그 어느 때보다 절실하다네." 그러나 존스가 걱정할 필요는 없었다. "이 작전이 한마음 한뜻으로 신중하게 수행된다면 두 사람 모두에게 넉넉히 영예가 돌아갈 걸세."

프랭클린은 이런 간곡한 당부에 이어 존스에게 정식 작전 지침을 내렸다. 첫 임무는 라파예트가 이끄는 프랑스군을 배에 태워 후작이 요청하는 지점으로 호송하는 것이었다. 프랑스군이 상륙한 후에는 "모든 가용한 수단을 동원해" 그들을 지원하고, 반드시 근처에서 대기해야 했다. "작전이 진행되는 동안 절대로 프랑스군을 두고 멀리 움직이지 말게. 혹여 패퇴할 경우에는 퇴로를 확보하고 그들을 구해야 하니까." 영국인 포로의 처우에도 각별히 주의해야 했다. "자네 부관과 병사들 중에는 최근 유럽이나 아메리카의 영국 포로수용소에서 탈출해 나온 이들이 많지 않은가. 그러니 전쟁의 운명이 자네 손에 넘겨줄 포로들을 부하들이 어떻게 대하는지도 특히 신경 써서 살펴야 하네. 영국이 여러 곳에서 미국인들에게 차마 말로 다할 수 없을 만큼 잔혹한 짓을 자행했지만, 그렇다고 화가 나서 포로들에게 보복하는 일은 절대로 있어서는 안 되네. 또 우리 조국의 명예를 위해서도, 그리고 인간성을 잃지 않기 위해서라도 그런 행위는 반드시 금기하고 혐오해야 하며 무엇보다 모방해서는 안 될 일이지." 존스 대령은 다른 사안에서도 이 같은 마음가짐을 지침으로 삼아 행동해야 했다. "영국이 우리 미국의 무방비 도시들을 대상으로 무차별 방화를 저질렀지만, 귀관은—합리적인 몸값 요구가 거부된 경우를 제외하고는— 그런 짓을 본받아선 안 되네. 설사 그런 경우에라도, 이 지침과 자네의 관대한 심성에 따라 그들에게 미리 경고해 병자와 노약자, 여성, 아이들이 우선 대피할 수 있도록 해주리라 믿네."

존스는 프랭클린에게 자신을 믿어도 된다고 답했다. "공관 각하의 고귀하고 너그러운 지침은 겁쟁이마저 용감하게 만들 것입니다. 각하는 제 가슴 속의 모든 공적 덕성을 일깨워주셨습니다. 앞으로 각하의 지침을 철저히 따름으로서 성공에 걸맞은 사람이 되는 것을 제 긍지이자 야망으로 삼겠습니다."

존스는—심지어 감정의 과잉 표현이 난무하던 당시 기준으로도— 유난스러울 만큼 과장되게 편지를 끝맺었다("존귀하고 소중한 각하, 저는 지금도, 그리고 제 삶의 마지막까지도 깊이 존경하고 앙모하는 이 마음 변치 않고, 각하께 가장 큰 은혜를 입은 벗이자 가장 순종적이고 지극히 겸손한 종이 될 것입니다"). 그런데 이런 말이 다 진심이었던 듯하다. 그는 사르틴 장관이 내준 뒤 라스호를 인수해 새 이름을 붙였다. 보놈리샤르호였다.

그리고 바로 이 보놈리샤르호에서, 존스는 파도 위의 불사신으로 이름을 남겼다. 영국 침공 계획이 보급과 정치적 문제로 무산되면서, 결과적으로 존스는 바다에서 영국 해군과 직접 맞서게 되었다. 보놈리샤르호는 1779년 9월 세라피스호와 맞닥뜨렸고, 크기와 무장에서 훨씬 월등한 상대 전함에 꼼짝없이 붙잡혀 목숨을 건 사투를 벌였다. 전투 시작과 함께 존스의 가장 큰 대형 함포 두 문이 포병들의 얼굴 앞에서 폭발했고, 그사이 세라피스호의 18파운더(포)는 보놈리샤르를 사정없이 두들겼다. 영국군 함장은 승리를 확신하고, 존스에게 깃발을 내리고 항복할 기회를 주겠다고 큰소리쳤다. 존스는 도발하듯 맞받아쳤다. "천만에! 가라앉아 뒈질지언정, 항복은 없다(이 말은 훗날 한 목격자가 "나는 아직 싸움을 시작도 안 했다!"라고 회상해 전하는 바람에, 그대로 후대에 남게 되었다)!"

살아남을 방법은 근접전밖에 없다는 걸 깨달은 존스는 자기 배의 뱃머리를 세라피스호의 선미 옆으로 들이받았다. 두 배는 우현을 나란히 맞대고 포구와 포구를 겨눈 채 단단히 맞물렸다. 영국 함선의 포탄이 보놈리샤르의 선체에 구멍을 숭숭 내는 동안, 존스의 미·프 연합 해병들은 돛대와 밧줄, 쇠사슬을 타고 기어올라 영국 함선에 머스킷 사격과 폭발탄을 사정없이 퍼부었다. 그중 폭발탄 하나가 세라피스호의 탄약고에 떨어지며, 순간 거대한 폭발이 일었다. 보놈리샤르의 선체가 물로 차오르는 동안, 세라피스호의 갑판은 피로 물들었다. 존스는 프랭클린에게 이렇게 보고했다.

"언어로는 도저히 표현할 수 없을 만큼 끔찍한 광경이었습니다. 직접 눈으로 목격한 사람이 아니고서는, 사방에 널린 파괴와 잔해, 대학살의 무시무시한 현장을 전혀 상상조차 할 수 없을 겁니다. 전쟁이라는 것이 그토록 극단적이고 파괴적인 결과를 낳을 수 있다는 사실 앞에서, 인간이라면 누구나 몸서리치며 슬퍼하지 않을 수 없습니다."

존스의 부하 중 몇몇도 같은 생각이었다. 그들은 배가 침몰해 전원이 몰살당하기 전에 제발 깃발을 내리자고 애원했다. 하지만 그는 부하들의 애원을 아랑곳하지 않고 오히려 더 분투하라고 몰아붙였다. 그 자신도 직접 포를 잡고 앞장섰다. 마침내 담력 싸움에서 영국 함장이 먼저 무너졌고, 세라피스호는 존스의 손에 넘어왔다. 천만다행이었다. 치명상을 입은 보놈리샤르호가 곧 물속으로 장렬히 전사했기 때문이다.

프랭클린은 승전 소식에 흥분을 감추지 못했다. 그는 존스에게 이렇게 썼다. "자네의 전령이 도착한 뒤로 며칠 동안은, 파리와 베르사유에서 온통 자네 이야기뿐이었다네. 그 끔찍한 전투에서 자네가 냉철한 지휘력과 꺾이지 않은 용맹을 보여주었다고 말일세."

영광스럽기는 했지만, 존스의 승리가 전쟁을 끝내준 것도 아니었고, 미국(과 프랭클린)이 직면한 재정난을 크게 덜어준 것도 아니었다. 프랑스 궁정의 호의적인 분위기를 활용해볼까 싶었던 존스는 선박 수리 자금을 청원해달라고 프랭클린에게 부탁했다. 프랭클린은 이렇게 대답했다. "말해두지만, 그 돈을 받을 가능성은 눈곱만큼도 없네. 그러니 애초에 요청조차 할 수가 없지." 존스는 단순히 손상된 부분만 고치려던 게 아니었다. 이참에 선체에 구리를 입혀 배의 내항성과 전투력을 한층 끌어올리려는 속셈이었다. 그러나 프랭클린은 단호했다. "그건 말도 꺼내지 말게. 나한테 설사 돈이 있어도 그것을 해줄 권한이 없고, 또 지시를 받는다 해도 그럴 만한 돈이 없다네." 프랭클린에게 돈을 청한 사람이 존스만은 아니었지만, 하필 가장 마지막에 찾아온 탓에 프랭클린의 짜증을 남들 몫까지 떠안아야 했다. "제발 좀 아껴 쓰게. 날 파산시킬 작정인가?"

프랑스와의 동맹 덕분에 프랑스의 자원이 미국의 전쟁 자금으로 흘러들어왔지만, 그렇다고 미국 마음대로 쓸 수 있는 것은 아니었다. 미국의 신용도는 전쟁을 4년 치르는 동안 거의 바닥나 있었다. 국내에서는 대륙회의가 돈을 점점 더 많이 찍어내며 이 문제를—물론 불완전하지만— 수습해나가고 있었다. 병사들과 정부 채권자들은 그렇게 발행된 '대륙 달러'를 받든가, 아니면 아무것도 못 받든가 둘 중 하나를 택해야 했다. 하지만 낙관주의자인 프랭클린은 대륙 달러의 가치가 처참히 폭락하는 와중에도 한 줄기 희망을 읽어냈다. "화폐가치 하락이 개개인에겐 불행이지만, 공공차원에서는 나름의 이득도 있지요. 큰 금액의 세금도 더 쉽게 걷힐 테니까요."

하지만 외국의 정부나 개인은 미국 지폐를 받아야 할 의무가 없었다. 외려 그들은 미국이 전쟁 자금을 조달하는 방식에 '경탄'했다. 프랭클린도 이렇게 말했다. "우리가 돈도 없이 어떻게 4년이나 전쟁을 이어왔는지, 그 모든 게 이곳 정치인들에게조차 미스터리랍니다. 무슨 돈으로 어떻게 태환할 것인지 미리 정하지도 않고 무작정 찍어낸 종이 쪼가리를 어떻게 전쟁에 쓸 수 있었냐는 거죠."* 때로는 프랭클린 자신도 놀라움을 감추지 못했다. "우리가 쓰고 있는 이 화폐는 참으로 기묘한 장치입니다. 발행되는 순간 제 역할을 하며 병사들에게 급여를 지급하고 의복, 식량, 탄약을 마련해주지 않습니까? 그러다 어쩔 수 없이 과도하게 발행되면, 가치가 폭락하면서 스스로 빚을 청산해버리지요."

이따금 프랭클린은 미국인들이—특히 돈과 관련해서— 이 전쟁에 진

---

*   당시는 지폐보다 금화, 은화 같은 금속화폐가 더 많이 통용되던 시기. 따라서 미국의
　　 대규모 지폐 발행은 특이한 일이었고, 담보(금·은) 없이 발행되어 가치가 폭락했다.

심으로 마음을 쓰고 있는지 의심스러웠다. 그는 대륙회의 의장 존 제이에게 이렇게 썼다. "나라 형편이 이 지경인데도 온갖 사치품에 돈을 흥청망청 쓰다니, 나로서는 정말 경악스러울 따름이오. 방어에 꼭 필요한 무기와 탄약 대금을 치르기 위해 어떻게든 송금액을 마련하느라 힘들어 죽겠는데, 조사해보니 대륙회의의 이자부어음* 대부분이 찻값을 치르는 데 쓰이고, 그 나머지마저 온갖 싸구려 장신구와 쓸데없는 사치품을 주문하는 데 쓰인다더군요. 정말 기가 막히고 복장이 터질 노릇입니다." 이는 미국의 수치일 뿐 아니라, 그 자신에게도 큰 고역이었다. "그 어음들을 일일이 검토하고 기록하고 승인하느라 드는 수고가 여간 짜증 나는 게 아니오. 시간을 정말 엄청나게 잡아먹거든."

프랭클린은 이런 전국적인 사치 풍조에 딸 샐리까지 거든 것을 나무랐다.

네 편지에서 물가가 천정부지로 치솟아서 장갑 한 켤레가 7달러, 일반 거즈 1마(약 90센티미터)는 24달러나 하고, 한 가정이 소박하게 살림을 유지하는 데도 한 재산이 필요할 정도라는 이야기를 읽기 시작했을 때, 나는 당연히 '그래서 너뿐 아니라 모두가 근검절약하게 되었다'는 결론으로 이어질 줄 알았다. 그런데 계속 읽어 내려가면서 눈을 의심할 수밖에 없었다. 요즘처럼 옷치장과 유흥이 성행한 적이 없고, 게다가 너까지 프랑스산 검은 핀과 깃털을 보내달라고? 유행에 뒤떨어져 보이기라도 할까 봐 그러는 게냐?

---

* 어음의 액면 금액 외에 별도의 이자를 지급하기로 약속한 어음. 오늘날의 국채와 비슷하지만 가치가 훨씬 불안정했다.

물론 딸의 부탁도 들어주지 않았다. "네 케임브릭 러플*에 구멍이 나도 나처럼 절대 수선하지 말고 그냥 입어보아라. 그러면 언젠가는 레이스 장식으로 보일 게다. 그리고 사랑하는 우리 딸, 깃털이라면 미국에서도 얼마든지 구할 수 있잖니. 수탉 꼬리만 해도 얼마나 많은데."

샐리는 답장에서 서운한 기색을 감추지 않았다. 자신은 그저 워싱턴 장군 부부와 정부 의원들을 만나러 갈 때 최소한 체면은 차리고 싶었을 뿐이라는 말이었다. "제가 특별히 화려해 보이고 싶어서 옷차림에 집착하는 사람은 아니지만, 그렇더라도 가족과 남편의 얼굴에 먹칠할 만한 차림새를 하느니 차라리 아무 데도 안 나가는 게 맞죠." 아마도 그녀의 아버지는 적군에 쫓겨 고향을 등진다는 것이 어떤 의미인지, 그 때문에 예전의 안정된 삶이 얼마나 그리운지 잘 이해하지 못했을 것이다. "이번 겨울은 온갖 끔찍한 일들이 닥칠 테니, 밖에 입고 나갈 옷 따위는 필요 없겠죠. 집 안에서라도 편히 지낼 수만 있다면요. 지금껏 이리저리 쫓겨 다니면서도 웬만한 사람들보다는 제가 정신적으로 잘 버텨냈는데, 요즘처럼 돈값이 헐값이 될 때는 저조차도 견디기 힘들답니다. 그래서 올겨울은 그냥 집에 틀어박혀 있으려고요. 평범한 겨울 망토와 모자 하나에 거의 200파운드나 하니, 그걸 어떻게 사겠어요."

필라델피아에서는 다른 안 좋은 소식도 들려왔다. 사위 리처드의 전언에 따르면, 프랭클린의 숙적인 아서 리가 또다시 모략을 꾸미고 있었다. 리는 대륙회의에 장문의 진정서를 보내, 프랭클린이 번드르르한 겉치레와 엄청난 인기 뒤에 숨어 미국을 제대로 섬기지 않을뿐더러, 심지어 자신(아서 리)을 헐뜯고 있다고 주장했다. 리는 프랭클린이 "그런 면모에서 유럽식 개념으로는 어쨌든 위대한 정치인"이라고 묘사했다. 그러면서 짐짓 비장하게

---

* 목이나 손목의 주름 장식

덧붙였다. "바라건대 그가 진정한 의미에서 유럽 최고의 정치인이었다면! 바라건대 그가 이 시대 가장 지조 있는 애국자였다면! 그가 지금까지 온갖 간계를 부려 자질구레한 음모를 꾸미고, 치명적인 불화의 씨를 뿌리고, 자기 지위가 제공하는 모든 기회를 극히 이기적이고 부패한 방식으로 악용하고 이를 합리화하고 은폐하는 데 쏟은 정성의 절반만이라도, 자기 재능을 조국의 대의를 떨치는 데 쏟아부었다면 얼마나 좋았겠습니까!"

프랭클린이 그 소식을 달가워할 리는 없었지만, 리에게 괜한 에너지를 낭비할 생각도 없었다. 그는 사위에게 자신은 리에게 해를 끼치거나 불쾌하게 한 적도 없다고 말했다. 하지만 좋은 평판과 대중의 지지는 리나 그 동조자들처럼 속 좁은 이들에게는 도저히 견디기 힘든 일이었을 것이다. 그는 대륙회의가 특별히 지시하지 않는 한 그들의 비난에 대응하지 않기로 했다. "나는 그런 적들에게 따로 복수하지 않네. 그저 존경받을 만한 인격을 지키려 애쓰면서, 그들이 자신의 악한 본성 탓에 스스로 빠져든 비참한 처지에 그냥 있게 둘 뿐이지. 세상이 지금껏 내게 허락해준 명성을 계속 이어가는 한, 그들 역시 지금의 지옥 같은 상태에 계속 머물게 될 테지."

그러나 그에 대한 비난 중 한 가지만은 프랭클린도 가볍게 넘길 수 없었다. 적들은 그가 템플을 고용한 것이 족벌주의라고 항의하며 아이를 해고하라고 요구했다. 이 비난은 사실상 맞는 말이었다(게다가 친척을 기용하는 프랭클린의 오랜 습관과도 맞아떨어졌다). 아마 그래서 더 격렬하게 반응했을 것이다. 그는 사위에게 자신은 지탄받을 것이 아니라 오히려 치하받아야 한다고 말했다. "내가 한 젊은이를 토리파*로 전락할 위험에서 구해내, 정직한 공화주의적 휘그파**의 신념에 뿌리내리게 했으니, 이는 오히려 훌륭한 일이 아닌가?" 게다가 템플은 이미 참된 성품과 재능을 보이고 있었

---

* 왕당파
** 영국 내 의회파·미국 내 애국파

고, 머지않아 조국에 진정으로 이바지할 인물의 면모를 드러내고 있었다.

프랭클린이 템플을 두둔한 데에는 좀 더 개인적인 이유도 있었다. "나는 이미 **아들을** 잃었네. 그런데 이제 **손자까지** 빼앗아 가겠다는 건가! 나는 대륙회의의 명에 따라 공적인 임무를 수행하겠다고 칠십 노구를 이끌고 한겨울 바다를 건너왔네. 그 녀석 말고는 나를 돌볼 이 하나 없이 말일세. 그리고 지금도 이렇게 이국땅에 머물고 있지 않나. 이곳에서 병들면 의지할 것이라곤 그 아이의 효심 어린 보살핌뿐이고, 내가 죽으면 자식처럼 내 눈을 감기고 시신을 거두어줄 이도 그 아이뿐이라네."

물론 프랭클린은 리처드와 샐리가 다른 손자 이야기를 훨씬 더 듣고 싶어 한다는 걸 알고 있었다. "벤은, 그 아이가 다 자랄 때까지 내가 살 수만 있다면, 내게 또 다른 위안이 되어줄 아이지." 할아버지는 꼬마 벤을 처음에는 파시 근처의 기숙학교에 보냈다가 최근 제네바*로 전학시켰다. "나는 그 아이를 공화주의자이자 장로교도로 키울 생각이네."

프랭클린이 딸에게 핀이나 깃털 같은 사치품을 선뜻 보내주지 않은 까닭 중 하나는, 생필품조차 없이 지내는 다른 미국인들의 소식을 매일 듣고 있었기 때문이다. 그는 영국에 억류된 미국인 포로들의 참혹한 실상을 편지로 꾸준히 전해 듣고 있었다. 그들 대부분은 영국에 나포된 미국 사략선의 선원들이었다. 붙잡히면 대개 감옥에 던져졌고, 일반 중범죄자—심지어 반역자나 해적—와 다를 바 없는 취급을 받았다.

18세기 전쟁에는 나름 신사적 도리를 지키려는 풍조도 있었다. 포로가 된 장교들은 흔히 '가석방'되었는데, 다시는 전투에 참여하지 않겠다고 서약하면 본국으로 송환된다는 뜻이었다. 새러토가 전투 이후 버고인 장군도 그런 식으로 풀려났다. 일반 병사들 역시 상대편 병사들과 맞교환되는

---

* 16세기 칼뱅주의의 본거지

것이 관례처럼 이루어졌다.

그러나 영국 정부는 미국인 포로에게 그런 예우를 인정하지 않았다. 그들은 교전국 군인이 아니라 반역자라는 주장이었다. 프랭클린이 포로 대우와 관련해 처음 요청서를 보냈을 때, 파리 주재 영국 대사인 스토몬트 경은 퉁명하게 답했다. "국왕의 대사는 반역자들의 편지는 받지 않소. 국왕 폐하의 자비를 구하는 편지라면 모를까."

그렇게 프랭클린의 희망은 물거품이 되는 듯했다. 그런데 영국 내의 또 다른 세력이 포로들의 처우 개선에 예기치 않은 도움을 주었다. 노스 내각에 반대하던 의회의 야권 세력이었다. 그들은 미국인 포로에 대해 인신보호법이 유예된 점을 물고 늘어지며, 정부가 영국의 근본적 제도를 수호한다는 미명 아래 오히려 그것을 훼손하는 위선을 저지르고 있다고 공격했다. 영국 감옥은 가장 평온한 시절조차 악명이 자자했다. 물론 그렇다고 일반 흉악범들의 처우가 양심의 가책을 불러일으키는 일은 거의 없었다. 하지만 미국인들이 그런 가혹한 대우를 받자, 신문사에는 항의 편지가 날아들고 곳곳에서 소규모 시위가 벌어졌다.

프랭클린은 포로들의 참상을 널리 알리고자 존 손턴을 특별 사절로 영국에 파견해, 미국 포로들이 수감된 감옥들을 조사하게 했다. 그러나 감옥 안에 들어가려면 간수들을 매수해야 했고, 그 뇌물은 결국 프랭클린이 마련해준 돈으로 해결했다. 손턴의 보고에 따르면, 포로들은 거의 반나체 상태로 지내며 늘 굶주렸고, '블랙홀'이라 불리는 지하 감옥에 몇 주씩 갇혀 있는 사람들도 수십 명에 달했다. 창문 하나 없이 비좁은 그곳은 "단순히 공기가 더러운 정도가 아니라, 때로는 도저히 견딜 수 없을 만큼 악취가 심했다".

손턴의 보고서를 바탕으로 프랭클린은 체계적인 포로 구호 프로그램을 시작했다. 당시 영국 수감자들은 수감 비용을 스스로 부담해야 했는데, 이는 집이 가난한 사람들에게도 버거운 일이었지만 가족이 수천 마일 떨어져 있는 미국인들에게는 사실상 불가능한 일이었다. 게다가 그 가족들은 이들의 행방은커녕 생사조차 알지 못하는 경우가 많았다. 프랭클린은 워싱턴 군의 무기 구매에도 써야 할 돈이었지만, 그 일부를 전용해 포로들에게 주당 약 18펜스를 지원하는 기금을 조성했다.

이것은 어디까지나 임시적인 조치일 뿐, 그의 궁극적 목표는 포로 석방이었다. 그러나 1779년까지는 실질적인 교환 대상이 없었기에, 감옥 문을 열 수 있는 협상 카드가 거의 없었다. 그런데 미국인 포로들에 대해 같은 걱정을 품고 있던 존 폴 존스가 전투에 승리하면서 수백 명의 영국 해병을 사로잡자, 프랭클린은 전쟁 발발 전 하우 경과의 협상에서 중재자로 나섰던 하원의원 데이비드 하틀리에게 서신을 보내 포로 교환을 제안했다.

영국 정부의 대답은 긍정적이었지만, 행동은 극도로 소극적이었다. 석방되는 포로는 한 명 한 명 국왕에게 반역죄에 대한 사면을 받아야 했고, 그 탓에 절차는 오래 걸릴 수밖에 없었다. 그사이 영국 해군의 모병관들은 미국 포로들에게 '미국의 국가적 미래는 암울하며 너희 개인도 다시 붙잡히면 끔찍한 꼴을 당할 것'이라고 회유하며 포섭을 시도했다. 어쨌거나 포로 교환은 시작되었다. 100명의 미국인이 프랑스로 송환되고, 영국 포로 100명이 본국으로 돌아갔다. 프랭클린은 한껏 고무되어 대륙회의에 자신 있게 보고했다. "이 교환은 포로가 모두 풀려날 때까지 계속될 것입니다."

하지만 그러기는커녕, 교환은 얼마 지나지 않아 중단되고 말았다. 영국 정부는 수병 손실이 영국보다 미국 쪽에 더 큰 타격이라고 판단한 모양이었다. 그들은 교환 절차에 추가 장벽을 세우고, 프랑스 해군에 의해 나포되거나 미국 본토에서 붙잡힌 영국인은 교환 대상에서 제외했다. 결국 조건에 맞는 영국인 포로가 모두 소진되자, 포로 교환은 삐거덕거리다 끝내 멈춰 섰다.

그래서 프랭클린은 공식 경로를 벗어난 다른 방법을 모색했다. 영국 감옥에서 탈출하는 것은—특히 같은 언어를 쓰고 외모도 비슷한 미국인들에게는— 아주 불가능한 일은 아니었다. 어떤 때는 간수에게 돈만 쥐여주면 될 때도 있었다. 탈출에 성공한 한 포로는 "간수의 양심에 기름칠을 해준 뒤" 성직자 차림으로 그냥 걸어 나왔다고 증언하기도 했다. 프랭클린은 그런 탈출 작전에 자금을 댔고, 때로는 탈출이 성공한 후에 비용을 보전해주기도 했다.

또한 탈옥한 포로들이 프랑스로 빠져나갈 수 있게 도와준 협조자들에게도 비용을 보상해주었다. 메릴랜드 출신 상인으로 런던에 거주하고 있던 토머스 디그스도 그중 하나였다. 그는 이런 도망자들을 자주 숨겨주었고, 물론 그때마다 프랭클린에게 돈을 보내달라는 편지를 썼다. 그는 이렇게 하소연했다. "말도 마십시오. 제가 이 사람들 때문에 얼마나 고생하는지 모르실 겁니다. 돈은 또 얼마나 많이 드는지, 제 생활비를 최대한 줄이고 아껴 써도 가끔은 저도 먹고살기 힘들 지경입니다. 맨몸으로 대여섯 명, 많게는 열댓 명씩 한꺼번에 찾아오는데, 다 도와주려면 작은 돈으로는 어림도 없지요. 그렇다고 외면하는 건 더더욱 어렵고요."

프랭클린도 똑같은 심정이었다. 그래서 비교적 소수의 사람들에게 시간과 노력을 쏟았다. 그에게 도움을 청한 사람들은, 그가 어려움에 처한 이들에게 마음이 약하다는 걸 알아챘다. 특히 그 어려움이 사랑 문제와 얽혀 있을 때는 마음이 유난히 약해졌다. 그중에 존 로크라는 젊은 선장이 있었다. 자신을 미국인이라 주장하는 그는 영국 선박에 타고 있다가 프랑스 함선에 나포된 뒤 낭트에 수감되어 있었다. 그의 약혼녀라는 아리따운 프랑스 아가씨가 프랭클린을 찾아와 절절한 사연을 하소연했고, 프랭클린은 그녀를 위로하며 프랑스 해군 장관 사르틴에게 편지를 써주겠다고 약속했다. 그리고 실제로 편지를 보냈다. "두 사람이 주고받은 편지 내용이며 그 아가씨의 간절한 태도까지 직접 보고 나니, 두 사람이 열렬히 사랑하는 사이라는 게 분명했습니다. 그러니 그들의 재회를 가로막는 장애물이 사라지길 바랄 수밖에요. 아울러 양국 사이에 훨씬 더 많은 결혼이 성사되었으면 하는 바람도 큽니다. 두 나라가 배 위에서보다는 침대 위에서 더 잘 어울릴 것 같으니까요."

하지만 이는 프랭클린의 동정심이 판단력보다 너무 앞서 나간 사례였다. 아가씨의 슬픈 하소연은 진심이었지만, 안타깝게도 진실을 몰라서 생긴 일이었다. 그녀의 연인은 애초에 미국인이 아니라 영국인이었다. 이 사실에 프랭클린은 적잖이 민망했지만, 그에 비해 약혼녀는 그다지 괴로워하지 않았다. 정작 **그녀를** 분노케 한 건 그녀의 잘생긴 선장이 이미 결혼한 몸이라는 사실이었다.

프랭클린이 얼굴을 붉힌 사건은 또 있었다. 이번에는 창피해서가 아니라 분노 때문이었다. 토머스 디그스는 한동안 미국인 탈출자들을 성실히 도왔다. 하지만 프랭클린이 한참을 더 자금을 지원하는 동안, 그의 성실한 봉사는 진작에 끝나 있었다. 그리고 1781년, 프랭클린이 포로 구호를 위해 보낸 400파운드를 들고 잠적해버렸다. 프랭클린은 너무 화가 나서 마음을 가라앉힐 수가 없었다.

부자에게 금화 한 닢을 훔치는 자도 악당이라 하지. 그렇다면 가난한 포로를 구하기 위해 자비로 건네진 18펜스를 훔치고, 그 죄를 겨울 내내 매주 반복하고, 심지어 600명에 달하는 가난한 이들에게 매주 그런 짓을 저지르면서 신성한 신뢰를 깨뜨린 자는 무엇이라 불러야 하겠는가? 우리 언어에는 그런 악질적인 극악무도함을 일컫는 말조차 없다네. 그런 놈이 지옥에 떨어지지 않는다면, 그곳에 악마가 있어 무엇하겠는가.

프랭클린이 데이비드 하틀리와 주고받은 서신은 포로 교환 문제에만 국한되지는 않았다. 이 전쟁에 처음부터 회의적이었던 하틀리는 1775년 런던에서 프랭클린과 시작했던 화해의 노력을 다시 이어갔다. 그는 노스 총리와 은밀히 연락을 주고받았고, 노스는 그에게 프랭클린의 의중을 떠보라고 재가했다. 하틀리가 제시한 조건은 결코 사소하지 않았다. 첫 시작부터가 그의 표현대로—분명 노스의 승인을 받았겠지만— '미국에 암묵적으로 독립을 양도한다'는 내용이었기 때문이다. 다만 의회도 자존심이 있으니, 독립의 인정은 당분간 암묵적 차원에 머물러야 했다. 그러나 '암묵적'에서 '공식적'으로 가는 길은 그리 어려워 보이지 않았다. 우선 5년에서 7년간 적대행위를 중단하자는 것이었다. 그 정도 시간이면 아마도 프랭클린처럼 머리가 비상한 사람들이 양쪽 모두를 만족시킬 만한 합의안을 찾아낼 수 있을 터였다. 하지만 미국 입장에서는 한 가지 결정적인 문제가 있었다. 프랑스와의 동맹을 반드시 포기해야 한다는 영국의 요구였다.

하틀리는 이 제안의 타당성을 설득력 있게 제시했다. 그러면서(1775년쯤) 프랭클린이 했던 말을 그대로 프랭클린에게 인용했다. "잠시 냉각의 시간을 가지는 것이 아주 훌륭한 효과가 있을 겁니다." 그리고 이 제안이 누구에게도 영구적인 의무나 약속을 지우지 않는다는 점을 강조했다. 만약 암묵적 독립에서 공식적 독립으로의 전환이 실패한다면, "그때 싸워서 해결하면 됩니다. 전쟁이란 건 언제 해도 절대 늦지 않으니까요." 설령 그렇게 되더라도 최소한 5년의 평화는 보장되는 셈이었다. "평화는 그 자체로 선善이지만, 전쟁은 아무리 좋은 결과라 해도 상대적으로 덜 나쁠 뿐, 여전히 악惡이지요." 게다가 하틀리는 전쟁이 일단 중단되면 다시 시작되지는 않을 거라고 믿었다. "전쟁의 불길을 단 한 번만 꺼뜨릴 수 있다면, 그 불씨가 되살아나지 않게 막아줄 차가운 물이 대서양에 넉넉하지 않습니까?"

하틀리는 미·프 동맹이 사태를 복잡하게 만든다고 지적했다. 그러면서 프랭클린에게 이 전쟁에 걸린 프랑스의 이해관계를 신중히 살펴야 한다고 강조했다. 당연히 **프랑스도** 열심히 계산기를 두드리고 있을 터였다. "프랑스도 분명 한계선이 있을 겁니다. 그 선을 넘어가면 그들의 노력은 실패로 돌아가고 오히려 자신들이 역풍을 맞게 되지요. 가령 프랑스가 영국 내각을 너무 몰아붙여 미국과의 전쟁을 완전히 포기하게 만든다면, 그때는 프랑스가 이 전쟁을 혼자 뒤집어쓰게 될 테니까요." 지금 당장은 프랑스와의 동맹이 미국에게 유리할 수 있지만, 영원히 그러리라는 보장은 없었다. 어쩌면 미국이 독립을 하기도 전에 끝날 수도 있었다.

하틀리는 프랭클린에게 어떠한 확약도 요구하지 않았다. 프랭클린에게 그럴 만한 재량권이 없다는 것을 알고 있었기 때문이다. 그가 바란 것은 그저 작은 희망의 신호였다. 가능한 한 빠를수록 좋았다. "지금의 평화가 1년 후의 평화보다 낫습니다. 그사이 희생될 수많은 생명과 쌓여갈 온갖 불행만 생각해보아도 자명하지요."

프랭클린은 그 제안에 응하지 않았다. 물론 이번 제안은 1년 전 폴 웬트워스가 가져온 모호한 암시보다는 훨씬 권위를 갖췄으니 분명 더 나은 제안이었다. 역시 프랑스와의 동맹이 효과를 발휘하고 있었다. 하지만 여전히 충분치 않았다. 그럼에도 프랭클린은 자신이 평화를 위해 모든 노력을 기울이고 있는 것만은 변함이 없다고 단언했다. "하지만 제가 그렇게 하는 것은 어디까지나 보편적 인도주의라는 동기에서 비롯된 것입니다. 전쟁 중에 인간이 같은 인간에게 악마적으로 가하는 악을 막고, 지구가 지옥과 닮아가는 꼴을 최대한 줄여보려는 마음에서이지요." 영국은 미국에 전쟁을 걸면서 스스로 전쟁을 자초했다. 미국은 모호한 몇 마디 약속만으로 이 싸움을 접을 수는 없었다. 전쟁은 계속될 것이다. "영국이 더는 해악을 저지를 수 없을 만큼 완전히 무력한 상태가 되어야, 다른 나라들이 평화, 자유, 안전을 누리도록 내버려둘 수밖에 없을 테니까요."

프랑스와의 동맹을 포기하라는 요구 역시 단호히 거부했다. 미국은 위기의 순간 자신의 편에 서 준 프랑스에 감사하고 도리를 지켜야 했다. 프랑스와의 동맹에는 이러한 미국인들의 집단적인 부채 의식이 담겨 있었고, 따라서 동맹은 지속될 수밖에 없었다. "설령 그런 의식이 없더라도, 정직한 미국인이라면 동맹 정신을 어기고 영국과의 합의문에 서명하느니 차라리 자기 오른손을 잘라버릴 것입니다."

화해가 가능했던 때도 있었다. 하지만 지금은 아니었다. 프랭클린은 하틀리에게 로저 베이컨*의 전설 속 '황동 머리' 이야기를 상기시켰다. 그 머리는 침략자를 막기 위해 영국 둘레에 성벽을 세우는 비밀을 간직하고 있었지만, 무시당한 채 때를 놓치고 말았다는 내용이다. 지금 영국 정부가 바로 그런 상황이라는 것이었다. "베이컨 수도사의 황동 머리가 '때가 되었다!'라고 외쳤을 때 곧바로 조치를 취했더라면, 영국 둘레에 황동 성벽을 세울 수 있었을 겁니다. 하지만 그 지혜를 알아본 이는 없었죠. 심지어 '때가 지났다!'라는 운명의 외침이 울린 뒤까지도 말이오."

프랭클린은 1779년만 해도―그 뒤로 꽤 오랜 고생길이 열리기 전까지는― 이렇듯 당당한 태도를 수월히 유지할 수 있었다. 그해 봄, 스페인이 참전했기 때문이다. 비록 대륙회의는 카를로스 국왕 정부로부터 동맹도, 대규모 자금도, 심지어 미국 독립에 대한 공식적 승인도 얻어내지 못했지만, 영국이 상대해야 할 적군이 하나 더 늘었다는 사실만으로도 미국은 크게 고무되었다.

그러나 뉴욕 앞바다에서 클린턴 군을 감시하던 데스탱 제독이 임무에 싫증을 내고 배를 돌리면서 상황은 다시 꼬이기 시작했다. 클린턴 장군은 곧바로 바다를 통해 남부로 퇴각했고 그곳에서 왕당파들의 협력을 끌어냈다. 1780년 초에는 캐롤라이나에 상륙해, 그 지역에서 사실상 유일한 도시인 찰스턴을 포위했다. 찰스턴은 5월에 항복했다. 미국군 5000명, 군함 네 척도 함께였다. 인근 지역 주민들의 사기도 크게 떨어졌고, 많은 이들이 국왕에 충성을 맹세하면 사면해주겠다는 클린턴의 제안을 받아들였다. 급기

---

* 13세기 영국의 철학자이자 자연과학자, 프란치스코회 수도사

야 8월에는 콘월리스 장군의 영국군이 사우스캐롤라이나 캠던에서 미국군을 궤멸시키자, 미국 연합이 남부에서부터 무너질 수 있다는 우려가 제기되었다.

9월에 북부에서 들려온 소식은 한층 더 충격적이었다. 미국 전쟁 영웅의 변절 소식이었다. 베네딕트 아널드는 대륙회의가 자신을 홀대한다고 느꼈다. 후배 장교 몇 명이 자신을 건너뛰어 진급했기 때문이다. 게다가 프랑스와의 동맹에도 배신감이 들었다. 그것은 마치 미국이 가톨릭 살인자 집단과 결혼하는 것이나 다름없었다[그는 프렌치인디언 전쟁에 참전했었고, 어린 시절 코네티컷에서 익힌 엄격한 청교도주의를 버렸다 해도, 로마(가톨릭) 쪽에는 아예 눈길조차 주지 않았다]. 돈도 궁했다. 1775년 영국군과 한창 싸우고 있을 때 첫 번째 부인이 세상을 떠나고, 필라델피아 사교계의 여왕으로 불리던 여인과 재혼했다(샐리 베이치가 파리산 레이스와 깃털 없이는 감히 어울릴 생각조차 못 한 바로 그 무리였다). 영국 쪽에서 그의 불만과 빚에 대한 해결책을 제시했고, 1779년 여름 그는 클린턴 장군에게 기밀을 팔기 시작했다. 병력 이동과 프랑스 함대의 작전 같은 핵심 정보들이었다. 이듬해에는 허드슨강변 웨스트포인트의 지휘권을 얻었고, 영국 측 연락책인 존 안드레에게 "이 요새야말로 내가 당신들에게 가장 결정적인 도움을 제공할 수 있는 곳"이라고 전했다. 그는 클린턴에게 웨스트포인트를 넘기겠다고 제안했지만, 안드레가 증거 문서를 지닌 채 붙잡히면서 음모는 발각되었다. 아널드는 영국 군함을 타고 강 하류로 달아났고, 안드레는 교수형에 처해졌다. 남편의 배신을 이미 알고 있었음이 분명한—심지어 공모했을 가능성까지 있는— 아널드 부인은 이제 스스로 살아남아야 했다. 아널드는 뉴욕에서 환영과 축하를 받으며 영국군 준장으로 임관했다.

애국 진영의 대의명분은 엄청난 타격을 입었다. "아널드의 배신이라니, 어떻게 그런 비열한 짓을!" 프랭클린은 소식을 듣고 경악했다.

악재는 거기서 끝나지 않았다. 1779년 말부터 시작된 겨울은 밸리포지의 시련 때보다 훨씬 더 혹독했다. 병사들은 6주 동안 8분의 1의 배급량으로 버티다 봄이 오자 반란을 일으켰다. 이듬해 겨울에도 반란은 이어졌다. 1781년 1월에 한 차례, 3주 뒤 또 한 차례, 그리고 5월에도 또다시 일어났다. 이 참혹한 상황 속에서 프랭클린은 라파예트와 워싱턴으로부터 편지를 받았다. 가장 기본적인 생필품조차 없다는 절규가 담겨 있었다. 라파예트는 이렇게 썼다. "우리는 알몸이나 다름없습니다. 믿기 힘들 정도로 다들 헐벗은 상태예요. 입는 문제에서 이렇게까지 열악했던 적은 없었습니다. 천조각 하나 구할 수 없고 돈도 없습니다. (…) 군의 상황이 지금 얼마나 충격적인지 상상도 못 하실 겁니다." 라파예트는 프랭클린에게—"사랑하는 벗이여, 제발"— 병사들이 걸칠 수 있는 것이라면 무엇이든 좋으니 구해달라고 애원했다.

워싱턴은 라파예트보다 감정적이지는 않았지만, 그래서였는지 그의 말은 오히려 불길하게 들렸다. 그는 프랭클린에게 이렇게 말했다. "당연히 박사님도 대륙회의로부터 우리의 정치적·군사적 상황을 충분히 전해 들었을 터이니, 그 문제에 대해 제가 다시 귀찮게 해드릴 필요는 없겠지요." 그리고 이렇게 덧붙였다. "그럼에도 굳이 말씀드리는 것은, 지금 우리의 처지에 둘 중 하나가 반드시 요구된다는 점을 보여드리기 위해서입니다. 그것은 바로 평화, 아니면 우리 동맹국들의 가장 강력한 원조, 특히 자금 지원입니다."

평화냐 돈이냐, 그것이 거의 6년에 달하는 전쟁 끝에 다다른 결론이었다. 평화를 고민하는 이는 워싱턴만이 아니었다. 대륙회의는 데이비드 하틀리가 제안하고 프랭클린이 거절했던 바로 그 방안을 추진해보라고 존 애덤스를 임명했다. 지금까지 애덤스는 노력을 성과로 보여준 적이 없었다. 하지만 군의 고통이 계속 가중된다면, 그 역시 어떻게든 성과를 만들어내야 하는 상황에 몰릴 수 있었다.

한편 프랭클린은 영국이 철저히 패배해야만 영구적인 평화가 올 수 있다고 믿었기에, 워싱턴의 딜레마에서 다른 길을 선택했다. 그리고 다시 한

번 베르젠에게 자금 지원을 호소했다. 그동안 프랭클린은 루이 왕이 미국의 성의를 의심하지 않도록, 또 미국에 다른 구혼자가 있다는 사실을 잊지 않도록, 영국의 접촉 사실을 꾸준히 프랑스 궁정에 알려 왔다. 그리고 이제 그는, 그럼에도 미국은 여전히 양국 공동의 대의에 헌신하고 있다는 선언으로 청원의 서두를 열었다. 그는 대륙회의를 대표해 천명했다. "자유와 독립을 수호하고, 어떠한 위험과 상황 속에서도 동맹을 충실히 지키겠다는 미국 연합국의 결의는 결코 변치 않을 것입니다." 게다가 최근 미국군이 겪은 고난에 미국인들의 열의가 꺾이기는커녕 오히려 두 배로 불타올랐다고 덧붙였다. 이렇게 말은 했지만, 부정할 수 없는 사실도 있었다. 그는 군복 부족을 호소한 라파예트의 편지를 인용했고, 평화와 돈 사이에서 갈등하는 워싱턴의 딜레마도 그대로 옮겨 적었다.

"나는 이제 늙었습니다." 그는 베르젠에게 말했다. 통풍이 또다시 그를 괴롭히고 있었고, 지금 맡고 있는 직책을 얼마나 더 오래 유지할 수 있을지 장담할 수 없는 처지였다. "그러므로 이 기회를 빌려 각하께 제 생각을 말씀드리고자 합니다. 우리는 지금 매우 심각한 국면에 봉착해 있습니다. 대륙회의가 무능해서 미국에 필요한 원조를 확보하지 못한다고 여겨지면 민중에 대한 영향력을 잃을 위험이 있지요. 그 결과 신생 미국 정부의 전체 체제가 흔들릴 수도 있습니다." 수 세대에 걸친 미국의 운명이 앞으로 몇 달 안에 판가름 날 수도 있었다. "만약 영국이 미국을 다시 차지할 수 있게 내버려둔다면, 지금처럼 확실한 분리의 기회는 수 세기 안에 다시 오지 않을 수 있습니다." 또한 미국의 운명은 유럽의 운명과도 맞닿아 있었다. 그 광대하고 비옥한 영토와 광활한 해안을 손에 넣게 된다면, 영국은 급속한 상업 성장과 육해군의 성장에 힘입어 미래의 영광으로 가는 폭넓은 기반을 확보할 것입니다. 그렇게 되면 유럽 전체를 공포에 떨게 하고, 그 민족 특유의 오만함—게다가 힘이 강해질수록 더 커질 그 오만함—을 거리낌 없이 휘두르게 되겠지요."

이것이 과연 프랑스가 원하는 것인가? 적어도 미국이 원하는 미래는 아니었다. 그러나 프랑스가 돕지 않는다면, 그것이 미국에—그리고 프랑스에— 닥칠 운명이었다. "지금 이 중대한 국면에서 우리가 의지할 수 있는 곳은 프랑스뿐입니다."

프랭클린은 베르젠에게 2500만 리브르를 요청했다. 그러나 그가 받은 것은 600만 리브르의 지원 약속과, 프랑스 역시 전쟁 자금 마련에 허덕이고 있다는 루이 왕 자신의 장황한 고생담이었다. 심지어 베르젠은 종전 협상의 가능성까지 고려하고 있다는 뉘앙스를 풍겼다.

참으로 견디기 힘든 시기였다. 루이가 프랭클린의 돈 부탁을 두고 고심하는 동안, 프랭클린은 네덜란드에서 자기처럼 자금조달에 애쓰고 있던 존 애덤스에게 편지를 보냈다. 그는 자기 힘닿는 대로 프랑스 궁정에 '협박 아닌 협박'을 해두었으니, 이제는 기다리는 수밖에 없다고 전했다. "그래도 내겐 기독교의 미덕 중 두 가지는 남아 있다네. 믿음과 소망 말일세. 다만 내 믿음은 사도 바울이 말한 것 중 하나뿐이라네. 바로 '보이지 않는 것들의 증거'지.* 지금으로서는 보이지 않는 것이 사실이니까. 프랑스, 스페인, 네덜란드에 있는 우리 사절들에게 마구잡이로 발행된 저 수많은 환어음이 도대체 어떻게 결제될 수 있겠나. 전능하신 필연이라도 일어나지 않는 한, 그 무모함을 무슨 수로 변제할 수 있겠냔 말일세." 프랭클린은 그 전능하신 필연 앞에 기꺼이 몸을 맡길 생각이었다. "대륙회의가 우리 앞으로 발행한 어음들은, 아무리 위험하더라도 그냥 인수해야 한다고 생각하네." 그리고 만기가 돌아올 때마다 어음을 결제할 수 있도록, 무슨 수를 써서라도 돈을 긁어모을 작정이었다. "그마저 실패한다면, 자네와 함께 파산하든, 줄행랑을 치든, 감옥에 가든, 뭐 하나님 뜻대로 되겠지."

---

* 히브리서 11장

물론 반쯤은 농담이었다. 그 나이에 어디 파산하고 줄행랑을 칠 기운이나 있겠는가. 게다가 겨울 내내 발가락을 물어뜯던 통풍이 유난히 더 도지는 날에는, 그 반쪽짜리 농담조차 버거웠다. 그는 대륙회의에 보낸 편지에서 이렇게 썼다. "나는 이제 일흔다섯 해를 넘겼습니다. 지난겨울에 겪은 길고도 혹독한 통풍 발작 때문에 몸이 크게 상했더군요. 예전의 체력을 언제쯤 회복할 수 있을지도 모르겠습니다. 정신 능력까지 손상되었는지는 모르겠소. 그렇다 해도 아마 나는 끝까지 알아차리지 못할 수도 있겠지요. 하지만 활동력이 크게 줄어든 것만은 절감합니다. 내 생각엔 그것이야말로 프랑스 주재 공사에게 특히 필요한 덕목이지요. 그래서 언젠가 내 부족함 때문에 그대들의 일이 지연되거나 피해를 보게 되지는 않을까 걱정됩니다."

프랭클린은 중년 이후로 여름마다 휴가를 떠나 건강을 챙겼지만, 전쟁이 시작된 뒤로는 그런 휴가를 단 한 번도 떠날 수 없었다. 나이 들어서 누릴 수 있는 작은 사치들로 그나마 삶을 견딜 수 있었건만, 그마저도 일 때문에 치이고 말았다.

이제 때가 된 듯했다. "나는 50년이라는 긴 세월 동안 여러 형태로 공직에 몸담으며 공적인 신뢰를 받아왔습니다. 웬만한 야심은 충분히 충족될 만큼 영광스러운 길이지요. 이제 내게 남은 욕심은 안식뿐입니다. 대륙회의가 내 자리에 후임을 보내, 그 안식을 허락해주기 바랍니다."

폭탄 발언에 비해 말투는 담담했지만, 그럼에도 자신이 "영광스러운 대의"라 부른 이 싸움이 결국 승리하리라는 점에는 한 치의 의심도 없다고 단언했다. 다만 그는 후임자가 도착하더라도, 자신을 미국에서 금방 볼 수 있으리라는 기대는 하지 말라고 덧붙였다. "지금 상태로는 바닷길의 고역을 버텨낼 자신이 없습니다. 지난 항해만 해도 이미 너무 힘들었으니까요. 게다가 지금 같은 전시에 포로가 되어 감옥에 갇힐 위험을 또다시 무릅쓰고 싶지도 않습니다. 최소한 평화가 찾아올 때까지는—어쩌면 남은 평생이 될 수도 있지만— 이곳에 머물 작정입니다."

프랭클린은 대륙회의에 자신의 사임 외에 또 하나의 부탁을 남겼다. 그동안의 봉사를 생각하면 그 정도 호의는 충분히 받을 만하다고 여겼다.

그 부탁은 다름 아닌 내 손자, 윌리엄 템플 프랭클린을 대륙회의에서 보호하고 돌봐달라는 것입니다. 나는 그 아이를 어릴 적부터 직접 가르쳤고, 여기까지 데려온 것도 아이가 법률가로서 자격을 갖출 수 있는 자리를 찾아주기 위해서였지요. 하지만 내가 외교위원단으로 일하는 동안—특히 다른 위원들이 떠난 뒤에는 더욱더— 아이를 내 개인 비서로 두고 줄곧 도움을 받아야 했고, 그러다 보니 결국 늘 곁에 붙잡아둘 수밖에 없었습니다.

그 아이가 없었다면 프랭클린은 사절로서의 업무를 감당하기 어려웠을 것이다. 하지만 손자는 그 때문에 법학 공부에 쏟아야 할 시간을 너무 많이 빼앗겼고, 이제 그 공백을 메우기는 불가능했다. 그럼에도 그는 외교 업무에서 뛰어난 재능을 드러냈다. 탁월한 감각과 판단력, 유창한 프랑스어 실력, 그리고 외교 사무가 어떻게 운영되어야 하는지에 대한 전반적 이해까지 두루 갖추고 있었다. 언젠가는 분명 훌륭한 외교관으로 성장해 대륙회의에 크게 기여할 녀석이었다. "그동안이라도 대륙회의가 적절하다고 판단해 아이를 유럽 어느 나라에서든 미국 사절의 비서로 기용한다면, 분명 그의 업무 능력에 만족하게 되리라 확신합니다. 나 또한 그 임명을 은혜로 여기며 깊이 감사할 것입니다."

프랭클린의 우울은 여름에도 끈질기게 계속되었다. 1781년 7월, 그는 대륙회의가 로버트 모리스를 미국 재정 감독관으로 임명했다는 소식을 들었다. 그는 필라델피아의 유력한 상인이었다. 프랭클린은 펜실베이니아 안전위원회, 대륙회의 비밀위원회, 비밀통신위원회에서 함께 활동한 경험이 있어 모리스를 잘 알고 있었다. 사실상 모리스가 프랭클린에게 숨긴 비밀은 거의 없었고, 이것은 모리스가―백성들의 주머니에서까지는 아닐지라도 최소한 국고를 통해― 취한 막대한 이익도 예외는 아니었다. 하지만 모리스의 이익 추구는 누구에게도 숨겨진 비밀이 아니었다. 존 애덤스는 이렇게 말했다. "그는 상업 쪽으로 원대한 계획을 품고 있습니다. 늘 상업적 목적―곧 이익 추구―을 좇는 것도 놀랄 일은 아니지요." 한편 그의 대륙회의 활동에 대해서는 이렇게 평가했다. "그는 우리 의회에서 대단히 훌륭한 일원입니다." 모리스 자신도 공익과 사익을 함께 추구하겠다는 뜻을 숨기지 않았다. "앞으로도 나는 공공의 의무를 성실히 다하는 한편, 시대가 허락하는 모든 정직하고 공정한 수단으로 사적이익도 추구할 것입니다." 토머스 페인은 대륙군 병사들이 뼈만 앙상해지는 와중에도 모리스는 살이 찌고 있다며 사설을 통해 그를 공격했다. 하지만 1780년에서 1781년 사이의 겨울이 워낙 절박했기에, 대륙회의는 일부 의원들이 제기한 양심의 목소리를 잠재우고 미국의 재정을 모리스에게 맡겼다. 돈줄을 쥔 사람들 사이에서 대륙회의 의장의 서명은 무가치한 낙서나 다름없었지만, 모리스의 서명은 엄청난 위력을 발휘한다는 걸 잘 알고 있었기 때문이다.

프랭클린은 기쁜 마음으로 모리스의 임명을 축하했다. "그대의 지성, 청렴함, 능력을 생각하면, 이번 임명으로 공공이 누릴 수 있는 이익은 최대치라 봐도 무방하겠지." 그러나 그는 모리스가 뛰어든 세계의 실체에 대해 경고도 했다. 그 과정에서 공직의 본질에 대한 그의 오래된 속마음이 적나라하게 드러났다. "그대가 떠맡은 일은 복잡하기 그지없을뿐더러, 그대의 시간과 정성을 모조리 빨아들여 결국 사적인 이익에까지 해를 끼칠 걸세. 게다가 공공이라는 존재는 어쩌나 인색한지 감사 인사조차도 아낀다네. 대신 악의적인 비평가들과 잡스러운 글쟁이들에게 욕먹는 건 따놓은 당상이지. 심지어 자네가 그들을 위해 봉사하는 동안에도 그들은 자네를 헐뜯고,

익명의 팸플릿으로 자네의 인격을 모독할 걸세. 꼭 어둠 속에서만 기어 나와 우리를 공격하며 휴식을 방해하고, 우리의 땀과 피를 빨아 연명하면서도 우리를 못살게 굴고 상처 입히는 작고 더럽고 냄새나는 벌레들과 다를 바 없지."

모리스는 프랭클린이 예견한 대로 온갖 비난과 공격을 감내해야 했다. 하지만 그의 노력이 있었기에 워싱턴 군대는 또 한 해를 싸워 넘길 수 있었고, 그 자체만으로 하나의 승리라 할 만했다. 이는 워싱턴의 거시적인 전략과도 맞아떨어졌다. 자금난과 반란의 우려가 끊이지 않았지만, 워싱턴의 목표는 단순했다. 어떻게든 싸움을 포기하지 않는 것이었다. 반란이 길어질수록 영국 국민들의 불만도 커졌다. 지금까지는 노스 내각이 의회 내 불만의 싹을 그때그때 잘라냈지만, 그게 언제까지 통할지는 알 수 없었다.

영국 의회가 조급해지자, 미국에 있는 영국군 지휘관들 역시 불안해졌다. 남부에서 거둔 승리들은 하나하나 보면 눈부셨지만, 결국 바뀐 것은 아무것도 없었다. 미국 비정규군들의 방해 공작으로 영국군은 지배력을 굳히지 못했고, 클린턴과 콘월리스는 남부에서의 왕당파 지지도를 스스로 과대평가했다는 결론을 내렸다. 클린턴이 뉴욕으로 돌아간 뒤 남부를 맡게 된 콘월리스는 남은 군 경력을 미국에서 소모하고 싶지 않았다. 그는 이렇게 적었다. "모험을 찾아 이 나라를 떠돌아다니는 것도 이제 진저리가 납니다. 우리가 미국에서 공격전을 벌일 작정이라면 뉴욕을 버리고 모든 병력을 버지니아로 옮겨야 합니다. 그래야 뭐라도 지키기 위해 싸울 것이고, 성공적인 전투 하나로 미국을 손에 넣을 수 있을 겁니다."

클린턴의 승인을 받은 콘월리스는 북쪽으로 진격하며 워싱턴에게 '나와서 싸우자'고 도발했지만, 워싱턴은 몇 주 동안 응하지 않았다. 이번에는 버지니아를 급습해 라파예트군을 리치먼드에서 몰아냈지만, 그래도 워싱턴은 움직이지 않았다. 슈토이벤의 군대를 쫓아버렸을 때도 워싱턴은 꿈쩍

하지 않았다. 콘월리스는 샬러츠빌에서 버지니아 민의회를 해산한 뒤, 토머스 제퍼슨 주지사를 생포하기 위해 몬티첼로 저택으로 달려갔으나 불과 10분 차이로 놓치고 말았다. 이때도 워싱턴은 묵묵히 관망만 했다.

워싱턴의 인내는 뜻밖의 방향에서 결실을 보았다. 8월, 그토록 기다리던 프랑스 함대가 드 그라스 제독의 지휘 아래 미국으로 향하고 있다는 소식이 들려왔다. 하지만 목적지는 뉴욕이 아니었다. 29척의 군함에 3000명의 병력을 실은 프랑스 함대는 서인도제도를 떠나 체서피크만으로 향하고 있었다. 워싱턴도 곧바로 계획을 수정했다. 클린턴을 안락한 맨해튼에 남겨두고, 마침내 콘월리스의 도전을 받아들이기로 한 것이다. 지금까지 워싱턴은 일단 해안으로만 후퇴하면 언제든 바다로 달아날 수 있는 적과 싸워야 했다. 이제 드 그라스 함대의 존재가 그 불리한 조건을 없애줄 터였다. 워싱턴은 대륙회의에 이렇게 보고했다. "지금이야말로 중대한 기로이며, 소중한 기회입니다. 전망은 그 어느 때보다 유리합니다."

워싱턴은 곧바로 라파예트에게 편지를 보냈고, 소식을 들은 라파예트도 워싱턴 못지않게 흥분했다. "프랑스 함대가 지금 햄프턴로즈에 도착한다면, 영국군은 우리 손에 넘어올 겁니다!" 워싱턴은 라파예트에게 콘월리스의 주둔지 남쪽으로 이동해, 그가 캐롤라이나로 빠져나가지 못하도록 무슨 수를 써서라도 막으라고 명령했다.

워싱턴 군도 서둘러 남쪽으로 진군할 준비에 들어갔다. 워싱턴은 병참과 전비의 대가답게 직접 행군 경로를 작성하고 보급과 수송 과정에서 발생할 수 있는 온갖 세세한 문제까지 일일이 챙겼다. 클린턴의 스파이들이 워싱턴 진영의 움직임을 포착했지만, 워싱턴은 거짓 정보를 흘려 마치 미국군이 남쪽으로 우회해 스태튼아일랜드에서 뉴욕을 공격할 것처럼 꾸몄다. 이를 위해 그는 허드슨강의 뉴저지 쪽 둑길에 병사들을 보내 길과 다리를 보수하게 했고, 심지어 가상의 공격 부대를 위해 빵을 구울 거대한 화덕까지 설치했다. 클린턴이 이 모든 움직임의 목표가 자신이 아니라 콘월리스였음을 눈치챘을 때는 모든 것이 너무 늦은 뒤였다.

워싱턴이 마침내 필라델피아를 통과하면서 그의 진짜 목적지가 완전히 드러났지만, 그때는 이미 병마개가 닫힌 뒤였다. 드 그라스는 8월 말 체서피크만 어귀에 도착했다. 워낙 신중한 성격에 맞바람까지 겹쳐 콘월리스의 후방을 직접 공격하지는 못했지만, 그 존재만으로도 영국 해군의 콘월리스 구출 시도는 원천 차단되었다.

콘월리스는 요크타운에 최후의 방어선을 쳤다. 군비를 갖추고 행군하는 동안 한껏 달아올랐던 워싱턴 군의 열기는 이미 사그라들었고, 포위전은 더디기만 했다. 워싱턴은 적장의 속내가 궁금했다. 그는 10월 둘째 주에 이렇게 말했다. "콘월리스 경의 움직임은 지금까지 놀라울 만큼 소극적입니다. 방어 수단이 없거나, 아니면 우리가 아주 가까이 접근하기 전까지는 힘을 빼지 않겠다는 생각이겠지요.

정답은 둘 다였다. 대륙군은 밤마다 영국군의 포탄 사정거리 안으로 들어가 포대를 설치했고, 낮이면 그 포대 위로 영국군의 포격이 쏟아졌다. 마침내 포대가 완성되자 미국군은 반격을 퍼부어 영국군 대포를 침묵시켰다. 한 치 앞도 알 수 없는 위험한 작업이었다. 버지니아 민병대의 세인트 조지 터커 중령은 10월 6일 자 일기에 이렇게 기록했다. "하루이틀 전쯤 한 병사가 대포알에 맞아 죽었는데, 외상이 하나도 보이지 않았다. 그가 배낭을 베고 누워 있는 사이 날아온 대포알이 머리는 건드리지도 않고 배낭만 날려버린 것이다."

영국군의 상황은 더 참혹했다. 콘월리스는 포격을 피해 지하로 몸을 숨겼고, 지상에 남은 병력은 속수무책으로 포격을 맞았다. 터커는 포위망에서 탈출한 피난민을 심문하고는 이렇게 기록했다. "엄청나게 많은 흑인이 너무나도 처참한 모습으로 죽어나갔다." 때때로 영국군 요새를 향해 돌격이 감행되면 총검을 앞세운 필사적인 백병전이 벌어지기도 했지만, 전반적으로는 미·프 연합군의 포격이 영국의 방어진을 서서히 무너뜨리는 소모전이었다. 그만큼 미국군의 사기도 높아졌다. 한 미국 병사는 이렇게 적었다. "우리의 대포알과 유탄이 밤새 머리 위로 불꽃을 그리며 날아갔다. 그 광경은 아름다우면서도 무시무시했다." 반대로 영국군의 사기는 곤두박질쳤다. 한 영국군 장교는 10월 16일 자 일기에 이렇게 적었다. "우리의 식량은 이제 거의 바닥났고, 탄약은 완전히 고갈되었다."

콘월리스는 결사 항전할 인물도 아니었고, 하물며 버지니아에서 죽을 생각은 더더욱 없었다. 10월 17일, 미국군과 프랑스군의 대포 100여 문이 쉴 새 없이 포격을 퍼붓는 가운데, 그는 마침내 한계에 도달했다. 포격 소음이 너무 커 항복 의사조차 전하기 힘들 지경이었다. 콘월리스는 협상 의사를 전하려고 북 치는 병사를 흉벽 위로 올려보냈지만, 미국 쪽에서는 그 소리를 전혀 들을 수 없었다. 한 미군 장교는 이렇게 말했다. "그 북, 아마 세상 끝날 때까지 두드려야 했을 겁니다." 하지만 하얀 손수건은 금방 눈에 띄었다. 이내 포성은 멎었고, 이튿날 항복이 공식화되었다.

새러토가에서 위대한 승리를 거둔 지 정확히 4년 만이었다. 하늘마저 싸움의 끝을 반기는 듯했다. 세인트조지 터커 중령은 항복 직후의 몇 시간을 이렇게 묘사했다.

장엄한 고요가 사위를 감쌌다. 밤은 유난히 맑았고, 하늘에는 만 개의 별이 보석처럼 박혀 있었다. 헤아릴 수 없이 많은 유성이 대기를 가르며 반짝거렸다. 전날 밤 장대한 불꽃놀이를 선보였던 수많은 포탄과 기분 좋게 닮아 있었다. 자신의 모든 공포를 속 시원히 벗어던진 포탄처럼.

다음 날, 미국군과 프랑스군이 각각 길 양쪽으로 도열한 행렬이 3킬로미터 너머까지 이어진 가운데, 영국군은 요새에서 줄지어 걸어 나왔다. 그동안 영국 군악대는 〈빚쟁이 형제여, 어서 오게Welcome, Brother Debtor〉와 〈왕께서 다시 왕좌를 누리실 그날When the King Enjoys His Own Again〉 같은 곡들을 연주했다.* 두 번째 곡은 가사만 바꾸면 〈세상이 뒤집혔네The World Turned Upside Down〉라는 노래가 되었고, 미국인들은 그날의 연주를 바로 이 이름으로 기억했다.**

---

* 전자는 영국의 풍자 민요로, 당시 영국군의 자조적 제스처였던 듯하고, 후자는 1640년대 영국 청교도혁명 시기 의회파가 승리했을 때 왕당파가 왕정복고를 염원하며 부른 노래다.
** 영국 청교도혁명기에 크롬웰 정권이 크리스마스를 금지하자 '세상이 뒤집힌 일'이라고 저항하며 만들어진 풍자 민요

26장 화평하게 하는 자는 복이 있나니

1781~1782

"맙소사! 다 끝장났군." 소식을 들은 노스 경은 탄식했다. 그가 말하는 것이 전쟁인지 자신의 내각인지 처음엔 분명치 않았지만, 어차피 그 둘을 구분하는 일 자체가 곧 무의미해졌다. 조지 3세가 하늘을 향해 "우리의 후세가 한때 존경받던 이 제국의 몰락을 제 탓으로 돌리지 않도록 제 발걸음을 인도해주소서"라고 기도하고 있을 무렵 의회 내 반대파는 그 몰락의 책임을 노스 총리에게 돌릴 채비를 하고 있었다. 미국 문제는 노스 내각에 대한 불만 중 일부에 지나지 않았지만, 유일하게 반대파가 한목소리를 낼 수 있는 사안이었다. 미국독립전쟁을 포기하자는 안건이 겨우 한 표 차이로 부결되자 노스는 때가 되었음을 직감하고 12년 만에 총리직에서 물러났다. '노스 경의 전쟁' 역시 그와 함께 퇴장하리라는 것이 정치권의 일반적인 분위기였다.

실제로 그렇게 되긴 했으나 거저 얻은 결과는 아니었다. 대부분은 프랭클린의 고군분투 덕분이었다. 전쟁이 그렇게 끝난 것은 프랭클린에게도 완전히 뜻밖이었다. 요크타운 전투 소식이 전해지기 직전, 그는 여전히 연락을 주고받던 한 영국인 친구에게 이런 편지를 보냈다. "자네와 마찬가지로 나도 이 지긋지긋한 전쟁이 어서 끝났으면 하는 마음이 간절하다네. 하지만 내 생전에 그 끝을 보겠다는 희망은 이제 접었네. 목마른 자네 조국이 우리 피를 그렇게나 들이켜놓고 아직도 성에 안 찬 모양이니."

전쟁을 완전히 마무리 짓는 임무가 자신에게 주어졌다는 소식은 절망스러울 정도는 아니었지만 결코 반가운 일도 아니었다. 대륙회의는 그의 은퇴 요청을 거절한 것도 모자라, 그를 평화 협상 위원단에 임명했다. 프랭클린은 일종의 의무감에서 그 임명을 수락했다. 그는 함께 임명된 존 애덤스에게 이렇게 적어보냈다. "아무리 유리한 조건으로 체결된 평화조약이라 해도 늘 불충분하다는 비난을 피하지 못하고, 그 조약을 맺은 사람들은 어리석거나 부패했다는 공격을 받는다네. 안 그런 경우는 본 적이 없어. **'화평하게 하는 자는 복이 있나니'***라는 말은 아마도 저세상에서나 통하는 이야기일 거야. 이 세상에서는 화평케 하는 자에게 오히려 **저주가** 따르는 법이지. 나는 '이 세상'에 아직 미련이 많아서, 이번 평화 협상에는 발을 담그고 싶은 마음이 조금도 없었네." 그러면서도 그는 애덤스에게, 이토록 중요한 임무를 함께하게 되어 영광스럽게 생각한다며 자신의 모든 역량을 다해 헌신하겠다는 다짐을 덧붙였다.

대륙회의는 프랭클린과 애덤스 외에 세 명을 추가로 위원단에 포함시켰다. 하지만 토머스 제퍼슨은 결국 위원단에 합류하지 않고 미국에 남았다. 헨리 로런스는 대서양을 건너다 영국군에게 붙잡혀 런던탑에 수감 중인 신세라, 역시 도움이 안 되기는 마찬가지였다. 다섯 번째 위원은 존 제이였고, 결국 협상 실무는 프랭클린, 애덤스, 제이, 이 세 사람이 도맡게 되었다.

---

* 마태복음 5장 9절

실질적인 협상이 이뤄지는 곳은 파리였으나, 처음 몇 달 동안은 프랭클린 혼자 그곳을 지켰다. 애덤스는 네덜란드에 있었다. 네덜란드 역시 영국과의 전쟁에 참전했지만, 미국과의 동맹은 끝내 거절했다. 그럼에도 그는 그들의 주머니에서 몇 길더라도 더 쥐어짜보려고 동분서주하고 있었다(네덜란드의 이러한 이익 중심 외교 방식에 프랭클린은 한마디 하지 않을 수 없었다. "누군지는 기억나지 않지만 어떤 작가가 이렇게 말했다네. 네덜란드는 더 이상 **국가**가 아니라 **거대한 상점**이라고. 내가 보기에도 그곳엔 상점 주인의 원칙과 마음가짐 외에 다른 여지는 없는 것 같아"). 존 제이는 마드리드에 있었지만, 그쪽 상황도 낙담스럽기는 마찬가지였다. 스페인 역시 영국과 싸우면서도 미국인들에겐 쌀쌀맞게 굴었다[프랭클린은 스페인이 미국의 절박한 사정을 이용해—특히 미시시피강 문제에서— 술책을 부려도 절대 넘어가선 안 된다고 제이에게 신신당부했다.* 그는 이렇게 말했다. "우리가 지금은 가난하지만, 머지않아 반드시 부유해질 걸세. 나는 차라리 비싼 값을 주고 그들의 권리를 몽땅 살지언정, 미시시피의 강물은 단 한 방울도 팔지 않겠네. 이웃이 와서 우리 집 대문을 팔라는 것과 뭐가 다른가"].

대륙회의가 평화 협상 대표들에게 내린 지침에는 두 가지 타협 불가 조건이 있었다. 첫째는 미국의 독립을 인정받는 것이었고, 둘째는 프랑스와 동맹을 유지하는 것이었다. 그 밖의 사항들은 위원들의 재량에 맡겨졌다. 이 지침이 작성된 1781년 6월만 해도, 미국은 그 이상의 조건을 요구할 만한 처지가 아니었다. 하지만 요크타운 전투의 승리로 미국의 장래는 한층 밝아졌고, 프랭클린도 자신에게 주어진 '재량'을 적극적으로 활용할 생각이었다.

이렇듯 워싱턴은 프랭클린의 협상력을 한껏 북돋워주고 있던 반면 아

---

* 당시 미시시피강을 기준으로 서쪽은 스페인 영토였기 때문에, 미시시피강 사용권을 두고 양국 사이에 갈등이 있었다.

서 리는 그것을 끌어내리기에 여념이 없었다. 리가 보기에 프랭클린은 애초에 평화 협상에 관여해서는 안 될 인물이었다. 그는 프랭클린의 임명이 전적으로—필라델피아 주재 프랑스 공사 드 라 뤼제른 경을 통해 전달된—"프랑스의 절대적 요구"에 따른 것이라고 주장했다. "지금 이 순간에도 대륙회의는 프랭클린 박사가 부정직하고 무능한 인물이라 확신하고 있으며, 그에 대한 증거도 모두 확보하고 있습니다"라고 리는 단언했다. 대륙회의가 프랭클린의 임명장에 명시한 '프랑스를 끝까지 붙들라'는 지침에 대해서도 몇몇 대표들이 우려를 표했다고 했다. 리는 계속 빈정거렸다. "그 양반도 참 착한 분이죠. 그런 임명장에 아무 거리낌도 없고, 자기 조국에 대한 모욕이자 해악이라는 자각도 없더군요. 도리어 그걸 받는 게 그렇게 기뻐 보일 수가 없었습니다. 장담하건대 분명 진심이었을 겁니다. 돈주머니가 생기는 자리니까요. 그 양반이 섬기는 신이 바로 돈이거든요." 그래서 그것이 미국에 어쨌다는 거냐? "우리는 족쇄에 매여 꼼짝 못 하고 (…) 프랑스가 우리 대신 평화를 맺어주겠지요."

아서 리의 중상모략은 다소 극단적이었지만, 프랭클린이 지나치게 친프랑스적이라는 인식 자체는 널리 퍼져 있었다. 존 애덤스도 그렇게 생각했다. 그렇다고 애덤스가 영국을 옹호하는 것은 아니었다. 오히려 그는 일찍부터 반영 급진파였고, "영국인들은 우리를 증오합니다. 그 점에선 왕부터 최하층까지 한마음이죠. 할 수만 있다면 우리를 말살할 겁니다"라고 말할 정도였다. 하지만 그는 프랑스도 믿지 않았다. 애덤스의 세계관에서 국가란 우정이 아니라 오로지 각자의 국익에 따라 움직이는 존재였다. 프랑스가 미국과 동맹을 맺은 것은 자국의 이익 때문이었고, 전쟁이 끝난 이후에도—공화주의적 가치 따위를 지지해서가 아니라— 오로지 프랑스의 국익에 따라 정책을 결정할 게 뻔했다. 따라서 **미국도** 이제 전쟁이 거의 막바지에 접어든 만큼, 국익을 위해 프랑스와 어느 정도 선을 그어야 했다. 애덤스의 이런 회의적 성향은 비밀도 아니었다. 프랭클린은 대륙회의에 이렇게 보고했다. "애덤스 씨가 제게 직접 말하길, 그동안 우리 미국이 프랑스에 지나칠 정도로 감사를 남발했다는군요. 우리가 프랑스에 신세 진 것보다 그쪽이 우리 덕을 더 많이 보았으니, 이제 우리도 뭐든 당당하게 요구할 자격이 있다는 것이지요."

존 제이도 비슷한 생각이었다. 그는 베르젠이 일부러 협상을 지연시키고 있다고 믿었다. 미국이 계속 프랑스에 의존하게 만들려는 속셈이 분명했다. 그는 베르젠과 면담을 마친 뒤, 대륙회의의 외무 책임자인 로버트 리빙스턴에게 이렇게 말했다. "프랑스 궁정은 자기들이 우리 단물을 다 빼 먹기도 전에 영국이 우리의 독립을 공식적으로 인정해버릴까 봐 걱정되는 기색이었습니다. 속이 훤히 들여다보일 정도였죠." 그렇다고 프랑스에 직접 따질 생각은 없었다. "우리가 눈치챘다는 걸 프랑스가 눈치채게 해선 안 됩니다. 우리가 아무 의심도 없어 보여야 그쪽도 더 솔직해지지요. 이런 정보는 우리 스스로의 경계심을 다잡는 용도로만 써야 합니다."

프랭클린은 이미 오래전부터 자기 개인에 대한 비난에는 굳이 대응하지 않았다. 이번에도 자신이 가장 핵심적이라고 여기는 미국의 국익에 해가 되지 않았다면, 친프랑스주의자라는 공격쯤은 그냥 넘겼을 것이다. 재무 감독관 로버트 모리스가 편지를 보내왔다. "박사님의 적들은 부지런히도 박사님을 헐뜯고 다닙니다. 박사님이 너무 나이를 먹고 나태해서 지금의 자리를 감당하지 못한다, 프랑스에 대한 의무감 때문에 도움을 요청해야 할 때조차 입도 뻥긋하지 못한다, (박사님 친구들이 그렇지 않다고 하건 말건) 프랑스 궁정에서 박사님의 인맥이나 영향력이 사실상 유명무실하다는 등의 비난들이죠." 모리스는 친구로서 이런 이야기를 전하는 거라고 하면서, 대륙회의 내부에서도 이 같은 비난을 곧이곧대로 믿는 사람들이 적지 않다고 덧붙였다. 더구나 프랭클린을 공격하는 자들은 바로 프랑스를 비판하는 데 가장 앞장서 온 사람들이었다.

프랭클린은 프랑스를 향한 비난 소식에 "몹시 유감스럽다"라고 답했다. 그런 태도는 양국 정부 사이에 그동안 잘 유지되어온 "우호적 공감대"를 해칠 수 있기 때문이었다. "아무래도 귀하들 중에 그 관계를 깨뜨리려는 세력이 있는 듯합니다. 만약 그들이 성공한다면 미국은 돌이킬 수 없는 피해를 입게 될 것입니다." 프랑스의 도움이 없었다면 미국은 전장에서 승리할 수 없었을 것이다. 이제 외교적 전선에서도 그들의 지원은 여전히 절실했다. "우리가 영국과의 협상에서 발언권을 가질 수 있는 것도, 유럽 전체에서 존중을 받을 수 있는 것도 모두 프랑스와의 확고한 동맹 덕분입니다. 만약 우리가 그 어떤 명분으로든 프랑스와의 신의를 저버린다면, 영국은 다시 우리를 짓밟을 것이고 다른 나라들도 우리를 멸시할 것입니다." 물론 프랭클린도 영국이 계속 화해의 희망을 품게 놔두는 것이 현명한 전략이라는 데는 동의했다. 그러나 미국의 북극성은 언제나 파리여야 했다. "미국의 진정한 정치적 이익은 프랑스와의 동맹 약속을 최대한 철저히 준수하고 완수하는 데 있습니다."

1782년 4월, 리처드 오즈월드가 프랑스에 도착하면서 협상은 본격적으로 시작되었다. 오즈월드는 런던의 새 내각을 대표해 파견된 인물이었다. 총리직에 복귀한 로킹엄 경의 내각에서는 찰스 제임스 폭스가 외무장관을, 셸번 경이 내무 및 식민지 담당 장관을 맡고 있었다. 오즈월드는 공정하고 정직한 성품으로 그를 아는 모든 이들의 깊은 신뢰를 얻는 인물이었다. 런던 감옥에 갇혀 있는 헨리 로런스는 그를 "더없이 솔직하고 청렴한 신사"라고 불렀고, 프랑스 외무장관 베르젠도 이렇게 평했다. "그는 참 지혜로운 사람입니다. 머릿속에 음모라는 개념 자체가 없는 것 같지요. 본디 부유하고 야심도 없는 사람이 그저 셸번 경과의 우정 하나 때문에 이곳까지 오게 된 겁니다. 게다가 조국과 인류에 이바지할 수 있다는 영광 외에는 그 어떤 보상도 구하지 않았지요."

프랭클린은 일단 판단을 유보했다. 오즈월드가 "현명하고 정직한 인물"로 **보인다**는 점은 인정했지만, 그의 의도에 대해서는 여전히 경계했다. 베르젠을 배제한 채 단독 협상을 제안한 것 자체가, 미국과 프랑스를 떼어 놓으려는 의도가 아니겠는가. 프랭클린은 그 같은 시도를 단호히 거부했다. 그는 협상 일지에 이렇게 적었다. "나는 미국이 프랑스와 공동보조를 취하지 않고 단독으로 협상에 나서는 일은 없을 거라고 그에게 분명히 알렸다."

오즈월드는 반박하지 않았다. 하지만 그렇게 쉽게 물러설 사람이었다면 애당초 지금의 자리에 임명되지도 않았을 것이다. 그는 이렇게 적었다. "나는 박사에게 '틀림없이 맞는 말씀이다, 다만 식민지 대표들끼리 논의를 거쳐 대영제국과 관련된 몇 가지 쟁점을 별도로 정리해놓음으로써, 전체 협상이 공정하게 타결될 수 있도록 사전에 길을 닦는 정도는 가능하지 않겠느냐'라는 뜻을 설명했다." 그저 시간을 효율적으로 활용하자는 것뿐이었다.

그는 심지어 한술 더 **떴다**. 일단 미국의 독립 문제가 해결되면 '영어를 쓰는' 양쪽 사람들 사이의 관계 회복도 빠르게 진전될 수 있을 텐데, 거기에 프랑스의 이해관계가 끼어들어 그 과정이 지체되어서는 안 된다는 주장이었다. 게다가 영국에도 자존심이 있었다. 미국과의 전쟁에 지쳐 있다고 해서, 프랑스의 이익 침해에도 무기력하게 대응할 거라 착각한다면, 그 대가는 프랑스가 치르게 될 터였다. 오즈월드는 미국 역시 프랑스에 지나치게 의존한다면 같은 대가를 치를 수 있다고 경고했다. "만약 프랑스가 영국이 도저히 받아들일 수 없는 굴욕적인 요구를 해온다면, 국민의 분노가 들끓고 온 나라가 한마음 한뜻으로 떨쳐 일어날 것입니다. 자원 또한 부족하지 않을 것이고요."

프랭클린은 이에 정중히 이의를 제기했다. 독립은 해결하고 말고 할 것도 없이 이미 **기정사실**이라는 것이었다. 1776년* 이래 독립은 미국인들에

---

* 미국의 독립선언일

게 단 한 순간도 의문의 대상이 된 적이 없었다. 영국이 그 자명한 현실을 인정하는 데 시간이 걸린다면, 그것은 전적으로 국왕과 의회의 문제일 뿐이었다. 영국은 **화해**를 원한다고 하지만, "그거참 듣기 좋은 말이지요". '자, 이제 평화가 찾아왔으니 화해합시다?' 아니, 화해는 싸움이 멈췄다고 해서 저절로 얻어지는 게 아니었다. 지난 6년간 영국은 미국을 상대로 잔혹하고도 부당한 전쟁을 벌였다. 미국인들이 영국에 깊은 원한을 품고 있는 건 지극히 당연한 일이었다. 과연 그의 동포들이 영국군에게 파괴된 재산과 영국의 인디언 동맹군이 불태운 마을과 집에 대해 배상을 원할지는 프랭클린도 섣불리 답할 수 없었다. "하지만 영국이 먼저 배상을 제안하는 것이 더 낫지 않겠습니까? 상대의 마음을 달래주는 데 그보다 더 효과적인 방법은 없을 테니까요. 앞으로 양국 간 무역과 왕래가 재개되는 것도 화해 여부에 크게 좌우될 겁니다. 그렇게 본다면, 화해의 비용보다 그로 인한 이익이 훨씬 크지 않을까요?"

그렇다면 어느 정도가 가장 합당한 배상일까? 프랭클린은 자신의 질문에 답까지 제시했다. 캐나다였다. 영국은 캐나다에서 모피나 기타 수출품으로 얻는 이익보다, 그곳을 방어하고 통치하는 데 드는 비용이 더 많지 않은가. 미국이라면 그 땅을 훨씬 더 효율적으로 활용할 수 있었다. 물론 미국의 요구에 못 이겨 캐나다를 내주는 건 영국 입장에서 쉽게 받아들일 수 없을 것이다. 자존심이라는 감정이 인간 역사에 어떤 영향을 미쳐왔는지는 프랭클린도 잘 알고 있었다. 그렇다면 아예 요구가 나오기 전에, 화해에 대한 진정성을 보여주는 징표로 영국이 먼저 **제안**하는 것은 어떨까? 그런 제안은 미국에서 "대단한 반향"을 일으킬 터였다. 게다가 배상 문제도 깔끔히 정리되는 동시에 캐나다 땅을 매각한 수익으로 미국 내 왕당파들의 재산 손실에 대한 보상 재원까지 마련할 수 있었다.

뻔뻔할 정도로 솔직한 프랭클린의 제안에 설사 놀랐을지라도, 오즈월드는 외교관답게 전혀 내색하지 않았다. 오히려 그는 프랭클린의 직설적인 발언에 감탄을 표했다. 두 사람 모두 이 사안은 오즈월드가 런던으로 돌아가 셸번 경에게 직접 전하는 게 좋겠다고 판단했다. 오즈월드는 프랭클린이 미리 문서로 정리해둔 원본을 직접 가져가도 되겠냐고 청했다. 자신이 구두로 옮기면 프랭클린의 뜻을 온전히 전달하기 어려울 것 같다는 이유였다. 문서는 반드시 안전하게 되돌려주겠다고도 약속했다. 프랭클린은 자신이 단독으로 결정을 내릴 수는 없으며 미국 협상단의 다른 위원들과 반드시 논의가 필요하다고 강조했지만, 결국은 문서를 건네주었다.

오즈월드에 대한 처음의 경계심은 이제 완전히 사라졌다. 프랭클린은 "그와 헤어질 즈음엔 정말 좋은 친구가 되었다"라고 기록했다. 셸번에게도 이렇게 썼다. "앞으로도 우리 사이의 소통은 모두 오즈월드 씨를 통해 이루어졌으면 좋겠습니다. 경께서 그를 선택하신 것은 참으로 현명한 판단이었다고 생각합니다." 프랭클린은 자신이 성의를 보인 만큼, 셸번 경도 오즈월드를 통해 최대한 솔직하고 성실하게 응답해주기를 바랐다. "오즈월드 씨가 다시 돌아왔을 때, 주요 협의 사항들에 대한 각하의 뜻을 보다 구체적이고 분명하게 전해줄 수 있다면, 우리 모두가 마음을 쏟고 있는 이 복된 과업에 큰 도움이 되리라 믿습니다."

복된 과업이었을지는 몰라도, 참으로 복잡한 과업이었다. 5월 첫째 주에 돌아온 오즈월드는 셸번 경이 프랭클린의 제안을 무척 진지하게 읽었다는 소식을 전했다. 셸번은 '배상'이라는 말이 거론되었다는 사실 자체에 놀랐고, 미국인들이 그것을 진심으로 요구할 생각인지 궁금해했다고도 했다. 물론 프랭클린은 배상을 요구하겠다는 말을 꺼낸 적은 없었고, 이제 오즈월드는 미국이 그것을 요구하지 **못하도록** 미리 선을 그어두려 했다. 그는 비공식이라는 전제하에—그리고 이후에도 여러 차례 반복하길— 캐나다 문제는 결국 협상이 마무리될 시점이면 미국이 만족할 만한 방식으로 해결될 수도 있다고 말했다. 그러나 협상 초반부터 그 문제를 꺼내면, 협상 자체가 돌이킬 수 없이 틀어질 수 있다는 것이었다.

프랭클린은 이 말을 어떻게 받아들여야 할지 확신이 서지 않았다. 오즈월드는 과연 셸번 경의 뜻을 전한 것일까, 아니면 그냥 자기 생각을 말한 것일까? 프랭클린은 일지에 이렇게 적었다. "정리하자면, 셸번 경의 의중에 대해 오즈월드로부터 얻어낸 것은 거의 없었다. 장관 본인의 입으로 오즈월드가 자신의 의사를 전달해줄 인물이라 말하지 않았던가? 그래 놓고 정작 아무 의사도 전하지 않을 거라면 대체 왜 그를 다시 보낸 것인지 도무지 이해할 수 없었다."

두 번째 특사가 도착하면서 프랭클린의 의문도 더욱 깊어졌다. 새로 온 인물은 겨우 스물일곱의 젊은 나이로 얼마 전 하원에 갓 입성한 초선의 원이었다. 하지만 연줄만큼은 단번에 알아볼 수 있을 만큼 대단했다. 이 젊은이는 프랭클린의 숙적, 조지 그렌빌*의 아들이었다. 게다가 교육도 단단히 받고 온 모양이었다. 그가 찰스 폭스 외무장관에게 받아온 지침서에는 협상에서의 행동 요령이 아주 구체적으로 명시되어 있었다. 토머스 그렌빌의 임무는 프랭클린과 베르젠 사이의 외교적 거리가 오즈월드의 말처럼 여전히 가까운지 확인하고, 가능한 모든 수단을 동원해 그 틈을 벌리는 것이었다. 폭스는 그렌빌에게 내린 비밀 지침에서 이렇게 설명했다.

> 베르젠 경을 만난 뒤에는 프랭클린 박사를 찾아가, 앞서와 동일한 입장을 전달하도록 하시오. 또한 미국과 관련해서는 더 이상 다툴 쟁점이 없으며, 이 조약이 불행히도 결렬될 경우 그의 동포들이 단기적으로든 장기적으로든 아무런 이해관계도 없는 전쟁에 휘말리게 될 것이라는 점도 충분히 납득시킬 수 있을 겁니다. 특히 중요한 임무는, 귀하가 파리에 머무는 동안 여러 기회를 활용해 프랭클린 박사와 대화의

---

*   인지세법 주도자

자리를 만들고, 혹시 이번 조약이 미국과 무관한 문제들 때문에 결렬되거나 성사되지 못할 경우, 그 이후라도 우리 대영제국과 미국 사이에 별도의 평화협정이 가능할지를 최대한 파악하는 겁니다. 그런 평화협정이야말로 양국의 공동 이익에 명백히 부합하는 것이기 때문이오.

그렌빌의 첫 시도는 실패했다. 프랭클린이 그를 베르젠과의 회담 자리에 데려갔기 때문이다. 그렌빌은 영국이 미국의 독립을 공식 인정하는 대신, 전쟁 전의 영토 상태로 되돌아가는 조건을 제안했다. 베르젠은 씩 웃더니 그 같은 독립 제안은 아무 의미가 없다고 잘라 말했다. "미국은 귀하들에게 독립을 시켜달라는 것이 아닙니다. 여기 프랭클린 박사가 있으니 그 점에 대해서는 직접 들어보시지요."

프랭클린은 기꺼이 응했다. "마땅히 우리 것인 것을 두고 우리가 흥정해야 할 이유는 없지요. 우리는 그것을 이미 많은 피와 재물을 처러 얻었고, 이제 우리가 소유자입니다만."

베르젠은 영국이 더 나은 제안을 내놔야 할 것이라고 말을 이었다. 전쟁 전 상태로 되돌리자는 주장에 대해서도, 영국은 지난 전쟁이 끝났을 때 과연 그 정도에서 만족한 적이 있었느냐고 되물었다. 그 전쟁은 고작 오하이오와 노바스코샤를 둘러싼 사소한 지역 분쟁에서 시작되었지만, 결국 영국은 캐나다, 루이지애나, 플로리다를 손에 넣었고, 더구나 동인도에서까지 이득을 챙기지 않았던가. 전쟁으로 도박을 했으면, 잃는 것도 받아들일 줄 알아야 한다고 베르젠은 지적했다.

그렌빌은 프랑스가 미국인들의 반란을 부추겨 이번 전쟁을 촉발했다고 응수했다. 프랭클린의 기록에 따르면, "이에 대해 베르젠 백작은 다소 격앙된 반응을 보이며, 두 나라의 결별이나 미국의 독립선언은 프랑스가 한마디 격려를 건네기도 훨씬 전에 일어난 일이라고 못 박더니, 세상 누구든 그 반대의 증거가 하나라도 있으면 가져와 보라고 큰소리쳤다. 그리고 나를 가리키며 '저기 앉아 계신 프랭클린 박사가 사실을 알고 있으니 내 말이 진실이 아니라면 반박해주실 겁니다'라고 말했다".

교묘하게 의도된 말이었다. 베르젠은 '내 말이 맞지 않느냐'고 프랭클린에게 직접 묻지는 않았다. 그랬다면 프랭클린은 거짓말을 해야 했을 것이다. 프랑스는 실제로 미국의 반란을 격려하며, 독립선언 훨씬 이전부터 비밀리에 자금을 대고 있었다. 프랭클린은 비밀통신위원회 일원으로서 이 사실을 속속들이 알고 있었고, 그 자금 지원의 실질적 배후자였던 베르젠도 프랭클린이 알고 있다는 사실을 알고 있었다. 그렌빌 역시 미국이나 프랑스에 심어둔 영국 첩자들을 통해 그 사실을 알았을 가능성이 있다. 또는, 아직 젊은 데다 외교 게임은 첫 출전이라 정말로 **몰랐을** 수도 있다. 어찌 되었든 그는 베르젠의 '블러핑'에 '콜'로 맞받아치지는 않았다.

베르젠은 그렌빌의 임무가 처음 내놓은 이 '받아들일 수 없는 제안' 하나로 끝날 리 없다고 의심했다. 프랑스가 참전한 것은 결코 미국을 돕기 위해서만은 아니었다. 그들은 지난 전쟁에서 잃어버린 것을 어느 정도 되찾겠다는 계산이 있었고, 이제 그것을 손에 넣은 이상 다시 내줄 생각은 추호도 없었다. 그렌빌은 물론 그 상관들도 이 점을 분명히 알고 있었을 것이다. 그렌빌의 출신 배경에 주목한 베르젠은 스페인 주재 프랑스 대사에게 이렇게 적어보냈다. "그는 현 내각과 이해관계로 얽혀 있는 유력 가문 출신입니다. 그런 인물을, 영국 내각이 그 출신과 지위에 전혀 어울리지도 않는 시시한 역할을 맡겨 우리를 속이거나 웃기라고 보냈을 리는 없을 겁니다."

속이려는 것이든 웃기려는 것이든, 아니면 다른 의도였든 간에, 그렌빌은 프랭클린을 따라 파시까지 쫓아갔다. 그리고 찰스 폭스의 지시에 따라, '미국은 독립이라는 목표를 이미 달성했다, 그러니 더 이상 싸움을 계속할 이유가 없다'고 설파했다. 또한 그는 미국이 프랑스에 지나치게 밀착하면, 미국 본연의 이익과는 무관한 이유로 전쟁이 재발할 위험을 스스로 떠안게 될 것이라고 덧붙였다.

프랭클린은 '빚과 보답'에 대한 짧은 교훈으로 응답했다.

A와 B가 있습니다. 서로 모르는 사이지요. 어느 날 A가 인정사정없는 빚쟁이에게 빚을 갚지 못해 감옥에 끌려갈 위기에 처합니다. 그런데 이를 본 B가 A에게 감옥에 가지 않을 만큼의 돈을 빌려줍니다. 이제 A는 B에게 빚을 지게 되었고, 시간이 지나 그 돈을 갚습니다. 그렇다면 A의 의무는 끝난 것일까요? 아닙니다. 금전적 빚은 갚았을지 몰라도, 절박한 순간에 돈을 빌려준 B의 선의에 대해서는 여전히 빚을 지고 있는 셈입니다. 훗날 A가, 과거 자신과 같은 곤경에 처한 B를 보고 그에게 같은 금액의 돈을 빌려준다면, 그 은혜의 빚을 **일부** 갚고 의무를 부분적으로 덜어낼 수 있을 겁니다. 하지만 어디까지나 **일부**일 뿐, **전부**는 아닙니다. 처음 B가 A에게 돈을 빌려줄 때는 사전에 받은 혜택도 없이 순전히 호의로 한 행동이었으니까요. 따라서 B가 또다시 같은 도움이 필요하게 된다면, 그때도 A는 능력이 닿는 한 마땅히 도와야 합니다.

그렌빌은 그런 개인 간의 계산법을 국가 간 외교에까지 적용하다니 미국인들의 감사는 참으로 끝이 없다고 반박했다. 그는 또, 영국과 미국의 결별로 영국은 실질적으로 약화되고 프랑스는 그만큼의 상대적 우위를 얻었으니, 양국의 결별로 이득을 본 쪽은 다름 아닌 프랑스라고 지적했다.

프랭클린은 미국이 가장 힘들었던 시기에 프랑스가 베풀어준 따뜻한 지원은 물론이고 그 대가로 단 하나의 특권도 요구하지 않은 고결하고 관대한 태도에 깊은 감명을 받아서, 미국이 프랑스에 대해 지는 도의적 의무가 지나치다는 생각은 품어본 적이 없다고 대답했다. 또한 확신하건대, 미국인이라면 누구나 같은 마음일 것이라고 덧붙였다.

"결국 그는 자신이 밀어붙이려던 쟁점에서는 아무것도 얻어내지 못했다. 그래도 우리는 기분 좋게 헤어졌다." 프랭클린은 그렌빌에 대해 이렇게 기록했다.

　여러 면에서 평화 협상은 체스 게임과 닮아 있었다. 체스는 프랭클린이 유난히 즐긴 취미로도 유명했다. 그가 마담 브리용의 욕실에서 친구와 체스를 두었던 일화는 파리에서 널리 회자된 화젯거리였다. 마담 브리용은 몇 시간 내내 욕조에 앉아 그 게임을 구경했다고 한다(후대의 전언에서는, 당시 프랑스 욕조에 나무 덮개가 있어서 사람 몸이 보이지 않았다는 사실은 자주 생략되었다). 프랭클린은 부르봉 공작부인과의 경기 때처럼 기회만 닿으면 마음대로 규칙을 비틀기 일쑤였지만, 사람들은 그런 점조차 매력적인 기벽으로 받아들였다. 한번은 프랑스인 친구와 맞붙었을 때였다. 자신의 왕이 체크를 당했는데도 프랭클린이 '실수로' 체크를 무시하고 다른 말을 움직이자, 상대는 곧바로 반칙이라고 지적했다. 프랭클린은 이렇게 대꾸했다. "압니다, 알아. 내 왕이 체크를 당했지. 하지만 난 그를 지키지 않을 거요. 당신네 왕처럼 훌륭한 군주였다면 백성의 보호를 받을 자격이 있겠지요. 하지만 그는 폭군이요. 백성에게 끼친 피해가 자기 몸값을 넘은 지 한참 되었지요. 그러니 맘대로 잡아가시오. 나는 이놈이 없어도 괜찮소. 나머지 전투는 공화주의자로서 싸워보리다."

　또 한번은, 마담 엘베시우스의 집에서 함께 지내던 신부 한 명과 밤늦게까지 체스를 두고 있을 때였다. 마지막 촛불이 꺼질 듯 깜빡이자, 신부는 이제 게임이 끝나겠거니 생각했다. 그런데 프랭클린이 이렇게 말했다. "사랑하는 신부님, 우리 같은 사람들이 겨우 불이 꺼졌다고 게임을 멈추는 건 말이 안 되지요." 그러자 신부는 양초가 어디 있는지 기억난다며 어둡지만 어떻게든 찾아와 보겠다고 나섰다. 프랭클린도 거의 등을 떠밀었다. "어서 다녀오십시오. 밤의 여신이 신부님의 용감한 여정을 지켜주시길." 신부가 자리를 비우고 마지막 촛불이 깜박이는 순간, 프랭클린은 체스 말들을 이리저리 옮겨 자신이 이길 수밖에 없는 판으로 만들어놓았다. 새 양초를 들고 돌아온 신부는 촛불을 켜자마자 자신이 절망적인 상황에 몰려 있는 걸 발견하고 망연자실했다. 프랭클린은 키득 웃으며 말했다. "밤의 여신께서 방금 내 기도에 응답해주셨지요. 신부님이 없는 사이 메르쿠리우스*를 보내 나를 도우셨습니다."

프랭클린은 체스에 얽힌 일화뿐 아니라, 체스를 주제로 한 사색적인 글도 남겼다. 파시에 있는 인쇄기로 찍어낸 『체스의 교훈』은 그의 다른 바가텔보다는 다소 진지했지만, 그렇다고 엄숙하거나 근엄하지는 않았다. 그는 이렇게 설명한다. "인생은 일종의 체스와 같다. 그 안에서 우리는 목표나 점수를 달성해야 하고, 경쟁자나 적과 맞서 싸운다. 온갖 좋은 일과 나쁜 일이 벌어지는데 그중 어떤 일은 우리가 신중했나 그렇지 못했나에 따라 결정되기도 한다." 체스를 두다 보면 선견지명을 기를 수 있다. "이 말을 움직이면 판세가 어떤 식으로 유리해질까? 그 상황에서 상대는 어떤 수로 나를 괴롭힐 수 있을까?" 용의주도함도 익힐 수 있다. "판 전체 또는 전장을 조망하며 말의 위치가 판세에 어떤 영향을 미치는지, 각각이 어떤 위험에 노출되어 있는지를 살피는 능력이다." 또한 신중함도 길러준다. 일단 말을 잡았으면 반드시 움직여야 하고, 한번 놓은 말은 다시 움직일 수 없기 때문이다. "자신이 부주의해서 스스로 위험하고 불리한 상황에 빠져놓고, 적에게 '미안, 다시 둘게요'라고 양해를 구해 병력을 물리고 더 안전한 곳으로 재배치할 수는 없다. 자신의 경솔함이 불러온 결과는 전부 스스로 감당해야 한다."

체스 플레이어는 훌륭한 스포츠 정신을 실천해야 한다. "승리를 거두었다고 해서 의기양양해하거나 모욕적인 표현을 해서는 안 되고, 지나치게 기뻐하는 모습도 삼가야 한다. 오히려 상대를 위로하고, 그가 자책하지 않도록 정중하고 따뜻한 말을 아끼지 말아야 한다." 마지막으로, 가장 훌륭

---

* 로마신화에 등장하는 전령의 신, 그리스신화의 헤르메스에 해당한다.

한 승리는 상대를 이기는 것이 아니라 자기 자신을 이기는 것임을 늘 기억해야 한다. 경기 중에는 상대의 실수를 짚어주고, 친절하게 더 나은 수를 제안해줄 수도 있어야 한다. "물론 그렇게 하면 게임에는 질 수도 있다. 하지만 그보다 더 값진 것을 얻게 될 것이다. 가령 상대의 존경과 신뢰, 애정, 그리고 공정한 관전자들이 말없이 보내는 호감과 찬사 말이다."

프랑스에 와 있던 영국 협상단도 이 에세이를 읽었음이 분명하다. 그러나 리처드 오즈월드와 토머스 그렌빌이 그것을 어떻게 해석했는지는 알 수 없다. 혹시 그 부주의하게 옮겨진 체스 말이 바로 콘월리스의 군대였고, 이제 영국 정부가 그 경솔함의 결과를 고스란히 감당해야 하는 플레이어로 보이지는 않았을까? 승리해도 도량을 베풀라는 충고는 누구에게 하는 말이었을까? 누구의 존경을 받겠다는 것이었을까? 프랭클린은 그 답을 그들의 상상에 맡겨두었다.

영국 관료들은 프랭클린의 바가텔 외에도 다른 많은 '글'을 주의 깊게 들여다보고 있었다. 독립전쟁은 내전의 성격을 띠고 있었기에, 간첩들이 활개치기 좋은 토양이었다. 교전 국가 사이에 흔히 존재하는 언어와 문화의 차이가 이 전쟁에는 없었다. 애국파와 충성파는 생김새도, 말투도, 차림새도 똑같았다. 서로를 구분 짓기 위해 이름은 붙였지만, 애국심이든 충성심이든 그 진위는 모호할 때가 많았다. 가령 7년전쟁 때 프랑스인이 영국에 비밀을 파는 것은, 독립전쟁 때 미국인이 조지 왕에게 충성을 지키는 것보다 훨씬 더 양심에 어긋나는 일로 여겨졌을 것이다. 윌리엄 프랭클린이 그의 아버지보다 더 가책을 느꼈다는 증거도, 그렇게 판단할 만한 근거도 없었다.

벤저민 프랭클린은 영국 첩보망의 최우선 표적이었다. 프랑스 주재 미국 공사로서 그는 이 전쟁의 향방이 걸린 미·프 동맹의 핵심 연결고리였고, 평화 협상 대표로서(특히 존 애덤스와 존 제이가 도착하기 전까지) 미국이 협상 테이블에서 어느 선까지 양보할 수 있는지를 알고 있거나 그 한계를 결정할 수 있는 인물이기도 했다. 이처럼 중대한 정보를 알아낼 수만 있다면 영국 정부로서는 엄청난 이득이었다.

영국 정부가 이런 정보를 입수하기 위해 기꺼이 돈을 쓰려는 것도 당연했다. 런던은 딱 맞는 인물도 찾아냈다. 바로 에드워드 밴크로프트였다. 프랭클린보다 거의 마흔 살이나 어린 밴크로프트는 매사추세츠, 웨스트필드의 궁핍한 집안에서 태어났다. 두 살 때 아버지가 돼지우리에서 간질 발작으로 숨지고, 어린 에드워드는 의붓아버지가 운영하는 술집에서 자랐다. 그가 받은 교육도 대부분은 그때그때 임시방편으로 독학한 것이었다(의미심장하게도, 그나마 받은 정식 교육의 일부는 사일러스 딘이 가르친 것이었다). 밴크로프트는 화학도 독학으로 익혔다. 색채 화학에 대한 획기적인 저서와 캐롤라이나 인디고* 시장을 붕괴시킬 만큼 위협적인 특허만 봐도 그가 과학에 얼마나 재능이 있었는지 알 수 있었다. 또한 의사 밑에서 견습 생활도 했다. 덕분에 훗날 런던의학회의 창립 멤버가 된다. 남아메리카에서 잠시 체류하기도 하는데, 그곳에서 얻은 자료는 기아나의 원주민과 자연사에 관한 저술의 토대가 되었다.

밴크로프트의 여행은 런던에서 일단락되었다. 미국 출신에 워낙 총명하고 호기심 많은 인물이다 보니 프랭클린과 인연이 닿았고, 프랭클린 역시 그를 단번에 마음에 들어 했다. 그는 프랭클린이 《먼슬리리뷰》 편집자에게 추천해준 덕분에 그 잡지에 미국 정치에 관한 글을 기고하게 되었다. 프랭클린은 그를 프링글, 프리스틀리 등 자신의 지인들에게도 소개했고, 직접 후원인이 되어 왕립학회 회원으로 선출되도록 도왔고, 심지어 오하이오강 유역 식민지 설립을 위해 왕실 인가서를 받으려던 계획에도 그를 끌어들였다. 밴크로프트는 프랭클린이 콕핏에서 심문을 받을 당시 현장에

---

* 고가 염료

있었고, 허친슨 편지 사건과 관련해 런던 신문 지면에서 프랭클린을 공개적으로 옹호한 몇 안 되는 인물 가운데 하나였다.

아마 이 마지막 행동이 프랭클린의 마음을 단단히 사로잡았던 것은 아닐까? 그래서 미국 문제에 대한 민감한 정보를 맡기는 데 주저하지 않았던 것인지도 모른다. 과거 비밀통신위원회가 사일러스 딘을 유럽 파견 밀사로 임명했을 때, 프랭클린이 작성한 지침서에는 밴크로프트를 찾아가라는 내용이 들어 있었다. "그에게 현재 영국 정세에 대한 정보를 꽤 많이 얻을 수 있을 걸세." 또한 프랭클린은 분명 밴크로프트도 조심스럽게 행동할 테니 딘 역시 신중하게 처신하라고 당부했다.

밴크로프트가 조심성이 많은 건 맞았다. 다만 프랭클린이 예상했던 방향과는 달랐다. 밴크로프트는 식민지와 본국 사이의 갈등이 고조되던 시기, '도긴개긴'이라며 어느 쪽 편도 들지 않던 중간파에 속해 있었다. 그러나 그 갈등이 전쟁으로 번지자, 둘 중 어느 쪽이 이기든 상관없지만 자신만은 반드시 승자가 되겠다고 마음먹었다. 어쩌면 사일러스 딘과의 인연을 통해 전쟁으로 돈을 벌 수 있는 가능성을 처음 깨닫게 되었을 수도 있다. 아니면 그저 시골 청년이 대도시 생활을 접하며 값비싼 취향을 들이게된 것일지도 모른다. 이유야 어찌 되었든 그는 처음에는 딘에게, 그리고 프랭클린과 아서 리가 프랑스에 합류한 뒤에는 세 사람 모두에게 영국 사정을 전달하면서, 동시에 영국 정부 쪽에도 미국 위원단들의 동향을 보고했다. 그는 훗날 이중간첩이라는 역할이 "본래 의도에도 어긋나고, 감정적으로도 역겨운 일"이었다고 주장했지만, 양쪽에서 받아 챙긴 수당이 그 불쾌감을 충분히 달래준 모양이었다. 영국 쪽이 훨씬 후했다. 프랭클린이 준 건 고작 비서 수준의 급여였지만, 영국은 그가 감수하는 위험을 감안해 '프리미엄'을 얹어주었다. 결과적으로 총 수당은 연간 1000파운드에 달했고, 여기에 더해 연 500파운드의 연금까지 약속받았다.*

밴크로프트는 전쟁이 끝난 뒤 영국 정부에 제출한 보고서에서 자신의 활동 내용을 다음과 같이 밝혔다.

> 나는 파리로 가서 첫해 동안 프랭클린 박사, 딘 씨 등과 같은 집에 머물며, 미국 사절단의 모든 활동을 이 정부에 정기적으로 보고했다. 반란 식민지에 대포 등 무기를 공급하기 위해 마련된 모든 조치와 선박의 동향, 프랑스 및 기타 유럽 궁정과의 외교 접촉 전반, 대륙회의가 사절단에 부여한 권한과 지시 사항, 그들이 비밀위원회 등과 주고받은 서신 내용도 포함되었다.

밴크로프트는 프랑스-미국 간 동맹이 체결되자 그 소식을 즉시 런던에 알렸고, 데스탱 제독이 이끄는 프랑스 함대가 미국 원정을 위해 툴롱에서 출항했을 때도 마찬가지였다. 요크타운 전투 이후에도 프랭클린과 다른 협상 대표들이 프랑스와 영국을 상대로 외교 전략을 짜는 내내 열심히 주의를 기울이면서 그 내용을 계속 런던에 보고했다. 밴크로프트의 보고서는 오즈월드와 그렌빌이 보내는 정보에 훌륭한 보완이 되었다.

정보를 전달하는 방식도 다양했다. 프랭클린을 비롯한 미국인들은 밴크로프트를 **자기들 쪽** 스파이라고 믿었기 때문에, 그가 영국을 그토록 자주 드나들어도 전혀 의심하지 않았다. 밴크로프트는 영국에서는 정부 관료들과 직접 접촉했고, 파리에서는 프랭클린의 교섭 상대이자 유럽 첩보망 책임자였던 폴 웬트워스를 직접 만나거나 밀봉한 병에 메시지를 넣어 튀일리궁 남쪽의 나무 속에 숨겨두는 방식으로 정보를 전달했다.

---

* 밴크로프트가 사망하고(1821) 약 70년 뒤인 19세기 후반에야 영국 정부 기록이 공개되면서 그가 스파이였음이 공식적으로 밝혀졌다.

영국 측은 밴크로프트의 서비스에 만족하며 수당까지 올려주었다. 평화 협상이 끝나갈 무렵에는 그의 연락책이 그를 "우리 정부에 매우 귀중한 자산"이라고 평할 정도였다. 미국 관련 정보를 제공하는 정보원으로서뿐 아니라 미국의 협상 조건에 영향을 미칠 수 있는 간접적·비공식적 수단으로서도 가치가 있었기 때문이다.

그래서였을까. 영국은 밴크로프트의 '세 번째 고용주'에 대해 눈감아주었다. 그가 미국이나 영국을 위해 일하는 것 못지않게 부지런히 섬긴 이 고용주는 다름 아닌 자기 자신이었다. 당시 런던 주식시장은 전선에서 들려오는 소식에 따라 주가가 큰 폭으로 요동치고 있었다. 밴크로프트는 그런 소식을 누구보다 먼저 예측할 수 있는 위치에 있었고, 이를 십분 활용해 이익을 챙겼다. 예컨대 1777년 가을에는 버고인 장군이 뉴욕 숲속에서 고전하고 있다는 소식을 일찌감치 입수하고 한 투기꾼 친구에게 이를 알려, 주가 폭락에 베팅하게 했다. 실제로 주가가 곤두박질쳤음은 말할 것도 없다. 밴크로프트는 이 같은 수익에 대해 스스로 밝히진 않았지만, 그의 재산이 갑자기 불어난 사실은 웬트워스의 기록에 남았다.

아서 리는 밴크로프트가 미국의 대의를 배신하고 있다고 의심했지만, 프랭클린은 그렇지 않았다(아마도 편집증적인 리가 **의심했기 때문에** 오히려 더 아니라고 생각했을 수도 있다). 그래서인지 그는 미국의 대의에 해를 끼치고도 남을 만한 정보들을 아무렇지 않게 밴크로프트에게 털어놓았다. 그러나 그 피해가 그리 치명적이진 않았던 듯하다. 간첩의 존재 가능성을 대하는 프랭클린 특유의 사고방식이 있었기 때문이다. 파리에 도착한 지 얼마 되지 않아 그는 한 영국 여성으로부터 편지를 받았다. 그녀는 한때 필라델피아에 머물다가 지금은 프랑스에 살고 있었고, 프랭클린과 정치적 신념을 같이하는 듯했다. 그녀는 반대편에 있는 자들을 조심하라고 경고했다. "박사님 주변엔 **첩자들이** 가득합니다. 그들은 박사님의 일거수일투족, 이를테면 박사님이 누구를 찾아가고, 또 누가 찾아오는지까지 모조리 지켜보고 있지요. 특히 박사님을 찾아오는 이들 가운데는 미국의 대의를 지지하는 것처럼 꾸미는 자들도 있지만 그건 단지 **그런** 척하는 거랍니다." 그녀는 자신의 안전을 위해 더 구체적으로는 밝힐 수 없다면서 이렇게 덧붙였다. "하지만 제가 말씀드린 내용은 모두 사실이며, 전적으로 믿으셔도 됩니다."

프랭클린은 그녀의 조언에 외교적으로—또한 철학적으로— 응답했다.

친구인 척하며 우리 사정을 캐내려는 자들의 거짓된 속내를 매번 알아차리는 건 불가능합니다. 더구나 이해관계가 얽힌 자들이 스파이를 심어두기로 작정했다면, 그들에게 감시당하지 않을 방법이 있을까요? 그래서 나는 그런 술수로 인해 어떤 불편도 겪지 않으려고 오래전부터 하나의 원칙을 지켜왔습니다.

간단히 말하면 이렇습니다. 나중에 공개되더라도 얼굴 붉히지 않을 만한 일에만 관여하고, 스파이들이 지켜본다 해도 아무렇지 않을 일만 하는 것이지요. 사람의 행실이 정의롭고 떳떳하다면, 그것이 널리 알려질수록 그의 명성은 더욱 높아지고 굳건해지는 법이지요. 그래서 나는 내 프랑스 하인이 첩자라는 확신이 들어도—아마 실제로 그럴 가능성이 높지만— 그 밖의 점들이 마음에 든다면, 첩자라는 이유만으로 해고하지는 않을 겁니다.

프랭클린은 또 다른 자리에서 '악당들이 판을 칠수록 정직한 사람이 오히려 잘될 수 있다'라는 말도 남겼다. "덕행이 얼마나 이익이 되는지 악당들이 제대로 알게 되면, 악당 근성 때문에라도 정직한 사람이 되려고 할 테니까요." 프랭클린 자신에게는, 진실을 말하는 것이 아주 효과적인 무기였다. "그것이 내가 유일하게 부리는 간계입니다."

밴크로프트가 런던과의 의도치 않은 연결고리였다면, 다른 이들과의 관계는 프랭클린의 의지였다. 전쟁이 한창 치열했을 때조차 프랭클린은 영국과의 모든 인연을 끊지는 않았다. 포로 교환과 화해 구상 문제로 데이비드 하틀리와 서신을 주고받은 것은 말할 것도 없고, 한때 절친이었던 윌리엄 스트레이핸과도 가끔 연락을 이어갔다. 다만 지금은 정치적 갈등 탓에 두 사람의 관계는 껄끄러울 수밖에 없었다.

1781년에는 에드먼드 버크와도 다시 연락이 닿았다. 이번에는 버크가 먼저, 친구인 버고인 장군을 위해 편지를 보내왔다. 버고인은 새러토가 전투 이후 조건부로 영국에 석방되었으나, 그 허가가 철회되면서 다시 미국으로 송환될 위기에 놓여 있었다. 버크도 버고인이 미국을 상대로 모든 역량과 전력을 다해 싸웠다는 점은 부인하지 않았지만, 그것은 단지 국왕의 명령과 군인의 본분을 따른 결과일 뿐이라고 강조했다. 그는 자신의 부탁이 다소 정도를 벗어난 것임을 인정하면서도 프랭클린에게 중재를 요청했다. "선생님께서 고결하고 자유로운 사고방식을 가진 분이라는 확신이 없었다면, 지금처럼 적대적인 상황에서 감히 무례를 무릅쓰고 이런 부탁을 드리지는 않았을 것입니다. 그러나 이것은 그저 하나의 '철학적 실험'일 뿐이니 선생님을 불쾌하게 만들 위험은 없겠지요. 제가 호소드리는 이는 미국의 대사가 아니라, 철학자 프랭클린 박사이자 제 친구, 그리고 인류를 사랑하는 분입니다."

프랭클린도 비슷한 어조로 답장을 보냈다. "인류 가운데 어리석은 부류는 의견 차이를 다른 식으로 해결할 지혜가 부족해 때때로 전쟁을 일으키곤 합니다. 그렇다면 지혜로운 부류는—그 전쟁을 막지는 못해도— 그로 인한 참화를 가능한 한 덜어주는 몫을 맡을 수밖에 없지요." 마침 프랭클린은 대륙회의로부터 헨리 로런스와의 맞교환 조건으로 버고인을 석방해도 좋다는 승인을 받은 참이었다. 하지만 당시 런던의 관련 부처와 공식 외교 채널이 없었기에, 이 내용을 버크에게 전달했다. "귀하가 이 일을 중재할 방안을 찾아 또 한 명의 훌륭한 인물을 가족과 친구들의 품으로 돌려보낼 수 있다면, 틀림없이 그만큼 더 큰 기쁨을 느끼실 수 있을 겁니다."

버고인과 로런스에게는 안타깝게도, 런던 내각은 맞교환에 응할 준비가 되어 있지 않았다. 1782년 2월에 버크는 이렇게 답했다. "아직 문제가 좀 남아 있습니다." 그러나 의회 내에서 전쟁에 대한 반대 여론이 높아지면서, 전쟁 반대파의 지도자였던 버크에게도 포로 문제가 머지않아 무의미해질지도 모른다는 희망이 생겼다. "그렇게 되면 우리 영국 민족의 두 갈래 사이에 신속한 평화가 이루어지고 어쩌면 전 세계의 평화로 이어질 수도 있으리라 믿습니다. 우리 두 나라의 행복이 세계 전체의 행복으로 이어지는 서막이 될 수도 있겠지요."

영국에는 전쟁과는 무관한 인연들도 있었다. 그중에도 벤저민 본은 프랭클린의 젊은 숭배자이자 가벼운 친분을 맺고 있던 인물이었다. 그는 1779년 런던에서 프랭클린의 저작 모음집을 출간하며 책 표제지에서부터 영국의 관례를—어쩌면 법까지도— 어기고, 프랭클린을 "미주 연합국"의 파리 주재 공사로 소개했다. 책에는 프랭클린—그리고 미국—을 놓쳐버린 영국의 어리석음에 대한 한탄이 담겨 있었다. "영국인들이 이 글들(프랭클린의 저작)을 읽고 이런 저자를 낳은 나라가 한때는 의심할 여지 없이 **자기들 것**이었다는 사실을 떠올리면 어찌 한숨짓지 않을 수 있겠는가!"

프랭클린은 왕립학회와도 띄엄띄엄 연락을 이어가며, 가끔 논문을 보내거나 그들이 발행하는 회보를 읽었다. 1782년 여름에는 평화 협상 와중에도 시간을 내어 학회장의 편지에 답장을 썼다. "내가 영국의 학문적 벗들과 마주 앉아 즐겁게 교류할 수 있었던 그 평화로운 시절이 다시 오기를 얼마나 간절히 바라는지, 부디 알아주셨으면 합니다." 프랭클린은 그 시절을 떠올릴 때마다 한없는 기쁨에 잠겼다. "아무리 '더 큰 선'을 얻기 위해 불가피한 일이라고는 해도, 이렇게 해로운 계획을 꾸미느라 지금처럼 온 세상의 고관대작들과 어울리느니, 귀하들처럼 더없이 반가운 벗들과 함께할 수 있었다면 얼마나 행복했을까요!" 그러면서도 프랭클린은 허황되나마 한 가닥 희망을 내비쳤다. "만약 적절한 수단이 마련되어 단지 평화만이 아니라 훨씬 더 특별한, 진정한 화해를 이룰 수 있다면, 몇 해 안에 우리 행복에 생긴 상처를 치유하고 지금으로서는 감히 상상도 하기 어려운 수준의 번영을 누릴 수 있을지도 모릅니다."

프랭클린이 늘 그렇게 고상한 마음만 품었던 것은 아니었다. 파시에 있는 그의 인쇄기에서는 유머러스하고 교훈적인 수필도 찍혀 나왔지만, 때때로 극히 독설적이고 선정적인 선전물도 함께 제작되었다. 1782년 봄, 프랭클린은 《보스턴 인디펜던트 크로니클》 증보판'이라 제목 붙인 유인물을 배포하기 시작했다. 지역 뉴스와 광고까지 갖춘 이 간행물은 마치 독자들이 매사추세츠 수도인 보스턴 거리 한복판에 있는 듯한 현장감을 자아냈다.

그중에서도 독자들의 관심을 단번에 사로잡은 글은 올버니에서 온 한 통의 편지였다. 발신인은 게리시라는 민병대 대위였다. 이 기민한 장교는 세네카 인디언들이 캐나다 총독에게 보내는 화물을 가로챈 과정을 상세히 적고 있었다. "처음에는 이 전리품을 손에 넣고 기뻤습니다. 그런데 그중 여덟 개의 큰 꾸러미에 우리 불쌍한 동포들의 머릿가죽이 가득 든 것을 확인하는 순간 우리 모두 공포에 얼어붙었습니다." 그 소름 끼치는 전리품은 수백 개에 달했고, 세네카족 추장이 캐나다 총독에게 보낸 기괴한 편지 속에 목록까지 적혀 있었다(그 편지는 '고맙게도' 한 영국 상인이 글자로 번역해둔 것이었다).

1번. 대륙군 병사의 머릿가죽 43개, 여러 접전에서 살해 (…) 농부의 머릿가죽 62개, 각각 집에서 살해 (…) 전부 밤에 죽였다는 뜻으로 둘레에 검은 원이 그려져 있음. (…)
2번. 농부 머릿가죽 98개, 각각 농가에서 살해 (…) 흰색의 큰 원과 태양 그림은 대낮에 습격당했다는 뜻, 붉은색의 작은 발 모양은 그들이 자신과 가족을 지키기 위해 맞서 싸우다 죽었다는 뜻.

3번. 농부 머릿가죽 97개 (…) 논밭에서 살해 (…)

4번. 농부 머릿가죽 102개 (…) 그중 18개에 표시된 노란색 작은 불꽃 그림은 이들이 포로로 잡힌 뒤 머릿가죽이 벗겨지고 손톱을 뽑히고 그 밖에 다른 고문을 당한 뒤 산 채로 불태워졌다는 뜻. (…)

5번. 긴 머리카락이 붙어 있는 여성의 머릿가죽 88개 (…) 그중 17개는 백발 (…) 머리를 맞고 즉사했거나 머리가 박살 나서 사망.

6번. 남자아이 머릿가죽 193개, 연령대 다양 (…) 사망 당시의 총상, 칼자국, 도끼 또는 몽둥이 자국이 남아 있음.

7번. 여자아이 머릿가죽 211개, 크고 작은 사이즈 섞여 있음. (…)

8번. 위에 언급된 모든 종류가 혼합된 머릿가죽 122개. (…) 그중 29개는 다양한 크기의 갓난아이 머릿가죽 (…) 임산부의 뱃속에서 뜯겨 나옴.

이것만으로도 기절초풍할 일인데, 세네카 추장은 이 섬뜩한 '조공'을 런던에 보내달라는 요청까지 덧붙였다. "이 머리가죽을 바다 건너의 위대한 왕에게 보내주기 바랍니다. 그가 이것들을 보면 기운을 얻을 겁니다. 또한 우리가 그의 적을 얼마나 성실하게 무찔렀는지 직접 확인하고, 그의 선물을 받은 이들이 결코 배은망덕한 자들이 아님을 믿을 수 있을 겁니다."

이 모든 내용은 그야말로 끔찍하기 짝이 없었다. 그리고 '완전히 날조된' 것이었다. 그런 화물은 존재하지 않았고, 조지 왕에게 보내는 편지도 물론 없었다.

그러나 이 날조극의 설계자인 프랭클린은 이것이 영국의 사주를 받은 인디언들이 전쟁에서 실제 저지른 만행에 근거한 이야기라고 항변했다. 그는 프랑스 친구에게 배포용 사본을 보내며 이렇게 털어놓았다. "이 글의 외피는 어쩌면 진짜가 아닐 수도 있네. 하지만 **본질은** 진짜일세. 실제로 그들이 살해한 남녀노소의 수가 이 '목록'에 적힌 숫자를 훨씬 웃도는 것으로 알려져 있으니까. 이 글은 자네 주변의 영국 숭배자들을 망신 주는 용도로 자네가 알아서 마음껏 활용하게. 단, 이것이 누구 손에서 나온 것인지는 절대 알려져서는 안 되네."

프랭클린의 선전물이 몇몇 사람들의 생각을 바꾸었을 수는 있다. 하지만 워낙 긴 전쟁의 끝자락에야 등장한 만큼 그 수는 많지 않았을 것이다. 분명한 것은, 그것이 협상 상대방의 입장을 변화시키지는 못했다는 점이다.

그런 변화가 일어나려면 군사적 균형을 깨뜨릴 만한 실질적 판도 변화가 필요했다. 그리고 실제로, 1782년 봄에 그 변화가 찾아왔다. 미·프 연합군이 요크타운에서 승리한 뒤, 그 승리의 주역 가운데 하나인 드 그라스 제독이 예전의 신중함을 잃고 지나친 자신감에 취한 채 서인도제도로 향했다. 그리고 그곳에서 참담한 패배를 당했다. 생트 해전*에서 프랑스군은 제독 본인까지 사로잡혔고, 영국은 찰스 폭스의—결코 지나친 허풍이 아닌— 표현을 빌리자면, "이번 전쟁을 통틀어 가장 중요하고 결정적인 승리"를 거머쥐었다.

한편, 스페인 쪽은 지브롤터를 탈환하려는 시도가 교착상태에 빠져 있었다. 스페인은 영국으로부터 여러 전리품을 얻을 생각으로 전쟁에 뛰어들었지만, 그중에서도 가장 집착한 목표는 대서양에서 지중해로 들어가는 길목을 지키는 거대한 암벽 덩어리, 바로 지브롤터였다. 그 거대한 바위를 차지하는 일은 전략적 가치도 컸지만, 스페인에게는 무엇보다 자존심의 문

---

* 1782년 4월 9일에서 12일 사이, 카리브해 생트 제도 인근에서 벌어진 영국 함대와 프랑스 함대 간의 해전

제였다. 그러나 안타깝게도 스페인의 자존심은 그동안 영국의 대포와 그것을 지키는 암벽 요새 앞에서 번번이 무너졌다.

1782년 여름, 스페인은 결과를 불문하고 어쩌면 마지막이 될지도 모를 공세를 개시하기로 했다. 바다로 대포를 실어 나를 새로운 형태의 부유식 포대를 제작하고, 이를 엄호하기 위해 스페인 함대까지 총동원했다. 존 애덤스가 보내온 편지에 따르면, 네덜란드 주재 스페인 대사는 "지브롤터에서 전해질 소식에 잔뜩 떨고 있었다". 애덤스는 '그럴 만도 하다'고 생각했다. 그는 스페인의 승리에 대해 "전혀 가망이 없다"라고 적었다. "스페인이 저 난공불락의 바위를 차지하겠다고 그토록 열을 올렸건만, 그로 인해 부르봉 왕가가 이 전쟁에서 치른 대가가 얼마인가? 그 바윗덩어리가 뭐가 그리 중요하다고! 그저 명예의 문제가 아닌가! 영국에는 오만의 전리품이오, 스페인에는 치욕의 상징일 뿐이다!"

애덤스의 불길한 예측은 적중했고, 공격은 실패로 끝났다. 덩달아 프랑스도 난처한 처지가 되었다. 루이 16세는 영국을 지브롤터에서 완전히 몰아낼 때까지 스페인과 함께 싸우겠다고 약속했지만, 지금 추세로는 그것이 수년, 아니 수 세대가 걸릴 수도 있어 보였다. 대체 이 돈키호테 같은 짓이 성공할 때까지 프랑스가 얼마나 더 기다려야 한단 말인가?

베르젠의 고민은 이뿐만이 아니었다. 미국은 미·프 동맹으로 프랑스와 직접 묶여 있었지만, 스페인과는 프랑스-스페인 동맹을 통한 간접적인 관계에 불과했다. 게다가 스페인과 미국 사이는 전혀 우호적이지 않았다. 만약 베르젠이 스페인과 너무 오래, 지나치게 밀착된 태도를 보인다면, 프랭클린이 아무리 프랑스와의 우정을 강조하고 고집해도 미국은 프랑스와의 관계를 끊어버릴 수 있었다.

상황을 복잡하게 만드는 변수가 하나 더 있었다. 러시아는 '무장 중립 동맹'이라는 보호막 뒤에 숨어 사실상 이 전쟁에서 발을 빼고 있었다. 더구나 예카테리나 대제는 영국과 프랑스가 싸우는 틈을 타 크림반도를 집어

삼킬 채비를 하고 있었다. 여황제의 식탐을 잘 알고 있었던 베르젠은 그녀가 '다음 먹잇감'에 손을 뻗지 못하도록 어떻게든 막고 싶었지만, 그러려면 영국의 협력이 필수였다. 그러나 대서양에서 싸우고 있는 영국과 프랑스가 흑해에서 손을 맞잡을 수 있겠는가. 애당초 기대할 수 없는 일이었다.

즉, 1782년 가을 무렵 베르젠은 시간이 더 이상 프랑스 편이 아니라는 분명한 결론에 도달했다. 몇 가지 조건은 전제되어야겠지만, 어쨌든 이 전쟁을 하루라도 빨리 끝내는 것이 프랑스에는 더 유리했다.

이러한 정세의 윤곽이 뚜렷해지자 베르젠은 '개별 협상'에 대한 태도를 바꿨다. 그는 미국을 대단히 배려하는 척하며 프랭클린에게 '영국은 꼭 프랑스를 통해 미국과 협상하려 하지만 프랑스 정부가 완강히 사양하고 있다'고 말했다. "그들은 귀국과의 협상도 우리를 거쳐서 하려 하지만, 국왕께서는 응하지 않으실 겁니다. 그렇게 하는 것은 귀국의 위신에 걸맞지 않는다고 보시지요. 귀국은 귀국대로 협상을 진행하고, 영국과 전쟁 중인 다른 나라들도 각자 조약을 맺게 될 겁니다. 그 조약들이 서로 보조를 맞추어 같은 날 서명되기만 하면, 우리의 공동안보에는 아무 지장이 없을 겁니다."

영국은—아마도 뱅크로프트의 귀띔을 받은 듯— 이 변화에 즉각 대응했다. 리처드 오즈월드는, 프랭클린이 보기에 "지극히 순박하고 정직해 보이는 태도로" 영국이 이번 전쟁을 치르며 재정적으로 얼마나 깊은 수렁에 빠졌는지를 설명하더니, 이렇게 털어놓았다. "아마 지금이라면 적들이 우리를 마음대로 주무를 수 있을 겁니다. 그들이 칼자루를 쥔 거나 다름없으니까요." 이 난국에서 영국을 구해줄 수 있는 사람은 미국 대표인 프랭클린밖에 없다고 했다. 실제로 오즈월드는, 아마 지금의 프랭클린만큼 큰 선을 베풀 힘을 가져본 사람은 인류 역사상 없었을 것이라는 표현까지 썼다.

오즈월드는 셸번 경 역시 같은 생각이라고 프랭클린을 안심시키며, 이를 확인해주는 셸번의 편지까지 보여주었다. 또한 자신이 런던의 각료들에게 '프랭클린 박사의 도움이 아무리 절실하더라도 그의 성품에 반하거나 조국에 대한 의무에 어긋나는 일은 절대 요구해서는 안 된다'고 단단히 일러두었다는 말도 했다. 프랭클린은 이렇게 기록했다. "나는 그가 왜 그런 말을 했는지, 구체적인 맥락은 굳이 묻지 않았다. 다만 내 의무에 어긋나는 무언가가 이미 저들 사이에서 논의되었거나 제안된 것이 아닌가 하는 느낌이 들었다."

프랭클린은 오즈월드가 보여준 셸번의 메모를 보고 그 '무언가'가 무엇인지 짐작했다. 메모에는 "대영제국과 미국 사이의 조건을 최종 타결하는 문제는—'프랭클린 박사가 매우 적절히 지적했듯'— 언제나 서로 적대해온 대영제국과 프랑스 간의 평화조약과는 전혀 다른 방식으로 다뤄져야 한다"라고 적혀 있었다. 달리 말해, 런던이 미국과의 별도 협상을 최우선 과제로 삼고 있다는 뜻이었다.

프랭클린은 영국의 별도 협상 제안을 거절하지도, 그렇다고 곧이곧대로 받아들이지도 않았다. 그리고 그 사실을 베르젠에게도 숨기지 않았다. 두 외교관은 영국의 이간책에 대해 논의한 뒤, 끝까지 공조하는 것이 최선이라는 데 뜻을 모았다. 프랭클린은—영국의 진정성을 정말로 의심해서였든 아니면 베르젠에게 **미국의** 진정성을 확인시키고 싶어서였든— 영국의 평화 협상 전략이 실은 모든 당사국과 조약을 맺은 뒤 특정 국가를 고립시켜 다시 전쟁을 걸려는 속셈일 수도 있다고 지적했다. 심지어 자신에게 주어진 재량을 터무니없이 벗어나, 영국과 전쟁 중인 4개국이 새로운 조약을 맺고 영국이 그런 기만책을 쓸 경우 상호 방위하기로 약속해야 한다고까지 제안했다. 이에 베르젠은 확답을 피하며 미적지근하게 동의했다.

이렇게 형식적으로나마 동맹 간 연대 의지를 확인한 뒤, 프랭클린은 영국과의 협상에 속도를 올렸다. 특히 정식 협상에 착수하기 전에 영국 정부가 미국의 독립을 '완전한 **기정사실**'로 인정하도록 세심하게 공을 들였다. 영국이 이를 자국의 '양보'로 간주해, 미국에 그에 상응하는 대가를 요구하지 못하도록 미연에 차단하기 위해서였다. 이 대목에서 프랭클린은, 가장 지독하게 값을 깎으려는 흥정꾼들에 맞서 머리카락 한 올까지 값을 매기는 협상력을 발휘했다.

7월 초, 프랭클린은 마침내 구체적인 논의에 들어가며 오즈월드에게 두 개의 목록을 제시했다. 첫 번째 목록에는 그가 평화조약에 "필수적"이라 규정한 조항들이, 두 번째에는 "권장할 만한" 조항들이 담겨 있었다. 그 중 '필수' 조항의 첫머리는 "완전하고 전면적인 의미의" 독립이었고, 그것의 논리적 귀결은 주미 영국군의 즉각적인 전면 철수였다. 다음은 미주 연합국과 영국령 캐나다의 경계를 확정하는 문제였다. 프랭클린은 그 경계를 1774년 퀘벡법 시행 이전으로 되돌려야 한다는 조건을 덧붙였다. 마지막으로, 영국은 미국인들이 지난 수 세기 동안 뉴펀들랜드 연안에서 누려온 어업권을 인정해야 했다. 프랭클린은 이 세 가지 항목을 절대 양보할 수 없는 조건으로 못 박고, 거의 논의조차 하지 않았다.

반면 '권장' 목록은 좀 더 많은 설명이 필요했다(오즈월드는 이것이 '영국이 자발적으로 제안하면 좋을 조항'을 프랭클린이 친구로서 권고한 것이라고 셸번에게 부연했다). 첫째로, 마을이 불타고 농장이 파괴되어 생계가 무너진 미국인들에게 배상금을 지급하는 것이었다. 프랭클린은 50만에서 60만 파운드가 '합당한' 액수라고 제시했다. 오즈월드는 "나는 이 제안에 깜짝 놀랐다"라고 기록했고, 그 놀라움을 프랭클린에게도 숨기지 않았다. 프랭클린은 숫자만 보면 큰 금액 같지만, 실제로는 돈 쓴 값어치를 충분히 할 것이라고 대답했다. "그 돈은 구제받을 길 없는 수많은 불쌍한 피해자의 원한을 달래줄 것입니다. 만약 그들이 아무 보상도 받지 못한다면 앞으로 오랫동안 은밀한 복수심과 적개심을 간직한 채 영국을 향해 칼날을 세우겠지요."

권장 목록의 두 번째 조항은, 영국이 그동안 미국에 가한 고통과 잘못을 공개적으로 시인하는 것이었다. "그런 말 몇 마디가 우리의 상상을 넘어설 만큼 더 큰 효과를 가져올 수 있으니까요."

세 번째는 미국과 영국 간의 자유무역협정이었다. 미국 선박은 영국 항구에서 영국 선박과 동등한 권리를 누려야 하고, 영국 선박 역시 미국 항구에서 미국 선박과 동등한 조건으로 교역할 수 있어야 한다는 것이었다.

네 번째이자 마지막 조항은, 캐나다를 미국에 넘기라는 것이었다. 영·프 관계의 오랜 역사를 돌이켜보건대, 영국이 캐나다를 계속 보유한다면 영미 관계에서도 마찬가지로 분쟁의 씨앗이 될 테니, 차라리 이번에 캐나다를 미국에 넘겨주고 다툼의 싹을 잘라버리는 편이 낫다는 논리였다.

오즈월드는 프랭클린의 입장이 지난 4월보다 한층 더 강경해졌다는 사실을 놓치지 않았다. 그때만 해도 프랭클린은 캐나다의 국경선에 대해 이렇게까지 분명히 밝히지 않았고, 오히려 캐나다 땅을 매각한 수익으로 충성파에 보상하자는 제안까지 내놨었다. 그런데 지금은 캐나다 영토를 오대호 이북으로 한정해야 한다는 입장이 확고했다. 이는 곧 미국의 서쪽 경계가 미시시피강까지 확장된다는 뜻이었다. 게다가 충성파 문제에 대해서도, 협상 위원들이 각 연합국states 정부에 보상을 '권고'할 수 있다는 모호한 언급 외에는 별다른 제안을 내놓지 않았다.

오즈월드는 프랭클린의 조건을 셸번에게 전달했다. 셸번은 로킹엄이 인플루엔자로 돌연 세상을 떠나면서 갑작스레 총리가 된 참이었다(스페인에서 막 파리에 도착한 존 제이도 같은 독감으로 병석에 누워 있었다). 따라서 프랭클린의 필수 조항을 대체로 수용하겠다는 셸번의 발언에도 전보다 한층 더 권위가 실렸다. 그는 미국인들을 설득해 프랭클린의 '권장 조항'을 포기하게 할 수 있다면, 조약은 "신속히 마무리될 수 있을 것"이라고 말했다.

실제로 조약은 프랭클린의 필수 조항 대부분을 반영해 체결되었으나, 셸번이나 프랭클린이 기대한 만큼 신속하지는 않았다. 존 제이가 몸이 좀 회복되는가 싶더니 다짜고짜 일이 **너무** 빨리 진행된다고 의심을 제기한 것이다(영국이 왜 이렇게 갑자기 협조적으로 나오는가?). 그는 오즈월드의 전권위임장에 미국의 독립을 확실히 못 박는 문구를 집어넣어야 한다고 주장했고, 심지어 프랭클린에게 알리지도 않고 런던에 특사를 보내 새로운 위임장을 요구했다. 협상을 빨리 마무리하고 싶었던 셸번은 제이의 요구를 받아들였다.

제이는 이제 프랑스도 믿지 않았다. 그는 대륙회의 의장 로버트 리빙스턴에게 이렇게 썼다. "프랑스 조정은 모든 당사국 간 평화조약이 전부 마무리되기 전까지는 영국이 우리의 독립을 승인하지 못하도록 지연시키려 합니다. 자국과 우리의 목표뿐 아니라, 스페인의 요구까지 모두 충족될 때까지 우리를 자기들의 통제 아래 두려는 속셈입니다." 솔직한 성격 탓에 그는 한마디를 덧붙이지 않을 수 없었다. "이 말씀도 드려야겠군요. 프랭클린 박사는 이 정부의 행태를 저와 같은 시각으로 보지는 않습니다. 그분은 프랑스가 하는 모든 일이 전적으로 우호적이고 공정하고 명예로운 의도에서 비롯되었다고 믿으시니까요."

프랭클린은 이 문제로 논쟁하고 싶지 않았다. 통풍만으로도 힘든데 이제 신장결석까지 생겨 혈뇨가 나왔고, 파시에서 베르사유를 오가는 일조차 극도로 고통스러울 지경이었다. 몇 주 동안 제이가 협상을 주도했다. 프랭클린은 제이의 분주한 움직임에 그다지 중요한 사안이 걸려 있지 않다고 판단하고, 그 젊은이에게 전권을 맡겼다.

그런데 10월 말, 네덜란드에서 존 애덤스가 도착하면서 상황은 더욱 꼬였다. 애덤스가 프랑스와 프랭클린 중 어느 쪽을 더 못 믿었는지는 분명치 않았다. 그에게는 둘 다 매한가지였다. 반면 제이는 달라 보였다. 그는 프랑스를 상대로 "확고하고 자주적인" 태세를 견지하며, 애덤스가 보기에 매우 유익하고 바람직한 태도를 보이고 있었다. 애덤스는 일기에 이렇게 적었다. "이 세상에서 가장 영리한 두 영혼—하나는 악의적으로 영리하고(프랭클린), 다른 하나는(내 생각에) 정직하게 영리한(제이)— 사이에서, 나는 섬세하고, 까다롭고, 아슬아슬한 역할을 맡게 될 것이다. 프랭클린의 간계는 우리를 분열시키는 데 있을 테니, 그 목적을 위해 우리를 도발하고, 은근히 부추기고, 음모를 꾸미고, 갖가지 책략을 부릴 것이다." 애덤스는 프랭클린보다 제이를 더 선호한다는 점을 숨기지 않았고 프랭클린과의 대화 뒤에 이런 기록을 남겼다. "나는 그에게 프랑스 궁정의 정책에 대한 내 의견을 거리낌 없이 말했다. 또한 그가(프랭클린) 병으로 자리를 비우고 나마저 부재중인 상황에서 존 제이 혼자 협상을 이끌며 보여준 원칙과 지혜, 확고함에 대한 나의 평가를 밝히고, 앞으로도 그가 같은 노선을 추구할 수 있도록 나 역시 온 힘을 다해 지원할 생각이라고 말했다."

애덤스가 말다툼을 예상했을지는 몰라도, 프랭클린은 응하지 않았다. 어차피 베르젠이 영국과 별도로 협상해도 좋다고 묵인한 상태였기에, 프랭클린은 제이나 애덤스가 그렇게 하자고 제안했을 때—대륙회의의 지시와 배치되는 일이었지만— 굳이 이견을 내세우지 않았다. 무엇보다도 그는 주요 당사국들이 이미 합의에 근접해 있다는 걸 잘 알고 있었다. 오랜 전쟁 끝에 남은 사소한 실랑이쯤은 동료 위원들에게 맡겨두어도 될 일이었다.

실랑이는 한 달간 이어졌다. 그리고 마침내 11월 말 미국과 영국은 양측이 모두 수용할 수 있는 합의안에 도달했다. 프랭클린의 필수 조항이 모두 반영되었고, 미시시피강에서 미국의 항행권을 보장하는 내용도 포함되었다(다만 강이 스페인 영토를 관통하는 구간에서까지 스페인이 그 보장을 인정할지는 여전히 불투명했다). 그 대가로 미국은 전쟁 이전 영국 상인들에게 진 채무를 그대로 인정하고, 각 '주' 정부에 충성파들에 대한 공정한 처우를 권고하기로 합의했다.

이번 합의는 어디까지나 예비안으로, 모든 교전국 간의 전면적 협상이 타결되기 전에는 발효되지 않았다. 물론 그것은 시간문제일 뿐이었다. 미국에 파리조약은, 수차례나 파국 직전까지 치달았던 전쟁을 더없이 만족스러운 결말로 마무리 짓는 결정적 종지부였다. 이제 미국은 전 세계로부터 독립을 공인받았고, 대서양에서 미시시피강에 이르는 영토를 차지하게 되었다. 다시 말해, 미국의 현재는 안전해지고, 미래는 보장받게 되었다는 뜻이다.

무엇보다도, 유혈과 파괴가 끝났다는 사실이 가장 반가웠다. 프랭클린은 다른 무엇보다도 바로 이 결말을 향한 간절함 때문에, 영국이나 프랑스로부터 마지막 한 줌의 이익이라도 더 얻어내려는 주장을 삼갔다. 이제야 그는 자신과 동료 위원들이 파리에서 거둔 성과를 자축하고, 전장에서 승리를 쟁취한 동포들에게 아낌없는 박수를 보낼 수 있었다. 그러나 전쟁이 인류 보편의 수단으로써 과연 효과가 있는가에 대해서는 끝내 확신하지 못했다. 오히려 전쟁이 끝날 때가 되자, 그렇지 않다는 생각이 더욱 확고해졌다. 몇 달 전 오랜 친구 조너선 시플리가 평화 협상이 속히 결실을 맺기를 바란다는 소망을 담아 편지를 보내왔다. 프랭클린은 그 뜻에 전적으로 공감하는 답장을 보내며, 훗날 그의 이름과 함께 길이 전해질 격언을 남겼다. "전쟁 자체도 이미 얼마나 어리석고 해로운가, 그런데 그 전쟁을 가장 성공적으로 치렀다는 나라들조차 거의 혹은 아무런 이익도 얻지 못했지. 그런 점을 여러모로 깊이 생각해본 끝에 나는 이렇게 결론지었네. 세상에 '좋은 전쟁'이나 '나쁜 평화' 같은 건 없다고, 과거에도 그리고 앞으로도 영원히."

27장 현자

1783~1785

1783년 3월, 프랭클린은 시플리에게 다시 편지를 썼다. 이 무렵 다른 교전국들도 이미 휴전에 합의했으니, 그는 시플리의 나라와 자기 나라 사이의 분쟁도 마침내 종결이 확정되기를 고대하고 있었다.

우리 이제 서로 용서하고 지난 일은 잊음세. 두 나라 모두 상대의 번영을 방해하거나 지연시키는 방법이 아니라, 각자의 내적 강점—기술과 농업—을 키워 스스로의 발전을 도모해야 하지 않겠나. 미국은 신의 은총 가운데 위대하고 행복한 나라가 될 것이고, 영국은 이제라도 지혜를 얻었다면, 그동안 잃은 모든 것보다 훨씬 값지고 번영에 불가결한 무언가를 손에 넣게 될 걸세.

그러나 프랭클린은 영국이 이번 전쟁에서 정말로 배운 게 **있을지**에 대해서는 회의적이었다. 그가 보기에 영국의 "큰 병폐"는 쓸데없이 많은 정부

고위 관직과 그에 따라붙는 과도한 보수였다. 그런 자리가 공직자들의 "탐욕과 욕망"을 부추기면서 영국을 몰락시키고 있었다. "그 때문에 사람들은 앞뒤 가리지 않고 편가르기와 분쟁에 뛰어들어, 건전한 정치를 송두리째 해치고 있다네." 관권이 금권으로 이어지는 한, 영국은 고통을 면치 못할 것이었다. "자네 나라의 의회는 사나운 바다처럼 요동치고, 국정 회의체들은 사익에 휘말려 엉망진창이 될 걸세."

프랭클린이 보기에 미국독립혁명의 본질은 단순히 식민지들이 자치권을 얻는 데 그치는 것이 아니었다. 물론 그것이 필수적이긴 했다. 하지만 진짜 본질은 악에 대한 선의 승리였다. 혁명이 일어나기까지 여러 해 동안 그는 부패가 영국 정치 전반에 스며드는 것을 지켜보았다. 그리고 운명의 그날 콕핏에서는 부패의 더러운 숨결을 바로 앞에서 느꼈다. 그는 자신이 혁명가 중에서도 가장 마지못해 나선 부류임을 알고 있었다. 열렬한 영국인이, 오로지 깊고 개인적인 환멸을 느끼고서야 모국의 품에서 떠밀리듯 벗어난 것이다. 혁명 세대의 다른 이들도 미국이 자신만의 덕성을 지니고 있다는 생각에 동의했다. 그러나 그것을 프랭클린만큼 개인적 의미로 받아들인 사람은 거의 없었다. 프랭클린만큼 깊은 환멸을 맛본 이가 거의 없었으니까.

영국에 대한 환멸의 반대편에는 프랭클린이 미국에 거는 희망이 있었다. 그가 생각하는 독립혁명은 자치권 획득 그 이상이어야 **했다**. 자치권이라는 것도 본질적으로는 또 다른 형태의 권력 쟁탈에 불과했기 때문이다. 그런데 그 혁명이 덕의 승리일 뿐 아니라 그 덕을 정치에 적용하는 일이라면, 그 투쟁도 초월적인 의미를 띠게 된다. 그는 영국인 친구 리처드 프라이스에게 이렇게 썼다. "우리의 혁명은 인류 전체를 이롭게 하는 중대한 사건일세." 인류는 이미 미국의 발자취를 따르기 시작했다는 증거를 보이고 있었다. 1783년 여름, 아일랜드에서는 반영 반란의 기운이 감돌았다. 프랭클린은 "우리의 투쟁이 성공하는 과정을 눈여겨 지켜본 것"이 그 저항의 핵심 요인이라고 보았다. 그는 흐뭇한 마음으로 소회를 밝혔다. "몇 년 전만 해도 멸종위기에 처한 듯했던 자유가 이제 잃었던 서식지를 되찾아가고 있다네. 전제 정권들도 차츰 온건하고 합리적으로 변해가다가, 마침내 서서히 사라지겠지."

애국자로서의 프랭클린은 '미국인에게 고유한 덕성이 있다'라는 전제를 곧이곧대로 받아들였을 것이다. 그러나 사상가 프랭클린은 그것을 더 따져봐야 했다. 그는 미국인과 영국인을 모두 잘 알고 있었기에, 인간적 자질만으로는 양쪽을 뚜렷이 가를 수 없다는 것을 인식하고 있었다. 그는 윌리엄 스트레이핸에게 보내는 편지에서 영국의 잘못을 꾸짖은 뒤 이렇게 말했다. "친애하는 벗이여, 그렇다고 내가 허영심에 사로잡혀, 이런 자질 중 우리가 어느 하나라도 우월했기 때문에 성공한 것이라고 착각할 정도는 아니라오." 미국인의 덕성이 아니라면, 그렇다면 **무엇이** 미국의 승리를 설명할 수 있을까? 미국인들이 싸워 얻고자 한 바로 그 '대의명분' 자체의 정당성이었다. "우리의 대의가 정의롭지 않았다면, 그래서—우리가 믿어 의심치 않았던— 하나님이 섭리로 역사하지 않으셨다면, 우리는 필시 파멸했을 것입니다." 프랭클린은 그만하면 무신론자도 종교를 믿게 만들 수 있을 거라 말하며, 아마 반쯤 미소 지었을 것이다. "그 무신론자가 나였어도, 지금쯤은 신의 존재와 섭리를 확신하게 되었을 테니 말이오!"

독립혁명을 '덕의 승리'로 해석한 프랭클린은, 미국인의 덕성이 흔들리는 듯한 소식에 우려를 감추지 못했다. 로버트 모리스가 각 독립 주로부터 의무 분담금을 걷는 데 어려움을 겪고 있다고 전해온 것이다. 프랭클린은 이렇게 답했다. "우리 국민이 세금 납부에 태만한 것은 비난받아 마땅한 일일세. 더구나 그것을 회피하려는 태도는 더더욱 그렇지." 그는 미국이 이 승리를 얻어내기 위해 얼마나 많은 '약속'을 대가로 치러야 했는지 잘 알고 있었다. 그 약속의 대부분을 자신이 직접 했으니 당연했다. 그런데 이제 와서 그 약속을 외면하려는 미국인들에게 프랭클린은 화가 났다. 납세 거부자들이 정부가 자기들 주머니에서 강제로 돈을 빼앗아 간다는 식으로 조세 저항을 정당화하자, 프랭클린은 그들의 생각이 근본부터 틀렸다고 반박했다. "그 돈은 더 이상 국민의 돈이 아니라 채권자들의 돈일세. 국민이 마땅히 갚아야 할 돈이지. 그러니 그들이 내놓지 않으려 한다면 강제로라도 내게 해야 하네."

프랭클린은 훗날 '자본주의 덕목의 사도'로까지 불리는 인물치고는 놀라울 정도로 재산권에 대해 사회주의적인 관점을 취했다. 그는 이렇게 썼다. "야만인*의 임시 오두막, 활, 모피 망토, 그리고 생존에 절대적으로 필요한 약간의 수렵·채집물을 제외한 그 밖의 모든 재산은, 내 생각엔 사회적 관습의 산물이라네." 법과 관습 덕분에 재산 축적이 가능해졌으니, 공공은 당연히 그 재산의 양과 사용에 대한 규제 권리를 갖는다는 것이었다. "개인의 생존과 종족의 번식을 위해 필요한 재산은 어떤 것이든 개인의 자연권이며, 그 어떤 명분으로도 빼앗을 수 없는 게 당연해. 하지만 그런 목적을 초과하는 재산은 어떤 것이든 공공의 법이 만들어준 공공의 재산이니, 공공의 복지가 그 처분을 요구할 때는 언제든 또 다른 법으로 그것을 처분할 수 있어야 한다네." 물론 세금 때문에 전쟁까지 치른 국민에게 이런 견해가 보편적으로 받아들여질 리는 없었다. 그러나 프랭클린은 흔들리지 않았다. "문명사회의 이러한 조건이 마음에 들지 않는 자는 언제라도 이곳을 떠나 야만인들과 함께 살라고 하게나."

보스턴의 새뮤얼 쿠퍼로부터 매사추세츠가 분담금 납부에 동의했다는 소식을 받은 프랭클린은 치하의 답장을 보내는 한편 여전히 체납 중인 다른 주들을 날카롭게 비웃었다. 프랭클린은 그런 주를 보며 '내일 없이 사는' 한 퀘이커 교도를 떠올렸다. 빛의 원금을 못 갚는 이유로 가난을 들

---

* 당시 인디언을 일컫는다.

먹이고, 이자를 갚지 못하는 이유로 양심을 내세우는 자였다. 빚쟁이는 그에게 악당 같은 놈이라고 저주를 퍼부었다. "자네는 이자를 내는 건 신념에 어긋난다고 하고 원금을 갚는 건 자네 이익에 어긋난다고 하니, 결국 둘다 안 갚을 작정이로군."

미국의 부채를 성실히 갚으면 눈에 보이는 실질적 이익이 뒤따르겠지만, 그 도덕적 의무를 저버리면 물질적 대가를 치르게 될 터였다. 1784년 5월 평화조약이 최종 비준되자마자 프랭클린은 대륙회의 서기인 찰스 톰슨에게 이렇게 썼다. "우리가 매달려온 위대하고도 위험한 과업이—주여 감사합니다— 드디어 무사히 마무리되었네. 내가 살아서 이날을 보게 될 줄이야!" 전쟁은 힘들었지만, 평화가 찾아왔으니—미국인들이 신의를 지킨다는 가정하에— 나라는 빠르게 회복될 것이다. 하지만 만약 그 가정이 무너진다면, 영국을 시작으로 전 세계의 독수리들이 우리를 호시탐탐 노릴 터였다. "만약 우리가 조약을 충실히 지키는 나라로서 세계에 믿음을 주지 못하고, 빚을 성실히 갚지 않거나, 우리에게 우정과 도움을 베푼 이들에게 배은망덕한 나라로 비친다면, 우리의 명성과 그에 수반하는 국력도 모두 잃게 되고 결국은 우리 스스로 다시 공격해달라고 부추기는 꼴이 될 걸세."

절약은 단순하고 명확한 종류의 미덕이었다. 그 자체로도 유익하지만, 미국이 빚을 갚고 대외적 약속을 이행하는 데에도 도움이 되었다. 프랭클린은 톰슨에게 보낸 편지에서, 미국이 "사치로 인해 쇠약해지고 가난해지는 것"을 경계하라고 하면서, 절약을 실천적인 애국심이라고 예찬했다.

이것은 프랭클린의 오랜 주장이기도 했고, 이미 일흔여덟이나 된 그가 이 주제에 대해 아직도 더 보탤 것이 있을까 싶을 수도 있었다. 그러나 그의 정신은 여전히 섬세하고 유연했다. 그토록 오래 견지해온 자신의 신념에 대해서도 의심을 제기할 줄 알았다. 그래서 절약의 가치를 설파하면서도 동시에 그 반대의 것에서도 미덕을 찾아낼 준비가 되어 있었다. 어느 날 그의 영국 측 편집인인 벤저민 본은 여행자들이 미국인의 사치벽에 대해 비난하는 것을 들었다며, 이를 바로잡을 방책을 아느냐고 물었다. 프랭클린은 그런 방책이 있는지는 모르겠다고 대답했다. 하지만 그 문제가 너무 과장되었을 뿐 아니라 어쩌면 아예 문제가 아닐 수 있다고 덧붙였다. "언젠가는 사치품을 사서 누릴 수 있으리라는 희망이, 노동과 산업에 큰 자극제가 되지 않겠나? 그렇다면 사치에 드는 비용보다 그로 인한 이득이 더 크지 않겠나?" 심지어 누가 봐도 분명히 자원을 낭비하는 것처럼 보이는 일조차, 따지고 보면 꼭 그렇지 않을 수도 있었다. "어리석고 허영심 많은 한 남자가 근사한 집을 짓고 호화롭게 꾸미고 사치스럽게 살다가 몇 년 만에 쫄딱 망해버렸네. 하지만 그가 고용했던 석공, 목수, 대장장이, 그 밖에 다른 성실한 장인들은 그 덕분에 가족을 부양하고 살림을 키울 수 있었고, 농부 역시 노동에 대한 값을 받고 의욕을 얻었지. 그리고 그 재산은 이제 더 나은 주인의 손에 들어가게 되지 않았는가."

프랭클린은 그 요지를 설명하기 위해 자신의 경험담을 하나 들려주었다. 수십 년 전, 케이프메이 지역의 한 소형 범선 선장이 프랭클린 부부에게 호의를 베풀고 대가를 사양한 일이 있었다. 데버라는 그에게 딸이 있다는 것을 알고 모자를 하나 사 주었다. 3년 후 선장은 농부 친구와 함께 프랭클린 부부를 찾아왔다. 그는 자기 딸이 그 모자를 무척 마음에 들어했다고 말하고는 이렇게 덧붙였다. "그런데 그 모자가 우리 교회 신도들에게는 아주 값비싼 모자가 되어버렸습니다."

"어째서요?" 프랭클린이 물었다.

"우리 딸이 그 모자를 쓰고 예배에 나갔더니, 사람들이 다들 예쁘다고 칭찬이 자자했답니다. 다른 여자아이들도 필라델피아에 가서 똑같은 모자를 사 오겠다고 난리였죠. 그래서 아내와 내가 계산해보니, 총비용이 아무리 적게 잡아도 100파운드* 이상은 들었겠더군요."

그때 농부 친구가 끼어들었다. "그게 다가 아니지 않나. 이 친구 말도 맞지만 제 생각엔 그 모자는 오히려 우리한테 이득이었습니다. 그 덕분에 우리 마을 아가씨들이 필라델피아에 가서 팔겠다고 털장갑을 뜨기 시작했거든요. 돈을 벌어서 모자와 리본을 사겠다고 말입니다. 자네도 알다시피, 그 일이 지금까지도 쭉 이어지고 있지 않나. 아마 앞으로도 계속 커져서 벌이도 훨씬 늘고, 더 좋은 데 쓰이게 될 걸세."

본에게 보내는 편지에서 프랭클린은 이 이야기에 덧붙여 이렇게 말했다. "종합하자면, 나는 이 작은 사치를 한결 너그럽게 보게 되었네. 예쁜 모자를 쓰게 된 소녀들만 행복해진 게 아니라, 따뜻한 털장갑이 생긴 필라델피아 사람들도 행복해지지 않았겠는가."

경제 문제에 대한 사색뿐 아니라, 이를 보완하듯 다른 주제들에 관한 탐구도 이어졌다. 프랭클린은 지난 10년간 정치와 외교 활동에 매달려 있느라 학문에 거의 손을 대지 못했지만, 평화 협상이 마무리되면서 비로소 자신이 정말 좋아하는 지적 탐구에 다시 매진할 수 있었다. 1784년에는 맨체스터 문학·철학 학회에 「기상에 관한 상상과 추측」이라는 제목의 논문을 보냈는데, 이 글은 일상의 관찰에서 출발해 자연 세계에 관한 중요한 통찰을 이끌어내는 그의 능력이 조금도 쇠하지 않았음을 보여주었다. 그는 이렇게 썼다. "전 세계 모든 나라의 높은 상공 위에는, 늘 겨울이고 서리가 계속 존재하는 어떤 층이 있는 듯합니다." 그 증거는? 바로 우박이었다. 우박은 심지어 한여름에도 내리고 때로는 깜짝 놀랄 만큼 그 알갱이가 커지기도 했다. "장차 우박으로 자라게 될 그 최초의 씨앗 알갱이가 도대체 얼마나 차가웠으면, 자기 주변에 응축된 수증기를 모조리 얼려서 무게가 170에

---

* 당시 숙련 장인의 연봉은 50~70파운드

서 230그램이나 되는 덩어리를 만들어낼 정도로 냉기를 퍼뜨릴 수 있는 걸까요!"

1783년 말부터 시작된 겨울은 수년래 가장 추운 겨울이었다. 프랭클린은 그 원인을 지난여름 북반구 전역에서 관측된 '마른 안개'에서 찾았다. 그것이 사실은 안개가 아니라, 아이슬란드의 헤클라 화산에서 분출된 연기가 우세풍을 타고 퍼진 것이라는 추측이었다. 발원이 어디였든, 이 끈질긴 연무 때문에 태양에너지가 평소만큼 지구에 도달하지 못했다. 여름인데도 화경(또는 확대경)으로 햇볕을 모아 종이에 불을 붙이기 어려울 정도였다. 그 결과 지표면에는 평년과 달리 겨울 날씨를 완화할 만큼의 열이 쌓이지 못했고, 이런 까닭에 혹독하기 이를 데 없는 겨울을 맞게 되었다는 것이 프랭클린의 설명이었다.

이 놀랍도록 현대적인 날씨 해설에 이어, 프랭클린은 물리학자들이 두 세기가 지난 뒤에도 여전히 풀지 못할 현상에 대해 한층 더 야심 찬 해석을 내놓았다. 다음은 미국철학회에서 낭독된 프랭클린의 편지에 담긴 내용이다. "우리가 아는 한, 우주공간은 신비한 유체*로 가득 차 있으며, 그것의 움직임 혹은 파동을 '빛'이라고 부른다." 그는 가령 햇빛 같은 빛의 파동이 어떤 물체에 닿으면, 그 물체의 입자들이 연쇄적으로 진동하면서 열이 발생해 물체가 따뜻해진다고 보았다. 또한 '불fire'에 대해서는 전자기·운동·화학에너지가 결합된 상태라고 보았지만, 그 성질에 대해서는 그 자신도 확실히 규정하지 못했다(사실상 잘 몰랐을 것이다). 프랭클린은 이 '불'이 물질인지 비물질인지도 확신하지 못했다(이 점에서 그는 자신도 모르게 아인슈타인의 질량에너지등가원리를 예견한 셈이었다). 하지만 뜻밖에도 질량에너지보존이라는 근본 법칙에는 근접했다. "그러므로 만약 불이 근원적인 요소이거나 일종의 물질이라면, 그 질량은 이 세상에서 고정되어 불변한다. 우리

---

* 18세기 당시 과학자들이 '빛의 매질'로 상정한 에테르

는 그것의 일부를 없앨 수도, 더 많아지게 할 수도 없다. 다만 그것을 가둔 어떤 틀에서 꺼내어 풀어놓을 수 있을 뿐이다. 이를테면 나무를 불태울 때처럼 말이다. 혹은 그것을 하나의 고체에서 다른 고체로 옮길 수도 있다. 예컨대 우리가 장작불로 돌을 구워 생석회를 만들면, 나무에서 떨어져나온 불의 일부가 돌 속에 남게 된다."

또한 그는 늘 그랬듯이 이론과 실용을 접목시켰다.『미국 농부의 편지』의 저자 미셸 기욤 장 드 크레브쾨르(필명 J. 헥터 세인트존)는 프랑스와 미국 간의 우편선 운항 개설에 관해 조언을 구하는 편지를 보냈다. 이에 프랭클린은 매월 정기 운항을 유지하려면 필요한 선박 수(총 다섯 척·네 척 운항, 한 척 예비용)와 배의 설계에 관해 아이디어를 제안했다. 그는 예전에 읽었던 중국 배의 구조—내부를 방수 격실로 나누는 방식—를 크레브쾨르에게 알려주고, 그와 유사하게 배를 만들어보라고 권했다. "그렇게 하면 한 구획에 물이 새더라도 그 구획만 영향을 받고 나머지 구획은 무사할 걸세. 그러면 다른 배들처럼 바다에서 쉽게 침몰하지 않을 테고, 이 사실을 알면 승객들도 훨씬 안심할 수 있겠지." 그는 자신과 여럿이 함께 멕시코만류의 흐름까지 그려 넣은 대서양 지도도 편지에 동봉했다.

프랭클린은 자신의 현실 나이를 받아들인 이래, 가까운 것을 볼 때 쓰는 안경과 멀리 있는 것을 볼 때 쓰는 안경을 따로 사용하고 있었다. 평소에도 불편했지만, 특히 여행 중에는 책이나 서류를 읽다가 먼 곳의 무언가를 구경이라도 할라치면 그렇게 성가실 수가 없었다. 이 문제를 한동안 고민한 끝에 그는 안경사에게 두 종류의 안경을 갖다주고 렌즈를 가로로 반씩 잘라달라고 시켰다. 그런 다음 서로 다른 반쪽을 위아래로 합쳐—위쪽 반은 원거리용, 아래쪽 반은 근거리용— 금속 테에 끼워 넣었다. "어차피 늘 안경을 쓰고 있으니, 이렇게 해놓으면 멀리 보고 싶든 가까이 보고 싶든 눈만 위아래로 움직이면 된다네. 알맞은 렌즈가 항상 눈앞에 있으니까." 이 발명으로 뜻밖의 즐거움도 얻었다. "특히 프랑스에서는 이 안경이 더 편리하더군. 평범한 안경으로는 테이블 위의 음식이 잘 보인다고 맞은편 사람의 얼굴까지 잘 보이는 건 아니거든. 더구나 언어가 귀에 익지 않을 땐 그 사람의 표정이나 입 모양이라도 봐야 그나마 이해가 쉬운 법이고. 그래서 말인데, 이 안경 덕분에 프랑스어를 훨씬 더 잘 알아듣게 되었다네."

프랭클린이 "이중 안경"이라 부른—후대인들은 '이중 초점 안경'이라고 부르게 될— 이 도구는, 18세기 마지막 20년 동안 세상을 떠들썩하게 만든 또 하나의 발명품을 관찰하는 데에도 요긴하게 쓰였다. 수천 년 동안 사람들은 하늘 위를 유유히 떠가는 구름을 올려다보며, 저 산더미 같은 수증기 덩어리가 어떻게 공중에 붙들려 있는지 궁금해했다. 1780년대 초, 프랑스 남부 아노네의 유명한 제지업자 피에르 몽골피에의 아들인 몽골피에 형제가 이 경이로운 자연의 묘기를 재현해보겠다고 나섰다. 가벼운 주머니에 구름을 가둬 공중에 띄운다는 계획이었다. 그들의 '구름'은 진짜 수증기가 아니라 짚을 태운 연기였지만, 그럼에도 제대로 기능했다. 형제의 종이 주머니는 하늘 높이 떠올랐다. 신이 난 형제는 주머니의 크기를 점점 더 키워갔다. 차츰 그 종류는 리넨이나 실크 같은 천을 방수 처리하고 꿰매어 만든 풍선으로까지 발전했고, 부양 방식 역시 '불에 잘 타는 공기'인 수소를 포함해 다양한 종류의 '구름'이 시도되었다.

기구비행은 단숨에 선풍적인 인기를 끌었다. 1783년 여름에는 기본 아이디어를 변형한 수많은 풍선이 등장했고, 그 비행 장면을 구경하려고 파리에는 인파가 몰려들었다. 프랭클린은 그해 8월, 기구가 하늘로 비상하는 순간을 이렇게 기록했다.

5000명이 넘는 사람들이 그 실험을 보려고 모였다네. 샹 드 마르스는 말 그대로 인산인해였고, 강 건너편까지 사람들로 빼곡했지. 오후 5시에 대포 소리가 두 번 울렸네. 곧 밧줄을 끊겠다는 신호였지. 그리고 곧, 구체는 '지름 3.5미터 남짓의 물체가 고작 18킬로그램 정도의 힘으로 상승 경로의 공기를 밀어낼 수 있는 속도'로 떠오르기 시작했다네. 바람이 조금 불었지만, 그다지 강하진 않았고. 풍선이 비에 살짝 젖어 반짝거리기까지 하니 더 근사해 보이더군. 기구가 높이 올라갈수록 '겉보기 크기'가 줄어들더니, 구름에 닿았을 때는 오렌지 크기로밖에 보이지 않았다네. 그리고 곧 구름에 가려 완전히 사라졌지.

군중들은 만족스럽게 발길을 돌렸고, 풍선도 마침내 어느 마을 밖의 들판에 내려앉았다. 하지만 이 과학 실험에 대해 전혀 알지 못했던 마을 주민들은 반짝이는 구체를 괴물로 착각하고 돌, 장대낫, 칼로 마구 공격했다. 결국 풍선은 다시는 풍선이 될 수 없는 상태로 찢어발겨졌다.

몇 주 뒤 또 하나의 기구가 베르사유에서 떠올랐다. 이번에는 뜨거운 공기로 풍선을 띄웠고, 자루 아래에 바구니까지 매달아 양 한 마리, 오리 한 마리, 수탉 한 마리를 태웠다. 아무것도 모른 채 비행에 나선 이 '승무원'들은 무사히 비행을 마쳤고 건강에도 이상이 없었다(수탉의 날개 부상은 이륙 직전에 양의 발길질에 당한 것으로 판단되었다).

동물이 날 수 있다면 인간도 날 수 있을 터였다. 드디어 1783년 12월 1일, 프랭클린은 수천 명의 인파에 섞여 그 역사적인 순간을 지켜봤다(그리고 기록했다).

파리 시민 모두가 밖으로 쏟아져나왔다네. 튀일리궁 주변은 물론이고 시내 강둑이며 다리 위, 광장, 거리, 창가, 지붕 위 할 것 없이 온통 사람들로 미어터졌고, 심지어 인근 도시와 마을 주민들까지 몰려왔지. 지금껏 그 어떤 철학적 실험도 이처럼 많은 이들의 열띤 참여 속에 진행된 적은 없었을 걸세.

거대한 열기구의 출발을 알리는 대포 소리가 몇 번 울렸고 곧이어 작은 풍선 하나가 먼저 떠올랐는데, 올라가는 높이가 대단했네. 바람이 거의 없었던 덕분에 기구는 거의 수직으로 곧장 올라가 마지막에는 시야에서 사라졌지.

거대한 열기구가 혹시 터질 수도 있는 고도까지 너무 높이 올라가지 않도록 미리 준비된 장치도 있다고 들었네. 밧줄을 끊기 전에 모래주머니를 여러 개 실어서 그 무게로 기구를 붙잡아두었다가, 모래주머니를 조금씩 덜어내며 천천히 상승하도록 한 것이더군. (…)

1시에서 2시 사이, 마침내 나무 사이에서 위풍당당하게 등장한 열기구가 건물 위로 서서히 떠올랐지. 정말 대단한 장관이었고, 그 모습을 지켜보는 사람들의 눈동자도 기쁨으로 벅차 보였네. 약 60미터 높이쯤 이르니 용감한 모험가들이 바구니 양쪽에서 흰색의 작은 깃발을 흔들며 관중들에게 인사를 보냈고, 우리도 모두 박수를 치며 화답했지. (…)

최고 고도에 도달하자—내 짐작으로는 약 580에서 780미터 정도— 풍선은 수평으로만 움직이는 것처럼 보이더군. 나는 풍선이 보이지 않을 때까지 휴대용 망원경으로 그 움직임을 계속 쫓아갔네. 어느 순간 '승객'들의 모습이 사라지더니 그다음엔 바구니가 보이지 않고, 내가 마지막으로 보았을 땐 풍선이 호두만큼 작아져 있었다네.

비행의 시작으로 인류는 프랭클린이 예견한 "신기원"을 열었다. 대중의 열기는 순식간에 불타올랐다. 물론 한순간 싸늘하게 식어버리기도 했다. 프랭클린을 흠모하는 얀 잉엔하우스는 네덜란드에서 직접 기구를 띄워보고 싶다며 편지를 보내 세부 정보를 부탁했다. 프랭클린은 자료를 보내며 경고도 덧붙였다. "대도시나 그 인근 주민들을 모두 일상에서 불러내는 건 절대 가벼이 여길 일이 아니네. 그랬다가 실망시키면 사람들은 분노하거든. 최근 보르도에서 어떤 사람이 기구를 띄울 것처럼 하고 사람들에게 돈을 받았다가, 막상 띄우지 못하자 사람들이 완전히 격분해서 그의 집을 부숴버리는 일이 있었다네. 그 사람도 거의 목숨을 잃을 뻔했지(당시 열세 살로 스위스 유학 중 잠시 파리에 와 있던 프랭클린의 외손자 벤저민 베이치도 비슷한 사건을 일기에 기록했다. 파리에서 열기구에 불이 나면서 이륙에 실패했을 때였다. "사람들은 완전히 광분해서 기구로 달려들더니 풍선을 갈기갈기 찢어버렸다. 그러고는 다들 한 조각씩 챙겨갔는데 어떤 사람은 매트리스도 만들 수 있을 만큼 커다란 조각을 가져갔다. 경비대의 호위가 없었다면 기구 제작자들도 분명 풍선 꼴이 났을 것이다"). 회의론자들이 이 새로운 발명품을 아무 쓸모 없는 장난감이라고 비웃자, 프랭클린의 기지 넘치는 입담이 또다시 빛을 발했다. 그의 대답은 **경구**처럼 순식간에 유럽으로 퍼져나갔다. 한 비평가가 물었다. "열기구가 무슨 소용이 있소?" 프랭클린이 답했다. "갓난아기는 무슨 소용이 있습니까?"

최근 전쟁과 평화를 둘 다 책임져야 했던 한 사람으로서 프랭클린은 열기구가 전쟁의 도구가 될 수 있고, 그래서 오히려 평화의 수단도 될 수 있다는 가능성에 큰 흥미를 느꼈다. 핵 억제 이론이 등장하기 무려 170여 년 전, 프랭클린은 기구 비행술의 발견에서 이미 그 본질을 간파했다. 그는 이렇게 적었다. "군주들에게 전쟁의 어리석음을 납득시키는 것도 이 발명의 쓸모 중 하나가 될 수 있을 걸세. (…) 아무리 강력한 군주라 해도 자신의 영토를 지키는 건 불가능해질 테니까. 두 명을 태울 수 있는 열기구 5000개를 만드는 비용이 전열함 다섯 척을 만드는 값보다 적게 들 걸세. 그런데 이 1만 명의 병사가 하늘 여기저기에서 내려온다고 생각해보게. 이들을 격퇴할 병력이 미처 집결하기도 전에 나라 곳곳에서 막대한 피해를 끼칠 텐데, 과연 어떤 군주가 이를 막자고 온 나라를 병사들로 뒤덮을 수 있겠는가?"

비행보다 훨씬 더 떠들썩했던 건 '동물자기설'이었다. 혁명 전 파리를 휩쓴 이 기이한 열풍에 프랭클린도―본인으로선 다소 억울하겠지만― 간접적인 책임이 있었다. 이 이론의 주창자인 프리드리히 안톤 메스머는 프랭클린의 전기 실험이 유럽에 알려지기 시작하던 무렵 오스트리아 빈에서 의학을 공부하고 있었다.《가난한 리처드의 연감》시절의 독자들처럼 메스머도 점성술을 믿었다. 그는 번개가 하늘의 에너지를 땅으로 실어 나른다는 프랭클린의 원리를 배운 뒤, 거침없이 자기만의 결론을 도출했다. 전기에서 '눈에 보이지 않으면서도 어디든 스며들 수 있는' 어떤 유체가 흘러나와서, 그것이 별과 인간의 삶을 연결해준다는 것이었다. 하지만 불행히도 이 가설과 이를 토대로 한 그의 의료 시술은 난관에 부딪혔다. 환자들이 전기자극을 불쾌해했고, 때로는 심하게 고통스러워했기 때문이다. 하지만 메스머는 수완이 비상한 인물이었다. 그는 그 보이지 않는 매개체를 전기에서 '자기'로 대체하고, 자석으로 환자의 몸을 문지르는 치료법을 개발해 성업을 이뤘다. 그러다가 나중에는 자석마저 버리고 오직 자신의 '화술'만으로 '동물자기요법'의 치료 효과를 만들어냈다.

메스머는 프랭클린보다 약 1년 늦게 파리에 등장해 순식간에 열성적인 추종자 군단을 거느렸다. 의료계가 못마땅한 눈길을 보낸 것도 무리가 아니었다. 국왕의 동생, 왕비, 라파예트 같은 명사들이 그의 집단치료 세션에 몰려들었다. 최면, 환영, 이 세계 저편에서 건너온 메시지 같은 요법을 받고 나면 대개 마지막엔 다들 황홀경에 빠져 비명을 지르는 등 집단히스테리를 일으켰다. 이 잘생긴 오스트리아인의 주문은 특히 부유한 중장년 여성과 매력적인 젊은 여성들에게 효과가 강력했고, 그 사실을 그들의 남편이나 아버지들도 모를 수가 없었다.

메스머의 성공에 프랑스의 제도권 의료계는 격분했고, 그에게 면허를 내주기는커녕 그를 추방할 방법을 찾기 시작했다. 정부는 의사들 간의 다툼에 개입하지 않았는데 메스머가 자신의 가르침을 보급하기 위해 주식회사를 설립하고 무려 30만 리브르가 넘는 거액의 출자금을 끌어모으자 상황이 달라졌다. 이로써 '동물자기요법'을 둘러싼 논쟁은 과학의 '법정'에서 사기의 '법정'으로 옮겨갔다.

1784년 3월, 루이 16세는 파리의과대학 소속 의사들로 위원회를 구성해 조사를 지시했다. 이 권위 있는 위원들 가운데 한 명이 바로, 빠르고 비교적 인도적인 참수 기계*의 사용을 주장해 훗날 여러 언어에 자신의 이름**을 남기게 되는 조제프 이냐스 기요탱이었다. 과학아카데미의 도움이 필요하다는 의사들의 판단에 따라 루이는 다섯 명의 위원을 추가로 임명했다. 그중에는 훗날(기요탱 박사가 주장한) 단두대에서 생을 마감하게 될 위대한 화학자 라부아지에, 그리고 명망 높은 미국인 프랭클린 박사도 있었다.

프랭클린은 마담 브리용과 함께한 자리에서 메스머를 만난 적이 있었다. 메스머는 자신의 집단치료에서 프랭클린의 아르모니카 연주를 배경 음악으로 활용했고, 프랭클린은 자연스레 관심이 갈 수밖에 없었다. 메스머를 간파하는 데는 오래 걸리지 않았다. 프랭클린과 마담 브리용은 그가 전기나 자기에 대해선 아는 게 거의 없지만, 아르모니카 연주만큼은 들어줄 만하다고 결론지었다. 프랭클린이 내세에서 그녀와 마침내 사랑의 결실을 맺는 내용의 편지를 보내자, 마담 브리용은 답장에서 이런 말을 남겼다. "천국에서는 메스머 씨가 아르모니카나 연주하면서, 그 '전기 유체' 타령으로 우리를 귀찮게 하지 않기를요!"

프랭클린은 메스머 요법의 효험을 완전히 부정하지는 않았지만, 이 오스트리아인이 내세운 설명에는 고개를 갸웃했다. 누군가가 메스머에 대한 의견을 묻자, 그는 이렇게 답했다. '인간의 신체는 놀랍고 신비로운 기계이며, 더구나 정신과 연결되어 있다는 점에서 그 경이로움은 한층 더 커진다.'

---

*   단두대

**   기요틴

병이란 게 그냥 내버려둬도 저절로 나을 때가 많은데, 사람들은 그걸 인정하기보다 스스로를 속이는 쪽을 택하곤 합니다. 게다가 나 역시 오래 살다 보니, 세상 모든 병을 고친다고 요란하게 칭송받던 치료법들이 얼마 못 가 쓸모없다고 버려지는 꼴을 숱하게 목격했지요. 그래서 이번에 새로 나왔다는 이 치료법도, 사람들이 기대하는 그 대단한 효험이 끝내 망상으로 드러나지는 않을지 걱정이 됩니다.

그러나 그 망상도 그것이 지속되는 동안에는, 경우에 따라 쓸모가 있을 수도 있습니다. 부유한 대도시에는 약을 너무 좋아해 입에 달고 살다가, 신체 기능이 흐트러지고 체질마저 상해 건강이 망가진 사람들이 많습니다. 만약 그들이, 의사가 자신을 향해 손가락이나 쇠꼬챙이를 들어 올리는 것만으로 병이 나을 거라고 생각해 약을 끊게 만들 수 있다면, 비록 원인은 잘못 짚었더라도 실제로 몸이 좋아지는 효과를 볼 수도 있을 겁니다.

1784년 봄, 국왕이 지시한 조사가 시작되었다. 그런데 메스머 본인이 참여를 거부하면서 일이 복잡해졌다. 대신 그는 제자인 샤를 데슬롱 박사에게 자기 치료법의 시연을 맡겼다. 그러고는 재빨리 그와 선을 그으며 데슬롱이 자신의 아이디어를 빌려 썼지만 그것을 완전히 이해한 것은 아니라고 주장했다. 달리 말해, 위원회가 데슬롱을 믿으면 메스머 역시 정당성을 인정받게 되고, 설령 데슬롱이 잘못되어도 메스머리즘*은 흔들리지 않는다는 뜻이었다.

프랭클린은 신장결석으로 파시를 떠날 수 없었기 때문에 대신 데슬롱과 위원회가 그를 찾아왔다. 메스머 요법은 천식에서 종양까지 다양한 질병에 적용되었지만, 그 효과는 아무리 좋게 봐줘도 애매모호한 수준이었

---

* 최면 기법

다. 이 실험의 가장 드라마틱한 장면 중 하나는 데슬롱이 프랭클린의 마당에 있는 살구나무 한 그루에 소위 '자기력을 불어넣었을 때' 일어났다. 위원들은 열두 살 소년에게 눈가리개를 씌우고 네 그루의 '일반' 나무를 차례로 살펴보게 했다. 소년은 나무를 하나하나 끌어안고 그 안에 자기력이 있는지 확인해야 했다. 첫 번째 나무에서 아이는 땀을 흘리고 기침을 했다. 두 번째에서는 어지럽고 머리가 아프다고 말했다. 세 번째 나무에서는 머리가 더 아프고 자기력이 점점 세지는 것 같다고 했다(실상은 '자기력' 나무에서 점점 더 멀어지고 있었지만). 네 번째 나무에 도달하자 아이는 기절해버렸고, 그로써 실험은 끝이 났다.

프랭클린과 조사위원들은 보고서를 제출했다. 서명의 맨 위에는 프랭클린의 이름이 있었다. 서둘러 인쇄된 대중용 보고서는 2만 부가 순식간에 동이 났다. 보고서는 '동물자기설'의 효과가 입증되지 않았다고 판정했다. 증상 완화처럼 보인 것도 흔히 일어나는 자연적 호전이나 자기기만에서 비롯된 것이라고 밝혔다.

또 다른 버전의 보고서는 과학아카데미에서만 낭독되고 비공개로 유지되었다. 메스머 요법이 여성들에게 초래할 도덕적—즉, 성적인— 위험성을 다루고 있었기 때문이다. 보고서는 "한군데를 만지면 전신을 만지는 셈이 된다"라는 노골적인 표현까지 쓰며 강한 반대 입장을 표했다. 결론은 분명했다. 동물자기요법은 반드시 금지되어야 했다.

프랭클린의 보고서는 바로 그 일을 해냈다. 당시 제작된 한 판화는 프랭클린과 동료 위원들이 보고서 사본을 전달하는 장면을 그렸다. 프랭클린이 들고 있는 보고서에서 자기력이 뿜어져 나와 메스머의 치료기기가 뒤집히고, 눈가리개를 한 반나체 여성을 비롯해 환자들이 혼란스러워하고 있다. 한편, 메스머와 데슬롱은 각각 빗자루와 날개 달린 당나귀를 타고 현장에서 달아나는 모습으로 묘사되었다.

그러나 프랭클린은 자신과 위원회가 제대로 된 성과를 낸 것인지 회의

적이었다. 그는 손자인 템플에게 이렇게 썼다. "이번에 발표된 보고서가 큰 화제가 되고 있단다. 보고서의 완성도에 대해선 다들 이의가 없었지만, 사람의 상상력이 경련까지도 일으킬 만큼 강력하다는 내용에는 다들 놀라고 의아해하는 반응이었다. 게다가 어떤 이들은 이 보고서가 불신자들에게 빌미를 제공해, 신약성서의 기적에 대한 우리의 믿음을 흔들지도 모른다고 걱정하더구나. (…) 이번 보고서로 메스머리즘이 끝장날 거라고 보는 사람들도 있더라만 글쎄다. 세상에는 잘 속아 넘어가는 이들이 너무도 많고, 이런 터무니없는 속임수도 그 오랜 세월을 끄떡없이 살아남았으니 말이다."

프랭클린은 철학을 더 좋아했지만, 외교가 그를 붙들고 놔주지 않았다. 특히 유럽에서 미국을 대표하는 최고위 외교사절로서, 신생국가로 이주하려는 사람들에게 미국의 실상을 일러줘야 하는 부담스러운 책임을 짊어지고 있었다. 아니, 부담스러운 게 아니라 부담 그 자체였다. 그는 찰스 톰슨에게 이렇게 썼다. "나는 요즘 편지 공세에 시달리고 있다네. 유럽 각지에서 온갖 사람들이 미국으로 건너가 정착하고 싶다는 편지를 보내오는데, 도저히 빈말로도 들어줄 수 없는 황당한 기대를 품고 있을 뿐 아니라, 그 밖의 면에서도 미국에 전혀 어울리지 않는 사람들일세." 프랭클린은 번거로움을 덜기 위해 「미국으로 이주하려는 이들을 위한 안내서」라는 소책자를 집필해 발간했다. 이 소책자의 표면상 목적은 미국에 대한 흔한 오해를 바로잡기 위한 것이었지만, 한편으로는 '미국이란 어떤 나라인가'에 대한 프랭클린의 고백이기도 했다.

첫 번째 오해는 미국인들이 돈은 많은데 무식해서, 유럽인들이 조금만 기발한 재주를 부려도 기꺼이 재물을 퍼줄 사람들이라는 생각이었다. 둘째는, 여기저기 새로 들어선 정부는 많은데 명망 있는 집안은 적으니, 유럽의 명문가 출신들이 바다를 건널 생각만 있으면 열세 개 주에 수백 개의 관직이 기다리고 있으리라는 믿음이었다. 세 번째는, 새 정부가 이방인들에게 토지는 물론이고 가축, 도구, 심지어 노예까지 무상으로 준다는 오해였다. 하지만 프랭클린은 단호히 말했다. "이 모든 것은 황당무계한 상상일 뿐, 그런 기대를 품고 미국에 가는 사람들은 반드시 실망하게 될 것이다."

그렇다면 현실은 어땠을까? "미국에는 유럽의 빈민처럼 극빈한 사람은 거의 없고, 유럽에서 부자라고 불릴 만큼 부유한 사람도 드물다. 오히려 먹고살 걱정 없이 행복한 보통 사람들이 사회를 이루고 있다." 미국인들은 결코 무식하지도 않았다. 그들의 나라는 아홉 개의 단과·종합대학교와 수많은 교육기관을 운영하고 있었다. 미주의 각 주 정부는 분명 많은 사람을 고용했지만, 그들은 개인적 희생을 감수하며 봉직하는 경우가 많았다. "심지어 몇몇 주에서는, 어떤 관직도 사람들이 탐낼 만큼 돈벌이가 좋아서는 안 된다는 규칙까지 정해져 있다."

태생은 미국에서 거의 의미가 없었다. "사람들은 낯선 이를 보면 그가 '누구냐?'가 아니라 그가 '무엇을 할 수 있는가?'를 묻는다. 유용한 기술이 있으면 환영받고, 그것을 잘 활용하고 행동이 바르면 누구에게나 존경받을 것이다. 그러나 그저 신분만 있는 사람이, 오로지 그 덕에 공직이나 봉급을 받아 공공에 얹혀살고자 한다면 경멸과 무시를 당할 것이다." 이런 실용적 세계관이 미국인의 삶 전반에 배어 있었다. "미국인들 사이에는 '전능하신 하나님 역시 장인이며, 우주에서 가장 위대한 기술자'라는 말이 있다. 그분이 더욱 존경받는 까닭은 가문의 유구함이 아니라, 손수 빚으신 작품의 독창성, 다양성, 유용성 때문이다."

외국인에게 주어지는 유일한 장려책은, 자유와 건전한 법이 줄 수 있는 것들뿐이었다. 빈손으로 온 사람은 먹고살기 위해 반드시 일해야 한다. "미국은 노동의 땅이다. 결코 영국 사람들이 말하는 게으름뱅이 천국Lubberland이나 프랑스 사람들이 말하는 '지상낙원Pays de Cocagne' 같은 곳이 아니다. 그 전설 속 나라처럼 도로가 큰 빵으로 포장되어 있거나, 지붕이 팬케이크로 덮여 있거나, 닭들이 이미 구워진 채 날아다니며 '어서 날 잡아 잡수

쇼!'라고 외치는 일은 일어나지 않는다."

그렇다면 누가 미국으로 가야 **할까?** "옥수수 재배와 가축사육에 능한 건장한 청년 노동자, (…) 꼭 필요하고 유용한 기술을 가진 장인, (…) 중간 정도의 재산과 자본이 있고, 여러 명의 자식을 열심히 키우고 부양하고자 하는 사람들." 이런 사람들은 유럽에서와는 도저히 견줄 수 없는 물질적 향상의 기회를 누릴 수 있을 것이다.

그들이 누릴 수 있는 것은 그뿐만이 아니었다. 미국은 옥수수밭에서 덕이 자라는 땅이었다. "부지런함과 끊임없는 일거리는 한 나라의 도덕과 덕성을 부패로부터 지켜주는 훌륭한 방부제. 그래서 미국에는 어린 세대에게 나쁜 본보기가 될 만한 일이 훨씬 드물고, 덕분에 부모들도 마음을 놓을 수 있다." 미국의 자유와 관용 덕분에 참된 신앙생활을 할 수 있는 것 또한 심적인 위안이 되었다. "그곳에는 무신론이라는 게 없고, 불신앙은 드물고 은밀하다. 그래서 사람들은 그 나라에서 평생을 살면서도 무신론자나 불신자와 마주쳐 신앙심에 상처받을 일이 없다. 또한 하나님께서는 여러 교파가 서로에게 베푸는 관용과 친절을 어여삐 여기시어, 놀라운 번영의 은혜를 온 나라에 내려주신 것 같다."

전쟁의 마무리에는 아직 매듭짓지 못한 문제들이 남아 있었다. 하루빨리 사임하고 싶은 프랭클린은 그것에 발목이 잡혀 있었고, 자칫하면 미국도 다시 얽힐 수 있었다. 평화조약이 아직 가조인도 되기 전에, 베르젠은 미국인들이 자신을 속이고 실망시켰다고 불만을 터뜨렸다. 그래 물론, 그가 미국의 별도 협상을 용인한 것은 사실이다. 하지만 실제로 독자적 합의가 성사되는 건 전혀 예상치 못한 일이었다. "공사님, 귀하의 행동을 어떻게 설명해야 할지 내가 참 난감하군요." 늘 침착함을 잃지 않던 외무장관으로서는 드물게 자기 나름의 분노를 표출한 발언이었다. "대륙회의 지침이 분명 모든 과정에 국왕 폐하의 참여를 전제로 하고 있음에도, 귀 위원들은 우리에게 알리지도 않고 예비 조항을 마무리 지었더군요." 그는 불평하는 와중에도 칭찬을 곁들이며 프랭클린의 도의심에 호소했다. "귀하는 지혜롭고 신중한 분입니다. 도리를 잘 알고, 평생 의무를 다해오셨지요. 그런데 국왕 폐하에 대한 의무도 다하고 있다고 생각하십니까? 나로서는 이 이상 말씀을 이어가고 싶지는 않군요. 판단은 귀하의 양심에 맡기겠습니다."

프랭클린은 베르젠을 성심껏 달랬다. 미국 대표단이 본국에 예비 합의안을 보낸 것은 그저 협상의 진척 상황을 상부에 보고한 것뿐이라는 게 그의 해명이었다. 영국도 틀림없이 대서양 건너에 있는 **그들의** 지휘관들에게 그 소식을 전할 것이 아닌가. "그러니 협상 경과를 대륙회의에 최대한 빨리 보고하는 것은 두말할 나위도 없이 꼭 필요한 일이었지요. 그들이 우리 쪽의 보고는 한 줄도 받지 못한 채 다른 경로로 그 소식을 듣게 된다면 얼마나 이상하게 생각했겠습니까."

더구나, 프랑스 정부가 문제 삼을 만한 근거는 사실상 거의 없었다. "예비 조항 가운데 프랑스의 이익에 반하는 내용은 단 하나도 없습니다. 그리고 프랑스가 조약을 체결하기 전까지는, 미국과 영국 사이에 그 어떤 평화 협정도 발효되지 않을 것입니다." 프랭클린은 미국 협상 위원들이 프랑스 궁정과의 상의 없이 예비 조항에 서명한 것은 사소한 절차상의 실수였다고 인정했다. "그러나 존경하고 사랑하는 국왕께 불경을 저지르려던 것은 결코 아니니, 부디 이 점은 용서해주시기를 바랍니다. 또한 지금까지 순조롭게 진행되어 이제 거의 결실을 앞두고, 곧 국왕의 치세를 더욱 빛낼 이 위대한 과업이 우리의 단 한 번의 경솔함으로 좌초되어서는 안 될 것입니다." 영국은 이미 자신들의 이간책이 성공하고 있다는 착각에 빠져 있었다. "따라서 우리 사이에 사소한 오해가 있었다는 점은 철저히 비밀에 부치는 게 좋겠습니다. 그러면 저들도 자기들 생각이 완전히 착각이었다는 걸 깨우치겠지요."

하지만 물은 엎질러진 뒤였다. 프랭클린이 12월 17일에 베르젠에게 편지를 보내고, 불과 이틀 뒤인 12월 19일, 런던은 에드워드 밴크로프트를 통해 그 소식을 입수했다. 누군가의 표현대로 베르젠이 프랭클린에게 퍼부은 "폭풍 같은 분노" 소식에 영국 관료들은 쾌재를 불렀고, 머지않아 미국과 프랑스의 불화 소식이 들려오리라는 기대에 잔뜩 신바람이 났다. 그렇게만 된다면 말 그대로 영국한테만 좋은 일이지 않겠는가.

물론 베르젠이 그걸 가만둘 리 없었다. 미국을 향한 영국의 야심을 아주 잘 알고 있었기에, 그는 국왕의 불쾌감을 알리는 선에서 문제를 마무리 짓고 이 미국인에게 국왕의 총애를 회복시켜주었다.

정확히 프랭클린이 예상한 대로였다. 그리고 그 사실을 베르젠도 모를 리 없었다. 두 노련한 외교관은 서로를 이해했고, 서로의 가치를 알아보았다. 베르젠은 필라델피아 주재 프랑스 대사 안세자르 뤼제른에게 최근 프랭클린과의 회담이 다 잘 끝났다고 전했다. "면담은 아주 우호적인 분위기에서 진행되었습니다. 프랭클린 공사는 자신의 정부가 언제 어느 때고 프랑스와의 약속에 대한 신의를 조금이라도 해칠 만한 행동은 하지 않을 것이라고 장담하더군요. 그런 의미에서 당장의 평화가 아무리 절실하고 유리하더라도, 국왕께 져야 할 의무와 감사를 소홀히 하느니 차라리 평화를 포기하겠다고 다짐까지 했습니다."

프랭클린이 베르젠을 노련하게 달랜 덕분에 미국은 뜻밖의 보너스를 얻었다. 외무장관이 추가 자금을 빌려주기로 약속한 것이다. 프랭클린은 애덤스나 제이에 비해 현실을 더 잘 꿰뚫고 있었다. 전쟁은 끝났지만, 미국 정부는 전시 못지않게 많은 돈이 필요한 상황이었다. 국가 부채는 눈덩이처럼 불어나 감당하기 어려울 정도였고, 국민을 한마음으로 단결시켰던 전쟁 효과도 이제 거의 사라진 터라 각 주는 전보다 더 분담금을 내지 않으려 할 터였다. 미국이 프랑스의 지속적인 자금 지원을 원한다면, 미국 대표단이 프랑스의 이익을 배려하는 것은 마땅한 도리였다.

프랭클린이 이번에 요청한 자금은 무려 2000만 리브르였다. 베르젠은 그 액수에 경악한 듯한 표정을 짓더니 이렇게 말했다. "그 액수는 현재 검토되고 있는 규모를 훨씬 초과하는군요." 그러나 프랑스는 이제 와서 미국이 실패하게 놔둘 생각은 없었다. 루이 16세는 600만 리브르의 신규 차관을 승인했고, 그중 60만 리브르는 곧바로 프랭클린에게 지급되어 미국으로 송금될 수 있었다.

루이가 원조를 승인했다고 해서, 프랭클린에게 '불쾌감을 알리는 선에서 문제를 마무리'하는 과정이 다 끝난 것은 아니었다. 프랑스 궁정은 미국인들의 경솔한 처신을 최소한 협상 카드로라도 써먹을 작정이었다. 베르젠은 뤼제른 대사에게 미국 협상단의 기만행위에 대해 대륙회의에 공식 항의하라고 지시했다가, 프랭클린이 편지로 달래주고 직접 찾아오기까지 하자, 곧 협상단을 면책하는 새 서한을 보냈다. 하지만 뤼제른은 미국 외무 책임자인 로버트 리빙스턴에게 첫 번째 편지를 보여주고 두 번째 편지는 구두로만 전달했다. 미국인들의 '죄'를 사해주겠지만, 자신의 죄를 잊지 말라는 경고였다. 그는 대륙회의의 몇몇 다른 대표들에게도 국왕의 불편한 심기를 분명히 전했다. (그중 하나인 제임스 매디슨의 표현을 빌리자면) "국왕이 크게 놀라 불쾌해했으며, 이런 동맹국을 상대하게 될 줄은 몰랐다고 했다"라는 것이다. 한 의원이 국왕이 프랭클린과 다른 협상 대표들을 상대로 공식 항의를 제기할 생각인지 묻자, 뤼제른의 보좌관인 프랑수아 바르베 드 마르부아는 이렇게 대답했다. "대국은 절대 **항의하지** 않습니다. 다만 **마음으로 느끼고 기억해두지요.**"

프랭클린이 스무 살만 더 젊었더라면, 이런 미묘한 외교전에 열의를 보였을지도 모른다. 아니, 아마 그때도 안 그랬을 것 같다. 본디 그는 권모술수와 교묘한 책략을 즐기는 성격이 아니었다(이런 관점에서 보면, 프랭클린이 체스를 그렇게 좋아했으면서도 끝내 대단한 경지에 이르지는 못했다는 사실이 나름의 의미가 있어 보인다).

게다가 그는 지쳐 있었다. 그가 "통풍과 자갈"이라고 부른 통풍과 신장결석 때문에 밖에 나가도 편히 다닐 수가 없었고, 어떤 때는 아예 밖으로 나갈 수조차 없었다. "마차가 돌길 위를 달릴 땐 도저히 견딜 수가 없네." 오랜 세월 동안 매년 휴가를 다녀오며 건강을 지켜왔지만, 이제는 그역시 꿈 같은 일이었다. 그의 삶을 활기차게 했던 온갖 즐거움들은 이제 다지난 일이었다. 독립선언 2주년을 맞아 그가 주최한 성대한 만찬(미·프 동맹체결 이후 처음 맞는 기념일이었다), 이듬해 '살롱'에서 그의 얼굴이 초상화, 판화, 조각으로 제작된 것을 기념한 행사(여동생 제인 미컴에게 "내 얼굴이 이제달만큼 유명해졌단다"라고 썼다), 오퇴유에서의 오후, 물랭졸리에서 보낸 여름날, '나인 시스터스' 로지에서 열린 프리메이슨 모임, 여러 '마담' 친구들을쫓아다니던 일, 그 모든 기억은 달콤했지만, 다시 한다는 건 상상조차 할수 없었다. 1784년 봄 프랭클린은 이렇게 썼다. "이제 내 마지막 욕심은 안식이오."

'휴식과 은퇴.' 프랭클린이 최근 미국으로 돌아간 존 제이 부부에게한 말이었다. 제이는 곧 대륙회의 외무 책임자가 될 예정이었다. 프랭클린은 대륙회의에 확인 편지까지 보냈다. "제이 위원이 고맙게도 미국에 돌아가면 나를 성심껏 도와주겠다고 했네. 내가 이 자리에서 물러날 수 있도록힘써줄 테니, 그만한 은혜도 없을 걸세."

그렇다면 은퇴 후 무엇을 하려고 했을까? 프랭클린은 프랑스에 남는것을 진지하게 고민했다. 아마 해임장이 도착할 무렵이면 미국으로 돌아갈수 있는 몸 상태가 아닐 수도 있었다. "그때쯤이면 내가 너무 늙고 쇠약해져서 바다를 건널 수 없을 것 같구나." 게다가 프랑스에는 그가 정을 붙일만한 것이 많았지만, 미국은 그런 것들이 점점 사라지고 있었다. "이곳에는나를 사랑하고 존중해주는 사람들이 많단다. 함께 지내기에 더없이 사랑스러운 국민들이지. 어쩌면 이 사람들 곁에서 생을 마감하자는 생각이 들지도 모르겠다. 내 미국 친구들은 벌써 하나둘 세상을 떠나고 있고, 나도 타국 생활을 너무 오래 한 탓에 이제는 내 나라에서도 이방인 같은 신세가 되었으니까."

프랭클린은 죽음이 두렵지 않았다. 그는 친구 조지 웨이틀리에게 자신이 고안한 이중 초점 안경의 원리를 설명하며, 그 덕분에 시력이 나빠진 눈이라도 예전만큼 쓸모 있게 되었다고 말했다. "다른 모든 결함이나 질병도 이처럼 손쉽고 값싸게 고칠 수 있다면, 우리 친구들도 오래오래 세상 살맛이 날 텐데 말일세. 하지만 나는 죽음도 마치 잠처럼 우리 몸에 꼭 필요하다고 생각한다네. 그래야 아침에 다시 상쾌하게 일어날 수 있지 않겠나."

어떤 날은 **정말로** 상쾌하게 일어났다. 그럴 때면 예전의 기력이 조금이나마 되살아나곤 했다. 여기에 새롭게 파견된 동료가 힘을 보탰다. 사실 프랭클린이 그토록 은퇴를 바란 이유 중 하나는 존 애덤스 때문이었다. 앞으로도 그와 함께 일해야 한다는 생각만 하면 마음이 무거웠다. 로버트 모리스에게 보낸 편지에서도 그는 애덤스를 에둘러 겨냥해 말했다. "이곳에서 어떤 악의적인 미치광이가 날마다 프랑스와 그 각료들을 향해 퍼붓는 망발이 제발 미국에서 진지하게 받아들여지지 않기를 바랄 따름이네." 프랭클린은 오랫동안 자리를 비운 협상 위원 헨리 로런스에게도 편지를 보내 파리로 와달라고 부탁했다. "제이는 곧 떠날 테고, 나는 혼자가 되거나 A씨와 단둘이 남겨지겠지. 내 무지와 그의 고집 사이에서 무엇이 태어날지, 아무리 생각해도 희망적이지가 않다네."

프랭클린은 로런스보다 훨씬 좋은 동료를 맞이했다. 1784년 8월, 또 한 명의 불참 위원이었던 토머스 제퍼슨이 도착한 것이다. 애덤스와 제퍼슨은 그야말로 극명한 대조를 이루었다. 애덤스는 프랭클린(그리고 자신이 만난 모든 명사들)을 시기했지만, 제퍼슨은 세평대로 프랭클린을 가장 위대한 미국인으로 흔쾌히 받아들였다. 애덤스가 뉴잉글랜드식 엄숙주의의 화신이었다면, 제퍼슨은 버지니아의 관용 정신을 온몸으로 실천했다. 애덤스는 철학이나 사색에는 별 관심이 없었지만, 제퍼슨은 미국에서 프랭클린에 다음가는 철학자이자 과학자였다. 애덤스는 프랑스를 불신하며 영국 쪽으로 기울었고, 제퍼슨은 그와 정반대였다.

이처럼 마음이 통하는 동료의 등장 덕분에 프랭클린도 기운이 났다. 몸이 좀 더 움직일 만했다면 제퍼슨을 데리고 파리 곳곳을 둘러보고 베르사유 궁전에도 데려갔을 것이다. 하지만 현실 여건상 제퍼슨은 파시에서 프랭클린을 찾아오는 친구들만 만날 수 있었다. 제퍼슨은 프랭클린을 점점 더 존경하게 되었고, 나중에는 이 어르신을 "우리나라의 보배, 아니 온 세계의 보배"라고 칭했다. 대륙회의가 마침내 프랭클린의 은퇴를 허락하고 제퍼슨을 프랑스 주재 공사로 임명했을 때도, 그는 파리 사회에서 '프랭클린의 후임자'라고 소개될 때마다 이렇게 덧붙이곤 했다. "내가 프랭클린 박사의 뒤를 이을 수는 있어도, 그분을 대신할 수 있는 사람은 아무도 없다."

프랭클린은 파리에서 보낸 마지막 몇 달 동안 여러 나라와의 조약 협상을 감독했다. 그중 프로이센과 맺은 조약에는 그가 널리 규범화되어야 한다고 생각한 조항이 하나 있었다. 양국 간에 전쟁이 일어나더라도, 미국과 프로이센은 사략선을 이용하지 않는다는 내용이었다. 물론 사략선이 지난 전쟁에서 미국에 큰 역할을 했고 프랭클린 자신도 그들을 적극 장려했지만, 그는 그같이 '합법의 탈을 쓴 무법 행위'를 결코 좋아하지 않았다. 사략선은 해적과 다를 바 없었다. 그들의 약탈을 허용하고 더구나 부추기는 것은 곧 법과 질서를 경시하도록 조장하는 꼴이었다. 그는 애초부터 공개될 것을 의도하고(실제로 발표되었다) 벤저민 본에게 보낸 편지에서 이렇게 썼다. "정의는 이웃 사이에서처럼 이웃 국가들 사이에서도 엄정하게 요구되는 원칙일세. 노상강도는 혼자 약탈하든 무리를 지어 약탈하든 똑같이 강도요, 부당한 전쟁을 일으키는 나라 역시 결국은 **거대한 강도떼**에 지나지 않지." 당연히 프랭클린은 영국과의 전쟁이 미국의 정당방위라고 믿었고, 그렇게 사략선에 의존한 미국의 행위도 정당화될 수 있었다. 그러나 전쟁이 벌어지면 어느 쪽이든 불의를 저지르게 마련이었다. 프랭클린은 더 정의로운 편이 앞장서서 이 사악한 관행을 폐지해야 한다고 믿었다.

그는 이런 금지 조치로 가장 큰 손해를 감수해야 할 나라가 다름 아닌 미국이라는 점을 잘 알고 있었다. 유럽 열강에서 서인도제도를 오가는 풍요로운 무역로가 미국 연안을 따라 바로 눈앞에서 지나가니, 그 상선들이 미국 선박의 눈에 더없이 탐스러운 먹잇감으로 보이는 것은 당연했다. 그러나 국적을 불문하고, 사략 행위는 도둑질로 시작해 살인으로 끝나는 흉악무도한 '사업'이었다. "인류를 위해, 지금이야말로 이 극악무도한 범죄행위를 중단시켜야 할 때라네." 프랭클린과 동료 위원들은 모든 나라와의 조약에 사략 행위 금지 조항을 포함시키려는 중이었다. "이것은 국제법의 바람직한 진보가 될 걸세. 인도적이고 정의로운 이들이라면 누구나 이 제안이 널리 성공하기를 바라지 않겠나."

프랭클린이 사략 행위에 반대한 걸 보면, 미국이 앞으로 전쟁에 휘말릴 일이 거의―혹은 아예― 없으리라 생각한 것이 분명하다. 그렇지 않았다면 미국의 중대한 잠재적 이점을 그토록 가볍게 내주지는 않았을 것이다. 실제로 그는 계몽주의의 진정한 계승자답게, 국가 지도자들이 열정이 아니라 이성을 발휘한다면 전쟁은 점점 줄어들 것이라고 믿었다. 한 서신에서 상대가 전쟁이 비인간적이라서 반대한다고 하자 프랭클린은 이에 동의하면서, 전쟁은 단순히 비인간적이기만 한 것이 아니라 어리석기까지 하다고 덧붙였다. "나는 '인간적인' 실리 기준에서도 그것이 잘못되었다고 생각합니다. 한 나라가 다른 나라에서 얻으려는 이익이 무엇이든―영토의 일부든, 교역의 자유든, 강의 자유항행권이든― 전쟁으로 그런 것들을 빼앗는 비용보다 차라리 돈을 주고 사는 편이 훨씬 저렴할 테니까요." 군대는 한마디로 "먹어 치우는 괴물"이었다. 먹이고 입히고 재워주고 돌봐줘야 했다. 그런데 이런 군대 자체의 유지비 외에도 "수많은 군납업자 족속이 청구하는 온갖 못된 비용"까지 덧붙었다. 정치 지도자들이 산수만 좀 잘했어도 전쟁은 훨씬 줄었을 것이다. 가령 영국이 캐나다를 그냥 돈 주고 샀더라면, 프랑스와 전쟁을 치르느라 그 큰 비용을 들이지 않아도 되었을 것이다. 마찬가지로 미국 식민지에서도 푼돈에 머리를 굴리다가 소탐대실의 우를 범했다. 만약 영국 의회가 세금에 반발하는 미국인들을 조금만 달래주었더라면, 영국 정부는 인지세나 각종 관세가 아니라 자발적 기부나 성금을 통해 미국에서 훨씬 더 많은 돈을 얻어낼 수 있었을지도 모른다. "머리가 있는 사람들은 마른 펌프에 일단 물을 한두 바가지 부어 넣지요. 그래야 펌프에서 원하는 만큼의 물을 퍼올릴 수 있으니까요. 영국 내각은 그 사소한 상식 하나가 부족했던 겁니다. 그래서 결국 1억 파운드라는 큰돈을 허비했고, 심지어 그러고도 원하는 것을 얻지 못했지요."

전쟁을 하느냐 마느냐는 결코 가볍지 않은 주제였다. 공직 생활을 끝낼 때가 되니 프랭클린은 이런 진지한 생각에 자주 빠져들었다. 그러나 그는 철학자이자 외교관이기 전에 사일런스 두굿의 창조자였다. 웃겨야 사는 사람이었다.

프랭클린은 파리의 한 신문에 기고한 짤막한 글에서, 자신이 발견한 놀라운 사실을 알려주겠다며 프랑스 상류사회의 밤늦은 생활 습관을 꼬집었다. 3월의 어느 날 저녁 몇몇 사람들과 함께 최근 무슈 캥케가 발명한 램프에 대해 이야기를 나누고 있을 때였다. 다들 그 램프가 훌륭하다고 칭찬 일색이었지만, 혹시 기름을 너무 많이 먹는 건 아닌지 걱정스러워했다. 가뜩이나 지금도 조명 비용이 터무니없이 비싼데, 그 부담이 더 늘어나서는 안 된다는 것이었다.

나는 새벽 서너 시쯤 집으로 돌아와 곧장 잠자리에 들었다. 머릿속은 온통 램프 생각으로 가득 차 있었다. 그렇게 잠들었다가 갑자기 들린 소음에 깼더니 아침 여섯 시였다. 놀랍게도 방 안이 환한 빛으로 가득했다. 처음에는 누군가 캉케의 램프를 여러 개 갖다놓은 줄 알았다. 그런데 눈을 비비고 자세히 보니 그 빛은 창밖에서 들어오고 있었다. 나는 도대체 무슨 일인가 싶어 이불 밖으로 나와 창밖을 내다보았다. 태양이 지평선 위로 막 떠오르고 있었다. 그 멀리에서 뿜어져 나온 햇살은 순식간에 방안을 가득 채웠다. 이 모든 게 전날 저녁 내 하인이 덧문 닫는 걸 빼먹은 덕분에 벌어진 일이었다.

이후 조사해보니 이 놀라운 현상은 매일 아침 일어나는 현상이었고 특히 여름철에는—이 부분은 연감을 확인한 결과— 훨씬 더 이른 시각에 시작된다는 사실이 밝혀졌다. "여러분의 독자들도 나처럼 정오 전에는 햇빛의 흔적조차 본 적이 없고, 연감의 천문 부분은 들여다보지도 않을 겁니다. 그러니 태양이 이렇게 일찍 떠오른다는 사실을 들으면 나만큼이나 깜짝 놀랄 테고, 특히 **태양은 떠오르는 순간부터 빛을 발산한다**는 내 이야기까지 들으면 아마 까무러칠 겁니다."

이 발견을 전해 들은 학자들은 믿으려 하지 않았다. "그중 한 명은 박식한 자연철학자인데, 내가 방안으로 빛이 들어왔다고 생각한 것 자체가 완전히 착각이라고 장담하더군요. 그 시간에 바깥에 빛이 없다는 건 누구나 아는 상식인데, 존재하지 않는 것이 어떻게 안으로 들어올 수 있겠냐는 것이지요. 따라서, 내 창문이 우연히도 열려 있는 바람에 빛이 안으로 들어온 게 아니라, 오히려 안에 있던 어둠이 밖으로 빠져나간 거랍니다."

그러나 추가 실험을 통해, 파리가 정오 전에도 이미 몇 시간이나 밝은 대낮 상태라는 것이 입증되었다. 이는 심오하고도 지극히 실용적인 성찰을 불러일으켰다. "만약 그날 아침 그렇게 일찍 깨지 않았다면, 나는 아마 햇빛이 비치는 시간을 여섯 시간이나 잠으로 흘려보내고, 그 바람에 밤에는 여섯 시간이나 촛불 밑에서 깨어 있어야 했겠구나 싶었습니다." 촛불이 햇빛보다 훨씬 비싸다는 사실을 바탕으로 아주 기초적이면서도 다소 지루한 계산을 해본 결과, 파리의 10만 가구가 단순히 해 뜨는 시간에 맞춰 일어나기만 해도 매년 9600만 리브르 이상을 아낄 수 있다는 결과가 나왔다.

　　이토록 큰 이익이 되는 발견을, 나는 아무 대가 없이 세상에 내놓고 전파합니다. 그렇다고 벼슬이나 연금, 독점권, 그 밖에 어떤 보상을 원하는 것은 아닙니다. 그저 이 발견이 나의 것임을 인정받는 것, 그것만으로 나는 족합니다.
　　물론 나도 잘 알고 있습니다. 이번에도 옹졸하고 시기심 많은 자들이 내 공로를 부정하며, 이 발명은 이미 고대인들에게도 알려져 있었다고 주장하겠지요. 심지어 그 증거랍시고 옛날 책에서 끄집어낸 구절을 들이밀지도 모릅니다. '고대인들은 해가 일정한 시각에 떠오른다는 사실을 몰랐다'고까지 주장할 생각은 없습니다. 아마 그들도 우리처럼 연감을 들여다보고 시각쯤은 알았을 테니까요. 하지만 그렇다고 그들이 **태양은 떠오르는 순간부터 빛을 발산한다**는 사실까지 알고 있었다고는 장담 못 하지요.
　　이것이야말로 내가 발견했다고 주장하는 바입니다. 설령 고대인들이 알았다 한들, 이미 오래전에 잊힌 것이 분명합니다. 현대인들—최소한 파리지앵들—은 그 사실을 모르는 것이 확실하니까요. 이를 증명하기 위해 나는 단 하나의 단순명료한 논거만 들면 됩니다. 파리 시민들은 세상 어디에 내놔도 손색없는 신중하고 현명하고 교양 있는 사람들인데다, 모두가 나처럼 절약을 좋아한다고 자부하지요. 게다가 나라 사정에 의해 부과되는 무거운 세금 때문에 절약해야 할 이유도 차고 넘칩니다. 이런 형편에 처한 이 똑똑한 사람들이 태양의 순수한 빛을 공짜로 실컷 쓸 수 있다는 사실을 정말로 알았다면, 과연 그 긴 세월 동안 매캐하고 해롭고 값비싸기 짝이 없는 촛불 아래서 살아왔을 리가 있을까요? 나는 아니라고 확신합니다.

28장 다시 집으로
1785~1786

바가텔 중에는 분명 더 어두운 주제를 다룬 것도 있었다. 그 우화의 주인공은 백수의 왕 사자였다. 그는 자신과 왕국에 헌신하는 충직한 개 무리를 신민으로 거느리고 있었고, 그들의 힘을 빌려 영토를 크게 넓힐 수 있었다. 그러나 사자는 사악한 간신들의 꾐에 빠져 개들을 미워하게 되었고, 변명조차 들어주지 않은 채 그들을 단죄했다. 심지어 호랑이, 표범, 퓨마를 시켜 개 무리를 공격하고 없애버리게 했다.

용감한 개들은 주인의 변심에 크게 낙담했으나, 스스로를 지키기 위해 어쩔 수 없이 방어에 나섰다. 그러나 그들 사이에도 내분은 있었다. "그들 가운데 몇몇은 늑대와 여우 사이에서 난 잡종으로, 왕이 약속한 큰 보상에 눈이 멀어 타락하더니 정직한 개들을 배신하고 적들의 편에 가담했다."

처절한 싸움 끝에 개들은 호랑이와 표범, 퓨마를 물리쳤다. 그러나 그들은 승리하고도 잡종들이 다시 돌아오는 것을 허락하지 않았다. 이에 잡종들은 사자에게 달려가 자신들에게 했던 약속을 지켜달라고 청원했다.

늘대와 여우들도 그들의 청원을 거들며, 그 약속을 이행하기 위해 사자의 충성스러운 신민 모두에게 세금을 물려야 한다고 강변했다.

오직 말만이 자신의 고귀한 본성에 걸맞게 대담하고 자유로운 결기로, 잡종들과 늘대, 여우에 맞서 목소리를 높였다. 그는 이렇게 말한다. 사자가 나쁜 신하들에게 속아 충직한 신민들을 상대로 부당한 전쟁을 일으켰다. 왕의 약속은, 신민들의 공익적 행동을 장려하기 위한 것이었다면 반드시 지켜져야 한다. 그러나 배신과 동족상잔을 부추기려는 것이었다면, 그것은 사악하며 처음부터 무효다. "왕이 이런 동족 살해범들에게 보상을 내리는 데도 이를 허용한다면, 그대들은 역사에 선례를 만드는 것이다. 훗날 다른 폭군도 이를 명분 삼아 비슷한 약속을 되풀이할 것이고, 본성을 거스른 짐승들이 보상받는 사례가 쌓여갈수록 그 약속들은 더욱더 정당성을 얻을 것이다." 그러면 개들뿐 아니라 말과 황소들까지도 분열되어 동족끼리 싸우게 될 것이고, 폭군의 기분에 따라 수시로 내전이 벌어질 것이다. 결국 모두 힘이 약해져 자유와 안전을 잃어버리고, 남는 것은 오직 "기분 내키는 대로 우리를 잡아먹을" 폭군에게 비참하게 굴종하는 것뿐이다.

프랭클린이 이 우화를 쓸 무렵, 영국 의회는 미국이 충성파들의 손실을 보상하지 않는다며 불평하고 있었다. 프랭클린이 영국 독자들을 대상으로 쓴 이 글의 요지는, 충성파가 보상을 받을 자격이 없다는 것이었다. 미국으로부터는 물론이고 영국 국왕이나 의회로부터도 말이다.

프랭클린이 영국에 있는 옛 친구들과 관계를 회복하고 전쟁 때문에 끊겼던 편지를 다시 주고받기 시작한 것을 보면 한편으로는 너그러운 승자였지만, 충성파 문제만큼은 끝내 한 치도 양보하지 않았다. 그뿐만 아니라 프랭클린은 그들이 스스로 내세운 그 명칭조차 쓸 자격이 없다고 단언했다. 그는 한 영국인 친구에게 이렇게 썼다. "이 사람들이 **충성파**loyalist라는 이름을 쓰는 건 가당치도 않은 일일세. **왕당파**Royalist 정도라면 또 모를까. 진정한 충성파는 미국 국민들이었고, 이자들은 그런 미국 국민을 거역했

으니까." 프랭클린도 결국에는 '의회가 굳이 보상하겠다면 막지는 않겠다'
는 입장을 보였다. 그러나 그 논리에는 여전히 신랄한 냉소가 담겨 있었다.
"살인청부업자도 의뢰인에게 보수를 받을 권리는 있으니까."

프랭클린이 충성파 집단 전체를 대하는 감정과 아들 윌리엄을 향한 감
정은—아마 쌍방향 인과관계로— 깊이 맞물려 있었다. 1784년 8월, 그는
수년간 소식이 끊겼던 아들에게 편지를 받았다. 윌리엄은 1778년 포로 교
환으로 석방되고 뉴욕 인근에서 같은 충성파 도망자들과 함께 지내다가,
4년 뒤 런던 망명길에 올랐다. 그리고 그곳에서 미국 충성파들의 대변자 역
할을 자처하며 아버지의 우화 속 '늑대와 여우' 중 하나가 되었다. 그전에는
잡종들의 대표 주자였으니 당연했다. 전쟁이 끝난 후에도 아버지와 아들은
몇 달 동안 서로에게 손을 내밀지 않았다. 아버지는 상처와 분노 때문에,
아들은 자존심 때문이었다.

마침내 아들이 먼저 나섰다. 그는 아버지가 프랑스에서 미국으로 돌아
갈 날이 머지않았고 아마 그 길에 템플도 데려갈 것이라는 생각에 아버지
에게 자신의 바람을 털어놓았다. "얼마 전의 그 혼란이 일어나기 전만 해도
아버지와 따뜻하게 소통하고 연락하는 것이 제 삶의 긍지이자 행복이었습
니다. 그 관계를 다시 되살리고 싶습니다." 그는 이번 전쟁에서 자신의 선택
이 아버지를 실망시켰다는 걸 잘 알고 있다고 했다. 그러나 명예로운 사람
으로서 마땅히 해야 할 일을 한 것뿐이었다. "저는 국왕께 의무를 다하고
조국에 애국한다는 제 나름의 확고한 신념에 따라 늘 한결같이 행동해왔
습니다." 일이 이렇게 된 이상, 사과는 하지 않겠다고 했다. "설령 제 판단이
틀렸더라도 어쩔 수 없습니다. 아무리 깊이 생각하고 고민해도 제 판단 오
류가 도저히 고쳐지지 않거든요. 아마 내일 다시 똑같은 일이 벌어진다 해
도 제 행동은 이전과 조금도 다르지 않을 거라고 장담할 수 있습니다." 그
러나 이제 다 지난 일이었다. 아들은 전쟁 이전의 관계로 다시 돌아갈 수
있길 바랐다.

프랭클린도 답장을 보냈다. "사랑하는 아들아, 네가 지난 22일 보낸 편지는 잘 받았다. 다시 예전처럼 따뜻하게 소통하고 싶다는 말을 들으니 기쁘구나. 그렇게 된다면 나로서도 무척 반가운 일일 게다."

그러나 진심은 아니었다. 조너선 시플리에게는 "우리 이제 서로 용서하고 지난 일은 잊자"라고 말했지만, 아들 윌리엄에 대해서만큼은 용서할 수도, 잊을 수도 없었다.

늙은 나이에 하나뿐인 아들에게 버림받았다는 사실만큼 내게 큰 상처를 주고 뼈아픈 고통을 안겨준 일은 일찍이 없었다. 더구나 단순히 버림만 받은 것이 아니라, 내 명예, 재산, 목숨, 모든 것이 걸린 싸움에서 너는 나를 향해 무기를 들었다.

그렇게 하는 것이 국왕에 대한 의무와 조국에 대한 애국심을 다하는 것이라 믿었다고? 그래, 공적인 문제에서 나와 의견이 다르다는 이유로 너를 탓해선 안 되겠지. 너나 나나 사람이고, 사람은 누구나 실수를 한다. 게다가 사람 마음이 전부 자기 뜻대로 되는 것도 아니고, 우리의 생각이나 의견은 우리가 거스를 수도, 설명할 수도 없는 온갖 상황에 의해 형성되고 지배될 때가 많다. 네 상황을 감안하면, 네가 중립을 지켰다 해도 비난할 사람은 거의 없었을 것이다. **하지만 사람에게는 정치적 의무보다 앞서는 인륜적 의무가 있는 법, 그 어떤 정치적 명분도 그것을 '없는 것'으로 만들 수는 없다.**

프랭클린은 이 마지막 말에 밑줄을 그었다. 그것은 충성과 문제의 정곡을 찌르고 동시에 프랭클린의 아픈 곳을 찌르는 말이었다. 친구들은 용서할 수 있었다. 심지어 윌리엄 스트레이핸처럼 가까운 친구도 국왕에 대한 충성 문제에서 자신과 정치적 뜻을 달리했지만 프랭클린은 기꺼이 용서했다. 하지만 가족만은 달랐다. 그는 아들이 국왕보다 아버지에게 먼저 충성해야 한다는 생각을 끝까지 굽히지 않았다.

논리에 따르다 보니 이런 식의 관점을 취하게 된 것은 절대 아니었다. 물론 프랭클린이 충성파 전체를 상대로, 저들이 "나를 향해 무기를 들고" 자신에게 사적으로 전쟁을 걸었다고 비난한 건 아니었다. 그러나 아들에게 만큼은 그렇게 단정했다. 정작 그는 아들도 **아버지에게** 똑같은 비난을 되돌릴 수 있다는 점은 고려하지 않은 모양이다. 결국 따지고 보면, 둘 중 반역자는 프랭클린이 아니었던가. 그는 부자지간에서 아들의 의무가 아버지의 의무보다 더 크다고 여겼던 것 같다. 하지만 프랭클린이 정말 그런 '효' 관념을 가지고 있었다 해도, 자신의 아버지를 대할 때는 그런 효심을 한 번도 드러낸 적이 없었다. 이해득실이 걸리면 아버지는 언제나 뒷전이었으니까.

프랭클린은 평생 존경을 갈망했다. 그리고 그 노력은 평범한 인간들의 기준으로 본다면 눈부실 만큼 성공적이었다. 세상에서 벤저민 프랭클린만큼 널리 존경받은 이는 없었다. 심지어 한때 그를 가리켜 '영국이 지금껏 맞닥뜨린 가장 악랄하고 해로운 적' 가운데 한 명이라고 공개적으로 모욕을 주었던 영국 정부도 언제 그랬냐는 듯 태도를 바꿨다. 평화 협상에서 셸번이 보여준 태도가 그 확실한 증거였다.

그러나 아들은 그가 그토록 원한 존경을 끝내 내주지 않았다. 자기 아들은 자신만의 생각을 탐색하거나 스스로의 신념을 지키지 말았어야 했다. 이 결정적 사안에서 아들이 그에게 반대한 건, 곧 불효였다.

그것은 프랭클린으로서도 부끄러운 순간이었고, 스스로도 그것을 알고 있었는지 윌리엄에게 이렇게 썼다. "유쾌한 주제는 아니니 이쯤에서 그만하마." 그는 "할 수 있는 한 최선을 다해" 과거는 묻어두겠다고 약속했지만, 아들에게 희망의 여지를 주는 말투는 아니었다.

이후 아버지와 아들은 딱 한 번 만났지만, 그 또한 희망의 실마리는 없었다. 1785년 5월, 프랭클린은 마침내 오랫동안 기다려 온 소식을 받았다. "편하신 때에 곧바로 미국으로 돌아오셔도 좋습니다." 존 제이가 대륙회의를 대신해 이렇게 보내왔다. 프랑스 친구들은 떠나지 말라고 애원했다. 프랭클린은 딸과 사위에게 이렇게 적어보냈다. "이 사람들이 끈질기게 붙잡는구나. 그중 세 사람은 아예 자기 집에 내 살 곳까지 마련해주겠다고 나섰단다. 여기 있으면 온통 나를 존경하고 사랑해주는 사람들에 둘러싸여 지낼 수 있지만, 고향의 친구들은 내가 없는 동안 저세상으로 많이들 떠나지 않았냐는 게야. 게다가 그곳에 돌아가면 시기, 질투와 미움을 받을 가능성이 있지만, 이곳에서는 그런 걱정은 전혀 없다는 거지. 물론 내가 바다를 살아서 건넌다는 전제하에 하는 말이지만. 이 사람들은 아마 그것도 힘들 거라고 생각하는 모양이다."

그 문제에 대해선 프랭클린 자신도 의문이 없진 않았다. 과연 대서양을 건너는 동안 자신을 죽이지 않을 배를 찾을 수 있을지 걱정이었다. 지난번 미국에서 건너올 때를 생각하면 그럴 수밖에 없었다. 더구나 그때는 이 짜증 나는 신장결석도 생기기 전이었다. "이번엔 잘 실려서 가야지, 그렇지 않으면 항해를 끝까지 버티기 힘들 거야." 땅 위에서도 아주 짧은 거리만 움직여도 고통스러우니 망설여지는 것은 당연했다. 그러나 "얼마 남지 않은 여생은 가족과 함께 보내고 싶다"라는 소망에 프랭클린은 요동치는 배를 견뎌낼 수 있을지 확인해보자는 쪽으로 마음을 굳혔다. "만약 안되면, 영국해협 아무 땅에나 내려달라고 해서 유럽에서 생을 마감하는 수밖에."

그는 베르젠에게도 '오르브와르(다시 만날 때까지 안녕히)'라고 작별을 고했다. 베르젠도 그가 떠나는 것을 아쉬워하며 부하 직원에게 이렇게 말했다. "프랭클린 공사는 결국 국왕 폐하의 신임을 얻었네. 나 개인적으로도 그의 원칙과 고결함을 전적으로 굳게 신뢰하고 있지. 미국은 무슈 프랭클린보다 더 헌신적이고 유능한 일꾼을 다시는 찾지 못할 걸세."

프랭클린도 베르젠의 덕담에 화답했다. 그가 한 프랑스 친구에게 한 말이다. "그대들의 외무장관은 분쟁을 조정하고 전쟁을 예방하는 능력이 그토록 탁월하다는 점에서 가히 이 시대의 가장 큰 축복이라 생각하네. 그 한 사람이 얼마나 많은 살육을 막아냈는가. 악마가 그만큼의 살육을 저지르려면 전쟁 영웅을 서너 명은 보내야 했을 걸세."

마땅한 배를 찾는 데 몇 주나 걸리는 바람에 프랭클린은 7월이 되어서야 출발할 수 있었다. 토머스 제퍼슨은 "그가 파시를 떠나자, 마을은 마치 족장을 잃은 듯했다"라고 기록했다. 프랭클린의 원래 계획은 바지선을 타고 센강을 유유히 떠내려가려는 것이었지만, 여름 가뭄 때문에 배가 뜨는 것이 여의치 않았다. 그러자 왕비*가 자신의 왕실 가마를 내주었다. 가마는 큰 노새 두 마리가 짊어지고 갔는데, 프랭클린의 기록에 따르면 다행히도 "노새의 걸음은 아주 편안했다(루이 16세의 작별 선물은 무려 400개의 다이아몬드 장식 액자에 담긴 자신의 초상화였다)". 바다까지 가는 동안에는 몇몇 친구들이 그를 배웅하며 동행해주기도 했고, 중간중간 백작, 대령, 추기경의 초대를 받아 쉬어갈 수 있었다. 길목마다 도시와 마을의 대표가 나와 그를 맞이했고, 루앙아카데미에서는 그의 이름을 숫자로 풀어낸 마방진을 선물했다(정작 당사자는 마방진을 "지금까지 줄곧 들여다봤지만, 아직도 해석하지 못했다"라고 기록했다).

마침내 르아브르에 도착하니 편지 한 통이 그를 기다리고 있었다. 프랭클린이 사랑했던—그리고 그를 사랑했던— 여성들이 그와의 작별을 가장 힘들어했다. 마담 브리용은 그가 떠나는 모습을 차마 볼 수조차 없었다. 그녀는 편지에 이렇게 적었다. "어제 당신과 헤어지면서 마음이 너무 무거웠답니다. 그래서 도저히 당신과 그런 순간을 다시 겪을 자신이 없었어요. 그래봤자 제 마음만 더 고통스러울 뿐, 제가 늘 바쳐온 다정하고 변치 않는 사랑을 더 보여드릴 수 있는 것도 아니니까요. (…) 언제라도 당신을

---

* 마리 앙투아네트

가장 깊이 사랑한 여인을 떠올리고 싶을 땐 부디 저를 생각해주세요. 안녕히 가세요. 제 심장은 본디 당신의 심장과 하나 될 운명이니, 절대 갈라지지 않을 거예요. 언제나 그것을 곁에서 느끼실 수 있을 거예요. 그저 말을 건네 보세요. 제 마음이 반드시 대답할 거예요."

마담 브리용의 편지는(자신의 이중 초점 안경을 쓰고) 가마 안에서 읽었다. 항구에 도착하자 또 다른 편지가 그를 맞이했다. 발신인은 마담 엘베시우스였다.

사랑하는 친구여, 당신이 우리 곁을 떠났다는 사실이 도저히 실감이 나지 않아요. 파시에 당신이 없다니, 다시는 당신을 볼 수 없다니요. 당신이 가마에 앉아 한 걸음 한 걸음 멀어지는 모습이 눈에 선합니다. 당신은 어느새 당신을 그토록 사랑하고 지금 이렇게 그리워하는 저와 친구들을 남겨두고 사라져버렸지요. 당신이 고통에 시달리고 있는 건 아닌지, 여행길에 너무 지치고 더 힘들어지지는 않았는지 걱정이 된답니다.

만약 그렇다면, 그냥 돌아오세요. 사랑하는 친구여, 다시 우리 곁으로 돌아오세요. 제 작은 안식처가 당신의 존재로 더욱 빛날 거예요. 게다가 이곳에서 많은 친구들을 사귀고 우리의 보살핌을 받다 보면 당신도 이곳이 좋아질 거예요. 당신 덕분에 우리의 삶은 더 행복해지고, 우리도 당신의 행복에 보탬이 될 거랍니다.

놀랍게도 여행길은 꽤 견딜 만했다. 노새들은 그를 편히 모시며 제 사룻값을 톡톡히 했다. 그는 기력이 차츰 나아지고 있다고 마담 엘베시우스에게 적어보냈다. 계속 가야 하는데, 자꾸만 마음이 발길을 붙잡았다. "이곳에 며칠 머물다가 짐이 도착하면, 마침내 떠나야겠지요. **내가 세상에서 제일 사랑하는 나라, 프랑스와 작별하겠지요.** 내 사랑 엘베시아도 그곳에 남겨둔 채로. 그래도 그녀는 부디 행복하기를. 과연 나도 미국에서 행복할수 있을지는 모르겠지만, 그럼에도 나는 돌아가야 한다오. 그야말로 천생연분인 우리가 함께하면 더없이 행복했을 것을, 이렇게 헤어질 수밖에 없다니 가끔은 세상 이치가 참 엉망으로 짜여 있다는 생각이 드는군요." 마지막은 언제나처럼 기품 있게 마무리했다. "굳이 사랑한다는 말은 하지 않겠소. 모두가 당신을 사랑하는데, 내 사랑이라고 더 특별하거나 칭찬받을만해 보이진 않을 것 같으니. 다만 나는, 당신이 언제까지나 날 조금은 사랑해주길 바랄 뿐이오."

프랭클린 일행―템플, 베니, 조카인 조너선 윌리엄스 포함―은 르아브르에서 사우샘프턴으로 가기 위해 영국해협을 건넜다. 그곳에서 영국 배를잡아타야 했다(뒤늦게 프랑스 해군장관이 이렇게 말했다. "진작 알았더라면 제가국왕 폐하께 프리깃함을 내려주십사 요청을 드려, 귀하의 훌륭한 공적에 걸맞은예우로 고국까지 모셔다드렸을 텐데요." 프랭클린은 장관의 사과를 받아주었다).

배는 해협에서 거센 맞바람과 사나운 파도에 시달렸다. 꼬박 이틀 가까이 배가 요동치는 통에 승객들은 괴로워하며 끙끙댔다. 오직 한 사람, 프랭클린만 멀쩡했다. 그는 배멀미조차 하지 않았다. 그가 사우샘프턴에 도착해 마담 엘베시우스에게 보낸 편지에는 이렇게 적혀 있었다. "나는 쌩쌩하다오." 그리고 마지막으로 덧붙였다. "언제까지나 당신을 사랑하겠소."

사우샘프턴에서는 영국 친구들 중 아직 살아 있는 몇몇이 그를 만나러 왔다. 조너선 시플리 가족은 아예 프랭클린 일행과 함께 스타 여관에묵었다. 아마도 시플리가 그를 그 지역 명소에 데려갔던 모양이다. 다음은프랭클린의 기록이다. "나는 정오에 마틴의 해수탕에 목욕을 하러 갔다. 그런데 등을 대고 둥둥 떠 있다가 그만 잠이 들어버렸다. 나중에 시계를 보니 거의 한 시간을 잤는데 그동안 가라앉지도, 뒤집히지도 않았다! 그전에는 한 번도 해본 적 없고, 그게 가능하리라고도 생각해본 적 없는 일이었다. 물이야말로 세상에서 가장 편안한 침대였다."

윌리엄과의 재회는 그다지 유쾌하지 못했다. 아들은 여전히 아버지와의 화해를 기대하고 있었다. 이제 다시는 아버지를 볼 수 없으리라는 걸 알고 있었기 때문이다. 미국이 혹시라도 아들을 용서하기 훨씬 전에 세월이 먼저 노인을 데려갈 것은 분명했다. 두 사람이 오랜 세월 함께 나눴던 부자간의 정을 조금이라도 회복하려면, 지금밖에 기회가 없었다.

템플도 같이 있다 보니, 두 사람 사이의 감정적 긴장감은 더욱 팽팽해졌다. 템플은 친아버지 윌리엄에게 버림받은 뒤, 할아버지인 프랭클린이 대신 아들로 삼은 존재였다. 프랭클린은 그 '아들'을 결코 내주고 싶지 않았다. 두 사람 사이의 정치적 문제를 떠나서, 프랭클린은 아이를 키우고, 가르치고, 장래의 진로까지 열어준 자신이 윌리엄보다 더 권리가 있다고 믿었을 것이다. 윌리엄은 템플을 자식으로 더 일찍 인정하지 않은 잘못을 뼈저리게 후회했을 것이다. 하지만 자식의 사랑을 받는 것은 부모라면 누구나 누려야 할 당연한 권리가 아닌가. 윌리엄은 프랭클린이 자신의 권리를 빼앗아 갔다고 여겼을 것이 틀림없다. 프랭클린은 지난여름 템플이 윌리엄을 만나러 런던에 다녀오겠다고 하자 마지못해 허락했지만, 윌리엄에게는 이런 편지를 보냈다. "그 아이가 어울리지 말아야 할 사람들까지 아무나 만나게 하지 말거라. 네가 조심하리라 믿는다." 어느 모로 보나 훈계조로 들리는 말투였다. 게다가 그는 템플이 떨어져 있는 내내 불안해하며, 아이에게 집배원이 올 때마다 편지를 써 보내라고 다그쳤다. 프랭클린은—적어도 자신이 생각하기에는— 아이가 아버지인 윌리엄이 아니라 할아버지의 말에 따라야 한다고 확실히 인식시켰다.

삼대의 만남은 그리 낙관적이지는 않은 여건 속에서 이루어졌다. 일단 프랭클린의 손님들이 끊임없이 찾아왔다. 스타 여관에는 진정한 재회에 꼭 필요한 '반성과 고백'을 나눌 시간이 거의 없었고, 사적인 공간은 더더욱 허락되지 않았다. 프랭클린은 분명 다행이다 싶었을 것이다. 아들이 자신을 배신했다고 여기며 느낀 상처에는 이미 딱지가 앉아 있었다. 딱지는 다시 헤집지 않는 편이 나았다.

게다가 이들 사이에는 처리해야 할 '비즈니스'도 있었다. 윌리엄은 뉴저지와 뉴욕에 부동산이 있었지만, 지금의 그에게는 아무 쓸모가 없었다. 그는 그것을 템플에게 팔기로 했다. 프랭클린은 이 거래의 보증인이 되었고, 윌리엄이 자신에게 진 빚으로 부동산 매매가를 일부 차감했다. 또한 영국 정부가 자신에게 갚아야 할 채무에 대해 윌리엄에게 청구권을 양도했다(얼마를 상환받든 절반은 윌리엄이 갖고, 나머지 절반은 딸 샐리에게 주기로 했다). 매매대금에서 부족한 4만 8000리브르는 프랭클린이 파리의 은행가 친구에게 편지를 보내 대출을 부탁했다.

윌리엄에게 이번 만남은 뼈아픈 고통이었다. 화해의 희망은 산산이 부서지고, 고향에 남아 있던 마지막 끈마저 끊어졌다. 프랭클린과 템플이 배를 타고 떠난 직후, 윌리엄은 낙심한 마음으로 이렇게 적었다. "운명은 나를 전혀 다른 세계로 던져버렸다."

프랭클린은 자기 인생에서 가장 아픈 부분인 이 문제에 대해, 늘 그래왔듯 속을 드러내지 않았다. 그는 윌리엄 대신 시플리와 다른 친구들에게로 관심을 돌렸다. 7월 27일, 프랭클린과 친구들 일동은 곧 미국으로 향하게 될 배에 다 같이 올랐다. 프랭클린은 일기에 이렇게 적었다. "선장은 우리에게 저녁 만찬을 대접했다. 그날 밤은 모두가 배에서 묵었다."

사실 친구들은 밤새 머물지 않았다. 프랭클린이 잠자리에 든 뒤, 시플리 일행은 조용히 배에서 내렸다. 시플리의 딸은 나중에 이렇게 편지를 보냈다. "우리 모두 발길이 떨어지지 않아 겨우 배에서 내렸어요. 하지만 마지막 작별만큼은 선생님께도 우리 자신에게도 겪게 하고 싶지 않은 장면이었거든요."

그날 밤 거센 바람이 불어오자, 선장은 썰물에 맞춰 닻을 올렸다. 프랭클린이 눈을 떴을 때는, 이미 바다 한가운데였다.

애초에 프랭클린은 항해가 자신을 죽일까 봐 걱정했지만, 오히려 그것은 그를 되살려주었다. 딱 하루 폭풍우가 몰아친 것을 제외하면 항해는 순조로웠다. 지난겨울 폴리 휴슨이 파시에 다녀간 이후로 프랭클린은 그녀에게 아이들을 데리고(남편은 세상을 떠났다) 함께 미국으로 건너가자고 권유해왔다. 그래서 이번에 가족 모두가 지낼 수 있는 큰 선실까지 마련해두었지만, 폴리가 결국 영국에 남기로 하면서 프랭클린은 혼자서는 다 쓸 수도 없는 널찍한 선실을 차지하게 된 상황이었다.

수년 동안 친구들은 그에게 회고록을 완성하라고 애원하다시피 했지만, 집필은 좀처럼 진척되지 못하고 있었다. 처음엔 전쟁에 발목을 잡히고, 그다음엔 평화 협상을 떠맡게 되고, 끝내는 이미 써둔 원고마저 잃어버린 탓이었다. 그 원고는 1776년 미국을 떠나면서 조지프 갤러웨이에게 맡겨두고 온 서류에 섞여 있었다. 아무리 갤러웨이가 영국 편에 섰어도 프랭클린의 문서를 함부로 할 리는 없었다. 그러나 영국군의 필라델피아 점령과 함께 벌어진 혼란 속에서 그의 집은 습격당했고, 보관 중이던 자료들도—프랭클린의 원고까지— 모두 흩어져 사라지고 말았다. 그렇다 보니 파시에서 다시 회고록을 이어가려고 했을 때는, 이미 써둔 기록도, 앞으로 쓸 자료도 거의 남아 있지 않았다. 당연히 작업은 힘들기만 하고 흡족하지 않았다. 그런데도 친구들이 자꾸 그의 이야기를 써달라고 재촉하자, 프랭클린은 고향으로 돌아갈 때 한가한 배 위에서 다시 펜을 들어보겠다고 둘러댔다.

그리고 정말로 펜을 들었다. 하지만 자기 역사를 쓰기 위해서가 아니었다. 그의 회고록은 원래 윌리엄에게 보낸 편지 한 통에서 시작되었다. 어쩌면 그래서, 이제 아들과 완전히 결별했다는 아픔 때문에 더 이상 쓰기 싫어졌는지도 모른다. 이유야 어떻든, 그는 바다 위에서의 시간을 철학적 탐구에 쏟았다. 멕시코만류가 다시 연구 주제가 되었다. 이번에는 조카인 조너선 윌리엄스가 조수 역할을 맡았다. 프랭클린은 바닷물의 수심에 따라 온도를 측정하는 기발한 방법을 고안했다. 우선 빈 병을 코르크 마개로 막고 납이 달린 밧줄에 묶어서 20패덤* 깊이까지 내려보냈다가 다시 건져 올렸다. 코르크는 그대로 있고 병도 여전히 비어 있었다. 그 병을 다시 배 밖으로 던져 이번에는 35패덤(약 64미터)까지 내렸다가 끌어올려 보니, 수압이 코르크를 안으로 밀어 넣으면서 그 수심의 바닷물이 병 안에 가득 차 있었다. 프랭클린의 온도계로 측정해보니 수면의 물과 깊은 곳의 물 온도 차이가 무려 12도에 달했다. 다시 말해, 멕시코만류는 차가운 대양 위에서 거대한 강처럼 흘러 다니는 따뜻한 물줄기였다. 프랭클린은 늘 그렇듯 이번에도 실용적인 결론을 끌어냈다. "온도계는 항해자에게 유용한 도구가 될 수 있다네." 북쪽으로 항해하는 선장은 따뜻한 물을 찾아야 하고 (그것이 바로 남쪽에서 북쪽으로 흐르는 해류라는 뜻이므로), 남쪽으로 가는 선장은 당연히 차가운 물길을 쫓아야 한다는 것이었다.

바다 여행의 안전 문제를 다룬 연구들도 있었다. 그는 배의 내부에 중국식으로 방수 격벽을 설치해야 한다고 또다시 강조했다. 또 폴리네시아인들의 전통 배인 '프로아'가 전복을 막기 위해 배 한 쪽에 날개처럼 현외 장치를 부착한다는 기록을 떠올리고, 그렇다면 두 개의 선체를 지지대 같은 것으로 나란히 연결한 선박을 만들면 같은 효과를 낼 수 있지 않을까 궁리했다(후세대는 이런 배를 쌍동선이라고 부르게 된다). 예전 항해 때 뉴펀들랜드 해역 근처에서 본 "얼음 섬(빙산)"을 기억하고, 그것을 피하기 위해 망보는 사람을 두어야 한다고 권고했다. 그러면서 이런저런 안전조치들이 육지 사람에게는 지극히 당연해 보일지라도, 정작 선원들에게는 반발을 살 것이라고 지적했다. "바다에서 살다시피 하는 우리 뱃사람들은 매우 용감해서 위험쯤은 우습게 여기고, 그런 안전대책은 죄다 마다한다네. 그런 그들이 겁쟁이가 되는 경우가 딱 하나 있네. **겁쟁이로 보일까 봐 겁낼 때뿐이지.**" 그래서 그는 정공법 대신 일종의 우회로를 택해, 안전조치를 도입하면 보험

---

*   수심 단위, 약 37미터

료가 줄어들 뿐 아니라, 선원들과는 달리 자기 목숨을 허투루 여기지 않는 승객들에게 더 높은 요금을 받아낼 수 있다는 점을 어필했다.

프랭클린은 훨씬 오랜 관심사였던 '연소의 효율' 문제에도 다시 눈길을 돌렸다. 그중 하나가 그가 구상한 개량식 난로였다. 그는 런던에서 매연 때문에 고생했던 경험담을 꺼내며, 이 새로운 난로가 영국 사람들이 기침을 달고 살게 할 정도로 흔히 쓰이는 연탄을 연료로 태우면서도 거기서 발생하는 연기는 스스로 소진하도록 설계되었다고 소개했다. 또 다른 글에서는 굴뚝에 연기가 차는 까닭과 그 해결책을 짚어보기도 했다. 프랭클린은 전기 실험과 여러 과학적 탐구로 이미 큰 영예를 누리고 있었지만 한 가지 사실만큼은 절대 잊지 않았다. 사람이 따뜻하게 지낼 수 있느냐와 같은 작고 소소한 문제들이 행복한 사회를 만드는 바탕이 된다는 점이었다. "내가 여행을 다니며 본 바에 따르면, 장작이나 석탄, 토탄 같은 연료를 터무니없이 비싼 값을 치러야만 구할 수 있는 지방에서는 노동자들이 허름한 움막에서 누더기 같은 옷을 걸치고 살고, 생필품 같은 건 찾아볼 수가 없었네. 그런데 연료가 싼(또는 그것을 알뜰하게 쓰는 기술을 지닌) 곳에서는 사람들이 제대로 된 집에서 살림을 넉넉히 갖추고 살더군."

출항 후 48일째 되던 날 프랭클린은 잠에서 깨자마자 배가 케이프메이를 지나 델라웨어강 하구에 들어섰다는 이야기를 들었다. 그대로 뉴캐슬까지 거슬러 올라갔으나 곧 바람이 멎고 조류가 바뀌자 그곳에 닻을 내리고 하룻밤을 정박했다. 프랭클린은 이렇게 기록한다. "아침 밀물과 함께 불어온 미풍이 우리를 글로스터포인트까지 데려다주었다. 마침내 사랑스러운 필라델피아가 한눈에 들어왔다! 우리는 그곳에서 다시 닻을 내리고 검역관을 맞았고, 그는 배를 둘러본 뒤 병이 없음을 확인하고 상륙을 허가했다. 사위가 보트로 마중을 나왔다. 마침내 마켓스트리트 선착장에 내리자, 그곳에 모여 있던 사람들이 우리를 열렬히 환영해주었고, 집으로 가는 내내 환호와 갈채가 끊이지 않았다. 가족들은 모두 평안히 잘 있었다. 이 모든 자비를 베풀어주신 하나님께 감사와 찬양을!"

전쟁은 필라델피아에 가혹했다. 그러나 평화는 더 가혹한 것 같았다. 이 군대 저 군대가 도시를 휘젓고, 피난민이 몰려왔다 다시 달아나고, 영국군이 점령했다가 퇴각하고, 여기에 전쟁에 당한 숱한 수모와 치욕까지 겹치면서, 윌리엄 펜이 "푸른 전원도시"라 불렀던 필라델피아는 만신창이가 되었다. 도시를 찾은 이들은 벗겨진 페인트와 깨진 창문들을 보고 한마디씩 했다. 병사와 말의 숙소로 쓰였던 민가와 공공건물에서는 두 종species이 남기고 간 배설물의 악취가 코를 찔렀다. 예전엔 장대비가 억수같이 쏟아져도 끄떡없던 단단한 자갈길이 이제는 가랑비만 내려도 돌투성이 진창으로 변해버렸다.

그래도 전쟁은 최소한 장사에는 도움이 되었다. 제빵업자, 정육업자, 재단사, 인쇄업자, 그리고 온갖 생필품과 사치품을 취급하는 상인들은 아군과 적군 양측에 번갈아(그리고 어떤 경우에는 동시에) 군수품을 조달했다. 또한 이 장사치들은 대륙회의 대표들은 물론 그 주변에 딸린 식솔들과 온갖 청탁꾼들에게도 먹을 것, 잠자리, 오락거리를 비롯한 오만 가지 물자를 공급했다.

전쟁이 끝나자 대륙회의가 제일 먼저 떠났다. 심지어 군대가 모두 철수하기도 전이었다. 1783년 6월, 펜실베이니아 소속 대륙군 병사 300명이 제대 전에 밀린 봉급을 받게 해달라며 대륙회의가 있는 의사당을 포위한 일이 있었다. 대륙회의 지도부는 이들의 불온한 행태에 격분하며, 펜실베이니아 정부가 이 반란군을 단호히 다스려야 한다고 주장했지만, 펜실베이니아 행정평의회는 이를 정중히 거절했다. 병사들은 인질 신세가 된 대륙회의에 20분 안에 밀린 봉급 문제를 해결하라는 최후통첩을 던졌다. 병사들 사이에 술 단지가 돌고 있는 것을 본 몇몇 의원들은 목숨까지 위태로울 수 있다는 생각에 벌벌 떨었지만, 다른 몇몇은 그 덕에 경계가 흐트러질 것이라 짐작했다. 후자의 의원들은 있는 위엄, 없는 위엄 다 끌어모아 당당히 걸어 나오더니, 포위망을 그대로 통과해 무사히 빠져나갔다. 그러자 병사들도 순순히 부대로 돌아갔다.

얼마 뒤 대륙회의 의장 일라이어스 부디노는 의원들을 불러, 이 반란 의 소굴을 버리고 이웃 뉴저지의 더 안전한 프린스턴으로 옮기자고 했다. 공식적인 이유는 펜실베이니아 정부가 반란 사태에 대해 적절한 조치를 취 하지 않아서라고 했다. 그러나 사실 상당수 대표들에게 더 크게 작용했을 법한 이유는 따로 있었다. 필라델피아는 생활비가 너무 비쌌고, 그러니 놀 고 즐기는 데도 당연히 돈이 많이 들었다. 한 의원은 실제로 반란 사태가 일어나기 전부터도 "대륙회의가 상업적이고 풍요로운 대도시보다 돈도 덜 들고, 한눈팔 일도 적고, 외부 영향력도 약한 곳으로 거점을 옮겨야 한다 는 데 대체로 의견이 일치하고 있었다"라고 전한 바 있었다.

전쟁이 끝나고 대륙회의마저 철수하자 도시의 상업 경제는 대혼란에 빠졌다. 전쟁 때 물자 부족으로 치솟았던 물가는, 평화가 찾아오자 과잉 공 급으로 다시 내려앉았다. 올랐던 만큼 떨어진 것인지 더 많이 떨어진 것인 지는 가늠하기 어려웠다. 그동안 대륙회의가 재정에 구멍이 생길 때마다 부실한 종이돈으로 대충 풀칠하기 급급했던 탓에 화폐가치가 요동쳤기 때 문이다.

필라델피아―그리고 펜실베이니아―의 문제는 정치적 갈등으로 한층 더 악화되었다. 과거의 식민지 영주파와 반영주파 사이의 다툼은 오히려 점잖아 보일 정도였다. 프랭클린의 정치 인생 대부분을 잡아먹은 펜 가문 문제는 독립혁명으로 말끔히 정리되고, 그들은 역사의 패배자로 최종 판결 을 받은 셈이었다. 영주식민지의 마지막 소유주이자 총독이었던 리처드 펜 은 1775년 대륙회의의 위임을 받아 국왕에게 '올리브 가지 청원서'를 전달 하러 갔으나 거부당하자, 대서양 동쪽이 자신의 신변에 더 안전하다고 판 단하고 그대로 영국에 눌러앉았다. 이듬해―프랭클린이 초안을 주도해―

채택된 새로운 헌법에서는, 펜 가문을 펜실베이니아 정치체제에서 완전히 삭제하고, 그동안 배제되었던 새로운 유권자 계층을 채워 넣었다. 사실상 세금을 내는 성인 남성 모두가 투표권을 얻게 되었다. 이제 이들은 프랭클린이 지지했던 '단원제' 국회의원을 직접 선출할 수 있었다. 해마다 선거를 치러 의회가 반드시 민심에 귀 기울일 수밖에 없도록 만들었고, 의원들이 7년 주기로 최대 네 번까지만 재임할 수 있는 임기 제한도 같은 구실을 했다. 모든 공직자는 '국민의 이익을 수호하겠다'는 선서를 의무적으로 해야 했고, 권리장전은 공권력 남용으로부터 국민을 보호했다.

독립의 열기에 취해 있을 때는 대중주의적 정부가 펜실베이니아에 꼭 맞는 해법처럼 보였으나 머지않아 회의적 목소리가 흘러나오기 시작했다. 새로운 헌법은(한때 프랭클린이 몸담았던 업계인) 필라델피아 장인들의 지지를 받긴 했지만, 실제 지지기반은 펜실베이니아 서부의 농민들이었다(이들은 오래전 프랭클린이 의회를 대표해 대적했던 팩스턴 폭도의 후예들이었다). (과거 프랭클린이 대립했던) 옛 영주파 인사들은 당연히 회의적 입장을 보였다. 그런데(프랭클린처럼) 자수성가한 이들도 그 대열에 합류했다. 시간이 지나면서 두 세력은 각각 파벌을 형성했는데, 옛 영주파는 자신들을 '헌법파'로, 자수성가 쪽은 스스로를 '공화파'라고 칭했다.

프랭클린이 도착했을 때는 마침 두 세력 간에 떠들썩한 선거전이 한창이었다. 그가 받은 야단스러운 환영도 이와 무관하지 않았다. 단순히 과거의 공로에 대한 감사 표현만이 아니라, 앞으로 힘을 보태달라는 희망의 표시이기도 했다. 펜실베이니아인들은—대부분의 미국인처럼— 정치적 집단, 즉 대체로 영구적이면서 서로 이해관계가 충돌할 것이 뻔한 '정당'의 존재를 아직 받아들일 준비가 되어 있지 않았다. 그들은 정당이 영국의 부패가 낳은 산물이라고 믿어 의심치 않았고, 이제 영국과 결별했으니 미국은 정당 없는 세상이 되리라고 기대하고 있었다. 펜실베이니아에서는 헌법파와 공화파 모두 프랭클린에게 기대를 걸었다. 그가 격해진 당파적 갈등을 진정시키고 깊어져 가는 사회적 균열을 치유할 수 있지 않을까.

그가 도착하기가 무섭게 양쪽 지도자들이 득달같이 찾아왔다. 헌법파 대표단은 그가 헌법제정에 기여한 공로를 높이 기리며 그를 행정평의회 위원으로 추천했다. 공화파 역시 프랭클린이 독립을 위해, 그리고 최근에는 평화를 위해 기울인 지대한 노고를 치하하며 똑같이 그를 추천했다.

양쪽의 추천으로 프랭클린의 행정평의회 입성은 따놓은 당상이었다. 게다가 그 후에는 곧 의장으로 선출되었다. 일주일 뒤 열린 국회*는 행정평의회와 합심해 프랭클린을 펜실베이니아 주지사**로 선출했다. 표결은 사실상 만장일치였다. 프랭클린 본인과 단 한 표만이 그를 찍지 않았다.

뜻밖의 전개에 프랭클린은 놀랐지만, 한편으론 기분이 좋았다. 토머스 페인이 편지로 귀환 환영 인사를 보내오자, 프랭클린은 이렇게 답했다. "자네가 내 여생의 평안과 안식을 빌어준 것처럼, 지금이야말로 그것을 누려야 할 때인 건 맞다네. 오랫동안 간절히 바라기도 했고, 지난 임무에서 물러나며 곧 쉴 수 있겠거니 기대하기도 했으니까. 하지만 아무래도 내가 그럴 팔자는 아닌가 봄세." 그는 양 당파 지도자들이 자신을 찾아와 펜실베이니아의 국민 대통합을 다시 한번 이뤄달라 부탁했다는 이야기를 털어놨다. "내가 영 단호하질 못해서 그 사람들 부탁을 차마 거절하지 못했다네."

이곳을 떠나 있는 동안 자신의 명예가 온갖 중상모략에 시달렸건만, 그럼에도 자신의 노고가 인정받고 있다는 사실은 기분 좋은 일이었다. 그는 한 영국인 지인에게 이렇게 썼다. "민중은, 충실하고 한결같은 태도로 섬기는 자에게 결코 은혜를 저버리지 않는다네." 조카인 조너선 윌리엄스에게는 좀 더 솔직했다. "내가 이렇게 늙었어도 명예 문제만큼은 무념무상

---

*   훗날의 주 하원

**   당시 프랭클린의 직함은 President로 오늘날의 '주지사Governor'와는 달랐지만, 주의 행정 수장으로서 직역은 동일했으므로, 여기서는 주지사로 번역했다.

이 힘들구나." 동시에 그는 새 직책을 수락하면 오히려 명성에 해가 되리라는 점도 내심 예감했다. "사람들이 나에게 너무 큰 기대를 걸고 있는 건 아닌지 걱정일세."

귀향의 흥분이 가시자, 건강을 되살려주었던 효력도 함께 사라졌다. 프랭클린은 배에서 내리자마자 존 제이 부부에게 편지를 보내, 여행 덕분에 새 생명을 얻은 듯한 기쁨을 털어놓았다. "건강이 아주 좋아져서, 심지어 뉴욕에서 두 사람을 다시 만날 수 있지 않을까 기대하고 있다오. 벌링턴과 앰보이 사이의 모랫길에서는 편안한 마차 정도는 탈 수 있을 것 같고, 그 나머지는 물길이니까요." 그러나 그 뒤로 몇 달 사이 이런저런 지병이 다시 도졌고, 무엇보다도 결석 탓에 집에만 붙들려 있었다. 1786년 초에는 한 지인이 필라델피아에서 불과 13킬로미터 떨어진 농장을 사지 않겠냐고 제안했지만, 프랭클린은 사양했다. 그 땅을 산다 한들 직접 가볼 수 없었기 때문이다. "결석 때문에 말은 물론, 바퀴 달린 마차도 못 탈 지경이라네."

비록 멀리 나다니지는 못했지만, 그는 가족과 몇 남지 않은 옛 친구들 사이에서 평온한 삶의 기쁨을 누릴 수 있었다. 유니언 소방클럽 모임에도 참석했다. 이제 창립 반세기를 앞둔 이 클럽의 창립 멤버 중 살아 있는 이는 이제 네 명뿐이었고, 다들 화재경보에는 출동하지 않은 지 오래였다. 그럼에도 프랭클린은 다음 모임을 위해 자기 양동이와 장비를 챙겨두겠다고 씩씩하게 약속했다. 미국철학회 역시 그가 돌아온 것을 반갑게 맞아주었다. 편집위원회는 그가 항해 중 쓴 글들을 《트랜잭션스》*에 실을 수 있다면 학회로서는 큰 영광이 될 것이라고 밝혔다.

하지만 뭐니 뭐니 해도 집이 제일 좋았다. 그는 제이 부부에게 이렇게

---

*   미국철학회의 공식 저널

썼다. "나는 이제 가족의 품 안에 있어. 게다가 할아버지 무릎에 매달려 재잘대는 꼬마 손주들이 네 명이나 더 생겨서, 사는 게 얼마나 즐거운지 모른다네." 한때 자신의 집과 가족의 품을 프랭클린에게 열어주었던 조너선 시플리도 친구가 가족과 잘 지내고 있는지 물어왔다. 프랭클린은 이렇게 답장을 보냈다. "우리 가족은 더 바랄 수 없을 정도로 행복하다네. 나도 자식, 손주들에 둘러싸여 지내고 있지. 집에는 다정하고 극진한 딸이 함께 있고, 손주도 여섯이나 된다네. 그중 첫째 녀석(베니)은 자네도 본 적이 있지. 지금은 바로 옆 동네의 대학에 다니는데, 좀 있으면 학업을 마무리한다네. 다른 아이들도 하나같이 재능과 성품을 골고루 갖춰서 장차 큰 인물들이 될 것 같아. 물론 나는 그 아이들이 어떤 사람으로 자랄지, 인생의 여러 중요한 무대에서 어떤 모습이 되어 있을지는 **못 보고** 죽을 것이고, 그렇다고 **미리 내다볼 수도** 없지만 말일세. 그래서 지금은 그 녀석들과 함께하는 이 순간을 마음껏 즐기고, 미래는 하늘의 뜻에 맡겨두려네.

딸, 손주들과 함께 지내면서 프랭클린은 분명 곁에 없는 두 아들을 떠올렸을 것이다. 그는 조너선 시플리에게 가족의 삶에 대해 이야기하면서 윌리엄과 프랭키의 이름을 직접 언급하지는 않았지만, 글 속에는 분명 그들에 대한 마음이 녹아 있었다.

큰 가정을 일군 사람은 자식들의 모습을 지켜보며 사는 동안, 정말로 와츠의 표현대로 **슬픔의 거대한 표적이 된다**네. 하지만 동시에 기쁨의 거대한 표적이 되기도 하지. 우리가 작은 돛단배 여러 척을 바다에 띄워 각기 다른 항구로 보낸다고 생각해보세. 그들이 다들 무사히 항해하길 바라겠지만, 역풍, 숨은 모래톱, 폭풍, 해적선 같은 것들이 어김없이 끼어들어 경로에 영향을 미치지. 그럴 때마다 우리는 크고 작은 실망을 하네. 하지만 보험조차 들 수 없는 위험들까지 생각해본다면, 그중 몇 척만 무사히 돌아와도 우리는 복 받았다 여겨야 하지 않겠는가.

가족은 인간이 누릴 수 있는 불멸의 한 형태였다. 그러나 그것만이 유일한 길은 아닐지도 몰랐다. 프랭클린은 시플리에게 자신이 그 나이치고는 모든 면에서 기대 이상으로 잘 지내고 있지만 아마 오래 살 수는 없을 것이라고 했다. "머지않아 자연의 섭리가 지금의 내 존재 방식에 마침표를 찍겠지." 그다음엔 무엇이 올까? 프랭클린은 그것을 알아보고 싶다는 호기심에 사로잡혀 있었다. "긴 세월 동안 이 세상을 실컷 봤더니, 이제 다른 세상도 좀 알아보고 싶은 호기심이 점점 커지고 있다네." 제발 실망스럽지 않길. 아니, 오히려 그는 "자식된 신뢰의 마음"으로 자신의 영혼을 "인류를 창조하신 선하고 위대하신 아버지, 내가 태어나 지금까지 살아오는 동안 은혜로이 지켜주시고 번영케 하신 그분께" 맡겼다.

조지 웨이틀리는 긴 생애 끝에 무엇이 남는가를 주제로 한 편지에서, 알렉산더 포프가 쓴 묘비명을 보내왔다. 그중 세속적 칭송을 비웃는 구절이 있었다. "그는 털끝만큼도 개의치 않았다네/안에 갇힌 몸뚱이를 두고 세상이 뭐라 했건, 또 장차 뭐라 하건." 프랭클린은 고개를 갸웃했다. "사람이라면 살아서든 죽어서든 좋은 소리를 듣고 싶은 게 너무도 자연스러운 일이네. 포프 역시 그런 욕망에서 비켜 갈 수는 없었을 걸세. 최소한 재치 있는 사람으로는 인정받고 싶었던 게지. 그렇지 않고서야 자기 죽은 뒤에 남길 묘비명을 그토록 훌륭하게 공들여 쓸 필요가 있었겠나."

그러면서 프랭클린은 자신은 오히려 〈늙은이의 소망〉이라는 옛 술 노래의 감성이 더 좋다고 했다. 그 노래는 각 절마다 늙은이가 소망하는 것들—시골 마을의 따뜻한 집, 편안한 말, 좋은 책, 슬기롭고 유쾌한 벗들, 매주 일요일의 푸딩, 진한 에일 맥주, 부르고뉴와인 한 병—을 청한 뒤, 다음의 후렴구로 끝났다.

내 모든 정념을 온전히 다스리게 해주오,
기력은 떨어져도 현명하고 착해지게 해주오,

통풍도 결석도 없이, 잔잔히 쇠잔하게 해주오.

그래 놓고 프랭클린은 묻는다. "하지만 우리가 바란들 무슨 소용이 있 겠나? 일어날 일은 결국 일어나는 법. 젊었을 적에 이 '소망가'를 1000번은 불렀건만, 여든 살이 되고 보니 이 세 가지 소망의 정반대가 전부 닥쳤더 군. 통풍과 결석에 시달리고, 아직도 내 모든 정념의 온전한 주인이 되지 못했으니 말일세. 우리 고향의 어느 콧대 높은 처녀와 똑같은 신세지 뭔가. 목사와는 절대 결혼하지 않겠다, 장로교도도 안 된다, 아일랜드인도 안 된 다고 굳게 다짐했지만, 결국 아일랜드 출신 장로교 목사한테 시집갔거든."

때때로 프랭클린은 환생을 믿는 것처럼 보이기도 했다. 자연의 "위대한 절약 정신"을 보면, 하나님은 한번 만들어진 것은 절대 소멸되지 않도록 세 상을 설계하신 것이 분명했다. 프랭클린은 그렇다면 영혼에도 비슷한 원리 가 적용되지 않을까, 라는 생각이 들었다. "세상 그 어떤 것도 소멸하지 않 고 심지어 물 한 방울조차 허비되지 않는 것을 보면, 나는 영혼이 소멸된 다는 것도 믿을 수 없네. 더구나 언제든 쓰일 수 있는 '기성' 영혼들이 날마 다 수백만씩 허비되는 것을 하나님께서 용납하실리도, 날마다 그만큼 새 로운 영혼을 만드시느라 그 번거로운 고생을 사서 하실 리도 없다고 믿네." 프랭클린은 이 '보존의 법칙'에 자신의 영혼도 포함시켰다. "어쨌든 이미 이 렇게 세상에 존재하는 이상, 나는 어떤 모습으로든 계속 존재하리라 믿네. 물론 인간의 삶이라는 게 원래 불편투성이지만, 내 인생이 신판으로 다시 찍혀 나온다면 마다하지 않을 걸세. 다만 지난 판의 오탈자는 좀 교정되었 으면 좋겠네."

프랭클린은 이런 비정통적인 생각을 아무에게나 털어놓지는 않았고, 마찬가지로 다른 이들에게도 신중하게 처신하라고 당부했다. 누군가가— 남아 있는 서신 기록으로는 확인되지 않지만, 아마 토머스 페인이었을 것 으로 추정된다— 프랭클린에게 기성종교의 근간에 정면으로 도전하는 원고를 보내왔을 때, 프랭클린은 출판을 말렸다. "그대의 논리가 정교해서 일부 독자에게는 통할 수도 있지만, 세상 사람들의 보편적 신념을 흔들지는 못할 걸세. 이 글을 출판한다면 자네는 엄청난 비난과 혐오를 자초할 걸세. 결국 자네에게 해만 끼치고 다른 이들에겐 아무 유익도 주지 못하겠지. 바람을 거슬러 침을 뱉으면 결국 제 얼굴에 떨어지는 법일세." 설령 그 원고가 뜻한 목적을 이룬다 해도, 과연 무슨 선한 결과가 있겠는가? 글쓴이는 종교의 도움 없이도 도덕적인 삶을 살아갈 수 있을지 모르지만, 모두가 그런 복을 받은 건 아니었다. "인류 가운데 나약하고 무지한 남자와 여자들, 경솔하고 경험이 부족한 젊은이들이 얼마나 많은지 생각해보게. 그들에게는 종교의 채찍질이 필요하다네. 그래야 악한 마음은 억누르고 선한 마음을 독려해 그것이 **습관으로** 굳어질 때까지 실천할 수 있을 테니까." 평소에는 요령껏 말을 고르던 프랭클린이 이번만큼은 직설을 택했다. "다른 이의 눈에 띄기 전에 얼른 이 글을 불태워버리게. 그래야 이 글이 불러올 적들에게 온갖 굴욕과 수난을 당하지 않을 테고, 아마 자네 스스로도 뒤늦은 후회와 회환을 피할 수 있을 걸세. 사람들이 **종교가 있는** 지금도 저토록 사악한데, 종교가 없다면 어떻게 되겠는가(만약 그 원고의 저자가 실제로 페인**이었다면**, 프랭클린의 경고는 어느 정도 효과를 거둔 듯하다. 페인은 몇 년 뒤에야 『이성의 시대』를 출판했는데, 그때도 대중의 반응은 프랭클린의 예상과 크게 다르지 않았다)?"

이와 달리 보다 긍정적인 조언도 있었다. 청년 노아 웹스터는 '사전의 독립선언'을 구상하느라 여념이 없었다. 덕분에 그의 이름은 훗날 '미국(영어) 사전'을 뜻하는 단어가 된다. 웹스터는 필라델피아를 방문했을 때 자신의 구상을 프랭클린과 공유했고, 프랭클린 역시 자신이 오래전 구상했던 '발음식 알파벳' 아이디어를 다시 꺼냈다. 이 만남은 웹스터의 열정에 불을 지폈다. 그는 조지 워싱턴에게 이렇게 썼다. "저는 나라에 조금이나마 보탬이 될 수 있다는 생각에 용기를 얻어, 우리말을 다듬고 우리의 교육제도 전반을 개선하기 위한 제 나름의 구상을 계속 추진하고자 합니다. 프랭클린 박사께서 제 시야를 한층 넓혀 주신 덕분에, 언어에 완벽한 규칙성을 부여해보자는 아주 단순한 구상까지 하게 되었습니다." 프랭클린이 고안한 발음식 알파벳의 "완벽한 규칙성"은 결국 웹스터에게도 지나치게 급진적인 것으로 판명되지만, 그 정신만큼은 깊이 간직하고 있었는지 웹스터는 몇 년 뒤 자신의 선구적 저작인 「영어에 관한 논문집」을 프랭클린에게 헌정했다.

프랭클린은 프랑스에서 돌아온 뒤로도 몇 달 동안 자신의 바람과는 달리 외교 임무의 자질구레한 뒤처리에 꽤 많은 시간을 빼앗겼다. 그중 하나는 그의 비판자들이 보기에 결코 '자질구레한' 일이 아니었다. 무려 100만 리브르가 어디론가 증발해버렸기 때문이다. 1778년 미프 동맹이 체결되기 전에는 프랑스의 원조가 비공식적인 경로로—가령 보마르셰나 '페르미에 제네로'를 통해— 이루어진 탓에, 거래 기록이 불완전하거나 서로 어긋나는 경우가 많았다. 루이 16세가 발행하고 프랭클린이 서명한 몇몇 영수증을 보면, 프랑스가 미국에 300만 리브르의 지원금을 승인한 것으로 기록되어 있는데, 미국 정부의 프랑스 은행 계좌에는 200만 리브르만 입금되어 있었다. 프랭클린은 파리에 있는 미국 금융대리인 페르디낭 그랑에게 이렇게 토로했다. "실제로는 200만 리브르뿐인데, 내가 어쩌다 300만을 증여받았다는 계약서에 서명했는지 도무지 모르겠네. 제발 부탁하네. 내가 죽기 전에 오명을 씻을 수 있도록 이 문제의 진상을 밝혀주게나. 그렇지 않으면 훗날 나를 미워하는 이들이 장부에 찍히지 않은 그 100만 리브르를 내가 빼돌렸다고 모함할지도 모르네."

프랭클린의 마음의 평안에는 안된 일이지만, 페르디낭 그랑 역시 그 돈을 찾아내지 못했다. 프랭클린은 그 기록이 묻혀버린 데에는 분명 까닭이 있으리라 여겼다. 그는 대륙회의에 이렇게 전했다. "내 짐작에 그 돈은 미국 지원을 위해 보마르셰에게 선지급된 돈인 것 같네. 아마도 미스테르

뒤 카비네*일 테니 더 이상 파헤치지 않는 편이 나을 걸세." 그 일은 당시에도 프랑스 정부에겐 민감한 사안이었고, 분명 지금도 사정이 다르지 않았다. "또 짐작건대, 프랑스 왕실이 정말로 보마르셰에게 미국 지원 자금을 댄 것이라면, 영국과의 다툼이 막 시작된 초기 단계에는 그런 거래의 증거로 잡힐 만한 증서를 내주려 하지 않았을 것이네."

프랭클린의 짐작은 결국 사실로 판명되었다. 그러나 그 증거—보마르셰가 소지하고 있던 100만 리브르짜리 영수증 비슷한 것—는 프랭클린이 세상을 떠난 뒤에야 비로소 모습을 드러냈다. 그사이 프랭클린은 대륙회의와 자신의 돈 관계를 정리하느라 애를 먹어야 했다. 대륙회의가 임명한 회계감사관은 프랭클린이 프랑스에서의 공로에 대해 약 7500리브르를 받을 자격이 있다고 판정했다. 그러나 아서 리 일당의 끈질긴 적대—사라진 돈을 빌미로 프랭클린이 사익을 챙겼다고 몰아세웠다—와 채권자들에게 대금 지급을 질질 끌던 대륙회의의 고질적인 태만 때문에, 프랭클린이 받아야 할 몫은 끝내 지급되지 않았다.

그래도 조지아에서는 운이 좀 따랐다. 전쟁 전에 조지아 식민지는 그를 런던 주재 대리인으로 임명하면서 해마다 100파운드를 지급하겠다고 약속했지만, 그 돈은 한 번도 지급된 적이 없었다. 게다가 그사이 온갖 일들이 벌어지면서 프랭클린도 그 돈을 따로 추궁하지 않았다. 이제야 겨를이 생겨 조지아의 관련 공무원들에게 임금 체불 건을 언급했더니 그들은—현금은 없어도 땅은 남아돌았으므로— 돈 대신 토지로 받으면 안 되겠느냐고 제안했다. 그들은 서배너 전투에서 큰 부상을 당한 데스탱 제독에게도 제법 넉넉한 땅덩이를 내주었기에, 프랭클린은 제독에게 편지를 보내 자신의 합의 내용을 알렸다. "조지아 의회가 내게 3000에이커**의 땅을

---

* 국가 기밀

** 약 12제곱킬로미터 정도, 서울 동대문구 면적이 약 14.2제곱킬로미터

내주었습니다. 빈 땅이면 아무 데나 고르라더군요. 가능하면 경의 땅 근처라면 좋겠습니다. 파시에서 경이 이웃이 되어준 덕분에 그곳 생활이 아주 즐거웠거든요. 그래서 어디서든 이웃으로 지냈으면 합니다."

프랭클린은 돈에 대해 크게 걱정하지 않았다. 오래 살 것이라 기대하지 않은 데다, 그의 재산이 예상보다 전쟁을 잘 버텨낸 덕분이었다. 그는 페르디낭 그랑에게 "내 재산이 독립혁명 이후 세 배 넘게 불어났더군"이라고 썼지만, 이 수치는 착시에 가까웠다. 전쟁 때문에 사실상 모든 것의 값이 뛰었기 때문이다. 그는 인건비가 너무 올라 자신이 구상해둔 집 건축 계획을 부득이 미루고 있다는 말도 꺼냈지만, 사실 재산은 넉넉해서 프랑스에서 몸에 밴 안락한 생활수준을 유지하는 데에는 전혀 무리가 없었다.

시간이 좀 지나면서 비싼 인건비에도 익숙해진 프랭클린은 마침내 집을 짓기로 마음먹었다. 그렇게 마켓스트리트에 소유한 낡은 집 세 채를 허물고 그 자리에 새집을 지을 준비를 했지만, 공사가 시작되기 직전에 한 이웃이 땅 경계선을 두고 시비를 걸어왔다. 결국 소송이 벌어지고 착공도 지연되었다. 이미 인부들을 고용해 임금을 지급해야 했던 터라, 프랭클린은 이참에 온 가족이—딸, 사위, 손주들까지— 함께 살기에 너무 비좁아진 자신의 집을 증축하기로 했다. 그는 여동생 제인 미컴에게 이렇게 설명했다. "집을 증축해서 책이며 온갖 도구와 기구들을 보관할 긴 방 하나, 괜찮은 침실 두 개, 다락 두 개를 만들 생각이다. 서재는 지금 있는 내 안방과 같은 층에 나란히 두고, 그 아래층은 당분간 땔감 창고로 쓰려고. 나중에 다시 방으로 개조할 수도 있고." 그는 이것이 아주 현명한 공간 활용법은 아닐 수 있다는 점을 인정했다. "이 나이에, 곧 남겨두고 떠날 서재를 짓자니 나조차도 적당한 구실이 떠오르지 않네." 하지만 그는 하고 싶은 건 그냥 하기로 했다. "사람은 자기가 늙었다는 걸 자꾸 깜빡깜빡하지 않는가. 게다가 집짓기는 소일거리 삼기에도 좋아."

게다가 돈벌이도 되었다. 1787년이 시작될 무렵엔 필라델피아도 전후 불황에서 벗어나 있었고, 집세가 오르면서 집주인들은 짭짤한 수익을 기대할 수 있었다. 프랭클린은 페르디낭 그랑에게도 건축은 "노인의 즐거운 소일거리"라는 말을 되풀이하고 이렇게 덧붙였다. "하지만 그 수익은 노인의 후손에게 돌아갈 걸세. 내가 집에 돌아와 보니, 시장이 우리 집 바로 앞 도로까지 들어섰더군. 그런 입지라면 집세도 비싸지지 않겠나. 그것도 집을 짓기로 한 이유 중 하나라네."

한동안 잠잠했던 프랭클린의 사업가 본능이 마침내 다시 깨어난 것이다. 그는 마켓스트리트에 있는 집 중 대로변으로 나 있는 노후주택 세 채를 헐고, 그 자리에 크고 근사한 집을 두 채 지어올렸다. 각각 가로 7.3미터, 세로 13.7미터 넓이에 다락을 빼고도 3층이나 되는 규모였다. 두 집의 사잇길에는 아치형 통로를 지어, 그길로 뒤편에 있는 프랭클린의 집까지 들어갈 수 있게 했다. 그 밖에도 같은 동네에 집을 세 채 더 지었다. 1787년 4월 프랭클린은 한 프랑스 친구에게 이렇게 썼다. "집 짓느라 벽돌공, 목수, 석공, 페인트공, 유리공, 석회 제조자, 목재상, 구리장이, 수레꾼, 인부, 기타 등등, 기타 등등의 온갖 일꾼과 자재 공급업자들을 상대하는 일이 만만치 않았네. 지난 한 해 내가 겪은 고단한 업무에 크게 한몫 더했지." 그러나 그는 전체적으로는 이 일을 즐겼다. 제인 미컴에게도 말했듯, 자신이 늙었다는 사실도 잊을 정도로 재미있었으니까.

프랭클린이 말한 '지난해의 고단한 업무'는 다름 아닌 펜실베이니아의 정치였다. 1786년 5월, 벤저민 러시는 프랭클린을 만나 식사를 한 뒤 이렇게 썼다. "그분은 스물다섯 살 청년처럼 명랑하고 쾌활한 모습이었습니다. 하지만 그분의 말에는 노년의 원숙함에서만 나올 수 있는 지혜와 경험이 가득 담겨 있었지요. 프랭클린 의장님은 우리 주의 극렬한 당파 갈등을 잠재웠습니다. 아니, 그분의 발견 중 하나에서 빌려 비유하자면, 수년간 펜실베이니아를 뒤흔들며 격돌하던 파벌의 파도가, 그분의 존재와 조언 덕분에 마치 거센 물결 위에 기름을 부은 듯 고요히 가라앉았습니다."

러시는 언제나 프랭클린에게 한없이 호의적이었다. 불과 몇 주 전에도 프랭클린은 러시가 새 책의 헌사에 쓰려던 호들갑스러운 찬사를 빼달라고 정중히 부탁해야 할 정도였다. 프랭클린의 영향력으로 펜실베이니아 정치가 진정되었다는 그의 묘사도, 그가 의도했던 것보다 더 사실적이었는지도 모른다. 파도는 실제로 잠잠해 보였고, 덕분에 프랭클린은 1786년 가을 또다시 주지사로 선출되었다. 이번에는(또다시 그 자신의 표를 제외하고는) 만장일치였다.

그러나 수면 아래에서는 심층의 물줄기들이 여전히 펜실베이니아 정치판을 움직이고 있었다. 일부는 식민지 시절부터 이어져온 내분의 물줄기였고, 또 다른 일부는 그 후 생겨난 독립국 고유의 문제들이었다. 후자에 속하는 대표적 사례가 바로 로버트 모리스가 구상한 북미은행이었다. 펜실베이니아 공화파 대다수를 비롯해 비교적 잘사는 계층의 눈에는 이 은행이 사회의 안정과 발전을 위해 꼭 필요한 장치로 보였다. 반면 헌법파들이 보기에 북미은행은—특히 사실상 영구 존속할 수 있는 법인이라는 점에서— 혁명 정신 자체와 자유에 대한 위협을 상징했다. 한 헌법파 인사는 은행을 겨냥해 이렇게 썼다. "영구적으로 존속하려는 집단의 손에 막대한 부가 축적된다면, 반드시 일정한 영향력과 권력이 생겨날 수밖에 없다. 그러한 힘은 어떤 집단의 손에 맡긴다 해도 공공의 안전을 위태롭게 하며, 예외는 없다."

헌법파는 1780년대 내내 모든 기회를 활용해 은행의 활동을 제한하려 했다. 그리고 마침내 1786년, 주 정부의 인허가를 철회시키는 데 성공했다. 하지만 은행이 다른 주에서 받은 인가장으로 계속 영업을 이어가자, 헌법파는 자신들의 판단을 더욱 확신했다. 결국 그것은 머리 여럿 달린 괴물처럼 언제든 민중을 집어삼킬 수 있는 괴물이 맞았다. 한편 공화파도 반격에 나섰다. 로버트 모리스가 새로운 수장이 된 것이다. 1776년 헌법제정의 주역이었던 벤저민 러시는 최근 헌법파의 과격함에 환멸을 느끼고 있던 터라 모리스의 부상에 대해 낙관적인 기록을 남겼다. "북미은행의 인허가가 회복될 것으로 기대된다."

독립국 고유의 문제 중 두 번째 쟁점은 프랭클린의 지갑과는 별로 상관없었을지 몰라도 그의 가슴에는 훨씬 와닿는 문제였다. 프랭클린의 아카데미에서 발전한 필라델피아대학은 점차 원래의 평등주의적 뿌리에서 멀어지더니, 독립혁명기에 접어들 무렵에는 귀족주의와 영국성공회주의의 보금자리로 인식되기에 이르렀다. 급기야 학장과 몇몇 이사들이―영국군 점령기에도 여전히 도시에 남아 있는 등― 토리 성향을 드러내자, 필라델피아 국회는 학교를 접수하고 기존 운영진과 이사진을 내쫓았다. 그 뒤 학교 이름을 펜실베이니아 주립대학교로 바꾸고 정부 지원금에 의존해 운영되도록 했다.

그러나 학장과 이사진은 승산이 없음에도 완강히 저항했다. 처음엔 정당한 재산권을 침해당했다며 맞섰고, 정부가 충분한 자금을 대지 못하자 재정 관리가 부실하다고 공격했다. 대학을 사립으로 되돌리는 문제는 공화파의 핵심 의제로 떠올랐고, 헌법파는 기존대로 평등주의 교육 수호를 슬로건으로 내세웠다.

프랭클린은 어떻게든 진흙탕 싸움에 휘말리지 않으려고 애썼다. 그는 부분적으로는 자신이 만들었다는 자부심 때문에 1776년 헌법의 기본 원칙을 고수했다. 즉 단원제 입법부, 매년 치러지는 선거, 그리고 강력한 단일 수반이 아닌 평의회가 행정권을 맡는 체제가 그것이었다. 평의회는 다시 동등한 자들 가운데 첫 번째primus inter pares인 의장이 이끌었는데 현재 의장이 바로 프랭클린이었다. 이 점에서 그는 헌법파였다. 그러나 동시에 그는 다수 공화파와 마찬가지로 철학적·경제적으로 보수적이었다. 북미은행이 경제적으로도 이롭다고 생각해 은행의 재인가를 은밀히 지원했다(이 목표는 1787년에 실현된다). 이렇게 본인이 양가적 입장이기도 했고, 또 자신을 통합의 상징으로 선택한 이들의 뜻을 헤아려 프랭클린은 논쟁에 개입하지 않았다. 실제로 그는 행정평의회 회의를 대부분 거르며, 매일 열리는 회의에 일주일에 한 번꼴로만 참석했다.

대신 집 공사 현장을 돌며 이곳저곳 캐묻고, 재촉하며, 참견하는 게 일이었다. 어느 날은 그의 집을 고치던 인부들이 지붕 자재를 걷어내다가 발견한 무언가를 보고 기분이 좋아진 일도 있었다. 그가 집을 떠나 있던 몇해 전, 엄청난 벼락이 집에 정통으로 내리친 적이 있었다. 번개가 떨어지는 걸 목격한 이웃들은 분명 불이 났을 거라 생각하고 급히 달려와, 집에 있던 사람들이 무사한지 살피고 불을 끄려 했다. 그러나 불은 없었다. 안에 있던 사람들도 엄청난 굉음에 좀 멍해진 것을 제외하곤 모두 무사했다. 프랭클린은 비로소 그 이유를 알게 되었다. 그는 자신에게 피뢰침, 전도체 등에 관한 최신 연구를 보내온 한 이탈리아 과학자에게도 이 번개 이야기를 설명했다. "피뢰침을 철거하려고 내려보니, 원래 길이가 23센티미터에 가장 두꺼운 지름이 8.5밀리미터였던 구리 부분이 거의 다 녹아 없어지고 그 흔적만 겨우 쇠막대에 묻어 있더군요. 발명자가 드디어 자기 발명 덕을 좀 본 셈이지요."

그러나 이 발명가는 구리와 쇠만 믿고 있을 생각은 없었다. 새로 집을 지으면서 이번 기회에, 오랜 세월 품어온 화재 예방에 대한 관심을 마음껏 충족시킬 수 있었다. 프랭클린은 보스턴에서 큰불이 났다는 소식을 듣고 제인 미컴에게 이렇게 썼다. "올해 너희 마을이 화재로 피해를 당한 것이 참으로 안타깝구나. 사람들이 매일 불을 쓰고 살아야 하는데도 굳이 불에 잘 타는 집을 짓는 걸 보면 참 비이성적인 존재들처럼 행동한다는 생각이 든단 말이다. 그래서 이번에 새로 지은 집에는 보통은 잘 하지 않는 몇가지 예방책을 적용해봤단다. 이를테면 목조 구조물이 방마다 연결되지 않게 했고, 바닥 전체는 물론 계단의 디딤판까지도 나무판 밑에 석고를 바짝 발라 두었지. 들보 아래 대어놓은 윗가지까지 말이다. 또 지붕으로 나갈 수 있게 들창도 달았단다. 이제 옆집에 불이 나면 지붕에 올라가 우리 집 지붕널에 물을 끼얹기만 하면 된다."

마켓스트리트 대로변에 짓는 집 중 하나는 외손자 베니 베이치가 대학을 마치고 차릴 인쇄소 자리로 쓸 생각이었다. 베니는 십중팔구 할아버지와 함께 그 공사 현장을 감독했을 것이고, 두 사람은 필시 도시 내 경쟁업자들의 장단점을 따져보며 새 인쇄소의 사업 전망을 상의했을 것이다. 어쩌면 훗날 베니가 발간할 신문에 대해서도 의견을 주고받았을 수도 있다.

한편 장손이 지내는 모습은 멀찌감치서 지켜보았다. 템플은 뉴저지에 있는 아버지의 옛 농장에 주로 가 있었고, 프랭클린은 그에게 늘 격려와 조언이 담긴 편지를 보냈다. 한번은 실용주의적인 교육자답게 손자에게 목초지에 석고*를 뿌려보라고 권한 모양이다. 심지어 '이 밭은 석고를 뿌렸다'라는 글자 모양으로 뿌리게 해서, 풀이 다 자랐을 때는 그 글자 부분만 더 크고 무성하게 자라 그곳을 지나는 이들이 농경학의 교훈을 눈으로 확인할 수 있었다.

곧 드러나지만, 템플은 흙에 마음이 없었다. 프랭클린은 라파예트에게 손자가 "농사로 소일하며 지낸다"라고 썼다. 사실 프랭클린은 템플을 공직의 길로 키운 것이 못내 마음에 걸렸다. 대륙회의마저 손자를 위해 자리하나 마련해달라는 프랭클린의 청을 들어줄 마음이 없어 보이자, 죄책감은 더욱 커졌다. 게다가 프랭클린은 자신은 평생 도시에서 살았지만, 나이가 들수록 농업이야말로 덕이 무한히 샘솟는 원천이라고 여기게 되었다. 그는 라파예트에게 이렇게 덧붙였다. "나는 손자가 공직에 대한 미련은 다 버

---

* 비료

리고 농사를 업으로 삼아 제대로 해봤으면 좋겠네. 내 생각엔 농업이야말로 가장 명예로운 일이거든. 그 어떤 직업보다도 독립적으로 일할 수 있으니까." 그러나 젊은이에게도 자기만의 길이 있는 법이다. "아마도 그 녀석은 파리 같은 세련된 유럽 도시들을 여전히 그리워하는 눈치일세."

자기 집의 증축 공사가 마무리되자 그는 새로 생긴 방들을 입맛에 맞게 꾸몄다. 서재에는 천장까지 닿는 책장을 들여놨다. 이제는 예전만큼 몸이 날렵하지 않으니 의자나 사다리를 쓰지 않고도 높은 책장에서 책을 꺼낼 수 있도록 집게가 달린 기계 팔도 고안했다. 또 다른 방에는 특이하게도 신발 모양으로 만든 구리 욕조를 설치하고, 그 안에서 뜨거운 물에 몸을 한참 담근 채 결석 통증을 달래곤 했다. 한 손님은 이렇게 전했다. "그분은 '신발 욕조'의 뒤꿈치 부분에 앉아 신발등 안으로 다리를 뻗고는 한참을 앉아 한가로이 즐기곤 했다. 신발등 위에는 책을 고정하는 받침까지 만들어져 있었다(펜실베이니아 정치에 대한 곱지 않은 시선과 우스꽝스러운 유머 감각을 둘 다 갖고 있었던 이 손님은 프랭클린이 행정평의회 의장으로 선출된 것을 두고 이렇게 비꼬았다. '그가 그 직책을 수락한 것만 봐도 노망이 났다는 확실한 증거다. 하지만 역사화의 훌륭한 소재는 될 수 있지 않겠나. 평의회 회의 의장석에서 프랭클린 박사가 슬리퍼 욕조 안에 앉아 있어 있는 광경이라니!')."

프랭클린은 자신이 복 받은 사람이라고 생각했다. 그는 폴리 휴슨에게 이렇게 썼다. "내 가족이 모두 건강하게 지내고 살림 형편도 괜찮고, 또 이곳 사람들에게 존중받는다는 걸 알게 되었다네." 젊은 시절의 벗들은 거의 다 세상을 떠났지만, 프랭클린은 그 벗들의 자식, 손주들과 어울리며 즐거움을 찾았다. "공적인 일거리만으로도 권태로울 틈이 없건만, 여기에 담소나 책, 정원, 크리비지 카드놀이 같은 것들이 내게 사적인 즐거움을 보태준다네." 그는 친구들과 느긋하게 카드놀이를 즐겼다. 그러면서도 이따금 너무 한가롭게 지내는 것은 아닌가 싶어 마음 한구석이 찔릴 때도 있었다. "그럴 때면 또 다른 마음 한구석이 나를 달래주며 속삭인다네. '영혼이 불멸이라는 걸 이미 알고 있지 않은가? 그런데 그 하잘것없는 시간을 뭘 그리 아까워하는가? 그대 앞에 놓인 영원이 전부 다 그대의 것인데!' 그러면 나는 또 홀딱 설득당한다네. 다른 이성적인 존재들처럼 내 하고 싶은 대로 해도 된다고 허락해주는 아주 사소한 구실 하나만 있으면 족하지. 그러면 다시 카드를 섞고 새 판을 시작한다네."

29장 황혼에 떠오르는 해

1786~1787

　　프랭클린은 영국인 친구들과 서신을 주고받으며, 미국이 독립 후 혼란에 빠졌다는 온갖 보도를 반박하는 데 온 힘을 기울였다. 영국인들은—이유야 뻔하지만— 버르장머리 없는 사촌들이 버르장머리 없이 굴다가 결국 뼈저리게 후회하고 있다더라는 내용의 기사를 즐겨 읽었다. 그래서 영국 신문에는 그런 이야기들이 끊이지 않았다. 프랭클린은 이런 이야기에 꾸준히 반박했다. 그는 1786년 가을에 보낸 수많은 편지 가운데 하나에 이렇게 썼다. "그대들의 신문들은 우리 착한 존 불*의 비위를 맞추려고, 우리가 그와 결별한 뒤로 몹시도 비참해졌다는 식으로 이곳 사정을 섬뜩하게 묘사하고 있더군. 하지만 내가 몇 가지 사실을 알려줄 테니, 자네가 직접 판단해보게. 우리 국민 대다수인 농민들은 풍년을 맞았네. 수확한 농산물은 높은 값에,

---

* 　영국 국민을 의인화한 별명

그것도 현금으로 팔리고, 예컨대 밀값만 해도 부셸*당 8실링 혹은 8실링 6펜스에 거래되지. 노동자들도 다들 일자리가 있고 높은 임금을 받으며 잘 먹고 잘 입고 있다네." 필라델피아는 날로 번창했고, 주 곳곳에 작은 마을들이 계속해서 생겨나고 있었다. "법치가 서 있고, 정의가 공정하게 집행되며, 재산권은 세계 어느 나라 못지않게 안전하지. 황무지로 남아 있던 땅은 날마다 새로운 개척자들에게 팔려나가고, 우리 개척지는 서쪽으로 하루가 다르게 쭉쭉 뻗어나가고 있다네." 영국의 독점이 깨지면서 유럽산 물건들도 그 어느 때보다 저렴해졌다. 프랭클린은 펜실베이니아에 대해 자신이 직접 본 사실을 전하고, 이어 다른 주에 대해 이렇게 덧붙였다. "매년 7월 4일, 모든 신문마다 독립선언서의 서명을 기념하는 성대한 축제 소식을 앞다퉈 보도하는 걸 보면, 아무리 생각해도 혁명에 불만을 품은 주는 하나도 없다는 확신이 드네."

반면 미국 독립에 한결 우호적이었던 프랑스 친구들에게는 프랭클린도 좀 더 속내를 드러냈다. "처음 짜낸 정부 구상이나 설계에 결함이 있다 한들 놀랄 일은 아니지. 오히려 그것이 만들어진 시대와 상황을 생각해보면, 흠이 이렇게나 적다는 사실이 놀랍지 않은가." 파시에서 알게 된 두 신부에게는 이렇게 전한다. "우리의 나랏일은, 그토록 큰 격변을 겪은 것치고 이 정도면 괜찮다 싶은 만큼은 잘 돌아가고 있습니다. 나라 곳곳에서 사소한 혼란이 일어나긴 했지만 그때그때 수습하며 날마다 바로잡아 나가고 있지요. 그래서 나는 머지않아 모든 것이 제자리를 찾으리라 믿어 의심치 않습니다." 그러고는 이전에도 여러 차례 강조했던 바와 같이, 모든 것은 미국인의 성품에 달려 있다고 의미심장하게 덧붙였다. "유덕한 백성만이 자유를 감당할 수 있는 법이지요."

---

*　부피 35리터

'자유에는 덕성이 필수'라는 프랭클린의 주장에 이의를 제기하는 미국인은 거의 없었다. 그러나 미국이 그 필수조건을 실제로 갖췄는지에 대해서는 이제 많은 이들이 의문을 품기 시작했다. 전쟁이 끝나기 전부터도 이미 불안한 조짐들이 모습을 드러내고 있었다. 1783년 3월, 뉴욕주 뉴버그에 있던 워싱턴 장군 진영에서 불만을 품은 장교들 한 무리가 들고 일어났다. 이들은 연합회의*를 군사력으로 압박해 밀린 급여와 연금을 받아내겠다고 위협했다. 심지어 연합회의 내부에도 이들을 은근히 부추긴 자들이 있었다. 이 음험한 공모자들은 군 장교들의 불만을 이용해 각 주의 권한을 빼앗고자 했다. 연합회의가 군인들에게 급여를 지급하지 못하는 근본 원인이 바로 그들 '주'에 있었기 때문이다.

조지 워싱턴도 부하들의 불만과 좌절을 충분히 이해했다. 실제로도 여러 차례 그런 공감을 드러냈었다. 하지만 아무리 그래도 민간 정부를 군사력으로 압박한다는 발상은 머릿속에 떠올리는 것조차 용납할 수 없었다. 그는 장교들을 불러 모아 그 계획을 중단하라고 말하며 호통쳤다. "이 얼마나 법도에 어긋나는 일인가! 이 얼마나 군인답지 못한가! 모든 질서와 규율을 송두리째 뒤엎는 일이 아닌가!" 워싱턴은 그 음모의 배후에 숨어 있는 "가장 간악한 흉계"와 "가장 음험한 속셈"을 단호히 꾸짖었다. 지금 이 자리의 모든 이들이 온갖 고난과 위험을 감내하며 지켜온 바로 그 미국 정부를 거스르다니, 그것은 "우리가 정당하게 쟁취한 영광에 먹칠을 하고, 전 유럽에서 불굴의 용기와 애국심으로 칭송받는 우리 군의 명예를 더럽히는 짓"이 될 터였다. 그는 부하들에게 불충한 생각은 모두 버리라고 촉구하는 동시에—사실상 명령하듯— 예언했다. "오늘 그대들이 품위 있게 행동한다면 후세는 그대들이 인류에 보여준 영광스러운 본보기에 대해 이렇게 말할 걸세. '만약 그날이 없었다면, 세상은 인간 본성이 어디까지 완성에 이를 수

---

*   대륙회의 후신

있는지, 그 마지막 경지를 결코 보지 못했을 것이다'라고." 워싱턴은 장교들을 단체로 모아놓고 연설하는 경우가 드물었지만, 이날만큼은 타고난 연설가의 면모를 보였다. 마지막으로 그는 군의 어려운 처지에 공감하는 한 연합회의 의원의 편지를 꺼내 읽으려 했으나, 잠시 멈추고는 주머니에서 안경을 꺼냈다. "신사 여러분, 내가 안경을 쓸 테니 양해해주시게. 조국을 섬기다 보니 머리칼만 센 게 아니라 눈도 거의 멀고 말았소." 그런 지도자 앞에서 버틸 수 있는 사람은 아무도 없었다. 훗날 한 장교의 회상에 따르면, 그날 워싱턴의 연설에 "많은 장교들의 눈시울이 뜨거워졌다".

이로써 뉴버그 음모는 흐지부지되었지만, 그 밑바탕에 깔려 있던 일부 정서, 특히 군 장교들이 민간 관리들보다 도덕적으로 우월하다는 생각은 쉽게 사라지지 않았다. 대륙군 장교단은 자신들이 전쟁에서 세운 공훈을 기리겠다며 '신시내티협회'라는 세습적 단체를 조직했다. 워싱턴도 처음에는 이 협회가 해로울 것 없다고 여겨 그 회장직을 수락했다. 그러나 협회 바깥에서는 이런 단체가 장차 정치에 영향력을 끼치려 할 것이라고 우려했다.

프랭클린은 이 조직을 "세습 기사단"이라 부르며 가차 없이 조롱했다. 그것은 미국 국민에 대한 모욕이었다. 민중들이 지금까지 법적으로도 정서적으로도 반대해온 것이 바로 그런 귀족계급과 온갖 칭호를 수여하는 일이었다. 게다가 명예를 세습한다는 다른 모든 제도와 마찬가지로, 이 협회도 본말을 전도하고 있었다. "명예란—이를테면 우리 장교들처럼 정당하게 쟁취한 경우— 본질적으로 **개인의 것**이며, 그것을 얻는 데 직접 한몫한 이들 말고는 누구에게도 나눠주거나 물려줄 수 없다." 만약 명예를 가문에 귀속시켜야 한다면, 자식 세대로 내려줄 게 아니라 부모 세대로 **올려주는** 것이 마땅했다. 선행을 쌓은 사람의 부모는 자식의 전반적 양육과 교육을 맡아온 만큼 자식의 선행에 대해 얼마간의 공을 나눠 가지는 것이 논리적으로도 타당했다. 그러나 선행을 한 이의 자녀는 무슨 근거로 그 공덕을 나눠

받을 수 있다는 것인가. 게다가, 설령 명예를 후대에 물려준다는 원칙을 인정한다 해도, 출산의 산술법 때문에 그것의 적용은 갈수록 터무니없어진다. "가령 한 '남자'의 아들은 남자 가문의 절반에 불과하고, 나머지 절반은 아내의 가문에 속한다. 그 아들 역시 다른 집안과 혼인하면, '남자'로부터 손자에게 이어지는 몫은 고작 4분의 1에 불과하다." 그런 식으로 8대, 10대쯤 내려가다 보면 "합리적으로 추정해도 그사이에 온갖 불량배, 바보, 왕당파, 악당, 매춘부들이 뒤섞이게 마련이니", 원조 신시내티 기사의 공로는 알아볼 수 없을 정도로 희석되고 만다.

신시내티협회를 반대하는 데에는 다소 엉뚱한 이유도 있었다. 그 단체가 흰머리수리를 상징으로 삼자, 프랭클린은 그 점을 문제 삼았다.

흰머리수리는 도덕성부터 엉망일세. 정직하게 먹고살 줄을 몰라. 그 녀석들이 강가 고목에 앉아 있는 걸 너도 봤을 게다. 너무 게을러 직접 물고기를 잡을 생각은 않고 물수리가 사냥하는 모습을 지켜보는 게지. 그러다 이 부지런한 새가 마침내 물고기를 낚아서 짝과 새끼들이 기다리는 둥지로 가져가려 하면, 그제야 달려들어 사냥감을 가로채버리지. 그렇게 항상 나쁜 짓을 해도 형편은 전혀 나아지지 않아서, 마치 인간들 중에서 사기와 도둑질로 연명하는 놈들처럼 늘 가난하고 지저분하기 일쑤지. 게다가 겁쟁이 중의 겁쟁이라서, 겨우 참새만 한 왕새kingbird가 작정하고 덤벼들면 영역 밖으로 쫓겨나는 일이 예사야. 그런 새가 용감하고 정직한 신시내티협회의 상징이라는 건 도무지 말도 안 되는 일이지. 그들이야말로 우리나라에서 온갖 '왕' 자 붙은 새들을 다 몰아낸 사람들이 아닌가.

차라리 칠면조였다면 모를까. 적어도 칠면조는 흰머리수리보다 훨씬 정직하고 게다가 순수한 '미국산'이었다. "물론 칠면조가 좀 잘난 체하고 우스팡스러운 구석이 있는 건 사실이지만, 그렇다고 상징으로 나쁠 건 없네. 워낙 용감한 새라서, 붉은 군복 차림의 영국 근위병이 제 안마당을 침범하면 가차 없이 달려들어 공격할 테니까."

많은 이들이 프랭클린의—'칠면조' 주장까지는 아니더라도— 신시내티 협회에 대한 비판에 공감했다. 결국 워싱턴이 재고 끝에 회장직을 사임하자 협회도 금세 김이 빠져 흐지부지되고 말았다. 그러나 전쟁으로 인한 군사화의 후유증은 미국 사회의 여러 다른 측면에서도 나타나고 있었다. 연합회의를 프린스턴으로 내몰았던 필라델피아 의사당 포위 사건은, 미국 사회에 여전히 폭력에 기대려는 체질이 남아 있음을 보여주는 사건이었다. 더 충격적인 사례는 매사추세츠에서 나타났다. 전쟁으로 인한 무역 붕괴가 매사추세츠주 전체에 타격을 입힌 탓이었다. 영국령 서인도제도가 미국 상선의 입항을 금지하자, 프랭클린이 어린 시절 어슬렁거리던 부두에서도 출항하는 배의 수가 급격히 줄었다. 같은 이유와 그에 얽힌 여러 요인으로 조선업 역시 침체에 빠졌다. 그중에서도 농민들이 직격탄을 맞았고, 특히 서부 농민들은 그 피해가 더욱 컸다. 30년 전 토머스 허친슨과 손잡고 지폐 발행을 막아섰던 그 건전화폐 옹호 세력이 이번에도 지폐 발행을 반대했고, 한 술 더 떠 매사추세츠가 전쟁 부채를 서둘러 갚아야 한다고 주장했다. 그 상환 수단은 바로 토지세였다. 당연히 농민들에게 가장 큰 부담이 되었고, 지금은 그 세금이 절반 이상 인상된 상태였다. 한편 농산물 가격은 폭락했다. 예전에는 서인도제도로 실려가던 곡물들이 이제는 구매자가 없어 시장에 남아돌았다. 세금은 오르고 농산물 가격은 떨어지고, 농민들은 유독 자신들만 희생양이 된다고 느꼈다.

농민들은 우선 매사추세츠주 의회를 찾아갔다. 그들은 의회가 지폐를 발행해 경기를 살리고 물가를 끌어올려서 빚 부담을 덜어달라고 간절히 호소했다. 그것이 여의치 않다면, 채무불이행으로 인한 재산 압류를 막아줄 유예법이라도 만들어달라고 요구했다. 민중 여론에 더 귀 기울이던 하원은 농민들의 호소에 응답했으나, 보스턴의 금권 세력이 상원에서 법안을 가로막았고 곧바로 사법 기계가 돌아가기 시작했다. 차압과 경매 명령이 이어졌고, 불쌍한 채무자들은 땅, 농기구, 집, 심지어 가구와 옷가지들까지 빼앗겼다.

그 불운한 채무자들 가운데 한 사람이 바로 대니얼 셰이스, 전쟁에서 대위로 복무한 서른아홉 살의 참전 용사였다. 셰이스는 자신과 동료들이 영국의 온갖 압박에도 끝내 파산하지 않고 버텨냈던 일을 생각했다. 런던도 하지 못했던 일을 왜 보스턴이 하려 하는가. 그는 도무지 납득할 수 없었다. 그는 비슷한 처지에 있는 사람들 수백 명을 불러 모았고, 1786년 8월 말에는 1000명에 달하는 세력이 되었다. 반란자들은 노샘프턴카운티에서 무력으로 '정의'를 새로 세웠다. 즉, 법정을 폐쇄해 채무자들이 더 이상 기소당하지 않도록 막아버린 것이다. 코네티컷강 유역에서 버크셔 산기슭까지 인지세 저항과 보스턴차사건의 메아리가 되살아 퍼져나가는 듯했다.

그러나 이번에는 사정이 달랐다. 이른바 '존경받는 여론'이 봉기 세력에 등을 돌렸다. 스프링필드의 한 상인은 셰이스 무리를 가리켜 "미치광이 떼"라고 불렀다. 애틀버러의 한 상인도 "민중의 광기와 발악"을 비난했다. 사우샘프턴의 한 채권자는 "이 폭도의 압제보다 차라리 군주제가 낫다"라고 외쳤다. 매사추세츠 주지사 제임스 보든도 경고하고 나섰다. 이번 봉기가 "가장 치명적이고 해로운 결과"를 내포하고 있으며, 잠재적으로 "전면적 폭동, 무정부 상태, 혼란을 불러와 결국 절대적 전제정치로 귀결될 수 있다"라는 것이었다. 보든은 "생명, 자유, 재산"이라는 독립혁명의 이상을 명분으로 내세우고 대신 자유보다는 재산에 훨씬 더 무게를 두어, 반란군을 진압할 민병대를 출동시켰다.

셰이스 및 전투로 단련된 그의 동지들은 겁먹지 않았다. 무엇보다 민병대 다수가 주지사의 명령에 따르기를 거부했기 때문이다. 1786년 가을 사이 반란군 세력은 눈에 띄게 불어났고, 급기야 스프링필드의 연방 무기고를 공격하겠다고 위협했다. 이에 보든은 추가 병력을 급파했다. 뒤늦게 놀란 연합회의도 헨리 녹스 장군이 반란 진압을 위해 소규모 연방군을 편성하도록 긴급히 승인했다.

미국의 자유가 태어난 요람이자 모든 식민지 가운데 가장 애국적이었던 매사추세츠가 내전으로 무너져 가는 모습을 지켜보며 온 나라는 공포에 빠졌다. 조지 워싱턴도 저 멀리 버지니아의 자택 마운트버넌에서 사태를 지켜보며 경악을 금치 못했다. 그는 녹스 장군에게 이렇게 썼다. "오, 하나님! 토리파가 아니고서야, 영국인이 아니고서야 누가 이런 사태를 예상이나 했겠는가!" 미국인들은 자신들의 국민성이 영국보다 더 우월하다고 자부해 왔다. 그러나 현실의 사태는 그런 주장을 여지없이 무너뜨렸다. "미국의 덕성을 아무리 내세운다 한들, 우리는 이미 온갖 사악하고 비열한 것에 깊이 빠져버렸다네." 당장은 매사추세츠만 무정부 상태로 치닫고 있었지만, 곧 다른 주들도 뒤따를 수 있었다. 워싱턴은 이렇게 경고했다. "불쏘시개는 어느 주에나 있네. 불씨 하나면 언제든 불길이 치솟을 걸세."

셰이스의 반란으로 미국인들은 좀 더 힘 있고 적극적인 중앙정부의 필요성을 인식하게 되었다. 물론 녹스 휘하의 연합군이 반란 진압에서 사실상 힘을 못 쓰기도 했지만, 이번 봉기는 주 정부가 소규모 무장 세력의 위협에도 얼마나 취약한지를 여실히 드러냈다. 고대부터 공화정에 대한 반대 논리는 늘 같았다. 그것이 결국 민주정—단순히 국민의 이름으로 통치하는 체제가 아니라 국민들이 직접 통치하는 체제—으로 퇴보하게 된다는 것이었다. 그리고 민주정은 다시 무정부 상태로 타락하는데, 이는 국민이 스스로를 통치할 능력이 없기 때문이었다. 매사추세츠 무정부의 이름이 바로 대니얼 셰이스였다. 그가 일깨운 교훈은 분명했다. 미국의 공화정이 속히 예방책을 마련하지 않는다면, 스스로 무너질 수 있다는 것이었다.

공화정의 체면을 구기는 다른 사건들도 이런 불안감을 증폭시켰다. 파리조약이 체결된 지 3년이 지났건만, 영국은 여전히 북서부 요새에서 버티고 있었다. 미국이 전쟁 전의 채무와 충성파 처우 문제에 대한 약속을 지키지 않았다는 것이 그 명분이었다. 설사 그 주장이 사실이더라도 미국에 덜 치욕적인 것은 아니었다. 채무 문제가 사소하다는 건 아니지만, 영토 문제는 국가주권의 핵심을 정면으로 건드리는 사안이었다. 한편 스페인은 미국 남서부 변경에서 은밀히 획책을 꾸미고 있었는데, 그 속셈이 무엇인지는 몰라도 결코 좋은 일일 리 없었다. 미국 내부적으로도 각 주는 무역과 항로 문제를 두고 서로 암투를 벌이며 시장을 교란하고 상업을 망가뜨리고 있다. 결정적으로 주 정부들은 중앙정부의 운영비 분담에 그 어느 때보다 소극적이었고, 그 탓에 중앙정부는 당장 멈춰 설 위기에 처해 있었다.

1786년 9월, 더 강력한 중앙정부를 지지하는 이들은 같은 뜻을 지닌 인사들을 아나폴리스로 불러 모았다. 표면상의 의제는 무역 규칙을 통일하자는 것이었지만, 그 속내는 훨씬 야심 찼다. 그러나 제임스 매디슨, 알렉산더 해밀턴을 비롯한 주최자들의 기대와 달리 열세 개 주 중 겨우 다섯 주만 대표를 파견했다. 이에 주최자들은 재빨리 머리를 굴려 회의를 산회하고, 이듬해 5월 필라델피아에서 대대적으로 회의를 소집해 훨씬 더 큰 판을 벌이기로 했다. 연합회의는 대표들에게 그 회의에서 연합규약을 손질해 "정부의 긴급 사태와 연합 보존이라는 과제를 충족할 수 있는 연합헌법을 만들라"라는 책임을 위임했다.

과연 그 소집에 누가 응할지는 그 후로도 몇 달이나 불투명했다. 연합회의는 승인은 했으나 매우 소극적이었다. 어느 정도 기대감도 있었지만, 그만큼 회의론도 팽팽했다. 이 계획을 주도한 매디슨조차 무엇이 어떻게 될지 전혀 가늠할 수 없었다. 그는 1787년 2월 말에 이렇게 썼다. "회의가 확실히 열리긴 할 것 같고, 게다가 참석자도 제법 많을 듯합니다. 하지만 그 결과가 무엇일지는 미래의 비밀에 속한 것이니 그만큼 헤아리기도 어렵지요. 일반적으로 살펴보니, 사려 깊은 이들은 새로운 체제에 대해 크게 기대하지 않더군요. 하지만 현 체제에 대해서는 훨씬 더 절망적이었습니다." 그렇다고 마냥 손 놓고 있을 수는 없었다. "현 체제는 지지자도 없고 지지를 받을 자격도 없습니다. 아주 강력한 버팀목으로 얼른 받치지 않으면, 곧 무너져 내리겠지요."

프랭클린은 매디슨보다 훨씬 오래 살아왔다. 사실상 헌법회의 대표들 가운데 극소수를 제외하면 누구보다 훨씬 연장자였다. 그리고 그는 미래를 그렇게까지 호들갑스럽게 걱정하지는 않았다. 그는 한 프랑스 친구에게 셰이스의 반란을 그저 "몇몇 무질서한 자들"의 소행쯤으로 평가하며 다음과 같이 솔직히 말했다. "나머지 주는 대체로 잘 굴러가고 있다네. 로드아일랜드와 메릴랜드에서 지폐 문제로 다소 이견이 있는 것만 빼면 말일세."

이처럼 파국이 문턱에 닥쳤다고는 생각하지 않았지만, 프랭클린은 멀리서 울리는 그 불길한 전조를 들을 수 있었다. 그는 아직 프랑스에 머물고 있던 제퍼슨에게 소식을 전하며, 자신이 아는 바로는 대표들이 모두 신중하고 유능한 인물들로 보인다고 평가했다. "이번 회의가 좋은 결실을 맺길 기대하고 있다네." 그러나 위험 또한 컸다. "만약 좋은 성과를 내지 못한다면, 그것은 오히려 해가 될 걸세. 우리가 결국 스스로를 다스릴 지혜가 없었다는 걸 세상에 알리는 꼴이 될 테고, 대중정부는 스스로 무너질 수밖에 없다는 일부 정치 이론가들의 주장에도 힘이 실릴 테니."

프랭클린은 헌법회의를 앞두고 '정치연구회'라는 모임을 꾸려, 새집 서재에서 매주 모임을 열었다. 활동 회원은 필라델피아 사람들이었지만, 외부의 여러 명망가도 명예 회원으로 영입했다. 워싱턴도 그중 한 명이었다. 그는 헌법 개정에는 찬성하는 것 같은데, 정작 앞장서는 역할에는 소극적인 것으로 알려져 있었다. 이 전직 장군은 자신이 쌓아온 숭고한 명성을 지키고 싶었고, 그래서 갈등을 불러올 만한 일에는 선뜻 관여하지 않으려 했다. 그러나 동시에 자신이 8년이나 몸 바친 대의가 다시 무너지는 것도 바라지 않았고, 의무를 저버리는 사람으로 보이는 것도 원치 않았다. 다른 사람들처럼 프랭클린도 워싱턴에게 '조국에 대한 의무가 그대를 필라델피아로 부르고 있다'며 "이번 회의가 성공하려면 장군의 참석이 그 어떤 것보다 중요합니다"라고 썼다. 워싱턴은 결국 설득에 응했다.

워싱턴이 필라델피아에 도착하자, 전쟁이 끝난 이래 가장 성대한 규모의 시민 환영식이 열렸다. 그의 옛 장교단 일부가 말을 타고 나와 그를 맞이했고, 다 함께 스쿠킬강을 건넜다. 그들이 건넌 부교는 영국군이 지었다가 철수할 때 그대로 남겨둔 뒤 지금까지 주민들이 보수하며 사용하고 있었다. 영웅이 지나가자 교회 종들이 울렸고, 도시의 유력 인사들은 앞다퉈 그의 환심을 사려 했다. 결국 그 영예는 로버트 모리스가 차지했다. 모리스 부부는 마켓스트리트와 6번가 교차로 동쪽에 있는 저택으로 그를 초대했다. 모리스의 저택만 보더라도 이 재정가의 사업이 얼마나 번창하고 있는지 알 수 있었다. 저택 구내에는(겨울철에 즐기는) 온실 외에도, (헌법회의 당시의 푹푹 찌는 무더위에 특히 요긴했던) 얼음 창고, 말 열두 마리를 들일 수 있는 마구간까지 갖춰져 있었다(그러나 모리스는, 한 프랑스 방문객의 표현을 빌리자면, "런던의 그 어떤 호사스러운 상인들도" 저리 가라 할 만큼 호화로운 생활에도 만족하지 못하고, 서부의 땅 투기에 손을 댔다가 전 재산을 잃고, 바로 이 저택에서 울부짖는 소리가 닿을 만큼 가까이 있는 채무자 감옥에서 3년을 보내게 된다).

워싱턴은 도착하자마자 프랭클린을 찾아가 인사를 하고, 다음 날 저녁 만찬을 위해 다시 그의 집을 찾았다. 다른 대표들도 그 뒤를 따랐다. 프랭클린의 새 식당은 스물네 명을 앉힐 수 있었지만, 그는 아마 더 크게 지었으면 하고 바랐을 것이다. 미국 땅에 있는 현자이자, 펜실베이니아의 주지사로서 자연히 헌법회의의 주최자가 된 프랭클린을 모두가 꼭 만나고 싶어 했기 때문이다. 5월 18일 금요일, 그는 자신에게 흑맥주 한 통을 보내준 런던의 한 양조업자에게 이렇게 썼다. "지금 이곳에서는 프랑스 사람들이 윈 아쌍블레 데 노타블(명사회)이라 부르는 모임이 열리고 있소. 우리 연합국의 여러 주에서 온 주요 인사들이 모인 회의지요. 영광스럽게도 지난 수요일 우리 집에서 그분들과 만찬을 함께했다오. 마침 그대가 보내준 술통을 열었더니 다들 술맛이 훌륭하다며 화기애애하게 술잔들을 비웠지요."

이렇게 흥겨운 분위기 속에서도 헌법회의는 엄숙한 과업에 착수했다. 의장 자리를 두고 진지하게 거론된 이는 단 두 사람, 프랭클린과 워싱턴뿐이었다. 프랭클린은 워싱턴에게 양보했다. 아마도 자신의 건강상태로는 매일매일의 회의를 감당하지 못할 거라는 걱정 때문이기도 했겠지만, 또 한편으로는 워싱턴 같은 위대한 장군의 권위가 뒷받침되어야 이 대업이 가장 높은 확률로 성공할 수 있으리라는 확신 때문이었다(워싱턴이 일개 인간의 경지를 뛰어넘었다는 인식은 이미 전설처럼 퍼져 있었다. 몇몇 대표들이 이 현상을 두고 이야기를 나누던 중, 쾌활하고 붙임성 좋은 펜실베이니아 대표 거버너 모리스가 '다들 그렇게 생각하니까 그렇게 보이는 것뿐'이라는 의견을 냈다. 그러자 알렉산더 해밀턴이 모리스를 도발했다. "그렇다면 다음 만찬 모임에서 장군의 어깨를 찰싹 두드리며 이렇게 말해보시오. '존경하는 장군님, 이렇게 건강해 보이시니 정말 기쁘군요!' 그럼 내가 의원님과 친구 열두 명에게 저녁 식사와 와인을 대접하리다." 모리스는 내기를 받아들이고, 해밀턴이 요구한 대로 실행했다. 그러자 워싱턴은 모리스의 손을 즉시 어깨에서 떨쳐내고 한발 물러서더니, 화가 난 듯 찡그린 얼굴로 모리스를 노려봤다. 결국 '선을 넘은 자'는 당황해 물러날 수밖에 없었다. 해밀턴은 약속대로 값을 치렀지만, 식사 자리에서 모리스는 이렇게 말했다. "내가 내기에는 이겼지만, 대가가 너무 컸소. 다시 하라면 억만금을 준다 해도 못 할 겁니다").

프랭클린이 모든 회의에 참석할 수 있을까 했던 걱정은 기우가 아니었다. 요즘 그의 이동 수단은—이동**한다** 해도 아주 제한적이었지만— 가마였다. 양쪽을 장대로 받친 의자로, 프랑스에서 가져온 것이었다. 월넛스트리트 감옥의 죄수 네 명이 가마를 어깨에 메고 날라주었는데, 그들이 천천히만 걸어주면 프랭클린의 결석도 그를 심하게 괴롭히지는 않았다. 가마에는 덮개와 유리창까지 달려 있었지만, 비바람을 막기엔 역부족이었다. 헌법회의 개회식 날 폭우가 쏟아지자 프랭클린은 결국 집에 머물러야 했다. 사실 그는 직접 참석해 워싱턴을 의장으로 추대할 계획이었으나, 그 역할은 펜실베이니아 대표단이 대신 맡았다. 그럼에도 그 제스처는 크게 존경받았다. 제임스 매디슨은 이렇게 기록했다. "워싱턴 장군의 추대가 펜실베이니아에서 나왔기에 더욱 영예로웠다. 유일하게 경쟁자로 거론될 수 있는 프랭클린 박사의 뜻이었으니까."

헌법회의가 열리기 전까지만 해도 대부분의 대표들은 프랭클린을 소문으로만 알고 있었다. 오랫동안 미국을 떠나 있었던 탓에 그는 다소 수수께끼 같은 인물이 되어 있었다. 사람들은 그가 실제로 그 모든 존경과 찬사를 받을 만한 인물인지, 아니면 소수의 악평대로 정말 나쁜 사람인지 궁금해했다. 조지아주의 대표 윌리엄 피어스는 프랭클린에 대한 인상을 기록으로 남긴 소수의 대표 중 한 사람이었다.

프랭클린 박사는 이 시대 최고의 철학자로 널리 알려져 있다. 그는 자연의 모든 이치를 다 알고 있는 것처럼 보인다. 하늘조차 그의 말에 따르고, 구름은 자기 번개를 내려 그의 피뢰침에 붙들리게 한다.
그러나 정치가로서 어떤 자격을 갖추었는지는 결국 후대가 판단할 일이다. 분명한 것은 그가 공적인 회의 자리에서는 별로 빛을 발하지 못한다는 점이다. 그는 타고난 연설가도 아니고, 정치에 특별히 더 마음을 쏟는 것 같지도 않다.
그럼에도 그는 참으로 특별하고 놀라운 인물이다. 그가 이야기를 들려주는 솜씨에 나는 평생 처음으로 온 마음을 사로잡혔다. 그의 인물평은 전기작가가 마무리할 일이다. 그는 여든둘(실제로는 여든 하나)이지만, 활발한 정신력만큼은 스물다섯 청년에 뒤지지 않는다.

프랭클린은 자신이 웅변가와는 거리가 멀다는 사실을 누구보다 먼저 인정했을 것이다. 언변에서 둘째가라면 서러울 쉰다섯 명의 정치가들 속에서 그는 기꺼이 다른 이들에게 연설의 짐을 맡겼다.

사실상 그는 **자신이** 해야 할 말까지도 다른 이들에게 맡겼다. 회의 초반부터 주최자들의 의도는 분명히 드러났다. 이들은 연합규약을 단순히 고치는 것이 아니라 아예 새로운 헌장을 만들어내려는 것이었다. 버지니아 대표들, 특히 매디슨과 에드먼드 랜돌프가 그동안 바쁘게 준비를 끝내고, 회의 사흘째에 랜돌프가 중앙정부에 대한 포괄적인 구상을 공개했다. 이른바 '버지니아 플랜'의 핵심은 강력한 양원제 입법부였다. 하나는 국민이 직접 선출하고*, 다른 하나**는 각 주가 추천한 후보들 가운데 '하원'이 다시 뽑는 방식이었다. 연방 입법부는 행정부와 사법부를 지명할 권한을 가지며, 자기 권한을 침해하는 주 법률에 대해 거부권까지 쥐게 되어 있었다.

프랭클린은 펜실베이니아는 계속 단원제로 가길 원했고, 미국 전체에도 그것이 더 낫다고 생각했다. 또한 행정부에 대해서도 한 명의 대통령이 아닌 펜실베이니아식의 행정평의회 제도를 더 바람직하다고 여겼다. 그러나 그의 첫 연설은 다른 주제였다. 바로 행정부 공직자의 보수 지급 문제였다. 그는 자기 기억력이 예전 같지 않아서 발언 내용을 글로 적어왔다고 설명하며 양해를 구했다. 그러자 펜실베이니아 대표단의 제임스 윌슨이 대신 읽겠다고 나섰고, 프랭클린도 흔쾌히 맡겼다.

프랭클린의 제안은, 집권자가 한 명이든 여러 명이든 필요한 경비를 보전해주는 것 외에는 급여를 지급하지 말자는 것이었다. 그는 이렇게 주장했다. "인간사에 강력한 영향을 미치는 두 가지 열망이 있습니다. 바로 야망과 탐욕, 즉 권력욕과 금전욕입니다. 이 두 가지는 따로 있을 때도 사람을 움직이게 하는 힘이 막강합니다. 그런데 하나의 목표를 향해 합쳐지기까지 하면

---

*   하원

**   상원

사람의 마음속에 극도로 파괴적인 영향을 미칩니다. 그런 사람들의 눈앞에 **명예와 이익**을 동시에 얻을 수 있는 자리를 내보이기만 해도, 그들은 하늘과 땅을 다 뒤집어서라도 그 자리를 차지하려 할 겁니다."

프랭클린의 발언은 영국 정치를 몸소 경험한 데서 비롯된 것이었다. 그는 야망과 탐욕의 결합이 영국의 정책을 자기파괴적인 길로 몰아넣었다고 지적했다. 미국의 존재 자체가 그 사실을 웅변해주고 있었다. 물론 단순히 공직자의 급여를 제한하는 것만으로 프랭클린이 예견한 폐해를 막지는 못할 것이다. "처음에야 적당한 수준의 봉급으로 시작할 수 있겠지요. 하지만 오래 갈 수 없다는 걸 금방 깨닫게 될 겁니다. 오만가지 이유를 내세워 봉급 인상을 요구할 것이고, 나라를 다스리는 자들에게 더 많은 돈을 주자고 나서는 무리도 늘 있기 마련이니까요."

본질적인 문제는 행정부를 유지하는 데 드는 금전적 비용이 아니라, 돈을 이렇게까지 직접적으로 정치에 끌어들이면서 치르게 될 '자유'의 비용이었다. "100명의 왕 가운데 아흔아홉 이상은 기회만 주어진다면 파라오의 본을 따르려 할 것입니다. 먼저 백성들의 돈을 모조리 거둬들이고, 그다음에는 땅을 빼앗고, 끝내는 그들과 그 자손들을 영원히 종으로 만드는 것입니다." 프랭클린은 곧바로 예상되는 반론도 짚었다. '아무도 미국에 왕을 세우자는 게 아니지 않은가(알렉산더 해밀턴이 나중에 그 비슷한 것을 세우자는 이야기를 꺼내들긴 하지만).' "물론 알고 있습니다. 그러나 인간에게는 본능적으로 왕정으로 기우는 성향이 있습니다. 때로는 그것이 귀족 지배에서 벗어나게 해주기 때문이지요. 그래서 사람들은 500명의 폭군보다 차라리 한 명의 폭군을 택하려 합니다. 또 왕정은 마치 시민들이 더 평등한 것처럼 '보이게' 만들고, 사람들은 그 겉모습을 좋아합니다. 그래서 나는—어쩌면 지나칠 정도로— 걱정이 됩니다. 이 나라 정부가 훗날 군주정으로 귀착되지 않을까 두렵습니다. 그러나 지금 우리가 세우려는 제도를 통해 그런 파국을 오랫동안 늦출 수 있다고 생각합니다. 명예직을 돈벌이 자리로 만들지 않으면, 다툼, 편가르기, 혼란의 씨앗도 아예 뿌려지지 않겠지요."

프랭클린도 자신의 제안이 유토피아적으로 들릴 수 있음을 인정했다. 사람은 누구나 일한 만큼 대가를 받아야 하니까. 그러나 그는 정중히 이견을 밝히며 그 근거를 제시했다. 영국의 각 주에 있는 주 장관은 이익은커녕 오히려 돈이 드는 자리라는 것이었다. "그럼에도 그 직무는 실제로 수행되고 있습니다. 대개는 그 주의 명망 있는 인사들이 맡아 훌륭히 수행하지요." 프랑스의 평의원도 마찬가지로 비용을 치러야 하는 자리였지만, 명망 있고 유능한 인사들이 그 명예직을 차지하려고 경쟁했다.

회의에 참석한 대표들은 이익과 무관한 애국적 봉사의 사례를 군이 바다 건너에서 찾을 필요도 없었다. 회의장 안에 바로 그 본보기가 있었다. "우리 군의 총사령관이라는 가장 중대한 직책이 8년 동안 단 한 푼의 봉급도 받지 않고 수행된 것을 우리 모두 보지 않았습니까? 그런 애국자가 우리 곁에 있습니다. 제가 더 이상의 찬사로 이 자리에서 그분을 괴롭히지는 않겠습니다." 그 힘들고 고통스러운 전쟁 중에도 그것이 가능했다면, 평화로운 시기에 기꺼이 봉사하려는 이를 찾지 못할 까닭이 있겠는가? "나는 우리나라를 더 높이 평가합니다. 이 나라에는 그와 같은 직책을 맡아 훌륭하고 성실하게 수행할 지혜롭고 선한 인재가 부족할 일은 결코 없을 것입니다."

어쩌면 프랭클린은 자신의 과거를 청중의 미래에 잘못 투영했을지도 모른다. 그는 재산을 모은 뒤에야 정치에 발을 들였지만, 이들은 젊은 나이에 이미 이 자리에 앉아 있었다. 또한 워싱턴처럼 8년간 무보수로 조국을 섬길 수 있을 만큼 형편이 넉넉한 사람도 극소수에 불과했다. 이들이 명예보다 이익을 앞세우지는 않았겠지만, 이익을 완전히 무시할 수도 없었을 것이다.

매디슨은 프랭클린의 연설에 대한 반응을 이렇게 기록했다. "그 안건은 해밀턴 대령이 재청했지만, 그는 단지 이처럼 훌륭한 제안을 위원회에 상정해놓자는 취지였다고 해명했다. 게다가 그 제안을 뒷받침하는 논거 자체에도 어느 정도 설득력은 있었다. 그러나 토론은 이어지지 않았고, 일단 보류했다가 나중에 위원들이 다시 검토하기로 했다. 다들 그 제안을 뜻깊게 다루었지만, 실행 가능성이나 실용성을 확신해서라기보다는 제안자에 대한 존경심 때문이었다."

프랭클린의 또 다른 제안도 마찬가지로 푸대접을 받았다. 회의는 한 달이 지나도록 답답할 정도로 진척이 없었다. 프랭클린은 대표들이 길잡이를 얻으려고 역사를 뒤질 만큼 뒤지고 다른 나라 정부의 사례도 볼 만큼 봤다고 지적했다. "지금껏 우리가 단 한 번도 '빛들의 아버지께' 우리의 지혜를 밝혀주십사 겸허히 의탁할 생각을 하지 않았다니, 어떻게 이런 일이 있을 수 있습니까?" 영국과의 분쟁이 시작될 무렵, 바로 이 방에 모였던 대륙회의는 날마다 신께 길을 인도해달라고 기도했다. "우리의 기도는 하늘에 닿았고, 은혜로 응답받았습니다. 그 투쟁에 참여했던 우리들 모두, 신이 주관하신 섭리의 손길이 우리를 위해 얼마나 자주 역사하셨는지 똑똑히 보았을 겁니다." 하늘의 도움이 없었다면, 대표들은 지금 이 자리에 앉아 있지도 못했을 것이고, 지금 하려는 일을 시도조차 하지 못했을 것이다. "이제 와 그 전능한 벗을 잊어버린 겁니까? 아니면 더는 그분의 도움이 필요치 않다고 감히 생각하는 겁니까?" 프랭클린은 자신이 오래 살았다고 했다. "그리고 오래 살면 살수록, 하나님께서 인간의 모든 일을 주관하신다는 진리의 분명한 증거들을 더 많이 보게 됩니다. 참새 한 마리도 주님의 허락 없이는 땅에 떨어지지 못하거늘,* 제국을 일으키는 것이 그분의 도움 없이 가당키나 하겠습니까?" 그는 성경을 인용했다. "여호와께서 집을 세우지 아

니하시면, 세우는 자의 수고가 헛되도다.* 나는 이 말씀을 진실로 믿습니다." 하늘의 도움이 없다면 이 회의가 세우는 것은 바벨탑과 다를 바 없을 것이며, 저마다의 사소하고 편협한 이익에 매여 갈라지고 말 것이다. "우리의 모든 계획은 혼란에 빠져 무너질 것이고, 우리 자신은 후세에 이르기까지 치욕과 조롱의 대명사로 길이 남을 것입니다." 그렇게 되면 인류는 이성으로 나라를 세울 수 있다는 희망을 버리고, 그 일을 전쟁과 정복에 맡겨버릴지도 모른다. 이에 프랭클린은 매 회의를 기도로 시작하고, 이를 위해 필라델피아의 성직자를 한두 명 초빙하자고 제안했다.

이 발언은 프랭클린 자신의 종교적 신념에 대한 공개적 발언 중 가장 솔직한 표현이었다(그러나 이조차도 완전히 공개적이지는 않았다. 대표들 모두가 비밀 준수 서약을 했기 때문이다). 프랭클린은 이례적으로 솔직한 말을 내놓았건만 대표들은 대수롭지 않게 여겼던 모양이다. 그의 제안은 묵살되었다. 재청까지는 얻었지만, 해밀턴을 비롯한 몇몇은 우려를 표했다. 기도를 실천하는 것이 칭송할 만하다고는 해도, 이제 와서 시작한다면 자칫 절박함을 드러내는 신호로 비칠 수 있다는 것이었다. 프랭클린은 반박했다. 과거에 의무를 소홀히 했다고 해서 앞으로도 계속 져버려도 되는 건 아니었다. 게다가 대표들이 자신들의 과업에 하나님의 축복을 구한다는 소식이 국민에게 반드시 부정적으로만 비칠 리도 없었다. 오히려 긍정적으로 받아들여질 여지도 충분히 있었다.

그러나 그의 주장은 끝내 받아들여지지 않았다. 노스캐롤라이나의 휴 윌리엄슨이 '목사를 부를 돈이 없다'고 지적하자, 에드먼드 랜돌프는 프랭클린의 제안에 수정안을 제시했다. 불과 일주일도 남지 않은 독립기념일 예배에는 설교자를 초빙하고, 그 뒤부터 회의마다 기도로 시작하자는 절충안이었다.

---

* 시편 127:1

프랭클린은 수정안을 받아들였으나, 대표들은 논의를 미룬 채 그날의 회의를 파했고, 결국 안건도 그대로 수명을 다하고 말았다. 프랭클린은 자신의 연설 원고 끝자락에 약간은 놀라움이 섞인 기록을 남겼다. "서너 명을 빼고는, 이 회의체의 모두가 기도를 필요 없는 것으로 여기다니!"

대표들 대부분은 좀 더 세속적인 문제에 정신이 쏠려 있었다. 바로 행정부의 성격이었다. 이 문제는 몇 주 동안 회의를 괴롭혔다. 논쟁의 한쪽 극단에는 워싱턴의 옛 수제자 알렉산더 해밀턴이 있었다. 그는 야심 차고 오만하며, 자신보다 못한 이들을 도무지 참아내지 못하는 성격이었다. 그의 서인도제도 출생에는 늘 의혹이 따라다녔고, 언제나 인물평에 야박한 존 애덤스는 해밀턴을 "스코틀랜드 행상의 사생아 자식"이라고까지 불렀다. 해밀턴은 작은 체구에 날렵한 몸놀림, 섬세한 이목구비까지 더해져 서른두 살의 나이보다 한층 더 앳되어 보였다. 그러나 그의 내면에 타오르는 불길은—그 불길이 자신을 겨냥하는 걸 직접 경험한 제퍼슨의 표현을 빌리자면— 해밀턴을 "혼자서도 하나의 군대와도 같은 존재"로 보이게 했다. 헌법회의에서처럼 최대한 예의를 갖출 때조차 그는 사람들에게 반감을 샀다. 윌리엄 피어스는 해밀턴이 "재능으로 정당하게 명성을 얻은 인물"임을 인정하면서도 "그의 태도는 다소 뻣뻣하고, 가끔은 참아주기 힘들 정도로 허영이 심하다"라고 덧붙여 평가했다.

해밀턴은 전쟁에서 조국을 위해 용감하게 싸워놓고도, 정치적 구상에 있어서는 여전히 영국식 체제를 뚜렷이 선호했다. 그는 회의에서도 이렇게 말했다. "나는 영국의 정부 제도야말로 인류가 만들어낸 최고의 모델이라고 믿습니다." 영국 정부의 비결은 강력한 힘에 있었고, 그 힘 덕분에 개인의 안전이 보장될 수 있었다. 영국은 인간 본성의 기본 특성을 제대로 간파했던 것이다. "모든 공동체는 소수와 다수로 나뉘기 마련입니다. 소수는 부유한 명문가 출신들이고, 다수는 평범한 민중이지요. 민중의 목소리가 곧 하나님의 목소리라고들 하지만, 이 격언이 아무리 널리 인용되고 신봉된다 해도 실제로는 진실이 아닙니다." 민중은 쉽게 흥분하고 변덕스러우며, 정작 무엇이 자기들에게 이익인지도 분간하지 못했다. "그러므로 첫째 계급이 정부 내에서 확실하고 영속적인 지분을 가질 수 있게 해야 합니다. 그들이 제2계급의 불안정을 제어할 것이며, 또한 사회 변화로 얻을 이익이 없는 만큼 언제나 올바르게 정부를 운영할 것입니다."

해밀턴은 사회 상류층이 어진 통치를 하리라 믿었기에, 행정권은 종신 임기로 선출된 단 한 사람에게 부여되어야 한다는 결론에 이르렀다. "일종의 '선출 군주제'라 불릴 수도 있겠군요." 겁쟁이들이 그렇게 부르건 말건 상관없었다. "도대체, 군주제란 게 무엇입니까? 각 주의 총독들 또한 그 성격상 군주로 보아도 무방하지 않겠습니까?" 해밀턴은 행정부 수반이 극심한 부정행위를 저지른 경우 탄핵을 허용했는데, 이런 점에서 '종신 집권자'는 군주와 구별된다고 주장했다. 그러나 그는 군주제의 기본 원칙, 즉 집권자는 국민에게 책임이 없어야 한다는 원칙을 지지했다. 그래야만 민중의 변덕스러운 욕망에 휘둘리지 않으리라는 것이었다. 앞선 발언자들은 행정부 수반의 임기를 최대한 길게 해서 대략 7년 정도를 제안했지만, 해밀턴은 그것조차 여전히 부족하다고 보았다. "집권자가 종신으로 재임하는 편이 7년 임기일 때보다 국민의 자유에 덜 위험합니다."

프랭클린의 생각은 완전히 정반대였다. 그는 해밀턴과 달리 영국 정부를 가까이에서 직접 지켜본 경험이 있었기에 그 체제를 크게 신뢰하지 않았고, 해밀턴(과 많은 이들)이 사회의 '더 나은 요소'라 여긴 계층에 대해서도 그리 확신하지 않았다. 행정권 전체를 한 사람에게 맡기는 것은 곧 화를 자초하는 일이었다. 그래, 집권자가 최선의 선의를 지녔다고 가정하자. 하지만 만약 그가 병들면 어떻게 되겠는가? 인생의 전성기에 있는 해밀턴과 다른 이들에게는 육체적 쇠약이 대수롭지 않게 여겨졌을 것이다. 그러나 프랭클린이 장담하건대, 인생은 한창때를 지나고도 한참을 더 계속된다. 집권자는 언젠가 죽을 수밖에 없다. 해밀턴은 후계자 선출 방안까지 제시했지만, 한 사람이 장기 집권했던 정부가 혼란을 피하기란 불가능했다.

게다가 사람은 판단이 제각각이어서, 집권자가 바뀔 때마다 자신만의 족적을 남기려 들 것이다. "어떤 한 집권자의 정책이 훌륭할 수도 있습니다. 그러나 후임자가 집권하면 전임자의 정책에 의견을 달리하며 그것을 바꿔버리는 경우가 허다합니다. 또한 자신의 존재를 더 드러내려는 욕심에 그 훌륭한 정책을 부정하고 새로운 구상을 내놓기도 하지요. 누구는 평화를 추구하고, 누구는 전쟁을 좋아할 수도 있습니다. 그래서 외국은 이런 정부와의 조약이나 우정을 신뢰하지 못합니다. 여러 사람이 함께 운영하는 정부가 훨씬 신뢰할 만하지요."

프랭클린이 얻은 결론은 단 하나였다. 행정권은 너무 막강한 권한이기 때문에 단 한 사람에게 맡겨서는 안 된다는 것이었다. "공공정책이 일관되게 꾸준히 이어지려면, 여러 사람에게 맡기는 것이 가장 확실한 길입니다."

결국 헌법회의는 해밀턴과 프랭클린의 주장을 절충해, 임기가 제한된 단일 집권제를 채택했다. 또 다른 쟁점—헌법제정 자체를 좌초시킬 뻔한 바로 그 문제—에서도 마침내 타협이 이루어졌다. 하지만 훨씬 더 지난한 과정을 거쳐야 했다.

버지니아 안에 따르면, 입법부의 하원은 인구에 비례해 선출되므로 버지니아처럼 인구가 많은 주는 적은 주보다 더 많은 의석을 차지하게 된다. 또한 상원은 하원에 의해 선출되기 때문에 여전히 큰 주에 유리했고, 이는 입법부 전체의 활동에도 영향을 미칠 수밖에 없었다. 큰 주의 대표들은 이것이 지극히 공정하다고 여겼다. 어차피 중앙정부의 살림살이에서 가장 많은 부담을 떠안을 쪽도 자신들이었기 때문이다.

예상대로, 작은 주의 대표들은 반발했다. 기존의 연합규약 체제에서는 모든 주가 의회에서 똑같은 표를 가졌다. 작은 주 대표들은 이 원칙을 반드시 지켜내겠다는 입장이었다. 실제로 델라웨어 대표들은 주별 동등 대표권을 훼손시키는 어떤 시도에도 절대 타협하지 말라는 지시를 받고 온 터였다. 사정이 이렇다 보니 뉴저지 대표단이 버지니아 안에 대한 대안—'한 주 한 표' 원칙을 보장하는 안—을 제시했을 때, 작은 주들은 일제히 뉴저지 깃발 아래로 결집했다.

새로 태어날 정부의 성격은 대표 방식을 어떻게 정하느냐에 달려 있었다. 주 단위 대표제가 그대로 유지된다면, 새 정부도 결국은 연합규약 체제처럼 대체로 '주의 연합정부'에 머물고 말 테고, 반대로 인구 비례대표제가 채택된다면, 새로운 정부는 국민의 정부가 되는 것이다. 주는 형식적으로는 존속하겠지만, 실질적으로는 영국의 카운티와 다름없는 존재로 전락하는 셈이다.

그것이 바로 제임스 매디슨이 지향하는 바였다. 그는 이렇게 단언했다. "어떤 이들은 주가 주권을 가진다고 주장하지만, 사실 주는 하나의 정치공동체에 불과합니다." 매디슨이 보기에 주는 주권을 가진 적이 없었다. 주권은 독립혁명 초기부터 의회(대륙회의)에 귀속되어 있었다. "현재의 주는 단지 거대한 법인에 불과합니다. 자체적으로 조례를 제정할 수는 있으나 그것도 연합규약에 어긋나지 않을 때만 효력이 있지요. 각 주는 중앙정부의 통제를 받아야 합니다. 중앙정부는 적어도 과거 영국 국왕과 의회가 가졌던 수준만큼의 통제권은 가져야 합니다."

이것은 싸우자는 말이나 다름없었고 실제로 싸움을 예고하는 발언이었다. 델라웨어 대표 거닝 베드퍼드가 목소리를 높였다. "큰 주들이 작은 주를 희생시켜 제 세력을 불리려는 속셈이 눈에 뻔히 보이지 않습니까? 그들은 자신들이 옳다고 굳게 믿고 있겠지만, 단지 이익에 눈이 멀었을 뿐입니다." 베드퍼드는 큰 주가 작은 주들에게 "독재적 태도"를 취하고 있으며, 마치 작은 주들이 없어도 자기들끼리 정부를 세울 수 있다는 듯 위협하고 있다고 비난했다. 그는 경고했다. "만약 그들이 그렇게 나온다면, 작은 주들은 더 명예롭고 더 믿을 만한 외국 동맹을 찾아 그들과 손을 맞잡고 정의를 실현할 겁니다."

베드퍼드의 위협은 오히려 거버너 모리스의 날 선 반격을 불렀다. 모리스는 큰 주들이 그런 분리주의적 언사를 좌시하지 않을 것이라고 단호히 못 박았다. "이 나라는 반드시 통합되어야 합니다. 말로 안 되면, 칼로써 하나가 될 것입니다." 모리스는 한층 더 목소리를 높였다. "내전이 부르는 참상은 차마 말로 다할 수 없습니다. 심지어 그 끝은 내전이 진행 중일 때보다 더 끔찍할 것입니다. 강한 쪽은 약한 쪽을 반역자로 몰 것이고, 칼이 시작한 일은 교수대와 올가미가 마무리하게 될 테니까요."

바로 이런 신랄한 대립 때문에 프랭클린은 신의 도움을 구하자고 했던 것이다. 그러나 그 제안은 승인되지 않았고, 프랭클린은 결국 직접 나섰다. "갈등의 초점은 두 가지입니다. 비례대표제를 택하면 작은 주들은 자유를 잃을 거라 주장하고, 주 단위 대표제가 시행되면 큰 주는 자신들의 재정이 위태로워진다고 합니다." 이제 타협할 때였다. "널찍한 탁자를 만들려는데 널빤지의 모서리가 맞지 않으면, 목수는 양쪽을 조금씩 깎아내어 이음새를 맞춥니다. 여기서도 마찬가지입니다. 양쪽 모두 자신의 요구를 조금씩 덜어내야, 서로의 뜻에 어느 정도 부합하는 목적을 이룰 수 있을 것입니다."

그에 따라 프랭클린은 회의에 다음과 같은 동의안을 제시했다.

각 주의 의회는 동등한 수, 즉 'n명'의 대표를 선출해 파견한다. 이들은 중앙 의회의 제2원*을 구성한다.

프랭클린의 동의안을 토대로 곧 '대타협' 안이 제출되었고, 그 덕분에 헌법회의는 좌초 위기를 넘기고 헌법도 마침내 빛을 보게 되었다. 우선 큰

---

*　훗날의 상원

주들은 하원lower house을 통해 뜻을 관철했다. 이 기관은 곧 '하원House of Representatives'으로 지칭되고, 인구 비례에 따라 의원을 선출하도록 했다. 작은 주들은 상원the upper house을 통해 이익을 지켜냈다. 곧 '상원Senate'으로 불리게 될 이 기관의 의원은 각 주의 의회가 뽑기로 했고, 그 수는—프랭클린은 동의안에 빈칸으로 남겨두었지만— 두 명으로 결정되었다(물론 한 세기가 훌쩍 지난 뒤 헌법이 개정되어* 상원의원도 각 주의 유권자들이 직접 선출하게 되지만, 주별 동등 대표권의 원칙은 그대로 유지된다).

대타협에 관한 최종 표결을 하루 앞두고, 프랭클린은 필라델피아를 찾은 한 손님을 집으로 맞이했다. 매사추세츠에서 온 목사이자 식물학자, 그리고 나중에 연방의원이 되는 머내세 커틀러 박사였다. 커틀러는 그날을 이렇게 기록했다. "필라델피아에서 내가 간절히 바란 것은 단 하나, 유럽이 경탄하고 아메리카가 자랑스러워하는 그 위대한 인물을 직접 만나는 일이었다. "그러나 문학계에서 으뜸으로 꼽히고, 오랜 세월을 여러 왕궁, 특히 세련된 프랑스 궁정에서 보낸 인물이니 아마도 쉽게 다가가기는 어려울 거라 짐작했다. 분명 위엄과 권위에 찬 풍모를 지니고 있을 것이다. 보통 사람들은 그저 멀리서 바라만 보거나, 혹시 그분이 질문이라도 던진다면 고작 대답이나 할 수 있겠지." 마침 매사추세츠 대표 엘브리지 게리가 프랭클린의 집으로 가던 길에 커틀러에게 함께 가겠느냐고 물었고, 커틀러는 당연히 그러고 싶다고 대답했다. 그러나 그는 나중에 한 친구에게 이렇게 털어놓았다. "사실 잠깐 망설였다네. 너무 떨려서 무릎이 부딪힐 정도였거든."

그러나 커틀러가 정원에서 마주한 프랭클린의 모습은 그의 기대와는 전혀 딴판이었다.

---

* 1913년 수정헌법 17조

내 예상은 완전히 뒤집어졌다. 내 눈앞에는 키 작고 뚱뚱하고 등이 굽은 노인이 소박한 퀘이커 복장을 하고, 훤히 벗겨진 정수리 둘레에 짧은 백발을 드러낸 채 모자도 쓰지 않고 나무 아래에 앉아 있었다. 게리 씨가 나를 소개하자 그분은 의자에서 일어나더니 내 손을 맞잡고, '만나서 반갑다, 도시에 온 것을 환영한다'라며, 자기 곁에 와 앉으라고 권했다. 낮은 목소리였지만, 얼굴빛은 환하고 솔직하며 호감을 주었다. (…) 나는 내 소개장을 건넸다. 그분은 그것을 다 읽더니 다시 내 손을 잡으며 덕담 몇 마디를 건네고, 나를 다른 신사들에게도 소개했다. 대부분 헌법회의 대표들이었다.

그곳에서 우리는 편안한 담소를 나누며 날이 저물 때까지 아주 즐겁게 시간을 보냈다. 나무 그늘에 다과상이 마련되었고, 프랭클린 박사의 외동딸인 베이치 부인이 손님들에게 차를 내왔다. 그녀는 박사와 함께 살고 있었는데, 몸집이 크고 그다지 아름다운 편은 아니었다. 곁에는 아이 셋이 있었는데, 아이들은 어머니 말은 전혀 안 듣는 듯했지만, 할아버지는 무척 따르고 좋아하는 기색이었다.

박사는 진귀한 물건 하나를 내게 보여주었는데, 그것을 막 손에 넣었다며 무척 마음에 들어 했다. 머리가 둘 달린 뱀이 큰 유리병 속에 보존되어 있었다. 필라델피아에서 약 6.5킬로미터 떨어진, 스쿠킬강과 델라웨어강이 합류하는 지점 부근에서 잡힌 것이라고 했다. 길이는 약 25센티미터에 몸은 균형이 잘 잡혀 있었고, 머리는 둘 다 온전한 형태로 입가 끝에서 약 0.6센티미터 아래 지점에서 몸통과 이어져 있었다. (…)

박사는 이 뱀의 처지를 가정한 이야기를 꺼냈다. 이 뱀이 덤불 속을 지나는데 머리 하나는 줄기 이쪽으로 머리를 들이밀고 다른 머리는 저쪽으로 가려고 고집하며, 어느 쪽도 뒤로 물러서거나 양보하려 하지 않는다면 어떻게 되겠느냐는 것이었다. 그러면서 이 뱀을 미국에 빗대어 그날 회의에서 있었던 재미있는 이야기를 꺼내려 했다. 회의에서의 모든 일을 비밀에 부치기로 한 약속을 깜박 잊은 듯했다. 누군가 그 점을 일깨워주자, 박사는 곧 입을 닫았고 아쉽게도 나는 그가 무슨 이야기를 하려 했는지 끝내 듣지 못했다.

분명 그 이야기는 대표권 논쟁과 관련이 있었을 것이다. 마침 그 문제는—뱀이 굶어 죽거나 머리 하나가 잘려 나가는 일 없이— 곧 해결되기 직전이었다. 그러나 표결은 아직 확실치 않았기에 그곳에 있던 대표들로서는 수다스러운 주인장이 타협안의 성사에 조금이라도 지장을 주는 일을 막아야 했다(대표들이 프랭클린의 입을 걱정한 것은 의장인 워싱턴에 대한 두려움 때문이기도 했다. 회의 초반 버지니아 안의 사본이 배포되었을 때, 문서에는 '오직 대표들만 열람하고 엄중히 보관하라'는 경고가 함께 붙어 있었다. 그런데 얼마 지나지 않아 의사당 바닥에 떨어져 있던 사본 한 부가 워싱턴의 손에 들어가는 일이 벌어졌다. 장군은 그 종이를 주머니에 넣은 채 한마디도 하지 않다가, 그날 토론이 끝난 뒤 자리에서 일어나 매우 준엄한 목소리로 대표들을 꾸짖었다. "신사 여러분, 유감스럽게도 우리 중 누군가가 이 회의의 비밀을 소홀히해 회의 기록 사본을 의사당에 떨어뜨렸더군요. 그것을 오늘 아침 누군가가 주위 내게 가져왔습니다. 앞으로는 더욱 각별히 조심해주시기를 간곡히 당부드립니다. 우리의 논의가 신문에 새어나가 성급한 억측으로 공공의 안녕을 어지럽혀서는 안 될 것입니다. 누구의 것인지는 모르겠지만, 여기 있습니다." 그는 종이를 탁자 위에 던지며 "주인 되는 사람은 가져가시오"라고 끝맺고 고개 숙여 인사한 뒤 모자를 집어 들고 회의장을 나갔다. "그의 삼엄한 위엄에 모두가 겁을 먹은 듯했다"라고 윌리엄 피어스는 기록했다. '의미심장하게도' 아무도 주인이라고 나서지 않았다. 피어스는 주머니를 뒤졌다가 사본이 없는 걸 깨닫고 가슴이 철렁 내려앉았지만, 나중에 다른 외투 주머니에서 찾고는 다행히 마음을 놓을 수 있었다).

날이 어두워지자 프랭클린은 커틀러에게 함께 안으로 들어가자고 했다.

박사는 나를 자신의 서재로 데려갔다. 그곳은 그의 연구실이기도 했다. 그 방은 매우 넓고 천장이 높았다. 벽면마다 책장이 빼곡히 서 있고 책장에는 책이 가득 꽂혀 있었다. 게다가 방 길이의 3분의 2가량을 차지하는 네 개의 큰 벽감에도 똑같이 책이 가득했다. 내가 추정컨대, 이곳은 미국에서 가장 크고, 단연코 가장 훌륭한 개인 도서관일 것이다(커틀러는 실제로도 그렇게 판단할 수 있는 위치에 있었다).

그분은 우리에게 인체의 동맥과 정맥 속에서 혈액이 순환하는 모습을 재현하는 유리 장치를 보여주었다. 붉은 액체가 저장소에서 흘러나와 사방으로 뻗은 수많은 유리 모세관을 따라 흐른 뒤, 다시 비슷한 관을 지나 저장소로 돌아오는 원리였다. 이 모든 과정은 겉보기에는 어떤 힘이 작용하는 것 같지 않은 데도 엄청난 속도로 이루어졌고, 마치 영원히 멈추지 않는 운동처럼 보였다.

또 다른 진기한 물건은 편지나 문서를 그대로 복사해내는 회전식 인쇄기였다. 종이 한 장이 불과 2분도 안 되어 완벽히 복사되었는데, 그 복사본은 원본만큼이나 또렷했고, 원본에도 전혀 손상이 가지 않았다. 그것은 박사의 발명품이었고, 일상생활의 온갖 상황에서 대단히 유용하게 쓰일 만한 물건이었다.

그는 손이 닿지 않는 곳의 책을 꺼내고 다시 꽂을 수 있는 기다란 인공 집게 팔도 보여주었다. 흔들 장치가 달린 큰 안락의자도 있었는데, 그 위로 커다란 부채가 달려 있어서 의자에 앉아 책을 읽을 때는 발만 살짝 움직이면 시원하게 부채질을 하고 파리도 쫓을 수 있었다. 그 밖에도 그가 직접 고안한 여러 가지 신기한 물건과 발명품들이 많았는데 대체로 눈에 덜 띄는 것들이었다. 벽난로 선반 위에는 엄청나게 많은 메달과 흉상, 그리고 밀랍이나 석고로 뜬 형상들이 빼곡히 놓여 있었는데, 모두 유럽의 저명한 인물들을 본뜬 초상이었다.

프랭클린은 특히 커틀러에게 식물학 책을 한 권 보여주고 싶어 했다. 그 책에는 칼 폰 린네의『식물 체계』전체가 실려 있었고, 본문에는 채색 삽화까지 곁들여져 있었다. 책이 워낙 무거워서 간신히 들고 있으면서도 프랭클린은 커틀러가 감탄하며 들여다보는 모습에 몹시 흡족해했다. 커틀러는 이렇게 말했다. "그것은 내게 잔칫상이나 다름없었다. 최소한 석 달은 그 책에만 파묻혀 있고 싶을 정도였다. 하지만 그분께 괜히 폐가 되지는 않을까 싶어 책을 덮었다. 그분은 더 봐도 된다고 거듭 권하긴 했지만."

커틀러는 여든이 넘은 이 노주인에게 완전히 마음을 빼앗겼다. "대단히 놀랍고도 즐거운 일이었다. 그분은 모든 주제에 통달한 듯한 폭넓은 지식과, 여든넷이라는(정확히는 여든셋 반) 나이가 무색할 만큼 또렷한 기억력, 맑고 생기 넘치는 정신력을 지니고 있었다. 몸짓이나 태도가 지극히 편안해 보였고, 그를 둘러싼 모든 것에 자유롭고 행복한 기운이 스며 있는 것 같았다. 게다가 마르지 않는 샘처럼 솟아나는 유머 감각과 남다른 쾌활함까지 지니고 있었는데, 마치 숨 쉬는 것처럼 몸에 밴 듯 자연스러워 보였다."

확실히 그해 여름 프랭클린에게는 숨 쉬는 것이 한결 수월했다. 외지에서 온 몇몇 대표들과는 달리 필라델피아의 기후에 익숙해진 덕분이었다. 남부 출신들은 더위에 맞는 옷을 입고 왔지만, 모직 양복 차림의 북부 출신 대표들은 고생이 말이 아니었다. 의사당은 회의가 시작하는 오전 10시에는 그나마 선선했지만, 정오 무렵이면 대표들이 자리한 탁자 위 초록색 펠트 천이 그들의 땀자국으로 얼룩덜룩해졌다. 그렇다고 창문을 열 수도 없었다. 외부에서 엿보고 엿듣는 사람들을 차단하려는 의도도 있었지만, 무엇보다 거리의 말똥과 하수구 오물에 들끓는 파리 떼를 막기 위해서였다. 한 프랑스 방문객은 그것을 이렇게 묘사했다. "여름철 필라델피아의 파리 떼는 그야말로 고문이다. 무수한 파리들이 얼굴과 손에 끊임없이 달라붙어 온갖 곳을 쏘아대고, 내려앉는 곳마다 더러운 자국을 남겨 사방을 시커멓게 만들어버린다." 밤에도 피할 길은 없었다. "새벽녘에 자다가 괴롭힘을 당하고 싶지 않다면 방도 창문을 닫아두어야 한다. 하지만 그렇게 온통 걸어 잠그다 보니 밤의 더위는 더욱 견디기 힘들고 잠도 잘 들지 못한다. 낮 동안의 더위에 지쳐 밤이 오기만을 고대하지만, 철저한 방어막을 뚫고 들어온 파리 한 마리 때문에 결국 잠자리에서도 쫓겨나고 만다."

프랭클린은 자신이 걱정했던 것보다, 그리고 심지어 훨씬 젊은 사람들보다도 더위를 잘 견뎌냈다. 물론―파리에 있는 존 폴 존스에게 털어놓기로는― 7월 중순에 사흘간 앓아누우면서 "편지를 끝맺기조차 힘들 정도로 쇠약해지기도" 했다(같은 편지에서 그는 제퍼슨에게 안부를 전해달라는 말과 함께 "헌법회의가 잘 굴러가고 있으며 곧 큰 결실이 있을 거라는 소식도 전해달라"라고 부탁했다). 그러나 전반적으로는 건강이 잘 버텨주었고, 헌법회의에도 성실히 참석했다.

대표권 문제가 대타협을 이루면서 회의의 성공은 확실해졌지만, 대표들이 해야 할 일은 아직 남아 있었다. 집권자의 권한과 그에 대한 입법부의 견제 범위를 규정해야 했다. 입법부가 재임 중인 행정 수반을 탄핵하고 파면할 수 있어야 하는가? 프랭클린은 그렇다고 보았다. 그는 탄핵권이 국민과 집권자 모두에게 필요한 안전장치라고 여겼다. "이전에는 최고 집권자가 미움을 사면 어떻게 처리했습니까? 결국 암살로 해결하지 않았습니까? 그 과정에서 그는 목숨만 빼앗기는 것이 아니라 자신의 명예를 변호할 기회마저 박탈당했습니다. 그러므로 가장 좋은 방법은 헌법에 이를 규정해두는 것입니다. 집권자가 과오를 저질렀을 때는 정식 절차에 따른 응분의 처벌을, 그가 부당하게 고발되었을 때는 명예롭게 무죄판결을 받을 수 있도록 말이지요."

집권자에게 재선을 허용해야 하는가? 일부 대표들은 반드시 그래야 한다고 보았다. 그렇지 않으면 그가 민중의 일원으로 강등되는 수모를 겪어야 한다는 이유였다. 프랭클린은 강력히 반대했다. 그런 주장은 "공화주의 원칙에 배치된다"라는 것이었다. "자유 정부에서는 통치자가 종이고, 국민이야말로 그들의 주인이자 주권자입니다. 그러므로 통치자가 국민의 일원으로 돌아가는 것은 **강등**이 아니라 오히려 **영전**이지요." 아마도 그는 다음과 같이 덧붙이며 특유의 능청스러운 미소를 지었을 것이다. "그들을 계속 종속된 신분에 묶어두고 다시 주인의 자리로 돌아가지 못하게 한다면, 그것이야말로 그들에게 부당한 짐을 지우는 꼴이 아니겠습니까."

누가 투표권을 가져야 하는가? 많은 대표가 재산이 있어야 책임감도 따르고, 반대로 재산이 없는 사람은 무책임해지기 마련이라고 생각했다. 그래서 선거권도 토지를 소유한 자유민에게만 주어져야 한다고 주장했다. 프랭클린도 자기 땅을 경작하는 자가 정치적 압력에 가장 덜 휘둘릴 거라는 점은 인정했다. 하지만 선거권 제한 주장에는 동의하지 않았다. "우리 서민들의 덕성과 시민정신을 꺾지 않는 것이 무엇보다 중요합니다. 그들은 전쟁에서 그러한 덕목을 유감없이 발휘했고, 전쟁을 승리로 이끈 주된 원동력이 되었습니다." 따라서 그런 제한이 민중의 반발을 불러일으킬 것은 당연했다. "유복한 농부의 아들이 아직 자기 소유의 땅이 없다는 이유로 선거권을 빼앗긴다면 기분이 좋을 리 없겠지요. 그리고 실제로 그런 경우에 해당하는 사람이 아주 많습니다."

중앙 의회 의원의 입후보 요건은 어떠해야 하는가? 대표들은 이번에도 재산 소유를 요건으로 내밀었다.[*] 프랭클린 역시 이번에도 민주적인 입장에 섰다. 그는 "서민의 정신을 꺾을" 위험이 있는 요건은 무엇이든 반대한다고 다시 한번 분명히 밝혔다. 게다가 그가 오랜 세월 정치인과 정치판을 겪으며 얻은 교훈에 따르면, 재산 요건을 내건다고 훌륭한 정부가 보장되는 것은 아니었다. "부자가 정직할 때가 많고 가난에는 나름의 유혹이 따르는

---

[*]　당시는 재산이 있어야 나라의 안정을 지킬 의무와 책임을 느낀다는 것이 일반적 인식이었다.

29장 황혼에 떠오르는 해

것이 사실입니다. 그러나 재산을 가진 자가 더 많은 재산을 탐하게 되는 것
또한 사실이지요. 내가 아는 가장 악질적인 악당들 가운데 몇몇은 가장 부
유한 놈들이었습니다." 게다가 다른 나라들이 미국을 주시하고 있었다. "이
헌법은 유럽에서 널리 읽히고 주목받을 것입니다. 그런데 이것이 부자들에
게 대놓고 편향적인 모습을 보인다면, 유럽의 가장 진보적이고 계몽된 인사
들 사이에서 미국의 위신을 떨어뜨릴 뿐 아니라, 서민들도 이 나라로 이주
하기를 주저할 것입니다."

프랭클린은 사실상 누구보다 유럽 여론에 민감했고, 그것이 또 다른
쟁점에 대한 입장에도 영향을 쳤다. '이민자가 공직에 나설 자격을 얻으려
면 미국에서 얼마 동안 살아야 하는가?' 어떤 이들은 무려 14년을 주장했
다. 그러나 프랭클린은 그것이 너무 과하다고 생각했다. 그는 "적절한 기간
자체를 반대하는 것은 아니지만, 헌법에 옹졸함이 끼어드는 것은 참으로
보기 흉한 일이 될 것"이라고 말했다. 이들이 제정하는 헌법은 단지 미국인
만을 위한 것이 아니었다. "유럽 사람들은 우리나라에 우호적입니다. 심지
어 우리가 최근 전쟁을 치렀던 영국에서조차, 지금뿐 아니라 전쟁 중일 때
도, 일반 국민은 물론 상·하원 내에도 우리의 친구들이 수없이 많았습니다.
유럽의 다른 나라 사람들도 모두 우리를 친구로 여깁니다." 앞으로 제정될
헌법이 외국 이민자들을 어떻게 대우하느냐에 따라 미국이 유럽 친구들과
지금 같은 우정을 유지할 수 있을지가 크게 좌우될 터였다. 게다가 많은 외
국인들이 전쟁에서 용맹하게 싸웠으므로, 정의의 관점에서도 그들을 공정
히 대우하는 것이 옳았다. 그들이 미국 이주를 택했다는 사실 자체가 이미
존중받을 만한 근거였다. "외국인들이 더 행복한 삶을 찾아 여러 나라를 두
루 살펴본 끝에 결국 우리나라를 선택한다면, 그것은 분명한 호감의 징표
이니 우리 역시 그들에 대한 신뢰와 애정을 끌어내야 하지 않겠습니까."

날씨가 선선해지면서 헌법회의의 논의도 막바지로 접어들었다. 프랭클

린은 남은 쟁점 가운데 일부는 관철시키고 일부는 양보했다. 그는 반역 행위가 일어날 경우, 명백한 반역 행위 한 사건당 그것을 입증하기 위해 한 명이 아니라 두 명의 증인을 세워야 한다고 주장했다. 지금까지 이 최고 범죄에 대한 기소가 "대체로 악의적으로" 오용되었고, 무고한 사람을 해치기 위해 위증이 너무 쉽게 악용되었기 때문이다. 헌법회의는 이에 동의했다['두 명의 증인'이라는 요건은 20년 후 에런 버의 반역 재판에서 결정적 역할을 하게 된다*]. 프랭클린은 대통령을 보좌할 행정평의회를 두자는 동의안에 찬성 발언을 했다. 그는 계속해서 권력을 더 분산시켜야 한다고 주장하며 이렇게 지적했다. "우리는 여러 명에게 맡기면 파벌이 생길까 지나치게 두려워하고, 한 사람에게 맡기는 것은 지나치게 신뢰하는 것 같습니다." 식민지 시절 겪은 악명 높은 총독들만 떠올려봐도 '일인 집권'을 견제해야 할 이유는 충분했고, 프랭클린이 펜실베이니아 행정평의회 의장으로서 직접 경험해보니 평의회 제도에는 뚜렷한 장점이 있었다. "평의회는 나쁜 대통령에게는 견제가 되고 좋은 대통령에게는 지원군이 될 것입니다." 그러나 헌법회의는 이 제안은 받아들이지 않았다.

　　마지막 쟁점 중 가장 첨예한 문제는 노예제였다. 하원 의석을 배분할 때 노예들을 어떻게 산정할 것인가? 당연히 노예가 적은 주의 대표들은 노예 인구가 최소한으로 산정되길 바랐다. 그들은 노예 주인들 스스로가 주장한 바를 근거로 내세웠다. 노예는 재산이므로 '인구'로 세어서는 안 된다는 것이었다. 노예가 많은 주의 대표들은 반발했다. 철학적 이유 때문이 아니라 현실적인 이유 때문이었다. 노예 인구가 어느 정도 반영되지 않으면 그들의 주는 새 헌법을 받아들이지 않을 것이 분명했다. 이에 펜실베이니아 대표 제임스 윌슨은 1783년 대륙회의가 마련했던 임시 조치를 따르자고 제안했다. 당시 의회는 각 주가 전체 노예 수의 5분의 3을 인구에 반영할 수

---

*　　에런 버는 이 요건 덕분에 무죄판결을 받는다.

있는 절충안을 내놨었다. 이 타협안은 누구도 좋아하지 않았지만, 적어도 너무 화가 나서 회의장을 박차고 나간 이는 없었다. 결국 이 안은 채택되었다.

노예무역 문제도 이와 비슷한 임시 조치로 넘겼다. 새 헌법은 연방의회에 통상 규제 권한을 부여하려 했지만, 노예 비중이 큰 주들은 노예무역에 대한 간섭을 완강히 거부했다. 프랭클린은 영국이 노예무역을 주도하던 시절부터 이를 거세게 비판했고, (곧 드러나듯) 노예제 자체도 혐오했다. 그러나 남부 주들이 노예무역 문제를 빌미로 또다시 회의를 깨뜨릴 태세로 막아서자 어쩔 수 없이 이번 타협안도 받아들일 수밖에 없었다. 그 결과 앞으로 20년 동안 의회는 노예무역을 금지할 수 없으며, 1808년부터 임의로 조치할 수 있도록 정해졌다.

9월 17일, 마침내 완성된 헌법이 대표자들의 서명을 기다리고 있었다. 프랭클린은 헌법회의에서 마지막 연설을 했다. 하지만 이번에도 직접 말하지 않았고, 제임스 윌슨이 프랭클린의 연설문을 대독했다. "솔직히 말씀드리면, 이 헌법에는 내가 현재로서는 찬성하지 못하는 조항이 몇 가지 있습니다. 그러나 앞으로도 영원히 찬성하지 않으리라고는 장담할 수 없습니다. 긴 세월을 살다 보니, 더 많이 알게 되고 더 깊이 숙고할수록 내 의견을 바꿔야 했던 경험이 수없이 많기 때문입니다. 한때 옳다고 믿어 의심치 않았던 중요한 문제들이 결국 그른 것으로 밝혀지곤 했습니다. 그래서 나는 나이가 들수록 점점 더 내 판단은 의심하고, 다른 이들의 판단에는 더 귀를 기울이게 되었습니다."

어떤 이들은 자신만이 절대적으로 옳다고 믿었고, 이는 대부분의 종교 교파도 다르지 않았다. 프랭클린은 과거 자신이 글쓰기의 본보기로 삼았던 영국성공회 신자 리처드 스틸의 일화를 설명했다. 그는 언젠가 교황에게 헌사를 바치면서—프랭클린의 의역에 따르면— 이렇게 말했다는 것이다. "우리 각자의 교회가 자기 교리가 옳다고 주장하는 방식에는 유일한 차이점이 있습니다. 로마교회는 자신들이 무류無謬하다고 주장하고, 영국 교회는 자신들이 결코 틀리는 일이 없다고 믿는 것입니다." 프랭클린은 한 프랑스 지인의 말도 인용했다. 그녀는 자매와 말다툼을 하다가 이렇게 외쳤다. "언니, 나는 도무지 이해가 안 돼. 어떻게 세상 사람들 중에서 나만 항상 옳은 거지?"

웃음이 잦아들자, 프랭클린은 요지를 밝혔다. "이러한 생각에서 나는 이 헌법에, 설령 결점이 있더라도, 동의합니다. 우리에게는 통일된 정부가 꼭 필요하고, 어떤 형태의 정부든 잘 운영된다면 국민에게는 축복이 될 수 있다고 믿기 때문입니다." 그는 정부의 힘이란 결국 국민의 덕성에 달려 있음을 다시 한번 강조했다. "이 정부는 한동안은 잘 운영될 것입니다. 그러나 국민이 부패해, 과거의 모든 정부처럼 전제적 통치가 아니고서는 다른 어떤 체제도 감당하지 못하게 된다면, 이 정부도 결국 전제정으로 끝나게 될 것입니다."

프랭클린은 그 어떤 회의도 이보다 더 나은 결과를 내기는 어려웠으리라고 확신했다. "여러 사람을 모아 그들의 집단 지혜를 얻고자 하면, 당연히 그들의 편견, 열망, 오류, 지역 이기주의, 사리사욕까지도 함께 모이게 될 수밖에 없습니다. 그런 모임에서 어찌 완전무결한 결과를 기대할 수 있겠습니까?" 그럼에도 이번 회의가 거둔 성과는 경이로운 것이었다. "이 성과는 우리의 적들을 깜짝 놀라게 할 것입니다. 그들은 우리의 헌법회의가 바벨탑을 쌓던 자들처럼 혼란에 빠질 거라 확신하며 소식을 기다리고 있기 때문이지요. 그들은 우리의 주가 서로 분열 직전에 있으며 훗날 다시 만날 때는 오로지 서로의 목을 치게 될 것이라고 믿고 있을 테니까요. 그러므로 대표 여러분, 나는 이 헌법에 동의합니다. 이 이상은 기대할 수 없고, 이것이 최선이 아니라고도 확신할 수 없기 때문입니다."

프랭클린은 회의에서 그동안 지켜온 비밀 준수 원칙이 해산 후에도 계속 유지되어야 한다고 제안하며 연설을 마무리했다. "내가 생각하는 이 헌법의 결함들은, 공익을 위해 접겠습니다. 나는 그것을 밖에 나가 속삭인 적조차 없습니다. 그 생각들은 이 벽 안에서 태어났고, 이곳에서 죽을 것입니다." 각 대표가 고향으로 돌아가 새 정부의 이런저런 부분을 두고 불평하기 시작하면, 그 불만들이 합쳐져 결국 이 모든 성과를 완전히 좌초시킬 수도 있었다. 반대로 대표들이 만장일치의 태도를 보이면 헌법 비준이 훨씬 용이해질 것이다. "그러므로 당부드립니다. 국민의 일원으로서 우리 자신을 위해, 그리고 후세를 위해 우리 모두 성심껏 그리고 한마음 한뜻으로 행동해야 할 것입니다."

이 만장일치를 이루려면 마지막 한 수의 섬세한 기교가 필요했다. 프랭클린은 대표자 전원의 만장일치는 불가능하다는 것을 잘 알고 있었다. 에드먼드 랜돌프, 엘브리지 게리, 조지 메이슨이 여전히 버티고 있었기 때문이다. 그러나 주 단위의 만장일치는 달성할 수 있었다. 주별로 대표단끼리 투표를 실시해 다수결로 각 주의 입장을 결정하면 되는 것이었다. 거버너 모리스가 서명을 위한 공식 문안을 작성했다. "9월 17일, 헌법회의에 참석한 모든 주의 만장일치에 따라 의결되었음." 프랭클린은 회의가 이 문구를 공식 채택하자고 발의했고, 안건은 통과되었다.

조지 워싱턴이 가장 먼저 서명했고, 이어 서른일곱 명이 주별로 차례차례 서명했다. 제임스 매디슨은 회의의 마지막 장면을 이렇게 기록했다.

마지막 대표들이 서명하는 동안 프랭클린 박사는 의장석 쪽을 바라보고 있었다. 그 뒤편에는 마침 해가 떠오르는 그림이 그려져 있었는데, 박사는 곁에 있던 몇몇 대표에게 화가들이 작품 속에 태양을 그릴 때 아침 해와 저녁 해를 어떻게 다르게 그려야 할지 어려워할 때가 많다고 말하며 이렇게 덧붙였다. '이번 회의 내내 여러 번이나, 그리고 결말에 대한 희망과 두려움이 엇갈릴 때마다 저 의장석 뒤의 그림을 보고 또

보았지만, 저것이 떠오르는 것인지 저무는 것인지 끝내 알 수가 없었네. 하지만 이제 저것이 지는 해가 아니라 떠오르는 해라는 걸 알게 되었으 니 드디어 나도 기뻐할 수 있게 되었네.'

30장 잠들다
1787~1790

다음 날 워싱턴은 새 헌법에 관해 라파예트에게 편지를 썼다. "이제 이 것은 운명의 아이와도 같네. 어떤 이들에게는 보살핌을 받고 또 어떤 이들에겐 회초리질을 당하겠지. 세상이 그것을 어떻게 평가하고 받아들일지는 내가 관여할 바가 아니고, 나 역시 좋다, 나쁘다 말하지 않을 생각이네. 그것이 좋은 것이라면 스스로 자기 길을 잘 찾아나갈 것이고, 나쁜 것이라면 그 죄과가 고스란히 만든 이들에게 되돌아가겠지."

워싱턴의 예언은 적중했다. 갓 태어난 헌법은 회초리도 맞고 사랑의 손길도 받았다. 매질을 퍼부은 쪽은 중앙정부로 권한 이양을 원치 않는 주 권한 옹호자들, 민중의 권리 보장이 미흡하다고 본 급진 민주파, 이런저런 평계로 현 체제 유지를 고집하는 온갖 부류의 사람들이었다. 새뮤얼 애덤스는 헌법 전문의 첫 문구 "우리, 국민은"부터 벌써 눈에 거슬렸다. 그것이 "우리, 주the States는"이 되어야 한다고 생각했기 때문이다. 그는 이렇게 말했다. "건물에 들어서려다 문턱에서부터 걸려 넘어진 기분이다." 엘브리지 게리는

966

필라델피아에서 서명을 거부한 까닭을 이렇게 밝혔다. "이 헌법은 연방적 요소가 거의 없고, 사실상 중앙집권 체제에 가깝다." 바로 이 점에서 또 한 명의 뉴잉글랜드 출신 반反연방주의자(헌법 반대파를 가리켜 곧 이렇게 부르게 된다)도 우려를 표했다. "아메리카라는 광대한 대륙을 단일 정부 아래 묶어 둔다면 민주정은 오래 버틸 수 없다. 차라리 기도로 지옥을 다스려 보라 하라." 펜실베이니아의 한 인사는 새 헌법이 정부 권력을 강화할 것이라며 이렇게 경고했다. "권력의 본성은 결국 다수를 소수의 노예로 만들게 되어 있다." 사우스캐롤라이나의 한 반연방주의자는 청중에게 물었다. "지난 10년 동안 우리가 무엇을 위해 싸워왔습니까? 자유입니다! 자유란 무엇입니까? 스스로를 다스릴 권력입니다! 우리가 이 헌법을 받아들인다면, 그 권력이 과연 우리의 것이겠습니까?" 그러자 청중은 우레와 같은 함성으로 대답했다. "아니오!" 또 다른 사우스캐롤라이나 사람은 새 헌법안에 대한 시골 사람들의 반응을 이렇게 기록했다. "사람들은 검게 칠한 관을 장송 행렬과 함께 운구한 뒤 엄숙히 매장했다. 이는 공적 자유의 사멸과 매장을 상징하는 의식이었다. (…) 자신들이야말로 무장도 변변치 않고 옷도 제대로 걸치지 못한 민병대에 불과했음에도 영국 정규군과 맞붙어 여러 차례 전투에서 그들을 물리친 사람들이 아닌가. 그렇게 자유의 깃발 아래 열심히 싸워 마침내 월계관을 거머쥐었건만, 이제 와 그 영예와 결실을 몽땅 빼앗길 판이 된 것이다."

헌법 지지자들도 방어를 위해 뭉쳤다. 새 정부를 지지하는 가장 중요한 논거들은 매디슨, 해밀턴, 존 제이가 공저한 연속 논문집 『연방주의자 논고』에 담겨 있었다. 아마 그럴 수밖에 없었겠지만, 찬성 논거는 반대 논거(그저 '자유!' 한마디면 충분했다)보다 훨씬 복잡했다. 그래서였는지 아니면 또 다른 이유에서였는지, 『연방주의자 논고』는 복잡하면서도 치밀한 논증으로 구성되어, 헌정 이론에 대한 세심한 길잡이가 되었다. 그중에서도 가장 설득력이 있었던 글은 아마 제10편이었을 것이다. 그 글에서 매디슨은

'연방정부가 주 정부보다 태생적으로 덜 민주적일 것'이라는 반연방주의자들의 주장을 반박했다. 오히려 진실은 그 반대라고 매디슨은 단언했다. "사회가 작을수록 사회를 구성하는 정당이나 이익단체의 종류도 줄어들 것이다. 다양한 정당과 이익단체가 적을수록 구성원 다수가 동일한 집단에 몰려 있을 가능성이 커진다. 다수를 이루는 데 필요한 인원수가 적을수록 그리고 그들의 활동 범위가 좁을수록, 그들은 훨씬 쉽게 결속해 나머지를 억압할 수 있게 된다." 따라서 더 많은 인구를 포괄하는 정부가 더 안전하다는 것이었다. "영역을 넓히면 그 안에 더 다양한 정파와 이익집단이 포괄된다. 그러면 공동체 전체의 다수가 다른 시민들의 권리를 침해하기 위해 마음을 모을 가능성은 줄어든다. 설사 그런 마음을 품는다 해도, 그들이 자신들의 힘을 자각하고 발맞춰 행동하는 것은 훨씬 더 어려운 일이다."

헌법회의가 폐회한 다음 날 아침, 펜실베이니아 의회는 주 의사당의 본회의장을 되찾았다. 프랭클린은 펜실베이니아주 주지사이자 헌법회의의 원로 대표로서 마침내 회의의 결실을 시민들의 인준에 부칠 수 있게 되어 "더할 나위 없이 기쁘다"라고 표현했다. 그는 이어 이번 헌법이 "우리 주뿐 아니라 미합중국의 모든 주에 두루 행복한 결과"를 가져다줄 것이라고 기대를 밝혔다. 게다가 새 연방정부가 펜실베이니아에 들어서면, 이 주가 얻게 될 '행복한 결과'도 더 많아질 거라 판단했다. 이를 위해 프랭클린은 헌법의 '연방 직할지' 조항에 따라 펜실베이니아가 새 연방정부에 100평방마일의 부지를 제공할 것을 권고했다(펜실베이니아는 이에 동의했지만, 결국 비준을 둘러싼 전국적 정치 역학에 따라 연방 직할지는 메릴랜드와 버지니아의 영토를 잘라 조성되었다). 프랭클린은 공식적인 권고만 한 게 아니라, 회의를 감싸고 있던 비밀의 장막을 살짝 걷고 자신의 폐회사 원고를 은밀히 유출했다. 그 연설문은 헌법을 지지하는 강력한 논거가 되었다. 많은 이들이 프랭클린을 새 헌법의 주요 작성자라고 믿었고, 그의 권위 덕분에 헌법안은 더욱 탄력을 받았다.

또한 그 권위는 반연방주의자들의 공격에 방패가 되어주었다. 펜실베이니아에서는 주 헌법을 둘러싼 기존의 갈등 때문에 헌법 비준 과정이 정치적으로 꼬여 있었다. 다소 헷갈리긴 하지만 그럼에도 꽤 논리적인 상황이었다. 펜실베이니아 '헌법파'는 대중주의적 성향 때문에 새 연방헌법에 반대 입장을 취했고, 반대로 '반헌법파(즉 공화파)'는 연방헌법을 지지했다. 펜실베이니아의 반연방주의자들은 연방헌법을 맹렬히 공격했다. 그것이 로버트 모리스와 돈 많은 친구들이 주와 민중을 짓밟고 결국 자기들 배를 불리기 위해 꾸민 음모라는 것이었다. 그럼에도 연방헌법을 지지하는 프랭클린만큼은 감히 건드리는 자가 없었다. 물론 이는 정치적인 이유에서였다. 한 반연방주의자가 썼듯 프랭클린은 "모든 민중에게 깊이 존경받는 인물"이었기 때문이다. 반연방주의자들이 어쩔 수 없이 프랭클린의 연방주의를 설명해야 할 때는, 그가 "나이가 들어 약해지고 우유부단해진" 탓으로 돌려버렸다.

그래서 반연방주의자들은 딴 방법을 썼다. 연방헌법 비준 여부를 결정하기 위해 펜실베이니아 회의에 참석할 대표를 선출하는 과정에서, 반연방주의 '헌법파'가 프랭클린의 뜻을 거스르고 그의 이름을 자기들의 후보로 투표지에 올려버린 것이다. 다른 주에서는 반연방주의자들이 프랭클린의 발언을 도리어 그에게 불리하게 이용했다. 매디슨은 뉴욕에서 워싱턴에게 이렇게 썼다. "여기에 동봉한 신문에서 보시겠지만, 프랭클린 박사의 폐회 연설이 그 본래의 형태와 취지가 변질될 정도로 잘려 나가고 왜곡되었습니다."

펜실베이니아 반연방주의자들의 시도는 금세 좌절되었다. 그들은 11월에 소집된 주 비준회의에서 최종 표결을 한 달 늦추는 데는 성공했으나, 결국 12월 12일 진행된 표결의 결과는 찬성 46표, 반대 23표였다. 그날 오후, 연방정부가 들어서면 교역 활성화로 이익을 보게 될 선원과 조선공들이 축하 행진에 나섰다. 그들은 수레에 배를 싣고 온 필라델피아 시내를 누비며 외쳤다. "23패덤, 바닥 불량! 46패덤, 정박 안전!"

펜실베이니아의 비준은 헌법의 앞날을 밝히긴 했으나, 성공을 보장해 주는 것은 아니었다. 1788년 2월 매사추세츠가 비준에 동참했다(새뮤얼 애덤스는 문턱에 걸려 넘어졌다가 결국 몸을 일으켜 새 헌법을 지지했다). 그러나 헌법 발효 요건인 아홉 주까지는 아직 세 주의 비준이 더 필요했다. 하지만 그 부족분은 곧 메워질 것이 분명해 보였고, 오히려 더 걱정스러운 것은 아직 비준을 미루고 있는 주들 가운데 뉴욕과 버지니아가 있다는 점이었다. 뉴욕이 끝내 동참하지 않는다면, 독립전쟁 당시 버고인의 원정이 성공했을 경우와 똑같은 상황이 벌어진다. 뉴잉글랜드가 나머지 미국과 단절되는 것이다. 게다가 버지니아는 워싱턴, 제퍼슨, 매디슨의 고향이자 남부의 심장부였다. 그런 버지니아가 빠진 미국 연방은 도저히 상상할 수도 없었다.

프랭클린은 결정적인 순간에 논쟁의 장으로 뛰어들었다. 그는 4월 《페더럴 가제트》에 글을 기고하며, 역사상 가장 숭고한 헌법제정조차 격렬한 비난을 면치 못했다는 사실을 독자들에게 일깨웠다. 모세가 시나이산에서 십계명을 들고 내려왔을 때도, 이스라엘 백성은 거역하지 않았던가? 탈무드에 따르면, 질투심 많은 무리가 모세와 그가 가져온 율법을 원망하며 '이스라엘이 바로의 속박에서 벗어났거늘, 이제 모세의 손에 의해 또다시 종살이를 해야 한단 말이냐'고 불평했다는 이야기가 전해진다. 프랭클린은 자신이 위험천만할 뿐 아니라 심지어 신성모독적인 영역에 들어섰다는 걸 잘 알고 있었다. "부디 오해가 없길 바랍니다. 새 연방헌법이 터무니없이 거센 반대를 받고 있다는 이유만으로 그것이 신의 계시를 받아 만들어졌다고 말하려는 것은 아닙니다." 그러나 헌법회의에서도 이미 고백했듯, 프랭클린은 이 일에 어떤 식으로든 신의 손길이 작용했다는 생각을 떨칠 수 없었다. "나는 고백하건대, 세상이 **섭리**에 의해 다스려진다는 사실을 굳게 믿고 있습니다. 따라서 수백만의 현 인류와 앞으로 위대한 국가에서 살아갈 후예들의 번영과 행복에 중대한 의미를 지니는 이 사건이, 전능하고 무소부재하며 자비로우신 그 통치자의 간섭과 인도와 역사하심이 전혀 없이 이루어졌으리라고는 도저히 상상할 수 없습니다."

프랭클린의 논변이 힘을 보탠 덕분에 버지니아 의회는 1788년 초여름 마침내 헌법을 비준했다. 버지니아의 승인은 뉴욕 연방주의자들, 특히 뉴욕시 상인들에게 큰 용기를 주었다. 그들은 만일 뉴욕주가 비준을 거부한다면 뉴욕시를 주에서 분리시키겠다고까지 위협했다. 이로써 저울추는 헌법 찬성 쪽으로 기울었다.

최종 표결 집계 절차가 아직 남아 있었지만, 필라델피아의 연방주의자들은 독립선언 12주년을 맞아 성대한 축하 행사를 열었다. 마침 이름도 라이징 선(떠오르는 태양)인 배 한 척이 델라웨어강에 정박해 있었다. 7월 4일 해돋이와 함께, 배는 새로 탄생한 정부와 그것을 탄생시킨 도시를 기리며 축포를 쏘아 올렸다. 아침 8시, 성대하게 준비된 행진이 시작되었다. 선두는 경기병 부대가 이끌었고, 그 뒤로 '독립' '프랑스와의 동맹' '새 시대'를 상징하는 대열이 뒤를 따랐다. 주와 지방 관리들은 물론이고, 도시에서 활동하는 온갖 길드의 조합원들 역시 행진에 참여했다.

가장 높은 영예의 자리는 '주지사님'을 위해 마련되어 있었다. 하지만 안타깝게도 프랭클린은 신장결석 탓에 참석하지 못했다. 그래도 집 앞 인도까지는 잠시 나와서 축하 행렬이 서쪽에서 마켓스트리트로 들어서는 광경을 보았을지도 모른다. 적어도 음악과 노랫소리만큼은 분명 그의 귀에 닿았을 것이다. 인쇄업 길드가 인쇄기를 수레에 싣고 나와, 수레가 굴러가는 동안 즉석에서 인쇄기를 돌려 사람들에게 노래 가사를 나눠주고 있었다. 그 노랫말은 필라델피아에서 가장 유명한 인쇄공, 바로 프랭클린 주지사 본인이 그날을 위해 직접 작사한 것이었다.

헌법의 비준은 미국 역사에서 독립혁명기의 막을 내렸고, 동시에 프랭클린의 공적 생애에 가장 걸맞은 대미를 장식해주었다. 지난해 10월 펜실베이니아 의회는 또다시 그를 행정평의회 의장으로 선출했다. 원래는 두 번째 임기를 마친 뒤 은퇴할 생각이었지만, 의지가 부족했다. 그는 세 번째로 당선된 후 여동생 제인 미컴에게 이렇게 썼다. "솔직히 말해 무척 기분이 좋단다. 내 누이도 당연히 기뻐하리라 믿는다. 동료 시민들이 그렇게 오랜 세월 나를 지켜보고도 세 번째로 뽑아준 게 아니냐. 게다가 반대표는 내 표 하나뿐이었단다. 모든 시민들이 이토록 전폭적이고 무한한 신뢰를 보내주니, 귀족 작위 하나 받는 것보다 훨씬 더 내 콧대가 높아지더구나."

다행히도 펜실베이니아 헌법은 4선을 금지하고 있었다. 1788년 10월의 끝이 다가오자 프랭클린은 그토록 고대하던 은퇴를 앞두고 기대에 부풀었다. 하지만 은퇴를 너무 오래 미룬 탓에, 막상 때가 되니 잔뜩 기대에 부풀었던 만큼 즐길 수 있는 것이 많지 않았다. 헌법회의 동안에는 회의의 열기 덕분에 잠깐 활력을 되찾은 것뿐이었다. 그는 폐회 직후 제인에게 이렇게 썼다. "내가 한결 좋아 보인다고 말하는 사람들도 있더구나. 아마 그간 의사당을 오가며 매일 움직인 덕분이라고 생각하는 모양이야." 심지어 마지막으로 보스턴을 한 번 다녀올까 하는 생각까지 했다. 그러나 그해 겨울 정원 계단에서 심하게 넘어지면서 손목을 삐고, 엉덩이에 타박상을 입고, 결석 증세까지 심해지고 말았다. 이 병고로 프랭클린은 행정평의회 회의에도 참석하지 못했고 그 모든 여행 계획도 전부 취소되었다.

이것이 끝이라고 생각하니 못내 아쉬웠다. 보스턴의 한 지지자가 고향을 방문해달라고 간곡히 청하자, 프랭클린은 이렇게 답했다. "다시 한번 고향 땅을 밟을 수만 있다면, 어린 시절 자주 놀던 곳을 거닐며 그곳에서 누렸던 젊은 날의 순수한 즐거움을 추억 속에 되새기고, 옛 친구들을 만나 담소를 나눌 수만 있다면, 그 얼마나 행복하고 기쁜 일이겠는가." 그러나 육로 여행은 너무 고되었고, 바다로 가는 것도 영 내키지 않았다. "대서양을 여덟 번이나 건너고 크고 작은 항해도 여러 번 다녔지만, 바다에 나갈 때마다

'내가 한 번만 더 바다에 나오면 성을 갈겠다'고 굳게 다짐하지 않은 적이 없었다네." 게다가 현실도 추억만 못할 것이다. "설령 보스턴에 간다 해도 제대로 둘러볼 수는 없을 걸세. 자갈길에서 걸어 다니는 것도, 마차를 타고 다니는 것도 나한테는 버겁거든." 친구들 역시 마찬가지였다. "살아 있는 친구들도 이제 거의 없을 거야. 내가 그곳을 떠나 이곳에 자리 잡은 지도 벌써 예순다섯 해가 되었으니."

그럼에도 고향에 대한 생각은 마음에서 지워지지 않았다. 사실 지우고 싶지도 않았다. "보스턴에서 온 이들이 고맙게도 내게 들러줄 때면 그들과 어울려 이야기를 나누는 것이 얼마나 즐거운지 모른다네. 다들 양식 있는 사람들이라는 점도 내가 늘 높이 평가하지만, 그뿐만 아니라 보스턴 특유의 태도나 말씨, 심지어 목소리 톤이나 억양, 발음까지도 내게는 다 반갑고, 마치 나를 새롭게 되살려주는 듯하거든."

어떤 때는 뉴잉글랜드 사람들 때문에 그냥 웃음이 나올 때도 있었다. 한번은 제인 미컴에게 보낸 편지에서, 혹시 낸터킷에 있는 폴저 집안 식구들을 만난 일이 있느냐고 물었다. 자신은 한동안 그들을 만나지 못했다는 것이었다. "그 사람들도 참 어찌나 숫기가 없는지, 그래도 나는 그 솔직하고 꾸밈없는 말씨가 마음에 든다네. 1년 전쯤 그 집 사람 두 명을 저녁 식사 자리에 초대한 적이 있었는데, 그 사람들 한다는 대답이 '더 나은 일이 없으면 가겠다'는 거야. 그런데 아마 더 나은 일이 있었던 모양이지. 그 뒤로는 도통 만나지를 못했네."

프랭클린은 특유의 지칠 줄 모르는 유머 감각 덕분에 자신의 병고를 담담히 받아들일 수 있었다. 그의 결석은 제법 커서 "어찌나 무거운지 침대에서 몸을 뒤척일 때마다 걸리적거렸다". 가까운 친구들뿐 아니라 스치듯 아는 사람들, 심지어 잘 알지도 못하는 사람들까지 온갖 처방법과 치료법을 보내왔지만 모두 소용이 없었다. 그는('소크라테스만큼은 아닌' 복용량을 권한) 벤저민 본에게 이렇게 썼다. "독미나리의 효능을 알려줘서 참으로 고맙네. 하지만 온갖 것들을 다 해봤는데도 별 효과가 없어서 이제 뭘 더 해볼 힘도 없다네. 결석을 고쳐준다는 것들도 더 이상 아무런 믿음이 가지 않아."

그러나 돌을 없앨 수는 없어도 적어도 더 커지지 않게는 애써볼 수 있었다. 일단 식사량을 줄이고 와인과 사과주는 거의 끊다시피 했다. 또 통증을 일으키는 움직임 대신 아령 운동으로 혈액순환을 개선했다.

한동안은 무해한 대증요법들이 최악의 통증을 덜어주었다. 그는 동병상련의 처지였던 뷔퐁 백작에게 이렇게 털어놓았다. "울퉁불퉁한 결석에 방광목을 자꾸 긁히다 보니 소변이 진할 때는 소변보는 게 몹시 고통스럽고 급뇨 증상도 잦아졌다네. 그럴 땐 통증을 완화하려고 잠자기 전에 비둘기 알만 한 블랙베리 젤리를 먹는다네. 만드는 법을 동봉했으니 한번 보시게. 매일 밤 이렇게 했더니 다음 날은 대체로 편안하고, 소변도 한결 시원하게 보고, 화장실 가는 횟수도 줄어들더군."

그러나 프랭클린에게 가장 강력한 치유제는 삶에 대한 주체할 수 없는 끌림과 끊임없는 호기심이었다. 1788년 5월 그는 최근 은퇴한 오랜 친구 제임스 보든에게 이렇게 썼다. "우리가 고릿적 주고받던 편지에는 늘 철학 이야기가 담겨 있었지. 자네는 이제 공무에서 벗어나 한결 여유가 생겼고 나도 몇 달이면 같은 처지가 될 테니, 우리 다시 예전처럼 학문 이야기를 주고받아 보는 게 어떻겠나." 보든의 관심사는 지구였다. 프랭클린은 친구에게 여러 가지 고민해볼 만한 물음을 던졌다. "지구에는 어떻게 자기장이 생기게 되었을까? (…) 지구가 처음 만들어졌을 때부터 철광석이 바로 존재했던 걸까? 아니면 시간이 지나면서 차츰 만들어진 것일까?" 지구의 자기장은 지구 속의 철과 관련이 있는 걸까? 그렇다면 그 철이 한때 자성을 띠지 **않았던** 적도 있었을까? 그렇다면 **이번에는**, 어떻게 해서 자성을 띠게 된 것일까? "혹시 자기력이 우리 태양계 전체에, 아니 어쩌면 우주 전체에 존재하는 것은 아닐까? 그렇다면 사람들이 별들 사이를 여행할 수 있게 되었을 때도 나침반을 쓸 수 있지 않을까? (…) 강한 자석이 다른 자석의 극성을 바꿀 수 있는 것처럼, 혹시 옛날 언젠가 우리 지구보다 강한 자기력을 지닌 거대한 혜성이 가까이 지나가면서 지구 자기장의 극성을 바꾼 적도 있지 않았을까?" 따뜻한 곳에 사는 동물의 뼈나 조개껍데기가 한랭지대에서 발견되는 것만 봐도, 지구의 지리적 극이 실제로 움직였다는 증거가 아니겠는가? "길쭉하게 솟아 있는 산맥들이며 온갖 방향으로 누워 있는 지층처럼 지표면 사방에 갈라지고 파괴된 흔적들을 보면 혹시 지구 내부가 액체일 가능성도 있지 않겠는가? 그것도 밀도가 아주 높아서 세상에서 가장 무거운 물질도 띄울 수 있는 그런 액체 말일세."

이러한 추측들—지자기극이나 지리적 극의 이동, 지구 내부의 유동성과 지각 구조와의 관계— 가운데 일부는 놀라운 선견지명을 담고 있었으며, 훗날 21세기까지도 지구물리학자들이 바쁘게 매달릴 연구과제를 미리 짚어준 것이나 다름없었다. 프랭클린의 시대에도 이런 가설들은 미국철학회 회원들 사이에 활발한 논의를 불러일으켰다. 이 편지는 철학회에서 낭독되었고, 프랭클린이 외출할 수 없을 때는 그의 서재에서 모임이 열리기도 했다. 이 모든 사실은 그의 정신이 여든둘의 나이에도 마치 마흔두 살 때처럼 활발히 움직이고 있다는 증거였다.

또한 마흔두 살에 그랬던 것처럼 지금도 프랭클린은 순수한 철학적 사유 못지않게 인간의 행복한 삶에도 관심이 많았다. 특히 백인이 인디언들을 함부로 대하는 것은 수십 년간 그의 마음을 괴롭혔다. 그런 부당한 대우는 실질적인 파장을 낳았다. 그런 대우를 받은 인디언들이 변경 마을을 습격하거나 미국과 펜실베이니아의 적들(처음에는 프랑스, 그다음엔 영국) 편에 서서 그들을 도운 것이다. 하지만 한편으로 프랭클린의 머릿속에는 인디언들도 동등한 인류의 일원으로서 지금까지보다 더 나은 대우를 받아야 한다는 근본적인 신념이 있었다.

프랑스 파시에 있을 때 프랭클린은 「북미 야만인들에 관한 단상」이라는 수필을 찍어냈는데, 이 제목에 담긴 의도적 아이러니는 첫 문장에서부터 분명히 드러났다. "우리는 그들을 '야만인'이라 부른다. 그들의 생활양식이 우리와 다르다는 이유에서다. 우리는 우리 풍습을 문명의 극치라 여기지만 그들 또한 자기들의 방식을 그렇게 믿는다." 수필의 나머지 부분은 오히려 인디언들의 손을 들어주고 있다. 프랭클린은 인디언들의 생활방식이 감탄스러울 정도로 그들에게 꼭 어울린다는 점을 짚었다. "그들은 인위적인 것들에 대한 욕망이 거의 없기에, 대화를 통해 수양할 수 있는 여가를 풍족하게 누린다. 우리의 고된 생활방식은 그들의 삶과 비교하면 노예적이고 비천해 보인다. 우리가 자랑스러워하는 학문도 그들 눈에는 하찮고 쓸모없는 것에 불과하다." 인디언들의 정치체제에 대해서는 플라톤조차 토를 달지 못했을 것이다. "그들의 통치는 전적으로 현자들의 조언과 권고에 따라 이루어진다. 그 어떤 강제력도, 감옥도 없으며, 복종을 강요하거나 형벌을 가하는 관리 또한 존재하지 않는다." 평의회에서는 노인들이 맨 앞에 앉았고, 그중 한 사람이 일어나 발언하면 나머지는 경건히 침묵을 지켰다. 프랭클린은 냉소적으로 지적했다. "'점잖다'는 영국 하원의 행태와 그야말로 천양지차가 아닌가! 그곳에서는 날마다 아수라장이 벌어져 의장이 **질서**를 부르짖다가 목이 쉬지 않는 날이 없을 정도다."

인디언들은 낯선 이들을 극진히 환대하며 마을마다 손님을 위한 집을 따로 마련해두었고, 또한 스스로 관용의 본보기를 보였다. 프랭클린은 서스쿼해나 부족을 찾은 한 선교사의 이야기를 전했다. 선교사는 인디언들에게 아담의 타락을 이야기하며 그것이 인류에게 큰 고통을 불러와 결국 예수가 고난받다가 죽을 수밖에 없었다고 설명했다. 프랭클린이 이어서 전하는 이야기에는 장난기 어린 풍자가 깃들어 있는데 그 유머의 주인이 프랭클린인지 인디언인지는 알 길이 없다. "선교사가 이야기를 마치자 한 인디언 연설가가 일어나 그에게 감사를 표했다. '그대가 들려준 이야기는 모두 훌륭하오. 과연 사과를 먹는 건 나쁜 일이지. 차라리 전부 다 사과주로 만드는 게 낫겠소.' 그러더니 그 인디언은 자기 부족의 창조신화를 선교사에게 들려주었다. 선교사는 이야기를 들으며 초조해하더니 곧 혐오감을 드러내며 이렇게 말했다. '내가 전한 것은 거룩한 진리였소. 그런데 당신이 들려준 것은 황당한 우화와 거짓에 불과하군요.' 그러자 인디언이 대답했다. '형제여, 그대의 친구들이 그대를 올바르게 교육하지 않은 것 같소. 보통의 예의 규범조차 제대로 가르쳐주지 않았다니. 그대도 보았듯, 우리는 그 규범을 잘 알고 실천하는 사람들이기에 그대의 이야기를 모두 믿어주었소. 그런데 그대는 어찌해서 우리의 이야기를 믿으려 하지 않소?'"

펜실베이니아의 주지사로 있으면서 그는 자신의 견해를 실제로 공공정책에 반영할 기회를 얻었다. 1786년 여름, 와이언도트족의 젊은 추장 스코토시가 필라델피아를 찾았다. 프랭클린은 30년 전 변경에서 자신이 직접 참여했던 정성스러운 조약 의식을 떠올리며, 자신의 마켓스트리트 자택에서 그 일부를 재현해 스코토시를 정중히 예우했다. 스코토시는 백인 측량사들("재는 자들")이 인디언 땅을 침범해들어오는 것에 우려를 표했다. 그의 부족은 평화적인 성향이었지만, 다른 부족에 대해서는 장담할 수 없었다. "나쁜 자들이 그 땅을 재는 일을 핑계로 더 많은 악행을 저지를까 두렵습니다. 어쩌면 땅을 재는 자들이 죽임을 당할 수도 있지요. 그런 나쁜 소식을 듣게 된다면 나와 내 부족 모두 큰 아픔을 겪게 될 것입니다."

프랭클린은 펜실베이니아가 스코토시 부족의 땅을 빼앗을 생각이 전혀 없다고 추장을 안심시켰다. "펜실베이니아주는 6부족 연합Six Nations에서 정당하게 매입한 땅 외에는 측량하지 않습니다." 그는 문제의 땅이 펜실베이니아가 아닌 의회의 관할이며, 마침 뉴욕에서 회의가 열리고 있다고 알려주고는 직접 뉴욕에 가보라고 권유하며 여비까지 내주었다. 그는 또 외무 책임자인 존 제이에게 추천장을 보내, 스코토시가 "언제나 우리에게 매우 우호적이었다"라고 알리고 그의 걱정이 해소되기 바라는 마음을 적었다.

젊은 추장이 프랑스에 대해서도 호기심을 보이자, 프랭클린은 제이에게 의회가 스코토시를 해외로 파견하는 방안을 고려해달라고 제안했다. 이는 스코토시 개인뿐 아니라 변경 지역을 둘러싼 국익에도 보탬이 될 터였다. "그가 프랑스 궁정과 군대, 국민을 직접 보고 미·프 동맹의 위대함과 강력함에 깊이 감명받아 돌아온다면, 우리가 변경 지역에서 일을 진행하는 데 도움이 될 수도 있네."

프랭클린은 '야만과 문명은 피부색과 무관하다'는 확신에 이끌려, 생애 말년에 당시 미국에서 가장 과격하다 할 만한 운동에 동참했다. 그가 노예제 폐지론자가 된 것은 영국에 대한 분노 때문이었다. 식민지 시절 영국 의회가 미국을 노예화하려 한다고 비난하던 미국인 중 일부는 아프리카 흑인을 노예화하고 있는 자신들의 행태를 성찰하게 되었다. 그러나 계약 노역자와 유형수들이 노동력의 상당 부분을 채우던 나라에서는, 비자유 노동도 엄연한 '제도'라는 사실이 오늘날만큼 눈이 휘둥그레질 일은 아니었다. 프랭클린 역시 전향하기 전까지는 조지와 킹이라는 노예를 시중꾼으로 데리고 있었고, 그에 대해 별다른 의식이 없었던 듯하다.

그러나 노예**무역**은 또 다른 차원의 문제였다. 그것은 유난히 잔혹했고, 그 잔혹함의 정도도 계약 노역자나 유형수 수송과는 아예 비교조차 할 수 없을 정도로 극악했다. 게다가 영국의 노예 상인들은 미국 식민지에—심지어 그것을 원치 않던 식민지에도— 노예무역을 강요하려 했다. 프랭클린은 1770년대 초 런던 언론에 가명 기고한 글에서 이 주장을 공개적으로 내놓았다. 그 글에는 영국인, 미국인, 스코틀랜드인이 각각 한 명씩 등장했다. 영국인이 미국인에게 '너희들은 자기 자유는 달라고 하면서 흑인 노예들의 자유는 빼앗는 위선자들'이라고 꼬집자, 미국인은 자기 동포들이 결백하지 않음을 순순히 인정했다. 말하자면 아프리카에서 훔쳐온 사람들을 장물로 받은 죄가 있다는 것이었다. 그러나 미국인들이 그 '장물'을 받고 싶어서 받은 것은 아니었다. 그들은 노예 수입 제한법을 제정했지만, 영국 정부가—프랭클린의 미국인이 말하길— "아 글쎄 '왕립아프리카회사'의 이익을 해친다나 어쩐다나"라는 이유로 모조리 가로막아버린 탓이었다.

이후 프랭클린은 노예무역을 더욱 거세게 비판했다. 한번은 영국의 한 법정이 영국에 불법 상륙한 노예 하나를 자유롭게 풀어주라고 명령한 일이 있었다. 프랭클린에 따르면 그 노예의 재판 비용은 "어느 고결하고 인정 많은 사람"이 부담했다. "바라건대 이러한 인도적 정신이 더 많은 사람에게 퍼져나가, 비록 당장은 식민지의 노예들을 해방하지는 못하더라도, 최소한 아프리카 노예무역을 폐지하고 현재 노예들의 자녀가 성년에 이르면 자유를 얻을 수 있는 법이 제정되기를 기대해본다." 그는 또한 매년 아프리카에서 아메리카로 실려 오는 10만 명 가운데 무려 3분의 1이 항해 중에 목숨을 잃는다는 통계도 인용했다.

차 따위에 설탕을 타서 달게 마시지 않으면 죽기라도 한단 말인가? 그 하잘것없는 혀끝의 쾌락을 위해, 우리 동료 인간들에게 엄청난 고통을 가하고 사람의 몸과 영혼을 사고파는 이 역병같이 혐오스러운 매매로 끊임없이 도살극을 벌일 가치가 정녕 있단 말인가? **바리새인 같은 영국이여!** 어쩌다 해안에 도착한 **노예 하나를** 풀어줬다고 으스대는가? 정작 그대의 모든 항구에서는 그대의 상인들이 법의 응원까지 받으며 **수십만 명을** 끌어다 노예로 만드는 장사를 계속하고 있지 않은가. 게다가 그 노예 신세는 목숨이 다하는 것으로 끝나지 않고 자자손손 대물림되기까지 한다!

독립 이전까지 프랭클린의 노예무역 비판은 영국에 대한 비판이기도 했다. 토머스 제퍼슨은 독립선언서 초안에서 노예무역을 규탄하고, 영국이 미국의 노예 수입 제한 시도를 가로막은 것을 비판한 바 있었다. 프랭클린은 이 대목을 지지했지만, 남부 식민지들이 이 문구를 삭제해야 한다고 고집하자 그럴 줄 알았다는 듯 반응했다. 프랭클린은 헌법회의에서도 노예제에 대한 타협안을 결국 받아들였다. 폐회 연설에서도 밝혔듯 그것이 그 시기 그 상황에서 도달할 수 있는 최선의 합의라고 믿었기 때문이다. 거의 200년 가까이 이어져온 미국 노예제를 종식시키는 대가가 20년을 기다리는 것이라면, 그 정도 시간은 치를 만한 가치가 있었다.

그러나 노예무역이 악이라면, 그것을 지탱하는 노예제도 역시 악일 수밖에 없었다. 1780년대 중반이 되자 프랭클린은 노예제 자체부터 근절되어야 한다는 확신에 이르렀다. 그가 노예제 폐지론자가 된 것은 인간 본성을 너그럽게 보는 그의 기질상 필연적 결과이기도 했다. 긴 세월 동안 열린 마음으로 지켜보니, 흑인(예컨대 오래전 교육받는 모습을 직접 본 흑인들)이나 인디언들도 백인과 본성에서 아무런 차이가 없었다. 또 한편으로 그의 전향은 미국의 공화주의가 덕성을 기반으로 하지 않으면 결국 무너질 것이라는 그의 오래된 우려 때문이기도 했다. 영국인이었을 때의 프랭클린은 노예제를 옛날부터 내려온 수많은 사회적 악습 가운데 하나로 치부하고 넘어갈 수 있었다. 그러나 이제 미국인이 된 그는 그것을 더는 묵과할 수 없었다. 이 새로운 국가가 사회적 악습, 특히 노예제처럼 거대한 악습을 그대로 짊어지고 간다면, 나라의 존립 자체가 위태로워질 것이 분명했기 때문이다.

필라델피아의 퀘이커 교도들은 이미 1775년에 최초의 노예제 폐지 단체를 세웠다. 훗날 '노예제 폐지 및 불법 억류 흑인 구제 촉진 협회'라 불리게 된 단체였다. 그러나 독립운동과 전쟁이 벌어지면서 이 단체를 하나의 세력으로 키울 만한 사람들은 모두 그쪽으로 몰릴 수밖에 없었다. 프랭클린은 프랑스에서 돌아온 뒤 협회에 가입하고 자신이 그 과제를 맡기로 했다. 1787년에는 협회 회장직을 수락했다. 노예 해방운동의 가장 큰 걸림돌은 해방된 노예들을 어떻게 조처할 것인가 하는 문제였다. 프랭클린은 그 해법으로 신중히 고안된 교육 프로그램을 주장했다. "노예제는 인간 본성을 극악무도하게 짓밟는다. 따라서 그것을 없애는 일조차도 세심한 주의를 기울여야 한다. 그렇지 않으면 오히려 심각한 악을 새로 불러올 수도 있다." 노예제 옹호자들은 해방된 노예들이 사회의 짐이 된 경우를 지적하며, 그것을 노예제 폐지의 반대 근거로 내세웠다. 프랭클린도 맞받아친다. 그럼 무엇을 기대했단 말인가? "오랫동안 짐승 취급을 받아온 불행한 사람이 인류의 보편적 기준 아래로 떨어지는 일은 비일비재하다. 억울하게 육체를 옭아맨 쇠사슬은 그의 지적 능력까지 구속하고 마음속에 있는 공동체적 정마저 파괴한다." 삶에 선택권이 없으니 선택하는 법을 배우지 못했고, 책임을 맡아본 적이 없으니 무책임해질 수밖에 없었다. "그런 상황에서는 자유가 오히려 그 자신에게 불행이 되고 사회에는 해악이 될 때가 많다." 그렇기 때문에 노예를 해방하지 말아야 한다는 게 아니라, 그렇기 때문에 교육이 필요하다는 것이 프랭클린의 주장이었다. 사회는 노예제를 청산해야 할 뿐 아니라, 해방 노예들이 자유 사회의 일원이 될 수 있도록 길을 마련해주어야 한다. 프랭클린과 협회는 해방 노예를 위한 교육 계획을 발표했고, 프랭클린이 나서서 사회적 지지를 호소했다. "해방된 이들이 시민의 자유를 행사하고 누릴 수 있도록 가르치고 조언하고 자격을 갖추게 하는 것, 근면한 생활 습관을 길러주고, 나이, 성별, 재능, 처지에 맞는 일자리를 마련해주는 것, 그들의 자녀들에게 장래의 삶에 알맞은 교육을 제공하는 것, 이것이 우리가 채택한 세부 계획의 큰 줄기이다. 우리는 이 계획이 지금껏 소외되어온 우리 동료 인간들의 행복뿐 아니라 우리 전체의 공익을 근본부터 크게 증진할 것이라고 믿는다."

"드디어 우리의 거대한 기계가 굴러가기 시작했네." 1789년 5월, 프랭클린은 1776년 캐나다 원정 동료였던 찰스 캐럴에게 편지를 썼다. 조지 워싱턴을 대통령으로 한 새 정부가 이미 출범했고, 캐럴 본인도 메릴랜드주의 상원의원이 되어 있었다. "여러 정부 형태 가운데 국민을 행복하게 할 수 있는 체제가 정말로 있다면, 지금의 우리 정부야말로 그 일을 해낼 수 있을 것 같네."

그러나 프랭클린 자신에게도 항상 그랬듯 국민의 행복에도 덕성이 필요했다. 새 연방의회는 권리장전 문제를 두고 논의 중이었다. 프랭클린은 권리장전을 지지했지만, 국민 권리에만 열중하다가 국민의 책임이 외면되지 않을까 우려했다. "결국 많은 것이 통치를 받는 국민에게 달려 있을 걸세. 그동안 우리는 구체제 국가에서 가장 흔한 폐해, 즉 통치자의 **권력 남용**을 경계해왔네. 하지만 지금 우리가 걱정해야 할 건 오히려 피치자들의 **복종 부족** 문제인 듯싶네." 이것은 비난이 아니라 그저 조심하라는 당부였다. 그는 또한 "이 시대와 이 나라의 계몽 수준으로 보건대, 우리가 그런 폐해는 물론 다른 모든 해악도 능히 막아낼 수 있을 것"으로 생각한다는 낙관적인 전망도 덧붙였다.

행복도 덕성도, 모두 이성에 달려 있었다. 그리고 이성은 빠른 속도로 발전하고 있었다. 프랭클린은 한층 고무되었다. 1788년 그는 한 추종자에게 이렇게 썼다. "자네가 아주 잘 말해주었다시피, 철학, 도덕, 정치의 진보뿐 아니라 일상생활의 편의 측면에서도 발전이 이루어지면서 인류가 점점 더 행복해진다는 생각에 나 역시 예전부터 항상 감탄하고 있다네." 현재의 진보는 빠른 속도로 진행되고 있었고, 그 기세가 먼 미래까지 이어질 터였다. "가끔은 내가 200~300년쯤 뒤에 태어날 운명이었다면 얼마나 좋았을까 하고 살짝 꿈꿔볼 때도 있다네."

하지만 현재도 충분히 흥미진진했다. 1788년 여름, 프랑스에서 비가톨릭 교도들에게도 기본적 권리를 부여한다는 개혁 소식이 날아들었다. 프랭클린은 파리의 한 친구에게 이렇게 썼다. "비가톨릭 교도들을 위한 이번 칙령은 여기서도 환영받고 있다네. 당장의 이익도 이익이지만, 무엇보다 그것이 종교 전반의 관용으로 나아가는 큰 걸음이고, 결국엔 기독교도들 사이의 종파주의와 그로 인한 오랜 해악까지 없앨 수 있으리라 믿기 때문일세."

늘 종파적 편협함을 개탄해온 프랭클린에게 이번 소식은 특히 반가운 일이었다. "세상이 나날이 현명해지고 있으니 이 얼마나 감사한 일인가. 사람들이 종교나 권력, 이익을 위한 전쟁이 얼마나 어리석은 일인지 차츰 깨달아갈수록 그들의 삶도 더 행복해질 걸세."

물론 그다음 해야말로 프랑스에서는 경천동지할 일이 벌어졌다. 멀리 필라델피아에서 접하는 초기의 모습은 흐릿하고 온통 뒤죽박죽이었다. 프랭클린은 벤저민 본에게 이렇게 썼다. "프랑스에서 혁명이라니, 정말 놀라운 일일세. 제발 저 나라에 훌륭한 헌법이 세워지는 것으로 마무리가 되었으면 좋겠구면. 하지만 그 과정에서 벌어지는 온갖 해악과 불행에 대해서는 근심이 안 될 수가 없네." 그의 근심에는 당연히 파리의 지인들에 대한 걱정도 섞여 있었다. 그는 1789년 11월 옛 체스 친구 르루아에게 이렇게 편지를 보냈다. "내 사랑하는 친구 르루아, 자네 소식이 끊긴 지 벌써 1년이 훌쩍 넘었네. 도대체 무슨 까닭인가? 아직 살아 있는 게지? 혹여나 파리의 군중이 지식 독점자의 머리를 곡식 독점자의 머리로 잘못 알고 장대에 꽂아 행진시켜버린 것은 아니겠지?" 프랭클린은 친구가 머리를 잘 간수하고 있으리라 가정하며(실제로 그랬다), 폭력 사태에 대한 소식을 듣는 것이 "참으로 괴롭다"라고 덧붙였다. 그는 다 잘 끝나길 바란다고 기원하면서도, 자신이 미국 다음으로 아끼는 프랑스의 앞날을 걱정했다. "그런 혼란 속에서는 아무래도 **철학**의 목소리가 제대로 힘을 발휘하기 어렵겠지."

그러나 프랑스가 이 혼란에서 살아남는다면, 결국 자신뿐 아니라 전 세계가 혜택을 누리게 될 것이다. 프랭클린은 영국 친구에게 이렇게 썼다. "자네가 말한 유럽 전역으로 번져나가고 있다는 자유의 불길이, 마치 불이 금을 다룰 때처럼, 인간의 존귀한 권리를 파괴하는 것이 아니라 정화하길 바라네. 그러면 자유를 사랑하는 자들이 기독교 세계 어디서든 머물 곳을 찾을 수 있을 걸세." 데이비드 하틀리에게는 이렇게 적었다. "프랑스의 격변은 여기저기 불쾌한 일들을 몰고 오고 있지요. 그러나 이번 투쟁을 통해 그

나라가 장래의 자유와 훌륭한 헌정 체제를 쟁취하고 지켜낸다면, 그 축복을 단 몇 년 누리는 것만으로도 그동안의 모든 상처와 피해는 충분히 보상될 것입니다. 부디 신께서 허락하사, 자유에 대한 사랑뿐 아니라 인간 권리에 대한 올바른 인식이 지구상의 모든 나라에 널리 퍼져서, 철학자가 세상 어디에 발을 디디더라도 '여기가 내 조국이오'라고 말할 수 있게 되길 바랄 뿐입니다."

프랭클린은 르루아에게 보낸 편지에서, 미국의 새 정부가 겉보기에는 오래도록 안정적으로 유지될 것 같다고 말했다. "하지만 세상사에서 확실한 것은 단 두 가지, 죽음과 세금뿐이지."

과거에는 세금이 중대한 사안이었으나, 이제는 죽음이 더 큰 걱정거리였다. 1789년 여름, 건강을 묻는 프랑스 친구에게 그는 이렇게 털어놓았다. "좋은 소식은 하나도 없네. 극심한 고통에 쉴 새 없이 시달린 지가 벌써 오래라네. 그걸 견디려니 어쩔 수 없이 아편 신세를 지고 있지. 실제로도 잠시나마 통증을 덜어주긴 하지만 그 대신 내 식욕을 앗아가고 소화를 방해하는 바람에 나는 완전히 야위어서 피골이 상접하고 말았네."

가족과 친구들은 그의 고통을 덜어주기 위해 모든 정성을 쏟았다. 샐리는 정성을 다해 극진히 아버지를 간호했고, 손자들은 할아버지가 글을 쓸 기운조차 없을 때면 그의 말을 받아 적었다. (영국보다 미국이 아이들의 장래에 더 나을 것이라는 프랭클린의 설득을 결국 받아들여 가족과 함께 필라델피아로 이주한) 폴리 휴슨은 프랭클린이 통증이나 약기운 때문에 집중이 어려울 때면 곁에서 대신 책을 읽어주었다.

그동안은 너무 바빠서 회고록을 쓰지 못했지만, 이제는 너무 병약해 더는 손을 댈 수 없었다. 지금껏 쓴 원고를 다시 읽다 보니 "과거의 기억들이 다시 떠오르면서 마치 인생을 한 번 더 사는 듯한 기분이 듭니다"라고 그는 아베 모를레에게 말했다. 프랭클린은 여기에 무엇을 더 보탤지 곰곰이 생각했다("캐나다—반드시 멸망해야 한다."* 그는 오래전 캐나다를 영국 땅으로 만들려고 고군분투했던 자신의 지난 세월이 떠올랐는지, 이렇게 메모를 남겨두었다). 그러나 지속적으로 노력을 들여 이 작업을 완수하기에는 그의 기력이 이미 미치지 못했다.

그에게 쏟아진 숱한 질문만 봐도 얼마나 많은 사람이 그의 삶에 관심을 기울였는지 알 수 있었다. 그중에서도 코네티컷의 에즈라 스타일스는 유난히 적극적이었다. "저는 프랭클린 박사님에 대해 잘 알고 있다고 생각하지만, 그분의 종교적 신념에 대해서는 전혀 알지 못합니다." 그는 부디 오랜 친구의 궁금증을 풀어달라고 청했다.

"이런 질문을 받은 건 이번이 처음이라네."

이것이 나의 신조일세. 나는 우주 만물의 창조주, 유일하신 하나님을 믿네. 그분은 섭리로 세상을 다스리시며, 마땅히 경배받아야 하네. 또한 나는 우리가 그분께 드릴 수 있는 가장 바람직한 봉사는 다른 이들에게 선을 행하는 것이며, 인간의 영혼은 불멸하고, 이승에서의 행실에 따라 또 다른 세상에서 그에 합당한 대우를 받게 될 것이라 믿는다네. 나는 이런 것들을 모든 참된 종교의 근본원리로 여기며, 자네처럼(스타일스도 프랭클린의 관용 정신에 공감했다) 나 역시 어떤 종파에서든 이런 원리를 접하면 그것을 존중한다네.

자네가 특히 궁금해하는 나사렛 예수에 대한 내 생각을 말하겠네. 그가 우리에게 남긴 종교와 도덕 체계는 세상에 있었던 것 중 가장 훌륭하며, 앞으로도 그보다 나은 것은 나오기 어려울 걸세. 다만 나는 그것이 그동안 여러 차례 변질되고 타락해왔다고 생각하네. 또한 현재 영국의 비국교도들과 마찬가지로 나 역시 그의 신성에 대해 의문을 가지고

---

* delenda est, '카르타고는 반드시 멸망해야 한다'에서 따온 표현

있네. 그러나 이 문제에 대해 단정 지을 생각은 없네. 따로 연구한 적이 없기도 하거니와, 괜히 지금 시간을 쏟을 필요도 없기 때문이지. 머지 않아 굳이 수고하지 않아도 진실을 알 기회가 올 테니까. 그러나 예수의 신성을 믿는다고 해서 해로울 건 없다고 보네. 오히려 그 믿음 때문에 사람들이 그의 가르침을 더 존중하고 더 잘 지킨다면—실제로도 그런 것 같네만— 세상에는 더 좋은 결과가 아니겠는가. 더구나 하나님께서 세상을 다스리시면서 불신자들에게 따로 노여움의 징표(벌)를 내리시는 것 같지도 않으니 더더욱 그렇지.

끝으로 나 자신에 관해 덧붙이자면, 나는 오랜 세월 내 삶을 순조롭게 인도해주신 그 존재의 선하심을 몸소 경험했기에, 다음 생에서도 그 은혜가 이어지리라는 것은 조금도 의심하지 않네. 물론 내가 그런 은혜를 받을 자격이 있다고 생각하는 건 절대 아니라네.

프랭클린은 여기에 추신을 덧붙여, 스타일스에게 이 편지를 공개하지 말아달라고 부탁했다. 정통파 신자들을 불편하게 만들 것이 분명했기 때문이다. "나는 언제나 다른 이들이 각자의 종교적 신념을 따르는 것을 존중해 왔네. 설사 그것이 도저히 참아줄 수 없거나 심지어 터무니없어 보여도 뭐라 하지 않았지. 이곳에는 수많은 교파가 있는데, 그들이 새 예배당을 세울 때마다 나는 기꺼이 성금을 보태 모두에게 호의를 베풀었네. 또한 나는 어느 교파의 교리에도 반대한 적이 없으니, 세상을 떠나는 날에도 그들 모두와 평화롭게 작별하고 싶다네."

기력은 점점 쇠해갔지만, 정치적 논쟁에 임하는 그의 열의만큼은 여전히 그대로였다. 그는 인간의 자유를 확장하려는 노력을 멈추지 않았고, 그것을 줄이려는 시도에는 단호히 맞섰다. 당시 펜실베이니아 유산 계층에서는 주 헌법을 개정해 재산에 특권을 부여하려는 움직임이 있었는데, 이에 대한 프랭클린의 반응은 예전과 같았다. "돈이 있으니까 분명 지혜도 있을 거라는 것인가?" 재산이 있다고 특권을 요구할 것이 아니라 오히려 그만큼 특별한 책임을 짊어져야 한다는 것이었다. 그는 재산의 유래에 대한 이전의 주장을 다시 꺼내들며 단호히 말했다. "사유재산은 본디 사회의 산물이니 사회가 필요로 할 때는 언제든 마지막 한 푼까지도 사회의 부름에 응해야 한다."

그는 대학 문제를 둘러싼 논쟁에도 뛰어들었다. "초창기 이사 중 살아 있는 이는 이제 나 하나뿐이고, 나 역시 곧 무덤으로 들어갈 처지다." 그는 자신을 이렇게 소개하며, 젊은 학도들이 무엇을 배워야 하는가에 대한 논쟁에 다시 목소리를 보탰다. 창립 당시와 마찬가지로 프랭클린은 라틴어와 그리스어를 전공자 이외의 학생들에게 가르치는 것은 다른 문학을 전혀 알지 못했던 옛 시대의 유물이라며 반대했다. 프랑스인들이 머리에 모자 대신 가발을 얹고 다니게 된 뒤에도 계속해서 모자를 장식처럼 팔에 끼고 다니던 습관을 빗대어, 프랭클린은 고전 교육의 잔재를 "현대문학의 샤포브라"* 라고 비꼬았다.

그는 70년 전 처음 논쟁의 장에 들어설 때 그랬던 것처럼 떠날 때도 펜과 위트를 무기 삼아 싸움터를 마무리했다. 1790년 2월, 그는 노예제 폐지 청원서를 의회에 제출했다. 청원서는 이렇게 적고 있었다. "인류는 모두 한 분의 전능자에 의해 빚어진 존재들입니다. 모두가 똑같이 그분의 보살핌을 받고, 똑같이 행복을 누리도록 창조되었습니다." 의회는 미국 국민에게 자유의 결실을 보장해야 할 분명한 사명을 띠고 있었다. 게다가 지금은 온 나라에 "박애와 진정한 자유의 정신"이 충만해 있었다. 이런 때에 노예의 자유가 참혹하게 짓밟히는 현실을 의회가 모른 체 해서는 안 될 일이었다. "자유의 축복은 피부색의 구별 없이 모든 부류의 사람들에게 마땅히 주어

---

*   남자들이 팔에 끼고 다니던 접이식 삼각모자

져야 합니다." 그에 못 미치는 수준을 용인하는 것은 혁명의 의미를 부정하는 것이나 다름없었다. "자유는 애초부터 모든 인간에게 평등하게 배당된 몫이었고, 지금도 여전히 모든 이의 천부적 권리입니다." 선의의 미국인들은 의회에 호소했다. "이 자유의 땅에서 유일하게 영원한 속박에 떨어져, 사방의 자유인들이 누리는 환희 속에서도 비참하게 굴종하며 신음하는 저 불행한 자들에게 자유를 되돌려주시오."

이 청원 자체도 그렇지만 그것이 프랭클린의 서명을 달고 제출되었다는 사실에 조지아 하원의원 제임스 잭슨이 발끈했다. 그는 즉각 노예제를 옹호하며, 성경이 노예제를 허용한다고 주장했다. 노예제 덕분에 야만인들을 복음으로 인도할 수 있으니, 그럴 만도 하다는 것이었다. 노예가 아니면, 대체 누가 남부의 농장을 일군단 말인가? 노예제 폐지론자들은 사회질서를 전복하려는 자들이므로 입을 봉해버려야 했다.

그렇게 잭슨은 프랭클린의 손바닥 위에 제 발로 걸어 올라갔다. 프랭클린은 《페더럴 가제트》에 기고한 글에서, 잭슨의 연설을 들으니 "100년 전쯤 알제리의 추밀원 의원 시디 메흐메트 이브라힘이 했던 비슷한 연설이 떠올랐다"라고 운을 뗐다. 그는 《가제트》 독자들을 위해 이브라힘의 연설을 함께 실었다. 바르바리*의 해적 행위를 금지하고 거기서 붙잡혀 노예가 된 기독교인들을 해방시키려는 시도를 거세게 규탄하는 내용이었다. 물론 그 연설은 꾸며낸 것이었다. 그러나 프랭클린의 다른 날조극들처럼, 사람들은 미끼를 꿀꺽 삼킨 뒤에야 이미 갈고리에 걸렸다는 걸 깨달았다. 프랭클린은 잭슨처럼 아프리카인 노예제를 옹호하는 미국인들의 논리를 그대로 가져다가, 해적질과 기독교인 노예제를 두둔하는 무슬림들의 입에 그대로 적용했다. "우리가 기독교인들에 대한 '해상 활동'을 중단한다면, 저들이 생산하는 우리의 필수품들을 어디서 구한단 말인가? 저들을 노예로 만들지 않으

---

*   북아프리카 중서부 해안의 옛 이름

면 이 뜨거운 날씨에 누가 우리 땅을 갈겠는가?" 기독교인 노예들을 풀어주면, 그들은 참된 이슬람 신앙을 접할 기회를 빼앗기고 결국 "빛에서 어둠으로 내몰리게" 될 터였다. 이런 식으로 이어진 연설은 끝내 잭슨과 우스꽝스러울 정도로 똑같은 결론에 도달했다. "그러니 기독교인 노예 해방 운운하는 이 역겨운 주장은 이제 입 밖에도 내지 말자."

펜은 여전히 날카로웠으나, 펜을 쥔 손은 힘을 잃어가고 있었다. 친구와 동료들이 편지를 보내왔다. 그들도, 프랭클린도 그것이 작별의 편지임을 알고 있었다. 워싱턴은 이렇게 기원했다. "하나님께 바라옵건대, 친애하는 박사님, 박사님을 괴롭히는 그 지독한 고통이 사라져 제가 축하드릴 수 있는 날이 오기를 바랍니다. 또한 선생님의 삶이 지금껏 우리나라와 인류 전체에 크나큰 유익을 베풀었듯 이제는 선생님 자신에게도 평안히 마무리되기를 간절히 기도드립니다." 온 미국인의 하나 된 소망과, 과학과 인류애를 사랑하는 모든 이들의 기도에 치유의 힘이 있었다면 프랭클린은 진작에 병이 나았을 것이다. 슬프게도, 그렇게 되지는 않았다. 하지만 프랭클린의 육신은 편안하지 못해도 마음만은 평온할 수 있길 바랄 뿐이었다.

자애로움으로 경애를 받고, 재능으로 칭송을 받고, 애국심으로 존경을 받고, 인류애로 사랑을 받는 것이 인간의 마음을 위로할 수 있다면, 선생께서는 결코 헛되이 살지 않았다는 기쁜 위안을 반드시 얻으실 겁니다. 또한 제 기억이 남아 있는 한 선생께서는 언제나 제 마음속에 존경하고 경애하고 사랑하는 분으로 간직될 것임을 약속드립니다. 이것이 선생님 삶의 자랑 중 하나로 기억될 것이라 감히 기대해봅니다.

-조지 워싱턴 드림

1790년 3월 제퍼슨이 문병을 왔다. 전 프랑스 주재 공사는 워싱턴 정부의 초대 국무장관직을 맡기 위해 몬티첼로에서 뉴욕으로 향하는 길이었다. 제퍼슨은 이렇게 기록했다. "나는 필라델피아에 들러, 존경받고 사랑받는 프랭클린 박사님을 찾아뵈었다." 프랭클린은 오랜만에 제퍼슨과 프랑스 친구들 소식을 나눌 수 있었고, 제퍼슨은 그들이 혁명의 한가운데서 어떻게 살아가고 있는지 최근의 소식을 전해주었다. "그분이 친구들 이름을 하나하나 짚으며 어찌나 신나게 속사포로 이야기를 쏟아내시는지, 저러다 기운이 빠져버릴까 염려될 정도였다." 제퍼슨은 프랭클린이 삶의 상당 부분을 기록으로 남겨둔 것을 다행스러워하며, 세상 사람들이 그 글을 읽고 큰 유익을 얻을 것이라고 기뻐했다. "그건 잘 모르겠네만, 내가 적어둔 기록 중 일부를 자네에게 보여줄 수는 있지"라고 대답하더니 프랭클린은 손자 윌리엄 베이치를 불러 자신이 1775년 런던에서 돌아오는 길에 배 위에서 기록한 글을 가져오게 했다. 하우 경과의 막판 화해 시도가 결국 실패로 끝난 과정을 담은 글이었다. 제퍼슨은 감사히 읽고 반드시 돌려드리겠다고 했지만, 프랭클린은 그냥 간직하라고 고집했다. "그분이 정확히 어떤 뜻으로 하신 말씀인지 잘 몰랐기에, 나는 그 글을 다시 한번 들여다본 뒤 주머니에 넣으며, 꼭 돌려드리겠다고 다시 말씀드렸다. 그러자 박사님은 '아니, 그냥 자네가 가지고 있게'라고 대답하셨다." 제퍼슨은 나중에야 그것이 유일한 사본임을 깨달았다. 어쩌면 영국과 미국 식민지가 결별의 운명을 가까스로 피할 수도 있었던, 마지막 순간을 담은 귀중한 기록이었다.

4월 초, 프랭클린은 폐 감염의 징후를 보였다. 이것이 그가 젊은 시절 앓았던 늑막염과 관련이 있는지는 알 수 없었다(지금도 마찬가지다). 전반적인 활동 부족은 사태에 도움이 될 리 없었고, 이번에는 아편마저 쓸모가 없었다. 진정 작용 탓에 폐가 온전히 팽창하지 못했기 때문이다. 열이 오르고 호흡은 점점 가빠졌다. 고통스러운 기침이 이어졌다. 그럼에도 프랭클린은 여전히 맑은 정신과 특유의 유쾌함을 잃지 않았다.

프랭클린을 누구보다 존경한 필라델피아의 의사 벤저민 러시는, 친구의 마지막 나날을 곁에서 지켰다. 러시는 얼마 후 이렇게 썼다. "그분의 마지막 황혼은 한창 시절과 다름없이 도덕적·지적 활력으로 빛나고 있었습니다." 4월 8일 프랭클린은 제퍼슨에게 보내는—생애 마지막— 편지 한 통을 구술했다. 그 안에는 영국과의 평화 협상과 관련해 중요한 세부 사항들을 꿰뚫는 통찰력이 여전히 살아 있었다. 기력이 더욱 쇠하자 그는 다가오는 죽음을 특유의 평정심, 그것도 특유의 냉소적인 평정심으로 받아들였다. "그분은 자신의 죽음에 대해서도 가족들과 유쾌하고 허심탄회하게 이야기를 나누었습니다. 돌아가시기 며칠 전에는 자리에서 몸을 일으키시더니, '품위 있게' 죽고 싶다며 침대를 정돈해달라고 부탁했습니다. 따님이 '부디 회복하셔서 앞으로도 오래 사셔야 한다'고 말하자, 박사님은 태연히 '그러지 않기를 바란다'고 대답하셨지요. 호흡이라도 쉬워지도록 자세를 바꿔보라는 말을 듣고는 '죽어가는 이에게 **쉬운 일**이란 없다네'라고 말씀하셨습니다".

임종 직전 잠시 증세가 호전되자 샐리와 몇몇 가족 친지들은 희망을 품었다. 그러나 곧 폐에 자라던 농양이 터졌고, 이미 쇠잔한 육신으로는 그 고름을 뱉어낼 수조차 없었다. 그는 곧 의식을 잃었고, 1790년 4월 17일 밤 11시, 여든네 번째 생일을 치른 지 석 달 만에 손자 템플과 베니가 곁을 지키는 가운데 조용히 세상을 떠났다.

에필로그

1990년 4월 17일

프랭클린의 친구들은 그가 세상을 떠났어도 그의 온갖 기발한 아이디어와 동포를 향한 따뜻한 마음만큼은 사라지지 않으리라는 것을 충분히 예견했을 것이다. 그러나 그가 보스턴과 필라델피아에 남긴 기발한 유산까지 예상한 사람은 거의 없었다. 공화국의 선출직 공무원은 보수를 받아서는 안 된다는 자신의 신념에 따라, 프랭클린은 펜실베이니아 주지사로 재직하는 동안 급여를 사양했다. 그중 일부는 이미 여러 공익적 용도로 쓰였지만, 아직 지급되지 않은 2000파운드는 따로 떼어 두 개의 특별 회전기금으로 지정했다. 바로 보스턴과 필라델피아를 위한 것이었다. 그는 젊은 시절 대출 덕분에 인쇄업을 시작할 수 있었던 것을 잊지 않고, 이 기금을 연 5퍼센트 이율로 대출해주도록 정했다. 대상은 "스물다섯 살 미만의 기혼 장인으로, 각 도시에서 견습 과정을 마치고 계약 의무를 성실히 마친 이들"이었다. 대출한도는 15파운드에서 60파운드 사이의 소액으로 제한했고, 반드시 "최소 두 명의 신망 있는 시민"에게 대출자의 도덕성을 보증하는 연대 서명을 받아야 했다. 대출 기간은 10년, 상환되는 돈은 즉시 새로운 대출로 활용하도록 했다.

이 설계에 따라 프랭클린의 유산은 곧바로 사람들에게 쓰임이 되고, 세월이 흐를수록 자선기금으로서의 위력을 발휘하게 될 터였다. 그의 계산에 따르면, 각 1000파운드의 기금은 100년 뒤 13만 파운드 이상으로 불어날 수 있었다. 프랭클린은 그중 10만 파운드는 가장 유용한 공공사업—필라델피아의 경우 도시 외부에서 물을 끌어오는 상수도 공사와 스쿠킬강 항행 개선 사업을 구체적으로 언급했다—에 쓰도록 했고, 나머지는 다시 회전기금으로 돌려 이전과 같은 방식으로 또다시 100년간 운영토록 했다. 그렇게 200년이 지나면 각 기금은 400만 파운드 이상으로 커지게 되어 있었다. 그때부터는 보스턴 기금은 보스턴과 매사추세츠주가 1 대 3으로 나눠 갖고, 필라델피아 기금 역시 필라델피아와 펜실베이니아주가 같은 방식으로 분배받도록 했다.

프랭클린은 200년이 얼마나 긴 시간인지 잘 알고 있었다. "그렇게 긴 시간이 흐르는 동안 인간사의 모든 일과 계획은 온갖 사건과 변고에 흔들리게 마련이다. 그런 점에서 나는 어쩌면 과도한 기대를 하고 있는지도 모른다. 이 기금들이 실행에만 옮겨진다면 마치 아무 차질 없이 지속되어 내가 기대한 효과를 낼 것이라는 헛된 환상에 빠져 있는 것인지도 모른다." 실제로 프랭클린 기금은 여러 사고를 겪었다. 전쟁, 경제공황, 기금 운영권을 둘러싼 정치적 다툼, 거기에 도제제도의 의미 자체를 송두리째 바꿔버린 산업혁명까지.

그럼에도 그의 서거 200주년 무렵에는, 보스턴 기금이 450만 달러, 관리가 다소 부실했던 필라델피아 기금도 200만 달러에 달해 있었다. 이 정도면 프랭클린도 만족했을 것이다. 게다가 먼 훗날 그 돈이 어떻게 쓰이든 애당초 자신이 결정하지 않아도 된다는 사실에 마음이 놓였을 것이다. 기금 운영 후 100년이 되던 무렵 보스턴에 세워진 사우스엔드 직업학교 내의 프랭클린연구소 관계자는 이렇게 말했다. "모두가, 심지어 그 형제까지도 그 돈에 눈독을 들이고 있습니다." 한편, 프랭클린 덕분에 관광산업을 키워 온 필라델피아는 그 기금을 관광업 진흥에 쓰자는 의견이 초기에 있었으나, 결국 응용과학 분야 학생들에 대한 학자금 지원으로 방향을 바꾸었다. 필라델피아 시장도 이 결정이 "벤저민 프랭클린 정신"에 진정 부합하는 일이라며 환영했다.

프랭클린이 세상을 떠난 지 200년, 그의 정신은 제2의 고향인 필라델피아에 생생히 살아 있었고, 미국 전역에서도 뚜렷이 드러났다. 마침 그해는 펜실베이니아대학교의 개교 250주년이기도 했다. 그 대학은 미국에서 손꼽히는 명문 고등교육기관으로 인정받으며 프랭클린의 비전을 실현하고 있었고, 게다가 '우연이 아니게도' 학생들에게 라틴어와 그리스어를 억지로 가르치려던 옛 시도도 이미 접어버린 상태였다. 미국철학회 역시 크게 번성하며 유수 학자들의 연구를 후원하고 보급했다. 도서관과 소방서는 전국의 도시와 마을마다 생활의 기본으로 자리 잡았고, 병원 또한 어디에서나 찾아볼 수 있는 시설이 되었다. 우체국은 미 대륙 전체를 가로질러 편지를 배달했고, 지폐는 이제 논란은커녕 의문조차 불러일으키지 않게 되었다.

프랭클린의 과학적 유산은 시민의 일상에 가져다준 업적 못지않게 대단했다. 그가 불씨를 지피고 용어 체계까지 제시한 전기 혁명은 결국 세상을 뒤바꿨다. 육체와 정신의 힘을 증폭시키고, 지구 전체를 아우르는 거대한 정보망을 엮어낸 것이다. 또한 인구학 연구는 경제학자들과 기타 인접 분야의 사회과학 연구자들에게 영감을 주었고, 기상학, 지질학, 해양학에 관한 가설들은 비록 항상 정확하지는 않았지만, 다른 이들이 그의 오류를 바로잡도록 도전 과제를 던져주었다.

프랭클린의 문학적 유산 또한 그에 못지않게 놀라웠다. 그의 자서전은 미국 문학사의 한 이정표가 되었고, 더 나아가 영어권 전체에서 손꼽히는 위대한 삶의 기록으로 평가받았다. 《가난한 리처드의 연감》은 저자의 사후에 오히려 더욱 유명해져서, 미국인들은 다른 연감 작가들이 있었다는 사실조차 잊어버릴 정도였다. 프랭클린의 가벼운 수필들, 풍자, 익살과 날조극, 서신들은 늘 핵심을 찌르면서도 결코 현학적이지 않은 논평의 본보기가 되었다.

문학, 과학, 그리고 공익을 위한 헌신에서 프랭클린은 동시대인들 가운데—가장 독보적이었다는 점에서— 최초의 미국인이었다. 또한 그가 다방면에 걸쳐 남긴 유산의 폭과 깊이를 고려하면, 아마 어느 세대를 막론하고도 첫째가는 미국인이었을 것이다. 그러나 그는 또 다른 의미에서도 최초의 미국인이었다. 그는 사실상 그 누구보다, 특히 자신과 비슷한 위치에서 통찰을 행동으로 옮길 수 있었던 이들보다 먼저 깨달았다. 자신을 비롯한 동료 미국인들이 더 이상 영국인이 아니며 전혀 다른 부류, 즉 남의 지배를 받을 수 없고 자신이 자신을 다스려야 하는 민족이라는 사실을 말이다. 처음에는 그 깨달음이 반갑지 않았다. 대영제국 안에서 미국의 번영을 바랐던 자신의 바람과 배치되었기 때문이다. 그러나 일단 확신을 얻자 프랭클린은 자신의 깨달음에 따라 단호히 행동했고, 이 새로운 민족, 곧 미국인들에게 그들만의 정부를 만들어주기 위해 그 누구보다 많은 일을 했다. 독립혁명 초 대륙회의에서, 전쟁과 평화 협상의 시기 파리에서, 그리고 고향 필라델피아의 헌법회의에서까지, 그는 타의 추종을 불허하는 열정, 헌신, 능력으로 자신의 새 조국을 위해 봉사했다.

프랭클린이 세상을 떠나자 그가 감화시킨 수많은 이가 걸음을 멈추고 그의 위대함을 기리고 감사를 표했다. 장례식에는 필라델피아 시민 2만 명이 모였다. 도시인구의 절반에 가까운 수였다. 연방하원에서는 제임스 매디슨이 공식적으로 조의를 표하자는 동의안을 발의했고, 만장일치로 가결되었다. 프랑스는 프랭클린의 서거 소식에 한층 더 비통해했다. 미라보*는 슬픔에 잠긴 국민의회 앞에서 이렇게 선언했다. "미국을 해방시키고, 빛의 물결로 유럽을 밝힌 천재가 이제 신의 품으로 돌아갔습니다." 프랑스 의회 역시 검은 상복을 입기로 표결했다. 프랭클린의 친구이자 프랑스 왕립의학회 서기였던 펠릭스 비크다지르는 대서양을 아우르는 슬픔을 이렇게 요약했다. "한 사람이 죽었고, 두 세계가 애도했다."

그들이 애도한 이는, 인간 정신의 잠재력을 거의 완전히 실현해낸 인물이었다. 그에게는 천재성에 더해 덕을 향한 열정이 있었다. 그의 천재성은 그를 남다르게 만들었지만 동시에 그를 남들과 이어주었다. 지식을 추구한 목적이 지식 그 자체가 아니라 인류를 위해서였기 때문이다. 덕을 향한 열정은 천국을 바라서가 아니라 인간 사회에 대한 신뢰에서 비롯된 것이었다. 그 열정이 있었기에 프랭클린은 그 모든 위대한 업적들을 성취하고, 혁명 세대 동지들과 함께 영광스러운 공적을 이뤄낼 수 있었다.

프랭클린은 불과 스물두 살의 이른 나이에, 비문 중에 가장 유명한 묘비명 중 하나로 손꼽히게 될 글을 남겼다.

인쇄공 B. 프랭클린의 육신,

낡은 책 표지처럼

속은 찢기고,

제목도 금박도 희미해진 채,

이곳에 누웠으니, 벌레의 먹잇감이라.

그러나 작품은 끝내 죽지 않으리.

그가 믿는 대로, 다시금 세상에 등장할지니.

저자의 손으로

---

* 프랑스혁명 초기 웅변가이자 정치가

교정되고 수정되어 더 완전해진

새로운 판본으로.

그러나 막상 때가 임박하자 프랭클린은 훨씬 더 단순한 것을 택했다. 유언장에서 그는 사랑하는 시골 아가씨 조안(아내)과 함께 함께 묻힐 묘비에 이렇게만 새겨달라고 남겼다. "프랭클린, 벤저민과 데버라 1790".

프랭클린의 충만한 삶은 한마디 말로, 아니 책 한 권으로도 결코 다 담을 수 없다. 그럼에도 꼭 몇 마디로 요약해야 한다면, 그가 헌법회의 마지막 날 남긴 말로 대신할 수 있을 것이다. 그가 미국이라는 나라의 창건에 지대한 역할을 하며 남긴 유산을 함축하는 동시에, 그 특유의 해학적이고 경구적인 화법을 그대로 보여주는 말이었다. 4개월간의 비밀회의가 끝나자, 필라델피아의 한 귀부인이 그 회의에서 만든 것이 대체 무엇이냐고 물었다.

프랭클린은 대답했다. "공화국이지요. 지켜낼 수만 있다면요."

감사의 말

이 책이 탄생하는 과정에서 여러모로 도움을 준 분들에게 감사를 전한다. 더블데이출판사의 로저 숄, 미국철학회의 로이 굿맨, 예일대학교 프랭클린보관소의 엘런 콘, 조너선 덜, 클로드 안 로페즈, 케이트 오노, 펜실베이니아 역사학회의 로라 비어즐리, 델라웨어대학교의 J. A. 리오 르메이(프랭클린의 자료를 기꺼이 온라인으로 공개해준 데 감사드린다), 그리고 나의 에이전트 제임스 혼피셔에게 특별히 감사를 전한다.

주註

벤저민 프랭클린의 삶을 이해하는 데 가장 중요한 1차 자료는 바로 프랭클린 자신, 곧 그의 서신과 출판 저작물들이다. 프랭클린의 문서 자료에는 여러 판본이 존재하지만, 그중 단연 최고는 1959년부터 예일대출판부에서 간행된 『벤저민 프랭클린 문헌집PBF』으로, 학술적 편집의 모범으로 손꼽힌다. 초대 편집자는 레너드 W. 라바리였고, 현재는 바버라 B. 오버그가 편집을 맡고 있다. 이 시리즈의 최신 발행본은 1781년까지의 이야기를 다루고 있다. 이 책에 실린 1781년까지의 프랭클린 인용문은 거의 전적으로 이 판본을 근거로 했고, 인용 시에는 주로 날짜만 표기했다. 1781년 이후의 자료로는 스미스와 비글로의 편집본(자세한 정보는 아래 참조)을 널리 활용했다. 일반적으로, 문서의 날짜만으로 출처가 명확히 식별될 수 있는 경우는 날짜만 제시했고, 그 외의 경우에는 권수와 쪽수까지 병기했다.

프랭클린의 원고는 미국과 유럽 곳곳의 수많은 소장처에 흩어져 있다. 이 가운데 가장 중요한 소장처는 필라델피아의 미국철학회와 워싱턴의 의회도서관이다. 이들 소장처에 있는 프랭클린의 주요 서신 대부분은 이미 한두 종류 이상의 '프랭클린 문헌' 편집·인쇄본에 수록되어 있다. 따라서 이 책에서는 접근성을 고려해 그러한 인쇄본을 기준으로 인용했고, 다만 극히 예외적인 경우에는 해당 문서보관소 자체를 인용했다.

프랭클린의 저술 중 특히 주목할 만한 것은, 두말할 필요조차 없는 명저, 바로 그의 『자서전』이다. 수많은 판본이 존재하지만, 본서에서 인용한 것은 레너드 W. 라바리가 편집하고 1964년 예일대출판부에서 간행한 판본이다. 아래에서는 이를 ABF로 약기했다.

대부분의 고어적 표현은 명료성과 가독성을 위해 별도 언급 없이 현대어로 고쳐 옮겼다. 프랭클린은 명사를 대문자로 표기하는 경우가 현대 작가들보다 훨씬 더 많았는데, 이 책에서는 대부분을 소문자로 바꾸어 실었다. 또한 그는 영국식 영어를 사용했으므로, 21세기 초까지도 남아 있는 영국식 용법과 철자는 대부분 그대로 유지했다.

참고 문헌은 직접 인용한 경우에만 아래 주석에 출처를 표기했다. 이 책에는 가장 중요한 참고 문헌들이 다수 인용되었으나, 결코 그것이 전부는 아니다. 지면상의 제약으로, 그 시대는 물론 프랭클린의 생애와 관련된 방대한 참고 문헌을 총망라하는 것은 시도조차 할 수 없었다. 관심 있는 독자는 멜빈 H. 벅스바움의 『벤저민 프랭클린: 참고 안내서』(전 2권, 보스턴,

1983~1988)를 참고하기 바란다. 또한 J. A. 리오 르메이가 엮은 「벤저민 프랭클린 재평가: 서거 200주년의 시각」(뉴어크, 델라웨어. 1993년)는 프랭클린 연구자들의 논문집으로, 벅스바움의 참고 문헌을 훌륭하게 보완한 자료이다.

약어 목록

인물

BF: Benjamin Franklin

DF: Deborah Read Franklin

WF: William Franklin

기록 및 출판물

ABF: The Autobiography of Benjamin Franklin (New Haven, Conn., 1964).

Adams Papers: The Adams Papers, ed. L. H. Butterfield (Cambridge, Mass., 1961-).

AHR: American Historical Review.

APS: Benjamin Franklin Collection, American Philosophical Society (Philadelphia).

Bagatelles: Franklin's Wit and Folly: The Bagatelles, ed. Richard E. Amacher (New Brunswick, N.J., 1953).

Bigelow: *The Works of Benjamin Franklin*, ed. John Bigelow (New York, 1904).

DAR: Documents of the American Revolution, 1770-1783 (Colonial Office Series), ed. K. G. Davies (Shannon, Ireland, 1972-1981).

Facsimiles: Facsimiles of Manuscripts in European Archives Relating to America, 1773-1783, ed. B. F. Stevens (London, 1889-98).

Giunta: *The Emerging Nation: A Documentary History of the Foreign Relations of the United States under the Articles of Confederation, 1780-1789*, ed. Mary A. Giunta et al. (Washington, D.C., 1996).

HSP: Historical Society of Pennsylvania (Philadelphia).

Lafayette Letters: Lafayette in the Age of the American Revolution: Selected Letters and Papers, 1776-1790, ed. Stanley J. Idzerda (Ithaca, N.Y., 1979).

LC: The Papers of Benjamin Franklin, Liberty of Congress (Washington, D.C.).

Lemay: *Benjamin Franklin: Writings*, selected and annotated by J. A. Leo Lemay (New York, 1987).

Letters of Rush: Letters of Benjamin Rush, ed. L. H. Butterfield (Princeton, N.J., 1951).

Memoirs: *Memoirs of the Life and Writings of Benjamin Franklin*, ed. William Temple Franklin (London, 1833).

NEQ: *The New England Quarterly.*

Papers of Jefferson: *The Papers of Thomas Jefferson*, ed. Julian P. Boyd (Princeton, N.J., 1950–).

Papers of Madison: *The Papers of James Madison*, ed. William T. Hutchinson and William M. E. Rachal (Charlottesville, Va., 1962–91).

Papers of Washington: *The Papers of George Washington*, ed. W. W. Abbot (Charlottesville, Va., 1983–).

PBF: *The Papers of Benjamin Franklin*, ed. Leonard W. Labaree et al. (New Haven, Conn., 1959–).

PG: *Pennsylvania Gazette.*

PMHB: *Pennsylvania Magazine of History and Biography.*

PR: *Poor Richard* [year]: *An Almanack for the Year of Christ* [year]. (All the pertinent issues can be found in PBF, under last part of the previous year.)

Records of Convention: *The Records of the Federal Convention of 1787*, ed. Max Farrand (New Haven, Conn., 1923).

Smyth: *The Writings of Benjamin Franklin*, ed. Albert Henry Smyth (New York, 1905–7).

Sparks: *The Works of Benjamin Franklin*, ed. Jared Sparks (Boston, 1840).

WMQ: *William and Mary Quarterly* (3rd. series).

Writings of Jefferson: *The Writings of Thomas Jefferson*, ed. Albert Ellery Bergh (Washington, D.C., 1903–4).

Writings of Madison: *James Madison: Writings*, ed. Jack N. Rakove (New York, 1999).

Writings of Washington: *The Writings of George Washington*, ed. John C. Fitzpatrick (Washington, D.C., 1931–44).

Yale: Benjamin Franklin Collection, Yale University (New Haven, Conn.).

1장 보스턴의 서막

18 정신이 돌아오자마자 (…) 실천했다! *Diary of Cotton Mather*, 2 vols. (Boston, 1911–12), 1:12, 357.

18~21 악마가 존재한다는 (…) 강조했다. *The Wonders of the Invisible World* (1893), reproduced in *The Witchcraft Delusion in New England*, ed. Samuel G. Drake (Roxbury, Mass., 1866), 1:55, 61, 94–95, 102–6.

21   **책임과 잘못** *The Diary of Samuel Sewall*, ed. M. Halsey Thomas (New York, 1973), 1:367.

21   **첫 글자** Marion L. Starkey, *The Devil in Massachusetts* (Garden City, N.Y., 1969), 198.

23   **기억한다.** *ABF*, 54–55.

24   **곳이자** Arthur Bernon Tourtellot, *Benjamin Franklin: The Shaping of Genius: The Boston Years* (Garden City, N.Y., 1977), 105.

25   **내가 일곱 살 때** *Bagatelles*, 45.

26~28   **언제부터 글을 (…) 임무를 맡는 경우가 많았다.** *ABF*, 53–54.

29   **그건 조금도 피로하지 않았고** to Barbeu-Dubourg, undated, Smyth, 5:542–45.

30   **오래된 불화** Walter Muir Whitehill, *Boston: A Topographical History* (Cambridge, Mass., 1959), 29.

33   **상기 견습생은** John Clyde Oswald, *A History of Printing* (New York, 1928), 355.

34~35   **여전히 바다에 대한 (…) 허영심을 부추겼다.** *ABF*, 58–60.

35   **듣고 싶은가?** in Thomas C. Leonard, "Recovering 'Wretched Stuff' and the Franklins' Synergy," *NEQ* 72:3 (Sept. 1999), 445–47. *PBF*의 편집자들은 이것이 실제로 프랭클린의 시인지 의심했지만, 레너드 라바리의—텍스트와 맥락에 근거한—추론은 설득력이 있다.

38   **말도 못하게 야망이 컸다** *ABF*, 62.

39   **《쿠런트》를 사악하다고 비난하며** Samuel G. Drake, *The History and Antiquities of Boston* (Boston, 1856), 564.

39   **비방하고** Kenneth Silverman, *The Life and Times of Cotton Mather* (New York, 1984), 357.

39   **악명 높고** Tourtellot, *The Boston Years*, 258.

40   **사악한 인쇄업자** *Diary of Cotton Mather*, 2:663.

41   **좋고 나쁨을 평가하는 (…) 슬퍼하는 경향이 있으니까요.** *PBF*, 1:9–10.

42   **묻지 않을 것입니다** *ibid.*, 11.

42   **엄청난 기쁨** *ABF*, 68.

42~43   **남자의 인생에서 (…) 금상첨화라 할 수 있다.** *PBF*, 1:11–12, 17, 19, 22, 26.

44   **일부 지역의 주택들은** Carl Seaburg, *Boston Observed* (Boston, 1971), 82.

44   **오늘 밤** *Diary of Cotton Mather*, 2:658.

45   **생각된다.** *PBF*, 1:27.

45   **대드는 행동을 했다** *ABF*, 69.

45   **사상의 자유가 없다면** *PBF*, 1:27, 30.

46   **발견할 때마다 (…) 《뉴잉글랜드 쿠런트》** Tourtellot, *The Boston Years*, 423–25.

47   **완전히 포기했다** *PBF*, 1:48.

48   **아담은 결코** *ibid.*, 1:52.

48~51 나는 이 대화 방식에 (…) 곤경에 처할 가능성이 높았다. *ABF*, 63-71.

2장 친구와 이방인

53~55 지옥 같은 무지와 타락의 (…) 벗어나고자 안달이었다 Harry Emerson Wildes, *William Penn* (New York, 1974), 12, 22, 27, 119.

56~57 또한 그가 델라웨어강 (…) 무엇이든 언제든지 가질 수 있다. Mary Maples Dunn and Richard S. Dunn, "The Founding," in *Philadelphia: A 300-Year History*, ed. Russell F. Weigley (New York, 1982), 1, 14.

60 생선을 갈랐을 때 *ABF*, 87-88.

62 나는 완전히 흠뻑 젖었고 *ibid.*, 73.

63 월넛스트리트 2번가와 *ibid.*, 124.

64~72 정말 어색하고 (…) 멍하니 우리를 쳐다보았다 *ibid.*, 76-80.

73 다른 분야의 장인들은 많은데 Dunn and Dunn, "Founding," 31.

74~76 가장 상냥하고 (…) '심술 나서 시무룩해' *ABF*, 81-82.

77 겸손한 자세로 to Samuel Mather, May 12, 1784, Smyth.

80~83 그는 내가 사업을 (…) 결코 약속을 지키지 않았다 *ABF*, 88-92.

3장 첫 번째 런던 방문

87~88 나는 당장은 만족했고 (…) 리들즈던에게서 온 거군요"라고 외쳤다. *ABF*, 93-94.

88 비할 데 없이 악명 높은 인물 biographical note on William Vanhaesdonck Riddlesden, *ABF*, 296.

88 나는 최근에야 *ibid.*, 94.

91 그녀가 나를 필요로 한다는 (…) 짐을 덜어낸 기분이었다 *ABF*, 99.

92 아, 이 얼마나 비참하고 불행한 광경인가! Thomas Burke, *The Streets of London through the Centuries* (London, 1943), 39-40.

93 도시는 세상 그 어디에도 없다 Daniel Defoe, *A Tour thro' London about the Year 1725, Being Letter V and Parts of Letter VI of 'A Tour thro' the Whole Island of Great Britain'* (1724-26; rpt. New York, 1969), 48.

94 우리가 갈지자로 길을 걷고 있을 때 Burke, *Streets of London*, 64.

95 병원 입원자에게 editorial note in Defoe, *Tour thro' London*, 25.

95   모든 신사, 도박꾼, 기타 여러분께 알립니다. Walter Besant, *London in the Eighteenth Century* (London, 1903), 440.

95~96   지난 수요일 (…) 지혜가 없느니라 ibid., 238-42.

97   객석에 모인 머리가 여럿인 괴물 ibid., 427.

97   랠프와 함께 *ABF*, 96.

97   천한 여자들과의 어리석은 관계 ibid., 115.

98~100   혐오스러운 관습 (…) 만족스럽게 지낼 수 있었다 ibid., 100-1.

101   『자유와 필연, 쾌락과 고통에 대한 논문』 *PBF*, 1:58-71.

103~107   내가 이 팸플릿을 (…) 다시 돌아가고 싶어졌다. *ABF*, 96-105.

107~114   그레이브젠드는 (…) 하나님, 감사합니다! journal of voyage, *PBF*, 1:72-99.

4장 자신만의 흔적

116~117   판매 전문가 (…) 겪어야 한다는 것에 유감을 느꼈다 *ABF*, 107.

119   원래 티 테이블을 주려고 했었다 to Jane Franklin, Jan. 6, 1727.

123~131   매우 정중한 메시지 (…) 명령된 것이라고 생각했다. *ABF*, 112-19.

131   「신앙의 조항과 종교적 행위」 *PBF*, 1:101-9.

132~133   시를 쓰는 사람들은 ibid., 1:99-100.

134~135   1. 절제 (…) 예수와 소크라테스를 본받아라. *ABF*, 149-50.

137~138   가끔 이성이랍시고 (…) 손글씨가 나아진다. ibid., 156.

138   내 신용과 평판을 지키기 위해 ibid., 125-26.

139   하찮고, 운영 상태도 엉망이며, 전혀 재미있지 않다 ibid., 119.

140   이 도시의 많은 착하고 점잖은 (…) 그냥 신문을 접으라 Martha Careful and Caelia Short-face [Letters], *American Weekly Mercury*, Jan. 28, 1729, *PBF*, 1:112-13.

140~141   여성 여러분 안심하세요 (…) 더 많은 것을 들려주겠습니다 Busy Body [Letter], *American Weekly Mercury*, Feb. 4, 1729, ibid., 1:114-16.

142   하찮은 가격 *ABF*, 120.

142~143   앞으로 새로운 경영진들에 (…) 즐겁고 유용한 오락거리 *PG*, Oct. 2, 1729, *PBF*, 1:157-59.

147~148 런던에 있을 때 (⋯) 큰 불편을 동반했다. *ABF*, 128.

149 그는 자신의 분야 외에는 아는 것이 거의 없었고 *ibid.*, 117.

152 여기서는 그가 불륜으로 태어났으며 Sheila L. Skemp, *William Franklin: Son of a Patriot, Servant of a King* (New York, 1990), 4.

152 바버라 Carl Van Doren, *Benjamin Franklin* (New York, 1938), 91.

154 그래서 나는 가능한 한 *ABF*, 143.

155 교양 있는 신사 *PBF*, 1:250-52.

158 「인쇄업자들을 위한 변명」 *ibid.*, 1:194-99.

162~166 런던에서 막 수입된 (⋯) 생각하게 될지도 모른다. *PG*, various issues 1731-1734.

167~168 연감을 만드는 데 필요한 (⋯) 메모장이 없었기 때문이다 Marion Barber Stowell, *Early American Almanacs: The Colonial Weekday Bible* (New York, 1977), xiv-7.

170 재치, 학식, 질서, 우아한 어구 Bernard Capp, *English Almanacs, 1500–1800* (Ithaca, N.Y., 1979), 23.

171 **1733년용 연감, 방금 출간!** *PG*, Dec. 28, 1732, *PBF*, 1:280.

172~173 존경하는 독자 여러분 (⋯) 손더스에게 자선을 베푸는 것 *PR*, 1733.

174 거짓 예언 (⋯) 나는 글을 쓰며 살아 있을 것이다 *The American Almanack for the Year of Christian Account, 1734.*

174 가서 그의 마지막 포옹을 받고 *PR*, 1734.

175 거짓말과 재치가 그렇게 보상받는다면 *American Almanack, 1735.*

175~181 천체의 음악이 아무리 (⋯) 소나기가 내린다는 걸 알게 된다 *PR*, various issues 1733-42.

6장 시민

183 『지폐의 본질과 필요성에 대한 겸손한 탐구』 Apr. 3, 1729

186 늙고 손이 불편해서 A.A.˝ to BF, Feb. 4, 1735.

188 우리 모두는 articles of Union Fire Company, *PBF*, 2:150-53.

189 전 세계 어디에 *ABF*, 175.

190 비록 월급은 적었지만 *ibid.*, 172.

191 나는 보았고 John Pollock, *George Whitefield and the Great Awakening* (Garden City, N.Y., 1972), 4.

191 **경외감, 침묵, 몰입** Josiah Smith in *The Great Awakening*, ed. Alan Heimert and Perry Miller (Indianapolis, 1967), 67-68.

191 **보라!** Stuart C. Henry, *George Whitefield: Wayfaring Witness* (New York, 1957), 54.

191 **우아하고 균형 잡힌** *ibid.*, 27-28.

191~193 **생각만 해도 (…) 저를 구원의 날까지 보장하셨습니다.** *George Whitefield's Journals*, ed. William V. Davis (Gainesville, Fla., 1969), 29-48.

194 **새로운 영적 탄생** L. Tyerman, *The Life of the Rev. George Whitefield* (London, 1876), 32.

194 **어떤 이들에게는 내 설교가 불쾌할 거야.** *ibid.*, 49-50.

194 **비숍스게이트 교회에서 설교했는데** Henry, *George Whitefield*, 29.

194 **휫필드 목사님의 청중이 날마다 늘고 있다.** *ibid.*, 38.

195 **미친 짓** *ibid.*, 49.

195 **이제야 얼음이 깨졌음을 하나님께 찬양드립니다!** *Whitefield's Journals*, 209.

196 **그의 설교는** *ABF*, 147.

196 **뉴라이트맨** Merton A. Christensen, "Franklin on the Hemphill Trial: Deism Versus Presbyterian Orthodoxy," *WMQ* 10 (1953), 426.

197 **매우 훌륭한 설교** *ABF*, 167.

197 **자유사상가** Christensen, "Franklin on the Hemphill Trial," 427.

198 **그리스도의 산상수훈이** *PG*, Apr. 10, 1735, *PBF*.

199 **나는 그가 직접 만든 형편없는 설교를 듣는 것보다** *ABF*, 168.

199 **악의와 시기심** *Some Observations on the Proceedings against the Rev. Mr. Hemphill*, *PBF*, 2:39, 48.

199~200 **편견과 편협에 지배당하는 곳 (…) 심해질 것으로 보았다.** *A Defense of Mr. Hemphill's Observations*, *PBF*, 2:90ff. [제목에 주의할 것. 해당 '소견'은 헴필이 아니라 프랭클린의 소견임.]

201 **마치 갑판장이 선원 부리듯** Perry Miller, *Jonathan Edwards* (Cleveland, 1959), 166.

202 **언제 죽음을 맞이하더라도** *ibid.*, 138.

202 **여러분을 지옥 구덩이 위에 매달고 있는 하나님은** *ibid.*, 145-46.

204 **그의 설교에 참석한 모든 종파와** *ABF*, 175.

204 **이곳에서 종교의 모습이 완전히 달라진 것은** *PG*, June 12, 1740, *PBF*.

205~207 **나는 그의 목소리가 (…) 세상을 떠날 때까지 이어졌다.** *ABF*, 176-79.

208 **내가 웃은 건 사실이었다** A Defense of Conduct," *PG*, Feb. 15, 1737/8, *PBF*.

208 **시신에 대한 부검 진행 중** *PG*, June 16, 1737, *PBF*.

209~210 **심각한 거짓말이며 언어도단 (…) 그를 다시는 보지 못했다.** *PG*, Feb. 15, 1737/8, *PBF*.

7장 제국의 궤적

259 **이 '협회'** Penn letters quoted in *PBF*, 3:186n.

260 **그가 프랭클린과 같이 일하지 않았다면** Isaiah Thomas, *The History of Printing in America* (1810; rpt. Albany, 1874), 1:246.

261 **간헐적인 문구 및 서적 판매** articles of agreement with David Hall, Jan. 1, 1748.

261 **홀은 계속 잘하고 있으며** to Strahan, Feb. 4, 1751.

262 **나는 지금 미결 문제들을 (…) 삶을 즐길 수 있을 것 같습니다** to Colden, Sept. 29, 1748.

264 **스펜스 박사** *ABF*, 240–41.

264 **이것만큼 내 주의력과 시간을 완전히 사로잡고** to Collinson, Mar. 28, 1747.

265 **우리는 B** to Collinson, May 25, 1747.

265 **저는 최근에 편지에서** to Collinson, Aug. 14, 1747.

266 **내가 왕립학회에 전달했는데** from Collinson, Apr. 12, 1748.

266 **제 전기 실험이 학회에서 받아들여졌다니 기쁩니다** to Collinson, Oct. 18, 1748.

267 **소위 전기 배터리 (…) 잔으로 건배할 것입니다** to Collinson, Apr. 29, 1749.

267 **영국에서 전기와 관련된 모든 것에** Joseph Priestley, *The History and Present State of Electricity, with Original Experiments* (London, 1767), 153.

267~268 **새롭고 매우 흥미롭다 (…) 전기충격으로 칠면조를 잡는 실험** report by William Watson to the Royal Society, Jan. 11, 1750, *PBF*.

269 **아이들을 교육시키기 위해 (…) 마음을 키우게 될 것입니다** *PG*, Aug. 24, 1749.

270~271 **아무리 뛰어난 능력이라도 (…) 소박하고, 절제하며, 검소하게** *Proposals Relating to the Education of the Youth in Pennsylvania*, *PBF*, 3:397ff.

271 **우리 학원은** to Jared Eliot, Sept. 12, 1751.

272 **빌리는 군 생활을 너무 좋아해서** to John Franklin, Apr. 2, 1747.

272 **제 아들이 이 편지를 들고 당신을 찾아갈 것입니다.** to Colden, June 5, 1747.

272 **그 지도는 원래 제 아들을 위해 주문한 것입니다.** to Strahan, Oct. 19, 1748.

273~274 **이번 겨울에 가금류를로 (…) 나올지 짐작하기 어렵다.** to Collinson, Feb. 4, 1750.

274 **공기의 지진** *Benjamin Franklin's Experiments*, ed. I. Bernard Cohen (Cambridge, Mass., 1941), 105.

275 **이 불꽃은 아주 작은 규모의 번개를 연상시킨다** *ibid.*, 106.

275 **많은 사람이 이로 인해 목숨을 잃었다** to Mitchell, Apr. 29, 1749.

276 **귀하의 전기와 뇌우에 관한** from Collinson, Feb. 5, 1750.

276 **뾰족한 금속에 관한 이론은** to Collinson, Mar. 2, 1750.

300   독일 여성은 to Collinson, undated 1753.

301~303 후손 (…) 그들을 되돌릴 수 없다. to Collinson, May 9, 1753.

304   사람이 하루하고 반나절 동안 갈 수 있는 만큼Harry Emerson Wildes, *The Delaware* (New York, 1940), 102.

305   앉아서 담배도 못 피우고 (…) 우리 동네의 화제였다 William Mason Cornell, *The History of Pennsylvania* (Philadelphia, 1876), 105-6.

307   좋은 것 *Remarks Concerning the Savages of North America*, Lemay, 969ff.

308~309 형제들이여 (…) 옷까지 팔게 만든다 Report on the Treaty of Carlisle, Nov. 1, 1753, *PBF*.

309   그들은 남녀노소 합쳐 거의 100명쯤 되었고 *ABF*, 198-99.

310   상상할 수 없을 정도로 증가해 Report, Nov. 1, 1753, *PBF*.

10장 뭉치면 살고 흩어지면 죽는다

313   프랑스인들에게는 Howard Peckham, *The Colonial Wars*, 125.

314   그는 영국인보다 더 영국인답다 William A. Hunter, *Forts on the Pennsylvania Frontier, 1753-1758* (Harrisburg, Pa., 1960), 141.

316   암살 Articles of Capitulation, July 3, 1754, *Papers of Washington*.

316   나는 다행히도 상처 하나 없이 벗어났지만 George Washington to John Augustine Washington, May 31, 1754, *ibid.*

316   그런 소리를 많이 들어보았다면 *ibid.*, 1:119.

317~318 정말 이상한 일이 (…) 더 바람직하다고 생각한다 to James Parker, Mar. 20, 1751.

318   지난 금요일 *PG*, May 9, 1754, *PBF*.

321   본국(즉, 영국)으로 보내 to James Alexander and Cadwallader Colden, June 8, 1754.

321~323 정적주의자 (…) 상태가 심각해졌다. Bernard Bailyn, *The Ordeal of Thomas Hutchinson* (Cambridge, Mass., 1974), 10-17.

323   프랑스의 조치에 맞서거나 *Representation of the Present State of the Colonies*, July 9, 1754, *PBF*.

324   새로운 일을 추진할 때 to Colden, July 14, 1754.

324   총통 Plan of Proposed Union, July 10, 1754.

324   우리는 그 일에 대해 여러 차례 to Colden, July 14, 1754.

325   각 식민지 의회들이 이 연합 계획을 *ibid.*

325   식민지 주민들을 대의회 대표 선출에서 to Shirley, Dec. 4, 1754.

326   이런 연합은 (…) 제정할 수도 있을 것이다. to Shirley, Dec. 22, 1754.

328 몸에 기운이 없고 from Abiah Franklin, Oct. 14, 1751.

328 네가 보낸 to Jane Mecom, May 21, 1752.

329 그곳에서 그가 좋은 대우를 받을 거니 걱정 말라 to Mecom, undated, *PBF*, 2:448.

329~330 내가 뉴욕에 자주 가는데 (…) 좋아할 만한 장점도 많아. to Mecom, undated, *PBF*, 3:301-4.

330 그 섬은 to Mecom, Sept. 14, 1752.

331 내가 너무 서툴러 알을 깨뜨려 to Mecom, Nov. 30, 1752.

331 윌리엄은 이제 19세로 to Abiah Franklin, Apr. 12, 1750.

332 나는 윌리엄이 자기 아버지 방으로 Daniel Fisher diary, July 28, 1755, *PMHB* 17 (1893), 276.

332 언제 갈지 모른다 to Collinson, May 21, 1751.

334 친애하는 친구여 from Collinson, Sept. 27, 1752.

335 미국에서는 토지가 매우 넉넉하고 *Observations concerning the Increase of Mankind, Peopling of Countries, &c.*: *PBF*, 4:227-34.

337 브래독은 성격이 이로쿼이족처럼 냉정하다 Joseph Kelley, *Pennsylvania*, 322.

338 장군은 나에게 *ibid.*

338 포르뒤켄을 점령한 뒤에는 *ABF*, 223-24.

339 이 미국인들은 J. Bennett Nolan, *General Benjamin Franklin: The Military Career of a Philosopher* (Philadelphia, 1936), 10.

339 일은 크게 힘들지 않을 것입니다 advertisement, Apr. 26, 1755.

340 마지막 문구는 정말 프랭클린답다 *PBF*, 6:22.

340 반역자 무리 Kelley, *Pennsylvania*, 323.

341 아니 이런 젠장! *ABF*, 228.

342 그 현장의 공포는 말로 표현할 수 없습니다. Kelley, *Pennsylvania*, 327.

342 인디언들이 십여 명의 포로를 데리고 *ibid.*, 327-28.

11장 민중의 대령

344 저는 이 지역에서 Paul Wallace, *Conrad Weiser*, 385, 395.

345 모두 타버리고 잿더미가 되었다 *ibid.*, 410.

345 지금 이렇게 잔인하게 변한 *ibid.*, 403.

346 서스퀘해나강 건너편에 있던 Joseph Kelley, *Pennsylvania*, 339.

346 퀘이커 교도들은 to Collinson, Aug. 27, 1755.

347 친애하는 친구여. *ABF*, 212.

369 **나는 그와 미국 문제에 관해** to Strahan, July 27, 1756.

369 **이 민병대법으로** William Hanna, *Benjamin Franklin and Pennsylvania Politics*, 112.

370 **나는 총독이 생각하는 것처럼** *ABF*, 240.

370 **왠지 모르지만 사람들이 날 좋아하는 것 같습니다.** to Collinson, Nov. 5, 1756.

12장 보다 큰 무대

372 **눈을 크게 뜨고 잘 살펴보기 바랍니다.** to Strahan, Jan. 31, 1757.

374 **프랭클린 씨의 인기는 이곳에선 아무 의미도 없습니다.** Penn to Peters, May 14, 1757, HSP.

375 **달링턴 부인은** J. H. Plumb, *The First Four Georges* (Boston, 1975), 36.

376 **이 마귀 같은 여왕님** *ibid.*, 37.

377 **배그숏이 로빈을 모델로 (…) 성미 고약한 멍청이** Paul Langford, *A Polite and Commercial People: England 1727–1783* (Oxford, UK, 1989), 14, 23.

379 **말끔하고 깨끗한 흰머리의 노인 (…) 골라서 대답했다.** *PR*, 1758.

380 **코담배색 작은 남자!** D. H. Lawrence, *Studies in Classic American Literature* (1923; rpt. New York, 1964), 13–14.

380 **내가 만약 로마가톨릭 신자였다면** to DF, July 17, 1757.

381 **저는 오랫동안** Strahan to DF, Dec. 13, 1757.

383~385 **여러분 미국인들은 (…) 기대할 수 없을 정도였다** *ABF*, 261–62.

385 **불만 사항 요약** Aug. 20, 1757.

386 **머리 꼭대기의 극심한 통증과 화끈거림** to DF, Nov. 22, 1757.

387 **최고 수준의** Thomas Hutchinson, *The History of the Colony and Province of Massachusetts-Bay*, edited by Lawrence Shaw Mayo (Cambridge, Mass., 1936), 2:292.

388 **프랭클린은 지금쯤** Morris to Paris, July 4, 1757, *PBF*, 7:247n.

388 **그는 자존심이 강하고** *ABF*, 263.

389 **현재 협상이 진행 중인 만큼** WF to Elizabeth Graeme, Dec. 9, 1757.

389 **주민들이 오랫동안 누려온 권리** WF to *The Citizen*, Sept. 16, 1757, *PBF*.

390 **속임수를 폭로함으로써** *The Citizen*, Sept. 23, 1757, *PBF*, 7:255n.

391 **첫 번째로 관찰된 것은** to Pringle, Dec. 21, 1757.

392 **이 실험에서 알 수 있듯이** to John Lining, June 17, 1758.

393 **정말 뿌듯하고 기분이 좋았소** to DF, Sept. 6, 1758.

393 **순수하고 고결한** citation accompanying diploma, *PBF*, 8:279n.

393 **여기서 시간이** to DF, Jan. 21, 1758.

394 **조니 형님의 일지를 보내줘서 고맙소** to DF, Nov. 22, 1757.

394 **우리는 가구 딸린 방 네 개를 쓰면서** to DF, Jan. 1758.

395 **해크니 마차** to DF, Feb. 19, 1758.

396 **데버라가 그렇게** Strahan to Hall, June 10, 1758, *PBF,* 8:93n.

13장 제국주의자

397 **하찮은 선거구 (⋯) 조국을 잊어버린 듯한** W. A. Speck, *Stability and Strife: England, 1714–1760* (Cambridge, Mass., 1977), 243–44.

398 **나만이 이 나라를** John B. Owen, *The Eighteenth Century, 1714–1815* (Totowa, N.J., 1975), 84.

398 **적들은 우리가** Francis Parkman, *Montcalm and Wolfe* (Boston, 1903), 2:216.

400 **모든 정황이** *ibid.,* 286.

401 **국왕 폐하 만세** Howard Peckham, *The Colonial Wars,* 190.

402 **이제 하나님께 찬양을 드리오니** Parkman, *Montcalm and Wolfe,* 2:309.

403 **예의 없는 종파인** to the *London Chronicle,* Dec. 27, 1759.

403 **『영국의 식민지 및 캐나다와 과들루프 획득에 관한 영국의 이익』** *PBF,* 9:59–100.

410 **그분은 매우 현명하고 (⋯) 버밍엄 특유의 눈이 똑같아요** to DF, Sept. 6, 1758.

411 **두 사람 모두 참 별난 인물들이었지** to Roberts, Sept. 16, 1758.

412~413 **싸구려 말 장수가** to Norris, Jan. 14, 1758.

413 **대단히 뻔뻔스러운** Penn to Peters, July 5, 1758, HSP.

413 **나는 여전히** to Galloway, Apr. 7, 1759.

414~415 **진심으로 바라는 바는 (⋯) 조언과 동의** Answer to Heads of Complaint," Nov. 27, 1758.

415 **무례하다** Penns to House of Representatives, Nov. 28, 1758, *PBF.*

415 **그들의 답변이** to Norris, Jan. 19, 1759.

416 **끝없이 새로운 것들** WF to Graeme, Dec. 9, 1757.

418 **7. 그리고 그 사람이 대답하여 말하되** *PBF,* 6:122–24.

419 **함께 수천 가지의** to Kames, Jan. 3, 1760.

422 나는 영국인이라는 이름에 John Brooke, *King George III* (New York, 1972), 88, 390-91.

423 왕세자인 첫째 아들 (…) 무례함을 참을 기분이 아니다 *ibid.*, 15.

424~425 만약 당신께서 (…) 번거로움을 덜기 위해 J. Steven Watson, *The Reign of George III, 1760–1815* (Oxford, UK, 1960), 5-7.

425 그녀의 개인적 매력 (…) 지나갔다고 생각합니다 Stanley Ayling, *George the Third* (New York, 1972), 83-84.

425 이 늙은 국왕의 행동 (…) 정말로 뱀 같은 인물 Watson, *Reign of George III*, 4.

425~426 탁월한 지성과 흔들림 없는 의지 R. J. White, *The Age of George III* (New York, 1968), 58.

426 내 백성들이 나를 진심으로 사랑한다니 기쁩니다. Brooke, *King George III*, 89.

426 공작님 (…) 망하게 됩니다. *ibid.*, 78.

426 피비린내 나고 값비싼 전쟁 Ayling, *George III*, 65.

426 아, 저 위대한 인물이 *ibid.*, 90.

428 기만과 속임수 (…) 온갖 술수의 결정체 to King in Council, Feb. 2, 1759.

430 거의 반란에 가까운 선언들 *PBF*, 9:128.

430 모든 위임된 권한의 Report to the Lords of the Committee of Council, June 24, 1760.

431 공청회가 진행되는 도중 *ABF*, 265-66.

433 지금이 주식을 팔기엔 to the Trustees of the Loan Office, Feb. 13, 1762.

433~435 젊은이들을 위한 작은 저작 (…) 염두에 두고 쓰인 것이다. to Kames, May 3, 1760.

435~436 이처럼 짧은 분량 안에 to Kames, Oct. 21, 1761.

436 내가 지금 쓰고 있는 to Kames, May 3, 1760.

437 무엇이든지 저에게 편지로 써 보내기 바랍니다. to Mary Stevenson, May 1, 1760.

437 펌핑된 물이 아니라 to Stevenson, Sept. 13, 1760.

438 목욕을 해서 감기에 걸리는 사람은 없고 to Stevenson, Aug. 10, 1761.

438 당신은, 들은 바에 따르면 to Stevenson, May 1, 1760.

438 자연에 대한 지식은 to Stevenson, June 11, 1760.

440 참 좋겠다고 생각한다. to Hume, Sept. 27, 1760.

441 어느 지방 도시에서 to Hume, May 10, 1762.

441~442 그 의견은 (…) 흔적을 느낄 수 있습니다. to [Peter Franklin], May 7, 1760.

442 긴 운하의 끝부분이 to Alexander Small, May 12, 1760.

444 그 편지에는 (…) 삽입하지 않았을 것 to Pringle, May 27, 1762.

445 그 소리의 달콤함에 매료되어 to Beccaria, July 13, 1762.

15장 떠오르는 서부

469 **영국을 떠날 때쯤** to Strahan, June 28, 1763.

469 **당신이 떠난 이후로 단 한 시간도** from Strahan, Aug. 18, 1763.

469 **얼굴은 신경 쓰지 않고** R. J. White, *The Age of George III*, 64.

470 **지칠 줄 모르는 기운에 (…) 유연한 정신력을 지녔다** John Brooke, *King George III*, 145.

470 **그러시겠지요** J. Steven Watson, *The Reign of George III*, 98.

470 **달라지겠죠** Horace Bleackley, *Life of John Wilkes* (London, 1917), 69.

471 **인간은 도저히 이해불가하다** White, *Age of George III*, 61.

471 **거만하고 허풍이 세며** Paul Langford, *A Polite and Commercial People*, 354.

471 **모르겠습니다.** Stanley Ayling, *George the Third*, 100.

471 **국왕의 연설은** White, *Age of George III*, 66.

472~473 **마치 사탄이 (…) 불운한 신사의 몰락** Ayling, *George the Third*, 116-17.

473 **윌크스 씨의 선동적인 행위에** to Jackson, Feb. 11, 1764.

473 **안타깝지만** from Strahan, Aug. 18, 1763.

474 **정말 내가 그런 사람들** to Strahan, Aug. 8, 1763.

476 **미국과 관련된 어떤 일이** from Jackson, Nov. 12, 1763.

476 **적당한 세율** to Jackson, Feb. 11, 1764.

477 **여러분이 우리에게** to Jackson, Jan. 16, 1764.

478 **왜 너희는 백인이** Joseph Kelley, *Pennsylvania*, 463.

479 **인디언들은** to Jackson, June 27, 1763.

480 **두렵습니다.** to Peter Collinson, Dec. 19, 1763.

481 **『랭커스터카운티에서 최근 이 지역의 인디언 친구들을 학살한 이야기』** PBF, 11:47-69.

485 **이렇게 작은 일이 (…) 혼란스러웠습니다** to Jackson, Feb. 11, 1764.

485~486 **나는 총을 들고 (…) 몇 주 만에 벌어진 일이었죠** to John Fothergill, Mar. 14, 1764.

486 **흑인들은** *Narrative of the Late Massacres*, PBF, 11:62.

487 **그들은** to John Waring, Dec. 17, 1763.

488 **그는 예의 바르고** to Collinson, Dec. 19, 1763.

488 **노골적인 비난** John Penn to Thomas Penn, May 5, 1764, HSP.

489 **결의의 목걸이** to Strahan, Mar. 30, 1764.

489 **왕실 (…) 매우 주제넘은 짓** Resolves, Mar. 24, 1764.

490 **더럽고 비열한 글** John Penn to Thomas Penn, May 5, 1764, HSP.

490 **『현재 상황에 대한 냉철한 생각』** Apr. 12, 1764.

491 **하나님께서 나를 바로 잡으시려고** to Henry Bouquet, Aug. 16, 1764.

491 **아! 치명적인 실수였다!** Kelley, *Pennsylvania*, 526.

493　**프랭클린은 철학자처럼** Joseph Kelley, *Pennsylvania*, 526.

493　**모여 있는 농부들 (…) 정말 웃기는군.** to Jackson, Oct. 11, 1764.

494　**그들의 정치를 혼란케 하소서** *PBF*, 11:448.

494　**가장 진심 어린 환영** to DF, Dec. 27, 1764.

494~495　**그렌빌 총리는 (…) 우리는 안 된다고 말했다** Edmund S. Morgan and Helen M. Morgan, *The Stamp Act Crisis: Prologue to Revolution* (New York, 1962), 89-91.

496　**이 방법은 식민지 전체에** *PBF*, 12:51-60.

496　**자신의 인지세 계획에 완전히 빠져** to Joseph Galloway, Oct. 11, 1766.

497　**이 미국인들이 (…) 수익을 위해 내어주었다.** Morgan and Morgan, *Stamp Act Crisis*, 93.

497~498　**인쇄업자들이 가장 큰 타격을 입을 것 같습니다.** to Hall, Feb. 14, 1765.

498　**좋은 뜻으로 한 건데** to Hall, Aug. 9, 1765.

499　**대단한 선동가.** Allen to Thomas Penn, Oct. 21, 1764, HSP.

499　**토마호크** from Evans, Mar. 15, 1765.

500　**조국의 자유가 죽어가는 걸 보고 (…) 500기니를 주었을 텐데!** Morgan and Morgan, *Stamp Act Crisis*, 123-25.

502~503　**자네는 이제 (…) 하나님께 감사한 마음뿐이네.** from Hughes, Sept. 8-17, 1765.

503　**저녁에** from Wharton, Oct. 13, 1765.

504　**사촌 조사이아 데븐포트가** from DF, Sept. 22, 1765.

505　**당신이 보여준 기백과 용기** to DF, Nov. 9, 1765.

506　**안전하지 않습니다.** to DF, Nov. 9, 1765.

508　**해가 지는 것을 막을 수 없듯이** from Hutchinson, Nov. 18, 1765.

506　**다 표현하기 어렵네.** from Galloway, c. Nov. 20, 1765.

508　**해가 지는 것을 막을 수 없듯이** to Charles Thomson, July 11, 1765.

509　**만약 그런 사태가 지속된다면** to Hughes, Aug. 9, 1765.

509　**소요 사태** to Hall, Nov. 9, 1765.

510　**강력하게 제안했어.** to WF, Nov. 9, 1765.

511　**미국인들의 불같은 성격이** from Galloway, Jan. 13, 1766.

511　**정부가 자신의 권위와 권력을** Morgan and Morgan, *Stamp Act Crisis*, 338.

512　**최근에는 이런 카드에다** to David Hall, Feb. 24, 1766.

512　**잊어서는 안 돼** to Jane Mecom, Mar. 1, 1766.

513~516　**종류도 다양하고 (…) 반란을 불러올 수 있습니다.** testimony to House of Commons, Feb. 13,

1766.

516 **로킹엄 후작** Strahan to David Hall, May 10, 1766, *PMHB* 10 (1886), 220–21.

517 **그들은 지금까지 결코** testimony to House of Commons, Feb. 13, 1766.

517~518 **어떤 경우에든** Morgan and Morgan, *Stamp Act Crisis*, 348.

518 **부탁합니다, 영국 신사분** *PBF*, 13:183–84.

17장 의무와 즐거움

519 **사랑하는 데버라에게.** to DF, Apr. 6, 1766.

520 **펜실베이니아 의회** from Galloway, June 7, 1766.

520 **매일 망신을 당하고 있다네.** from Galloway, May 23, 1766.

520 **네가 말한 나에 대한 안 좋은 소문들에** to Jane Mecom, Mar. 1, 1766.

521 **아마도 대영제국에서** to Roberts, July 7, 1765.

522 **저의 영원한 행복은 물론** to Whitefield, June 19, 1764.

522 **우리 적들의 악의** to Samuel Rhoads, July 8, 1765.

523 **나는 그 말이 결코** from Hall, Jan. 27, 1767.

524 **나도 알지도 못하는 사이에** to Hall, Apr. 14, 1767.

525~526 **보시다시피 (…) 매우 좋아하더군요** from DF, Jan. 12, 1766.

526 **내가 셸번 경한테** to WF, Sept. 27, 1766.

527 **며칠 전 셸번 경을 다시 만났는데** to WF, Oct. 11, 1766.

527 **정말로 잘 짜여진 계획** *The New Regime, 1765–1767*, ed. Clarence Walworth Alvord and Clarence Edwin Carter (Springfield, Ill., 1916), 426.

527 **두 장관이 모두** to WF, Aug. 28, 1767.

528~529 **조지 3세는 (…) 변신한 이들로 이루어졌다** Paul Langford, *A Polite and Commercial People*, 363–64.

529 **나는 미국이 저항하는 것을** *The Debate on the American Revolution, 1761–1783*, ed. Max Beloff (London, 1960), 100.

530 **우리나라 정치인들의 혼란은** to Galloway, Aug. 8, 1767.

530 **식민지인들에 대한 분개가** report of debate in House of Lords, Apr. 11, 1767, *PBF*.

531 **양국의 친구** to *London Chronicle*, Apr. 9, 1767.

531 **베네볼루스** to *London Chronicle*, Apr. 11, 1767.

535 **비치** to John Adams, May 18, 1787, Yale.

18장 이성 vs. 폭동

19장 갈등의 심화

20장 소심한 발길질이라도

644 **이 일에 내 이름이** to Cushing, July 25, 1773.

645 **전혀 알지 못하며** to the *London Chronicle*, Dec. 25, 1773.

647~648 **이 건의서에는 (…) 3주가 필요합니다** Preliminary hearing before the Privy Council, Jan. 11, 1774, *PBF*.

650 **황소잡이** extract of letter, Feb. 19, 1774.

651 **예의라고는 (…) 양립할 수 없어 보였다.** *PBF*, 21:40n.

651 **광란의 필리픽** *The Correspondence of Edmund Burke*, ed. George H. Guttridge (Chicago, 1960), 2:518, 524.

651~656 **최초 주동자이자 (…) 않으시리라 믿습니다.** Alexander Wedderburn's speech before the Privy Council, Jan. 29, 1774, *PBF*.

656 **박사는** Bancroft in *Memoirs* 1:358.

657 **불만과 소란의 분위기를** report of Privy Council committee, Jan. 29, 1774.

657 **너무 화가 납니다.** to Cushing, Feb. 15, 1774.

658 **소식을 전하려고** to WF, Feb. 2, 1774.

659 **지금 같은 상황에서는** to Bache, Feb. 17, 1774.

659 **그들은 아마** to WF, Feb. 18, 1774.

659 **너나 나나** to Jane Mecom, Feb. 17, 1774.

660 **내가 너무** to Foxcroft, Feb. 18, 1774.

660 **영국에서 프랭클린 박사를** to the *Public Advertiser*, Feb. 16, 1774.

661 **본래의 쟁점을** *Boston Gazette*, Apr. 25, 1774, *PBF*, 21:79–83.

663 **게이지 장군은** Stanley Ayling, *George the Third*, 243.

663 **지금 우리가 다투려는 것은** Bernard Donoughue, *British Politics and the American Revolution* (London, 1964), 77.

663 **만약 그들이** Benjamin Woods Labaree, *The Boston Tea Party* (Boston, 1979), 185.

664 **열렬한 찬성** *The Parliamentary History of England from the Earliest Period to 1803*, ed. T. C. Hansard (London, 1813), 17:1169.

664 **적대적 침략** Robert Middlekauff, *The Glorious Cause: The American Revolution, 1763–1789* (New York, 1982), 233.

665~666 **이 늙은 뱀 (…) 한 명이라고 지칭했다** Catherine Drinker Bowen, *The Most Dangerous Man in America: Scenes from the Life of Benjamin Franklin* (Boston, 1974), 241.

666 **자네도 알다시피** to Jan Ingenhousz, Mar. 18, 1774.

666 프랭클린 박사가 Priestley in *Memoirs*, 1:359-60.

667 프랭클린 박사의 *The Letters of David Hume*, ed. J. Y. T. Greig (Oxford, UK, 1932), 2:286-88.

668 그가 본래 당파적인 *Letters of Eminent Persons Addressed to David Hume*, ed. J. E. Burton (Bristol, 1989), 270-72.

669 극히 신랄하고 모욕적 *The Last Journals of Horace Walpole*, ed. J. Doran and A. Francis Steuart (London, 1910; rpt. New York, 1973), 1:284-85.

669 위대한 제국과 Hansard, *Parliamentary History of England*, 18:536.

669 그쪽에서는 어떤지 몰라도 from WF, May 3, 1774.

669 이런 끔찍한 괴물은 PG, May 4, 1774, *PBF*.

669~670 식민지 전체가 to Cushing, Sept. 15, 1774.

670 저들이 씌우려는 멍에를 to Jonathan Williams Sr., Sept. 28, 1774.

671 가뜩이나 감정이 to Cushing, Oct. 6, 1774.

671 내가 여기 있는 것이 to Joseph Galloway, Oct. 12, 1774.

672~677 영국과 식민지 사이의 (…) 같아야 하는 게 아니냐고 비난했다. Franklin journal, Mar. 22, 1775.

677 본인은, 아래 서명한 자로서 draft to Dartmouth, Mar. 16, 1775.

678 그는 편지와 내 얼굴을 (…) "국가에 대한 모욕 Franklin journal, Mar. 22, 1775.

678 선생님 신변에 위험한 결과 from Thomas Walpole, Mar. 16, 1775.

22장 반란

680 어머니의 죽음은 from WF, Dec. 24, 1774.

681 가치 있는 자연철학적 발견 to Joseph Priestley, May 16, 1775.

682 배와 화물 자체가 Journal entry for Apr. 5, 1775.

682 어제 저녁 Broadside, May 8, 1775, *PBF*.

683 주사위는 던져졌다. Stanley Ayling, *George the Third*, 247-48.

683 반란이 더 무르익기 전에 Robert Middlekauff, *The Glorious Cause*, 266.

685 저들이 우리 마을을 *ibid.*, 271.

686 아마 그때는 오라버니도 from Jane Mecom, May 14, 1775.

687~688 그저 그런 수준의 연설가 (…) 대의를 받들겠습니다. James Thomas Flexner, *George Washington: The Forge of Experience* (Boston, 1965), 324-25, 332, 334, 341.

689 모두가 계층을 막론하고 *Papers of Jefferson*, 1:165.

690 막내 녀석은 to Jane Mecom, June 17, 1775.

690~691 회의에 대해 알려줄 게 (…) 숨길 수가 없었을 겁니다 *Papers of Madison*, 1:149-52.

691 자기들의 명분이나 Flexner, *Washington*, 1:330.

691 프랭클린 박사의 처신에 대해 (…) 지지하고 있는 것 같아요. *Papers of Madison*, 1:158-60.

691 전적으로 미국적인 성향 Adams to Abigail Adams, July 23, 1775, *Adams Papers*.

692 우리 중 가장 젊은 사람이 to Jonathan Shipley, May 15, 1775.

692 하지만 영국이 to Humphry Marshall, May 23, 1775.

692 영국은 이제 to Priestley, July 7, 1775.

692~693 유럽 전체를 (…) 광란에 가까운 상태라네. to Shipley, July 7, 1775.

693 스트레이핸 씨에게 to Strahan [unsent], July 5, 1775.

693 말이나 논쟁은 to Strahan, July 7, 1775 [quoted in letter from Strahan, Sept. 6, 1775].

693 영국에 한 번 더 기회를 to Priestley, July 7, 1775.

694 연합규약 July 21, 1775, *PBF*.

697~698 최대한 수입할 수 있는 (…) 우리 위원회에 요청했다 minutes of conference with Washington et al., Oct. 18-24, 1775.

699 여기 와보니 to Bache, Oct. 19, 1775.

700 우리 소중한 친구 to Priestley, Oct. 3, 1775.

702 두 명의 대표 WF to Germain, Mar. 28, 1776, *DAR*.

702 내 나이에 to Quincy, Apr. 15, 1776.

703 속히 보내달라 to John Hancock, May 1, 1776.

703~704 영국군이 도착했다는 to Hancock, May 8, 1776.

705 재능 있고 성실한 젊은이 to Bache, Sept. 30, 1774.

705 배가 도착하자마자 from Thomas Paine, Mar. 4, 1775.

706 나는 그저 Thomas Paine, *Common Sense* (New York, 1942), 21, 40.

706 엄청난 반향 to Charles Lee, Feb. 19, 1776.

706 우리 연합 식민지는 *Papers of Jefferson*, 1:298.

707 자네가 나보다 글을 John Adams to Timothy Pickering, Aug. 8, 1822, *Adams Papers*.

707 심한 통풍 발작에서 to Washington, June 21, 1776.

707 프랭클린 박사께서 부디 from Jefferson, probably June 21, 1776.

708 우리를 독단적 권력에 (…) 우리를 침략해 말살하려 한다 Carl Becker, *The Declaration of Independence* (New York, 1933), 160-71.

708 프랭클린 박사가 내 옆에 *Writings of Jefferson*, 18:169-70.

709 절대 따로 흩어져선 (…) 목이 매달리게 될 테니까요. Sparks, 1:408.

711~12 작은 식민지들도 (…) 반란을 일으키지 않으니까요. BF quoted in *Adams Papers*, 2:245-46.

712 친애하는 벗이여 from Howe, June 20, 1776.

713 정작 피해 당사자인 to Howe, July 20, 1776.

715 그의 얼굴을 지켜보았는데 *PBF*, 22:518-19.

716~717 브런즈윅에 도착했을 때 (…) 정성껏 대접했다. *Adams Papers*, 3:418-20.

717 나는 또한 사절단에게 Howe to Germain, Sept. 20, 1776, *DAR*.

718 프랭클린 박사는 *Adams Papers*, 3:422.

23장 파리에서 찾은 구원의 길

719 아마도 여러분은 *Adams Papers*, 3:422.

719 외국 열강이 BF et al. to Arthur Lee, Dec. 12, 1775.

720 다만 최근 간행된 to Don Gabriel Antonio de Bourbon, Dec. 12, 1775.

721 프랑스에 도착하면 to Silas Deane, Mar. 2, 1776.

723 프랑스가 미국에 대해 from John Hancock, Sept. 24, 1776.

724 내가 앞으로 살아봤자 in Rush to Thomas Morris, Oct. 22, 1776, *Letters of Rush*.

726 굉장히 호화롭다 Sheila Skemp, *William Franklin*, 192.

726 이 나라에 극도로 *ibid.*, 212.

727 저의 고통을 일일이 늘어놓아 from Elizabeth Franklin, Aug. 6, 1776.

728 할아버지가 이 문제를 to William Temple Franklin, Sept. 19, 1776.

729 짧지만 험난한 to the Committee of Secret Correspondence, Dec. 8, 1776.

729 나를 아주 만신창이로 만들었다 to Richard and Sarah Franklin Bache, May 10, 1785, Smyth.

729 나는 이곳 누구에게도 to Deane, Dec. 7, 1776.

730 마차는 형편없었다. (…) 볼 수 없을 만큼 아름다웠다. *Memoirs* 2:48.

730~731 그 유명한 (…) 걸어두는 것이 유행이다. Edward E. Hale and Edward E. Hale Jr., *Franklin in France* (Boston, 1888), 1:69-70; Alfred Owen Aldridge, *Franklin and his French Contemporaries* (New York, 1957), 66.

732 총명하긴 한데 Vergennes to Aranda, Dec. 28, 1776, *PBF* 23:113n.

732 유럽의 여러 군주가 to Vergennes, Jan. 5, 1777.

734 영국의 심기를 거스를까 봐 to the Committee of Secret Correspondence, Mar. 12-Apr. 9, 1777.

735 프랑스가 스페인과 to the Committee of Secret Correspondence, Jan. 17-22, 1777.

735~736 프랑스 해군은 (…) 피할 수 없을 것입니다. to the Committee of Secret Correspondence, Mar.

12-Apr. 9, 1777.

741 **폴란드의 펄래스키 백작은** to Washington, May 29, 1777.

741 **최근까지 프로이센 국왕 밑에서** to Washington, Sept. 4, 1777.

742 **장래가 매우 촉망되는** to Washington, Aug. or Sept. 1777.

742 **이 추천서를 지참한** to Washington, Mar. 29, 1777.

742 **우리 군은** from Washington, Aug. 17, 1777.

743 **이런 지원서가** to Barbeu-Dubourg, after Oct. 2, 1777.

744 **귀하께** unaddressed model letter, Apr. 2, 1777.

744~746 **우리 위원들은 (…) 수용하지 않을 것입니다.** to Vergennes and Aranda, Sept. 25, 1777.

746 **프랑스가 도대체** to the Committee on Foreign Affairs, Nov. 30, 1777.

747 **일단 그들의** Washington to Lund Washington, Dec. 17, 1776, *Writings of Washington*.

748 **하우의 함대에** Adams to Abigail Adams, Aug. 20, 1777, *Adams Papers*.

749 **기독교 정신과** Robert Middlekauff, *The Glorious Cause*, 372.

751 **필라델피아는? (…) 전부 포로로 잡혔습니다!** *PBF*, 25:234-35n.

751 **버고인 장군 휘하** to Vergennes, Dec. 4, 1777.

751~752 **오해하셨군요.** *PBF*, 25:236n.

752 **장관께서는** Richard Henry Lee, *Life of Arthur Lee* (Boston, 1829), 1:357.

752 **마치 단일국가처럼** Philip Gibbes' minutes of conversation, c. Feb. 5, 1777, *PBF*.

752~753 **미국은 화해할 준비가** Gibbes' minutes of conversation, Jan. 5, 1778, *PBF*.

753 **어제 72번을** Paul Wentworth to William Eden, Jan. 7, 1778, *PBF*.

754 **활기 넘치는 긴 과정** Vergennes to Comte de Montmorin, Jan. 30, 1778, *Facsimiles*, vol. 21, no. 18.

24장 보놈 리샤르

756~757 **이 말씀은 의원님께만 (…) 사악한 계략도 제대로 꼬일 테고.** Richard Henry Lee, *Life of Arthur Lee*, 2:124-27.

757 **내가 자네의 편지** to Arthur Lee [not sent], Apr. 3, 1778.

759 **그가 위대한 천재요** *Adams Papers*, 4:69.

759 **유럽 전체가 프랭클린 박사만 (…) 광신도라고.** ibid., 2:347-52.

760 **미스터 M** *ibid.*, 2:391.

760 **우리 혁명의 역사는** *Letters of Rush*, 2:1207.

761 **프랭클린 박사의 생활은** *Adams Papers*, 4:118-19.

764 기회만 된다면 Claude-Ann Lopez, *Mon Cher Papa: Franklin and the Ladies of Paris* (New Haven, Conn., 1966), 128.

764 사치스러움 *Adams Papers*, 4:109.

764 프랑스에서 본 *ibid.*, 4:63-64.

765 어머나! *ibid.*, and (for the translation) Lopez, *Mon Cher Papa*, 129.

765~765 쇼몽 가족 모두가 (…) 아주 하얀 곡선 말이요. *ibid.*, 134.

766 마담 브리용은 *Adams Papers*, 4:46-47.

767 친애하는 오라버니 Lopez, *Mon Cher Papa*, 38-39.

767 제1계명은 to Madame Brillon, Mar. 10, 1778.

768 우리 현실에서 Lopez, *Mon Cher Papa*, 40-44.

769~770 그대는 우리 연애에서 (…) 있을까 싶어 절망스럽구려. to Madame Brillon, July 27, 1778.

770~771 내가 비교를 해줄 테니 (…) 채워드리지 못할 테니까요. Lopez, *Mon Cher Papa*, 47-48.

772 사랑하는 친구여 to Brillon, Sept. 20, 1778.

774 신사들과의 교제가 *Adams Papers*, 4:58-59.

774 제가 인격적으로 from Adams, May 14, 1779.

774~775 그 여자는 경망스럽고 *Letters of Mrs. Adams*, ed. Charles Francis Adams (Boston, 1840), 252-53.

776 아아! 내가 칠십 살만 되었어도! Lopez, *Mon Cher Papa*, 246-47.

777~780 혹시 노트르담께서는 (…) 우리 함께 복수합시다! based on *ibid.*, 259-71.

781 왕의 머리는 Lee, *Life of Arthur Lee*, 1:403.

782~783 국왕은 (…) 세뇨르 프랭클린을 저주합니다. Lopez, *Mon Cher Papa*, 179-84.

784 온 아메리카에서 Voltaire to Abbé Gaultier, Feb. 21, 1778, in *Ouevres Complètes de Voltaire* (Paris, 1883), 50:372.

784 내 아이여 (…) 그리고 관용. Alfred Aldridge, *Franklin and His French Contemporaries*, 10.

784 곧 회의장 안에서 *Adams Papers*, 4:80-82.

787 내가 젊었을 때는 Lopez, *Mon Cher Papa*, 79.

787 하나님 맙소사! *Bagatelles*, 32ff; Bigelow, 8:312ff.

791~792 방금 박사님과 (…) 훨씬 낫겠습니다. *Writings of Jefferson*, 18:171-72.

792 자, 신부님 *ibid.*, 170.

793 당신네 프랑스인들이 Lopez, *Mon Cher Papa*, 21.

793 왕을 잡지 않습니다. *Writings of Jefferson*, 18:168.

794 **나는 본업이 왕이라서.** *Writings of Jefferson*, 18:168.

795 **오늘 점심은 뭔가?** Robert Middlekauff, *The Glorious Cause*, 413.

796 **오늘 받은 야전 보고에** Washington to President of Congress, Dec. 23, 1777, *Writings of Washington*.

797 **정말이요, 대사.** John McAuley Palmer, *General von Steuben* (New Haven, Conn., 1937), 157.

798 **지극히 신실하고** Congress to Louis XVI, Oct. 21, 1778.

799 **신과도 같은 미국의 영웅** from Lafayette, Aug. 29, 1779.

800 **친애하는 장군님,** Lafayette to Washington, Feb. 19, 1778, *Lafayette Letters*.

800 **열정, 군인으로서의 헌신과** from Washington, Dec. 28, 1778.

800 **우리 같은 왕정 국가들에는** from Lafayette, Feb. 21, 1779.

801 **제 온몸에서 피가** Andreas Latzko, *Lafayette* (New York, 1936), 81.

801 **혹시 장군께서** Lafayette to Comte d'Estaing, Sept. 21, 1778, *Lafayette Letters*.

801 **나는 자네의 활기차고** to Lafayette, Mar. 22, 1779.

804 **라파예트 후작이** to Jones, Apr. 27, 1779.

805 **모든 가용한 수단을 동원해** to Jones, Apr. 28, 1779.

805 **공관 각하의** from Jones, May 1, 1779.

806 **천만에! 가라앉아 뒈질지언정 (…) 싸움을 시작도 안 했다!** Peter Reaveley, "The Battle," in Jean Boudriot (ed.), *John Paul Jones and the Bonhomme Richard*, trans. David H. Roberts (Annapolis, Md., 1987), 82.

807 **언어로는 도저히** from Jones, Oct. 3, 1779.

807 **자네의 전령이** to Jones, Oct. 15, 1779.

807 **말해 두지만** to Jones, Feb. 19, 1780.

808 **화폐가치 하락이** to Stephen Sayre, Mar. 31, 1779.

808 **우리가 돈도 없이** to Samuel Cooper, Apr. 22, 1779.

809 **나라 형편이 이 지경인데도** to Jay, Oct. 4, 1779.

810 **네 편지에서 물가가** to Sarah Franklin Bache, June 3, 1779.

810 **제가 특별히** from Sarah Franklin Bache, Sept. 14, 1779.

810 **그런 면모에서** Bigelow 8:46–57.

811 **나는 그런 적들에게** to Richard Bache, June 2, 1779.

812 **벤은, 그 아이가** to Sarah Franklin Bache, June 3, 1779.

813 **국왕의 대사는** Catherine M. Prelinger, "Benjamin Franklin and the American Prisoners of War

in England during the American Revolution," *WMQ* 32 (1975), 261-94.

813 단순히 공기가 *ibid.*

814 이 교환은 포로가 to the Committee for Foreign Affairs, May 26, 1779.

814~815 간수의 양심에 기름칠을 Prelinger, "Franklin and Prisoners of War."

815 말도 마십시오. from Digges, Nov. 10, 1779.

815 두 사람이 주고받은 to Sartine, Nov. 28, 1779.

816 부자에게 금화 한 닢을 to William Hodgson, Apr. 1, 1781, Smyth.

817 미국에 암묵적으로 Observations by Mr. Hartley," Bigelow, 8:38-39.

817 잠시 냉각의 시간을 from David Hartley, Apr. 22, 1779.

818 하지만 제가 그렇게 하는 것은 to Hartley, May 4, 1779.

820 이 요새야말로 Carl Van Doren, *Secret History of the American Revolution* (New York, 1941), 463.

820 아널드의 배신이라니 to James Searle, Nov. 30, 1780.

821 우리는 알몸이나 다름없습니다. from Lafayette, Oct. 9, 1780.

821 당연히 박사님도 from Washington, Oct. 9, 1780.

822 자유와 독립을 수호하고 to Vergennes, Feb. 13, 1781.

823 그래도 내겐 to Adams, Feb. 22, 1781.

824 나는 이제 일흔다섯 해를 넘겼습니다. to Samuel Huntington, Mar. 12, 1781.

826 그는 상업 쪽으로 (…) 추구할 것입니다. Clarence L. Ver Steeg, *Robert Morris: Revolutionary Financier* (Philadelphia, 1954), 13, 38.

826 그대의 지성 to Morris, July 26, 1781, Smyth.

827 모험을 찾아 이 나라를 Charles, First Marquis Cornwallis, *Correspondence*, ed. Charles Ross (London, 1859), 1:87.

828 지금이야말로 중대한 (…) 우리 손에 넘어올 겁니다! Douglas Southall Freeman, *George Washington* (New York, 1952), 5:312-15.

829 콘월리스 경의 움직임은 *ibid.*, 367.

829 하루이틀 전쯤 한 병사가 (…) 처참한 모습으로 죽어나갔다. Edward M. Riley, "St. George Tucker's Journal of the Siege of Yorktown, 1781," *WMQ* 5 (1948), 375-95.

829 우리의 대포알과 유탄이 Freeman, *Washington*, 5:367.

829 우리의 식량은 from a captured British journal in Riley, "Tucker's Journal."

830 "그 북, 아마 세상 끝날 때까지 Freeman, *Washington*, 5:376.

830 장엄한 고요가 사위를 감쌌다. Riley, "Tucker's Journal."

830 〈빚쟁이 형제여, 어서 오게〉 *ibid.*

830~831 〈왕께서 다시 왕좌를 누리실 그날〉(…) 〈세상이 뒤집혔네〉 Freeman, *Washington*, 5:388n.

26장 화평하게 하는 자는 복이 있나니

832 맙소사! 다 끝장났군. R. J. White, *The Age of George III* (New York, 1968), 137.

832 우리의 후세가 ibid.

833 자네와 마찬가지로 to Thomas Pownall, Nov. 23, 1781, Giunta.

833 아무리 유리한 조건으로 to Adams, Oct. 12, 1781, Giunta.

834 누군지는 기억나지 않지만 to Charles Dumas, Aug. 6, 1781, Bigelow.

834 우리가 지금은 가난하지만 to Jay, Oct. 2, 1780, Bigelow.

835 프랑스의 절대적 요구 Lee to James Warren, Aug. 1780, Giunta.

835 영국인들은 우리를 증오합니다. Adams to John Jay, Aug. 13, 1782, Giunta.

836 애덤스 씨가 제게 직접 말하길 to Samuel Huntington, Aug. 9, 1780.

836 프랑스 궁정은 Jay to Livingston, Nov. 17, 1782, Giunta.

836 우리가 눈치챘다는 걸 Jay to Livingston, Sept. 18, 1782, Giunta.

836 박사님의 적들은 from Morris, Sept. 28, 1782, Giunta.

836 몹시 유감스럽다 to Samuel Cooper, Dec. 26, 1782, Smyth.

837 더없이 솔직하고 청렴한 신사 Giunta, 1:341.

837 그는 참 지혜로운 사람입니다. Vergennes to Montmorin, Apr. 18, 1782, Giunta.

837~838 현명하고 정직한 인물 to Shelburne, Apr. 18, 1792, Giunta.

838 나는 미국이 프랑스와 BF journal, Bigelow, 9:254.

838 나는 박사에게 Oswald's journal, Apr. 18, 1782, Giunta.

838 만약 프랑스가 BF journal, Bigelow, 9:259.

839 그거참 듣기 좋은 말이지요 Conversation notes, Bigelow, 9:262-64.

840 그와 헤어질 즈음엔 BF journal, Bigelow, 9:264.

840 앞으로도 우리 사이의 to Shelburne, Apr. 18, 1782, Giunta.

841 정리하자면 BF journal, Bigelow, 9:282.

841 베르젠 경을 만난 뒤에는 Fox to Grenville, Apr. 30, 1782, Giunta.

842 미국은 귀하들에게 BF journal, Bigelow, 9:287-88.

843 그는 현 내각과 Vergennes to Montmorin, May 11, 1782, Giunta.

844 A와 B가 있습니다. BF journal, Bigelow, 9:295-96.

845~846 압니다, 알아. (…) 나를 도우셨습니다. *Bagatelles*, 104-5.

846 『체스의 교훈』 *ibid.*, 108-12.

849 그에게 현재 to Deane, Mar. 2, 1776.

849~851 본래 의도에도 어긋나고 (…) 귀중한 자산 in Samuel Flagg Bemis, "British Secret Service and the French-American Alliance," *AHR* 29 (1924), 474-95.

851 박사님 주변엔 from Juliana Ritchie, Jan. 12, 1777.

852 친구인 척하며 to Ritchie, Jan. 19, 1777.

852 덕행이 얼마나 P.J.G. Cabanis, *Oeuvres* (Paris, 1825), 5:230, 248; Esmond Wright, *Franklin of Philadelphia* (Cambridge, Mass., 1986), 296.

853 선생님께서 고결하고 from Burke, Aug. 15, 1781, Smyth, 8:317-19.

853 인류 가운데 어리석은 to Burke, Oct. 15, 1781, Smyth.

854 아직 문제가 좀 남아 있습니다. from Burke, Feb. 28, 1782, Smyth, 8:320.

854 미주 연합국 *Political, Miscellaneous, and Philosophical Pieces*, ed. Benjamin Vaughan (London, 1779), title page and vi.

854 내가 영국의 학문적 벗들과 to Joseph Banks, Sept. 9, 1782, Bigelow.

855 《보스턴 인디펜던트 크로니클》 증보판 Smyth, 8:437-40.

856~857 이 글의 외피는 to Charles Dumas, May 3, 1782, Smyth.

857 이번 전쟁을 통틀어 Fox to Thomas Grenville, May 21, 1782, Giunta.

858 지브롤터에서 전해질 소식에 Adams to Livingston, Sept. 23, 1782, Giunta.

859 그들은 귀국과의 협상도 BF journal, Bigelow, 9:315.

859~860 지극히 순박하고 (…) 다뤄져야 한다 *ibid.*, 329-31.

861 필수적 (…) 가져올 수 있으니까요. Oswald to Shelburne, July 10, 1782, Giunta.

862 신속히 마무리될 수 있을 것 Shelburne to Oswald, July 27, 1782, Giunta.

863 프랑스 조정은 Jay to Livingston, Sept. 18, 1782, Giunta.

863~864 확고하고 자주적인 (…) 지원할 생각이라고 말했다. *Adams Papers*, 3:38, 82.

865 전쟁 자체도 to Jonathan Shipley, June 10, 1782, Bigelow.

27장 현자

866 우리 이제 to Shipley, Mar. 17, 1783, Bigelow.

867 우리의 혁명은 to Price, Aug. 16, 1784, Bigelow.

867 우리의 투쟁이 to Edward Newenham, Oct. 2, 1783, Bigelow.

868 친애하는 벗이여 to Strahan, Aug. 19, 1784, Bigelow.

868 **우리 국민이** to Morris, Dec. 25, 1783, Bigelow.

870 **자네는 이자를 내는 건** to Cooper, Dec. 26, 1783, Bigelow.

870 **우리가 매달려온** to Thomson, May 13, 1784, Bigelow.

871 **언젠가는 사치품을** to Vaughan, July 26, 1784, Bigelow.

872 **「기상에 관한 상상과 추측」** Bigelow, 10:323–26.

873 **우리가 아는 한, 우주공간은** to David Rittenhouse, June 25, 1784, Bigelow.

874 **그렇게 하면** to Crèvecoeur, Bigelow, 10:363–65.

874 **어차피 늘 안경을 쓰고 있으니** to George Whately, May 23, 1785, Smyth.

875~876 **5000명이 넘는** to Joseph Banks, Aug. 30, 1783, Bigelow.

876~877 **파리 시민 모두가** to Banks, Dec. 1, 1783, Bigelow.

877 **신기원** to Richard Price, Aug. 16, 1784, Bigelow.

877 **대도시나 그 인근 주민들을** to Ingenhousz, Jan. 16, 1784, Bigelow.

878 **사람들은 완전히 광분해서** Benjamin Franklin Bache diary, July 11, 1784, APS.

878 **갓난아기는 무슨 소용이 있습니까?** *Correspondance Littéraire, Philosophique et Critique par Grimm, Diderot, Raynal, Meister, etc.* (Paris, 1877–82), 13:349.

878 **군주들에게 전쟁의** to Jan Ingenhousz, Jan. 16, 1784, Smyth.

880 **천국에서는 메스머 씨가** Claude-Ann Lopez, *Mon Cher Papa*, 170.

881 **병이란 게 그냥** to la Sabliere de la Condamine, Mar. 19, 1784, Smyth.

882 **한군데를 만지면** Lopez, *Mon Cher Papa*, 175.

883 **이번에 발표된 보고서가** to William Temple Franklin, Aug. 25, 1784, Smyth.

883 **나는 요즘 편지 공세에** to Thomson, Mar. 9, 1784, Smyth.

883 **「미국으로 이주하려는 이들을 위한 안내서」** *Bagatelles*, 77–88.

885 **공사님, 귀하의 행동을** from Vergennes, Dec. 15, 1782, Giunta.

886 **그러니 협상 경과를** to Vergennes, Dec. 17, 1782, Giunta.

887 **폭풍 같은 분노** Alleyne Fitzherbert to Henry Strachey, Dec. 19, 1782, Giunta.

887~888 **면담은 아주 (…) 훨씬 초과하는군요.** Vergennes to Luzerne, Dec. 21, 1782, Giunta.

888 **국왕이 크게 놀라** Madison's notes, Mar. 12–15, 1783, Giunta.

889 **통풍과 자갈** to Samuel Chase, Jan. 6, 1784, Smyth.

889 **마차가 돌길 위를** to Thomas Mifflin, June 16, 1784, Smyth.

889 **내 얼굴이 이제** to Jane Mecom, Oct. 25, 1779.

889 **이제 내 마지막 욕심은** to John and Mrs. Jay, May 13, 1784, Smyth.

889 **제이 위원이** to Henry Laurens, Apr. 29, 1784, Smyth.

889 **그때쯤이면 내가** to WF, Aug. 16, 1784, Smyth.

890 **다른 모든 결함이나** to Whately, Aug. 21, 1784, Smyth.

890 **이곳에서 어떤 악의적인** to Morris, Mar. 7, 1783, Smyth.

890 **제이는 곧 떠날 테고** to Laurens, Apr. 29, 1784, Smyth.

891 **우리나라의 보배** *Writings of Jefferson*, 8:24.

891 **정의는** to Vaughan, Mar. 14, 1785, Smyth.

892 **나는 '인간적인'** Bigelow, 10:299-300.

893 **나는 새벽 서너 시쯤** To the Authors of the *Journal of Paris*," Smyth 9:183-89.

28장 다시 집으로

897 **그들 가운데 몇몇은** Smyth, 8:650-51.

898 **이 사람들이** to Francis Maseres, June 26, 1785, Smyth.

899 **얼마 전의 그 혼란이** Sheila Skemp, *William Franklin*, 269.

900 **사랑하는 아들아** to WF, Aug. 16, 1784, Smyth.

900 **우리 이제 서로** to Shipley, Mar. 17, 1783, Smyth.

900 **늙은 나이에** to WF, Aug. 16, 1784, Smyth.

902 **편하신 때에 곧바로** from John Jay, Mar. 8, 1785, LC.

902 **이 사람들이 끈질기게 붙잡는구나** to Sally and Richard Baches, May 10, 1785, Smyth.

902 **프랭클린 공사는** Vergennes to Marbois, May 10, 1785, Giunta.

903 **그대들의 외무장관은** to Ferdinand Grand, Mar. 5, 1786, Smyth.

903 **그가 파시를 떠나자** James Parton, *Life and Times of Benjamin Franklin* (Boston, 1884), 2:531.

903 **노새의 걸음은 아주 편안했다** to Jonathan Shipley, undated, Yale.

903 **지금까지 줄곧 들여다봤지만** Journal of journey from Paris to Philadelphia, Bigelow 11:191.

903 **어제 당신과 헤어지면서** Lopez, *Mon Cher Papa*, 299-301.

904~905 **사랑하는 친구여 (…) 사랑해주길 바랄 뿐이오.** *ibid.*, 299-300.

905 **진작 알았더라면** from Charles de Castries, July 10, 1785, Bigelow.

905 **나는 쌩쌩하다오.** Lopez, *Mon Cher Papa*, 301.

905 **나는 정오에** BF journal, Bigelow, 11:194-95.

906 **그 아이가** to WF, Aug. 16, 1784, Smyth.

907 **운명은 나를** Skemp, *William Franklin*, 271.

907 **선장은 우리에게** BF journal, Bigelow, 11:196.

907 **우리 모두 발길이** from Catherine Shipley, Aug. 2, 1785, Bigelow.

909 **온도계는 항해자에게** to David Le Roy, Aug. 1785, Smyth.

910 **내가 여행을 다니며** to Jan Ingenhousz, Aug. 28, 1785, Smyth.

910 **아침 밀물과 함께** BF journal, Bigelow, 11:196-97.

912 **대륙회의가 상업적이고** Harry M. Tinkcom, "The Revolutionary City, 1765-1783," in
        Philadelphia, ed. Russell Weigley, 154.

914 **자네가 내 여생의** to Paine, Sept. 27, 1785, Smyth.

914 **민중은, 충실하고** to Edward Newenham, Oct. 3, 1785, LC.

914~915 **내가 이렇게 늙었어도** to Williams, Feb. 16, 1786, Smyth.

915 **사람들이 나에게** to Paine, Sept. 27, 1785, Smyth.

915 **건강이 아주 좋아져서** to the John and Sarah Jay, Sept. 21, 1785, Smyth.

915 **결석 때문에** to Daniel Roberdeau, Mar. 25, 1786, Smyth.

916 **나는 이제** to the Jays, Sept. 21, 1765, Smyth.

916 **우리 가족은** to Shipley, Feb. 24, 1786, Smyth.

917 **그는 털끝만큼도** to Whately, May 23, 1785, Smyth.

919 **그대의 논리가 정교해서** to (Paine?), July 3, 1786, Smyth.

919~920 **저는 나라에 조금이나마** Webster to Washington, Mar. 31, 1786, *Papers of Washington*.

920 **실제로는 200만** to Grand, July 11, 1786, Smyth.

920~921 **내 짐작에 그 돈은** to Thomson, Jan. 25, 1787, Smyth.

922 **조지아 의회가** to d'Estaing, Apr. 15, 1787, Smyth.

922 **내 재산이** to Grand, Jan. 29, 1786, Smyth.

922 **집을 증축해서** to Jane Mecom, Sept. 21, 1786, Smyth.

923 **노인의 즐거운 소일거리** to Grand, Apr. 22, 1787, Smyth.

923 **집 짓느라 벽돌공** to Veillard, Apr. 15, 1787, Smyth.

923~924 **그분은 스물다섯 살** *Letters of Rush*, 1:389-90.

924 **영구적으로 존속하려는** Tinkcom, "Revolutionary City," 159.

925 **북미은행의 인허가가** *Letters of Rush*, 1:409.

926 **피뢰침을 철거하려고** to Landriani, Oct. 14, 1787, Smyth.

926~927 **올해 너희 마을이** to Jane Mecom, Sept. 20, 1787, Smyth.

927 **이 밭은 석고를 뿌렸다** Carl Van Doren, *Benjamin Franklin*, 737.

927 **농사로 소일하며 지낸다** to Lafayette, Apr. 17, 1787, Smyth.

928 **그분은 '신발 욕조'의** Jeremy Belknap in William Parker Cutler, *Life, Journals and
        Correspondence of Rev. Manasseh Cutler* (Cincinnati, 1888), 2:234.

928 **내 가족이 모두** to Mary Hewsom, May 6, 1786, Smyth.

930   그대들의 신문들은 to William Hunter, Nov. 24, 1786, Smyth.

931   처음 짜낸 정부 구상이나 to Lafayette, Apr. 17, 1787, Smyth.

931   우리의 나랏일은 to Abbés Chalut and Arnaud, Apr. 17, 1787, Smyth.

932~933 이 얼마나 법도에 어긋나는 (…) 눈시울이 뜨거워졌다 Washington address, Mar. 15, 1783
        (and footnote), *Writings of Washington*; Douglas Southall Freeman, *George Washington*,
        5:433-35.

933   세습 기사단 to Sarah Bache, Jan. 26, 1784, Smyth.

936   미치광이 떼 (…) 차라리 군주제가 낫다 David P. Szatmary, *Shays' Rebellion* (Amherst, 1980),
        71-81.

936   가장 치명적이고 (…) 생명, 자유, 재산 *The Boisterous Sea of Liberty*, ed. David Brion Davis and
        Stephen Mintz, 227.

937   오, 하나님! Washington to Knox, Dec. 26, 1786, *Papers of Washington*.

938   정부의 긴급 사태와 *Records of Convention*, 3:14.

938   회의가 확실히 Madison to Edmund Pendleton, Feb. 24, 1787, *Writings of Madison*.

939   몇몇 무질서한 자들 to Chevalier de Chastellux, Apr. 17, 1787, Smyth.

939   이번 회의가 좋은 결실을 to Jefferson, Apr. 19, 1787, Smyth.

940   이번 회의가 성공하려면 to Washington, Apr. 3, 1787, *Papers of Washington*.

940   런던의 그 어떤 Catherine Drinker Bowen, *Miracle at Philadelphia* (Boston, 1966), 22.

940   지금 이곳에서는 to Thomas Jordan, May 18, 1787, Smyth.

941   그렇다면 다음 만찬 *Records of Convention*, 3:85.

942   워싱턴 장군의 추대가 *ibid.*, 1:4.

942   프랭클린 박사는 *ibid.*, 3:91.

943   인간사에 강력한 영향을 *ibid.*, 1:81-85.

945   그 안건은 해밀턴 대령이 *ibid.*, 1:85.

946   지금껏 우리가 단 한 번도 Smyth, 9:600-1.

948   스코틀랜드 행상의 사생아 자식 (…) 군대와도 같은 존재 Bowen, *Miracle*, 108-9.

948   재능으로 정당하게 *Records of Convention*, 3:89.

948   나는 영국의 정부 제도야말로 *ibid.*, 1:299-300.

950   어떤 한 집권자의 *ibid.*, 1:102-3.

951   어떤 이들은 *ibid.*, 1:471.

951   큰 주들이 *ibid.*, 1:491-92.

952 **이 나라는 반드시** *ibid.*, 1:530.

952 **갈등의 초점은** *ibid.*, 1:488-89.

953 **필라델피아에서 내가** William Cutler, *Life, Journals and Correspondence of Rev. Manasseh Cutler*, 1:267-69; 2:363.

955 **신사 여러분 (…) 겁을 먹은 듯했다** *Records of Convention*, 3:86-87.

956 **박사는** Cutler, *Life, Journals and Correspondence of Manasseh Cutler*, 1:269-70.

957 **여름철 필라델피아의** Bowen, *Miracle*, 97.

958 **편지를 끝맺기조차** to Jones, July 22, 1787, Smyth.

958 **이전에는 최고 집권자가** *Records of Convention*, 2:65.

958~959 **공화주의 원칙에** *ibid.*, 2:120.

959 **우리 서민들의** *ibid.*, 2:204-5.

959 **서민의 정신을 꺾을** *ibid.*, 2:249.

960 **적절한 기간** *ibid.*, 2:236-37.

961 **대체로 악의적으로** *ibid.*, 2:348.

961 **우리는 여러 명에게** *ibid.*, 2:542.

962 **솔직히 말씀드리면** *ibid.*, 2:641-43.

964 **9월 17일, 헌법회의에** *ibid.*

964 **마지막 대표들이** *ibid.*, 2:648.

30장 잠들다

966 **이제 이것은** Washington to Lafayette, Sept. 18, 1787, *Papers of Washington*.

966~967 **건물에 들어서려다 (…) 빼앗길 판이 된 것이다** Jackson Turner Main, *The Anti-Federalists* (New York, 1974), 122, 129, 132-34.

968 **사회가 작을수록** *The Federalist Papers*, ed. Andrew Hacker (New York, 1964), 22-23.

968 **더할 나위 없이 기쁘다** *The Documentary History of the Ratification of the Constitution*, ed. Merrill Jensen (Madison, Wis., 1976-), 2:60.

969 **모든 민중에게 (…) 우유부단해진** *Independent Gazetteer*, Oct. 5, 1787, and *Freeman's Journal*, Oct. 17, 1787; in *The Documentary History*, 2:160, 185.

969 **여기에 동봉한 신문에서** Madison to Washington, Dec. 20, 1787, *Papers of Washington*.

970 **23패덤** Richard Miller, "The Federal City, 1783-1800," in *Philadelphia*, ed. Russell Weigley, 164.

970 부디 오해가 Lemay, 1144-48.

971 독립 (⋯) 주지사님 Miller, "Federal City," 164-65.

972 솔직히 말해 to Jane Mecom, Nov. 4, 1787, Smyth.

972 내가 한결 to Mecom, Sept. 20, 1787, Smyth.

972 다시 한번 고향 땅을 to John Lathrop, May 31, 1788, Smyth.

973 그 사람들도 참 to Mecom, Aug. 3, 1789, Smyth.

973 어찌나 무거운지 to Alexander Small, Feb. 19, 1787, Bigelow.

974 독미나리의 효능을 to Vaughan, Nov. 2, 1789, Bigelow.

974 울퉁불퉁한 결석에 to Buffon, Nov. 19, 1787, Smyth.

974 우리가 고릿적 to Bowdoin, May 31, 1788, Smyth.

976 「북미 야만인들에 관한 단상」 Lemay, 969-74.

977 나쁜 자들이 Smyth, 9:523-25.

977~978 언제나 우리에게 매우 우호적이었다 to John Jay, July 6, 1786, Smyth.

979 아 글쎄 to the *Public Advertiser*, Jan. 30, 1770.

979 어느 고결하고 *PBF*, 19:187-88.

981 노예제는 Lemay, 1154-55.

981~982 드디어 우리의 거대한 기계가 to Carroll, May 25, 1789, Smyth.

982 자네가 아주 to John Lathrop, May 31, 1788, Smyth.

982~983 비가톨릭 교도들을 to Louis Le Veillard, June 8, 1788, Smyth.

983 프랑스에서 혁명이라니 to Vaughan, Nov. 2, 1789, Smyth.

983 내 사랑하는 친구 to Jean-Baptiste Le Roy, Nov. 13, 1789, Smyth.

983 자네가 말한 to Samuel Moore, Nov. 5, 1789, Smyth.

983~984 프랑스의 격변은 to Hartley, Dec. 4, 1789, Smyth.

984 하지만 세상사에서 to Le Roy, Nov. 13, 1789, Smyth.

984 좋은 소식은 하나도 없네. to Le Veillard, Sept. 5, 1789, Smyth.

984 과거의 기억들이 to Abbé Morellet, Dec. 10, 1788, Smyth.

985 캐나다―반드시 멸망해야 한다. BF notes to himself, n.d. [1790], LC.

985 저는 프랭클린 박사님에 대해 from Stiles, Jan. 28, 1790, Smyth, 10:85-86.

985 이런 질문을 받은 건 to Stiles, Mar. 9, 1790, Smyth.

987 돈이 있으니까 Smyth, 10:59.

987 현대문학의 샤포브라 Smyth, 10:31.

987 인류는 모두 Parton, *Franklin*, 2:609-10.

988 100년 전쯤 to the *Federal Gazette*, Mar. 23, 1790, Smyth.

989 **하나님께 바라옵건대** from Washington, Sept. 23, 1789, Smyth, 10:41-42.

990 **나는 필라델피아에 들러** *Writings of Jefferson*, 1:161-62.

991 **그분의 마지막 황혼은** Rush to Richard Price, Apr. 24, 1790, *Letters of Rush*.

에필로그

992 **스물다섯 살 미만의** Last will and testament, Smyth, 10:493ff.

993 **모두가** *Boston Globe*, Apr. 17, 1990.

994 **벤저민 프랭클린 정신** United Press International, Apr. 18, 1990.

996 **미국을 해방시키고** Alfred Aldridge, *Franklin and His French Contemporaries*, 213.

996 **한 사람이 죽었고** *ibid.*, 230.

996 **인쇄공 B. 프랭클린의 육신** *PBF*, 1:111.

997 **프랭클린, 벤저민과 데버라 1790** Smyth, 10:508.

997 **공화국이지요.** *Records of Convention*, 3:85.

찾아보기

벤저민 프랭클린

1판 1쇄 인쇄 2026년 4월 7일
1판 1쇄 발행 2026년 4월 29일

지은이 헨리 윌리엄 브랜즈
옮긴이 조용빈 최재은
펴낸이 김영곤 **펴낸곳** (주)북이십일

TF팀 팀장 김종민
기획편집 진상원 **마케팅** 정성은 김지선
편집 박지석 **표지디자인** design S **본문디자인** 박숙희
마케팅영업부문 정지은
영업팀 김지윤 강경남 김도연
e-커머스팀 장철용 명인수 황성진
해외기획팀 홍희정 소은선
제작팀 이영민 권경민

출판등록 2000년 5월 6일 제406-2003-061호
주소 (우10881) 경기도 파주시 회동길 201(문발동)
대표전화 031-955-2100 **팩스** 031-955-2151 **이메일** book21@book21.co.kr

(주)북이십일 경계를 허무는 콘텐츠 리더

21세기북스 채널에서 도서 정보와 다양한 영상자료, 이벤트를 만나세요!
페이스북 facebook.com/jiinpill21 **포스터** post.naver.com/21c_editors
인스타그램 instagram.com/jiinpill21 **홈페이지** www.book21.com
유튜브 youtube.com/book21pub

ISBN 979-11-7357-944-8 (03900)

GREAT HARMONY

리더를 위한 정치와 사상의 교양
그레이트 하모니

그레이트 하모니는 다양한 요소의 조화로 정치가 완성된다는
철학을 담은 시리즈입니다. 정치적 통찰을 바탕으로 리더십을
꿈꾸는 독자들을 위해 엄선한 도서를 소개합니다. 복잡한 정세
속에서 조화를 이루는 리더로 성장하는 길을 제시합니다.